祝尚書 著

宋人別集叙録

（增訂本）

上　册

中華書局

圖書在版編目(CIP)數據

宋人別集叙録/祝尚書著. —北京:中華書局,2020.2
ISBN 978-7-101-13804-7

Ⅰ.宋… Ⅱ.祝… Ⅲ.古籍-圖書目録-研究-中國-宋代
Ⅳ.①G256.22②Z838

中國版本圖書館 CIP 數據核字(2019)第 041764 號

書　　名	宋人別集叙録(增訂本)(全三册)
著　　者	祝尚書
責任編輯	樊玉蘭
出版發行	中華書局
	(北京市豐臺區太平橋西里 38 號　100073)
	http://www.zhbc.com.cn
	E-mail:zhbc@zhbc.com.cn
印　　刷	北京瑞古冠中印刷廠
版　　次	2020 年 2 月北京第 1 版
	2020 年 2 月北京第 1 次印刷
規　　格	開本/850×1168 毫米　1/32
	印張 53¾　字數 1178 千字
印　　數	1-2000 册
國際書號	ISBN 978-7-101-13804-7
定　　價	288.00 元

目　録

前　言 ……………………………………………… 1

凡　例 ……………………………………………… 1

宋人別集叙録卷第一

徐公文集 …………………………………… 徐　鉉 1

宋文安公宫詞 ……………………………… 宋　白 8

咸平集 ……………………………………… 田　錫 12

乖崖先生文集 ……………………………… 張　詠 16

河東先生集 ………………………………… 柳　開 21

小畜集 ……………………………………… 王禹偁 25

小畜外集 …………………………………… 王禹偁 33

南陽集 ……………………………………… 趙　湘 36

鉅鹿東觀集 ………………………………… 魏　野 38

逍遥集 ……………………………………… 潘　閬 44

宋人別集叙録卷第二

寇忠愍公詩集 ……………………………… 寇　準 47

金園集　天竺別集 ………………………… 釋遵式 54

御製玉京集 ………………………………… 趙　恒 55

林和靖先生詩集 …………………………… 林　逋 56

武夷新集 …………………………………… 楊　億 66

閑居編 …………………………………… 釋智圓 73

河南穆公集 ……………………………… 穆　修 75

雪竇顯和尚明覺大師頌古集　拈古集

　瀑泉集　祖英集 ………………………… 釋重顯 79

春卿遺稿 ………………………………… 蔣　堂 81

夏文莊集 ………………………………… 夏　竦 83

范文正公集　別集　政府奏議　尺牘 ……… 范仲淹 85

宋人別集叙録卷第三

元獻遺文　補編 ………………………… 晏　殊 97

孫明復先生小集 ………………………… 孫　復 101

石學士詩集 ……………………………… 石延年 104

宋元憲集 ………………………………… 宋　庠 106

文恭集　補遺 …………………………… 胡　宿 109

宋景文集　拾遺 ………………………… 宋　祁 112

包孝肅公奏議 …………………………… 包　拯 117

武溪集 …………………………………… 余　靖 122

河南先生文集 …………………………… 尹　洙 126

宛陵先生文集 …………………………… 梅堯臣 132

宋人別集叙録卷第四

徂徠集 …………………………………… 石　介 141

文潞公文集 ……………………………… 文彦博 147

歐陽文忠公集 …………………………… 歐陽脩 150

鐔津文集 ………………………………… 釋契嵩 173

樂全先生文集 …………………………… 張方平 180

宋人別集叙録卷第五

蘇學士文集 ……………………………… 蘇舜欽 185

安陽集 …………………………………… 韓　琦 189

趙清獻公文集 …………………………… 趙　抃 195

直講李先生文集 ………………………… 李　覯 200

嘉祐集 …………………………………… 蘇　洵 205

洛陽九老祖龍學文集 …………………… 祖無擇 214

伊川擊壤集 ……………………………… 邵　雍 217

莆陽居士蔡公文集 ……………………… 蔡　襄 227

陶邕州小集 ……………………………… 陶　弼 234

宋人別集叙録卷第六

元公周先生濂溪集 ……………………… 周敦頤 237

古靈先生文集 …………………………… 陳　襄 244

南陽集 …………………………………… 韓　維 249

伐檀集 …………………………………… 黃　庶 253

丹淵集 …………………………………… 文　同 257

公是集 …………………………………… 劉　敞 262

元豐類稿 ………………………………… 曾　鞏 266

華陽集 …………………………………… 王　珪 281

王岐公宮詞 ……………………………… 王　珪 283

宋人別集叙録卷第七

溫國文正司馬公文集 …………………… 司馬光 285

金氏文集 ………………………………… 金君卿 296

蘇魏公文集 ……………………………… 蘇　頌 298

臨川先生文集 …………………………… 王安石 301

王荆文公詩箋注 ………… 王安石撰　李　壁箋注 319

張公庠宮詞 ……………………………… 張公庠 326

郎溪集 …………………………………… 鄭　獬 328

祠部集 ……………………………………… 强　　至 331

無爲集 ……………………………………… 楊　　傑 332

彭城集 ……………………………………… 劉　　攽 335

都官集 ……………………………………… 陳舜俞 337

宋人別集叙録卷第八

范忠宣公文集 ……………………………… 范純仁 341

浄德集 ……………………………………… 呂　　陶 346

沈氏三先生文集 …………… 沈　邁、沈　括、沈　遼 347

節孝先生文集 ……………………………… 徐　　積 353

忠肅集 ……………………………………… 劉　　摯 359

安岳馮公太師文集 ………………………… 馮　　山 361

廣陵先生文集 ……………………………… 王　　令 363

河南程氏文集 ………………………… 程　顥、程　頤 366

清江三孔集 ………………… 孔文仲、孔武仲、孔平仲 372

錢塘韋先生集 ……………………………… 韋　　驤 378

畫墁集 ……………………………………… 張舜民 381

王魏公集 …………………………………… 王安禮 383

青山集 ……………………………………… 郭祥正 385

宋人別集叙録卷第九

東坡集　後集　奏議　内制　外制

　和陶詩　應詔集 ………………………… 蘇　　軾 389

王狀元集百家注分類東坡先

　生詩 ………………… 蘇　軾撰　王十朋纂集 419

宋人別集叙録卷第十

注東坡先生詩 … 蘇　軾撰　施元之、顧　禧、施　宿注 435

經進東坡文集事略 ………… 蘇　軾撰　郎　曄注 450

欒城集　後集　第三集　應詔集 …………… 蘇　轍 452

類編增廣潁濱先生大全文集 …………… 蘇　轍 463

樂圃餘稿 …………………………………… 朱長文 465

鄱陽先生文集 ……………………………… 彭汝礪 467

范太史集 …………………………………… 范祖禹 470

西塘先生文集 ……………………………… 鄭　俠 472

陶山集 ……………………………………… 陸　佃 475

參寥子詩集 ………………………………… 釋道潛 476

讜論集 ……………………………………… 陳次升 481

周彦質宮詞 ………………………………… 周彦質 482

宋人別集叙録卷第十一

演山先生文集 ……………………………… 黄　裳 483

豫章黄先生文集　外集　別集　簡尺　詞…… 黄庭堅 486

山谷黄先生大全詩注 ………… 黄庭堅撰　任　淵注 507

山谷外集詩注 ………………… 黄庭堅撰　史　容注 512

山谷別集詩注 ………………… 黄庭堅撰　史季温注 517

灌園集 ……………………………………… 吕南公 521

曲阜集 ……………………………………… 曾　肇 523

西臺集 ……………………………………… 畢仲游 526

姑溪居士文集　後集 ……………………… 李之儀 527

宋人別集叙録卷第十二

龍雲先生文集 ……………………………… 劉　弇 531

潏水集 ……………………………………… 李　復 535

芝園集　補續芝園集　芝園遺編 ………… 釋元照 537

盡言集 ……………………………………… 劉安世 538

淮海居士集　後集　長短 ………………… 秦　觀 541

學易集 ……………………………………… 劉　跂　555

樂静先生李公文集 ……………………… 李昭玘　556

寶晉山林集拾遺 ………………………… 米　芾　558

慶湖遺老詩集　拾遺　後集補遺 ……… 賀　鑄　564

雲溪居士集 ……………………………… 華　鎮　570

王仲修宮詞 ……………………………… 王仲修　572

後山居士集 ……………………………… 陳師道　572

宋人別集叙録卷第十三

後山詩注 ……………… 陳師道撰　任　淵注　583

濟北晁先生雞肋集 ……………………… 晁補之　589

游廌山先生集 …………………………… 游　酢　593

龜山先生集 ……………………………… 楊　時　594

宛丘先生文集 …………………………… 張　耒　599

濟南集 …………………………………… 李　廌　610

郴江百詠 ………………………………… 阮　閱　612

宋東京留守宗簡公文集 ………………… 宗　澤　614

嵩山景迂生文集 ………………………… 晁説之　617

道鄉先生鄒忠公文集 …………………… 鄒　浩　621

東堂集 …………………………………… 毛　滂　624

具茨晁先生詩集 ………………………… 晁沖之　626

宋人別集叙録卷第十四

跨鼇集 …………………………………… 李　新　631

何博士備論 ……………………………… 何去非　632

倚松老人詩集 …………………………… 饒　節　634

摛文堂集 ………………………………… 慕容彦逢　637

藏海居士集 ……………………………… 吳　可　638

洪龜父集 …………………………………　洪　朋　640

老圃集 ……………………………………　洪　芻　641

西渡集 ……………………………………　洪　炎　642

浮沚集 ……………………………………　周行己　646

溪堂集 ……………………………………　謝　逸　647

劉左史集 …………………………………　劉安節　650

劉給事集 …………………………………　劉安上　652

高峰先生文集 ……………………………　廖　剛　654

竹隱畸士集 ………………………………　趙鼎臣　657

唐先生文集 ………………………………　唐　庚　659

北湖居士集 ………………………………　吳則禮　667

石門文字禪 ………………………………　釋惠洪　669

呂忠穆集 …………………………………　呂頤浩　672

和靖先生文集 ……………………………　尹　焞　673

襄陵文集 …………………………………　許　翰　677

斜川集 ……………………………………　蘇　過　678

宋人別集叙録卷第十五

橫塘集 ……………………………………　許景衡　683

豫章羅先生文集 …………………………　羅從彦　684

丹陽集 ……………………………………　葛勝仲　690

日涉園集 …………………………………　李　彭　693

竹友集 ……………………………………　謝　薖　694

初寮集 ……………………………………　王安中　698

忠惠集 ……………………………………　翟汝文　700

石林居士建康集 …………………………　葉夢得　701

石林奏議 …………………………………　葉夢得　706

北山小集 ……………………………… 程　俱　710

莊簡集 ……………………………… 李　光　714

苕溪集 ……………………………… 劉一止　715

浮溪集 ……………………………… 汪　藻　718

陵陽先生詩集 ……………………… 韓　駒　721

盧溪先生文集 ……………………… 王庭珪　724

太倉稊米集 ………………………… 周紫芝　728

頤堂先生文集 ……………………… 王　灼　732

宋人別集叙録卷第十六

鴻慶居士集　孫尚書大全文集　南蘭陵

　　孫尚書大全文集 ………………… 孫　覿　735

李學士新注孫尚書内簡尺牘 … 孫　覿撰　李祖堯編注　741

默堂先生文集 ……………………… 陳　淵　745

東窗集 ……………………………… 張　擴　747

大隱集 ……………………………… 李正民　748

宣和御製宮詞 ……………………… 趙　佶　749

王著作集 …………………………… 王　蘋　751

梁溪先生文集 ……………………… 李　綱　754

北海集 ……………………………… 綦崇禮　764

華陽集 ……………………………… 張　綱　766

崧菴集 ……………………………… 李處權　768

毗陵集 ……………………………… 張　守　770

東萊先生詩集　外集 ……………… 吕本中　771

茶山集 ……………………………… 曾　幾　776

忠正德文集 ………………………… 趙　鼎　778

宋人別集叙録卷第十七

盡忠録 ……………………………… 陳　東　783

沈忠敏公龜溪集 ……………………… 沈與求 789

樜溪居士集 …………………………… 劉才邵 792

東牟集 ………………………………… 王　洋 794

北山集 ………………………………… 鄭剛中 795

鄱陽集 ………………………………… 洪　皓 798

竹軒雜著 ……………………………… 林季仲 801

傅忠肅集 ……………………………… 傅　察 802

筠溪集 ………………………………… 李彌遜 805

雲溪集 ………………………………… 郭　印 807

三餘集 ………………………………… 黃彥平 808

蒙隱集 ………………………………… 陳　棣 809

增廣箋注簡齋詩集　無住詞…… 陳與義撰　胡　穉注 810

須溪先生評點簡齋詩

　　集 … 陳與義撰　胡　穉注　無名氏增注　劉辰翁評 815

簡齋詩外集 …………………………… 陳與義 820

蘆川歸來集 …………………………… 張元幹 822

歐陽脩撰集 …………………………… 歐陽澈 825

栟櫚先生文集 ………………………… 鄧　肅 829

雙溪集 ………………………………… 蘇　籀 834

宋人別集叙録卷第十八

三十代天師虛靖先生語録 …………… 張繼先 837

橫浦先生文集 ………………………… 張九成 838

忠愍集 ………………………………… 李若水 841

李延平先生文集 ……………………… 李　侗 843

相山集 ………………………………… 王之道 845

默成文集 ……………………………… 潘良貴 846

紫微集 ························ 張　嵲 848

雪峰空和尚外集 ·············· 釋惠空 849

韋齋集 ························ 朱　松 851

陳文正公文集 ················ 陳康伯 856

灊山集 ························ 朱　翌 858

東溪集 ························ 高　登 859

胡偉宮詞 ····················· 胡　偉 862

致堂胡先生斐然集 ············ 胡　寅 862

松隱文集 ····················· 曹　勛 865

浮山集 ························ 仲　并 868

侍郎葛公歸愚集 ·············· 葛立方 869

雪溪集 ························ 王　銍 872

玉瀾集 ························ 朱　槔 874

屏山集 ························ 劉子翬 875

縉雲先生文集 ················ 馮時行 882

范香溪先生文集 ·············· 范　浚 884

胡澹菴先生文集 ·············· 胡　銓 890

岳武穆集 ····················· 岳　飛 893

定菴類稿 ····················· 衛　博 898

宋人別集叙録卷第十九

夾漈遺稿 ····················· 鄭　樵 901

漢濱集 ························ 王之望 902

湖山集 ························ 吳　芾 904

五峰胡先生文集 ·············· 胡　宏 906

鄮峰真隱漫録 ················ 史　浩 908

大隱居士詩集 ················ 鄧　深 910

雲莊集 …………………………………… 曾　協 911

唯室集 …………………………………… 陳長方 912

方舟集 …………………………………… 李　石 914

莆陽知稼翁文集 ………………………… 黃公度 915

九華集 …………………………………… 員興宗 919

梅溪先生文集 …………………………… 王十朋 921

會稽三賦注 ………… 王十朋撰　周世則、史　鑄注 927

拙齋文集 ………………………………… 林之奇 931

艾軒先生文集 …………………………… 林光朝 933

新刊嵩山居士文全集 …………………… 晁公遡 937

盤洲文集 ………………………………… 洪　适 939

海陵集 …………………………………… 周麟之 943

文定集 …………………………………… 汪應辰 945

南澗甲乙稿 ……………………………… 韓元吉 948

蓮峰集 …………………………………… 史堯弼 949

新注斷腸詩集　後集 ………… 朱淑真撰　鄭元佐注 951

志道集 …………………………………… 顧　禧 954

澹軒集 …………………………………… 李　呂 956

澹齋集 …………………………………… 李流謙 957

宋人別集敍錄卷第二十

竹洲文集 ………………………………… 吳　儆 959

劍南詩稿 ………………………………… 陸　游 964

渭南文集 ………………………………… 陸　游 975

梅山續稿 ………………………………… 姜特立 980

石湖居士詩集 …………………………… 范成大 982

鄭忠肅奏議遺集 ………………………… 鄭興裔 987

周益文忠公集 ……………………………… 周必大 988

梁溪遺稿 …………………………………… 尤　袤 995

誠齋集 ……………………………………… 楊萬里 998

橘洲文集 …………………………………… 釋寶曇 1004

平菴詩稿 …………………………………… 項安世 1005

芸菴類稿 …………………………………… 李　洪 1010

香山集 ……………………………………… 喻良能 1011

晦菴先生朱文公文集　續集　別集 ……… 朱　熹 1012

文公朱先生感興詩 ………… 朱　熹撰　蔡　模注 1028

宋人別集叙録卷第二十一

頤菴居士集 ………………………………… 劉應時 1031

倪石陵書 …………………………………… 倪　樸 1033

于湖居士文集 ……………………………… 張孝祥 1034

南軒先生文集 ……………………………… 張　栻 1038

江湖長翁文集 ……………………………… 陳　造 1048

涉齋集 ……………………………………… 許及之 1049

艮齋先生薛常州浪語集 …………………… 薛季宣 1050

自鳴集 ……………………………………… 章　甫 1052

蠹齋先生鉛刀編 …………………………… 周　孚 1053

雪山集 ……………………………………… 王　質 1057

尊德性齋小集 ……………………………… 程　洵 1060

燕堂詩稿 …………………………………… 趙公豫 1063

羅鄂州小集 ………………………………… 羅　願 1065

網山集 ……………………………………… 林亦之 1069

悦齋先生文鈔 ……………………………… 唐仲友 1071

舒文靖集 …………………………………… 舒　璘 1073

宮教集 ……………………………… 崔敦禮 1076

東萊呂太史文集 ……………………… 呂祖謙 1077

省齋集 ……………………………… 廖行之 1082

止齋先生文集 ……………………… 陳傅良 1084

蛟峰批點止齋論祖 ……… 陳傅良撰　方逢辰批點 1089

攻媿先生文集 ……………………… 樓　鑰 1093

宋人別集叙録卷第二十二

雙峰猥稿 …………………………… 舒邦佐 1097

雙溪文集 …………………………… 王　炎 1100

義豐文集 …………………………… 王　阮 1104

尊白堂集 …………………………… 虞　儔 1107

崔舍人玉堂類稿　西垣類稿 ………… 崔敦詩 1108

象山先生文集　外集 ……………… 陸九淵 1110

客亭類稿 …………………………… 楊冠卿 1122

應齋雜著 …………………………… 趙善括 1124

東塘集 ……………………………… 袁説友 1126

稼軒集鈔存　詞　補遺 …………… 辛棄疾 1127

慈湖先生遺書　續集 ……………… 楊　簡 1130

定齋集 ……………………………… 蔡　戡 1134

止堂集 ……………………………… 彭龜年 1135

默齋遺稿 …………………………… 游九言 1137

摶齋先生緣督集 …………………… 曾　丰 1138

格齋先生三松集 …………………… 王子俊 1142

宋國録流塘詹先生集 ……………… 詹　初 1144

華亭百詠 …………………………… 許　尚 1146

乾道稿　淳熙稿　章泉稿 ………… 趙　蕃 1146

龍川先生文集 ……………………………… 陳　亮 1147

宋人別集叙録卷第二十三

潔齋集 ………………………………………… 袁　燮 1159

水心先生文集 ………………………………… 葉　適 1161

水心先生別集 ………………………………… 葉　適 1167

樂軒集 ………………………………………… 陳　藻 1170

校注橘山四六 ………… 李廷忠撰　孫雲翼注 1172

方是閒居士小稿 ……………………………… 劉學箕 1173

勉齋先生黃文肅公文集 ……………………… 黃　榦 1175

南湖集 ………………………………………… 張　鎡 1179

燭湖集 ………………………………………… 孫應時 1184

龍洲道人詩集 ………………………………… 劉　過 1186

育德堂外制 …………………………………… 蔡幼學 1189

育德堂奏議 …………………………………… 蔡幼學 1190

陳克齋先生集 ………………………………… 陳文蔚 1191

方壺存稿 ……………………………………… 汪　莘 1192

靈巖集 ………………………………………… 唐士恥 1196

蟠室老人文集　奏議　涉史隨筆 ………… 葛　洪 1197

南塘先生四六 ………………………………… 趙汝談 1198

碧巖詩集 ……………………………………… 金朋説 1200

宋人別集叙録卷第二十四

昌谷集 ………………………………………… 曹彦約 1203

騷略 …………………………………………… 高似孫 1205

宋丞相崔清獻公全録 ………………………… 崔與之 1206

山房集　後稿 ………………………………… 周　南 1209

北溪先生大全文集　外集 …………………… 陳　淳 1212

澗泉集 ……………………………… 韓　淲 1215

後樂集 ……………………………… 衛　涇 1216

毅齋詩集別録 ……………………… 徐　僑 1218

永嘉四靈詩集 …… 徐　照、徐　璣、翁　卷、趙師秀 1219

拙軒集 ……………………………… 張　侃 1224

竹齋先生詩集 ……………………… 裘萬頃 1225

友林乙稿 …………………………… 史彌寧 1227

楊太后宮詞 ………………………… 楊皇后 1230

西園康範詩集 ……………………… 汪　晫 1233

巽齋先生四六 ……………………… 危　積 1235

程端明公洺水集 …………………… 程　玨 1237

北磵詩集 …………………………… 釋居簡 1241

北磵文集 …………………………… 釋居簡 1242

北磵和尚外集　續集 ……………… 釋居簡 1244

漫塘劉先生文集 …………………… 劉　宰 1246

性善堂稿 …………………………… 度　正 1251

石屏詩集 …………………………… 戴復古 1252

金陵百詠 …………………………… 曾　極 1258

宋人別集叙録卷第二十五

東澗集 ……………………………… 許應龍 1261

重編古筠洪城幸清節公松垣文集 ……… 幸元龍 1262

信天巢遺稿 ………………………… 高　翥 1264

泠然齋詩集 ………………………… 蘇　泂 1267

復齋先生龍圖陳公文集 …………… 陳　宓 1268

浣川集 ……………………………… 戴　栩 1270

梅亭先生四六標準 ………………… 李　劉 1271

鶴林集 …………………………………… 吴　泳 1275

蒙齋集 …………………………………… 袁　甫 1276

蜀阜存稿 ………………………………… 錢　時 1278

平齋文集 ………………………………… 洪咨夔 1279

南海百詠 ………………………………… 方信孺 1282

西山先生真文忠公文集 ………………… 真德秀 1284

重校鶴山先生大全文集 ………………… 魏了翁 1290

亞愚江浙紀行集句詩 …………………… 釋紹嵩 1297

竹坡類稿 ………………………………… 吕　午 1298

左史諫草 ………………………………… 吕　午 1299

筤窗集 …………………………………… 陳耆卿 1300

平塘集 …………………………………… 陶夢桂 1302

翠微南征録 ……………………………… 華　岳 1303

翠微北征録 ……………………………… 華　岳 1305

勿齋先生文集 …………………………… 楊至質 1308

宋人別集叙録卷第二十六

滄洲塵缶編 ……………………………… 程公許 1309

杜清獻公集 ……………………………… 杜　範 1311

敝帚稿略 ………………………………… 包　恢 1315

東野農歌集 ……………………………… 戴　昺 1316

玉楮詩稿 ………………………………… 岳　珂 1318

宋寶章閣直學士忠惠鐵菴方公文集 …… 方大琮 1321

壺山先生四六 …………………………… 方大琮 1325

臞軒集 …………………………………… 王　邁 1326

臞軒四六 ………………………………… 王　邁 1327

漁墅類稿 ………………………………… 陳元晉 1328

字溪集 ……………………………… 陽　枋 1329

後村先生大全集 ………………… 劉克莊 1330

東山詩選 ……………………………… 葛紹體 1340

獻醜集 ………………………………… 許　棐 1341

宋宗伯徐清正公存稿 …………… 徐鹿卿 1342

淮海挐音 ……………………………… 釋元肇 1344

淮海外集 ……………………………… 釋元肇 1345

滄浪嚴先生吟卷 ………………… 嚴　羽 1347

宋學士徐文惠公存稿 …………… 徐經孫 1352

太白山齋遺稿 …………………… 孫德之 1353

竹溪鬳齋十一稿續集 …………… 林希逸 1356

楳埜集 ………………………………… 徐元杰 1358

藏叟摘稿 ……………………………… 釋善珍 1359

上清集　玉隆集　武夷集 ……… 白玉蟾 1360

海瓊玉蟾先生文集　續集 ……… 白玉蟾 1362

履齋先生遺集 …………………… 吳　潛 1365

宋特進左丞相許國公奏議集 … 吳　潛 1367

魯齋王文憲公文集 ……………… 王　柏 1368

可齋雜稿　續稿　續稿後 ……… 李曾伯 1371

庸齋集 ………………………………… 趙汝騰 1374

三山鄭菊山先生清雋集 ………… 鄭　起 1376

秋崖先生小稿 …………………… 方　岳 1378

孫耕閑集 ……………………………… 孫　銳 1384

彝齋文編 ……………………………… 趙孟堅 1385

雪窗先生文集 …………………… 孫夢觀 1387

宋人別集叙録卷第二十七

李忠簡公文溪存稿 ……………… 李昂英 1389

物初賸語 …………………………………… 釋大觀 1392

耻堂存稿 …………………………………… 高斯得 1396

蕭冰崖詩集拾遺 …………………………… 蕭立之 1397

巽齋文集 …………………………………… 歐陽守道 1398

潛山集 ……………………………………… 釋文珦 1399

孝詩 ………………………………………… 林　同 1400

雪磯叢稿 …………………………………… 樂雷發 1402

北遊集 ……………………………………… 汪夢斗 1404

秋堂集 ……………………………………… 柴　望 1405

則堂集 ……………………………………… 家鉉翁 1407

無文印 ……………………………………… 釋道璨 1409

本堂先生文集 ……………………………… 陳　著 1412

籟鳴集　籟鳴續集 ………………………… 釋夢真 1415

蘭皋集 ……………………………………… 吳錫疇 1417

格菴奏稿 …………………………………… 趙順孫 1418

先天集 ……………………………………… 許月卿 1419

雪坡姚舍人文集 …………………………… 姚　勉 1421

蒙川先生遺稿 ……………………………… 劉　黻 1422

九峰先生集 ………………………………… 區仕衡 1429

歲寒三友除授集　無腸公子除授集 ……… 吳必大 1430

鷄肋集 ……………………………………… 何希之 1431

嘉禾百詠 …………………………………… 張堯同 1432

苔石效顰集 ………………………………… 繆　鑒 1433

秋聲集 ……………………………………… 衛宗武 1435

廬山集　英溪集 …………………………… 董嗣杲 1436

西湖百詠 …………………………………… 董嗣杲 1437

蛟峰文集　外集 ·················· 方逢辰 1439

碧梧玩芳集 ·················· 馬廷鸞 1445

自堂存稿 ·················· 陳　杰 1446

四明文獻集　摭餘編 ·········· 王應麟 1448

宋人別集叙録卷第二十八

葦航漫遊稿 ·················· 胡仲弓 1451

艮巖餘稿 ·················· 梅應發 1452

雪岑和尚續集 ·················· 釋行海 1452

疊山集 ·················· 謝枋得 1453

陵陽先生集 ·················· 牟　巘 1458

梅巖胡先生文集 ·················· 胡次焱 1460

潛齋先生文集 ·················· 何夢桂 1462

月洞詩集 ·················· 王　鎡 1465

紫巖于先生詩選 ·················· 于　石 1468

真山民詩集 ·················· 真山民 1471

史詠集 ·················· 徐　鈞 1473

心泉學詩稿 ·················· 蒲壽宬 1475

有宋福建莆陽黃仲元四如先生文稿 ········ 黃仲元 1476

須溪集 ·················· 劉辰翁 1480

須溪先生四景詩集 ·················· 劉辰翁 1484

草窗韻語 ·················· 周　密 1485

仁山集 ·················· 金履祥 1486

古梅遺稿 ·················· 吳龍翰 1490

在軒集 ·················· 黃公紹 1491

耕禄稿 ·················· 胡　錡 1492

方時佐先生富山嬾稿 ·········· 方　夔 1493

文山先生全集 ……………………… 文天祥 1494

闔風集 ……………………………… 舒岳祥 1502

九華詩集 …………………………… 陳　巖 1504

宋人別集叙録卷第二十九

牧萊脞語　二稿 ………………… 陳仁子 1507

菊花百詠 …………………………… 張逢辰 1508

佩韋齋文集 ………………………… 俞德鄰 1509

存雅堂遺稿 ………………………… 方　鳳 1511

百正集 ……………………………… 連文鳳 1513

心史 ………………………………… 鄭思肖 1514

湖山類稿　水雲集 ………………… 汪元量 1517

霽山先生文集 ……………………… 林景熙 1522

石堂先生遺集 ……………………… 陳　普 1527

釣磯詩集 …………………………… 邱　葵 1529

覆瓿集 ……………………………… 趙必璩 1533

伯牙琴　補遺 ……………………… 鄧　牧 1535

晞髮集 ……………………………… 謝　翱 1537

羅滄洲先生集 ……………………… 羅公升 1543

芳洲詩集 …………………………… 黎廷瑞 1545

吾汶全稿 …………………………… 王炎午 1547

熊勿軒先生文集 …………………… 熊　禾 1552

寧極齋稿 …………………………… 陳　深 1555

鐵牛翁詩集 ………………………… 何景福 1556

松巢漫稿 …………………………… 徐　瑞 1557

古逸民先生集 ……………………… 汪炎昶 1558

宋人別集叙録卷第三十

南宋六十家小集 ……………………………… 1563

石屏續集　長短句 …………………… 戴復古 1566

龍洲道人詩集 ………………………… 劉　過 1567

方泉先生詩集 ………………………… 周文璞 1567

白石道人詩集 ………………………… 姜　夔 1568

野谷詩稿 ……………………………… 趙汝鐩 1572

安晚堂詩集　補編　輯補 …………… 鄭清之 1573

雲泉詩集 ……………………………… 釋永頤 1575

棠湖詩稿 ……………………………… 岳　珂 1576

橘潭詩稿 ……………………………… 何應龍 1579

菊潭詩集 ……………………………… 吳惟信 1579

芸隱橫舟稿　芸隱倦遊稿 …………… 施　樞 1580

雪巖吟草甲卷忘機集　乙卷西塍集 …… 宋伯仁 1582

梅屋詩集　融春小綴　梅屋第三稿

　梅屋第四稿　梅屋詩餘 …………… 許　棐 1584

汶陽端平詩雋 ………………………… 周　弼 1586

竹溪十一稿詩選 ……………………… 林希逸 1587

雲泉詩 ………………………………… 薛　嵲 1587

雪坡小稿 ……………………………… 羅與之 1588

菊磵小集 ……………………………… 高　翥 1589

疏寮小集 ……………………………… 高似孫 1589

雅林小稿 ……………………………… 王　琮 1590

學吟 …………………………………… 朱南杰 1590

學詩初稿 ……………………………… 王同祖 1591

梅屋吟 ………………………………… 鄒登龍 1592

皇荂曲 ………………………………… 鄧　林 1592

庸齋小集 ……………………………… 沈　說 1593

靖逸小集 ……………………………… 葉紹翁 1594

秋江煙草 ……………………………… 張　弋 1594

癖齋小集 ……………………………… 杜　旃 1595

巽齋小集 ……………………………… 危　積 1595

竹所吟稿 ……………………………… 徐集孫 1596

北窗詩稿 ……………………………… 余觀復 1596

吾竹小稿 ……………………………… 毛　珝 1596

西麓詩稿 ……………………………… 陳允平 1597

雪林删餘 ……………………………… 張至龍 1597

鷗渚微吟 ……………………………… 趙崇鉘 1598

抱拙小稿 ……………………………… 趙希樥 1599

蒙泉詩稿 ……………………………… 李　濤 1599

心游摘稿 ……………………………… 劉　翼 1599

竹莊小稿 ……………………………… 胡仲參 1600

東齋小集 ……………………………… 陳鑒之 1600

適安藏拙餘稿　餘稿乙卷 …………… 武　衍 1601

漁溪詩稿　乙稿 ……………………… 俞　桂 1602

檜庭吟稿 ……………………………… 葛起耕 1602

骰稿 …………………………………… 利　登 1603

露香拾稿 ……………………………… 黄大受 1603

雲卧詩稿 ……………………………… 吴汝弌 1604

葛無懷小集 …………………………… 葛天民 1604

臒翁詩集 ……………………………… 敖陶孫 1605

招山小集 ……………………………… 劉仙倫 1605

山居存稿 ……………………………… 陳必復 1606

端隱吟稿 ……………………………… 林尚仁 1606

斗野稿支卷 ……………………… 張　蘊 1607

静佳龍尋稿　静佳乙稿 …………… 朱繼芳 1608

采芝集　采芝續稿 ………………… 釋斯植 1608

看雲小集 ……………………………… 黃文雷 1609

雪窗小集 ……………………………… 張良臣 1610

小山集 ………………………………… 劉　翰 1611

雪蓬稿 ………………………………… 姚　鏞 1611

順適堂吟稿甲集　乙集　丙集　丁集

　戊集 ……………………………… 葉　茵 1612

芸居乙稿 ……………………………… 陳　起 1612

中興群公吟稿戊集 ………………………… 1613

南宋八家集 …………………………………… 1614

瓜廬詩 ………………………………… 薛師石 1615

葦碧軒集 ……………………………… 翁　卷 1615

清苑齋集 ……………………………… 趙師秀 1615

芳蘭軒集 ……………………………… 徐　照 1615

二薇亭集 ……………………………… 徐　璣 1616

梅花衲 ………………………………… 李　龏 1616

剪綃集 ………………………………… 李　龏 1617

退菴先生遺集 ………………………… 吳　淵 1618

芸居遺詩 ……………………………… 陳　起 1618

江湖後集 …………………………………… 1619

後　記 …………………………………………… 1621

增訂本後記 …………………………………… 1625

《宋人別集叙録》四角號碼索引 …………… 1629

前　言

　　關於宋代文化，陳寅恪先生曾有個著名論斷，他説："華夏民族之文化，歷數千年之演進，造極於兩宋之世。"(《鄧廣銘宋史職官志考證序》，《金明館叢稿二編》)作爲觀念文化重要組成部分的文學、史學、哲學等等，有宋一代可謂空前發達；而繁榮的文學創作，活躍的學術研究，又促進了印刷業的飛速發展，創造了燦爛輝煌的出版文化。作家文集的編刻，是出版文化中最富活力和生機的部分。兩宋所刊本朝人各類作品集，可謂不計其數。據統計，現存宋人別集(包括詞集、各類小集及後人輯本)凡八百家左右，失傳的遠不止此數，正如《四庫全書總目·十先生奥論提要》所説："宋人文集名著史册者，今已十佚其八九；至於名姓無聞、篇章湮滅如方恬諸人者，更指不勝屈。"蓋有幸流傳至今的，僅是原有編集中的十分之一、二而已。這個比例不一定準確，但散佚者遠比存留者多得多，這絶對是事實。因此，對現存宋集以及所有的文化遺産妥善保存、精心整理和深入研究，並使之永久流傳，是我們作爲後人的義不容辭的神聖責任；而對版本目録的研究，則是達到上述目標的基礎。

一

　　宋集的編纂，上承唐代餘風，又有不同於前代的顯著特徵，即經歷和完成了由自發到自覺的轉變。作家及其親屬，對文稿的裒輯弄藏極爲重視，以詩文傳家，成爲讀書人終身孜孜追求的目標，而與前代大多數作家任其文稿自然流傳有很大區别。這不能不説是文化觀念的巨大進步。至於編集的標準，有的擇之唯精，泛濫是懼，也有的片紙畢登，誇多鬭富，於是又形成了宋集多而雜、質量高低參差不等的特點。

　　文集編定之後，宋人已認識到只有雕板印行，方能壽之無窮。我國印刷術到唐末已比較成熟，使傳播手段取得了革命性的進步。經五代而入宋，又得到長足的發展，人們由雕印曆書、宗教宣傳品之類，擴大到印製經籍，再到刊行文集，結束了文集長期靠鈔本流傳的歷史。由於印刷術的普及，印書不僅限於寺廟、官府或貴勢之家，而逐漸成爲産業，許多民間書坊應運而生，所刊書稱爲“坊刻本”，以與“官刻本”及後來的“家刻本”相對稱。同時，印書也由單純的文化政教目的，部分地成了商業行爲，從而帶動了各有關行業的産生和繁榮，推動了生産力的發展和社會文明的進步。縱觀兩宋對本朝文集的刻印，北宋以坊刻爲主，南宋則官刻、坊刻同時並舉，後來又興起家刻之風，形成三足鼎立的局面。當時刊印書籍之夥，在閩、蜀、杭等印刷中心，時人贊歎有“山積”之富（見李心傳《道命録》卷四。他專指蜀，實則其他兩地亦然）。

　　宋社既屋，宋人文集的編刻並未停止，作家的親友、門生、故吏搜輯其遺稿，繼續付梓。當然，遺稿是有限的，元、明以降，宋集的傳播主要是翻刻、覆刻，也有用活字擺版。這種刊刻，或爲保存鄉邦文獻，或屬一些文學、哲學派别爲宣傳自己某種主張的需要，或翻刻者個人的愛好，而更多的則是作家後裔尊其先祖，紹述家學，教育後代不墜詩書門風。總之，

刻印宋人文集代有其人，有的集子即使一時無力刊印，也有
人鈔寫流布，甚至散佚已久的集子還被重輯行世。近代以
來，隨着科學技術的進步，又有石印、鉛印、影印、複印等多種
方式。在傳刊過程中，一般都伴隨着對舊本或多或少的整
理，如增補遺文及附録，重新編次，校勘、評點、標點、注釋等
等。總之，集子的内涵越來越豐富，形式則各具自己的時代
特點，形成了宋集版本的衆多和複雜。在現存的約八百家宋
集中，各種版本總數蓋不下數千，在不斷完備的大趨勢下，其
中固然有許多善本，同時也難免有不少劣本。

二

　　在我國古代目録學史上，文集著録始於魏、晉時期，但講
究版本則要晚一些。古人也説“版”或“本”，不過那時的所謂
“版”、“本”，内涵與後代不同。“版本”的原始意義，與古人鈔
書的材料密切相關。在造紙術發明以前，我們的祖先用竹
簡、木牘來紀事、鈔書，稱之爲“簡”、“牘”。“版”即木片，引申
之，簡、牘皆可稱“版”。除簡牘外，古人又用縑帛書寫，中間
用木軸將長長的縑帛捲起來，而軸頭遂稱之爲“本”。自印刷
術發明之後，從宋代開始，人們俗用“版本”作爲印本的代稱。
即當時人所説的“版本”，專指用雕版刷印之書，故“版本”是
對“寫本”而言，與原始意義已大不相同了。元代以後，“版
本”的概念又變得很寬泛，各類稿本、拓本、鈔本、校本、印本
（包括雕印本、活字本，以及近代的石印本、鉛印本、影印本）
等皆可稱之爲“版本”。北宋時，學者已開始用多種版本（印
本）校書，而講究版本的風氣，學術界一般認爲興起於南宋。
明代以降，尤其是清乾、嘉以來，藏書家、校讎家、目録家極爲

重視版本，相率以宋刊元槧相矜尚，其中除少數鑒賞家單純將古本作爲骨董把玩外，大多數學者都認識到了不同版本的珍貴學術價值。

現代科學告訴我們，作品本身是人類社會活動的信息，而版本則是信息的物質載體。且不説這種載體的物質部分（如用料好壞等），單就記録信息而言，由於底本的差異，或刻印者的增删改編，校對的精粗等等，不同版本也各不相同。完全可以説，世界上没有絶對相同的兩個版本。於是，版本選擇就變得十分重要，歷來被認爲是讀書做學問的重要門徑。最佳的版本，能給人提供正確而完整的信息；反之，魯魚豕亥，誤人非淺，古代就有許多因劣本差之毫釐而失之千里的教訓。對此，余嘉錫《目録學發微》曾有透闢的論述，他説："蓋書籍由竹木而帛而紙，由簡編而卷而册，而手鈔，而刻版，而活字，其經過不知其若干歲，繕校不知其幾何人。有出於通儒者，有出於俗士者。於是有斷爛而部不完，有删削而篇不完，有節鈔而文不完，有脱誤而字不同，有增補而書不同，有校勘而本不同。使不載明爲何本，則著者與讀者所見迥異。叙録中之論説，不能不根據原書。吾所舉爲足本，而彼所讀爲殘本，則求之而無有矣。吾所據爲善本，而彼所讀爲誤本，則考之而不符矣。吾所引爲原本，而彼所書爲别本，則篇卷之分合，先後之次序，皆相剌謬矣。……惟有明載其爲何本，則雖所論不確，讀者猶得據以考其致誤之由。"因此版本不僅得講，而且必須講。我國老早就創立了一個專門的學科——版本目録學，有着研究版本、目録的悠久歷史和優良傳統。

對宋集版本的研究，實際上起於宋代。尤袤《遂初堂書目》開始登録不同的版本。陳振孫《直齋書録解題》、趙希弁《郡齋讀書附志》，也每每記載或比較不同的版本，使之成爲版本研究的名著。尤其是有清至近代，出現了許多藏書大家，其中有的同時又是卓越的版本目録學家，像清人紀昀、黃丕烈、陸心源、丁丙及近人張元濟、傅增湘等等。他們中不少人以畢生精力采訪書籍，海内域外，足跡幾遍，然後比較鑒別，筆之於册。他們所作的題跋、書目，至今仍是瞭解古籍版本的必讀書。比如嘉慶時著名版本目録學家黃丕烈（一七六三—一八二五），曾收得宋版書百餘種，建“百宋一廛”以貯之，又作題跋記八百餘篇，對衆多古籍版本作了十分精審的鑒別，其中不乏對宋人别集版本的研究。王芑孫《陶陶室記》寫道：“今天下好宋版書，未有如蕘圃（黃丕烈號）者也。蕘圃非惟好之，實能讀之，於其版本之後先，篇第之多寡，音訓之異同，字畫之增損，及其授受源流，繙摹本末，下至行幅之疏密廣狹，裝幀之精粗敝好，莫不心營目識，條分縷析。積晦明風雨之勤，奪飲食男女之欲，以沉冥其中，蕘圃亦時自笑也，故嘗自號‘佞宋主人’云。”黃氏對版本（特别是宋元本）的研究，可謂達到癡迷的程度，取得了很大成就，並對學術風氣產生了深遠的影響。正是由於衆多前輩學者的艱苦努力，不僅爲後人研究全部或一代文集的所有版本提供了可能，同時也打下了豐厚堅實的基礎。他們爲我國古代典籍的保存流傳和優秀傳統文化的繼承弘揚，立下了不可磨滅的功績。

　　前人在宋集版本研究上雖已碩果累累，但也有他們難以超越的客觀局限。他們所受的最大限制，是當時沒有公立圖書館（皇家秘閣雖相當於圖書館，但一般人又不可能利用），或圖書館尚在草創之初，書籍多藏於私家，因而他們的研究往往只能就個人所藏、所見進行，着眼主要在"點"，雖也有融會貫通兼及"面"的，但爲數不多，故其有關著作或稱"藏書志"，或題"經眼錄"，研究成果多以"題跋"的形式發表。無論是誰，也無論他藏書多麽豐富，見識如何廣博，但畢竟有限，且不説著錄全部文集並對其所有版本進行綜合考察，即使對一代文集作這樣的工作，民國以前也鮮有其人。

自有清末年起，書籍逐漸由皇室、私家向公立圖書館集中。昔日金匱石室的秘籍及私家襲藏之珍本，大衆皆可以閱覽和利用了。各圖書館又相繼編印館藏目錄，而總結各館藏目錄的綜合目錄也應時而作。這不僅極大地方便了讀者，也有力地促進和推動了包括版本目錄學在内的學術研究的蓬勃開展。

三

二十世紀六十年代初，中華書局出版了張舜徽先生的《清人文集別錄》。八十年代初，又出版了已故學者萬曼先生的《唐集叙錄》。此後陸續有一些專集或通代"叙錄"出版。所謂"叙錄"、"別錄"，在我國是非常古老的研究形式。早在西漢成帝時，劉向受詔校書秘閣，每書校畢，便寫成"叙錄"一篇，介紹作者生平，該書内容、價值、學術源流及校讎經過等，然後將各書"叙錄"彙編爲《別錄》一書，成爲後來"解題"、"提要"的開端。近人、今人所作"叙錄"，主要傾向於考述版本，與劉向"叙錄"的内涵有所收窄，這是由不同時代文獻積累的厚度迥然不同所決定的。這類考述版本的"叙錄"不僅有頗高的學術價值，而且很實用，成爲讀者瞭解某部著作版本流傳和變遷的工具書。

一九八六年，四川大學古籍整理研究所正式上馬編纂《全宋文》，筆者亦預其役。在校點别集時，首先就碰到版本問題。現存宋人别集，不僅部頭普遍比唐集大，而且版本更加複雜。手執一家文集，往往不知以何者爲底本，何者爲校本，孰優孰劣，常常得從頭摸索，費時費力。當時心想，應該有一本像《唐集叙録》那樣的書。於是不揣冒昧，有意無意地開始搜集相關資料，萌發了作《宋人别集叙録》的念頭。然而自知版本目録學修養差，而“叙録”體大，且宋集既不像唐集現存纔百餘家，也不像清集傳世僅一二刻，若要操刀，鮮不傷手，因此畏縮猶豫，久之未定。隨着研究所宋集版本搜集得日趨豐富，增强了一些信心，於是不自量力，決定嘗試爲之，成敗則置之度外矣。

我的具體作法，是以考察全部宋人别集（最初包括詞集，後因饒宗頤先生的《詞集考》在中華書局出版，遂棄而不爲）的版本源流爲主要目標，重點在清理各集全帙的版本體系，又尤其着力於祖本及重要傳本的研究，並在可能的情況下對各本優劣作簡要評述。對前哲今賢的序跋、書目、版本考證等有關文獻，凡正確的皆充分汲取利用，意在總結已有的研究成果，同時再作必要的考訂和探索，以陳己見。考察、判斷版本的原則，是力求客觀、全面而有重點，準確而平實，凡不清楚的，寧可存疑，而不妄説。至於對該作家的歷史功過、文學或學術成就，一般不多涉及，只在節引序跋或書目時，適當摘取有關評論（尤其是宋人評論），以窺一斑。其他具體事項，參見所訂《凡例》。

從檢視版本、搜集有關文獻資料開始，然後邊動筆邊查閲，到一九九一年底居然寫成了初稿。隨後利用完成集體項目的間隙，前後共經過了三次較大的修訂增補，而對每個集子的小修改，則是一有所得隨即操筆（後來是操作電腦），又不在所謂“三次”之中。現在回頭看，訂補所花的時間和精力，竟遠超撰寫初稿。至於文字表述，則有意“文”一些，目的是節省篇幅，儘量縮小已經够大的部頭，因爲這是專業性較强的著作，相信使用者都能讀得懂。這就是目前奉獻給讀者的這部《宋人別集叙録》。

　　由於《叙録》的目標和體例如上，所以它不等同於一般的版本考，主要區别是較爲宏觀，或者説綫條稍粗，而且只考察全集，最多包括宋人注本和重要選本。對每個具體版本，凡與版本體系無關的問題，則多略而不述，不像版本考那樣細緻入微，纖悉畢具。因爲考察、研究的對象是現存的五百數十家別集（詞集及清乾、嘉以後輯本除外），數千種版本，不得已也，否則規模過大，怕是三生難成，這需請更欲知其詳的讀者諒解。因此，《叙録》或可爲版本考提供綫索和方便，但却不必代而替之，對宋集各類版本的考察與研究，學界仍將繼續下去。

　　　　　　　　　　　　　　　　　　　　　祝尚書
　　　　　　　　　　　　　　一九九七年春節於成都
　　　　　　　　　　　　　　二〇一六年季冬修訂畢

凡　例

　　一、本書考述現存宋人別集（詩集、詩詞集、文集、詩文集、詩文詞集。奏議集依宋人著錄例視爲文集）版本源流，並簡要評述各主要傳本之優劣得失。詞集版本研究，已別有專著出版，故本書不錄。已成定論之僞書（如《四庫全書》所收洪邁《野處類稿》，乃鈔朱松《韋齋集》之類），本書不著錄。

　　二、本書所錄宋初、宋末人別集，其年代斷限由習慣而定。如南唐入宋之徐鉉，元初之宋遺民，一般皆視爲宋人。宋遺民以在宋已成人爲準。雖已在宋成人，而入元曾經仕宦、習慣上視爲元人者，其集不著錄。有些作家前人以爲宋遺民者，如俞琰（有《林屋山人漫稿》）、趙偕（有《趙寶峰先生文集》）等，今考其年代，純係元人，本書不著錄。

　　三、版本源流，指各集歷代主要傳本（稿本、木刻本、活字本、影寫本、鈔本、石印本、影印本、排印本等等）之裒輯、刊行、收藏、流傳、概況及沿革歷程。考述以究明版本系統爲主要目標，現存同一系統之本，一般不一一臚列。考述時力求檢視原本及重要傳本，並與文獻相結合，儘量汲收前達今賢已有之研究成果，以補闕正訛、考信發覆爲追求目標。詳祖本、重要傳本，略一般翻刻本、傳鈔本。

　　四、本書所錄，包括宋人原編本及後人輯本兩類。後人輯本，大致以清乾、嘉爲斷，乾、嘉以後之輯本一般不著錄。

若文集已佚，後人以專著綴以佚文而成集者，則視佚文所占比重，參照慣例以定著録與否。明、清人輯録之“小集”（包括《四庫全書》所收之《兩宋名賢小集》），多非完帙，真贋雜陳，又無刊本，兹不著録。

五、本書原則上只著録並考述宋集全帙。若全帙已佚，而尚有選本傳世，則以選本著録。凡全帙今存，宋人選本只予略述，宋以後選本一般不述。

六、宋人所作注本，價值較高，而今罕存，故無論是否全帙，皆視爲別集之一種立目考述。宋以後人所作注本一般不録。

七、一人多集，若宋代已彙編爲全集，則著録全集本；若仍分集編訂，諸集版本源流大致趨同，則諸集同時著録（如“東坡七集”之類）；版本源流不同，則仍分別著録（如《小畜集》與《小畜外集》之類）。某些作家，宋人將其文集與其他專著彙刻爲大全集，而文集以大全集本爲全帙（如《歐陽文忠公文集》之類），則以大全集本著録。

八、多人多集合刊（人各一集，自爲起迄），若宋代即已合刊，原有單行本早佚（如《沈氏三先生集》之類），今仍以合刊本著録；若宋代並未合刊，後人方爲之合刊（如《范文正公集》與《范忠宣公集》合刊爲《范文正忠宣公全集》之類），則仍分別著録。

九、南宋末書棚本《江湖集》《江湖後集》等，明、清人輯爲《南宋六十家小集》《南宋群賢小集》《南宋八家集》及不標集名之《江湖後集》，江湖作家之作多賴以流傳。其版本單一，源流基本相同，今仍以叢書形式著録於末卷，再於其下分集考述。

　　十、南宋末作家黄震《黄氏日抄》卷六九以下計二十九卷（傳本缺三卷）皆自作之文。與此類似，宋代詩文僧多將所作詩文連同語録或其他著述都爲一編。其詩文部分雖等同文集，然其書則非別集，故本書概不著録。

　　十一、每集於篇首撰寫作家小傳，内容儘量省約。歷代編刊者、序跋作者、鑒藏者等等，人數衆多，若皆一一述其生平，即便從簡，亦將使文字大增，故本書一般不作介紹，以節約篇幅。

　　十二、考述中所涉古地名，僅作家小傳之作家籍貫括注今地名，其餘一般不括注，亦以節省篇幅計。

　　十三、各朝年號及干支紀年，凡首見時括注干支年數及公元年代，如“熙寧庚戌”書爲“熙寧庚戌（三年，一〇七〇）”。考述同一文集，若年號重見，必要時干支後僅括注年數，不再注公元年代。年號改換，首見同上例，仍括注公元年代，重見不再注。

　　十四、版本考述中，引述古籍時卷數從簡，如“卷第二百一十五”簡寫爲“卷二一五”之類。但徵引古書及他人著作，原文一律不改，即原書叙述卷數時若有“十”、“百”等字，仍依舊照録。

　　十五、考述中凡謂某集某本今藏某圖書館，俱見該館藏書目録或善本書目（少數見館藏卡片），以及有關綜合目録，不一一注明，以避繁冗。

　　十六、宋、元人版本序跋，明以後主要傳本刊版序跋，以及前人所作重要收藏、鑒定、校勘題跋等版本史料，擇要列其目録於各本考述之後，標目爲“參考文獻”，以資按核。某些序跋雖頗重要，然考述中已全文或大部分引録，則不再列入目録。

十七、本書所録別集以著者生年（無準確生年者以大致生年，合刊本以第一集作者生年）爲序，"參考文獻"目録則以版本先後（影寫本從原本）爲序。每集先標書名（一般用最早之書名）、重要異名、卷數（完本標原有卷數，殘缺本、重輯本標實有卷數）、撰者（及注者）姓名，次版本源流考述，最後爲"參考文獻"目録。

十八、書前目録，同一作家同時著録之集過多，一般只列首集（如"東坡七集"只列"東坡集"之類）。

十九、所引各項資料，一概注明出處。"參考文獻"所列序跋同時注明版本，而儘量選用通行善本或常見書。

二十、爲方便檢索，全書釐爲三十卷，並於書後附録《〈宋人別集叙録〉四角號碼索引》。

宋人別集叙録卷第一

徐公文集三十卷　徐常侍集
徐騎省文集

徐　鉉　撰

徐鉉（九一七—九九二），字鼎臣，廣陵（今江蘇揚州）人。仕南唐至吏部尚書充翰林學士，入宋官至左散騎常侍。長於爲文，尤精小學。李昉《東海徐公墓誌銘》（《四部叢刊初編》本《徐公文集》卷末）曰："所著文多遺落，今其存者編爲三十卷。"陳彭年《故散騎常侍東海徐公集序》曰：

> 公江南文稿，撰集未終，一經亂離，所存無幾，公自勒成二十卷。及歸中國，入直禁林，制詔表章，多不留草。其餘存者，子婿尚書水部員外郎吳君淑編爲十卷，通成三十卷。所撰《質論》《稽神録》，奉詔撰《江南録》、修許慎《説文》，並別爲一家，不列於此。

《墓誌銘》及陳序皆作於太宗淳化四年（九九三）七月，距著者辭世將近一年，其時文集當已編定。

二十三年後，即真宗大中祥符九年（一〇一六），胡克順於陳彭年處得集稿全編而刊刻之。晏殊爲之跋，稱胡氏"早遊騎省之門，深蒙鄉里之眷，寶兹遺集，積有歲時，鏤板流行，庶傳永久”。次年（天禧元年）刻印成，胡克順表上之，曰：“數年前，故參知政事陳彭年因臣屢言，成臣夙志，假以全本，並兹冠篇。乃募工人，肇形鏤板。竹簡更寫，無愧於前修；綈几回觀，願留於睿覽。”真宗批答，稱所進新印徐鉉文集兩部，“計六十卷，共一十二册”，則是刻爲每部三十卷，分裝六册。此即天禧胡氏刊本，爲後來各本之祖，亦爲今知宋人别集第一刻。

　　南宋高宗紹興十九年（一一四九），知明州、提舉學事徐琛重刻是集於明州公庫，跋之曰：“《騎省徐公文集》三十卷，天禧間尚書都官員外郎胡君克順編録刊行，且奉表上進。……年世夐遠，兵火中厄，鮮有存者。偶得善本，使公庫鏤板以傳。”此即明州公庫本。

　　晁公武《郡齋讀書志》（以下簡稱《讀書志》）衢本卷一八著録《徐鉉集》三十卷，稱其“幼能屬文，尤精小學。文思敏速，凡所撰述，常不喜預作。有欲從其求文者，必戒臨事即來請，往往執筆立就，未嘗沉思（按：“文思敏速”至此，原無，據《文獻通考》卷二三三引補）。嘗謂‘文速則意思雄壯，緩則體勢疏慢’。集有陳彭年序”。陳振孫《直齋書録解題》（以下簡稱《解題》）卷一七曰：

　　　　《徐常侍集》三十卷，左散騎常侍廣陵徐鉉鼎臣撰。其二十卷，仕江南所作；餘十卷，歸朝後所作也。所撰《李煜墓誌》，婉嫩有體，《文鑒》取之。

晁、陳二氏所見，當不出天禧、明州二本。馬端臨《文獻通考》（以下簡稱《通考》）卷二三四從之。鄭樵《通志》卷七〇《藝文略八》（以下簡稱《通志》）著録爲二十卷，疑“二”乃“三”之訛。《宋史》卷二○八《藝文志七》（以下簡稱《宋志》）著録爲“三十二卷”，疑連附録。

是集元、明兩代殆無覆刻本。明《文淵閣書目》卷九著録“《徐騎省文集》一部十册，完全”。其他如《脈望館書目》載“《徐常侍集》四本”，《世善堂藏書目録》卷下有“《徐常侍集》”之目，而《徐氏家藏書目》卷六、《絳雲樓書目》卷三陳景雲注皆爲“《騎省集》三十卷”本。

宋明州公庫本今猶傳世，即明《文淵閣書目》著録之本，現藏日本大倉文化財團。該本至明末《内閣藏書目録》（以下簡稱《内閣書目》）已不登録，蓋已流入民間，清初藏徐氏傳是樓，後竟流入東瀛。近年北京大學嚴紹璗先生到日本考察漢籍，作《日藏漢籍善本書録》，其《集部·別集類》（以下引此書同，不再注）著録該本道：“每半葉有界十行，行十九字。白口。版心下有刻工名姓，如施章、劉仲、徐彦、胡正、洪先、朱禮、王寔、王伸、陳忠、洪茂等。此本係據北宋天禧中胡克順刻本重刊。末有提學徐琛撰《明州重刊徐騎省文集後序》。大字大本，惟缺卷一第十九葉，卷十第十四、第十九兩葉。卷中有‘應奉危素讀過’手書墨筆，並有‘文淵閣’、‘徐建菴’、‘乾學’、‘曾在定邸行有恒堂’、‘夢曦主人’等印記。”則該本在入明文淵閣之前，曾經元危素收藏，殊爲珍貴。

今國内唯存明、清影寫本、鈔本，以及清末、民初由影寫本、鈔本而出之覆刻本。兹以鈔本、刻本分别述之如次。

明、清影寫本、鈔本，今國内著録多達二十餘部，其中不乏善本。明鈔本似僅有一部，即朱彝尊校並補鈔之本，莫友芝《邵亭知見傳本書目》卷一三以爲原本係明鈔。該本今藏國家圖書館。據傅增湘《藏園群書經眼録》（以下簡稱《經眼録》）

卷一三，該本每半葉十行二十字，有人據宋本以硃筆校過。其中第二十一至二十三卷爲朱竹垞彝尊手録本，張芷齋（載華）有跋曰：“竹垞先生手鈔三卷，内《韻譜序》頗有訛脱，從元刻本校正（祝按：“元”通“原”，當指宋本），乙未季夏芷齋曝書，偶記於觀樂堂中。”卷末有“道光辛卯歲武原馬氏漢唐齋收藏書籍”藍色木記，有識語道：“《騎省集》六册，秀水朱太史（彝尊）故物，卷中丹黄皆竹翁親自點勘，其手録半帙書法古雅，較之陋板惡鈔，真同霄壤。後歸花山馬寒中先生，甲辰、己巳間，南樓圖籍雲散，予乃得而有之。攬兹妙墨，不勝盛衰今昔之感。小山叢桂書齋識。”該本有朱彝尊、馬思贊等諸多藏印，詳《經眼録》。

　　是集清鈔藏本雖夥，但多由宋本轉相傳録，故略舉數本，其他即可類推。

　　一、鮑氏知不足齋鈔本、盧氏抱經堂鈔校本。兩本蓋皆出於馮舒手校本。鮑本今藏南京圖書館，有鈔配，乃丁氏舊物，《善本書室藏書志》卷二六著録道：“《徐公文集》三十卷，知不足齋鈔本。右依宋本繕録，行款避諱悉同。前帙間有鮑廷博校字。”抱經堂本今藏國家圖書館，盧氏跋曰：“余從鮑氏借得此集，乃虞山馮己蒼舒手校本，余又爲正其所未盡者。録成，復請江陰趙敬夫曦明覆審，又得十數條。其本脱者尚無從補正之，然此已可信爲善本矣。”（《抱經堂文集》卷一三）

　　二、黄丕烈校跋本。嘉慶庚申（三十九年，一五六〇）黄氏跋，稱書友自錫山故家收得鈔本，頗舊，“行款亦與影宋本（祝按：指所借周錫瓚藏本）大同小異。爰竭數日功，手校其誤，雖縮本仍然，而宋本面目約略可見。宋本亦有訛脱。鈔本間有空格處，當是按其文義，以意存疑，此時悉據宋本校勘，不敢輕易，佞宋之譏，識者諒之。宋本遇宋諱避之甚嚴，知宋本確然可信，而影寫者纖悉遵之，知非貿貿傳録之本矣"。此本今藏國家圖書館，涵芬樓嘗據以影印收入《四部叢刊初編》，《四部叢刊書録》曰："此舊鈔本，黄蕘圃（丕烈）以影宋鈔本校並跋，改正筆畫，鈎勒行款，纖悉必遵。""卷十缺十四、十九兩葉，卷一缺詩九首，當不止一葉。宋本亦然。"

　　三、十萬卷樓藏鈔本。此本今藏南京圖書館，乃丁氏舊物，《善本書室藏書志》卷二六著録爲依宋鈔本，王晚聞（宗炎）舊藏，記之曰："《明州重刊徐騎省文集後序》末，有迂齋金侃識云：'此本虞山錢氏於崇禎間從史館印摹南宋本，字頗大，予縮小鈔之。集中"今上御名"者，高宗構也。太祖諱匡胤，太祖父仁祖諱殷弘，真宗諱禎，英宗諱曙，故字皆缺一筆。太宗諱炅，神宗諱頊，欽宗諱桓，如敬、鏡、竟、貞、徵、晁、署、完諸字，亦缺一筆。今悉仍之。'右乃吳興陶氏鈔本，格（此上當脱一字），版心刊'篤素好齋藏書'六字。有'十萬卷樓'、'晚聞居士'兩印。"

　　除上述外，猶有國家圖書館藏邵恩多校跋本（亦以周錫瓚影宋本校，參《鐵琴銅劍樓藏書目録》卷二〇），上海圖書館藏翁枚鈔本及彭氏知聖道齋鈔本（從范氏天一閣假鈔，彭氏跋見《知聖道齋讀書跋》卷二），以及上海師範大學圖書館、浙江大學（原杭大）圖書館所藏清影宋鈔本，等等。所有影宋、依宋鈔本皆有一共同特點，即卷一、卷十有缺葉，與前述日本大倉文化財團所藏明州公庫本同，知並源於該宋本。

　　然而亦有源於另一宋本者，即日本静嘉堂文庫所藏影宋鈔本。《日藏漢籍善本書録》稱之爲"古寫校宋本"，共八册，原爲陸心源十萬卷樓舊藏。陸心源《影宋明州本騎省集跋》曰：

> 《徐公文集》三十卷，從宋紹興中明州刊本影寫，題
> 曰“東海徐鉉撰”。……每葉二十行，行十九字。每卷有
> 目，連屬篇目。各家藏本卷十《烈武帝廟碑》“告貞符”下
> 缺三百八十字，《三清觀記》“其守固者其事舉”下缺五十
> 餘字，此本皆完具，洵善本也。

李英元《重校徐騎省集後序》以爲陸氏本所據宋本，當與各家
藏本所據宋本不同，“蓋諸家所鈔、所藏者，大抵皆據宋版最
後所印脱爛之本，陸氏舊鈔所據、所傳者，猶是宋版初印之本
故耳”。此可備一説。

以上述是集明、清鈔本。上引李英元《重校後序》又曰：
“《徐公文集》初刊於北宋天禧間尚書都官員外郎胡公克順，
再刊於南宋紹興間知明州軍州事、提舉學事徐公琛，宋、元以
來，並未聞有三刊之本。今各家舊鈔本，凡有宋高宗御名
‘構’字，均有小注‘今上御名’四字，知各家傳鈔本皆據紹興
明州本遞相傳録，以致互有訛脱。”明乎此，諸鈔本情況即可
大體明瞭。《四庫全書總目》著録馬裕家藏本，殆亦傳鈔本，
卷目編次爲：卷一，賦、詩；卷二至五，詩；卷六至九，制；卷
一〇至一二，碑銘；卷一三、一四，記；卷一五至一七，墓誌銘；
卷一八、一九，序；卷二〇，表、書、狀、祭文；卷二一、二二，詩；
卷二三，序；卷二四，序、連珠、贊、銘、論；卷二五、二六，碑銘；
卷二七，碑銘、神道碑、碑文、碣；卷二八，記；卷二九、三〇，墓
誌銘。

是集清末、民初有刻本，俱由鈔本出。清末本乃光緒十
六年（一八九〇）黔南李宗煴自徐乃昌家借出所藏明鈔本，由
金陵書局鏤板印行。徐乃昌在《影刊宋明州本徐公文集跋》

中回憶，當時任校事者“奮筆蹈隙，遇有脱訛，任意增改，迹近專輒”。宗熠子英元《重校後序》亦謂當時請舊交朱孔彰（仲武）爲之校勘，“朱君以原鈔本脱訛頗多，又無別本參校，僅就己意及所見各書有關此集者，據以校正，凡二百餘事，各爲札記，附於本集之後”。如此粗率，校勘質量可想而知，故李宗熠亦“終以不能精美爲憾”。宗熠死後，英元取初印本細閲之，“知脱訛之字，各篇皆有。乃遍作字告諸同志，及江浙諸藏書家，先後假得桐城蕭氏文徵閣所藏吳門高士金迁齋侃手鈔本，又借諸暨孫問清太史廷翰假得江陰繆筱珊太史荃孫新得秀水朱竹垞先生鈔本，又得烏程蔣氏維基所藏錢牧齋（謙益）尚書影寫明內閣宋本，最後又假得會稽章小雅處士善慶傳鈔本，並歸安陸存齋觀察心源校宋本，瑞安孫仲容部郎詒讓舊鈔本，互爲對勘，正訛補脱，先後刊改三千餘條。仲容部郎又爲詳考舊籍，並據所見，又爲校定三十餘條，大致完美”（《重校後序》）。可見李英元於是集重校，用力頗勤。由於重校使用善本衆多，其中如錢謙益影寫明內閣宋本（該宋本即今日本藏本，而清代許多鈔本皆由錢本傳録）、陸心源鈔本等，版本價值甚高，有些今已不復可見，故重校本之校勘頗可取。李氏刻本今國內著録二十餘部，日本東京大學、京都大學亦有藏本。

　　民初本乃民國八年（一九一九）徐乃昌以所得影寫宋明州本付梓者。跋稱“因宋本而知鈔本之訛脱，又因讎校宋本而知宋本之不能無訛脱。管窺所及，別爲《校記》一卷。復從《宋文鑒》《會稽掇英集》《全唐文》等書輯得佚文六篇，並附刻焉”。影刊精美，收文又全，堪稱善本。《全宋文》即用此本爲底本，校以各本，輯得佚文十三篇。徐氏“因讎校宋本而知宋本之不能無訛脱"語，乃經驗之談。大凡宋本較後來覆刻本爲善，然而並非毫無舛誤，後人校勘，仍不可忽。徐氏影刊本今國内著録近二十部，日本京都大學亦有藏本。

《全宋詩》用《四部叢刊初編》本爲底本。

【參考文獻】

胡克順《進徐鉉文集表》及宋真宗《批答》（《四部叢刊初編》本《徐公文集》卷首）

陳彭年《徐公文集序》（同上）

晏殊《徐公文集跋》（同上卷末）

徐琛《明州重刊徐公文集跋》（同上）

黄丕烈《校鈔本徐公文集跋》（同上）

盧文弨《校鈔本徐常侍文集跋》（《四部叢刊初編》本《抱經堂文集》卷一三）

陸心源《影宋明州本騎省集跋》（《潛園總集》本《儀顧堂集》卷一四）

李宗熲《刊徐騎省文集序》（光緒本《徐騎省集》卷首）

李英元《重校徐騎省集後序》（同上卷末）

徐乃昌《影刊宋明州本徐公文集跋》（影刊本《徐公文集》卷末）

宋文安公宫詞一卷

宋　白　撰

宋白（九三六——一〇一二），字太素，大名（今屬河北）人。建隆二年（九六一）進士，歷翰林學士、吏部尚書。學問宏博，嘗預修《太祖實録》，又與李昉等主持編纂《文苑英華》。卒諡文安。晁氏《讀書志》卷一九著録《宋文安集》一百卷,然謂其文"頗浮麗,而理致或不工。典貢舉,取王禹偁、田錫、胡旦,時稱得人"。《通考》卷二三三從晁氏,"時稱得人"下有"又名《廣平集》"句。《解題》卷一七即著録《廣平公集》一百卷。《通志》、《宋史》卷四三九本傳、《宋志》皆著録文集一百卷,《宋志》又有《柳枝詞》一卷。

百卷本文集久佚,亦未見宋人序跋,在宋代刊佈情況不詳。陸游《老學菴筆記》屢有徵引,蓋南宋尚傳世。今僅存《宮詞》一卷。其宮詞宋代嘗收入《五家宮詞》,《解題》卷一五著録道:

> 《五家宮詞》五卷,石晉宰相和凝、本朝學士宋白、中大夫張公庠、直秘閣周彥質及王仲修,共五人,各百首。仲修當是王珪之子。

《通考》卷二四八從之。《宋志》所謂《柳枝詞》,不詳是否即宮詞,亦不詳宮詞是否嘗闌入文集。

今按《宮詞》有作者自序,言其旨趣道:

> 至於觀往迹以緣情,採新聲而結意,鼓舞昇平之化,揄揚嘉瑞之徵,於以示箴規,於以續《騷》《雅》,麗以有則,樂而不淫,則與夫瑶池粉黛之詞,玉臺閨房之怨,不猶愈乎!⋯⋯援筆一唱,因成百篇。言今則思繼頌聲,述古則庶幾風諷也。

《五家宮詞》及唐王建、後蜀花蕊夫人、宋王珪三家《宮詞》三卷,益以《宣和御製》三卷、胡偉《集句》一卷,稱《十家宮詞》,南宋末臨安府棚北大街陳氏書籍鋪有刊本,即所謂"書棚本"。明末毛氏汲古閣有影鈔書棚本,今藏國家圖書館。清康熙間，倪燦得宋書棚原刻本，朱彝尊見而録副，託胡介祉刊之，朱氏序曰：

> 上元倪檢討闇公（燦）得《十家宫詞》於肆市中，……
> 蓋猶是宋時雕本，予見而亟録副。會山東布政司參議胡
> 君循齋（介祉）以轉運至潞河，屬其復鋟諸木。鋟未竟而
> 闇公殁於官，其仲子亦夭，求宋本不可再得。籍胡君之
> 力而是書以存，誠厚幸也。

時在康熙二十八年（一六八九）。傅增湘嘗得胡刻重修本，作《十家宫詞跋》，謂：“嗣胡氏旋京師，仍以刊板歸之竹垞（朱彝尊），卷首有康熙二十八年竹垞自序。至乾隆初年（祝按：乃乾隆八年，一七四三），史開基得其版於外舅家，又補其殘蝕以行世，即此本也。”

一九三〇年（庚午），周叔弢得宋書棚本，只四家，遂影印爲《四家宫詞》（詳後張公庠《宫詞》叙録）。傅增湘《影宋本十家宫詞跋》曰：“蘊山田君（中玉）見而愛之，深恐其流播之未廣也，爰取影本以覆諸木。其宋文安等六家，則依余所藏朱本（即胡刻本）模摹，以足十家之數。惟《王建宫詞》内標舉各則及卷尾增人諸首咸勞巽卿（格）親筆校録，朱氏原本所無也。”傅氏又以書棚本四家校其所藏朱刊本，朱本頗有誤字。其《宋書棚本四家宫詞跋》曰：

> 取朱刊本校之，標題銜名行款悉仍舊式，然誤字時
> 復不免。如《張公庠詞》，開卷第一句“學士經筵論古
> 今”，朱刊本誤作“經綸”矣。通勘各卷，凡《宣和宫詞》改
> 正二十四字，《張公庠宫詞》改正五字，《王仲修宫詞》改
> 正十一字，《周彦質宫詞》改正十五字，通計改正得五十

五字。

由此觀之，田中玉刊本因有四家直接由影印宋本出，較康熙胡氏刊本更爲精善。胡刊本今僅存史開基重修本，影印《四家宫詞》及田氏影宋刊本《十家宫詞》，今有傳本。近年北京中國書店嘗將田氏刊本影印。傅增湘所得胡刻重修本，其《十家宫詞跋》稱鈐有"鮑氏知不足齋藏書"、"天都鮑氏困學齋圖籍"、"袁簡齋書畫印"各印，書衣有勞季言（格）題字一行云："道光乙巳（二十五年，一八四五）五月購於知不足齋，丹鉛精舍主人記。"《宣和宫詞》後勞氏手寫緑君亭本（即毛氏本）十首，又補録渌飲（鮑廷博）跋五行。《王建宫詞》後録楊升菴所補七首，緑君亭本三首。傅氏又據宋書棚本《四家宫詞》校。此本今藏國家圖書館。

　　宋代宫詞各家，除楊太后外，皆見於上述各本，後將陸續著録，此特詳述之。

　　《全宋詩》用毛氏汲古閣影鈔《十家宫詞》本爲底本，輯得佚詩三十首。

【參考文獻】

　　宋白《宫詞自序》（中國書店影印田中玉影宋刊《十家宫詞》本《宋文安公宫詞》卷首）

　　朱彝尊《十家宫詞序》（同上本卷首）

　　田中玉《影宋刊十家宫詞序》（同上）

　　傅增湘《十家宫詞跋》《影宋本十家宫詞跋》《宋書棚本四家宫詞跋》（《藏園群書題記》卷一八）

咸平集三十卷

田　錫　撰

田錫（九四〇——一〇〇四），字表聖，洪雅（今屬四川）人。太平興國三年（九七八）進士第二，官終右諫議大夫、史館修撰。范仲淹《田司徒墓誌銘》（《宋人集》本《咸平集》卷首，又見《范文正公集》卷一二）曰："著文章成五十卷，目之曰《咸平集》，行於世。"墓銘作於仁宗寶元二年（一〇三九），蓋其時已有刊本。《隆平集》卷一三、《東都事略》卷三九本傳皆著録爲五十卷。衢本《讀書志》卷一九亦著録《咸平集》五十卷，謂"范仲淹、司馬光讀其書，皆稱其直諒，蘇軾亦以比賈誼云"。《解題》卷一七曰：

> 《咸平集》五十一卷，諫議大夫漢嘉田錫撰。太平興國三年進士第二人。范文正公誌其墓，東坡序其《奏議》十篇，所謂"憂治世而危明主"者也。今首卷有奏議十二篇，即東坡所序（祝按：此句原無，據《通考》卷二三四引補）。錫之子孫亡顯者。端平初，南充游似景仁爲成都漕，奏言"朝廷方用端拱、咸平之舊紀元，而臣之部内乃有端拱、咸平之直臣，宜褒表之以示勸，願下有司議諡"。博士徐清叟直翁、考功黄朴誠甫議，諡曰"獻翼"云。今漢嘉田氏子孫，不知存亡，而文集板之在州者，亦毁於兵燼矣，可爲永歎！

晁氏所見，或即北宋本。陳氏謂"板之在州者"云云，按洪雅宋代屬嘉州（今四川樂山），因知嘉州嘗有刊本；陳氏時代距寶元已兩百年，且其本有范仲淹《墓誌銘》、蘇軾《奏議序》，則必非《墓誌銘》所云行世之本。疑《解題》所録爲重刻本，故有五十一卷，與晁氏著録不同，蓋嘗增刻附録一卷。

尤袤《遂初堂書目》除著録《咸平集》外，又有《奏議》《章疏別集》。《奏議》疑即蘇軾所序十篇，當有單行本。《通考》卷二三四、《宋史》卷二九三本傳及《宋志》皆著録本集五十卷，《宋志》另有《別集》三卷、《奏議》二卷，疑即尤袤著録之本。

上述各本，至明代當已殘闕或散佚，明初《文淵閣書目》、明末《内閣書目》皆無其目。朱氏《萬卷堂書目》卷四、祁氏《澹生堂藏書目》卷一三著録《咸平集》三十卷，與宋本卷數不同。唯錢謙益《絳雲樓書目》卷三陳景雲注爲"五十卷"，不知實有其本，抑據史傳所載，且不詳是何版本。錢氏絳雲樓本殆清初已毀於火，即有其本，亦不復可睹。

是集今以明祁氏澹生堂鈔本爲最古。該本迭經彭氏知聖道齋、徐行可、蔣氏密韻樓收藏，最後爲傅增湘購得，今藏國家圖書館。傅氏《經眼録》卷一三著録，其《明澹生堂鈔本咸平集跋》詳述之曰：

> 集凡三十卷，第一奏議，第二至四書，第五至七古賦，第八、九律賦，第十至十二論，第十三箴，第十四銘，第十五、十六律詩，第十七至二十古風歌行，第二十一頌，第二十二策，第二十三至二十五表，附笏記，第二十六、二十七奏狀，第二十八、九制誥，第三十考詞。卷首有蘇軾撰《田表聖奏議序》，范仲淹《田司徒墓誌銘》，司馬光《神道碑陰》，末卷後附錫撰《先君工部郎中墓碣》。明山陰祁氏寫本，竹紙，藍格，半葉十行，每行二十字，板

心下方有"澹生堂鈔本"五字。彭文勤公（元瑞）硃筆校過，有手記二則。收藏印記有"南昌彭氏"、"知聖道齋藏書"、"錢犀菴藏書印"、"教經堂錢氏印"。其他荆門王氏、烏程蔣氏、武昌徐氏諸印皆近人，不具録。原本鈐有祁曠翁、吕晚村家印，爲後人挖毀，然其字迹尚隱隱可辨識也。……詳審此本，雖繕寫未精，而格式甚古，卷中如結衔及空格諸事，悉存舊式，所據必從古槧而出。間有舛誤之處，如卷一《上太宗答詔論邊事》第七條下頗有錯簡，已取宋刊《皇朝文鑒》改正之。下篇《軍國要機》亦有奪文三四事。其《文鑒》中《論邊事疏》及《御覽序》二篇爲本集所遺。全書經彭文勤手校，奏議數首爲友人徐行可以《文鑒》對勘。

是本歸傅氏後，又經其手校，批於書眉。雖再以宋本《國朝二百家名賢文粹》所收田氏文校之，傅校仍有誤字，然因別無古槧，是本遂爲世所珍。又《四庫提要》以爲三十卷乃"後人重輯之本，非其舊也"，傅氏亦謂是"後人補輯"。然其格式既存舊式，"補輯"之説似乎可疑，輯本當無宋人提行空格舊式可循。宋代既無三十卷本著録，則疑是據宋本五十卷合併，更可能是據殘宋本（或影寫殘本）重編，方較合乎情理。

除澹生堂鈔本外，今國内猶著録清鈔本五部，日本静嘉堂文庫藏一部，大倉文化財團藏一部（有徐時棟題識，詳見《日藏漢籍善本書録》），皆三十卷。前引傅跋述其所知各本道："歷覽近世諸家書目，如持静齋丁氏、適園張氏，皆依閣本傳鈔，而閣本所從出，則兩江採進本也。此外帶經堂陳氏、皕宋樓陸氏、善本書室丁氏所載均爲舊鈔。惟鐵琴銅劍樓瞿氏所藏爲知不足齋藏本，藝風堂繆氏所藏爲孔紅谷（繼涵）傳鈔周書倉(永年)兩江遺書本,鐵華館蔣氏所藏爲張立人手鈔本,視陳、陸諸家爲有依據。"又北京大學圖書館藏李氏書中,有愛日精廬舊鈔本,見《木犀軒藏書書録》。今以國家圖書館藏張位(立人)鈔本、影印文淵閣四庫本及國圖另一清鈔本校澹生堂鈔本,卷一《上太宗答詔論邊事》錯簡略同,似諸鈔同出一源。

　　除《咸平集》三十卷外,明代另有《田表聖奏議》一卷,《四庫總目》著於史部"存目",《提要》曰:"此本乃明給事中安磐所搜輯,共得奏疏十四篇,附以錫所作箴、序二篇(祝按:《經眼録》卷四載有目録),本傳及墓誌銘二篇。世所傳《咸平集》今尚有傳本(指三十卷本),凡是編所録者,已具載集中。磐蓋未見其書,故復爲裒輯。焦竑《國史經籍志》載錫《奏議》一卷,與《宋史》不合,蓋亦僅據此本也。"據傅氏《經眼録》,是書國家圖書館有藏本。

　　當澹生堂鈔本尚屬徐行可時,南城李之鼎嘗假以迻録,校以文津閣庫本,於民國十二年(一九二三)刊入《宋人集》丁編,是爲現存《咸平集》僅有之刊本。傅氏《跋》譏其"鐫工疏率,讎校不精,未爲佳本"。今以澹生堂本校之,誤字確乎不少,又往往將原本校語如"衍"、"誤"等字刻作正文,殊爲可笑,然亦並非多到"觸目皆是"。刊本依原本提行空格,可由以睹祁本舊式,亦屬可貴。《全宋文》即用該本爲底本,輯得佚文十九篇。《全宋詩》底本同。

【參考文獻】

蘇軾《田表聖奏議叙》(《宋人集》丁編本《咸平集》卷首)

彭元瑞《祁氏澹生堂鈔本咸平集跋》(同上)

傅增湘《明澹生堂鈔本咸平集跋》(《藏園羣書題記》卷一三)

李之鼎《咸平集跋》(《宋人集》丁編本《咸平集》卷末)

乖崖先生文集十二卷

張　詠　撰

張詠（九四六——一〇一五），字復之，自號乖崖，又號九河生，濮州鄄城（今山東鄄城）人。太平興國五年（九八〇）進士，仕至禮部尚書。宋祁《張尚書行狀》（《景文集》卷六二）曰："平生論著，仲氏詵集之成十卷，以行於代。"又韓琦《張公神道碑銘》（《安陽集》卷五〇）："有文集十卷。"則集乃其弟張詵衰輯，原爲十卷，既云"行於代"，蓋當時已有刻本，刊印時間不詳，約在張詠辭世後不久。

衢本《讀書志》卷一九著録道：

> 《張乖崖集》十卷。右皇朝張詠字復之，濮州人，太平興國中進士，累擢至樞密直學士、御史中丞、禮部尚書。卒，年七十。少好擊劍，兼通術數。爲文尚氣，不事雕飾。自號乖崖公。知益州，恩威並著，至今人畏愛之。錢易所撰《墓誌》，李畋所纂《語録》附於後。

晁氏所録，當即張詵原編本。《通考》卷二三四、《宋史》卷二九三本傳及《宋志》著録同。

南宋嘉定間，是集又有郭森卿增編本，咸淳時伊賡重刻之。陳氏《解題》卷一七即著録郭刻本：

> 《乖崖集》十二卷、附録一卷，樞密直學士忠定公鄄城張詠復之撰。"乖崖"，其自號也。錢希白爲墓誌，韓魏公爲神道碑。近時郭森卿宰崇陽時刻。此集舊本十

卷，今增廣，並《語録》爲十二卷。

按郭森卿序曰：

　　森卿初至邑，會舊尹三山陳侯模授一編書，乃公遺文，欲刊之縣齋而未果，屬使成之。讀其歌詩，有古樂府風氣，律句得唐人體。若《聲賦》之作，又其傑然雄偉者，因揭以冠編首。或者以《小英歌》等不類公作，然其詞艷而不流，政自不害爲宋廣平《梅花賦》耳。《語録》舊傳有三卷，今采摭傳記，僅爲一卷以附焉。遺事所載未備，輒以所聞增廣，又於石刊中增收詩八篇。好事者有爲公年譜，亦加删次，别爲一卷，尚論其世者，宜有取爾。舊本得之通城楊君津家，凡十卷，今爲十二卷。其會粹訂證，實屬之尉曹孫君惟寅，而使學生存中參焉。外有韓魏公所作《神道碑》，内翰王公（禹偁）送公《宰崇陽序》，李巽岩（燾）《祠堂記》，項平菴（安世）《北峰亭記》，此其人皆知公之深者，爰並録之，覽者得其詳焉。

所謂《語録》，《經眼録》卷一三嘗著録宋刊宋印二卷本，卷末有紹定庚寅（三年，一二三〇）刊於錢塘俞宅書塾木記，顧麈士怡園藏書。該本原單行，半葉九行二十字，至郭刻始並入文集。郭序稱"舊傳有三卷"，蓋另一本。郭刻今猶存一部，乃潘氏滂喜齋舊物，現藏上海博物館。《滂喜齋藏書記》卷三著録道：

　　宋刻《乖崖集》十二卷、附集一卷，四册。晁公武《讀書志》著録十卷。陳直齋曰：近時郭森卿宰崇陽刻此集，並《語録》爲十二卷。此即森卿刻本，前有其序，後附項平叔（祝按："叔"當爲"菴"之誤。項安世，字平菴）《北峰亭記》，題嘉定三年（一二一〇）九月，則嘉定以後刻也。黄蕘圃藏本咸淳乙巳（祝按：咸淳無“乙巳”，當是“己巳”之誤。咸淳己巳爲咸淳五年，一二六九）左綿伊賡刻，即出郭本，《百宋一廛賦》所謂“讓《乖崖》於崇陽”者也。其書僅有六卷，卷七至末皆賜書樓舊鈔。此本既爲祖本，且首尾完好，槧印精美，誠足駕士禮而上之。每半葉九行，行十八字。黄本每半葉十二行，行廿字，蓋覆刻時行款亦改易矣。畢秋颿、董蔗林兩尚書皆有藏印。

附藏印：沈士林、沈巽、東陽子、顧汝修印、蔗林藏書、秋颿、月樣胡盧印、茀孫氏。

是本卷目編次爲：卷一至五，詩；卷六，雜著；卷七，書；卷八，記；卷九、一〇，表；卷一一，狀；卷一二，語錄。民國二十四年（一九三五），上海商務印書館將其影印入《續古逸叢書》。今觀影印本，所謂“槧印精美”，信非虛語。

潘氏所述黄丕烈舊藏本，即伊賡翻刻郭本，黄氏《百宋一廛書錄》著錄道：

《乖崖先生文集》，相傳宋代有二本，一本十卷，一本十二卷。十二卷之本，蓋郭森卿官崇陽刻者也。今所得即郭本，而又爲後人重刻。前有咸淳己巳中春朔邑子朝散大夫、特差荆湖安撫大使（祝按：“使”，《適園叢書》本誤“吏”，據原本序文改）司主管機宜文字、權澧州軍州事、賜緋龔夢龍序，其云“前令君天台郭公森卿嘗刊置郡齋，己未（祝按：即理宗開慶元年，一二五九）兵毀，遂爲煨燼。今令尹（祝按：“尹”原誤“史”，據原本序文改）左綿伊公賡以儒術飾吏，復鋟梓以壽其傳”，是此本又爲宋刻之第三本矣。惜僅存六卷，六卷以下爲賜書樓舊鈔本。然較外間傳本，已有不同處，即如《青箱雜記》載詠《贈官妓小英歌》，時本以爲今不見集中，然宋刻第二卷有云《筵上贈小英》，當即此首，而郭序云或者以《小英歌》詩等不類公作，然其辭艷而不流，自不害爲宋廣平《梅花賦》耳。則《小英歌》宋刻明明有之，時本豈以其不類而削去耶？然非其舊矣。

顧廣圻《百宋一廛賦》所謂"讒《乖崖》於崇陽"，即指此本，黄氏有注。

黄丕烈本後歸汪士鐘，見《藝芸書舍宋板書目》；再歸楊氏海源閣，《楹書隅録》卷五著録，録卷末黄氏題記曰："自'右見厄史'以下從舊鈔本補，鈔本已於壬戌春携贈蜀人張船山太史同年矣。蕘翁記。"又記其本道："每半葉十行，行二十字。卷七至末舊鈔補，板心有'賜書樓'三字。卷前有樸學齋印，黄氏各印。蕘圃《百宋一廛賦》著録。"

該本後被楊氏後裔於天津拍賣。一九三一年（辛未）二月十二日，傅增湘在天津鹽業銀行庫房檢視之，然後記曰：

> 《乖崖先生文集》十二卷，（宋張詠撰。）附録一卷。（卷七至十二及附録配明寫本。）宋咸淳五年己巳左綿伊廣崇陽縣刊本。半葉十行，行二十字，白口，左右雙闌。版心下魚尾下記"古詩"、"律詩"、"雜著"等字，殊爲少見。首龔夢龍序，行書七行；次郭森〔卿〕序，九行（祝按：均指每半葉，以手書上板）。全書淡墨印，多模糊。（《經眼録》卷一三）

此本後輾轉歸國家圖書館，今藏該館善本室。

宋刊十卷本明代當猶傳世，明末陳第《世善堂藏書目録》卷下、錢謙益《絳雲樓書目》卷三皆有著録，後散亡。元、明兩代蓋無覆刊本。今存明、清寫本十餘部。重要者有：日本静嘉堂文庫藏影宋鈔本十二卷、附録一卷，乃陸心源舊物，見《皕宋樓藏書志》卷七二、《静嘉堂秘籍志》卷三三。陸氏《影宋乖崖集跋》曰：“影寫宋郭森卿刊本。每葉十六行，行十六字。凡遇‘先帝’、‘陛下’等字皆提行，宋諱皆缺筆。前有郭森卿題辭。”傅氏《經眼録》卷一三嘗記明寫本，與陸氏本行、字數同，然與前述郭刻本及伊賡重刻本不同，不詳其故，或影寫時未依原本行款歟？另，今南京圖書館藏明祁氏澹生堂鈔本（卷一至七配清鈔）、清沈氏鳴野山房鈔本，皆爲十二卷、附録一卷，乃丁氏舊物，丁丙有跋，參《善本書室藏書志》卷二六。此外，國家圖書館藏有康熙四十九年（一七一〇）吕無隱鈔本、浙江大學圖書館藏有清鈔咸淳本，等等。要之，各鈔本皆源於郭刻本及伊賡重刻本。《四庫全書》用孔昭焕家藏本，據《提要》，亦爲傳寫郭本。

　　光緒八年（一八八二），莫祥芝得康熙間吴門張位（青芝）仿宋鈔本，校以陽湖孫氏所藏明鈔本，據以上板，即所謂獨山莫氏仿宋刊本。此本每半葉十行二十字，黑口，左右雙邊，今國内有著録。

　　光緒十五年，李嘉績《懷瀘園叢刊》刊入《乖崖集存》六卷，卷首李氏《叙》曰：“費莫星源觀察藏舊鈔六册，背有印記，爲江蘇巡撫採購備選本，惜殘闕不全，佚賦、詩二卷，文四卷。……丐樊子雲門輯存若干首，依舊鈔序次，釐爲六卷，爰付梓人，俾行於世。”則所刻乃不全本。宣統二年（一九一〇），又有鉛印本。

　　綜觀《乖崖集》現存各本，自當以宋代郭刻本珍秘佳善，然其本（影印本）時有脱字作墨丁，校以配鈔伊刻殘宋本、吕氏鈔本及莫氏刻本等，可以相互訂訛補闕。

《全宋文》用《續古逸叢書》本爲底本，輯得佚文九篇。《全宋詩》底本同。

【參考文獻】

郭森卿《乖崖先生文集序》（《續古逸叢書》本《乖崖先生文集》卷首，題《題辭》）

龔夢龍《重刊乖崖先生文集序》（咸淳本《乖崖先生文集》卷首）

陸心源《影宋乖崖集跋》（《儀顧堂題跋》卷一一）

河東先生集 十五卷

柳　開　撰

柳開（九四七——一〇〇〇），字仲塗，大名（今屬河北）人。開寶六年（九七三）進士，歷知諸軍州，官至如京使。少好韓愈文，以古文古道相號召，宋之古文，實自開始。集乃其門人張景裒輯，咸平三年（一〇〇〇），張景序之曰："今緝其遺文，得共九十六首，編成十五卷，命之曰《河東先生集》。先生名氏官爵暨行事，備之《行狀》，而繫於集後。"衢本《讀書志》卷一九著錄道：

《柳仲塗集》一卷。右皇朝柳開字仲塗，大名人，開寶六年進士。太平興國中上書願備邊用，授崇儀使，知寧邊軍，徙全、桂二州，貶復州團練副使。居久之，復官，歷環、邠、曹、邢、代、忻、滄七州，咸平四年終於京師（祝按：據張景《柳開行狀》，開於咸平三年卒於并州，此誤）。開幼奇警，有膽氣，學必宗經，慕韓愈、柳宗元爲文，因名肩愈，字紹元（祝按：據本集當作"先"，"元"誤），既而易今名字，自以爲能開聖學之塗也。集乃門人張景所編。歐公嘗推本朝古文自仲塗始。

趙希弁《讀書附志》卷下（按：袁本《郡齋讀書志》卷五上、下爲《附志》，今簡稱《讀書附志》卷上、卷下。後同）曰：

《河東先生文集》十五卷。右如京使、知滄州河東伯柳開字仲塗之文也。《讀書志》云《柳仲塗集》一卷，希弁所藏乃十五卷。咸平三年張景序云……（已見前引，略）《行狀》附於後，亦景所撰也。開著書號東郊野夫，又號補亡先生，作二傳以見意。開垂絕，語景曰："吾十年著一書，可行於世。"景爲名之曰《默書》，辭意稍隱，讀者難遽曉，今載文集第一卷第一篇，凡六百二十三言。

晁氏所錄一卷本《柳仲塗集》，書名卷數皆與張景原編本異，當別是一本。"一卷"即不分卷，不詳是否完帙，趙氏似未之見。明陳氏《世善堂藏書目錄》卷下著錄《柳仲塗集》一卷，蓋即其本。又《絳雲樓書目》卷三著錄《河東先生集》一卷，或亦由該本出，注仍爲張景編。一卷本久佚，其詳不可考。《解題》卷一七曰：

《柳仲塗集》十五卷，如京使大名柳開仲塗撰。開，開寶六年進士，歷知常、潤州，以殿中侍御史換崇儀使，又歷八郡以卒。門人張景爲《行狀》及集序。本朝爲古文自開始，然其體艱澀。爲人慷慨急義，史亦稱其傲狠强愎云。

《通志》、《宋史》卷四四〇本傳、《宋志》並著録爲十五卷。則張景所編十五卷本，乃宋代通行之本。

是集宋代付梓情況不詳，今無明以前刻本著録，然館藏鈔本多達二十餘部，且多由宋本出。鈔本以明吴氏叢書堂本爲最古，原係瞿氏藏書，今藏國家圖書館。《鐵琴銅劍樓藏書目録》卷二〇著録道：“《河東先生集》十六卷，舊鈔本，宋柳開撰，門人張景編。集凡十五卷，末一卷爲景所作《行狀》一篇。舊爲吴文定鈔藏本，板心有‘叢書堂’三字。”則十六卷本實即十五卷本。清鈔或十六卷，或十五卷，區別在是否以《行狀》通爲編卷，非兩本也。然張景序明言《行狀》“繫於集後”，則以之爲第十六卷，已非古式。

陸心源《皕宋樓藏書志》卷七二著録舊鈔本《河東柳仲塗先生集》十五卷、附録一卷，有何焯康熙五十年辛卯（一七一一）春日手跋二則，其一曰：

> 《河東先生集》鈔本多訛謬，第十卷卷首相仍缺半葉，他本遂並失去第二篇矣。（陸）其清先生偶以此本見示，其每行字數近古，前有張景序，又止作十五卷，因留之，與余家所傳四明黄太沖家本，又借虞山毛氏所傳叢書堂本互勘焉，改正添補共二百餘字，稍可讀矣。此本“通”字皆缺末筆，乃避明肅父諱，疑亦出於北宋刻云。

是本既避“通”字，所據底本當刻於真宗大中祥符五年（一〇一二）十二月明肅劉氏立爲皇后之後，蓋即張景所刊。此鈔本今藏日本静嘉堂文庫，見《静嘉堂秘籍志》卷三三。今國家圖書館藏清鈔本之一，有周星詒、柯逢時等人題跋，録有何焯跋。又山東圖書館藏清初鈔本，亦有何焯批校並跋。乾隆乙卯（六十年，一七九五），蘭谿柳渥川（兆勳）文印堂嘗據戴氏

所藏何焯校本付梓，有盧文弨、錢大昕序，戴殿海跋（見《邵亭知
見傳本書目》卷一三、《經眼録》卷一三）。錢序稱柳開集“僅有傳鈔
本，又多魚豕之訛。近推吳中何義門學士手校本，而見之者
尠。蘭谿柳君渥川得浦江戴氏鈔本，因令其子書旂精校，付
諸剞劂”云云。是刻每半葉十行二十一字，黑口，左右雙邊。
國内著録五部，日本静嘉堂文庫、東京大學亦有藏本。光緒
七年（一八八一），巴陵方氏碧琳瑯館據乾隆刻本刊入《三宋
人集》，爲是集現存除乾隆柳氏本外的第二個刻本。

　　除上述外，今北京大學圖書館李氏藏書，有清初鈔本，末
有同治九年（一八七〇）孫澄之（文川）手跋，謂以（吕氏）南陽
村本校畢，南陽村本“亦甚潦草，其訛舛處多與此本同，無從
校勘”云云（參《木犀軒藏書書録》）。南陽村鈔本今藏南京圖書
館，乃丁氏書，爲吕氏講習堂舊藏本，有“禦兒吕氏講習堂經
籍圖書”等印。南圖所藏丁氏書中，猶有怡府舊藏藍格精鈔
本，有丹筆校字，鈐“安樂堂藏書記”、“明善堂珍藏書畫印”諸
印記，參《善本書室藏書志》卷二六。丁氏謂講習堂本“猶是
前明舊帙”，今皆著録爲清初鈔本。上海圖書館亦藏有清初
鈔本，有王聞遠校並跋。《四部叢刊初編》據舊鈔本影印。

　　《四庫全書》著録鮑士恭家藏本，當亦爲傳録本，翰林院
鈔底本今藏浙江省圖書館（存卷一至十）。文淵閣四庫本卷
目編次爲：卷一，默書、系、説；卷二，傳；卷三，論、疏；卷四，碑
文、説、記；卷五至九，書；卷一〇，表；卷一一、一二，序；卷一
三，祭文、贊、箴、哀辭、詩；卷一四、一五，墓誌銘；卷一六，張
景《行狀》。

　　以上所舉各本，包括刻本、鈔本，皆有一共同特點，即何
焯跋所云“第十卷卷首相仍缺半葉”，所見陝西師範大學黄永

年先生家藏明鈔殘本（鄧氏群碧樓逸書）、國家圖書館藏海外
鈔本微縮膠卷亦復如此。陸心源跋曙戒軒鈔本，稱“以宋鈔
本校之，卷首補殘表一首計五百四十餘字”。該本今藏國家
圖書館，其詳可參王重民《中國善本書提要》；然檢視原本，所
補乃殘表後半，其實仍缺半葉（按：殘表題爲《上皇帝陳情
書》，宋本《國朝二百家名賢文粹》卷六八尚存完璧，見《全宋
文》卷一一五）。因此似可得出結論：是集藏本雖夥，蓋皆源
於同一宋刻本，而該宋本卷十首篇缺半葉（按：明《文淵閣書
目》嘗著録“一部三册，殘闕”，當是宋本，不詳諸鈔本是否源
於該本）。各本轉相傳録，訛脱不一而足，包括乾隆刻本、《四
部叢刊初編》本等皆難稱善，時有闕舛，猶待參校諸本，精爲
校勘；然亦因同出一源，故張景舊本面貌尚約略可睹。

《全宋文》用《四部叢刊初編》本爲底本。

【參考文獻】

張景《河東先生集序》（《四部叢刊初編》本《河東先生集》卷首）

何焯《河東先生集跋》（《皕宋樓藏書志》卷七二）

盧文弨《新雕柳仲塗河東集序》（乾隆柳氏刊本《河東先生集》卷首）

錢大昕《重刻河東先生集序》（同上）

戴殿海《跋河東先生集後》（卷末）

小畜集三十卷

王禹偁　撰

王禹偁（九五四——一〇〇一），字元之，濟州鉅野（今山東

鉅野）人。太平興國八年（九八三）進士，官至知制誥兼翰林學士。平生著作宏富。早年貶商於時，嘗編有《商於唱和集》（《小畜外集》卷七《仲咸以予編成〈商於唱和集〉以二十韻詩相贈依韻和之》，自注道："予到郡一年，唱和始及百首。"）。同時人林逋有《讀王黃州詩集》（《林和靖詩集》卷三），不詳所讀詩集是刊是鈔。其後祖無擇《讀王元之〈後集〉題於卷末》詩（《祖龍學集》卷二）原注："其集三卷，皆出黃州後所作詩。"《隆平集》卷一三《王禹偁傳》曰："有《小畜集》三十卷、《奏議》十卷、《後集詩》三卷。"《通志》著錄《小畜集》三十卷、《別集》二十卷、《奏議》三卷、《承明集》十卷、《制誥集》十二卷、《四六》一卷。《東都事略》卷三九本傳稱"有《小畜集》三十卷、《奏議》十卷、《後集詩》三卷"。衢本《讀書志》卷一九著錄《小畜集》，曰：

> 王元之《小畜集》三十卷。右皇朝王禹偁字元之，鉅野人。家微賤，九歲能爲歌詩，畢士安見而異之。及長，善屬文，太平興國八年登進士第。端拱初，試文，擢右司諫、知制誥。判大理寺，辨徐鉉罪忤旨，貶商州團練副使。久之，復召知制誥，入翰林爲學士。孝章皇后崩，梓宮遷至主第，禹偁謂后嘗母儀天下，當用舊典，以謗訕左遷知滁州。真宗即位，復召掌制誥，修《太宗實錄》，坐語涉輕誣，出守黃州，徙蘄州，卒，年四十八。元之詞學敏贍，獨步一時，鋒氣俊厲，極談世事，臧否人物，以直道自任，故屢被擯斥。善稱獎後進，當世名士，多出其門下。集自爲序。

《解題》卷一七除著錄《小畜集》三十卷外，猶有《外集》二十卷，且曰："又有《承明集》十卷、《奏議集》三卷、《後集詩》三卷，未見。"《遂初堂書目》除《小畜集》外，尚有《奏議》。《通考》卷二三三從晁氏，又引《解題》。《宋史》卷二九三本傳謂其有《小畜集》二十卷（按：當是三十卷之訛）、《承明集》十卷、《集議》十卷（按：參之《隆平集》，《集議》疑是《奏議》之訛）、《詩》三卷（當即《後集詩》）。《宋志》除著録《小畜集》《小畜外集》《承明集》外，又增《別集》十六卷、《制誥集》十二卷。

綜上史傳書目所載，著者詩文集有（其中有的書名同，但卷數異，仍分別立目）：

一、《小畜集》三十卷（各書著録同）；

二、《小畜外集》二十卷（《解題》《宋志》）；

三、《後集詩》三卷（《隆平集》《東都事略》《解題》《宋史》本傳）；

四、《別集》二十卷（《通志》）；

五、《別集》十六卷（《宋志》）；

六、《奏議集》十卷（《隆平集》《東都事略》《宋史》本傳）；

七、《奏議集》三卷（《通志》《解題》）；

八、《承明集》十卷（《通志》、《解題》、《宋史》本傳、《宋志》）；

九、《制誥集》十二卷（《通志》《宋志》）；

十、《四六》一卷（《通志》）。

按蘇頌《小畜外集序》（《蘇魏公文集》卷六六）曰：

> 公之稿，晚年手自編綴，集爲三十卷，名曰《小畜》，蓋取《易》之懿文德而欲己之集大成也。《後集詩》三卷、《奏議集》三卷、《承明集》十卷、《五代史闕文》一卷，並行於世。而遺篇墜簡，尚多散落，集賢君（指禹偁曾孫王汾）購尋裒類，又得詩賦、碑誌、論議、表著凡二十卷，目

曰《小畜外集》。

則顯然《外集》所收，不包括前述已行世各集之詩文。唯《奏議》三卷、十卷兩本之關係，以及《别集》兩種情況不詳（二十卷本疑即《小畜外集》）。著者曾三度掌誥，代言之作必多，且累爲近臣，奏疏亦夥，《小畜集》《外集》皆未之收，自應在奏議、制誥諸集。今所存唯《小畜集》《小畜外集》（殘），則王禹偁詩文散佚甚多，《承明集》《奏議集》等陳振孫已稱"未見"，今更不復可睹矣。

《小畜集》乃著者手編，真宗咸平三年（一〇〇〇）末自序道：

> 閲平生所爲文，散失焚棄之外，類而第之，得三十卷，將名其集，以《周易》筮之，遇《乾》䷀（乾下乾上）之《小畜》䷈（乾下巽上）。《乾》之象曰："君子以自强不息。"是禹偁修辭立誠、守道行己之義也。《小畜》之象曰："風行天上，小畜，君子以懿文德。"説者曰："未能行其施，故可懿文而已。"是禹偁位不能行道，文可以飾身也，集曰《小畜》，不其然乎！

門人朱嚴嘗參與是集校勘。禹偁《和朱嚴留别》詩（《小畜集》卷一〇）曰："舊業煩君勘，新題爲我刊。"自注道："生爲勘《小畜集》，又書八絕詩石也。"

南宋高宗紹興十七年（丁卯，一一四七）六月，知黄州沈虞卿於郡齋將是集付梓，並序曰：

> （禹偁）平生撰著極富，有手編文集三十卷，名曰《小畜集》。其文簡易醇質，得古作者之體，往往好事得之者珍秘不傳，以故人多未見。虞卿假守於此，追訪舊址，躊

躇增慨，想見其人，思欲以次興葺，而鈍拙無能。救過不
贍，輒且先其大者，因以家笥所藏《小畜集》八本，更加點
勘，鳩工鏤板，以廣其傳，庶與四方學者共之。

是年七月，沈虞卿等以雕造《小畜集》申狀轉運司，詳載工本
售價，並以狀附之於集，因得傳之於今，遂爲研究宋代印刷史
之重要資料。申狀曰：

> 契勘諸路軍州，間有印書籍去處。竊見王黄州《小
> 畜集》，文章典雅，有益後學，所在未曾開板。今得舊本，
> 計一十六萬三千八百四十八字。檢準紹興令，諸私雕印
> 文書，先納所屬申轉運司，選官詳定，有益學者，聽印
> 行。除依上條申明施行，今具雕造《小畜集》一部共八册，計
> 四百五十二板，合用紙墨工價等項：
> 　印書紙並副板四百四十板。表褙碧紙一十一張，大
> 紙八張，共錢二百六文足；賃板棕墨錢五百文足；裝印工
> 食錢四百三十文足。除印書紙外，共計錢一貫一百三十
> 六文足。見成出賣，每部價錢五貫文省。右具如前。

據序文及申狀，知沈氏所藏舊本爲八册，而刊成後仍裝爲八
册。參之前引蘇頌《小畜外集序》所謂《小畜集》與《後集詩》
等數種“並行於世”之語，沈氏“舊本”疑爲北宋刊本，故裝訂
仍依其原有册數，申狀中“所在未曾開板”云云，蓋就紹興時
而言。否則，若“舊本”爲鈔本，刊後册數很難相合。由於北
宋本久佚，黄州本遂爲後來各本之祖。

是集金人蓋嘗翻刻（《金史·章宗紀一》謂學士院新進
唐、宋人文集二十六部，其中有王禹偁集），已久佚。元、明未
見刊本著錄（《四庫提要》謂“明代未有刊本”）。然宋本明代

當猶有多本傳世，《文淵閣書目》卷九、《趙定宇書目》、《脈望館書目》等皆著錄爲八册，當即紹興黃州本。今存唯宋刻殘帙，有配鈔（詳後），而館藏明、清寫本甚富。王重民《中國善本書提要》曰："《小畜集》有紹興十七年黃州刻本，流傳不廣，明、清以來，轉相傳錄，要皆以黃州本爲祖。黃丕烈得補鈔宋本，謂宋刻居三之一，堪傲汲古閣，似已不存（祝按：該本今存，詳後）。陸心源得明野竹齋鈔本，曾爲之跋，記其異同，載《儀顧堂題跋》卷十；後又校趙熟典刻本，爲《校補》二卷，刻入《群書校補》卷六十八、六十九。"以上述及三個重要傳本：

一是宋刻鈔補本。此本乃清道光元年（一八二一）黃丕烈購自冷攤。全書四百餘葉，宋刻居三之一；補鈔出呂無黨之手，亦源於宋本，板心有"吾研齋補鈔"五字。宋刻部分有"野竹齋"、"吳郡沈與文"、"沈辨之"各印，鈔補本有"惠氏"、"小紅豆"兩方印。見黃丕烈諸跋。此本後歸張金吾，《愛日精廬藏書志》卷三〇著錄；再歸瞿氏，《鐵琴銅劍樓藏書目錄》卷二〇著錄，稱"宋刊本存卷十二至十六、卷十八至二十四，餘皆石門呂無黨以謝氏小草齋本鈔補全，故後亦錄謝肇淛跋。板心有'吾研齋補鈔'五字"。傅增湘《校本小畜集跋》謂"宋槧自十二卷到二十四卷，中闕卷十七，凡一百四十九葉"。《四部叢刊初編》本《小畜集》，初次印本用鉏經堂寫本，訛奪極多，非爲善本。傅增湘《舊鈔王黃州小畜集跋》曰："近時涵芬樓印行《四部叢刊》，所取爲鉏經堂寫本，雖亦作三十卷，卷後亦錄有黃州契勘文字，然行款已易，不及余此本遠矣。"故二次印本即改用宋刻鈔補本，今爲通行善本。其卷目編次爲：卷一、二，賦；卷三至一三，詩；卷一四，雜文；卷一五，論；卷一六、一七，碑記；卷一八，書；卷一九、二〇，序；卷二一至

二四,表;卷二五,牋、啟;卷二六、二七,擬試内制;卷二八、二
九,碑誌;卷三〇,誌、偈。宋刊鈔補本每半葉十一行二十一
字,今藏國家圖書館。黄跋引張紹仁語,謂補鈔卷中亦有脱
衍訛字。

　　二是明沈氏野竹齋鈔本。有岳西道人復初(按:疑即胡
應麟《少室山房集》卷一三《心遠堂爲陳立父題》之陳立父,其
家有栩栩齋)手跋曰:

　　　王黄州鈔《小畜集》,往歲避寇城中,得之沈辨之氏,
　　乙卯(祝按:據下文"不覺十年"句,"乙卯"當是"己卯"之誤。"己
　　卯"爲正德十四年,一五一九)七月也。近潛坤子(祝按:當爲姚
　　咨,著有《潛坤集》)借觀,先與前三册。今復避寇入城,潛坤
　　過訪,談及,復索後三册。特歸取來,燈下閲之,忽憶卯
　　秋,不覺十年矣。光陰迅速,一事無成,爲之三歎,題此
　　以紀歲月。時嘉靖乙丑(八年,一五二九)四月廿九日,
　　岳西道人復初書於栩栩齋。(《皕宋樓藏書志》卷七二)

此本後爲陸心源所得,其《明鈔小畜集跋》曰:

　　　王黄州《小畜集》三十卷,宋王禹偁撰,明鈔本。每
　　葉二十二行,每行二十二字。前有自序,後有紹興丁卯
　　沈虞卿序及刊板公牘,校勘銜名。每卷有目,連屬篇目。
　　間有刊工姓名。語涉宋帝皆提行,蓋從宋刊摹寫者。乾
　　隆中有太平趙熟典刊本,其缺文訛字大略多同,似即從
　　此本出,惟轉輾傳刊,訛字更多。……卷一、卷五、卷六、
　　卷十、卷十一、卷十六、卷十七、卷二十、卷二十一、卷二
　　十五、卷二十六、卷三十有"野竹家"朱文長印、"繁露堂
　　圖書記"朱文長印、"吴郡沈與文"白文方印、"辨之印"白

文方印、"沈與文"白文方印，蓋明嘉靖初沈辨之藏書也。

此本後歸日本岩崎氏，今藏静嘉堂文庫，見《静嘉堂秘籍志》卷三三。前述《群書校補》所刊二卷，即陸氏以此本校趙刻本後所作。

三是趙熟典刊本。趙氏於乾隆二十五年（一七六〇）刊於愛日堂，"半葉十一行，行二十二字，與宋本同，惟行格字體多有改易。又傳鈔之誤，諸本皆不能免"（傅增湘《校本小畜集跋》）。清人對趙本褒貶不一，吳翌鳳以爲"行款不古，誤謬尤甚"；黃丕烈之評較公允，謂"行款俱與宋刻同，字句亦不甚大異，序云近得宋槧鈔本於長安市，當不誣也。惟重刊時細加讎校，不無有金根之誤耳"。然而"宋刻亦有誤處，必得目驗始可信耳"（俱見傅跋附録）。趙刻本今有著録。經吳翌鳳、黃丕烈、張紹仁校跋之趙刻本，今藏國家圖書館。

《四庫總目》著録曹學閔家藏本，揣《提要》之意，當即趙刊本，故稱"近時平陽趙氏始得宋本刊行"。曹氏本又刊入《武英殿聚珍版叢書》，傅增湘校廣雅書局覆刻本，今藏國家圖書館。

黃丕烈曾藏有六十二卷本《小畜集》。其《宋刊補鈔本跋》道："余家藏有鈔本，硬分三十卷爲六十二卷，以沈虞卿後序居前，失去前之自序，並無後之牒文官銜，則鈔本之不如宋刻遠甚。"此本後爲海源閣楊氏所得，《楹書隅録續編》卷四著録，並録有黃氏跋，以及明末謝肇淛跋。則是本雖爲後人硬分，然其流傳年代頗久。此本今未見著録。

綜上所述，《小畜集》今以宋刊鈔補本（《四部叢刊初編》二次印本）最號善本。《全宋文》《全宋詩》皆以此本爲底本，前者輯得佚文三十八篇。然而即使是宋刊部分，亦偶有錯訛，諸家校本可參據。

【參考文獻】

王禹偁《小畜集序》（《四部叢刊初編》二次印本《小畜集》卷首）

沈虞卿《黄州刊小畜集序》（同上）

黄丕烈《小畜集宋刊補鈔本跋》（《蕘圃藏書題記》卷八、《鐵琴銅劍樓藏書題跋集録》卷四）

陸心源《明鈔小畜集跋》（《儀顧堂題跋》卷一〇）

趙熟典《刊小畜集序》（乾隆二十五年刊本卷首）

傅增湘《舊鈔王黄州小畜集跋》、《校本小畜集跋》（《藏園群書題記》卷一三）

小畜外集二十卷

王禹偁　撰

蘇頌《小畜外集序》稱王禹偁《小畜集》《後集詩》等已行於世，“而遺篇墜簡，尚多散落，集賢君（指禹偁曾孫王汾）購尋裒類，又得詩賦、碑誌、論議、表著凡二十卷，目曰《小畜外集》，因其名，所以成先志也”。陳氏《解題》卷一七著録《外集》二十卷：“《外集》者，其曾孫汾裒輯遺文，得三百四十首。”《宋志》著録卷數同。考《續資治通鑑長編》卷四〇九，王汾於元祐三年（一〇八八）由集賢校理、諸王府翊善遷左中散大夫、直秘閣，則其編成《外集》并請蘇頌作序，當在元祐初。

是集南宋初（或云北宋，詳下）有刻本，今僅存殘帙，乃陸心源舊物，後歸日本静嘉堂文庫，見《皕宋樓藏書志》卷七三、

《静嘉堂秘籍志》卷一〇。陸氏跋曰：

> 王黄州《小畜外集》，存卷六末葉起至卷十三止，每葉二十二行，每行二十字。板心有刊匠姓名。玄、郎、敬、匡、允、敬（祝按：此字原重出）、驚、貞、禎、徵、恒、煦、桓、讓，皆爲字不成，南宋以後不缺，蓋北宋刊本也。各家著録卷數與此本多同，惟卷六末葉，諸本所無。……後有"嘉靖二年（一五二三）閏四月二十二日野竹齋裱完"一行。卷中有"辨之"、"沈與文"、"姑餘山人"白文方印各一，"野竹家"朱文橢圓印。案沈與文字辨之，又號姑餘山人，常熟人，野竹居乃其齋名。蓋是書在明中葉亦罕完本矣。

據知是集與《小畜集》宋刻殘本，同出於明沈與文家。傅增湘嘗於日本静嘉堂文庫檢視原本，謂"此書刻工古厚，板式闊大，避'桓'字諱，則爲南宋初刻本審矣"（《經眼録》卷一三）。按欽宗趙桓在位僅一年多，且在戰亂中，彼時刻書的可能性不大，定在南宋初較合理。《日藏漢籍善本書録》記其刻工名姓有余才、余仁、余益、宋琳、徐浩、張挺、許和、敦敬、彭世寧、彭祥、閔昱、葉明、顧滂等。

是集國内惟有鈔本，皆由殘宋本出。《四庫全書》著録紀昀家藏本，《提要》曰：

> 陳振孫《書録解題》所載《外集》三百四十首、其曾孫汾所裒輯者，則久佚不傳。此殘本爲河間紀氏閲微草堂所藏，僅存第七卷至第十三卷，而又七卷前闕數葉，十三卷末《集賢錢侍郎知大名府序》，惟有篇首二行，計亦當闕一兩葉。原帙籤題，即曰"小畜外集殘本"，上下二册，知所傳止此矣。其中《贈韻和郎公見贈》詩及題下自注，

“郎”字皆缺筆，知猶從宋本影寫也。凡詩四十四篇，雜文八篇，論議五篇，傳三篇，代擬二十篇，序十二篇，共一百一篇，較原帙僅三之一。

據《提要》，則紀氏本雖爲影寫，然較原本又有殘脱，蓋傳録本也。原本卷六末葉尚有詩三首，陸心源已録入其所作跋中，稱“可以補諸本之缺”。紀氏本蓋因主事者疏誤（或嫌其殘闕），未録入《四庫全書》，但已刊入武英殿聚珍版《小畜集》之後。

今國家圖書館、南京圖書館等藏有《外集》殘帙鈔本。國圖所藏乃乾隆四十一年（一七七六）吳翌鳳鈔校本，以及翁方綱校跋本、道光東武劉氏味經書屋鈔本等。南京圖書館藏丁氏影寫宋本，有“太原叔子藏書記”、“歙鮑氏知不足齋藏”兩朱印（《善本書室藏書志》卷二六），上海涵芬樓嘗以此本影印入《四部叢刊初編》。其卷目編次爲：卷七，詩；卷八，雜文；卷九，議論（傳附）；卷一〇，箴、贊、頌；卷一一，代擬（書、紀功碑、露布、疏、表）；卷一二，代擬（制詞附）；卷一三，序。《全宋文》即用《四部叢刊初編》影印本爲底本，校以清人鈔校本；《全宋詩》以孫星華增刻聚珍本爲底本。要之，沈氏野竹齋殘宋本，久已爲世間孤帙矣。

前面説過，王禹偁詩文散佚甚多，《小畜外集》雖有幸流傳後世，而又僅存殘帙，若能廣爲輯佚，必有所獲。此工程由《全宋文》《全宋詩》兩家完成，前者共輯得遺文三十餘篇（包括殘篇），後者所輯遺詩亦達三十餘首，且有斷句若干，編爲一卷。

【參考文獻】

蘇頌《小畜外集序》（校點本《蘇魏公文集》卷六六）

陸心源《北宋本小畜外集跋》（《儀顧堂集》卷一六）

南陽集六卷

趙　湘　撰

　　趙湘（九六○—九九四），字叔靈，南陽（今屬河南）人，寓衢州。淳化三年（九九二）進士，授廬江尉，越期卒官。倡古文，詩尚晚唐。集乃其孫趙抃哀輯，嘗遍示當時名流，宋祁、文同、歐陽脩等皆爲之跋。英宗治平二年（一○六五）文同跋，稱抃十五年前爲江源宰時，即“出其大父家集若詩與文者凡兩大袠”，因建議：“宜從鏤刻，以廣傳聞焉。”趙抃答道：“余志也，子其爲我紀歲月之實。”似乎此後不久有刻本，然已久佚不傳。

　　至南宋理宗寶慶元年（一二二五），著者六世孫大忠跋，稱“中更兵火，家藏散失，先伯父古隨通守，復得丞相吕公之家，先君致政朝散手加鈔録，每恨未能鋟板。僥幸試送，遂割微俸，以成初志”云云。所謂“僥幸試送”，文意嫌澀，但寶慶初是集有刊本，當可肯定。蓋當時流傳不廣，陳氏《解題》未著録。《宋志》有《趙湘集》十二卷，或即寶慶本。

　　宋刻蓋亡於明代，明初《文淵閣書目》尚載“南陽《趙叔靈文集》一部三册，缺”，而明末《内閣書目》已不登録。今存乃大典本。《四庫提要》曰：

　　　　湘著作散佚，僅《宋文鑒》載其《春夕偶作》詩一首，《刢録》載其《刢中齊唐郎中所居》詩一首，《方輿勝覽》載其《方廣寺石橋》詩一首，《瀛奎律髓》載其《贈水墨巒上人》《贈張處士》詩二首，《文翰類選》載其《秋夜集李式西齋》詩一首,《雲門集》載其《別耶溪諸叔》詩一首,《爛柯山志》載其《遊爛柯山》詩一首,餘悉不傳,並《南陽集》之名,知者亦罕。惟《永樂大典》所載詩文頗夥,裒之尚可成帙。北宋遺集,傳者日稀,是亦難覯之秘本矣。……據方回稱,清獻漕益路時,宋景文(祁)序叔靈集,歐陽公跋亦稱之,是原集實扵所編。今其目次已不可考,謹分類排訂,釐爲六卷。

大典本録入《四庫全書》,又刊入《武英殿聚珍版叢書》。此後各本,如道光二年(一八二二)胡氏刻本、光緒十六年(一八九〇)《清芬堂叢書》本、光緒二十一年(一八九五)刊本(今遼寧省圖書館著録),以及民國十五至十六年(一九二六至一九二七)慈谿沈氏《抱經堂叢刊》排印本等,皆六卷,俱源於大典本。《叢書集成初編》據武英殿聚珍本排印,有《拾遺》一卷(按聚珍本閩覆本、廣雅書局本,各集或有勞格輯目、孫星華録文之"補遺",以下一般略之不述)。又按大典本六卷中,卷一爲賦、頌,卷二至三爲詩,卷四至六爲文。文同跋稱原集詩文"凡兩大袟",宋本蓋十二卷,今輯本雖分六卷,然每卷分量不多,殆不及原有之半。

《全宋文》《全宋詩》俱以武英殿聚珍本爲底本,後者又補入影印文淵閣《四庫全書》本中聚珍本所無之詩,另輯得集外詩九首。

【參考文獻】

宋祁《南陽集序》(影印文淵閣《四庫全書》本《南陽集》卷首)
歐陽脩、吳傅、程(原誤"蔡")戩、文同《南陽集跋》(同上卷末,人各一跋)
趙大忠《刊南陽集跋》(同上)

鉅鹿東觀集十卷

魏　野　撰

魏野（九六○——一○二○），字仲先，號草堂居士，陝州（今河南陝縣）人，平生不仕。仁宗天聖元年（一○二三）十二月，薛田爲其集作序，略曰：

> 鉅鹿魏野，字仲先，……舊有《草堂集》行在人間，傳之海外，真可謂一代之名流，詎俾乎逸才宏辨者知也。……天禧己未歲（三年，一○一九）冬，余尹正京洛，許造公居，豈謂未及其期，而隨物化去。天子聞之，乃震悼，制贈秘書省著作郎。……今歲之春，余忝綏益部，載歷邵陰，憩止之辰，追訪郊墅。……有令息閑，尤增素尚，綽有父風，能琴之外，亦酷於二《雅》，出先君所著新舊詩四（祝按："四"字四庫本作"三"，此從《古逸叢書三編》本）百篇，除零落外，以其國風教化、諷刺歌頌、比興緣情者混而編之，彙爲十卷，求爲序述，欲使先君子之道之行彬蔚而不泯耳。余執往知生，不當推讓，聊陳梗概，用布之於編首。《漢書》班固引著作局爲東觀，因取諸贈典，故命之曰《鉅鹿東觀集》。

則是集乃著者子魏閑所編。舊有《草堂集》先行，《東觀集》既包括"新舊詩"，則《草堂集》所收之詩當已闌入《東觀集》中。

《宋史》卷四五七本傳："野爲詩精苦，有唐人風格，多警策句。所著《草堂集》十卷，大中祥符初契丹使至，嘗言本國得其上帙，願求全部，詔與之。"則又有《草堂集》十卷之説，與薛序異。本傳文字，當據文瑩《玉壺清話》卷七及《續資治通鑑長編》卷七五，然《長編》未言卷數，謂爲十卷者實止《玉壺清話》，頗爲可疑。《草堂集》先行，卷數當不應與《東觀集》等，辨詳後引余嘉錫《四庫提要辨證》（以下簡稱《辨證》）。

衢本《讀書志》卷一九著録道：

> 魏仲先《草堂集》二卷（祝按：袁本、《宛委別藏》本作"一卷"，蓋筆畫訛誤）、《鉅鹿東觀集》二卷。右皇朝魏野字仲先，陝州人，志清逸，以吟詠自娱，忘懷榮利，隱於陝之東郊，手植竹木，繞以流泉，鑿土袤丈，曰樂天洞，前立草堂。爲詩清苦，句多警策，與寇準、王旦善，每往來酬唱。祀汾陰歲，召不起。卒，贈著作郎。集有薛田序。《鉅鹿東觀集》乃野之子閑集其父詩四百篇，以贈著作，故以"東觀"名集。

《解題》卷二〇曰："《草堂集》二卷，處士鉅鹿魏野仲先撰。"又"《鉅鹿東觀集》十卷，野之子閑集其父詩四百篇，薛田爲之序"。《宋志》著録與《解題》同。《通志》僅著録《東觀集》十卷。則《鉅鹿東觀集》，《讀書志》《通考》作二卷，《解題》《通志》《宋志》作十卷，此宋、元之舊載也。

然而至明、清時，《鉅鹿東觀集》又有七卷之説。《四庫提要》曰：

> 據天聖元年薛田所作集序，野先有《草堂集》行在人間，《宋史》亦稱野《草堂集》十卷。則十卷者，野舊本也。序又稱其子閑以新舊詩三百篇混而編之，彙爲七卷，因取贈典，命之曰《鉅鹿東觀集》，則《東觀集》者，閑所重編七卷之本也。此本（祝按：指所著録之兩江採進本）凡詩三百

五十九首，題曰《東觀集》，而乃作十卷，未喻其故，豈序
文誤"十"爲"七"歟？别有《東觀集補遺》三卷，出杭州汪
氏家，前後無序跋，不知何人所輯。今核所載詩一百十
九首，即此本之四卷至六卷。蓋書賈作僞之本，不足爲
據。或疑除此三卷，正合薛田序七卷之數，當爲後人所
合併。不知除此一百十九首，則七卷僅詩二百四十首，
與田序三百首之説仍不相合，知決不然矣。

所論涉及三個重要問題：《草堂集》到底有多少卷？《東觀集》
原本究竟是十卷還是七卷？《補遺》三卷是否僞作？前人對
此已有充分研究。潘宗周《寶禮堂宋本書録》（按：潘明訓字
宗周，《書録》乃張元濟代庖，以下仍依習慣屬諸潘氏）著録殘
宋本《鉅鹿東觀集》（此本詳後）時，對《提要》提出異議：

今觀此刻，（薛）田序明云共存十卷，並無七卷之説，
其言固中。然序文實云詩四百篇，則《總目》所云三百篇
誤也。孫氏（星衍）平津館有影宋鈔本七卷，其《鑒藏記》
謂十卷爲後人重改。彭氏知聖道齋收得七卷，其《讀書
跋》亦謂卷數與序合，非不全。蓋皆從此宋本出，實未完
全影寫者，未録版心卷數，又改田序四百篇爲"三百"，意
圖滅迹，故多誤認爲完本。是爲宋刻，存七卷，其卷四、
五、六均鈔補。杭州汪氏獲見此三卷出於七卷之外，遂
定爲《補遺》，而不知實受其欺。《四庫總目》謂卷四至六
載詩一百十九首，今檢此本，實有一百二十二首，餘七卷
《總目》謂有二百四十首，而此實有二百五十九首。田序
稱舊有《草堂集》行在人間，傳諸海外，又曰新舊詩四百
篇，自必包括原有之《草堂集》於内，序舉成數，故曰四
百。《四庫總目》能斷其卷數改"十"爲"七"，而不能證其

改篇數"四百"爲"三百"，蓋緣未見此本，而又未嘗實核其所存之篇數也。

余嘉錫《辨證》進而論之曰：

案《宋史‧藝文志》有魏野《草堂集》二卷，又《鉅鹿東觀集》十卷。《通志‧藝文略》有魏野《鉅鹿東觀集》十卷(祝按：以下原引《讀書志》及《解題》，已見前，此略)。以此諸書參互考之，凡《草堂集》皆二卷，無作十卷者。其《鉅鹿東觀集》，除《讀書志》作二卷外，他書皆十卷，亦無作七卷者。獨釋文瑩《玉壺清話》卷七云："祥符中，契丹使至，因言本國喜誦魏野詩，但得上帙，願求全部。真宗始知其名，將召之，死已數年。搜其詩，果得《草堂集》十卷，詔賜之。"惟此所言《草堂集》卷數爲異。按野以祥符四年(一〇一一)被召，契丹使之求書，又在其前。野卒於天禧三年十二月，(見《續長編》卷九十四及本傳。)上距被召之歲已八年，文瑩乃言祥符中真宗將召之，而野死已數年，其訛舛如此，由於草澤傳聞，目不睹國史之過也。其所言《草堂集》卷數，豈非與《東觀集》誤混爲一乎？然則《宋史》本傳所謂有《草堂集》十卷者，其爲承訛襲謬，固已無疑。《提要》僅據本傳之單文而絕不考之目錄書，宜其於此集卷數之多寡，無以定之矣。《提要》所見，當是明刻本。考《愛日精廬藏書志》卷三十、《皕宋樓藏書志》卷七十三均有舊鈔本十卷，並録薛田序(祝按：前已引，茲略，惟序中"彙爲十卷"，此作"七卷")。蓋野詩本四百篇，但其中有零落不全者，閑既只取其比興緣情之作，則亦必有所刊削，故只存詩三百五十九首，足證《提要》引作三百篇者，爲明刻傳寫之訛。然舊鈔仍作"彙爲七卷"，

“七”亦誤字也。（祝按：以下舉宋刻殘本只存七卷，潘氏已言之，略）以意推之，《提要》所據明刻，其先亦出於一傳鈔本，其底本即七卷之殘宋刊也。鈔者嫌其不全，故改序中之十卷爲七卷，欲以冒充全書；又以七卷之中存詩僅二百四十首，遂並改“四百”二字爲“三百”，以求其合。其後鑴板時已用別本補足三卷，而於舊序之誤未及改回。張金吾、陸心源所藏，則爲別一鈔本，故又與刻本不同。（兩舊鈔本亦出於殘宋刻，其三卷已配全，而序中仍作七卷，但未改四百篇作三百。）其紛紜糾錯如此，非細按之，不能知也。

　　案《浙江採進遺書總録》壬集有此書舊影寫本七卷，蓋亦自殘宋本寫出。彭元瑞《知聖道齋讀書跋》卷二云：“《鉅鹿東觀集》七卷，凡詩二百六十三首。（此與《提要》言二百四十首不合，不知何以致誤。）別有十卷本，詩三百五十九首。近有《東觀集補遺》三卷，則十卷本之第四至第六也。曹氏選《宋詩存》，用十卷本。”《提要》疑《補遺》爲書賈作僞，《四庫》之所著録，曹氏（廷棟）之選宋詩，皆用十卷之本。是其書當時已通行，書賈乃於其中刺取數卷以作僞，誰復過而問焉者！此必十卷本未出以前，傳鈔之本皆只七卷，不知何人別得一舊本多此三卷，遂鈔出之以補所藏之遺。其後傳鈔浸廣，於是十卷復完。《提要》及彭元瑞均以《補遺》爲自通行十卷本中鈔出，不知十卷之完，正賴《補遺》耳。

《草堂集》“十卷”之謬，《鉅鹿東觀集》七卷、十卷之謎，《補遺》三卷之真僞，經潘、余二氏考證，可謂迷霧廓清，真相大白，理不可奪矣。

　　至此再觀是集現存傳本，則可瞭若指掌。潘氏著録之宋刻殘本，乃紹定元年（一二二八）嚴陵郡齋所刊，其中四至六卷係配明鈔。該本乃顧之逵（抱沖）舊物，原爲曹溶贈陸其清者，顧之逵又得於顧聽玉家。黃丕烈嘗於乾隆乙卯（六十年，一七九五）從顧之逵家藉以校勘，作有跋。後歸汪士鐘（見《藝芸書舍宋本書目》），再經劉世珩收藏，繆荃孫有跋。民國時由潘氏寶禮堂收得，今藏國家圖書館。《寶禮堂宋本書録》著録道：

　　　　版式：半葉十行，行二十字，左右雙闌。版心白口，雙魚尾。中題全書名及卷次，上記字數，下記刻工姓名。

　　　　刻工姓名：有呂起、劉振、林充之、林立、章昌、厲俊、金振、王恭、翁晉、李□等十人。

　　　　宋諱：僅徵、貞、敦三字闕筆，獨"遊"避作"遊"，凡十四字，是必其子閑刻書時避其家諱。

　　　　藏印：朱印子儋、古歙世家、朱氏義濟堂珍藏圖書、曹溶私印、攜李曹氏收藏圖書記、汪士鐘印、汪士鐘字春霆號眼園書畫記、三十五峰園主人、平陽汪氏、駿昌、雅庭、快閣主人、舜城、保堂。

一九八七年，中華書局將此殘宋本影印入《古逸叢書三編》之三十。至於魏閑原刊本，蓋已久佚。

　　余氏《辨證》所謂明刊本，未見著録。今國内所藏清鈔本尚多，十卷本如鮑廷博校跋本、黃丕烈校跋本（皆藏國家圖書館）等凡十餘部，七卷本亦有數部。據前所考，無論七卷本、十卷本，皆源於殘宋刻七卷，而十卷本之四至六卷從何本鈔補，不得而知，蓋明代猶有完帙傳世。民國三年（一九一四），新陽趙詒琛據金兆芝校鈔十卷本刊入《峭帆樓叢書》。一九二五年,貴池劉氏有影宋刊本,《全宋詩》即用爲底本,另輯得佚詩十二首。

　　《草堂集》二卷本,《世善堂藏書目録》尚著録,久佚。《兩宋名賢小集》有《草堂集》三卷,已非宋本之舊。

【參考文獻】

薛田《鉅鹿東觀集序》(《古逸叢書三編》本《鉅鹿東觀集》卷首)

黄丕烈《宋本鉅鹿東觀集跋》(同上卷末)

繆荃孫《鉅鹿東觀集跋》(《藝風堂文漫存·癸甲稿》卷四)

逍遥集一卷

潘　閬　撰

　　潘閬,字逍遥(一説號逍遥子),大名(今屬河北)人。太宗時賜進士第,以狂妄追還詔命,坐事潛逃。真宗釋其罪,授滁州參軍,卒。有詩名。歐陽脩《書逍遥子後》(《歐陽文忠公集》卷七三)曰:"熙寧三年(一〇七〇)五月九日,病告中校畢。時移太原,未受命。續得民間本,又添《無鬼》以下七篇。世傳《逍遥子》多脱誤,此本讎校雖未精,然比他人家本,最爲佳耳。"是其集北宋間已有多本行世,或題曰《逍遥子》,惜各本編刊情況已不可考。衢本《讀書志》卷一九著録道:

　　《潘逍遥詩》三卷。右皇朝潘閬字逍遥,大名人,通《易》《春秋》,尤以詩知名。太宗嘗召對,賜進士第,將官使之,不就。王繼恩與之善,繼恩下獄,捕閬甚急,久之

弗得。咸平初來京師，尹收繫之，真宗釋其罪，以爲滁州
參軍，後卒於泗上。與王禹偁、孫何、柳開、魏野交好最
密。集有祖無擇序，錢易、張逮皆碣其墓，附於集後。蘇
子瞻少年時過一山院，見壁上有句云“夜涼知有雨，院静
若無僧”，而不知何人詩。今集有此聯，乃閬《夏日宿西
禪院》詩也。小説中謂閬坐盧多遜黨，嘗追捕，非也。

又《解題》卷二〇曰：

> 《潘逍遥集》一卷，四門助教廣陵潘閬逍遥撰。嘗賜
> 及第，後坐追奪。或云坐盧多遜黨追捕，變姓名僧服入
> 中條山。卒於泗州。又有嚴陵刻本同，但少卷末三首。

按《景定嚴州續志》卷四“書籍門”有《逍遥詩》，當即所謂嚴陵
本，蓋紹定初陸子遹知州時所刊。《通考》卷二四四從晁氏，
《宋志》同《解題》。一卷、三卷之異，《四庫提要》謂“原本久
佚，未詳孰是”；余氏《辨證》則以爲“不應晁氏所得者獨多至
兩倍，頗疑此兩本衹是卷數之不同，其詩未必有所增損也”。
陳氏所謂嚴陵刻本，不詳是否即三卷本，收詩反較一卷
本少。

是集原本佚於明代。《文淵閣書目》卷一〇著録“《潘逍
遥詩》一部一册，闕”。殘本後亦散亡，今傳乃大典本。《四庫
提要》稱從《永樂大典》“裒而録之，編爲一卷，而逸篇遺句載
在他書者亦並采輯，以補其闕”。大典本録入《四庫全書》。
鮑氏據四庫本刊入《知不足齋叢書》第十三集。館臣從《大
典》中所輯《古意》一首，乃唐崔國輔《怨詞》，《大典》原誤，館
臣雖指出而未能勘正，詳余氏《辨證》。歐陽脩所添《無鬼》
詩，大典本無。晁氏謂集有祖無擇序，今《龍學文集》不載，當

已佚之。

　　潘閬又有《酒泉子》十首，宋黄静、陸子遹有跋，明鈔《七家詞》《九家詞》題作《逍遥詞》一卷，有四印齋刊本。

　　《全宋詩》用《知不足齋叢書》本爲底本，輯得集外詩十一首。

宋人別集叙録卷第二

寇忠愍公詩集三卷

寇　準　撰

寇準（九六一——一〇二三），字平仲，華州下邽（今陝西渭南）人。太平興國五年（九八〇）進士。太宗時仕至參知政事，真宗時拜相，封萊國公，卒於貶所。仁宗朝追諡忠愍。集乃其故吏范雍裒輯，並序之曰：

> 雍頃爲公倅，常從遊讌，多聞其得意之句，情思閒雅，聽之忘倦，隨録簡牘，才數十篇。今守三城，會監軍趙侯臨，即公之中表也，日與遊接，時道公詩，因請於公家，盡録昔所存紀，得二百餘篇。並前之所録，不在此數者，及謫官後趙公所記，共二百四十首，類而第之，分上、中、下三卷。其餘流落，無復求購，懼歲久磨滅，因序以成編。

考范雍守三城（即河陽）在仁宗明道間（見《宋蜀文輯存》卷一〇載《范忠獻公雍神道碑》，參《續資治通鑑長編》卷一一二及《宋史》卷二八八本傳）。范雍是否將所編付梓，序未明言（丁丙以范爲初刊，詳後）。

仁宗嘉祐時，寇準孫寇諲嘗進乃祖文集於朝，余嘉錫《辨證》考之曰：

> 《續通鑑長編》卷一百八十五云：“嘉祐二年（一○五七）五月，賜國子博士寇諲銀絹五十兩匹，諲上其祖準所著文集故也。”知準孫嘗上其集於朝，而未記該本卷數。考《宋會要》第五十六冊《崇儒》五云：“嘉祐二年五月十六日，國子博士寇諲進祖準文集一十卷，詔特送秘閣。”（祝按：見中華書局影印本《宋會要輯稿》第三冊第二二五八葉《崇儒》五之二四）夫既藏於秘閣，自必載入國史藝文志，今《宋史·藝文志》純以宋國史三部（三朝、兩朝、四朝。）諸藝文志鈔撮成篇，而準集十卷之本乃不著於錄，疑秘閣所藏在北宋時已亡佚矣。此集（指《四庫全書》著錄本）只三卷，有詩無文。寇諲所上，多至十卷，蓋詩文並錄也。

按寇準久爲重臣，所作奏疏必多，恐不包括在文集十卷之內，然以久佚不傳，無從驗證。

徽宗宣和五年（一一二三），王次翁刻詩集於道州郡齋，其《新開寇公詩集序》曰：“宣和壬寅（四年，一一二二），次翁受命假守，……得公詩三卷，凡二百四十篇，爲校正其訛錯，鏤板傳久。”據其所刊卷數篇數，無疑即范雍本。《通志》著錄《寇忠愍集》三卷，當即王氏所刊詩集本。

南宋孝宗隆興元年（一一六三），辛敳於道州再刊之，其《再開萊公詩集後序》曰：

> 太原范伯純（雍）始收錄篇什，分爲三卷，舂陵得之，尤其後也。蓋公晚年遷謫，嘗至舂陵，邦人思慕不忘，由是建樓畫像，以崇朝夕。然而詩篇之傳，家百不一焉。

逮宣和間，王公次翁來兹曳組，景仰前修，因取舊集，刊板以傳。士夫鼓舞，以相夸詫，而舂陵景物，由是增輝矣。近時楊守惇亦即舊板重加刊治，至此未幾，而字之漫滅者復且過半。戳適兹承乏，政事之餘，取而閲之，深恐浸以失真，復命校正，鳩工一新焉。

則詩集至南宋間，重修、重刻，已至三、四矣。

衢本《讀書志》卷一九著録道：

《寇忠愍詩》三卷。右皇朝寇準，字平叔（祝按：“叔”，《宋史》卷二八一本傳作“仲”），華州人。太平興國中登進士科，淳化五年（九九四）參知政事，定策立真宗爲皇太子。景德元年（一〇〇四）拜平章事。契丹入寇，決親征之策。凡三入相。真宗不豫，皇后預政，準白上請太子監國，因令楊億草制，且進億以代丁謂。詰朝，準被酒漏言，累貶雷州司户，徙衡州司馬，卒。仁宗時，贈中書令，謚忠愍。嘗封萊國公。初，篤學善屬文，尤長詩什，多得警句。在相位論議忠直，不顧身謀。……集有范雍序，共二百四十首，“野水無人渡”及《江南春》二首皆在，獨“到海只十里”之詩，已亡其全篇矣。

趙氏《讀書附志》卷下與晁氏所録不同：

《巴東集》一卷。右萊國忠愍公寇準之詩也。《讀書志》云《忠愍公詩》三卷，希弁所藏《巴東集》，乃公自編而爲之序，凡一百五十有六篇，《秋風亭記》附。按公本傳云：巴東有秋風亭，公析韋應物一言爲二句云：“野水無人渡，孤舟盡日横。”識者知其必大用。凡五年不得代。邑庭有二柏，民以比甘棠。集後有范忠文（鎮）諸公題秋風亭詩。然東坡亦有詩曰：“萊公昔未遇，寂寞在巴東。聞道山中樹，猶餘手種松。”惜不之載焉。

則在范雍本外，宋代另有寇準自編自序之《巴東集》一卷流傳。按邵博《書寇萊公題詩後》（《國朝二百家名賢文粹》卷一九五）曰：“公昔爲歸州巴東縣，其一時所賦詩，世尚傳之，所謂《巴東集》是也。”邵氏乃北宋末、南宋初人，據此知《巴東集》流佈甚早，蓋北宋已有刊本。陳氏《解題》卷二〇除著録《忠愍公集》三卷外，又著録《巴東集》三卷，曰：“初，以將作監丞知巴東縣，自擇其詩百餘首，且爲之序，今刻於巴東。”則《巴東集》一卷本與三卷本，同收詩百餘首，僅分卷不同而已。陳氏既稱三卷本爲“今刻”，則三卷本當是宋末人改編。觀范雍序中多稱引巴東之作，蓋《巴東集》所收詩已闌入《忠愍公集》中（參余氏《辨證》）。明《文淵閣書目》嘗著録《巴東集》，久已失傳。又錢氏《絳雲樓書目》陳景雲注有《巴東集》三卷，當毀於火。

明人書目多著録《寇忠愍公詩集》，殆宋刻明代猶存。弘治庚申（十三年，一五〇〇），王承裕作《忠愍寇公詩集引》，稱讀公之詩，“於是録而藏之，時時展讀”云云。至嘉靖乙未（四年，一五三五），其録本由蔣鏊付梓，王承裕又作《忠愍公詩集跋》曰：

　　予昔時録藏宋萊國忠愍公詩，迄今幾四十年，懼其字畫磨滅，而未可以言久也。且公爲華之下邽人，予忝鄉曲之末，方圖刻之，轉相流佈，俾公口齒膏馥霑被後人，而力未能。近攝三原縣事，零陵蔣君鏊至，會予於歸來之堂，話及公之言行，傾仰切至，予因曰：“家藏公集舊矣。”出以示之，喜而懷歸，遂捐俸以永其傳。則其爲學之要，爲政之體，可以見矣。

此即嘉靖本，每半葉八行十八字，白口，左右雙邊。此本今國内僅著録四部，猶有清道光十八年（一八三八）遞修本，著録二部。《四部叢刊三編》即據嘉靖本影印，張元濟跋曰："卷内'太宗'、'真宗'字均提行，'御製'、'聖旨'字均空格，蓋必依王（次翁）、辛（敤）二氏刊本傳録，故悉存宋板舊式。"其版本價值，自不待言，然亦有訛字，詳後引陸心源跋。嘉靖本收詩二百七十首，較原編本爲多，蓋在屢次重刊過程中遞有增補。

丁氏《善本書室藏書志》卷二六著録弘治刊本，謂"此本爲弘治庚申四月平川王承裕所刊"，並録其《引》。《增訂四庫簡目標注》亦著録"明弘治庚申刊本"。李之鼎《宋人集》甲編本跋稱忠愍詩集"至明弘治，繼有刊本"，且云《宋人集》所刊，即以弘治本爲底本。然據前述王承裕引及跋，弘治庚申實僅"録而藏之"，並未刊板，至嘉靖乙未始授蔣鏊付梓，則世間原無所謂弘治本。蓋丁氏、李氏之本脱卷末王承裕嘉靖刊板跋，遂不知傳刻原委，而誤以《録藏引》爲刊板而作。丁氏本今藏南京圖書館，書目已改著爲"嘉靖本"。

屬於三卷本系統者，清有康熙間吴氏（調元）辨義堂刻本、汪氏古香樓印辨義堂刻本、宣統三年（一九一一）中華圖書館石印本，民國初有《宋人集》甲編本、《關中叢書》排印本等，俱源於嘉靖本。辨義堂本收詩較嘉靖本多詩七首，凡二百七十七首。《宋人集》甲編本刊於民國四年（一九一五），李氏跋稱以弘治本（即嘉靖本）與宋本互相讎校，由校宋本補録詩七首，及《旌忠碑文》、《贈諡誥》、王承裕引各一篇，然仍無王氏跋，足見其所用"弘治本"有殘脱。上述各刻，今皆有傳本，其中勞權以舊鈔本及鮑氏校鈔本校辨義堂本、傅增湘以明謝氏小草齋鈔本校辨義堂本（有傅跋），今俱藏國家圖書館。

　　除上述諸刊本外，今猶有《四庫全書》本及清鈔三卷本數部。《四庫總目》著錄兩淮採進本，疑即辨義堂本，編次、篇目與之相同。國家圖書館藏有彭氏知聖道齋鈔本，南京圖書館藏有丁氏精鈔校宋本，南開大學圖書館藏有清史寶安影宋本（按：史氏本僅二卷，跋稱從家藏宋本選錄）等。日本静嘉堂文庫庋藏鮑廷博校鈔本三卷，見《䣥宋樓藏書志》卷七二，勞權即嘗用此本校辨義堂本。以上所謂“校宋本”，其宋本不詳所在，亦不知是否指史寶安家藏本，史氏宋本久不見於著錄，恐已失傳。某些鈔本因直接由宋本出，確有優於明刊本之處。陸心源嘗用舊鈔本校刊本，稱賴鈔本“得正訛字數十處”，如卷上“山積環材得備矣”，刻本“材”訛“村”；“澤流紓宇福蒼生”，“福”訛“含”，等等。因謂鈔、刻兩本同出隆興本，“刊本失於校讎，訛字較多耳”（詳《寇忠愍集跋》）。不過陸氏亦有以不誤爲誤者。

　　除三卷本外，寇準詩猶有七卷本。吳氏《繡谷亭熏習錄》嘗著錄蔣玢鈔本，稱宋本三卷，“此七卷，乃後人分衍耳。明嘉靖中清湘唐侃所刻，又取孫抃所撰《旌忠碑》及贈諡誥與名人題詠附錄於後。後有蔣玢絢臣跋”。又《增訂四庫簡目標注》：“嘉靖中清湘唐侃刊本七卷，附錄一卷。”唐侃原刻本未見著錄，其所據底本不詳。清順治乙未（十二年，一六五五）蔣玢嘗據唐刻本鈔錄，即吳氏著錄本，蔣跋曰：“予既鈔錄（三卷本）之後，復得嘉靖時清湘唐侃刻本，中載廟記及名人題詠，另附藏之，並傳不朽云爾。”咸豐四年（一八五四），海寧沈氏懷珠吟館據蔣鈔本付梓，沈壽榕跋曰：

　　　　國初蔣先生玢錄寇忠愍詩七卷，歷藏平江陳氏、沙

村孔氏、金陵袁氏，而今歸於余。按本集范雍序之，宣和
中王次翁、隆興初辛斅先後開雕於道州。近人吴孟舉
《宋詩鈔》蒐茸繁富，而公詩亦闕，或未之見歟，抑道州本
流傳未廣歟？惟宋人序皆云三卷，蔣本獨分七卷，考其
時事，次第不無參差，而未見宋本，又不敢不仍其舊。惜
蔣本仍多舛午，因爲詳加勘訂，壽諸貞木，並補録《宋史》
本傳於前。

則唐侃本雖不可見，因蔣鈔而至沈刻，猶可睹其大略。今檢
視沈刊本，詩較三卷本無所增减，編次亦基本相同（僅個别篇
什位置移易）。七卷本收詩二百七十首，與三卷本同。卷一
至二，當三卷本卷上，卷三至六當三卷本卷中，卷七當三卷本
卷下。沈刊本每半葉七行，行十八字，四周雙邊，今唯四川省
圖書館著録。另，四庫本《兩宋名賢小集》所録亦爲七卷，與
唐本系統同。《小集》原署宋陳思編、元陳世隆補，然《四庫提
要》懷疑是清初朱彝尊以後人僞托嫁名。

　　《全宋詩》用《四部叢刊三編》本爲底本，輯得集外佚詩十
五首。

【參考文獻】

　　范雍《忠愍公詩序》(《四部叢刊三編》本《忠愍公詩集》卷首)

　　王次翁《新開寇公詩集序》(同上)

　　辛斅《再開萊公詩集後序》(同上卷末)

　　王承裕《録藏宋萊國忠愍寇公詩集引》(同上卷首)

　　王承裕《嘉靖本忠愍公詩集跋》(同上卷末)

　　陸心源《寇忠愍集跋》(《儀顧堂題跋》卷一〇)

　　張元濟《四部叢刊影印寇忠愍公詩集跋》(《四部叢刊三編》本末附)

　　蔣玢《鈔七卷本忠愍公詩集跋》(咸豐本《寇忠愍公詩集》卷末)

沈壽榕《咸豐重訂寇忠愍詩集跋》(同上)

李之鼎《寇忠愍公詩集跋》（《宋人集》甲編本《寇忠愍公詩集》末附）

金園集三卷天竺別集三卷

釋遵式　撰

　　遵式（九六三——一○三二），字知白，寧海（今屬浙江）葉氏子。稍長爲僧，歷游天台國清寺、明州寶雲寺等，後定居杭州天竺寺。天禧中賜號慈雲。釋契嵩《杭州武林天竺寺故大法師慈雲式公行業曲記》（《鐔津文集》卷一五）曰：“法師閒雅，詞筆篇章有詩人之風，其文有曰《金園集》者、《天竺別集》者，曰《靈苑集》。”《解題》卷一二“釋氏類”著録《金園》《天竺》二集，各三卷；又卷二○“詩集類下”著録《天竺靈苑集》三卷、《採遺》一卷。則《曲記》所謂“曰《靈苑集》”，疑“曰”前脱“其詩”之類，以與“其文”對應。《佛祖統紀》卷一○（《大正藏》第四九册）本傳：“幼善詞翰，有詩人之風。其詩集曰《採遺》，曰《靈苑》；其雜著曰《金苑》，曰《天竺別集》，皆行於世。”

　　明《文淵閣書目》卷一七著録《金園集》一部一册，又《天竺別集》一部一册，未注版本。兩集單行本後皆失傳。今存《金園集》上、中、下三卷，《天竺別集》上、中、下三卷，見商務印書館影印日本《續藏經》第二編第六套第二册，俱署“釋慧觀重編”。《金園集》卷下末題“聖宋紹興辛酉孟秋圓日刊板”，《天竺別集》卷下末題“聖宋紹興辛酉仲秋圓日刊板”。兩集皆無序跋。“紹興辛酉”爲紹興十一年（一一四一）。臺灣新文豐公司影印《卍續藏經》，將二集編入第一〇一册。
《續藏經》既收此兩集，紹興本無疑曾傳往日本。《金園集》另
有日本翻刻單行本，今國内唯上海圖書館著録。

詩集《靈苑集》，《近古堂書目》及《絳雲樓書目》卷三皆嘗
著録，俱爲"宋板慈雲《靈苑集》"，同時又著録"宋板《慈雲法
師詩集》"。《靈苑集》即詩集，兩目分别著録，不詳何故，疑雖
同爲宋板，但板本不同，亦或《慈雲法師詩集》即所謂《採遺》？
今不可詳。有清以後，諸家書目皆不登録遵式詩集，恐傳本
中土已久絶跡。

《全宋詩》用《續藏經》本爲底本，輯得佚詩、偈頌凡六十
六首。今人卞東波輯得四首（見所作《佛藏中的文學史料》，載《古
典文獻研究》第十一輯），張艮輯得六首（見其博士論文《天台僧與北
宋詩壇》）。

御製玉京集六卷

趙　恒　撰

宋真宗趙恒（九六八——一〇二二），太宗第三子。至道三
年（九九七）太宗崩，登帝位。喜爲文。王應麟《玉海》卷二八
《御集》：天禧五年（一〇二一）四月壬戌，"召近臣、館閣、三
司、京府官觀御書、御集於閣下，遂宴於群玉殿。時輔臣集御
製爲三百卷"。三百卷中，有《玉京集》二十卷，注曰："實録三
十。"（按：謂該條史料引自《真宗實録》卷三〇）原注："書目：
《玉京集》二十卷。詩三，手書一，密表十二，密詞三，共二十

卷，與《授時要録》，不在御集目中。"然而因其爲"御製"（蓋多由臣下代作），故束之高閣，後來大都亡佚，唯《玉京集》尚有部分傳至後世。

《玉京集》今見正統《道藏》洞真部表奏類，凡六卷，皆密詞朱表之屬，卷次蓋後人重釐。彭氏知聖道齋嘗有其本，彭氏跋曰："《玉海》：天禧四年十一月壬戌，詔丁謂等作天章閣，奉安御集。五年三月，閣成；庚子，奉安。時輔臣編御集爲三百卷，内《玉京集》二十卷，乃御集中之一。此僅六卷，非足本。"（《知聖道齋讀書跋》卷二）蓋《道藏》僅録其表奏部分，而又爲人鈔出別行。今國家圖書館藏有清鈔六卷本。

林和靖先生詩集四卷

林　逋　撰

林逋（九六八——一〇二八），字君復，錢塘（今浙江杭州）人。善書，喜爲詩，隱居西湖孤山，終身不娶不仕。卒謚和靖先生。皇祐五年（一〇五三）六月，梅堯臣爲其集作序，稱"諸孫大年能掇拾所爲詩，請予爲序。……其詩時人貴重甚於寶玉，先生未嘗自貴也，就輒棄之，故所存百無一二焉"。則是集乃著者侄孫林大年收拾於散佚之餘，不詳其是否付梓。

衢本《讀書志》卷一九著録道：

《林君復集》二卷。右皇朝林逋字君復，杭州錢塘人。少刻志爲學，結廬隱西湖之孤山，真宗聞其名，詔郡縣常存遇之。善行書，喜爲詩，其語孤峭澄淡。臨終作一絶云：“茂陵他日求遺稿，猶喜初無封禪書。”或刻石置之其墓中。賜諡曰和靖先生。集有梅聖俞序（祝按：此句原無，據袁本補）。

明正德刊陳贄本（此本詳後）有南宋光宗紹熙三年（壬子，一一九二）沈諟題記，曰：

> 和靖先生孤風凛凛，可聞而不可見，尚可得而見者，有詩存焉耳。是邦泯然無傳，豈不爲缺典哉。因得舊本，訪其遺逸，且與題識而附益之，刊置漕廨，庶幾尚友之意云。

則是集南宋光宗時曾有重刻本。

《解題》卷二〇曰：

> 《和靖集》三卷，《西湖紀逸》一卷，處士錢唐林逋君復撰，梅聖俞爲之序。《紀逸》者，近時桑世昌澤卿所輯遺文遺事也。

陳氏所録，疑即沈刻，沈諟所謂“訪其遺逸”，蓋即指桑世昌所撰《紀逸》。按世昌乃陸游諸甥，即著《蘭亭考》、編《回文類聚》者，故陳氏稱“近時”。晁氏著録爲二卷，與《解題》《通考》皆不合，而晁、陳所見俱有梅序，應同出於林大年本。參以日本刻二卷本及影宋二卷本（俱詳後），蓋宋代嘗有二卷、三卷兩本。又按《宋史》本傳稱“今所傳尚三百餘篇”；《宋志》著録《林逋詩》七卷，又《詩》二卷。七卷本與二卷、三卷相去太多，是否仍源於梅序本，今不可詳。

是集宋刻蓋明代猶存。《澹生堂藏書目》卷一三著録“《林和靖集》二册”，《脈望館書目》著録“《林和靖詩》一本”，又《世善堂藏書目録》卷下著録三卷本。據各家藏本之册數卷數推測，殆非盡爲明本。今唯存宋刻殘帙，乃明黄翼故物，有跋（詳後）。宋刻殘帙爲清人顧之逵所得，黄丕烈於嘉慶二年（一七九七）藉以校正德本，於正德本之末書有數跋，略曰：

> 此故人顧抱沖遺書也。……余愛其楮墨精妙，刻鏤分明，雖非完書，亦是秘本，遂屬伊從弟澗蘋（顧廣圻）影摹一本，留諸士禮居中，以爲見書如見故人也。
>
> 惜宋本殘闕不全，已遭剜補。惟梅序完好，餘詩三十一葉，首題曰“和靖先生詩集上”，次行空二格標目古詩，列五言四首；後接律詩，標目以後五言、七言不復分體，共約一百五十餘首。雖非完璧，其所有者勝於此刻（正德本）多矣。予檢《宋史・藝文志》，稱《林逋詩》七卷，又《詩》二卷；《文獻通考》則云《林和靖詩》三卷、《西湖紀逸》一卷。今宋本卷首及版心皆云“和靖先生詩集上”，“上”字係修改者，其下半一畫尚係原刻字痕，其爲一爲二爲三，未敢定也，姑著所疑於此。

殘宋本後歸瞿氏，《鐵琴銅劍樓藏書目録》卷二〇著録，並詳舉用以校正明刻四卷本之舛訛處，又記其板式及收藏源流道：

> 每半葉九行，行二十字。“樹”字缺筆，“構”字注“高宗廟諱”，“敦”字注“御名”，光宗時刻本也。原書分上下二卷，今存上卷。詩編古體、律體，五七言律絕不分列，猶存古式。……舊爲太倉黄攝六（翼）藏本，有手書跋云：“《和靖集》余向購之於武林徐門子鋪中，後歸靈均。靈均身後，藏書散盡，此册以殘缺獨存。戊子夏，趙昭携過溪上，因復留之，如異鄉見故人也。攝六黄翼。”册首

籤題《宋林和靖詩集》六字，爲靈均筆。（卷首有"有明黄翼收藏"圓朱記）

瞿氏確認原本爲上下二卷，似欠謹慎。是本刻於光宗時，與前述沈誘題記年代合，當即沈刻本；而陳氏《解題》所録應即沈刻本，却爲三卷。據黄丕烈所考，"上卷"之"上"字係修改者，其爲一爲二爲三猶未敢定。殘宋本今藏國家圖書館。黄丕烈屬顧廣圻影摹之本，黄氏有跋，稱"自題籤至跋語共三十四葉，與抱冲本無纖毫之異，恐汲古精鈔，無以過是矣"。影摹本今亦藏國家圖書館。

丁丙善本書室嘗藏有影宋本《和靖先生詩集》二卷，其《善本書室藏書志》卷二六著録道：

> 每葉十八行，每行二十字。卷首題《和靖先生詩集序》，次行低七格題"太常博士宛陵梅堯臣撰"。凡"天下"、"朝廷"俱提行。集之首行題"和靖先生詩集上"，次行低二格題"古詩"，三行低四格題《和運使陳學士遊靈隱寺寓懷》。其下卷"律詩"低二格，詩題低四格。版心題"和靖先生詩"上、下，有刻工姓名。
>
> 愚按郎仁寶《七修類稿》云："世重宋版詩文，以其字不差謬，今刻不特差謬，且多遺落。予因林和靖詩而歎之。舊名止曰《漫稿》，上下兩卷，今分爲四卷。舊題如《送范寺丞仲淹》、今改爲《送范仲淹寺丞》者最多。今'拾遺'《和運使陳學士遊靈隱寺》古詩四章，宋刻首篇者也。今僅律絶，而遂以此爲'拾遺'，可乎？"郎説與此皆合，姑附證之。

丁氏本今未見著録，不復可睹。所記版式雖詳（行、字與上述殘宋本同），惜無具體刊板年代綫索，其出於何本不詳，然可證明宋代確有二卷之本。

宋有二卷本，猶有日本翻刻本可證。日本貞享丙寅（三年，一六八六）京都柳枝軒茨木多左衛門刻本，題《林和靖先生詩集》，凡二卷，日人長澤規矩也《和刻本漢籍分類目録》（汲古書院油印本，以下簡稱《和刻目録》）著録。又楊守敬《日本訪書志》卷一四記之曰：

> 集分上下二卷。首梅堯臣序，首題"和靖先生詩集"，不冠以"林"字，次行題"太常博士宛陵梅堯臣撰"（明沈行輯本刪去"宛陵"二字以置於年月之後。又序文"寧海西湖之上"，沈本改"寧海"爲"錢唐"）。序文於"和靖"皆提行，其根源於北宋本無疑。今就明沈行輯本校之，沈本多出《春日寄錢都使》一首，《和虢略秀才》一首，《傷朱寺丞》一首，《林山人隱居》一首，《洞霄宮》一首，又"草泥行郭索，雲水叫鉤輈"二句。其重輯本不載、見於此本者，《秋懷》一首，《寄輦下莫降秀才》一首，《梅花》二首，《西湖小隱》一首，《東竹寄曹州任懶夫》一首。又《和病起》一首，此本在《和謝秘校西湖馬上》之下，沈本在《和安秀才次晉昌居士留題壁》之下。其他字句異同，更難枚舉，然則沈氏亦未見此本也。……明正德丁丑（十二年，一五一七）沈行輯本爲四卷，國朝康熙中吳調元刊本因之。昔劉後村以《摘句圖》證和靖詩之多逸，爲之惋惜。今此本《秋懷》以下六篇宛在，竟爲沈行、吳調元刊本所脱，不尤可鄭重哉！

若日本刻本果出於北宋，則林大年原編本當即二卷，晁氏《讀書志》及《宋志》所著録之二卷本，當即爲北宋本，而《解題》所録三卷本乃經南宋人重編。簡言之,二、三卷本之異,蓋即北、南宋本之異。然因目前尚無原本實證,殘宋本所記卷次經人劖改,"二""三"兩字又極易訛混,姑因日本刻本推測如上。日本貞享茨木多佐衛門刻本,今上海圖書館及臺北"故宮博物院"有藏本。

是集刻本完帙,今以明槧爲古。明刊有數種,分別述之如次。

一、正統本。題《重編西湖林和靖先生詩集》,按古律分體編排,凡四卷。王重民《中國善本書提要》記國家圖書館所藏黄丕烈舊本,黄氏定爲正統本。該本每半葉十行十八字,"卷内題'姚江陳贄編次,錢唐王玘校正鋟梓'。卷内有'彭氏孔嘉'、'彭年孔嘉'、'清世逸民'、'黄印丕烈'、'蕘圃手校'、'蕘圃'、'楊印以增'、'至堂'、'宋存書室'等印記。黄丕烈從舊鈔補録陳贄正統八年(一四四三)一序,因定此本爲正統間所刻。諸家目録所載,又有正德丁丑餘姚陳氏刊本,上距陳贄付梓已七十四年,不知爲就此本重刊,抑就舊板重印? 何時能並置兩本於案上,一决此疑也!"按黄氏據舊鈔補録之陳贄序略曰:

> 正統改元(一四三六),余官滿,將上京師,偶過江口之總持招提僧房中,見舊書一帙,取而觀之,曰《林處士集》,不覺驚喜。求之數年不得,而忽此得之,似不偶然。欲假一録,僧曰留此亦無所用之,就以相奉,因持歸。……然諸體頗相混淆,字亦不無訛謬,欲重加編輯,以行期逼,弗果。今幸厠詞林之末,退直之暇,手自繕録,以類相從,釐爲四卷,題曰《重編西湖林和靖先生詩集》。切意士大夫之欲見而未得者尚衆,非刻之梓,何以

傳與人人？顧力有所不能，方欲與杭城諸公之仕於朝者
圖之，適廣川府通判錢塘王公叔華以報政至，會間誤及，
欣然首肯曰："和靖，鄉之先賢，素所景慕，謹當成茲美
事。然不可無序以見本末也。"因不暇辭，而序所以重編
之意如此，蓋亦有所感焉。

陳序述其得本、重編、付梓及其年代甚明，黄氏據以定爲正統
本，當確鑿無疑。序所謂原本"諸體頗相混淆"，蓋指五七言
律絶不分，故"以類相從"，改變原次。然而據前述殘宋本，五
七言律絶不分正是古式，可知陳氏所得當爲宋本。陳氏所作
另兩項整理工作，一是校正訛謬，二是釐爲四卷。此後盛傳
之四卷本，即由此來。

　　正德本雖即翻刻正統本，然無論編訂人及版式皆不同，
似不難分别，詳下。

　　二、正德本。題《宋林和靖先生詩集》，四卷、附録一卷。
傅增湘《經眼録》卷一三記正德本道："明正德丁丑（十二年，
一五一七）刊本，十行二十字，白口，單闌。前有正德丁丑錢
唐洪鐘序，言地官主政西蜀韓君廷延（士英）屬沈君履德（行）
蒐輯考訂，並續以名賢題跋，萃爲一卷壽梓云云。首梅堯臣
序，次像及贊，次名賢題跋詩文、姓字名號爵里，目録，末附録
一卷，則《宋史》本傳及記載詩文。"李盛鐸謂正德本"'仁廟'
提行，當源出宋刊"（《木犀軒藏書書録》）。按正德本亦分四卷，
當即翻刻正統本，所謂"蒐輯考訂"云云，蓋主要指增輯題跋
附録等事。正德本有訛脱，前引瞿鏞、楊守敬皆已列舉其例。

　　正德本今國内著録四部，日本靜嘉堂文庫藏一部。國内
藏本中，國家圖書館所藏明馮知十校宋本，傅增湘《校宋本林
和靖集跋》稱其以殘宋本書影校之，"知宋本編次與明本不

同,蓋以古律分體而不分五言七言也"。又曰馮氏係從宋本校正,"構"字注"高宗廟諱","敦"字注"御名",證之與《瞿目》所記合,"是據校者必爲淳熙本也"(按:當爲紹熙本,"敦"乃光宗諱),因而馮校本"勝於正統本及翻本則可斷言矣"。其後,傅氏再借瞿氏所藏宋刻殘本重校一過,稱"第細審馮氏所校宋本,其文字差異處,多與瞿氏殘本不盡合,疑馮氏所據或别一宋本也"。可見馮校本爲是集難得之善本。

三、《明文海》卷二六二載黄綰《林和靖詩集序》,稱"鄰老林君好尚甚雅,輯其詩將以鋟梓,且自謂其支裔云"。考黄綰亦爲正德時人,所謂"將以鋟梓"之集,似是林某所輯,與正德沈氏本無涉。然該本不見著録,不知是刻而未成,抑久而失傳? 姑識之以俟考。

四、明黑口本。此本蓋即翻刻正德本,刊刻年代不詳。傅增湘曾藏有此本,《四部叢刊初編》即據傅氏藏本摹寫影印。傅氏《校宋本林和靖集跋》謂其"四周單闌,十行二十字,標題上加'重刊'或'重刊西湖'等字。序跋不存,審其刊工當在正、嘉間。曩歲《四部叢刊》印行時,訪求舊本不可得見,得見此本以爲希覯。嗣以紙墨黯淡,乃就原本影寫上石。其中原缺第三十七葉,迄未能補完"。傅氏原以爲該本即正德本,逮見邢氏所收馮知十校正德本後,因細審之,正德本"版心乃白口,字體亦較圓渾,始知余本乃從韓本(正德本爲韓士英督課杭州時刊,故稱)翻刻者也"。《四部叢刊》有補遺《西湖孤山寺後舟中寫望》等四首,見於日本刊本,又《洞霄宮》等五首,見於康熙吴氏本(此本詳後)。

五、萬曆本。是本乃萬曆四十一年(癸丑,一六一三)知仁和縣事喬時敏所刊,有喬時敏、張蔚然序,陳雲渠跋,張序末署“萬曆癸丑中秋”。據序跋，知底本乃何養純（字文叔）編校，諸時寶等出資並付刊。此刻共七卷，其中詩四卷，“凡詩二百八十九首，詩餘二首；又補遺一卷，詩八首；又《省心録》一卷，實李邦獻所作，誤入逋集。前皇祐五年梅堯臣序，後附録一卷”（《天禄琳琅書目後編》卷一八。以下依習慣簡稱《天禄後目》）。每半葉八行二十字，白口，四周單邊，今大陸及臺灣皆有著録。是本文字較正德本爲佳。

瞿氏《鐵琴銅劍樓藏書目録》卷二〇著録《林和靖詩集》四卷，“嘉靖間雲間喬時敏刊於杭州，有刻板序”。所録當即萬曆本，瞿氏誤爲嘉靖刊。

關於萬曆本之《省心録》，《天禄後目》謂是誤入李邦獻之作。按胡玉縉《四庫全書總目提要補正》引翁方綱復初齋跋是集云：“《省心録》一卷，以《永樂大典》所録詳考之，實宋初直敷文閣李邦獻撰，蓋在宋初臨安刊本，題爲林和靖撰，或又因和靖之號，誤爲尹和靖撰，皆非其實耳。”或又云《省心録》元本即有之，其實不誤。《萬卷精華樓藏書記》卷一〇九耿文光按曰：“元本林集後刻《省心雜言》。盧曰：‘李邦獻、沈道原各撰《省心録》，和靖撰《省心雜言》，或誤以《省心録》爲《省心雜言》，遂謂和靖無《省心》書。’”按《文淵閣書目》卷八《子雜》著録林和靖《省心銓要》凡三部，皆爲“一部一册闕”，不名《省心録》，亦不名《省心雜言》。今人王嵐謂《省心雜言》一卷爲李邦獻撰，乃乾隆館臣據《永樂大典》所輯，尚存二百餘條。《省心録》一卷除《林和靖先生詩集》附録外，還單獨見《學海類編》等叢書，題林逋撰，計一百六十五條。“核後者所録條目，基本都見於前者，則確係同一書，作者當爲李邦獻而非林逋。”（《宋人文集編刻流傳叢考·林逋集》，二〇〇三年江蘇古籍出版

社版,第三十三頁)

　　從上述可知,明刊除黄綰本不詳外,自正德沈行本而下,各本詩集皆四卷,俱沿襲正統陳贄本體制。有清至近代,是集刊本不少,或增詩話,或附補遺,然詩集大多爲四卷。清以下所刊四卷本主要有:康熙四十七年(一七〇八)吴調元務滋堂刻本,汪氏(汪安、汪定)古香樓刻本,道光元年(一八二一)石氏(韞玉)獨學廬刻本,道光四年(一八二四)葉氏友石齋刻本等。以上各本皆有《省心録》,當源於萬曆本,而又相承付梓,大同小異。如道光四年葉夢龍廣州寫刊本,即重刻康熙吴氏本,跋稱“向聞是集刻本以前明陳惟成(贄)所刊爲有條理,國朝吴氏務滋堂本則編排失序,采取訛謬,⋯⋯因據《群書拾補》中指駁數條繫以按語,仍即吴本鐫之,有非和靖作者亦不加芟薙,示不敢率臆也”云云。無《省心録》者,有同治十二年(一八七三)長沙朱氏刻本,光緒二十一年(一八九五)俞氏清蔭堂刻本,宣統二年(一九一〇)上海文瑞樓石印本等。其中同治本乃朱孔彰氏據盧文弨校以正吴本,爲清人佳槧。清刻唯乾隆十年(一七四五)深柳讀書堂本分爲三卷。各本今皆有著録。

　　《四庫總目》著録安徽採進本,據《提要》,乃康熙吴調元刊本。《四部備要》用同治本,又以吴本覆校,將朱氏已改之字回改,反弄巧成拙。

　　民國二十四年(一九三五),商務印書館出版邵裴子校本《林和靖詩集》。邵氏手校諸本,旁及史志,詳作校語,頗多可採。一九八六年,浙江古籍出版社出版沈幼徵校注本《林和靖詩集》,即用邵本爲底本。然沈先生似不知殘宋本猶存世,殊爲可惜。殘宋本間有小注,對理解詩意甚爲重要,而明以

下各本多將其刊落。又，一九六○年文物出版社影印《宋林
逋自書詩卷》，不僅文字與各本略有差異，且溢出《孤山雪中
寫望》一首。《全宋詩》用明黑口本（翻刻正德本，詳前）爲底
本，充分利用殘宋本及自書詩卷校勘，故其成果之精審度越
前人。

【參考文獻】

　　梅堯臣《和靖先生詩集序》（《宛陵先生集》卷六○，參《中國善本書
提要》載殘宋本序文，末有年月日）

　　黃翼、黃丕烈《和靖先生詩集宋刊殘本跋》（《鐵琴銅劍樓藏書題跋
集錄》卷四、《中國善本書提要》）

　　黃丕烈《影宋精鈔本和靖先生詩集跋》（《蕘圃藏書題識》卷八）

　　陳贄《重編西湖林和靖先生詩集序》（《中國善本書提要》）

　　黃丕烈《校宋正統本西湖林和靖先生詩集跋》（《蕘圃藏書題識》卷
八）

　　傅增湘《校宋本林和靖集跋》（《藏園群書題記》卷一三）

　　洪鐘《正德本林和靖先生詩集序》（正德本卷首）

　　喬時敏、張蔚然《萬曆本林和靖詩集序》（萬曆本卷首，人各一序）

　　陳雲渠《萬曆本林和靖詩集跋》（同上卷末）

武夷新集二十卷

楊　億　撰

　　楊億（九七四——一○二○），字大年，建州浦城（今福建浦
城）人。十一歲召試，授秘書省正字，淳化中賜進士及第。仕

至翰林學士、户部侍郎。卒謚文。工詩文，爲"西崑派"首領。《隆平集》卷一三《楊億傳》曰："文有《括蒼》《武夷》《穎陰》《韓城》《退居》《汝陽》《蓬山》《冠鼇》《内外制》《刀筆集》共一百九十四卷。"衢本《讀書志》卷一九著録《刀筆集》十卷，"有陳詁序，凡三百六十三首"。《讀書附志》卷下曰：

> 楊文公《武夷集》二十卷，右楊文公億之文也。景德丁未（四年，一〇〇七），公所自編，序於前曰："目之《武夷》，蓋山林之士，不忘維桑之情；雕篆之文，竊懷敝帚之愛。命題之意，蓋以是也。"集凡五百七十五篇。公兩爲翰林學士，寇準得罪，公憂畏而卒。自唐大中後，文氣衰濫，國朝稍革其弊，至億乃振起風采，與古之作者方駕矣。景祐初，贈禮部尚書，謚曰文。鎮國節度使、駙馬都尉李遵勗乞加謚"忠"字，奏雖不行，詔付史館。

又《解題》卷一七曰：

> 《武夷新集》二十卷、《别集》十二卷，翰林學士文公浦城楊億大年撰。案本傳（指國史本傳），所著《括蒼》《武夷》《穎陰》《韓城》《退居》《汝陽》《蓬山》《冠鼇》等集，及《内外制》《刀筆》，共一百九十四卷。《館閣書目》猶有一百四十六卷。今所有者，唯此而已。《武夷新集》者，億初入翰苑，當景德丙午（三年）；明年，條次十年詩筆而序之。《别集》者，祥符五年（一〇一二）避讒，佯狂歸陽翟時所作也。《君可思賦》居其首，亦見本傳。餘書疏皆作其弟酬答。倚亦景德中進士。

《通考》卷二三四從晁氏，僅録《刀筆》十卷。《宋史》卷三〇五本傳與前引國史本傳同。《宋志》著録各集卷數："《蓬山集》

五十四卷、《武夷新編集》二十卷、《潁陰集》二十卷、《刀筆集》二十卷、《別集》十二卷、《汝陽雜編》二十卷、《鸞坡遺札》十二卷。"《通考》《宋史》蓋據文獻著錄，陳氏《解題》謂當時所有者唯《武夷新編》及《別集》。後來《別集》亦散佚，丁丙《善本書室藏書志》卷二六曰："《別集》十二卷，葉氏《篆竹堂書目》尚有之（祝按：《篆竹堂書目》卷三著錄楊文公《武夷新集》三冊、《楊文公別集》四冊。又《文淵閣書目》亦嘗著錄《別集》四冊，闕），今亦亡矣。"考《世善堂藏書目錄》卷下嘗著錄《楊文公集》十卷，有注曰："又稱《刀筆集》。"則《刀筆集》蓋猶傳至明末，後散佚。今所存者，唯《武夷新集》而已。

《武夷新集》乃著者手編，自爲序曰：

> 予咸平戊戌歲（元年，九九八）九月，受詔知括蒼郡，逮十有二月戊子朏，始達治所。凡再更年篇，復朝於京師。未半載，入西臺掌誥命。迄景德三祀龍集丙午（一〇〇六）仲冬之七日，被召入翰林。會庚戌詔書，許百執事以旬休出沐，頗燕居多暇，因取十年來詩筆，條次爲二十編，目之曰《武夷新集》。蓋山林之士，不忘維桑之情；雕篆之文，竊懷敝帚之愛。命題之意，良在是也。

序作於景德四年（丁未，一〇〇七）十月。是集與《別集》蓋當時有刻本，流佈稍廣，故獨能傳遠，《遂初堂書目》亦著錄。然宋本久已失傳。元代似未翻刻，至明代方有重刊本。

明刊有二本。一本乃正德、嘉靖間陳璋所刻，今唯臺北"中央圖書館"著錄一部，每半葉八行二十字；另一本乃嘉靖間嘉禾項德芬宛委堂所刻，今國内著錄二部，日本内閣文庫亦藏二部，署陳璋等校（參《日藏漢籍善本書錄》），可知係翻刻陳璋本。今國内著錄較多者（凡十餘部），爲清康熙四十四年

（一七〇五）刷印之陳璋校刻本。該本題《楊大年先生全集》，二十卷，一函四册，每半葉八行二十字，白口，四周單邊，書口題《武夷新集》。每卷卷首右下方有署名三行，曰"姪宏緒垂遠甫、武水陳璋璞齋甫、黃國祥視履甫同校"。據同事王曉波先生説，他曾檢北京大學圖書館、中央民族學院圖書館藏本，版式、字體、紙質皆同，皆有署名三行。館藏目録爲明刊本，《中國古籍善本書目》著録爲康熙陳璋校刻本。然北大本被剷削，削痕顯然，個別卷次尚宛然可識。蓋刷印在後，刷印者以其非陳璋原本，故削之以免貽誤後人（《武夷新集版本源流簡述》）。考陳璋乃弘治十八年（一五〇五）進士，其距康熙年代已遠，今不詳所刻板康熙時是否果猶存世，若其不存，則康熙印本之板，當是後人翻刻。此疑尚俟考證，若得以臺灣藏本一校，或可釋然明瞭。

是集之另一版本系統，乃清初李繡刻本。是本今目録書或著録爲"明萬曆李繡刻本"，當誤，該本乃清初李繡（字雲素）宦遊浦城時，據萬曆時謝在杭、崇禎時徐𤊻之遞鈔本付梓，徐𤊻跋曰：

> 此集海内藏書家俱鮮傳。萬曆庚戌（三十八年，一六一〇），謝在杭官工部郎，始鈔之秘府（祝按：《内閣書目》卷三著録"《武夷新集》五本，全"，謝氏即據該本鈔），不啻拱璧視之。在杭没纔十年，原本今歸友人陳開仲，此本乃重録者也。

該本又有李繡兄葆貞序，稱"得三山徐氏所藏録本《武夷新集》一種"；又稱"當改步之初"，"昔皇王易代肇興，必詔求天下遺書藏册府，……今日者求書之詔未聞"云云，皆時值清初之明證。嘉慶庚午（十五年，一八一〇）祖之望《留香室刻武夷新集題後》謂李繡爲“國初”人，且評其刻本道：

> 《武夷新集》二十卷，自前明即稱難得。國初揚州李
> 雲素繡來鎮浦城，始以謝在杭、徐興公（燉）鈔本付梓，然
> 剞劂未精，中間訛脱字不一而足。其爲核訂潦草，抑謝、
> 徐原來如是，均不可知。獨疑當時板藏學官，何以印刷
> 之少，又何以不逾時其板遽失，致使吾閩藏書家皆僅有
> 存者？蓋至今日，並此本而不絶如綫。

據知嘉慶時該本已頗罕覯，今唯上海圖書館庋藏一部，每半
葉八行二十字，白口，四周單邊，然僅存四卷。該館著録爲順
治七年（一六五〇）刻本。若是，則尚未正式入清，稱“國初”，
蓋承認順治爲清之正統。

嘉慶十六年（一八一一），浦城祝昌泰留香室輯刊《浦城
宋元明遺書》（又名《浦城遺書》），以《武夷新集》列於編首。
祝氏《凡例》曰：“諸書原本，多非邑中所有。以桑梓之地，竟
失流傳，殊莫可解。如《武夷新集》《西崑酬唱》《何博士備論》
《春渚紀聞》《四書集編》《真山民集》《楊仲宏集》，皆四庫館及
文瀾閣藏本，表舅氏祖尚書公（之望）鈔歸。”則《浦城遺書》本
《武夷新集》似以傳鈔四庫本爲底本（然而與事實不相符，詳
後）。梁章鉅删去底本中已見於《西崑酬唱集》之詩九首，而
以所輯佚詩文三十二篇中之十二篇補入本集，另二十篇編爲
《楊文公逸詩文》一卷，附於二十卷之末。

今以《浦城遺書》本與康熙印陳璋本相校，編次文字有所
不同。如《浦城》本卷一四《代中書密院請舉樂第一表》，陳璋
本題作《百官請舉樂第一表》，並置於卷一五《代宰相賀太陽
不虧表》之後；《浦城》本又往往删去表章末“臣無任云云”之
類。謝在杭鈔本出於秘閣本，陳璋本不詳出於何本。據香港

大學許振興先生《楊億武夷新集版本瑣議》(臺灣《書目季刊》第二十四卷第二期，一九九〇年九月)，臺灣所藏陳璋原刻本"卷五載有《詩賦附編》，錄原見於《瀛奎律髓》的大年逸詩十二首和原見於《宋文鑒》的《君可思賦》一篇；可是此本卷五却少載挽歌一首、樂章四十五首，卷一一少載行狀和述各一篇，卷一三少載表二篇和卷一六少載狀三篇"，其他詩文亦間有缺漏。

《四庫全書》著錄江蘇採進本，卷目編次爲：卷一至五，詩；卷六，頌、記；卷七，序；卷八，碑、表、偈；卷九、一〇，墓誌；卷一一，墓誌、述、行狀；卷一二，策問、表狀；卷一三至一七，表狀；卷一八，表狀、書；卷一九，慰；卷二〇，慰、祭文、齋醮文。今以影印文淵閣庫本、康熙印陳璋本、《浦城遺書》本互校，庫本在卷次分合及文字上與陳本基本一致，而與《浦城》本差異較大，殆四庫底本屬陳本系統。然而前引《浦城》本祝氏《凡例》稱《武夷新集》鈔自四庫館(或文瀾閣)，則似所刻以傳鈔庫本爲底本；祖之望《題後》稱"凡就舊本改正一千餘字"，而刊本末附有李繡等序跋，則所謂"舊本"，當即順治本。然而何以所刻却與陳本、庫本多有差異？當日刊板題跋語焉不詳，今頗令人費解。揆之以理，或刊者據李繡本大改其底本(祖氏稱達千餘字)，因而弄得面目全非。

據許振興先生《瑣議》統計，《四庫全書》本《武夷新集》共載詩文六百三十五篇，與趙氏《讀書附志》"集凡五百七十五篇"之數不合。此項統計頗有意義，蓋表明四庫底本雖屬陳本系統，所收詩文數量却多於陳本。由此可推出如下結論：收文較多之本，未必符合楊億手編本面貌；換言之，如陳璋本之所謂"缺漏"，却未必不合原本。四庫本所溢六十篇之中，主要爲卷五末所載咸平五年"奉聖旨撰"《太常樂章》三十首，景德三年"續奉敕撰"七首，及《正冬御殿上壽樂章》八首，凡四十五首（《浦城》本亦有）。三組樂章寫作年代既不相屬，又置於奉敕所撰《明德皇太后挽歌詞》之後，且綴於詩歌編之末，甚乖當時臣下編集體例，恐非楊億原編本面貌。北京大學圖書館藏李氏書中，有是集鈔本，李盛鐸跋稱"中間語涉宋帝如'應製'、'恭和'、'御製'等類皆空格，當自舊刻傳鈔，良可寶貴"；又記曰："半葉九行，行十八字。似從宋本鈔出。前有自序。收藏有'曾經我眼'白文方印、'可爲知者道'、'秋松齋印'白文兩方印。"（《木犀軒藏書題記及書録》）其本即不載"樂章"，適可證明"樂章"等溢出詩文乃後人所補。要之，因楊億文集散佚甚多，獨《武夷新集》流傳後世，故他集散佚詩文容易竄入此集。如四庫本《武夷新集》卷五收有《受詔修書述懷感事三十韻》詩，即見於《西崑酬唱集》上卷之首。此詩是否《新集》所原有，尚值得研究。因此，若專門整理《武夷新集》，不僅需求"全"，尤需辨"僞"，即剔除原非此集之詩文（其他佚詩文另輯，不能凡楊憶作品皆補入）。

除上述外，是集今猶存清鈔本數部，以上海圖書館藏彭氏知聖道齋鈔本較著名。

《全宋文》用《浦城遺書》本爲底本，輯得集外文二百五十三篇。《全宋詩》收《武夷新集》《西崑酬唱集》之詩，前者用影印文淵閣《四庫全書》本爲底本，後者用《四部叢刊初編》本爲底本，輯得集外詩二十九首。

【參考文獻】

楊億《武夷新集序》（《浦城叢書》本《武夷新集》卷首）

徐烱《鈔本武夷新集跋》（同上）

李繡、李葆貞《刊武夷新集序》（同上，人各一序）

梁章鉅《留香室刻武夷新集跋》（同上卷末）

祖之望《留香室武夷新集題後》（同上）

閑居編五十一卷

釋智圓　撰

智圓（九七六——一〇二二），字無外，自號中庸子，又稱潛夫，錢唐（今浙江杭州）徐氏子，爲天台宗山外派義學名僧。大中祥符末卜居西湖孤山瑪瑙禪院，故世稱孤山法師。大中祥符九年（一〇一六），自序其集道：

> 錢唐釋智圓字無外，自號中庸子，於講佛經外好讀周、孔、揚、孟書。往往學爲古文，以宗其道；又愛吟五七言詩，以樂其性情。隨有所得，皆以草稿投壞囊中，未嘗寫一净本，兒童輩旋充脂燭之費，故其遺者多矣。今年夏，養病於孤山下，因令後學寫出所存者，其後有所得，亦隨欲而編之。非求譽於當時，抑亦從吾所好爾。

其後吳遵路爲之作序，曰：“始自景德丙午（三年，一〇〇六），迄於天禧辛酉（五年，一〇二一），集其所著，得六十卷，題曰《閑居編》。”則天禧末是集已經編定。

真宗乾興元年（一〇二二）二月智圓卒。仁宗嘉祐五年（一〇六〇），錢唐梵天寺了空大師浩肱將是集付梓，跋曰：“吳待制遵路撰法師行狀，云《閑居編》六十卷，雖目其言，終不能見其全集。今開之本，訪諸學校及遍搜求，得四十八卷，《病課集》仍在編外。今恐遺墜，遂將添入，總成五十一卷。”

則所刊雖仍稱《閑居編》，然已非原集之舊矣。

所謂《病課集》，著者天禧四年（一〇二〇）八月有自序道："或疾稍間，則隱几而起坐，自操觚而書之"，"一日取而閱焉，得古詩及唐律五七言兩韻至五十四韻，合七十首，分爲三卷，題曰《病課集》。其猶儒家流修仕進之道，退而肄業，謂之'過夏'；執業以出，謂之'夏課'。吾以病中所得，病差而寫出，謂之'病課'，不亦宜邪？"

浩肱所刻，乃初刊本。南宋理宗淳祐戊申（八年，一二四八），釋元敬重刊是集於瑪瑙禪院，至寶祐癸丑（元年，一二五三）訖工，題記稱"募緣重刊"，當仍初刻本五十一卷之舊。《宋志》在"集類"之別集類著錄《閑居編》五十一卷，又在"子類"釋氏類著錄，當即浩肱重編合刻本。

是書宋本清代尚存，《增訂四庫簡目標注》著錄《中庸子集》五十一卷，"趙氏小山堂有宋刻本"。"中庸子"既爲智圓之號，則《中庸子集》當即《閑居編》之別稱。趙氏藏本今未見著錄。宋以後是集未聞有翻刻本，亦無鈔本流傳，故諸家書目及今國內各圖書館皆無著錄。

是集今見於一九二三年上海商務印書館影印日本京都藏經書院編《續藏經》第二編第六套第一册，又見臺灣新文豐公司影印《卍續藏經》第一〇一册，除有初刻本各序跋外，猶載淳祐元敬題記，知該本由淳祐重刻本出。全書五十一卷，與浩肱跋合。集中文凡三十六卷，詩十五卷，卷目編次爲：卷一至一二，序；卷一三，序、記；卷一四，贊、志、紀；卷一五，記；卷一六，贊、述、對問；卷一七，祭文；卷一八，論；卷一九，中庸子傳（上中下）；卷二〇，勉學（上下）；卷二一，書、行狀；卷二二，書；卷二三，書、序；卷二四，書；卷二五，辨、評；卷二六，辨、議;卷二七,評、説、叙;卷二八,駁、議、解;卷二九,序;卷三〇,誠、序;卷三一,序、記;卷三二,序、賦、銘;卷三三,碑文、箴、序;卷三四,序、傳、銘;卷三五,頌、贊等;卷三六,回向、祈文、疏;卷三七至五一,各體詩。由上可見,其編次零碎散亂,可謂無法。

日本元禄七年(一六九四),京都茨城方道有單刻本《閑居編》五十一卷,見《和刻目録》。《日藏漢籍善本書録》著録日本國會圖書館藏有該本,稱卷中有元禄七年跋,有釋師點點校。又附録國會圖書館所藏日本江户時代日人手寫本《閑居編》四卷,係宋釋道彝輯録。

《全宋文》《全宋詩》俱以上海涵芬樓影印日本大正《續藏經》本爲底本。

【參考文獻】

　　吳遵路《閑居編序》(《續藏經》本《閑居編》卷首)
　　釋浩肱《閑居編跋》(同上卷末)
　　釋智圓《病課集序》(同上卷一一)
　　釋元敬《重刊閑居編題記》(同上卷末)

河南穆公集三卷　　穆參軍集

穆　修　撰

穆修(九七九——一〇三二),字伯長,鄆州汶陽(今山東汶上)人。大中祥符進士。負才寡和,歷泰州司理參軍,潁州、蔡州文學參軍,力主韓、柳古文,對北宋古文運動頗有貢獻。

集乃其門人祖無擇裒輯，於慶曆三年（一〇四三）序之曰：

> 平時所見於簡策者，殆逾數十萬言，時人得之，且愛且學。及公之殁，無擇求遺文於嗣子熙，得詩五十六，書、序、記、誌、祭文總二十，與無擇昔藏增多詩一十二，書、序各一。又從其舊友而求之，往往知愛而不知傳，故無獲焉。姑類次是以爲三卷，題曰《河南穆公集》云。

周密《志雅堂雜鈔》卷下曰："借到屠存博《穆參軍集》，祖無擇作序，凡三卷，京本。"所謂"京本"，當指開封刻本（南宋人稱杭州爲臨安、行在所，不稱"京"），表明北宋時必有刻本，且傳至宋末元初。是否即祖氏所刊，已不可考。

至南宋孝宗淳熙丁未（十四年，一一八七），劉清之又跋曰：

> 永州州學教授宜春歐陽椿，得參軍之文於其從孫化州使君淮，俾零陵鄉貢進士張淡、吳倫校之。不鄙謂愚可紀歲月，深惟會友輔仁之義，有不得而辭者，輒書其後，大不自量。

祖無擇、歐陽椿是否付梓，序、跋皆未及言。料想其時當有刻本，今存傳録本諱"構"字，是必源於淳熙本（詳後）。

是集《讀書志》未著録。陳氏《解題》卷一七曰：

> 《穆參軍集》三卷，泰州司法參軍東平穆修伯長撰。修，祥符二年（一〇〇九）經明行修進士，仕不遇，窮困以死。師事陳搏，傳其《易》學以授李之才，之才傳邵雍，而尹洙兄弟亦從之學古文，且傳其《春秋》學。或曰《太極圖》亦修所傳於陳搏、种放者。今其遺文傳世者僅如此，門人祖無擇爲之序。

《通考》卷二三三、《宋史》卷四四二本傳、《宋志》俱著録爲三卷，殆無別本。

明《文淵閣書目》卷九、《內閣書目》卷三皆嘗著録，蓋爲宋本。宋本清代猶存（詳後），後遂失傳。元、明似無覆刻本。今大陸及臺灣各公共圖書館所藏明、清鈔本則多達三十餘部，且多源於宋本。如《鐵琴銅劍樓藏書目録》卷二〇著録舊鈔校本，末題“甲午季夏月下浣械林承望雲閣主命校此”，“書中‘構’字皆注‘御名’，則自宋刻本傳録者”。是本今藏國家圖書館。傅增湘《經眼録》卷一三著録經鉏堂綠格鈔本，八行二十字，“後有均跋（不著姓）（祝按：傅氏疑即李秉臣）。十二行，言此本當從宋刻出”。另有蔣啟源跋，亦稱該本“雖非莊寫，尚仍宋刻之舊”。又著録另一清寫本，十行二十字，有馮登府跋，謂“是書祇有宋槧本，鈔本流傳絕少”。兩本今皆藏國家圖書館。傅氏《經眼録》嘗記清錢曾述古堂影寫宋刊本，十行十八字，鈐有“平陽汪氏”藏印。此本曾藏杭州葉氏，涵芬樓即據以影印入《四部叢刊初編》，附孫毓修所撰《校補》。按《增訂四庫簡目標注·續録》謂宋刊本十一行二十四字，則影寫本版式已多非宋本之舊。

北京大學圖書館藏李氏木犀軒鈔本，李氏過録汪蘇潭校文及王端履跋，《木犀軒藏書書録》録王氏跋曰：

> 嘉慶辛酉（六年，一八〇一）於吳山書肆見東嘯軒藏鈔本，借歸傳寫。汪蘇潭吏部爲余假趙寬夫家宋本細校一過，蘇潭自云已精審，可寫定。嘉慶己卯（二十四年）閏月重裝並記。

據王氏跋，知嘉慶時是集宋本猶藏於趙寬夫家，則清人諸傳録本，蓋皆源於此宋本。趙氏宋本後歸何所，今不詳；據各影寫本有劉清之跋及“構”注“御名”推測，其本當即淳熙間歐陽椿刻本。

　　《四庫全書》著錄于敏中家藏本，《增訂四庫簡目標注》曰：“《四庫》著錄係鈔本。”是本分上、中、下三卷，卷目編次爲：卷上，詩；卷中，書、序；卷下，記、墓誌銘、祭文。該本佚去劉氏序，《提要》稱據《龍學集》補錄。既據《龍學集》補，則當爲祖無擇序，而非劉清之序，館臣誤。又，卷三所載《亳州魏武帝帳記》，館臣以其稱頌曹操爲“獎篡助逆”，大乖於名教，於是“承睿鑒指示”，而刊除此文。

　　是集清人有刻本四種。一是順治間馮秋水金陵刻本，見王士禎《漁洋文》卷一二《跋河南集》，又《增訂四庫簡目標注》，今未見著錄。二是嘉慶十六年（一八一一）穆士榮樹香堂刻本，由黃丕烈據三個鈔本校訂，今唯上海圖書館著錄，每半葉十行二十字，白口，左右雙邊。三是光緒六年（一八八〇）巴陵方惠功氏碧琳琅館刊《三宋人集》本（前有《四庫提要》）。四是宣統二年（一九一〇）沈家本《枕碧樓叢書》本，從許瀚鈔本出。以鈔本、《四部叢刊初編》影印本及清刊本互校，皆有脫訛。相對而言，四庫本除刪落一篇外，他文訛脫尚少。

　　《全宋文》用影印文淵閣《四庫全書》本爲底本。《全宋詩》用《四部叢刊初編》本爲底本。

【參考文獻】

祖無擇《河南穆公集序》（《四部叢刊初編》本《河南穆公集》卷末）

劉清之《河南穆公集跋》（同上）

穆士榮《穆參軍集跋》（嘉慶十六年樹香室本《穆參軍集》卷末）

雪竇顯和尚明覺大師頌古集
一卷拈古集一卷瀑泉集一卷
祖英集二卷

釋重顯 撰

重顯(九八〇——一〇五二),字隱之,遂寧(今屬四川)李氏子。晚居明州雪竇寺,皇祐中賜號明覺大師。《頌古》等四集收詩、頌,乃其弟子所輯,今存宋刊本,經季振宜收藏,後歸瞿氏。《鐵琴銅劍樓藏書目録》卷二〇著録道:

> 題弟子遠塵、允誠、思恭、圓應等集,有曇玉、圓應、文政等序。遵王錢氏所藏祇有《祖英集》一種,此其全帙也。《頌古集》後有"參學仙都沙門簡能校勘"一行,《祖英集》後有"四明洪舉刊"一行。每半葉十一行,行二十字,"廓"字減末筆,當是寧宗後刻本。舊爲泰興季氏藏書。(卷首有"季振宜藏書"朱記。)

此本商務印書館嘗借以影印入《四部叢刊續編》,民國二十三年(一九三四)胡文楷跋曰:

> (吕夏卿《明覺大師塔銘》)謂其弟子相與裒記提唱語、詩、頌爲《洞庭語録》《雪竇開堂録》《瀑泉集》《祖英集》《頌古集》《拈古集》《雪竇後集》凡七集,今均見於日本《大正新修大藏經》諸宗部中(祝按:見《大正藏》第四十七册《雪竇明覺禪師語録》)。釋重顯著作,最早見北宋大觀二年〔一一〇八〕睦菴善卿序刊之《祖庭事苑》)。此爲宋四明洪舉所

刊，都凡四集，曰《頌古》，曰《拈古》，曰《瀑泉》，曰《祖
英》。字畫方勁，雅近歐、顔。序連正文，猶存舊式。
"廓"字闕筆，當爲寧宗後刻本。

據遠塵等所作四集序，《頌古集》收頌凡百則，《拈古集》一百
餘則，《瀑泉集》近百五十則，《祖英集》收詩凡二百二十首。
瞿氏宋刻本今藏國家圖書館。

臺北"中央圖書館"著録宋刊本《祖英集》二卷一册，乃張
鈞衡舊物，《適園藏書志》卷一二著録，後有萬壽住持自如撰
集貲刊板疏，四明徐汝舟刊，每半葉十行，行二十字，白口，單
邊。當是另一宋本，未見，其編次及刊刻年代不詳。

除宋本外，今上海圖書館著録元覆宋刻本一部，上圖、國
圖各著録明刻本一部，皆爲四集。元本刊於至正二年（一三
四二），明刻本乃大明寺住持釋海島所刊。上海圖書館猶藏
有日本天保六年（一八三五）大智院刊本《祖英集》二卷。此
本《和刻目録》亦著録，《目録》尚有慶安三年（一六五〇）京都
秋田屋平左衛門刊本《祖英集》二卷。

《四庫總目》著録汪如藻家藏本《祖英集》二卷，《提要》謂
重顯詩多語涉禪宗，然綽有九僧遺意，風致清婉。館臣不收
另三種，蓋以其純爲禪宗公案提唱、代别解説之類，非集部書
所有也。民國十年（一九二一），李氏宜秋館據文津閣四庫本
《祖英集》刊入《宋人集》丙編。一九八〇年，臺灣明文書局又
據文淵閣四庫本影印入《禪門逸書初編》。

《全宋詩》用《四部叢刊續編》本爲底本。《全宋文》底本
同，僅收文三篇。

【參考文獻】

釋遠塵《雪竇顯和尚明覺大師頌古集序》(《四部叢刊續編》本《頌古集》卷首)

釋允誠、思恭《雪竇和尚拈古集序》(同上本《拈古集》卷首)

釋圓應《雪竇和尚明覺大師瀑泉集序》(同上本《瀑泉集》卷首)

釋文政《慶元府雪竇明覺大師祖英集序》(同上本《祖英集》卷首)

胡文楷《影印宋刊本雪竇和尚四集跋》(同上末附)

春卿遺稿一卷

蔣　堂　撰

蔣堂(九八〇——一〇五四),字希魯,號遂翁,常州宜興(今江蘇宜興)人,徙居蘇州。大中祥符五年(一〇一二)進士,仕至禮部侍郎。胡宿《蔣公神道碑》(《春卿遺稿》末附,又見《文恭集》卷三九)曰:"有文集二十卷。"《宋史》卷二九八本傳:"好學,工文辭,延譽晚進,至老不倦。尤喜作詩,有《吳門集》二十卷。"然其集宋人書目皆不著録,蓋未嘗付梓,致散佚已久。

明天啟元年(一六二一),裔孫蔣鑌因"修世譜,博稽往牒","公文載郡乘暨故家遺籠中,僅二十餘篇而已",因而編爲《春卿遺稿》一卷,"以壽諸梓"(蔣鑌《春卿遺稿跋》)。清代寫本、刻本,皆源於蔣鑌輯本。《四庫全書》亦以此本著録,《提要》曰:"此集題曰'春卿',仍舉其致仕之官,所未詳也。"又曰:"原集今不傳,此本乃明天啟中堂二十世孫鑌掇拾佚稿而成，凡賦一篇、詩三十七篇、記一篇，不及原集十分之一。其間惟詩獨多，則碑所云‘尤邃於詩’者，信也。其詩雖興象不深，而平正通達，無雕鏤纖瑣之習。”今國家圖書館藏清寫本，即《四庫全書》底本，乃“傳鈔天啟元年裔孫鑛校刻本，有天啟元年鑛序。鈐有翰林院印”，該本爲“吳縣潘伯寅滂熹齋遺書”(傅增湘《經眼録》卷一三)。

　　蔣鑛天啟原刻本今不見著録，唯存清鈔天啟本，國内凡著録六部，日本靜嘉堂文庫藏二部。陸心源跋其所藏清鈔本(今藏靜嘉堂文庫)，謂蔣鑛“編次無法，掛漏甚多”，“其書以《吳都文粹》爲藍本，此外所採寥寥數首而已。往往割裂《文粹》按語附於題下，尤爲非體”。因舉《會稽掇英總集》《嘉泰會稽志》等所載詩文，輯本皆失收。陸氏之言頗中要害。

　　光緒間盛宣懷刊《常州先哲遺書》，繆荃孫以影鈔明天啟本入梓。《藝風讀書記》卷六著録影鈔本，謂“鑛輯本寥寥數葉，荃孫刻入《常州先哲遺書》，爲補文一篇、詩二十四首”。盛氏跋亦稱據“《吳郡志》《會稽掇英總集》《成都文類》《西湖高僧傳略》得十三首以益之”。又曰：“原附希魯姪之奇詩一篇、文二篇，今輯得詩六十三篇、文七篇，並録之奇兄之翰詩一篇，以識蔣氏一家之學。”則是刻較之原輯本，内容已豐富得多。民國十七年(一九二八)，武進陶氏涉園嘗據舊鈔本影刊入《託跋廛叢刻》，末附《續編》，補詩八首。《全宋文》用影印文淵閣《四庫全書》本爲底本，《全宋詩》用《常州先哲遺書》本爲底本，經全面普查，又新輯得佚文九篇(包括殘篇)、佚詩六首。蓋蔣堂存世之詩文，至此或已網羅殆盡。

【參考文獻】

蔣鑛《春卿遺稿跋》(《常州先哲遺書》本《春卿遺稿》卷末)

陸心源《春卿遺稿跋》(《儀顧堂集》卷一四)

盛宣懷《重雕春卿遺稿跋》(《常州先哲遺書》本《春卿遺稿》卷末)

夏文莊集三十六卷

夏　竦　撰

夏竦(九八五——一〇五一),字子喬,江州德安(今江西德安)人。景德四年(一〇〇七)舉賢良方正科,歷參知政事、同平章事、樞密使。初封英國公,進鄭國公,卒謚文莊。王珪《夏文莊公神道碑銘》(《華陽集》卷四七)曰:"所著文集百餘卷。"蓋其時尚未編定。後來宋敏求序其集道:

> 自公出處中外,勤勞王家,大編巨軸,襞積私楮,歲月其逝,弗遑綴緝,紙蠹墨曀,頗有墜逸。公既薨,而嗣子亦謝世,元孫尚書比部郎中伯孫,諉故吏工部郎中張君宗益、秘閣校理裴君煜彙次遺集,成百通。後數載,見俾序之。

不詳夏伯孫是否刊板。至南宋紹興庚申(十年,一一四〇),宗人刻之於鄂州,江邈序曰:

> 邈遊學時,得公牋表一通於都市,固已玩之有日,常恨未睹其全。比倅江夏,遇湖北漕使直閣,公之宗支也,適兼郡印,蓋嘗從容語及,遂蒙出其家藏凡百卷以示,因付鏤工,以廣其傳。工既告畢,於是屬邈序之。

衢本《讀書志》卷一九當即著録鄂州本:

　　《夏文莊集》一百卷。右皇朝夏竦字子喬，江州德安人。以父死事補官，舉賢良，除光禄丞，累擢知制誥。仁宗屢欲相之，爲言者所攻而寢。初封英國公，後改封鄭，謚文莊，貴顯凡四十年。天資好學，自經史百氏陰陽律曆之書，無所不通。善爲文章，尤長偶儷之語，朝廷大典策，屢以屬之。爲詩巧麗，皆“山勢蜂腰斷，溪流燕尾分”之類。其集夏伯孫編次，有宋次道（敏求）序。

　　《解題》卷一七、《通考》卷二三四、《宋史》卷二八三本傳及《宋志》，皆著録文集一百卷。《宋志》又録《策論》十三卷，蓋別行其舉賢良策。檢今本卷二〇所載之論，似即策文，蓋當時已闌入百卷之集中。

　　百卷本《夏文莊集》及《策論》皆久佚。明《文淵閣書目》卷九著録“《夏英公文集》一部五册，缺”；《籛竹堂書目》卷三載“《夏英公文集》十五册”。其後遂不見於書目。今存乃大典本，《四庫提要》謂“據《永樂大典》所載，兼以他書附益，尚得詩文三十六卷”。乾隆翰林院鈔大典本，今藏國家圖書館。該館猶藏有清張杰過録大典本，有孔繼涵跋。大典本録入《四庫全書》，卷目編次爲：卷一至三，制；卷四至一一，表；卷一二，對策；卷一三、一四，進策；卷一五，奏議；卷一六，上書；卷一七、一八，啟；卷一九，書；卷二〇，論；卷二一，記；卷二二，序；卷二三，賦；卷二四，頌；卷二五，銘；卷二六、二七，碑銘；卷二八，祭文；卷二九，墓誌銘；卷三〇至三六，詩。民國間，嘗以文淵閣四庫本影印入《四庫全書珍本初集》。《全宋文》用《初集》本爲底本，輯得佚文十五篇。《全宋詩》用影印文淵閣《四庫全書》本爲底本，輯得佚詩六首。

【參考文獻】

宋敏求《文莊集序》(影印文淵閣《四庫全書》本《文莊集》卷首)

江遹《刊文莊集序》(同上)

范文正公集二十卷別集四卷
政府奏議二卷尺牘二卷

范仲淹　撰

范仲淹(九八九——一○五二),字希文,蘇州吳縣(今江蘇蘇州)人。大中祥符八年(一○一五)進士,仕至參知政事。卒謚文正。富弼《范文正公墓誌銘》(見《范文正公集》附《褒賢集》)曰:"作文章尤以傳道名世,不爲空文。有文集二十卷、《奏議》十七卷、《兩府論事》三卷。"《隆平集》卷八《范仲淹傳》曰:"所著《丹陽集》二十卷,《奏議》十七卷。"《通志》載《范文正公集》十五卷,又《丹陽編》八卷。袁本《讀書志》卷四中(今傳衢本此條誤)著録道:

范文正《丹陽編》八卷。右皇朝范仲淹字希文,其先邠人,大中祥符八年進士。幼隨母適朱氏,名悦,後復今姓名。擢右司諫,爭廢郭后事,出守睦、蘇二州。以召充天章閣待制、知開封府。獻《百官圖》詆宰相,奪職,知饒州。歷潤、越。寶元初,知永興、陝西經略副使。涇原帥敗,例降官,知耀州。幾月,改環慶,遷四路經略招討使。慶曆元年(一○四一),召拜樞密副使,參知政事。明年,宣撫河東、陝西，俄知邠州。病，請南陽，徙杭、青二州。卒，謐文正。……集有蘇子瞻（軾）叙。

《讀書附志》卷下著録《范文正公奏議》十五卷，曰：“皇祐五年（一〇五三），韓魏王（琦）爲河東經略安撫使知并州時所序也。……别有《丹陽集》二十卷，東坡先生序之。”

《解題》卷一七著録《范文正集》二十卷、《别集》四卷；又《范文正尺牘》五卷，曰：“其家所傳，在正集之外。”同書卷二二又載《范文正公奏議》二卷。《通考》卷二三四、二四七從《解題》而無《尺牘》。

《宋志》著録《范仲淹集》二十卷，又《别集》四卷、《尺牘》二卷、《奏議》十五卷、《丹陽編》八卷。

綜合各家著録，范仲淹之詩文集，宋代蓋有如下傳本：

一、《范文正公集》二十卷（《墓誌銘》《解題》《通考》《宋志》）；

二、《范文正公集》十五卷（《通志》）；

三、《丹陽編》八卷（《通志》《讀書志》《宋志》）；

四、《丹陽集》二十卷（《隆平集》《讀書附志》）；

五、《别集》四卷（《解題》《通考》《宋志》）；

六、《奏議》十七卷（《墓誌銘》《隆平集》）；

七、《范文正公奏議》十五卷（《讀書附志》《宋志》）；

八、《范文正公奏議》二卷（《解題》《通考》）；

九、《兩府論事》三卷（《墓誌銘》）；

十、《范文正尺牘》五卷（《解題》）；

十一、《尺牘》二卷（《宋志》）。

上述諸集，許多久已失傳，今不可知其詳。《范文正公集》有十五卷、二十卷兩本，十五卷本蓋非完帙。《丹陽編》八

卷、《丹陽集》二十卷，兩本書名卷數皆異，而俱有蘇軾序，疑
《丹陽編》收録不全，《丹陽集》乃《范文正公集》之異名。《四
庫總目》著録《范文正公集》，《提要》曰："是編本名曰《丹陽
集》，凡詩賦五卷，二百六十八首；雜文十五卷，一百六十五
首。元祐四年蘇軾爲之序。"淳熙重修本（此本詳後）綦煥跋
稱"以舊京本《丹陽集》參校"，知《丹陽集》乃北宋開封本，故
曾鞏（舊題）著於《隆平集》。至於《奏議》十七卷、十五卷、二
卷三本，按《讀書附志》稱十五卷本有韓琦序，韓序今存，謂
"次子寺丞君（純仁）緝公遺文，得《奏議》十七卷、《政府奏議》
二卷"，則原編全帙爲十七卷，故書於《墓誌銘》，蓋後有散佚，
只存十五卷。二卷本《奏議》乃南宋間重輯本，見元范文英
跋。明《内閣書目》卷五曰："《范文正公奏議》四册，全。宋范
仲淹著，韓琦序。《范文正公政府奏議》二册，全。公奏議原
十七卷，韓魏公序刻，未載《政府奏議》。元元統間，八世孫文
英始序刻之。"《尺牘》二卷、五卷兩本（猶有三卷本附之文集，
詳下），五卷或爲增輯本。《兩府論事》，當即韓序所謂《政府
論事》，然《墓誌銘》作三卷，韓序作二卷，疑有一誤。

　《范文正公集》今存北宋刻本，藏國家圖書館。該本二十
卷，卷一配鈔，相傳爲吳縣范氏世藏，嘗歸嘉定廖氏，後爲陳
立炎所得，一九一九年（己未）售與傅增湘。傅氏《經眼録》卷
一三著録道：

　　　北宋刊本，半葉九行十八字，白口，左右雙闌。宋諱
　　暑、樹、警皆爲字不成，桓字不避，是欽宗以前刻本。按：
　　此嘉定廖氏藏書，爲陳立炎捆載北來，特留此相示。惜
　　缺首册，携來者爲十五、十六兩卷，故祇記大略，未能詳
　　盡也。

後來傅氏得全帙（《經眼録》注"己未歲以千二百金收得"），一九二五年（乙丑）作《北宋本范文正公集跋》詳述之曰：

> 世傳宋槧《文正集》，有乾道饒州刊，淳熙、嘉定遞修之本，元天曆戊辰（元年，一三二八）歲寒堂重刊，即從此出，半葉十二行，行二十字。繆藝風嘗見一本，半葉十行，行二十字，字體方整，類唐石經，疑是北宋本。此本余得諸嘉定廖氏，前有舊人跋語，云出於范氏主奉家，蓋其吳中嫡裔所藏也。每半葉九行，行十八字，與前二本異，諸家多未著録。結體方勁，而行字疏朗，參差銜貫，猶有古人寫書遺意。版心題"卷幾"，無字數、刊工姓名，"樹"、"煦"、"勗"字闕筆謹嚴，洵爲北宋佳刊。按東坡序作於元祐四年（一〇八九）新知杭州時，意即當日初刻之本，後此坡文遭禁，未能鋟傳矣。原缺序目及卷第一，屬爨君頌生依乾道本按行格字數補録。然以葉數推之，尚差十六番，疑東坡序後尚有他文，或年譜之類，無從臆補，故葉數不能脗合也。

以蘇軾序推斷該本即元祐所刻，其説可信。若再推之，同有蘇序之《丹陽編》《丹陽集》，蓋亦刻於此後不久；唯《隆平集》所録之《丹陽集》，當刊行於元豐六年（一〇八三）曾鞏逝世以前，則其應無蘇序（按：或云《隆平集》非曾氏撰，此不深論）。傅跋又謂以北宋本校嘉靖本，"卷第迥然不同"，部分詩文北宋本無之，"蓋後刻者增入之；而卷三末《落星寺詩》一首，則又乾道以下各本所無"，因疑乾道刊板時，曾經增删重編。北宋本出於著者諸子手，最近原稿本，其價值固不待言。

　　一九八四年，中華書局據國家圖書館藏北宋本依原大影印，收爲《古逸叢書三編》之五。

南宋乾道丁亥（三年，一一六七），饒州刻《范文正公集》，俞翊爲之跋，稱范文正公昔嘗爲守，而其集是邦"獨無墨本，而間見於他處，誠闕典也。翊攝乏來此，首訪而得之，鳩工鏤板，以傳不朽"云云。《天禄後目》卷六嘗著録乾道本一部，凡二函十册，有"劍光閣"、"華氏明伯"二印記。然而傅增湘《藏園訂補邵亭知見傳本書目》謂該本乃天曆本（天曆本詳下），被人割去蘇序後牌記以充宋刊。則乾道本久已失傳。乾道刻板，淳熙、嘉定曾兩度重修。淳熙重修本有淳熙丙午（十三年，一一八六）綦焕跋，稱"鄱陽郡齋、州學有文正范公文集、奏議，歲久板多漫滅，殆不可讀。……於是委屬寮以舊京本《丹陽集》參校，且捐公帑刊補之。又得詩文三十七篇爲《遺集》附於後。其間尚有舛誤，更俟後之君子訪善本訂正焉"。所謂"遺集"，《四庫提要》以爲即《別集》。參之嘉定重修本（詳下），其説是。此本清天禄琳琅（昭仁殿）亦嘗庋藏一部，《天禄後目》卷六著録，凡二函十二册，謂除"遺集"外，"後又多《尺牘》三（祝按：疑爲"二"之訛）卷計一百十四帖，末有張栻、朱熹二跋，又附録富弼、歐陽脩、王安石、韓琦祭文四首"。此本亦已散佚不傳。傳至後世者，唯嘉定重修本。

嘉定重修本，陸心源嘗收藏一部，《皕宋樓藏書志》卷七三著録。其《宋板范文正集跋》曰：

> 《范文正公集》二十卷、《別集》四卷，每葉二十四行，每行二十字。板心有字數及刊匠姓名。文集前有元祐二年（祝按："二年"乃"四年"之誤）蘇軾序，《別集》後有乾道丁亥邵武俞翊跋，淳熙丙午郡從事北海綦焕跋，跋後有"嘉定壬申（五年，一二一二）仲夏重修"一行，"朝奉郎通判饒州軍州兼管内勸農營田事宋鈞、朝請大夫知饒州軍

州兼管内勸農營田事趙伯（祝按："伯"字他書或作"用"）橬"
兩行。……是書乃乾道中饒州刊本，淳熙、嘉定兩次重
修者也。原本字兼歐、柳，重修之葉字體較圓，已開元本
之先聲矣。

陸氏本後藏日本静嘉堂文庫，據《日藏漢籍善本書録》記載，
《別集》四卷後猶有《尺牘》二卷。《静嘉堂秘籍志》卷一〇著
録，並案曰："是本附刊《政府奏議》二卷，樓鑰撰，五世孫范之
柔校正；《文（正）公年譜》一卷、《年譜補遺》一卷、《言行拾遺
事録》三卷、《鄱陽遺事録》一卷、《褒賢集》一卷、《褒賢記》二
卷、《吳中遺迹》一卷、《洛陽志》一卷、《遺迹》一卷、《諸公詩
頌》一卷、《論頌》二卷。《奏議》目後有'元統甲戌（二年，一三
三四）褒賢世家歲寒堂刊'木記。卷中又有至元、大德、延祐
等年號，蓋元時依宋本刊行者。《藏書志》及跋以爲即宋乾道
刊，……恐誤。"案語所述，蓋謂"元時依宋本所刊"之本有衆
多附刻，爲陸氏藏本所無，故《（皕宋樓）藏書志》及陸心源跋
定該本爲乾道刊本"恐誤"。今按：元本雖依宋刊，但其附刻
乃元代范氏裔孫陸續刊入者，多編、撰於乾道之後，宋刻不可
能入集。若以此否定該本爲宋刊，乃《秘籍志》撰者誤以爲諸
附刻皆宋本所有，則謬矣。

　　前引北宋本傅跋謂繆荃孫嘗見一本，疑是北宋本，今無
著録。《藝風藏書記》卷六載嘉定重修本，有"笛江"及章綬銜
等藏印，正集二十卷外，有《別集》四卷、《言行拾遺》一卷，附
《年譜》《年譜補遺》。綦焕跋後銜名，與陸氏跋所述同。又潘
氏《寶禮堂宋本書録》亦著録嘉定本，有元版補配。兩本今皆
不詳何在。要之，嘉定重修本近代尚存全帙，今唯臺北"中央
圖書館"著録殘本一部，正集僅存卷一至卷五，附年譜一卷、

《鄱陽遺事録》一卷、《別集》四卷、《尺牘》三卷，凡六册，有近人曹元忠手跋。

另據著録，文物出版社、山東省博物館藏有是集宋刻蝴蝶裝殘葉，俱未見，不詳爲何本。元范文英《續刊范文正公集跋》稱“先文正公集在昔板行於世者何啻數十本”，蝶裝本蓋即在其中，知宋刻本今不爲人所知者恐尚多。

元天曆戊辰（元年，一三二八），吳門范氏家塾歲寒堂刊《范文正公集》二十卷、《別集》四卷。《滂喜齋藏書記》卷三著録怡府舊藏本道：“八世孫文英刻。前有蘇軾序，序後有墨圖記云‘天曆戊辰改元褒賢世家重刻於家塾歲寒堂’。”其著録元刻殘本時，又曰：“元時陸續刊附，尚有《補編》五卷及《尺牘》、《奏議》等十三種。……《尺牘》，宋淳熙三年（一一七六）張栻刻於桂林郡齋，南軒及朱文公（熹）均有跋，元至元再元丁丑（三年，一三三七）文英重刻，其跋云先公《尺牘》舊刊郡庠，今梓家塾。所謂郡庠者，自是蘇州郡庠。是桂林一刻，吳中再刻，凡三刻矣。《奏議》刻於元統二年甲戌（一三三四）。據文英跋，則公《奏議》有二本：一、十七卷，韓魏公序；一、二卷，即此本也。又天曆三年八世孫國儁跋，謂有年譜與文集、《奏議》並行。”由此可知，附刊十三種，並非皆刻於天曆元年，而是天曆至至正間陸續所刻。傅增湘《經眼録》卷一三記故宮藏本時，述天曆本版式道：“元天曆戊辰歲寒堂重刊宋鄱陽郡齋本（祝按：即饒州州學本），十二行二十字，白口，左右雙闌。版心上記字數，魚尾下記‘文正集卷幾’，下記葉數，最下記刊工姓名，間避宋諱。”《增訂四庫簡目標注·續録》曰：“元天曆戊辰本，即二范合刊（指與《范忠宣公集》合刊）。蘇軾序後有‘天曆戊辰改元褒賢世家重刊於家塾歲寒堂’篆文木記。”今大陸著録天曆本（包括陸續所刻附刊），尚有十餘部，明修天曆本有五部；臺北“中央圖書館”著録天曆本二部。

明嘉靖間，范氏家塾歲寒堂有重刊天曆本，題“後學時兆文、黄姬水、李鳳翔校正，十五世孫啟文、十六世孫惟元同校”，蘇軾序後亦有天曆篆書木記三行。前人謂元槧之後，以此刻爲佳（參《善本書室藏書志》卷二六、《藝風藏書記》卷六）。《四部叢刊初編》即據此本影印，《四部叢刊書録》曰：“蓋明時第十五世孫重刊天曆本也。元刻流傳尚多，轉遜此之清朗。”正集卷目編次爲：卷一，古賦、詩；卷二至四，詩；卷五，義；卷六，頌；卷七，記；卷八、九，書；卷一〇，祭文；卷一一，碑銘；卷一二、一三，墓誌銘；卷一四，墓表；卷一五至一七，表；卷一八、一九，狀；卷二〇，律賦。《別集》四卷編次爲：卷一，詩；卷二、三，律賦；卷四，序、啟、札子、贊。嘉靖重刻本，今大陸著録十餘部，臺灣著録二部，日本尊經閣文庫亦有藏本。然以影印北宋本校嘉靖本，嘉靖本稍有錯訛，甚至不及康熙本（此本詳後），故嘉靖本並非特別佳善。

嘉靖四十年（一五六一），十六世孫惟一視學兩浙，續編文正、忠宣《奏議》、《書牘》，命嚴州守韓叔陽梓行（見康熙本范能濬後序）。韓氏嚴州刊本今有著録，計增范文正《政府奏議續集》二卷、《書牘》一卷，范忠宣（純仁）《奏議》二卷。

萬曆以後，范集由范氏家塾刊行之格局被打破。萬曆三十六年（一六〇八），雲間（即松江府，今上海松江區）司理所嘗刻二范合集本，乃松江府推官毛一鷺所刊，而將《范文正公集》改編爲十二卷。毛氏序略曰：

　　　　近以司理出入公故鄉，因訪公故實於陳隱君，隱君爲道公集甚津津有味，且慨此集無善本行於世，因出其

素所校閲者相示，又指示訪各遺佚於公十八代孫必溶，
得備極詳至。遂屬洪、王二博士爲都校，請之當路，謀之
寅僚，俱欣然捐俸，得襄此役。

此本有附刻六種，國内唯復旦大學圖書館著録，日本内閣文
庫、蓬佐文庫亦有藏本。所刻板片康熙間猶存，裔孫范能濬
以其爲天啟本，誤；又謂其"不特刓缺，且字句多脱落，實非善
本"（康熙本范能濬《後序》）。

稍後又有范集十卷本、二十四卷本刊行。十卷本乃康丕
揚所校刊之《宋兩名相集》本，現唯日本内閣文庫庋藏一部，
題《宋文正范先生文集》（《日藏漢籍善本書録》），清同治、光緒間
存愚山房、善存堂有重刻本。二十四卷本乃十卷本（即《宋兩
名相集》本）之重編，康丕揚校，毛九苞訂次，刻於萬曆三十七
年（一六○九）。《凡例》稱"初刻目録、年譜、本傳、碑誌、遺事
與本集雜爲十卷，今更定本集爲二十四卷，餘附之前後"。毛
九苞跋述其編次爲：賦二卷，詩三卷，義説、論贊、頌述一卷，
奏議四卷，札狀一卷，表二卷，序紀一卷，書啟三卷，尺牘二
卷，祭文一卷，碑一卷，墓誌銘、墓表三卷。《年譜》《年譜補
遺》以冠集首，本傳、褒賢碑、墓誌銘、遺事、《義莊規矩》、《西
邊地圖》附録於後（參《中國善本書提要》）。此本今有著録。康
氏刻書類多不精，又喜改變原有編次，故其本不爲後代收藏
家所重。

萬曆、天啟間，蓋猶有揚州本。李維禎《范文正公集補遺
跋》（《明文海》卷二五○）謂范仲淹嘗安撫江淮，"奏蠲江東丁口
鹽錢，以故今巡鹽使者行公集於維揚，蓋高山景行之思云。
集造次取辦，多脱誤，侍御史彭公屬顧所建小侯，小侯就家藏
書相參伍，自嫌未備，且不欲掩前人，别爲《補遺》一卷以復

公”。此本不詳刻於何時，李維禎爲萬曆、天啟時人，蓋其時所刊。揚州本未見著錄。其粗率連當時人已不滿意，宜其不傳於後。

入清，康熙四十六年（一七〇七），范氏裔孫能濬等“合家藏諸本，細加校勘”，於家塾歲寒堂刊成《范文正忠宣公全集》。據范能濬《後序》，所謂“家藏諸本”有三：一爲十卷本（疑即《宋兩名相集》本），已殘缺；一爲文正、忠宣合刊本（未記刊行年代，當是明本）；一爲元天曆本。文集“悉遵舊本摹刻”，又增輯《補編》五卷。此本前人評曰“佳”（《增訂四庫簡目標注》）。宣統重刻本（詳後）鄒福保序，稱“康熙本歉劂精工，俗謂之軟體字，今求之梓人，蓋無復有能書能刻者矣”。道光十年（一八三〇），忠宣公房裔孫范玉琨對康熙本附刻“重加校閲”，并作跋，歲寒堂又嘗重刻，今山東、遼寧兩省圖書館有著錄。至清末，是書已稱難得，歲寒堂於宣統二年（一九一〇）再重雕，次年竣工。據鄒福保序，宣統本仍以康熙本爲主，以元天曆殘本略校一過。上述清刻三本，今國内俱有著錄。

《四庫全書》著錄江蘇採進本，據《提要》即康熙本。《政府奏議》二卷，《四庫全書》别著於史部。范文英於元統二年所刻《奏議》，今國家圖書館藏有單本。《擇是居叢書初集》嘗據元刻本影印，光緒間東粵經韻樓有鉛印本。

綜觀是集各本，北宋本與元以後家塾本系統編次不同，傅氏跋以爲乾道本曾經重編，固是。乾道本及淳熙、嘉定重修本雖未見，但天曆本一依乾道本，觀天曆本蓋可見乾道本基本面貌。北宋本、天曆本、嘉靖重刻天曆本及康熙本，前人一致稱其精工。不僅刊印精美，尤以訛脱極少爲難得。范氏裔孫刊其祖集，負責謹慎，雖難免仍有疏誤，然類多善本，較萬曆間毛氏、康氏等所刊，非可同日而語。今以北宋本與歲寒堂各本相校，歲寒堂本錯脱僅僅偶見，可據北宋本正之。如歲寒堂本卷一五《睦州謝上表》"成帝廢許后呪詛之罪，乃立飛燕姊妹，妬甚於前，六宮嗣息，盡爲屠害"數句，其中"乃立飛燕姊妹"，北宋本作"乃立飛燕，飛燕姊妹"，據文意極是，歲寒堂本當脱"飛燕"二字。又如歲寒堂本卷一六《邠州謝上表》"兼陝西路沿邊安撫使"句，北宋本"陝西路"作"陝西四路"，是，歲寒堂本脱"四"字。凡此可見北宋本之版本價值，更在歲寒堂本之上。然而歲寒堂本迭經歷代裔孫輯補，收文較北宋本爲全，是其優點。宣統重刻歲寒堂本偶有錯字，稍不及康熙本之精。

　　二〇〇二年，四川大學出版社出版李勇先、王榮貴校點本《范仲淹全集》。該本正集部分用北宋刻本（《古逸叢書三編》本）爲底本，《別集》《奏議》《尺牘》《補編》用康熙本爲底本。正集中無而康熙本有者，即在相應位置補入，并注明康熙本卷次。

　　《全宋文》用康熙四十六年范氏歲寒堂刊本《范文正公集》二十卷、《別集》四卷、《奏議》二卷、《尺牘》三卷、《補編》五卷（其中一卷爲范文）爲底本，輯得佚文八十九篇。《全宋詩》用《四部叢刊初編》本爲底本，輯得集外詩十五首（包括聯句二首）。

【參考文獻】

韓琦《范文正公奏議序》（《安陽集》卷二二）

蘇軾《范文正公文集叙》（《四部叢刊初編》本《范文正公集》卷首）

傅增湘《北宋本范文正公文集跋》（《藏園群書題記》卷一三）

俞翊《乾道饒州刊范文正公集跋》（《四部叢刊初編》本《范文正公

集・別集》卷四末附）

綦焕《淳熙重修饒州本范文正公集跋》（同上）

陸心源《宋板范文正集跋》（《儀顧堂集》卷一六）

張栻《桂林刊文正公尺牘跋》（《四部叢刊初編》本《范文正公集・尺牘》卷下末附）

朱熹《文正公與兄弟書跋》（同上）

范文英《歲寒堂刊文正公尺牘跋》（同上）

范文英《歲寒堂刊政府奏議跋》（影印文淵閣《四庫全書》本《吳都文粹續集》卷五五）

周孔教、楊廷筠、蔡增譽、毛一鷺《萬曆松江刊范文正公集序》（萬曆松江府刊二范全集本卷首）

范時崇、范能濬《康熙重刻范文正公忠宣公全集後序》（康熙本《范文正忠宣公全集》末附）

鄒福保《宣統重刻范文正忠宣二公全集序》（宣統本《范文正忠宣全集》卷首）

范端信《宣統重刻范文正忠宣二公全集跋》（同上末附）

宋人別集叙録卷第三

元獻遺文一卷補編三卷

晏　殊　撰

　　晏殊（九九一——一〇五五），字同叔，撫州臨川（今江西撫州）人。景德初以神童薦，賜同進士出身。仕至同中書門下平章事、充集賢殿大學士兼樞密使，卒謚元獻。歐陽脩《晏公神道碑銘》（《歐陽文忠公集》卷二二）曰：“有文集二百四十卷。”又《隆平集》卷五《晏殊傳》：“有文集二百四十卷，又有《臨川集》《二州集》《二府集》。”《東都事略》卷五六《晏殊傳》亦謂“有文集二百四十卷”。按宋祁《宋景文筆記》卷上曰：“晏相國，今世之工爲詩者也，末年見編集者乃過萬首，唐人以來所未有。”可見其撰著之富。衢本《讀書志》卷一九著錄道：

　　　　晏元獻《臨川集》三十卷、《紫微集》一卷。右皇朝晏殊字同叔，臨川人。景德二年（一〇〇五）張知白薦，得召賜同進士出身。再試文，擢秘書正字，爲昇王府記室。累擢知制誥、翰林學士。寶元三年（一〇四〇）拜平章事。坐撰《李宸妃墓銘》不言上宸妃所出，及役兵治産事，四年，罷知潁州。歷陳、許、雍、洛，以疾歸，侍經席，

卒。性剛峻，幼孤，篤學，爲文溫純應用。尤長於詩，抒
情寓物，辭多曠達。當世賢士如范文正、歐陽文忠皆出
其門。……集有兩本，一本自作序。

晁氏著録之《紫微集》，疑是程敦厚紹興間所刊，今存其所撰
《晏元獻公紫微集序》，稱持江西憲節時“既鑱諸板”云云。
《解題》卷一七曰：

> 《臨川集》三十卷、《二府集》二十五卷、《年譜》一卷，
> 丞相臨淄元獻公臨川晏殊同叔撰。其五世孫大正爲《年
> 譜》，言先元獻嘗自差次起儒館至學士，爲《臨川集》；起
> 樞廷至宰席，爲《二府集》。今案本傳（指國史本傳），有
> 文集二百四十卷，《中興書目》亦九十四卷，今所刊止此
> 爾。《臨川集》有自序。

同書卷二一著録其詞集道：

> 《珠玉集》一卷，晏元獻公殊撰。其子幾道嘗言“先
> 公爲詞，未嘗作婦人語”，以今考之，信然。

《通志》著録《臨川集》三十卷、《翰苑制詞》二十卷。《通考》卷
二三四、二四六著録《臨川集》三十卷、《紫微集》一卷、《珠玉
集》一卷。《宋史》卷三一一本傳稱“文集二百四十卷”，當據
國史本傳及《神道碑》《東都事略》；《宋志》則載《臨川集》三十
卷、《詩》二卷、《二府集》十五卷、《二府別集》十二卷、《北海新
編》六卷、《平臺集》一卷。綜合各家著録，晏殊蓋有九集
行世：

> 一、《臨川集》三十卷（《通志》《讀書志》《解題》《通考》《宋
> 志》）；

> 二、《紫微集》一卷（《讀書志》《通考》）；

三、《二府集》二十五卷(《解題》,《宋志》作十五卷);

四、《二府別集》十二卷(《宋志》);

五、《翰苑制詞》二十卷(《通志》);

六、《珠玉集》一卷(《解題》《通考》);

七、《詩》二卷(《宋志》);

八、《北海新編》六卷(《宋志》);

九、《平臺集》一卷(《宋志》)。

以上九集凡九十八卷,遠不及二百四十卷之數。晏殊文集蓋大多未嘗付梓。《苕溪漁隱叢話》後集卷三〇稱“比觀《晏元獻集》”云云,張叔椿《龜溪集叙》稱沈與求嘗輯晏殊、富弼之文而流佈之,不詳所觀、所刊爲何集。疑胡仔所謂《晏元獻集》即《臨川集》。

上述各集,皆久已散佚。明《文淵閣書目》卷九著録“《晏元獻公文集》一部六册,闕”。胡應麟《少室山房筆叢》卷三《經籍會通三》曰:“一友人云:嘉靖中籍没分宜,有《晏元獻集》一部,二十餘帙,鈔本也。”若其友人所言屬實,則《晏元獻公文集》明後期尚傳世,唯不知“二十餘帙”是否全書。清四庫館臣嘗據《永樂大典》裒輯宋人佚集,而無晏集,蓋因内閣本明初殘闕已甚,故未録入《大典》。清康熙中,胡亦堂輯《元獻遺文》,序謂“真宗時時有所問,輒答奏並草封進,示不泄。後仁宗類爲八十卷,藏於禁中。又別有文集,多至二百四十卷,亦取入秘府,故均不傳於世”。

胡亦堂所輯《遺文》,序稱“止狀、記、銘、詩寥寥三四,而其外之歌詞較多”。《遺文》原只一卷,康熙十九年(一六八〇)刊入夢川亭《臨川文獻》,釐爲《晏同叔先生集》二卷。《四庫全書》據以入編,仍爲一卷,《提要》稱“僅文六篇,詩六首，餘皆詩餘（詞）。殊當北宋盛時，日與諸名士文酒唱和，其零章斷什，往往散見諸書，如《復齋漫録》《古今歲時雜詠》《侯鯖録》《西清詩話》所載諸詩，此本皆未收入，未爲完備”。陸心源《晏元獻遺文跋》謂在《提要》所舉外復加收輯，若以“各書所引及汲古刊《珠玉詞》重爲編次，當可增此本三倍也”。

道光二十四年（一八四四），勞格就各書加以補輯，其輯本後藏丁氏善本書室（今藏南京圖書館），丁丙跋曰：“凡增文二十二篇，詩一百三十餘首，及單辭斷句又十餘件。文則倍於原輯，詩則視原輯幾二十餘倍，可謂美且富矣。”民國六年（一九一七），李之鼎於當時江南圖書局迻録之，刊入《宋人集》乙編。李氏跋稱勞氏輯本“蠅頭細字，朗若列眉”。遂以迻録稿“屬臨川雷菊農君代爲編次，成《補編》三卷，因合胡輯付之剞劂。至於勞輯之零章斷句，難於編入者，俟後有所輯，當再編補遺焉”。《補編》三卷中，有文一卷，詩二卷。此本爲迄今收詩文最多之本。然就文而言，胡輯、勞輯及李之鼎《增輯》，共只十九篇，散佚仍多。《全宋文》用《宋人集》乙編本爲底本，新輯佚文三十三篇（包括殘篇），超過前人所輯之和。《全宋詩》則以《宋人集》乙編本爲基礎重新補輯、編次，定爲三卷，收詩共一百六十首，斷句五十八件。

陳氏《解題》著録之《珠玉詞》一卷，毛氏汲古閣嘗刊入《宋名家詞》第一集，《四庫全書·集部·詞曲類》據以入編。

【參考文獻】

程敦厚《晏元獻公紫微集序》（《國朝二百家名賢文粹》卷一六一）

胡亦堂《元獻遺文序》（《宋人集》乙編本《元獻遺文》卷首）

陸心源《晏元獻遺文跋》（《儀顧堂集》卷一四）

李之鼎《刊元獻遺文跋》（《宋人集》乙編本卷末）

孫明復先生小集—卷

孫　復　撰

　　孫復（九九二——一〇五七），字明復，晉州平陽（今山西臨汾）人。舉進士不第，退居泰山，世稱泰山先生。仕至殿中丞。著有《睢陽小集》十卷，《通志》著録。衢本《讀書志》卷一九曰：

　　　　孫明復《睢陽小集》十卷。右皇朝孫復字明復，晉州人，居泰山。深於《春秋》，自石介已下皆師事之。年四十未娶，李丞相迪以其弟之子妻之。慶曆中，范文正、富鄭公言之於朝，除國子監直講。嘗對邇英殿説《詩》，上欲以爲侍講，楊安國阻之而寢。

《通考》卷二三五、《宋志》著録同。

　　《睢陽小集》久佚。清乾隆間，趙國麟宦遊安慶，得鈔本《孫明復小集》一卷。其子趙起魯序乾隆聶鈫所刊本（此本詳後）時述之曰：“宋孫明復先生當景祐時，自晉之魯，講學泰山，品尚而德劭，學裕而行優。先大人以其爲郡中文獻，求其集數十年不可得。迨撫莅安慶，始獲此鈔本，名曰《小集》，計詩文二十二篇，附録三篇。”趙本轉相傳寫，《小集》流傳遂廣。

　　在《小集》傳録本中，以李文藻（南澗）鈔本最爲重要。李氏本民國時尚在，有李文藻、羅有高手校，李氏有跋，並録紀昀跋。傅增湘嘗見之，其《經眼録》卷一三登録，並録附諸跋。該本今未見著録。按李氏跋曰：“乾隆丁亥歲（三十二年，一七六七），予客濟南，借録《孫明復小集》於泰安故相趙氏，又

録副以寄房師河間紀公(昀)。"又曰:"聶劍光(鈫)嘗出十金謀刻此書,予却其金而諾爲刻也。"紀昀得録本後,跋曰:

李南澗從泰安趙氏録此本,以余喜聚古籍,馳以寄余。凡文十九首,詩三首,似採合而成,非本書也,暇日當以諸書參校之。又墓誌一篇有録無書,亦俟暇日檢補之。

李氏録紀跋於家藏本後,又跋之曰:

按焦氏《經籍志》,孫復《睢陽小集》十卷,此册僅可二三卷,殆從本集摘鈔者,而河間房師以爲採合而成,恐未必然。蓋孫明復詩文流傳絶少,如吕氏《宋文鑒》、顧氏《宋文選》、吴氏《宋詩鈔》、曹氏《宋詩存》諸書,皆未有所載,其十卷之足本世宜猶有藏者。而是册從何而得,嘗札問相國之子道軒,道軒不能答也。

今按李氏之説恐非,《小集》所載,全見於《聖宋文選》《皇朝文鑒》《國朝二百家名賢文粹》等書,所稱"未有所載",蓋失於細檢。紀氏"採合"之説可信。

乾隆間《四庫全書》開館,紀氏任總纂,即以所藏鈔本著録,《提要》曰:"此本出自泰安趙國麟家,僅文十九篇,詩三篇,附以歐陽脩所作《墓誌》一篇,蓋從《宋文鑒》《宋文選》諸書鈔撮而成,十不存一。然復集久佚,得此猶見其梗概。"紀氏本(即《四庫》底本)後爲丁氏善本書室所得,今藏南京圖書館。《善本書室藏書志》卷二六著録道:"此鈔本有'紀昀'、'曉嵐'兩小印,卷端鈐翰林院印,當爲文達(紀昀謚)當日進呈本,經館臣録出,發還本家之書也。"

乾隆四十年(一七七五),泰安布衣聶鈫據從李文藻本過録之本（見前引李跋）校以他本（當亦傳自趙氏，而附録有所增補），於杏雨山堂付梓，並自序道：

> 泰山孫明復先生行爲世法，經爲人師。自宋迄今，七百餘年矣，顧其文章不少概見。丁亥歲（乾隆三十二年，一七六七），於吾鄉趙相國家覯之，如獲拱璧，懼其久而失傳也，謀所以刻之，旋搆目疾，中止。歲癸巳（乾隆三十八年），江寧嚴侍讀道甫居憂南下，余於東平舟次述及，侍讀出其藏本相證，篇帙略同，惟附録自《宋史》本傳、歐陽文忠《墓誌銘》及石守道《泰山書院記》而外，增多五則，因屬補鈔，同爲勘校，付諸梓人。

聶氏杏雨山堂本每半葉十一行二十一字，細黑口，左右雙邊，今國家圖書館、上海圖書館、南京圖書館有著録。

由聶氏本再滋衍出三本：一是道光癸巳（十三年，一八三三）所刊《魯兩先生合集》，乃徐宗幹據聶本與石介《徂徠集》於斯未信齋合刻之本。徐氏序曰：“得邑人聶君劍光所刊《明復先生小集》一卷，前邑宰徐君宜菴（肇顯）校訂《徂徠先生詩文集》二卷，……爰輯詩文，彙爲一編。”合集本今華南師範大學圖書館有著録。

二是孫氏山淵閣叢刊本。光緒己丑（十五年，一八八九），孫葆田問經精舍據徐氏合集本重爲校訂，刊入《孫氏山淵閣叢刊》。孫氏序曰：“道光間，徐清惠公（宗幹）守泰安，刻《魯兩先生合集》，所據即聶本。……聶、徐兩本與宋刻《聖宋文選》《宋文鑑》，文字間有異同，今以屬及門丁汝彪別爲《考異》一篇，附於卷末，以質當世知言君子。”孫刻最大特點，是析一卷爲三卷。

三是民國間徐守揆排印本。民國二十四年（一九三五），徐氏據問經精舍本校印於泰山天書觀，序稱"是集據問經精舍原本，即聶氏本也"。徐氏排印本今有著錄。

除上述本外，《小集》今猶存鈔本數部，如國家圖書館藏徐坊校跋本（錄有李文藻、羅有高校語及跋），彭氏知聖道齋鈔本（有彭元瑞校），上海圖書館藏鮑氏知不足齋鈔本（有鮑廷博校並題識），等等。要之，是集現存各本，皆源於趙國麟所獲鈔本；其鈔本當是輯佚本，輯錄者不詳。

《全宋文》用民國間徐守揆排印本爲底本，《全宋詩》則用影印文淵閣《四庫全書》本爲底本。

【參考文獻】

聶鈜《乾隆刊孫明復小集序》（民國泰山天書觀鉛印本《孫明復小集》卷首）

錢大昕《乾隆重刻孫明復小集序》（同上）

孫葆田《跋錢大昕乾隆重刻孫明復小集序》（同上）

趙起魯《乾隆刻孫明復小集序》（同上）

徐宗幹《魯兩先生合集序》（道光十三年斯未信齋刊本《兩魯先生合集》卷首）

孫葆田《光緒重刊孫明復小集序》（鉛印本《孫明復小集》卷首）

徐守揆《孫泰山先生小集序》（同上）

石學士詩集一卷

石延年　撰

石延年（九九四——一〇四一），字曼卿，一字安仁，宋城

（今河南商丘）人。累舉進士不中，真宗時爲三班奉職，遷至太子中允、同判登聞鼓院。爲文勁健，尤工詩。石介《石曼卿詩集序》曰："（曼卿）遇事輒詠，前後所爲不可勝計，其遺亡而存者纔三百（祝按：此序又誤收入《蘇舜欽集》卷一三，"三百"作"四百"）餘篇，古律不異，分爲二册（祝按：蘇集作"并爲一帙"）。"《隆平集》卷一五《石延年傳》曰："工於詩，有集行於世。"衢本《讀書志》卷一九著録道：

> 《石曼卿集》一卷。右皇朝石延年字曼卿，南京宋城人。舉進士不中，爲三班奉職，改太常寺太祝，遷秘閣校理。能爲詩，書甚遒麗。

又《解題》卷二〇曰：

> 《石曼卿歌詩集》一卷，秘閣校理宋城石延年曼卿撰。自爲序，石介復爲作序。其仕以三舉進士，爲三班奉職，出處詳見歐陽公所作《墓誌》。

《通考》卷二四四從晁氏，《宋志》則爲二卷。參之石介序"分爲二册"之文，是集宋代似有二本，一本爲一卷（即不分卷），一本爲二卷。其自序全文久佚，今僅存片斷。《後村詩話》續集卷一曰："晚得其集（指《石曼卿集》），石徂徠作序……石自序：'性嬾，有作不能録。早時解記數百篇，過壯記益衰，近幾盡廢。有收百篇來者，覽之或能尚識，或如非己言，久乃能辨。遂并近詩，存三百篇，藏之於家。'"則曼卿自編本，實止三百篇。

明代石集罕見著録，唯陳氏《世善堂藏書目録》卷下載有"《石曼卿集》一卷"，不詳是刊是鈔。今無清以前刊本，以日本静嘉堂文庫藏明鈔本《石學士詩集》一卷、附録一卷、拾遺一卷爲古。該本有石介序（《日藏漢籍善本書録》），未見，不詳與宋本有無關係，然既有"拾遺"，殆非原帙。《兩宋名賢小集》收《石曼卿詩集》一卷，僅有詩二十一首，遠非"三百"之舊，乃後人輯本無疑。今存道光間裔孫石陵刊本，國家圖書館、華東師範大學圖書館等有著錄。傅增湘《經眼錄》卷一三記之曰："原石琢堂（蘊玉）太史所輯，刻石於祠壁，道光庚子（二十年，一八四〇），學官李振綱屬裔孫石陵茂才付之梓人，僅得詩四十五首，恐其遺佚者正多也。他日當續輯之。"《全宋詩》在《小集》及道光本之外，僅輯得詩四首、斷句若干。則傳世之石詩，蓋已鮮矣。

【參考文獻】

石介《石曼卿詩集序》（中華書局校點本《徂徠石先生文集》卷一八）
李振綱《宋石學士詩集序》（道光二十年刊本《宋石學士詩集》卷首）

宋元憲集三十六卷

宋　庠　撰

宋庠（九九六——一〇六六），初名郊，字伯庠，易名庠，改字公序，安陸（今屬湖北）人，徙雍丘（今河南杞縣）。天聖二年（一〇二四）進士第一。與其弟祁以文學名世，時稱"二宋"。歷參知政事、樞密使，皇祐初拜相。卒謚元憲。王珪《宋元憲公神道碑銘》（《華陽集》卷四八）曰："文集合四十卷。"《通志》載《宋元憲公集》五卷、《緹巾集》十二卷。衢本《讀書志》卷一九著錄"《宋元憲集》四十四卷"，並謂宋庠嘗"遺命子孫不得以其文集流傳"。此條《宛委別藏》本《讀書志》不載。

《讀書附志》卷下著録"《緹巾集》二十卷"，文字與衢本《讀書志》同。按《讀書志》"《宋元憲集》四十四卷"下原注曰："一作《湜中集》。"兩本並有誤。"《宋元憲集》四十四卷"，當從《讀書附志》作《緹巾集》，而《讀書附志》"二十卷"殆"十二卷"之倒誤，《讀書志》注"湜中集"，乃"緹巾集"之形訛。按《元憲集》卷三六《緹巾集記》曰："此燕石也，與瓦礫無異，雖緹巾什襲，庸足寶乎？……凡五百餘首，勒成十二卷，命曰《緹巾集》。"足正上述諸誤。此條《宛委别藏》本不載，蓋是據《通考》卷二三四補，而《通考》書名卷數當從《解題》，著録文字則從《讀書附志》，故注"一作《湜中集》二十卷"，遂滋混亂訛誤。

《解題》卷一七著録《宋元憲集》四十四卷。《宋史》卷二八四本傳謂"别集四十卷"，而《宋志》著録《宋郊文集》四十四卷，又著録宋庠《緹巾集》十二卷、《操縵集》六卷、《連珠》一卷，似不知郊、庠爲一人。《遂初堂書目》有《操縵集》《緹巾集》，無卷數。

綜觀上述諸家著録，看似紛紜雜亂，其實王珪《元憲公神道碑銘》所謂"文集合四十卷"，即已言之甚明：生前原有多個小集，死後彙諸小集爲一編，則爲四十卷，與其弟宋祁編集情況正同。或著録諸小集，或著録合編本，唯《宋志》兩者皆著録。至於合編本四十卷、四十四卷之異，《四庫提要》疑四十四卷本乃是以《掖垣叢志》三卷、《尊號録》一卷編入集中，而余氏《四庫提要辨證》則以爲"編輯愈後者卷數愈多。此集既有四十卷，與四十四卷之不同，自是兩本"。然而據宋人編集體例，另四卷亦可能爲附録傳記、逸事之類，不計附録爲四十卷，計之則爲四十四卷。以此類之，《通志》之《宋元憲公集》五卷，疑即《操縵集》六卷；若非是，則《宋元憲公集》或爲選本。今不可詳。

　　是集今可考者，南宋寧宗嘉定二年（一二〇九）安州有刻本。嘉定本乃郡文學陳之强等所刊，陳氏序稱以元憲、景文（宋祁著，詳後該集叙録）二集同時授梓，並述經費籌措經過道：

　　　　寓公李令尹之家，舊有繕本，太守、今都運王公允初昔爲通守，每與之强言，欲借而刊之，未能。逮持節京西，於其行，以帑藏之餘幾千緡，屬之强與之鋟本，以廣其傳，又分數册以往，將以速其就也。然考之二集，既富且贍，其言八十餘萬。工以字計，爲錢幾四百萬，米以石計，百有二十，他費不預焉。之强懼其難成，而白之今太守陳公芾，公一聞之，欣然謂之强曰：“是亦予志也。……當輟他費以成之。”……之强深有感焉。因其成也，書之篇首，以告來者。

此序與沈虞卿刊《小畜集》申狀，同爲研究宋代刻書工價之重要史料。

　　《景文集》今猶存南宋麻沙本殘帙，《元憲集》或亦有之，惜已不傳，亦無文獻記載。

　　是集原本明代猶存，《文淵閣書目》卷九著録“《宋元獻公文集》一部十册，完全”。至《内閣書目》已無其目。民間僅《世善堂藏書目録》卷下著録二十卷。原本久佚，今存乃大典本。《四庫提要》曰：

　　　　國朝厲鶚編《宋詩紀事》，僅采掇《西清詩話》《侯鯖録》《合璧事類》《揚州府志》所載，得詩八首，則海内絶無其本已三四百年矣。《永樂大典》修於明初，距宋末僅百餘年，舊刻猶存，故得以采録。而庠文章淹雅，可取者多，故所載特爲繁富。今以類排比，仍可得四十卷，疑當時全部收入也。

《四庫全書》據大典本鈔録,僅三十六卷。大典本又刊入《武英殿聚珍版叢書》,亦三十六卷。卷目編次爲:卷一,賦;卷二至一五,各體詩;卷一六、一七,頌;卷一八、一九,表;卷二〇至二六,外制;卷二七至三〇,内制;卷三一,札子;卷三二,答内降手詔;卷三三,行狀;卷三四,墓誌銘;卷三五,祝文;卷三六,記、碑銘、連珠、論、説。《萬卷精華樓藏書志》卷一〇九曰:"官本從《永樂大典》中採出,重編爲三十六卷,蓋删其青詞、樂語也。"《湖北先正遺書》據聚珍本影印,《叢書集成初編》據聚珍本排印。今考文淵閣四庫本卷三六收有《連珠》一首,則前述《宋志》所録《連珠》一卷,當已闌入文集,或即由文集中抽出單行。由此觀之,至少《連珠》散佚尚多,館臣所謂"疑當時全部收入",恐非是。

　《全宋文》以影印文淵閣《四庫全書》本爲底本,輯得佚文三十一篇。《全宋詩》用聚珍本爲底本,輯得佚詩七首。

【參考文獻】

　宋庠《緹巾集記》(影印文淵閣《四庫全書》本《元憲集》卷三六)
　陳之强《嘉定刊元憲景文集序》(同上卷首)

文恭集 五十卷 補遺 一卷

胡　宿　撰

胡宿(九九六——一〇六七),字武平,晉陵(今江蘇常州)

人。天聖二年(一○二四)進士,官至樞密副使,卒諡文恭。歐陽脩《贈太子少傅胡公墓誌》(《歐陽文忠公集》卷三四)曰:"有文集四十卷。"《讀書志》未著録。《解題》卷一七曰:

> 《胡文恭集》七十卷,樞密副使文恭公晉陵胡宿武平撰。晉陵之胡,自文恭始大,其猶子宗愈仍執政,子孫爲侍從、九卿者以十數。紹興初,世將承公,亦其後也。至今猶名族。

陳氏最後言及"世將承公",必有所謂。按《宋史·胡世將傳》:世將字承公,胡宿曾孫。紹興初出爲四川安撫制置使、兼知成都府。考蘇籀《雙溪集》卷五《觀胡文恭樞密全集偶成一首》詩曰:"……猶子後來傑,元祐參丞疑。蟬聯襲簪橐,孫侄聲華飛。婦韓外曾裔,稚子甥曰彌。撫編可勝嘆,綴緝刻棠梨。"則《胡文恭集》當是胡世將率子侄輩所編,蓋刻於蜀中。蘇籀亦紹興時人,所"觀"當即胡世將刻本,稱之爲"全集",殆即《解題》所録七十卷之本也。《通考》卷二三五、《宋志》皆著録爲七十卷,《宋志》別有《制詞》四卷。由此知《墓誌》所載四十卷,并非胡宿詩文全編。

　　明《文淵閣書目》卷九著録"《胡文恭公文集》,一部十册,完全"。《內閣書目》卷三曰:"《胡文恭全集》十册,全。宋仁宗朝太子少師胡宿著,凡七十卷。"內閣所藏七十卷本,與《解題》合,蓋宋刻原本明末猶存。至清初,唯《絳雲樓書目》卷三尚著録"《秦國胡文恭公(宿)文集》六册",陳景雲注:"七十卷。"其他各家書目概不登録,蓋已散佚。今存乃大典本。《四庫提要》曰:

> 陳氏《書録解題》載宿集七十卷,久無傳本。近人編

《北宋名賢小集》(祝按:即《兩宋名賢小集》,四庫館臣以爲是清初人編而嫁名宋陳思、元陳世隆),所輯僅寥寥數篇。厲鶚撰《宋詩紀事》,搜羅至博,所録宿詩亦祇從志乘掇拾,未窺全豹。至金元好問選《唐詩鼓吹》,誤編入宿詩二十餘首,説者遂以爲唐末之人,爵里未詳。今考好問所録諸詩,大半在《文恭集》内,且其中有《和朱況》一首,其人爲胡氏之婿,與宿同籍常州,具見所撰《李太夫人行狀》,確鑿可據,好問乃不能考證。舛錯至此,亦可知金、元之間,其集亦罕覯矣。今惟《永樂大典》分採入各韻下者,裒而録之,計詩文一千五百餘首,雖未必盡合原目,而篇帙較富,已可什得其八九。謹以類編次,釐爲五十卷,庶俾藝林好古之士,得以復見完書。其有《永樂大典》失採而散見於他書者,則别加搜輯,爲《補遺》一卷,附之於後焉。

大典本録入《四庫全書》,刊入《武英殿聚珍版叢書》,卷目編次爲:卷一,賦、詩;卷二至六,詩;卷七、八,奏議;卷九、一〇,表;卷一一,表、箚記;卷一二至二一,外制;卷二二至二七,内制;卷二八,貼子詞、上梁文;卷二九,策問、頌銘、論辨、序贊;卷三〇至三四,書啟;卷三五,記;卷三六至三八,誌銘;卷三九,碑表、塔銘;卷四〇,行狀。《常州先哲遺書》第一集據聚珍本刊印,《叢書集成初編》據聚珍本排印。各本皆四十卷,與《提要》"五十卷"之數不合。今國家圖書館、北京大學圖書館藏有清鈔五十卷本,較四庫本溢出青詞、樂語、道場疏、祝文等一百七十餘篇,當由大典原輯本出,録入庫本時爲館臣奉詔删削。溢出之文,已收入《全宋文》。《全宋文》用影印文淵閣《四庫全書》本爲底本,集外復得佚文二十四篇。《全宋詩》用聚珍本爲底本，輯得佚詩二十五首。

【參考文獻】

盧文弨《胡（方）〔武〕平文恭集書後》（《四部叢刊初編》本《抱經堂文集》卷一三）

宋景文集六十二卷拾遺二十二卷

宋　祁　撰

宋祁（九九八——一〇六一），字子京，安陸（今屬湖北）人，庠弟。天聖二年（一〇二四）進士，仕至翰林承旨，卒諡景文。范鎮《宋景文公神道碑》（《名臣碑傳琬琰之集》上卷七）曰：“文集一百五十卷，藏於其家。”《隆平集》卷五《宋祁傳》則曰：“有文集一百卷。”元符二年（一〇九九），唐庚序其所得九十九卷道：

（宋氏）兄弟於字學至深，故其文多奇字，讀者往往不識。其將殁世，又命其子慎無刊類文集，故甚秘而不傳於世。元符二年，其子褒臣爲利路轉運判官，予典獄益昌，始得尚書所爲文，讀之粲然，東坡所謂“字字照縑素”，詎不信哉！文集二百卷，予得九十九卷，其餘云在曾子開（肇）家，褒臣謂予“他日當取之，並以授子”云。

《東都事略》卷六五《宋祁傳》與《隆平集》同，稱“有文集一百卷”。衢本《讀書志》卷一九著錄道：

　　《宋景文集》一百五十卷。右皇朝宋祁字子京，開封
雍丘人。天聖中與其兄郊同舉進士，奏名第一，章獻以
爲弟不可先兄，乃擢郊第一，而以祁爲第十。當是時，兄
弟俱以辭賦妙天下，號大、小宋。累遷知制誥，除翰林學
士承旨，以文章擅名一時。終不至大用，衆頗惜之。張
方平爲之請諡景文。通小學，故其文多奇字。蘇子瞻嘗
謂其淵源皆有可考，奇巇或難句，世以爲知言。集有《出
麾小集》《西州猥稿》（祝按："州"原作"川"。今本《景文集》卷
四八有《西州猥稿係題》，"川"字誤，據改。下同）之類，合而
爲一。

　　《通志》著録《宋景文公集》七十八卷，又《出麾小集》五卷、《刀
筆集》二卷、《奏議》一卷。《通考》卷二三四從晁氏。陳氏《解
題》卷一七著録"《宋景文集》一百卷"，同《東都事略》，而與晁
氏異。《宋史》卷二八四本傳謂"文集百卷"，同陳氏，而《宋
志》仍爲一百五十卷，又《濡削》一卷、《刀筆集》二十卷、《西州
猥稿》三卷。《濡削》以下三集，殆皆爲小集，而非完帙，《讀書
志》稱《景文集》乃諸集"合而爲一"，則諸小集皆已闌入《景文
集》中，或從《景文集》中抽出單行。

　　據上述諸家著録，《景文集》在宋代有二百卷、一百五十
卷、一百卷、七十八卷凡四本。《四庫提要》謂是集卷數"記載
互殊，莫詳孰是。《陸游集》載祁詩有《出麾小集》《西州猥
稿》，蜀人任淵曾與黃庭堅、陳無己（師道）二家同注，今亦不
傳"。《四庫提要辨證》以爲是"傳寫既久，各以所得爲之鏤
板"，故卷數多寡不同。觀前引唐庚序，就連其子所藏原稿也
不全，余氏之説當是。

　　作者小集，生前已有刊本。宋庠《元獻集》卷一五有《因

覽子京西州詩稿感知音之難遇偶成短章》詩，曰：“小集曾因善序傳（原注：子京《出麾小集》，甚爲元獻晏公所重，叙以冠篇，行於世），西州餘藻復盈編。”而全集則是陳之强等於寧宗嘉定二年（一二〇九）與《元憲集》同時授梓，詳參前《元憲集》叙録。嘉定本久已失傳。今尚存南宋建安麻沙刊本殘帙，藏日本宫内廳書陵部（舊稱“帝室圖書寮”）。徐康《書舶庸譚》卷三嘗記其卷數版式道：

> 《景文宋公文集》十八卷，南宋槧本，蝶裝，存卷廿六（欠前三葉）至卷卅二（欠前四葉）、卷八十一（欠第一葉之前半）至卷八十五（此卷至十七葉止）、卷一百廿（此卷至第十一葉前半止）至卷一百廿五（此卷至第十一葉前半止），板高約七寸，每半葉十二行，每行廿字。中縫題“景文幾”，下間有刻工姓名，如黄、張或名如照、品、義之類。（俱標一字。）名姓完全者，僅張守中一人，餘或作減筆字，多不能辨識。

傅增湘亦嘗在日本見之，其《經眼録》卷一三著録道：“殘存三十二卷。宋刊本，半葉十二行，行二十字，白口，左右雙闌。版心上記字數，下記刊工姓名，可辨者只張守中一人，及張、黄、品、照、義等一字。中縫題‘景文幾’。版匡高及七寸。此書字體古勁，頗具樸厚之意，版式橫闊，蘇紙瑩潔如玉，蝶裝，猶存宋代舊式。”

近年嚴紹璗先生《日藏漢籍善本書録》又補記道：注文雙行，同二十字。曙、樹、讓、構、遘、愼、敦、廓等皆寫字不成。然謂“今存十八卷”，即：卷二六（缺第一至第三葉）、卷二七至三一、卷三二（缺第一至第四葉）、卷八一（缺第一葉之前半）、卷八二至八四、卷八五（存第一至第十七葉）、卷一二〇（存第一葉至第十一葉前半）、卷一二一至一二四、卷一二五（存第一葉至第十葉前半）。嚴氏又述該本收藏流轉情況道："此本原爲金澤文庫藏本，後轉爲豐後佐伯藩主毛利高標所有。乃係金澤文庫外流出漢籍之一種。仁孝天皇文政（一八一八——一八二九）年間由出雲守毛利高翰獻贈於幕府。明治初年歸内閣文庫。明治二十四年（一八九一）由内閣文庫移入宫内省圖書寮（即今宫内廳書陵部）。"又記藏印道："卷三十一尾及卷百二十一首，有'金澤文庫'之印。卷三十二有'佐伯侯毛利高標字培松藏書畫之印'。每册首均有'秘閣圖書之章'之印。"

同是一本，徐、嚴稱殘存十八卷，傅氏則録爲三十二卷，不詳何故。按實存三十二卷，日本曾刊入《佚存叢書》，有天瀑山人（林衡）跋，曰：

> 宋景文公詩文典雅而奥博，劖削而峻拔，北宋諸公中别自成家。論者或謂艱澀奇險，未必然。本集或稱百卷，或稱百五十卷，蓋集非一種，而各本今皆亡。近時聞清國亦從《大典》中采掇，釐成六十二卷（祝按：指四庫本，詳後），知其非完篇也。余偶獲宋槧零本，稱百五十卷者，所憾僅僅數卷，不過觀本集原式。第以宋人舊帙，存世甚罕，今印出以置叢書函中。文化七年庚午（一八一〇）陽月二十二日，天瀑山人識。

《佚存叢書》日本刊本、光緒黄氏木活字本、民國商務印書館影印日本本，今國内皆有藏本，《叢書集成初編》又有排印本，頗易得。

然而是集全帙則佚之已久。明陳氏《世善堂藏書目録》卷下著録"《宋景文集》一百五十卷"，似明末尚存完本，後遂失傳。清乾隆時編《四庫全書》，其時日本殘宋帙尚未發現，館臣遂“就《永樂大典》所載，彙萃裒次，釐爲六十有二卷。又旁採諸書，纂成《補遺》二卷，並以軼聞餘事，各爲考證，附録於末。雖未必盡還舊觀，名章鉅製，諒可得十之七八矣”（《四庫提要》）。四庫本卷目編次爲：卷一至四，賦；卷五至二四，各體詩；卷二五至二九，奏疏；卷三〇，奏狀；卷三一，外制；卷三二、三三，内制；卷三四、三五，頌；卷三六至四一，表；卷四二、四三，議；卷四四，論；卷四五，序；卷四六，記；卷四七，贊；卷四八，説、述、題辭、戒、祝文、祭文；卷四九至五一，書；卷五二至五六，啟；卷五七，碑；卷五八至六〇，誌銘；卷六一、六二，行狀。大典本刊入《聚珍版叢書》時，無《補遺》二卷。就當時而言，大典本可稱完備，而後來“日本國《佚存叢書》本，文多數百篇”（《增訂四庫簡目標注》），讀者不可不知也。《叢書集成初編》據聚珍本排印，又將《佚存叢書》本附印於後。

　　清孫星華嘗輯《宋景文集拾遺》二十二卷。陸心源《宋景文集跋》謂其採查各書，包括《佚存叢書》所刊殘本、《成都文類》、《播芳大全》、《諸臣奏議》、《全蜀藝文志》等，四庫本六十二卷之外，所輯佚詩文“總計凡詩二百六十首，文二百八十一首”，並詳列其目。

　　民國十二年（一九二三），沔陽盧氏慎始基齋編《湖北先正遺書》，影刊廣雅書局聚珍本《宋景文集》及孫輯《拾遺》。經《全宋文》《全宋詩》編者仔細排比校核，發現《拾遺》中頗多重收、誤收，因一一删削，又於兩本之外輯得佚文七十餘篇、佚詩十首。

【參考文獻】

　　宋祁《西州猥稿係題》（影印文淵閣《四庫全書》本《景文集》卷四八）

陳之强《刊元憲景文集序》(同上卷首)

陸心源《宋景文集跋》(《儀顧堂集》卷一四)

包孝肅公奏議十卷

包　拯　撰

包拯(九九九——一〇六二),字希仁,廬州合肥(今安徽合肥)人。天聖五年(一〇二七)進士,官至樞密副使,卒謚孝肅。奏議集乃其門人張田所編,並作《題辭》道:

> 公薨後三年,田守廬州,盡得公生平諫草於其嗣子太祝君,因取其大者,列三十門,凡一百七十一篇,爲十卷,恭題曰《包孝肅公奏議集》,遂納諸家廟,庶與其後嗣亡窮也。

張田僅稱"納諸家廟",似乎未刻。衢本《讀書志》卷一九著錄道:

> 《包孝肅奏議》十卷。右皇朝包拯字希仁,合淝人。天聖五年進士,權御史中丞,知開封府。爲人剛嚴,聞者憚之,雖閭里童稚婦女,亦知其名姓。不苟合,未嘗僞色辭以悦人。平生無私書,不受干請,雖故人親黨,一皆絶之(祝按:自"雖閭里"至此,衢本原無,據袁本卷四下補)。

《解題》卷二二、《通考》卷二四七、《宋志》皆著錄爲十卷,《東都事略》卷七三、《宋史》卷三一六本傳爲十五卷。《四庫提要》曰:"按《宋志》載拯《奏議》十五卷,今此本爲拯門人張田所編，自《應詔》至《求退》，分三十門，止有十卷，田序亦稱十卷，與《宋志》不合。然《宋志》顛倒悖謬，爲自來史家之未有，不可援以爲據，疑誤衍‘五’字歟。”載十五卷者乃《宋史》本傳而非《宋志》，館臣誤。況十五卷並非無據，而是鈔自國史本傳，國史本傳即見於本集附録。國史本傳載十五卷未必誤，張田《題辭》稱“取其大者”云云，顯然有所抉擇，則其所謂“生平諫草”原編，恐正爲十五卷，故國史著之。換言之，十五卷當非張田改編本，而是家藏原本，較張田本內容爲多，惜其不傳。館臣連本集附録之國史本傳亦不之讀，又不辨《宋史》本傳、《藝文志》著録之異，而詆《宋志》“顛倒悖謬”，迹近輕妄。

張田本分三十門，南宋汪應辰頗有異議，因爲之注釋，其《題包孝肅奏議》（《文獻通考》卷二四七引，又見《文定集》卷一〇）曰：

公奏議分門編類，其事之首尾，時之先後，不可考也。如《請那移河北兵馬》凡三章，其二在第八卷“議兵門”，其一乃在第九卷“議邊門”，其不相貫穿如此。今考其歲月，繫於每章之下，而記其履歷於後。若其歲月可見於章中者，不復重出，與夫不可得而考者，不容於不闕也，庶幾讀者尚可以尋其大概云。如劾罷張方平、宋祁三司使，而《奏議》不載，豈包氏子孫所不欲以示人邪？

據汪氏文意，當僅就張田本於每章前注歲月，後記履歷，而不動其編次，因可稱其爲注釋本（參《四庫提要》）。或以爲汪本爲“重編本”、“改編本”，恐非。就今人眼光看，汪氏對張本之批評極是，惜乎其注釋本失傳，“今存者仍原本耳”（《四庫提要》）。

張田編十卷本，不詳初刻於何時，今可考知者，以紹興二十七年（一一五七）吳祗若廬州刊本爲最早。吳氏跋曰：

　　廬江帥毗陵胡公彦國、倅建安章公籍，一日相與言曰：“此邦素多奇士，如包公實間出也。惜其後無顯人，弗克爲之發揚。”因搜訪舊稿，欲傳之爲不朽計。有攝助教蘇林進曰：“林舊藏公《奏議集》十卷，亡於兵火。今淮左總司屬官徐公修家有是本，請往求之。”遂不遠數百里，手鈔以歸，前所謂嘉謨讜論，悉粲然在目矣。帥、倅得之，喜曰：“兹可以廣吾志也。”乃俾祗若是正訛謬，鏤板郡學，且命録公傳及祠記、逸事附於末，其好賢樂善之誠蓋如此，不可以不識。

《讀書志》所録，或即此本。據淳熙元年（一一七四）廬州假守趙磻老跋，紹興板後毁於兵火，趙氏於是“訪舊本於學正湯氏家，教授霅川吳公芸又從幕屬假番陽辛氏所藏補亡書七篇，是正訛謬及遺脱計二百八十六字，遂爲繕本，鋟板以附新學”。所謂“舊本”，當即紹興本，則趙本乃重刻紹興本。紹熙四年（一一九四），邵緝於高郵郡齋刊孫覺《春秋經解》，序稱《包孝肅集》“因其鄉里而易以傳佈”，因知廬州刊本在宋代流傳甚廣。

　　紹興本、淳熙本皆久已失傳。《天禄後目》卷九載有元刊本，亦不見著録。是集今以明正統元年（一四三六）方正刻本爲古。方正合肥人，時任江西布政司右參政，跋稱“歷世既遠，荐罹兵燹，故刊不存”，“予以家艱而歸，訪公後嗣，乃得是編，鋟梓以傳”云云。正統本今唯北京大學圖書館著録，乃李氏書，《木犀軒藏書書録》記曰：“前有公像並張田編集識語，次傳，集後有淳熙中趙磻老刊板識語，又明□（胡）儼序。末有廬州府知府周瑺跋。半葉十行，行二十字。”則方氏從包氏後嗣所得之本，乃南宋淳熙初趙氏重刻紹興本，仍即張田編次本。

方正鏤板之後，明、清兩代廬州屢經重刊，計有：明弘治五年（一四九二）合肥縣重刊本，嘉靖二十二年（一五四三）崇王朱載境重刊本，嘉靖三十四年（一五五五）雷逵重刊本。入清有康熙丁丑（三十六年，一六九七）張純修《五名臣遺集》本，嘉慶八年（一八〇三）張祥雲重修本，光緒元年（一八七五）張澍聲《廬陽三賢集》本（據張祥雲本），等等。以上諸本，國內皆有著録。日本京都大學藏有張祥雲本。

廬州本之外，是集又有開封本、端州本、潤州本等。開封本乃明成化二十年（一四八四）開封知府張岫所刊，跋稱是書可裨益世教，“大司成豫章胡先生（儼）序之悉矣”，則顯然是翻刻正統江西布政司本，故有胡序。成化開封本今國家圖書館、上海圖書館著録。

端州本今可考者，乃明萬曆己丑（十七年，一五八九）余定所等所刊，朱天應跋曰：“公嘗守端州，州人德之，立有專祠祀公，其所刻遺文，迄今行於世。顧歲久漫漶，朽蠹不全，郡駕余定所君、司理傅蒙山君重訂，而付諸梓。”則此前端州早有刻本，後則失傳。萬曆己丑本今唯四川圖書館著録，僅殘存四卷。萬曆甲寅（四十二年，一六一四），端州守戴熺又重刊之，序稱“郡故有鋟公《奏議》如干卷，歲久漫漶，讀不能竟篇，乃遍購古本，繕寫而重鐫之”。據著録，戴刻本今國內猶藏四部，日本東京大學藏一部。清同治二年（一八六三），李瀚章又以萬曆坊間所翻刻之朱天應跋本刻於端州，而以道光鎮江本參校補正，自作序、跋。其本今唯日本東京大學著録。除廬州外，是集蓋以端州刻本爲多。

道光間潤州（鎮江）本乃活字印本，今浙江大學圖書館著録，爲劉氏嘉業堂遺書。

除上述外，同治元年（一八六二），南海伍崇曜據弘治五年合肥縣本校康熙張純修《五名臣遺集》本，刊入《粤雅堂叢書》三編第二十二集，《叢書集成初編》即據以排印。

要之，是集明、清以來各地刊本雖夥，然皆源於宋淳熙本，而直接、間接由正統本出，故俱仍張田所編十卷之舊，似別無他本。各本文字雖間有異同，然無大出入。《四庫全書》用朱筠家藏本，亦是張田本，蓋爲明粲。

一九六三年，中華書局出版殷韻初校點本，更名《包拯集》。是本據張田本（未述爲何本）校正誤字，又據《歷代名臣奏議》添注歲月及官銜，並從《宋史》及《歷代名臣奏議》輯補奏議兩篇。《全宋文》用此本爲底本。一九八九年，黃山書社出版楊國宜整理本《包拯集編年校補》，爲《安徽古籍叢書》之一種。此本以《粤雅堂叢書》本爲底本，校以各本，輯補遺文十三篇（包括中華書局本所補兩篇），而其最大特色，是一一考明各篇寫作年代，重新按年編排。這比汪應辰本不動張田原編次者，更前進一大步。附錄豐富，尤以新出土吳奎撰《包公墓誌銘》及《董氏（包拯妻）墓誌銘》最爲珍貴。

【參考文獻】

張田《包孝肅公奏議集題辭》（中華書局一九六三年校點本《包拯集》附録）

趙磻老《淳熙廬州刊本包孝肅公奏議跋》（同上）

吳祗若《紹熙廬州刊本包孝肅公奏議跋》（同上）

胡儼《正統江西刊本包孝肅公奏議序》（同上）

方正、周瑭《正統江西刊本包孝肅公奏議跋》（同上，人各一跋）

張岫《成化開封刊本包孝肅公奏議跋》（同上）

朱載境《嘉靖廬州刊本包孝肅公奏議序》（同上）

劉侖《嘉靖校包孝肅公奏議跋》（同上）

雷逵《嘉靖廬州重刻本包孝肅公奏議跋》（同上）

胡松《嘉靖廬州重刻本包孝肅公奏議叙》（同上）

朱天應《萬曆己丑端州刊本包孝肅公奏議跋》（同上）

戴熺《萬曆甲寅端州刊本包孝肅公奏議跋》（同上）

張純修《康熙廬州刊本包孝肅公奏議跋》（同上）

張祥雲《嘉慶廬州重修本包孝肅公奏議跋》（同上）

李瀚章《同治端州刊本包孝肅公奏議序》、《跋》（同上）

伍崇曜《粤雅堂叢書本包孝肅公奏議跋》（同上）

武溪集二十卷

余　靖　撰

　　余靖（一〇〇〇——一〇六二），字安道，韶州曲江（今廣東韶關）人。天聖二年（一〇二四）進士，仕至尚書左丞。卒謚襄。歐陽脩《余襄公神道碑銘》（《武溪集》後附，又見《歐陽文忠公集》卷二三）曰：“有文集五卷、奏議五卷。”蓋指生前已行世之本。蔡襄《余公墓誌銘》（《蔡忠惠集》卷三六）曰：“文集二十卷、奏議五卷。”乃言其所有。其後周源序曰：

　　　　嗣子尚書屯田員外郎仲荀編公遺稿，得古、律詩一百二十，碑、誌、記五十，議、論、箴、碣、表五十三，制誥九十八，判五十五，表、狀、啟七十五，祭文六，凡二十卷，泣而謂源曰：“先人知君深，常五薦君於朝。得君文及書，必命别藏巾篋。序先人集，非君而誰？”源不敢辭，而爲序云。

周序未署年代，蓋在著者死後不久。則全集乃余仲荀所裒輯，不詳初刊於何時。南宋紹興丁巳（七年，一一三七），韓璜書集後曰：“獲閱一過，訂正謬誤數十字，因書於後。”不知韓氏是爲付梓而校，或是刊成而閱？頗疑紹興初有刻本，故尤袤《遂初堂書目》著其目。《解題》卷一七、《通考》卷二三四、《宋志》俱著録爲二十卷。《遂初堂書目》又有《諫草》，《宋志》作“三卷”，蓋其奏議嘗單行。然上引《神道碑》稱“奏議五卷”，三卷蓋是別本。《四庫提要》曰：“其奏議五卷，別爲一編，今已散佚，故集中闕此體焉。”

是集明代刊有四本，而以成化本最早、最佳。成化九年（一四七三），丘濬序韶州郡齋刻本道：

> 嶺南人物，首稱唐張文獻公（九齡）、宋余襄公。二公皆韶人也。韶郡二水夾城流，自瀧來者曰武溪，溱水自庾嶺下，與武溪合，是爲曲江。張公既以“曲江”名其集，余公之集名以“武溪”，蓋有意以匹張歟。……求之天下幾三十年，今始與《曲江集》並得於館閣群書中。……初得公集，手自鈔録，僅成帙。聞先妣太宜人喪，解官還家，携以過韶，韶郡太守蘇君菴、同知方君新、通判涂君暲，請留此刻郡齋中，且求爲序。予既免喪，乃書此以引其前。

按明《文淵閣書目》卷九曰：“《余襄公文集》，一部五册，完全。”丘氏所鈔之館閣本，當即此本（該本明末《內閣書目》尚著録，後散亡）；其付蘇菴等同時重刻者，尚有《曲江集》。是刻連附録凡二十一卷，爲後來各本之祖。傅增湘《經眼録》卷一三記其所得黄丕烈、勞格舊藏成化本道：

> 明成化九年蘇菴等刊本，十一行二十二字，大黑口，
> 四周雙闌（寬邊）。前成化九年丘濬序，次朝奉郎、尚書屯
> 田郎中、騎都尉、賜緋魚袋周源序。本書首葉次三行題
> "工部尚書充集賢院學士贈尚書右僕射累贈少師謚襄公
> 余靖"。後附歐陽脩撰《神道碑銘》及紹興丁巳韓璜《書
> 集後》爲第二十一卷。有黄丕烈跋，録後（此略）。鈐有
> "丹鉛精舍"、"勞格季言"朱文各印。

> 按：據丘瓊山（濬）序，……言此集與《張曲江集》並
> 得於館閣群書中，疑與《曲江集》爲一時所刻，余見四明
> 盧氏抱經樓藏有黑口本《曲江集》半部，版式與此正
> 同也。

傅氏本今藏國家圖書館。國圖猶另藏有成化本一部，乃瞿氏
鐵琴銅劍樓舊藏本。南京圖書館有丁氏成化本，卷一至五配
清鈔，乃袁氏五硯樓舊藏本，參《善本書室藏書志》卷二六。
一九四六年，商務印書館據瞿氏成化本影印入《廣東叢書》第
一集，增黄佛頤輯《補佚》一卷，凡詩五首（其中一首爲佚句）、
文八篇，黄氏有序；又增《余襄公奏議》二卷。一九五八年，香
港余氏宗親會嘗據《廣東叢書》本影印；一九七六年，臺北新
文豐出版公司再據香港影印本影印。近年上海書店編《叢書
集成續編》，亦據《廣東叢書》本影印。

《四庫總目》著録浙江汪啟淑家藏本，《提要》稱是集"歷
元及明，幾希湮没。成化中丘濬鈔自内閣，始傳於世，今所行
本爲嘉靖甲午（十三年，一五三四）都御史唐冑所重刊云"。
唐冑刻本清初尚傳，今未見著録。四庫本即鈔唐本，其卷目
編次爲：卷一、二，詩；卷三，序；卷四，論；卷五、六，記；卷七至

九，寺記；卷一〇、一一，制誥；卷一二、一三，判詞；卷一四至一六，表；卷一七，啟；卷一八，雜文；卷一九、二〇，墓誌。此與成化本無異，則唐冑重刊時蓋一依成化本。

今存明代另兩本，一爲嘉靖四十五年（一五六五）劉穩刊本，一爲南明隆武二年（一六四六）余超龍刊本，皆源於成化本。劉穩本有刊版自序，稱“索舊守鄭騮所刻於郡者，僅存百一，已磨滅不可讀。……余甚閔焉，故於軍旅之餘，稍爲校讎重刻，以示多士”。黃佛頤《武溪集補佚序》稱鄭騮本即唐冑本，該本“實爲韶守鄭騮所刻”。劉穩本今大陸圖書館著録六部，臺北“中央圖書館”著録一部。每半葉十行二十字，黑口，四周雙邊。其中國家圖書館所藏王士禎跋本，莫伯驥《五十萬卷樓藏書目録初編》稱“書中眉端並多文簡（王士禎謚）識語”。王氏《粵行三志·北歸志》記該本乃曲江令秦熙祚所遺，爲“嘉靖間副使劉穩所刻，有宋尚書屯田郎中周源序，凡二十卷”。康熙二十四年（一六八五）王氏跋（參《文禄堂訪書記》卷四），謂嘉靖本乃衡陽劉穩據成化本“重刊之韶郡者”。

隆武本乃余超龍所刻，今唯國家圖書館著録一部，有傅增湘校并跋。其行款與劉穩本同，唯改黑口爲白口。

入清，《武溪集》有康熙三十六年（一六九七）程氏芸香堂本，嘉慶十八年（一八一三）芸香堂翻刻本，以及富文齋得版後刷印本等，今皆有傳本（後兩種上海圖書館著録）。芸香堂本乃程德基於廣州校刊，有韓序、丘序及劉穩序，又有康熙時陳廷策、王瑛及程履新序。據程序，當時求明本不可得，程履新乃據郡人黃少涯鈔本付刊。近人黃佛頤《武溪集補佚序》稱其以劉穩本校嘉慶重刊康熙本，“編次字句多殊，較嘉慶本爲勝”，“輾轉傳訛，在所不免”。

　　民國三十五年（一九四六），《廣東叢書》第一集據成化本影印，附黃佛頤輯《武溪集補逸》一卷（詩五首、文八篇），《余襄公奏議》二卷，黃氏有《補佚序》，並作《武溪集校勘記》，對此集整理研究用力甚勤。

　　要之，是集今以明成化本爲古，而成化本直接源於宋本，猶是余仲荀原編之舊，允爲善本。不過成化本亦偶有闕誤，後來各本校訂，唯據文意指疑而已，無從改補。

　　《全宋文》用明成化九年刻本及上述黃佛頤輯本二種爲底本。《全宋詩》亦用成化本爲底本。

【參考文獻】

　　　周源《武溪集序》（《廣東叢書》影明成化本卷首）
　　　韓璜《書余襄公集後》（同上卷末）
　　　丘濬《成化本武溪集序》（同上卷首）
　　　劉穩《嘉靖刊武溪集序》（嘉靖四十五年本《武溪集》卷首）
　　　程履新《刊武溪集序》（康熙三十六年刻本《武溪集》卷首）

河南先生文集二十七卷

尹　洙　撰

　　尹洙（一〇〇一—一〇四七），字師魯，河南府（今河南洛陽）人。天聖二年（一〇二四）進士，又中拔萃科。歷知涇、渭等州，兼領涇原路經略公事，以貶死。范仲淹《河南集序》曰："所爲文章，亦未嘗編次，有先傳於人者，索而類之，成二十七卷。"則其文集乃范氏所裒輯。稍後又有"俗本"及十卷本流傳。歐陽脩皇祐五年(一〇五三)《與梅聖俞第二十八書》(《歐陽文忠公集》卷一四九)曰:"師魯文字,俗本妄傳,殊不知昨范公已爲作序。李厚編次爲十卷,甚有條理。厚約春末見過,當與之議定,別謀鏤板也。"其後如何商議,是否另行鏤板,未見記載。國史本傳(見本集附録)曰:"洙內剛外和,博學有識度,尤深於《春秋》。自唐末歷五代,文格卑弱,至宋初柳開始爲古文,洙與穆修復振起之。其爲文簡而有法,有集二十七卷。"《隆平集》卷一五、《東都事略》卷六四所載卷數同。衢本《讀書志》卷一九著録道:

> 《尹師魯集》二十卷。右皇朝尹洙字師魯,河南人。天聖中進士,以薦爲館閣校勘。累遷右司諫、知渭州,兼領涇原路經略公事。爭城水(祝按:"水"原作"永",誤)洛事,爲董士廉所訟,遣御史就鞫,不能得其罪,猶貶均州監酒。

《讀書附志》卷下曰:

> 《河南先生文集》十五卷(祝按:"十五卷"與下文不相應,疑是"二十七卷"之誤),起居舍人尹洙師魯之文也。《讀書志》云"《尹師魯集》二十卷",希弁所藏二十七卷,洙傳(祝按:當指國史本傳)中所載亦同。希弁嘗考《邵氏聞見録》云:錢惟演守西都,起雙桂樓,建臨園驛,命永叔(歐陽脩)、師魯作記,永叔文先成,凡千餘言。師魯曰:"某止用五百字可記。"文成,永叔服其簡古。永叔自此始爲古文。然二記皆不載於集中。

《解題》卷一七所録又異:

> 《尹師魯集》二十二卷,直龍圖閣尹洙師魯撰。源之

弟也。其父仲宣，明經入仕。父子皆歐陽公誌其墓。洙
與穆伯長（修）同爲古文，范文正公爲作集序，歐公亦稱
其文簡而有法。以剛直數忤時，卒以貶死。死時精明不
亂，有過人者。

陳氏同時又著録《書判》一卷，謂“前十道是程文，餘當爲擬
卷”；又稱“集中有判詞二卷，《文鑒》亦載一二”。今檢《皇朝文
鑒》，未見有尹洙判詞，不詳其故。《通考》卷二三四從晁氏，作
“二十卷”。《宋史》卷二九五本傳爲二十七卷，蓋從國史本傳。
《宋志》著録爲二十八卷，當包括附録一卷，疑非異本。

綜上各家著録，是集除二十七卷外，若包括《附志》在内，
則別有十卷、十五卷、二十卷、二十二卷四本（猶有歐陽脩所
謂“俗本”，卷數不詳）。傅增湘嘗記黄丕烈手校明鈔殘本（此
本詳後），有尤袤跋曰：

> 《師魯集》二十卷，承旨姚公手録本。予往刻師魯文
> 百篇於會稽行臺，今乃得閲其全集，甚慰，因復梓行之。
> 我朝古文之盛倡自師魯，一再傳而後有歐陽氏、王氏、曾
> 氏，然則師魯其師資也。淳熙庚戌錫山尤袤延之跋。
>
> （《經眼録》卷一三）

“淳熙庚戌”爲淳熙十七年，即光宗紹熙元年（一一九〇），晁
公武蓋不及見尤氏刻本。《讀書志》既著録二十卷本，則該本
當流佈已久。尤氏稱二十卷本爲“全集”，蓋由二十七卷本合
併重編，其本久佚，不可考。尤氏嘗刻“百篇”之集，自以爲不
全，不詳卷數。其《遂初堂書目》著録“二尹集”，似又有尹源、
尹洙合集本。觀諸家書目及尤袤跋，知尹洙文在宋代傳本頗
多，要之當以范仲淹所編二十七卷本影響最大；然而二十二

卷本載判詞二卷，則又爲二十七卷本所無。

　　是集今無宋、明舊刻著録，而國内所藏明、清影寫本、鈔本多達二十餘部，且多源於宋本，不乏名鈔名校。國家圖書館著録明鈔本凡五部。其中黄丕烈校跋本（今存卷首、卷一至三、卷二五至二七、附録），黄氏從另一鈔有錢辛楣名號圖章之鈔本過録尤袤跋，並自跋道：“此本舊鈔式樣，想從宋本録出，然脱落甚多，或宋刻殘毁所致。兹從吴枚菴鈔本校，可云盡善也。如有宋刻出，當更有誤者。”（参《經眼録》卷一三）錢氏本之尤袤跋，不詳録自何本，想必尤刻二十卷本有傳至後世者。檢《絳雲樓書目》卷三，正著録有二十卷本。《四庫提要》稱“晁公武《郡齋讀書志》云二十卷者，蓋傳寫之脱漏”。真所謂只知其一，不知其二。館臣蓋未見尤袤跋，故只知有二十七卷本。除《絳雲樓書目》外，《汲古閣珍藏秘本書目》亦有其目，曰竹鈔，二兩四錢，然題《河南先生集》。

　　明鈔本中猶有祁氏澹生堂鈔本，有祁承㸁校，惜闕卷一至七及附録。國家圖書館藏有三部明鈔完帙，雖未經名手校跋，仍屬可貴，文字訛脱較某些清鈔爲少。

　　是集清鈔本中，張位鈔校本、李文藻鈔校本可爲代表（俱藏國家圖書館）。張位鈔本有張位、吴翌鳳校，黄丕烈跋。李文藻鈔本乃由王士禎本過録，傅氏《經眼録》卷一三記之曰：

　　　　九行十七字。前有高平范仲淹序。有康熙十九年（一六八〇）九月新城王士禎跋，又辛酉（康熙二十年）夏六月識於國子監之東廂，又壬戌（康熙二十一年）冬再記。有李南澗文藻識語：“原本新城批語用硃筆，塗字用粉筆，改字用墨筆，標記用紅紙，今俱以緑筆代之，其硃筆文藻所加也。乾隆乙酉（三十年，一七六五）除日記於竹西書屋。”

　　按：是書李南澗文藻依王阮亭士禎本過錄，卷内緑筆是也。其南澗所勘及引《東都事略》改正者均用硃筆，羅有高評語則用藍筆别之。附錄之外，南澗又引《宋史》本傳及宋人詩文雜記爲附録補遺，凡二十餘篇。鈐有“李生字曰香艸”、“文藻”各印。

盧文弨《尹河南集跋》，稱王士禎寫本“依宋南渡初年刊本之舊也。王有校讎，甚略，益都李進士文藻再校，少詳焉”。明鈔本及張位鈔本，“構”字皆注“今上御名”，“桓”字注“御名”，其源於南渡初刻本無疑。檢李文藻鈔本，尤確然可信。如：卷一六《韓國華墓誌銘》稱永濟令韓璆“生太子中允、知康州事（諱）”，“諱”下原注：“今上御名。”李文藻校批：“按《韓魏公家傳》，璆生公之皇祖諱下注‘高宗廟諱’四字，因知中允名構，而此集原本刻於宋高宗之時也。”又卷一二《王曙墓誌銘》：“昔魯（御名）、僖宫災，孔子以爲（御名）、僖親盡，當毁者也。”李校批：“按别卷‘構’字作‘御名’，此‘桓’字亦作‘御名’者，時欽宗尚在耳。此書原本高宗時刻。”可推知明代或清初，是集當有宋紹興間刻本傳世，惜其後來亡佚。又，張位鈔本訛誤甚少，李文藻鈔本則稍多。王、李二氏多以意校，今校以明鈔及張位本，兩人之校有得有失，不能盡以爲據。

　　南京圖書館藏丁氏書中，有徐孝先、童銓舊藏明末（或清初）鈔本，以及王氏十萬卷樓藏舊鈔本、趙氏小山堂鈔本。《善本書室藏書志》卷二六著錄徐氏本道：

　　此帙鈔本極舊，凡北宋諱皆缺筆，“構”字注曰“今上御名”，當從紹興槧本錄出，字亦瘦勁古雅，首尾係一手所書，卷首鈐有白文“徐介之印”及“狷菴”朱文二方印，當爲吾鄉孝先先生所藏。卷尾鈐“童銓私印”白文方印，“佛菴”朱文方印，是此書後歸童佛菴也。

日本静嘉堂文庫藏朱友鶴舊鈔本，有趙坦跋，稱“此本似從南宋刊本録出，故《韓國華墓誌銘》中‘構’字缺而不書，注云‘今上御名’”（詳《皕宋樓藏書志》卷七二、《静嘉堂秘籍志》卷三三）。又，陸心源跋其所藏影寫宋刊本，謂“每葉二十行，每行十七字，每卷有目，連屬篇目，‘構’字注‘今上御名’，蓋從紹興刊本影寫者”（按：《静嘉堂秘籍志》卷三三稱此本“今佚”）。

《四庫全書》著録馬裕家藏本，蓋亦爲傳鈔本，除以乾隆帝所謂“違礙”擅改外，其餘文字尚佳，遠勝《四部叢刊》本。

《四部叢刊初編》影印春岑閣舊鈔本。《全宋文》所收尹洙文，即用《四部叢刊》本爲底本，由筆者校點。用國家圖書館所藏明鈔本、張位本、李文藻本及影印文淵閣《四庫全書》本等校此本，訛脱觸目皆是，如卷二三《備北狄議》，卷二四《申鄉兵教閲狀》《申鄉兵弓手輪番教閲狀》等等，皆大段脱漏，實乃始料所未及。因中途不便改換底本，只好撤換部分脱漏太甚之文，改用明鈔爲底本。《四部叢刊》之劣本，蓋無過於此者。此本“構”字亦注“今上御名”，當因轉相傳録，遂致訛脱滿紙。其卷目編次爲：卷一，皇雅、雜體詩；卷二，雜議；卷三，雜文；卷四，記；卷五，序；卷六，書；卷七至一一，啟；卷一二，行狀、神道碑；卷一三，墓表、墓碣銘、述、墓誌銘；卷一四至一七，墓誌銘；卷一八，狀、疏、表；卷一九，上書、論；卷二〇至二二，奏狀；卷二三，議；卷二四、二五，申狀；卷二六、二七，《五代春秋》。要之，是集明、清鈔本多由宋本輾轉傳寫，類多訛誤。以筆者所見，明鈔本、張位本差可稱善。

除鈔本外，是集猶有清刻本。清刻知見凡三本，一是乾

隆六十年（一七九五）長洲陳貞白刻本，二是嘉慶十三年（一
八〇八）陳氏重刻本，三是光緒六年（一八八〇）巴陵方氏碧
琳琅館刊《三宋人集》本，皆二十七卷。乾隆本有顧曾後序，
稱“陳君（貞白）初藏有鈔本《河南集》，既又得葛氏不全本，以
辨其同異。最後聞同里吳君伊仲有善本，從而改定之。其猶
有未當者，則博考他書以正之，然後河南之文始完”。此本今
唯江西省圖書館及日本東京大學有著録。嘉慶本國内著録
九部，日本京都大學藏一部，有秦瀛校刊序、顧曾後序及王士
禎三跋，乃陳貞白重刻本（參《萬卷精華樓藏書記》卷一〇九）。另
猶有宣統二年（一九一〇）守政書局木活字本。各本皆由傳
鈔本出，雖經校勘，然限於底本、校本質量，仍難免脱誤。是
集尚待整理。宜以國家圖書館所藏明鈔本爲底本，廣校諸
本，正訛補脱，以彙校出一善本傳世。

【參考文獻】

范仲淹《河南集序》（影印文淵閣《四庫全書》本《河南集》卷首）

盧文弨《尹河南集跋》（《抱經堂文集》卷一三）

陸心源《影宋尹河南集跋》（《儀顧堂題跋》卷一一）

顧曾《校正尹河南集後序》（乾隆六十年刻本《河南先生文集》卷末）

秦瀛《校刊河南先生文集序》（嘉慶十三年刻本《河南先生文集》卷首）

宛陵先生文集六十卷

梅堯臣　撰

梅堯臣（一〇〇二——一〇六〇），字聖俞，宣城（今屬安

徽)人，世稱宛陵先生。皇祐三年（一〇五一）召試，賜進士。官至尚書都官員外郎。以詩爲生涯，風格平淡，爲北宋詩歌革新運動領袖之一，與歐陽脩合稱"歐梅"，又與蘇舜欽合稱"蘇梅"。歐陽脩《書梅聖俞詩稿後》曰："聖俞久在洛中，其詩亦往往人皆有之。今將告歸，余因求其稿而寫之。"則著者在世時，歐陽脩有其詩稿寫本。著者死後，歐陽脩又爲其編集，並序曰：

> 聖俞詩既多，不自收拾。其妻之兄子謝景初，懼其多而易失也，取其自洛陽至於吳興已來所作，次爲十卷。予嘗嗜聖俞詩，而患不能盡得之，遽喜謝氏之能類次也，輒序而藏之。其後十五年，聖俞以疾卒於京師，余既哭而銘之，因索於其家，得其遺稿千餘篇，並舊所藏，掇其尤者六百七十七篇，爲一十五卷。

已故朱東潤先生《梅堯臣集編年校注·叙論》以爲十卷本之編者應是堯臣自己，"即使謝景初參與編定之事，主要是在堯臣指導下進行工作的"，證據是該年歐陽脩所作《與梅聖俞書》中稱"詩序謹如命附去"云云。此説當是。其時梅堯臣健在，謝氏爲近親，其編集不可能不通過作者。又，歐序中所謂"哭而銘之"，指所作《梅聖俞墓誌銘》，見《歐陽文忠公集》卷三三。《墓誌銘》作於死後不久，稱"其文集四十卷"。至此，聖俞之詩成集者，蓋有謝景初所編十卷本、歐陽脩所選十五卷本二種，唯十五卷本《通志》著録，疑北宋間已刊行。詩文合集本四十卷，蓋是就當時編定者而言，殆並非作者全部遺稿。

　　紹興十年（一一四〇）初，宛陵州學刊成《宛陵先生文集》，知宣州汪伯彥作《重刊板序》，稱"《梅聖俞詩集》自遭兵火，殘編斷簡，靡有全者，幸郡教官有善本”云云。既言“重刊板”，又謂“自遭兵火”而殘缺，殆亦指北宋時詩集已有刻本。紹興本久佚。嘉定中有重修本，乃六十卷，今存殘帙（詳後），因知紹興本亦應爲六十卷。

衢本《讀書志》卷一九著録道：

> 梅聖俞《宛陵集》六十卷。右皇朝梅堯臣字聖俞，宛陵人。少以蔭補吏，累舉進士，輒抑於有司。幼習於詩，出語即能驚人。既長，學六經仁義之説。其爲文章簡古純粹，然最樂爲詩，王舉正見而歎曰：“二百年無此矣！”歐陽永叔與之友善，其意如韓愈之待郊、島云。

《解題》卷一七著録，多《外集》十卷：

> 《宛陵集》六十卷、《外集》十卷，都官員外郎、國子監直講宣城梅堯臣聖俞撰。凡五十九卷爲詩，他文、賦纔一卷而已。謝景初所集，歐公爲之序（祝按：六十卷本非謝輯、歐序，《四庫提要》已指此謬）。《外集》者，吳郡宋績臣所序（祝按：宋氏《外集序》今存，作於元符二年〔一〇九九〕，稱“古律歌詩共四百餘篇”），謂皆前集所不載。今考之首尾諸賦，已載前集，不可曉也。聖俞爲詩，古淡深遠，有盛名於一時。近世少有喜者，或加毀訾，惟陸務觀（游）重之，此可爲知者道也。自世競宗江西，已看不入眼，況晚唐卑格方錮之時乎？杜少陵猶有竊議妄論者，其於宛陵何有？

《通考》卷二三四從《解題》。《宋史》卷四四三本傳謂“《宛陵集》四十卷”，與《墓誌銘》同。《宋志》著録文集六十卷、《後集》二卷。《四庫提要》疑《後集》二卷即删汰《外集》十卷而成，其曰：明姜奇方刊本（此本詳後），“卷數與《通考》合，惟無

《外集》，祇有補遺三篇，及贈答詩文、墓誌一卷，亦不知何人所附。陳振孫謂《外集》多與正集複出，或後人删汰重複，故所録者止此耶？"此可備一説。然而當時猶有《别集》。陸游嘉泰三年（一二〇三）作《梅聖俞别集序》，謂"宛陵先生遺詩及文若干首，實某官李兼孟達所編緝也"。知《别集》所收有詩有文，其詩文來源已不可考。

根據以上引述，梅氏著作北宋無六十卷本之記載。紹興間所刊六十卷本《文集》從何而來？此問題遂不能不引起後人關注。韓淲《澗泉日記》卷下曰："梅聖俞之文高古，但宣城集中止有《和靖詩序》，其他無有也。如《秋聲賦書後》《文類序》極古淡平正，如《注孫子》，皆未之見。《答蘇軾書》必可觀。"韓氏蓋疑宣城刊本中收文不全。《四庫提要》曰："其詩初爲謝景初所輯，僅十卷；歐陽脩得其遺稿增併之，亦止十五卷。其增至五十九卷，又他文、賦一卷者，未詳何人所編。"朱東潤《叙論》以爲《墓銘》所載文集四十卷"當然包括詩歌在内"，六十卷由四十卷"演變"而成。

今按六十卷本既題"文集"，而僅末卷載文、賦，文類顯然不全。作者雖以詩名世，平生爲文絶不止此，歐陽脩所作詩集序及墓誌銘，皆嘗推賞其文章，謂"簡古純粹"云云。若六十卷由四十卷本文集演變而來，則其中文類理應齊全，而今一卷中只有記一篇、序一篇、賦十九篇。有一點頗值得注意，即汪伯彦序稱《梅聖俞詩集》"幸郡教官有善本"，即紹興刊板時所有者乃"詩集"，而並無"文集"。細味汪序，蓋其時文集已散佚，汪伯彦等以北宋傳世之詩集各本及當時猶存之《外集》（《外集》汪氏未叙，詳下）重釐爲六十卷，以詩獨多，而輯文於散佚之餘，故僅一卷；正因爲有文一卷，故不得稱詩集。

除汪序外，重編之説猶有兩點證據。一是《解題》謂《外集》諸賦"已載前集"，殆説明六十卷本所收一卷之文，乃紹興刊板時由《外集》等書中輯出，而明人翻刻六十卷本附載有宋績臣序，適可證明《外集》已輯入六十卷本之中。問題在於，宋績臣稱《外集》"皆前集所不載"，他所謂"前集"當指四十卷本，並非紹興所刊六十卷本；而陳氏所謂"前集"，則指六十卷本。兩人同稱"前集"，但所指則完全不同。陳氏混淆兩本，宜其"不可曉"。二是前人每恨六十卷本編次混亂，也正可窺見當日裒輯端倪。按六十卷本所收詩，大多繫年，即按居官年代先後編次，然又並非全部如此，某些後來之作反而居前。此正留下多本拼湊痕迹。若重編説成立，則有關六十卷本來源之諸多疑竇，或可得以解釋。

前已言及，嘉定重修紹興本今猶存殘帙。該本乃嘉定十六年（一二二三）寧國府（即宣州，後升府）府學重修校鏤板，次年成。殘帙藏日本内野五郎三家，一九二八年（戊辰）張元濟赴日本訪書時發現，其後涵芬樓輾轉攝得照片，一九四〇年影印，張氏有跋。一九三〇年，傅增湘借閲涵芬樓所攝照片，與明本相校，作《宋本宛陵先生集跋》，詳記之曰：

　　取明刻（明刻詳後）校之，文字異同固不必言，而今本佚收之詩，乃至一百篇。其最著者，如《東軒筆録》所記之《書竄》詩，乃赫然具在。余乃盡取佚詩，别寫成册，補入明本之後，世之嗜梅詩者，或以先睹爲快耳。

　　宋本半葉十行，行十九字，白口，左右雙闌。板心上記字數，下記刊工姓名。目録列每卷前。存卷十三至十八、卷三十七至六十，通得三十卷，適有全書之半。卷末有紹興十年汪伯彦後序，蓋即其知宣州軍時郡學鏤板者。又附嘉定時重修官衙一葉，兹並依録於左，俾知此本刊板於紹興，重修於嘉定，而其地則爲宣城。按其刊工姓名，亦可與他書相印證也。藏印有"皎亭收藏"、"島田重禮"、"島田翰讀書記"諸印，皆日本人印記。别有"常山常住"正書墨記最古。是此書亦宋代求法僧徒所携歸，故卷中絶無吾國名家藏印，真海外之佚籍也。

涵芬樓所攝照片，今藏上海圖書館。

是集元代有重刊本。《增訂四庫簡目標注》謂"繡谷亭有元刊本"，邵章《續録》稱"元刊本十行十九字"。莫友芝《宋元舊本書經眼録》卷二著録元本道："《宛陵先生文集》六十卷，元本，每半葉十行，行十九字。有'葉氏篆竹堂藏書'（朱文）、'九華山人'（白文）、'繡佛齋'（白文）諸印。"今未見著録。傅增湘《宋本宛陵先生文集跋》初以爲"凡世之號爲元本者，皆正統刻之初印者也"；後又補記糾正道："此帙（指殘宋本）有島田翰跋，謂其家舊有元翠巖精舍本《宛陵集》，乃覆此紹興刻者。翠巖本亦中土所不傳，何宛陵遺編彼國乃獲二妙耶？"則元有刊本似無可疑，惜今已不復可睹。

明《文淵閣書目》卷九著録"《梅宛陵文集》一部十二册，全"；卷一〇又録"《梅宛陵詩》一部十册，闕"。秘閣所藏當是宋槧，至《内閣書目》已不載。

梅集現存完帙，以明正統己未（四年，一四三九）宣城太守袁旭重刻本《宛陵先生文集》六十卷、拾遺一卷爲古。該本有楊士奇跋，僅稱底本出於"都官之後"，而刊本有汪伯彦《重刊板序》，應源於紹興本。正統本每半葉十行十九字，大黑口，四周雙邊。是本今除大陸有著録外，臺北"中央圖書館"藏有四部（其中一部爲鈔補本）。日本宫内廳書陵部、天海藏、京都大學、大倉文化財團並有庋藏。

　　萬曆丙子（四年，一五七六），梅氏族裔守德（純甫）重刻於宣州，宋儀望序之曰：

　　　　予所善大參梅君純甫氏守德，都官族裔也，萬曆乙亥（三年）冬，再巡宣州，相與談及，良久，大參君曰：“先都官集板久訛缺，明公倘有意焉，幸甚。”遂以家藏繕本，令都官裔孫鄉進士一科來呈，予乃命宣城令姜子奇方刻焉。

同時寧國府知府陳俊及姜奇方亦作《後序》。《善本書室藏書志》卷二七謂萬曆本“即祖袁本”，宋氏序稱底本爲梅守德“家藏繕本”，蓋即鈔正統本也。清康熙二十六年（一六八七），裔孫梅枝鳳重修萬曆本。以上各本，今大陸皆有著録。臺北“中央圖書館”藏萬曆本三部。萬曆本每半葉九行十八字，白口，左右雙邊。據《四庫提要》，《四庫全書》即著録萬曆本。《四部叢刊初編》亦據萬曆本影印，長期爲通行本。

　　前引傅增湘宋本跋，稱以殘宋本校明本，除文字異同外，明本失收之詩多達百篇。何以至此？朱東潤《叙論》引張元濟《影印殘宋本宛陵文集跋》，試圖解釋其原因。張氏跋曰：

　　　　二本又無刪削之迹，余又疑宋、明之際，必更有一刪訂之本，爲其所自出，特亦不傳於今日耳。戊辰歲秋，余訪書東瀛，得見此於内野皎亭君家，審爲人間孤本，借影携歸。嗣獲讀島田翰跋，謂彼邦尚有元代翠巖精舍覆紹興本，無可訪求。莫郘亭《知見書目》亦云有元刊本，半葉十行，行十九字，與是刻（按指正統本，萬曆本稍異）行款正同，疑即所謂翠巖精舍本，但亦不著藏者姓氏，今亦不知流落何所矣。

朱東潤以爲"所謂翠巖精舍本，是不是上承嘉定本、下啟正統本的一個本子，未經目睹，這是無從懸揣的，但是中間必有一個本子，爲正統本、萬曆本及宋犖本（此本詳後）所自出，則無可懷疑"。中間的那個本子爲什麼"亡失大量篇目呢，是不是這裏有所刪定呢，看來並不一定"。朱先生接着舉例，説明遺漏並非出於有意刪定，而"主要還是一個偷工減料、草率了事、不負責任的現象"。總之，據張、朱二氏研究，明刻本並非直接由宋本出。但既然失收是"偷工減料"所致，那又出現另一問題：正統本之上不一定有個"中間本子"，仍有上接紹興本之可能。要之，此問題僅是猜測，尚待文獻證明。

入清，順治丁酉（十四年，一六五七）有寧國府知府遅日豫校刊本《宛陵集》，凡六十卷附録一卷，今上海圖書館著録。據遅氏《重修序》，其所用底本爲萬曆本。康熙八年（一六六九）柯所又覆刊之，亦爲正集六十卷，附録一卷，由正統袁旭本出，今上海圖書館、四川省圖書館著録。康熙四十一年（壬午，一七〇二），徐惇復白華書屋刻《宛陵先生文集》六十卷、拾遺一卷，徐氏請宋犖作序。朱東潤《叙論》稱是本爲宋犖所刻，又怪宋氏對是集編次混亂無所改進。此説恐非，亦不公平。後人没理由要求宋氏刻書一定要"改進"古書編次。白華書屋本與正統、萬曆二本篇目完全相同，版式則改爲每半葉十一行二十一字，白口，左右雙邊。此本今藏尚富。《叙論》以其用字與宋、明本多不同，即改換異體字爲清初通行字體，因定其不出於正統、萬曆二本，但其祖本相同。不詳所謂"祖本"是否即順治本？康熙本之後，猶有道光十年（一八三〇）知宣城事梁中孚夜吟樓刊本（由康熙梅氏重修本出）、宣統二年（一九一〇）上海影康熙本等，今皆傳世。

　　一九八〇年，上海古籍出版社出版朱東潤《梅堯臣集編年校注》。是本凡有殘宋本可據，即以殘宋本爲底本，其餘以萬曆本爲底本，彙校諸本。注則利用夏敬觀《梅宛陵集校注》稿本，保存夏氏原注，再作補注，而將主要力量集中於作品年代考證，改變傳本編次混亂狀況，重釐爲三十卷。校注本在收録及編次上，無疑遠優於明刻本。《全宋詩》即用該本爲底本，輯得佚詩十首。《全宋文》用《四部叢刊初編》本爲底本，輯得佚文七篇。

【參考文獻】

　　歐陽脩《書梅聖俞詩稿後》（上海古籍出版社《梅堯臣集編年校注》卷末）

　　歐陽脩《梅聖俞詩集序》（同上）

　　宋績臣《梅聖俞外集序》（同上）

　　汪伯彦《梅聖俞詩集重刊板序》（同上）

　　陸游《梅聖俞別集序》（同上）

　　傅增湘《宋本宛陵先生集跋》（《藏園群書題記》卷一三）

　　張元濟《影印殘宋本宛陵文集跋》（影印本卷末）

　　楊士奇《正統重刻宛陵集跋》（《編年校注》本卷末）

　　宋儀望《萬曆重刻宛陵梅聖俞詩集序》（同上）

　　陳俊《萬曆刻宛陵集後序》（《四部叢刊初編》本卷末）

　　姜奇方《萬曆刻宛陵先生集後序》（《編年校注》本卷末）

　　宋犖《徐氏白華書屋本宛陵文集序》（同上）

宋人別集叙録卷第四

徂徠集二十卷

石　介　撰

　　石介（一〇〇五——一〇四五），字守道，世稱徂徠先生，兖州奉符（今山東泰安東南）人。天聖八年（一〇三〇）進士，官至直集賢院。力攻"西崑體"，但又開"太學體"怪誕之風。歐陽脩《徂徠石先生墓誌銘》（《歐陽文忠公集》卷三四）曰："其所爲文章曰某集者若干卷，曰某集者若干卷。"《四庫提要》曰："歐陽脩作介《墓誌》，稱所爲文章曰某集者若干卷，又曰某集者若干卷，凡重言之，似原集當分爲二部。此本統名《徂徠集》，殆後人所合編歟。"年代久遠，今莫可詳。《通志》著録《徂徠集》二十卷。宋刊可考者有二本。衢本《讀書志》卷一九著録道：

　　　　石守道《徂徠集》二十卷。右皇朝石介字守道，兖州奉符人。天聖八年登進士第，遷直集賢院。篤學有大志，嘗謂時無不可爲，不在其位，則行其言，雖獲禍，至死而不悔。其爲文章，陳古今治亂成敗，以指切當世，無所忌諱。作《慶曆聖德詩》，分別邪正，專斥夏竦。其後守道死，竦因誣以北走契丹，請剖棺驗視云。

清丁艮善《新雕徂徠石先生文集跋》曰：“吾友張次陶家藏二十卷原本，蓋前明時所影寫也。卷首有總目而無序，每卷首行題‘新雕徂徠石先生文集’，文内‘構’字必缺，注以‘字犯御名’，是原本爲南宋高宗時所刻無疑。”《讀書志》所載，當爲紹興本。

又《解題》卷一七曰：

> 《徂徠集》二十卷，國子監直講魯國石介守道撰。集中有《（上）南京夏尚書啟》及《夫子廟上梁文》，皆爲夏竦作，此介所謂“大姦之去，如距斯脱”者也。豈當是時竦之姦猶未著耶？陸子遹刻於新定，述其父放翁之言曰“老蘇之文不能及”，然世自有公論也。歐公所以重介者，非緣其文也。

考陸子遹守新定（嚴州），在南宋寶慶二年（一二二六）十一月至紹定二年（一二二九）三月，其翻刻是集，當在此數年内。《通考》卷二三四、《宋志》皆著録爲二十卷。蓋二十卷爲宋代通行之本。

是集未見元、明刻本著録。宋刻兩本及其傳鈔本，蓋明代官、私皆有庋藏。《文淵閣書目》卷九著録“《石徂徠文集》一部六册，完全”。《内閣書目》卷三亦曰：“《石介文集》四册，全。宋神宗朝石介著，凡二十卷。”《澹生堂藏書目》卷一三、《脈望館書目》、《世善堂藏書目録》卷下及《絳雲樓書目》卷三等並有著録。

清初，宋本猶傳世，王士禎嘗得吳之振所貽一部，其《池北偶談》卷一七曰：“宋石介守道《徂徠集》二十卷，詩（四）卷，

辨、説、原、釋、傳、録、雜著五卷，論二卷，書六卷，序一卷，記
一卷，啟、表一卷，石門吳孟舉（之振）所貽宋刻也。"惜其記而
未詳，今不知該本刻於何時。康熙五十五年（一七一六），燕
山石鍵爲泰州守，即以王氏宋本刻於錫慶堂，並序曰：

> 鍵忝爲先生宗裔，來守是邦，登高瞻像，慨然景慕。
> 未幾，先生十九世奉祀孫維巖捧前守徐公所刻祖徠詩文
> 二册（按此本詳後）進見，且言有全集二十卷，得之漁洋
> 書庫者，徐公方謀剞劂，會內遷，遂不果。予亟索觀，較
> 徐刻數倍之，真可覩先生之全而發先生之光矣！因割俸
> 授梓，以廣其傳。

是刻每半葉十行十九字，左右雙邊，刊印俱清整，今國內尚著
録二十部。然其底本雖云出於宋本，仍多訛脱，當時丁詠淇
獲從校訂之役，有跋曰：

> 遺編久遠，轉輾仍訛，既無精本可證，而其中疑者缺
> 之，缺者仍之，確有據者補之，顛倒舛誤者正之訂之，枝
> 贅脱落而於文理有必當然者略增删之，總計一百八十五
> 字。稿經五閱，目重審訂，選督良工，開雕三月而竣。

所謂"轉輾仍訛"云云，疑得於漁洋書庫者，蓋亦傳録之本，而
非宋槧原帙。故是刻雖用良工，而仍未能盡善。集內戎、狄、
夷等字，則以時忌或闕而不刊，或改以他字。

清刻另一本，乃光緒十年（一八八四）濟南王之翰尚志堂
所刊，底本即前引丁艮善跋所述張次陶藏明人影宋本。王之
翰序曰：

> 《石徂徠集》二十卷，南宋初曾有雕本，迄今七百餘
> 年矣。余所見凡數刻，皆非全帙。甲申（光緒十年）來歷

下,適及門張君次陶藏有明人影鈔本,尚爲完書,懼其久而散失也,爰與二三同志醵金付梓。卷内行款,一仍明鈔之舊,惟末增《附録》一卷。

丁艮善跋又曰:"原鈔脱誤處,與《四庫》書著録本同。今據徐本補其三詩,唯缺《寄叔仁》一首,《水軒暫憩》詩猶存其半,觀者亦可以撫全帙而無憾矣。"此本最大優點,是諸如"夷"、"狄"等清人忌諱詞語一仍其舊,不予改易。

然而尚志堂刊本奪訛較多。光緒十六年(一八九○),孫葆田(佩南)請徐坊校勘,徐氏校後作《重雕徂徕石先生文集校記》曰:

　　《徂徕集》二十卷,近濟南尚志書院據濰張氏所藏明人景鈔完帙重雕者也。其行款悉依原鈔本,空格亦同。當時校刻者不暇詳審,故卷内奪僞亦皆未及刊正。庚寅(光緒十六年)閏月,榮成孫君佩南過濰,以先人與其先德有同年之誼,不棄蒙陋,忘年下交。時君方校刊《孫明復小集》,欲以此本合印以行,而病其奪僞太甚,遂以校讎之役相屬……

　　康熙庚寅(四十九年,一七一○),徂徕先生裔孫維巗録家藏詩文,分爲二卷,徐氏肇顯取以付雕。維巗復得王氏池北書庫本,歲丙申(康熙五十五年),石氏鍵又爲梓行,今此本流傳無多。道光癸巳(十三年,一八三三),徐惠公宗幹守泰安,乃更集先生詩文之見諸志、乘者,合前徐氏本重付剞劂。是此集近刻於吾鄉者,合之此刻凡有四本。吾友高君翰生留心齊魯文獻,所藏有石氏本、後徐氏本,予並從假得之。翰生又以家藏舊鈔《聖宋文選》見示,因取與此本校勘一過,凡原文僞者正之,奪者補之,互異者兩存之。

石氏本二十卷,卷數與此同,而第四卷内《四庫》著録本所闕四詩,一一具在,與平津館藏景宋本合,今即據以補正。又後徐氏本所載《根本策》《祭孔中丞文》《石氏墓表》三篇,他本不見,兹特録爲補遺一卷,附諸集後。

徐坊校,尚志堂補刻爲《校勘記》一卷。徐坊、徐埴歸樸堂稿本《徂徠集校記》二十卷,今藏北京大學圖書館。尚志堂本今國内有著録,日本東京大學亦藏一部。

以上是清刊全帙(二十卷)凡三本。清刻另一系統爲二卷本,上引徐坊《校記》已述及,皆非完帙。

康熙四十九年,張伯行正誼堂刊《石守道先生集》二卷,自序稱"裒其全集,付諸剞劂",實則有文無詩(文亦不全)。《叢書集成初編》據此本排印。

同年,石氏裔孫維巖以其家藏二卷付知泰安徐肇顯,徐氏"因命長子祖望考校次第,正其魯魚亥豕之訛,鋟而存之"(《重刻徂徠先生集序》)。據石維巖自序,兩卷之中,"遺文十六篇,軼事二則,先世所傳舊稿也;詩三十九首,康熙丙戌(四十五年)巖於吕晚村《宋詩鈔》中始得之"。道光癸巳(十三年),徐宗幹以徐肇顯刻本與聶鈫所刊《明復先生小集》彙爲一編,號《魯兩先生合集》,刊之於泰安斯未信齋,參《孫明復小集》叙録。此即徐坊所稱前徐本、後徐本。據徐宗幹《合集序》,"石先生詩文散見志、乘諸書,並輯補焉",則後徐本較前徐本,所收有所增益。民國二十二年(一九三三),徐守撰以後徐本爲底本,補入《中國論》一篇,《南山贈孫明復先生》《寄永叔》詩二則,依張次陶本校訂,合爲一册鉛印之(參見其自序)。前徐本今未見著録,後徐本(即《魯兩先生合集》本)、徐氏鉛印本，今猶可得。

除上述刻本外，今尚存明、清二十卷鈔本近十部，多由宋本傳録。前述張次陶藏明影宋鈔，傅增湘《經眼録》卷一三曾記之，今未見著録。今國家圖書館藏明鈔殘本一部，存卷一至十。南京圖書館藏丁氏本，有明鈔全帙，乃曹溶（棟亭）舊物。"目録之外，每卷前仍列篇目，接書正文。有'棟亭曹氏藏書'、'長白敷槎氏'、'菫齋昌齡圖書印'、'嘉蔭簃藏書印'、'朱學勤印'、'修伯'諸圖記"（《善本書室藏書志》卷二六）。今山西省文物局藏有清初鈔本，乃傅增湘舊藏，"十行十七字。每卷目録連接本文，遇宋帝空格，猶是舊式。鈐有兼牧堂及查士璨藏印"（《經眼録》卷一三）。國家圖書館有張位鈔本。青海省圖書館著録清初鈔本，有葉挺生跋。上海圖書館藏彭氏知聖道齋鈔本，乃徐坊遺書，見傅氏《經眼録》卷一三。前引徐坊《重刊校記》所云孫星衍平津館藏影宋本，見《平津館鑒藏記》卷三，今未見著録。

日本静嘉堂文庫藏有明影寫宋本，見《皕宋樓藏書志》卷七三、《静嘉堂秘籍志》卷三三。陸心源《明鈔徂徠集跋》（《儀顧堂題跋》卷一〇）稱"每葉十八行，每行十七字。每卷有目，連屬篇目。凡遇陛下、皇帝等字皆空一格，是從宋本影寫者"。又謂《四庫》著録本（按：江蘇採進本）卷四有四詩"有録無書，則傳寫脱，亦非盡其舊矣。今此本……七律四章完善無缺，誠是集之善本也"。

要之，石集現存各本，無論刊鈔，文字難免互有訛闕，但較之他集，尚不算嚴重。康熙石鍵本徑改忌諱字，是其缺憾。四庫本闕詩四首，使用時需注意。一九八四年，中華書局出版陳植鍔校點本《徂徠石先生文集》。該本以光緒十年尚志堂刊《新雕徂徠石先生全集》爲底本，校以其他刻本、鈔本、總集及史籍文獻，其校可參。

《全宋文》用光緒十年尚志堂刊本爲底本，除陳植鍔校點本所輯佚文外，另輯佚文二十篇。《全宋詩》底本同。

【參考文獻】

石鍵《徂徠石先生全集序》（中華書局校點本《徂徠石先生文集》附録三）

丁詠淇《徂徠石先生全集跋》（同上）

王之翰《新雕徂徠石先生文集序》（同上）

丁艮善《新雕徂徠石先生文集跋》（同上）

徐坊《重雕徂徠石先生文集校記》（同上）

張伯行《石徂徠集序》（同上）

石維巖《重刻徂徠先生集序》（同上）

徐肇顯《重刻徂徠先生集序》（同上）

徐宗幹《魯兩先生合集序》（同上）

徐守揆《重印石徂徠先生集序》（同上）

文潞公文集 四十卷

文彦博　撰

文彦博（一〇〇六——一〇九七），字寬夫，汾州介休（今山西介休）人。天聖五年（一〇二七）進士，累官同中書門下平章事，封潞國公。其詩文原有卷數不詳，蓋未付梓，故南渡後散佚，少子文及甫追輯成二十卷，稱《略集》。葉夢得《文潞公略集序》曰：

> 公平生所爲文章，上自朝廷典册，至於章奏議論，下及詞賦歌詩，閒適之醉，世猶未盡見。兵興以來，故家大族多奔走遷徙，於是公之集藏於家者，散亡無餘。其少子維申（及甫）稍討求追輯，猶得二百八十六篇，以類編次，爲《略集》二十卷。

《遂初堂書目》著録《文潞公集》。按《周文忠公集·書稿》卷一二《與張子儀總領（抑）札子》，稱“蜀中有公（文彥博）文集”。蜀中所刊，尤氏所録，疑皆二十卷本。

陳氏《解題》卷一七著録另一本：

> 《文潞公集》四十卷，《補遺》一卷，丞相介休文彥博寬夫撰。

《通考》卷二三四從之。則陳氏所録，又非葉氏所序之本。《宋志》著録《文彥博集》三十卷，又《顯忠集》二卷，不詳爲何本。

是集宋本蓋明秘閣嘗有庋藏，《文淵閣書目》卷九著録道：“《文潞公文集》一部十册，完全。”又《内閣書目》卷三亦曰：“《文潞公文集》十册，全。宋仁宗朝文彥博著，凡四十卷。”《萬卷堂書目》《澹生堂藏書目》等亦有著録，不詳爲何本。後宋本失傳，今以明嘉靖五年（一五二六）平陽守王溱（公濟）刻本爲古。平陽府解州判官吕柟《刊文潞公集略序》曰：

> 潞國忠烈公文寬夫集凡四十卷，蓋其少子維申討求追輯以成帙，而葉尚書少藴（夢得）所爲序行者也。然今板本不傳久矣。沁水李司徒公叔淵家有鈔本，字多差

訛。他日巡按山西，潛江初公啟昭命栯校刊《司馬文正公集》，李公曰："文公集亦不可以莫之傳也。"乃以其本付解州，栯得而校正其十七八焉，初公遂命平陽守王子公濟刊木以行。

是刻每半葉十行二十字，白口，四周單邊。按吕氏序稱四十卷本即文及甫追輯之帙，誤。考嘉靖本有詩三百七十多首，文三百五十餘篇，遠過葉序所稱"二百八十六篇"之數。則四十卷本較之二十卷本，非止卷數倍之，所收詩文亦倍之而有餘，雖其録有葉序，殆可斷定絕非文及甫輯本。蓋南宋間嘗在二十卷本基礎上重輯，輯者不詳，或亦爲文氏裔孫。

《四庫總目》著録兩淮鹽政採進本，即嘉靖本，《提要》亦以爲四十卷非葉氏所序之舊，曰：

> 是集凡賦、頌二卷，詩六卷，論一卷，表啟一卷，序一卷，碑記、墓誌一卷，雜文一卷，自十四卷以後則皆奏議、札子之文。核其卷數，與陳振孫《書録解題》同，惟尚闕《補遺》一卷。考葉夢得序，稱兵興以來，世家大族多奔走遷徙，於是公之集藏於家者散亡無餘，其少子維申稍討求追輯，猶得二百八十六篇，以類編次爲《略集》二十卷。是葉氏所序者已非原本，陳氏所著録者又非葉氏所序本，今所傳者又較陳氏之本佚其一卷也。

所佚《補遺》一卷，不詳是沁水李氏鈔本所脫，或是已將其次入正集之中。嘉靖本今國内著録近二十部，日本宮内廳書陵部、静嘉堂文庫、尊經閣文庫、東京大學亦有藏本。一九三四年《山右叢書初編》所收，及現存鈔本數部，皆出於嘉靖本。

《增訂四庫簡目標注·續録》稱《裘杼樓目》有明刊三十

二卷本。不知是《宋志》所錄正集三十卷、《顯忠集》二卷之本，或爲嘉靖本殘帙，其本久佚，無從按核。要之，是集今傳唯嘉靖本。

嘉靖本脫訛甚多，收入《四庫全書》時，館臣已有所校正。明何大成跋，清季錫疇、瞿熙邦校跋本，以及民國時傅增湘校補並跋本糾駁不少。季、瞿及傅氏兩校本今俱藏國家圖書館。然而猶有未盡處。其文（用嘉靖本爲底本）收入《全宋文》時，校點者除汲收前人成果外，再以諸書校補一過，始爲可讀，且新輯得佚文五十多篇（包括殘篇）。又《藝風藏書記》卷六曰：“明刻訛字太多，荃孫撰《校勘記》一卷。”其《校勘記》今存佚不詳。《全宋詩》底本同，輯得集外詩九首。

【參考文獻】

葉夢得《文潞公略集序》（嘉靖本《文潞公集》卷首）

呂柟《刊文潞公集略序》（同上）

歐陽文忠公集一百五十三卷

歐陽脩　撰

歐陽脩（一〇〇七——一〇七二），字永叔，號醉翁，晚年又號六一居士，廬陵（今江西永豐）人。天聖八年（一〇三〇）進士，仕至參知政事，卒謚文忠。力倡古文，排太學體，爲北宋古文運動領袖，“唐宋古文八大家”之一。著述宏富，吳充《歐陽脩行狀》（《歐陽文忠公集》附錄）述之曰：

　　嘗著《易童子問》三卷,《詩本義》十四卷,《居士集》
　　五十卷,《歸榮集》一卷,《外制集》三卷,《内制集》八卷,
　　《奏議集》十八卷,《四六集》七卷,《集古録跋尾》十卷,
　　《雜著述》十九卷,諸子集以爲家書,總目八卷。其遺逸
　　不録者尚數百篇,别爲編集,而未及成。

韓琦《歐陽脩墓誌銘》所述與《行狀》同,蘇轍《神道碑》則别有
"《外集》若干卷"。

　　由於著者久享天下文章盛名,故歐集兩宋時期刻本繁
夥。《通志》載《六一居士全集》一百五十卷,又《六一居士别
集》二十卷。衢本《讀書志》卷一九著録道:

　　　　《歐陽文忠公集》八十卷,《諫垣集》八卷。右皇朝歐
　　陽脩字永叔,吉州人,舉進士,累遷知制誥。……博極群
　　書,好學不倦,尤以獎進天下士爲己任,延譽慰借,極其
　　力而後已。於經術治其大指,不求異於諸儒,與尹洙皆
　　爲古學,遂爲天下宗匠。蘇明允以其文詞令雍容似李
　　翱,切近適當似陸贄,而其才亦似過此兩人。至其作《唐
　　書》《五代史》,不愧班固、劉向也。獨議濮邸事,議者不
　　以爲是。有蘇子瞻序。

　　《宋志》則分集著録,爲《歐陽脩集》(當即《居士集》)五十
卷,《别集》二十卷,《六一集》七卷,《奏議》十八卷,内、外制集
十一卷,《從諫集》八卷。

　　從上引可知,歐集卷數,宋人著録不盡一致,其原因在於
編刻不一致。誠如《四庫提要》所説:"唯《居士集》爲脩晚年
所自編,其餘皆出後人裒輯,各自流傳,如衢州刻《奏議》,韶
州刻《從諫集》,浙西刻《四六集》之類,又有廬陵本、綿州本、

宣和吉本、蘇州本、閩本諸名，分合不一。陳振孫《書録解題》謂脩集遍行海内，而無善本，蓋以是也。"儘管《居士集》之外各集出於後人裒輯，然如内、外制集十一卷，《奏議集》十八卷，《四六集》七卷，《集古録跋尾》十卷等，既已見於吴充《行狀》，則其辭世時當已初步編定，後來卷數亦無大變動。所謂"分合不一"者，主要指各地合刻之集數多寡不同，以及所謂"雜著述"及辭世時尚未編纂成集之"遺逸不録者"數百篇之類。

歐陽脩諸集因各自流傳，各地又以其所得刊行，時間寖久，自不免"或以意輕改，殆至訛謬不可讀"，加之"卷帙叢脞，略無統紀"（周必大《歐陽文忠公集跋》），以至集雖廣爲流傳，而世無善本。長此以往，不僅不便於讀者，且勢必危及文集之生命力，故亟待集其大成，精心校勘，以纂爲傳世之本。此項工程終由周必大等人完成。

周必大編刊《歐陽文忠公集》，在光宗紹熙至寧宗慶元間，其跋曰：

《歐陽文忠公集》，自汴京、江、浙、閩、蜀皆有之。前輩嘗言公作文揭之壁間，朝夕改定。今觀手寫《秋聲賦》凡數本，劉原父手帖亦至再三，而用字往往不同，故別本尤多。後世傳録既廣，又或以意輕改，殆至訛謬不可讀，廬陵所刊抑又甚焉。卷帙叢脞，略無統紀，私竊病之，久欲訂正，而患寡陋未能也。

會郡人孫謙益老於儒學，刻意斯文；承直郎丁朝佐博覽群書，尤長考證。於是遍搜舊本，傍採先賢文集，與鄉貢進士曾三異等互加編校。起紹熙辛亥(二年，一一九一)春，迄慶元丙辰(二年，一一九六)夏，成一百五十三卷,別爲《附録》五卷,可繕寫模印。

　　惟《居士集》經公決擇,篇目素定,而參校衆本,有增
損其辭至百字者,有移易後章爲前章者,皆已附注其下。
如《正統論》《吉州學記》《瀧岡阡表》,又迥然不同,則收
置《外集》。自餘去取因革,粗有據依,或不必存而存之,
各爲之説,列於卷末,以釋後人之惑。第首尾浩博,隨得
隨刻,歲月差互,標注牴牾,所不能免,其視舊本,則有間
矣。既以補鄉邦之闕,亦使學者據舊鑒新,思公所以增
損移易,則雖與公生不同時,殆將如升堂避席,親承指
授,或因是稍悟爲文之法,此區區本意也。

《解題》卷一七即著録周必大本,曰:

　　《六一居士集》一百五十三(祝按:"三"原作"二",據周必
　　大跋改)卷,附録四卷,年譜一卷。參政文忠公廬陵歐陽
　　脩永叔撰。本朝初爲古文者,柳開、穆修,其後有二尹、
　　二蘇兄弟。歐公本以辭賦擅名場屋,既得韓文,刻意爲
　　之,雖皆在諸公後,而獨出其上,遂爲一代文宗。其集遍
　　行海内,而無善本。周益公(必大)解相印歸,用諸本編
　　校,定爲此本,且爲之年譜。自《居士集》《外集》而下,至
　　於《書簡集》,凡十,各刊之家塾。其子綸又以所得歐陽
　　氏傳家本,乃公之子棐叔弻所編次者,屬益公舊客曾三
　　異校正,益完善無遺恨矣。《居士集》,歐公手所定也。

《通考》卷二三四從陳氏。

《四庫全書》著録江西採進本,即周必大本,《提要》述
之曰:

　　此本爲周必大所編定,自《居士集》至《書簡集》,凡

分十種，前有必大所作序。陳振孫以爲益公解相印歸，用諸本編校，刊之家塾，其子綸又以所得歐陽氏傳家本、歐陽棐所編次者，屬益公舊客曾三異校正，益完善無遺恨。然必大原序又稱郡人孫謙益、承直郎丁朝佐遍搜舊本，與鄉貢進士曾三異等互相編校，起紹熙辛亥，迄慶元丙（祝按："丙"原誤"庚"，據周跋改）辰。據此，則是書非三異獨校，亦非必大自輯，與振孫所言俱不合。檢書中舊存編校人姓名，有題"紹熙三年十月丁朝佐編次、孫謙益校正"者，有題"紹熙五年十月孫謙益、王伯芻校正"者，又有題"郡人羅泌校正"者，亦無曾三異之名。唯卷末"考異"中多有云"公家定本作某"者，似即周綸所得之歐陽氏本（祝按：元末危素對此記之頗詳，館臣蓋未之見，詳後）。疑此書編次義例本出必大，特意存讓善，故序中不自居其名；而振孫所云綸得歐陽氏本付三異校正者，乃在朝佐等校定之後添入刊行，故序亦未之及歟。

　　其書以諸本參校同異，見於所紀者曰《文纂》，曰薛齊誼《編年慶曆文粹》，曰《熙寧時文》，曰《文海》，曰《文藪》，曰京本《英辭類稿》，曰《緘啟新範》，曰《仕途必用》，曰《京師名賢簡啟》，皆廣爲蒐討，一字一句，必有考核。又有兩本重見而删其復出者，如《濮王典禮奏》之類；有他本所無而旁採附入者，如《詩解統序》之類；有別本所載而據理不取者，如錢鏐等傳之類，其鑒別亦最爲詳允。觀樓鑰《攻媿集》有《濮議跋》，稱廬陵所刊《文忠集》列於一百二十卷以後，首尾俱同。又第四卷《札子》注云"是歲十月撰，不曾進呈"。檢勘所云，即指此本。以鑰之博洽，而必引以爲據，則其編訂精密，亦概可見矣。

周必大等編校之《歐陽文忠公集》出，歐陽脩著作諸集單行、略無統紀、世無善本之局面遂告結束，而成爲後代之通行善本。周必大等不僅爲歐陽氏功臣，其保存文獻、霑溉後學之功績，可謂永垂不朽。

在《歐陽文忠公集》編刻前二十餘年，即孝宗乾道癸巳（九年，一一七三），陳亮編《歐陽文忠公文粹》。此集雖爲歐文選本，但仍有獨立存在之價值。《四庫提要》曰：

> 是編有亮乾道癸巳後叙，謂録公文凡一百三十篇。案脩著作浩繁，亮所選不及十之一二，似不足盡其所長。然考周必大序，謂《居士集》經公決擇，篇目素定，而參校衆本，迥然不同。如《正統論》《吉州學記》《瀧岡阡表》皆是也。今以此本校之，與必大之言正合。是書卷首有《原正統論》《明正統論》《正統論上》《正統論下》四篇。《居士集》則但存《正統論》上、下二篇。其《正統論上》乃以《原正統論》"學者疑焉"以上十餘行竄入，而論內"其可疑之際有四，其不同之説有三"以下半篇，多刪易之；其《正統論下》，復取《明正統論》"斯立正統矣"以上數行竄入，而論內"昔周厲王之亂"以下亦大半刪易之。其他字句異同，不可枚舉，皆可以資參考，固不防與原集并存也。

歐陽脩著作，兩宋刻印甚夥，已如前述，要之有諸集單刻本、多集合刊本（分合不一）、大全集本（《歐陽文忠公集》）、選集本（《文粹》）等四類。今就其各類傳本，分別叙述如次。

一、單刻本

歐集單行本，當以其手編《居士集》爲夥，然多不悉刊者姓氏。陳鵠《西塘集耆舊續聞》卷三《洪玉父所編豫章集前後牴牾》一則稱"廬陵守陳誠虛中刊歐陽公《居士集》，亦無倫次，蓋不知編摩之體耳"，由知陳誠嘗刊廬陵本，惜已久佚。今可見者唯紹興衢州刻本《居士集》五十卷。是本原藏清宮內閣大庫，後流出，傅增湘得之於劉啟瑞家，今藏國家圖書館。其《經眼錄》卷一三記之曰：

> 《居士集》五十卷，宋歐陽脩撰，存目錄、卷三至十五、二十九至三十三、三十七至四十七，共二十九卷。宋紹興間衢州刊本，半葉七行，每行十四字，注雙行二十四字，白口，左右雙闌。版心記"居幾"，下記刊工姓名，有王正、王子正、宋杲、周彥、周實、周昌、林彥、李明、洪其、范宜、徐昌、徐明、林宗、周先、楊端、劉、解、徐、杜、宗、祝、文、辛、陳、楊、吳、亢、忠、振、圭、言、夆、暉等。版匡高七寸七分，寬五寸，字大約徑六分，開板宏朗，字體嚴整，宋諱桓、構缺末筆，慎字不缺。每卷首行題"居士集卷第幾"，次行低四格題"六一居士歐陽脩"，以下篇目連屬正文，卷末有"熙寧五年秋七月發等編定"一行。目錄一卷，半葉八行，每行二十二字，版心記"六一目錄"四字，筆致清勁，與本書不同，然亦宋刊也。
>
> 按：此書余庚午（一九三〇）春得之寶應劉翰臣啟瑞家，亦大庫佚書也。全書蝶裝十二巨冊，封面明人籤題。尤可異者，於書頭豎題書名卷次，審其勢，則爲書脊向上插於廚中者也。余得書後，參之群目，證以《考異》，知爲衢州刊本。熙寧祖本既不可見，此本猶可窺歐公手定之舊，爲傳世歐集第一刻，亦足貴矣。

傅氏又作《宋衢州本居士集跋》，謂該本"大字闊幅似蜀，而結體刊工又似杭。及反覆詳推，參之郡目（祝按：原文如此，參上引

《經眼録》當作"群目"），證以《考異》，乃知是即衢州本也，就存卷中得二證焉"。所得二證是：

> 卷三《汝瘻》詩"平地猶确犖"，《考異》言衢本作"确犖"，吉本作"磽茗"，建本作"确茗"，蜀本、羅氏本作"磽确"，字各不同，今從蜀本、羅氏本作"磽确"云云。按此本作"确犖"，是爲衢本之證一也。卷三十《杜待制墓誌銘》，文内有"知建昌縣"四字，《考異》言建本、吉本作"建安縣"，蜀本、衢本作"建昌"，羅氏本作"建陽"，今從《仁宗實録》杜杞傳作"建安"。按此本作"建昌"，不作"建安"，是爲衢本之證二也。第衢本雖槧於南渡，而探源仍出於熙寧。如卷十四《永厚陵挽歌辭》，前有"引狀"一百二字，至周本則析置之《外集》卷五中矣；每卷標題爲"六一居士"，且篇目即附本卷，至周本則咸爲改易矣。

所述兩證，可謂確鑿無疑，足以斷定該本即衢本。

陳氏《解題》謂周必大子周綸得歐陽氏傳家本，囑曾三異校正云云。所謂"傳家本"，即歐陽脩孫歐陽恕宣和時寫本，故周氏紹熙本《居士集》卷一後有白文二行曰："李文敏公（光）家藏公之孫恕宣和癸卯寫本，今以考證異同於後。"（參《鐵琴銅劍樓藏書目録》卷二〇）該寫本元末尚存，曾魯（字得之）嘗據以作《考異》。曾魯《考異》本，蔡玘曾刻於永豐縣學，危素爲作《後記》，曰：

> 周丞相必大用諸本較定重刻，比他本爲最勝。然於凡諸繆誤脱漏不可讀者，亦莫從是正，僅疏注疑誤其下而已。迨病亟，始得寫本於李參政光家，周公子綸，屬舊客訂定編入，今每卷所謂"恕本"是已。然亦徒摭其時有

筆誤處，指以爲疵，不復加意精較，甚可惜也。寫本後歸軍器監簿曾天麟家。紙墨精好，字畫端楷，有唐人風致，皆識以公印章，藏於曾氏且四世，兵後獨存。曾氏孫魯避亂新淦山中，始能取他本詳加較勘，而以寫本爲據，篇次卷第，則壹以吉本爲定。其異同詳略，頗仿朱氏《韓文考異》義例。若吉本所闕，而見於他本者，別爲《拾遺》一卷。龍舒蔡玘來知永豐縣，以公鄉邑，首出廩禄倡率好義者，取曾氏所較，刻諸學官。邑士夏巽，屬素識其成。

曾魯當日所校，包括内、外集，蔡氏只刊成内集（即《居士集》），外集校本後散亡。永樂時人鄒緝《書居士外集後》（《皇明文衡》卷四八。按所跋爲其鈔本，非曾魯考異本），述考異本《外集》散亡過程道：

> 新淦之仁和有李繼武者，……嘗得故禮部侍郎曾魯得之所校歐陽公《居士》内外集，知以爲奇寶而藏之。予嘗借得其《外集》，蓋板本大字，上下邊幅最高闊，曾公皆手自校讎，中間頗多缺板，又手自補完。曾氏家多古書，所校諸本，有集本、家本、刊本諸集，辨其同異，及其改易增損，皆朱書小字於其上下旁邊，字極謹細，常滿其邊幅。……惟所校《居士集》五十卷，洪武初永豐縣令蔡玘已爲之鏤板，而建寧書坊又爲之傳刻，則此《外集》亦當與之並行也。其後予官太學，居京師，以李氏秘藏本不可復見，深加愛惜。吏部侍郎練公子寧，好古君子也，見之而喜，因藉以去，久未之取。會子寧遭事死，其集遂亡焉。

蔡玘洪武間所刊板片，明代藏於南京國子監。《南廱志經籍考》卷下述之曰：

> 《歐陽居士文集》五十卷，存者四百四十七面，今補
> 八十六面乃完。宋歐陽脩撰。以五行統之，各十卷。金
> 卷前序、目録，存者九十九葉；木八十七葉；水九十七葉；
> 火八十九葉；土八十三葉。此集脩所親，故諸本相同，訛
> 闕亦少。其子輩手寫成部，門人蘇軾序之。歲久遺脱者
> 多，洪武辛亥（四年，一三七一）永豐守蔡玘參互考訂，重
> 鋟梓以廣其傳，至洪武六年癸丑（一三七三。“丑”原誤
> “亥”）乃成，鄱陽李均度、臨川危素皆序之。

國家圖書館今藏一明刊殘本，著録爲洪武六年永豐縣學刊，
所據即書前李均度序署“鴻武癸丑”。李序稱蔡侯行素（即蔡
玘）新刊本斷簡訛字，有模糊而不衆辨者，因與蔡侯及俞侯允
中、邑庠李實、胡啟考訂補正，計三十餘簡，歷三月僅完云云。
據知當日剛刊成不久即嘗修板，蔡氏亦與其役。此本今北京
大學圖書館藏一殘本（見《木犀軒藏書書録》），而臺北“中央圖書
館”猶著録完帙，凡五十卷二十四册。然傅增湘以爲所謂洪
武六年本，“審其字體刀法，亦類正、嘉間慎獨齋本，決非明初
風氣”（詳《經眼録》卷一三）。其説尚俟研究。

　考異本今猶存明初覆刻本。覆刻本仍爲五十卷，題《歐
陽文忠公集》，每半葉十二行二十一字。由於原本未明署覆
刻時間，故此本諸家頗有異説。王重民《中國善本書提要》著
録國家圖書館藏本時，謂當刻於正統中。其曰：

> 《歐陽文忠公集》五十卷，四册（藏北圖），明正統間
> 刻本，宋歐陽脩撰。卷内題“臨江後學曾魯得之考異”。
> 是集北圖別藏一明鈔殘本，余首見之，曾據宋濂所撰《曾

公魯神道碑銘》，謂即濂所稱之《六一居士集正訛》。今見此本卷端載危素後記，其原委始詳。危素記云（已見上引，此略）。考《永豐縣志·名宦傳》云：“蔡玘，安慶人，吳二年乙巳知永豐。”乙巳爲元至正二十五年（一三六五），是初刻猶在元季（祝按：據上引鄒緝《書後》及《南廱經籍考》，此説誤。蓋時值鼎革，蔡氏留任，刊書實已入明）。此本危記後及他卷末題“時柔兆攝提格縣人陳斐允章校勘刊謬”，又考《縣志·選舉志》，永樂間諸貢有陳斐，北坊人。則其刻書之丙寅，似爲正統十一年（一四四六），非洪武十九年（一三八六）也。何也？《縣志》列陳斐於周甯後，甯永樂二十一年舉人；設斐貢於十五年，上距洪武丙寅爲三十一年，下距正統丙寅爲二十九年，則洪武丙寅斐年尚幼，或竟未降生，恐不能刻書也。《北京圖書館善本書目》題“明洪武刻本”，當以丙寅屬諸洪武矣。然則得之《考異》撰成於元季，刻於吳年，再刻於正統，此即正統間刻本也。惜闕卷第十。

丙寅刻本除國家圖書館著錄外，日本宮内廳書陵部及御茶之水圖書館亦有庋藏。宮内廳本即森立之《經籍訪古志》卷六所著錄之楓山官庫藏宋刻本。御茶之水圖書館本有楊守敬長文手跋，斷之爲南宋麻沙坊本（參《日藏漢籍善本書錄》）。兩氏以爲宋本，誤，曾魯乃元人，宋無考異本，蓋兩本脱元人序跋之故。《日藏漢籍善本書錄》仍以爲刻於洪武丙寅。王重民先生據縣志考陳斐年代，尚爲設論，難成定説。古人登第及入仕年齡，各人相差懸殊，不宜比附。上引鄒緝《書後》稱永豐縣令鏤板後，“建寧書坊又爲之傳刻”，此記載爲諸家所未見。所謂丙寅刻本，疑即建寧本。楊守敬稱其爲南宋麻沙坊本，斷於南宋固誤，然謂之爲麻沙坊本蓋是。鄒緝爲永樂時人，則"丙寅"當爲洪武十九年。

正德元年(一五〇六)，日新書堂嘗翻刻考異本，今國內有五部見於著錄。嘉靖二十四年(一五四五)，永豐縣學有重修考異本，今唯浙江省圖書館著錄。

除考異本外，周必大所編大全集本《居士集》亦嘗單行。嘉靖二十二年(一五四三)，處州守李冕刻《居士集》五十卷附年譜，名之曰《歐陽文集》，有唐龍序，略曰："浙江按察司副使歐陽子沖菴清裔出廬陵，適念文忠公全集雖旁行於世，而卷帙浩繁，傳之者希，是故白屋之士，童而慕之，皓首弗獲披誦，悵悵以爲憾焉。乃取其中《六一居士集》授處州守李子冕翻刻之，庶幾布之廣而得之易也。"是刻今國內猶著錄十餘部，臺北"中央圖書館"藏二部。此後，即再未見《居士集》新刊本著錄，蓋全集本流傳漸廣也。

歐集單行本，猶有《醉翁琴醉外篇》六卷，乃其詞集，今存清末影印宋本，此不述。

二、合刊本

所謂合刊本，即以著者手編之《居士集》五十卷爲主，再合刊他集，分合不一。前引《通志》所錄一百五十卷本、《讀書志》之八十卷本，因久佚不傳，其結構不詳，疑皆此類(按：《藏園訂補邵亭知見傳本書目》著錄明寫本八十卷，十四行二十四字，有張丑校並跋，顧廣圻、韓應陛跋，周叔弢藏書；又故宮見宋鈔八十卷本，爲荆山進呈本，或即《讀書志》所錄之本，今皆不見著錄)。唯宋刻"宣和吉本"猶傳至清代，廬陵刊本近代尚存。《天祿琳琅書目》卷三著錄道：

《居士集》八函六十四冊，宋歐陽脩著。九十九卷，後附祭脩文及行狀、謚議、墓誌銘一卷，共一百卷。前宋祝庇民序。祝庇民列銜爲迪功郎、士曹掾兼户曹及管左（祝按：“左”當是“内”之誤）推勘公事。序後又列朝散大夫、知軍州兼管内勸農事、借紫金魚袋方時可，朝請郎、通判軍州兼管内勸農事、賜緋魚袋周説，從事郎、司儀曹事監方薦可諸銜名。卷五十後載“吉州公使庫開到《六一居士集》計五十卷，宣和四年（一一二二）九月記”。又列迪功郎、司士曹事郭嗣明，迪功郎、司兵曹事監秦尹，迪功郎、刑曹掾監洪知柔諸銜名。庇民序稱“太守陳公嘗以公帑之餘刻《居士集》五十卷，觀者猶恨未爲全本，今太守方公惜之，俾嗣其事”云云。其書中所列之人，《宋史》俱無傳。考《吉安府志》載宋徽宗宣和三年至五年，知州事者爲陳城；六年，繼其任者爲方時可。則序中所稱太守陳公即爲陳城，序後所列銜名，蓋時可同官，卷五十後所列銜名，蓋城同官也。城與時可世系里居，志亦未載，而核其官，稽其時，實兩相脗合，則是書之爲北宋刊本，信而有徵矣（祝按：以下載收藏諸印，此略）。

此本後不詳所在，傅氏《宋衢州本居士集跋》已稱“《天禄琳琅》有宋本一百卷，爲吉州所刊，今已無可追尋”；又謂“天一閣有宋本六十四卷，爲廬陵所刊，曾得寓目，密行細字，今歸適園張氏”。百卷之本，今唯存康熙十二年（一六七三）曾弘白露書院刊本《居士集》一百五卷，前有歐陽脩自序，又有祝庇民序，今江西省圖書館、上海圖書館（殘）及日本宫内廳書陵部著錄。傅氏所謂歸適園張氏之天一閣原藏本，《適園藏書志》卷一一著錄，題“廬陵歐陽先生文集”，六十四卷，宋刊本，“每半葉十四行，行字不等。高六寸八分，廣四寸八分。

白口,單邊。口上作'歐文卷幾'。首一葉有'余銓'三字,是刻工姓名,下則無。首署'廬陵歐陽先生文集',大約是廬陵本。文集五十一卷,《歸田録》二卷,《集古録跋尾》六卷,附録四卷。今缺序及目録六之十,附録三卷"。此本今不見著録。

今上海博物館藏宋刊本《廬陵歐陽先生文集》,僅存卷五十七至五十八,凡兩卷,不詳爲宋時何地所刊。此宋本臺北"中央圖書館"猶藏四十二卷凡十七册。要之,宋刊合集本今國内各圖書館已無完帙。

三、大全集本

所謂"大全集",即以詩文集爲基礎,其他所有經、史、子部著作一併包羅在内,都爲一集,其性質實爲叢書。周必大等編校彙刻之《歐陽文忠公集》一百五十三卷,乃典型之大全集體例。該書宋刻,近代藏本頗富,單今國家圖書館著録即多達十部,然皆殘闕。傅增湘《明天順程宗刊歐陽文忠公集跋》曰:"明代内府藏本,光、宣之交,悉由内閣大庫檢出,付圖書館珍儲。同爲慶元版刻,而殘缺不完者,殆有六七部,余咸得手披而目鑒之。其後余游吴門,於舊家竟獲慶元初刻全部。(唯《集古録》十卷爲明人鈔補。)"所稱得於吴門舊家之本,嘗經徐乾學收藏,傅氏《經眼録》卷一三記之曰:

《歐陽文忠公集》一百五十三卷附録五卷,宋歐陽脩撰。卷三至六、三十八至四十四、六十一至六十三、九十五、一百三十四至一百四十二配明鈔本,凡二十四卷。宋刊存一百三十四卷。宋慶元二年丙辰周必大校刊於吉州,爲《居士集》五十卷,《外集》二十五卷,《易童子問》三卷,《外制集》三卷,《内制集》八卷,《表奏書啟四六集》七卷,《奏議》十八卷,《河東奉使奏草》二卷,《河北奉使

奏草》二卷,《奏事録》一卷,《濮議》四卷,《崇文總目序
釋》一卷,《于役志》一卷,《歸田録》二卷,《詩話》一卷,
《筆説》一卷,《試筆》一卷,《近體樂府》三卷,《集古録（跋
尾）》十卷,《書簡》十卷,附録五卷,（載祭文、行狀、謚誥、墓
誌、碑銘、傳、事迹、神清洞記諸篇。）共一百五十三卷,又附録
五卷。每半葉十行,每行十八字。白口,左右雙闌。版
心上記字數,下記刊工姓名,有蔡懋、蔡和、蔡文、蔡武、
蔡忠、蔡錫、鄧新、鄧俊、鄧發、鄧振、鄧一、胡元、劉臻、劉
寶等。每卷標題大題在下,小題在上,避宋諱極謹,至
"慎"字止。内《居士集》《四六集》《河東奏草》字仿平原,
與余藏内閣舊藏本同,爲益公初刊本。餘卷亦疏宕古
雋,別爲一體。全書模印精湛,缺二十六卷明人精寫補
入。附録末有編定、校定、覆校衔名。更有周必大跋語
（此略）。躬其役者如必大及曾三異、羅泌、孫謙益皆同
郡名儒,去取刊正咸有據依,各著其同異於卷末,蓋在公
集爲最後之定本,亦元、明諸刻之祖本。七百餘年之古
刻,三千餘葉之鉅編,世傳歐公全集當以此本爲最矣。

　　鈐有"益"字朱文圓印,又"乾學"（朱）、"徐健菴"（白）
二印。

此本今藏國家圖書館。然據日本九州大學東英壽教授考察,
該本並非慶元二年初刻本,理由是其卷二〇附有後人添入的
大段文字,可證其實爲南宋後出的增補系統之本（詳見東英壽
《中國國家圖書館藏南宋本〈歐陽文忠公集〉考》,載《第七屆宋代文學國
際研討會論文集》第九五頁,河南大學出版社二〇一三年版）。又傅
氏《宋衢州本居士集跋》謂"國家圖書館藏殘宋本二部,虞山
瞿氏藏宋本《居士集》一部（祝按:見《鐵琴銅劍樓藏書目録》卷

二○），余家藏宋刊全集一部（祝按：即前述得於吳門之本），殘宋本
《居士集》一部，咸爲慶元吉州刊十行本”。慶元至紹熙刊本
今除國家圖書館有藏本外，北京文物局、南京圖書館、江西圖
書館俱有著録（均爲殘本）。臺北“中央圖書館”亦著録宋吉
安刊《歐陽文忠公居士集》四卷、目録一卷凡三册，又一卷
一册。

　　紹熙至慶元刊本，日本猶藏二部。一部藏天理圖書館，
原爲金澤文庫、伊藤家等舊藏，有三十八葉係十八世紀日人
伊藤長堅（蘭嵎）補寫。今第八册有識語曰“享保甲寅（一七
三四）復月伊藤長堅補寫”，第十七册有識語曰“乙卯（一七三
五）八月長堅補寫”，第三十九册有識語曰“明和八年（一七七
一）辛卯三月十七日讀了”。卷中有“金澤文庫”印記（第一號
墨印），並有“廣昌始□荷氏子子孫孫其永寶用”等印記。一
九五二年（昭和二十七年），是本被指定爲“日本國寶”。近
年，東英壽教授發現該本有他本所無之歐陽脩佚簡九十六
篇，以爲乃該書再版時所增。佚簡由《中華文史論叢》二○一
二年第一期刊載，其真實性已得到國内專家認可，隨後洪本
健先生著《新見歐陽脩九十六篇書簡箋注》，由上海古籍出版
社二○一四年出版發行。另一部藏日本宫内廳書陵部，僅存
六十八卷（卷二四至二九、卷三五至四五、卷七六至八九、卷
九三至一一○、卷一一五至一一七、卷一一九至一二五、卷一
三三、卷一四七、卷一四九至一五三），凡十八册（參《日藏漢籍
善本書録》）。

　　周必大編刊本，傅增湘以爲宋代曾經覆刻。傅氏曾得劉
啟瑞家殘宋本三十七卷，“蓋亦内閣大庫清末流出者也，行款
紙印與北京圖書館所藏内閣大庫殘本一一脗合，第卷第不能

互補耳。各卷由三種合成，以卷十四、十七、十八各卷字類顏書者爲最精美，應是益公初刻本。此外一刻較方整，一刻較古拙，當是宋時覆刻本”；三種刻本所記刊工姓名亦各不相同（詳參《經眼録》卷一三）。覆刻本雖別無文獻可徵，然上述日本天理圖書館本可以印證。又據東英壽先生考證，今中國國家圖書館所藏殘宋本，唯鄧邦述跋本爲周必大原刻本，因爲該本卷二十末“紹熙二年三月郡人孫謙益校正”一行後没有任何其他文字，其餘皆爲原刻本之遞修本（詳見《歐陽脩書簡九十六篇之發現》，《新見歐陽脩九十六篇書簡箋注》卷首）。

上引傅氏《經眼録》，已述大全集本總目，兹再補述《居士集》及《外集》卷目編次。《居士集》五十卷爲：卷一至一四，各體詩；卷一五，賦、雜文、雜説；卷一六、一七，論；卷一八，經旨、辨；卷一九，詔册；卷二〇至二三，神道碑銘；卷二四、二五，墓表；卷二六至三七，墓誌銘；卷三八，行狀；卷三九、四〇，記；卷四一至四三，序；卷四四，序、傳；卷四五、四六，上書；卷四七，書；卷四八，策問；卷四九、五〇，祭文。《居士外集》二十五卷爲：卷一，樂府、詩；卷二至七，詩；卷八，古賦、辭、頌、贊、章；卷九，論辨、時論；卷一〇，經旨；卷一一，神道碑、墓誌銘；卷一二，墓誌銘、墓表、石槨銘；卷一三，記；卷一四，序；卷一五，序、傳；卷一六至一九，書；卷二〇，策問、謐議、齋文、祭文；卷二一，譜圖；卷二二，譜、硯贊、記；卷二三，雜題跋；卷二四，近體賦（官題詩賦）；卷二五，論、策。

大全集本舊説元代曾重刊，《天禄琳琅書目》卷六著録一部，稱“此書字法規仿鷗波，深得其妙，定屬元時所重刊者。觀其模印之精，非好古家不能爲”云云。《天禄後目》卷一一亦嘗著録，凡八函六十四册，有“謙牧堂藏書記”（白文，每册首)、"謙牧堂書畫記"(朱文,每册末)印記。《四部叢刊初編》影印之本,向來即以爲是元本,《四部叢刊書録》曰:"首有胡柯所作《年譜》。《居士集》有蘇軾序,全集後有周必大序。每卷後有'熙寧五年秋七月男發等編定'、'紹熙二年二月郡人孫謙益校正'二行。《考異》皆另葉起,不與正文相聯。每葉二十行,行二十字,粗黑綫口。"然而傅增湘以爲所謂元刊本,其實即明天順程宗刻本之初印本(程宗本詳後)。

明刊大全集本,以明仁宗朱高熾爲太子時所刊之本爲早。楊士奇《東里别集·聖諭録》卷中稱明仁宗在東宫時,"命臣及贊善陳濟校讎歐文,正其誤,補其闕,釐爲一百五十三卷,遂刻以傳。廷臣之知文者,各賜一部,時不過三四人"。又前引鄒緝《書後》,謂永樂九年"又後五年,予再自北京扈從還京師,入見皇太子,獲賜《歐陽文忠公大全集》一百五十七卷(今按蓋包括附録)"。又成化間李紹《重刊蘇文忠公全集序》亦載此事,謂洪熙元年(一四二五)明仁宗嘗命工翻刻内閣所藏宋本歐集,"止以賜二三大臣"(按:據上引鄒緝《書後》,永樂十三年書已刊成,早於洪熙十年,李紹誤)。内閣刊本今無著録。

明刊歐陽大全集,今以天順本《歐陽文忠公全集》爲早。該本刊於天順六年(一四六二)。李紹《重刊蘇文忠公全集序》稱"海虞程侯(宗)自刑部郎來守吉,謂歐吉人,吉學古文者,以歐爲之宗師也,嘗求歐公大全集刻之郡齋,以幸教吉之人矣",即指其本。傅氏《明天順程宗刊歐陽文忠公集跋》略曰:

> 此天順六年吉州知府程宗刊本,半葉十行,行二十字,黑口,四周雙闌。……前有錢溥("溥"原誤"福")序,

云程君得於胡文穆家，蓋内出本也。余以後跋考之，知程守所據内出之本當爲慶元原刻無疑。今觀歐公全集流傳至今已數百年，卷第無大增改，文字絶少疵謬者，皆緣益公編校於先，程守覆刊於後，規隨不失，恪守前模，其爲功亦云鉅矣。……嘗取此本（祝按：指前述得於吴門舊家之宋刊全集本）勘之，文字絶少差舛，可知程守授梓時，雖行格未依原式，而字句悉據宋刊，其讎核之功特爲精審。（慶元本爲十行十八字，天順本爲十行二十字。）迨嘉靖時銅仁陳珊刻本則改併爲一百三十五卷，變易宋本舊次，視此殆有毫釐千里之差矣。

　　又此本字體秀逸，雅有松雪齋風範，鐫工尤爲精麗。其初印之本，楮墨明湛，世人往往誤爲元刊。如《天禄琳琅書目》所載元本，正是此刻。近時涵芬樓印行《四部叢刊》，於廠市訪購元本，爲盛意園藏書，售價至逾千金，及細觀之，實即此本之初印者耳。然此本之精妙寧不與元刻同珍也哉！

今按所謂元刊本，其刻印經過不明，有無成疑，傅氏以爲即天順本，可備一説。不過程宗本除錢溥序外，猶有天順辛巳（五年，一四六一）長至日山東按察副使致仕郡後學彭勗序，稱"胡文穆公子永肅持其家藏内閣明本以獻，君（程宗）既得睹之，喜甚，遂捐堂食資購板募工，刊置郡庠之藏書閣，期與四方共，且屬教授鄭剛正其字之訛，請勗言序諸後"。則底本並非慶元原刻。"内閣明本"，當即明仁宗所翻宋本；而所謂元刻本，是否即"内閣明本"，似可研究，很可能即朱高熾爲太子所刊之本。天順本今大陸著録達十部（傅跋本藏山西省文物局），臺北"中央圖書館"藏有二部。日本静嘉堂文庫、大倉文化財團各藏一部。

天順本之後，吉州屢爲之重修、重刊。丁丙《善本書室藏書志》卷二七曰："至弘治辛亥（四年，一四九一），姑蘇顧天錫福復刻之，王臣爲跋；逾三（當是"二"之誤）十年，至正德庚午（五年，一五一〇），慈谿劉喬繼守是郡，命工又梓，自爲之跋。"嘉靖十六年（一五三七），季本、詹治重修劉喬本；嘉靖三十九年（一五六〇），何遷再遞修。歷次重刻、重修本，今大陸、臺灣皆有著録。除上述外，嘉靖三十四年陳珊嘗於吉州刊一百三十五卷本，自爲序，謂"舊集一百五十三卷、附録六卷，予爲總之，得一百三十五卷"。所謂"總之"即合併。萬曆元年（一五七三）雷以仁重修，兩本今皆有著録。《邵亭知見傳本書目》卷一三謂該本"改其原次第，劣"。

吉州本之外，猶有正德元年（一五〇六）日新書堂刊全集本，今唯吉林省圖書館著録，存一百五十卷。又有邵廉刊本，傅氏《經眼録》卷一三謂該本乃"明隆慶五年辛未（一五七一）邵廉刊於建郡，有序，十行二十字，刻印俱精。邵氏曾刻《南豐先生元豐類稿》五十卷，與此行款同"。邵刻本今僅著録三部。此外，尚有萬曆四十三年（一六一五）王鳳翔金陵光啓堂刊一百三十卷本，以其出於坊刻，更不爲藏書家所重。

入清，全集刊本仍夥，主要有康熙十一年（一六七二）曾弘焉文堂本、乾隆十一年（一七四六）孝思堂本、乾隆五十七年（一七九二）惇叙堂本、嘉慶二十四年（一八一九）裔孫歐陽衡慎五堂本、光緒十九年（一八九三）淡雅書局本、光緒二十八年（一九〇二）周氏慕濂山房本，等。其中乾隆惇叙堂本享譽較高，耿文光謂"今本以此本爲善，祠本不足貴也"（《萬卷精華樓藏書記》卷一一〇）。各本今皆有著録，以其俱爲翻刻舊槧，茲略之不述。

四、選集本

歐集選本，前已述及陳亮所編《歐陽先生文粹》，明《趙定宇書目》嘗著録宋刊大字本，而今唯存宋刊巾箱本。宋刊巾箱本現存兩部，一部藏國家圖書館，乃瞿氏舊物，《鐵琴銅劍樓藏書目録》卷二〇著録道：

> 《歐陽先生文粹》五卷，宋刊本，宋陳亮編。凡文一百三十篇，又拾遺十一篇。此書各家著録皆作二十卷，是本密行小字，獨分五卷，誠爲希覯。前列蘇軾序及當時名人祭文、目録，後有乾道癸巳（九年，一一七三）陳亮後序。每半葉十四行，行二十六字。板刻精妙，字句與本集頗有異同，並資參考。卷中多正書木印云“安撫提刑汪郎中置到紹興府學官書許生員關看不許帶出學門”，蓋爲明時官學藏書。

傅氏《經眼録》卷一三亦記之曰：

> 半葉十四行，行二十六字，白口，四周雙闌。版心上魚尾下記“歐文幾”，下魚尾下記葉數、字數及刊工姓名。版匡高四寸八分，闊三寸四分。板式與《三蘇文粹》同，疑亦婺本也。

另一部藏南京圖書館，乃丁氏書，爲明陳九川、沈與文舊物。《善本書室藏書志》卷二七著録道：

> 此宋刻巾箱本，每葉二十八行，每行二十六字。字極精湛，棉紙，背有宋時公牘，並鈐宋印。……卷端及末有“陳九川收藏圖籍印”，又有“沈與文印”、“姑餘山人”、“吳郡沈與文辨之印”、“繁露堂圖書印”及“江德量觀”諸

圖記，永康胡鳳丹小跋。

明嘉靖二十六年（一五四七），郭雲鵬刊《歐陽先生文粹》二十卷、《遺粹》二十卷。丁氏《善本書室藏書志》卷二七著録道：

> 右爲吳會郭雲鵬校勘，刻於寶善堂。目録後有"宋儒聚精"小木記。前列蘇子瞻《祭歐陽文忠公文》二篇，曾子固、王介甫祭文各一篇，後列乾道癸巳九月朔陳亮序。卷數疑雲鵬分編。《四庫》著録者，此本也。

又記《遺粹》曰：

> 明吳郡郭雲鵬以陳龍川所録《歐陽文粹》百三十篇未盡其美，更補輯是編，爲文八十三篇。

郭刻《文粹》及《遺粹》，今國內著録多達三十餘部，日本静嘉堂文庫、尊經閣文庫、內閣文庫及東京大學皆有藏本。

除陳亮編《文粹》外，今知宋代裴及卿（夢得）有《歐陽公詩集注》，魏了翁嘗作《裴夢得注歐陽公詩集序》，稱"臨川裴及卿夢得嘗從故工部尚書何叔異遊，何耆公（指歐）之詩，命及卿爲之箋釋，久而成編"云云，又謂"公詩十有四卷，凡五百二十一首"。是書未見著録，亦無傳本。又，明以來歐詩、歐文選本極夥，並有評點本、注釋本，以其皆非完帙，兹不述。

日本寶曆十四年（一七六四），吉田四郎右衛門刻《歐陽文忠公集》三十六卷，又有文政十一年（一八二八）山本淺次郎、吉田四郎右衛門及明治間青木嵩山堂印本，見《和刻目録》。楊守敬《日本訪書志》卷一四著録三十六卷本，謂首有皆川愿序，"第一卷爲賦與雜文，蓋即據《居士集》而截去首卷之詩，賦與雜文爲第一卷。以下次第悉與《居士集》合，未知所據，原本如此，抑皆川愿等删其詩”。是本今上海圖書館及美國國會圖書館有著錄。王重民《中國善本書提要》著錄美國國會圖書館本，謂其即《居士集》，“《居士集》凡詩十四卷，文三十六卷，此又僅存文集。每卷末記‘熙寧五年秋七月男發等編定，紹熙二年三月郡人孫謙益校正’，亦與《居士集》同”。

二〇〇一年，中華書局出版李逸安校點本《歐陽脩全集》。該本以清嘉慶二十四年（一八一九）歐陽衡編校《歐陽文忠公全集》爲底本，《前言》稱該本收文多、流傳廣、影響大，且校刻精審，改正了許多舛誤。其參校本多達十九種。校點本凡一百五十三卷，補佚二卷，附錄五種。二〇〇九年，上海古籍出版社出版洪本健《歐陽脩詩文集校箋》，所校箋者爲《居士集》五十卷及《外集》二十五卷，用《四部叢刊初編》本爲底本，以日本天理圖書館所藏《歐集》爲主要校本。

今人所編《全宋文》，以宋刻《歐陽文忠公集》本爲底本，輯得佚文四十九篇。《全宋詩》用《四部叢刊初編》本爲底本，輯得佚詩五首。

【參考文獻】

蘇軾《六一居士集序》（《四部叢刊初編》本《歐陽文忠公集》卷首）

傅增湘《宋衢州本居士集跋》（《藏園群書題記》卷一三）

周必大《歐陽文忠公集跋》（《四部叢刊初編》本卷末）

陳亮《歐陽文忠公文粹後序》（影印文淵閣《四庫全書》本《歐陽文粹》卷末）

魏了翁《裴夢得注歐陽公詩集序》（《四部叢刊初編》本《鶴山先生大全文集》卷五四）

鄒緝《書居士外集後》（《皇明文衡》卷四八）

錢溥、彭勗《天順刊本歐陽文忠公集序》（天順程宗刊弘治顧氏修補本卷首，人各一序）

王臣《弘治修補歐陽文忠公集跋》（同上卷末）

傅增湘《明天順程宗刊歐陽文忠公集跋》（《藏園群書題記》卷一三）

劉喬《正德刊歐陽文忠公集跋》（正德本卷末）

陳珊《嘉靖江西藩司刊歐陽文忠公全集序》（嘉靖刊萬曆元年雷以仁修補本卷首）

鐔津文集 二十二卷

釋契嵩 撰

契嵩（一〇〇七——一〇七二），字仲靈，號潛子，俗姓李，賜號明教大師，藤州鐔津（今廣西藤縣）人。七歲出家，久住南屏，後隱於錢塘靈隱大桐塢永安精舍。陳俞舜《鐔津明教大師行業記》（《鐔津文集》卷首，又見《都官集》卷八）曰：“所著書，自《定祖圖》而下，謂之《嘉祐集》，又有《治平集》，凡百餘卷，總六十有餘萬言。其甥沙門法燈（祝按：“燈”或作“澄”）克奉藏之，以信後世云。”契嵩生前嘗携其部分著作赴京師，獻於仁宗，仁宗歎愛，又得歐陽脩稱賞。釋惠洪《嘉元集序》述之曰：

> 師自東來，始居處無常。晚居餘杭之佛日山，退老於靈峰永安精舍。……因却關著書，以考正其祖宗所以來之迹，爲十二卷，《輔教編》三卷，又列《定祖圖》一面。書成，携之京師，因內翰王公素獻之於仁宗皇帝，又爲書以先之。上讀其書，至“臣固爲道不爲名，爲法不爲身”，歎愛久之，旌以“明教大師”之號，賜其書入藏書。

既送中書，時魏國韓公琦覽之，以示歐陽文忠公。脩公
以文章自任，以師表天下，又以護宗，不喜吾教。及見其
文，乃謂魏公曰："不意僧中有此郎也！ 黎明當一識之。"
師聞，因往見之，文忠與語終日，遂大稱賞其學贍道明。
由是師之聲德益振寰宇。事竟，遂買舟東下，終老於
山林。

釋文瑩《湘山野録》卷下曰："楊公濟蟠收全集，公濟深伏其
才，答嵩詩有'千年猶可照吳邦'之句。"然至紹興初，其大部
分原稿藏姑蘇吳山諸僧舍，又被人竊移他所，僧懷悟力求之，
僅得三十餘萬言，約爲原有之半，餘皆散佚。懷悟以其所得
次爲十八卷，又輯古律及山游唱和詩共一百二十四首，分之
爲二，"總成二十卷，題曰《鐔津文集》，示不忘其本也"（懷悟
《鐔津文集序》）。是編爲後來各本之祖。《四庫提要》謂陳舜俞
記契嵩所作凡百餘卷，"蓋兼宗門語録言之，此集僅載詩文，
故止有此數"。然據懷悟所述，當時搜求甚艱，有所亡佚似無
可疑。

懷悟《集序》謂《輔教集》（即《輔教編》）曾屢經鏤板，盛傳
於世。契嵩當年赴京師獻仁宗之《輔教編》，即爲刊本。然懷
悟編成全集後曾否付梓不詳。今唯知南宋光宗時有全集刻
本，其板元初尚存（詳後），初印本則久無著録（按：《滂喜齋藏
書記》卷三著録舊刻殘本《鐔津集》二卷，謂"即非宋刻，亦明
槧之出於宋刻者也"。該殘本今藏臺北"故宫博物院"，臺灣
版《沈氏研易樓善本圖録》著録爲"宋板"。未見，其鑒定根據
不詳）。

《鐔津文集》今以元至元十九年（一二八二）宋刻重修本
爲最古。該本唯日本米澤文庫庋藏一部，凡二十卷，"每半葉

十行，每行十八字。白口，單邊，有界。版心署‘嵩幾’及葉數。卷首有總目録，卷一首‘鐔津文集卷第一’，第二行‘藤州鐔津沙門契嵩撰’。卷一並有陳舜俞撰《明教大師行業記》。卷末有至元十九年壬午仲夏住東禪大藏等覺禪寺住持比丘子成撰跋文一篇，據此則知此本版木，原收入於福州東禪等覺大藏，有破損缺失，宣授江淮諸路釋教都總攝永福大師捐貲資刊，補修完備。今補修部分與原版有別。原版宋諱‘桓’、‘敦’，字皆缺筆”（《日藏漢籍善本書録》）。據諱字，則此本原版當刻於宋光宗時，至元爲重修本。森立之《經籍訪古志》著録宋板一部，青蒙文庫藏，有普門院印記，或爲另一本，情況不詳。

日本内閣文庫今猶藏有元至大二年（一三〇九）刻本，傅增湘《經眼録》卷一三記之曰：

《鐔津文集》二十卷，宋釋契嵩撰。元刊本，中版式，十二行二十四字，細黑口，左右雙闌。每卷後列捐貲助刊人姓名一行或數行。前屏山居士李之全（祝按：“仝”，元釋正傳刊本作“仝”）序，次高安沙門釋德洪序，卷尾有至大己酉（二年）比丘永中重刊此集疏，又法珊跋，又林之奇跋，又至大仰山比丘希陵跋。永中跋録後：

《鐔津集》諸方板行已久，惟傳之未廣，因細其字畫，重新鋟梓。工食之費，荷好事者助以成之，其名衡具題各卷之末。惟冀義天開朗，性海宏深，庶有補於見聞，抑普資於教化者矣。至大己酉孟春，吳城西幻住菴比丘永中謹誌。

按：此書寫刻工麗方整，極似宋刊。然考《經籍訪古志》，求古樓宋刊本爲十行十八字，與此版式固不同也。

《日藏漢籍善本書録》謂“此本卷十五至卷十七，爲日本室町時期人所補寫”。又永中跋稱“諸方板行已久”，則是集宋刊似非止一種。

今國家圖書館亦藏有元刊一部，乃元釋正傳、彌滿等所刻。凡二十卷，文十八卷，詩二卷，卷二〇末附他人所作序詩贊跋，存卷首、總目及卷一至十七。前有李之全（或作“全”）序，釋德洪題識及序。每半葉十二行，每行二十四字，細黑口，左右雙邊。此本刊印年代不詳，觀其版式與至大本同，又有李之全序，當即翻刻至大本。

又據元人吳澄《鐔津文集後題》及《跋》（《吳文正集》卷六三），疏山僧半山、雲住嘗將是集“重繡諸梓以傳”。其本久無著録。可見契嵩文集元代頗盛行，沙門屢爲之鋟板。

元板至明初已毀，嘉禾釋門又重之。釋原旭洪武甲子（十七年，一三八四）《宋明教大師鐔津集重刊疏》曰：“自昔兵變以來，書板磨滅，後之學者無所見聞。兹欲重刻吳中，所費繁夥，於是綴疏仰謁群賢同道學者，睹兹勝事，得無慨然贊助者乎！”永樂三年（一四〇五），釋弘宗題重刊疏後，稱“松雨老和尚（原旭）爲琦首座製疏重刊宋明教大師文集於雲間，既已化行，開至二十餘板矣，適琦公疾作，不克成其事。兹以天全叡首座愍邪法增盛，發堅固志，繼其芳猷”云云。至永樂八年（一四一〇），杭州徑山禪寺住持沙門文琇作《重刊鐔津文集後序》，稱嘉禾天寧首座天全叡公施衣資重梓流行，“板既成，請叙其後”。則是刻乃釋琦發端於洪武中，至永樂八年方竣工，前後歷兩代沙門、二十餘年。是本“十行十八字，黑口，四周雙闌。目後有‘永樂戊子季冬並周子名’小字二行。各卷後有助刻人名”（《經眼録》卷一三）。永樂本今唯湖南省圖書館藏一部。是本與元刊本之明顯區別，是由二十卷增至二十二卷（詳後）。

永樂刊板後約九十年，即弘治十三年（一五〇〇），時舊板已將漫滅，於是嘉禾釋如巹又興役重刊。"以其語深，難便初學，如巹又作點句、音釋"；"舊板微有誤處，則校也"（如巹《鐔津集引》）。此刻每半葉十行，行十九字，黑口，四周雙邊。全帙凡二十二卷，文十九卷，詩二卷，末卷爲他人所作序詩贊題（參《靜嘉堂秘籍志》卷三三、《中國善本書提要》）。據著録，弘治本今國内猶藏六部，日本靜嘉堂文庫、大倉文化財團各藏一部。《四庫全書》即收録弘治本，《四部叢刊三編》亦據弘治本影印，故弘治本今爲通行善本，其卷目編次爲：卷一，原教、勸書；卷二，廣原教；卷三，孝論；卷四，皇極論、中庸解；卷五至七，論原；卷八，雜著；卷九，書；卷一〇，書、啟；卷一一，書、啟、狀；卷一二、一三，叙；卷一四，志、記、銘；卷一五，碑、記、銘、表、辭；卷一六，述、題、書、贊、傳、評；卷一七至一九，非韓（上、中、下）；卷二〇，古律詩；卷二一，山游唱和詩；卷二二，附録諸師序贊詩、題疏并後序。

莫氏《邵亭知見傳本書目》卷一三謂弘治本乃永樂本之重刊本。按弘治本卷二《輔教編中》"教不可泥"篇"大聖人之道，正而已矣"句下，"其人正人之"至"謂知乎權乎"一段爲雙行小字，注曰："已上十六行，正文也，舊板脱誤，今補之。"此即如巹所謂"舊板微有誤處，則校也"之例。然其不輕改底本，舊板即有脱文，亦以小字補之，故羅振常謂弘治本"仍是永樂本面目"，"如抽去弘治序，則即可認爲永樂本矣"（《善本書所見録》卷四）。

今試以懷悟二十卷原編本與元刊二十卷殘本（總目完

好）、弘治二十二卷本比較，則各本次第即可大體明瞭。

　　懷悟原編本今雖不可復睹，然其《鐔津文集序》嘗詳述其編次，曰：

　　　　師之著述不得其傳，而散落多矣。如《天竺慈雲法師行業曲記》，長水暹、勤二師碑誌，《行道舍利述》、《匡山暹道者碑》、《定祖圖序》，皆余自獲石刻而模傳之，今總以入《藏正宗記》。……今以令舉（陳俞舜）所撰《行業記》標之爲卷首，貴在見乎師之世系嗣祖、出世去留之迹，奇節偉行、高才勝德邁世之風焉。乃以《輔教編》上、中、下爲前三卷，以師所著之文，志在通會儒釋，以誘士夫，鏡本識心，窮理見性，而寂其妒謗是非之聲也。又以《真諦無聖論》綴於《輔教編》內《壇經贊》後，以顯師之志在乎弘贊吾佛大聖人無上勝妙幽遠淵曠之道，不存乎文字語言，其所謂教外別傳之旨，殆見乎斯作矣。……今自《論原》而下至於贊辭，約爲十二卷，次前成一十五卷，昔題名《嘉祐集》者是也。其《非韓文》，昔自分三十章，今約爲三卷，次前成一十八卷。又得古、律及山游倡和詩共一百二十四首，分之爲二，總成二十卷，題曰《鐔津文集》，示不忘其本也。

以懷悟編次較之元殘本、弘治本，知懷悟編次與後代刻本有所不同。懷悟獲自石刻、編入《藏正宗記》之碑、記、序等，元殘本以下皆已編入文集。又，元殘本、弘治本在卷一一《答王仲正秘書書》下注曰：“以上七書先自爲卷。”又在卷一一《與石門月禪師》下注：“自此原各爲卷。”所謂“先”、“原”者，當指宋刊本，蓋即懷悟編次。要之，元刊殘本雖卷數與懷悟本同，而收文及卷次分合則已異，蓋嘗經後人重新釐定。所憾不能校日本米澤文庫所藏宋刻元修本,不知該本編次如何? 又,據懷悟所述,所編實即《嘉祐集》加《非韓文》,以及所輯詩歌,則《治平集》似多已散佚,益知前引《四庫提要》所謂詩文"止有此數"不確。

再以元刊殘本總目與弘治本相校,知兩本所收詩文全同。弘治本多兩卷,一是將元本卷十"書啟"分作二卷(自《答王正仲秘書書》以下另爲一卷);一是將元本卷二〇"詩叙贊跋"後他人所作序詩贊跋另割爲一卷。可見弘治本雖卷數與元刊二十卷本不同,而兩本内涵則無異。就文字而言,元本略勝,弘治本偶有訛誤,如卷二《廣原教》最後一段"方天下不可無儒,無百家者,不可無佛"三句,元本"無百家者"作"不可無老",顯然弘治本誤。亦有元本、弘治本同誤者,如弘治本卷一四《題錢唐西湖詮上人荷香亭壁》,末署"熙寧乙酉季冬二十五",元本同,而熙寧無"乙酉",當是己酉(熙寧二年)之誤。

弘治刻本之後,萬曆三十五年(一六〇七),嘉興楞嚴寺經房刻十九卷、卷首一卷本,每半葉十行二十字,白口,四周雙邊。日本明曆二年(一六五六,《和刻書目》謂"江户前期"),荒木利兵衛亦嘗據萬曆本翻刻。清光緒二十八年(一九〇二),揚州藏經院又重刻十九卷本。兩本今皆有著録。十九卷本,乃是將雜著、書、啟、狀併爲三卷,編爲卷八至十。卷十八爲"山游唱和詩",卷十九爲"附録諸師著述"。日本《大正新修大藏經》第五十二册,即收入十九卷本。

《全宋文》《全宋詩》俱以《四部叢刊三編》本爲底本。

【參考文獻】

釋德洪《嘉祐集序》(《四部叢刊三編》本《譚津文集》卷二二)

釋懷悟《鐔津文集序》（同上）

李之仝《重刊鐔津文集疏并序》（元刊殘本《鐔津文集》卷首）

釋原旭《宋明教大師鐔津集重刊疏》（《四部叢刊三編》本《鐔津文集》卷二二）

釋文琇《永樂重刊鐔津文集後序》（同上）

釋如岊《弘治重刊鐔津集引》（同上）

釋廣源《弘治重刊鐔津集後叙》（同上）

樂全先生文集四十卷

張方平　撰

　　張方平（一〇〇七——〇九一），字安道，號樂全居士，宋城（今河南商丘）人。明道二年（一〇三三）中茂材異等科，又舉賢良方正科。官至參知政事，卒諡文定。蘇軾嘗爲其集作序，稱“公今年八十一”，則時當元祐二年（一〇八七）。《樂全集》卷三四有《謝蘇子瞻寄樂全集序》，述其編集經過，謂嘗積稿兩篋，“熙寧中，得南京留臺，無事，有一吏頗敏利，亦稍知文章體式，因付兩篋令編次之”云云。著者逝世後，王鞏作《行狀》（見《樂全集》附）曰：“文四十卷，號曰《樂全集》；内外辭制、雜著二十卷，號曰《玉堂集》。”又蘇軾《張文定公墓誌銘》（《東坡後集》卷一七）曰：“公晚自謂樂全居士，有《樂全集》四十卷、《玉堂集》二十卷。”并記神宗親賜札曰：“卿文章典雅，焕然有三代之風，《書》之典誥，無以加焉，兩漢所不及也。”

　　《讀書附志》卷下著録道：

　　　　張文定《玉堂集》二十卷，右張文定公方平之文也。

公字安道，宋城人。明道二年，以茂材異等擢爲校書郎。神廟時，參大政。元祐六年，終於太子少師致仕，贈司空，謚文定。公出入兩禁垂二十年，一時大典多出其手。劉忠肅（摯）嘗序其《玉堂集》二十卷，乃在東坡所序《樂全集》四十卷之外。淳熙九年（一一八二），錫山尤袤重刻於江西漕臺。

既稱尤氏爲"重刻"，則在淳熙之前，兩集應久已行世。《解題》卷一七曰：

> 《樂全先生集》四十卷、《玉堂集》二十卷，參政文定公南都張方平安道撰。初舉茂材異等，再舉賢良方正，皆中其科。識略過人，知蘇洵父子於布衣，惡王安石於考試進士之日，皆人所不能及也。壽至八十五，薨於元祐中，於當時最爲耆德，然頗爲司馬溫公所不喜。

《通考》卷二三五僅著録《樂全集》四十卷；《宋志》除著録《樂全集》外，又有《進策》九卷，當以制科進策單行，今集中無之，已久佚。《四庫提要》曰：

> 方平在翰林時代言之文，如《立太子》、《除种諤節使》、《韓琦守司徒》（下略）諸制，見於《宋文鑒》者，此集（《樂全集》）皆無之。考王鞏作方平行狀，稱別有《玉堂集》二十卷，《東都事略》所載亦同，蓋制草別爲一編，故集中不載耳。集凡詩四卷，頌一卷，芻蕘論十卷，雜論二卷，對策一卷，論事九卷，表狀三卷，書一卷，牋啟一卷，記序一卷，雜著一卷，祭文、碑誌一卷。

代言之文不在《樂全集》中，宋人言之甚明，館臣原勿需費詞。

《樂全先生文集》宋刊殘本（尤氏重刻本）今猶傳世。該

本原爲汪氏藝芸書舍舊物,《藝芸書舍宋板書目》著録道:
"《樂全集》,存十七之三十四卷。"咸豐七年(一八五七),季錫
疇嘗用此殘本校瞿氏所藏海寧楊芸士舊藏鈔本,跋之曰:

> 今年秋,郡中席初白以汪氏所藏宋本來,始十七止
> 三十四卷,版刻清朗,字勁紙堅,尚是初印佳本。每葉二
> 十四行,行二十二字。"構"字注"太上御名","慎"字注
> "今上御名",是爲淳熙初年刻本無疑。南宋初刻本猶多
> 用古字,此本"鍾"不作"鐘","尉"不作"慰","敝"不作
> "獘","騷動"作"搔動",與宋本《淮南子》合。當時校訂
> 精善,不同宋末書帕本之多迷繆也,遂假以校勘,歷旬餘
> 而竟,是正頗多。宋刻全本何可多得,後有欲刻此書者,
> 獲睹此本,再得舊鈔之美者補校前後數卷,亦可無憾矣。
> (《鐵琴銅劍樓藏書題跋集録》卷四)

是本後歸潘宗周,其《寶禮堂宋本書録》集部著録道:

> 是集流傳極少,諸家所藏僅有鈔本,而此則尚爲宋
> 刻。按卷中宋諱避至"構"字,《四庫總目》定爲孝宗時刊
> 本。明《文淵閣書目》日字號有是書兩部(祝按:《內閣書目》
> 猶著録),是本鈐有"文淵閣印"朱文大方印,必明時即從
> 閣中散出,彼時均尚完全,而今則僅此殘帙,然亦海內孤
> 本矣。
> 版式:半葉十二行,行二十二字,左右雙闌,版心白
> 口。雙魚尾,有卷第,無書名,上記字數,下記刻工姓名。
> 刻工姓名有:周信、黃鼎、江翌、葉正、吳堅、吳宗、李
> 偉、陳石、李章、丘仲、李四、李崇、李亮、沈洪、陳明、李世
> 文諸人,及堅、周、洪、五、亮、崇、翌、信、吳、昌、端、辛、

偉、江、宗各單字。

宋諱："玄"字注"聖祖名"，"頊"字注"神宗廟諱"，"桓"字注"欽宗廟諱"，"構"字注"太上御名"，獨"慎"字則或注"今上御名"，或闕末筆。其他闕筆者尚有弦、眩、儆、警、徵、讓、署、樹、豎、完、韡、購、構、遘、覯、勾等字。

藏印：文淵閣印、楊印器棟、廣宇氏、古吳鹿城楊氏景陸軒珍藏圖書之印、此志不容少懈、汪士鐘字春霆號閬園書畫印。

該殘本今藏國家圖書館，乃潘氏所捐。

除殘宋本外，是集今唯有鈔本，蓋元、明以來未嘗重刊。鈔本以明祁氏澹生堂鈔本爲最早，僅存三卷（卷十七至十九），藏國家圖書館。清鈔尚有十餘部，多從宋本出。前述瞿氏舊鈔本，《鐵琴銅劍樓藏書目録》卷二〇曰："書内'慎'字皆注'御名'，蓋孝宗時有刻本也。卷首有'海寧楊芸士藏書印'朱記。"是本今亦藏國家圖書館。該館又藏有徐坊舊寫本，"十行二十字，從宋刊本出"（《經眼録》卷一三）。南京圖書館藏丁氏舊鈔本，"通體完善，當從宋本鈔出"（《善本書室藏書志》卷二七）。等等。《四庫全書》著録汪如藻家藏本，《提要》曰："此本首尾頗完善，'慎'字下皆注'今上御名'四字，蓋從孝宗時刊本鈔出。"其底本今猶藏國家圖書館，王重民《中國善本書提要》謂卷端有"翰林院印"滿漢文大方印。或今所傳殘宋本清初猶完好，故有如此衆多之完善鈔本流布。民國時，文淵閣《四庫全書》本曾影印入《四庫全書珍本初集》。

《樂全先生文集》卷二九所載《再乞致仕表三首》《免南郊陪祀表》《謝免南郊陪祀表》《賀南郊禮畢表》凡六篇，又見蘇轍《樂城集》卷四九，乃轍代作，然兩集文字多有不同。蓋蘇轍擬稿後，張方平有較大删潤，故成集時各自入編。

張方平所著《玉堂集》二十卷，清初錢氏《絳雲樓書目》尚著録，後失傳，蓋毁於火。《樂全集》卷三四有《謝劉莘老寄玉堂集序》，述及是集類次意旨；莘老乃劉摯字，與趙氏《讀書附志》合。今劉氏《忠肅集》乃大典本，全序已佚，王正德《餘師録》卷三録有節文。

《全宋文》用《四庫全書珍本初集》本爲底本。《全宋詩》用影印文淵閣《四庫全書》本爲底本。

【參考文獻】

蘇軾《樂全先生文集叙》（影印文淵閣《四庫全書》本《樂全集》卷首）

宋人別集敍録卷第五

蘇學士文集十五卷　滄浪集
蘇子美集

蘇舜欽　撰

　　蘇舜欽（一〇〇八—一〇四九），字子美，梓州銅山（今四川中江）人，自曾祖移居開封。景祐元年（一〇三四）進士，累官集賢校理、監進奏院。爲政敵傾陷，被劾除名，遂寓蘇州，卒。歐陽脩《蘇學士文集序》曰：“予友蘇子美之亡後四年，始得其平生文章遺稿於太子太傅杜公（衍）之家，而集録之以爲十卷。”又《與梅聖俞書》（第二十五）（《歐陽文忠公集》卷一四九）曰：“近爲子美編成文集十五卷，凡述作中人可及者，已削去之，留其警絶者，尚得數百篇。”則是集最初乃歐陽脩所選編，《序》所謂“十卷”（歐集各本同），殆脱“五”字。《通志》著録“《蘇子美集》十五卷”。衢本《讀書志》卷一九載：

　　　　《滄浪集》十五卷（袁本作《蘇子美集》十六卷）。右皇朝蘇舜欽字子美，易簡之孫，杜祁公衍之婿也。景祐中進士，累遷集賢校理、監進奏院，坐用故紙錢會客，除名。慷慨有大志，好古工文章。及廢，居蘇州，買水石作滄浪亭，益讀書，發其憤懣於歌詩，其體豪放，往往驚人。
又善草書，酣醉落筆，争爲人所傳翫。

《解題》卷一七、《通考》卷二三四皆著録爲十五卷。《宋志》爲
十六卷。《四庫提要》曰："（歐陽）脩序稱十五卷，而此本乃十
六卷，則後人又有所續入。"四庫開館前，康熙己卯（三十八
年，一六九九），何焯跋其校本《蘇子美集》（見《四部叢刊初編》本
卷末），亦曰："按歐公序，出於公之所集録者十五卷，今必紛更
舊次爲十六卷，是亦好妄而已。徐節孝《愛愛歌序》云'子美
有詩'，今亦不見集中。晁氏《讀書志》載《李文公集》，前有蘇
舜欽序云：'唐之文章稱韓、柳，翱文雖詞不逮韓，而理過於
柳。'今頌與此序無之，蓋亦非完書云。"歐陽脩所編，蓋僅就
杜氏家所藏遺稿，且有删削，而未輯録散佚篇什，謂其"非完
書"，然原本已如此，非後來有所散佚也。又，據清刻本（詳
後），卷一六爲行狀，則較十五卷本，作品並無"續入"。

　　是集初刻於何時不詳，今知有乾道辛卯（七年，一一七
一）施元之三衢刻本，施氏序曰：

　　　　《蘇子美集》十五卷，歐陽文忠公爲之首序。子美在
　　寶元、慶曆間有大名，其文章瑰奇豪邁，自成一家。不幸
　　淪落早世，故生平所著，纔止於此，而近時亦少見之。元
　　之因俾鏤板於三衢，又得尚書汪公聖錫所藏豫章先生
　　詩，爲子美作也，惜其未大傳，並附之左方。若祭文、墓
　　誌，已見於《文忠集》中，此不復載。

周必大《題蘇子美帖臨本》（《省齋文稿》卷一五），稱以帖校衢本
《滄浪集》，衢本文字有改動，"蓋加潤色，比舊爲勝。世以前
輩真蹟證别本，未必盡然也"。施刻衢本清初猶存，前引何焯

跋其校本，稱"載渠家有宋槧《滄浪集》，正衢本也"。然何氏亦未嘗親見，且久無著録，蓋已亡佚。何氏跋又謂吕無黨家有明吴氏叢書堂鈔本，"每卷之首，又各有目，後生不得見宋雕，此亦足以爲據矣"，並因以改正所校白華書屋本（此本詳後）之目録、卷次。叢書堂鈔本後亦不見著録。今唯陝西師大圖書館所藏清中期黑格鈔本，據著録每卷有目，連接正文，或尚存宋刻舊式。按明《文淵閣書目》卷九著録是集一部二册，缺。私家唯《澹生堂藏書目》卷一三、《世善堂藏書目録》卷下著録十五卷本。蓋宋本流傳至明代已極稀。

是集清代通行本，乃康熙戊寅（三十七年，一六九八）宋犖校定、震澤徐惇復白華書屋刊本《蘇學士文集》。所用底本，徐釚序僅云宋犖"出所藏弄善本"，不詳源於何本。是刻正集十六卷，後附宋犖所輯《滄浪小志》二卷。每半葉十一行二十一字，目録下題"商丘漫堂先生宋犖鑒定"，末題"震澤徐惇孝念修、徐惇復七來同校"（《中國善本書提要》）。卷目編次爲：卷一至八，詩；卷九、一〇，書；卷一一，上書、疏狀；卷一二，啟、表；卷一三，記、序、雜文；卷一四，誌銘；卷一五，誌銘、哀辭、祭文；卷一六，行狀。白華書屋本今國内所藏尚富，日本京都大學亦藏一部。宣統三年（一九一一），北京龍文閣書局有石印本。《四部叢刊初編》據白華書屋本影印，《四部備要》亦據該本校勘排印。《四庫全書》著録鮑士恭家藏本，疑亦白華書屋本。

然白華書屋本訛誤不少，原非善本。何焯嘗據吴氏叢書堂鈔本、吕無黨鈔校本等校勘，寫成校語，一一注明出處。何焯校本今已不存，清人臨摹、過録何校本今尚有數部，如國家圖書館藏張紹仁録何校本、傅增湘録何校本，上海圖書館藏錢泰吉錄何校本、黃丕烈錄顧千里臨何校本、姚世鈺臨何校本等。《四部叢刊初編》本後附校語一卷，錄自海寧陳乃乾過錄何校，見《四部叢刊書錄》。

同治六年（一八六七），中江賓興會據白華書屋本校正重刊，增入佚篇，變其次第，編爲十卷（詩四卷、文六卷），改題《蘇子美集》，"名稱卷數，一仍歐序之舊"（見該本李星根跋）。然而十五卷本由來已久，所編十卷是否屬歐本之舊，已不可按核，故雖使書名卷數符合歐序，仍難免附會之嫌，況歐陽氏原有"編成文集十五卷"之語（見前引）。中江刊本今有著錄。

一九六二年，中華書局上海編輯所出版沈文倬校點本《蘇舜欽集》，後經校點者修訂，一九八一年上海古籍出版社又出新一版。該本以白華書屋本爲底本，校以黃丕烈、陳乃乾過錄何焯校本等。一九九一年，巴蜀書社出版傅平驤、胡問濤先生《蘇舜欽集編年校注》。是本亦以白華書屋本爲底本，校以各本。《校注》資料豐富，校訂精審，頗受學界嘉許。

《全宋詩》用沈文倬校點本爲底本，輯得佚詩十九首。《全宋文》用《四部叢刊初編》本爲底本。

【參考文獻】

歐陽脩《蘇學士文集序》（上海古籍出版社校點《蘇舜欽集》附錄二）

施元之《宋刻三衢本蘇子美集序》（同上）

宋犖、徐惇復、徐釚、孫岳頒《蘇子美文集序》（同上，人各一序）

何焯《校本蘇子美文集跋》（同上）

安陽集五十卷　韓魏公集

韓　琦　撰

　　韓琦（一○○八——一○七五），字稚圭，相州安陽（今河南安陽）人。天聖五年（一○二七）進士，官至同中書門下平章事，封魏國公。卒謚忠獻，追封魏王。宋佚名《韓魏王家傳》（按：《宋史》卷二○三《藝文志二》著録"《韓忠獻公家傳》一卷，韓琦五世孫庚卿作"。後世所傳十卷本《家傳》，疑即就此本改編，而不署名）卷一○曰：韓琦死後，神宗"仍諭忠彦（琦長子）曰：‘先侍中忠義於國，平生奏議甚多，可悉録奉來。’敕崇文院遣筆吏數人至相州，遂以《二府忠議》五卷、《諫垣存稿》三卷、《陝西奏議》五十卷、《河北奏議》三十卷、《雜奏議》三十卷上之。上得之喜，閲之殆遍。……又有《安陽集類》五十卷，《祭儀》一卷，藏於家"。又陳薦《韓公墓誌銘》（《安陽集》附録）亦稱"有《安陽集類》五十卷"，餘略同。則似家藏文集原本名"安陽集類"，蓋以類編之。刊本無"類"字。《讀書附志》卷下著録道：

　　　　韓魏王《安陽集》五十卷。右魏忠獻王韓琦之文也。王，安陽人，故以名集。王字稚圭，天聖五年進士第二人。定策三朝，功在國史。……贈尚書令，謚忠獻，取慮國亡家、文賢有成之法也。追封魏王，配享英廟。

《解題》卷六著録《韓氏古今家祭式》一卷，當即《家傳》所謂《祭儀》；卷一七著録《安陽集》五十卷，又卷二二有《諫垣存稿》三卷。《通考》卷二三四、卷二四七及《宋志》，皆著録《安

陽集》《諫垣存稿》，卷數與《解題》同。《遂初堂書目》亦有此
二種。蓋除此兩書曾經板行外，其他藏於內府，佚之已久。
《諫垣存稿》上、中、下三卷，乃著者自輯其景祐間爲右司諫時
所上奏議稿，慶曆二年（一〇四二）有序（見《安陽集》卷二二）。
此集後亦散佚，今存唯《安陽集》五十卷而已。

　　《安陽集》宋、元間蓋嘗多次付梓。明正德九年（一五一
四），曾大有《重刊安陽集序》謂“數百年來，其集不知凡幾易
梓”。萬曆十五年（一五八七）郭朴又作《重刊序》，稱其所據
之本“蓋傳自宋之季世”。萬曆三十七年（己酉，一六〇九），
毛九苞編《韓魏公集》，其《凡例》謂初刻本集“廟諱已至光宗，
若寧宗則稱‘御名’，可見皆寧宗時刻本”。然而宋本後皆失
傳。《傳是樓書目》有《韓魏公集》元刊本，亦久無著錄。今國
家圖書館藏一明刊本，每半葉十二行二十五字，每卷題下有
“奉敕提督軍政監察御史前翰林庶吉士安成尹仁校正”一行，
刊刻年代不詳，其字體版式與正德以下各本不同，猶有宋、元
本遺意，疑其年代頗早。該本卷四六《姪殿中丞公彥墓誌》
“燕國公諱□之曾孫”句，“諱”字下注“高宗廟諱”，而正德本
以下皆空格，可見明刻本尚依宋本原式。又如正德以下本卷
三八《集賢相公啟》“矧復素敦體貌”、《楚州知郡都官啟》“過
敦寵迓”，明刻本“敦”字皆注“光宗廟諱”，則原本應刻於光宗
以後。考卷二四《謝賜詔書示諭表》“□知臣之明”句，“知臣”
上一字明刻本及正德以下本皆注“御名”，唯四庫本作“擴”；
然而明刻本等却不避“擴”字（如卷三〇《謝除使相判相州表》
“擴日月之明爲照”等），蓋爲翻刻時偶將其回改，遂使版本源
流晦而不明。要之，明代各刻本蓋皆源於寧宗時刻本，而寧
宗時刻本又由何本出，今已不可考矣。頗疑該本乃琦曾孫韓

佗冑所刊，因佗冑被誅，故相關信息也隨之湮没。

除前述年代不詳之明刻本外，是集現存有年代可考者，以正德九年張士隆刻本爲最早。曾大有序之曰"今以其全集觀之，爲《家傳》者十卷，《別録》《遺事》各一卷，詩、記、雜文、表、奏、書、啟、制詞、册文、祭、挽、墓誌諸體又五十卷"，且稱該本乃韓琦里人、侍御張士隆"翻刻於河東之行臺"者。張刻本每半葉"十一行十八字，白口，左右雙闌，有曾大有序"（《經眼録》卷一三）。是本今國内猶著録十餘部，日本静嘉堂文庫度藏一部。

萬曆十五年本爲張應登等所刊，郭朴《重刊序》曰："正德中，監察御史安陽張士隆按巘山西，刻置河東書院。朴後得之，謹藏於笥。萬曆乙酉（十三年，一五八五），鄞司理張公（應登）謂先哲著作，鄉郡不可闕，次年重構晝錦堂成，乃謀於郡守漳平陳公，郡丞清苑王公，通守垣曲趙公，再加校録，刻置堂中。"則是刻乃重刊正德本。王重民《中國善本書提要》記之曰：每半葉十行十八字，"原題'宋司徒太師侍中上柱國尚書令忠獻魏王韓琦著，明少傅兼太子太傅吏部尚書武英殿大學士郭朴校'。朴亦安陽人，此其致仕家居時所校刻。《別録》，宋王巖叟撰，有熙寧八年自序；《遺事》，强至撰。《家傳》不著撰人"。有程瑀序、郭朴後序、張應登跋。此即所謂晝錦堂刻本，國内猶著録六部，日本尊經閣文庫藏一部。

明另一版本系統，乃萬曆四十二年（一六一四）康丕揚所刊三十八卷本《韓魏公集》（即合刻韓、范之《宋兩名相集》之一），此本由康氏屬吏毛九苞編次校訂，《凡例》稱"初刻本集爲五十卷，《家傳》十卷，《別録》三卷，《遺事》一卷。其中有一二葉爲卷者。今更定併合，本集三十八卷，《宋史·本傳》一

篇,《家傳》十卷,《別録》一卷,《遺事》一卷”。又稱“初刻奏議
不連續,非體,今更定連刻”。此刻除合併卷次外,其與正德
本、晝錦堂本之最大區別,是有奏議八卷(卷一四至二一,其
中卷二〇至二一爲“奏議補遺”)。今考其奏議八卷,編輯殊
無倫次,重收、誤署年代、以面奏爲文、或僅述史事而無文,不
勝枚舉。考之《韓魏王家傳》,其奏議(包括“補遺”)全輯自
《家傳》,而割裂連綴,拙劣殊甚。因知《凡例》所謂“初刻奏議
不連續”云云,乃指《家傳》所引之奏議,而輯録之草率,在明
代劣本中亦不多見。是本每半葉九行十九字,白口,四周單
闌,每卷題“宋韓琦稚圭著,明康丕揚士遇校”,今國内僅著録
數部。日本天保十五年(一八四四)大洲藩明倫堂刊《韓魏公
集》三十八卷及《家傳》《別録》等,有山城屋佐兵衛等後印本,
即據康本翻刻(見《和刻目録》)。

　　入清,是集以康熙五十六年(一七一七)徐樹敏晚香書屋
刊本爲最早。該本乃據萬曆晝錦堂刊本重刻。徐氏崑山人,
爲令安陽,卸任後携其板而南(見下引乾隆陳錫輅刊本陳氏
序)。後蔣緘三令安陽歸,於乾隆五年(一七四〇)購得徐氏
殘缺本補刻。兩本今皆有著録。補刻本有沈德潛序,見其
《歸愚文鈔》卷一〇。

　　乾隆四年(一七三九),知安陽縣事陳錫輅以安陽無韓集
板本,再據萬曆晝錦堂本重新校刻,遂置板於晝錦堂。陳氏
序曰:

　　　　《安陽集》五十卷,附《家傳》《遺事》十二卷,明萬曆
　　　乙酉鄴郡司理内江張公(應登)刻置於晝錦堂,其集稿則
　　　得之鄉賢郭文簡公(朴),文簡公又得之同邑侍御張公
　　　(士隆)刻於河東之行臺者。爲時既久,其板漶漫耗矣。

至國朝康熙時，前令崑山徐公重加校刻，携其板而南。乾隆戊午（三年，一七三八），錫輅修輯邑乘，工既竣，亟謀梓之。請諸郡守三韓滿公、司馬安溪李公、別駕雉皋丁公，咸喜其事，各捐清俸，與邑之薦紳先生共襄厥事。自客冬迄今仲夏，凡八閱月，而剞劂告畢。

乾隆三十五年（一七七〇），陳刻之板又漸漫漶，安陽令黃邦寧於是"整頓"（重修）之，並增刻前附，將陳刻後附《遺事》《家傳》移於前附《宋史》本傳之下（詳其所作《重修安陽集序》）。至於本集修訂，其重修《例言》道：

> 《安陽集》出自王手訂，宋世原板不可得而問矣，前明安陽張侍御刻置河東書院，至萬曆間鄞司理張公再加校録，刻置晝錦堂中，是謂舊本。國朝乾隆四年，安陽令陳錫輅據舊本重訂之，是謂新本。三十年來，板漸漶漫，兹特爲之校讐。集中殘缺處不可枚舉，間有新本所闕而舊本完好者，已補葺無遺；至舊、新兩本俱爲缺文，無從校正，敬守闕疑之戒，不敢妄抒臆見。

陳刻本每半葉十行二十一字，白口，四周單闌。陳刻及黃氏重修本，今皆有著録。日本東京大學有重修本。至咸豐二年（一八五二），晝錦堂又嘗重刊，今有傳本。

康熙四十八年（一七〇九），張氏正誼堂有二十卷本《韓魏公集》，有文無詩，文亦不全。同治九年（一八七〇），福州正誼書院刊入《正誼堂全書》，《叢書集成初編》據正誼堂全書本排印。

《四庫全書》著録內府藏五十卷本，不詳爲何本，蓋爲明槧。其卷目編次爲：卷一至二〇，各體詩；卷二一，記；卷二二,序;卷二三,雜文;卷二四至三二,表狀;卷三三至三六,奏狀;卷三七至三八,書啟;卷三九,書狀、札子;卷四〇,制詞;卷四一,册文;卷四二至四四,祭文;卷四五,挽辭;卷四六至五〇,墓誌。

　　綜觀是集現存各本,以明刻安氏（尹仁）校正本最善,正德以下各本之誤字脱文,多可以該本訂補。如卷三三《代中書謝歲節御筵狀》"益荷雲天之施"句,"施"字各本作"地",唯明刻安氏本作"施",是。乾隆陳氏本、黄氏修補本訛誤稍增,而以明康丕揚所刊三十八卷本最劣。

　　《全宋文》用黄邦寧修補乾隆四年刻本爲底本,輯得佚文七十三篇。《全宋詩》用明正德九年刻本爲底本。

【參考文獻】

　　曾大有《正德重刊安陽集序》（正德本《安陽集》卷首）

　　程瑀《安陽集序》（萬曆本《安陽集》卷首。按程瑀乃宋人,所序僅表章,非爲集而作。今仍舊題）

　　張應登《萬曆重刊安陽集跋》（同上）

　　毛九苞《重編韓魏公集凡例》（萬曆康刻本《韓魏公集》卷首）

　　毛九苞《書韓魏公集後》（同上卷末）

　　姚祚端《跋韓魏公安陽文集》（同上）

　　陳錫輅《重刊安陽集序》（乾隆四年本《安陽集》卷首）

　　黄邦寧《重修宋忠獻韓魏王安陽集例言》（乾隆三十五年重修本《安陽集》卷首）

　　黄邦寧、沈鳳來《重修安陽集序》（同上）

　　李林《重修安陽集跋》（同上）

　　譚尚志《重刻安陽集序》（同上卷末）

趙清獻公文集十六卷

趙　抃　撰

　　趙抃(一〇〇八——一〇八四)，字閲道，號知非子，衢州西安(今浙江衢州)人。景祐進士，神宗初參知政事。卒謚清獻。蘇軾《趙清獻公神道碑》(《東坡集》卷三八)未述其文集事。《解題》卷二二"章奏類"僅著録其《南臺諫垣集》二卷，《通考》卷二四七從之。《宋志》除《南臺諫垣集》外，又著録《清獻盡言集》二卷，皆不登録其文集。然而趙抃文集不僅宋有多種刻本，且宋刻遞修本尚保存至今；雖宋人書目遺漏甚多，但清獻公負一代盛名，目録家竟不知其有文集傳世，殊可怪。或至宋末方有刻本，晁、陳等人皆未及見歟？《南臺諫垣集》及《清獻盡言集》，當是裒録其奏議單行，久佚；今本文集中載其奏議頗多，疑已闌入集内。又，文同於熙寧七年(一〇七四)五月作《拈古頌序》(《丹淵集》卷二五)，稱趙抃"再尹蜀"，"化既成矣，因萃會古人禪門語録之深隱者，拈而頌之，凡百篇。……得公所述，願布行之。寫鏤云初，屬予爲序"。則趙抃猶有禪宗提唱詩集《拈古頌》，卷數不詳。

　　趙抃文集，宋贛州及衢州皆有刊本。景定元年(一二六〇)八月，衢州守陳仁玉作《重刊趙清獻公集序》，稱"訪得章貢所刊集本，旁搜散軼，以補足之"。則陳刻以贛州本爲底本，又有所增補。贛州本刊於何時不詳。莫氏《郘亭知見傳本書目》卷一三著録"宋大字本，末有'後學張林校正'六字方框格。《清獻集》南宋刊本二十卷"。《增訂四庫簡目標注》邵

章《續録》謂"宋景定刊本，黑口，分十六卷"。二十卷本若即
贛州本，景定本既以贛州本爲底本，又有輯補，反爲十六卷，
可能性不大。或陳仁玉所得之贛州本非完帙，或二十卷本屬
另一版本系統，非贛州所刊，疑包括《拈古頌》之類。因大字
本久佚，今不可考其詳。

　　明《文淵閣書目》卷九著録"《趙清獻公文集》一部十册，
完全"。又《徐氏家藏書目》卷六、《絳雲樓書目》卷三皆著録
十五卷本，或即景定十六卷本，而不計末卷附録歟。《汲古閣
珍藏秘本書目》著録"元板《趙清獻公集》十五卷，十本，舊
鈔"。《鐵琴銅劍樓藏書目録》卷二〇著録元刊本《趙清獻公
文集》十六卷，曰："宋趙抃撰。有景定元年陳仁玉序。是本
乃至治初重刊者，有至治首元（一三二一）蒙九（"九"當作
"古"）晉人僧家奴鈞元卿跋。凡詩七卷，文七卷，補遺一卷，
附録一卷。"今國家圖書館藏有景定元年刊元、明遞修本二
部，一部九册，一部十二册，《北京圖書館古籍善本書目》謂
"補版有黑口"；又藏有相同板本之殘宋本一部，存卷七至十
六。上海圖書館亦著録一部。文七卷全爲奏章，疑即由前述
《清獻盡言集》改編。

　　傅增湘嘗用上述殘宋本《趙清獻公文集》校明嘉靖四十
一年（一五六二）汪旦刊十卷本（此本詳後），並於汪本前
記曰：

　　　　京師圖書館藏宋刊本《趙清獻公文集》，蓋内閣書
　　也，存卷七至十六。余取明本過校（祝按：原文如此，當是
　　"校過"之倒），次第大略相同，但明本分十卷耳。第十六卷
　　乃附録國史本傳、蘇子瞻《神道碑》、曾子固《越州救灾
　　記》。記聞一則，《聞見後録》一則，當別録於此本後。原

本半葉九行,行十七字,大板心,高八寸四分,廣五寸,字方整,仿率更體。其元、明間補板則草率殊甚。板心記字數及刻工姓名,補板則無之。遇"朝廷"等字空一、二格不等,或提行。題目低四格。每卷只標,無目。癸丑(一九一三)二月,傅增湘就校館中,三日乃畢。

《經眼録》卷一三著録汪旦本時,傅氏又按曰:"此集宋本分十六卷,其詩文次第亦同,但分卷異耳。"今檢校殘宋本,其詩文次第與明刻十卷本少數篇什稍異,前引題記所云"次第大略相同"爲確。所謂"分卷異",即每卷起迄有差別,如傅氏曾於汪旦本卷五《章貢臺記》文末天頭批曰:"卷十四止此。國家圖書館有殘宋本,余曾校過,其第七卷首爲《贈五嶽觀王道士》詩,正是此本五卷之半。第十五卷爲補遺,凡詩文十二首,此本無之。"所謂"卷十四止此",指殘宋本,而汪旦本並未完,故每卷起迄異。卷十五之補遺,當即前引陳仁玉序所謂"旁搜散軼,以補足之"者,明刻本已次入卷中。殘宋本所收詩文與明刻十卷本同,詩文次第大略同,因可斷定明刻十卷本即由宋刻元明遞修本合併重編。

明刻十卷本以成化七年(一四七一)知衢州府事閻鐸刊本爲最早,閻氏《重編趙清獻公文集序》曰:

余自幼侍先君子宦遊兩京,聞先正三衢清獻趙公之名,與韓、范、富、歐齊驅並駕,而其廉分一節,尤爲世所稱道,竊懷景仰之私。及承乏兹郡,公署後適有公文集舊刻在焉。閲其印本,篇無詮次,傳寫既訛,而字畫又復黯昧,讀之不無齟齬聱牙,乃惕然於懷,召諸生編次而釐合之,搜尋舊本,以質其訛謬。旋得逸稿數篇,補而入之,親爲提撕磨對。書成,與別駕昌黎魏君安、通守洛陽

衛君蘭、節推古濠沈君瑛，各捐己俸，命工重刻，以永
其傳。

因知成化時是集舊板尚在，當即宋刻元明修補板。閻氏雖諱
言其已殘闕，然所述印本之狀，其意已明（今存完本當印在未
殘闕之前）。將宋刻元明遞修本改編爲十卷，即出閻鐸之手，
故序稱“重編”。閻鐸改編十卷本，卷一至五爲詩，卷六至
一〇爲奏議，乃後來各十卷本之祖。傅氏《經眼錄》卷一三記
閻鐸本道：

> 《趙清獻公集》十卷，明成化七年閻鐸刊本。十一行
> 二十字，黑口，四周雙闌。有至治首元仲冬二十又六日
> 蒙古晉人僧家奴序，言忝臺檄過太末郡，得公集於郡庠
> 云云。又景定元年八月郡守天台陳仁玉序。

閻鐸本今國家圖書館藏兩部（一部卷六至十配清抄，一部爲
閻刻遞修本），雲南大學圖書館藏一部，南京圖書館藏本僅存
三卷，臺北“中央圖書館”藏一部。日本尊經閣文庫亦著錄
一部。

嘉靖元年（一五二二），衢州知府林有年又重刻之，後序
稱“集年久簡編失次，字畫脱落，讀者病焉。遂謀之同寅陸君
仁傑、曾君天叙、楊君時明，囑江山尹吳亞甫考訂編補而新
之”云云。其本今大陸不見著錄，臺北“中央圖書館”藏一殘
本（詩集五卷）。日本大倉文化財團猶藏一部，《日藏漢籍善
本書錄》記其“每半葉十一行，每行二十字，黑口”，則一仍成
化閻本舊式（按：林氏後序既稱“編補而新之”，疑成化板當時
尚殘存，其本實爲修補。未詳）。

嘉靖四十一年（壬戌，一五六二），衢州知府楊準屬西安

邑學訓導汪旦再重刊之，楊氏《重刻序》稱舊板“字畫脱落，幾不可讀，因謀之二刺薛君文臺，監郡張君雲田，節推任君鍾山，屬西安邑庠訓導汪旦釐正續梓焉”。傅氏《經眼録》卷一三記該本“十一行二十字，每卷後有‘浙江衢州府西安縣校（祝按：“校”字原書作“督”）刊’一行。前嘉靖壬戌衢州府知府楊準序”。傅氏嘗用殘宋本校此本，已見前述，校本今藏國家圖書館。連同傅校本，今大陸凡著録汪旦本十八部，臺灣四部。日本東洋文庫、東京大學、愛知大學皆有藏本。

　　是集明代衢州所刊三本，林本、汪本皆閣本之遞刻本，然而閣本“視嘉靖間林有年、楊準重刊者爲善矣”（《善本書室藏書志》卷二六）。

　　萬曆十六年（一五八八），成都知府詹思謙（牧甫）刻是集於成都，有無名氏序。所刻仍爲十卷，當爲重刻衢州本。此本國内及日本皆有著録。

　　入清，康熙中南陽裔孫趙用棟續有刊本，其本有詹氏成都刻本序，或即以詹刻爲底本。民國八年（一九一九），趙曾藩又於衢縣趙氏祠堂重刊。民國十一年（一九二二），二十五世孫趙炳然有鉛印本。祠堂本及鉛印本，今皆有著録。

　　《四庫全書》著録黃登賢家藏本，《提要》曰：“是集詩、文各五卷，前有天台陳仁玉序，乃從宋嘉定中舊本重刊。”既有陳序，則“嘉定”乃“景定”之誤；既爲十卷，則已非景定本之舊，而是據景定遞修本重編明刻本。館臣蓋不悉是集版本源流，亦不知猶有宋刻遞修十六卷本傳世。

　　《全宋詩》用影印文淵閣《四庫全書》本爲底本，校以宋刻遞修本及閣鐸刊本等，輯得集外詩十四首。《全宋文》用趙用棟刊本爲底本，校以殘宋本及汪旦刊本等，輯得佚文二十三篇。

【參考文獻】

陳仁玉《重刊趙清獻公文集序》（康熙趙用棟刊本《趙清獻公集》卷首）

僧家奴鈞元卿《趙清獻公文集序》（同上）

閻鐸《成化重編趙清獻公文集序》（同上）

林有年《嘉靖元年重刊趙清獻公文集後序》（同上）

楊準《嘉靖壬戌重刊清獻公文集序》（同上）

無名氏《萬曆成都刊趙清獻公集序》（同上）

直講李先生文集三十七卷　　旴江文集

李　覯　撰

李覯（一〇〇九——一〇五九），字泰伯，建昌軍南城（今江西南城）人。累官至權同管勾太學。以文章知名，世稱旴江先生，又稱直講先生。其著作，生前大部分嘗自編成集。慶曆三年（一〇四三），編成《退居類稿》，自序道：

> 李覯泰伯以舉茂材罷歸。其明年，慶曆癸未（三年）秋，因料所著文。自冠迄茲十五年，得草稿二百三十三首。將恐亡散，姑以類辯爲十二卷，寫之。間或應用而爲，未能盡無愧，閔其力之勞，輒不棄去。至於妖淫刻飾尤無用者，雖傳在人口，皆所弗取。

既而將文稿寄祖無擇，請其爲序，祖氏序略曰：

盱江李泰伯，其有孟軻氏六君子之深心焉。年少志大，常憤疾斯文衰敝，曰："墜地已甚，誰其拯之？"於是夙夜討論文、武、周公、孔子之遺文舊制，兼明乎當世之務，悉著於篇。且又歎曰："生處僻遠，不自進孰進哉？"因徒步二千里入京師，以文求通於天子。乃舉茂材異等，得召第一。既而試於有司，有司黜之。……

泰伯退居之明年，類其文稿，第爲十有二卷，以寄南康祖無擇，且屬爲序。無擇既受之，讀之期月不休。善乎！文、武、周公、孔子之遺文舊制，與夫當世之務，言之備矣。務學君子，可不景行於斯！

皇祐四年（一○五二），著者又將其積稿編爲《皇祐續稿》八卷，亦自爲序，曰：

觀慶曆癸未秋，録所著文曰《退居類稿》十二卷。後三年，復出百餘首，不知阿誰盜去，刻印既甚差謬，且題《外集》，尤不韙，心常惡之，而未能正。於今又六年，所得復百餘首，暇日取之，合二百三十八首，以續所謂《類稿》者。噫，行年四十四，疾疢日發作，其於文字間尚克有進也歟！《續稿》凡八卷，時又有《周禮致太平論》十卷孤行焉。

則《續稿》包括被盜刻之《外集》在内。皇祐五年（一○五三），又著《常語》上、中、下凡三卷（宋佚名《直講先生年譜》）。卒後，門人鄧潤甫於熙寧中"上其《退居類稿》《皇祐續稿》並《後集》"（《宋史》卷四三二《李覯傳》）。所謂《後集》，乃其門人傅野所編（見後）。

《通志》僅著録《退居類稿》十二卷。趙氏《讀書附志》卷下著録道：

> 李泰伯《退居類稿》十二卷、《皇祐續稿》八卷、《常語》三卷、《周禮致太平論》十卷、《後集》六卷，右李覯泰伯之文也。覯，旴江（即南城）人。嘗試制科，六論不得其一，曰："吾書未嘗不讀，必《孟子注疏》也。"擲而出。人爲檢視之，果然，遂下第而歸。後以海門簿召赴太學說書以卒。嘗自類其所爲文曰："天將壽我與，所爲固未足也；不然，斯亦足以藉手見古人矣。"（祝按：見《退居類稿自序》）其詳見於《國朝儒學傳》。希弁嘗得《修梓山寺殿記》，云"應茂材異等科李覯撰"，然不載於稿中。

《解題》卷一七著録與趙氏同，曰："《類稿》，慶曆所録；《續稿》，皇祐所録；《後集》，則門人傅野編。"《通考》卷二三五從陳氏。

趙氏、陳氏皆著録諸集，而無總書名；《遂初堂書目》則著録《旴江集》，似早有彙編全集本。景定三年（一二六二）張淵微跋，稱"景定初元，（旴江）太守雪軒魏侯峙祠墓，乃復建亭，……又取遺書讀，歎其言足經世興太平，獨恨《年譜》有闕遺，字畫有訛脱，更與旴之士參以它書讎正，二年鋟之梓"。則是集於景定間有重刻本，而"字畫有訛誤"之舊板刊於何時不詳。

是集宋刻本久已失傳。明《内閣書目》卷三著録《皇祐續稿》，全；《絳雲樓書目》亦著録《皇祐續稿》八卷。蓋《續稿》明代尚存宋槧，後散佚。又，《邵亭知見傳本書目》卷一三謂有元黑口本《旴江集》，"半葉十行，行二十字"，今不見著録。今以明成化左贊刊本爲最古。《四庫總目》著録孫仰曾家藏本，據《四庫全書簡明目録》，即左贊本。《四部叢刊初編》亦影印左贊本,《四部叢刊書録》曰:"卷一題'後學南城左贊編輯、後學廣昌何喬新校正'二行,'何喬新'一行已在第三行《長江賦》下,當是後來補入。前後無序跋。丁氏《善本書室藏書志》定爲明正德乙亥(十年,一五一五)川南孫甫令南城時所刊。"是本今國内尚藏四部,仍著録爲成化本。全帙爲文集三十七卷,外集三卷,年譜一卷,門人録一卷。每半葉十一行二十字,黑口,四周雙邊。

正德戊寅(十三年,一五一八),知南城縣事孫甫作《直講李先生集序》,略曰:

> 正德乙亥,余至邑,……求先生遺文,得所藏鈔本,多殘缺。明年得全集於邑吏部夏東洲,板自閩中書窟,歲久亦訛。……遂與邑之文人共加參訂,選諸善書,鋟諸梓氏,圖永其傳焉。工食之需,薄俸三之一,李氏子孫三之二。刊成,識此於末。

則孫氏所用底本出於"閩中書窟",疑是宋麻沙本。正德本卷帙與前述成化本同,每半葉十一行二十字,白口,左右雙邊,則版式略有不同。丁氏《善本書室藏書志》以爲成化本即正德時孫甫刊本,恐不確。萬曆十七年(己丑,一五八九),孟紹慶嘗重修正德本,孫甫序後有"萬曆己丑孟冬建昌府重修禮吏趙伯仁監梓"一行(《藝風藏書記》卷六)。正德本及重修本,今大陸及臺灣皆有著録。日本内閣文庫藏有正德本,静嘉堂文庫藏有萬曆重修本。

清康熙四年(一六六五),裔孫李化鰲(步生)於金谿重刊是集,陸瑶林等人作序,稱"蒐羅故本"重付鋟梓云云,不詳所謂"故本"爲何代物,蓋即明刊本,時值鼎革之際,或不欲顯言。李化鰲自序謂"昔梓藏於府庫,今散逸於煙草。搜遺卷而徬徨，能無今昔之感乎哉”！又謂所刻“編次如初，無敢損益，特列以族里，匪煩贅也，乃明支分派別之有本源；表以文獻，匪餚盛也，乃明承先啟後之有淵流”。是刻每半葉九行二十二字，白口，四周雙邊。雍正五年（一七二七），鶴城李氏嘗補刊康熙板。盧文弨《書李泰伯文集後》謂“舊以《潛書》《民言》爲首，而此（雍正本）以《禮論》《易論》爲首，其卷數皆不與舊相合”。乾隆四十二年（一七七七），李夢桂再補刊之。康熙本及兩次補刊本，今國內皆有著録。日本東京大學藏有雍正補刊本。

　　光緒十九年（一八九三），康熙板已毀，謝甘棠又重刊之。其自序未言所用底本，然稱“年代湮遠，板、集無存，康熙間，泰伯裔孫化鰲等重刊於瀘溪”云云，則當是重刻康熙本。

　　上述各本，即自明左贊本至清光緒本，文字差訛皆不多。光緒本雖晚出，校勘頗精，可據以改正左贊本少許錯字。一九八一年，中華書局出版王國軒校點本《李覯集》。是本以《四部叢刊初編》本（影印成化左贊本）爲底本，校以正德孫甫本、萬曆孟慶緒本、光緒謝甘棠本等。其卷目編次爲：卷一，賦；卷二，禮論；卷三，易論；卷四，删定易圖序論；卷五至一四，周禮致太平論；卷一五，序；卷一六，富國策；卷一七，强兵論；卷一八，安民論；卷一九，平土書；卷二〇，潛書、廣潛書、野記；卷二一、二二，慶曆民言；卷二三、二四，記；卷二五，序；卷二六，表、啟；卷二七、二八，書；卷二九，雜文；卷三〇，墓碑（傷辭附）；卷三一，墓誌銘、墓表；卷三二至三四，常語（上、中、下）；卷三五至三七，各體詩。《外集》三卷，卷一告札，卷二名公手書，卷三序、詩、墓銘。此本之斷句，王曉波先生作有《〈李覯集〉標點訂誤隨録》（載《宋代文化研究》第二集，四川大學出版社一九九二年版），多所指正。

　　《全宋文》用《四部叢刊初編》本爲底本，補入王國軒校點本據《常語》所輯佚文十六條。《全宋詩》底本同。

【參考文獻】

　　祖無擇《直講李先生文集序》（中華書局校點本《李覯集》附録三）

　　張淵微《直講李先生集跋》（同上）

　　孫甫《正德本直講李先生集序》（同上）

　　陸瑶林、李來泰、劉玉瓚、高天爵、李化鰲、傅振鐸、李丕則、王謙、王諒《康熙本李泰伯先生文集序》（同上，人各一序）

　　盧文弨《書李泰伯文集後》（《四部叢刊初編》本《抱經堂文集》卷一三）

　　謝甘棠《光緒重刊盱江全集序》（校點本《李覯集》附録三）

嘉祐集十五卷

蘇　洵　撰

　　蘇洵（一〇〇九——一〇六六），字明允，號老泉，眉州眉山（今四川眉山）人。科舉不中，發憤爲學。以薦爲文安縣主簿、修纂禮書，書成而卒。長於文章，爲“唐宋古文八大家”之一。張方平《文安先生墓表》（《樂全集》卷三九）曰：“所著文集二十卷。”（按：此墓表有人以爲係僞作，見清蔡上翔《王荆公年譜考略》卷一〇）又曾鞏《蘇明允哀辭》（《元豐類稿》卷四一）：“明允所爲文，有集二十卷行於世。”《通志》著録“《老蘇集》五卷，又《嘉祐集》三十卷”。衢本《讀書志》卷一九著録道：

蘇明允《嘉祐集》十五卷。右皇朝蘇洵字明允，眉山人。至和中，歐陽永叔得明允書二十二篇，大愛其文辭，以爲雖賈誼、劉向不過也。以書獻，除校書郎，與姚子張同編《太常因革禮》百卷，書方成而卒。治平史臣謂永叔所獻明允之文甚美，然大抵兵謀權利機變之言也。

《解題》卷一七曰：

老蘇《嘉祐集》十五卷，文安主簿、編修禮書蘇洵明允撰。洵初入京師，益帥張文定（方平）薦之歐陽公，世皆知之；而有雷簡夫者爲雅守，以書薦之張、歐及韓魏公尤力，張之知洵由簡夫，世罕知之。雷之書、文，亦慷慨偉麗可觀。

《通考》卷二三五同晁、陳。《宋志》則著録《蘇洵集》十五卷（當即《嘉祐集》）、《別集》五卷。綜考宋人著録，蘇洵集有如下四本：

一、《嘉祐集》三十卷（《通志》）；

二、《文集》二十卷（《墓表》《哀辭》）；

三、《嘉祐集》十五卷（《讀書志》《解題》《通考》《宋志》）；

四、《老蘇集》（《別集》）五卷（《通考》《宋志》）。

《四庫提要》曰：“是本（馬裕家藏本）爲徐乾學家傳是樓所藏，卷末題紹興十七年四月晦日婺州州學雕，紙墨頗爲精好。又有康熙間蘇州邵仁泓所刊，亦稱從宋本校正。然二本並十六卷，均與宋人所記不同。徐本名《嘉祐新集》，邵本則名《老泉先生集》，亦復互異，未喻其故。”又《增訂四庫簡目標注·續録》曰：“顧鶴逸藏《蘇老泉集》十四卷，中版心，八行十六字，不避諱，即《天禄目》所載也（祝按：《天禄目》所載乃明板，詳後），疑爲宋時坊刻本。"(傅氏《經眼録》卷一三亦嘗著録此本,今似已不存。)今又按明《文淵閣書目》卷九著録"《蘇老泉文集》一部八册,完全"。又《萬卷堂書目》卷四、《澹生堂藏書目》卷一三皆著録《蘇老泉集》,《澹生堂藏書目》記爲十六卷。則《蘇老泉集》其本,當流傳甚早。著者與其二子(軾、轍)宋時聲名極高,故其集亦屢經付梓,蓋各地刻本卷數分合不一,著録因而互異。

蘇洵集宋槧,今存三部。其一爲十五卷本,題《嘉祐集》,藏上海圖書館。該本徐氏《傳是樓書目》、汪氏《藝芸書舍宋板書目》皆嘗著録。一九八七年,中華書局以原大影印,編入《古逸叢書三編》之二十四。任光亮《影印宋本嘉祐集説明》述之曰:"匡高一四·八釐米,廣九·九釐米。半葉十四行,行二十五字,白口,左右雙邊。刻工有:信、純夫、定公、恭、祖二、祖大、震等。其書刊刻字體秀挺有力、稜骨堅勁,轉折鋒芒具存,當爲蜀刻巾箱本之精品。"卷四末有喬松年跋,略曰:"《權書·孫武篇》引《九地》'威加於敵家',今本無'家'字,《孫武子》亦無之。檢《太平御覽》所引,固有'家'字。是《孫武子》原本當有此字,而傳刻失之。此本可與《御覽》相發明,定爲北宋刻無疑也。"卷末有黄丕烈跋,詳述購得此本經過,亦稱"刻本之精,印本之爽,在宋本中可爲稀有"。《四部叢刊初編》據孫毓修小渌天藏影宋鈔本影印,鈔本即據此本影寫,然"惜所鈔不精,已失原書神韻"(任光亮《説明》)。其卷目編次爲:卷一,幾策;卷二、三,權書(上、下);卷四、五,衡論(上、下);卷六,六經論;卷七,太玄論;卷八,論;卷九,上皇帝書;卷一〇至一二,上書;卷一三,譜例、記;卷一四,記;卷一五,雜詩。不過,宋本亦偶有小誤,喬松年跋曰:

《利者利之和論》"也"字誤"者"字。《上田樞密書》脱兩句，原校者已注於旁。此外《衡論·申法篇》"而主人不知之禁"，或"知"，或"之"，誤衍一字。《禮論》"吾儕也"下誤衍"何則"二字。《權書·法制篇》"易以察夫衆憂叛"（祝按："察"字原誤書爲"危"，今據影印宋本改），亦似有誤字。然其爲寶貴自若也。

蘇洵集現存另一宋本，題《類編增廣老蘇先生大全文集》，已殘，原有卷數不詳（按：明葉盛《水東日記》卷二〇記"邵復孺先生家藏《老蘇大全文集》四十五卷"，或即原有卷數），今藏國家圖書館，乃虞山瞿氏舊物。《鐵琴銅劍樓藏書目錄》卷二〇著録道：

> 此書不見諸家書目，亦無序録，原本卷數無考，僅存古律詩二卷、雜論一卷、經論一卷。其詩標紀行、懷古、投獻、簡寄、酬答、送行、釋氏、九日、器用、寺觀、祠廟、山水、城洞、園圃、書畫、禽獸、自述、挽辭、效古諸類。較《嘉祐集》增多《遊嘉州龍巖》《初發嘉州》《襄陽懷古》《寄楊緯》《和楊節推見贈》《答張子立見寄》《送蜀僧去塵》《九日和魏公》《題仙都觀》《遊陵雲寺》《過木櫃觀》《神女廟》《題白帝廟》《萬山》《荆門惠泉》《昆陽城》《題三遊洞》《與可許惠所畫舒景以詩督之》《仙都山鹿》《自尤》凡二十首。《嘉祐集·送任師中》，此作"吴師中"。"雜論"中增《辨姦論》一篇。每半葉十五行，行二十五至二十七字不等。殷、徵、匡字闕筆，而桓字不改作"威"，亦不闕筆，疑是北宋麻沙本也。（卷首有"一經後人范文安珍藏"朱記。）

傅氏《經眼録》卷一三再記其版式道：

宋麻沙本，半葉十五行，行二十五至七字不等，白口，左右雙闌。版心上魚尾下記"類編老幾"，其下雙魚尾，中間記葉數。存卷一至四。其前二卷爲古律詩，較世行本《嘉祐集》增多《嘉州龍巖》等題二十首，因屬瞿鳳起世兄爲影寫此二卷，以備異日重刻老蘇集可據以補入也。

蘇洵集現存第三個宋本，題《東萊標注老泉先生文集》，吕祖謙注，乃《東萊標注三蘇文集》之一，筆者將在拙著《宋人總集叙録》中考述。

蘇洵文集未見元刻本著録。明本頗多，主要有弘治本、嘉靖本、凌氏《蘇老泉全集》本、萬曆聶紹昌本、崇禎黄燦本，以及不詳年代之《蘇老泉嘉祐集》，等等。今擇要述之於次。

傅增湘謂有明初本《重刊嘉祐集》十五卷，其《經眼録》記之曰：

> 明初刊本，十行二十一字，黑口，四周雙闌。版心魚尾下題"嘉祐集卷第幾"，右闌外下方有耳，記葉數、通號。

《嘉祐集》嘉靖十一年（一五三二）太原府刊本行款與此同，字體亦頗相近，但改爲白口單闌，版心標題在魚尾上，闌外葉數通號亦已鏟去，訛字亦較多耳。

明初本今未見著録，疑即弘治本，嘉靖《重刊嘉元集》由弘治本出。繆荃孫《藝風藏書續記》卷六記弘治本道：

> 明弘治辛亥（四年，一四九一）刊本。後有義興陸里後序。半葉十行，行二十一字，黑口。通體有長號，共一百九十四號。方〔筐〕〔框〕在正面左角，三魚尾，書名在第

一魚尾下，每卷短號在二三魚尾之間。宋廟號皆空格，原出於宋。鐫刻古雅，訛字甚少。宣統辛亥（三年，一九一一）除夕得嘉靖壬辰（十一年）刊本，有太原府張鎧跋，行款同，白口，書名頂格，訛字較多。

所記弘治本與傅氏所謂"明初本"同，蓋傅氏所見本脱陸里後序，遂不詳其刊印年代。

弘治本今國内著録十餘部。其中繆氏本藏南京圖書館，其《藏書續記》卷七謂尚藏有顧千里嘉靖本，乃顧氏過録蔣篁亭校宋本；繆氏於是將顧本校過録於弘治本，遂將顧校嘉靖本讓與傅增湘。傅氏得書後記曰：

> 《重刊嘉祐集》十五卷，宋蘇洵撰。明嘉靖十一年刊本，十行二十一字，白口單闌。後有嘉靖壬辰季冬知太原府事張鎧跋，蓋侍御南澧王公按晉之日命太原府翻刻者。鈐印列後："海濱逸民平泉鄭履準凝雲樓書畫之印""凝雲深處清暇奇觀""淡泉""大司寇章"，均朱文大印。清顧廣圻校宋本，有跋（此略）。（《藏園群書經眼録》卷一三）

後來，傅氏又作《顧千里校嘉祐集跋》，稱"書凡十五卷，與晁、陳諸家目録所載卷數合。惟《嘉祐新集》作十六卷，至明正、嘉間巾箱本分十四卷，清康熙時邵氏本分二十卷，疑皆妄爲增損，此猶循宋時舊編，滋足貴也。第溯源雖古，而傳刻已不免差訛，顧氏據蔣篁亭校宋本手爲訂正，使數百載榛蕪一旦廓清，有功於兹集殊鉅"云云，並詳記其與繆氏換書經過。該本今藏國家圖書館。除此本外，今大陸及臺灣猶著録嘉靖本二十餘部，日本内閣文庫、静嘉堂文庫亦有庋藏。弘治、嘉靖兩本與宋婺州本目次相同（婺州本今未見著録，蔣篁亭本即爲校婺本，《四庫全書》所收亦以婺本爲主，詳後），與今存宋蜀本相校，則兩本多有訛誤，而弘治本訛誤較嘉靖本爲少（參任光亮《影印宋本嘉祐集説明》）。萬曆時聶紹昌刻本亦爲十五卷，今有著録。

《蘇老泉文集》，乃凌濛初朱墨套印本，凌氏有序。是本重釐爲十三卷（文十二卷，詩一卷），每半葉八行十八字，有茅坤、焦竑等人評語。王重民《中國善本書提要》記之曰：“前有《凡例》云‘稽前作者，動稱老泉文二十卷，遍閲藏本凡二三，咸缺略不一，無可考，仍其舊可也。獨分卷嫌其瑣瑣，遂合爲十三卷’云。《凡例》前有凌濛初序，因知是書爲凌刻，而《凡例》亦爲濛初所擬也。”變動舊編次，乃明後期風氣，深爲清人所訾。此本今大陸及臺灣凡著録十餘部，日本米澤文庫藏一部。

崇禎本題《重編嘉祐集》，凡二十卷附録一卷，乃崇禎十年（一六三七）仁和黄氏賁堂刊，黄燦、黄煒重編。有馬元調、顧若群序。馬序略曰：

老蘇先生文集，歐、曾皆言二十卷，《宋史傳》同，《藝文志》集十五卷、《别集》五卷。《文獻通考·嘉祐集》十五卷。今世所流通，乃嘉靖間知太原府張君鎧翻刻本，亦十五卷，然多所漏。如《辨姦論》，先生一生大節，……《洪範論》《史論》七篇，嘗以呈内翰歐陽公，見所上田樞密書，張所刻僅《史論》二篇，多缺略。其他可考見者，如《送侯職方赴闕引》《賀歐陽樞密啟》《謝相府啟》及小序尚十餘篇，而太原本俱無之，疑非《通考》十五卷之舊。仁和黄生燦讀而訝之，……於是偕其弟煒，竭一時耳目之力，爬羅剔抉，重加編纂，合二十卷。蓋期還舊觀而不可得，聊存卷目，刻之家塾，並刻歐公嘉祐初薦札及本傳、誌銘、哀挽諸篇以爲附録。

是本每半葉九行十八字，白口，四周單邊，今有數部見於著録。

明刻巾箱本《老泉嘉祐集》十四卷，每半葉八行十六字，刊板年代不詳，楊紹和以爲在明初（詳後），前引傅氏《顧千里校嘉祐集跋》則以爲在正德至嘉靖間。《天禄琳琅書目》卷一〇"明板集部"著録道：

> 《老泉先生文集》，宋蘇洵著，十四卷。宋人諸書目所載蘇洵《嘉祐集》，皆稱十五卷。此本標題既不仍"嘉祐"之名，而分卷僅止十四，其版雖仿宋巾箱本式，然字畫結體較大，筆法亦不能工，決非宋槧。其前後無序跋者，當爲書賈割去無疑。

王重民《中國善本書提要》著録此本道：

> 按此本凡十四卷，無序跋，校以卷端所載總目，不似有殘闕。然宋、明以來無分作十四卷之本。余校以十五卷本，編次全同，惟闕卷第十五雜詩一卷。然則此從十五卷本出，而删去雜詩耳。

是本今國內著録八部。前引邵章《續録》之顧逸鶴藏宋坊刻巾箱本，正爲十四卷，明本蓋即由宋坊刻出。楊紹和《楹書隅録》卷五謂"此本雖非宋、元舊帙，然尚饒有古意，當是明初開梓者"。傅氏《經眼録》謂明本較宋坊本"行款同而字體方板，結題無'蘇'字，字句亦小異"。

除上述各本外，今大陸猶著録明刻十六卷本《蘇老泉先生全集》九部，臺灣藏一部。日本内閣文庫亦有一部。此本原無序跋，刊板年代及所用底本俟考。前引《四庫提要》謂徐氏傳是樓所藏紹興婺州本《嘉祐新集》爲十六卷。瞿氏《鐵琴銅劍樓藏書目錄》卷二〇著錄校宋本《嘉祐新集》十六卷，謂"蘇明允集宋時有二本，一名《嘉祐集》，一名《嘉祐新集》。此馮已蒼氏以家藏明刻悉依宋本改正，增鈔附錄一卷。末有紹興十七年四月晦日婺州州學雕、教授沈（裴）〔斐〕校二行"。則明刻《蘇老泉先生全集》，疑由《嘉祐新集》出。明刻本每半葉十行十九字，白口，四周單邊。

明代又有粵中所刊《三蘇全集》本，作《重刊嘉祐集》，凡十五卷，康熙間蔡士英有修補本。是本有任長慶序，引淮陰陳氏語，謂其宗人任粵時曾購三蘇全板，今年久剝蝕過半，能校而補之，當載以歸公，貯之淮郡，流佈人間云云。清四庫館臣嘗用宋本校之，蔡本闕漏甚多，詳參《四庫提要》。

老蘇集明槧雖夥，然類多訛脱，頗乏佳本。清刻以康熙三十七年（一六九八）邵仁泓安樂居刊《蘇老泉先生文集》二十卷本流佈最廣，今猶有多部存世。傅增湘以爲邵本分二十卷是"妄爲增損"，已見前引。《四庫全書》著錄馬裕家藏徐氏傳是樓宋本，《提要》稱"以徐本爲主，以邵本互相參訂，正其訛脱，亦有此存而彼逸者，並爲補入"。

日本有文政十三年（一八三〇）雙硯堂刊木活字本《蘇老泉先生全集》十六卷，安政四年（一八五七）昌平坂學問所刊《宋大家蘇文公文鈔》十卷（題蘇洵）等，見《和刻目錄》，參見《日藏漢籍善本書錄》。

一九九三年，上海古籍出版社出版曾棗莊、金成禮《嘉祐集箋注》。箋注者以爲明刻十六卷本《蘇老泉先生全集》收錄較全，故用作底本，再補入《類編》本增多之詩，校以各本。

《全宋文》亦用該本爲底本，輯得佚文十二篇。近年，青年學者金程宇先生從日本宮内廳書陵部所藏《重廣分門三蘇先生文粹》中輯得蘇洵佚文七篇（《諡法論》四篇、策問三篇。又見北大圖書館藏本《重廣眉山三蘇先生文粹》，見所著《稀見唐宋文獻叢考》所載《新見蘇洵佚文七篇輯存》）。《全宋詩》用嘉靖《重刊嘉祐集》爲底本，輯得佚詩二十五首。

【參考文獻】

　　黃丕烈《宋刻嘉祐集跋》（影印宋本《嘉祐集》卷末）

　　喬松年《宋刻本嘉祐集跋》（同上本卷四末）

　　邵仁泓《康熙本嘉祐集序》（影印文淵閣《四庫全書》本《嘉祐集》卷首）

　　顧廣圻《嘉祐集跋》（《思適齋書跋》卷四）

洛陽九老祖龍學文集十六卷
焕斗集

祖無擇　撰

　　祖無擇（一〇一一——一〇八五），字擇之，蔡州上蔡（今河南上蔡）人。寶元元年（一〇三八）進士，歷知制誥、集賢院學士。集乃其曾孫祖行（“行”一作“衍”，未審孰是）所編，其《龍學始末》曰：

　　　　公平生所作文甚多，自兩經兵革之後，家藏並收拾止得十之二三，今集爲十卷，名曰《焕斗集》，蓋取公出之陝府日，歐陽永叔餞行詩有曰"西州政事藹風謠，右揆文章煥星斗"故也。又有名臣賢士詩與文兩卷附之。公之叔祖諱岊爲神仙，叔士衡爲狀元，紫微弟無頗爲福建路提刑，亦有傳記、敕書與文，其姪惟有資州太守諱德恭者詩三首，又作四卷，亦附之。

時在紹熙三年（一一九二）九月。蓋是時祖行嘗以集付梓。至紹定己丑（二年，一二二九），合肥郡文學趙國體補刊舊板，並跋之曰：

> 右《祖龍學家集》十六卷，典雅藴籍，我國朝太平之文獻也。苗裔有居合肥者，貧不給饘粥，能保此版，不妄予人，獨欣然以歸其學，其志可嘉尚已。然版之脱亡二十有九，不能爲完書，雖得別本，帑亡羡財，弗克治，故書目僅存其名。國體懷兹久矣，於是謄校刊補，卷秩始備，庶幾以傳可遠，亦先哲之志云。（《皕宋樓藏書志》卷七五）

則宋本今可知者，有原刻本及補刊本兩種。《四庫提要》謂祖行雖名之曰《煥斗集》，"惟每卷標目，別題'洛陽九老祖龍學文集'，蓋無擇分司西京時，與文彥博等九人爲真率會，當時推爲盛事，故行特舉之以爲重。然諸家書目，緣是並稱《龍學文集》，而《煥斗集》之名遂隱矣。集中詩一百二十三首，文四十二首"。

是集宋代唯《遂初堂書目》著録，題《范陽集》，蓋以祖氏郡望爲范陽故也。《范陽集》不詳刻於何時。元、明兩代似無刊本。明《文淵閣書目》卷九著録"《祖龍學文集》一部三册，全"，殆是宋本。《汲古閣珍藏秘本書目》有影宋板舊鈔二本。宋本久佚（按：《藏園訂補邵亭知見傳本書目》謂"傳張幼樵家

有宋本”，別無著録）。今存清鈔十餘部，多由宋本傳寫，較重
要者如首都師範大學圖書館藏李文藻鈔、跋本，乃徐坊遺書；
北大圖書館藏彭氏知聖道齋鈔本，彭元瑞有跋。兩本並參
《經眼録》卷一三。傅氏另著録一舊寫本，有明善堂、安樂堂
二印，後有趙國體跋，行書大字，當由紹定本出。此本今藏國
家圖書館。南京圖書館藏丁氏舊鈔本、日本静嘉堂文庫藏陸
氏舊鈔本，亦有趙氏跋，見《善本書室藏書志》卷二六、《皕宋
樓藏書志》卷七五。《四庫總目》著録鮑士恭家藏本，當亦爲
傳鈔本，正集卷目編次爲：卷一至六，詩；卷七，長書、記；卷
八，序；卷九，書、神道碑、墓表；卷一〇，雜文。另六卷爲附
編。各本皆爲十六卷，與祖行原編本同。

　　《增訂四庫簡目標注》邵章《續録》曰：“張氏有影宋舊鈔
本十六卷，題《洛陽九老祖龍學文集》，後附《祖氏源流龍學始
末》，邊縫題‘焕斗集’。今歸南陵徐氏，宜秋館李氏據徐本重
刊。”按李之鼎據徐本刊入《宋人集》丙編。今以李刊與國圖
藏舊寫本、四庫本等相校，舊寫本較佳，李刊時有訛脱。又，
祖行當日裒輯其祖集可謂不遺餘力，然而今存集外佚詩文尚
夥，如清鈔本《聖宋五百家播芳大全文粹》卷一一四所載若干
啟帖、國家圖書館藏墓誌銘拓片兩篇等，皆集中所無。又卷
九《宋故贈尚書工部侍郎清河張君神道碑銘》之銘文，及接下
《鄭都官墓表》中大段文字，考文意乃潁川陳某之墓銘，分別
竄入上兩文中，不詳是祖行編集時不察，或後世傳本斷爛混
誤。上述佚文及混誤處，《全宋文》（用《宋人集》丙編本爲底
本）已補入並釐正，另輯得佚文二十篇。《全宋詩》亦用《宋人
集》本爲底本，輯得佚詩十首。

【參考文獻】

祖行《龍學文集源流始末》（影印文淵閣《四庫全書》本《龍學文集》卷末）

伊川擊壤集 二十卷

邵 雍 撰

邵雍（一〇一一——一〇七七），字堯夫，自號安樂先生、伊川翁等，范陽（今河北涿州）人，晚居洛陽。與司馬光等爲友，先後被召，不赴，卒諡康節。通《易》，建立先天象數學。著詩集號《擊壤》，治平丙午（三年，一〇六六）中秋自序道：“志士在畎畝，則以畎畝爲言，故其詩名之曰《伊川擊壤集》。”初刊於何時不詳，《天禄琳琅書目》卷六著録元版《伊川擊壤集》時，謂“自爲之序云云，是宋時《擊壤集》，雍所自刊”。然治平時是否有刊本，不可考，自序未必自刊。程頤《邵康節先生雍墓誌銘》（《明道集》卷四），稱其有“古律詩二千篇，題曰《擊壤集》”，蓋治平之後續作猶多。元祐六年（一〇九一），門人邢恕爲作《後序》，稱“其子伯温裒類先生之詩凡若干首，先生固嘗自爲序矣，又屬恕以係其後”云云，則是集雖經著者手編，而最後釐定，蓋由其子邵伯温耳。

阮閱《詩話總龜》前集卷八引《王直方詩話》曰：“邵堯夫集，平生所作爲十卷。”十卷本久佚，莫知其詳，然它本宋槧多有傳至後世者。丁丙《善本書室藏書志》卷二七著録明末毛晉刊本時，謂“北宋建安蔡子文刊者，題《康節先生擊壤集》，作《内集》十二卷、《外集》三卷，後有蔡弼題語，《龜山語録》所稱‘須信畫前原有《易》，自從删後更無詩’一聯，諸本皆佚，此獨有者是也”。《增訂四庫簡目標注・續録》亦稱“宋蔡弼子蔡子文刊本，題《康節先生擊壤集》，分内集（祝按：“内”下疑脱“外”字），與世行本迥異。十三行（二）十二字”。楊氏海源閣藏本正是如此，《楹書隅録初編》卷五著録爲北宋本，曰：

> 此本作《内集》十二卷、《外集》三卷，前有治平丙午中秋自序，編次與各本迥異。序後有蔡氏弼題語一則，蓋由公手訂二十卷本重編爲此本。卷一前後木記題“建安蔡子文刊於東塾之敬室”。細行密字，鋟印至精。《龜山語録》所稱“須信畫前原有《易》，自從删後更無詩”一聯，諸本所佚者，此本在卷十二中。每半葉十三行，行二十二三字不等。卷首末有曲阿孫育印。

然而傅增湘跋另一殘宋本時嘗辨之曰：“楊《目》題《康節先生擊壤集》十五卷，……楊氏稱爲北宋本，然據蔡氏弼題語，仍從二十卷本重編者，則其在二十卷本後可知，謂爲北宋本，未之敢信。”（羅振常《善本書所見録》引）海源閣本今不見著録。

今存另兩部殘宋本頗特殊，乃一九七五年江西星子縣横塘鄉和平村宋陶桂一墓所出土。據介紹，殘本第一種爲《邵堯夫先生詩全集》，存卷一至卷九（其中卷三、卷四合刻爲一卷）；第二種爲《重刊邵堯夫擊壤集》，僅六卷，卷一題“内集”，署“敬室蔡弼重編”。兩種皆每半葉十二行，行二十字，雙邊，白口。黄麻紙印，蝴蝶裝，有少部分補板。“桓”字缺末筆，當爲靖康時所刊（參吳聖林《江西星子縣宋墓出土宋版古籍》，《考古》一九八九年第五期)。

出土本第一種即《邵堯夫先生詩全編》，未見前人著録，原有卷數不詳。《全宋詩》收邵雍詩，用明初刻二十卷本《擊壤集》爲底本(張蓉鏡本。此本清人誤以爲宋槧，詳下)，曾用出土兩殘宋本爲校本，將《全編》簡稱爲"宋本"。據其校，《全編》與二十卷本編次完全不同，雖僅九卷，收詩覆蓋面竟達二十卷之廣。文字也多有不同，有的差異極大，最典型一例，即二十卷本卷一《生男吟》詩曰："我本行年四十五，生男方始爲人父。鞠育教誨誠在我，壽殀賢愚繫於汝。我若壽命七十歲，眼前見汝二十五。我欲願汝成大賢，未知天意肯從否。"而宋本《全編》題作《生子》，詩曰："當日吾年四十五，始方生汝爲人父。養育教訓誠在我，壽殀賢愚計於汝。吾今耆年時七十，爾正方剛二十五。吾教願汝爲大賢，未知天意肯從否。"據詩意，前者爲生子時作，後者則作於七十歲時。據程頤《墓誌銘》，邵雍享年未至七十。兩本之異，已無法用版本不同解釋，必有一誤。

出土本之第二種，應即上述海源閣蔡本之重刻本，《内集》殘，《外集》闕。既題"重刊"，當刻於海源閣本之後。出土本若諱字僅至"桓"，則必刻於欽宗時，而海源閣本著録爲北宋本，應當可信。因蔡本近代猶存，其編次有所謂"内集"、"外集"，與他本迥異，故最引人關注。以出土蔡本校明初刻二十卷本，不僅衍詩若干篇，詩句文字差異大，甚至有的連詩題亦不同。如明初本卷二《春遊五首》，第三首蔡本題作《惜芳菲吟》;《秋遊六首》，後三首蔡本題作《秋懷吟三首》，等等。

要之，出土之兩殘宋本，版本價值皆極高，不少文字可正通行本之誤。陶勇清、胡迎建先生用兩殘宋本整理爲《邵堯

夫詩》一書，已於二〇一二年由江西美術出版社以影印、釋
文、點校注釋、説明等方式製作出版，其中校記多達三千餘
條，可詳參。

邵雍詩集，宋代通行本爲二十卷。衢本《讀書志》卷一九
著録道：

> 邵堯夫《擊壤集》二十卷。右皇朝邵雍堯夫，隱居洛
> 陽。熙寧中，與常秩同召，力辭不起。遂於《易》數。始
> 爲學，至二十年不施枕榻而睡，其精思如此。歌詩蓋其
> 餘事，亦頗切理，盛行於時。卒謚康節。集自爲序。

《解題》卷二〇、《通考》卷二四四、《宋志》皆著録爲二十卷。
晁氏既稱“盛行於時”，則南宋初此集刻本已夥。明《文淵閣
書目》卷九嘗著録兩部，皆完全，疑是宋本。又《趙定宇書目》
有“宋板大字《伊川擊壤集》”。明代其他私家書目著録此集
尚多，其中當不乏宋本。曾有殘宋本數帙傳至清代。一本爲
黄丕烈收藏，其《百宋一廛書録》著録道：

> 此殘宋本《伊川擊壤集》，祇三、四、五、六卷，前一、
> 二卷已鈔補，餘皆失之矣。收藏家圖書，如“竹塢”、“玉
> 蘭堂”、“古吴王氏”諸章，皆明代故家，余所藏書多有之，
> 至毛、季兩家，尤彰明較著者也。惟“周氏公瑕”一印，所
> 見僅此書，當亦不偶。余檢《延令書目》，載此書爲宋刻，
> 與此同；目云二十五卷，恐是誤處。蓋宋代書目皆云二
> 十卷，延令所藏奚以過之？“五”者，衍字也。惜傳之又
> 久，僅存此數卷耳。明刻黑口，行款略同，然不如遠甚
> 矣。余得諸嚴二酉家，吉光片羽，寶何如之！

顧廣圻《百宋一廛賦》所謂“證《擊壤》於泰興”，即指此本，黄

氏注曰：

> 殘本《伊川擊壤集》，每半葉十行，每行廿一字，所存三至六，凡四卷而已。泰興季氏（振宜）舊物也。《延令目》云“宋邵康節《擊壤集》二十五卷”，彼時蓋尚完，然考晁、陳及馬氏著録，“五”乃衍字。

此本後爲張蓉鏡所得，道光乙巳（二十五年，一八四五），其跋另一所謂宋本（此本詳後）時，稱“《擊壤集》宋刻罕見，昔年由士禮居得三至六四卷，即《百宋一廛賦》所載，爲季滄葦舊藏”云云。後來傅增湘於上海見其本，跋稱“余於辛亥（一九一一）嘉平見之滬上，宋刻存三至六卷，元刻本存十至二十卷，一、二卷季氏舊鈔，余則從愛日精廬元刻鈔補。後歸南潯張氏”。其《經眼録》卷一三記此本，謂《擊壤集》十卷，存卷三至六，“十行二十一字，細黑口，左右雙闌，字瘦勁，印本亦精，有補版及鈔配。有黃丕烈、錢天樹、邵淵耀、孫原湘跋。鈐有明文氏玉蘭堂、二酉齋、周天球、毛氏汲古閣，清季振宜、張蓉鏡藏印”，然著録爲“明刊本”。傅氏《藏園訂補郘亭知見傳本書目》以爲該本乃明初所刊，“號爲宋本”。歸南潯張氏之本，詳載於《適園藏書志》卷一一，今藏臺北“中央圖書館”，仍著録爲宋刊本。

舊謂另一殘宋本，傅增湘嘗得之於北京琉璃廠文英閣，有跋。羅振常《善本書所見録》詳記之曰：

> 《伊川擊壤集》殘本十二卷，宋邵雍撰，宋刊，存卷四至十、十四至十八。半葉十行，行二十一字，細黑口，單框，左右雙闌。雙魚尾，上魚尾下記書名“壤上”、“壤下”，下記號數，下端記刻工名一二字不等。字體瘦秀，

闊簾羅紋薄皮紙。有“毗陵周氏九松迂叟藏書記”（朱長方），“周良金印”（朱方），“沈□之印”（朱方），“王行”（白方），“曾在雲間獻園沈氏”（朱長方），“藕香水榭”（朱長方）。此書配補明刻卷十一至十三、十九至二十，乃翻刻本，行款全同，字體亦仿之，其“壤”與通號，一如宋刻，但板式微大，單框改爲雙框，與黑口較闊耳。

傅氏《藏園訂補邵亭知見傳本書目》仍定該本爲明初所刊，“舊亦題爲宋本”。此本今未見著錄，不詳何在。

臺北“中央圖書館”除有張適園殘宋本（明初本）外，猶庋藏南宋建刊本二部，皆爲正集二十卷、集外詩一卷。其中一部前三卷配補元刊本。

道光乙巳（二十五年，一八四五），張蓉鏡得汪士鐘藝芸書舍散逸之《伊川擊壤集》二十卷，以爲是宋刻（按：《藝芸書舍宋板書目》未著錄），張蓉鏡、邵淵耀有跋。張氏跋曰：

> 此全部首尾完整，汪氏藝芸書舍散逸，乙巳十一月得之鮑芳谷手，愛不能釋，展讀三復，以血書“佛”字於空葉，惟願此書流傳永久，得無量壽，仗慈光覆護，消水火蠹食之災。……後之讀是書者，其知所珍貴也夫！

邵氏跋略曰：

> 曩爲芙川（張蓉鏡字）跋宋本《擊壤集》，是滄葦舊藏而歸於蕘圃者，墨采精妙，足供珍玩，然止於三、四、五、六四卷，餘皆剿補（按：此本前已述）。近又得此本於郡城汪氏，蓋蕘翁遺書多歸於汪，此則出於百宋一廛外者。雖刷印較後，而首尾完好，允爲全璧，離之固稱兩難，合之更成兩美矣。

此本後歸瞿氏,《鐵琴銅劍樓藏書目録》卷二〇著録道:

> 《伊川擊壤集》二十卷,宋刊本。……每半葉十行,
> 行二十一字。楮墨精好,惟《人鬼吟》卷八與卷一二重
> 出。舊爲邑中張芙川藏書,卷三册首空葉有芙川以血書
> "南無阿彌陀佛"六字,題其後云(即前引跋,略)。卷首
> 有"安樂堂藏書記"、"愛日精廬藏書"、"蓉鏡心賞"、"芙
> 川鑒定"諸朱印。

瞿本今藏國家圖書館,《北京圖書館古籍善本書目》著録爲明
初刻本,蓋依傅增湘鑒定。黄丕烈、汪士鐘皆未言有此宋本,
邵淵耀稱其"刷印較後",原屬可疑,蓋張蓉鏡等鑒定失誤也。

　　除上述宋本及舊稱宋本外,《擊壤集》今猶存元槧。元本
今著録兩部,一部藏國家圖書館,每半葉十三行二十二三字
不等,僅十八卷,卷十八配明鈔。此本原爲海源閣藏書(《楹
書隅録》未著録),舊亦號爲宋本,傅氏嘗於《藏園訂補邵亭知
見傳本書目》著録。另一部藏日本静嘉堂文庫,二十卷,全。
該本見《皕宋樓藏書志》卷七五、《静嘉堂秘籍志》卷三三。陸
心源嘗作《元槧擊壤集跋》述其版式道:"《伊川擊壤集》二十
卷,題曰'伊川邵雍堯夫',元槧本。前有治平四年自序。每
葉二十行,行二十一字。"則與國圖本版式異,蓋另一本。以
國圖本元槧校明本,間可改正後者訛誤。

　　是集明代刻本頗多,計有明初本、文靖書院本、成化本、
嘉靖本、隆慶本、萬曆本、明末毛氏汲古閣本等等,今擇要分
别述之。

　　明初本乃仿宋刊十行本,故易誤爲宋本。國家圖書館除
前述張蓉鏡本外,猶藏二部,其一有葉德輝跋,另一部僅存十
一卷。臺北"中央圖書館"亦著録一部。此本與元槧文字接

近，缺陷是詩有重出（以下各明本，皆相沿有此弊）。上已言及，《全宋詩》即以張蓉鏡本爲底本。

成化有兩本：畢亨本及希古翻刻本。《天禄琳琅書目》卷一〇著録希古本道：

> 二十卷。前明人希古序，次雍自序，後附集外詩十三章，並宋邢恕、明畢亨二序。希古不載姓氏，其序作於成化乙未（十一年，一四七五），稱披閲《擊壤集》，"愛其體物切實，立意高古"，乃重鋟梓云云。夫曰"重梓"，則先有刻本，據而重梓焉耳。畢亨序祇標庚子歲作，不題年號。以序中之言，考證諸書，則爲成化庚子（十六年，一四八〇），後於乙未希古序又五年矣。按明時有兩畢亨，皆成進士，歷顯官。……今亨序後結銜爲副都御史，序中又有"尹應天"及"回洛"之語，則是籍隸河南之畢亨無疑矣。序稱於監察御史晉陽王濬家得《擊壤集》，每欲壽梓而未暇。及後尹應天，始克刊行。及今致政，特取此版回洛，適郡守桂林劉公尚文建先生安樂窩書院，復訪先生集而梓行之，遂以此版授焉云云。其言"復訪梓行"者，非即希古序中"重梓"之謂乎？希古當即劉尚文之名，惜無可考。

丁氏《善本書室藏書志》卷二七謂希古引中有"(侍)〔侍〕問之暇，披閲再四，重梓廣惠來學，疑出自藩邸之手"。王重民《中國善本書提要》亦謂"署名希古，疑即畢亨所稱之劉尚文也"。今按"希古"、"尚文"意義相屬，以希古即劉尚文，庶幾近之，今《北京圖書館古籍善本書目》即徑著録爲"劉尚文重修本"。畢亨本及希古重刻本，皆爲每半葉十行十八字，黑口，四周雙邊。成化畢亨本今上海圖書館、日本内閣文庫有藏本;希古重刻本今國内著録八部,總體尚佳,《四部叢刊初編》即據以影印。《四庫全書》著録河南採進本,丁氏《善本書室藏書志》謂其亦即希古重刊本。四庫本之長,是已删却複出詩篇。

嘉靖本今未見著録,唯存王畿序,稱"予友荆川唐子專志静養,工於詩。……嘉靖甲子(四十三年,一五六四)春,予赴宛陵之期,與學院耿楚侗子會於陽羨,索唐仁甫氏《擊壤集》,取授池守鍾君,鋟梓以傳"云云。傅氏《經眼録》卷一三記其版式爲"十行二十一字,白口,四周雙闌"。

隆慶本刊於丁卯(元年,一五六七),萬士和《重刻擊壤集序》稱"先生(指其師唐順之)以舊刻無善本,且諸體雜出,命余分類成帙,而以屬江陰黄吉甫氏刻之"云云。"黄吉甫氏"即黄道,有跋。是刻爲八卷,即萬氏所改編,"分三言、四言、五言絶句、五言古詩、五言律詩、五言排律、七言絶句、七言律詩、七言排律"(《善本書室藏書志》卷二七)。是刻每半葉十行二十一字,白口,左右雙邊。今南京圖書館、北京大學圖書館及臺北"中央圖書館"著録。南京本乃丁氏書,北大本爲李氏書(參《木犀軒藏書書録》)。此書萬曆四十二年(一六一四)有翻刻本,今國家圖書館及美國國會圖書館有藏本,《中國善本書提要》記其爲九行十八字,原題"宋伊川邵堯夫著,明後學儲昌祚、儲顯祚校刊"。"卷端有萬士和序,以其分類考之,蓋翻萬本也。"又有萬曆四十二年儲昌祚序。萬氏本雖體類分明,然舊本次第亦破壞無遺。

萬曆三十三年(乙巳,一六〇五),吳元維刊《宋邵康節先生伊川擊壤集》十卷,有吳瀚、吳泰注。吳元維有序,略曰:"吾伯氏白石先生(瀚)獨契其深,摘注三十六首,行世久矣。或者侈九鼎而病一臠,於是叔氏開甫(泰)先生增注其全,稍爲銓次，爲卷凡十，爲類凡五。”所分五類爲：乾坤、冬至、瞻禮、訓子、首尾吟。丁氏《善本書室藏書志》卷二七著録毛氏刊本時，附記曰：“先兄嘗得一殘本，款式類毛本，有無名公《邵康節先生傳》，邢恕後序，嘉靖甲子龍溪王畿後序，萬曆乙巳元維序，丙午吳應試序，印本尚完，附訂此帙，以備考證。”所得即吳瀚、吳泰注本。該本今國家圖書館、上海圖書館及日本京都大學文學部等著録近十部。清康熙八年（一六六九）邵泰定、邵養貞刻本，乾隆十五年（一七五〇）洛陽邵氏重刊本，道光二十年（一八四〇）刻本，以及咸豐元年（一八五一）洛陽安樂窩刊本，與吳元維本同屬一版本系統，今皆有傳本著録。

臺北“中央圖書館”猶藏有萬曆間嘉興楞嚴寺刊方册藏本，以及朝鮮舊刊本（正集二十卷、集外詩一卷）。

明末毛氏汲古閣刊《道藏八種》，有《擊壤集》二十卷，每半葉十行二十字，黑口，四周雙邊。該本乃毛晉從《道藏》繕刊（按見正統《道藏·太玄部》），陸心源《元槧擊壤集跋》謂以元刊本校之，“毛本脱落甚多，不及此本遠甚”，並一一列舉毛本所脱五十餘首之卷次、篇名，且謂“其他序次之不同，字句之訛謬，更難枚舉。是集乃康節手定編次，必無參差；毛刊爲近時善本，不應脱落之多。蓋毛刊出於《道藏》，必經道流妄削，又不得原本校正，故踵其謬”。今按《愛日精廬藏書志》卷三〇著録元刊本，即毛氏汲古閣舊物，謂“不得原本校正”，恐非是。毛氏既是選刻《道藏》之八種，其意蓋欲存《道藏》本原貌，非不能校正也。毛氏刊本今有著録。

日本寬文九年（一六六九），京都長尾平兵衞刊《擊壤集》六卷附一卷，又《擊壤全書》卷一八至三四，明徐必達校，山脇重顯點。見《和刻目録》。

　　《全宋詩》所用底本、校本已見上述。除補入底本之外各集本所增益詩篇外，另從他書輯得佚詩九首。

【參考文獻】

　　邵雍《伊川擊壤集序》(《四部叢刊初編》本卷首)

　　邢恕《康節先生伊川擊壤集後序》(同上卷末)

　　魏了翁《邵氏擊壤集序》(《四部叢刊初編》本《鶴山先生大全文集》卷五二)

　　陸心源《元槧擊壤集跋》(《儀顧堂題跋》卷一一)

　　張蓉鏡、邵淵耀《宋刊本(明初本)伊川擊壤集跋》(《鐵琴銅劍樓藏書題跋集録》卷四)

　　希古《擊壤集引》(《四部叢刊初編》本卷首)

　　畢亨《伊川擊壤集跋》(同上卷末)

　　萬士和《隆慶重刻擊壤集序》(隆慶刊本卷首)

　　黃道《隆慶刊擊壤集跋》(同上卷末)

　　吳元維、吳應試《萬曆本伊川擊壤集序》(萬曆刊本卷首)

　　吳源起《康熙重刊伊川擊壤集序》(康熙本卷首)

　　孟長安、邵養貞《康熙重刊伊川擊壤集跋》(同上卷末)

莆陽居士蔡公文集三十六卷

蔡忠惠公文集　端明集

蔡　襄　撰

蔡襄(一〇一二——一〇六七)，字君謨，興化軍仙遊(今屬福建莆田市）人。天聖八年（一〇三〇）進士，歷官翰林學士、三司使，卒諡忠惠。工書，詩文精美。歐陽脩《端明殿學士蔡公墓誌銘》（《歐陽文忠公集》卷三五）曰：“有文集若干卷。”蓋其時尚未編次。《通志》載“《蔡端明集》三十卷”。衢本《讀書志》卷一九著錄道：

> 《蔡君謨集》十七卷。右皇朝蔡襄字君謨，興化人。天聖中舉進士，慶曆三年（一〇四三）知諫院。仁宗慨然思治，增置諫官四員，君謨在選中。皇祐中知制誥，累遷翰林學士、權三司使。嘗知福、泉、杭三州。文章清遒粹美。工書，爲本朝第一，殘章斷稿，得者珍藏之。

《讀書附志》卷下著錄爲三十卷，詳後引。《解題》卷一七曰：

> 《蔡忠惠集》三十六卷，端明殿學士忠惠莆田蔡襄君謨撰。近世始刻於泉州，王十朋龜齡爲之序。

《通考》卷二三五從晁氏作十七卷。《宋志》著錄《蔡襄集》六十卷，又《奏議》十卷。《四庫提要》曰：“多寡懸殊，不應如是。疑《通考》以《奏議》十卷合於集六十卷，總爲七十卷，而傳刻訛舛，倒其文爲十七也。”余嘉錫《四庫提要辨證》卷二一駁之曰：

> 不知一書數本，多寡不同，事所常有。趙希弁《讀書附志》云：“《讀書志》止載《蔡君謨集》十七卷，希弁所藏三十卷，（《附志》題爲《莆陽居士蔡公文集》，案《通志‧藝文略》有《蔡端明集》三十卷，疑即此本。）乃公之曾孫刑部郎洸所刊者，陳參政騤序。”（洸官至吏部尚書，《宋史》卷三百九十有傳。）是希弁所見之《讀書志》已與今本同，豈亦傳刻誤耶？

《解題》著録之本有王十朋序。王序作於乾道五年（一一六九）十月，略曰：

> 十朋初見其詩（祝按：指《四賢一不肖詩》）於張唐英所撰《仁宗政要》，甚歆慕之。其後見公文集，乃没而不載，竊以爲恨。乾道四年（一一六八）冬，得郡温陵。……蓋公至和、嘉祐間嘗兩守是郡，至今泉人稱太守之賢者，必以公爲首，求其遺文，則郡與學皆無之，可謂缺典矣。於是移書興化守鍾離君松、傅君自得，訪於故家，而得其善本。教授蔣君雕與公同邑，而深慕其爲人，手校正之，鋟板於郡庠，得古律詩三百七十首，奏議六十四首，雜文五百八十四首，而以《四賢一不肖詩》置諸卷首，與奏議之切直、舊所不載者，悉編之，比它集爲最全，且屬予序之。

《四庫提要》曰：“觀十朋序稱所編凡古律詩三百七十首，奏議六十四首，雜文五百八十四首，則已合奏議於集中；又稱嘗於張唐英《仁宗政要》見所作《四賢一不肖詩》，而集中不載，乃補置於卷首；又稱奏議之切直舊所不載者，並編之。則十朋頗有所增，已非初本之舊。”余氏《辨證》再駁之曰：

> 案《提要》前以《通考》作十七卷爲七十卷之訛，而謂初本世不甚傳，此又言十朋所編非初本之舊，其意殆謂十朋得七十卷之本，並兩卷爲一，得三十五卷，又益以奏議之切直舊所不載者，故爲三十六卷也。今案十朋《梅溪後集》卷十七有《傅興化送蔡端明集》詩，與序中所謂“移書興化守鍾離君松、傅君自得，訪於故家，而得其善本”者合。（十朋此序亦見《梅溪後集》卷二十七。）然則十朋所據之本乃得之莆田，（宋興化軍治莆田，即蔡君謨之故里。）當

即襄曾孫洸所刊之三十卷本，十朋校刻時又有所增益，自稱比他集爲最全，故多六卷。襄集在宋時凡數經鋟板，以十七卷者爲最少，當是初刻，蔡洸所刊三十卷本爲再刻，十朋所編三十六卷之本，蓋其第三刻也。至於《宋志》所著録之文集六十卷，奏議十卷，不知編自何人，刻於何時，十朋亦未必見之矣。

是集宋刻，經諸家著録及余氏考辨，除六十卷本外，其他源流已明（按：《澹生堂藏書目》卷一三著録“《蔡忠惠公集》十册，五十卷。《別紀》二册，十二卷”，不詳爲何本。然《別紀》乃明末人徐𤊹編，可推想五十卷蓋鈔彙其他專著，非《宋志》六十卷之舊）。王十朋所刊、即題《莆陽居士蔡公文集》者，今存殘帙凡十八卷，餘鈔配。該本原爲朱氏藏書，後歸楊氏海源閣，《楹書隅録初編》卷五著録道：

> 每半葉十行，行十九字。卷一至卷六、卷二十五至末均影宋精鈔補。有“大興朱氏竹君藏書之印”、“朱筠之印”、“笥河府君遺藏書畫”、“朱錫庚印”、“錫庚閱目”、“椒花吟舫”各印。後少河跋之二十六年歸於余齋，今又十有六年矣。予齋所藏唐人集多舊槧，而宋刻宋人集殊不多，此爲第一銘心絶品也。

所稱朱少河（錫庚）跋，在卷末，作於道光三年癸未（一八二三）仲春廿二日，略曰：“是本鏤鋟工緻，其字畫皆歐體，間有闕佚，乃名手摹仿補足，紙色墨色，渾然如一，迫視之幾難辨別，可稱天衣無縫。”

一九二七年（丁卯）十月，有勞姓者持海源閣藏宋本二十六種在天津求售，其中即有此書。當時傅增湘等人籌爲保書

會,擬合力收之,終以諧價未成,尋爲有力者分携以去。傅氏《經眼録》卷一三再記其本道:

> 《莆陽居士蔡公文集》三十六卷,宋蔡襄撰。存卷七至二十四,計十八卷,餘鈔配。宋刊本,半葉十行,行十九字,白口,左右雙闌。版心中縫寬展,魚尾下記"端明集幾",下記葉數,最下記刊工姓名。後有朱少河(錫庚)跋。
>
> 按:此本紙墨明麗,以字體雕工論,疑亦江右所刊,海内孤本。海源閣舊藏。

此本後輾轉由劉氏捐贈國家圖書館,今藏該館善本室,已影印入《北京圖書館古籍珍本叢刊》第八十六册。

是集宋以後傳刻本,《四庫提要》述之曰:

> 元代版復散佚,明人皆未睹全帙。閩謝肇淛嘗從葉向高入秘閣檢尋,亦僅有目無書。萬曆中,莆田盧廷選始得鈔本於豫章俞氏,於是御史陳一元刻於南昌,析爲四十卷;興化府知府蔡善繼復刻於郡署,仍爲三十六卷,而附以徐𤊹所輯《別紀》十卷。然盧本錯雜少緒,陳、蔡二本皆未及詮次,後其里人宋珏重爲編定,而不及全刻,僅刻其詩集以行。雍正甲寅(十二年,一七三四),襄裔孫廷魁又衷次重刻,是爲今本。

陳一元刻本,今大陸及臺灣著録十三部之多,日本東洋文庫、美國國會圖書館亦有庋藏。傅增湘《宋端明殿學士蔡忠惠公文集跋》述其本道:

> 明萬曆刊本,半葉九行十九字,白口,左右雙闌。版心下魚尾下陽葉記刊工姓名,陰葉記字數。卷一第一葉

記"李森寫、鄒元弼刊"小字一行。各卷題"明監察御史
侯官陳一元校，布政使麻城李長庚、按察使桐鄉沈蒸訂，
知縣龍溪馬鳴起閱"凡四行。各卷尾題"萬曆乙卯（四十
三年，一六一五）仲夏，南州朱謀瑋、李克家重校"。……
《蔡集》自元代版失後，明人未睹全帙，謝肇淛入秘閣檢
尋，亦有目無書，是明代刊本以此爲最先。且余觀卷中
缺字，或空格，或注缺幾字，決無明人妄意填補之弊。且
校勘者爲朱鬱儀王孫，其參訂矜慎，當爲可信。余以遜
敏齋本（即雍正本，詳下）略校一卷，頗有佳字。宋本不
可得，得此勝於雙甓齋本（即蔡善繼本，詳後）遠矣，故錄
而存之。（《藏園群書題記》卷一三）

陳刻本四十卷外，有《別紀》十卷，《提要》以爲蔡善繼本始附
《別紀》，誤。《中國善本書提要》曰："（陳刻本）《別紀》亦題
'朱祖瑋、李克家重校'一行，是陳本已有《別紀》，不自善繼始
也。"按：所謂《別紀》，乃徐𤊹從群書中鈔彙"遺言佳事"而成，
序稱"自世系、本傳，以及《荔譜》《茶錄》，分門別類，爲卷十
二"。此本所附爲十卷，乃改編本。

　　蔡善繼本刻於萬曆丙辰（四十四年），僅比陳刻本晚一
年。丁氏《善本書室藏書志》卷二六謂其本"版心作'雙甓齋'
三字，有晉江何喬遠、温陵黃國鼎、史繼偕諸序，及善繼自序，
椠印不苟，可珍也"。蔡氏序稱"舊集刻郡齋，遭兵燹散佚無
存者，……於是從莆陽盧廷選使臣所索鈔本"重刊之。據何
序，是刻校讎之役，蔡氏"以命廣文先生張啟睿"。此刻與前
述之陳本，同出於盧氏所得鈔本，而此本合爲三十六卷，以符
陳振孫《解題》之舊。雙甓齋本每半葉九行二十字，白口，四
周雙邊，今國內著錄九部（其中丁氏本藏南京圖書館），日本

宫内廳書陵部、内閣文庫各藏一部。

宋珏重編本,天啟二年(一六二二)顔繼祖等僅刻其詩集,題作《蔡忠惠詩集全編》,凡二卷,附《別紀補遺》二卷(徐燉初編,宋珏補遺。卷數雖少於初編本,而内容不啻倍之)。顔氏有序。每半葉九行十九字,白口,四周單邊。今國内著録十餘部,日本内閣文庫、蓬左文庫亦有藏本。

前引《四庫提要》所稱之雍正甲寅(十二年,一七三四)蔡廷魁重刻本,即蔡氏遜敏齋所刊,光緒時遜敏齋又嘗重刊。《提要》曰:"據目録末徐居敬跋,則此本(雍正本)僅古今體詩從宋珏本更其舊第,其餘惟删除十五卷、十九卷内重見之《請用韓琦范仲淹奏》一篇而已,則與十朋舊本亦無大異同也。"雍正本爲三十六卷,附《別紀補遺》二卷,每半葉九行二十字,白口,四周單邊,今國内及日本東京大學皆有著録。

《四庫全書》著録江蘇採進本,凡四十卷。今按遜敏齋本卷一以賦起,四庫本以古詩起,再參其結構,當即萬曆陳一元本。卷目編次爲:卷一至八,詩;卷九,箴;卷一〇至一五,制誥;卷一六至二一,奏議;卷二二,國論要目;卷二三,書、疏;卷二四,表;卷二五,狀;卷二六,札子;卷二七,書;卷二八,記;卷二九,序;卷三〇、三一,啟;卷三二,齋文;卷三三、三四,雜著;卷三五,茶録;卷三六,哀詞、祭文;卷三七,神道碑;卷三八至四〇,墓誌銘。明以後刻本,以陳本爲佳,遜敏齋本次之,雙甕齋本稍差。

一九九六年,上海古籍出版社出版吴以寧校點本《蔡襄集》。是本以陳一元本爲底本,校以殘宋本、萬曆雙甕齋本、雍正遜敏齋本等,附録遜敏齋本《別紀補遺》二卷。

《全宋文》用雍正遜敏齋本爲底本,輯得佚文一百一十五篇。《全宋詩》用陳一元本爲底本。

【參考文獻】

王十朋《端明集序》（影印文淵閣《四庫全書》本《端明集》卷首）

傅增湘《宋端明殿學士蔡忠惠公文集跋》（《藏園群書題記》卷一三）

蔡善繼、何喬遠、史繼善、黃國鼎《蔡忠惠公文集序》（萬曆雙甕齋刊本《宋蔡忠惠文集》卷首，人各一序）

顏繼祖《蔡忠惠詩集全編序》（天啟龍溪顏氏刊本《蔡忠惠詩集全編》卷首）

蔡廷魁《重刊蔡忠惠公文集序》（雍正本《宋端明殿學士蔡忠惠公文集》卷首）

陶邕州小集一卷

陶　弼　撰

陶弼（一〇一五——一〇七八），字商翁，永州祁陽（今湖南祁陽）人。慶曆中佐楊畋平傜，累官知邕州、康州團練使。劉摯《東上閤門使康州團練使陶公墓誌銘》（《忠肅公集》卷一二）稱其“篤學能文，尤長於詩”，又謂“有文集十八卷”。黃庭堅《陶君墓誌銘》（《宋人集》甲編本《陶邕州小集》卷首，又《豫章先生文集》卷二二）謂“平生詩文書奏十有八卷，讀其書，知非碌碌者”。十八卷本久佚，既不見諸書目，亦未見宋人序跋，其傳刻情況不詳。

後世所傳爲《陶邕州小集》一卷，傅氏《藏園訂補邵亭知見傳本書目》謂有明萬曆二年（一五七四）十一世孫陶應會刊本,九行二十字,有萬曆甲戌(即二年)應會重刊序。此本或近世猶存,今不見著録。既稱"重刊",當有更早之本。

《四庫全書》著録鮑士恭家藏本,題《陶邕州小集》,《提要》謂"十八卷之本久佚,惟此集一卷,尚存鈔帙,所載詩僅七十三首"。鮑氏鈔帙不詳是否即傳録萬曆本。重慶圖書館今著録知不足齋鈔本,有鮑廷博批校。

一卷本《陶邕州小集》,多被收入清人所輯"宋人小集"之類,如法式善《宋元人詩集八十二種》、金氏文瑞樓《宋人小集六十八種》、海寧陳氏《宋人小集四十二種》等等。又刻入叢書,計有:光緒七年(一八八一)會稽章壽康《式訓堂叢書》第三集、光緒二十六年(一九○○)湘西陳運溶《麓山精舍叢書》第一集(題《陶閤使詩集》,分爲二卷)、宣統元年(一九○九)沈宗畸《晨風閣叢書》、民國三年(一九一四)李氏宜秋館《宋人集》甲編。《宋人集》以丁氏八千卷樓鈔本爲底本,有輯補一卷,李之鼎跋稱"其詩尚有散見於總集、類書中者,輯附卷後"。丁氏本著録於《善本書室藏書志》卷二六,稱其詩"善言風土",今藏南京圖書館。日本静嘉堂文庫亦藏有舊鈔本,有勞格校,見《皕宋樓藏書志》卷七三、《静嘉堂秘籍志》卷三三。《小集》亦嘗單刻。道光八年(一八二八),有刻本《邕州小集》一卷,與另三種合訂,今唯東北師範大學圖書館著録。

《全宋詩》以《宋人集》甲編本爲底本,又廣爲輯佚,輯得佚詩八十八首及斷句若干,超過一卷本載詩之總和,且仍有漏集者。劉摯《墓誌銘》稱弼"有詩千篇",知其平生所作甚富,所存蓋十不一二;而其文則一篇也無。

【參考文獻】

李之鼎《陶邕州小集跋》(《宋人集》甲編本《陶邕州小集》卷末)

宋人別集叙録卷第六

元公周先生濂溪集十二卷

周敦頤 撰

　　周敦頤(一〇一七—一〇七三),字茂叔,道州營道(今湖南道縣)人。因家於營江濂溪旁,故世稱濂溪先生。歷知彬州,卒於知南康軍,嘉定中謚“元”。精《周易》,爲宋代理學創始人之一。其理學著作如《太極圖説》《通書》等行世甚早,晁氏《讀書志》有著録,而其文集蓋裒輯較晚。《四庫提要》曰:“詞章非所留意,故當時未有文集。陳振孫《書録解題》載有文集七卷者,後人之所編輯,非其舊也。”

　　殘本《永樂大典》今存嘉定十四年(一二二一)度正《書濂溪目録後》,略曰:

　　　　正往在富沙,先生(朱熹)語及周子在吾鄉時,遂寧傳者伯成從之游,其後嘗以《姤説》《同人(説)》寄之,先生乃屬令尋訪,後書又及之。正於是遍求周子之姻族,與夫當時從游於其門者之子孫,始得其與李才元漕江西時慰疏於才元之孫,又得其《賀伯成登第手謁》於伯成之孫。其後又得所序彭推官詩文於重慶之温泉寺,最後又

得其在吾鄉時所與傅伯成手書。於序見其所以推尊前
輩，於書見其所以啟發後學，於謁於書又見其所以薦於
朋友慶弔之誼，故列之遺文之末。又得其同時人往還之
書，唱和之詩，與夫送別之序，同遊山水之記，亦可以想
像其一時切磋琢磨之益，笑談吟詠之樂，登臨游賞之勝，
故復收之附錄之後。而他書有載其事者，亦復增之，如
近世諸老先生崇尚其學而祠之學校，且記其本末，推明
其造入之序以示後世者，今亦並述之焉。

度正又作有周氏《年表》，今存，則後來傳世之集本，當爲度正
所裒輯。然《遂初堂書目》已著錄《周濂溪集》，尤氏卒於紹熙
四年（一一九三），似度正之前猶有另一本。年代久遠，莫知
其詳。

《讀書附志》卷下著錄道：

> 《濂溪先生大成集》七卷、《濂溪先生大全集》七卷，
> 右周元公敦頤字茂叔之文也。濂溪，在營道之西，蓋營
> 川之支流也。……始，道守蕭一致刻先生遺文並附錄七
> 卷，名曰《大成集》。進士易統又刻於萍鄉，名曰《大全
> 集》。然兩本俱有差誤，今並參校而藏之。

則《大成集》《大全集》其實一書，版本不同而已。陳氏《解題》
卷一七著錄《濂溪集》七卷本，稱“遺文纔數篇，爲一卷，餘皆
附錄也。……又本並《太極圖》爲一卷，遺事、行狀附焉”。則
其所見亦兩本：一本有《太極圖》，蓋另一本無之。因其著錄
兩本，故統稱“濂溪集”，疑即趙氏所錄之《大成集》《大全集》。
《通考》卷二三六從陳氏《解題》。《宋志》著錄蕭一致《濂溪大
成集》七卷。蕭刻不詳在何時，既無傳本，亦未見序跋。易刻

本,趙氏稱之爲"又刻",當在蕭本之後,今存紹定元年(一二二八)萍鄉人胡安之序,略曰:

> 易兄綸叟昆仲暇日携所刻《濂溪集》見示曰:"願有以志之。"愚謝不敢。他日論及"無極而太極"之旨,愚竊誦先師文公之言曰……綸叟喜曰:"請即此二者以志焉,可乎?"愚又謝不敢。綸叟固請曰:"問學之工,亦可以嗇於示人,而不廣資問辨之益乎?"愚無以對,因直錄所以相與酬答者如此。

是集明代官私所藏,時見宋本。《文淵閣書目》卷九著錄道:"《周濂溪文集》,一部十册,完全。"又《内閣書目》卷三:"《周元公集》十二册,全。宋周敦頤著,凡十二卷,内正集七卷,附錄五卷。"此本與今存宋本同。此外《近古堂書目》卷下、《絳雲樓書目》卷三皆著錄"宋板《濂溪先生大成集》"。今存宋刻二本,藏國家圖書館,俱非上述趙氏、陳氏所錄。一本題《元公周先生濂溪集》,凡十二卷,年表一卷,白口,半葉八行十六字,刊刻年代不詳。二〇〇六年,岳麓書社將此本標點出版。另一本題《濂溪先生集》不分卷,存卷首、目錄、家譜、年譜、太極圖,原爲傅增湘藏書,其《經眼錄》卷一三記之曰:

> 宋刊本,大板心,半葉九行,每行十八字,注雙行同,白口,左右雙闌,版心上記大小字數。宋諱"貞"字缺末筆,"惇"寫作"湻",或題"光宗廟諱"。
>
> 按:據目錄,原書不分卷,今所存者至《太極圖》朱熹氏解止,都四十四葉。以下《太極説》、《通書》、遺文、附錄、詩文皆缺佚。年譜末記今上皇帝淳祐元年(一二四

一）御筆以五臣從祀云云，則當爲淳祐刊本矣。

又《訂補邵亭知見傳本書目》謂其爲“淡墨印，大字，似宋末閩中刊本”。《訂補》整理者傅熹年案曰：“一九五一年，廠市曾出一本，與此全同，亦淡墨晚印，知此書所存非一本矣。”

《濂溪集》元代殆無刊本，有明屢爲繡梓。明刊蓋以嘉靖本爲早。嘉靖刊有三本。一本爲黄敏才江州刊本，刊於嘉靖十四年乙未（一五三五），卷首有胡安之序，又王汝憲序、林山跋。林跋略曰：“編是集者，周子世係倫也，正之者郡博左子序也，刻之者郡貳黄子敏才也。”序跋未述其底本，既有胡序，當源於宋易氏《大全集》本，蓋周倫重爲編次。是刻題《濂溪集》，凡六卷，卷一度正撰年表，卷二《太極圖説》《通書》《拙賦》《養心亭説》及詩十一首，卷三以下皆附録。每半葉九行十六或十七字，小黑口，四周單邊。今國家圖書館等有著録，日本静嘉堂文庫亦藏一部。又有遞修本及嘉靖三十七年（一五五八）丁永成重刻本，重刻本今唯見杭州圖書館著録。

今陝西省圖書館著録《宋濂溪周元公先生集》十卷，亦刊於嘉靖十四年。此本與上述江州本書名卷數皆不同，未見，情況不詳。

嘉靖間另一本，乃道州守王會所刻，今未見著録，僅存一序，略曰：

> 會官太學時，嘗得《濂溪先生年譜》一書，爲友人借去，竟失之。猶記題引者爲張元楨氏，云曾得《周子大成書》於某處，缺其中年表一帙，欲檢中秘書抄補之，以史事嚴不及。其所謂“大成書”者，會迄未之見也。

> 癸卯歲（嘉靖二十二年，一五四三），拜道州之命，……訪其嗣孫翰博繡麟，求家傳遺書，出《濂溪遺芳

集》一册相示，荒雜不倫，並年譜及先生述作亦復闕遺。
因嘆文獻凋落，當圖改刻。乃復出年譜鈔本及搜録詩文
凡若干。會受歸而讀之，其間又多訛脱。乃謬以己意，
略加考定而編次焉。曰遺書、曰事狀、曰年譜、曰歷代褒
崇，而賢士大夫先後表彰著在紀述者亦附録之，使後之
人有考，並圖其山川書院於卷首。雖未能萃先生之大
成，然學者遡是而求焉，亦可以得先生之大致矣。因題
曰《濂溪集》，刻置書院，以備是邦文獻之闕。

末署嘉靖甲辰(二十三年)。傅氏《經眼録》曾著録此本，爲徐
梧生(坊)遺書，乃《濂溪集》三卷，十行二十一字，黑口，雙闌。

萬曆三年(一五七五)，道州推官崔植又刊成《宋濂溪周
元公先生集》十卷、《世系遺芳集》五卷。前一年，崔氏有跋，
略曰：

> 植自髫齓知學，已切景仰。及倅永理刑事，值寅長
> 會泉王公、守齋邵公、峴南紀公咸邃於理學，仰公道德，
> 實出同然。癸酉(萬曆元年，一五七三)冬，植權視州篆，
> 得造公故里，……乃命拾公家乘若干篇，並鄉達東川蔣
> 公得之九江者亦若干，復與蘭亭黄公、日洲吕公、虹洲陳
> 公暨諸鄉先生考訂成帙壽梓，用廣其傳。

同時人丁懋儒、黄廷聘、吕藿(按：後兩人即崔序所謂"黄公"、
"吕公")有序。黄序稱"載閲《濂溪集》舊刻，蕪漏不稱文獻，
即以公餘校讎，删繁補略，凡係先生之言行者悉録之，諸後人
詩賦不與焉。類編梓成，足爲全書"。所謂舊刻，蓋指嘉靖王
會本。又吕序亦曰："集之作，備載元公事，其未備者，參之江
州本補焉，莫公文若諸記得並載，如詩賦惟録同時者，此外雖

工弗收，明此爲《元公集》，而非以侈翫詠也。”則是刻底本乃
周氏家藏本及江州本。所謂《世系遺芳集》，載敦頤父及元、
明以來諸孫事跡文字。此本今大陸未見著錄，臺北“中央圖
書館”有舊鈔本，而日本宫内廳書陵部、内閣文庫及東京大學
皆藏有原刻本。

　　萬曆四十年，有顧造刻《周子全書》七卷，十行二十一字，
白口，左右雙邊，今國家圖書館等有藏本。

　　萬曆四十二年，周與爵重刊崔氏本，卷數與崔刻同，周氏
有跋。此本十行二十字，白口，四周單邊，國内有著錄。

　　天啓四年（一六二四），李嵊慈刊《宋濂溪周元公先生集》
十三卷，有李氏刊板序，略曰：

　　　　筮仕營道，下車即瞻拜先生廟貌，趨承宛然光霽，求
　　先生書讀之，則漫滅繁蕪，令人有杞宋無徵之嘆。再得
　　郡司寇黄公惠本編次，犁然一軌於正矣，但其祖自潤
　　州。……潤雖有刻，而道無善本，是使後起者聞《韶》於
　　齊，不能無致慨於周禮之不在魯也。予小子慈蒞先生之
　　故都，……敢愛編摩之力，而不爲此邦存此獻，則予
　　豈敢？

所謂潤州本，乃李楨所刊，其本今未見著錄，而天啓本録有其
序（作於萬曆二十一年），猶有郭惟賢序。

　　清代通行之本，乃張氏正誼堂本。該本原刻於康熙四十
七年（一七〇八），同治時刊入《正誼堂全書》，洪氏《唐石經館
叢書》、民國間《叢書集成初編》皆據以刊行。張伯行序稱底
本得於京師報國寺，經其訂訛編次。所刊爲《周濂溪先生全
集》十三卷。

　　《四庫全書》著録朱筠家藏本，爲《周元公集》九卷。《提

要》曰："此本亦不知何人所編，凡遺書、雜著二卷，圖譜二卷，其後五卷則皆諸儒議論及誌傳祭文，與宋本不甚相合，而大致亦不甚相遠。蓋後人病其篇目寂寥，又取所著二書編之集內，以取盈卷帙耳。明嘉靖間，漳浦王會曾爲刊行；國朝康熙初，其裔孫沈珂又校正重鎸。……原本後附《遺芳集》五卷，乃沈珂輯其先世文章事跡，自爲一編。"則朱筠本當爲康熙本。康熙本今未見著録，蓋據王會本重新編刊。館臣謂《遺芳集》乃周沈珂所編，誤，明代即有其本，蓋經沈珂改編，故自署名焉。

綜觀上述各本，雖卷帙多寡不盡相同，其實周氏詩文原作並無多少增益。因其"在宋代已勉强綴合"，後來編刊者以尊道學之故，遂儘量搜採附録以多其卷數，然而"大致亦不甚相遠"（《四庫提要》語），正文文字亦少有差異。明乎此，則可不被衆多卷數不同之版本所困惑。

二〇〇九年，中華書局出版陳克明點校本《周敦頤集》，收入《理學叢書》中。該書以光緒丁亥（十三年，一八八七）賀瑞麟刊《周子全書》爲底本，參校各本。《全宋文》用宋刻本《元公周先生濂溪集》爲底本，輯得佚文七篇。《全宋詩》用《正誼堂集》本爲底本。

【參考文獻】

度正《書濂溪目録後》（《永樂大典》卷二二五三六）

胡安之《濂溪集跋》（嘉靖江州黃氏刊本《濂溪集》卷首）

王汝憲《嘉靖江州本濂溪集序》（同上）

林山《嘉靖江州本濂溪集跋》（同上卷末）

王會《嘉靖道州本濂溪集序》（嘉靖道州濂州書院本《濂溪集》卷末）

崔植《萬曆道州本周元公先生集跋》（臺北"中央圖書館"藏舊鈔萬

曆三年本《宋濂溪周元公先生集》卷末）

　　丁懋儒、黄廷聘、呂藿《萬曆道州本周元公集序》（同上卷首，人各一序）

　　李楨、郭惟賢《萬曆潤州本周元公先生集序》（天啟四年本《宋濂溪周元公先生集》卷首，人各一序）

　　李嵊慈《天啟道州本周元公先生集序》（同上）

　　張伯行《康熙正誼堂本濂溪集序》（《正誼堂全書》本《周濂溪集》卷首）

古靈先生文集 二十五卷

陳　襄　撰

　　陳襄（一〇一七──一〇八〇），字述古，侯官（今福建福州）人。慶曆二年（一〇四二）進士，仕至侍讀、判尚書省，世稱古靈先生。以在經筵時向神宗薦司馬光、韓維、蘇軾等三十三人著名。葉祖洽《陳襄行狀》（《古靈集》末附）曰：“平生所爲文集，止二十五卷。”又孫覺《墓誌銘》（同上）：“所著文集二十五卷。”蓋辭世時已大體編定。

　　紹興五年（一一三五），李綱爲作集序，道：

　　　　所爲文章温厚深純，根於義理。精金美玉，不假雕琢，自可貴重；太羹玄酒，不假滋味，自有典則。質幹立而枝葉不煩，音韻古而節奏必簡。非有德君子，孰能與此？故嘗評之：其詩篇平淡如韋應物，其文辭高古如韓退之，其論事明白激切如陸贄，其性理之學庶幾子思、孟軻，非近世區區綴緝章句、務爲應用之文者所能彷彿也。

嗣子紹夫裒集公文章,得古律詩賦、奏啟雜文凡三百六十餘篇,冠以紹興手詔及熙寧經筵薦士章稿,合爲二十有五卷,而行狀、誌銘附於其後。集成來謁,求爲之序。

是序未明言陳紹夫是否即以所編付梓,後人則多以爲紹興五年有刻本。莫氏《邵亭知見傳本書目》卷一三曰:"李綱序署紹興五年閏月,云紹夫刊行遺文(祝按:李序原文止云"裒集"),則初刻也。……紹興三十年辛巳(一一六〇。按該年爲庚辰,此誤)十月,六世孫曄記云'家君(陳輝)重刊先正密學遺文於贛之郡齋,俾曄次第年譜以冠之',則再刻也。"丁氏《善本書室藏書志》卷二六曰:"按宋刊有二本,一每半葉十行、行二十字,一每半葉十行、行十八字。"今按陳輝跋紹興三十年刻本(此本詳後),稱是集"里人大夫徐君世昌嘗摹刻於家"云云,當即所謂陳紹夫刻本;李綱序謂"集成來謁",則云紹興五年初刻,蓋大體不差。徐世昌刻本久已失傳,傅增湘嘗見舊寫本作每半葉十行二十字(《經眼録》卷一三),不詳是否由該本出。

紹興三十年,陳輝、陳曄父子於贛州重刻是集,次年十月知贛州軍州事陳輝跋曰:

> 里人大夫徐君世昌嘗摹刻於家,而其間頗有舛訛,歷歲漸久,且將漫漶。輝竊有意於校正,因仍未遑,每以爲恨。揭來章貢,屬數僚士參核亥豕,因命仲子曄推次年譜,並鋟之木,庶幾有以慰子孫瞻慕之心也。

陳曄跋其所編年譜道:

> 家君重刊先正密學遺文於贛之郡齋,俾曄次第年譜

以冠之，庶幾平生遊宦歲月之先後，與夫壯志晚節，詩文之辭力，曉然可見。曄謹承命，恭考三朝實録，暨文集、行狀、墓誌、家譜諸書參校，有可據者，乃繫於歷歲之下云。

陳輝刊本今猶有一部傳世，藏上海圖書館。該本每半葉十行十八字，左右雙邊，白口，雙魚尾，下有刻工，上刻字數。框高二十公分，寬十三點四公分。前有李綱序，末有陳輝跋。書中殷、完、桓、敬、徵字皆缺筆，敦、慎字不避。刻工有蕭岡、黃彥、鄧正、劉智、余中、葉松、弓友、蕭昌、管十、弓整、葉文、蔡昇、吳立、方誌、龔整、方仲、祝允、方惠。鈐有“翰林院印”，並有“乾隆三十八年（一七七三）十一月浙江巡撫三寶送到孫仰曾進呈陳古靈集一部計書十本”木記。查《四庫總目》，《古靈集》著録福建巡撫採進本，而非是孫仰曾本，則此當是四庫館發還之書。藏印尚有明代“文淵閣印”，以及朱氏結一廬諸印（參沈津《上海圖書館善本書録》，《文獻》一九八九年第四期）。按明《文淵閣書目》卷九日字號第三廚書目，有《古靈陳先生文集》凡二部，一部八冊，一部四冊，皆完全，然無每部十冊之本。《內閣書目》卷三僅著録一部四冊全。則是書十冊，或經後人重裝。

　　四庫館既發還孫氏宋本，則所收録之福建採進本，自應不遜於孫本。《邵亭知見傳本書目》亦謂“《四庫》依宋刊本”。然考《提要》曰：“王士禛《居易録》稱《古靈集》二十卷，蓋所見乃謝氏鈔本，非其完帙。惟其稱冠以紹興元年求賢手詔者，與李綱序合，此本不載，蓋傳寫佚之。”則福建採進本乃“傳寫”本。館臣既得宋槧而不用，却著録傳鈔本，頗令人不解，蓋當日草率疏失之一例。不過以宋本校四庫本，四庫本除改忌諱字外，其餘文字尚佳，個別字且可校正宋本之誤，當亦由宋本出。其卷目編次爲：卷一，熙寧經筵論薦；卷二，内制；卷三，表、奏；卷四至六，奏狀；卷七、八，札子；卷九，詳定禮文；卷一〇、一一，易講義；卷一二，禮記講議；卷一三，議論策題；卷一四、一五，書；卷一六，啟；卷一七，啟、狀；卷一八，序、記；卷一九，文；卷二〇，墓誌銘；卷二一，古賦、律賦；卷二二至二五，詩。

《解題》卷一七著録道：

> 《古靈集》二十五卷，樞密直學士長樂陳襄述古撰。襄在經筵，薦司馬光而下三十三人，皆顯於時。紹興詔旨，布之天下。集序，李忠定綱作也。年譜載其世系出陳夷行之弟夷實，自光州固始從王緒入閩，家於福州。考之《唐世系表》，有不合者。

陳氏所録既有年譜，當是贛州本。《通考》卷二三六從陳氏。《宋志》除著録二十五卷本外，又有《奏議》一卷，蓋其奏議嘗單行。

是集宋末猶有福建翻刻本。陸心源所藏宋本，嘗以爲是紹興時刻、寧宗時修補之本，其《皕宋樓藏書志》卷七四著録，並按曰：

> 此紹興三十年重刊本，每葉二十行，每行十八字，版心有字數及刻工姓名。“擴”字缺筆，避寧宗嫌名，當是紹興刻而寧宗時修補者。字畫遒勁，是南宋槧之精者。目録第四有《贈鄰縣過瑣秘丞》，“瑣”字不作缺筆，竟注“神宗廟諱”四字。據李忠定序，是集爲紹夫所輯，刻於紹興五年，不應獨於神宗廟諱注字，蓋據稿本也，或據以

爲北宋刊則謬矣。卷中有"拜經樓吳氏藏書"朱文方印。

按吳騫跋（《拜經樓藏書題跋記》卷五），稱該本原爲鮑廷博（淥飲）所有，後歸吳氏，"雖間有缺翻及文字漫漶處，然紙墨精雅，古香馣馤，誠宋本之甲也"。此本後歸日本岩崎氏，今藏靜嘉堂文庫，參董康《書舶庸譚》卷八、《靜嘉堂秘籍志》卷一〇。陸氏另有《宋本陳古靈集跋》，詳記其版式及缺葉。

一九二九年（己巳）十一月，傅增湘在靜嘉堂檢視原本後，以爲該本乃宋末福州所刊，非如陸氏所謂紹興刻、寧宗時修補。其《經眼錄》卷一三按曰：

> 此本與瞿氏鐵琴銅劍樓藏本同，余曾校瞿本，其斷爛處覓此本校之，亦正相似。卷末《使遼語錄》亦不全。審其字體刀法，與真德秀《西山讀書記》極相類，或亦宋末福州刊本歟。

傅氏跋瞿本（詳後）時，亦稱"其刊工多與《國朝諸臣奏議》《西山讀書記》同，字橅顏平原亦頗相類，當是南宋末福州覆刻紹興三十一年贛州刊本"。傅氏以刊工姓名證其爲宋末福州覆刻本，當確鑿無疑。

宋末覆刻本，今國内猶有兩部，分別藏國家圖書館、上海圖書館。國家圖書館所藏即瞿氏本，《鐵琴銅劍樓藏書目錄》卷二〇著錄，稱"字近柳體，每半葉十行，行十八字，板心有字數，與海寧吳槎客（騫）藏本同。末有《使遼語錄》一卷。卷首有'梁溪顧氏朝泰珍藏'朱記"。一九二八年（戊辰），傅增湘以此本校徐坊舊藏鈔本（鈔本今亦藏國家圖書館），作《跋宋本古靈先生文集》，按曰："此集自贛州開雕、福州覆刻以後，別無刊本，諸家著錄多屬傳鈔，僅日本岩崎氏靜嘉堂有宋本。

余己巳東渡，於庫中曾得寓目，與此本同爲一刻，其刓敝斷爛
處亦同。”上海圖書館除藏有前述四庫館採進本外，猶有另一
宋刊本。該本有鈔補、缺頁，與國圖所藏瞿氏本版式、字體相
同，亦屬宋末福州覆刻贛州本。

　　是集除宋刊本外，今唯有清鈔本近十部。前述徐坊本，
傅氏跋謂其“字迹樸拙，審爲康、雍時風氣，而舛訛奪逸已不
可勝計，幸覯宋本，乃焕然頓還舊觀”。今國家圖書館、南京
圖書館等猶藏有影宋本。如南京圖書館所藏丁氏書，《善本
書室藏書志》卷二六稱是“影寫十八行本，與槎客吳氏、罟里
瞿氏所藏宋本同，惟無《使遼語録》一卷耳”。

　　《全宋文》《全宋詩》俱用國家圖書館藏宋刻本爲底本。

【參考文獻】

　　李綱《古靈集序》（影印文淵閣《四庫全書》本《古靈集》卷首）

　　陳輝《重刊古靈集跋》（宋本《古靈先生文集》卷末）

　　陳曄《古靈先生年譜跋》（同上年譜末）

　　陸心源《宋本陳古靈集跋》（《儀顧堂題跋》卷一〇）

　　傅增湘《跋宋本古靈先生文集》（《藏園群書題記》卷一三）

南陽集三十卷

韓　維　撰

　　韓維（一〇一七——一〇九八），字持國，雍丘（今河南杞
縣）人。以蔭入官，歷仕英、神、哲三朝。元祐初拜門下侍郎，
紹聖中入元祐黨籍，元符初復官。嘗封南陽郡公，因以名集。

沈晦《南陽集跋》（按：所跋似僅爲鮮于綽《韓維行狀》，此仍舊題），謂宣和六年（一一二四）曾向其舅氏韓宗質"求外祖（即韓維）文集，欲加論次，而文字舛駁，不可正是。方欲問諸家以綴輯成書，俄金賊犯闕，外家殲於穎昌，群從散亡，書籍灰燼"。至作是跋之紹興十年（一一四〇），沈晦稱"今年表姪孫（韓）元龍復得此本於何人家，……因取《行狀》鋟木流傳，增入外祖諸子及女名位紀次，以足其闕文"。則是時文集仍未付梓。淳熙元年（一一七四）十月，韓維玄孫元吉作《高祖宮師文編序》曰：

> 高祖宮師文編僅三十卷，皆兵火所輯，非舊本也。……獨鮮于大受（綽）所爲《行狀》猶在，用列於篇首。某逮事曾叔祖留司御史（韓宗質），時王、蔡方張，有所畏避，凡家集手自鐍之，無得觀者，故公之論新法、觸時禁之言，皆不傳於外，而所傳奏議十不四五也。南渡流離，集稿遂逸，訪於四方，莫克盡獲，惟詩尚多，而內制特少。至其他文，如與蘇子美書、誌程伯淳墓，士大夫雖知有之，無復見也。……小子不佞，無以紹君子之澤，獨其文編負笈而藏，欲俟備而傳焉，懼有河清之歎，因衰而刊之東陽郡齋。

因知三十卷乃重輯之本，舊本卷數已不復可考。按韓維卒於哲宗元符元年（一〇九八），至此其文集方有刻本，相距已七十七年矣。

衢本《讀書志》卷一九著録作者詩集道：

> 《韓持國詩》三卷。右韓維字持國，億之子也。元豐中，入翰林爲學士，遷承旨。哲宗初載，拜門下侍郎（祝

按："元豐中"至此二十一字,原無,據袁本補。《宋史》本傳謂其遷
承旨在熙寧七年〔一〇七四〕),與其兄子華(絳)、(弟)玉汝俱
位宰相。持國最能詩,世傳其"酴醾"絶句,他多稱是。

《通考》卷二四四從之。詩集蓋北宋時所刊,故南渡後猶傳,
韓元吉《文編序》因稱"惟詩尚多"。《解題》卷一七曰:

> 《南陽集》二十卷,門下侍郎潁昌韓維持國撰。封南
> 陽郡公,故以名集。沈晦元用,其外孫也。卷首載鮮于
> 綽所述《行狀》,而晦跋其後。南澗元吉无咎,其四世孫。

《通考》卷二三六從之。陳氏既述及韓元吉,則其所錄當即東
陽郡齋刊本。韓氏《文編序》稱其所刻爲三十卷,參之《宋志》
及今存本,陳氏當誤"三十卷"爲"二十卷",而《通考》承其訛
(或相承傳刻之訛)。《宋志》著錄《南陽集》三十卷,又《潁邸記
室集》一卷、《奏議》一卷。《潁邸記室集》,當即《南陽集》卷一九
至二一之《王邸記室》,蓋嘗單行。《文編序》稱"所傳奏議十不
四五",知奏議嘗有傳本,《宋志》所著或即其本。要之,韓維
文集雖付梓甚晚,蓋除雜文之外,各類著作早有刻本行世。

《南陽集》宋以後不見有覆刻本。明代蓋舊刊藏本尚傳
世,《文淵閣書目》《絳雲樓書目》等俱有著錄。宋本猶傳至清
代,吳氏《繡谷亭書錄》稱"吳中有宋槧本",然久未見諸書目。
今傳爲明、清鈔本,以明祁氏澹生堂鈔本爲最古。澹生堂本,
《澹生堂藏書目》著錄,今藏上海圖書館,爲正集三十卷、附錄
一卷,裝訂爲十六册。每半葉十行十八字,藍格,書口下印有
"澹生堂鈔本"五字。第一册首缺第一至十二葉,《行狀》已脱
去。鈐有祁氏"澹生堂經籍記"、"曠翁手識"、"山陰祁氏藏書
之章"、"子孫世珍",以及"安樂堂藏書記"、"明善堂覽書畫印

記”、“仁和朱復盧校藏書籍”、“結一盧藏書印”、“徐乃昌讀”等印記（參沈津《上海圖書館藏集部善本書錄》，《文獻》一九九〇年第四期）

是集清鈔本現存兩部，皆由宋本出。一部藏南京圖書館，乃丁氏舊物，《善本書室藏書志》卷二七著錄道：

> 凡詩十四卷，内外制四卷，王邸記室三卷、中闕一卷，奏議五卷，表章、雜文、碑誌三卷，手簡、歌詞一卷，附錄一卷。而馬氏《通考》題文集二十卷、詩集三卷，陳氏《書錄》因其所官之地而作潁昌人，皆誤也（祝按：《通考》乃承陳氏之訛，前已述）。此舊鈔本，凡遇皇帝及陛下、先帝、太皇太后，或提行，或空格，猶有宋刊舊式，疑從東陽本而出。惜二十七卷以後並有闕文，無別本可校補耳。

另一部爲陸心源舊物，後歸日本静嘉堂文庫，見《皕宋樓藏書志》卷七五、《静嘉堂秘籍志》卷三三。陸氏《南陽集跋》述之曰：

> 《南陽集》三十卷，宋韓維撰。舊鈔本，每葉二十二行（祝按：《秘籍志》注謂“當作二十行”），行十八字。後有紹興十年沈晦跋。凡遇皇帝及陛下、先帝、太皇太后等字，或提行，或空格，當從宋本傳鈔者。……卷二十九有《程伯淳墓誌》，注云“淳熙四年續得於蜀”。蓋版刊於元年，墓誌得於四年，故云“續得”，可爲東陽刊本之證。

《四庫全書》著錄江蘇採進本，據《提要》知其爲傳鈔本。又，《提要》曰：“其集刊版久佚，藏書家轉相繕錄，訛脱頗多，第三十卷與附錄一卷尤顛舛參差，幾不可讀。蓋沈晦作跋之時，已云文字舛駁，不可是正。今流傳又四五百載，其愈謬也固宜矣。謹考定其可知者,其原闕字句無可校補,則姑仍其舊焉。"前引丁氏《善本書室藏書志》,亦謂其藏本"二十七卷以後並有闕文"。陸心源本訛脱同,然其解釋與館臣異,《南陽集跋》曰:"今卷二十九、卷三十及附録,或上截有字、下截無字,或下截有字、上截無字,或以歌詞雜於他人祭文之下,或以書札雜於詔誥之後,當由所據之本模印在後,版多爛亂,裝訂時又有錯簡,非沈晦所云不能是正者也。卷十九、卷二十、卷二十一爲王邸記室,卷二十有録無書,祇存(第)十九、第二十一兩卷,《提要》云'二卷',蓋除缺卷而言之耳。"按《繡谷亭書録》亦稱其所藏本中多缺文,且謂吳中之宋槧本"缺軼略同"。疑所謂吳中宋本,即各鈔本之母本。要之,是集今無通體完善之本,然絶大部分詩文尚完好可讀,亦是不幸之幸。

　　《全宋文》用影印文淵閣《四庫全書》本爲底本,輯得佚文三十三篇。《全宋詩》底本同,輯得佚詩(包括殘詩)九首。

【參考文獻】

　　沈晦《南陽集跋》(影印文淵閣《四庫全書》本《南陽集》卷末)

　　韓元吉《高祖宫師文編序》(影印《四庫全書》本《南澗甲乙稿》卷一四。又見《永樂大典》卷二二五三七)

　　陸心源《南陽集跋》(《儀顧堂題跋》卷一〇)

伐檀集二卷

黃　庶　撰

黃庶(一〇一八——一〇五八),字亞夫,分寧(今江西修

水）人。慶曆二年（一〇四二）進士，仕至攝知康州。仁宗皇
祐五年（一〇五三）十二月，黃庶自編自序其集道：

> 暇日發常所作稿草，得數百篇。覽初省末，散亡居
> 多，其存者或失首與尾，或竄乙斷裂不可讀。因取其完
> 者，以類相從而編焉，題之曰《伐檀集》，且識其愧。然其
> 性嗜文字，若有病癖，未能無妄作，後來者皆附於篇之
> 末云。

其子黃庭堅嘗刻其詩，所作《刻先大夫詩跋》（《山谷別集》卷一
一）曰：“先大夫平生刻意於詩，語法類皆如此，然世無知音。
小子不肖，晚而學詩，懼微言之幾絕，故刻諸星子灣，以俟來
哲。”然據曾姪孫黃𡐽《伐檀集跋》，所刻僅《大孤山》《宿趙屯》
二詩，蓋爲刻石，並非開板。南宋嘉定二年（一二〇九），裔孫
黃𡐽、黃𥮋兄弟始刻其集。黃𡐽跋曰：

> 今家藏《伐檀集》，間多少作，又厄於兵火之變，是以
> 傳本尚未見於世。紹興中，我從兄吏部諱然將漕畿內，
> 嘗欲盡刊我先世諸書，皆未果。𡐽偶茲承乏（祝按：指爲浙
> 西路轉運判官），於五十餘年之後，謹以是集鋟而傳之，非
> 敢曰成我從兄之志，而太史（庭堅）“微言或絕”之懼，尚
> 幾不泯焉。

黃𥮋又跋曰：

> 曾伯祖康州使君《伐檀集》，蓋平生著述之一，僅存
> 於煨燼中。字畫傳録，不無小誤，屢加參考，復得館閣藏
> 本更相訂正，但古律詩間存參錯，不敢以己意更定；而雜
> 文上下又多不以類相從，意是作序之後續作，或不專用
> 歲月先後爲次。悉從其舊，亦疑以傳疑之意云。

陳氏《解題》卷一七著録道：

> 《伐檀集》二卷，知康州豫章黄庶亞夫撰，自爲序。
> 庭堅，其子也。世所傳"山魈水怪著薛荔"之詩，集中多
> 此體。庭堅律詩，蓋有自來也。庶，慶曆二年進士。

陳氏所録，當即嘉定刻本，因知筌、㘭所刊爲二卷。《通考》卷
二三六著録爲"一卷"，然其徵引《解題》，則非别本可知，其
"一"字必"二"之訛。《宋志》著録爲六卷。按作者編集時已
自稱"數百篇"，筌、㘭二跋稱"間多少作"，"僅存於煨燼"，則
所刻二卷定非完帙，蓋就其所有釐之而已。故《宋志》所著六
卷，疑是原編卷數。

　　是集宋刻本蓋明代猶存。《文淵閣書目》卷九著録"黄庶
《伐檀集》一部二册，全"，《内閣書目》卷三同，疑爲宋本。内
閣猶藏有宋蜀人所獻本，詳下。《絳雲樓書目》卷三著録一卷
本。各本後來皆散佚。日本内閣文庫所藏《伐檀集》，舊題爲
宋刊本，傅增湘嘗檢視之，乃明嘉靖刻本（詳《經眼録》卷一三）。

　　《四庫提要》曰："其集自宋以來，即附刻《山谷集》末。"明
弘治至嘉靖葉天爵、喬遷刊《山谷集》，附刻《伐檀集》二卷。
當時所用底本，爲鈔内閣宋蜀人所獻本，周季鳳序稱《伐檀
集》二卷"亦閣本附行"。其卷目編次爲：卷一，詩；卷二，書、
啟、雜文（上、下）。萬曆四十二年（一六一四）李友梅續刊山
谷集，亦附《伐檀集》二卷，並變更下卷文章類原有編次。校
刊者之一陳以志跋曰：

> 按《伐檀集》二卷，上卷古律詩，黄公㘭云"不敢以意
> 更定"，今一依其貫。下卷舊本書啟詞文先後錯出，既曰
> "不以歲月爲序"，則自有類可從。今爲釐别，首書十章，

次啟七章，次雜文十一章，次詞十五章，次祭文二十三章，通計六十有六。非遽敢以意更定也，論序可稽正，無事於因陋；篇秩非簡要，不失爲傳疑。時萬曆甲寅（四十二年）陰月望日也，後學陳以志識之南臺山中。

清乾隆三十年（一七六五）緝香堂刊《山谷全書》，附刻《伐檀集》，又對其詩、文編次進行調整。胡鎬德《伐檀集跋》曰：

　　第其書一刻於嘉靖己酉（二十八年，一五四九），再刻於萬曆甲辰（三十二年，一六〇四。此本今未見著錄），而因仍漫無編次。茲重加核對。其詩分門別類，悉照《山谷全書》編訂；其雜文有不可以類相從者，如序文、字説、墓誌等篇，悉歸雜著中，祭神文統入祭文内。俾觀者披卷朗如，沉潛玩味，愈識淵源之有自云。

同治、光緒間有重刻緝香堂本。民國十二年（一九二三），李氏宜秋館據萬曆李友梅《山谷集》附刻本刊入《宋人集》丁編。

《四庫全書》所收黃山谷集，爲弘治至嘉靖本，而將原所附之《伐檀集》單獨著錄。館臣以爲“子雖齊聖，不先父食，古有明訓。列父詩於子集之末，於義終爲未協，故今析之，別著錄焉”（《四庫提要》）。

以上所述明、清各本，詳參本書《豫章黃先生文集》叙録。各本文字，如李之鼎《伐檀集跋》所説“互有異同”，不過差異不太大。嘉靖本直接由宋蜀人所獻本出，較爲可靠。乾隆本一律删去原祭文末“尚饗”二字，其他錯字亦稍增。

《全宋詩》用弘治至嘉靖刻本《豫章先生文集》附《伐檀集》爲底本。《全宋文》用光緒二十年義寧州署刊爲底本，重編爲三卷。

丹淵集四十卷

文　同　撰

文同（一〇一八——一〇七九），字與可，梓州永泰（今四川鹽亭東）人。皇祐元年（一〇四九）進士，仕至尚書司封員外郎充秘閣校理、知湖州。工詩文書畫。以其爲文翁後，故世稱石室先生。范百祿《文公墓誌銘》（《丹淵集》卷首）曰："平生所爲文五十卷。"衢本《讀書志》卷一九著録道：

> 文與可《丹淵集》四十卷。右皇朝文同字與可，蜀人，進士高第，以文學名，操韻高潔，畫筆尤妙。仕至太常博士、集賢校理。元豐初出守吳興，至宛丘驛，忽留不行，一旦沐浴，冠帶正坐而逝。

《解題》卷一七曰：

> 《丹淵集》四十卷，集賢校理潼川文同與可撰。東坡與之厚善，《墨君堂記》《篔簹竹記》，皆爲同作也。司馬溫公稱其襟韻瀟灑，如晴雲秋月，塵埃不到，則其爲人可知矣。其爲湖州，蓋未至而卒。

《通考》卷二三六、《宋史》卷四四三本傳皆著録爲四十卷。《墓誌銘》稱五十卷，而傳本僅四十卷，蓋至其曾孫文鷟編家集時已多散佚（詳下），故不合。

四十卷本《丹淵集》，最初乃文鷟編刊，南宋寧宗慶元元年（一一九五），邛州守家誠之再釐正重刊，並附以所編年譜及所輯《拾遺》上下凡二卷。家氏作《目録跋》，述文鷟編刊本之“不倫”，以及其重編體例道：

　　按先生曾孫鷟所編家集，詩分爲十八卷，各以所居
爲别：東谷古今詩三卷，南崗古今詩二卷，臨邛、廣漢古
今詩各一卷，陵陽古今詩三卷，漢中古今詩二卷，梁洋古
今詩三卷，西岡古今詩一卷，畫樹樂府、雜詠各一卷。東
谷，先生里居也，而青城山六詩、普慈三詩、閬中雜詠，與
夫過興州晴碧亭、蒼溪山寺、新津退思堂、左綿富樂山海
師、彭州南樓詩皆在焉（以下續舉各地詩相互混雜例，此
略）。然别之以所居之地，則不能不致後學之疑。且《超
然臺賦》《蓮》《松》等賦雜出於詩中，樂府獨殿於詩後，挽
詩既别之一門，復附之於詩，編次可謂不倫矣。先生之
詩用是不復可譜，但譜其平生出處大概耳。

　　詩之次序則從其舊，惟取其詞賦列於首篇，以見先
生用意於古學；樂府次之，古今詩又次之，他文又次之，
仍分爲四十卷，又尋訪先生遺文，分爲兩卷，復以諸公往
來書翰詩文繫之於末，庶知先生師友淵源所自云。

家誠之又有跋，稱“刊其集以廣於世”，且曰：

　　湖州之文散落不存者多矣。石林先生（葉夢得）云：
“東坡倅杭，與可送以詩，有‘北客若來休問事，西湖雖好
莫吟詩’之句。及詩禍作，世以爲知言。”而東坡亦嘗移
書湖州，趣其賦黄樓。二者集中皆無之。間有詩與坡往
還者，輒易其姓字。如《杭州鳳咮堂》，坡所作也，則易以
胡侯；詩中凡及“子瞻”者，率以“子平”易之。蓋當時黨
禍未解，故其家從而竄易。斯文厄至於如此，可勝歎哉！
今但掇拾其遺亡數篇，以附於後，後有同志者或又能訪

其遺餘，尚可以續編云。

文鶯編刊本後雖失傳，據家氏兩跋，已可略知其概。《讀書志》所載，依時代當即文鶯刊本；《解題》不詳爲何本，或爲家氏刊本。故宋刊兩本，雖同爲四十卷，而編次不同。文鶯所編，據家氏所述，顯然失當；而家氏以體分類較爲合理，故後來各本皆祖家氏邛州本。

是集宋本久已失傳。考明代書目多所著録，唯《絳雲樓書目》卷三陳景雲注曰"四十卷，宋蜀本，最佳"。此本蓋毀於火。楊氏海源閣嘗藏有金泰和丙辰（按：丙辰爲金章宗明昌七年〔一一九六〕，非泰和。疑爲泰和丙寅〔六年，一二〇六〕）翻宋慶元本，每半葉九行十八字，有元、明人補板，見《楹書隅録初編》卷五。此本今未見著録，不詳何在，或已不存。今傳唯明萬曆刊本。

萬曆有三本。一本題爲《陳眉公先生訂正丹淵集》，乃吳一標所刊，卷首有萬曆庚戌（三十八年，一六一〇）錢允治序，述其刊板原委道：

> 曲沃家誠之於宋寧宗慶元改元編次其集，與先生孫（按：當爲曾孫，見上引家氏《目録跋》）所編略有更易。……慶元刻本，世所罕睹（祝按：明《內閣書目》卷三著録《石室先生丹淵集》八冊，全，當即慶元本）。頃內江李務滋（應魁）重爲校刻，而吳士人吳建先（一標）受之雲間陳仲醇（名繼儒，號眉公），仲醇復爲校讎，付建先剞劂以傳，甚盛心也。

則是先有李應魁刻板，吳一標（建先）以其本付陳繼儒復校後，再由吳一標刻於吳郡。是刻正集四十卷外，有拾遺二卷、

《石室先生年譜》一卷、附錄一卷，每半葉九行十八字，白口，四周雙邊。是本今國内著錄五部，日本内閣文庫、静嘉堂文庫、尊經閣文庫亦有藏本。

　　萬曆另一本刊於鹽亭縣，題《新刻石室先生丹淵集》，正集四十卷外有拾遺二卷、年譜一卷、續編諸公書翰詩文一卷、雜記一卷。《增訂四庫簡目標注・續錄》稱此本爲仿宋本，“題《新刻石室先生丹淵集》，署銜爲‘宋尚書司封員外郎充秘閣校理新知湖州軍州事兼管内勸農事上輕車都尉文同著’，十行二十字”。王重民《中國善本書提要》曰：“此本有萬曆四十年（一六一二）楚永蒲序（祝按：原序末署“楚永蒲以懌”，目錄書或作“楚永蒲”，或作“蒲以懌”。考永明縣人蒲以懌，萬曆舉人，嘗令鹽亭。永明古屬楚地，故稱“楚永”，則作“楚永蒲”誤），稱爲學博吳君與諸文學所編刻。然余頗疑此即李務滋（應魁）原板，蓋楚君（祝按：應作蒲君）知鹽亭時所刷印者，即吳（一標）本所從出也。吳本少雜記一卷，當爲翻刻時所削去。”此説似無證據。後來毛晉叙其修補本時，稱蘇蒼木（王重民疑即蘇漢先，蓋是）謂“李君（指李應魁）訂正《丹淵集》四十卷，能梓而不能行”，則李刊殆未嘗印行；蒲序述其拜職兩載搜求底本之艱，蓋不致掠人之美，且兩刻板式不同（詳後），故當仍定蒲氏所刊爲宜。此本大陸、臺灣之圖書館及日本東洋文庫、美國國會圖書館皆有藏本，臺北學生書局嘗據臺北“中央圖書館”藏本影印。

　　除上述萬曆兩本外，是集猶有毛氏汲古閣重修本。崇禎辛未（四年，一六三一），毛晉作《丹淵集叙》，稱蘇蒼木謂“向曾偕蜀友李君（當即應魁）訂正《丹淵集》四十卷，能梓而不能行，亦漸入蠹魚腹矣”，於是“盡挈其梨棗以相贈。予感蒼木之誼，亟爲之理其殘缺，授之楮君，以廣其傳焉”。則毛晉修補印行之板，原爲李應魁等所刻。今各圖書館多著録爲"明萬曆三十八年吳一標刻、崇禎四年毛晉重修"，恐誤，毛氏所修並非吳一標所刻之板，毛氏言之甚明。《中國善本書提要》曰："觀每卷首葉上面，或全改刻，或僅改刻'吳毛晉子晉'一行，疑原署蘇氏名，子晉付印時，始易以己名。《四部叢刊初編》影印本題'汲古閣刊'，謂版片在汲古閣，尚有可通，若溯其校刻年月，署崇禎不如萬曆之爲愈也。"刻於萬曆，崇禎時修補印行，方合毛晉叙文原意。則此本爲萬曆第三本，而其刻板時間，尚早於上述兩本，實爲萬曆第一刻。是本每半葉九行十八字（與蒲以懌本異），原題"宋蜀文同與可撰，明吳毛晉子晉、蜀李應魁務滋、吳吳一標建先同參"。蓋吳一標嘗參與修訂，而其翻刻本即由此板出，行款相同，故後人誤以爲毛晉所修即吳一標所刻之板。毛晉原印本，今大陸及臺灣凡著録十餘部。《四庫全書》著録鮑士恭家藏本，即毛氏汲古閣重修本，底本今藏湖南省圖書館。《四部叢刊初編》亦據毛氏本影印。其卷目編次爲：卷一，詞賦；卷二，樂府雜詠；卷三至二〇，詩；卷二一，雜著；卷二二至二四，記；卷二五、二六，序；卷二七、二八，表；卷二九至三二，啟狀；卷三三，先狀；卷三四，奏狀；卷三五，文；卷三六至四〇，墓誌。

綜上所述，是集現存三本，實皆刻於萬曆間。李本、蒲本出於何本，當時刊板序跋皆未言及。蒲本書名、署銜蓋沿宋本之舊，故邵章稱之爲"仿宋本"。李本（即毛氏本）與蒲本文字相近，當並由宋慶元本（或金泰和翻刻本）出。葉德輝《郋園讀書志》卷八稱蒲本爲"萬曆本之最佳者"。

《全宋文》用《四部叢刊初編》本爲底本，輯得佚文十六篇。《全宋詩》底本同。

【參考文獻】

家誠之《丹淵集目録跋》（《四部叢刊初編》本《丹淵集》目録後）

家誠之《丹淵集跋》（同上卷末）

錢允治《吴郡重刊丹淵集序》（同上）

毛晉《重修丹淵集叙》（同上卷首）

蒲以懌《新刻石室先生丹淵集序》（萬曆鹽亭刊本《新刻石室先生丹淵集》卷首）

王徹《新刻石室先生丹淵集跋》（同上卷末）

公是集五十四卷

劉　敞　撰

劉敞（一〇一九——一〇六八），字原父，號公是，臨江軍新喻（今江西新余）人。慶曆六年（一〇四六）進士第二，歷知制誥、知永興軍等。歐陽脩《劉公墓誌銘》（《歐陽文忠公集》卷三五）曰：“有文集六十卷。”其弟劉攽《公是先生集序》曰：

> 公是先生總集七十五卷，叙文字爲五種：《古詩集》二十卷，《律詩集》十五卷，諸五言、七言、歌行篇曲皆歸之詩；《内集》二十卷，諸議論、辯説、傳記、書序、古賦、四言文詞、箴贊、碑刻、誌、行狀皆歸之《内集》；《外集》十五卷，諸制誥、章表、奏疏、駁議、齋文、覆謚皆歸之《外集》；《小集》五卷，諸律賦、書啟皆歸之《小集》。大凡若干篇。……先生論《春秋》《易象》《七經説》《弟子記》，不載集中，具别録云。

畢仲游《答劉朝散書》(《西臺集》卷八)略曰:"少從公先世之遊如子姪兄弟,所以講聞公是先生侍讀道義文章,出入内外,立朝行己之本末者甚悉。故一與公相遇,如舊相識。而寒暄安否之外未及其他,即問《公是先生文集》尚未宣佈之因,此三十年欲問之事也。豈謂記存,遠枉書教,遂録寄全集七十五卷,遣介東來,行幾二千里,因屬某爲序。"所稱"劉朝散",乃劉敞子奉世,此後不久當有刊本。畢仲游序今佚。按《宋史》卷三一九《劉奉世傳》:"紹聖元年(一〇九四),以端明殿學士知成德軍,改定州。踰年,知成都府。"《北宋經撫年表》卷五:紹聖二年,"定州劉奉世知成都"。三年,"奉世罷"。畢仲游所謂"三十年欲問之事",蓋就劉敞卒後而言,而敞卒至紹聖三年將近三十年,與畢氏所言合。又周必大《跋劉原父貢父家書》(《周文忠集》卷一六)曰:"公是文集僅有蜀本,而公非全書,學者或未盡睹。"所謂蜀本,當即劉奉世在成都所刊之本。前引《墓誌銘》稱文集六十卷,疑不包括"外集"十五卷,或當時尚未裒輯,或初不擬將代言之作及奏議等編入文集也。

衢本《讀書志》卷一九著録道:

《劉公是集》七十五卷。右皇朝劉敞字原父,袁州人。慶曆中舉進士,廷試第一(祝按:《宋史》本傳:"廷試第一,編排官王堯臣其内兄也,以親嫌自列,乃以爲第二。")。累遷知制誥,出知永興(祝按:袁本《讀書志》此下猶有:"惑官妓,得驚眩病,力求便郡。仁宗謂執政曰:'如敞者,豈易得邪?'賜以新橙五十。"蓋晁氏後來刪之)。爲人明白俊偉,自六經、百氏,下至傳記,無所不通。爲文章尤敏贍,好摹仿古語句度。在西掖時,嘗食頃草九制,各得其體。英宗嘗語及原父,韓魏公對以有文學，歐陽公曰："其文章未佳，特博學可稱耳。"

《解題》卷一七、《通考》卷二三五、《宋志》並著録爲七十五卷。蓋《公是集》除蜀本外，别無他本。

宋刊本久佚。今國家圖書館有明鈔本《公是先生集録》不分卷，清人又轉相傳録，乃節本。乾隆十五年（一七五〇），水西劉氏刊《新喻三劉文集》，其中《公是集》四卷，乃輯本。今唯《永樂大典》本輯録最全，《四庫提要》曰：

> 原本不傳，今新喻所刻《三劉文集》僅四卷，大約採自《宋文鑒》者居多，而又以劉攽《趙氏金石録序》《泰山秦篆譜序》誤入集中；即攽所作《公是集序》，亦採自《文獻通考》，而未見其全，故注云"失名"，其編次疏舛可知。又，錢塘吴允嘉别編《公是集》六卷，亦殊闕略。考史有之序《春秋意林》曰："清江爲二劉、三孔之鄉，文獻宜徵而足。今三孔集故在，獨二劉所著毁於兵。"則其佚已久矣。唯《永樂大典》所載頗富，今裒輯排次，釐爲五十四卷。疑當時重其兄弟之文，全部收入，故所存獨多也。

據此，則宋刊本明初猶存，亡佚或在明後期。大典本録入《四庫全書》，收入《武英殿聚珍版叢書》。《叢書集成初編》據聚珍本排印。其卷目編次爲：卷一、二，賦；卷三，騷；卷四至二九，詩；卷三〇，制誥；卷三一至三三，奏疏；卷三四，表；卷三五，序；卷三六，記；卷三七，義；卷三八至四〇，論；卷四一，議；卷四二，説；卷四三至四五，書啟；卷四六至四八，雜著；卷四九，碑辭；卷五〇，文；卷五一，家傳；卷五二、五三，墓誌銘；卷五四，石記。

乾隆四十六年（一七八一）王友亮鈔大典本《公是集》五十四卷，有王友亮、王寀廷跋，今藏山東省圖書館。一九四三年（癸未），傅增湘得一乾隆鈔本《公是集》，從《大典》輯本録出，用以校光緒廣雅書局覆聚珍本，作《校鈔本公是集跋》曰：

此集余昔年曾手校二次，一爲盧抱經學士鈔本，不分卷，蓋殘帙也，見於翰文齋；又一殘本，秖存詩賦類，見於宏遠堂，均得假歸對勘，共補得詩十六首，文六首，皆在勞平甫（格）所補佚文四首之外。以其傳録出於舊本，其淵源皆在乾隆輯本之前，其爲勝異宜也。余初以此帙録出《四庫》，視聚珍本或無甚差殊；及取覆核一過，又補詩三首，文一首，而奪文訛字，訂正者復數百字。忻慰之情，乃逾望外。

余嘗謂宋元人集，凡輯自《永樂大典》者，多苦無舊本可校，然若得當時四庫館鈔本，於文字必多所補正。蓋館中初輯出時，猶是《大典》原文，指斥之語不及芟除，忌諱之詞未加修改。及經館臣輯編，則有移易卷第，删落文字，（如青詞之類删至全卷，防禦、邊夷之屬删及全篇及數百字者。）及修飾詞句之弊，已非本來面目矣。……（鈔本）不必遠溯明代、清初，凡在刻本（指聚珍本）以前所録，皆大有可取也。

傅氏之言，乃經驗之談，故詳録之。其所得乾隆鈔本今不詳所在，而其所校補之覆聚珍本，今藏國家圖書館，爲是集善本。

《全宋文》用傅增湘校補光緒二十五年（一八九九）廣雅書局重刻聚珍本《公是集》爲底本，並取該本所附勞格輯《拾遺》一卷，孫星華《續拾遺》一卷，又輯得佚文二十五篇。《全宋詩》用聚珍版（閩本）爲底本，輯得佚詩五十三首。

【參考文獻】

劉攽《公是先生集序》（影印文淵閣《四庫全書》本《彭城集》卷三四，又見《叢書集成初編》本《公是集》卷首）

員興宗《公是集跋》（影印文淵閣《四庫全書》本《九華集》卷二〇）

盧文弨《劉公是集跋》（《四部叢刊初編》本《抱經堂文集》卷一三）

傅增湘《校鈔本公是集跋》（《藏園群書題記》卷一三）

元豐類稿五十卷

曾　鞏　撰

曾鞏（一〇一九——一〇八三），字子固，建昌軍南豐（今江西南豐）人。嘉祐二年（一〇五七）進士，仕至中書舍人。少有文名，頗爲歐陽脩推賞。爲“唐宋古文八大家”之一。曾肇《曾鞏行狀》（《曲阜集》卷三）曰：“公未嘗著書，其所論述，皆因事而發。既没，集其稿爲《元豐類稿》五十卷、《續元豐類稿》四十卷、《外集》十卷。”林希《墓誌銘》、韓維《神道碑》同。元豐八年（一〇八五），王震作《南豐先生文集序》，稱“客有得其新舊所著而裒録之者，予因書其篇首云”。則集蓋著者門人所裒輯。王序未言卷數，詳文意似爲諸集總序。

《通志》載《曾子固集》三十卷，又《雜文》十五卷，當爲北宋行世之本。衢本《讀書志》卷一九著録道：

曾子固《元豐類稿》五十卷。……子固師事歐陽永

叔,早以文章名天下。壯年,其文慓鷙奔放,雄渾瓌瑋,
其自負要似劉向,藐視韓愈以下也。晚年始在掖垣,屬
新官制,方除目填委,占紙肆書,初若不經意,及屬草授
吏,所以本法意、原職守爲之訓敕者,人人不同,贍裕雅
重,自成一家。歐公門下士,多爲世顯人,議者獨以子固
爲得其傳,猶學浮屠者所謂嫡嗣云。

《通考》卷二三五從之。《解題》卷一七曰:

> 《元豐類稿》五十卷、《續》四十卷、《年譜》一卷。中
> 書舍人南豐曾鞏子固撰,王震爲之序;《年譜》,朱熹所輯
> 也。案:韓持國(維)爲鞏《神道碑》,稱《類稿》五十卷,
> 《續》四十卷,《外集》十卷,本傳(祝按:指四朝國史本傳)同
> 之。及朱公爲《譜》時,《類稿》之外,但有《別集》六卷,以
> 爲散逸者五十卷,而《別集》所存其什一也。開禧乙丑
> (元年,一二〇五),建昌趙汝礪、丞陳東得於其族孫瀷
> 者,校而刊之,因碑傳之舊,定著爲四十卷。然所謂《外
> 集》者,又不知何當,則四十卷亦未必合其舊也。

則除北宋所編《類稿》《續稿》《外集》三種之外,南宋所傳,又
增加《別集》及重編《續稿》。《宋志》著録《類稿》五十卷、《續
稿》四十卷,及《別集》六卷。《別集》《雜文》早佚,今不知其
詳。據陳氏《解題》引朱熹語,《別集》疑是收存《續》《外》兩集
之殘帙逸篇。《曾子固集》蓋即今存之《南豐曾子固先生集》,
乃曾文選本(詳後)。唯趙汝礪等開禧初重新編刊之《續稿》
四十卷,需稍作考述。

前引陳氏《解題》,謂趙汝礪、陳東於曾瀷處得其本,校而
刊之云云,然文意欠明,不詳所得爲何本。若承上文,所得似

即《別集》六卷，然六卷何能析爲四十卷？清四庫館臣以爲趙氏所得即《續稿》及《外集》，《四庫提要》曰：

> 至南渡後，《續稿》《外集》已散佚不傳。開禧中，建昌郡守趙汝礪始得其本於鞏族孫瀗，闕誤頗多，乃同郡丞陳東合《續稿》《外集》校定之，而删其僞者，仍編定爲四十卷，以符原數。元季兵燹，其本又亡，今所存者唯此五十卷（指《類稿》）而已。

余嘉錫《四庫提要辨證》謂此段文字，乃是稍稍删改何焯《義門讀書記》校《元豐類稿》後自跋引何喬新（椒邱）語（按：見何喬新《書元豐類稿後》）。無論何氏及館臣，顯然皆是敷衍陳氏《解題》文意，而肯定趙汝礪所得即《續》《外》兩集。然《解題》謂趙氏等“因碑傳之舊，定著爲四十卷”；若趙氏所得即《續》《外》兩集，則已合於碑傳之舊，又何須重編？可知《解題》僅云趙氏“得於其族孫瀗”，並不明言爲何集，必然有故。以理推之，蓋趙氏所得非舊本完帙，或猶包括所謂《別集》，故有重新編校之役。

何喬新及《四庫提要》謂南渡後《續稿》《外集》已散佚不傳，趙氏重編本亦亡於元季，余嘉錫《辨證》以爲其説不可信。余氏曰：

> 考《遂初堂書目》有曾子固《元豐類稿》，又《續稿》，則南渡以後《續稿》亦未盡散佚，故吳曾、莊綽之徒尚能引用其文（祝按：見《能改齋漫録》《鷄肋編》），朱子作譜之時，偶未見耳。《黄氏日鈔》卷六十三《讀曾南豐文》，自詩起至《金石録跋尾》止，次序悉與《類稿》合，而無一言及於《續稿》，是必汝礪之所重編，至宋末已不甚顯，以黄裳之

博學,亦未之見,宜乎日久遂至於亡。

南宋時《續稿》未盡散佚,似可肯定(館臣既謂《續》《外》兩集南渡後散佚不傳,又謂趙汝礪於曾潍處得其本,已自相矛盾)。按劉克莊開慶元年(一二五九)爲其所著《後村續稿》作跋,曾述及《元豐類稿》《續稿》末後數卷之内容,可見《續稿》宋末猶傳世(唯不知其所見爲原本,抑趙氏重編本)。

《續》《外》兩集究竟亡於何時,余氏所考似猶未盡。今按成化四年(一四六八)李紹作《重刊蘇文忠公全集序》,謂曾氏全集經趙汝礪編次,"已傳刻,至今盛行於世"。趙氏編次本即《續稿》。又《明文海》卷二四八載李璣《重刻曾南豐先生文集序》曰:

> 公集有《元豐類稿》五十卷,《續稿》四十卷,《外集》十卷。《類稿》刻久矣,《續稿》《外集》,成化間刻之於本邑。

此序諸家皆未引及,頗可注意。李璣乃應侍御黄伯容之請,而爲翻刻本安如石《南豐文粹》(當時稱"文集")作序,時在嘉靖間,去成化不遠,其説應可信。又鈕偉《會稽鈕氏世學樓珍藏圖書目》著録"《元豐類稿》一百卷,嘉靖刊本"(或稱此著録可疑,見張雷《〈會稽鈕氏世學樓珍藏書目〉辨僞》,載《古籍研究》一九九五年第四期)。百卷本是否爲《類稿》《續稿》及《外集》? 不得而知。《續》《外》兩集成化間既有刻本,何以未見著録,也未流傳至後代? 尚待研究。要之,曾鞏文集,今存唯《元豐類稿》耳。

宋刻大字本《元豐類稿》,明《趙定宇書目》嘗著録。清代有宋本存世。顧崧齡《曾南豐全集跋》稱何焯嘗假徐乾學傳是樓大、小字二宋本。《邵亭知見傳本書目》卷一三、《增訂四庫簡目標注·續錄》謂"楊協卿（彥和）藏宋刊大字本"。然海源閣本乃元刊，今存（詳後）。傅增湘嘗於一九三四年（甲戌）得張庚樓所貽宋刊殘葉，並見殘本兩卷，其《經眼錄》卷一三記之曰：

　　《元豐類稿》五十卷，宋曾鞏撰。存卷四十三之五十五至五十八葉，計四葉。又卷三十一、三十二兩卷。宋刊本，半葉十二行，每行二十至二十五字不等，白口，左右雙闌。版心上記字數，魚尾下記"南九"二字，下魚尾下記葉數，下方記刊工人名。《張久中墓誌銘》題下夾注云"此文有兩篇，意同文異，一篇附於本卷末"十六字。其文中有異字，旁注"某一作某"，刻之行間，此亦宋本之僅見者也。其《張久中墓誌銘》今以顧刻本校之，自"君姓張氏"至"所與之游"九十六字與前篇同，自"者甚衆"以下至銘詞與後篇同，不知最後定本如是，抑編集者取兩篇合併而爲之也。南豐集宋本久不傳，今遘此殘本，只寥寥四葉，而異同乃如此，滋足異矣。……

　　　卷三十一、三十二兩卷，許君寶蘅藏。

傅氏又作《宋刊元豐類稿殘卷跋》，略曰：

　　昨歲溧陽張庚樓兄以宋刊《元豐類稿》殘葉見貽，爲卷四十三之尾，其《張久中墓誌銘》後又刻一首，文字大異，是一文兩刻之例，雖僅存三葉（祝按：《經眼錄》作四葉，此蓋記憶偶誤），頗以敝帚自珍。

　　頃於季湘齋頭見宋刊第三十一、二兩卷，葉四周皆殘蝕過半，望而知爲内閣大庫之蠹餘。取近刻校之，卷三十二《論中書録黄札子》"恐於理未安"句下脱二十二字。此外詞句小異者，亦觸目皆是。其"一作某某"以小字注於本句旁，爲宋刊本中之創例。雖零縑斷璧，要爲海内孤帙。

據著録，今北京市文物局藏有宋刊《元豐類稿》四葉，疑即傅氏所得張庚樓舊物。殘宋本兩卷不知流轉何所。

曾鞏詩文集，現存完帙者以宋槧《曾南豐先生文粹》十卷及金刻本《南豐曾子固先生集》三十四卷爲最古，兩本俱藏國家圖書館。《天禄後目》卷六著録《南豐先生文粹》一函四册凡十卷，"不著編者姓名"，即今國圖藏本，鈐有"天禄繼鑒"等印記。該本卷五至十由清宮流出，輾轉爲潘宗周所得，其《寶禮堂宋本書録》著録，謂宋諱"廓"字不避，當爲光宗時所刊。每半葉十四行，行二十六字。四周雙闌，版心白口，雙魚尾，記字數，上下無定。潘氏後將是本捐贈國家圖書館，遂與該館原藏第一至四卷合璧。明嘉靖二十八年（一五四九），無錫安如石刊《南豐先生文粹》，篇目多於宋本，今有著録。

《南豐曾子固先生集》金刻本，亦出於天禄琳琅，《天禄後目》卷六著録爲宋本。《邵亭知見傳本書目》謂"《天禄後目》有宋建陽刊巾箱本《南豐曾子固先生集》三十四卷，云與元大德丁思敬所刊《元豐類稿》序次多寡迥異"，即指該本。每半葉十五行二十六字，白口，左右雙邊。余嘉錫《四庫提要辨證》卷二一曰：

> 宋刊《南豐曾子固先生集》，近年自僞滿州國宮内散出，爲清禮部尚書蒙古榮慶（鄂卓爾氏）之孫趙元方所得。余嘗借觀，凡收文一百八十七篇，見於元丁思敬所刻《類稿》者百十七篇，見於顧崧齡所輯集外文者十六篇，其餘

五十四篇蓋取之於《續稿》，爲前人所未見。

是本後由趙氏捐贈國家圖書館，經重新鑒定，著録爲金刻本，以爲刻於金代中葉臨汾（平水）。陳杏珍、晁繼周校點本《曾鞏集》前言稱"此本源於北宋舊槧，保留了北宋的避諱字。該書世間極爲罕見，也未見翻刻本傳世。……可惜該書脱誤較甚，多有蠹蝕、殘破、漫漶之處"。從保留北宋避諱字推之，是集疑即《通志》所著録之《曾子固集》的重刊本；然《通志》所録爲三十卷，不詳是《通志》脱"四"字，抑是翻刻時所增？一九八五年，中華書局將其影印入《古逸叢書三編》之十。

《元豐類稿》完帙，今以元大德八年（一三〇四）東平丁思敬刻本爲最古。大德甲辰（八年）丁氏作《後序》，略曰：

> 大德壬寅（六年）春，假守是邦。……公餘進學官、諸生訪舊本，謂前邑令黄斗齋嘗繡諸梓，後以兵毁。夫以先生文獻之邦，而文竟無傳，後守烏得辭其責。乃致書雲仍留畊公，得所刻善本，亟捐俸倡僚屬及寓公、士友協力鳩工摹（"摹"原誤"募"）而新之，逾年而後成，其用心亦勤矣。

據丁氏所述，則是集元代猶有黄氏本，曾氏族裔（留畊）似亦有刻本，惜乎不傳。劉壎《水雲村稿》卷一一《與丹徒陳教諭書·内幅》曰："南豐文集曰《元豐類稿》，郡守新刊甚整，謾知。"當即指丁氏本。

大德本故宮曾藏一部，傅氏《經眼録》卷一三記之曰："十行二十字，白口，左右雙闌，版式寬大，版心上記字數，下記刊工名一字。前有《大德重刊元豐類稿序》，爲大德八年夏五月廣平程文海撰。後有大德甲辰（八年）良月東平丁思敬跋，言

前邑黃斗齋嘗繡梓而毀，得善本於公雲仍留耕公，今再刻之
云云，蓋爲山東東平邑刻本也。"此本當即《天禄後目》卷一一
著録之本，謂其"書法、槧手俱極古雅，蘇紙濃墨，摹印精工，
爲元刻上乘"。該本今存佚不詳。傅增湘謂大德本"爲山東
東平邑刻本"，誤。按丁思敬《後序》謂其"假守是邦，既拜公
墓，又獲展拜祠下，……夫以先生文獻之邦，而文竟無傳"云
云；考曾鞏墓在其故鄉南豐縣（一九七〇年在該縣源頭村被
發掘，出土林希所撰《曾公（鞏）墓誌銘》），則所謂"假守是邦"
及刻書，當皆在南豐縣或建昌軍（軍治南城，南豐乃其屬縣），
而非東平。傅氏之所以誤，蓋以丁氏《後序》稱"公（曾鞏）先
世亦魯人"，而末署"東平丁思敬"，遂以爲刻書在山東東平。
又，丁氏《後序》所謂"前邑令黃斗齋嘗繡諸梓"，"邑"亦指南
豐也。

　　前述楊氏海源閣本，今藏國家圖書館。《楹書隅録初編》
卷五誤作宋刊本著録，引卷首朱錫庚（少河山人）跋曰：

　　《四庫書目》云：今世所行凡有二本：一爲明成化六
年（一四七〇）南豐知縣楊參所刊，前有元豐八年王震
序，後有大德甲辰東平丁思敬序，又有年譜序二篇，無撰
人姓名，而年譜已佚，蓋已非宋本之舊。一爲康熙中長
洲顧崧齡所刊，以宋本參校，補入第七卷中《水西亭書
事》詩一首，第四十七卷中《太子賓客陳公神道碑銘》中
闕四百六十八字。今校是本，第七卷、第四十（當脱"七"
字）卷宛然俱存，豈即顧氏所據之本耶。是本紙質薄而
細潤，格式疏而字體樸茂，洵南宋槧本之佳者。卷尾載
行狀、墓誌、神道碑三篇，而卷首無序，殆日久剝落歟。
中有"四明孫氏禹見珍玩"印一，"孫雲翼印"一，"徐健

菴"、"乾學"印各一，"季振宜號滄葦"印一。滄葦乃錢遵王曾售書於彼者，是書當亦在所售之列。又"經訓堂王氏之印"、"琴德一字蘭泉"、"青浦王昶"印三。故刑部侍郎王蘭泉先生，與先大夫爲乾隆甲戌（十九年，一七五四）同榜進士，相知最篤，是蓋先生從軍金川時所貽者，藏於余家六十年。爰識於是，用告後來。道光三年癸未（一八二三）二月既望，少河山人識。

楊氏又補充道：

> 每半葉十行，行二十字。朱跋所載諸印外，尚有"古吳王氏"、"王履吉印"、"玉蘭堂"、"五峰樵客"、"江東竹塢"、"翠竹軒"、"曲水山房"、"照菴"、"蜀山草堂"、"拙訥隱者"、"季振宜讀書"、"浮海季應召印"、"大興朱氏竹君藏書之印"、"朱筠之印"、"椒花吟舫"、"朱錫庚印"、"朱錫翰印"，並吾師文恪名字及"堪喜齋印"。又"孫氏禹見珍玩"一印，首二字乃"曲阿"，非"四明"；"季振宜號滄葦"一印，號上有"字詵兮"三字，少河跋偶誤記耳。案《延令宋板書目》有《曾南豐集》五十卷十二册，當即此本，册則後人重裝時析分之也（祝按：楊氏著録爲二十四册，二函）。

此本一九三一年（辛未）在天津拍賣，傅增湘在天津鹽業銀行庫房觀後按曰："此與故宮藏本正同。故宮本前有大德八年程文海序，題《大德重刊元豐類稿序》，此本佚去，楊氏誤認爲宋本。"（《經眼録》卷一三）該本既有徐乾學印記，則當是傳是樓舊物；前引顧崧齡跋稱傳是樓有大、小字二宋本，則所謂大字本蓋即此本，清人皆誤以爲宋本，幸傅氏以故宮本證其爲元槧。

除上述本外，今齊齊哈爾圖書館猶著錄元刊本，存卷二三至四九，卷五〇配明嘉靖王忬刻本。此本未見，不詳是否即大德本。

《元豐類稿》明刊本甚多，要之皆源於大德本。明何喬新《書元豐類稿後》曰：

> 國初惟《類稿》藏於秘閣，士大夫鮮得見之。……正統中，昆池趙司業琬始得《類稿》全書，以畀宜興令鄒旦刻之。然字多訛舛，讀者病焉。成化中，南豐令楊參又取宜興本重刻於其縣，踵訛承謬，無能是正。太學生趙璽訪得舊本，悉力校讎，而未能盡善。予取《文粹》《文鑒》諸書參考，乃稍可讀。

按宜興本趙琬跋曰：

> 南豐曾氏之文，……近世士大夫家蓋少得見其全集者。予鈔錄此本，藏之巾笥久矣，嘗議重刻諸梓，與三集（按指歐、蘇、王集）並傳，而力不逮。比宜興縣尹樂安鄒旦孟旭考秩來京，訪予太學，間論及曾文，而孟旭亦以世不多見爲憾。予因出所藏以相示，孟旭閱之而喜曰："宜廣其傳。"遂屬其回任取梓刻焉。板成，徵言以識其後。

時在正統十二年（一四四七）七月。又姜洪序稱鄒旦除得趙琬寫本外，"繼又得節鎮南畿工部左侍郎廬陵周公忱示以官本，彼此參校，刻梓成"云云。陸心源《正統本元豐類稿跋》曰：

> 《元豐類稿》五十卷，明正統刊本，每葉二十二行，行二十二字。前有元豐八年王震序，後有大德丁思敬跋，

轟大年詩，正統鄒旦跋，姜洪序。《類稿》始刻於元豐中，
再刻於開禧之趙汝礪（祝按：《解題》，趙氏所刻爲重編《續稿》，
此不知何據），三刻於大德丁思敬。正統中，毗陵趙琬得鈔
本，授宜興令鄒旦，旦復從侍郎周忱得官本參校付梓。
所謂官本者，當即元刊耳。元刊之後以此本爲最古，書
賈往往割去鄒、姜兩跋以充元刊。

陸氏所跋之本，有何焯據宋本校並題識，今藏日本静嘉堂文
庫，見《皕宋樓藏書志》卷七五、《静嘉堂秘籍志》卷三三。此
外，是本今國家圖書館皮藏兩部，上海圖書館藏一部，日本宮
内廳書陵部藏一殘本（卷一至二九）。

　　前引何喬新《書後》所謂成化本，始刊於成化六年（庚寅，
一四七〇），謝士元跋謂該本乃知南豐縣事楊參“以宜興舊本
命工翻刊以傳”。“目録後有墨圖記二行，云‘成化壬辰（八
年）秋八月良旦南豐縣繡梓重刊’。有王震舊序及丁思敬序”
（《鐵琴銅劍樓藏書目録》卷二〇）。每半葉“十一行二十一字，黑
口，四周雙闌。卷尾有‘府學生員吳栢校正’一行。前王震
序，次明羅倫序，次成化六年（王）一夔序，次年譜序，次序説，
次像讚，次總目”（《經眼録》卷一三）。成化刻本及遞修本，今大
陸及臺灣著録達二十餘部，日本宮内廳書陵部、大倉文化財
團亦有藏本。

　　嘉靖間，《類稿》主要刻有兩本：一爲嘉靖二十三年（一五
四四）王忬刻本，一爲嘉靖四十一年黄希憲刻本。王忬本乃
修補成化楊參本，陳克昌作《後序》道：

　　　　先生之集，蓋刻自元大德甲辰，此爲《元豐類稿》。
宜興有刻，爲樂安鄒君旦；豐學重刻，爲南靖楊君
參。……歷歲兹遠，板畫多磨，雖嘗正於謝簿普，再補於

莫君駿，顧旋就湮，至不可讀。予讁旴之再稔，公暇輒留
意於斯。……取是集讎校焉，易其敝朽，剔其污漫，更新
且半，庶幾全錄，閱三月始就緒。

末署"嘉靖甲辰（二十三年）仲春，前參議、仁和後學陳克昌
識"。因前有"明進士巡按湖廣監察御史後學姑蘇王忬校刻"
一行，故今著錄爲王忬本。丁氏《善本書室藏書志》卷二七謂
"王忬重刻之序已佚去"。今所見本，皆無王序，不詳王氏是
否有序。此本大陸及臺灣之圖書館凡著錄十餘部，日本内閣
文庫、宮内廳書陵部、蓬左文庫亦有庋藏。

　　黃希憲本乃重刻成化本，版式亦同，唯改黑口爲細黑口。
丁氏《善本書室藏書志》謂"嘉靖末"陳克昌更新黃氏本；然陳
氏《後序》未言及黃本，且時在"嘉靖甲辰"，並非"嘉靖末"。
蓋未審陳序年代。

　　嘉靖間猶有九世裔孫曾文受刻本，今唯遼寧省圖書館
著錄。

　　隆慶五年（一五七一），邵廉又重刻之。序僅稱"序而刻
之"，未言所據何本；然其本有正統、成化本各序跋，則其底本
當即成化本。是刻改舊有版式，爲每半葉十行二十字，白口，
四周單邊。此本今大陸及臺灣各圖書館亦著錄十餘部。其
中何焯校跋本，今藏蘇州文管會，僅存卷一至二一；傅增湘校
跋並臨何焯校跋本，今陝西韓城圖書館著錄。日本内閣文
庫、美國國會圖書館亦藏有邵刻本。

　　萬曆丁酉（二十五年，一五九七），裔孫曾敏才等再重刊
之，有甯瑞鯉、王璽、趙師聖、曾佩、邵廉序。王重民《中國善
本書提要》曰："卷内題'查溪裔孫才、道、行、思、彦校刻'，按
甯瑞鯉序云'邑庠士曾敏才、敏道、敏行、國祚、育秀、能先等

詣余請曰：祖南豐先生所著文集若干卷，兹欲仰承雅意，摹刻佳本，藏之祖廟’，即其事也。”按王璽《重刻南豐先生文集序》曰：“先時，《元豐類稿》九世孫居查溪諱文受、文忠者已經校刻，第原本存縣久，多殘缺。予方捫心感慨，倲裔孫才、行、道、思、秀、先等謀修先業，來屬予言。”則萬曆本乃重刻嘉靖末、隆興初之曾文受本。是刻版式與邵廉本同，今國內著録二十餘部。萬曆本後來有曾通重修本、順治十五年（一六五八）曾先補刻本，今並有著録。萬曆間除裔孫刻本外，尚有梅峰公刻本等。崇禎十一年（一六三八），裔孫曾懋爵再重刊，改版式爲每半葉九行十八字，白口，四周單邊，今大陸、臺灣及日本皆有著録。

　　《元豐類稿》明代刻本雖夥，然皆爲轉相遞刻，各本差異不大，錯訛略同，故當時及後人皆有“踵訛承謬”之譏。入清，一方面校刻明本，如康熙四十九年（一七一〇）曾國光刻本、長嶺西爽堂刻本、乾隆二十八年（一七六三）查溪曾氏祠堂刻本、光緒十六年（一八九〇）慈利田氏漁浦書院重刻曾國光本等；另一方面則更注重校勘補遺，可以康熙五十六年（一七一七）長洲顧崧齡刻本爲代表。

　　在顧刻本之前，康熙三十二年（一六九三），南豐彭期七業堂將《類稿》五十卷分類重編爲《曾文定公全集》二十卷，增添評點，又補集外文數篇。其本雖失原編舊貌，且文字、句讀亦不甚精當，然開是集補遺之例。彭氏刻本今有著録。康熙五十六年，顧崧齡刻成《南豐先生元豐類稿》五十卷、《南豐先生集外文》二卷，續附行狀、碑誌、哀挽一卷，封面題《曾南豐全集》。顧氏《曾南豐全集跋》曰：

　　　　南豐先生《元豐類稿》五十卷，前明遞刻以傳。宜興

令鄒氏乃刻於正統間，最先出，其中訛謬已多，況後焉者
乎？崧齡喜誦先生文，苦無善本，又慮其愈久愈失其真，
於是參相校讎，佐以《宋文鑒》《南豐文粹》諸書，手自丹
黄，謀重刻之有年矣。

　　側聞屺瞻何太史焯每慨藏書家務博而不求精，故即
近代通行之書多所是正，而先生集亦嘗假崑山傳是樓大
小字二宋本相參手定，其副墨在同年友子遵蔣舍人杲
所，因請以歸，於是復參相校讎。凡宋本與諸本異同者，
僭以鄙意折衷其間。如第七卷脱《水西亭書事》詩一首，
第四十七卷《太子賓客陳公神道碑銘》脱四百六十八字，
諸本皆然，則據宋本補入。類此頗多，未易悉數。至於
先生《續稿》及《外集》，南渡後已散軼，見於吳曾《能改齋
漫録》、莊綽《雞肋編》與《文鑒》《文粹》中者得十三首，擬
附於後。舍人聞而趣之，因又出《聖宋文選》見示，復得
七首。共二十首，分爲上下卷，題曰《南豐先生集外文》。

顧氏本爲舊椠中校刻較精、收文最多之本，雖如前所述，所謂
傳是樓宋刊大字本其實是元刻本，但何焯校本之價值，並不
因而降低。《四庫全書》即據顧刻本著録，然僅本集五十卷，
余氏《四庫提要辨證》引葉德輝《郋園讀書志》卷八《顧崧齡刻
本元豐類稿跋》曰："嘉靖戊申王忬刻本五十一卷，其末一卷
附行狀、碑誌、哀輓諸作，此本同，而附崧齡所輯集外文二卷，
故較明本多二卷。《四庫全書總目》著録爲五十卷，蓋除附録
一卷，而《提要》云以顧本著録，是並顧所輯集外文去之矣。
夫既以顧本著録而乃去其集外文，不知何所取義，蓋不外草
率塞責而已矣。"

　　然而顧刻本並非盡善盡美。《四庫提要》曰：

　　國朝康熙中長洲顧崧齡所刊，以宋本參校，補入第七卷中《水西亭書事》詩一首，第四十七卷中《太子賓客陳公神道碑銘》中闕文四百六十八字，頗爲清整。然何焯《義門讀書記》中有校正《元豐類稿》五卷，其中有如《雜詩》五首之顛倒次序者，有如《會稽絕句》之妄增題目者，有《寄鄆州邵資政》詩諸篇之脱落原注者。其它字句異同，不可殫舉，顧本尚未一一改正。今以顧本著録，而以何本所點勘者補正其訛脱，較諸明刻，差爲完善焉。

由此觀之，若謂館臣全出於"草率塞責"，亦非的論。刪集外文顯然非是，揣其用心，蓋以爲原非《元豐類稿》所有也。

　　《四部叢刊初編》所收《元豐類稿》，係影印烏程蔣氏密韻樓藏元刊本，《四部叢刊書録》稱其爲"元時初印本"，卷目編次爲：卷一至八，詩；卷九，論；卷一〇，傳；卷一一至一四，序；卷一五、一六，書；卷一七至一九，記；卷二〇、二一，制誥；卷二二，制詔；卷二三，制詔擬詞；卷二四至二六，制誥；卷二七、二八，表；卷二九，疏、札子；卷三〇至三二，札子；卷三三至三五，奏狀；卷三六、三七，啟狀；卷三八至四一，祭文；卷四二至四六，誌銘；卷四七，碑、傳；卷四八，傳；卷四九，本朝政要策；卷五〇，金石録跋尾。

　　一九八四年，中華書局出版陳杏珍、晁繼周校點本《曾鞏集》。該書以顧刻爲底本，參校諸本，輯得佚詩三十三首、詞一首、文七十八篇（其中《祭柳子玉文》乃蘇軾作，沿《曾子固集》誤收）。雖容有瑕疵（主要在輯佚，詳見今人金程宇《曾鞏佚作辨證、補遺及其來源考述》，載所著《稀見唐宋文獻叢考》），然用力甚勤，允爲迄今較完善之本。

　　《全宋詩》用康熙顧刻本爲底本，輯得集外詩三十九首。

《全宋文》底本同，輯得集外文八十一篇。

【參考文獻】

王震《南豐先生文集序》(校點本《曾鞏集》附録)

傅增湘《宋刊元豐類稿殘卷跋》(《藏園群書題記》卷一三)

丁思敬《大德刊本元豐類稿後序》(校點本《曾鞏集》附録)

姜洪《正統重刊元豐類稿序》(同上)

趙琬、鄒旦《正統重刊元豐類稿跋》(同上，人各一跋)

陸心源《正統本元豐類稿跋》(《儀顧堂題跋》卷一一)

曾佩《元豐類稿序》(萬曆查溪本《元豐類稿》卷首)

甯瑞鯉、王璽《萬曆丁酉刊元豐類稿序》(同上)

李良翰、何喬新《元豐類稿跋》(同上卷末)

顧崧齡《曾南豐全集跋》(校點本《曾鞏集》附録)

華陽集六十卷

王　珪　撰

　　王珪(一〇一九——一〇八五)，字禹玉，華陽(今四川成都)人。慶曆二年(一〇四二)進士。官至尚書左僕射兼門下侍郎，封岐國公，卒謚文恭。久居翰林，朝廷典册多出其手。喜爲詩，“詩喜用金玉珠璧以爲富貴，而其兄謂之至寶丹”(見《後山詩話》)。所著《華陽集》，因卒後嘗以神宗末議建儲事追貶，故久未行世。徽宗即位，還其官封。“大觀二年(一一〇八)，詔故相岐國王公之家以文集來上，其子朝散大夫、管勾南京鴻慶宮、上護軍仲修等表進之，許光凝爲之序”(《讀書附志》（卷下）。許光凝《華陽集序》、王仲修《進家集表》今俱存，序稱“家集既奏御，且鏤板以傳世”云云；表稱“今有先臣某文集一百卷，並《目録》十卷，共五十册，隨表上進以聞”云云。時在大觀二年五月。

《東都事略》卷八○《王珪傳》：“珪有文百卷，號《華陽集》。”衢本《讀書志》卷一九著録道：

> 《華陽集》一百卷。右皇朝王珪字禹玉，其先成都人，故號“華陽”，後居開封。少好學，日誦數千言。及長，博通群書。慶曆二年（一○四二）廷試第二。嘉祐初入翰林，至熙寧三年（一○七○）始參大政，凡爲學士者十五年。後拜相。薨，年六十七，謚文恭。

《讀書附志》卷下、《解題》卷一七、《通考》卷二三五、《宋志》皆著録爲一百卷，蓋宋代所傳别無他本。

王仲修刊本明代猶傳世，《文淵閣書目》卷九著録：“王氏《華陽集》一部十二册，全。”《内閣書目》卷三同。又《絳雲樓書目》卷三：“王珪《華陽集》三十册。”陳景雲注：“一百卷。”各本後皆散佚，今傳乃《永樂大典》本。《四庫提要》曰：

> 集本一百卷，諸家著録皆同。自明以來，久已湮没，僅《宋文鑑》《文翰類選》等書略載數篇。今從《永樂大典》各韻中裒掇排比，所存詩文尚夥，而内外制草爲尤備，其生平高文典册，大約已罕所遺佚。謹依類編次，釐爲六十卷。其遺聞逸事，與後人評論之語見於他書者，亦詳加蒐輯，别爲附録十卷，係之集末，用資考核。至其中有青詞、密詞、道場文、齋文、樂語之類，雖屬當時沿用之體，而究非文章正軌，不可爲訓，今以原集所有，姑附

存之,而刊本(指武英殿聚珍本)則概加删削焉。

大典本收入《四庫全書》,卷目編次爲:卷一至四,詩;卷五,宫詞;卷六,輓詞;卷七,狀;卷八,札子;卷九至四〇,制詞;卷四一至四四,表;卷四五,議;卷四六,啟;卷四七,祭文;卷四八、四九,神道碑;卷五〇至六十,墓誌銘。大典本又刊入《武英殿聚珍版叢書》,因有删削而縮編爲四十卷。《叢書集成初編》據聚珍本排印。

《全宋文》用影印文淵閣《四庫全書》本爲底本,輯得佚文三十四篇。《全宋詩》用聚珍本爲底本,輯得佚詩十二首。

【參考文獻】

許光凝《華陽集序》(中華書局影印本《永樂大典》卷二二五三六)
王仲修《進家集表》(同上)

王岐公宫詞一卷

王　珪　撰

王珪除著《華陽集》外,猶嘗作《宫詞》一卷凡百首。宋末趙與時《賓退録》卷一引王平甫曰:“世又有《王岐公宫詞》百篇,蓋亦依託者。”王安國字平甫,與王珪同時代,其言或有所據。然僅爲疑是之辭,尚待證實,今姑仍繫之於珪。宋時與唐王建、蜀花蕊夫人所作宫詞合刊爲《三家宫詞》,陳氏《解題》卷一五著録,《通考》卷二四八從之。

宋本《三家宫詞》久佚。明萬曆二十二年(一五九四)吴氏栖雲館刻《三體宮詞》、明末毛氏緑君亭刻《三家宮詞》，蓋皆源於宋槧，今國家圖書館等有藏本。

王珪宮詞另一本，乃南宋末杭州陳氏睦親坊書籍鋪所刊。明末毛氏汲古閣影鈔宋書棚本《十家宮詞》，清倪燦輯、康熙二十八年（一六八九）胡介祉刊本《十家宮詞》，以及民國間田中玉影宋刊《十家宮詞》，皆收有王氏所作百首。三種版本，詳前宋白《宋文安公宮詞》叙録，此略。

除上述總集外，明嘉靖間常熟楊氏五川精舍又刊有銅活字單行本《王岐公宮詞》一卷，版心下有牌記。《世善堂藏書目録》卷下、《徐氏家藏書目》卷六嘗著録，今國家圖書館有藏本。宮詞又録入《永樂大典》本《華陽集》，《四庫全書》編在卷五，《武英殿聚珍版叢書》本在卷六。《全宋詩》用聚珍本爲底本。

宋人別集叙録卷第七

溫國文正司馬公文集八十卷
司馬太師溫國文正公傳家集

司馬光 撰

　　司馬光(一〇一九——一〇八六),字君實,陝州夏縣(今山西夏縣)人。寶元元年(一〇三八)中進士甲科。神宗初擢翰林學士、權御史中丞,因反對新法,退居洛陽十五年,撰成《資治通鑑》。哲宗即位,拜尚書左僕射兼門下侍郎。次年卒,贈太師、溫國公,謚文正。後追貶並入元祐黨籍。靖康元年(一一二六),還贈謚。宋代著名史學家。平生著述甚富。早在熙寧八年(一〇七五),范純仁嘗爲司馬光兄司馬旦子宏作《司馬公詩序》,稱"宏持公詩求序"云云(見《忠宣公文集》卷一〇),所言"司馬公"即指司馬光,時以端明殿學士知永興軍。不詳當時有無刻本,但至少表明是時其詩已部分結集。《宋會要輯稿·刑法》二之八八載宣和五年(一一二三)七月十三日中書省言,稱"福建等路近印造蘇軾、司馬光文集等",徽宗詔令"毀板",則宣和時已有司馬光文集刊刻,惜無傳本。蘇軾《司馬溫公行狀》(《東坡集》卷三六)曰:"有文集八十卷。"則其集當爲著者生前手定。高宗紹興二年（一一三二）九月，權發遣福建路提點刑獄公事劉嶠將文集刊於福州，作《溫國文正司馬公文集序》道：

> 文集凡八十卷，爲二十八門。其間詩賦、章奏、制誥、表啓、雜文、書傳，無所不備。實得於參知政事汝南謝公（克家），謝公語嶠曰：“艱虞以來，文籍散亡。子曾大父雜端公（按即劉述），熙寧二年（一〇六九）坐詆時政，及再繳詔，敕還中書，謫守九江，一斥不復。司馬公時營救甚力，章疏具載國史，天下所共知之。”且趣嶠叙其首，鏤行於世。

次年十一月，劉嶠準尚書省札子，奉聖旨，將所刊《司馬光文集》上之於朝。《進書表》稱所刊“《司馬光文集》八十卷，計十有七册”。

《通志》著錄“司馬溫公《嘉謨》前、後集四十二卷，又文集八十卷”。所謂《嘉謨集》，疑爲司馬光奏議，蓋嘗單行，刊於何時不詳，既稱之曰“嘉謨”，殆在熙寧至元祐間。所謂“文集八十卷”，以《通志》成書年代考之，應即劉嶠本。

劉嶠原刻本今猶傳世，藏國家圖書館。該本八十卷中，卷一至四、卷七十七至八十原闕，配明弘治十八年（乙丑，一五〇五）盧雍鈔本。是本乃黄丕烈嘉慶丁巳（二年，一七九七）購自蘇州學餘堂書肆，爲杭州某氏藏書，其《百宋一廛書錄》著錄道：

> 《溫國文正司馬公文集》。此《溫國文正司馬公文集》，宋刻標題如是，已與鈔本所云《司馬太師溫國文正公傳家集》者不合，而序文（指《傳家集》本，此本詳下）節

去首尾，並誤撰序人劉嶠爲劉隨，不知其何來也。至於
年號、官銜，概從缺略，俾考古者茫無依據，是可慨已。
此本序文一一完善，次列《進司馬溫公文集表》一通。分
卷序次，離合先後，多有不同，信祖本也。……卷第八十
後空葉有墨書三行云："國初吳儒徐松雲先生收藏《溫公
集》八十卷，闕九卷，雍謹鈔補以爲完書云。弘治乙丑秋
九月望日，石湖盧雍謹記。"則此書本爲吳中藏書，而今
自武林購來。

顧廣圻《百宋一廛賦》所謂"若乃覯《溫國》於徐、盧，箴《傳家》
之膏肓"，即指該本，黄氏注曰：

> 《溫國文正司馬公文集》八十卷，每半葉十二行，每
> 行二十字。首爲劉嶠序，次爲《進司馬溫公文集表》，表
> 第一葉間有朱書一行云"洪武丁巳（十年，一三七七）秋
> 八月收"，鈐以小方章一，文云"徐達左印"，又大方章一，
> 文云"松雲道人徐良夫藏書"。卷第八十後副葉，有墨書
> 三行云（即盧雍鈔補題記，前已引，略）。予得之以嘉慶
> 丁巳，暇日偶校舊鈔《傳家集》，觸處見誤，近刻復何足道
> 耶。書之可稱祖本者，唯此種是矣。

黄丕烈猶有跋，謂"初書裝十四册，破爛特甚，買得後驅蠹魚
至數百計，且缺葉及無字處每册俱有，乃命工補綴。其缺葉
皆誤重於他葉之腹，其無字者皆漿粘於前後葉之背，始悟當
時俗工所爲，以致不可卒讀。苟非精加裝潢，全者缺之，有者
無之，不幾使此書多憾耶！……錢竹汀（大昕）謂余曰：'宋王
深寧（應麟）撰《困學紀聞》，載《溫公集》字句多與此刻合。'知
深寧所見，即是本也。世行本以《傳家集》爲最古，今見此紹

興初刻,題曰《溫國文正司馬公文集》,則'傳家'之名,非其最初"。

後來黃氏書散出,此本歸汪氏,見《藝芸書舍宋板書目》。再歸瞿氏,《鐵琴銅劍樓藏書目錄》卷二〇著錄,詳記其編次結構道:

> 《溫國文正司馬公文集》八十卷,宋刊本,宋司馬光撰。題《溫國文正司馬公文集》,與世行本稱《傳家集》者不合,其編次亦異。凡賦一卷,詩十四卷,章奏、謚議四十卷,制詔一卷,表一卷,書啟六卷,序二卷,記、傳二卷,銘、箴、頌、原、説、述一卷,贈、諭、訓、樂詞一卷,論二卷,議、辨、策問一卷,史贊、評議、疑孟一卷,史郊、迂書一卷,碑誌五卷,祭文一卷。每半葉十二行,行二十字。書中"桓"字注"淵聖御名","構"字注"御名",是紹興初年刻本也。前有紹興二年劉嶠刊板序及進書表。今世行《傳家集》誤劉嶠爲劉隨,並節去序文首尾及年號、官衔,表亦不載。

《四部叢刊初編》所收《溫國文正公集》,即據此本影印,今爲通行善本。

上引已屢言及所謂《傳家集》,亦刊行於南宋,且同爲八十卷,但比劉嶠本略晚,且書名、編次不同。衢本《讀書志》卷一九著錄道:

> 《司馬文正公傳家集》八十卷,右皇朝司馬光君實也。陝州夏縣人,初以父蔭入官,年二十,舉進士甲科。故相龐籍薦,除館閣校理。神宗即位,擢翰林學士,御史中丞,後除樞密副使,力辭而去。元祐初拜門下侍郎,繼

遷尚書左僕射。卒,年六十八,謐文正。好學如饑之嗜
食,於學無所不通。……集乃公自編次。公薨,子康又
歿,晁以道(説之)得而藏之。中更禁錮,迨至渡江,幸不
失墜。後以授謝克家,劉嶠得而刻板上之。

晁氏所録爲《傳家集》,然其所述則爲劉嶠本,蓋以《傳家集》
出於劉本之故。宋槧《傳家集》久佚,後唯據鈔本略知其概。
黄丕烈跋前述宋本時,有曰:"觀周香嚴(錫瓚)所藏舊鈔本,
亦爲卷八十,而標題則曰《司馬太師温國文正公傳家集》,卷
末有'泉州公使庫印書局淳熙十年(一一八三)正月内印造
到'云云,又有嘉定甲申(十七年,一二二四)金華應謙之,並
有門生文林郎差充武岡軍軍學教授陳冠兩跋,皆云公裔孫出
泉本重刊,是《傳家》又重刊本矣。"周氏鈔本今未見著録,其
本當源於嘉定重刊本,且知《傳家集》殆由司馬氏裔孫編刊,
故以"傳家"名之。

今按朱熹《資治通鑑舉要曆後序》(《朱文公文集》卷七六)
曰:"清源郡(泉州古名)舊刻温國文正公之書,有文集及《資
治通鑑舉要曆》,皆八十卷。……獨文集僅存,而歷數十年未
有能補其亡者。淳熙壬寅(九年,一一八二),公之曾孫龍圖
閣待制(司馬)伋來領郡事,始至而視諸故府,則文集者亦已
漫滅而不可讀矣。乃用家本讎正,移之別板……踰年告成。"
時在淳熙十一年冬十二月。由知泉州在淳熙前已有司馬光
文集刊本,淳熙時舊刻已"漫滅",當歷年不淺,蓋亦在紹興
時,而淳熙本乃重刊,且唯言"用家本讎正",並未言重新編
次,蓋舊刻亦爲《傳家集》,而非福州劉嶠本。學界舊以爲《傳
家集》淳熙本乃首刊,恐非是。《邵氏聞見後録》曾兩次言及
《傳家集》(卷四、卷二三),而作者邵博卒於紹興二十八年(一

一五八），正説明《傳家集》紹興間已有刊本，刊刻年代不詳，其亦有劉嶠序（按：“嶠”誤作“隨”，蓋由明人疏失），當稍晚於劉嶠本。又，上述周錫瓚本《傳家集》鈔本有嘉定時應謙之、陳冠兩跋，兩跋今不可覩，檢真德秀《西山先生文集》中曾數論知武岡軍（今湖南武岡市）司馬遵不善撫循軍士，以至激起兵變，考其事，正在嘉定中，則嘉定十七年武岡軍重刻泉州本者，蓋爲司馬光裔孫司馬遵也。

《文獻通考》卷二三六著録《司馬文正公傳家集》，引晁公武《讀書志》解題之後，又曰：“今光州有集本。”光州，即今河南潢川縣，據馬氏生活年代，光州本當刊於宋末元初，情況不詳，亦未見傳本。

《傳家集》今以明槧爲古。明代刊有三本：一本不詳刻印年代，故著録爲“明刊本”；一本爲萬曆十五年（一五八七）司馬祉所刊，另一本乃天啟七年（一六二七）吳時亮刻本。

明刊本今大陸凡著録八部（包括殘本），臺北“中央圖書館”藏兩部。日本内閣文庫、静嘉堂文庫、蓬左文庫亦有庋藏。該本每半葉十行二十字，黑口，四周雙闌。無序跋，故刊印年代不可確考，或以爲明初刊（《善本書室藏書志》卷二六），或以爲天順時刊（《木犀軒藏書書録》引舊人題字及耿文光跋）；或以爲成化、弘治間刊（《中國善本書提要》）。乾隆培遠堂本陳宏謀序，稱司馬光集近世所傳惟“晉、閩二本”（引詳後），晉本情況較清楚，疑所謂“閩本”即此本。前引《百宋一廛書録》稱《傳家集》序文節去首尾，並誤撰人劉嶠爲劉隨，亦指此本。《天禄琳琅書目》卷一〇所録亦此本，因劉序爲節録，又誤爲“劉隨”，故稱該本“非宋槧之舊，況隨序亦不詳刊刻源流，則並非付梓而作”。北京大學圖書館所藏李氏殘本有耿文光跋，謂

"《傳家集》宋板久佚，元本無聞，此刻爲最古，依仿宋樣，雅致可愛"，又謂"《四庫》所收即此本"（按《四庫總目》著録江蘇採進本）。《中國善本書提要》曰：

> 是集宋代有兩刻本，一題《溫國文正司馬公文集》，有紹興二年劉嶠序，已印入《四部叢刊》；一題《司馬太師溫國文正公傳家集》，嘉定間刻本，有應謙之、陳冠兩跋。兩本編次雖不同，並作八十卷。此本（指國家圖書館所藏明刻本）書題與後本同，蓋從嘉定本出，惟卷端劉隨序乃割去紹興本劉嶠序之首尾而成，隨當爲嶠之誤，黄丕烈已言之矣。惜不記刊刻年月，觀其黑口大字，約當（在）〔爲〕成、弘間物。

黄丕烈嘗以紹興劉嶠刻本校舊鈔明刊本，其宋本跋稱兩本"雖文義未甚齟齬，而一字一句，總覺舊刻之妙"；前引《百宋一廛賦》黄注，又謂"暇日偶校舊鈔《傳家集》，觸處見誤"。然而明刊本舛誤，未必宋板《傳家集》即劣於劉嶠本；相反，因宋刻《傳家集》出於著者裔孫，據宋人文集刊本一般規律，家集本往往精於他本。故劉嶠本雖有宋槧而爲後世所重，然《傳家集》亦不容輕視。《傳家集》既有劉嶠（誤作"隨"）序，應即由紹興本出；至於兩本編次不同，殆著者裔孫嘗爲釐正。

萬曆十五年（一五八七）司馬祉刊本，乃祉守邵武（今屬福建）時所刊。潘晟爲之序，稱祉"出其世藏《傳家集》若干卷，命姪子暐、晣……校刻於郡齋"云云，疑底本乃宋槧。所刊爲《傳家集》八十卷、目録二卷，每半葉九行，行十八字，白口，四周雙邊。此刻校勘欠精，不太爲藏家所重，今國內及日本宮内廳書陵部、内閣文庫等皆有庋藏，清康熙間有重修本。

崇禎本乃崇禎元年（一六二八）吳時亮所刊，題《司馬溫公文集》，凡八十二卷、目録一卷。有吳時亮序，稱“乃余督學晉中，公固晉之夏縣人，過其里，想見其人，因蒐得其《傳家集》八十卷。雖舊有刻本（蓋指司馬祉本），而亥豕多訛，乃命博士弟子員分較而銓次之，以付殺青，因以其誥敕碑銘弁之首”。此刻至今傳本尚多，清代又一再翻刻，流傳尤廣，然並非善本。

明刊除上述三本外，猶有嘉靖四年（一五二五）吕柟所刊《司馬文正公集略》三十一卷《詩集》七卷，乃選本，兹依本書體例不述。

入清，康熙四十七年（一七〇八），知夏縣蔣起龍補葺崇禎本，即所謂“祠本”。莫友芝《宋元舊本書經眼録》附録一《書衣筆識》有《傳家集》一則，稱“夏刻與宋編卷次不合，乃付雕者妄爲改編，其刻又惡”云云。乾隆九年（一七四四）喬氏百禄堂、同治四年（一八六五）戴氏曾兩度重刻崇禎本，今皆有著録。

乾隆六年（一七四一），陳宏謀培遠堂刊《傳家集》，浦起龍校。前有陳氏序，謂近世流傳公集，惟晉、閩二本。閩刻仍《傳家集》之舊，而亥豕多訛。客秋司梟來吳門，購得舊本《傳家集》八十卷，差勝晉、閩二刻，公餘悉心考訂，並輯公年譜，付之梓人，云云。是刻每半葉十一行二十一字，黑口，左右雙邊，今藏本尚富。所謂“舊本”，不詳爲何本。耿文光謂“陳本甚佳，遠勝祠本”。乾隆十年（一七四五），司馬光鄉人劉繩遠重刊《司馬文正公集》，陳世倌、史貽直、沈德潛等有序，今有傳本。光緒十二年（一八八六），解梁書院嘗重刊培遠堂本。

司馬光文集，宋代所傳除上述八十卷本兩系統外，猶有百卷本、一百一十六卷本兩種。陳氏《解題》卷一七著錄百卷本：

> 《傳家集》一百卷，丞相溫國文正公涑水司馬光君實撰。公生於光州，故名。今光州有集本。

馬氏《通考》卷二三六著錄《傳家集》，不記卷數，並引晁氏、陳氏語，蓋以兩氏所錄之本相差達二十卷之多，無可適從。宋刊百卷本久佚，宋以後未見重刊，其詳無考，然既以“傳家”名集，恐即據泉州本八十卷本改編。今北京大學圖書館藏李氏書中，有清鈔《司馬溫公傳家集》一百卷，《木犀軒藏書書錄》曰：

> 《司馬溫公傳家集》一百卷，舊鈔本。半葉九行，行二十字。前有目錄十卷。每卷標題後空二行，有“宋原本鈔較”五字。此本卷數與他本不合，或後人改編，或有所本，未敢臆定。

若鈔者所謂據“宋原本鈔較”屬實，則此鈔本當即由宋光州本出。

《宋志》除著錄司馬光集八十卷外，又著錄《全集》一百十六卷。一百十六卷本國内久絕，而日本内閣文庫尚有宋刻宋印本，題爲《增廣司馬溫公全集》，董康《書舶庸譚》卷八嘗著錄。過去赴日訪書之前輩學者，似極少獲睹此本，僅傅增湘《藏園東游別錄·日本内閣文庫訪書記》有簡單記載。一九九三年八月，日本汲古書院將其縮小影印出版，精裝爲一大册。是年十月下旬，日本立命館大學文學部筧文生教授訪問四川大學古籍整理研究所，以影印本一部相贈。昔年《全宋文》收錄司馬光文時，以未見此本爲憾，難睹之秘本一旦赫然在目，同仁無不驚喜。

　　影印本前有總目,卷目編次爲:卷一至五手録,卷六稽古
録,卷七論上,卷八論下,卷九策問,卷一〇至二八律詩、雜
詩、古詩、歌行、曲謡、致語、樂章(詞三首),卷二九古賦並表、
古詩並表,卷三〇至三四章疏,卷三五至八七奏議,卷八八至
九〇書,卷九一至九四樂書,卷九五序,卷九六序、札子、御
批,卷九七表、啓,卷九八啓狀、手書,卷九九記,卷一〇〇雜
著,卷一〇一疑孟、史剡,卷一〇二至一〇五日録,卷一〇六
詩話,卷一〇七傳,卷一〇八祭文、哀辭,卷一〇九挽詞,卷一
一〇傳、墓誌,卷一一一至一一四墓誌,卷一一五附録蘇軾所
作行狀,卷一一六附録蘇軾所作神道碑,以及顔復《司馬温公
謚議》、歐陽棐《覆議》。原本左右雙邊,每半葉十二行,行二
十字,白口,單魚尾,間有雙魚尾。版心有書名簡稱"温"字及
卷數、葉數、字數及刊工姓名。序後有總目。每卷頂格爲"增
廣司馬温公全集卷幾",次行爲文體類别名,再次爲該卷目録
(詩卷無)。卷首有手鈔劉隋("嶠"之誤)《司馬温公文集序》
二葉,卷末有下總守市橋長昭《寄藏文廟宋元刻書跋》,河三
亥書。卷三至九、卷四八至五三、卷六一至六八,凡二十一卷
原闕。卷四三、八七、九八有闕葉。原本凡十七册,每册第一
葉有"昌平坂學問所"(篆書)、"日本政府圖書"(篆書)、"淺草
文庫"(楷書)等印記。卷一〇第一葉有"進侯長昭廣受書室
鑒藏圖書之印"篆書印章。

　　影印本卷首有朝奉郎、邛州司録事、賜緋魚袋黄革撰《司
馬温公全集序》,十分難得,全文録之於次:

　　　　温公事業文章暴耀天下,其人雖亡,其書具存。學
　　者知想慕其人而不知讀其書,亦漫云爾。考公之書,唯
　　《資治通鑑》獨爲精詳,其他文集不無闕失。昔東坡先生

撰公神道碑並行狀,得《迂叟集》於其家,以備鋪述,於是見當時廟堂之上吁俞獻替,多載於此。革頃官青衣,知有此書,先生之表姪謹守固藏,不敢示人。杜友傳道乃今得之,既惜其隱晦不傳,又嘆夫書肆之本多所闕失,用是重加編緝,增舊補遺,始克全備,願與學者共之。兹可嘉也,故爲之書,謹序。

序未署作年。其謂原本由蘇軾表姪"謹守固藏,不敢示人",蘇軾表姪當爲程氏(今人李裕民先生以爲即程唐,見其所作《〈增廣司馬溫公全集〉考》),因元祐黨禍中司馬光集被禁毀,故云。其本原有卷數,當與蘇軾所撰《行狀》合,即八十卷,重編增補者爲杜傳道。原本卷末有"右迪功郎蘄州司理參軍武師禮監印,右迪功郎蘄州防禦判官蔣師魯監印"二行,則書當刻於蘄州(今湖北蘄春)。刻工有葉明、詹元、陳明、陳良、陳通、施光、江清、魏正、余蓋、吳永、裴填、文廣、何中、江和、郭眼、孫石等。李裕民以爲諸人紹興年間曾刻過許多著名典籍(參王肇文《宋元古籍刊工姓名索引》),以避諱字、刻工及蘇軾表姪年齡推斷,《全集》可能刊行於紹興十至十四年(一一四〇——一一四四),晚於劉嶠刊本(説詳李裕民《增廣司馬溫公全集影印序》)。今按卷一〇三《日録》熙寧二年九月己亥、庚子兩條,原分別有注,稱"札子在《傳家集》"。則其刊刻年代不僅晚於劉嶠本,且當晚於泉州本《傳家集》。

《增廣司馬溫公全集》與《溫國文正司馬公文集》及《傳家集》在編次、收文數量上皆有不同。《全集》由專著、詩文、附録三部分組成,專著《手録》《日録》爲本書精華,史料價值極高。僅見於此書的詩詞十首、文五十六篇,亦格外寶貴。由於底本出於司馬光家,故校勘價值也很高(詳參李裕民《〈增廣司馬温公全集〉考》)。與其他宋本一樣，是本亦難免有訛誤，如卷一〇三《日録》"後宮張氏生皇女"，"張氏"誤作"張民"之類。又，劉嶠本、《傳家集》本已收之文，此本或不載，尤以書啓爲多。雖然如此，其總體版本價值並不因而降低。要之，此本返回故國，必將推動司馬光研究。

　　《全宋文》用《四部叢刊初編》本爲底本，校以明刻《傳家集》等，輯得集外文五十五篇。《全宋詩》底本同，輯得佚詩十七首。二〇一二年，四川大學出版社出版李文澤校點本《司馬光集》，其中文集部分，亦用《四部叢刊初編》本爲底本。

【參考文獻】

　　劉嶠《温國文正司馬公文集序》(《四部叢刊初編》本《温國文正公集》卷首)

　　黃丕烈等《宋刊本温國文正司馬公文集跋》(《鐵琴銅劍樓藏書題跋集録》卷四)

　　潘晟、吳時亮、劉餘祐、林芃、蔣起龍《重刊司馬温公文集序》(康熙修補崇禎本卷首，人各一序)

　　陳洪謀《乾隆重刊司馬文正公傳家集序》(培遠堂本卷首)

　　沈德潛《重刻司馬文正公集序》(乾隆十年刻本《司馬文正公集》卷首)

　　劉祖曾《重鐫司馬文正公集跋》(同上卷末)

金氏文集二卷

金君卿　撰

金君卿(一〇二〇——一〇七六?)，字正叔，浮梁(今江西景德鎮)人。慶曆二年(一〇四二)進士,仕至度支郎中、廣西轉運使。文集乃其門人江明仲所裒輯,元祐元年(一〇九一)富臨序,稱金氏"屢上封章,極言利病,即毀其奏稿,故今傳者十無一二";又謂"自公之暇,常爲詩篇,言詞絢美,文格清新,有韓、柳之風焉。故所進《仁宗輓詞》五篇,翰苑中編爲卷首。所作賦、詩,尤爲藻麗,文正公嘗榜公賦於郡庠以爲格式"。富序繼續寫道:"臨川江君明仲,學出於公,而不忘公善誘之力。求公遺稿,十得其一,編成十五卷,號《金氏文集》。"

　　江明仲是否將其輯本付梓,今不可考。《讀書志》《解題》《遂初堂書目》等皆未著録,蓋宋代流傳不廣。《宋志》著録爲十卷,已非江氏原編之舊。

　　是集當佚於明代。《文淵閣書目》卷九嘗著録"《金君卿文集》一部三册,闕",後失傳。清四庫館臣從《永樂大典》輯其詩文,《提要》稱"僅得十之一二",因編爲上、下二卷,卷上賦、詩,卷下表、狀、啟、記、誌銘、雜著。大典本録入《四庫全書》。清代所傳鈔本,皆源於大典本。民國三年(一九一四),李之鼎據丁氏八千卷樓鈔本刊入《宋人集》甲編。

　　《全宋文》《全宋詩》俱用影印文淵閣《四庫全書》本爲底本,《全宋文》輯得佚文九篇。

【參考文獻】

富臨《金氏文集序》(《皕宋樓藏書志》卷七四)

陸心源《金氏文集跋》(《儀顧堂題跋》卷一一)

李之鼎《金氏文集跋》(《宋人集》甲編本《金氏文集》卷末)

蘇魏公文集 七十二卷

蘇　頌　撰

蘇頌（一〇二〇——一一〇一），字子容，泉州同安（今福建廈門）人。慶曆二年（一〇四二）進士，仕至右僕射兼中書侍郎，卒贈司空、魏國公。曾肇《贈司空蘇公墓誌銘》（《曲阜集》卷三）曰：“有文集若干卷。”蓋葬時尚未編次。南宋高宗紹興九年（一一三九）三月，汪藻作《蘇魏公文集序》曰：

> 公没四十年，公之子携，始克集公遺文，得詩若干，內外制若干，表奏、章疏、誌銘、雜説若干，使藻與觀焉。藻少誦公文，以不獲拜公爲恨者也，今乃盡得其書讀之，可謂幸矣。

蘇携當時似編而未刊。至淳熙十三年（一一八六）十月，周必大作《蘇魏公文集後序》道：

> 平生著述凡若干卷，翰林汪公彦章（藻）爲之序。某嘗得善本於丞相曾孫玭，適顯謨閣直學士張侯幾仲（近）出守當塗，欣慕前哲，欲刻之學宫，布之四方，使來者有所矜式。其用心可謂廣矣，故以遺之而紀於後。

《增訂四庫簡目標注・續録》有“宋乾道辛卯（七年，一一七一）施元之三衢刻本”，殆指清徐氏、季氏藏本（此本詳下）。按乾道辛卯下距周必大作《後序》已十六年，則周氏屬張近所刊，已非初刻，不詳其於蘇玭處所得“善本”是手稿，或即三衢本？而所謂“善本”已有訛誤，周氏曾爲之校勘，洪邁《容齋四筆》卷二道：

> 周益公（必大）以《蘇魏公集》付太平州鏤版，亦先爲勘校。其所作《東山長老語録序》云："側定正宗，無用所以爲用；因蹄得兔，忘言而後可言。"以上一句不明白，又與下不對，折簡來問。予憶《莊子》曰："地非不廣且大也，人之所用，容足爾。然而厕足而墊之致黄泉，知無用而後可以言用矣。"始驗"側定正宗"當是"厕足致泉"，正與下文相應，四字皆誤也。

《解題》卷一七即著録太平州（當塗）刻本：

> 《蘇魏公集》七十二卷，丞相魏國公温陵蘇頌子容撰。紳之子也。紳在兩禁，人稱其險詖，而頌器局閎厚，未嘗與人較短長。其爲相在元祐末，大臣奏事，多稟宣仁，獨頌必再以白哲廟，其後免於遷謫，蓋上以爲識君臣之禮故也。年逾八十，薨於建中靖國之初。自草遺表，却醫屏藥，死生之際了然。集前、後序，汪藻、周必大撰。

《通考》卷二三六從之。《宋志》除本集七十二卷外，又有《略集》一卷，《四庫提要》稱之爲《外集》，久佚。

宋刊本明、清兩代猶傳世。明《文淵閣書目》卷九著録"《蘇魏公文集》一部二十册，闕"。《世善堂藏書目録》卷下有"《蘇魏公集》七十二卷"。其中内閣本疑爲宋槧。徐氏《傳是樓書目》載有宋本。《季滄葦藏書目》曰："宋《魏國公蘇頌文集》七十二卷，二十四本，宋刻。"當即徐本。然其本久佚。陸心源嘗得影寫宋刊本，今藏日本静嘉堂文庫，見《皕宋樓藏書志》卷七三、《静嘉堂秘籍志》卷三三。陸氏《蘇魏公文集跋》曰：

　　　　　影寫宋刊本，每葉二十二行，每行二十一字。每卷
　　　　有目，連屬篇目。前有汪藻序。“構”字注“太上御名”，
　　　　蓋從宋刊影寫者。……首尾完具，毫無缺佚，尚是蘇携
　　　　所編原本，未經後人竄亂。

　　觀其稱高宗爲“太上”，原本當刻於隆興之後、淳熙十四年（一
一八七）十月以前，與三衢本、當塗本年代區限皆合。該本無
緣一睹，然陸氏跋未言有周氏《後序》。以理推之，張近到任
未必立即開板，次年高宗崩，不應再稱“太上”，疑影寫本出於
乾道間施氏所刊“三衢本”。

　　《四庫全書》著録鮑士恭家藏本，《提要》稱其卷數與《宋
志》《解題》合，“蓋猶原帙”，“無所闕佚”。鮑氏本乃鈔帙，清
違礙字已改，每半葉十一行二十字，無格，有翰林院印，今藏
國家圖書館。其卷目編次爲：卷一至一三，詩；卷一四，挽辭；
卷一五，册文；卷一六至二〇，奏議；卷二一至二八，内制；卷
二九至三六，外制；卷三七至四七，表；卷四八至五〇，啟；卷
五一至五四，碑銘；卷五五，墓表；卷五六至六二，墓誌；卷六
三，行狀；卷六四，記；卷六五至六七，序；卷六八，書；卷六九，
札子；卷七〇、七一，祭文；卷七二，雜著。

　　是集未見元、明刻本著録。清道光二十二年（一八四
二），裔孫蘇廷玉方重刊之。據陳壽祺序及蘇廷玉跋，所用底
本乃“就武林文瀾閣重鈔”；然而是鈔文瀾閣庫本，或是文瀾
閣別有藏本，則皆語焉不詳（前述陸心源影宋本跋，謂蘇氏
“從文淵閣借録付梓”）。道光本今國内有著録，日本京都大
學亦有庋藏。民國十四年（一九二五），裔孫蘇萬靈又據蘇廷
玉刻本石印，作《重刊蘇魏公文集緣起》，稱“魏公生於同安，
而其文集乃藏於武林文瀾閣”，則似乎文瀾閣別有藏本，若是

指四庫本，並非僅文瀾閣有藏。不過蘇萬靈年輩已晚，對道光間事未必清楚。今以道光本校影印文淵閣四庫本，刻本溢出文一篇（卷六三）、詩四首（卷一三）。卷五六、五七兩卷，四庫本與道光本位置互倒，文字亦間有不同，似可證明文瀾閣本確非庫本。不過道光本亦間有誤字，可用四庫本勘正。惜未能用靜嘉堂影宋本一校。

　　一九八八年，中華書局出版校點本《蘇魏公文集》。該本以道光本爲底本，附録蘇頌長孫象先所撰《魏公譚訓》。此本標點時有疏誤，未愜人意。二〇〇四年中華書局再版，疏誤處已訂正。《全宋文》亦用道光本爲底本，輯得佚文十二篇。《全宋詩》用影印文淵閣《四庫全書》本爲底本。

【參考文獻】

汪藻《蘇魏公文集序》（中華書局校點本《蘇魏公文集》卷首）

周必大《蘇魏公文集後序》（同上）

陸心源《蘇魏公文集跋》（《儀顧堂題跋》卷一一）

陳壽祺《重刊蘇魏公文集序》（校點本《蘇魏公文集》卷首）

蘇廷玉《重刊先魏公文集後跋》（同上卷末）

蘇萬靈《重刊蘇魏公文集緣起》（同上）

臨川先生文集一百卷　　王文公文集

王安石　撰

　　王安石（一〇二一—一〇八六），字介甫，晚號半山，撫州臨川（今江西撫州）人。慶曆二年（一〇四二）進士。熙寧時

主持變法，曾三爲宰相，先後封舒國公、荆國公。卒謚文，追
封舒王。早年出歐陽脩之門，爲“唐宋古文八大家”之一。徽
宗政和中，其集由門人薛昂（字肇明）奉詔編纂，編成與否，其
説不一。《四庫提要》以爲“殆爲之而未成”，余嘉錫《四庫提
要辨證》道：

> 考宋楊仲良《續通鑑長編紀事本末》卷百三十四云：
> “六月壬申（重和元年〔一一一八〕），門下侍郎薛昂奏：承詔
> 編集王安石遺文，乞更不置局，止就臣府編集，差檢閲文
> 字官三員。從之。”昂既承詔編集，又已奏置官屬，時方
> 承平無事，下距靖康之難猶將十年，何至爲之而不成？
> 《提要》之言，真臆斷也。魏了翁《鶴山大全集》卷五十一
> 《臨川詩集序》云：“國朝列局修書，至崇、觀、政、宣而後
> 尤爲詳備，而其書則經史圖（此下疑脱一籍字）、樂府禮制、
> 科條詔令、記注故實、道史内經，臣下之文，鮮得列焉。
> 惟臨川王公遺文，獲與編定，薛肇明諸人實董其事。然
> 肇明諸人所編者，卒以靖康多難，散落不存。今世俗傳
> 鈔，已非當時善本，故其先後舛差，簡帙間脱，亦有他人
> 之文淆亂其間。”然則昂等所編集，非爲之而未成，乃已
> 成之後旋復散落耳。《提要》云云，殆未考此序也。

薛昂所編本雖散落不可睹，後人多以其人品而鄙夷之。《辨
證》引錢大昕《十駕齋養新録》卷一四曰：“薛昂，徽宗時以迎
合蔡京執政，此小人而無學者，雖出入介甫門下，其編次庸有
當乎？”此説恐屬臆測，在宋代，小人而博學者不乏其人。薛
昂所編之本善否，似不可單以其人品論定。

　　宣和中，著者後裔又嘗奉詔編定。《鐵琴銅劍樓藏書目
録》卷二〇著録宋刊本《臨川王先生文集》（此本詳後），有曾

孫王珏小序曰：

　　曾大父之文，舊所刊行，率多舛誤。政和中門下侍
郎薛公，宣和中先伯父大資（祝按：《辨證》謂“當是指安石嫡
孫王棣”）皆嘗被旨編定。後罹兵火，是書不傳。比年臨
川、龍舒刊行，尚循舊本。珏家藏不備，復求遺稿於薛公
家，是正精確，多以曾大父親筆、石刻爲據，其間參用衆
本，取捨尤詳。至於斷缺，則以舊本補校足之。凡百卷，
庶廣其傳云。紹興辛未（二十一年，一一五一）孟秋旦
日，右朝散大夫、提舉兩浙西路常平鹽茶公事王珏謹題。

據此序，則在薛昂編集之前，已有刊本行世，後來龍舒刊本即
循其舊，而薛氏及王棣編定本反散佚不傳，蓋因未嘗付梓
之故。

　　兩宋之交，閩、浙間有文集刊本。紹興十年（一一四〇），
黃次山《紹興重刊臨川文集叙》曰：“紹興重刊《臨川集》者，郡
人王丞相介父之文，知州事桐廬詹大和甄老所譜而校
也。……近歲，諸賢舊集，其鄉郡皆悉刊行，而丞相之文流佈
閩、浙，顧此郡獨因循不暇，而詹子所爲奮然成之者也。”又引
詹大和語，謂“吾今所校本，仍閩、浙之故耳，先後失次，訛舛
尚多”云云。此即王珏所謂臨川刊本。閩、浙本具體裒輯刊
刻情況不詳，亦無傳本行世。詹大和校刊本題《臨川先生文
集》，凡一百卷，清天禄琳琅曾藏有二部，《天禄後目》卷六著
録一部二函二十册，一部四函十四册，後散佚。王文進《文禄
堂訪書記》卷四曾記一宋刊殘本，僅存四卷（卷五二至五五），
每半葉十二行，行二十字，白口。該殘本今藏北大圖書館，不
詳是否與詹本有關。

　　詹大和因就閩、浙舊本校刊，所據原非善本，故“先後失

次，訛舛尚多"，自不諱言。孫覿曰："比臨川刻荆公詩文，贗本居十之一，而錯謬不可讀。"（《與蘇守季文》，《內簡尺牘》卷上）可見宋人對此本甚不以爲然。其失收詩文，略見《四庫提要》。其重出誤收者，《十駕齋養新録》卷一四《臨川集》引陳少章《書臨川集後》考列道：

> 集中七十六卷《謝張學士書》，即七十八卷《與孟逸秘校手書》之五，文重出而題互異。又九十九卷《金太君徐氏墓誌》，自"夫人天性篤於孝謹"上凡脱一百七十六字，後卷又有《仁壽縣太君徐氏墓誌銘》一篇，具載全文，則先後失次，訛舛尚多，誠如詹守之言。它若第九卷《詠叔孫通》詩，載《宋景文集》卅卷；《春江》詩乃方子通作。《詠叔孫通》詩，吳曾《漫録》已辨之。蔡絛《西清詩話》謂"春殘密葉花枝少"云云，皆王元之詩。《金陵獨酌》《寄劉原甫》，皆王君玉詩。"臨津艷艷花千樹"云云，皆王平甫詩。七十卷《相鶴經》一條，本浮丘舊文，皆荆公偶書置方冊間，而亦誤編入集，此見於《困學紀聞》《中吳紀聞》《廣川書跋》者也。據葉少蘊《詩話》，荆公集乃宣和中薛肇明奉敕編成，肇明名屢見公詩，則其人素出入門下，宜所編皆精審，不應有如上所疏諸條之失；或肇明所編別是一本，與閩、浙刊佈者異耶？馬氏《經籍考》載《臨川集》百卅卷，與此本卷數不同，則當時有二本明矣。

詹本因編校不佳，故注定難以傳之久遠。

高宗紹興二十一年（辛未，一一五一），王安石曾孫王珏校刻乃祖之集，序（前已引）稱於薛昂家得遺稿，"是正精確"，"取舍尤詳"。是刻初印本今不見著録，而元、明遞修本，大陸猶藏十餘部，臺北"中央圖書館"亦有二部（明人書目如《脈望館書目》等所録元本，疑即宋刻元修本）。瞿氏鐵琴銅劍樓藏本，即遞修宋本，《藏書目録》卷二〇著録道：

> 總目惟載某卷之某卷某體詩、某體文，其細目載每卷前，目後即接本文。每半葉十二行，行二十字。書中"桓"字作"淵聖御名"，"構"字作"御名"，"慎"、"敦"、"廓"字不闕筆，雖有後來修板，謬誤不少，而原書尚是紹興舊刻可知。核之明繙詹大和刻本，卷第皆同，惟輓詞類中少《蘇才翁輓詞》二首，集句中少《離昇州作》一首，而多《移桃花》一首（原引詩，此略）。案此詩不似集句，疑當時誤編入也。

余氏《四庫提要辨證》引《瞿目》上述文字後曰：

> 近人張鈞衡《適園藏書志》卷十一記所藏宋刊本，其説與瞿氏同。嘉錫按：黄次山序末題紹興十年，王珏序題辛未，乃紹興二十一年。（王）序中所稱"臨川本"，正謂詹大和本也。薛昂奉敕編集，搜羅固應完備，所編之本，雖經兵燹散失，珏既訪諸其家而得其遺稿，則其所刻宜與詹本大相逕庭。乃據瞿、張兩氏所言，以詹本與之對核，僅有詩三首彼此不同，其餘竟無以大相遠。然則珏所謂"是正精確"者，不過文字校勘而已，而初印本又不傳，究之精確與否，尚未可知也。

余氏之説甚是。就版本體系而言，王珏本與詹大和本其實淵源相同。或者王珏在薛氏家所得原即閩、浙舊本，不過有所校正，經靖康兵火之後，薛家已無所謂"遺稿"；或者閩、浙舊本原即出於薛昂本，薛本、閩浙本、詹本，再由薛本（"遺稿"）到王本，諸本同源。若非如此，則正如余氏所説，詹、王兩本即應大相逕庭。此事可疑，今已不易確考。

由於王珏本之遞修本今藏頗富，前引瞿氏《目録》只略及其版式，兹再詳焉，並述其遞修情況。

潘氏《寶禮堂宋本書録》著録《臨川先生文集》一百卷，二十册(該本今藏國家圖書館)，其曰：

> 此爲臨川先生曾孫珏刊本，卷末有紹興辛未孟秋旦日右朝散大夫、提舉兩浙西路常平茶鹽公事王珏題記，歷述校刊顛末。是本宋諱避至高宗止，蓋爲是集最初刊本。惟印本漫漶，且多補刊之葉，然臨川集實以是爲最古矣。……
>
> 版式：半葉十二行，行二十一二字。左右雙闌。版心白口，單魚尾，上間記字數，下記刻工姓名。書名題"臨川集幾"。其有闊黑口者皆補版，無刻工姓名。
>
> 刻工姓名：見於原刊各葉者有牛寔、李彦、惠道、崔謹、沈昇、章宇、戴安、蔣成、項中、徐明、王受、屈旻、陳叙、方通、徐益、史祥、方榮、惠立、昌旼、李祥、董暉、馬通、乙成、丘旬、徐安、王份、金彦、李松、沈善、趙宗、金昇、牛志、劉益、葉先、黄諤、沈元、顧諲、章容、黄澄、黄延年諸人，又有周、顧、薛、英、陳、張、善、何、允、中、今各單字。
>
> 宋諱：桓字注"淵聖御名"，構字注"御名"，玄、畟、眩、鉉、弦、泫、眺、敬、儆、擎、驚、警、竟、鏡、境、弘、殷、匡、恒、徵、懲、讓、樹、署、戌、豎、朂、煦、垣、洹、姮、完、莞、覯、購、遘、篝、姤等字缺筆。

又丁丙《善本書室藏書志》卷二七著録所藏宋本(今藏南京圖書館)，有楊士奇跋，稱北京有《臨川集》版，在國子監舊崇文閣，而所缺什一。用之永樂八年（一四一〇）印二本，以一本寄余，既已補錄，遂以吳草廬（澄）先生所爲序冠諸首云云。版心間有嘉靖五年（一五二六）補刊之葉。

吳序、楊跋今俱存。吳序稱"金溪危素好古文，概公集之零落，搜索諸本，增補校訂，總之凡若干卷，比臨川、金陵、麻沙、浙西數處舊本頗爲悉備，請予序其成"。由此知王珏本板片元末猶存，只是已經"零落"，危素爲之"增補校訂"而已。所謂"增補校訂"，當指修補王珏浙西板，而非重刻。《文禄堂訪書記》卷四曾記一危素修板之本，稱其爲黑口，亦有白口者，有"泰山劉漢臣"、"麓樵"印。該本今未見著錄。從楊跋（略見上引）可知宋刻元修板明代猶在，存放於北京國子監。按《皇明太學志》卷二《典制下·經籍門》記曰："《臨川集》七百四十四塊。《舊志》六百八十七塊，餘係嘉靖五年（一五二六）祭酒嚴嵩刊補。"自宋代刊板至補板之嘉靖五年，中經元危素修補，已歷三百七十多年，尚能刷印完本，可稱中國古代印刷史上之奇迹。又李盛鐸所藏宋刻明印本《題記》（見《木樨軒藏書題記》，李氏本今藏北京大學圖書館）曰：

此本前有吳草廬序，稱危太樸（素）搜索諸本增補校定。其實即以宋板略加修補掩爲新刻（元人此類甚多），又間有嘉靖五年補刊之葉，知此板明時尚存，宋刻十存六七。宋諱如竟、讓、縣、懲、完皆缺末筆，"桓"字注"淵聖御名"，蓋紹興中公曾孫珏所刊，元、明以來遞有修板。此本雖係明印，而宋槧面目俱在，良可寶也。

傅增湘《經眼錄》卷一三亦記李氏本道：

宋紹興二十一年兩浙西路轉運司王珏刊元明遞修

本，十二行二十字。有明嘉靖五年補刊字。宋諱北宋皆缺筆，"構"字注御名。有紹興辛未王珏題九行，刊於浙西。前有吳澄序，稱危素搜索諸本增補校訂，比臨川、金溪、麻沙、浙西諸本頗爲備悉。永樂十五年，楊士奇集諸家論説、語録於總目後，密行小字。卷末有 ⌈嘉靖丁亥秋仲｜國子監補刊完⌋ 牌子。

　　王安石文集除上述外，猶有另一版本系統，題《王文公集》，亦爲百卷，亦刊於南渡之初，而編次、收文數量不同。是本《文禄堂訪書記》卷四亦嘗著録，已殘。傅增湘《經眼録》卷一三記一九三一年（辛未）見劉啟瑞（翰臣）所藏該宋刊殘本道：

　　　《王文公集》一百卷，（宋王安石撰，缺四至七，三十七至四十七，六十一至六十九，共缺二十四卷，存七十六卷，又目録二卷。）宋刊本，十行十七字，白口，左右雙闌。版心上記字數，下記刊工姓名，有孫右、魏二、魏達、魏可、何卞、文立、施光、陳宗、陳通、陳伸、江清、余亮、余全、余表、葉林、阮宗、吳暉、潘明、胡右、胡祐、李彪、林選、余才。宋諱完、慎不缺筆。

　　　此書字體樸厚渾勁，紙細潔堅韌，厚如梵夾，每葉鈐"向氏珍藏"朱文長印（楷書），紙背爲宋人簡啟，多江淮間官吏，有邵宏淵、查籥、汪舜舉、洪适、張傑、許尹、張運、吳巘、唐傑、張安節、李簡諸人。

劉啟瑞於一九三一年（辛未）入北京向傅氏出示此本，故傅氏得以記之，而其書後爲武進王氏所得。是本原藏清内閣大庫，光緒年間流入私家，即前引王珏序所謂龍舒（即舒州，州治今安徽潛山）刊本。王氏家屬後來將其捐贈上海市文物局，今藏上海博物館。其紙背爲宋人簡啟，有“向氏珍藏”印記，而簡啟中有向沟（荆父）書，疑“向氏”爲向沟後人。一九九〇年，上海古籍出版社將紙背簡啟按原大影印三百部，題《宋人佚簡》，編爲五卷，凡收簡啟三百十餘通，公牘五十餘件，史料價值極高。

龍舒本今日本宮内廳書陵部亦藏一部，原金澤文庫舊藏，僅存七十卷，共十四册。森立之《經籍訪古志》卷六、董康《書舶庸譚》卷三著録。傅氏《經眼録》卷一三記之曰：

> 《王文公文集》一百卷，（宋王安石撰，存卷一至七〇。）宋刊本，版匡高六寸八分，寬四寸八分，半葉十行，每行十七字。白口，左右雙闌，大字疏朗。序目失去，自卷一至三十六爲文，卷三十七至七十爲詩，然無碑誌哀祭諸體，知是未完本也。卷一第一首爲《上皇帝書》，與紹興本以詩爲首者編次大不同，臨川集之異本也。鈐有“金澤文庫”、“賜蘆文庫”木記。
>
> 按：余故人穎川君（祝按：指劉啟瑞）居江淮之交，家藏《王文公文集》，其版式行款正與此同。然余以爲視此可貴者有三：原書楮墨精湛，且紙背皆宋人交承啟札，筆墨雅麗，真可反覆把翫，此可貴者一也。寮本無序目，於是談者妄生揣測，以爲即真賞齋之一百六十卷本而佚其半者。此本目録完全，仍爲一百卷，不過次第與紹興本異耳，而積疑賴此盡釋，此可貴者二也。寮本缺七十以下各卷，此本缺卷四至六，三十七至四十七，六十一至六十九，共缺二十四卷，而七十卷以下完然具存，正可補寮本之缺，且必有佚文出羅鈔（祝按：指羅振玉所鈔，詳後）之外

者，此可貴者三也。余嘗言於東都耆宿，約異時寮本刊行，余當爲作緣，俾以目錄及後三十卷增入，以盡珠聯璧合之美，無使盈盈一水，終古相望，使後人撫卷而增歎也。

《書舶庸譚》稱中縫下標“文集幾”，下有胡祐、何卞、吳輝、潘明、余表、孫元、林選、李彪、江清等刻工姓名。《日藏漢籍善本書錄》又謂“宋諱眩、驚、殷等字，凡有‘太祖’、‘陛下’、‘聖旨’等詞，皆空格一二。特別是凡遇‘構’字，均注‘御名’，據此則可推知此本刻於南渡之初”。然謂該書“全本一百二十卷”，與前人所述不同，不詳證據何在。

《王文公文集》百卷本與詹本、王珏本編次不同，所收詩文亦不盡同，其編纂源流已不可詳。日人島田翰《殘宋本王文公文集跋》曰：

　　日本圖書寮有殘宋本《王文公文集》，今存七十卷，佚其末詩集數卷而已（祝按：此說不確），而今本（指通行之《臨川集》）所佚之文，多至四十七篇。……昔政和中開局編書，諸臣之文，獨《臨川集》得預其列，而門下侍郎薛昂肇明實主其事。此書依其異同考之，蓋肇明所編次也。……桓、殷闕末筆，於構字下注云“御名”，則此書高宗時依薛本所入梓也，並王珏所未見矣。

以《王文公文集》依薛本入梓，缺乏證據。且王珏亦並非未見此本，其序稱“比年臨川、龍舒刊行，尚循舊本”，龍舒本即此本。謂其“循舊本”，則是集舒州已非初刊；而其列於臨川本（即詹本）之後，則龍舒本疑刊於紹興十年之後、紹興二十一年之前。

　　一九六二年，中華書局上海編輯所影印《王文公文集》，即據傅增湘從食舊德齋藏本所攝膠片製版，缺卷以國家圖書館所藏日本宮內廳書陵部本照片補足，則是本終成珠聯璧合之美矣。一九七四年，又有上海人民出版社排印本，唐武標校。

　　由於詹本原有遺漏（前已述及），《王文公文集》晦而復現，遂有補遺之事，主要見於陸心源《群書校補》及羅振玉《臨川集拾遺》。陸氏由集外搜採，羅氏則鈔自島田翰，再合陸氏所輯。余氏《四庫提要辨證》述之曰：

　　　　案《總目》本卷《王荆公詩注》條下《提要》，謂以世行《臨川集》校之，增多七十二首。然則本集之所遺逸者正多，不獨吳曾所舉詩三首而已。（吳説見《（能改齋）漫録》卷十一。）且不獨詩也，於文亦然，計其失收者亦數十篇。……近人羅振玉嘗以活字印行《臨川集拾遺》一卷，《永豐鄉人稿》乙集卷上載其序曰："宣統紀元（一九〇九），再游海東（日本），觀書於宮內省之圖書寮，見宋本《王文公集》，每半葉十行，行十七字，構字下注'御名'，蓋刊於南渡之初，尚存七十卷。典書官爲予言，嘗以他善本與此比勘，他本往往有佚篇。時以行程匆遽，不及詳究，惟覺其先文後詩，與明代復刻紹興中桐廬本（即臨川本，以其爲桐廬詹大和所刻，故有此稱）先詩後文者大異，爰記其目次（以下目次，此略）於小册中而歸。及歲辛亥（一九一一），避地扶桑，今年春念及斯集，計惟東友島田翰氏曾校書秘省，彼或校録，而已墓草宿矣。彼固有增定本《古文舊書考》，在武進董氏許，又疑佚文未必備録，姑移書假之。比至展觀，則諸佚篇咸在焉，爲之喜出望

外。長夏苦雨，取歸安陸氏（心源）所録荆公佚詩文載入
《群書校補》者，（案陸心源據《宋文鑒》《宋文選》《播芳大全文
粹》《能改齋漫録》，輯出臨川佚文凡文二十篇、詩五篇，刻入《群書
校補》卷七十二。）合以宋刊本所載不見桐廬本《臨川集》
者，得詩八章，文六十篇，校桐廬本類次，輯爲一卷，寄滬
上校印，以償十年未竟之志。"今案羅氏所言宋刊本，已
見《經籍訪古志》卷六，僅言每卷有金澤文庫印而不知其
有佚文。其本與王珏所刻大異，未知爲何人所編。珏及
魏了翁均言薛昂編集者已散落不傳，則非昂本也。

一九五九年，中華書局上海編輯所排印本《臨川先生文集》，
以島田翰、陸心源、朱孝臧、唐圭璋諸人所輯王安石詩、文、詞
佚篇都爲一卷，名《臨川集補遺》，附於書後。

除上述今猶傳世之本外，宋代别有兩本，原本久佚，徵之
文獻尚可考知其略。

一爲蜀眉山所刻"大成集"本。程敦厚《臨川文集序》曰：

王氏之學，其弊在於尚同，而施於政事者又不幸失
於功利。文正（司馬光）、東坡二先生之所排者，以此而
已。及至於文詞之雅健，詩章之精深，春容怡愉，一唱三
歎，盡善極摯，則無以議也。而後代之士見之不明，講之
不詳，輒擯以爲邪説，舉而棄之，可乎？

鄉人杜仲容悉裒臨川凡所論著，合爲《大成集》，鍥
木以行於世。曰有以也，謂吾州里唯知尊蘇氏，而不博
取約守，以會仁智之歸，彼自陋也。將因以廣之，予於是
樂爲之書。

今按程敦厚字子山，眉山人，紹興五年（一一三五）進士，累官

中書舍人，坐附會秦檜謫。則杜仲容刊行《臨川文集》，疑在紹興後期（秦檜未死、程氏未謫之前）。

另一本，乃明華夏（字中甫）所藏宋刊一百六十卷本。何焯跋嘉靖翻宋本道："內閣宋刻《臨川集》，其行數字數卷帙與此皆同，唯華中甫真賞齋所藏獨爲一百六十卷。此本不知尚在人間否？以中甫之力，能重開以傳，而獨私之爲齋中珍玩。吁，可慨已！"島田翰《殘宋本跋》引説者語，謂"其作百六十卷者，徒分析其卷帙耳"。究竟如何，因原本清初已不可得，今莫可考其詳。

考述宋刻各本後，再看宋人著録。

《通志》："《臨川集》一百卷，又《臨川後集》八十卷。"

《王荆公安石傳》（《實録》，見《名臣碑傳琬琰集》下卷一四）："有文集一百卷，奏議一百七十卷。"

衢本《讀書志》卷一九曰：

> 王介甫《臨川集》一百三十卷。右皇朝王安石字介甫，撫州臨川人，慶曆二年進士，累除知制誥。神宗在藩邸，見其文，異之，召爲翰林學士。熙寧三年（一〇七〇）拜中書舍人、平章事，熙寧七年罷。明年再入相，九年罷。卒，年六十六，謚文公。

《通考》卷二三五從之。

《解題》卷一七："《臨川集》一百卷，丞相荆國文公臨川王安石介甫撰。後改封舒王。"又同書卷二〇："《臨川詩選》一卷。汪藻彦章得《半山別集》，皆罷相後山居時老筆，過江失之，遂於《臨川集》録出。又言有表、啟十餘篇，不存一字。"

《宋志》："王安石集一百卷。"

上述諸家著録，除百卷本《臨川集》及《詩選》外，又增宋刻三本：

　　一、《臨川後集》八十卷；

　　二、《奏議》一百七十卷；

　　三、《臨川集》一百三十卷。

《後集》《奏議》編刊情況，今不可考。晁氏所録《臨川集》一百三十卷，與閩、浙、臨川、龍舒本皆不同，疑即眉山杜仲容刻本。其《讀書志》撰於蜀中，録蜀刻本之可能性較大；又程敦厚序稱杜氏本爲“大成集”，故卷數應多於百卷本。明《世善堂藏書目録》卷下、《絳雲樓書目》卷三皆嘗著録一百三十卷本，後失傳。

　　宋代以後，除紹興王珏本之元人遞修本外，王安石文集至明代方有新刻本。今存明初刻本《臨川王先生荆公文集》一百卷，唯日本内閣文庫藏有殘本（卷一至六十三），有徐燉題識。《日藏漢籍善本書録》著録該本，稱卷首有元吳澄序，又録日人龜田鵬齋於享和癸亥（一〇八三）手識，謂“此本吳草廬有序，而集中諱‘淵聖’之名，則翻南宋槧本無疑矣”。既有吳澄序，其底本當即宋刻元修王珏本。

　　大陸及臺灣所藏明刻，以嘉靖本爲多，計有嘉靖十三年（一五三四）劉氏安正堂本、二十五年（一五四六）應雲鷟本、三十九年（一五六〇）何遷本等。

　　劉氏安正堂本，今北京大學圖書館、上海圖書館有藏本。王重民《中國善本書提要》著録北大本道：

　　　　《臨川王先生荆公文集》一百卷，二十册。明嘉靖間刻本，十一行二十二字。宋王安石撰。此本無總目，每卷篇目在正文前，有吳澄序，應從元本出，然集内“構”字悉注“御名”，則又源出宋本也。卷末有“歲次甲午年仲春安正堂新刊”牌記，不見諸家著録。考《書林清話》卷五《明人私刻坊刻書》條，載劉氏安正堂刻書頗詳，亦未及是書。牌記未標年號，考明代有三甲午：一爲永樂十二年，一爲成化十年（一四七四），一爲嘉靖十三年，此殆嘉靖十三年刻本也。據吳澄序，此本爲危素所校，較臨川、麻沙等四刻爲善。然此本經後人據別本校補，各卷内脱詩極多，各爲補遺於卷末。及持嘉靖間翻臨川本相較，脱詩每均在一整葉上，而此本既不標明脱葉，反將脱葉抹煞，連接其葉數，以泯其跡。葉相接矣，而詩不相接，爲此本舊主所發覺，因用嘉靖本校補之。安正堂刻書頗多，於是集乃竟草草若是，此坊本所以不見重於學人也。

今按：是本“構”字注“御名”，而又有吳澄序，顯然仍是翻刻元修紹興王珏本。蓋底本刷印在嘉靖五年補板之前，故脱葉頗多，恐非有意草草，其失在未能更覓善本，或注明缺葉。

嘉靖二十五年本，乃臨川知縣應雲鸞所刊，有陳九川、章袞後序。丁氏《善本書室藏書志》卷二七著録該本道：“此書板匡狹縮，繕刻精整。每半葉十一行，行二十字。前無總目，每卷篇目接正文。首列吳澄序，後有陳九川序。”據應氏跋，是本乃用其家藏舊本“翻刻”。今人王嵐謂應氏本分卷、編次全同王珏本，當源於危素本（《宋人文集編刻流傳叢考》第一六頁），其説是。章袞後序中曾兩次提到吳澄序，亦可知應氏所謂“家藏舊本”，必是宋刻元修王珏本。

嘉靖三十九年何遷本，有王宗沐序。李盛鐸記其藏本（今藏北大圖書館，見《木犀軒藏書書録》）道：“半葉十二行，行二十字。

紹興戊子豫章黃次山季岑父序，嘉靖三十九年四月王宗沐
序，嘉靖丙午章袞後序。”“王序謂德安吉陽何先生（遷）巡撫
江西，刻是集於撫州。章序謂邑侯象川應君雲鷟刻荆公集
成。按丙午爲嘉靖二十五年，前於王序十四年，究不知此本
爲何人何年所刻也。”按何遷本卷次結構與應氏本全同，其所
用底本亦當爲王珏本。王重民《中國善本書提要》以爲兩本
實即一刻，其記美國國會圖書館藏嘉靖本道：

> 　　按此本已影印入《四部叢刊》。影印本有嘉靖三十
> 九年王宗沐序，稱“德安吉陽何先生巡撫江西，悉釐百
> 工，表章往哲，刻公集於撫州”，故後人稱此本爲何刻本。
> 然影印本卷後又有嘉靖二十五年陳九川後序，章袞書
> 後，及臨川縣知縣應雲鷟序，又知應侯於十四年前曾有
> 刻本。《善本書室藏書志》卷二十七將應、何兩本分別著
> 録，葉德輝《郎園讀書志》卷八亦分別著録，並有考辯云：
> “何本似未見宋刻，但從應本重刊。應本《紹興重刊臨川
> 文集序》（黃次山序）‘藝祖’二字提行頂格，何本不提行，
> 可見何本未見宋本，故任意改刻也。自來藏書家書目，
> 往往知有應本，而又誤以何本即應本，不知何本尚是重
> 刻應本，故並刻有應序。非余家藏本俱在，又烏從而分
> 辨之！”余因檢《四部叢刊》所印何本，“藝祖”二字固提行
> 頂格也；此本無嘉靖間序跋，不知爲應爲何，“藝祖”二字
> 亦提行頂格也。葉君不應有目誤，或所據本黃序適爲補
> 刻，不然既照刻陳、章、應三序跋，何以獨於黃序有改易？
> 余疑是集初爲應侯所刻，何氏巡撫撫州時，攘爲己功，不
> 過屬王宗沐另冠新序而已。又臨川爲撫州首治，諸家謂
> 應刻則稱臨川，謂何刻則稱撫州，論地則同爲一地，論時

間不過相距十四年，實無重刻之必要也。

所辨何刻未見宋本固是，然疑兩本即一刻恐非。兩本版式不同，前引丁丙已云應本"板匡狹縮"。按應本每半葉十一行二十二字，細黑口，四周雙邊；何本每半葉十二行二十字，白口，左右雙邊。故丁氏、葉氏將兩本分别著録，無可非議。但在短時期内，一地竟有兩刻，的確令人費解。

應本、何本即通常所稱嘉靖翻宋詹大和本，流佈頗廣，影響甚大，今國内外皆有著録，尤以何本爲多，日本宫内廳書陵部、内閣文庫等藏有五部。除《四部叢刊初編》據何本影印外，《四庫全書》亦著録何本（參丁氏《善本書室藏書志》），其底本今猶藏國家圖書館（目録配另一明刻本）。該本卷目編次爲：卷一至三四，詩；卷三五，挽辭；卷三六、三七，集句；卷三八，四言詩、古賦、樂章、上梁文、銘、讚；卷三九，書、疏；卷四〇，奏議；卷四一至四四，札子；卷四五至四八，内制；卷四九至五五，外制；卷五六至六一，表；卷六二至六九，論議；卷七〇，論議、雜著；卷七一，雜著；卷七二至七八，書；卷七九至八一，啟；卷八二、八三，記；卷八四，序；卷八五，祭文；卷八六，祭文、哀辭；卷八七至八九，神道碑；卷九〇，行狀、墓表；卷九一至一〇〇，墓誌。

嘉靖本之後，有隆慶五年（一五七一）宗文堂翻刻本，編次與嘉靖本同。今杭州圖書館、大連圖書館著録，而以萬曆光啟堂本最爲流行。光啟堂本乃裔孫王鳳翔所刊。王重民《中國善本書提要》著録美國國會圖書館藏本道：

　　《新刻臨川王介甫先生集》一百卷，十六册。明萬曆間刻本，十行二十字。原題"宋荆公臨川介甫王安石著，明豐城後學鎮静李光祚校，廿二世孫鳳翔率男維鼎繡

梓”。封面題“萬曆壬子歲（四十年，一六一二）鐫，撫東上
池王鳳翔校刊，藏於金陵光裕（當作啟）堂”。李光祚序云：
“其玄孫鳳翔，別號荆岑者，往往鐫名家文集於金陵，遍行
海內。”則鳳翔殆書林中人，光裕（啟）堂其坊名也。

　　是刻每半葉十行，行二十字，白口，四周單邊。有王宗沐序，
當即翻刻嘉靖何遷本，故卷次結構相同。光啟堂本今國内著
録多達五六十部，國外除美國國會圖書館藏本外，日本亦庋
藏十餘部。

　　王集清代較少翻刻，僅有光緒九年（一八八三）聽香館、
小岯山館兩本著録，題《王臨川全集》，一百卷。兩本國内收
藏尚富，日本東京大學有聽香館本。

　　《全宋詩》用《四部叢刊初編》本爲底本，輯得佚詩二十九
首。《全宋文》底本同，輯得佚文一百零四篇。

【參考文獻】

　　黄次山《紹興重刊臨川文集叙》（《四部叢刊初編》本《臨川先生文
集》卷首）

　　程敦厚《臨川文集序》（宋本《國朝二百家名賢文粹》卷一五九）

　　傅增湘《紹興本臨川先生文集殘卷跋》（《藏園群書題記》卷一三）

　　島田翰《殘宋本王文公文集跋》（《藝風藏書再續記》卷七）

　　吳澄《嘉靖丙午本臨川先生文集序》（嘉靖應氏刊本卷首）

　　王宗沐《嘉靖何遷本臨川文集序》（《四部叢刊初編》本《臨川先生文
集》卷首）

　　陳九川《嘉靖本王臨川文集後序》（同上卷末）

　　章衮《書嘉靖本臨川文集後》（同上）

　　應雲鷟《嘉靖刻臨川文集跋》（同上）

　　李光祚《新刻臨川王介甫先生集序》（萬曆光啟堂刊本卷首）

王荆文公詩箋注_{五十卷}

王安石　撰　李　壁　箋注

魏了翁《臨川詩注序》曰：

> 石林李公（壁），曩居臨川，耆公之詩（祝按：《鶴山先生大全文集》卷五一所載，此句下猶有“息遊之餘”句），遇與意會，往往隨筆疏於其下。涉日既久，命吏纂輯，固已粲然盈編，特未書出以示人也。了翁來守眉山，得與寓目，見其闖奇摘異，抉隱發藏，蓋不可以一二數。……其丰容有餘之詞，簡婉不迫之趣，既各隨義發明；若博見强志，廋詞險韻，則又爲之證辨鈎析，俾覽者皆得以開卷曉然。……石林嘗參預大政，今以洞霄之禄里居……而其門人李西美醇儒，必欲以是書板行，而屬了翁叙所以作，乃書以授之。

按李壁（一一五七—一二二二），字季章，號雁湖，又號石林，李燾子，眉州丹稜（今屬四川）人。寧宗時官至參知政事。考雍正《四川通志》卷三三《選舉》上，南宋紹定進士名録中有李醇儒，蓋即李壁門人。其仕履不詳。魏序作於嘉定七年（一二一四），則詩注眉山本當刊於是年或稍後。《解題》卷二〇著録道：

> 《注荆公集》五十卷，參政眉山李壁季章撰。謫居臨川時所爲也，助之者曾極景建。魏鶴山（了翁）爲作序。

《通考》卷二四四作“十五卷”，然其徵引《解題》，則“十五”當是"五十"之倒。

《詩注》元刊本（此本詳後）劉將孫序，稱"東南僅刻兩本，眉久廢，撫亦落"。則是書宋代除眉州初刊本外，尚有撫州刻本。清嘉慶十五年（庚午，一八一〇），嚴元照作《書宋版王荊文公詩注殘卷後》，謂其嘗得宋刻殘本，原爲明宗室朱鍾鉉晉府所藏，"並有嘉定甲申（十七年，一二二四）中和節胡衍跋，知是撫州刻本。第一卷後有庚寅補（當爲"增"）注數葉。卷內修版，版心亦有'庚寅換'三字"。庚寅爲紹定三年（一二三〇）。則撫州本又有嘉定十七年胡衍跋本及紹定三年增注本。嚴氏殘本久無著錄。

傅增湘亦嘗見宋刊殘本，其《經眼錄》卷一三記曰：

> 《王荊文公詩注》五十卷，（宋雁湖李壁撰，存十七卷。）宋刊本，半葉七行，行十五字，注雙行同。注語間有刓補擠寫者。各卷後有庚寅增注及抽換之葉，即曾極景建所補也。按：此書宋槧孤本，今藏南潯劉氏嘉業堂，繆藝風荃孫曾假影摹，余即以之覆刻，爲《蜀賢叢書》之一。

清人吳騫、翁方綱等早言及此殘本。吳氏《拜經樓詩話》卷二謂"曾見知不足齋所藏宋刻本半部，箋注並全，每卷後又有庚寅補注，不知出自誰手"。翁方綱跋其鈔本時亦曰（參見傅氏《經眼錄》）：

> 乾隆戊戌（四十三年，一七七八）秋，海鹽張明經芑堂（燕昌）語余，曾於杭州見宋刊李雁湖注王半山詩卷一之三、卷十五之十八、卷廿三之廿九、卷四十五之四十七。每卷有庚寅增注，又注中每有較近日刻本多出數條者。……檢杭董浦詩集有"集奚氏翠玲瓏館，適有以宋

椠本李雁湖《王荆公詩注》殘本求售者"云云，乃知此是足本之殘者。……此宋椠殘本今藏誰氏亦莫可考也。

張燕昌所見，即鮑氏知不足齋本。劉氏嘉業堂收藏後，今又不詳何在，唯劉氏所作《王荆公詩集李璧注勘誤補正》四卷，嘗刊入《嘉業堂叢書》。

又，傅增湘《覆刻宋本王荆文公詩箋注跋》，謂箋注本較《臨川集》多古今體七十二首。且曰："《藝芸精舍書目·荆公詩注》存宋板二十七、二十八、三十四卷至三十八卷、四十五卷至五十卷，鈔四十五、四十六、四十七卷。按所記與此本（指殘宋十七卷本）不同，廿七、廿八複出，似非一本，而其餘八卷又適足互補，他家未見著録，不知猶在世間否。"《增訂四庫簡目標注·續録》以每半葉七行十五字者爲撫州本（據傅氏跋，殘宋十七卷本即此板式），謂別有宋刊大字殘本。大字殘本爲何時何地所刻，汪氏藝芸書舍本是否爲大字，俱不詳。

《詩注》宋刊本，今已不復可睹，現存以元椠爲古。元本初刊於大德五年（一三一〇），凡五十卷，乃劉辰翁評點本。其門人王常刊，其子劉將孫作序，略曰：

> 李箋比注家異者，間及詩意；不能盡脱窠白者，尚襲常眩博。每句字附會膚引，常言常語亦跋涉經史。先君子須溪先生於詩喜荆公，嘗評點李注本，删其繁，以付門生兒子。

則此删節本原爲便"門生兒子"誦讀用，不料此後廣爲流佈，而李注原本幾絕。王常刊本，《天禄後目》卷一一嘗著録一部，原爲謙牧堂藏書。今國家圖書館、臺北"中央圖書館"猶各藏一部。傅氏《經眼録》記原北京圖書館本道：

　　《王荆文公詩箋注》五十卷,宋李壁撰,劉辰翁評點。元刊本,十一行二十一字,細黑口,左右雙闌。前年譜六葉(祝按:宋詹大和編),目録三卷。題"雁湖李壁箋注"、"須溪劉辰翁評點"。卷中有圈點評語,"評曰"二字作陰文,在每句下。

　　大德十年,又有母逢辰翻刻本,序稱"方今詩道大昌,而建安兩書坊竟缺是集,予偶由臨川得善本,鋟梓於考亭"云云。此本今唯日本宫内廳書陵部庋藏一部,《書舶庸譚》卷三著録道:

>　　《王荆文公詩》五十卷、目録三卷。元槧,題"雁湖李壁箋注,須溪劉辰翁評點"(分兩行)。每半葉十一行,每行廿一字。中縫標"王文公詩幾",上下黑口,有圈點,附評語(或作陰文),有補注(陰文),或標欠注(陰文)。前有母逢辰序。

　　《詩注》元本與宋本區别顯著。首先,宋本(撫州本)除李注外,尚有"補注"、"庚寅增注";元本則對李注大段删節(即劉將孫序所謂"删其繁"),且無"補注"及"庚寅增注"(《書舶庸譚》謂母刻有補注)。嚴元照嘗得三部殘宋本(各爲七卷),以其中十一卷與張宗松所刻馬氏本(即由元本出,詳後)對勘,發現:"馬所闕者,不特庚寅之補注與胡衍之跋也,書中注語大篇長段悉被删落。五十卷《哭張唐公詩》,馬本失之。四十五卷《八公山》詩注引宋子京《詆(祝按:原訛作"抵")仙賦》、四十七〔卷〕《黄花》詩注引劉貢父《芍藥譜序》、四十八〔卷〕《題玉光亭》詩引鄭轂記尼真如事,皆録其全篇,纍纍千百言者,馬本各存一二語耳。其他注語繁重删去一二百字者往往有

之。計此十一卷以之補馬闕者，無慮萬餘字，宋、元刻之相懸
乃如此。"(《書宋版王荆文公詩注殘卷後》)又繆荃孫借劉氏嘉業
堂殘宋本影摹後，亦作《注王荆文公詩殘宋本跋》(《藝風堂文漫
存・乙丁稿》卷四)，詳論其與元本之異，"方知宋、元刻之不同：
凡解詩意者均在，引書注釋者或留或不留，如整篇文字即均
無有。並有元有而宋無者，是元本別一本，非從宋本删節
矣"。其次，宋撫州本多有擠板挖補者，元本則版式整齊
劃一。

《詩注》評點本，明初有翻刻元本。今南京圖書館藏丁氏
書，有配鈔本一部，《善本書室藏書志》卷二七著錄爲元刊本：

> 此本乃元刊元印，有"南陽講習堂印"，則曾藏石門
> 吕氏；又有"紅椒庭院"、"沈廷芳印"、"椒園"三印，則繼
> 藏沈廉使家。惜闕十一至十八，又二十五至二十八，又
> 三十五至三十八，又四十五至四十七，凡廿二卷，而以別
> 藏盧抱經精鈔、翁覃溪(方綱)手校殘本配其所闕，仍闕
> 十一至十四、三十五至三十八凡八卷。其前之魏了翁
> 序、目錄三卷，則盧鈔所有也。有"抱經堂寫校本"、"抱
> 經堂藏"、"盧文弨印"。然一刊一寫，合配成書，洵足稱
> 珠聯璧合矣。

所稱盧文弨鈔本，前引翁方綱鈔本跋嘗言及，謂是從殘宋十
七卷本影寫，又注曰："今審是過錄，非影也。"此本刻印部分，
丁丙以爲是"元刊元印"，然其版式爲四周雙邊，與元本左右
雙邊不同，《中國古籍善本書目》著錄爲明初刻本。明初本臺
灣亦庋藏一部，爲季振宜舊物，張元濟嘗誤以爲元槧，並予影
印(詳下)。

今日本尊經閣文庫、蓬左文庫藏有朝鮮古活字本《詩

注》。尊經閣文庫所藏，乃翻印元本。楊守敬亦嘗得其本，《日本訪書志》卷一四著録，謂其“蓋與明嘉隆間（祝按：當爲清乾隆間）張宗松刻本同出一原，張本删須溪評語耳”。

至於蓬左文庫藏本，則與其他各本不同。王水照先生近年赴日本講學，得見該本，並携複印本歸國，發表《記日本蓬左文庫所藏〈王荆文公詩李壁注〉》（《文獻》一九九二年第一期），稱該本乃據宋、元兩本合編重刊，有劉辰翁評點，劉將孫、母逢辰兩序，又有詹大和《王荆文公年譜》，此爲元刻本所有（僅無王常刊記）；又有李注全文、“補注”、“庚寅增注”、魏了翁序（僅無胡衍跋），此爲宋刻本所有。與元刻本相較，該本“多出注文一倍左右。例如開卷兩詩《元豐行示德逢》《後元豐行》，元本共有李注二十二條，此本却有五十條，多出二十八條。卷一《招約之職方並示正甫書記》，元本僅二十四條，此本六十六條，一首就被删去四十二條之多”。如此等等。且繆荃孫言“凡解詩意者均在”，並不全都如此，亦有詩意闡發被删者。至於補注，“除卷十九、卷二十、卷三十七等外，全書各卷都有補注，但刊刻的格式十分紊亂。有的在卷末，有的在卷内；有的在詩末，也有在詩句之下或題下加補注的；有的用陰文‘補注’兩字標明，有的僅標出詞條之目；更有前一首詩的補注，刻在後一首詩題下的，等等。跟清人所見宋殘本‘多有擠版挖補者’完全一致，這爲其他古籍所罕見，反證此朝鮮活字本非常忠實地保存了宋刻本的原式。……姚範在《援鶉堂筆記》中屢次從内容上判斷‘蓋書草創而未經修飾校訂’，‘以是知季章於此尚有未及修改’云云，似是符合實况的。如是，則補注的作者仍是李壁本人”。關於“庚寅增注”，全書除卷一九、卷二〇、卷三二、卷四〇外，每卷之後皆有“庚寅增注”。

增注作者,翁方綱、傅增湘認爲是曾極(景建),吳騫疑"或其(李壁)門人如魏鶴山序中所謂李四(當作西)美之流爲之,則未可知耳"(《拜經樓詩話》卷二)。吳氏乃推測之詞,暫置不論;曾極之説蓋據陳氏《解題》"助之者曾極景建"一語。曾極所助者乃李壁,這在李注中有例證,但"庚寅補注"則非曾極所作。"增注"中有引用曾極之語者(如卷四三《重陽余婆岡市》"魯叟"條),且曾極當卒於庚寅(紹定三年)之前。"增注"作者爲誰,尚待考。王水照的結論是:"此朝鮮古活字本最爲可貴之處,在於保存了被劉辰翁刪節的李注一倍左右,保存了'補注'和'庚寅增注',得見已佚宋本的原貌,提供了大量有用的研究資料。但此本亦恐非李注足本。如明王應麟(祝按:王氏爲宋末元初人,"明"蓋筆誤)《困學紀聞》卷一八曾舉《明妃曲》《日出堂上飲》《君難托》三詩李注對王詩的批評……即不見此本。個別卷李注與元刻本全同,有的卷無'補注''庚寅增注',説明此本似有殘缺。但它是李壁注本中迄今最佳的版本,他本無奪其席,則又是無疑的。"又據王水照文稱,該本字大悦目,楮墨精良,基本完好,個別地方有缺字。有"御本"圖印,乃"駿河御讓"本,屬蓬左文庫貴重書。

一九九四年,上海古籍出版社據王水照複印本影印出版,不僅書林又添難得之秘本,且上述情況,讀者據影印本皆得以親睹。

再述清翻元本。乾隆六年(一七四一),海鹽張宗松清綺齋刊李壁箋注本《王荆文公詩》五十卷、《補遺》一卷。張氏有序,稱十年前購得華山馬氏所藏元刻本,因重梓之,以廣其傳云云。此本刪去劉氏評點,版式與大德五年本同。吳氏《拜經樓詩話》謂"海鹽張氏所雕者,乃元劉辰翁節本,失雁湖本來面目”。清綺齋本今著錄多達六十餘部（包括補刻本）。《四庫總目》著錄江蘇採進本，據《提要》，即清綺齋本。《提要》又謂“集中古今體詩，以世行《臨川集》校之，增多七十二首，其所佚者，附錄卷末”。

　　一九二二年，張宗松六世孫張元濟又據季振宜舊藏“元本”影印，標“影印元大德本”，然據研究，其底本即今藏臺灣之明初本，並非元槧。

　　王詩李注本，日本天保七年（一八三六）有官板，又有明治時印本，見《和刻目錄》。

【參考文獻】

　　魏了翁《臨川詩注序》（上海古籍出版社影印本《王荆文公詩李壁注》卷首）

　　嚴元照《書宋版王荆文公詩注殘卷後》（《悔菴學文》卷八）

　　傅增湘《覆刻宋本王荆文公詩箋注跋》（《藏園群書題記》卷一三）

　　劉將孫《大德刊須溪評點本王荆文公詩箋注序》（上海古籍出版社影印本卷首）

　　母逢辰《大德覆刊須溪評點本王荆文公詩箋注序》（同上）

　　張宗松《重刊王荆公詩箋注序》及《略例》（乾隆張氏清綺齋刊本卷首）

張公庠宮詞一卷

張公庠　撰

　　張公庠，字元善，皇祐元年（一〇四九）進士。歷秘書省著作佐郎、廣東運副，元符間以都官員外郎知蘇州。著有《泗州集》。所作《宮詞》一卷，凡百首，宋代嘗與後晉和凝及宋宋白、周彥質、王仲修所作合刊爲《五家宮詞》，陳氏《解題》卷一五著録。《五家宮詞》刊行時、地不詳，久佚。宋末臨安陳氏書棚本《十家宮詞》，亦收有《張公庠宮詞》一卷，毛氏汲古閣有影鈔本。清康熙間倪燦於肆市得書棚本，朱彝尊録副，胡介祉鋟板，詳前《宋文安公宮詞》叙録。

　　一九一八年（庚午），周叔弢於北京廠肆得宋書棚本，僅存宋徽宗《宣和御製》及張公庠、王仲修、周彥質四家，遂命曰《四家宮詞》。傅增湘《宋書棚本四家宮詞跋》述之曰：

　　　　《宣和御製宮詞》三卷、《張公庠宮詞》一卷、《王仲修宮詞》一卷、《周彥質宮詞》一卷，宋刊本，半葉十行，每行十八字，白口，左右雙闌。版心記宣和一、二、三，及張詞、王詞、周詞幾。宋諱慎、敦字缺末筆。以版式行格字體審之，決爲書棚本。昔年曾見錢新甫前輩所藏《棠湖詩稿》，正是此式，惟卷末有“臨安府棚北大街陳宅書籍鋪印行”小字二行，此本無之，或刊之他卷末，茲帙以殘缺故不及見耳。……茲帙所存祇四家，其中張公庠詞題“卷第二”，周彥質詞題“卷第三”，王仲修詞題“卷第四”，蓋卷第一爲和凝也。

此宋本今藏國家圖書館。傅氏跋又據康熙刊本空缺字，考證其非是倪燦所得本。

　　周叔弢得此本後，嘗予以影印。一九三四年（甲戌），蘊山田中玉又據周氏影印本配傅增湘所藏康熙胡氏刊本中宋白等六家付梓，刻爲《十家宮詞》，田氏有序。影印本、田氏影宋刊本今皆傳世，近年又有北京中國書店影印田氏本。

《全宋詩》用汲古閣影鈔宋書棚本《張公庠宫詞》爲底本。

【參考文獻】

傅增湘《宋書棚本四家宫詞跋》《影宋本十家宫詞跋》（《藏園羣書題記》卷一八）

鄖溪集三十卷

鄭　獬　撰

鄭獬（一○二二——一○七二），字毅夫，安陸（今屬湖北）人。皇祐五年（一○五三）進士第一，仕至翰林學士、權知開封府。衢本《讀書志》卷一九著録其集道：

> 鄭毅夫《鄖溪集》五十卷。右皇朝鄭獬字毅夫，安州人。少俊異，爲詩賦有聲，廷試第一。累遷知制誥，入翰林爲學士。王安石不悦之，乘宰相在告，除獬知杭州。爲文有豪氣，峭整無長語。與滕達道少相善，嗜酒落魄，無檢操，人目之爲滕屠鄭沽云。

《解題》卷一七曰：

> 《鄖溪集》五十卷，翰林學士安陸鄭獬毅夫撰。皇祐五年進士首選。坐知開封府不肯用案問新法，爲王安石所惡而出。廷試《圜丘象天賦》，時獬與滕甫俱有場屋聲，甫賦首曰“大禮必簡，圜丘自然”，自謂人莫能及。獬但倒一字，曰“禮大必簡，丘圜自然”，甫聞之大服，果居

其次云。

《通考》卷二三五、《宋志》皆著録爲五十卷，唯《通志》著録《鄭毅夫集》六卷，當爲别本，蓋刊於北宋，久已失傳。

五十卷本初刊於何時不詳。淳熙丙午（十三年，一一八六），秦熺刊之於安州，並序曰：

> 右内相鄭公毅夫《鄖溪集》五十卷。公之才行出處，具見誌銘。熺假守安陸，得公集讀之，其氣節高邁，議論精確，可考不誣。……安陸，公鄉里，而公之文集不傳，爲郡者得無忝乎？乃嗇公帑之用，刊而置諸校官。

秦氏所刻，唯明代《文淵閣書目》卷九著録“一部十册，闕”，蓋傳本極稀。秘閣殘本後亦散亡，今傳乃大典本。《四庫提要》曰：

> 《宋志》載《鄖溪集》五十卷。淳熙十三年秦熺嘗序而刊之。今已久佚，惟從《永樂大典》内裒輯編次，又從《宋文鑒》《兩宋名賢小集》（祝按：《名賢小集》卷一三三載鄭獬《幻雲居詩稿》，有詩二十五首）諸書所載，分類補入，勒爲三十卷。

《提要》稱所輯三十卷，而從《大典》輯出者實止二十八卷（翰林院二十八卷鈔本，今藏國家圖書館），《四庫全書》所録亦二十八卷，蓋編定時有所删併。其卷目編次爲：卷一至七，制；卷八、九，詔；卷一〇，口宣；卷一一，表；卷一二，狀；卷一三，札子；卷一四，書；卷一五，記；卷一六、一七，論；卷一八，解；卷一九，祝文、祭文、行狀；卷二〇至二二，墓誌銘；卷二三至二八，詩。

民國八年（一九一九），蒲圻張國淦據鈔文津閣庫本，並校以他本，刊之於無倦齋。其跋曰：

> 戊午（一九一八），京居多暇，屬有續刻《湖北叢書》
> 之議，爰從京師圖書館鈔得此集庫本，鳩工付梓。後假
> 得左笏卿年丈所藏巴陵方氏傳鈔本；未幾，又連得楊肖
> 麓廳長所藏夏氏夏潤之編修所藏潘氏兩鈔本，互相讎
> 校，其有異同，渺爲《札記》。復得同歲諸友潛江甘藥樵
> 鵬雲、漢陽周子幹貞亮、羅田王季薌葆心，相與商讁，悉
> 附記中。惟方本末有補遺詩二首，未審輯自何人，爲各
> 本所未有。《歷代名臣奏議·救祖無擇疏》、《宋文鑑·
> 禮法篇》、曹氏《名勝志·褚都督義門詩》，亦各本所無
> 者，茲並錄之，而以《宋史》本傳冠篇首焉。

今檢所刊本，本集二十八卷後有“補遺”詩二首（《浮雲樓》《雨
詩》），即方本所附；而以從《歷代名臣奏議》等書所輯文二篇、
詩一首爲“續補遺”，最後爲《校勘記》。此本今有著錄。民國
十二年（一九二三），盧氏慎始基齋即據張氏本影印入《湖北
先正遺書》。

　　《全宋詩》用影印文淵閣《四庫全書》本爲底本，輯得佚詩
二十五首。《全宋文》用《湖北先正遺書》本爲底本，輯得佚文
十七篇。

【參考文獻】

秦焴《鄖溪集序》（影印文淵閣《四庫全書》本《鄖溪集》卷首）

張國淦《鄖溪集跋》（民國張氏刊本《鄖溪集》卷末）

祠部集三十五卷

強　至　撰

強至（一〇二二——一〇七六），字幾聖，錢塘（今浙江杭州）人。慶曆六年（一〇四六）進士，官至祠部郎中。集乃其長子浚明纂輯，請曾鞏爲序。曾鞏作《強幾聖文集序》（《元豐類稿》卷一二），稱有遺文四十卷，並謂作者"工於詩，句出驚人"；在韓琦幕府所作奏章及歲時慶賀候問等文字，"必聲比字屬，曲當繩墨，然氣質渾渾，不見刻畫，遠近多稱誦之。及爲他文，若誌銘序記，策問學士大夫，則簡古典則，不少貶以就俗"。其集不詳刻於何時，晁氏《讀書志》未著録，陳氏《解題》卷一七曰：

> 《強祠部集》四十卷，三司户部判官餘杭強至幾聖撰。亦韓魏公（琦）客也，在幕府，表章、書記多出其手。曾南豐作集序，稱其文備古今體，兼人所長云。

《通考》卷二三七、《宋志》皆著録爲四十卷。

是集宋本蓋明代尚存。《文淵閣書目》卷九著録"《強祠部文集》一部十一册，全"，而《内閣書目》卷三則著録二部。各本後皆散佚，今傳乃大典本。《四庫提要》曰：

> 今從《永樂大典》各韻中裒輯編綴，得詩文數百篇。雖原目久佚，無由知其完闕，而準計卷帙，當尚存十之八九。謹分類排纂，釐爲三十六卷，稍據其出處之跡，以爲論次，而曾鞏原序載於《元豐類稿》者，仍録以冠篇。

大典本録入《四庫全書》，刊入《武英殿聚珍版叢書》。四庫本卷目編次爲：卷一至一二，詩；卷一三，札子；卷一四至一六，表；卷一七至二一，狀；卷二二至二四，啟；卷二五至三一，書；卷三二，策問、頌、銘、序、跋、記；卷三三，雜著；卷三四，祝文、行狀；卷三五，誌銘。兩本皆爲三十五卷，較《提要》少一卷，蓋有删併。兩本編次略有差異。聚珍本錯誤較多，然某些字可正四庫本之訛。又，《祠部集》中某些表章，與韓琦《安陽集》所收大同小異，蓋强至長期在韓幕任職，强至屬稿後，經韓琦删潤然後上之，故兩集皆輯之入編。

　　《全宋文》用影印文淵閣《四庫全書》本爲底本，輯得佚文二十一篇。《全宋詩》底本同。

【參考文獻】

　　曾鞏《祠部集序》（影印文淵閣《四庫全書》本《祠部集》卷首）

無爲集十五卷

楊　傑　撰

　　楊傑（一〇二二——一〇九一），字次公，號無爲子，無爲（今屬安徽）人。嘉祐四年（一〇五九）進士，仕至禮部員外郎。集乃紹興十三年（癸亥，一一四三）知無爲軍趙士㸤編刊，其序曰：

　　　　歲在重光作噩之冬，士㸤誤恩，假守是邦。服膺侍講公之名舊矣，視事之初，首詢公文於縉紳間，歲餘搜獲不一。公遣辭典麗，立意奥妙。因删除其蕪類，取其有補於教化者，編次成集。……其詩賦、碑記、雜文、表啟，共分爲一十五卷；若釋、道二家詩文，則見諸《别集》云。

《解題》卷一七著録道：

《無爲集》十五卷、《别集》十卷，禮部郎濡須楊傑次公撰。嘉祐四年進士，元祐中爲郎。傑喜談禪，《别集》皆爲釋、老，而釋又居十之九。

《通考》卷二三六、《宋志》著録同。唯《通志》載《無爲集》九卷，蓋爲别本，或刻於北宋。

陳氏《解題》所載《别集》久佚，今尚存王之道所作《别集序》，未述卷數；部分釋氏碑誌詩文，猶散見於釋藏中。趙氏無爲軍刻本之遞修本《無爲集》十五卷，《天禄後目》卷六著録一部，凡一函四册，今藏國家圖書館。該本卷首爲趙序，次總目。每半葉十行，行十八九字，白口，左右雙邊。遇宋帝空格，“構”字注“御名”（如《采衣堂記》）。卷首、卷内有“五福五代堂古稀天子寶”、“八徵耄念之寶”、“太上皇帝之寶”、“天禄繼鑒”、“乾隆御覽之寶”、“文淵閣印”諸印記。是本蓋一直藏於内閣（即明《文淵閣書目》卷九著録之本），絶無私家印記，私家書目藏志亦未言及之。其卷目編次爲：卷一，古律賦；卷二，律賦；卷三至七，詩；卷八，序；卷九，序、題跋；卷一〇，記、雜文；卷一一，表、啟；卷一二，碑誌；卷一三，墓誌；卷一四，墓誌、行狀、表述；卷一五，奏議。該書卷首當有王之道序，年久脱失，今保存在《永樂大典》殘卷中。

明末，是集宋本民間尚有收藏。陸心源嘗得明末鈔宋本，有毛晉跋，略曰：“偶造白門，向屯部周浩若索異書，首出楊次公《無爲集》十五卷見視。乃趙士粲所編，鏤版於紹興癸亥年，大書深刻，紙墨雙妙。亟命童子三四，窮五日夜之力，依樣印書，雖字畫不工，皆余手訂正者。"末署崇禎十六年（一六四三）八月九日。卷内有"張月霄印"（朱文）、"愛日精廬藏書"（朱文）二方印，今藏日本静嘉堂文庫（參《愛日精廬藏書續志》卷四、《皕宋樓藏書志》卷七五、《静嘉堂秘籍志》卷三三）。周氏宋本當已久佚。

　　是集清鈔本，今國内著録達十部，日本大倉文化財團藏一部，其中有影寫宋本。如傅增湘《經眼録》卷一三記清萃古齋寫本，十行十八字，卷中語涉宋帝皆空格，鈐有"曾在鮑以文處"等印記。卷中有校正，今藏北京大學圖書館。以宋本猶在，鈔本可略而不述。

　　《四庫全書》著録安徽巡撫採進本，《提要》除指其編次無緒外，又云"校讎亦未盡善"，不詳是何本。今按宋本偶有訛誤，如卷一二《趙承慶墓誌銘》，墓主寶元二年（一〇三九）卒，年三十九，則應生於咸平四年（一〇〇一），然墓誌中叙及雍熙、淳化時事，顯然誤其享年，今無從校改。

　　是集元、明、清三代似未重刊。民國九年（一九二〇），李之鼎以涇縣洪氏舊鈔校文津閣庫本，刊入《宋人集》乙編。今以國家圖書館藏宋本校之，所刊訛誤不少，且有脱文，非爲佳槧。

　　《全宋文》用《宋人集》乙編本爲底本，輯得佚文二十八篇。《全宋詩》用國圖所藏宋刊本爲底本，輯得佚詩七十三首。

【參考文獻】

　　趙士粲《無爲集序》（影印文淵閣《四庫全書》本《無爲集》卷首）

王之道《無爲集序》(中華書局影印本《永樂大典》卷二二五三七)

王之道《無爲別集序》(同上)

毛晉《鈔宋本無爲集跋》(《皕宋樓藏書志》卷七五)

彭城集四十卷

劉　攽　撰

劉攽(一〇二三——一〇八九),字貢父,號公非,臨江軍新喻(今江西新餘)人,敞弟。慶曆六年(一〇四六)進士,仕至中書舍人。精於史學。其集今未見宋人序跋,編刊情況不詳。《解題》卷一七著録道:

> 《彭城集》六十卷,中書舍人劉攽叔贛父撰。號公非先生。攽兄弟俊敏博洽,同登慶曆六年進士第。攽本首冠,以内兄王堯臣爲編排官引嫌,遂得第二人,仕早貴而不永年,年財五十。攽歷州縣二十年,晚乃游館學,元祐中始掌外制。攽子奉世仲馮亦有名,官至執政,世稱"三劉"。

《通考》卷二三五、《宋志》皆著録爲六十卷,《宋史》卷三一九本傳則稱"著書百卷",蓋包括史學專著。

宋本傳至明代,殆已無完帙。《文淵閣書目》卷九著録一部十五册,闕;又一部十三册,闕。《絳雲樓書目》卷三著録八册,蓋皆不全。後來連不全本亦歸散亡,又無元、明重刊本,故是集竟至失傳。清乾隆十五年(一七五〇),水西劉氏刊暨用其輯《新喻三劉文集》,僅編《公非集》一卷。今復旦大學圖書館藏有清初鈔本二卷，亦爲輯本。乾隆館臣恨輯本闕漏舛謬，於是從《永樂大典》搜採，收獲頗豐。《四庫提要》曰：

> （劉攽）文集則《宋史·藝文志》《文獻通考》俱作六十卷。明《文淵閣書目》有《彭城集》十五册，不列卷數。今所傳《三劉文集》，僅有《公非集》一卷，凡詩四首、文二十三篇，蓋掇拾於散佚之餘，多所闕漏，即《宋文鑒》所選者且不盡載，其他可知。至以劉顏之《輔弼召對序》誤屬之攽，舛謬尤屬顯然，殊不足據。今檢《永樂大典》所載，篇章尚富，蓋即據《彭城集》收入。謹掇拾排比，釐爲四十卷，較之原書，所少不過十之一二，與新編其兄敞《公是集》，鉅製鴻裁，舊觀幾復。在北宋諸家中，可謂超軼三孔，而憑陵兩宋者矣。

大典本録入《四庫全書》，卷目編次爲：卷一、二，賦；卷三至一八，詩；卷一九、二〇，制誥；卷二一，内外制；卷二二、二三，制誥；卷二四，奏疏；卷二五、二六，表；卷二七，書；卷二八至三一，啟；卷三二，記；卷三三，論；卷三四，序、行狀；卷三五，行狀；卷三六，神道碑；卷三七至三九，墓誌銘；卷四〇，雜著。大典本又刊入《武英殿聚珍板叢書》，《叢書集成初編》據聚珍本排印。國家圖書館猶藏有乾隆五十九年玉棟家鈔本，有玉棟批校並跋。南京大學圖書館著録清劉之翰刻本四十卷，當皆由四庫本出。

　　《全宋文》用聚珍本爲底本，輯得集外文三十五篇。《全宋詩》用影印文淵閣《四庫全書》本爲底本，輯得集外詩四十一首。

都官集十四卷

陳舜俞　撰

　　陳舜俞（一〇二六—一〇七六），字令舉，自號白牛居士，湖州烏程（今浙江湖州）人。慶曆六年（一〇四六）進士，後又舉賢良方正科入等。仕至尚書都官員外郎。蔣之奇《都官集序》曰："令舉之卒若干年，而其婿周君開祖乃類聚其文爲三十卷，屬余爲序。"北宋時殆未嘗付梓，到南宋寧宗慶元六年（一二〇〇），曾孫陳杞方於慶元軍府刻成善本，請樓鑰爲序，序稱"制置使陳公，由地官二卿出鎮四明，政成，暇日以家藏曾祖《都官文集》刻之郡庠，屬鑰爲序"云云，又自爲跋曰：

　　　　先考删定寶藏都官遺文，杞頃爲閩中常平使者，嘗刻之，版未成而移漕廣右，委之寮屬，尚多差舛，每以愧恨。洎來此邦，念都官本以明州觀察推官試大科，欲考陳迹，則相去百四十餘年，不可得知。集中自言十五年間再官於天台、四明之二州，猶有《鄞縣鎮國院記》等文存焉，因再加讎校，而缺其不可知者，屬郡博士、郡從事刊之，以廣其傳。

因知在慶元軍本之前，尚有閩中刻本。《解題》卷一七著錄道：

　　　　《陳都官集》三十卷，都官員外郎嘉禾陳舜俞令舉撰。舜俞，慶曆六年進士，嘉祐四年（一〇五九）制科。

以言新法，謫官南康，與劉凝之騎牛遊廬山。詩畫皆傳
於世。舜俞居湖、秀境上，初從安定胡先生學。熙寧中
六客，其一也。

《通考》卷二三六從之。《宋志》除著録《都官集》三十卷外，猶
有《治説》十卷、《應制策論》一卷，蓋以其制科策、論進卷別
行，周開祖已編入本集（見下）。

　　明《文淵閣書目》卷九載："《陳都官文集》一部六册，全。"
《內閣書目》卷三著録爲"三十卷"，當爲宋本。後來散佚，元、
明似未重刊，又無鈔本，故致失傳。今存乃大典本，《四庫提
要》曰："《永樂大典》所載，篇什頗多，檢核排比，可得十之六
七。謹以類編次，釐爲文十一卷、詩三卷。"大典本録入《四庫
全書》。乾隆翰林院鈔本，今藏國家圖書館。檢影印文淵閣
四庫本，其卷目編次爲：卷一至三，太平有爲策；卷四，書；卷
五，奏狀；卷六、七，説；卷八，記；卷九、一〇，書；卷一一，啟；
卷一二至一四，詩。首三卷《太平有爲策》及卷六、七"治"（即
《治説》），乃當年制科策、論進卷，首皆有自序。卷一自序稱
"《太平有爲策》二十五篇"云云；卷六《進治説序》，稱"總五十
首，離其篇爲上下篇"云云，然闕篇甚多。

　　大典本清代仍未付梓。民國三年（一九一四），李之鼎方
由江南圖書館（今南京圖書館）録出丁氏八千卷樓傳鈔本，刊
入《宋人集》甲編。其增改存疑者，附校勘表於集後。

　　《全宋詩》用《宋人集》甲編本爲底本，輯得佚詩十三首。
《全宋文》底本同，輯得佚文十篇。

【參考文獻】

　　蔣之奇、樓鑰《都官集序》（影印文淵閣《四庫全書》本《都官集》卷

首,人各一序)

　　陳杞《都官集跋》(同上卷末)

　　李之鼎《都官集跋》(《宋人集》甲編本《都官集》卷末)

宋人別集叙録卷第八

范忠宣公文集二十卷

范純仁 撰

范純仁（一〇二七——一一〇一），字堯夫，蘇州吳縣（今江蘇蘇州）人，仲淹子。皇祐元年（一〇四九）進士，元祐時曾兩度爲相。卒，謚忠宣。曾肇《范忠宣公墓誌銘》（《曲阜集》卷三）曰：“有文章、論議三十卷。”所謂“論議”，蓋指《國論》《彈事》各五卷（見陳氏《解題》卷二二），則文集爲二十卷。國史本傳（《范忠宣公集》卷一八）曰：“有文集二十卷。”《讀書附志》卷下著錄道：

《范忠宣公文集》二十卷，右范忠宣公純仁之文也。後三卷乃國史載公本傳及行狀。公字堯夫，文正公次子，以恩補太祝。中皇祐元年進士第，再相元祐之間。元符末，自潁昌以大觀文、中太一宫使召，以疾不赴，薨。上覽遺表震悼，贈開府儀同三司，謚忠宣，賜其墓碑曰“世濟忠直”，曾文昭公（肇）銘之。四明樓鑰序其文。別有《臺諫論事》五卷、《邊防奏議》二十卷，又在此文之外。

《解題》卷一七曰：

　　《范忠宣公集》二十卷，丞相忠宣公吳郡范純仁堯夫撰。文正公之次子也。文正子四人，長純祐尤俊，有賢行，早年病廢以死，富文忠（弼）誌其墓，近世禮部尚書之柔者，其四世孫也。次純禮、純粹，皆顯用，至大官。

《通考》卷二三六、《宋志》皆著録文集二十卷。《宋史》卷三一四本傳稱"有文集五十卷行於世"。所謂五十卷，當包括《國論》《彈事》（疑即《讀書附志》所稱《臺諫論事》）兩種共十卷，以及《邊防奏議》二十卷，則文集仍爲二十卷（按明陳第《世善堂藏書目録》卷下著録"《范忠宣集》五十卷"，似乎有此傳本，不可考）。

　　著者文集，嘉定時由沈圻初刊於永州，樓鑰序之曰：

　　　　嘉定五年（一二一二）三月甲戌，公之從玄孫中書舍人之柔見過，謂鑰曰："忠宣文集未行於世，晚而謫居永州三年，邦人至今懷仰。比因沈史君圻赴郡，以家藏本屬之，既已刊就。"而舊無序引，徑以見委。……三辭不獲，則取而伏讀，越兩日而盡得之。

前此一年（嘉定四年辛未），范之柔跋曰：

　　　　先忠宣公《國論》《彈事》外，有文集二十卷，未曾版行。零陵實謫居之地，僅刊《言行録》。今史君沈公到闕奏事，因過訪語及，慨然欲得鋟木。尚友前賢，深所敬歎，即以家藏本屬之，仍附以國史本傳及李姑溪（之儀）所述《行狀》，且識歲月於後云。

沈刻既用范氏家藏本，固爲善本。是刻爲後來各本之祖。《四庫提要》曰："文集凡二十卷，前五卷爲詩，後十二卷皆雜文，其末三卷爲國史本傳及李之儀所撰行狀，皆其姪（玄）孫之柔刊集時所附入也。"稱末三卷乃之柔刊集時附入,恐誤。
按年代,國史本傳遠早於范之柔,即已載文集二十卷。之柔
跋稱"仍附"云云,且未言有所合併,則原編應已有末三卷,並
非范之柔新附。《讀書附志》及《解題》所録,當即嘉定永州
刊本。

　　嘉定本明代猶存,殆罕有完帙。《文淵閣書目》卷九著録
道:"《范忠宣公文集》一部十册,完全,塾本補入。"《内閣書
目》卷三著録爲二十卷。所謂"塾本",當即元天曆歲寒堂本
(此本詳下),則其中必有嘉定板本。又《趙定宇書目》著録二
本,《澹生堂藏書目》卷一三著録十册六卷,遠非全本。清代
有嘉定本著録,然皆不確。丁氏《善本書室藏書志》卷二七載
張燕昌原藏本,僅五卷,曰:"半葉十行,行二十字,遇元祐、哲
宗、徽皇均提行。宋紙宋印,與《文正集》同槧者也。"是本今
藏南京圖書館,著録爲元刻本。按嘉定本並不與《文正集》同
槧,其本斷非宋刻。又日本靜嘉堂文庫藏本,陸心源亦以爲
是嘉定本,其《宋嘉定永州槧范忠宣集跋》曰:

　　《范忠宣公文集》二十卷,前有樓鑰序,後有嘉定辛
　　未范之柔跋,壬申沈圻、廖視、陳宗道跋,每葉二十四行,
　　每行二十字。是集南宋以前未經板行,嘉定壬申吳興沈
　　圻知永州,始從公之玄姪孫之柔得家藏本,命教授陳宗
　　道校正,刻於永州。語涉宋帝皆提行,卷二十行狀內章
　　惇,"惇"字皆注"光廟諱",宋嘉定中永州刊本也。若因
　　字體不工,疑非宋刊,不知永州地居偏僻,刊工不精,無
　　足怪者。有"季振宜藏書"朱文長印,"滄葦"朱文方印,
　　"季振宜印"朱文方印。

此本行款與丁氏本同,《日藏漢籍善本書録》著録爲元天曆刻

本。則舊所謂嘉定本，實皆元本矣。《增訂四庫簡目標注·續録》謂"宋刊本十三行二十字"，不詳所據何本。

是集今以元天曆刊本爲古。天曆本，《增訂四庫簡目標注》謂"即二范（文正、忠宣）合刊。歲寒堂，范氏家塾之名，天曆本已有此三字"。據前引丁、陸二氏所述，天曆本當一依嘉定本提行避諱舊式。傅增湘《經眼録》卷一三曰："元刻本，十二行二十字，黑口，左右雙闌。"歲寒堂刻《范文正公集》在天曆元年（一三二八），則《忠宣集》當亦刻於是年或稍後。除前述静嘉堂本及南京圖書館藏丁氏殘本外，今國内僅浙江博物館著録天曆本，卷十八至二十配清鈔；然元刻明修本，國内館藏書目猶登録六部。

明嘉靖間，范氏歲寒堂又有重刻本。王重民《中國善本書提要》記美國國會圖書館藏本道：每半葉十一行二十一字；"卷内題'後學時兆文校正，後學李鳳翔校正，十五世孫啟文校正，十六世孫唯元同校'"。按范唯元等同時猶重刊《范文正公集》。前人評天曆本之後，以此刻爲佳。嘉靖本今國内著録九部，國外除美國國會圖書館藏本外，日本蓬左文庫亦藏一部。

嘉靖四十年（一五六一），裔孫范唯一視學兩浙，輯《范忠宣公奏議》二卷，命嚴州守韓叔陽梓行，今未見著録。

歲寒堂本之外，萬曆間毛一鷺於雲間（今上海松江區）司理所刻《二范集》，重編《忠宣集》爲十卷，今有著録。

清康熙四十六年（一七〇七），裔孫范能濬等又於歲寒堂重刻《范文正忠宣公全集》。其中《忠宣集》十八卷附《奏議》二卷、《遺文》一卷、《補編》一卷、附録一卷。正集卷目編次爲：卷一，古賦、詩；卷二至五，詩；卷六、七，表；卷八，啟狀；卷九，經解；卷一〇，記；卷一一、一二，祭文；卷一三至一五，墓誌銘；卷一六，墓表、行狀；卷一七，行狀；卷一八，附錄。《四庫全書》即著錄此本，《四庫提要》曰：“《奏議》二卷，自治平元年（一〇六四）爲殿中侍御史，至元祐八年（一〇九三）再相，前後所奏封事凡七十三首。又《遺文》一卷，載范純仁文七首，附以其弟純禮文二首、純粹文十九首，乃其裔孫能濬據舊本重加删補。又附錄一卷，爲諸賢論頌十三首。補遺（祝按：原書“遺”作“編”）一卷，載純仁尺牘一首，附以制詞題跋等十二首，亦能濬所編訂。”

道光十年（一八三〇）、宣統二年（一九一〇），歲寒堂繼又重刊。按宣統本之“補編”，增入純仁遺文八首，而七首爲重文，蓋編訂者失於檢核。康熙及以下各本，今皆有著錄，其中以康熙本最佳。

自元天曆本至清宣統本，是集皆與《范文正公集》合刻，詳參《范文正公集》叙錄，兹略述如上。

范純仁所著《國論》五卷、《彈事》五卷、《邊防奏議》二十卷，皆久佚不傳。其中部分篇章已爲其裔孫輯入《奏議》等類中，然殘簡斷壁散見於諸書者猶多。《全宋文》用宣統二年歲寒堂刊本爲底本，輯得佚文四十一篇，超過范氏歷代裔孫蒐採之和。《全宋詩》用康熙四十六年歲寒堂刻本爲底本。

【參考文獻】

樓鑰《范忠宣公文集序》（康熙歲寒堂本《范忠宣公文集》卷首）

沈圻、廖視、陳宗道《范忠宣公文集跋》（同上，人各一跋）

陸心源《宋嘉定永州槧范忠宣集跋》（《儀顧堂續跋》卷一二）

范能濬《范忠宣公遺文目錄序》（康熙歲寒堂本《范忠宣公集》附“遺文”卷首。康熙本等後序及跋，參前《范文正公集》附）

净德集三十八卷

吕　陶　撰

吕陶（一〇二七——一一〇三），字元鈞，號净德，成都（今屬四川）人。皇祐元年（一〇四九）進士，熙寧三年（一〇七〇）舉制科。累官至中書舍人、給事中，坐元祐黨籍。成都馬騏《净德集序》，僅云“諸孫出其家集，使著於世”，未署年代。據世次及馬騏活動年代推考，其諸孫刊集約在紹興間。《遂初堂書目》著録《吕元鈞集》，或即其本。晁、陳二氏未著録。《宋志》著録《吕陶集》六十卷，蓋爲原本卷數。

是集傳至明末而亡。《文淵閣書目》卷九、《内閣書目》卷三猶著録“《净德先生文集》十册，全”，後散亡。清四庫館臣從《永樂大典》中採掇，釐爲三十八卷，即今傳本。《四庫提要》曰：

> 《宋史·藝文志》載陶集六十卷，久無傳本。其得見於世者，僅《宋文鑒》所載《請罷黄隱》一疏。今就《永樂大典》各韻内採掇裒輯，分類編次，釐爲三十八卷。雖以史傳相較，其奏疏諸篇或載或闕，其《應制科策》一首不可復考，未必盡還舊觀，然已什得其七八，所闕者固無幾也。

大典本録入《四庫全書》，卷目編次爲：卷一、二，表狀；卷三至五，奏狀；卷六、七，表；卷八、九，内外制；卷一〇，書；卷一一，申狀；卷一二，啟；卷一三，序；卷一四，記；卷一五至一九，論；卷二〇，策；卷二一至二七，墓誌銘；卷二八，墓表；卷二九至三八,詩。大典本又刊入《武英殿聚珍板叢書》,《叢書集成初編》據聚珍本排印。

《全宋文》用影印文淵閣《四庫全書》本爲底本,輯得佚文七十六篇。《全宋詩》用武英殿聚珍本爲底本。

【參考文獻】

馬騏《淨德集序》(影印文淵閣《四庫全書》本《淨德集》卷首)

沈氏三先生文集六十一卷

西溪文集十卷	沈　遘　撰
長興集四十一卷	沈　括　撰
雲巢集十卷	沈　遼　撰

沈遘(一〇二八——一〇六七),字文通,皇祐元年(一〇四九)進士第二,官至翰林學士;其叔括(一〇三一——一〇九五),字存中,嘉祐八年(一〇六三)進士,官至翰林學士,晚居潤州夢溪,著《夢溪筆談》;遘弟遼(一〇三二——一〇八五),字叡達,以兄任入官,爲審官西院主簿,因事入獄,流永州,徙池州,築室齊山,名"雲巢",遂杜門不出。錢塘(今浙江杭州)人。王安石《沈内翰(遘)墓誌銘》(《臨川集》卷九四)曰:"有文集十卷。"黄庭堅《沈叡達墓誌銘》(《沈氏三先生文集》附録一):"平生所著有《雲巢集》二十卷。"

三叔姪文集,南宋初由處州司理參軍高布合刻於括蒼(即處州,今浙江麗水),稱《沈氏三先生文集》。《解題》卷一七著録道：

　　《西溪集》十卷，翰林學士錢塘沈遘文通撰。初以郊
社齋郎舉進士第一，執政謂已宦者不應先多士，遂居其
次，實皇祐元年，自是爲故事。文通吏事精明强敏，爲杭
州、開封府，皆有能名。從容閒暇，夙興治事，及午而畢。
卒時年四十餘。其孫晦元用，宣和中亦魁天下。

　　《長興集》四十一卷，翰林學士沈括存中撰。括於文
通爲叔，而年少於文通，世傳文通常稱“括叔”。今《四朝
史》本傳以爲從弟者，非也。文通之父扶，扶之父同，括
之父曰周，皆以進士起家，官皆至太常少卿。王荆公誌
周與文通墓，及文通弟遼誌其伯父振之墓可考。括坐永
樂事貶。晚居京口，自號夢溪翁，自叙甚詳。

　　《雲巢集》十卷，審官西院主簿沈遼叡達撰。遘親弟
也。以兄任爲京官，坐法流貶，事見《揮麈録》。自永徙
池，築室齊山，號雲巢，竟不復起。

　　以上三集刊於括蒼，號《三沈集》，其次序如此，蓋未
之考也。

《通考》卷二三六從之。《宋志》著録沈晦《三沈集》六十一卷，
當即括蒼（處州）刊本。所刻《雲巢集》卷數與《墓誌銘》“二十
卷”不合，或“二”乃“一”之訛，或有散佚，其故不可考。

宋處州刻本久已失傳。明《文淵閣書目》卷九著録“《沈
氏三先生文集》一部十册，殘闕”，殆即處州本，至《内閣書目》
已無其目。《澹生堂藏書目》卷一三著録“《長興集》三册，四
十一卷；《雲巢編》三册，八卷；《西溪集》二册，十卷”，《雲巢
集》闕兩卷，且不詳爲何本。《邵亭知見傳本書目》卷一三記
一影鈔宋本《西溪文集》十卷，“於‘遘’銜名下注云‘御名同

音’，每卷末有‘從事郎處州司理參軍高布重校兼監雕’一條，
則依布《三沈集》本也”。此本今未見著錄。陸心源嘗得鈔本
《長興集》十九卷，陸氏以之爲影寫宋本，其《長興集跋》曰：
“殘《長興集》，爲宋刊《三沈集》之一，題曰‘龍圖閣學士沈括
存中著’。……每葉十八行，每行二十字，每卷有目，連屬篇
目，卷後有‘從事郎處州司理參軍高布重校兼監雕’一行，當
從宋刊影寫者。”此本今藏日本静嘉堂文庫，見《皕宋樓藏書
志》卷七四、《静嘉堂秘籍志》卷三三。

　　元代未見有刻本著錄。明有翻雕宋本，前人以爲當刻於
萬曆時，刊者不詳。萬曆本將三集總分爲八卷（大卷），第一、
二、三卷《西溪》，第四、五卷《長興》，第六、七、八卷《雲巢》，而
各集原刻卷數（小卷）俱存，其中《長興集》闕卷甚多（惜刊者
當時不知祁氏澹生堂有完帙）。故該本雖總分八卷，實則仍
爲三集合刊。傅增湘《經眼錄》卷一七記其本道：

　　　《沈氏三先生集》八卷（内分小卷）附《沈下賢集》十二
　　卷（祝按：此集乃唐沈亞之撰），明刊本，九行二十字。似萬曆
　　時刊本。内分《西溪文集》十卷，《長興集》十三至三十
　　卷、三十二卷，《雲巢集》十卷。每卷有“從事郎處州司理
　　參軍高布重校兼監雕”一行。

《四庫全書》據萬曆本分別著錄，《四部叢刊三編》亦據該本
影印。

　　關於宋本及萬曆翻刻本，有下列問題需略作討論：

　　第一，《三沈集》次序問題。《三沈集》以沈遘集列於其叔
沈括集之前，陳氏《解題》謂“蓋未之考”。清吳允嘉《補三沈
集跋》曰：“存中於文通爲叔姪行，今本先《西溪》而後《長興》，
以卑冠尊，義不可解。或以文通之孫元用（沈晦）曾爲處州

守，此必元用所刻，自尊其祖故也。又或因《宋史》附括、遼於
遷傳，殆依史傳爲叙次歟？二説雖近是，予考《長興集》首尾
皆缺，若先《長興》，則開卷即是十三卷起，殊無眉目，此其所
以後之歟。"吴氏引他人二説，又自出新説。後兩説殊謬。陳
氏《解題》所録宋本即先《西溪》而後《長興》，並非明人所改；
高布刊集時，何能預知《宋史》叙次？且宋刊《長興集》焉有殘
缺，開卷即是十三卷起（《長興集》殘缺事詳後）？今按《宋志》
著録"沈晦《三沈集》六十一卷"。又《解題》著録《西溪》時述
及沈遘孫沈晦，據陳氏體例，凡言著者後裔，該集多爲其人所
刊。故處州本爲沈晦知處州時所刻，殆無可疑，高布當是受
沈晦之命而董其事。考沈晦知處州在高宗建炎中，則吴氏所
述第一説，即沈晦自尊其祖而以《西溪》居首近是。

　　第二，《西溪集》是否完帙問題。《四庫全書》著録萬曆本
《西溪集》十卷，《提要》曰：

　　　　史稱遘通判江寧，還朝奏《本治論》十卷，爲仁宗所
　　嘉賞，而集中竟未之載，則亦非全帙矣。……第二卷末
　　《題揚州山光寺》二詩，其一有夾注，稱爲盧中甫和詩；其
　　"高臺已傾曲池平"一首，已見前而重出，於此字句稍不
　　同，詩下亦有夾注，稱"傳自山光寺壁，與集中異"云云，
　　疑皆高布校刊時所增入，非原集之舊，亦足見其校勘之
　　不苟也。

北宋諸集，靖康間類多散亡，然是集卷數與王安石所作《墓誌
銘》合，稱非全帙，未免臆斷。潘景鄭《舊鈔本西溪文集跋》
（《著硯樓書跋》）曰："按集中《本治論序》猶存，自言以所聞見爲
論三十篇，蓋與《提要》所據已不合（今按《宋史》卷三三一本
傳及《提要》所謂"十篇"，當即十卷。蓋三十篇勒爲十卷，非

不合）。意遁所著《治平論》，當自爲一書，不與文集相混也。"
"自爲一書"之説疑是。

第三，萬曆本總分爲八卷，《四部叢刊三編》影印本張元
濟跋謂乃"明人所併合"，其説是。之所以在各集小卷之外再
編大卷，顯然是因《長興集》殘缺而卷次不連貫，故以大卷
統之。

前引傅增湘所記萬曆本，即上海涵芬樓藏本，抗日戰爭
中毀於日機轟炸。《四部叢刊》所據底本，張元濟跋謂借自浙
江圖書館（按：《藏園訂補邵亭知見傳本書目》謂"《叢刊》所據
乃江南圖書館本也"，恐誤，似應以當事人所言及扉頁所記爲
確）。浙江館藏本今存否不詳，國内竟無萬曆本著録，幸有影
印本以存其真。三集卷目編次，《西溪文集》爲：卷一，賦（一
首）、詩；卷二、三，詩；卷四至六，制誥；卷七，表；卷八，札子；
卷九，刀筆。《長興集》爲：卷一至一二，（闕）；卷一三至一五，
刀筆；卷一六，表；卷一七、一八，啟；卷一九、二○，書；卷二一
至二四，記；卷二五，墓誌銘；卷二六至二九，碑誌；卷三○，墓
誌銘；卷三一，（闕）；卷三二，孟子解；（以下闕）。《雲巢集》
爲：卷一至六，詩；卷七、八，雜文；卷九，墓銘；卷一○，塔銘、
墓誌銘、雜文。

影宋本、萬曆本《長興集》僅存十九卷，所脱二十二卷，蓋
明代已無從補齊。《四庫提要·長興集提要》曰：

> 此本卷末題"從事郎處州司理參軍高布重校"一行，
> 蓋即括蒼所刻本也。……惜流傳既久，篇帙脱佚，闕卷
> 一至卷十二，又闕卷三十一，又闕卷三十三至四十一，共
> 二十二卷。勘驗諸本，亦皆相同，知斷爛蠹蝕，已非一
> 日。《宋文鑒》及《侯鯖録》諸書，載括詩頗多，而集中乃

無一首；又史稱括爲河北西路察訪使，條上三十一事，皆
報可，其他建白甚衆，而集中亦無奏札一門，蓋皆在闕卷
之中矣。

早在康熙間，吳允嘉即已借明刊本鈔校並輯補《長興集》佚
文，其跋曰：

　　茲從他書中遍搜存中騷賦、詩歌，得若干篇，補其首
卷；又摭序、説諸篇爲兩卷。他日隨見補入，以漸成完
書，重刻時可以叙正，亦藝林一快事也。元用（沈晦）諸
詩並沈氏先世制敕、墓誌，更附於末。予於諸沈，不無小
補云。

光緒二十二年（一八九六），浙江書局以吳氏校補本付
梓，仍題《沈氏三先生文集》，每半葉九行二十一字。其中《長
興集》卷一至卷三，即吳氏所補。此本今有著録。是刻改萬
曆本（即《四部叢刊三編》底本）大量俗字、簡體字，頗爲清整。
其中《西溪文集》較《四部叢刊三編》本多文兩篇，或即吳氏
“隨見補入”者。較之萬曆本，光緒本可謂後來居上。吳氏校
補原本《長興集》《雲巢集》，後爲丁氏所得，今藏南京圖書館，
有“吳允嘉印”、“石倉手校”、“州來氏藏書記”諸印，參《善本
書室藏書志》卷二八。

沈遘，《全宋文》用《四部叢刊三編》影印萬曆本爲底本。
《全宋詩》同。沈括，一九八五年上海書店出版胡道静《沈括
詩詞輯存》，收詩、詞、賦五十七篇及殘句五條。《全宋詩》輯
佚部分用該本爲底本，另輯得佚詩三首。《全宋文》用光緒浙
江書局《沈氏三先生文集》之《長興集》爲底本，輯得佚文四十
四篇。沈遼，《全宋文》用浙江書局本爲底本，輯得佚文五篇。

《全宋詩》用《四部叢刊三編》本爲底本。

【參考文獻】

陸心源《影宋本長興集跋》（《儀顧堂題跋》卷一一）

張元濟《影印沈氏三先生文集跋》（《四部叢刊三編》本《沈氏三先生文集》卷末）

吴允嘉《補沈氏三先生文集跋》（光緒本《沈氏三先生文集》卷末）

節孝先生文集_{三十卷}

徐　積　撰

徐積（一〇二八——一一〇三），字仲車，楚州山陽（今江蘇淮安）人。元祐初官楚州教授。王資深《徐積行狀》（《節孝先生文集》前附《事實》）曰：“大觀二年（一一〇八）五月，内哲宗實録院取索文集數十卷並《行狀》，載之國史。”又曰：“有詩歌、雜文、訓解數十卷，藏於家。”鄒浩嘗作《書徐仲車先生詩集後》詩，有“此編雅什數百計，覃思成誦驚余神”（《道鄉集》卷一）句，衢本《讀書志》卷一九著録《徐仲車詩》一卷。蓋詩集北宋時已單行，鄒氏所讀、晁氏所録皆其本。《解題》卷一七著録道：

《節孝集》二十卷，楚州教授山陽徐積仲車撰。治平四年（一〇六七）進士，以耳聵，不能仕。事其母極孝，行義純篤，古所謂卓行也。東坡謂其詩文怪而放，如玉川子（祝按：“東坡謂”至“玉川子”，據《文獻通考》卷二三七引增補）。政和中賜謚節孝處士。

《通考》卷二三七所載卷數同。《宋志》著録爲三十卷。

是集今存宋人□萃（不詳其姓）刊板跋，略曰：

> 萃備員山陽，一日，我賢太守王直閣歎先生節行雖
> 立，而文章泯墜。訪之子孫，得遺稿數萬言，命萃董之，
> 鏤板以廣其傳。萃視太守屬吏且門生，故不得而辭，敢
> 不夙夜在公，服膺斯文，仰副賢守欲托先生之道化斯民
> 於醇厚之域耶！凡十旬以畢其事。紹興戊辰（十八年，
> 一一四八）上元日，謹跋。

今不詳所刊卷數幾何。乾道己丑（五年，一一六九），許及之
於臨汝郡庠刊《節孝先生語》一卷，有跋，且謂“嘉禾已刊先生
文集”。嘉禾（今浙江嘉興市）本始末未詳。

淳祐庚戌（十年，一二五〇）冬，淮南東路提點刑獄公事
兼轉運判官王夬亨又重刊之，序曰：

> 《節孝先生文集》，山陽舊板毀於兵。四世孫坦家藏
> 嘉禾墨本，字畫磨舛，先後失序。夬亨再叨鄉部，退食之
> 暇，從而訂證編次之。他如《皇朝名臣》之録，《東都事
> 略·卓行》之傳，及先生與門人問答之辭，蘇、黃諸老往
> 來之帖，莫不附見，再用板行，觀者不待旁搜遠討，而瞭
> 然在目矣。慨惟高大父待制（按即王資深）撰先生行實
> 之狀，曾大父中書跋諸賢詩帖之編，今詩帖之編已失，而
> 行實之狀幸存。夬亨無所肖似，乃今裒輯全書，藏諸鄉
> 校，以承先志，壽於無窮，亦足以見王氏之於先生，真有
> 夙契云。

康熙間丘象隨《重刻節孝先生集序》，綜合宋人序跋，述
是集宋至明代傳刻源流道：

先生文集，其初事剗剟者無從考，而紹興初先生子安道爲刻龜山先生所跋贈貽詩（按楊時跋今存），或其昉於兹乎。顧予所知者，則紹興戊辰，太守王直閣恐先生文章湮泯，得遺稿數萬言，鏤板廣其傳。迨乾道己丑，教授許及之方爲鋟先生《燕閒語》，兼採《東坡志林》《吕氏童蒙訓》附以載，且云"嘉禾已刊先生文集"，疑又一板已。越理宗淳祐中，鄉之朝請大夫王夬亨以山陽舊板毁於兵火，復就先生四世孫坦家取所藏嘉禾墨本，及諸老往來之帖，門人問答之辭，與《東都事略》《名臣言行録》裒集彙訂，再用板行，始爲全書。未幾，景定末，翁教授蒙正不知何以輒重編次之。自後逾元歷明，遂三百年不復徵有釐補者，而今所僅存，則嘉靖乙丑（四十四年，一五六五）太守劉祐之刻，顧亦已百有三十二年，若存若亡。

據所述，則是集宋代刊有紹興、嘉禾、淳祐、景定凡四本。

明《文淵閣書目》卷九著録"《徐節孝文集》一部四册，完全"，《内閣書目》亦稱"全"，"凡二十卷附載一卷"，殆爲宋本。又《絳雲樓書目》卷三亦著録二十卷本。《百川書志》卷一二、《萬卷堂書目》卷四則著録三十卷本，與前引《宋志》合。

三十卷本宋槧清代猶存。《天禄後目》卷六嘗載王夬亨原槧一部，凡三十卷，二函十册。又吴焯家藏有景定翁氏本，《繡谷亭薰習録》著録，爲《節孝集》三十卷，"翁蒙正重編，景定甲子（五年，一二六四）刊本也。……前有《事實》一卷，後增門人江端禮季恭録《節孝語》一卷"。各宋本皆失傳。二十卷本與三十卷本有何區别，因前者久佚，無可按核。

清代當猶有元刻本流傳，前人以爲即修王夬亨板。《繡谷亭書録》曰：“紹興戊辰刻於山陽，景定甲子重刊。元皇慶中刊本增畫像，明嘉靖中刻又增《祠堂記》。余所見元刻多漫漶，不及景定摹本。”又《邵亭知見傳本書目》亦曰：“元刊本有大德、皇慶時人題像讚，或謂即修王尖亨而附入之。”《藏園訂補》稱張幼樵藏有元刊本。丁丙《善本書室藏書志》卷二七著録元刊本，稱其本脱《事實》並失前序。又引吳氏《繡谷亭薰習録》，謂“曝書亭本有皇慶癸丑（二年，一三一三）王霄賓序，元刻增節孝像及題贊，明嘉靖刻又增《祠堂記》”，“此無《祠堂記》，字多漫漶，是元刻也”。該本今藏南京圖書館，《中國古籍善本書目》著録爲嘉靖本，非所謂“元刻”，但其中多元板（詳下）。

明嘉靖四十四年（乙丑，一五六五）劉祐本，爲是集承上啟下之重要傳本。《增訂四庫簡目標注·續録》曰：“曾見嘉靖劉祐本，十行二十字，其中所存元板甚多，不過稍加修補耳。”傅增湘《經眼録》卷一三記其所藏嘉靖本版式、結構道：

> 《節孝先生文集》三十卷，宋徐積撰。《語録》一卷、《事實》一卷，明嘉靖四十四年劉祐刊本，十行二十字（今按：白口，四周單邊）。前嘉靖乙丑劉祐序，次淳祐庚戌王尖亨序，次目録，目後題“迪功郎淮安州州學教授翁蒙正景定甲子（五年，一二六四）孟秋初吉重行編次校定”。《事實》一卷在本集前，後有紹興戊辰萃跋。
>
> 按：此書板刻甚舊，當是明初刻本而嘉靖時補板者。

潘景鄭《明嘉靖補修元皇慶本徐節孝集跋》（按：所藏爲千頃堂黃氏舊本），肯定嘉靖本即修補元本：

> 天水兩本，今皆不可得見。元皇慶中，復刊一本於

山陽之節孝祠,增畫先生遺像於首,而係以時賢贊語,所謂"祠堂本"者是也。此本流傳最久,至嘉靖癸亥劉祐守淮郡,展謁先生祠宇,慮集板日久湮缺難觀,於是剔湮補缺,勒成完書,而別增《重修祠堂記》二首於首尾,所謂"嘉靖重修本"者是也。近世藏家,多視皇慶、嘉靖爲兩本,而有以嘉靖祖景定者,訛矣。余所藏嘉靖補本,審其字跡,元刻多漫漶,而嘉靖補版點畫挺秀,不待望氣可辨也。全書經嘉靖補版者,不逮十之一二,開卷即是節孝先生遺像,其爲元槧無疑矣。舊序止存淳祐庚戌王夬亨一序,嘉靖所益則劉祐重刻序,及重修祠堂之記,卷末別有唐漁石先生《祠堂記》一首,審亦同時所補入者。

今核嘉靖本字跡,確如潘氏所述,稱其爲修補元本可信。據傅氏所記,嘉靖本目錄後有景定間翁蒙正"重行編次校定"題識,則皇祐本應是重修景定本。考《宋史》卷八六《地理志四》,南宋後期淮南東路安撫司及淮安州治所皆駐淮安(即徐積鄉里),則王夬亨、翁蒙正前後實官一地,相距僅十餘年,翁氏所謂"重行編次校定",疑是就王板重修釐正,並非重刊。王本刻於淳祐,至元大德、皇慶僅五六十年,其板當猶存。前人既以爲元本即修王夬亨板,而劉祐本又多元板,可推知劉祐本中必當有宋板。嘉靖本,或著錄爲"元刻明補本",今大陸館藏書目登錄十四部,臺北"中央圖書館"藏二部。此外日本靜嘉堂文庫亦藏一部。

入清,康熙丙子(三十五年,一六九六),山陽丘氏重刻是集,總目後題"康熙丙子仲夏朔山陽後學丘如升、丘邁、丘迥同重編次校定"。每半葉十行二十字,白口,左右雙邊。首爲《事實》,本集三十卷,以《節孝先生語》爲第三十一卷,又新輯景定以後之史傳、像讃、碑記爲第三十二卷。卷首丘象隨《重刻節孝先生集序》稱“今所僅存，則嘉靖乙丑太守劉祐之刻”，知是刻即以嘉靖本爲底本。今與嘉靖本相校，本集篇目編次全同，唯版式改嘉靖本四周單邊爲左右雙邊。據著錄，此本今國内庋藏十三部，日本東京大學藏一部。宣統三年（一九一一）徐氏後裔重刊，今有著錄。民國十年（一九二一），如皋冒氏又收入《楚州叢書》第一集。

康熙六十年（辛丑，一七二一），錫山王邦采又重刻是集，羅振常《善本書所見錄》卷四著錄道：

> 《節孝先生文集》三十二卷，宋徐積撰。封面有“依宋本刊”及“錫山王氏藏板”字。康熙辛丑錫山王邦采序（草書，半葉四行），至正十二年（一三五二）門人胡翰序（大字，半葉七行），承仕郎、太常博士東陽胡助序（同上），淳祐庚戌王夬亨序，次目錄。半葉九行十八字，宋諱皆缺筆，書口上有字數號碼，多行書，附語錄一卷、附載（即《事實》）一卷。此康熙中錫山王氏覆宋刊本也。……楮墨古舊，雖非宋刻，亦可謂下真一等，可寶也。

此本既有至正時序，當是翻刻元修王夬亨本，今國内見於著錄者凡七部。

《四庫總目》著錄馬裕家藏本，據《提要》即嘉靖劉祐本，卷一至卷二七爲詩，卷二八至卷三〇爲雜文。其底本，《適園藏書志》卷一一著錄，謂“卷中塗乙鈎勒”，然“面葉印已失去”。要之，嘉靖本延續宋、元本之脈，至關重要。康熙兩本亦佳。

《全宋文》用康熙丘如升刻本爲底本。《全宋詩》用嘉靖劉祐刻本爲底本。

【參考文獻】

□萃《刊節孝先生文集跋》(《皕宋樓藏書志》卷七五)

許及之《節孝先生語跋》(康熙重刊本《節孝先生集·節孝先生語》末)

王夬亨《節孝先生文集序》(同上本卷首)

劉祐《嘉靖修補本節孝先生文集序》(嘉靖修補本《節孝先生文集》卷首)

丘象隨《康熙重刻節孝先生集序》(康熙三十五年重刻本卷首)

王邦采《康熙錫山刊節孝先生文集序》(康熙六十年錫山重刻本卷首)

忠肅集二十卷

劉　摯　撰

劉摯(一○三○——一○九七),字莘老,東光(今屬河北)人。嘉祐四年(一○五九)進士甲科,仕至右僕射,坐元祐黨籍,卒。紹興初追諡忠肅。集乃其子劉跂哀輯,請劉安世爲序。安世序略曰:

> 宣和六年(一一二四)七月六日,宣教郎、知開封府臨河縣丞劉跂寓書於元城劉安世曰:“先人平生爲文,方棄諸孤,僅存一篋,類次之,已成編集,念當有序引,以信於後。”……公文章雅健清勁,如其爲人,辭達而止,不爲長語,表章書疏,未嘗假手。凡奏議、論説、記、序、誌銘、

詩、賦諸文章千餘篇，次第著集爲四十卷，藏於家。

集刊於何時不詳。《讀書附志》卷下著録道：

> 《劉忠肅公文集》四十卷，右劉忠肅公摯之文也。忠肅制誥附於後，元城先生劉安世序之。公名摯，字莘老，永靜軍東光人。嘉祐中登進士甲科，元祐六年（一〇九一）拜右僕射，出知鄆州。紹聖四年（一〇九七）責鼎州團練副使、新州安置。薨，詔許歸葬，追復觀文殿學士。中興，贈少師，謚正肅，以家諱改忠肅。

《解題》卷一七、《通考》卷二三六、《宋志》皆著録爲四十卷，蓋別無他本。

是集《絳雲樓書目》卷三猶著録，其後遂無蹤跡。今傳乃大典本，《四庫提要》曰：

> 其文集四十卷，見於《宋史·藝文志》，久無傳本。今從《永樂大典》各韻中裒輯編綴，共得文二百八十五首，詩四百四十三首，以原書卷目相較，尚可存十之六七。謹以類排纂，釐爲二十卷，而仍以劉安世原序冠之於首。

大典本録入《四庫全書》，卷目編次爲：卷一，制敕、表；卷二，表、劄子；卷三至七，奏議；卷八，啟；卷九，啟、書、記；卷一〇，序、雜著；卷一一，神道碑、墓誌銘；卷一二、一三，墓誌銘；卷一四，墓誌銘（墓表附）、祭文；卷一五至二〇，詩。大典本又刊入《武英殿聚珍板叢書》。《叢書集成初編》據聚珍本排印。光緒五年（一八七九），定州王氏謙德堂編《畿輔叢書》，據傳鈔四庫本付刊。

二〇〇二年，中華書局出版裴汝誠、陳曉平點校本《忠肅集》。該本以文津閣《四庫全書》本爲底本，輯得集外奏疏、詩文、日記等凡一百十五篇，共八萬餘字，附録於後。

《全宋文》用《畿輔叢書》本爲底本，輯得佚文六十九篇。《全宋詩》用影印文淵閣《四庫全書》本爲底本，輯得佚詩五首。

【參考文獻】

　　劉安世《劉忠肅公文集序》（影印文淵閣《四庫全書》本《忠肅集》卷首）

安岳馮公太師文集十二卷

馮　山　撰

　　馮山（一〇三一—一〇九四），初名獻能，字允南，時稱鴻碩先生，安岳（今屬四川）人。嘉祐二年（一〇五七）進士，官終祠部郎中。以子澥登朝，贈太師。南宋嘉定間，瀘州周鋭將其父子二人所著詩文集合刊，嘉定乙亥（八年，一二一五）何薳固有序，至嘉定十二年十二月劉光祖再作《太師左丞合集序》，略曰：

　　　　故祠部郎中、贈太師安岳馮公諱山，字允南，文集三十卷。太師有子諱澥，官尚書左丞，贈資政殿學士，字長源，文集四十五卷。太師卒於紹聖元年，左丞薨於紹興十年（一一四〇），遠者百二十有九年（祝按：以年歲推之，“九”蓋“五”之訛），而近者亦八十年矣，而比歲文集始行於

世，又未有序之者。……今之鋟木者，大瀘周氏子鋭也，
可謂好事也已。其邑人景君佐仕於吾州，爲周氏子請叙
其篇端，以余粗知言云。

合刊完本至明代已失傳，唯馮山集孤行於世。馮澥乃蔡京死
黨，宜其集不傳。《文淵閣書目》卷九著録“《馮太師文集》一
部三册，全”，《内閣書目》卷三同。後來馮山集完帙亦不可
得，僅存殘本十二卷。《四庫提要》述之曰：

　　（馮）山詩文本三十卷，嘉定中，瀘州周鋭與山子澥
　　集合刊之，前有劉光祖《太師左丞合集序》及何惪固《二
　　馮先生合集序》。此本（浙江汪啟淑家藏本）澥集全佚，
　　山集目録雖具，而自十三卷以後悉佚不傳，所存者惟詩
　　十二卷。徐氏《傳是樓書目》所闕亦同，知散佚已久，世
　　僅有此殘本也。

殘本至今亦未能補齊。據著録，除四庫本外，是集國内猶藏
清鈔本八部，日本静嘉堂文庫藏鈔本二部（參《皕宋樓藏書志》卷
七五、《静嘉堂秘籍志》卷三三），皆爲十二卷。各本當同源於一殘
宋本（不詳是否即明内閣本）。

　　民國四年（一九一五），李之鼎據知不足齋鈔本刊入《宋
人集》乙編。

　　《全宋詩》用影印文淵閣《四庫全書》本爲底本。

【參考文獻】

　　何惪固《二馮先生文集序》（影印文淵閣《四庫全書》本《安岳集》卷
首）

　　劉光祖《太師左丞合集序》（同上）

廣陵先生文集二十卷　王逢原集

王　令　撰

王令（一〇三二——一〇五九），字逢原，元城（今河北大名）人，長於廣陵（今江蘇揚州）。王安石推重其人品文章，不幸早卒。集乃其外孫吳說輯編。《通志》著錄《王逢原集》十卷。《東都事略》卷一一五《王令傳》謂“有《廣陵集》十卷行世”。《廣陵集》當即《王逢原集》，蓋刊於北宋時，元祐詩人張舜民嘗作《客有示余王逢原詩編者因成短韻》詩（《廣陵先生文集》附錄），所謂“王逢原詩編”，疑即十卷本。

《解題》卷一七著錄二十卷本：

> 《廣陵集》二十卷，揚州布衣王令逢原撰。令少年有盛名，王介甫尤重之，年二十八而卒。其妻吳氏，安石夫人之女弟也，守志不嫁。一女遺孕，嫁吳師禮，其子曰說，所謂吳傳朋也。令之墓，安石銘之。後有劉發者爲之傳。吳氏之墓，其姪王雲銘之，奉使死磁州者也。

《通考》卷二三五從之。《宋志》除著錄二十卷本外，又有《廣陵文集》六卷，殆刊其雜文。孔武仲《讀王逢原文奇其才擇甚精者錄爲一編》詩（《清江三孔集》卷八），有“雄文一讀千行淚”、“火暖燈明手自編”之句，所讀恐即此本。二十卷本《廣陵集》當是吳說編刊。考吳說紹興間嘗知信州，其編刊外祖文集疑在是時，故傳本題“吳說編次”。要之，王令詩文宋代當有《王逢原集》（又名《廣陵集》）十卷、《廣陵集》二十卷、《廣陵文集》六卷三種行世。

諸集宋本蓋明代猶有部分傳世。《文淵閣書目》卷九著録"王逢原《廣陵文集》，一部四册，全"；《内閣書目》卷三著録爲二十二卷，全。二十二卷當即二十卷本而連附録，殆爲宋槧。《世善堂藏書目録》卷下、《絳雲樓書目》卷三著録二十卷。《汲古閣珍藏秘本書目》則載"《廣陵先生集》三本，影宋板舊鈔，吴方山藏"。

今無清以前刻本著録，傳本以明鈔爲古。陸心源嘗跋其所藏舊鈔本道：

> 《廣陵先生文集》二十卷、拾遺一卷、附録一卷，題曰
> "外甥吴説編次"，舊鈔本。前有王荆公所撰墓誌，劉發
> 撰傳。每葉二十行，每行十九字。每卷有目，連屬篇目，
> 似從宋刊影寫者。

陸氏本今藏日本静嘉堂文庫，見《静嘉堂秘籍志》卷三四。由此本或可略窺宋板舊式。

今存明、清鈔本尚多，要之有二十卷（或連"拾遺"爲二十一卷）、三十卷、四十二卷（或作四十三卷）三類。前引陸心源跋又曰："《四庫》著録三十卷，拾遺、附録各一卷，張月霄（金吾）《藏書志》著録四十三卷，無拾遺、附録（祝按：《愛日精廬藏書志》卷三〇著録舊鈔本四十二卷）。兩本皆嘗插架，以校此本，詩文無所增益，蓋經後人分析卷數，此則猶宋人原本也。別本異文雙行注於本文之下，如《考異》之例，其爲吴説所注，爲他人所注，則不可考矣。"丁丙《善本書室藏書志》卷二七著録明鈔本（王原祁舊本，今藏南京圖書館），爲藍格，"版心有'平菴秘録'四字，間有硃筆評點及改抹格式，或館中底本也"。然明鈔本爲二十卷，庫本作三十卷，若果爲館中底本，或即館臣所析歟。三十卷本，今南京圖書館猶藏二部，其一亦丁氏書，

《善本書室藏書志》稱"此本蕭山十萬卷樓從趙氏小山堂録出"。另一部爲周氏種書樓鈔本。四十二卷本,今存明鈔一部,藏浙江大學圖書館,乃孫氏玉海樓舊物。

民國十一年(一九二二),吳興劉承幹將是集刊入《嘉業堂叢書》,跋略曰:

> 余從甬東抱經樓購得稿本,亦二十卷,外有附録一卷、拾遺一卷。吾鄉朱古微(祖謀)侍郎借涵芬樓所藏藝風老人鈔校本對勘,又增出補遺一卷。自卷一至卷十一爲賦、琴操、詩歌,自卷十二至卷二十爲雜體文。其附録一卷,則令殁後友朋追思之作,及墓誌、事狀諸篇存焉。今所增輯補遺,則附於原有拾遺之後,別爲一卷。

今按《藝風藏書記》卷六著録二十卷本、三十卷本各一部。二十卷本有拾遺一卷、補遺一卷、附録一卷,曰"舊鈔足本,收藏有'黃模'朱白文小連珠印";三十卷本僅有附録一卷,稱"傳鈔足本,用禦兒呂氏本校,又借夏潤枝藏懷德堂鈔本覆校過"。涵芬樓藏本有補遺,則當爲二十卷。

一九八○年,上海古籍出版社出版沈文倬校點本《王令集》,即以《嘉業堂叢書》本爲底本,校以玉海樓明鈔本、四庫本、蔣繼軾鈔校本(按蔣本鈔於清初,今藏上海圖書館),以及吳翌鳳藏陳岩、顧友柱鈔校本等。是本在卷二十後,將原底本"補遺"之《策問十八首》編爲二十一卷。編次爲:卷一至一一,詩;卷一二,説;卷一三、一四,述、書後、箴等;卷一五,序、論、記;卷一六至一八,書;卷一九,書、雜文;卷二○,墓誌銘;卷二一,策問。校點本分別注明三十卷本、四十二卷本各卷起迄次第,可資比較參考。

《全宋詩》用影印文淵閣《四庫全書》本爲底本,補入國家圖書館藏明鈔本《拾遺》一卷，凡詩十四首。《全宋文》用《嘉業堂叢書》本爲底本。

【參考文獻】

陸心源《廣陵集跋》（《儀顧堂題跋》卷一一）

劉承幹《廣陵先生文集跋》（《嘉業堂叢書》本《廣陵先生文集》卷末）

河南程氏文集十二卷

明道先生文集四卷　　　程　顥　撰
伊川先生文集八卷　　　程　頤　撰

程顥（一〇三二——一〇八五），字伯淳，理學家稱明道先生；其弟程頤（一〇三三——一一〇七），字正叔，理學家稱伊川先生。洛陽（今屬河南）人。顥爲嘉祐進士，熙寧初任監察御史裏行，與王安石政見不合，出爲州縣官吏。哲宗立，召爲宗正丞，未行而卒。嘉定中謚“純”。頤於元祐時仕至管勾西京國子監，紹聖間編管涪州，徽宗時復官，致仕卒。嘉定中謚“正”。兩人爲宋代理學奠基者。《明道文集》四卷，未見宋人序引。《伊川文集》八卷，有政和二年壬辰（一一一二）七月其子端中序，稱“使姪昺編次其遺文”云云。兩集宋代有單刻本，有合刻本，亦有與兩人其他專著、語録合刻之叢書本。《東都事略·程頤傳》曰：“有《易傳》六卷，文集二十卷。”衢本《讀書志》卷一九著録道：

《伊川集》二十卷。右皇朝程頤正叔，珦之子也。少與其兄顥，從汝南周茂叔（敦頤）學。元祐初，司馬温公薦於朝，自布衣擢崇政殿説書，未幾罷。紹聖中，嘗謫涪陵。頤務讀經明道，深斥辭章之學，從其游者，多知名於世。

《通考》卷二三六從之。《宋志》亦著録二十卷本。又《讀書附志》卷下：

> 《明道先生文集》四卷、遺文九篇。右程純公顥字伯淳之文也。太師潞國公文彥博題其墓曰"大宋明道先生程君伯淳之墓"。弟頤序其所以而刻之。嘉定十二年（祝按：當爲"十三年"〔一二二〇〕之誤，見《宋史》本傳）諡曰純公。……此集並《伊川集》刻於長沙者，南軒先生識其後曰："右遺文九篇，新安朱熹得之玉山汪應辰者，敬授教授何蘊俾嗣刻之。"

《解題》卷一七曰：

> 《明道集》四卷、遺文一卷，監察御史河南程顥伯淳撰。三司使羽之後也，其父曰珦。顥之没，文潞公題其墓曰明道先生。
>
> 《伊川集》九卷，崇政殿説書程頤正叔撰。
>
> 《河南程氏文集》十二卷，二程共爲一集，建寧所刻本。

《通考》卷二三六從之。《宋志》僅著録《程頤集》四卷。本書以登録單刻本最早之《讀書志》及《附志》著録。

以上各家所録，《伊川集》二十卷本久佚，今不詳其編刊及收文情況。《明道集》四卷、《伊川集》九卷，乾道初劉珙、張栻嘗刊之於長沙。底本出於胡安國家，安國頗有改削，"珙等所刻，一以安國爲主，朱子（熹）深以爲不可，嘗以書抵珙及栻，盛氣詬爭，辯之甚力，具載《晦菴集》中。然二人迄不盡用其説，蓋南宋之初，學者猶各尊所聞，不似淳祐以後門户已成，羽翼已衆，於朱子之言一字不敢異同也"（《四庫提要》）。長沙刻板後三年，張栻又補刻明道遺文九篇（或著録爲一卷），時在乾道己丑（五年，一一六九），張栻有跋（前引《讀書附志》已節其要，參見《河南程氏文集》附録）。

長沙本之後，又有麻沙本（即建寧本），乃合刊《二程先生文集》十二卷，陳氏《解題》著録，參淳祐六年（丙午，一二四六）趙師耕《後序》。同年，李襲之又鋟板於舂陵郡庫，襲之《後序》（見《河南程氏文集》附録）曰：

> 《程氏遺書》，長沙本最善，而字頗小。閲歲之久，板已漫漶。教授王君浞出示五羊本，參校既精，大字亦便觀覽，然無《外書》。襲之乃模鋟於舂陵郡庫，又取長沙所刊《外書》附刻焉，願與同志者共學。

所謂"五羊本"蓋廣州所刊，今不知其詳。

二程著作（包括文集），宋以後以叢刻本《二程遺書》《二程全書》本爲主。《全書》已不屬別集類，然二人文集賴之以傳，故此仍作簡要考述。

元至治二年（一三二二），臨川譚善心刊《二程遺書》及《文集》等。文集一依朱熹傳本，即《明道文集》凡四卷，卷一表疏，卷二書記，卷三銘詩，卷四行狀、墓誌、祭文；《伊川文集》凡八卷，卷一上書，卷二奏疏，卷三學制，卷四雜著，卷五書啟，卷六禮，卷七行狀、墓誌、祭文，卷八墓誌、家傳、祭文。另有遺文一卷，乃譚氏所輯，有跋。鄒次陳跋譚刻本道：

　　二先生文集出胡文定公（安國）家，頗有改削，如《定
性書》及《明道行述》《上富公與謝帥書》中删却數十字，
《辭官表》之顛倒次第，《易傳序》之改沿爲泝，《祭文》之
改姪爲猶子。劉、張二公以是本刻之長沙，考亭（朱熹）
定其所當改者數紙，與共父劉帥書，及與南軒張子屢書，
凛然承舛習訛、末流波盪之爲懼，而卒亦莫之從也。今
所傳《文集》，大率潭本（按即長沙本），是固不能無餘論
矣。臨川譚善心元之早讀二書，慮其傳本浸少，悉爲刻
棗，而於《文集》復加詳審，與蜀郡虞槃叔常往復討論，以
復乎考亭所改之舊，且注劉、張本異同於其下。其餘遺
文，凡集所未録者，各以類附焉。

譚刻本近代猶存，今無著録。吴廷棟同治《重校二程全書凡
例》謂元刻本“蓋原出宋建寧本”。《四庫全書》著録江西採進
本，當即元刻本，《提要》曰：“元至治間，臨川譚善心重爲校
刊，……搜輯程子遺文十六篇，遺事十一條，並朱子論胡本錯
誤諸書，別爲二卷，附之於後。”

　　二程著作明代叢刻本頗夥，計有天順本、弘治本、嘉靖
本、萬曆本等等。各本皆包括文集十二卷及遺文在内，其他
則語録、附録。各本今有著録。明槧中以弘治本爲清人重
刊，影響較大。《鐵琴銅劍樓藏書目録》卷一三著録弘治本
《二程全書》六十五卷，述曰：“淳祐間，教授張玘合經説、文集
刊行，號《程氏四書》，猶各自爲書也。明天順間，國子監丞閻
子與（禹錫）重刻之，南陽李文達（賢）題曰《二程全書》。弘治
間，監察御史李瀚以舊藏本與閻本屬參議康紹宗、僉事彭綱
編校，河南知府陳宣刻之，有朱子二跋及李瀚、彭綱、陳宣
序。”則“二程全書”之名，至天順本始有焉，蓋編刊者欲與元

人異也。

明《文淵閣書目》卷九著録"《程明道文集》一部二册,完全",又"《程伊川大全集》一部五册,完全"。《内閣書目》卷三則著録"《明道先生文集》二册,全,……凡四卷";又"《程氏文集》四册,全,程頤著,凡十二卷";又"《伊川大全集》五册,全,凡二十三卷"。《絳雲樓書目》卷三著録《二程先生集》四册,陳景雲注:"十二卷,建寧刻本。"其他私家書目亦多有登録。明代崇尚程朱理學,故程氏文集見重於世,各家所藏,當不乏宋、元舊槧,惜後來皆失傳。

清槧亦甚多,主要有康熙吕留良本、張氏正誼堂本及同治涂氏本等。吕刻文集以弘治本爲底本,吴廷棟《重校二程全書凡例》曰:"石門吕氏取前四書(《遺書》《外書》《經説》《文集》)並《易傳》《粹言》刊行,題曰《二程全書》,析之則各分卷數,合之則裒成巨帙,乃今日坊肆通行之本也。"又曰:"吕刻除《易傳》《粹言》外,一以弘治本爲底本,其中剗改字句,偶亦參用譚刻。惜校勘欠精,於弘治本訛脱之處,未能援據譚刻——正之,《文集》卷數篇目,亦與譚刻後先互異。證以《朱子語類》《黄氏日鈔》所引,譚刻較合。"後來長沙小嫏嬛山館有翻雕本。

正誼堂本爲文集十二卷,張伯行序稱取"原本"校刊,蓋亦據元、明舊槧。《叢書集成初編》據正誼堂本排印。

同治十年(一八七一),涂宗瀛刊《二程全書》,吴廷棟《重校二程全書凡例》稱"《遺書》《外書》《文集》悉依譚刻校訂,期復朱子之舊";又述該本校刊始末道:

　　《河南程氏遺書》二十五卷,附録一卷,《外書》一十二卷,《文集》一十二卷、《遺文》一卷、附録一卷,《周易

傳》四卷,《經説》八卷,《粹言》二卷,石門吕氏彙刊爲《二
程全書》,盛行於世。洪君琴西汝奎蚤讀是書,嘗取元、
明以來舊本,參稽異同,以訂石門吕本,訛者正之,脱者
補之,疑者闕之,兩通者仍之,謀付梓,未果。余友涂郎
軒宗瀛亦潛心是書者,見之,以爲善本,力任剞劂,復集
二三同志相與校勘,八閲月工峻,版藏金陵書局,用公
同好。

　清刻各本,今皆有著録。同治本由於取校元、明諸本,校
訂者態度慎重,其中《文集》悉依譚刻,故爲善本。《四部備
要》即依同治本校刊。

　一九八一年,中華書局出版王孝魚校點本《二程全書》,
改題《二程集》。該本以同治涂刻本爲底本,校以康熙吕刻
本、萬曆徐刻本等。

　程顥、程頤文,《全宋文》皆以同治十年涂氏刻本《二程全
書》爲底本。二程詩,《全宋詩》用影印文淵閣《四庫全書》本
爲底本。

【參考文獻】

　程端中《伊川先生文集序》(中華書局校點本《二程集·河南程氏文
集》目録後)

　朱熹《河南程氏遺書跋》(同上本《河南程氏遺書》目録後)

　鄒次陳《至治本河南程氏遺書序》(同上本附録)

　虞槃《至治本河南程氏遺書序》(同上)

　譚善心《伊川遺文跋》(同上《河南程氏文集·遺文》目録後)

清江三孔集四十卷

舍人集二卷	孔文仲　撰
侍郎集十七卷	孔武仲　撰
郎中集二十一卷	孔平仲　撰

　　孔文仲（一〇三三——一〇八八），字經父，嘉祐六年（一〇六一）進士第一，又舉賢良方正科，以對策切直罷，哲宗時官至中書舍人；弟武仲（一〇四二——一〇九八），字常父，嘉祐八年進士，官至禮部侍郎；弟平仲，字毅父，治平二年（一〇六五）進士，官至秘書丞、户部郎中。臨江軍新淦（今江西新干）人。武仲、平仲嘗坐元祐黨籍。兄弟三人皆以文名，世稱“清江三孔”。文仲有文集五十卷，見蘇頌《中書舍人孔公（文仲）墓誌銘》（《蘇魏公文集》卷五九），《東都事略》卷九四《孔文仲傳》亦曰：“有文集五十卷。”武仲生前嘗手編《丙辰赴闕詩稿》《南齋集稿》《渡江集》，今存三集自序。《東都事略》本傳謂“所著《詩》《書》《論語説》《金華講義》《内外制》雜文共百餘卷”。三人文集北宋時有無刊本，今不可詳，南渡後已不傳。慶元五年（一一九九），權發遣臨江軍王蘧（祝按：蘧或作“遽”、“蓬”）輯三人遺文，刊成《三孔先生清江文集》四十卷，王氏跋曰：

　　　　三孔先生……歷官出處大概，《實録》載之爲詳，獨其文世所見者惟毅父《續世説》《珩璜新論》《詩戲》凡三集。舊所稱《經父集》五十卷，《詩》《書》《論語説》《金華講義》《内外制》雜文百餘卷，與毅父它文今皆不傳。蘧

來清江，敬拜祠像，亟訪其後，既寥落無聞，家集又往往
散逸。冥搜旁索，日緝月綴，始得一千八百餘篇，屬教授
許成之、新蘄春知監徐得之編次，且屬新廣東帥幕劉性
之、分寧知縣徐筠、清江主簿曾焕校定，蓮亦時自寓目於
其間。既成，釐爲上中下三帙，合四十卷，少傅大丞相益
國周公冠之以序，於是一家遺文、一郡闕事得以粗
舉。……卷數比舊所稱殊不類，度多闕遺，且雖參訂，終
不無舛誤，懼復散亡，乃鋟諸梓，有志於是者幸竟成之。

雖云“旁搜冥索”，恐三孔家集當時尚有部分殘存，否則王氏
不可能輯到如許之多。《解題》卷一七所錄，即王氏刊本：

　　《清江三孔集》四十卷，中書舍人新淦孔文仲經父、
禮部侍郎武仲常父、戶部郎中平仲毅父撰。實先聖四十
八世孫。嘉祐六年、八年，治平二年，連三科兄弟以次登
第。文仲舉賢良，對策切直忤時，罷，舉官范鎮景仁因求
致仕，而制科亦自此廢。武仲爲禮部第一人，中甲科。
平仲亦嘗舉制科。其著述各數十篇，多散佚弗傳。今其
存者，文仲纔二卷、武仲十七卷、平仲二十一卷而已。慶
元中，濡須王蓮少愚守臨江，裒輯刊行，而周益公必大爲
之序。序略曰：“遺文雖存一二於千百，然讀之者知其爲
有德之言，非雕篆之習也。昔黄太史（庭堅）頌當時人才，
有曰‘二蘇聯璧，三孔分鼎’。張丞相天覺（商英）在元符
中詆元祐詞臣，極其荒唐，謂兩蘇爲狂率，則剛直也；謂
公兄弟配之，文行如何哉？”

《通考》卷二三六從之。《讀書附志》卷下著錄平仲《詩戲》一
卷，《宋志》同，又於總集類著錄《三孔清江集》四十卷。《三孔

清江集》除《解題》入别集類外，其他目録家多入總集。據傳本，三集自爲起迄而不相混，雖通爲編卷，實爲别集合刊本，故本書著録焉。

宋慶元刻本久已失傳。明《文淵閣書目》卷九著録"《孔清江文集》一部十一册，全"，《内閣書目》卷三同，謂"凡四十卷"，當是宋本；《絳雲樓書目》卷三亦著録《三孔清江集》四十卷，陳氏注曰"慶元間臨江守袤集刊行，周益公序"，似亦爲宋槧，惜皆亡佚。

有宋以降，《三孔集》長期以鈔本流傳。今國内著録明、清鈔本凡十餘部。傅增湘《經眼録》卷一八著録清禦兒吕氏影寫元刊本，僅三十卷，其文曰：

> 九行二十二字，每葉口上有"講習堂"三字。有慶元五年（一一九九）四月甲戌少傅觀文殿大學士致仕益國公周必大序。卷一、二爲經父（文仲）集。卷三至十九爲常父（武仲）集，卷二十至三十爲毅父（平仲）集。卷首有"保中藏書之章"朱文印。卷中"留"字"啟"字均缺末筆，蓋避家諱也。鈔手是一人，絶古雅精美。鈐有莫郘亭父子印。

此本今藏國家圖書館，著録爲吕氏講習堂鈔本，其平仲集僅十一卷，顯非完帙。《三孔集》未見元人刊刻史料，明、清時諸家書目亦不見有元刻本登録，謂其爲影寫元刊本，不詳何據。

以上所述，無論鈔本、刻本皆非完帙，所缺多在孔平仲集。然傳世鈔本中，仍有平仲集完整無缺者。傅氏《經眼録》卷一八著録一明黑格寫本《三孔先生清江文集》四十卷、《孔氏雜説》一卷，存《孔氏雜説》一卷，孔平仲集二十一卷。十行二十字，"前有慶元五年周必大序，後有王蓮跋。《雜説》後有淳熙庚子九月臨江假守吴興沈詵跋。鈐有‘華亭朱氏文石山房藏書印’（朱）、‘文石朱象玄氏’（朱白文）、‘泰峰所得善本’（朱）、‘錢大昕印’（白）。按：新刊本孔平仲集（指《豫章叢書》本）祇十五卷，胡宿堂跋謂後六卷遍尋不獲，四庫本亦缺。兹帙乃完然無失，洵可珍也”。此本今藏國家圖書館。北京大學教授王嵐述該殘本細目道：“卷一分上下，其上卷收《孔氏雜説》，下卷爲古詩，卷二、三亦古詩，卷四至六律詩，七至九詩戲，一〇表，一一至一五啟、狀，一六書版、小簡、記、序，一七雜著，一八祭文、疏語，一九行狀，二〇、二一書紀傳後。……大黑口，雙黑魚尾。”（詳見《宋人文集編刻流傳叢考·三孔集》，江蘇古籍出版社二〇〇三年版，第一七八頁）

　　傅增湘《經眼録》卷一八著録另一鈔本《三孔先生清江文集》四十卷，全書完整，其曰：

　　　　舊寫本，十行二十二字。卷一至二爲經父集，卷三至十九爲常父集，卷二十至四十爲毅父集。近時胡氏《豫章叢書》刻《三孔集》，其毅父集卷一六至二十一凡六卷原文全佚去，此本獨完好，殊爲罕覯。其卷末王蓮跋，各家鈔本皆不存，余收得明鈔殘本，只存毅父集，卷尾王蓮跋斷爛，僅存數行，兹乃全存，尤足貴也。王跋録後……

傅氏所記此舊鈔本，今藏北京大學圖書館。王嵐《宋人文集編刻流傳叢考·三孔集》核對該書，亦爲半葉十行，行二十二字，鈐有“藏園”朱印。又謂“扉葉處粘貼一紙，手書文字爲‘孔毅父集歷來鈔本多缺第三十五至四十凡六卷，……今觀此帙，此六卷乃完然具存，真秘笈也，得者幸勿輕視之’”。王嵐稱，據“《北京大學圖書館藏古籍善本書目》，此段傅增湘題記係過録”。今不詳過録於何書。又據王嵐述，北大本卷首爲周必大《臨江軍三孔文集序》，次《三孔先生清江文集總目》（含細目），計四十卷，分上、中、下三部分：上之一、二爲《舍人集》，中之一至十七爲《侍郎集》，下之一至二十一爲《郎中集》，末爲“慶元五年（一一九九）四月望朝奉大夫權發遣臨江軍兼管内勸農營田事濡須王蓬”跋文。

　　錢曾《讀書敏求記》卷四著録《三孔先生集》三十卷，不詳爲何本，稱“一之二卷名《舍人集》，三之十九卷名《侍郎集》，二十之三十卷名《郎中集》”。今國家圖書館猶藏有鮑廷博手校舊寫本，亦爲三十卷，其中孔文仲二卷、孔武仲十七卷、孔平仲十一卷。半葉九行十八字。其中孔文仲二卷，曾經鮑廷博手校。鈐有“天都鮑氏困學齋圖籍”朱文印（參見《經眼録》卷一八）。《四庫全書》著録兩江採進本四十卷，然文淵閣四庫本所録亦止三十卷，與《提要》不合，核之，平仲集缺十卷。影印文淵閣四庫本三集卷目編次爲：文仲集卷一，古今體詩；卷二，奏議。武仲集卷一，古賦；卷二至八，詩；卷九，制；卷一〇、一一，啟狀；卷一二，記；卷一三，序；卷一四，書；卷一五，碑；卷一六，雜著；卷一七，文。平仲集（十一卷）卷一至六，詩；卷七至九，詩戲；卷一〇，表；卷一一，啟狀。

　　按：孔平仲所作《孔氏雜説》，又名《珩璜新論》，《四庫全書總目》著録於《子部·雜家類》，《提要》曰：“是書一曰《孔氏襍説》，然吳曾《能改齋漫録》引作《雜説》（祝按：見《漫録》卷三、卷四），而此本卷末有淳熙庚子吳興沈詵跋，稱渝川丁氏刊板已名《珩璜論》，則宋時原有二名。今刊本皆題《襍説》，而鈔本皆題《珩璜新論》。……是書皆考證舊聞，亦間托古事以發議，其説多精核可取。”又，所謂“詩戲”三卷，“詩戲”謂朋友間贈答,以詩爲游戲,《四庫提要》曰:"平仲《郎中集》中古律詩外,别出《詩戲》三卷,皆人名、藥名、回文、集句之類,蓋仿《松陵集》雜體别爲一卷例也。"據前引宋、元書目,知《詩戲》原爲一卷,嘗單行,編入文集後析爲三卷。

《增訂四庫簡目標注・附録》謂《三孔集》有明刊本,然未見著録,不詳何據。

嘉慶二十二年(一八一七),孔氏裔氏以家藏鈔本刊《臨江三孔文集》四十卷於玉峽水北,今唯江西省圖書館著録。胡思敬《豫章叢書》本跋述之曰:"嘉慶丁丑(二十二年),孔氏後人出其家藏鈔本刊於水北,内缺武仲文四卷,平仲文六卷。"則所刊實止三十卷,而所缺與他本異。

民國六年(一九一七),胡思敬將《三孔集》刊入《豫章叢書》,有跋,稱其"從南京圖書局假得丁氏鈔本細讀一過,武仲所缺制、表、奏狀、啟、記各若干首具在,函録以歸,而平仲文求之各藏書家,迄無完本,貽書京友,向四庫傳鈔,亦與丁氏無甚殊異,姑將已獲兩本校其異同,先行付刊"。末有校勘記一卷。所云丁氏本乃明鈔,卷二十七至卷三十配清鈔,有佚名校,今南京圖書館著録。胡氏所補,爲武仲集四卷,而仍缺平仲集六卷,故所刻凡三十四卷。今以鮑廷博手校舊寫本校之,《豫章》本雖經胡氏精校,所刊文字仍有訛脱,未臻佳善。

二〇〇二年,齊魯書社出版校點本《清江三孔集》,底本爲《四庫全書》本。二〇〇九年,江西教育出版社出版《豫章叢書》校點本。然《三孔集》唯宋慶元間刊行一次,宋本散亡後,乃以鈔本輾轉流傳,故此脱彼存,編次紛更,難有完書。清代、民初雖有兩刻,未愜人意。上引王嵐稱今唯北大圖書館所藏鈔本"收全三孔文集四十卷",其價值不言而喻。該本或源於宋槧，三集書名分別爲“舍人集”、“侍郎集”、“郎中集”
（與上述《讀書敏求記》著録本同），較《豫章》本題“舍人集”、
“宗伯集”、“朝散集”更有來歷。若欲重新整理是集，當以北
大本爲底本，參校國圖所藏明鈔本及其他各本。

　　《全宋詩》所收三孔詩，皆用影印文淵閣《四庫全書》本爲
底本，其中武仲詩從《豫章叢書》本《宗伯集》卷二補得八首。
《全宋文》皆用《豫章叢書》本爲底本，其中平仲集缺卷當時不
知有鈔本可補，故仍缺如，是爲遺憾。

【參考文獻】

　　孔武仲《丙寅赴闕詩稿序》《南齋集稿序》《渡江集序》（《豫章叢書》
本《清江三孔集·宗伯集》卷一五）
　　周必大《三孔先生集序》（同上本《清江三孔集》卷首）
　　王蓮《刊三孔先生清江文集跋》（《永樂大典》卷二二五三七，參傅增
湘《經眼録》卷一八）

錢塘韋先生集 十八卷

韋　驤　撰

　　韋驤（一〇三三——一一〇五），字子駿，錢塘（今浙江杭
州）人。皇祐五年（一〇五三）進士，官至左朝議大夫。陳師
錫《韋公墓誌銘》（《錢塘集》末附）曰：“平生文稿，示子孫曰：‘吾
之志在此耳。’集成二十卷，藏於家；賦二十卷，行於時。”則作
墓銘時賦集已刊行，文集猶未付梓。文集稿本爲其少子所
藏，遺失最後二卷，當時已不復可補。孝宗乾道四年（一一六

八），其孫能定知汀州（今福建長汀縣），刊之於臨汀郡庫，其刊板跋曰：

> 先大父文稿二十卷，家藏日久，中以季父參議携往別墅，最後二卷遺失，不可復得。能定大懼歲月寖遠，復有亡逸，以墜先志，謹命工鋟木於臨汀郡庫。

是刻爲後來各本之祖。《解題》卷一七著録道：

> 《錢塘韋先生集》十八卷，主客郎中錢塘韋驤子駿撰。驤，皇祐五年進士，元祐中以近臣薦爲監司數路，知明州。以左朝議大夫致仕。崇寧中乃卒。少以辭賦有聲場屋，王荆公喜其《借箸賦》，頗稱道之。陳師錫誌其墓。

陳氏所録，當即乾道本。《通考》卷二三七從之。《宋志》除文集十八卷外，又著録《賦》二十卷，蓋據文獻，《遂初堂書目》《解題》已不録其賦集，恐南宋間已佚。

明《文淵閣書目》卷九著録“《韋錢塘文集》一部九册，闕”，至《内閣書目》卷三則曰“全，……凡十八卷”。楊士奇所謂“闕”，蓋指不足二十卷之數。内閣本殆爲宋槧。

乾道刊本今猶傳世，乃陸心源舊物，藏日本静嘉堂文庫，《皕宋樓藏書志》卷七四、《静嘉堂秘籍志》卷一〇俱著録爲明刊本。一九二九年（己巳），傅增湘在静嘉堂檢視後定之爲宋刊本，其《經眼録》卷一三記曰：

> 《錢塘韋先生集》十八卷，宋韋驤撰。存卷三至十八，凡十六卷。宋刊本，陸心源氏原題明刊。半葉十行，每行二十字。
>
> 按：此本實爲宋刊，且屬初印精湛。卷中宋諱亦缺

筆,未審陸氏何以疏率至此,題爲明初刊。昔傳明吳匏
菴(寬)藏宋刊本,缺第一、二卷,此本所缺正同,必爲吳氏
藏本無疑也。

《日藏漢籍善本書録》謂該本"版心上記葉數,下記刻工名姓,
如上官元、丘聳、吳正、吳先、杜才、杜仁、杜明、官元、官太、陳
通、葉從、劉三、劉昌、劉彦等"。

《四庫全書》著録汪如藻家藏十四卷本,乃影宋本,《提
要》曰:

> 馬端臨《經籍考》有《錢唐韋先生集》十八卷,《宋
> 史·藝文志》卷數亦同。是編原本十六卷,前有收藏家
> 題識:"宋版《韋驤集》,係明吳寬家藏本,原闕第一、第二
> 卷,實止十四卷。"檢勘書中凡"構"字皆空闕,而注其下
> 云"太上皇帝御名",當由孝宗時刊本鈔傳,特所闕兩卷
> 諸本皆同,今已未由考補耳。

吳寬所藏蓋爲孤本,闕卷一、卷二,無由補足;然而第十七、十
八兩卷,四庫開館時並未亡佚,如鮑廷博嘗校一鈔本,存卷三
至十八(今藏國家圖書館),前述宋刻原本亦尚在國内,蓋採
進無完本,館臣亦未之考也。陸心源跋影宋本(《皕宋樓藏書
志》卷七四著録爲"舊鈔本")道:

> 《錢唐韋先生集》十六卷,影鈔宋乾道刊本。……四
> 庫館所據之本至十六卷止,又缺首二卷,遂移卷三爲卷
> 一,以十四卷著於録。此本從宋乾道刊本影寫,"構"注
> "太上皇帝御名","眘"注"今上御名",每葉廿行,行廿
> 字,亦缺首二卷。卷三至卷九古今體詩九百九十三首,
> 卷十表,卷十一啟,卷十二至十四疏、狀,卷十五書,卷十

六書、祝文、祭文、青詞、墓誌，卷十七記、序、傳、論、策問，卷十八雜著、歌詞，凡文五百六首。較《四庫》增十七、十八兩卷，增文九十八首，詞十一首。末附陳師錫《行狀》。

陸氏於是將庫本所缺之第十七、十八兩卷題爲《錢塘集補》，刊入《群書校補》。今檢影印文淵閣《四庫全書》本《錢塘集》，録入詩文僅十二卷，當刪去底本卷十六（收祭文、祝文等），而重釐卷次。

是集未見元、明刊本著録。清光緒二十二年（一八九六），丁丙以瓶花齋吳氏影寫乾道本十六卷刊入《武林往哲遺箸》。跋稱影寫本猶存宋槧之舊，卷一、二亦闕，"惜拘於叢刻，板式未能依宋槧行款爲慊耳"。所闕卷一、卷三已無由補足，故十六卷本即爲完帙。瓶花齋影寫本今藏南京圖書館，參《善本書室藏書志》卷二七。

《全宋文》《全宋詩》俱用《武林往哲遺箸》本爲底本。

【參考文獻】

陸心源《影宋乾道本錢塘集跋》（《儀顧堂集》卷一四）

丁丙《刊錢塘韋先生集跋》（《武林往哲遺箸》本《錢塘韋先生集》卷末）

畫墁集 八卷

張舜民 撰

張舜民，字芸叟，自號浮休居士，邠州（今陝西彬縣）人。

治平二年（一〇六五）進士，累遷至秘書少監。坐元祐黨籍，後復爲集賢殿修撰。周紫芝《書浮休生畫墁集後》曰：

> 政和七、八年（一一一七、一一一八）間，余在京師，是時聞鬻書者忽印張芸叟集，售者至於填塞巷衢。事喧，復禁如初。蓋其遺風餘韻在人耳目，不可掩蓋如此也。……今臨川雕浮休全集有此詞（祝按：指《賣花聲·題岳陽樓》，中有“回首夕陽紅盡處，應是長安”句），乃元豐間芸叟謫郴州時，舟過岳陽樓望君山所作也。

其下有“紹興辛未（二十一年，一一五一），余來江西”云云，則所謂“今臨川雕浮休全集”，當在紹興間。因知著者文集，政和末有開封坊刻本，以黨禁未弛而禁止流佈，紹興間臨川方刻其全集。臨川本刊行始末不詳。又《容齋隨筆》卷四《張浮休書》一條曰：張舜民《與石司理書》《答孫子發書》，“《浮休集》百卷無此二篇，今豫章所刊者，附之集後”。所謂“百卷”本，疑即紹興所刊臨川本，蓋不久又有豫章本。《東都事略》卷九四《張舜民傳》曰：“有《畫墁集》一百卷。”

　　衢本《讀書志》卷一九所錄，當不出臨川或豫章二本，其曰：

> 張浮休《畫墁集》一百卷、《奏議》十卷。右皇朝張舜民字芸叟，邠州人。慶曆中范仲淹帥邠，見其文，異之。用溫公薦爲諫官，仕至吏部侍郎。後羈置房陵，政和中卒。其文豪重有理致，而最刻意於詩。晚年爲樂府百餘篇，自序稱“年逾耳順，方敢言詩，百世之後，必有知音”云。自號浮休先生。

《解題》卷一七、《通考》卷二三六同；《宋志》亦著錄文集百卷，而無《奏議》。

《文淵閣書目》卷九著録"《張舜民集》一部九册，闕"，至《内閣書目》已無其目。今傳乃大典本。《四庫提要》曰：

> 　　其著作在當日極爲世重，而自明以來，久佚不傳。惟《永樂大典》尚間載之，計其篇什雖不及什之一二，然零璣斷璧，倍覺可珍。謹蒐輯排比，釐爲八卷，用存崖略。其《郴行録》乃謫監酒税時紀行之書，體例頗與歐陽脩《于役志》相似，於山川古蹟，往往足資考證，今亦並附集末焉。

大典本録入《四庫全書》，卷目編次爲：卷一至四，詩；卷五，賦、題跋、論；卷六，記、表、札子、墓誌；卷七、八，郴行録。鮑氏又刊入《知不足齋叢書》，增補遺一卷。《關隴叢書》《叢書集成初編》俱據《知不足齋叢書》本排印。

《全宋詩》用影印文淵閣《四庫全書》本爲底本，輯得佚詩八十首。《全宋文》用《知不足齋叢書》本爲底本，輯得佚文七十五篇。

【參考文獻】

周紫芝《書浮休生畫墁集後》（《太倉稊米集》卷六七）

王魏公集 七卷

王安禮　撰

王安禮（一〇三五——一〇九六），字和甫，撫州臨川（今江西撫州）人，安石弟。嘉祐六年（一〇六一）進士，仕至尚書左丞，封魏郡開國公。樓鑰《王魏公文集序》稱"公之五世孫直顯謨閣厚之編次遺文，屬鑰爲序"云云，則其文南宋時方編刊成集。《解題》卷一七著録道：

> 《王魏公集》二十卷，尚書左丞王安禮和甫撰。近時厚之伯順，其曾孫也。

陳氏所録，當即王厚之刊本。《通考》卷二三五、《宋志》著録卷數同。

　　明《文淵閣書目》卷九著録"《王魏公文集》一部六册，全"，《内閣書目》卷三同，當爲宋本。《絳雲樓書目》卷三陳景雲注曰"二十卷"。官私所藏後皆散佚，元、明蓋未覆刻，原集竟亡。今存乃大典本。《四庫提要》曰：

> 其集本二十卷，見於《宋史·藝文志》、陳振孫《書録解題》者並同。明葉盛《菉竹堂書目》亦載有《王魏公集》六册，是明初尚有傳本。厥後諸家書目皆不著録，蓋自明中葉以後，已佚不存（祝按：《絳雲樓書目》既著録，蓋佚於明末清初）。今從《永樂大典》散見各韻者裒輯彙編，釐爲八卷。其中内外制草頗典重可觀，叙事之文亦具有法度，至若沈季良、元絳諸誌銘，尤足補史傳之闕。以視安石，雖規模稍隘，而核其體格，固亦約略相似也。

大典本録入《四庫全書》，僅七卷，蓋有删削或合併。卷目編次爲：卷一，詩；卷二、三，制敕；卷四，札子；卷五，表；卷六，啟（書附）；卷七，誌銘。乾隆翰林院鈔本，今國家圖書館、南京圖書館各有著録。南京圖書館所藏乃丁氏舊本，《善本書室藏書志》卷二七稱其爲館臣"編鈔底本，翰林院印已不甚可辨”。民國八年（一九一九），胡思敬據李之鼎傳鈔四庫本刊入《豫章叢書・四宋人集》，以文瀾閣庫本覆校，魏元曠撰《校勘記》一卷，胡思敬又撰《校勘續記》一卷。《全宋文》用該本爲底本，輯得佚文十八篇。《全宋詩》用影印文淵閣《四庫全書》本爲底本。

【參考文獻】

樓鑰《王魏公文集序》（《四部叢刊初編》本《攻媿集》卷五一）

青山集三十卷

郭祥正 撰

　　郭祥正（一〇三五——一一一三），字功父，自號謝公山人，又號漳南浪士，太平州當塗（今安徽馬鞍山市）人。舉進士，熙寧中以殿中丞致仕。後復出，官至知端州，歸隱當塗青山。所著唯詩集，《通志》載《青山集》五卷，蓋早年刊本。《解題》卷二〇“詩集類”下著録道：

　　　　《青山集》三十卷，朝奉郎當塗郭祥正功父撰。初見賞於梅聖俞，後見知於王介甫，仕不達而卒。李端叔（之儀）晚寓其鄉，祥正與之爭名，未嘗同堂語，至爲俚語以譏誚之，則其爲人不足道也。

《通考》卷二四四、《宋志》同。

　　是集今存宋刊本，然無序跋，其編刊始末不詳。傅增湘《經眼録》卷一三記宋本道：

半葉十行，行二十字，白口，左右雙闌。目録首行題"青山集目録"，次行低四字曰"當塗郭祥正字功父"，三行低二格曰"卷第一"，四行低三字曰"歌行三十首"。目録後空一行題"青山集目録終"。本書首行題"青山集卷第一"，次行與目録同，三行低二格曰"歌行三十首"，四行詩題低四格。版心下方記刊工人名，有陳榮、陳脩、陳震、陳伸、黄淵、黄祥、黄寶、王明、王彦、汪靖、毛方、毛用、莊文、邊皓、閔昱、施光、楊説、楊説、楊英、李璋、章旼、章英、馮詔諸人。宋諱貞、敬、桓、完、樹皆爲字不成。有宋代補板。卷中有朱色木記二，文曰：

> "嘉興府學官書準
> 令不許借出咸淳貳　官
> 年拾壹月旦日重印"
> "嘉興府府學官書依條不許借出係知府
> 何寺正任内發下嘉定甲戌七月　日記
> 　　從政郎充嘉興府府學教授　潘　友德
> 　　宣義郎添差權通判嘉興軍府事彭　　放
> 　　朝奉郎通判嘉興軍府事　　沈　　永
> 　　承議郎權發遣嘉興軍府事　何　　求仁"
> 藏印列下："謙牧堂藏書記"、"兼牧堂書畫記"、"朱彝尊印"、"曝書亭珍藏"、"春草堂圖書印"、"姑餘山人"。

咸淳貳年爲公元一二六六年，嘉定甲戌（七年）爲一二一四年。原"潘友德"以下四人名末有花押，此略。又《文禄堂訪書記》卷四記該本卷末鈐朱文二行曰："嘉興崇德鳳鳴世醫蔡濟公惠，家無甔石之儲，惟好蓄書，藏以爲子孫計。因書此，傳之不朽。"檢宋刊影印本（詳下），卷中"桓"、"構"缺筆，"慎"字不缺，當爲高宗時板，度宗咸淳二年重印本。宋刊本今藏國家圖書館。近年，書目文獻出版社將其影印入《北京圖書館古籍珍本叢刊》第九〇輯，然未見兩木記，頗生疑寶，遂函詢國圖陳杏珍先生，答云即該宋本。蓋木記未印，宋槧世無二帙。

民國十三年（一九二四），烏程蔣氏（汝藻）樂地盦據宋本覆刻入《密韻樓影宋本七種》，《藏園訂補郘亭知見傳本書目》謂其"橅印極精，下真迹一等，近世翻刻宋本恐無逾此者矣"。然以影印宋本核對，仍難免偶有訛誤。蔣氏影刊本今有著録。

除影刊本外，國家圖書館等猶藏有清影宋寫本、鈔本數部。日本静嘉堂文庫藏有張位鈔本。日本大倉文化財團所藏爲明謝氏小草齋鈔本，乃王士禎舊物，其《跋郭祥正青山集》（《居易録》卷一〇）曰："明謝氏寫本，六卷。古詩二卷，近體詩四卷，七言歌行僅二篇，或有闕文也。"

《四庫總目》著録浙江採進本《青山集》三十卷，又《續集》七卷，乃朱筠家藏本。兩本蓋皆爲傳鈔本。《提要》謂《續集》"晁氏、陳氏均不載，《宋史·藝文志》亦不著録，前後無序跋，莫審誰所編次。然核其詩格，確出祥正，非後人所能依託，其中紀述，頗足與史傳相參考"。然又謂卷内對王安石態度自相矛盾，無法解釋，遂曰："小人便燥，忽合忽離，往往如是，不必以前後異詞疑也。"館臣雖看出《續集》破綻，却不願深究，一罵古人了事。問題恰恰在"不必疑"上，詳後。

嘉慶八年（一八〇三），晉梅書塾刊《青山集》三十卷、《續集》五卷。道光九年（一八二九），宋鈛等刊《青山集》三十卷、

《續集》五卷。民國七年（一九一八），傅增湘用宋刊本校道光本，發現宋本卷十一、十二有五言詩六十一首，道光本無之（四庫本亦無）。傅氏校跋之道光本，今藏國家圖書館。殆傳鈔本脱漏，若非宋本尚在，則絶難發現。

　　是集最大疑案，乃所謂“續集”，或七卷，或五卷。近年經孔凡禮先生考證，四庫本《續集》卷一、卷二之詩，散見於道光本三十卷的一些卷次中，則所謂七卷，其實仍只五卷。孔先生進一步考明：各本之《續集》五卷，皆孔平仲所撰，見《清江三孔集·朝散集》卷二至六（詳參《郭祥正略考》，載《文學遺産增刊》第十八輯）。於是，“續集”五卷爲僞作，遂大白於天下。前述四庫館臣所論之謬，自不待辨。前引《通志》所録《青山集》五卷，蓋別是一本，或刻於北宋末，其本久已亡佚，作僞者遂割孔平仲詩五卷以冒之。博洽如乾隆四庫館諸公，亦不免上當受騙。

　　《全宋詩》用上述影印宋刊本爲底本，輯得集外詩二十首。《全宋文》底本同。

宋人別集叙録卷第九

東坡集四十卷後集二十卷奏議十五卷内制十卷外制三卷和陶詩四卷應詔集十卷

蘇　軾　撰

　　蘇軾(一〇三七——一一〇一),字子瞻,又字和仲,號東坡居士,眉山(今屬四川)人,洵長子。嘉祐二年(一〇五七)進士,復舉制科入三等。元祐時官至翰林學士承旨、兵部尚書,坐黨籍貶至儋州。詩文詞書畫皆一代宗師,爲"唐宋古文八大家"之一。蘇轍《亡兄子瞻端明墓誌銘》(《欒城集》卷二二)曰:"有《東坡集》四十卷、《後集》二十卷、《奏議》十五卷、《内制》十卷、《外制》三卷。公詩本似李、杜,晚喜陶淵明,追和之者幾遍,凡四卷。"以上共六集九十二卷。《東坡集》又稱《前集》,乃著者手定(詳後)。《後集》二十卷,經今人考證,以爲即由劉沔編録本增補而成,收罷杭州知州以後至北歸途中所作詩文,當是。孫覿《與蘇守季文》(《内簡尺牘》卷七。按蘇籍字季文)曰:"《東坡後集》,或云即劉元忠(沔蓋字元忠)所集二十卷，則容有未盡也。”蘇軾《答劉沔都曹書》稱“所編録拙詩文二十卷，……掇拾編綴，略無遺者”，且云“無一篇僞者，又少謬誤”。雖後經補編，已非劉本原貌，然其主體嘗經著者審讀認可。《和陶詩》四卷亦著者手定。蘇轍《子瞻和陶淵明詩集引》（《欒城後集》卷二一）引其兄之來書曰：“吾前後和其詩凡百數十篇，至其得意，自謂不甚愧淵明。今將集而並録之，以遺後之君子，子爲我志之。”奏議及内、外制三集，乃進呈及代言之作，應無贗品。故《墓誌銘》所述六集，多係作者生前編定，最爲可靠。

　　蘇軾詩文生前已廣爲行世。“東坡六集”，陳氏《解題》稱“無恙時”已有杭本（詳後）。《南行集》《岐梁唱和詩集》等總集生前付梓否不詳，今可考者，除“六集”外，熙寧末有《眉山集》刊本，王安石嘗作《讀眉山集次韻雪詩五首》等詩。此本後流傳至遼，蘇轍《北使還論北邊事札子》曰：“臣等初至燕京，副留守邢希古相接送，令引接殿侍元辛傳語臣轍曰：‘令兄内翰（謂臣兄軾）《眉山集》已到此多時，内翰何不印行文集，亦使流傳至此？’”又《澠水燕談録》卷七曰：“聞范陽書肆亦刻子瞻詩數十篇，謂《大蘇小集》。”元豐二年（一○七九）“烏臺詩案”期間，御史臺嘗用《續添錢塘集》等書羅織罪名，欲置蘇軾於死地。《烏臺詩案·御史臺檢會送到册子》曰：“檢會送到册子，題名是《元豐續添蘇子瞻錢塘集》全册，内除目録更不鈔寫外，其三卷並録附中書門下。”則該集爲三卷。且既稱“續添”，必猶有《錢塘集》。又監察御史裏行何正臣札子：“軾所爲譏諷文字傳於世者甚衆，今獨取鏤版而鬻於世者進呈。”則至少《續添錢塘集》曾經板行。詩案期間，御史臺除進呈已行之《續添錢塘集》外，又曾選編蘇軾詩文“印行四册，謹具進呈"(見《烏臺詩案·監察御史裏行舒亶札子》)。邵博《聞見後録》卷一九稱東坡"令(蘇)仲虎取京師印本《東坡集》,誦其中詩即書之"云云(今人劉尚榮先生《蘇軾著作版本論叢》謂是"無稽之談",並無所謂"京師印本",尚可討論)。除上述外,陳師仲嘗編《超然》《黄樓》二集,後又編錢塘詩及蘇軾集(見蘇軾答陳師仲各書),曾枑行否不詳(已上部分内容參考曾棗莊《蘇軾著述生前編刻情況考略》)。上述各本,類皆坊刻,未經作者編閲,訛誤甚多,故蘇軾憤然稱"欲毁其板"(《與陳傳道書》),且無一本流傳至今。

北宋徽宗崇寧後禁"元祐學術",蘇集被禁毁,如《宋會要輯稿·刑法》二之八八八載:宣和五年(一一二三)七月十三日中書省言,稱"福建等路近印造蘇軾、司馬光文集等",徽宗詔令"毁板",即爲一例,然并未能阻止蘇集流傳。南宋百餘年間,蘇文盛行,各類刻本極多。詩文集見於諸家著録者有:《通志·藝文略》:"《蘭臺前集》一百卷,又《蘭臺後集》七十卷,《大成集》八十卷。"衢本《讀書志》卷一九:

> 蘇子瞻《東坡前集》四十卷、《後集》二十卷、《奏議》十五卷、《内制》十卷、《外制》三卷、《和陶詩》四卷、《應詔集》十卷。右皇朝蘇軾字子瞻,洵之長子也。……平生遇事所爲詩、騷、銘、記、書、檄、論譔率皆過人。晚喜陶淵明詩,和之幾遍。爲人英辯奇偉,於書無所不通。所作文章才落筆,四海已皆傳誦,下至閭閻田里,外至夷狄,莫不知名。

《通考》卷二三五從之。《解題》卷一七著録七集,與《讀書志》同,且曰:"杭、蜀本同,但杭無《應詔集》。"又著録《東坡別集》四十六卷:

　　坡之曾孫給事嶠季真刊家集於建安，大略與杭本同。蓋杭本當坡公無恙時已行於世矣。麻沙書坊又有《大全集》，兼載《志林》《雜説》之類，亦雜以穎濱及小坡之文，且間有訛僞剿入者。有張某爲吉州，取建安本所遺盡刊之，而不加考訂，中載應詔、策論，蓋建安本亦無《應詔集》也。

《讀書附志》卷下著録道：

　　《東坡先生别集》三十二卷、《續别集》八卷。右《東坡先生别集》《續别集》，乃蘇公嶠刊置建安而删略者，淳祐甲辰（四年，一二四四）廬陵郡庠刊。

　　《宋史》卷三三八本傳記載“東坡六集”。《宋志》除著録“東坡七集”外，猶有《奏議補遺》三卷、《南征集》一卷、《詞》一卷、《南省説書》一卷、《别集》四十六卷、《黄州集》二卷、《續集》二卷、《北歸集》六卷、《儋耳手澤》一卷。孫覿《與蘇守季文》曰：“奏議、制誥，世間所傳，初無定本，公家集可以一見乎？……如制誥、奏議及二集所不載者，願季文速出，與天下共之。”所謂《奏議補遺》三卷，不詳即蘇籍所出否。

　　南宋不見於著録之本更多。紹興二十年（一一五〇），王十朋作《讀東坡大全集因題于後》（《梅溪先生文集》卷一九），因知紹興間已有大全集刊行。南宋所編《東坡外集》，明代有重刻本，稱《重編東坡外集》（詳後），卷首有無名氏序，可能出自原編者之手，其中叙及蘇軾傳世之集凡二十四種：

　　《南行集》、《坡梁集》（祝按：“坡”疑“岐”之訛）、《錢塘集》、《超然集》、《黄樓集》、《眉山集》、《武功集》、《雪堂集》、《黄岡小集》、《仇池集》、《毗陵集》、《蘭臺集》、《真一集》、《岷精集》、《捴庭集》(祝按：余氏《四庫提要辨證》謂"疑當作《掖庭集》")、《百斛明珠集》、《玉局集》、《海上老人集》、《東坡前集》、《後集》、《東坡備成集》、《類聚東坡集》、《東坡大全集》(祝按：此當即上述王十朋所讀之本)、《東坡遺編》。

所述包括總集及筆記，顯然仍不全，如"東坡七集"僅列前、後集，然由此已可見蘇集宋代傳本之多。本書無法對各集一一考列，仍回頭述其全帙"東坡七集"，並略及類編全集本。叙述時先"七集"而後類編。

據前引陳氏《解題》，"東坡六集"杭本，"當坡公無恙時已行於世"。該本既有六集，則必有《和陶詩》，則必當刊於作者晚年。至晁氏《讀書志》，除六集之外，又增《應詔集》十卷，此即所謂"東坡七集"，當刊於淳熙以前。"東坡七集"刊印始末不詳。據《解題》，知蜀本爲七集。《蘇軾著作版本論叢》曰："所謂蜀本，疑即洪邁的《容齋五筆》卷九'擒鬼章祝文'條所説'今蘇氏眉山功德寺所刻大小二本'。有殘帙流傳至今。"按《讀書志》初成於蜀，所録"七集"即蜀本，於情理尚合；然而據研究，蜀大小字二本皆寧宗慶元時所刻(詳後)，則與晁公武年代不侔。故《讀書志》所録七集未必爲蜀本，即或是蜀本，亦必非眉山功德寺所刻大小二本。《應詔集》究爲何人何本所補，尚待研究。

兩宋之交，居世英嘗刻東坡《前》《後》集，時稱善本，而惜其未刊《和陶詩》。《苕溪漁隱叢話後集》卷二八曰："東坡文集行於世者，其名不一，惟《大全》《備成》二集詩文最多，誠如所言，真僞相半。其後居士英家刊大字東坡《前》《後》集，最爲善本。世傳《前集》乃東坡手自編者，隨其出處，古律詩相

間，謬誤絶少。……《後集》乃後人所編。惜乎不載《和陶》諸
詩，大爲闕文也。”南宋中，曹訓嘗刊分集編訂本，明人程宗據
以翻刻，然已不全，原刻是否七集不詳（詳後引李紹序。《天
禄琳琅書目》卷一〇引《西江志》，謂曹訓字子序，紹熙後自章
貢移知袁州。刊集在何時何地不詳）。又楊萬里《謝福建茶
使吴德華送東坡新集》詩道：“故人遠送《東坡集》，舊書避席
皆讓渠。……東坡文集儂亦有，未及終篇已停手。印墨模糊
紙不佳，亦非魚網非科斗。富沙棗木新雕文，傳刻疎瘦不失
真。紙如雪繭出玉盆，字如霜鴈點秋雲。”（《誠齋先生文集》卷一
六）誠齋盛贊富沙（今福建建甌市）所刻東坡文集之善，然所刊
爲東坡何集，刊於何時，皆不可考。

　　宋刻“六集”、“七集”，可考者唯杭本、蜀本（大小二本）及
曹本，已如上述。然蘇氏全集本除分集編訂之“東坡七集”
外，猶有分類合編本，即陳氏《解題》所録之《東坡別集》四十
六卷，乃蘇軾曾孫蘇嶠（季真）於建安所刊。《四庫提要辨
證》曰：

　　　　蘇嶠所刊《別集》，蓋即《宋志》所著録者，故卷數無
　　異。直齋謂其大略與杭本同，則是取《前》《後》集及《内
　　制》《外制》《奏議》《和陶》諸集中詩文編次爲一，以別於
　　六集之各自爲書。……然不收六集以外之詩文及《志
　　林》《雜説》之類，故與大全集不同。

《辨證》又引《容齋五筆》卷九，稱東坡所作《擒鬼章奏告永裕
陵祝文》，“季真給事在臨安所刊”有脱句；且謂“奏議中登州
上殿三札皆非是。集出本家子孫而爲妄人所誤，季真不能察
耳”。余氏因曰：“是蘇嶠所編《別集》，自建安本外，又嘗刻於
臨安。……據洪邁之言，則臨安本亦不免有訛偽剿入之處，

建安本當亦相同，均不得爲善本矣。"因蘇嶠所刊"大略與杭本同"，即底本乃"東坡六集"，故其集遺漏尚多。據前引陳氏《解題》及趙氏《讀書附志》，張某曾於淳祐四年（一二四四）將所删略者刊之於吉州，是爲《東坡先生別集》三十二卷、《續別集》八卷。余氏《辨證》曰："雖仍名'別集'，實則《別集》（指蘇嶠所刊《東坡別集》）之補遺耳。"余氏之説恐非是。今人楊忠先生以爲蘇嶠所刊既然"大略與杭本同"，應仍爲分集合刊本，唯吉州張某所刊《東坡別集》四十六卷，乃建安本所遺，及《讀書附志》所録廬陵郡庠本《東坡先生別集》《續別集》，方符合"別集"體例，而與六集或七集本不同（詳《蘇軾全集版本源流考辨》，《中國典籍與文化論叢》第一輯）。楊説疑是。

　　蘇軾著作全帙，據陳氏《解題》，有麻沙書坊所刊《大全集》，"兼載《志林》《雜説》之類，亦雜以潁濱（蘇轍）及小坡（蘇過）之文，且間有訛僞剿入者"。前引《苕溪漁隱叢話》，亦稱《大全》《備成》二集"真僞相半"，可與陳氏之言相證，故所謂"大全集"，乃坊刻劣本。《東坡別集》及《大全集》，蓋因質量不高，皆久已失傳，故蘇軾文集流傳後世者，主要是"東坡七集"版本系統之本。明人所刊類編全集本是否源於宋本，已不可考，唯宋本《東坡外集》明代尚有鈔本流傳，康丕揚等嘗據以重編刊行（詳後）。

　　東坡集明人著録甚夥，唯《近古堂書目》卷下注明爲"宋板《東坡全集》"。"東坡七集"宋槧有全帙傳至清代。明葉盛《水東日記》卷二〇曰：

　　　　邵復孺先生家藏《東坡大全文集》：《東坡集》四十卷、《東坡後集》二（祝按：原誤作"一"）十卷、《東坡奏議》十五卷、《東坡内制集》十卷（《樂語》附）、《外制集》上中下

卷、《東坡和陶淵明詩》四卷、《東坡應詔集》十卷，此是細
字小本。松江啟東白和尚所藏大本《東坡集》四十卷，又
二十卷、《奏議》十五卷、《内制》十卷、《外制》十五卷，前
有御製賜蘇嶠序；又有小字大本，前有誥詞並嶠謝表，及
黄門（蘇轍）所爲乃兄誌銘云。

余氏《辨證》曰：

　　　邵復孺，名亨貞，宋末進士桂子之孫，洪武間官訓
　導，所著有《蛾術集》。其所藏細字小本，乾隆間已入内
　府。《天禄琳琅書目》卷五元版集部曰：“《東坡集》十二
　册，共一百二卷，密行細書，仿宋巾箱本式，當屬元初人
　所爲，惜紙質鬆脆耳。”後摹藏書諸印，有“亨貞邵氏復
　孺”（祝按：“孺”原誤“儒”，逕改）各一方，而桂子所鈐名號印
　及閒章尤悗悗，似爲其所甚珍愛者。桂子以遺老入元不
　仕，此書恐仍是宋刻，以印於兵難之時，故紙不能佳
　耳。……（啟東白和尚）所藏當亦是宋本，惟其《外制》作
　十五卷，與各本皆不合，不知何時所刻。

清宮所藏邵氏本，嘉慶二年（一七九七）毁於乾清宮之火，甚
爲可惜。至於啟東白和尚所藏《外制》爲十五卷，《蘇軾著作
版本論叢》以爲“葉盛對《外制》卷數記載是筆誤，此類失誤在
葉盛著述中並非僅見。又啟東白藏本缺《和陶》及《應詔》二
集，已非足本”。

宋刻“東坡七集”，今僅有殘帙傳世，分别述之如次。
一、黄州北宋末刻南宋遞修本
黄州刊本殘帙，計有《東坡後集》《奏議集》《外制集》《和

陶詩》四集殘卷，今分藏數地。

《後集》殘本，原爲繆荃孫藏，《藝風藏書續記》卷六記之曰：

> 《東坡先生後集》殘本，宋刊本，宋蘇軾撰。每半葉十行，行十六字。高六寸八分，廣四寸八分，單邊，白口，口上有字數，下刻工姓名。綿紙印。存卷四、卷五、卷六、卷十、卷十一。間有"庚子重刊"（陰陽文不一）、"乙卯重刊"者。案《東坡集》宋本罕見著録，《經籍訪古志》所載之兩種，行款均與此不同，（一□〔祝按：當作"十"，詳後〕行二十字，一十行十八字。）並亦殘缺。

傅增湘嘗借閲此帙，一九一四年（甲寅），傅氏將其送還，於《經眼録》卷一三記曰：

> 《東坡先生後集》二十卷，（宋蘇軾撰。存卷四、五、六，計五卷〔祝按：此或漏記卷十、十一，或另兩卷未借，今不詳〕）。宋刊本，半葉十行，行十六字，白口，左右雙闌。版心魚尾上記字數，中縫作"東坡後集卷幾"。間有"乙卯刊"、"庚子重刊"字樣，"庚子重刊"間有陰文。下記刊工姓名，有王九、阮圭、吉父、元、仁、生、京、李、明、志、清、森、熊等。
>
> 按：此黄州本《東坡後集》，存京已一年，頃還之繆筱翁矣。甲寅十月初六日，沅叔。（此書後歸南潯劉承幹嘉業堂。）

此殘本今藏上海圖書館，著録存卷四至六、十至十一外，猶有卷十五、卷十六各殘葉九。又，該本繆氏謂是"單邊"，傅氏記爲"左右雙闌"，繆氏偶誤。

早在一九一二年（壬子），傅增湘即於正文齋獲見宋黄州本殘帙二卷，其《經眼録》記曰：

> 《東坡先生後集》二十卷，（宋蘇軾撰，存卷十、十一，計二卷。）宋刊大字本，半葉十行，行十六字，白口，左右雙闌。版心雙魚尾，書名題“東坡後集幾”，上記字數，下記刊工姓名，有王九、阮圭、吉父、京、李、明、清、志、仁、森、熊、元等。是黄州刊本。

此帙後歸潘氏，其《寶禮堂宋本書録》著録道：

> 《東坡先生後集》殘本一册，卷十起第二十六至四十二，存十七葉，卷十一起第十八至二十二，又第二十五，存六葉。……版心記“庚子重刊”者十一葉，記“乙卯刊”者六葉，陰陽文不一。按南宋有三乙卯，一爲高宗紹興五年（一一三五），一爲寧宗慶元二年（當爲元年，一一九五），一爲理宗寶祐三年（一二五五）；有二庚子，一爲孝宗淳熙七年（一一八〇），一爲理宗嘉熙四年（一二四〇）。此已避光宗諱，則刊期必在紹興、淳熙以後，而在寧、理二宗之時。至刊板之地，則卷十第二十八、九葉魚尾上有“黄州”二字，可無疑已。

潘氏又記版式及刻工姓名，與傅氏所述同。宋諱桓、慎、敦三字闕筆。後潘氏將其捐贈國家圖書館，今藏該館善本室。

黄州本《奏議集》，王文進嘗得全帙，《文禄堂訪書記》卷四著録道：

> 《東坡先生奏議》十五卷，宋慶元刻本。半葉十行，行十六字。白口，版心下記刊工姓名。首鈐朱文曰：“君詠三十後所得考古刻善本。辛勤收書積歲年，購求不惜清俸錢。巧偷豪奪無取焉，子孫能讀信云賢。不然留爲

曉者傳，勿以故紙輕棄捐。"

此本後不詳何在。今臺北"中央圖書館"藏有黃州本《奏議》卷十四、十五凡二卷一册，版心有"庚午重刊"字樣，或即文禄堂本殘帙歟。

黃州本《外制集》三卷，《文禄堂訪書記》卷四亦嘗著録，版式與上本《奏議》同，版心有"庚子補刊"及"乙卯補刊"四字，宋諱避至"敦"字。此本後亦不詳何在。

黃州本各集中，今唯《和陶詩》四卷猶存完帙。該本原藏北京圖書館（今國圖），今藏臺北"中央圖書館"，國圖有微縮膠卷。據繆荃孫《清學部圖書館善本書目》及劉尚榮《版本論叢》，該本板式與前述黃州本同，亦有"庚子重刊"、"乙卯刊"、"乙卯"字樣。前有目録。首卷頂格題"東坡先生和陶淵明詩卷第幾"。次行低三格標陶詩題目，下注"淵明"二字，自第三行起，先陶詩，次東坡和詩，次潁濱（子由）和詩。"引"、"叙"均低一格排於詩題後，不與正文混。自注小字雙行，行十六字，在所注詩句下。第一、三、四卷末，均倒空一行頂格題"東坡先生和陶淵明詩卷第幾"。卷用皮紙印，面有藍賸題"東坡先生和陶詩"，其下雙行小注"一至四終"四字。一九二二年，張宗祥等曾影刊此集，今有著録。

以上所述各本，當同爲黃州刊"東坡六集"流散之帙，但並非皆爲初印本。黃州本刊刻年代，據劉尚榮《版本論叢》研究，其未標年代者爲原板，"玄"、"完"缺末筆，當刊於欽宗（趙桓）朝；"庚子重刊"者諱至"慎"，乃孝宗（趙昚）淳熙七年（一一八○）補板；"乙卯刊"者諱至"敦"，不避擴、郭等字，當爲慶元元年（一一九五）補板（時光宗尚在）。故黃州本原板刊於北宋末，經淳熙、慶元兩次修補，今雖多爲殘帙，猶依稀可見宋本"東坡六集"之原始面目，堪稱珍本。劉先生所考，根據諱字及原本補刊紀年，探知其原刻及補板年代，可謂精確，較《寶禮堂書録》前進一大步。

二、孝宗時刊大字本

今國家圖書館藏宋刊大字本《東坡集》四十卷，存三十卷，乃汪士鐘舊物，見《藝芸書舍宋板書目》。後歸韓應陛，韓氏手跋曰："宋本《東坡集》三十册，一向爲蘇州汪氏藏，咸豐九年己未（一八五九）席楚白持來收之。"該本收藏源流，韓氏疑其傳自錢氏絳雲樓，其跋又曰：

> 此册末有記語一行十二字云"至正廿二年（一三六二）二月廿三日借讀"，不署姓名。字雖未必佳，玩其筆意，必非出近人手。而書中汪氏一印記外，絶不見他人收藏印，蓋此書前後殘缺，他人印因之失去耶？記語一行，其姓名署於書前後，而今並失去也，亦或有之。此書原屬燼餘，此册未穿綫處紙焦裏，或亦絳雲中物。

此木民國間歸潘宗周，後潘氏捐贈國家圖書館。《寶禮堂宋本書録》著録道：

> 《東坡集》殘本，三十册。此爲南宋孝宗時刊本，全書四十卷。以成化刊本互勘，惟卷八《除夜大雪》《大雪青州道上》《轍幼從子瞻兄讀書》《子由將赴南都》詩四首，先後稍有移易，其它編次悉同。是本存卷一至二十四，以下卷第被書估剜改，顛倒錯亂。然以成化本正之，存者實爲卷三十三、卷三十五至三十九。舊爲汪閬源所藏，考《藝芸書舍宋元書目》，當時即已殘佚，惟彼無卷二十四、卷三十五，而有卷三十二，與此不合。然此增出之

二卷，均有汪氏藏印，疑《書目》傳寫誤也。……

版式：半葉十行，行十八字。左右雙闌。版心白口，單魚尾。書名題"東坡集卷第幾"，下記刻工姓名。

刻工姓名：可辨者陳琮、吳從、劉章、黃歸、吳政、余祐、余右、丘成、吳志、黃文、高顯、范從、吳山、丘才、余牛、阮正、葉永、范謙、劉清、吳智、蔡万、周文、張宗、阮才、游先、陳石、劉宜、鄧仁、魏全、裴榮、余惠諸人。

宋諱：玄、泫、絃、弦、炫、眩、驚、殷、慇、匡、筐、徵、樹、桓、完、構、搆、購、媾、穀、慎等字闕筆。

藏印："汪士鐘讀書"

《蘇軾著作版本論叢》稱"該書轉歸國家圖書館後，似又有損佚。今國圖此本之卷三，乃據明鈔本配補，其餘卷册亦時見配補之葉。配補部分，或因底本欠佳，或因鈔手粗心，又出現新的失誤"。並補記版式道：匡高十九點八釐米，廣十三點一釐米。中縫處題書名"東坡集卷第幾"及葉數，下記刻工姓名。各卷卷首頂格大題"東坡集卷第×"，次行低二格題"詩××首"，再次行低四格爲詩題（文賦部分格式仿此）。卷末倒空一行頂格題"東坡集卷第×"。今按藏書家不記缺葉，每每有之，未必是入藏國家圖書館後配補。

孝宗時刊大字本，今日本宮内廳書陵部（舊作帝國圖書館，或稱帝國圖書寮，下同）亦有藏本，較國家圖書館本爲全，存《東坡集》三十七卷、《後集》八卷。該本森立之《經籍訪古志》卷六著録。一九二九年（己巳）十一月，傅增湘檢視後記曰：

《東坡集》四十卷《後集》二十卷。（前集缺三十四至三十六、後集存一至八。）宋刊本，半葉十行，行十八字，白口，左右雙闌，版心下方記刻工姓名。

　　按：此本字迹結體方整而有挺勁樸茂之氣，既非杭本，亦不類蜀本。考蘇嶠曾刻於建安，然審其刀法渾成，又無建安稜角峭厲之態，恐即《直齋書録解題》所稱之吉州本也。余曾覯明刻《奏議》十五卷，（《天禄琳琅書目》以爲元本。）其行款正與此相合，疑直翻雕此本，而筆意板滯，神氣索然矣。姑存此臆説，以竢詳考。（《經眼録》卷一三）

該本乃日本文化五年（一八○八）下總守市橋長昭獻諸文廟之宋元舊刻三十種之一，卷末有《寄藏文廟宋元刻書跋》。歸市橋家之前，嘗藏金澤文庫，有墨印；文廟收藏之後，又歸於昌平黌。第一、第二册有“仁正侯長昭黄雪書屋鑒藏圖書之印”篆書朱文印。除第二、第六、第七册外，每册首均有“越國文學”、“清絢之印”、“君錦”、“淺草文庫之印”等印記。首尾有“昌平坂學問所”篆書朱印。一九六五年，日本京都大學人文科學研究所編《蘇詩佚注》，曾影印該書所存東坡詩（即《東坡集》卷一至十八，《後集》卷一至七）。

　　又，該本卷前有乾道九年（一一七三）宋孝宗贊題，宋諱至“慎”字。刻工有：丘才、丘文、丘成、仲、江友、余牛、余生、余祐、余堅、余復、余惠、吳山、吳中、吳文、吳志、吳政、吳從、吳智、志、阮才、阮右、阮正、周文、范仲、范從、范謙、高顯、張太、張宗、陳石、陳迁、陳佺、陳琮、黄文、黄歸、葉永、裴中、裴榮、劉辛、劉宜、劉清、劉章、蔡方、蔡清、鄧仁、魏全、游先、黄文等。與國家圖書館本可辨之刻工姓名相校，國圖本刻工全見於日本藏本。加之兩本版式完全相同，可證明兩本係同一雕板所印。若將兩本合併，則孝宗時所刊《前》《後》兩集幾乎可復原（只差《前集》第三十四卷）。據上所述，則傅增湘疑其爲吉本誤,況吉本爲類編本,並非分集編訂(祝按:以上參《蘇軾著作版本論叢》及《日藏漢籍善本書録》。日本藏本刻工姓名,綜合《論叢》引日本學者倉田淳之助所録及《日藏漢籍善本書録》所載。又《中國版刻圖録》收入此書,謂"刻工常見者皆江西地區工人,因推知此書當是南宋初葉江西某地官版",可資參考)。

三、孝宗時刊每行二十字本

日本除藏有前述每行十八字本外,猶有每行二十字本,亦刊於孝宗時。該本藏內閣文庫,《經籍訪古志》卷六、《書舶庸譚》卷八著録,《經籍訪古志》稱其卷首署云"西禪寺常住"。一九二九年(己巳)傅增湘檢視後記曰:

> 《東坡集》四十卷,(宋蘇軾撰。缺卷三至六,十一、十二,十五至十八,二十一至二十三,二十八,二十九,三十六,三十七,共存二十三卷。)宋刊本,大板,版心高七寸七分,寬五寸八分。半葉十行,每行二十字,白口,左右雙闌。版心上魚尾下記"東坡集第幾",次記葉數,下記刊工姓名,有王政、王璋、朱富、朱貴、李政、李忠、李馘、李詢、李時、李憲、李師正、李師順、周彥、周宣、沈禧、洪坦、宋圭、宋昌、陳用、陳興、陳昌、陳紹先、徐高、高彥、卓允、許昌、葉青、黃常、蔡中等人。前有乾道九年御製序,半葉八行,行十六字。分卷次第與別本同。

> 按:此本行款版式與余所見宋刊數本皆不同,審其結體方整,雅近率更,自是南渡以後浙杭風度。陳氏《直齋書録解題》述東坡集刊板有杭本、蜀本、吉本之別,此斷爲杭本無疑。

> 此爲市橋下總守獻書之一。(《經眼録》卷一三)

除傅氏所記外,《日藏漢籍善本書録》猶可補其所未詳:

　　序目之首，爲宋孝宗贊，題《文忠蘇軾贊并序》，末行後雙行無欄，有"乾道九年閏正月望選德殿書賜蘇嶠題記"。卷末有文化新元甲子（一八〇四）七月廿三日黄雪山人跋文。

　　首册副葉有長方朱文楷書大木記，其文曰"顔氏家訓曰借人典籍皆須愛護先有缺壞就爲補治此亦士大夫百行之一也鄞江衛氏謹志"。卷中有"昌平坂學問所"及"仁正侯長昭黄雪書屋鑒藏圖書之印"篆書朱文印，另有"淺草文庫"楷書朱文印。

劉尚榮《版本論叢》引日本倉田淳之助教授《注東坡先生詩與東坡先生年譜》文中所列該本刻工姓名，除傅氏所記者外，尚有于珍、毛奇、王敷、王焯、劉志、朱明、朱勤、余正、李元、李恂、卓顯、俞珍、施澤、徐忠、徐迻、惠道、翁彬、張俊、張壽、張謹、章宇、章珍、陳先、黄璿、黄暉、葉允中、葉茂、葉聲、趙通、蔣暉、嚴忠等（有兩人傅氏已録，此删）。

　　該本避諱至"愼"字，當爲孝宗時所刊；然上述刻工姓名未見於其他宋本，傅氏斷其爲杭本，尚待研究。

　　《文禄堂訪書記》卷四嘗記殘卷共六葉，版心下刊工爲"劉辛"。

　　四、孝宗時刊小字本

　　傅氏《經眼録》卷一三記其所得宋刊小字本道：

　　　　《東坡集》四十卷、《後集》二十卷，（宋蘇軾撰。存前集六至十五，後集一至三、五至十，共十九卷。）宋刊本，半葉十二行，每行二十三字，白口，左右雙闌。版心上記字數，下題"坡前六"、"坡後一"，或"東坡集六"等字，下記葉數及刊工姓名。避宋諱至"愼"字止。審其字體，疑江西刊

本。（辛酉歲〔一九二一〕以《四部叢刊》全帙及百衲《通鑑》影本易
得於汪南星。）

此本既避至"慎"字止，當亦是孝宗時刊本。宋孝宗愛好蘇
文，御製序贊冠其文集，官府趨風，坊賈嗜利，故一時剞劂獨
盛，傳本遂多。《版本論叢》謂"此本刻印不精，多有誤漏，雖
爲宋刊，實非善本"，疑出於坊肆。此本今藏國家圖書館。

　　五、蜀刻大小字本

　　王文進《文禄堂訪書記》卷四著録宋蜀刊大字本道：

　　　　《蘇文忠公文集》四十卷，宋蘇軾撰。宋眉山刻大字
　　本，存卷十七至三〔十〕九。半葉九行，行十五字至十八
　　字。白口，版心下記刻工姓名：宋彦、朱順、程柳、秦元
　　一、王執、張宣、王萬、八茂。

一九二八年（戊辰），文禄堂又將《後集》及《奏議》殘帙送傅增
湘鑒定，傅氏《經眼録》卷一三記曰：

　　　　《蘇文忠公文後集》，宋蘇軾撰，存卷十六、十七。宋
　　蜀中刊本，九行十五字，大字仿顔書，與余藏《蘇文定
　　集》同。

　　　　又《奏議》一册，爲卷一（十六至四十三葉）、卷十（一至十
　　葉）。

按傅氏《經眼録》記其所藏宋蜀刊大字《蘇文定公後集》時
曰："此書與《蘇文忠公集》同刻，原藏内閣大庫，光、宣之交，
流散四出。……此書初出時，群咸以爲北宋蜀本。後游虞
山，見瞿氏藏《秦淮海集》，板式行格與此悉同，廓字缺筆，板
心題'眉山文中刊'五字，始知爲寧宗時蜀之眉山刊本。"鄧邦
述《寒瘦山房鬻存善本書目》亦著録蜀大字本《蘇文忠公文

集》十七、十八、十九凡三卷，玄、弦、恒字缺筆。以上宋蜀大字本殘帙，今大多不詳所在，唯臺北“中央圖書館”著録《蘇文忠公集》卷十七，一册，又天津圖書館藏有《蘇文忠公奏議》殘本，存卷二。

宋蜀刊小字本，即所謂巾箱本，今猶存《應詔集》完帙，藏國家圖書館。傅氏《經眼録》卷一三記曰：

> 《東坡應詔集》十卷，（宋蘇軾撰。）宋刊巾箱本，十四行二十五字，白口雙闌。版高四寸八分，寬三寸二分。字瘦勁似蜀刊本。鈐有“蕉林藏書印”。

《文禄堂訪書記》卷四嘗著録《東坡先生外制集》三卷，“宋蜀刻小字本，半葉十四行，行二十五字，白口，版心下記刻工姓名：吾文、信、仁、京”。此與《應詔集》當係一刻，惜今不見著録。

劉尚榮《蘇軾著作版本論叢》曰：

> 洪邁在《容齋五筆》卷九《擒鬼章祝文》條中謂《東坡集》有“今蘇氏眉山功德寺所刻大小二本”。按《容齋四筆》有慶元三年（一一九七）自序，《五筆》乃其後所撰未完之本，文中稱“今”者，乃寧宗慶元時也。故知文禄堂、藏園所記述的《蘇文忠公文集》《後集》《奏議》等，實即洪邁所謂“眉山功德寺所刻大小二本”中的大字本。……（巾箱本）實即“眉山功德寺所刻大小二本”中的小字本，文禄堂謂之“宋慶元刻本”者也。

此説當是。

除上述各本外，宋刊文集傳至清代者，猶有徐氏傳是樓藏《東坡先生和陶淵明詩》一函四册，後入天禄琳琅。《天禄琳琅書目》卷三著録，曰："軾《和陶集》，宋時杭、蜀本皆有之，具在全集中，係別爲四卷，原可單行。此本無校刊人名氏，似即從全集中抽出，且紙緻墨潤，實爲宋本之佳者。本朝崑山徐乾學藏本，有印記，餘無考。"此本久無著録，當已燬於火。

宋本"東坡七集"，版本價值極高，故雖殘帙零葉，亦寶之若拱璧，原不徒以其爲宋代物也。潘氏《寶禮堂宋本書録》著録孝宗時刊大字本《東坡集》時曰："端匋齋近覆成化本，繆藝風據錢求赤校宋本及嘉靖刊本爲之校訂，至爲詳慎。但參以是本，有足以正其訛奪者。"因摘舉十七例。如卷十二《寒食雨》其二"空庖煮寒菜"，成化本、繆校本"空"訛作"寒"。卷十三《次韻王鞏南遷初歸》"三年不易過，坐睨倚天壁"，成化本、繆校本"過"、"坐"二字缺。如此等等。又如蜀刊巾箱本《應詔集》之《策略五》首句"其次莫若深結天下之心"，明茅維刊《蘇文忠公全集》本佚去；《韓非論》結尾"嘗讀而畏之"，茅本"畏"訛作"思"。宋黃州本《和陶詩》不僅可用以校勘後來各本及《陶淵明集》，且蘇轍《和陶雜詩十一首》爲《四部叢刊初編》本《欒城後集》所漏收（參《版本論叢》）。以上可見宋本價值之一斑。

"東坡七集"，元代未見刻本著録（按《鐵琴銅劍樓藏書目録》卷二〇著録元刊本，傅增湘以爲即成化本，詳後）。《天禄後目》卷九"元板史部"著録《東坡先生奏議》十五卷，二函十册，謂是選刻，僅百十二篇（全本百五十二篇）；又著録《東坡奏議》二函十二册，即全集中《奏議》一集別刻單行者，篇數次序皆同，乃大學士張玉書藏本，今未見著録。今知洪熙元年（一四二五）明仁宗嘗命工翻刻内閣所藏宋本蘇軾全集，然因駕崩而未竣工；至成化四年（一四六八），程宗方刻成於吉州。
李紹《重刊蘇文忠公全集序》曰：

> 韓、柳、曾、王之全集，……皆已傳刻，至今盛行於
> 世。歐陽文惟歐所自選《居士集》，大蘇文惟呂東萊所編
> 《文選》（祝按：指呂祖謙所編《三蘇文選》五十九卷），與前數家
> 並行。然僅十中之一二，求其全集，則宋時刻本雖存，而
> 藏於內閣。仁廟亦嘗命工翻刻，而歐集止以賜二三大
> 臣，蘇集以工未畢，而上升遐矣。故二集之傳於世也獨
> 少，學者雖欲求之，蓋已不可易而得者矣。

> 海虞程侯（宗）自刑部郎來守吉，……嘗求歐公大全
> 集刻之郡齋，以幸教吉之人矣。既以文忠蘇公學於歐
> 者，又其全集世所未有，復遍求之，得宋時曹訓所刻舊本
> 及仁廟所刻未完新本，重加校閲，仍依舊本卷帙，舊本無
> 而新本有者，則爲《續集》，並刻之，以與歐集並傳於世。

丁丙《善本書室藏書志》卷二七著録成化本道：

> 明成化四年，海虞程宗守吉，既刊歐集，因及於蘇。
> 訪得宋時曹訓所刻舊本及仁廟所刻未完本重加校閲，仍
> 依舊本梓行：一、《東坡集》四十卷；一、《奏議》十五卷；
> 一、《應詔集》十卷；一、《內制集》十卷附《樂語》一卷；一、
> 《外制集》三（原誤“二”）卷；一、《後集》二十（原脱“十”）
> 卷；一、《續集》十二卷。共一百十卷，冠以宋贈太師制
> 敕，宋孝宗《御製蘇軾文集序贊》，《宋史》本傳，王宗稷所
> 撰年譜，郡人禮部右侍郎李紹爲之序，即世所稱蘇七集
> 是也。其間《奏議》每卷有目，連屬篇第，猶存宋時舊式。
> 《續集》，晁、陳兩家皆不著録，實始於此刻。

傅增湘《明成化程宗刊本東坡七集跋》曰：

> 明成化四年江西吉州府知府程宗刊本，半葉十行，每行二十字，黑口，四周雙闌。首録贈太師制詞，次宋孝宗御製序贊，次年譜，次本傳，次墓誌銘。……嘗檢晁、陳二家書目，載《東坡集》有《前集》《後集》《奏議》《内制》《外制》《和陶》《應詔》諸集之名，其編次卷數與此本正同（祝按：丁氏所述七集次序多誤，或其本已竄亂歟），惟《續集》爲程氏所編，採各集所無之詩文而併《和陶集》於其中，此其異耳。……

> 此書鐫梓精良，字體古逸，宛有松雪之風，肆估多撤去李紹序以冒元刊。如瞿氏《藏目》著録有元本坡集，余細意審觀之，正是此本，以楮墨精麗，特足珍耳。

成化以後各本，多由此本出。然校以宋本殘帙，亦微有訛脱，固尚欠佳，尤其是《續集》，將《和陶詩》併入其他佚詩文，而佚詩文頗多僞作，因致後人譏議。傅氏跋曰：“惟編增《續集》，後人頗有遺議。如《醉鄉記》《餓鄉記》諸篇，其詞鄙俚淺近，決非公作，宋人《捫虱新話》已斥其非，而《續集》仍加甄採。又如嘉靖刻本（此本詳後）前載繆宗道校訂義例，摘發所載詩文與《前》《後》集及《奏議》複出者，爲詩五十一首，爲文六十八首，重刻悉予芟除，程氏於此殆未能免疏漏之譏。”今按李紹序稱“仍依舊本卷帙，舊本無而新本有者，則爲《續集》”。據程刻本，舊本（曹訓本）無疑屬七集本系統，而闕《和陶集》；所可疑者，新本（明仁宗翻刻内閣藏宋本）究屬何本？若内閣宋本亦爲七集本，仁宗僅是“命工翻刻”，當未變其原卷帙，則新本雖不全，應亦是分集編訂，與曹訓本同。果若是，則程氏遂無所謂“依舊本卷帙”之義例。況“東坡六集”基本出於作者手定，《應詔集》亦早已定型，内閣本（新本）何能溢出許多詩文？因疑内閣本乃宋刻分類合編本《東坡備成集》《類聚東坡集》《東坡大全集》（新本或未刻雜説）之類，故程氏不取其編次，而"依舊本卷帙"；又因類編本出於坊刻，宋人已譏其詩文雖多，"真僞相半"，故程氏從新本中所輯《續集》遂多僞篇，加之採輯時疏於核對，又致複出，大損《續集》聲譽。然正如傅氏跋所云，程宗"刊傳古籍，爲功於藝林甚鉅，《續集》偶疏，未足爲累，後人勿過爲苛責可也"。若論其功，尚可補充一點：所刻依"舊本卷帙"，使如今猶可睹"東坡七集"原編面貌（《和陶詩》不難析出）；設若當日依"新本"翻刻，僅補其所未備，後果又將如何？

　　成化本今大陸凡著録九部，臺北"中央圖書館"庋藏二部（其中一部缺十四卷）。日本内閣文庫、静嘉堂文庫各藏一部。

　　至嘉靖十三年（一五三四），江西布政司又重刊成化本。傅增湘《明嘉靖本東坡七集跋》曰：

　　　　此嘉靖時重刻成化本，半葉十行，行二十字，白口，四周雙闌。前列制詞、序贊，次録成化本李紹序，次重刊全集《義例》八條，後題"校正官南豐縣儒學署教諭事舉人繆宗道識"，次年譜，次總目，次本集七種，次第悉與成化本同，惟《後集》末卷題"嘉靖十三年江西布政使司重刊，南豐縣學教諭繆宗道校正"二行。……

　　　　此嘉靖刊本即從成化本出，故不特卷數次第相同，即行款字數亦宛然若一，第版口黑白有異耳。惟《續集》十二卷，其中乃大有差殊。葉郋園（德輝）謂嘉靖重刻時《續集》版已亡佚，搜其逸詩逸文再編，故大非成化本之舊。繆藝風爲陶齋覆刻成化本七集（按此本詳後）時，以嘉靖本對勘，謂嘉靖本脱去詩四十五首，文四十七首，遂謂此本不如成化本之佳。然余嘗取兩本比較，亦殊有不盡然者。就《續集》目録考之，此本詩文題目次序與成化本相勘，其符合者固十之九，是重刻時實親見成化本，不得謂相距六十餘年，其版失亡，其書亦至於不可復見，似非情理所宜有也。至詩文之減少，洵如藝風所言，然其事則固有説。據此本前載《義例》，言舊本《續集》所載多與《前》《後》集及《奏議》重出，今删其全同者詩五十一首，論、序、啟、書、奏議、贊、銘等共六十六首。是此本《續集》詩文之減少，乃因其複出而删之，非未得原書而佚之也。《義例》又言：舊本模糊及元寫差誤，爲之補訂改正，凡二千餘字。是此本當時固校勘精謹，初非漫然翻刻而已。故陶齋覆本所附校記，其是正文字太半取諸此本。循是論之，此本之善寧遜於成化本哉！（《藏園群書題記》卷一三）

傅氏論嘉靖本甚允當精確，今亦時有嘉靖本《續集》缺收之説，故詳録之。葉德輝、繆荃孫所見之本蓋脱《義例》，故有臆測之辭。嘉靖本今大陸著録十九部，臺北"中央圖書館"藏有六部（包括殘本）。日本内閣文庫、静嘉堂文庫各藏一部。七集中，《東坡集》有詩、詞、賦十九卷，銘、頌、贊一卷，論一卷，策問一卷，雜文一卷，叙、字説一卷，表狀一卷，表、啟二卷，書三卷，記、碑、傳三卷，青詞、祝文一卷，祭文一卷，行狀一卷，神道碑、墓誌銘三卷，釋教一卷。《後集》有詩、賦、琴操、辭等八卷，硯銘、贊、雜文一卷，秘閣試論、御試制科策、擬進士對御試策一卷，志林一卷，奏狀、札子、疏文二卷，啟、書一卷，

記、碑一卷，傳、祝文、祭文一卷，墓誌、神道碑二卷，釋教
二卷。

以上二本，乃明刊“東坡七集”。此外，明代猶有類編本。
類編本主要有：

一、《蘇文忠公集》一百十二卷、年譜一卷。傅增湘《明刊
東坡大全集跋》曰：

明刊本，半葉十行，行二十字，黑口，四周雙闌，前後
不載序跋。字體圓湛，刊工亦精美，頗似成、弘間風氣。
卷首錄誥詞、御贊、本傳、墓誌、年譜，悉與成化本同，惟
編次迥異，蓋合集文字而類列之，所謂“大全集”也。卷
一、二爲賦，卷三至三十一爲詩，卷三十二至三十八爲
論，卷三十九至四十三（“三”原誤作“二”）爲策，卷四十
四爲經説，四十五至五十一爲書，五十二爲擬作，五十三
至六十五爲書簡，六十六、七爲啟，六十八爲傳，六十九
至七十二爲記，七十三、四爲碑，七十五、六爲序，七十
七、八爲表狀，七十九至九十一爲奏議，九十二至九十四
爲制誥，九十五至一百一爲内制，一百二爲青詞，一百三
爲辭，一百四爲行狀，一百五爲銘，一百六、七爲贊，一百
八爲頌，一百九、十爲墓誌，一百十一爲祝文，一百十二
爲祭文。其每類之中又分數類，如詩則分古、律、歌、辭，
如論則分程試、制科、經史、人物，策則分策問、策略、策
別、策斷，内制則分帖子詞語、口宣、批答、詔敕，又未免
過於詳瑣矣。……

此本傳世極稀，編（疑“徧”之訛）檢各家目錄，均未
著錄。余舊時獲之南中，質之藝風、乙盦，均未嘗寓目，
無能考其究竟。嗣於吳門晤鄧正闇（邦述）同年，其群碧

樓中所儲坡集正是此本,且各卷缺葉皆預留格紙,無不盡同。然正闇窮探極討,亦無由悉其源流,惟相與摩挲賞玩,各矜奇秘而已。(《藏園群書題記》卷一三)

跋中又稱“意必源於舊本,絕非明人率爾編排、任意揉雜者可比”,然其源流迄今無考。按前述嘗謂南宋人編有《東坡外集》,其卷首無名氏序稱蘇軾有《東坡大全集》傳世。葉盛《水東日記》卷二○記邵復孺家藏有《東坡大全集》,原注引《老蘇集》前書坊識云:“《東坡大全集》一百七十卷,實則不足。”則此所謂“大全集”,疑即由宋人所編《東坡大全集》舊本(或已殘脫不足)改編而來。傅氏本今藏國家圖書館。《中國善本書提要》著録國家圖書館另藏殘本七十八卷,又十二卷,與傅本同。

二、《東坡全集》一百十二卷。一九一二年(壬子),傅增湘於杭州見此本,其《經眼録》卷一三記曰:

> 明萬曆刊本,十一行二十五字。有萬曆己酉(三十七年,一六○九)黄嘉芳序,謂本刻自書賈,質板其家,而賈人潛逃,乃窮研考核,較諸雪川、武林二集加詳審焉。有凡例七條,大氐合七集本而重加類次者。

此本今有四部見於館藏書目。

三、《東坡全集》一百十五卷、目録七卷、年譜一卷。每半葉十行十九字,白口,單邊。《繡谷亭薰習録・集部一》載此本道:“此後人總彙舊本七集,分類編次,而以乾道九年(一一七三)孝宗《御製序》及《贈太師敕》、《宋史》本傳、蘇轍《墓誌》、五羊王宗稷《年譜》冠其前。《凡例》稱‘《長公全集》舊惟江西、京本二刻’,殊不知坡公在日已有杭本行世,蜀本亦同,第杭本無《應詔集》耳。……此本頗有增補，而源流不清。明季勘書家，牽率類是。”按其凡例與上述萬曆本同，蓋即據該本改編重刻。此本今大陸及臺灣著錄二十餘部，日本内閣文庫、東洋文庫等亦有藏本。清康熙時蔡士英本，當即由此本出（詳後）。

　　四、《蘇文忠公全集》七十五卷，明萬曆三十四年（丙午）茅維刊。每半葉十行十九字，白口，左右雙邊。此本乃文集，並收詞，明末至清代曾多次修板及翻刻，以《東坡先生全集》之名行世，流傳頗廣。茅維《宋蘇文忠公全集叙》述其版本及編次道：

> 今遍搜楚、越，並非（蘇文）善本，既嗟所缺，復憾其訛。丐諸秣陵焦太史（竑）所藏閣本《外集》。太史公該博而有專嗜，出示手板，甚核。參之《志林》《仇池筆記》等書，增益者十之二三，私加刊次，再歷寒燠而付之梓。既未能復南宋禁中之舊，而今之散見於世者，庶無掛漏。爲集總七十五卷，各以類從，是稱《蘇文忠公全集》云。

劉尚榮《新版蘇軾文集書後》（見《版本論叢》）稱茅本印製不精，誤字較多，也有脱題漏句重出現象。但有兩個長處：一是資料齊全，尤以題跋、尺牘收錄最多；二是編排大體合理，同類文章多數能按寫作時間排比。《四庫提要》嘗斥此本“漏略尤甚”，新版《蘇軾文集》（見後）校點者及《版本論叢》以爲此説“片面”，“是偏見”。茅維刊本今大陸及臺灣著錄三十餘部。明末猶有文盛堂、寶翰樓、世錦堂翻刻本，今皆有著錄，尤以文盛堂本爲多。

　　五、《重編東坡先生外集》八十六卷，萬曆三十六年（戊申）毛九苞校訂、康丕揚刊。焦竑《刻蘇長公外集序》稱“其本傳自秘閣，世所罕睹。侍御康公以軺使至，章紀肅法，敝革利興，以其暇銓叙藝文，嘉與士類，乃出是集，屬別駕毛君九苞校而傳之”云云。康丕揚《刻蘇東坡先生外集序》，謂得某學士家藏《外集》，“係鈔册，非完本，字多魯魚，不可讀”，然“其文往往亦多全集所未載”，“若題跋、小説諸語，亦皆意指解頤，情景若畫，令他人所極力而不能得者”。後康氏又得其同年李濟川游金陵時所録《外集》一册，遂將兩鈔本交别駕毛九苞校訂。按葉氏《水東日記》卷二〇記邵復孺家所藏三蘇文集各本，或爲宋板，原注稱“《東坡外集》起二十五卷，至九十卷。若然，則此書尚多也”。不詳康氏所得鈔本，與邵氏藏本有無關係。毛九苞亦有序，稱“自束髮慕先生，今得校梓其文，竊竊以托名自喜，故受命不辭。常置數卷篋中，携與出入，畢復易置。參考經史及先生《全集》《志林》諸書，若原本，若謄本，若刻本，凡三歷心目，訂定訛謬。必不可解，存舊闕疑”。可見其編校頗爲用力。

　　《外集》經毛氏精心校訂後，康氏遂刊於揚州。其本每半葉十行二十字，白口，四周雙邊，單魚尾。中縫上端題“東坡先生外集”，下記刻工姓名及字數。全書按文體分類編次，收古今體詩、賦、各體雜文、題跋、雜記、小簡、詞，末卷附録詩案。此本所收詩文，可補各本之遺缺，且文字更近本真。如《乞致仕狀》《回葉運使啟》等十數文，即僅見於此編。但亦有誤收、重出等疏失，且刻印粗率，紙墨不佳。康氏刊書，類有此弊。

　　《四庫總目》將此書録於“存目”，《提要》稱“外集”之名殊無根據，以爲“直（焦）竑以意删併，托之舊名”。此説誤。郎曄《經進東坡文集事略》卷五五《韓文公廟碑》題注即引《東坡外集》所載《與吳子野論韓文公廟碑書》，故余嘉錫《四庫提要辨證》謂“《外集》之編纂，當出南宋人之手”。錢謙益及陳景雲《絳雲樓書目》注皆云《外集》爲宋人所編。又，在明人類編本中，唯此書尚存舊序，疑即原編者所作，稱所編乃採諸集以補姑蘇刊本（當即居世英本）《東坡前集》《後集》之遺，“親迹出於先生孫子與凡當時故家者皆在，庶幾觀是集者，並《前》《後》二集，則先生之文無復遺逸之憾”云云。《繡谷亭薰習録》謂“據跋語，似出舊人所編，且諸集在當時各有單行”。是集不僅取材廣博（所列諸集凡二十餘種），且來源可靠，故價值極高。又《善本書室藏書志》卷二七著録此書，疑“《外集》即《別集》”，亦非是。據前引陳氏《解題》，《別集》及《別集補遺》乃收蘇嶠家集本所删略之詩文，自當別是一書（以上參劉尚榮《版本論叢》之《東坡外集雜考》）。

康丕揚刻本《重編東坡先生外集》，今國内著録十九部，日本内閣文庫、東京大學、京都大學亦有藏本。

明中葉以後，各類蘇軾詩文選本、評點本大量湧現，流傳至今者亦不少，本書略而不述。《版本論叢》收有《明版蘇軾文集選本考述》，可資參考。

清代蘇軾詩文全集本主要有兩種：蔡士英刊本《東坡全集》及重刊成化“七集”。

康熙中蔡士英刊《東坡全集》一百十五卷，乃類編全集本。《四庫全書》即據該本著録（内府藏本），《提要》曰：“此本乃國朝蔡士英所刊，蓋亦據舊刻重訂，世所通行，今故用以著録。集首舊有年譜一卷，乃宋南海王宗稷所編。邵長蘅、查慎行補注軾詩，稱其於作詩歲月，編次多誤。以原本所有，今亦并存焉。”按該本前有《凡例》七條（見四庫本），第一條曰：
“長公全集，舊惟江西、京本二刻行世，其間魯魚亥豕之訛，互
有短長，今酌其善者從之。其他意義深遠、不可强通者，并存
其舊，以示闕疑之意。”第二條曰：“江西本舊作前、後、續、奏
議、應詔、内外制六集，既非編年，殊乖類聚。今並細爲分類，
以便省覽云。”第六條稱“今刻較之舊本，所增不啻十之二”。
按其凡例與前述萬曆本《東坡全集》百十二卷本及百十五卷
本（繡谷亭著録本）同，當即由後一本重訂重刻，故書名卷次
全符。《凡例》所稱“江西本”，即江西布政司重刊成化本；而
所謂“京本”，疑即洪熙御刻本，故舉分集不言京本，與前文推
測洪熙本爲類編全集本合。據萬曆本黃嘉芳序，該本乃書賈
所刻，傅增湘謂大抵合七集本而重加類次（已見前引）。《凡
例》稱增十之二，當於江西、京本外別加搜採。《版本論叢》之
《新版蘇軾文集書後》稱蔡氏本取材不足（如尺牘較通行本少
數百篇），體例不純（如題跋、志林分類失當又有重出），殆非
善本。蔡刻本今存世已稀，僅遼寧省圖書館及中山大學、華
東師範大學圖書館著録。

　　光緒三十四年至宣統元年（一九〇八——一九〇九），端方
寶華盦重刊成化本“東坡七集”。傅增湘《明成化程宗刊本東
坡七集跋》述此刻底本道：

　　　　宣統初元，匋齋（端方字）建節金陵，深惜坡集世無
佳本，適江南圖書館以七萬五千金盡收丁氏善本書室藏
書，其中正有成化本七集，因發官帑，重付梓人，而繆藝
風爲之校訂。顧丁書原有闕失，藝風又出家藏錢求赤校
宋殘本合而校正，仍不足者，更取嘉靖本補勘完之。由
是坡公全集得此本傳播於世，使人人獲窺宋刻之舊觀。

端、繆之功，上接曹、程，流風餘韻，後先嗣美。

所謂“錢求赤校宋殘本”，《藝風藏書記》卷六著録，仍爲明刊七集本，“錢求赤點校，惜殘缺過半”。有錢氏印記。重刊本末附繆荃孫所撰校勘記，繆氏有跋，略曰：“今吉本誤之顯然者，據嘉靖本、錢校本改之，而别爲札記，以志所據；嘉靖本之重出、脱落亦著之，訛字則記不勝記矣。”然以今存宋本殘帙覆校，重刻本仍有訛誤，前引《寶禮堂宋本書録》已例舉之，章鈺、傅增湘亦嘗以宋殘本校勘，兩人校跋本今藏國家圖書館。就總體而論，重刻本校勘質量較明本大有提高。

端方重刊本今國内有著録，日本京都大學亦有藏本。《四部備要》所收《東坡七集》，即據該本排印。

綜觀明、清所刊，“七集”本以程宗本爲古，其承前啟後、保存古籍之功不可没，然猶存紕謬，經嘉靖、清末兩次重校重刊遂益善。雖以《續集》代替《和陶詩》，已非宋刊“七集”舊貌，然《續集》收存佚詩文，又較舊有“七集”爲全。類編全集本因多出於書賈，故編輯質量往往不如人意，影響遠不及“七集”；然類編本打破分集體例，便於補入佚詩文並編年，尤利於閲讀翻檢，乃是蘇集研究整理方向。

一九八六年，中華書局出版孔凡禮校點本《蘇軾文集》。該本以明茅維編刊之《蘇文忠公全集》爲底本，以多本參校（包括殘宋本、拓本、七集本、類編本、總集、筆記等等）。除正集七十三卷外，又編《蘇軾佚文彙編》七卷。《版本論叢》稱其“已向蘇文‘定本’的目標邁出了至關重要的一大步”。《全宋文》亦用茅維《蘇文忠公全集》爲底本，其輯佚部分即用《蘇軾文集》之《佚文彙編》，而有所删削增補。至於蘇詩，孔凡禮先生另有校點本《蘇軾詩集》，本書將在蘇詩注本中簡述。

【參考文獻】

蘇轍《子瞻和陶淵明詩集引》(上海古籍出版社校點本《欒城後集》卷二一)

佚名《東坡先生外集序》(萬曆三十六年本《重編東坡先生外集》卷首)

李紹《重刊蘇文忠公全集序》(中華書局校點本《蘇軾文集》附録)

傅增湘《明成化程宗刊本東坡七集跋》《明嘉靖本東坡七集跋》(《藏園群書題記》卷一三)

焦竑《刻蘇長公集序》(校點本《蘇軾文集》附録)

茅維《宋蘇文忠公全集序》(同上)

焦竑《刻蘇長公外集序》(同上)

康丕揚、毛九苞《重編東坡外集序》(萬曆三十六年本《重編東坡先生外集》卷首,人各一序)

傅增湘《明刊東坡大全集跋》(《藏園群書題記》卷一三)

劉尚榮《蘇軾著作版本論叢》(一九八八年巴蜀書社版)

王狀元集百家注分類東坡先生詩
二十五卷

蘇　軾　撰　　王十朋　纂集

《王狀元集百家注分類東坡先生詩》,南宋中葉以後曾廣布閩中書肆。此本問世之前,已有蘇詩"四注"、"五注"、"八注"、"十注"等書流傳。清馮應榴曾見五注本,其《蘇文忠詩合注自序》曰:

　　宋刻五家注不全本七卷。五家者：趙云（即次公）、
李云（即厚）、程云（即縯）、宋云（即援）、新添云（即林子
仁）。其編次一如七集。惜只見《後集》而未見《前
集》也。

施宿《注東坡先生詩序》稱“東坡先生□（詩），有蜀人所注八
家”。馮氏所見五注宋刻七卷本，久已不見著録，八注亦無傳
本，而今唯存五注、十注拼合本《集注東坡先生詩前集》宋刻
殘帙。此本曾經清陳揆、周嘉梓等收藏，陳氏《稽瑞樓書目》
著録之“蘇詩十家注四卷，宋刻殘本，三册”，即指是書。後爲
瞿氏所得，《鐵琴銅劍樓藏書目録》卷二〇著録道：

　　《集注東坡詩前集》四卷，（宋刻殘本。）舊不題名，原序
　　已失，不知何人編輯。注有趙云、師云、李云、傅云、程
　　云、胡云、宋云、孫云，又有自注、補注、新添，皆作白文。
　　案乾道前注蘇詩者，趙夔有分類第一注本，又有四注、五
　　注、八注、十注各本，此書疑即十注本。考所注諸家姓
　　氏，趙夔字堯卿，又趙次公字彦材，皆蜀人。師尹字民
　　瞻，居里未詳。傅藻字薦可，仙溪人。程縯字季長，居里
　　未詳。宋援字正卿、孫偉字瞻民，皆蜀人。唯胡姓未詳，
　　所謂補注、新添，亦未知何人之注。……原書十八卷，目
　　録鈔補，今存卷一至卷四。其卷四一册，另一板本。三
　　卷本每半葉十四行，行廿五字，大小字同。第四卷本每
　　半葉十一行，行廿二字。宋廟諱“完”字、“構”字減筆。
　　刻板清朗，字體勁正，當是南宋麻沙本之佳者。舊爲子
　　準陳氏（揆）藏書。（卷首有“稽瑞樓”朱記。）

此本今藏國家圖書館。據劉尚榮《蘇軾著作版本論叢》之《宋

刻集注本東坡前集考》研究，殘帙中卷一至卷三爲十注本，卷
四爲五注本。兩本對北宋諸帝嫌名避諱甚嚴，對南宋高宗趙
構名亦大都避諱缺筆，而對孝宗趙昚嫌名（如"慎"字）則不
避。由此可以斷定，五注、十注兩本"均應是北宋末年編定，
南宋初年（高宗朝）刊行，至遲應在宋孝宗前問世"。

　　瞿氏《目録》所謂趙夔分類注，其本久已失傳，今唯存其
序，稱分五十門。趙氏之注，後併入五注、八注、十注等本之
中。宋孝宗嘗稱贊集注本趙夔等注"甚詳"，"命有司與集同
刊之"（見《庚溪詩話》卷上）。

　　"八注"、"十注"之類，乃《王狀元集百家注分類東坡先生
詩》（以下簡稱《百家類注》）賴以産生之基礎。是書舊題"王十朋
龜齡纂輯"，凡二十五卷，附《東坡紀年録》一卷，有王十朋序。
按：王十朋（一一一二——一一七一），字龜齡，號梅溪，樂清（今
屬浙江）人。紹興二十七年（一一五七）進士第一。著有《梅
溪先生文集》，本書將在後面著録。其序略曰：

　　　予舊得公詩"八注"、"十注"，而事之載者十未能五，
　　故常有窺豹之歎。近於暇日搜索諸家之釋，裒而一之，
　　鏟繁剔冗，所存者幾百人，庶幾於公之詩有光。雖然，自
　　八而十，自十而百，固非略矣，而亦未敢以繁言。蓋以一
　　人而肩烏獲之任，則折筋絶體之不暇，一旦而均之百人，
　　雖未能舂容乎通衢，張王乎大都，而北燕南越亦不難到，
　　此則百注之意也。若夫必待讀遍天下書，然後答盡韓公
　　策，則又望諸後人矣。

《百家類注》一出，"蓋人士喜誦蘇詩，風行一時，流播四出，閩
中坊肆遂爭先鐫雕，或就原版以摹刊，或改標名以動聽，期於
廣銷射利，故同時同地有五、六刻之多，而於文字初無所更訂

也"（傅增湘《元建安熊氏本百家注蘇詩跋》）。然而《百家類注》是真由王十朋纂集，或爲坊賈嫁名以取重？該本之王十朋序是否託名僞作？自清迄今，一直持論相反，聚訟不休。《四庫提要》首倡僞託説，馮應榴、王文誥等起而辨駁。然而兩種論點似乎皆無直接證據，故仍難案斷。本書擬不涉論，姑依舊題。

《百家類注》宋至明代版本源流，傅增湘《元建安熊氏本百家注蘇詩跋》嘗述其大略道：

> （王梅溪集注）有數刻：建安虞平齋務本書堂本，見《天祿後目》；建安魏忠卿家塾本，在日本圖書寮；建安萬卷堂本，見吴氏《拜經樓題跋》及日本圖書寮；一爲"泉州市舶司"本，（此牌子亦僞，姑假定此名。）舊爲楊幼雲所藏，今在余家；一本標題上加"增刊校正"四字，下作"集注分類"，（不作"集百家注"。）余亦藏有十餘卷，第不審爲何人所刊。以上五家咸閩中刻梓，版式行格皆同。……此外別有集百家注本，注文家數與前同，而增入劉須溪評點，余所見有三本：一爲十三行小字本，今藏日本圖書寮；一爲元建安熊氏本，即此書也；一爲元代廬陵某某書堂本，版式增爲十二行，余家亦有之，而明代又就元版重翻焉。此梅溪集注版刻源流之大略也。

是書傳刻之夥，可見不僅風行南宋，而且歷久不衰。然因出於坊賈，故宋人書目概不登録，明人著述方才言及。兹略述現存宋、元舊刻《類注》傳本，庶見其版本源流之詳。

一、南宋建安黄善夫家塾本

《百家類注》，今以南宋建安黄善夫家塾本爲最古，時間約在紹熙、慶元間。現存之本，乃清宗室盛昱鬱華閣遺書，藏國家圖書館。一九一二年（壬子），傅增湘入都見後記曰（《經眼録》卷一三）：

　　《王狀元集百家注分類東坡先生詩》二十五卷，（宋蘇軾撰，題宋王十朋纂集。）《東坡紀年録》一卷，（宋傅藻撰。）宋建安黄善夫家塾刊本，半葉十三行，行二十三字，注雙行二十五至九字不等，細黑口，左右雙闌。題“前禮部尚書端明殿學士兼侍讀學士贈太師謚文忠公蘇軾”。集注姓氏後有牌子，文曰：

> 建安黄善夫刊
> 於家塾之敬室

前有西蜀趙夔堯卿序，又王十朋序。卷廿五十九葉至二十六葉配補，然亦宋版，第後印耳。

《版本論叢》又記其匡高十九點九釐米，廣十三點二釐米。凡十二册。卷一至四及卷九至十二配另一印本，行款甚似。全書避諱至“敦”字，缺末筆。遇宋帝上空一格，遇宋朝皆稱本朝。字體清秀，與黄善夫所刻《史記》，當出自一人之手。無藏書家印章，疑出自内府（按：《天禄後目》卷六嘗著録宋本四函二十四册，有“趙氏庭遠”朱文印）。又據《經眼録》，日本帝室圖書寮亦藏有黄氏家塾本，而號爲“小字杭本”。將黄本與《四部叢刊》影元虞平齋務本書堂本（此本詳後）對勘，黄本所收諸家注，有虞本不載或妄加删節者，故文字勝於虞本，然亦有誤刊及脱漏。

　　二、南宋建安黄及甫家塾本

　　據《日藏漢籍善本書録》，日本天理圖書館藏有《王狀元集百家注分類東坡先生詩》，全本二十五卷，今缺卷二二至二五，存二十一卷。該本有界十一行，行十九字。注文雙行，行

二十五字。黑口與白口相間，版心有字數、葉數等。前有趙
堯卿序，王十朋序，《百家注分類東坡先生詩姓氏》，《姓氏》後
有雙邊木記，文曰“建安黃及甫刻梓于家塾”。卷七、卷一七
尾有“寬政己未（一七九九）冬慎齋邨瀨個閲訖”墨書識語。
該本原係内野皎亭文庫舊藏，後歸石井積翠軒文庫。各册首
有“三春文庫”朱印，並有“皎亭改藏”等印記。今按：此黃及
甫，與上黃善夫二人，同在建安，疑是同族、同時人。

三、南宋泉州市舶司東吳阿老書籍鋪本

此本乃傅增湘於廠肆購得，《經眼録》卷一三著録道：

> 存卷一至十四。宋刊本，十一行十九字，注雙行二
> 十五字，目録後有偽牌子一行：“泉州提舉市舶司東吳阿
> 老書籍鋪印。”鈐有“吳龍錫印”，又“繼震”、“幼雲”、“宏
> 農楊氏世家”、“楊復”、“彦岡”、“輯五”、“蘇齋”各印。

所謂“廠市”，當指文禄堂，是本著録於《文禄堂訪書記》卷四。
傅氏又作《宋刊王狀元集百家注分類東坡先生詩跋》，稱“語
涉宋帝空格，宋諱咸缺末筆”。細黑口，左右雙闌。“舊爲楊
幼雲（繼震）所藏，衣袟籤題備極雅麗。寫東坡像於卷首，凡
搜集南薰殿本、松雲翁本、羅兩峰本、馮少卿本、孫克弘本、笠
屐圖本，共六通。鈐印纍纍，首尾殆遍，矜詡之情溢於卷袟”。
因此本僅存十四卷，傅氏遂用另兩殘袟補足，跋曰：“發篋檢
書，披覽所存殘卷，自十五起，至二十五止，正足補完，乃驚喜
出於望外。第考其版刻，自十五至十八爲元代劉須溪評點之
本，十九至二十五爲宋虞氏書堂增刊校正之本，未免爲白璧
之微纇。然元本實出宋刊，虞氏本行款又與萬卷堂本（祝按：
所補兩本詳後文）契合，溯委窮源，要是一家眷屬，其契合亦云
巧矣。”泉州本起於“紀行”，止於“菌蕈”，補配本止於“雜賦”，

凡七十二門。傅氏謂目録後牌子爲僞造，疑其本即萬卷堂本，跋稱"皕宋樓所藏宋本曾覯之海東静嘉文庫，其行格卷第與此本正同，唯其前有傅藻《紀年録》一卷，百家注姓氏後有'建安萬卷堂刻梓於家塾'木記一行，此本無之，蓋已佚去"。所述證據，似猶不足以説明泉州牌子的屬僞造。當時相互翻刻，孰先孰後已難稽考，版式相同原不足怪，未能遽定彼真此僞也。據《版本論叢》，泉州本文字與黄善夫本相近，偶見不同，多爲刊誤致歧。

傅氏拼合本今藏國家圖書館。唯卷首東坡像六通已佚。

四、南宋建安萬卷堂家塾本

此書陸心源嘗有藏本，其《皕宋樓藏書志》卷七六著録，並作《宋本王注蘇詩跋》曰：

> 《王狀元集諸家注分類東坡先生詩集》二十五卷，《紀年録》一卷，……姓氏後有"建安萬卷堂刻梓〔于〕家塾"木記。字兼歐、虞體，與三山蔡氏刊《陸狀元通鑑》相似，想同時閩本也。每葉二十行(祝按：傅氏記日本寮本爲二十二行，即半葉十一行，詳後；參之同時所刊他本，殆陸氏誤)，每行十九字。雙行小字，每行二十五字。語涉宋帝皆空一格，宋諱有避有不避，宋季建本皆如是，不足怪也。凡分七十二門，無《和陶詩》。

此本原爲吴氏拜經樓藏書，吴騫有跋。吴壽暘謂前有"建安萬卷堂刊梓于家塾"長墨印，卷首有"慶元路提學副使曬理書籍關防"鈐記，及"濮陽李廷相雙檜堂書畫私印"圖記(參《拜經樓藏書題跋記》卷五)。是本今藏日本静嘉堂文庫，見《静嘉堂秘籍志》卷一〇。

日本宮内廳書陵部(帝室圖書寮)，亦庋藏萬卷堂本一

部，傅增湘一九二九年（己巳）嘗檢視之，《經眼録》記其版式
爲“半葉十一行，行十九字，注雙行二十五字，細黑口，左右雙
闌”。又，書陵部猶有萬卷堂刊元補修本，缺卷二十二，首有
“鹿王院”印記，見《日藏漢籍善本書録》。此本《經籍訪古志》
嘗著録，原爲求古樓藏書。

五、南宋建安魏忠卿家塾本

此本藏日本宫内廳書陵部，傅氏《經眼録》卷一三記曰：

> 《王狀元集百家注分類東坡先生詩》二十五卷，（宋蘇
> 軾撰，題王十朋纂集。）宋建安魏忠卿家塾刊本，半葉十一
> 行，行十九字，注雙行二十五字，細黑口，左右雙闌。百
> 家注姓氏後有行書牌子，文曰：

建安魏忠卿
刻梓于家塾

> 按：此本字體峭麗，雕鏤精工，建本之至精者，其行格版
> 式與萬卷堂本、虞氏務本書堂本全同，而精美過之。

是書日本仁孝大皇文政年間（一八一八—一八二九）出雲守
毛利高翰獻於德川幕府。卷中有“佐伯侯毛利高標字培松藏
書畫之印”印記，又有“官庫”、“龜”等印記（《日藏漢籍善本書
録》）。

六、建安虞平齋務本書堂宋刊元修本

此書今存較富，或著録爲宋本。《天禄後目》卷六即録爲
宋本，稱後有篆書條記“建安虞平齋務本書坊刊”，乃明秘閣
本，有“文淵閣印”、“高氏鄰西堂藏書印”朱文印，今未見著
録。楊氏海源閣亦嘗藏一部，《楹書隅録初編》卷五著録爲
“元本”，書題《增刊校正王狀元集注分類東坡先生詩》，二十

五卷，二十六册一函。《文禄堂訪書記》卷四亦著録，稱爲“元建刻本”。此本後歸周暹（叔弢），又爲傅增湘所得，改著宋本，其《經眼録》卷一三記曰：

> 宋建安虞平齋務本書堂刊本，半葉十一行，每行十九字，注雙行二十五字，細墨口，左右雙闌，版心上記字數。注家姓氏後有篆文木記曰“建安虞平齋務本書堂刊”，是建本之至精者。鈐有“濮陽李廷相雙檜堂書畫私印”、“君明”、“孫子鑒賞”、“汪士鐘印”、“藝芸主人”、“汪士鐘曾讀”、“憲奎”、“秋浦”、“宋本”、“平江汪憲奎字秋浦印記”、“徐遵禮字從文別號涵虚子識”、“楊以增字益之又字至堂晚號寒樵行二”、“東郡楊紹和字彦合藏書之印”、“東郡楊氏宋存書室珍藏”各印。

> 按：此書海源閣舊藏，近歸周叔弢。後叔弢欲得余藏明鈔《席上輔談》（金俊民校、黄丕烈跋），明鈔《賓退録》（葉奕校、孫江跋），明鈔《邵氏聞見録》（陳墥校），以此書爲報。

傅氏又作《宋虞平齋刊本集注分類東坡先生詩跋》，稱以所藏宋泉州市舶司書籍鋪本、元刊建安熊氏本（此本詳後）與此本核對，“其版式、行格及刊工、字體，與前二本靡不符合，蓋坊肆同在建安，年代相距未遠”；然詳加比勘，又有“六異”：

> 他本開卷首爲趙夔序，次爲王十朋序，此本則王前而趙後，一異也；他本標題作“王狀元集百家注分類東坡先生詩”，此本上有“增刊校正”四字，而無“百家”二字，二異也；熊本《紀年録》於逐年事蹟皆夾注細書，此本則大字直下，三異也；熊氏本有劉須溪批點，故行間有點

擲，題下有評語，此本無之，四異也；注家姓名熊本別以
陰文，泉州本無之，此本則加圓圍，五異也；此本偶有增
注，附綴本詩末，標以陰文"增刊"二字，他本則否，六異
也。據此觀之，此本之刻，其在泉州本之後乎？此外尚
有萬卷堂本，爲皕宋樓所藏，余於静嘉文庫見之，行款相
同，亦鈐有李如柏雙檜堂印，知五百年前與此本固一家
眷屬也。（《藏園群書題記》卷一三）

　　按《書林清話》卷一〇"天禄琳琅宋元刻本之僞"條謂"姓氏後
有篆書條記建安虞平齋務本書坊刊，此爲元刊本，虞氏所刻
他書有年號者可證"。又同書卷四"元時書坊刻書之盛"條記
建安虞氏務本書堂所刊書中，紀年有至元辛巳（十八年，一二
八一）、泰定丁卯（四年，一三二七）、至正丙戌（六年，一三四
六），故又稱《集注》"誤入宋板"。《楹書隅録》《文禄堂訪書
記》等著録爲"元板"，當亦以此。劉尚榮《版本論叢》深入考
察其内容，謂書中改舊注"本朝"字樣爲"宋朝"，改"前禮部尚
書"爲"宋禮部尚書"，故以爲葉德輝之説有理，"此書應定爲
元刊本，至多是宋刻元遞修本"。其實，此書著録爲"宋板"、
"元板"皆不爲大錯，但皆不甚確切。書中有宋諱，所謂"增刊
校正"乃挖版補刻，證明原板刻於宋代，而修板在元代，兩無
可疑。前述務本書堂所刻他書紀年，早者爲至元十八年，其
時宋社初屋，書堂主人當由宋入元，用宋板修改重印，正是情
理中事。故此本似當著録爲"宋刊元修本"。稱"宋板"尚可，
稱"宋本"則非。

　　傅氏本今藏國家圖書館。該館猶藏有潘氏捐贈本，詳見
《寶禮堂宋本書録》。《四部叢刊初編》即據潘氏本影印。又，
北京大學圖書館、上海圖書館、復旦大學圖書館亦有完帙，遼

寧圖書館、天津圖書館、華東師範大學圖書館藏有殘卷。

百家類注本除南宋廣爲流佈外，金亦有刻本。今西安文管會藏有金刻蝴蝶裝本，僅存卷十六第十五至二十葉，已無從考知其詳。

七、宋刻劉辰翁評點本

前引傅增湘《熊氏本跋》，稱其所見劉須溪（辰翁）評點本，有“十三行小字本，今藏日本圖書寮”。傅氏所指即森立之《經籍訪古志》卷六、董康《書舶庸譚》卷六著録之本，兩氏皆以之爲宋刊。嚴紹璗《日藏漢籍善本書録》亦著録爲宋刻本，曰：

> 每半葉有界十三行，行二十三字。注文雙行，行二十七字。白口，雙邊，缺序目。
>
> 每卷首行題“王狀元集百家注分類東坡先生詩卷之幾”。次行題“前禮部尚書端明殿學士兼侍讀學士贈太師謚文忠蘇軾”（“軾”上空一字）。三行題“廬陵須溪劉辰翁批點”。
>
> 此本朱墨手批甚多。舊藏昌平坂學問所，後由太政官文庫而入官內省。卷中諸印首曰“壽本”，次有“平安堀氏時習齋藏”篆書長方朱印，次有“淺草文庫”楷書長方朱印。每册首及卷二十五尾，有“小島氏圖書記”印記。每册尾有“昌平坂學問所”篆書長方墨印。卷一及卷二四首，有“佞宋”印記。卷二首有“豈待開卷□撫弄亦欣然”印記，同卷尾有“臣尚真”印記。卷四首有“荷素堂藏驚人秘笈”印記。同卷尾有“尚真私印”印記。卷二十五尾有“尚真私印”及“學古氏”等印記。

又據《日藏漢籍善本書録》，日本東北大學附屬圖書館藏、原狩野亨吉等舊藏宋刻劉辰翁批點本，凡十二册，但版式與前本異：

> 每半葉十四行，行二十二字，小字雙行三十字。白口，左右雙邊。

> 卷中避宋諱，凡“玄、絃、殷、敬、驚、樹、構、溝、慎”等字皆缺筆。

> 此集缺序及目。卷九、卷十以舊刻本補入，另有室町時代日人若干補鈔，並加點訓。……題籤墨書“蘇玉堂”。卷中並有“福山文庫”、“篁邨島田氏家藏圖書”等印記。

兩本國内皆無著録。十三行本題“前禮部尚書”，當刻於入元之後。十四行本雖避宋諱，然劉氏批點蘇詩在元初，蓋宋遺民刻書多遵宋式，故目録家往往將元初刻本著録爲宋刻。又，《日藏漢籍善本書録》猶著録元、明本劉辰翁批點本十餘部，兹從略。

八、元建安熊氏本

此本乃傅增湘於一九三七年（丁丑）於上海書肆購得，其《經眼録》卷一三著録，又作《元建安熊氏本百家注蘇詩跋》，略曰：

> 此元建安刻本，題“增刊校正王狀元集注東坡先生詩”，半葉十一行，每行十九字，注雙行二十五字，黑口，雙闌。卷首標題，次行“宋禮部尚書端明殿學士兼侍讀學士贈太師諡文忠公蘇軾”，三行“廬陵須溪劉辰翁批點”。首趙夔序；次王十朋序；次諸家姓氏；次門類，下題“東萊呂公祖謙分類”，凡八十二類（祝按：《版本論叢》謂傅

氏誤記,仍爲七十八類);次《紀年録》,傅藻撰;次目録。姓氏後有篆文牌子,文曰"建安熊氏鼎新繡梓"。收藏有"虛谷草堂"、"密閣"、"玉局生"、"毛氏家藏圖書"、"毛氏起宗"、"毛繼祖印"、"啟宗"、"雲翼道人"、"華山退士"、"葉氏敦夙好齋收藏古刻善本"、"漢陽葉氏敦夙好齋印"、"敦夙好齋"、"葉名灃印"、"葉名灃潤臣印記"諸印章。⋯⋯

　　此本與建安虞氏、魏忠卿、萬卷堂、"市舶司"各本行格、字數、板匡尺寸一一皆同,所微異者,注中各家姓名改作白文,及行間加標點,卷末附評語耳。(《藏園群書題記》卷一三)

傅氏嘗以此本與虞氏務本書堂本比較,記其差異,參前引。《版本論叢》謂"熊本異文大部分與虞本同,與黃本、泉州本有別,可以反證熊本後出"。又謂須溪批、評多爲平庸之論,書中某些異文可助蘇詩之校訂。傅氏本今藏國家圖書館。

　　據《日藏漢籍善本書録》,日本宮內廳書陵部藏有元刻劉辰翁批點本,版式與熊氏本同。元代中國渡日刻工陳孟才、陳伯壽、俞良甫等嘗仿照該元刻本覆刻,今日本有藏本。

　　九、元廬陵某氏書堂本

　　此本題"增刊校正王狀元集注分類東坡先生詩",二十五卷,乃盛昱遺書,傅增湘於一九一二年(壬子)嘗見之,《經眼録》記曰:"元刊本,十三行二十二字(祝按:當爲十二行二十一字,詳下述李氏本。又傅氏《熊氏本跋》亦云十二行,見前引),後有'廬陵□□書堂新刊'木記。"傅氏後來藏有此書,不詳是否即盛氏本,今未見著録。又,今北京大學圖書館藏李氏書中亦有此本,《木犀軒藏書書録》著録道:

　　　每卷標題次行均有"廬陵須溪劉辰翁批點"九字。
元刊本。半葉十二行，行二十一字。大黑口，四周雙邊。
前有王十朋、趙夔兩序，次注詩姓氏。標題次行題"狀元
王公十朋龜齡纂集"。注詩者凡九十六人。姓氏後有
"廬陵□氏□□書堂新刊"長方木記。收藏有"隨軒"橫
長圓印，"徐渭仁"白文方印，"隨軒"朱文方印。（二十五
卷尾缺半葉）

中國臺北"中央圖書館"，以及日本米澤市圖書館、御茶之水
圖書館（詳《日藏漢籍善本書錄》）皆著錄有元廬陵刊本。《版
本論叢》謂"此書既有虞本的'增刊校正'，又有熊本的劉辰翁
評點，綜合二本之長"，故稱之爲"虞本與熊本的合流"。傅增
湘《熊氏本跋》曰："今以元廬陵本與熊本勘之，偶披卷一首葉
'蕭條初出郭'句，廬陵本已誤'郭'爲'廓'，則其他之翻刻沿
誤者正自不尠。"文字多訛誤，乃坊刻本通病。

　　除上述元廬陵刊本外，今國圖及上海、遼寧、陝西、四川
等省圖書館，山東博物館、眉山三蘇寺俱著錄元刊類注本殘
帙，各屬何本不詳。

　　綜上所述，《類注》宋、元刻本版本源流，略如前引傅增湘
《熊氏本跋》所云，然猶有未足，似可表述如下：最初所刊爲集
百家注本（黃善夫本等），宋末增劉辰翁批點（日本藏十三、十
四行本），元代由宋百家注版改爲集注、增刊校正本（務本書
堂本），最後彙集注、增刊、批點爲一本（廬陵本）。内容不斷
豐富，故不得不分；爲集諸家之長，取便讀者，又不得不合，是
爲版本演進之趨勢。

　　明、清時代，類注本版本系統可分爲三。一是傅氏《熊氏
本跋》所云"元版重翻"，有成化間汪氏誠意齋集書堂新刊本

及嘉靖五年（丙戌，一五二六）劉氏安正書堂本。汪本每半葉十二行二十一字，黑口，四周雙邊；劉本十二行二十三字，黑口，四周雙邊。兩本當皆據元廬陵本翻刻，今大陸、臺灣及日本俱有庋藏。

　　二是日本、朝鮮同一時期之翻刊本。日本後西天皇明曆二年（一六五六），京都松柏堂刻類注本，卷前有務本書堂木記，當據元虞氏本翻刻，然又增劉辰翁批點。此本除日本有收藏外，遼寧省圖書館亦藏有殘本（缺卷十四）。朝鮮有古活字本。日本後陽成天皇慶長年間（一五九六——一六一五）活字印本，即據朝鮮活字本翻刊（以上參《和刻目錄》及《日藏漢籍善本書錄》）。

　　三是出現所謂"新王本"。"新王本"乃萬曆間茅維改編之類注本（清馮應榴《蘇文忠公詩合注》稱所得元刻爲"舊王本"，而稱茅維本爲"新王本"）。茅維刻本題《東坡先生詩集注》，將原有七十八類併爲三十門，而將二十五卷擴爲三十二卷，增收"和陶詩"等（增收無注）。其本署"明吳興茅維孝若芟閲"，所謂"芟閲"，即删芟宋元舊注十餘萬言。崇禎時，茅維板片易主歸無錫王永積，王氏重印，將原"明吳興茅維孝若芟閲"一行鑱去，留"明"、"閲"二字，中間補"梁溪王永積崇巖"七字。清康熙三十七年（一六九八），朱從延文蔚堂據茅本重刻合併爲二十九類，文字稍有補正，"俗書訛字，刊落殆盡"；然而"脱闕甚多，至於姓注名注字注，多不可辨，刊板雖佳，不足貴也"（《萬卷精華樓藏書記》卷一一一）。《四庫全書》據此本著錄，乾隆間樂全堂據以重刊，民國時上海掃葉山房又據以石印。上述各本，今國内皆有著錄。日本有茅維本、乾隆本；據《和刻目錄》，猶有後光明天皇正保四年（一六四七）林甚右衛門翻刻

陳仁錫本及後西天皇明曆三年（一六五七）印本等。美國國
會圖書館有茅維本、王永積本。“新王本”系統之本，大爲後
人所詬病。其失主要在芟夷屢改，舛謬紛然，盡失類注本來
面目，故非善本。此僅略述之。

　　清人嘗將百家類注與施、顧注彙編爲“合注”，詳下卷。

　　《全宋詩》所收蘇軾詩，卷一至四六用道光刊王文誥《蘇
文忠公詩編注集成》爲底本，卷四七、四八，以乾隆刊馮應榴
《蘇文忠詩合注》爲底本，集外輯得二十九首，編爲第四九卷。

【參考文獻】

　　趙夔《類注東坡先生詩序》（中華書局校點本《蘇軾詩集》附錄二）

　　王十朋《集百家注分類東坡先生詩序》（同上）

　　陸心源《宋本王注蘇詩跋》（《儀顧堂集》卷一六）

　　傅增湘《宋虞平齋刊本集注分類東坡先生詩跋》《宋刊王狀元集百
家注分類東坡先生詩跋》《題宋建本王注蘇詩》《元建安熊氏本百家注蘇
詩跋》（《藏園群書題記》卷一三）

宋人別集敘録卷第十

注東坡先生詩四十二卷　施顧注蘇詩

蘇　軾　撰　施元之、顧　禧、施　宿　注

南宋中葉，蘇軾詩除舊題王十朋纂集之百家類注本外，猶有施元之、顧禧及施元之之子施宿所作編年注本《注東坡先生詩》流傳。此本有施宿序，略曰：

東坡先生□（原漫漶，疑"詩"字），有蜀人所注八家，行於世已久。先君司諫病其缺略未究，遂因閒居，隨事詮釋，歲久成書。然當亡恙時，未嘗出以視人。後二十餘年，宿佐郡會乩（稽），始請待制陸公爲之序。而序文所載在蜀與石湖范公往復語，謂坡公旨趣未易盡觀遽識，若有所謹重不敢者。宿退而念先君於此書用力既久，獨不輕爲人出，意或有近於陸公之説，而先君末年所得未及筆之書者，亦尚多有，故止於今所傳。宿因陸公之説，拊卷流涕，欲有以廣之而未暇。自頃奉祠數年，舊春蒙召，未幾汰去，杜門無事，始得從容放意其間。……故宿因先君遺緒及有感於陸公之説，反覆先生出處，考其所與酬答賡唱之人，言論風旨足以相發，與夫得之耆

舊長老之傳，有所援據，足裨隱軼者，各附見篇目之左，而又採之國史以譜其年，及新法罷行之目列於其上，而繫以詩之先後。

此序署嘉定二年（一二〇九）中秋日。所謂“待制陸公”即陸游，所作《施司諫注東坡詩序》今存，略曰：

> 某頃與范公至能（成大）會於蜀，因相與論東坡詩，慨然謂予：“足下當作一書，發明東坡之意，以遺學者。”某謝不能。……後二十五六年，某告老居山陰澤中，吳興施宿武子出其先人司諫公所注數十大編，屬某作序。司諫公以絕識博學名天下，且用功深，歷歲久，又助之以顧君景蕃（禧）之該洽，則於東坡之意，亦幾可以無憾矣。

時在嘉泰二年（一二〇二）正月。從兩序可知如下五點：

一、施宿序稱其父書作成之“後二十餘年”，始請陸游作序；陸游序亦稱其在蜀中與范成大論蘇詩之“後二十五六年”，方爲其書作序。則范、陸蜀中論詩之日，約當施元之書成之時。范氏帥蜀及陸氏佐幕在淳熙間，以施宿請陸游作序之嘉泰二年上推二十餘年亦在淳熙間，則施宿書當作成於淳熙間。今人王水照先生《評久佚重見的施宿東坡先生年譜》曰：“據鄧廣銘《辛稼軒年譜》，辛棄疾任江西提點刑獄時，曾於淳熙三年（一一七六）彈劾施元之（時任贛州知州），施遂奉祠離職，大概即是施宿序中所謂‘閒居’著書時期。又玩‘歲久成書’語意（陸游序亦謂“用工深，歷歲久”），則其成書當在淳熙四年之後。”此説是。

二、據施宿序，其父子之所以注蘇詩，乃是病蜀人所作“八注”缺略，然仍采用“八注”本編年體例。

三、據陸游序，施元之注蘇詩，顧景蕃嘗爲之助。考范成大《吳郡志》卷二二，景蕃名禧，吳郡（今蘇州）人，閒居五十年不出，讀書以老，鄉人貴重之。又陳鵠《耆舊續聞》稱"趙右史家有顧禧景蕃《補注東坡長短句》真迹"，則其亦嘗用力於蘇詞，惜其書不傳。

四、據施宿序，宿嘗因其父之遺緒，反覆蘇軾之出處，"各附見篇目之左"，並採國史爲年譜。施宿所作《年譜》及序、跋，國內久佚，一九八一年復旦大學顧易生先生赴日本講學，獲大坂市立大學西冶貞治所贈影印鈔本，國人方重睹舊籍，將《施顧注蘇詩》研究向前推進一步。按施注宋刊本（詳後）包括題下注、句中注兩部分，然未標明三人分注體例，清代學者多所考證，意見分岐。或謂施元之作"書中自（句）解"，施宿作"題下小傳，低數字"，即題下注（鄭元慶《湖録經籍考》卷六）；或謂"詩題下小傳似亦有元之注"（馮應榴《蘇詩合注》卷首《翁本附録》）；或謂題下注爲施元之筆，句下注爲施元之、顧禧二人筆，施宿僅作"題注末補載墨迹、石刻及較改同異之字，間有引證及增輯《年譜》所無"（王文誥《蘇詩編注集成》卷首《王施注諸家姓氏考》）；或謂題下注爲施元之筆，句下注係顧禧獨爲"（阮元《蘇詩編注集成序》）。詳余嘉錫《四庫提要辨證》，余氏謂"推勘全書體例，證以陸序，實如王氏、阮氏之言"。

今按施序，明言其所補益"各附見篇目之左"，即題下注；內容是"紀事"："反覆先生出處，考其所與酬答賡唱之人，言論風旨足以相發，與夫得之耆舊長老之傳"，即包括蘇軾經歷、酬唱者行實及故老傳聞等等，與句下注之"徵典"有所分工。驗之宋刊施本題下注，正是如此。阮元序云"（題下注）紀事引本集、《欒城》、史傳，不載出處；（句中注）徵典引經史子集外藏，悉載出處，顯屬二手”，其説是，然其推斷前者出於施元之、後者出於顧禧則非。今存宋刊施注本題下注往往稱“宿”云云，正是題下注出於施宿手筆之鐵證。故施注本分注體例應是：句中注乃施元之、顧禧“共爲之”（顧氏有異議或重要補充，偶亦標明“顧禧注”或“顧禧云”），題下注爲施宿手筆。前人對題下注評價甚高，張榕端《施注蘇詩序》謂題下注“務闡詩旨，引事徵詩，因詩存人，……洵乎有功玉局而度越梅溪（王十朋）也”；邵長蘅《注蘇例言》謂“《施注》佳處，每於注題之下多所發明，……迥非諸家所及”；王文誥亦稱“最要是題下注事”（以上參見王水照《評久佚重見的施宿〈東坡先生年譜〉》）。

　　五、施注本刊刻年代，清人、近人俱以之爲“嘉泰本”，即以陸游作序之嘉泰二年（一二○一）爲其刊行之時，而俱誤在未見施宿序及跋。施宿序作於嘉定二年（一二○九），跋則署“嘉定六年中秋日”。據余嘉錫考證，施宿“實死於嘉定六年之冬”（《四庫提要辨證》卷七），故刊板亦不能晚於是年之後。今存之宋刊本（在臺灣，詳後），舊著録爲“宋嘉泰二年淮東倉司刊本”，擬定名爲“宋嘉定六年淮東倉司刊本”（亦詳見前引王水照文）。按：宋淮東倉司駐海陵（今江蘇泰州）。名僧物初大觀（一二○一—一二六八）嘗作《樓潮州以汝窯瓶爐泰州新刊坡詩注及澄心堂紙見遺以詩寄謝》詩，盛贊施、顧《注坡詩》之精及施宿刊本之美，道：“海陵刊本何磊落，未閲先令人意足。二賢發明競該洽，似向烏臺露心腹。”（《物初剩語》卷二）此可代表當時學界對該書的高度肯定。

　　施宿刊本後來流傳甚稀，而獨百家類注本長期盛行，前人今人考論，皆謂與施宿遭遇有關。宿死後不到百日，臣僚論其鹽政及修城事,於是"死一年之後,行下抄籍,一家骨肉星散"(《宋會要輯稿》職官七六之七四)。而且在施宿罪狀中,直接涉及刊書:"宿嘗以其父所注坡詩刻之倉司,有所識傅穉,字漢孺(湖州人),窮乏相投,善歐書,遂俾書之鋟板,以賙其歸。因摭此事,坐以贓私。"(周密《癸辛雜識‧別集上》"施武子被劾"條)施宿後來雖蒙改正追復,其書不甚傳於世,乃必然之勢。然而在南宋衆多蘇詩注本中,獨此書陳氏《解題》卷二○著録(按:《解題》卷一五雖著録"《和陶集》十卷,蘇氏兄弟追和,傅共注",然其乃總集而非軾詩全帙,傳本久佚)。陳氏曰:

> 《注東坡集》四十二卷,年譜、目録各一卷,司諫吳興施元之德初與吳郡顧景蕃共爲之,元之子宿從而推廣,且爲年譜,以傳於世。陸放翁爲作序,頗言注之難,蓋其一時事實,既非親見,又無故老傳聞,有不能盡知者。

《通考》卷二四四從之。

至景定壬戌(三年,一二六二),鄭羽爲之補刊,有跋(見臺北影印本《宋刊施顧注蘇詩》卷四二末附。參見校點本《蘇軾詩集》附録二),曰:

> 坡詩多本,獨淮東倉司所刊,明淨端楷,爲有識所寶。羽承乏於茲,暇日偶取觀,汰其字之漫者大小七萬一千五百七十七,計一百七十九板,命工重梓。他時板浸古,漫字浸多,後之人好事,必有賢於羽者矣。景定壬戌中元,吳門鄭羽題。

則施顧注宋有嘉定原刊及景定補刊兩本。

兩本皆流傳至今,然俱爲殘帙。嘉定原刊本有:

一、毛晉原藏本。傅增湘《宋刊施顧注蘇詩跋》述之曰：

> 毛晉所藏，遞傳徐健菴、宋牧仲、翁覃溪、吳荷屋、葉
> 潤臣諸家，光、宣之交，湘潭袁伯葵以三千金得之。伯葵
> 方官京曹，文酒流連，名流翕集，摩挲展玩，形諸詠歌，然
> 校録傳刻之説則未聞焉。俄而所居西安門寓舍（今之居士
> 林即其遺址）不戒於火，一夕化爲煨燼。伯葵從灰焰中掇
> 拾殘餘，僅存斷爛小册。

當該本尚爲宋犖（牧仲）收藏時，猶存三十卷（佚卷一至二、卷
五至六、卷八至九、卷二三、卷二六、卷三五至三六、卷三九至
四〇），宋氏嘗刊爲《施注蘇詩》（詳後）；袁伯葵從灰焰中所拾
“斷爛小册”，則僅有十九卷矣（存總目録卷下，詩注卷三至
四、卷七、卷一〇至一三、卷一五至二〇、卷二九、卷三二至三
四、卷三七至三八）。此殘本抗日戰爭期間爲當時“國立中央
圖書館”購得，今藏臺灣，書後有李文藻、翁方綱、蔣士銓等七
十餘人手書題記。

　　二、黃丕烈原藏本。此本爲《和陶詩》，即《施顧注》卷四
一、四二，乃延令（季振宜）舊物，卷之首尾有“季振宜”、“滄
葦”兩印。後歸周錫瓚，藏之四十年，於嘉慶十六年（一八一
一）售與黃丕烈，黃氏有跋詳記之。再後歸汪士鐘藝芸書舍，
又歸楊氏海源閣。《楹書隅録初編》卷五著録，記其版式道：
“每卷標題‘注東坡先生詩卷幾’，次平列‘吳興施氏’、‘吳郡
顧氏’。卷前各有目録，而以子由所譔《和陶詩引》弁首。每
半葉九行，行十六字。”又記藏印有“思政軒收藏”雙文古長
印、“季振宜印”、“滄葦”、“宋本”、“周錫瓚印”、“仲漣”、“潘奕
雋守愚”、“花橋老圃”、“黃丕烈”、“復翁”、“陶陶室無雙”、“汪
士鐘印”、“汪士鐘讀書”、“民部尚書郎汪厚齋藏書”、“汪文琛

印”、“厚齋”、“三十五峰園主人”等。海源閣書散後，此本輾轉歸周叔弢，周氏捐贈北京圖書館，今藏國家圖書館善本室。

三、繆荃孫原藏本。此本僅存卷一一、一二、二五、二六凡四卷，繆氏《藝風藏書再續記》曾著録，稱“卷數雖少，字體之工，鐫刻之雅，亦足貴矣”。原書高六寸八分，廣五寸三分，每半葉九行十六字，小字雙行，字數同。左右雙闌，白口，單魚尾。魚尾下題“坡詩卷×”，下標葉數，末有刊工姓名（據劉尚榮《蘇軾著作版本論叢》之《宋刊施顧注蘇詩考》）。此本後歸劉氏（承幹）嘉業堂，今藏國家圖書館，據《版本論叢》，比繆氏原藏時又損失共三葉半。

景定補刊本，今僅存一殘帙，凡三十四卷（目録二卷、卷三、卷四、卷一一至一八、二一至四二）。此本原爲清怡王府舊物，有“安樂堂藏書印”。怡邸書散，翁同龢（字叔平）於同治十年（一八七一）“以二十金購之”（見翁氏跋）。翁氏得此本後藏之極秘，少有人獲觀，唯囑潘祖蔭爲之跋。傅增湘爲僅得見者之一，其《經眼録》卷一三著録，又作《宋刊施顧注蘇詩跋》曰：

> 此宋刊本，首行標題“注東坡先生詩”，次、三行並列“吳興施氏”、“吳郡顧氏”。半葉九行，每行十六字，注雙行同。每卷前附目録，本卷前題“詩若干首”，下注起某某地至某某地，或題時在某官。詩題低三格。白口，左右雙闌。版心下記刊工姓名，刊工有周鼎、嚴鎬、成玘、阮玘、周珪、羅振、戴居仁、林春、潘雲、羅永、羅文、阮忠、周祐、張慶宗、徐珙、仇瓊、沈昌、吕拱、李嵩、馬祖、張世賢、林光祖、丁諒、金震、包仲、馬良、阮慶諸人。缺卷五至十、卷十九、卷二十，凡八卷，存三十四卷。卷尾有景

定壬戌鄭羽跋七行，及翁松禪師（同龢）、潘伯寅（祖陰）、
汪柳門（鳴鸞）題識。

傅跋猶稱該本"字畫俊美，楮墨明净，生平所覯宋代佳刻殆難
其匹"。此本後一直藏於翁家，今由同龢玄孫翁萬戈收藏，而
萬戈移居紐約，書亦隨之流入美國。一九六九年，臺北藝文
印書館從翁氏借得此書，完全依原大影印，孤本秘籍遂廣傳
於世。《版本論叢》據影印本，記其版匡高六寸四分，寬四寸
八分，刊工除傅氏已記者外，尚有周坦、王端禮、阮朋、曹寶、
周升、高永年、范先、孫涯、李信、賈裕、楊先、章東、阮瓊、羅
祖、王遇等。影印本缺卷一、卷二兩卷，與舊日著録不合，似
後來又有損佚。一九七八年，臺北汎美圖書公司再次影印，
其《景印補全宋刻施顧注蘇東坡詩説明》曰："爰以景定本爲
底本，其所闕各卷，乃以古香齋本補入。……共三千二百餘
面，合裝四册，除天地邊緣等較宋刊縮小外，書中板框、字體
之大小，亦仍保持宋刻原大，以期不失宋板之真面目也。"所
補之"古香齋本"，實乃光緒間南海孔氏翻刻"清施本"（此本
詳下）。又，上引傅氏跋稱"每卷前附目録"，而影印本卷前已
無目録，目録乃集中列於書前。除第十九卷目録之第二面、
第二十卷目録全部爲補所謂古香齋本外，其他各卷，包括闕
卷，目録皆爲宋刊。此與傅氏所見不同。翁氏所藏景定補刊
本原書，上海圖書館於二〇〇〇年斥巨資從美國購回，今藏
該館善本部。

　　今存施顧《注東坡先生詩》殘本，以上所述凡四種。將四
種拼合，尚缺六卷。若配以日本學者小川環樹、倉田淳之助
自《翰苑遺芳》（按：是書乃日本五山時代詩僧太岳周崇編）中
輯出之施顧注十卷（包括卷一、卷二、卷五至一〇、卷一九、卷

二〇，見其所編《蘇詩佚注》，日本東京同朋社一九六五年版），再配以倉田淳之助發現之施宿撰《東坡先生年譜》（王水照先生在日本蓬左文庫亦發現一鈔本），則施顧注原書大體可以復原。

除上述殘帙外，錢氏絳雲樓原亦有藏本，清初毀於火。徐氏傳是樓除曾藏毛晉本外，似猶有另一殘帙。鄭元慶《湖錄經籍考》曰：“《施注蘇詩》，傳是樓有宋刊本，殘缺不全，予友吳閬張敏求借鈔之，缺第二十六、第三十一至第三十五、第三十九至第四十、第四十二。云尚有四卷在顧俠君處，近借與查悔余，當訪之。”此本缺卷與毛晉原藏本不同。又翁方綱《復初齋詩集》卷七〇《金石錄十卷印歌寄贈阮雲台制府》，稱施顧注本“欽州馮家有全帙，廿載借諸心拳拳”。“馮家”指馮魚山敏昌家，魚山乃翁氏入門弟子（李詳《媿生叢錄》）。又陸心源《宋槧婺州九經跋》（《儀顧堂續跋》卷一）稱怡府樂善堂所藏“《施注蘇詩》全本有二”。翁同龢所得當即其一，應猶有另一本。以上各本僅見諸文獻，其書尚存天壤間否待訪（參《版本論叢》）。

《施顧注蘇詩》元、明無重刊本。宋犖得毛晉、徐乾學原藏殘本後，“乃屬毗陵邵長蘅子湘訂補，且爲之芟複正訛，而佐之以吳郡顧嗣立俠君泊兒子至。其續補遺詩四百餘首，采摭施本所未備，別爲二卷，則以屬錢塘馮景山公爲之注”（《施注蘇詩序》）。邵長蘅《題舊本施注蘇詩》亦曰：“商丘公（宋犖）幸是書之存而惜其殘缺也，進門下士邵長蘅屬以訂補，爲之綴缺正訛，芟蕪省複，而所謂四十二卷者，犁然復完，可版行。”所刊題《施注蘇詩》，俗稱“清施本”。《四庫全書》據以著錄，《提要》曰：

(施注蘇詩)傳本頗稀,世所行者惟王十朋分類注本。康熙乙卯(十四年,一六七五),宋犖官江蘇巡撫,始得殘本於藏書家,……犖屬武進邵長蘅補其闕卷。長蘅撰《王注正訛》一卷,又訂定王宗稷《年譜》一卷,冠於集首。其注則僅補八卷,以病未能卒業,更倩高郵李必恒續成三十五卷、三十六卷、三十九卷、四十卷。犖又摭拾遺詩爲施氏所未收者得四百餘首,別屬錢塘馮景注之,重爲刊板。乾隆初,又詔內府刊爲巾箱本,取携既便,遂衣被彌宏。元之原本,注在各句之下,長蘅病其間隔,乃彙注於篇末,又於原注多所刊削,或失其舊,後查慎行作《蘇詩補注》,頗斥其非。

宋氏宛委堂刊本、乾隆內府刊《古香齋袖珍十種》本及同治、光緒間南海孔氏翻刻本,今國內著錄甚富,日本亦有庋藏。然而"清施本"頗致後人訾議,實非善本。黃丕烈嘗以宋刊施顧注《和陶詩》校之,稱"商丘所刻與宋本迥異,其書可覆醬瓿"(周錫瓚跋宋殘本引黃氏語)。具體言之,其失正由於邵長蘅所謂"芟蕪省複"。查慎行《補注東坡先生編年詩例略》謂以鈔宋本施顧注與宋犖新刻本校核,"每首視新刻或多一二行,乃知新刻復經增删,大都掇拾王氏(十朋)舊説,失施氏面目矣"。耿文光謂"此本雜王注、邵注,仍名施注,前忽出《王注正訛》,是何體例?刻板雖佳,不足貴重"(《萬卷精華樓藏書記》卷一一一)。傅增湘《宋刊施顧注蘇詩跋》亦曰:"余視其所謂删補之本,凡注文之再見者則省之,引書之詳備者則節之,凡題下附注關涉本事者恒略取數語而遺其大端。其它去取增損,多不明其意之所在。……則施注經宋、邵諸公之手,雖謂幾顯而復亡可也。"(《藏園群書題記》卷一三)

　　查慎行因不滿宋犖新刻本，遂著《蘇東坡先生編年詩補注》五十卷。其編著體例，查氏有《補注例略》詳述之；《四庫全書》著錄時，《提要》概括道：

　　　　初，宋犖刻《施注蘇詩》，急遽成書，頗傷潦草。又舊本黴黯，字跡多難辨識，邵長蘅等憚於尋繹，往往臆改其文，或竟删除以滅跡，并存者亦失其真。慎行是編，凡長蘅等所竄亂者，並勘驗原書，一一釐正；又於施注所未及者，悉蒐採諸書以補之；其間編年錯亂及以他詩溷入者，悉考訂重編。凡爲正集四十五卷，又補錄帖子詞、致語、口號一卷，遺詩補編二卷，他集互見詩二卷，別以年譜冠前，而以同時唱和散附各詩之後。

　　查氏原稿本，今北京大學圖書館著錄，又吉林大學圖書館亦藏十卷（卷三六至三九、卷四五至五○）。康熙四十一年（一七○二）查氏香雨齋刻本，今僅有數部見於著錄，而乾隆二十六年（一七六一）查開香雨齋刻本，今國内藏本尚富，日本東京大學、京都大學等亦有庋藏。

　　後來翁方綱仍不滿於查氏《補注》，又作《蘇詩補注》八卷，凡補原注二百七十五條，皆收拾施注之殘墜，新補九十三條，乾隆四十七年（一七八二）刊入《蘇齋叢書》。翁氏序曰：

　　　　方綱幸得詳考施、顧二家蘇詩注本，始知海寧查氏所補者，猶或有所未盡。……凡原注所有者，攟殘拾墜，錄存於篋久矣。歙縣曹吉士從方綱訂析蘇詩疑義，日鈔一二條，遂成此帙，而方綱之管見，亦竊附一二於師友緒餘之末者，欲以益彰原注之美爾。

然而查、翁二氏之補注，學界俱不甚滿意。傅增湘《宋刊施顧注蘇詩跋》總評道：

> 查氏《補注》深悟宋、邵之非，於是奮然取其刪落者
> 而逐卷補錄之，其志未嘗不嘉。然余取篋藏影宋殘帙校
> 之，則又有大謬不然者。如卷十一《蘇潛聖輓詞》，宋本
> 題下固詳著其名籍、官職，凡三十七字，而查氏乃注云：
> "爵里失考。"卷二十五《送陳侗知陳州》題下注"侗與東
> 坡爲同年"凡八十七字，邵氏刪之，查氏亦注"失
> 考"。……其餘類此正多，豈查氏於宋本未嘗親見耶？
> 抑就宋本更有所取捨耶？
>
> 覃溪翁氏更撰《補注》八卷，以正查氏之脱失。翁氏
> 家藏宋本，躬自輯訂，宜其詳盡無遺矣。然以影宋本就
> 蘇齋所著證之，則於原注有所去取而不全補者，有因原
> 本間有蠹損而不能補者（以下舉例，此略）。
>
> 綜而衡之，邵氏刪訂謬妄，誠不足論。查氏所補時
> 與宋刻牴牾，且亦不免意爲進退。翁氏既得宋本，可以
> 正查氏之疏失，而原本已蠹蝕不完，錄入之注仍復未備。
> 要於宋刊面目愈趨愈遠，使覽者回惑而莫辨其是非，豈
> 不重可歎哉！

以上述《施顧注蘇詩》及所謂"清施本"、補注本。

舊題王十朋集百家類注本及施顧編年注本，俱傳自宋
代，各有所長，皆可寶貴。彙古今諸家之研究成果、融諸本之
優長於一編，以折衷衆説，取便讀者，乃必然之勢，於是"合
注"之作出焉。

乾隆癸丑（五十八年，一七九三），馮應榴（字星實）撰成
《蘇文忠詩合注》五十卷，自序略曰：

　　丁未（乾隆五十二年）初夏，公退餘閑，偶取王、施、查三本之注，各披閲一過，見其體例互異，卷帙不同，無以取便讀者，爰爲合而訂之，意不過擇精要、删複出焉耳。及尋繹再四，乃知所注各有舛訛。因援證群書，並得諸舊注本參稽辨補，朝夕不輟者，凡七年而粗就。

錢大昕《蘇詩合注序》論此前各家短長並述馮氏是書作法及體例道：

　　注東坡詩者無慮百數家，今行於世者，唯永嘉王氏、吴興施氏及近時海寧查氏本。王注分類，經後人删並（祝按：當指所謂"新王本"），然流傳最久。施注世無完本，宋牧仲尚書屬幕客補足，刊於吴中，頗訾王氏之謬，而於施注多所芟改，殊失古人面目。查氏依施本補其未備，後來校刊，悉去施注，學者又以兩讀爲病，此大鴻臚馮星實先生《合注》之所由作也。先生博極群書，……又得宋槧"五家注"、元槧《王狀元集百家注》舊本，稽其同異而辨證之。於宋代掌故人物，則採李仁父（燾）《長編》及各家文集，諸道石刻，一一增益，斯又足補前人之闕漏而爲論世之助者也。……竊謂王本長於徵引故實，施本長於臧否人倫，查本詳於考證地理，先生則彙三家之長，而於古典之沿訛者正之，唱酬之失考者補之，輿圖之名同實異者核之，以及友朋商榷之言，亦必標舉姓氏，其虚懷集益又如此。若夫編年卷第，一遵查本，其編次失當者，隨條辨正而不易其舊，則先生之慎也。

乾隆六十年馮氏踵息齋刻本一出，果以其材料翔實、考證精密而備受好評，其後一再刊行，久負聲譽。乾隆本後，計有踵息齋嘉慶二十四年（一八一九）印本、同治九年（一八七〇）補刊本，道光十四年（一八三四）兩廣節署刻朱墨套印本、光緒二年（一八七六）眉山三蘇祠本、光緒二十年（一八九四）粵東文英閣重刻本等。乾隆末踵息齋原印本及後來各本，今皆有著録。

　　然而馮氏《合注》亦並非盡善盡美。其失主要在注文徵引過繁，往往喧賓奪主。嘉慶二十四年，王文誥韻山堂刊其所著《蘇文忠公詩編注集成》四十六卷、《集成總案》四十五卷。《編注集成》主要依據《合注》而剪截移易，刪其繁文約十之二，而增補紀昀評語；調整查注、《合注》中某些篇目次第；又刪《合注》中四十七、四十八兩卷他集互見詩及四十九、五十兩卷補編詩之大部。注文雖較簡明，然亦有刪略失當之處，刪詩體例則不够謹嚴（以上參孔凡禮《蘇軾詩集校點前言》）。其《總案》實即東坡年譜之擴編，多可參考，亦有謬説。要之，《集成》較之《合注》，各有所長，後來馮應榴之孫寶圻深詆《集成》（見同治九年《新刻蘇文忠公詩合注》卷首），雖亦頗中王氏之失，然多屬門户之見，未盡公允。

　　《編注集成》於韻山堂刊板後，繼有道光三年揚州阮氏刻本，光緒十四年浙江書局刻本，今皆有著録。《續修四庫全書》用浙江圖書館藏嘉慶二十四年韻山堂刻本影印，編入第一三一五册。

　　一九八二年，中華書局出版孔凡禮校點本《蘇軾詩集》。該本以王文誥《編注集成》（道光二年韻山堂原刻印本）爲底本，校以宋刊本集、施顧注、百家類注本各殘帙，明刊"東坡七集"及《外集》，查氏《補注》，馮氏《合注》，以及金石碑帖，清人、近人校勘批語、校勘記等等。又將查注、《合注》中被王氏所删未及編入《集成》之補編詩、互見詩，移編爲第四十七至五十卷，以恢復查注、《合注》五十卷之規模。一九九七年再版之《蘇軾詩集》第四次重印本，校點更爲精確，今爲通行善本。

　　自上世紀八十年代以來，四川大學中文系諸先生又有《蘇軾全集校注》之役。經二十多年努力，已於二〇一〇年由河北人民出版社出版。該書由張志烈、馬德富、周裕鍇三教授任主編，用中華書局本《蘇軾文集》《蘇軾詩集》及商務印書館《東坡樂府箋》爲底本，經"五通"即通收、通校、通注、通編、通評後，釐爲一百二十六卷，分裝爲二十册。是書可謂自宋人注蘇（包括詩、文、詞等）以來之集大成成果。

【參考文獻】

陸游《施司諫注東坡先生詩序》（中華書局校點本《蘇軾詩集》附錄二）

施宿《注東坡先生詩序》及《跋》（上海古籍出版社一九八四年版王水照《蘇軾選集》附錄）

宋犖《施注蘇詩序》（校點本《蘇軾詩集》附錄二）

邵長蘅《題舊本施注蘇詩》（同上）

查慎行《補注東坡先生編年詩例略》（同上）

翁方綱《蘇詩補注序》（同上）

馮應榴《蘇文忠詩合注自序》（同上）

錢大昕《蘇詩合注序》（中華書局校點本《潛研堂文集》卷二六）

紀昀《蘇文忠公詩集序》（校點本《蘇軾詩集》附錄二）

王文誥《蘇文忠公詩編注集成自序》（同上）

經進東坡文集事略六十卷

蘇　軾撰　郎　曄注

　　宋人爲蘇氏詩、詞作注者甚衆，而注其文者，今知唯有郎曄。郎氏所作，蓋原爲三蘇文選注，而老蘇、小蘇文注久佚，今僅存東坡文注六十卷，題《經進東坡文集事略》。按郎曄，字晦之，杭州人。早從張九成學，累舉不第。注蘇文事見《清波别志》，蓋原本題《經進三蘇文集事略》，現存宋人私家書目未著録，《宋志》載"《三蘇文集》一百卷，郎曄進"，當即其本。

　　《經進東坡文集事略》，《四庫全書》未收，阮元未進呈。宋槧流傳後世者似不少，惜今僅存殘帙。《愛日精廬藏書志》卷三〇著録殘宋本二十九卷，道：

> 　　曄嘗即注《陸宣公奏議》者。前有孝宗御製文集贊及贈太師制。東坡詩文衣被天下，然文集未有注者。是書鈎稽事實，考核歲月，元元本本，具有條理，可與施元之、王十朋詩注相頡頏。原書卷數無考，今存卷一至卷十一，卷三十至卷四十。又卷二十一至二十七，每卷"二"字俱有補綴之迹，細審板口，似是五字所改，或卷五十一至五十七歟。《季滄葦書目》著録，注"宋板不全"。此本每卷俱有滄葦印記，知即季氏舊藏本也。

此殘帙後不詳何在。

　　傅增湘於一九一四年（甲寅）見一宋本，其《經眼録》卷一三著録，謂"存四十卷，四十卷以後目録挖改。宋刊本，半葉十二行，行二十一字，注雙行，黑口，左右雙闌。……劉氏抱殘守闕齋藏,今見之董授經大理案頭"。《文禄堂訪書記》卷四録其藏印有:"敬甫"、"荆州田氏"、"潛山所收"、"景偉廎"、"篁村"、"島田重禮"。該本嘗流至日本,爲田焆(字復侯)所得。田氏歸國後,在湖北付陶子麟影刻。辛亥革命爆發,分寫分校諸人携書星散,遂至殘佚不全。田焆鈔補卷四十六至末,尚少五卷。殘帙後爲南海潘宗周所收,其《寶禮堂宋本書録》著録道:

> 《經進東坡文集事略》殘本,十二册。……荆山田氏得之日本島田翰氏,卷首並録翰父重禮氏跋,重禮固彼邦能讀書者。翰亦有詳跋,見所撰《古文舊書考》。翰又引《清波別志》,郎曄晦之,杭人,嘗注《三蘇文》及《宣公奏議》投進,未報。以累舉得官,不霑一日禄而卒云云。謂是書結銜題"迪功郎新紹興府嵊縣主簿臣郎曄上進",與《陸宣公奏議注進表》同,知是書注成在得官以前,其得官即表進上呈,旋即下世。又以郎曄進《陸宣公奏議注》及《三蘇文注》並爲紹熙二年(一一九一),指明陸集郎表署"紹興二年","興"爲"熙"之訛,殆皆確論。是本"敦"字不避,蓋成於孝宗之世,光宗即位之始,即以表進。又據板心所題書名"蘇文注坡"、"蘇文坡"、"注蘇坡"、"坡文"等字證之,島田翰定爲《三蘇文注》合刻之本,亦無疑也。全書六十卷,歸田氏時完善無缺,今佚去卷二十六至三十二,卷四十至四十五,卷四十七至六十,目録僅四十卷,係書估剗改,不足信。吴興適園張氏藏本與此同,惜亦缺後十九卷,恐世間更無完本矣。

《書録》後附有版式、宋諱及藏印,此略。是本今藏國家圖書館。
民國九年(一九二〇),上海蟫隱廬刊本《經進東坡文集事略》六十卷，附羅振常撰《考異》四卷、補遺一卷、續補一卷。此本今有著録，注不全。

《四部叢刊初編》用烏程張氏（鈞衡）、南海潘氏所藏兩宋刊殘本拼合影印。《四部叢刊書録》曰："坡集今唯烏程張氏藏上半部，南海潘氏藏下半部，皆宋槧本，兩本湊合，尚缺五卷。六十卷末亦缺數葉，然亦僅有之秘本矣。……缺卷以成化本補其白文。"按張氏本《適園藏書志》卷一一著録，凡四十卷，"存卷一至四十（祝按：原作"四十一"，蓋刊誤），後缺，與張月霄自一至廿八卷又非一書"。版式與潘本同。

今臺北"中央圖書館"著録宋本五十五卷凡八册，有近人袁克文及日本内藤虎各手書題記，又羅振玉觀款，缺卷四十一至四十五。該本即烏程張氏本（卷四十六至末爲鈔補）。

一九五七年，文學古籍刊行社出版龐石帚先生校點本《經進東坡文集事略》，以《四部叢刊》影印宋本爲底本，校以蟫隱廬本、寶華菴本及大全集本等。《四部叢刊初編》本及校點本，今爲通行善本。

今人編《續修四庫全書》，用《四部叢刊初編》影宋本影印，編入第一三一四册。

欒城集五十卷後集二十四卷第三集十卷應詔集十二卷

蘇　轍　撰

蘇轍（一〇三九——一一一二），字子由，一字同叔，晚號潁濱遺老,眉山(今屬四川)人,軾弟。嘉祐二年(一〇五七)進士,元祐時官至門下侍郎,坐黨籍,卒。追諡文定。長於文,爲"唐宋古文八大家"之一,與其父洵及兄軾號"三蘇"。所作《欒城》三集,乃其手自編定,《欒城後集引》(《欒城後集》卷首)道:

> 予少以文字爲樂,涵泳其間,至以忘老。元祐六年(一〇九一),年五十有三,始以空疏備位政府,自是無述作之暇。顧前後所作至多,不忍棄去,乃裒而集之,得五十卷,題曰《欒城集》。九年,得罪出守臨汝,自汝徙筠,自筠徙雷,自雷徙循,凡七年。元符三年(一一〇〇),蒙恩北歸,寓居潁川。至崇寧五年(一一〇六),前後十五年,憂患侵尋,所作寡矣,然亦班班可見,復類而編之,以爲《後集》,凡二十四卷。眉山蘇氏子由書。

又《欒城第三集引》(《欒城第三集》卷首)道:

> 崇寧四年(一一〇五),余年六十有八,編近所爲文,得二十四卷,目之《欒城後集》。又五年,當政和元年(一一一一),復收拾遺稿,以類相從,謂之《欒城第三集》。方昔少年,沉酣文字之間,習氣所薰,老而不能已,既以自喜,亦以自笑。今益以老矣,餘日未幾。方其未死,將復有所爲,故隨類輒空其後,以竢異日附益之云爾。潁濱遺老書。

孫覿《與蘇守季文》(《內簡尺牘》卷七)曰:"《欒城》三集,黄門手自編次,固無遺矣。"各集在著者生前有無刊本,今不詳。但至遲在南宋紹興間已有閩、蜀本流傳。《通志》著録《蘇黄門集》七十卷及《欒城》三集。《遂初堂書目》著録"子由《欒城集《蘇黃門奏議》"。淳熙六年(己亥,一一七九),三世孫、權知筠州蘇詡對傳本之缺謬頗爲不滿,遂以家藏舊本校刊於筠州公帑,並跋曰:

> 太師文定欒城公集刊行於時者,如建安本,頗多缺謬,其在麻沙者尤甚,蜀本舛亦不免,是以覽者病之。今以家藏舊本《前》《後》並《第三集》合爲八十四卷,皆曾祖自編類者。謹與同官及小兒輩校讎數過,鋟版於筠之公帑云。

所謂"同官"之中有筠州州學教授鄧光,亦有跋,稱以家集本"校閲、蜀本,篇目間有增損。從郡齋紬繹其故,蓋復官謝表,後所附益,章疏稿有所削也"。則閩、蜀本蓋據著者初編之本,家藏舊本乃晚年修訂稿本。

開禧丁卯(三年,一二〇七),著者四世孫蘇森又權知筠州,重刊三集,再跋之曰:

> 先文定公《欒城集》,先君吏部(蘇詡)淳熙己亥守筠陽日,以遺稿校定,命工刊之。未幾被召到闕,除郎。因對,孝宗皇帝玉音問曰:"子由之文平淡而深造於理。《欒城集》天下無善本,朕欲刊之。"先君奏曰:"臣假守筠陽日,以家藏及閩、蜀本三考是正,鏤板公帑,字畫差太粗,亦可觀,容臣進呈。"對畢得旨:"速進來。"……其板以歲久,字畫悉皆漫滅,殆不可讀,今搏節浮費,乃一新之。

以上爲三集八十四卷本(閩、蜀本較家藏本唯"篇目間有增損",卷帙當同)。宋代別有四集九十六卷本。衢本《讀書志》卷一九曰:

　　蘇子由《欒城前集》五十卷、《後集》二十四卷、《第三
集》十卷、《應詔集》十二卷。右皇朝蘇轍字子由,洵之次
子也。年十九中進士第,二十二舉直言。……宣仁臨
朝,相温公,擢中書舍人,代子瞻爲翰林學士,未幾拜尚
書左丞。紹聖初,謫置雷州,後北還,凡居雷、循七年。
居許十六年,杜門理舊學,於是《詩》《春秋傳》《老子解》
《古史》書皆成,自謂得聖賢遺意。

《解題》卷一七、《通考》卷二三五著錄同。較之筠州三集本,
多《應詔集》十二卷。《應詔集》不詳爲何人所編,丁丙《善本
書室藏書志》卷二七記明刊本時,稱"《應詔集》乃其孫籀集其
策論與應試諸作",不詳所據。《應詔集》最早於何時與《欒
城》三集合刊,亦待考(今知慶元間眉山刻本已合刊,詳後)。

　　《宋志》著錄《欒城集》八十四卷、《應詔集》十卷、《策論》
十卷、《均陽雜著》一卷。《四庫提要》曰:"按晁公武《讀書
志》、陳振孫《書錄解題》載《欒城集》卷目並與今本相同。惟
《宋史·藝文志》稱《欒城集》八十四卷、《應詔集》十卷、《策
論》十卷、《均陽雜著》一卷;焦竑《國史經籍志》則又於《欒城
集》外別出《黃門集》七十卷,均與晁、陳二家所記不合。今考
《欒城集》及《後集》《三集》,共得八十四卷,《宋志》蓋統舉言
之。《策論》當即《應詔集》,而誤以十二卷爲十卷,又復出其
目。惟《均陽雜著》未見其書,或後人掇拾遺文,別爲編次,而
今佚之。至竑所載《黃門集》,宋以來悉不著錄,疑即《欒城
集》之別名,竑不知而重載之。《宋志》荒謬,焦《志》尤多舛
駁,均不足據,要當以晁、陳二氏見聞最近者爲準也。"今按
晁、陳二氏所錄爲聲望較高之善本,當無疑問;但若以二氏著
錄之外別無他本,否則即爲"荒謬",又適足見館臣固陋,不了

解宋代刊書之多，遠非《讀書志》《解題》所能包容。前述蘇軾
"七集"及注本，今傳宋本多不見於著録，何能否定其存在哉！
其實《應詔集》正有作十卷者，見《經眼録》卷一三所記舊寫
本，或即源於宋槧，亦未可知；而《黄門集》七十卷見於《通
志》，館臣謂"宋以來悉不著録"，豈不貽笑後人？

　　明《文淵閣書目》卷九著録"《蘇潁濱文集》一部二十三
册，闕"，又卷一〇有"《蘇潁濱詩集》一部五册，闕"，然《内閣
書目》卷三又著録"《欒城集》十册，全"，殆皆宋本。其他私家
書目多有登録，不詳爲何版本。宋本猶流傳至今，國内庋藏
殘帙凡三。

　　第一帙爲蜀刊大字本，題《蘇文定公文集》，乃清内閣大
庫舊物，散出後分藏數家，今僅存殘卷。王氏《文禄堂訪書
記》卷四曰：

　　　　《蘇文定公文集》五十卷，宋蘇轍撰，宋眉山刻大字
　　本。存卷一至三、卷十六至十八、卷四十四。半葉九行，
　　行十五字，白口。版心下記刊工姓名，名七單、趙一、王
　　慶、趙七、劉念、朱順、馮相、馮施、張彭二、楊祖、王邦、袁
　　次一、王朝。宋諱避至慎字，有"俞氏華園"印。

卷一至三、卷一六至一八爲鄧氏群碧樓所得，今藏國家圖書
館，有鄧邦述跋。卷四四不詳何在。臺北"中央圖書館"著録
卷二五、卷二六，凡一册，其收藏源流不詳，殆亦爲清内閣散
逸之帙。

　　傅增湘得其《後集》四卷，《經眼録》卷一三記曰：

　　　　《蘇文定公後集》二十四卷，（宋蘇轍撰，存第四卷十六
　　葉，卷五、六全，卷七六葉，凡四卷。）宋蜀大字本，半葉九行，每

行十五字，白口，左右雙闌，版心題“文定後集幾”，下方記刊工姓名。宋諱桓字不避。

按：此書與《蘇文忠公集》同刻，原藏内閣大庫，光、宣之交，流散四出，國家圖書館尚餘十許卷，鄧氏群碧樓藏六卷，卷一至三、十六至十八。沈氏海日樓藏五卷，余歷年假得，校於别本。是册爲寶應劉翰臣（啟瑞）所得，後歸余齋。

按：此書初出時，群咸以爲北宋蜀本。後游虞山，見瞿氏藏《秦淮海集》，板式行格與此悉同，廓字缺筆，板心題“眉山文中刊”五字，始知爲寧宗時蜀之眉山刊本。

傅氏本今亦藏國家圖書館。兩殘本皆有修補。傅氏所云沈曾植藏本，今不詳何在。

宋刊殘本第二帙，王重民《中國善本書提要》嘗著録，藏國家圖書館，今該館善本書目未見著録。據《提要》，該本仍題《蘇文定公文集》，凡四十六卷，“存目録一册，正集卷四至六、十至十五、二十、二十六、二十七、三十七、三十八、四十一至四十四，《後集》七至十三、十八至二十一，《三集》六至十，《應詔集》一至十二”。

此殘本板匡行款與上述眉山本全同，唯書本大小有别。疑出於同一刻板，而刷印先後異。蜀刻大字本疑爲慶元間眉山蘇氏功德寺所刊，參前《東坡七集》叙録，此不贅。

宋刻殘本第三帙題《欒城集》，舊爲黄丕烈所藏，其《百宋一廛書録》著録，即顧廣圻《百宋一廛賦》所謂“諦《欒城》而小字”者。黄氏自注道：“殘本《欒城集》，每半葉十一行，每行十八字。所存前集共八卷，《後集》所存九至二十一，凡十三卷。明刻於文中年月官銜任意删削，殊不耐觀。予别從抱沖道人

處見一殘册，其字較大，亦宋槧也。"黄氏本後歸瞿氏，《鐵琴
銅劍樓藏書目録》卷二〇著録道：

> 原書九十六卷，此存《前集》三十三至三十七，又三
> 十九、四十、四十二；《後集》卷九至廿一。卷中篇次，與
> 明刻略異，猶存手自編定之真。……"佶"字闕筆，而
> "敦"字不闕，當爲光宗前刻本。舊藏士禮居黄氏。（每卷
> 有"安節"、"耕野"、"朱之蕃印"諸朱記。）

此殘本今藏國家圖書館，著録爲"宋刻遞修本"，所存卷次與
黄氏注同（瞿氏以卷三八爲四二），不詳爲何地所刻，故原書
是否九十六卷（即有無《應詔集》）尚俟考。

《天禄琳琅書目》卷三著録宋板《欒城集》三函十六册，共
八十四卷，乃蘇森開禧三年（一二〇七）重刊本，"父（指蘇詡）
校於前，子新於後，宜其毫髮無遺，爲宋刊《欒城集》之冠"。
該本迭經文徵明、季振宜等收藏，有印記。《天禄目》卷六又
載元板《欒城集》兩部，一部二函三十册，共九十六卷；一部七
函四十册，凡八十四卷。又《萬卷精華樓藏書志》卷一一二亦
嘗登載宋本《欒城》三集。官私所藏各本皆久無著録，殆已
毁亡。

《欒城集》完帙，現以明刊爲最早。明本上承宋槧，仍分
三集八十四卷、四集九十六卷兩類。嘉靖二十年（一五四
一），蜀王朱讓栩以張潮家藏善本八十四卷刻於成都，劉大謨
序言其經過道：

> 玉溪（張潮）家有《欒城集》善本，謀諸石川（張寰，時
> 爲通政司右參議），以公眉人也，故托合川（王玠，時爲巡
> 按四川監察御史）欲刻之眉州。合川能以是書爲己任，

謀諸藩臬，謂公蜀産也，故命有司欲刻之蜀省。蜀王殿下聞之，毅然曰："文定，三蜀之豪傑也；其文章，三蜀之精華也。孤忝主蜀，可諉之他人乎？"於是令高長史鵬、舒教授文明校正鋟梓，以廣其傳。

傅氏《經眼録》卷一三記其版式結構道：

　　明嘉靖二十年刊本，十行二十字。有嘉靖二十年辛丑劉大謨序，又巡按四川監察御史交河王珩序，次凡例，次謚議，次目録。三集末有跋三首：淳熙六年（一一七九）筠州教授鄧光跋，淳熙己亥（六年）曾孫知筠州詡跋。校勘官：文林郎筠州軍事推官倪思、從政郎充筠州州學教授鄧光、奉議郎知筠州高安縣事閭丘泳。開禧丁卯（三年，一二〇七）四世孫權知筠州軍事蘇森跋。嘉靖辛丑四川按察司提督水利帶管提學僉事膠東崔廷槐書（祝按：指書其所作《後序》）。

由宋人跋及校勘官可知，張潮家藏善本，當即開禧時蘇森筠州重刊本，故僅三集八十四卷。又凡例稱惟詩題同卷重出者略加歸併，廟號空格者改爲直下，餘均依舊。益知底本爲宋槧，翻刻時大體仍保持原貌。其後，又有活字本，即依嘉靖刊本印行（舊説亦爲蜀藩刊印，或以爲非是，待考），行格序跋悉同（參《經眼録》。傅氏謂"第獨缺《應詔集》爲不可解"，其實開禧本原無《應詔集》，傅氏偶失考）。《楹書隅録初編》卷五著録明銅活字本，稱"明刊各書以銅活字本爲最善"。嘉靖蜀藩刊本及活字本，今大陸及臺灣俱有著録。日本内閣文庫、尊經閣文庫、京都大學有活字本。《四部備要》據嘉靖刊本排印；《四部叢刊初編》則據活字本影印，《欒城應詔集》另據影宋鈔本影印。

　　明萬曆間，吳郡王執禮（字子敬，崑山人，師事歸有光，嘉靖四十四年〔一五六五〕進士）清夢軒刊《蘇文定公欒城集》《後集》《第三集》，又合刻《應詔集》。葉啓勳《拾經樓紬書録》卷下著録道：

　　　　《蘇文定公欒城全集》，四種，都九十六卷。明清夢軒刊本，每半葉十行，每行二十字。每葉版心下間有"郭秀刻"、"楚黄湯世仁鑱"等字及字數。謚議首板心下有"常郡施行奇書"五字。目録後有"清夢軒藏板"五字，或卷尾有"清夢軒"三字。全書大題後，有"明東吳王執禮子敬、顧天叙禮初同校"二行。書首列本傳、謚議，又有淳熙六年從政郎充筠州州學教授鄧光跋，淳熙己亥曾孫朝奉大夫權知筠州軍州事詡跋，後列校勘官名（祝按：與前述嘉靖刊本同，略），又有開禧丁卯四世孫朝奉郎權知筠州軍州事蘇森跋。蓋清夢軒從宋筠州本重刊，王執禮、顧天叙同爲校字也。

　　此本既仍是翻刻開禧筠州本，亦不應有《應詔集》，所刻《應詔集》似當以他本補配。陸心源跋此本時（見《儀顧堂題跋》卷一一），謂"是集爲文定所手定，不應有遺漏，然元祐五年《劾上官均疏》《劾許將書》《與岑象求同劾許將疏》三首，（見《通鑑長編》四百五十二），此本皆不載，豈意有所未愜而削之耶？後有重槧是集者，宜別爲補遺刊附集後"。按鄧光跋已云家藏本"章疏稿有所削"，蓋作者不欲其流傳，並非有所遺漏（清夢軒本已有增補，詳後）。

　　清夢軒本四集之卷目編次爲：

　　《欒城集》卷一至一六，詩；卷一七，賦；卷一八，辭、詩、銘、頌；卷一九，新論；卷二〇，策問；卷二一、二二，書；卷二

三、二四，記；卷二五，墓誌銘、傳、叙；卷二六，祭文、祝文、青
辭；卷二七至三二，西掖告詞；卷三三、三四，北門書詔；卷三
五，論時事狀；卷三六至四〇，右司諫論時事；卷四一，中書舍
人論時事、户部侍郎論時事；卷四二，户部侍郎論時事、翰林
學士論時事；卷四三至四六，御史中丞論時事札子；卷四七、
四八，表狀；卷四九，代人上表；卷五〇，啟事。

　　《欒城後集》卷一至四，詩；卷五，雜文；卷六，孟子解；卷
七至一一，歷代論；卷一二、一三，潁濱遺老傳（上、下）；卷一
四，册文、詔、策題；卷一五，詔、札子、叙；卷一六，札子；卷一
七，表記、札子、狀、笏記；卷一八，表狀、疏；卷一九，青詞、祝
文；卷二〇，祭文；卷二一，雜文；卷二二，墓誌銘；卷二三，神
道碑；卷二四，雜文。

　　《欒城第三集》卷一至四，詩；卷五，詩、賦、銘、贊；卷六，
策問、論；卷七，論語拾遺；卷八，雜説；卷九，書傳燈録後；卷
一〇，記。

　　《欒城應詔集》卷一至五，進論；卷六至一〇，進策；卷一
一，秘閣試論、秘試論、省試論；卷一二，策（御試制策）。

　　前人對清夢軒本評價不甚高。前引黃丕烈注《百宋一廛
賦》，謂"明刻於文中年月官銜任意删削"。莫伯驥《五十萬卷
樓藏書跋文》卷一六稱清夢軒本"頗多誤字"，不如明活字本
"校對細緻"。以殘宋本及明代三本對校，嘉靖刊本、清夢軒
本誤字其實比活字本（《四部叢刊初編》本）少，而清夢軒本所
收章疏較嘉靖、活字本多二十餘篇，與前述宋眉山大字本合。
因疑清夢軒本之《欒城》三集乃據開禧筠州本翻刻，而又補入
眉山本溢出之文（蓋眉山本對作者所删章疏有所輯補），故既
有開禧本題跋，又有開禧本所無之文；而《應詔集》開禧本未

收，遂用他本（疑亦眉山本）配補。然清夢軒無刊板序跋，其底本以理推之如是，或不大謬。若是，則統稱清夢軒本爲重刻開禧本，似不够確切。

　　清夢軒本今大陸及臺灣著録尚多，日本内閣文庫、東洋大學、愛知大學等亦有庋藏。《四庫全書》著録内府藏本，《提要》稱是"明代舊刊"。因其有《應詔集》，故前人多以爲即清夢軒本，但亦有他説，如莫氏《五十萬卷樓藏書跋文》即曰："長沙葉氏藏清夢軒本，謂庫本所謂舊刊，必是此本。實則蜀藩舊槧，較清夢爲勝，庫本未必不是蜀刻，葉氏之言未免武斷。"今以四庫本校《四部叢刊初編》本、清夢軒本，四庫本與清夢軒本篇目合，其據清夢軒本殆無疑（按：葉得輝《郎園讀書志》卷八著録此本時亦有舉證，可參讀），莫氏純係臆説。

　　蘇轍集清代有宛陵貢或校刻本、道光十二年（一八三二）眉山三蘇祠《三蘇全集》本，俱標王執禮、顧天叙同校，知爲翻刻清夢軒本；然三蘇祠本卷數、文字又與清夢軒本有出入（前集僅四十八卷）。

　　一九八七年，上海古籍出版社出版曾棗莊、馬德富校點本《欒城集》。該本以清夢軒本爲底本，校以宋殘本、《四部叢刊初編》本、三蘇祠本等，輯佚詩、詞、文凡三十七首爲《欒城集拾遺》。一九九〇年，中華書局又出版陳宏天、高秀芳校點本《蘇轍集》，亦以清夢軒本爲底本，校以各本，後附劉尚榮《蘇轍佚著輯考》，輯得蘇轍佚詩文七十餘篇。《全宋詩》《全宋文》底本與上同，分别輯得佚詩三十七首、佚文八十九篇。

【參考文獻】

鄧光《淳熙本欒城集跋》（上海古籍出版社校點本《欒城集》附録）

蘇森《開禧本欒城集跋》(同上)

劉大謨、王珣《嘉靖本欒城集序》(同上,人各一序)

崔廷槐《嘉靖本欒城集後序》(同上)

類編增廣潁濱先生大全文集
一百三十七卷

蘇　轍　撰

與蘇軾集相似,除分集本外,猶有類編本。《通志》所著録之《黃門集》,疑即類編本之一種。另有題作《類編增廣潁濱先生大全文集》者,今猶存宋本,藏日本内閣文庫,傅增湘赴日訪書時嘗檢視,其《經眼録》卷一三記曰:

> 《類編增廣潁濱先生大全文集》一百三十卷(按:當是一百三十七卷,詳後),(宋蘇轍撰。)宋刊本,版匡高六寸四分,寬四寸一分。半葉十五行,每行二十六字,注雙行同。黑口,左右雙闌。詩文皆以類分,如紀行、述懷、雷雨、風雪、冰霜、四時、元日、上元、寒食、除夜、晝夜、古迹、山洞,分類多不倫,必坊賈所爲耳。

> 按:《欒城集》後有其曾孫詡跋云:"欒城公集刊行者,建安本頗多缺謬,在麻沙者尤甚。"今觀此本板式行格,字體勁峭而露鋒稜,必爲麻沙鎮所刊。且余見李椒微師(盛鐸)所藏《類編增廣山谷先生大全文集》五十卷,(舊藏海源閣楊氏。)其版式字體與此正同,又書名標題咸與潁濱相配匹,必爲閩中同時書坊所合刊行世者。惟山谷

大全集目前有牌子數行，題爲“乾道端午麻沙鎮水南劉仲吉識”，兹册逸去首册，無從證明爲足惜耳。

《日藏漢籍善本書録》補記道：

> 此本無序、目，凡詩六十卷，文七十七卷。書題“類編增廣潁濱先生大全文集卷第幾”，卷尾隔一行題同前。版心上記字數，下記葉數。是書分類與明清諸本不同。每卷次行有分類標目，如紀行、述懷、風雪、冰霜、寒食、端午等，目甚繁細。……卷中有“昌平坂學問所”篆書朱文印，有“淺草文庫”楷書朱文印，有“文化戊辰”隸書朱文印。“文化”係日本光裕天皇年號，“戊辰”即一八〇八年。董康《書舶庸譚》卷八著録此本。傅增湘《藏園群書經眼録》卷十三亦著録此本，唯題記記此本爲“一百三十卷”，不知何故。

《類編》國內無傳本。李偉國先生嘗記日本藏本之藏印道：“各卷首尾多鈐‘淺草文庫’、‘內閣文庫’、‘日本政府圖書’、‘文化戊辰’等印，第五十一卷等卷首有‘閑閑道人’印，第五十三卷等卷末有‘昌平坂學問所’印，似均爲日本公私藏印。”並謂類編本“對《欒城集》可以補缺，可以是正，可以校勘，應予重視”（《記宋版〈類編增廣潁濱先生大全文集〉》，《古籍整理研究學刊》一九九一年第二期），惜很少有人關注此事。近年，旅日學者金程宇先生曾到內閣文庫對該書進行校讀，即用《大全文集》校勘《欒城集》《後集》《第三集》《應詔集》，收獲豐碩，遂將校勘成果撰爲《內閣文庫所藏〈類編增廣潁濱先生大全文集〉校讀記》一文（收入《稀見唐宋文獻叢考》，中華書局二〇〇九年版），并總結類編本的校勘價值道：彌補了宋板《蘇文定公文集》殘缺的缺憾，使《四部叢刊》本等來源於宋刊的明清刊本的異文，在版本上得到了支持；《大全文集》所引應詔集本文，與國内常見版本存在大量異文，當爲蘇轍文章的早年文本（或初稿本），對研究蘇轍的文章修改特别重要。若充分利用此本出一新校點本，必有很高的學術價值。

樂圃餘稿十卷

朱長文　撰

朱長文（一〇三九——一〇九八），字伯原，號樂圃，蘇州吴縣（今江蘇蘇州）人。嘉祐四年（一〇五九）進士。築室樂圃坊，著書不仕。元祐中召爲秘書省正字。張景修《朱長文墓誌銘》（《樂圃餘稿》附録），稱墓主"著書三百卷，樂圃有集"云云，然未述其文集卷數。紹熙甲寅（五年，一一九四），長文姪孫朱思作《樂圃餘稿序》，略曰：

> 《樂圃文集》舊百卷，……罹建炎兵火之難，吴城失守，一旦翦爲劫灰。……思玷處孫列，自幼搜訪樂圃餘稿，每得一篇，必珍而藏之。……思老矣，深懼異時墨渝紙弊，不能久其傳，今雖百卷之中僅存十一，然雄文麗藻，恐又將堙没，遂止憑所藏，得古律詩大小百六十有三，記五，序六，啓七，墓誌五，世譜、題跋、祭文、賦、書、銘各一，類爲卷十，捐俸募工，以鋟諸木。又以誌銘、墓表、國史特書之傳，伯父爲先生而作書題表奏，附於卷末，且以見吾家義風業儒，有所自來。

則《餘稿》乃朱思重輯，"以其所居名樂圃，故名之曰《樂圃集》"；"以非《樂圃集》之全本，故名之曰'餘稿'"（《四庫提要》）。《遂初堂書目》載《朱伯原集》。《朱伯原集》當即朱長文集，然尤袤卒於紹熙四年（一一九三），不及見朱思刊本，疑此條乃尤氏後人所添，或作者早年別有以"伯原"名集之本行世。朱思紹熙刊本，趙氏《讀書附志》、陳氏《解題》未著錄。

　　《餘稿》宋本，明代殆猶傳世，《文淵閣書目》卷九著錄"一部二册，闕"，《內閣書目》則曰"二册全"。其他如《趙定宇書目》《絳雲樓書目》等皆嘗著錄，然久已失傳，亦未見元、明重刻本，今以明鈔爲古。明鈔本今僅國家圖書館、南京圖書館著錄。國圖所藏爲《吳郡樂圃朱先生餘稿》十卷、附錄一卷，每半葉九行十五字，無格。南京圖書館所藏乃丁氏本，原爲怡府藏書。該本"依宋鈔，凡'構'字、'慎'字均書'高宗廟諱'、'孝宗廟諱'。有'明善堂覽書畫印記'、'安樂堂藏書記'兩印"（《善本書室藏書志》卷二八）。

　　康熙壬辰（五十一年，一七一二），二十二世孫朱岳壽重刊《餘稿》，跋稱以其家"舊有寫本"付梓。所云"舊有寫本"，《繡谷亭薰習錄》謂是"練川陸氏本"。是刻每半葉十行二十一字，白口，四周單邊，遇宋諱仍注某帝御名，則其寫本當源於宋刊。康熙本今國内有著錄，《四庫全書》即採之入編，卷目編次爲：卷一至五，詩；卷六，記；卷七，序、題辭；卷八，啓、律賦；卷九，世譜、書、題跋、祭文、銘；卷一〇，墓誌。陸心源跋張位摹寫宋本（詳後）時，嘗評之曰："康熙中裔孫朱岳壽重刊本，雖編次仍舊，而訛脱頗多，不如此本遠矣。"今國家圖書館、上海圖書館分別藏有傅增湘、繆荃孫校康熙本，皆有所是正，可資參考；然據傅校，訛脱並不太多，陸氏之言過矣。

康熙本之外，今國内外猶藏清鈔本十餘部，主要有：浙江大學圖書館藏清周書倉（永年）鈔、李文藻校跋本；南京圖書館藏乾隆四十二年（一七七七）盧文弨鈔本，盧氏有跋，丁丙謂“鈔校固極精審”（《善本書室藏書志》卷二八，録有盧氏跋）；重慶圖書館藏清江標鈔本；國家圖書館藏清鈔三種（分别爲十行二十四字、九行十五字、十行十字），等。前述張位（立人）摹寫本，今藏日本静嘉堂文庫（見《静嘉堂秘籍志》卷三四），陸氏跋謂“每葉十八行，行二十五字，‘桓’字注‘欽宗廟諱’，‘構’字注‘高宗廟諱’，‘慎’字注‘孝宗廟諱’，是從紹熙刊本摹寫者。前有‘張位之印’白文方印。立人書法本精，此本尤爲經意之作”。要之，朱氏文集雖百卷原本永不可睹，《餘稿》十卷猶存其舊。

《全宋文》用影印文淵閣《四庫全書》本爲底本。《全宋詩》用國圖所藏明鈔本《吳郡樂圃朱先生餘稿》爲底本。

【參考文獻】

朱思《樂圃餘稿序》（影印文淵閣《四庫全書》本《樂圃餘稿》卷首）
朱岳壽《樂圃餘稿跋》（同上卷末）
陸心源《張立人手録樂圃遺稿跋》（《儀顧堂題跋》卷一一）

鄱陽先生文集十二卷

彭汝礪　撰

彭汝礪（一〇四一——一〇九四），字器資，饒州鄱陽（今江西鄱陽）人。治平二年（一〇六五）進士第一。元祐中歷中書舍人、權吏部尚書，論者劾其附會劉摯，出知江州。《東都事略》卷九四本傳稱所著“《易義》、《詩義》、奏議、詩文五十卷”。《宋史》卷三四六本傳同。《宋志》著録《鄱陽集》四十卷，蓋爲詩文集。詩文集在宋代編刊情况不詳。明《文淵閣書目》卷九著録“彭氏《鄱陽集》一部十册”，《内閣書目》亦曰“四十卷”。今本《鄱陽集》爲詩集，才十二卷。《四庫提要》曰：

> 此本（馬裕家藏本）乃其詩集，亦止十二卷，非其完帙。又編次錯互，如古體中誤入律詩一首，律詩中誤入古體一首。《武岡驛》一首有録無書，《寄佛印》一首前後兩見，頗多複混。殆其本集久佚，後人掇拾殘賸，復爲此編，故其淆雜如此歟。

是集因未見舊本序跋，版本源流不詳，館臣以爲十二卷本乃“後人掇拾殘賸”，後世學者並不認同。彭元瑞跋清初鈔本（該本今藏上海圖書館），以爲十二卷詩乃文集之不足本：

> 《鄱陽先生集》，晁、陳兩家不著録，馬《考》亦無之。《宋史》本傳著《易義》、《詩義》、詩文集凡五十卷。此本標文集，僅詩十二卷，非足本也。近嘉善曹氏輯《宋百家詩存》，所選《鄱陽集》，無出此外者。《浙江遺書目録》亦寫本，十二卷，或流傳祇此。（《知聖道齋讀書跋》卷二）

陸心源跋張位鈔本（該本今藏日本静嘉堂文庫，參《静嘉堂秘籍志》卷三三）時，亦持上說，且以爲十二卷源於宋本：

> 《鄱陽先生文集》十二卷，題曰彭汝礪器資，舊鈔本。每卷有目，卷一至卷三古詩，卷四至卷十律詩，卷十一、十二絶句。首尾完具，並無缺佚，尚是宋人原本。卷九《武岡驛》五律全篇具在，《寄佛印》詩亦無重出。……題

曰文集，而有詩無文。查《鄱陽集》本四十卷，見《宋史·藝文志》，原本當與文集合編，今僅存詩集耳。《諸臣奏議》《通鑑長編》兩書載器資奏議頗多，輯之尚可補文集之缺。（《儀顧堂題跋》卷一一）

又丁丙《善本書室藏書志》卷二七著録吴潢川、汪魚亭藏舊鈔本（該本今藏南京圖書館），稱"標題仍曰文集，當時詩文並刊，今文佚詩在耳"。彭、陸、丁三氏之説，似較館臣所謂"掇拾殘賸"爲勝，因"掇拾"説無法解釋何以唯有詩而無文。

是集今傳清鈔本，除上述之外，猶著録數部，皆爲十二卷。

嘉慶二十三年（一八一八），周彦、高澤履以周彦家藏鈔本十二卷付梓，輯有《補遺》一卷。高氏跋稱該本視《四庫》所收馬裕家藏本爲善。馬本古律互淆，有有題而詩缺者，有一詩而兩見者，周本以傳鈔在前，較爲完善。嘉慶刊本每半葉十行二十一字，白口，四周雙邊，今國内有四部見於著録。

然而嘉慶刊本亦多訛脱，未可稱善。傅增湘嘗以沈彩（虹屏）手鈔本校之，跋稱"訂訛補脱凡三百八十九字。更補卷五《拜送》詩後脱文十七行，卷七《答相州司諫同年後有懷》七言詩一首"（《鈔本鄱陽集跋》，《藏園群書題記》卷一三）。傅氏校補之嘉慶刊本今藏國家圖書館，爲是集善本，而曾經汪士鐘、蔣氏密韻樓等遞藏之沈彩鈔本，今不見著録。沈鈔本乃庚午歲（一九三〇）傅氏於上海涵芬樓借得，恐已毁於戰火。

《全宋詩》用影印文淵閣《四庫全書》本爲底本，輯得佚詩十八首。由於彭氏現存僅詩集，故佚文尚多，《全宋文》輯得九十六篇，編爲六卷。

范太史集五十五卷

范祖禹　撰

范祖禹（一〇四一——一〇九八），字純甫，一字夢得，成都華陽（今四川成都）人。嘉祐八年（一〇六三）進士。嘗從司馬光修《資治通鑑》。元祐時官至翰林學士兼侍講，後入黨籍，卒於貶所。寧宗時追謚正獻。其文集最早蓋由汪應辰編刊，並作《題范太史集》（《文定集》卷一〇），曰：

> 太史范公家所藏書，有曰《翰林詞草》者，自元祐六年（一〇九一）七月，止紹聖改元（一〇九四），其間往往公手筆改定。然公元祐四年十一月始爲翰林學士，不知前此者誰所作也，恐或有故，今皆存之。樂語則得於成都宇文氏所編次《綸言集》中，亦附於卷末。

考汪應辰知成都在乾道元年至四年（一一六五——一一六八），則是集初刻，當在此數年間。文集底本乃范氏家藏，樂語則得於宇文粹中、虛中兄弟所編《綸言集》中。

南宋末，魏了翁又作《范正獻公文集序》，稱“公之文集，玉山汪公應辰既嘗板行於某所矣，今公之諸孫子長守潼川，又以刻諸郡齋而屬叙”云云。既稱其謚（正獻），則潼川本必當刻於寧宗或理宗時。

《解題》卷一七著録《范太史集》五十五卷，蓋即汪應辰或范子長蜀中刻本。《通考》卷二三六、《宋志》同。

明《文淵閣書目》卷九載“《范太史文集》一部十二册，殘闕”，而《内閣書目》已無其目。《篋竹堂書目》卷三著録“《范

太史文集》六册"。《增訂四庫簡目標注》謂是集有"明刊小字
本五十五卷",今不見著録。宋、明舊槧久已失傳,今唯存傳
鈔本。

　　陸心源嘗得張位手録本,陸氏跋稱"凡遇仁宗、英宗、神
宗、明肅、慈聖文母、太皇太后、皇帝及二聖累朝陛下字,皆空
一格,'煦'字注'哲宗舊名','佶'字注'徽宗御名'。蓋從宋
本傳録者"。該本今藏日本静嘉堂文庫。若其從宋乾道本
出,則猶應諱"構"、"慎"。

　　《四庫全書》著録浙江汪啟淑家藏本,亦爲鈔帙,底本今
藏日本大倉文化財團,封葉有"汪啟淑家藏"、"軍機處"木記。
卷中有"翰林院"、"教經堂錢氏"、"海陵錢犀盦"、"犀盦"、"媿
斁齋"、"篤生"等印記(《日藏漢籍善本書録》)。《四庫提要》曰:
"文集世有兩本,一本僅十八卷,乃明程敏政從秘閣借閱,因
爲摘録刊行,非其完本;此本五十五卷,與《宋史・藝文志》卷
目相符,蓋猶當時舊帙也。"其卷目編次爲:卷一至三,詩;卷
四至六,表狀札子;卷七至一二,表、表狀;卷一三至二六,奏
議;卷二七,進故事;卷二八至三三,翰林詞草;卷三四,啟狀;
卷三五,賦;卷三六,記、序、銘、書、傳;卷三七,青詞、祭告文、
哀詞、誄文;卷三八至四四,墓誌銘、神道碑;卷四五至五二,
皇族墓誌銘;卷五三,皇族追封記;卷五四,皇族石記;卷五
五,手記。程氏摘刊本今不見著録,唯黑龍江省圖書館藏有
休寧汪氏摘藻堂鈔本《太史范公文集鈔》十八卷,或即就程刊
本傳録。文淵閣四庫本,民國時嘗影印入《四庫全書珍本初
集》,《全宋文》用此本爲底本,輯得佚文二十三篇。《全宋詩》
用影印文淵閣《四庫全書》本爲底本。今國家圖書館等猶藏
有清鈔五十五卷本數部。

【參考文獻】

魏了翁《范正獻公文集序》（影印文淵閣《四庫全書》本《鶴山集》卷五三）

陸心源《范太史集跋》（《儀顧堂題跋》卷一一）

西塘先生文集十卷

鄭　俠　撰

鄭俠（一〇四一──一一一九），字介夫，號一拂居士，福清（今屬福建）人。治平四年（一〇六七）進士，歷監安上門、泉州教授。因反對新法，編管英州。徽宗時赦還，遂不復出。平生嗜詩，陸游《老學菴筆記》卷九稱"鄭介夫喜作詩，多至數千篇"。黃祖舜《西塘先生文集序》曰："公之生平著述，類多散佚。公之孫嘉正毫聯縷緝，僅得十之三四。"嘉正之孫元清《西塘先生文集跋》述是集刊行情况道：

先大父（即鄭嘉正）隆興甲申（二年，一一六四）守旴江，以所藏高大父教授朝奉西塘（祝按："西塘"乃著者所居地名，因以爲號）遺文叙緝成編，蒙大資黃公（祖舜）爲之序，遂刊置公府，今四十七年矣。乾道丁亥（三年，一一六七），簡肅侍郎林公（栗）出鎮九江，就集中删其代人作者，又錄高大父之言行附於末，鋟板郡齋。淳熙改元（一一七四），太師、左丞相史公（浩）出帥鄉邦，復取斯集親爲題跋而刊之，皆以大資黃公所爲序冠之篇首。嘉定庚

午（三年，一二一〇），元清備數金陵酒掾，因思旴江所刊
之本，欲見之而未能致。一日，會同官府判鄭秘閣，忽謂
於郡侯張寺簿有疇昔之好，特爲貽書及之，未幾果得舊
本。開卷敬誦，其他篇帙不紊顛末，但其序已不復存，得
非歲久而遂亡之耶？元清敬取篋中所藏副本繕寫，命工
鏤之，亟附便郵，還置旴江書庫，以補集中之脱簡云。

則是集自隆興至嘉定凡四十七年間，即曾四次付梓，而鄭元
清重刊本，乃據未經林栗刪芟之旴江原編初刊本。元清跋未
言先後所刊卷數。《解題》卷一七著録道：

> 《西塘集》二十卷，監安上門三山鄭俠介夫撰。治平
> 四年甲科。小臣䟽上，言人所不敢言，上爲之感動，略施
> 行其言，不惟不怒而已。既而竟墮深譴，良由吕惠卿欲
> 傾王安石，而俠與安國游從厚善，遂起獄並陷之。俠既
> 得罪，新法遂不罷，而本朝之禍本成矣。“小人勿用”之
> 戒，可不畏哉！安石親惠卿而疏俠，豈惟誤國，亦以危
> 身，後之君子可以鑒矣。

陳氏距鄭元清年代較近，疑所録即金陵本；若是，則鄭嘉正所
編當爲二十卷。林氏九江刪刻本變其卷次否不詳。《通考》
卷二三六、《宋志》皆著録爲二十卷。

是集宋本至明末尚存。《内閣書目》卷三著録“《西塘先
生集》四册，全，……凡二十卷”。其他如《澹生堂藏書目》《脈
望館書目》《徐氏家藏書目》等亦嘗著録，其中有二十卷本。
萬曆己酉（三十七年，一六〇九），鄭俠鄉人葉向高從秘閣中
“索而觀之，乃宋隆興間公之孫嘉正知建昌軍時所刻，其書尚
完善，詩若文共若干卷”，“因令人鈔録，寄之南都，授同鄉董

崇相、陳元凱、曹能始三君校之，而崇相稍爲刪其繁複，僅存若干卷，以質於余。余復加汰焉，乃始鋟梓”（《西塘先生文集序》）。所刊爲：卷一，奏疏；卷二，題跋；卷三，記；卷四，墓誌、墓表；卷五，雜文；卷六，書；卷七，表；卷八，啟；卷九，詩；卷一〇，附錄本傳、謚議、祠記等。《四庫提要》謂“蓋已刊除大半，非復宋本之舊”。陸心源以爲不然，其《西塘集跋》曰：

> 先生所上《君子小人事業圖疏》，即十一月一日奏狀，已載集中。《諸臣奏議》《通鑑長編》所收，無出此集外者。則論惠卿西邊用兵一奏，恐嘉正輯集時已佚，非向高所汰。宋人文集往往以數葉爲一卷，以充卷帙。《范忠宣集》以《行狀》一首分爲卷十八、十九、二十三卷，是集想亦類此。《言行錄》爲林簡肅栗所輯，其書全錄先生所著奏狀、記事及附錄所載墓誌、事述，今存於《長編》二百五十九注者，可見其略。向高所汰繁複，或指此而言，未必刪其大半也。

秘閣本及諸家所藏二十卷本久已失傳，今唯有十卷本，兩說孰是，無從判斷。明代習氣，往往改更舊貌，故後人有明人刻書而書亡之歎。萬曆本白口，四周單邊，“半葉九行，行十八字，有隆興二年黃祖舜序，鄭元清識語，又萬曆己酉葉向高序，陳勳跋”（《木犀軒藏書書錄》）。今國內各圖書館著錄萬曆本凡十五部，美國國會圖書館藏一部，日本宮內廳書陵部、静嘉堂文庫、尊經閣文庫各藏一部。《四庫全書》著錄鮑士恭家藏本，即萬曆本（參《中國善本書提要》）。

　　清乾隆間曾重刊萬曆本，今僅中國人民大學圖書館著錄。光緒十年（一八八四）公善堂刻本、一九三五年鈞社鉛印本，皆源於萬曆本。要之是集清以來除萬曆本系統外，別無他本。

《全宋文》用萬曆本爲底本。《全宋詩》用影印文淵閣《四庫全書》本爲底本。

【參考文獻】

黄祖舜《西塘先生文集序》（萬曆本《西塘先生文集》卷首）

鄭元清《西塘先生文集跋》（同上）

葉向高《西塘先生集序》（同上）

陳勳《西塘先生文集跋》（同上卷末）

陸心源《西塘集跋》（《儀顧堂題跋》卷一一）

陶山集十六卷

陸　佃　撰

陸佃（一〇四二——一一〇二），字農師，號陶山，山陰（今浙江紹興）人。少勤學，受經於王安石。登熙寧三年（一〇七〇）進士甲科，徽宗時官至尚書左丞。《宋史》卷三四三本傳稱其"著書二百四十二卷，於禮家、名家之説尤精，如《埤雅》《禮象》《春秋後傳》皆傳於世"。《通志》著録《陶山集》三十卷。陳氏《解題》卷一七則著録爲二十卷，《通考》卷二三七同。或宋有兩本，或"三"、"二"有一訛，今不可詳。

明《文淵閣書目》卷九著録"陸農師《陶山集》一部五册，缺"。後散佚，又不見舊本序跋，其刊刻流佈情況不詳。今存乃大典本。《四庫提要》曰：

　　此集據《書録解題》本二十卷，歲久散佚。今以《永
樂大典》所載，裒爲十四卷，蓋僅存十之七矣。……方回
《瀛奎律髓》稱胡宿與佃詩格相似，宿詩傳者稍多，佃詩
則不概見。惟《詩林萬選》載其《送人之潤州》一首，《瀛
奎律髓》載其《贈別吳興太守中父學士》一首，《能改齋漫
録》載其《韓子華輓詩》一聯而已。今考《永樂大典》所
載，篇什頗夥，大抵與宿並以七言近體見長，故回云然。
厥後佃之孫游以詩鳴於南宋，與尤袤、楊萬里、范成大並
稱，雖得法於茶山曾幾，然亦喜作近體，家學淵源，殆亦
有所自來矣。

大典本録入《四庫全書》，刊入《武英殿聚珍版叢書》，實爲十
六卷：卷一至三，詩；卷四，札子、狀；卷五、六，議；卷七、八，
表；卷九，經解、策、策問；卷一○，制；卷一一，叙論、序、書後、
記；卷一二，書；卷一三，啟、祝文、祭文；卷一四、一五，誌銘；
卷一六，誌銘、墓表、行狀。《清芬堂叢書》據聚珍本重刊。
《叢書集成初編》據聚珍本排印。

　　《全宋文》《全宋詩》俱用影印文淵閣《四庫全書》本爲
底本。

參寥子詩集十二卷

　　　　　　　　　　　　　　　　釋道潛　撰

　　道潛（一○四三—?），號參寥子，賜號妙總大師，於潛（今
浙江臨安境）何氏子。能文善詩，與蘇軾、秦觀深相契。《咸

淳臨安志》卷七〇曰："崇寧末，（參寥）歸老江湖。既示寂，其法孫法穎以其詩集行於世。"則其詩集乃門人編刊，具體裒輯及刊成年份不詳，當在大觀至政和間。衢本《讀書志》卷一九著録道：

> 《參寥集》十二卷。右皇朝僧道潛，自號參寥子，與蘇子瞻、秦少游爲詩友。其詩清麗，不類浮屠語，世稱其《東園》《贈歌者》兩絶句，餘多類此。

《解題》卷二〇、《通考》卷二四五皆著録爲十二卷。然而同爲十二卷，後世所傳却有兩本，《四庫提要》曰：

> 國朝吳之振《宋詩鈔》云："《參寥集》杭本多誤採他詩，未及輿析。"今所傳者凡二本，一題"三學院法嗣廣宇訂、智果院法嗣海惠閲録"，前有參寥子小影，即海惠所臨。首載陳師道《餞參寥禪師東歸序》，次載宋濂、黃諫、喬時敏、張睿卿四序，鈔寫頗工。一本題"法嗣法穎編"，卷帙俱同，而叙次迥異。未知孰爲杭本。按集中詩有同法穎韻者，則法穎本授受有緒，當得其真。

館臣所述第一本，由法嗣廣宇編訂，乃傳鈔本，源於何本不詳。既稱有宋濂等人所作序，疑即明正統本。正統本今僅重慶圖書館有著録，已殘，存卷一至八，每半葉十一行二十四字，細黑口，左右雙邊。今存明崇禎本，或即由正統本重刊。

崇禎本刊於崇禎十五年（一六四二），有黃諫、吳之屏、汪汝謙、楊德周等四人所作序。該本乃汪汝謙所刊，汪序稱"上人印參出《參寥子集》示余，余先授之梓"云云。所謂印參本，疑即正統本，而脱宋濂、喬時敏等三序，削去廣宇、海惠名銜。清陳鱣跋（所跋本今藏日本静嘉堂文庫，見《皕宋樓藏書志》

卷七七）謂崇禎本“陳序亦作《高僧參寥集序》，殆即從法穎本重刊”，其説恐非。崇禎本今大陸各圖書館僅著録六部。每半葉九行十八字，白口，四周單邊。除本集外，後附有“東坡稱賞道潛之詩”一卷、“秦少游集摘”一卷。光緒二十五年（一八九九），丁丙嘉惠堂將崇禎本刊入《武林往哲遺箸後編》。其底本乃汪季青舊物，今藏南京圖書館，參《善本書室藏書志》卷二八。一九八〇年，臺灣明文書局據《武林往哲遺箸後編》本影印入《禪門遺書初編》。

　　四庫館臣所述第二本，即法穎編次本，今尚存宋槧，藏國家圖書館。該本迭經明黃翼、清徐乾學、季振宜收藏，後爲黃丕烈所得，其《百宋一廛書録》著録。顧廣圻《百宋一廛賦》所謂“《參寥》歸攟六之物”，即指該本，黃氏注曰：“《參寥子詩集》十二卷，每半葉十一行，每行廿四字。驗其收藏，最先爲蓮鬚閣舊物，有‘黃子羽讀書記’小印也。子羽名翼，攟六是其號。……有季滄葦、徐健菴名氏章。”又跋道：

　　　　世行本向傳有二，以法嗣法穎（當作“穎”）編者爲勝，此其是也。惜余明刻本尋訪未得，無從證其同異。至於卷端序文，雖係鈔補而以貴，與《經籍考》證之，當不謬。若以爲此序是《餞參寥禪師東歸序》，而非《高僧參寥集序》，是並《通考》而昧之，奚足與論古哉！

按《通考》徑稱“後山序”，四庫館臣以爲是餞序，故黃氏譏之。黃氏本後歸汪士鐘、汪鳴鑾、胡心耘（胡氏嘗影鈔一本貽瞿鏞，見《瞿目》卷二〇），民國時輾轉歸涵芬樓，遂影印入《四部叢刊三編》。傅增湘《經眼録》卷一三記其版式道：

　　　　半葉十二行，行二十四字。白口，左右雙闌。版匡高五寸三分，闊三寸四五分。版心記"參一"等字，下記刊工姓名，間記字數。(在下方。)宋諱桓、慎不缺筆。字仿褚體，與《唐書》同。白皮紙印，堅韌匀潔。有黄丕烈跋。鈐有季振宜、徐乾學、汪士鐘及士禮居黄氏各印。

又《四部叢刊三編》本張元濟跋，稱宋本"每卷次行均有'法孫法穎編'五字"。

張元濟嘗以崇禎本校《四部叢刊三編》影印宋本，跋稱凡明本所有者，宋本皆全，而明本分卷、編次與宋本不合，且有詩若干首爲明本所闕，其他注腳，亦惟宋本有之，意者崇禎本"即廣宭、海惠二子所編，然未著其名，不敢臆決"。張元濟所作校記，附於影印宋本之後。據其校，崇禎本亦有所長，某些字句足可訂正宋本之訛脱。如宋本卷一《廬山雜興》第十一首"陶謝在哉，空山獨行迹"，上句顯脱一字，明本"陶謝"下有"安"字，是。又如同卷《夏日山居》十首(六言)之五"寂寂簾櫳夜半，羽蟲相趁飛楊"，明本"楊"作"揚"，是。《四部叢刊三編》本連同校記，集兩本之長，爲是集善本。

除上述二本外，傅增湘又嘗見另一宋刊本，其《經眼録》卷一三記曰：

《參寥子詩集》十二卷，(宋釋道潛撰。)宋刊本，半葉十一行，行二十三四字，黑口，左右雙闌。次行題"四明前天寧參寥後裔宗譓重集"。鈐有"挨叙謙牧堂"、"季振宜"、"北平謝氏"諸印。此本字不及汪鳴鑾所藏本(即前述黄丕烈本)之精勁，然亦宋時所刊。間有鈔補之葉。

所記當即烏程張鈞衡藏本，其《適園藏書志》卷一一著録，今藏臺北"中央圖書館"。此本輯録人與《四庫提要》所述兩本皆不同，既自稱爲"參寥後裔"，其年代當較法嗣廣㝮、法孫法穎更晚。未見，不詳其編次如何。

　　《四庫全書》著録紀昀家藏本，今校之，崇禎本所闕之詩庫本皆有，而其編次與《四部叢刊三編》本同。《提要》稱法穎本"授受有緒，當得其真"云云，可知紀氏本必法穎本。然四庫本雖由法穎本出，却可校正《四部叢刊三編》影印宋本某些錯訛。如卷二之《乾明夜坐懷孫莘老學士》，影印宋本"莘"誤"萃"；卷三《虚白齋》原注，影印宋本"餽"誤"跪"之類，蓋館臣曾做校勘。

　　除上述各本外，今國家圖書館、南京圖書館猶藏有清鈔本數部，多由宋本傳録。如傅氏《經眼録》卷一三記今國圖所藏清初鈔本道："十一行二十四字，板狹行密字小，蓋從宋刻傳寫也。鈐有'安樂堂藏書記'、'檇李曹氏倦圃藏書'、'曹溶之印'、'潔躬'諸印，又海源閣楊紹和各印。"

　　《全宋詩》以《四部叢刊三編》本爲底本，校以四庫本，參校崇禎本。

【參考文獻】

陳師道《高僧參寥集叙》（《四部叢刊三編》本《參寥子詩集》卷首）

黄丕烈《宋刊本參寥子詩集跋》（同上卷末）

張元濟《〈四部叢刊三編〉本參寥子詩集跋》（同上）

黄諫《參寥集序》（《武林往哲遺箸後編》本《參寥集》卷首）

吴之屛、汪汝謙、楊德周《崇禎本參寥集序》（同上，人各一序）

讜論集五卷

陳次升 撰

陳次升（一〇四四——一一一九），字當時，仙遊（今屬福建）人，熙寧六年（一〇七三）進士。哲宗、徽宗時曾三居言職，極論章惇、蔡京等人之惡，兩被貶竄，政和中復舊職。所作奏疏，由其姪安國裒輯，紹興五年（一一三五）有序，稱“笥篋所存二百七章，今編爲二十卷，標曰《讜論集》，蓋取哲宗皇帝聖語”云云，是時或稍後當有刊本。原本久佚，今存五卷乃大典本，《四庫總目》著録於史部，《提要》曰：

> 是集爲次升兄子南安丞安國所編，取哲宗顧問之語以名之。所録奏疏凡二百七篇，久佚不傳，惟《永樂大典》中頗散見其篇題，采掇編次，共得八十六篇，又於《歷代名臣奏議》中增補三十篇，較諸原本所存，僅什之五六。然昌言偉論，爲史册所未載者，尚可考見其梗概。謹考證時事，次第先後，釐爲五卷，而以《行實》一篇附於卷末，庶讀史者得以參證焉。

按所附《行實》題《待制陳公行實》，乃元初逸民陳士壯則中作，時在“泰定甲子新元（一三二四）夏五”。《行實》前猶有《寶文待制陳公讜論跋》，署“至元二年丙子（一三三六）上元鄉貢進士莆狀元坊獻可鄭樵敬書”，疑《大典》所録爲元刊本。大典本録入《四庫全書》，民國時曾以文淵閣庫本影印入《四庫全書珍本初集》。其卷一第一篇《上神宗論轉運使選用責任考課三法狀》，乃陳升之於仁宗嘉祐二年（一〇五六）所上奏狀，館臣誤輯。

　　《全宋文》用影印文淵閣《四庫全書》本爲底本，輯得佚文十七篇。

【參考文獻】

　　陳安國《讜論集序》（影印文淵閣《四庫全書》本《讜論集》卷首）

周彦質宫詞一卷

周彦質　撰

　　周彦質，字文之，江山（今屬浙江）人。熙寧六年（一○七三）進士。徽宗崇寧間直秘閣，歷兩浙提點刑獄、權發遣江東南路轉運副使。所作《宫詞》一卷凡百首，宋代刊入《五家宫詞》《十家宫詞》。後者爲書棚本，毛氏汲古閣嘗影鈔，康熙間有胡介祉刊本，今存。民國間，周叔弢嘗得宋刊書棚本四家，其中有周氏《宫詞》一卷，今藏國家圖書館。周叔弢嘗將宋本影印，田中玉又予以影刊，今皆有傳本。詳參前張公庠《宫詞》叙録，此從略。

　　《全宋詩》用國家圖書館所藏宋刻《四家宫詞》本爲底本。

宋人别集叙録卷第十一

演山先生文集六十卷

黄　裳撰

黄裳（一○四四——一一三○），字冕仲，延平（今福建南平）人。元豐二年（一○七九）進士第一，官至端明殿學士、禮部尚書。其平生所爲詩、文、詞，嘗自編、自序數集，計有：

一、《演山集》。自序曰："爲布衣時，置鄉士之列，所爲文，收拾遺稿，得四十卷。自古善言陰陽者，及今日事，皆如其説，故以'演山'名其集。山之下，予之長養成就，不忘其所自焉。"則是集收早年之作。按：演山，在今南平市延平區西北。

二、《言意文集》。有自序，編於何時不詳，當已入仕。

三、《長樂詩集》。自序稱"以長樂所爲詞章，書刻於石"，時在政和乙未（五年，一一一五）。按：長樂，今爲福建省福州市轄區。

四、《演山居士新詞》。自序道："演山居士閒居無事，多逸思，自適於詩酒間，或爲長短篇及五七言，或協以聲而歌之。"

除《演山集》外，後三種皆不詳卷數。

黄裳生前似未將其所著諸集彙爲全帙，諸集北宋時有無刻本不詳。其子孫嘗編爲家集，建炎兵火，盡皆散佚，紹興時其季子黄玠又重輯之，於乾道二年（一一六六）刊於建昌軍學，跋曰：

> （先君）居官之暇，日必以文墨自娱，每有著述，必高臥腹稿，既而走筆成章。其流傳於世者，人競以鈔録。自後子孫以先君布衣時所爲文章，相繼編次爲家集，幾三十萬言。建炎丁未（元年，一一二七），寓居錢唐，會兵亂，陷圍城中，悉皆散亡。比寇平，凡歷年求訪，僅得二十餘萬言，其不存者奏議、表章居其半，竟不能成全集。……盡以其所求訪之文，釐爲六十卷。迄乾道改元初夏，玠被命來守是邦，會鄉人廖挺爲軍學教授，惜其文之不傳，請校勘舛訛，鏤板於軍學，庶傳之永久，爲學者矜式。

則六十卷爲重輯之帙，僅及家集原編字數三分之二，著者平生所作，散佚甚多。《解題》卷一八、《宋志》皆著録爲六十卷，《通考》卷二三八從《解題》，當即乾道本。

是集宋本明代殆猶存世，《文淵閣書目》卷九著録"黄氏《演山文集》一部十册，全"；《内閣書目》卷三曰："《演山先生文集》十册，全，……凡六十卷。"其本後來散佚，唯謝在杭小草齋影宋鈔本傳至清代，爲陸心源所得，《皕宋樓藏書志》卷七八記其校刊名銜爲："右從政郎、建昌軍録事參軍、權判官譚壽卿，左從政郎充建昌軍軍學教授、權通判廖挺，右朝請大夫、通判建昌軍、主管學事兼管内勸農營田事、賜紫金魚袋張公袞，右朝請大夫、權發遣建昌軍、主管學事兼管内勸農營田

事、賜紫金魚袋黃玠。"陸氏又按曰:

> 此謝在杭影宋鈔本,每葉二十行,每行二十字。版
> 心有"小草齋鈔本"五字。卷中有"晉安謝氏家藏圖書"
> 朱文大方印,"周元亮鈔本"白文方印,"曾在李鹿山處"
> 朱文長印。蓋此書本謝在杭所鈔,入本朝歸周亮工,後
> 又歸李鹿山,余則得之楊雪滄中翰,皆閩人也。三百年
> 前鈔帙,完善如新,亦可貴矣。

是本今藏日本靜嘉堂文庫,參《靜嘉堂秘籍志》卷三四。

除影宋本外,是集迄無刊本,國內僅藏清鈔本數部,亦多
源於宋本。丁丙《善本書室藏書志》卷二八著録振綺堂汪氏
舊藏鈔本,有"汪魚亭藏閱書"一印,今藏南京圖書館。《木犀
軒藏書書録》記舊鈔本,半葉十行,行二十字,有廖挺等跋語
及譚壽卿等銜名,與前述小草齋影宋本同。此本今藏北京大
學圖書館。傅增湘曾收得海源閣舊寫本,亦與影宋本版式
同,鈐有明善堂、安樂堂、"彝尊"、"曹震子和印"、"曹溶私
印"、"潔躬"各印,又海源閣楊紹和各印(參《經眼録》卷一三)。
此本今藏國家圖書館。

《四庫全書》著録汪如藻家藏本,《提要》稱"兹編爲乾道
初其季子玠哀輯,建昌軍教授廖挺訂其舛誤,刻於軍學"云
云。文津閣《四庫全書》本附録程瑀撰《黃氏神道碑》、方某
《書演山先生像後》、廖挺、黃玠跋(見楊訥、李曉明編《文淵閣四庫
全書本補遺》,北京圖書館出版社一九九七年版),知底本亦源於宋
本。文淵閣四庫本曾影印入《四庫全書珍本初集》。其卷目
編次爲:卷一至一二,詩;卷一三至一八,記;卷一九至二二,
序;卷二三、二四,書;卷二五,啟;卷二六至二八,表;卷二九,
疏;卷三〇、三一,詞;卷三二,挽辭;卷三三、三四,墓誌銘;卷

三五、三六，雜文；卷三七，御試策；卷三八、三九，周禮義；卷
四〇，論語、孟子義；卷四一、四二，論；卷四三、四四，策；卷四
五、四六，策問；卷四七至六〇，雜說。其卷三〇、三一兩卷爲
詞，清江標輯《宋元名家詞》時收爲《演山詞》二卷。以傅氏海
源閣本校四庫本，庫本文字尚佳，僅偶有訛異。

　　《全宋詩》用國圖所藏明善堂、安樂堂遞藏清鈔本爲底
本。《全宋文》用《四庫全書珍本初集》本爲底本，輯得佚文十
九篇。

【參考文獻】

　　黄裳《演山集序》（影印文淵閣《四庫全書》本《演山集》卷首）
　　王悦《演山集序》（同上）
　　廖挺、黄玠《演山集跋》（文津閣《四庫全書》本卷末，人各一跋）

豫章黄先生文集三十卷外集十四卷
别集二十卷簡尺二卷詞一卷

黄庭堅　撰

　　黄庭堅（一〇四五——一一〇五），字魯直，自號山谷道人，
晚號涪翁，洪州分寧（今江西修水）人。治平四年（一〇六七）
進士，元祐時爲《神宗實録》檢討官，擢起居舍人。紹聖初，新
黨訴其修史“多誣”，貶涪陵别駕，又羈管宜州，卒。早年受知
於蘇軾，後與張耒、晁補之、秦觀並稱“蘇門四學士”。以詩、
書著名，爲“江西詩派”首領。平生作詩甚富，而嚴於去取。

葉夢得《避暑録話》卷上引庭堅兄黄元明（大臨）曰：“魯直舊有詩千餘篇，中歲焚三之二，存者無幾，故自名《焦尾集》。其後稍自喜，以爲可傳，故復名《敝帚集》。晚歲復刊定，止三百八篇，而不克成。今傳於世者尚幾千篇也。”其所自定之集後皆不存，今傳者一曰《内集》，即《豫章黄先生集》，又稱“前集”、“正集”；一曰《外集》，又稱“後集”；一曰《别集》。

《豫章黄先生集》三十卷，乃著者外甥洪炎所編。元祐時，著者曾以自編自序之詩集《退聽堂録》示洪炎，炎嘗手鈔之。南宋高宗建炎戊申（二年，一一二八），黄庭堅逝世已二十四年，洪炎帥洪州（今江西南昌），受著者故友胡直孺（少汲）及外家之託，爲舅父詩文編集，由胡直孺刊板行世。洪炎《豫章先生文集序》述其編纂體例道：

> 今斷自《退聽》而後，雜以他文，得一千三百四十有三首。爲賦十，楚詞五（祝按：以上卷一），詩七百（祝按：以上卷二至一二），銘、贊、頌二百四十（祝按：以上卷一三至一五），序、記、書八十（祝按：以上卷一六至一九），表、狀、文、雜著四十九（祝按：以上卷二〇至二一），墓誌、碑碣四十一（祝按：以上卷二二至二四），題跋一百一十八（祝按：以上卷二五至三〇），合爲三十帙，分别部類，各以倫類。嗚呼，亦可謂富矣！凡詩斷自《退聽》始，《退聽》以前蓋不復取，獨取古風二篇，冠詩之首，以見魯直受知於蘇公（軾），有所自也。他文，雜前後十取八九，獨去其可疑與不合者，亦魯直之本意也。

由知洪氏所編，詩斷自《退聽堂録》，即收《退聽》及以後之作（《退聽》以前，只取古風二篇冠首），再“雜以他文”，而“他文”則不分早晚，於前後“十取八九”。《四庫提要》謂洪炎所編，

"即庭堅手定之内篇，所謂《退聽堂》本者也"，恐誤。《退聽堂録》乃詩集，而洪炎所編《豫章黄先生集》三十卷爲詩文集，並不僅限於詩。況《退聽》編於元祐時，僅選詩百餘篇，而洪氏所編收詩七百，數倍於《退聽》。謂《内集》包括《退聽堂》本可，謂其即《退聽堂》本則謬，洪炎序稱"斷自《退聽》而後，雜以他文"，其義甚明，毋庸深辨。

陳鵠《西塘集耆舊續聞》卷三有《洪玉父所編豫章集前後牴牾》一則，對洪炎不取少作頗有微詞，稱"（黄魯直）後以史事待罪陳留，偶自編《退聽堂詩》，初無意盡去少作。胡直孺少直建炎初帥洪州，首爲魯直類詩文爲《豫章集》，命洛陽朱敦儒、山房李彤編集，而洪炎玉父專其事，遂以《退聽》爲斷，以前好詩皆不收，而不用吕汲老杜編年爲法，前後參錯，殊牴牾也"。正因洪炎編次時有所去取，故復有《外集》《别集》等書出。

《外集》十四卷，乃李彤（黄庭堅伯舅李秉彝之子）編，其於卷一四末跋曰："《前集》内《休亭賦》《墨戲賦》《白山茶賦》《木之彬彬》《悲秋》《演雅》《次韻答王慎中》《題張澄居士隱居三首》《題少章寄寂齋謝從善司業》《送惠山泉》《送劉士彦赴福建運判》《論語斷篇》，皆屬先生晚年删去。"又跋曰：

> 彤曩聞先生自巴陵取道通城，入黄龍山，盤礴雲窗，爲清禪師遍閲《南昌集》（祝按：《南昌集》著録見下），自有去取，仍改定舊句。彤後得此本於交遊間，用以是正，其言"非予詩"者五十餘篇，彤亦嘗見於他人集中，輒已除去；其稱"不用"者，後學安敢棄遺？今《外集》十一卷至十四卷是也。（兩跋見《山谷年譜》卷一引）

由此可知，李彤所編《外集》卷一一以後凡四卷，乃掇拾《南昌集》（僅删去其中僞作五十餘篇）之詩文而成。又據史容《外集詩注引》稱，"《焦尾》《敝帚》，即《外集》詩文"；則《外集》前十卷所收詩文，當出於作者中年所編二集。據明弘治、嘉靖刊本（此本詳下），《外集》十四卷之卷目編次爲：卷一，賦（二首）、詩；卷二至七，詩；卷八，哀詞、墓誌銘；卷九，雜文；卷一〇，書、雜文；卷一一，楚詞、詩；卷一二至一四，詩。

《別集》二十卷，乃作者諸孫黄𥅆所編，淳熙壬寅（九年，一一八二）二月跋曰：

> 先太史《別集》，皆今《豫章》前、後集未載。蓋李氏（彤）所編，多循洪氏（炎）定次舊本，故《毁璧序》所以不録，而《承天塔院記》實兆晚年之禍者，亦復逸遺。又曾大父《行狀》，雖已上之史官，未著於世。𥅆不肖，竊聞先訓，用是類次家所傳集，博求散亡，得八百六十六首：爲詩七十六，銘、贊、頌六十九，序、説、記四十二，律賦、策問五，箋注二，書、表、奏狀、啟二十八，雜著六十五，疏、詞、文三十四，行狀、墓銘、表二十四，題跋二百有三，書簡三百二十，合爲十九卷。凡真蹟藏於士大夫家及見諸石刻者，咸疏於左。一時裒輯，尚懼遺闕，嗣是有得，當附益之。

據弘治、嘉靖本，《別集》卷目編次爲：卷一，詩；卷二，銘、贊、頌；卷三，序、説；卷四，記、律賦、策問、箋注；卷五，書；卷六，雜著；卷七，疏、祭文；卷八，行狀；卷九，墓誌銘、墓表；卷一〇至一二，題跋；卷一三至二〇，書簡。

至此，黄庭堅傳世之絶大部分詩文，即彙輯於上述三集之中。胡仔《苕溪漁隱叢話・後集》卷二八曰："山谷亦有兩三集行於世，惟大字《豫章集》並《外集》詩文最多，其間不無真僞。其後洪玉父（炎）別編《豫章集》，李彤、朱敦儒正是，詩文雖少，皆擇其精深者，最爲善本也。"李彤所編《外集》，取材於作者手編之《焦尾》《敝帚》二集及手批之《南昌集》，洪炎《豫章集序》以爲"不若入館之後爲全粹"，乃是江西宗派之見，然對全面瞭解黃庭堅，《外集》仍不可或缺，李彤堪稱黃氏功臣。黃𥥆進一步輯遺補脱，亦可謂孝孫。黃𥥆編《別集》後，又編《年譜》三十卷，序稱"旁羅博搜，繫諸歲月"。其材料豐富準確，文雖繁而極便使用。

《四庫提要》曰："《內集》編於建炎二年，《別集》編於淳熙九年，《年譜》則編於慶元五年（一一九九）。蓋《外集》繼《內集》而編，《別集》繼《内》《外》兩集而編，《年譜》繼《別集》而編。獨李彤之編《外集》，未著年月，然考《外集》第十四卷《送鄧慎思歸長沙》詩，'慎'字空格，注云'今上御名'，是《外集》亦編於孝宗時也。三集皆合詩文同編。"據前引《漁隱叢話》，知洪炎編《內集》時，李彤、朱敦儒參與是正文字。又《年譜》卷一引趙伯山《中外舊事》亦曰："胡直孺少汲建炎初帥洪州，首爲先生類詩文爲《豫章集》，命洛陽朱敦儒、山房李彤編集，而洪炎玉父專其事。"則李彤爲洪炎同時人，活動於北宋末、南宋初，孝宗時即便在世，蓋已當暮年，恐其編《外集》應在建炎或紹興間。館臣所舉諱字，説明《外集》刊於孝宗時，以其編於孝宗時之證則無説服力。

黃庭堅之集，生前傳本已夥，自上述三集出，則漸趨統一。兹將見諸宋、元人著録者考列於次。

《通志》著録《南昌集》九十一卷，《修水集》二十六卷，又《豫章》前、後集八十卷（按：此疑即《漁隱叢話》所謂"不無真僞"之本）。

衢本《讀書志》卷一九著録《豫章集》三十卷、《外集》十四卷，蓋洪、李所編之本。

《讀書附志》曰："《豫章先生別集》二十卷、《黃文纂異》一卷。右《豫章先生別集》，乃《前集》《外集》之未載者，淳熙壬寅（九年）先生諸孫營所編也。"

陳氏《解題》卷一七著録《豫章集》五十卷、《外集》十四卷。所謂"五十卷"，今知南宋乾道間有《類編增廣黃先生大全文集》五十卷（詳後），陳氏或即指該書，否則疑"五十卷"乃三十卷之訛。又《解題》卷二〇"詩集類"著録《山谷集》三十卷、《外集》十一卷、《別集》二卷，謂"江西所刻《詩派》，即《豫章》前、後集中詩也。《別集》者，慶元中莆田黃汝嘉增刊"。前二種乃《江西宗派詩集》本，即刻《内》《外》二集之詩。今檢《内集》（即洪炎所編《豫章集》），卷二至一二爲詩，凡有詩十一卷，蓋詩派本編者將其改編爲三十卷，改題曰《山谷集》；李彤所編《外集》（又稱《後集》）十四卷，卷一至七（取自《焦尾》《敝帚》）、卷一一至一四（取自《南昌集》）爲詩，凡十一卷（卷一有賦二篇除外）。黃汝嘉增刻本，刻於慶元己未（五年，一一九九），今存宋刊本饒德操《倚松老人集》、韓駒《陵陽集》等凡五種，皆有"慶元己未校官黃汝嘉校刊"題記一行，然所收山谷《別集》詩二卷（按：《別集》原僅卷一爲詩，此作二卷，當亦經改編）之本，久已失傳。《解題》卷二一又著録《山谷詞》一卷，《通考》卷二四六同。

《通考》除上文已引述者外，卷二三六猶著録《豫章集》三十卷、《別集》十四卷，而引晁氏《讀書志》，則"別集"當爲"外集"之訛。同卷又著録《豫章別集》一卷，全引陳氏《解解》，而《解題》著録《豫章別集》爲二十卷，疑《通考》訛脱。

《宋志》著録《黃庭堅集》（當即《內集》）三十卷、《外集》十四卷，又著録《樂府》二卷、《書尺》十五卷。兩書編者不詳，《樂府》（即詞）二卷（《解題》作一卷，蓋爲別本）流傳至今，而弘治本（此本詳下）《簡尺》僅二卷。書札藏於私家，較難搜輯，疑十五卷之《書尺》乃輯作者所有書簡單行，蓋較晚出，久已散佚。

綜觀各家著録，《內》《外》《別》三集大體相同（卷數異者疑文字訛脱；《讀書志》作於《別集》編成之前，《宋志》乃鈔録國史，亦在《別集》之前，故兩書不著《別集》）；《樂府》當久已傳世（今有宋本《山谷琴趣外編》，蓋別本），三集編者或囿於傳統觀念，而不以之入集；唯作者書簡，蓋三集所收未盡，故後世別有輯本。

黃氏各集刻本，三集之前且不論，自三集出，傳本亦繁。魏了翁《黃太史文集序》稱山谷黃公之文，“江、浙、閩、蜀間亦多善本，今古戎（現四川宜賓）黃侯（申）又欲刻諸郡之妙墨亭”云云，可見南宋時傳本之多。至明代，蓋宋本尚富，《文淵閣書目》卷九著録“《黃山谷文集》一部十四冊，殘闕”，《內閣書目》亦有其目。其他私家書目所録種類甚夥，然多未注明是何版本，唯《趙定宇書目》注云“宋板大字《豫章黃先生外集》”；又《絳雲樓書目》卷三有《黃山谷集》二十冊，陳景雲注曰“九十七卷，宋刻《豫章集》三十卷，《外集》十四卷”。又有宋板《黃太史精華録》六冊。此外，《近古堂書目》卷下著録《類編增廣南昌黃先生集》，《絳雲樓書目》卷三亦有此目，陳注爲“二十六卷”，非是完帙。惜宋刻本今存極罕，且多爲殘帙，或已流入外邦。述之如次：

一、宋本《豫章先生文集》三十卷。《增訂四庫簡目標注·續録》稱："沈子培藏宋刊本三十卷,題《豫章黃先生文集》,九行十八字,行款與百宋一廛殘本同,爲淳熙以來刊本。"《四部叢刊初編》即據嘉興沈氏所藏宋刊本影印,《四部叢刊書録》曰:

> 首題"豫章黃先生文集第幾",次行低七格,題"黃庭堅魯直"。目連正文,題低四五六字不等。每葉十八行,行十八字至二十字不等。白口,雙邊,版心上記字數,下記刻工姓名。卷一至十二賦、古詩、律詩、六言詩,卷十三至十五銘、贊、頌,卷十六至三十序、記、書、表、文、墓誌、碑銘、碣、題跋。"構"字注"太上御名"者,爲孝宗時元刻;遇"覯"作"覯",兼避"慎"、"郭"等字者,爲光、寧兩宗時修版也。(有"顧千里經眼"圖記。)

沈氏宋刊原本,今大陸未見著録。臺北"中央圖書館"藏有《豫章黃先生文集》三十卷二十冊,著録爲乾道間刊本,疑即沈氏舊藏本。

二、殘宋本《豫章黃先生文集》三十卷(存十六卷)、《外集》十四卷(存六卷)。此兩集殘帙,乃明末毛氏汲古閣舊物(《汲古閣珍藏秘本書目》著録道"《黃山谷集》三十卷,《後集》六卷,宋板"),迭經黃丕烈、汪士鐘等收藏(《百宋一廛書録》、《藝芸書舍宋板書目》著録),一九二〇年(庚申)傅增湘收得,《經眼録》卷一三著録道:

> 《豫章黃先生文集》三十卷,(宋黃庭堅撰。存十六卷,三百三十七葉,計:卷二、十八葉,卷三、二十一葉,卷四、二十葉,内缺第四葉,卷五、十五葉,卷六、十四葉,内缺第二葉,卷七、十四葉,卷八、十九葉,卷九、二十四葉,缺第一、十八至二十四葉,共缺八葉,卷十、十八葉,内缺第一至三葉,卷十一、二十三葉,卷十二、

十四葉，卷十三、三十一葉，卷十四、二十九葉，缺第三葉，卷十七、二十五葉，卷十八、二十三葉，卷十九、三十一葉，缺第三十半葉、三十一全葉，共計缺十五葉。）宋刊本，半葉九行，行十八字，白口，左右雙闌，版心魚尾下記“黃二”、“黃三”等字，下記刻工姓名，有唐用、唐時、金宣等。十七至十九卷爲另一刻本，版心上方有字數，下記刊工姓名，有劉昇之、陸祥、皋、安、蔡、山、良、仁、宣、王。鈐有“汪士鐘藏”白文長印。（庚申收得）

《豫章黃先生外集》十四卷，（宋黃庭堅撰。存六卷，計卷一、四十五葉，卷二、二十四葉，卷三、三十一葉，卷四、三十三葉，卷五、二十七葉，卷六、四十葉，末葉缺，又殘葉一。）宋刊本，半葉九行，行十八字，白口，左右雙闌，版心記“後黃一”、“後黃二”，下記刊工人名，有劉彥、劉僅、余彥、余京、彭世寧、彭新、彭達、彭立、上官慶、陳久、陳範、陳中、王明、王禮、王彥、王忠、莊文、楊才、施光、黃正、鄧明、鄧七、伍三、吳恭、嚴閭、嚴潤、田庚、達、六、忠、云等。鈐有“汲古閣”（朱）、“虞山毛晉”（朱）、“字子晉”（白）、“東吳毛晉”（朱）、“在在處處有神物護持”（白）、“汪士鐘藏”（朱）、“汪振勳印”（白回文）、“某泉”（朱）、“敬樵楊敦厚重威章”（朱）各印。

有黃丕烈二跋，已刻，不錄。

按：此書《百宋一廛賦》著錄，所謂“異三撺乎豫章”者也。審其字體雕工，疑南渡初江右刊本，惜其殘佚太甚耳。（庚申十一月與二宋本陸放翁詩同得，價二千五百元。）

按其刻工有與今存郭祥正《青山集》宋刻本同者，《青山集》當刻於高宗時，傅氏疑此本刻於南渡初，大致不差。所謂黃丕

烈二跋,作於嘉慶三年(一七九八),見《蕘圃藏書題識》卷八
(傅氏所謂"已刻"當指此),其一述《外集》殘本情況及收藏源
流,略曰:

> 此家《豫章外集》六卷,得諸書船友邵姓,云自江陰
> 楊文定公家收來,卷端有楊敦厚圖章,即文定孫也。裝
> 潢精雅,亦以其爲宋刻,故珍之。然六卷後有缺葉,謬以
> 卷十四末葉續之,因後有山房李彤跋,取閲者偶不經意,
> 即信爲完璧者,然其實補綴之痕不可没也。……余舊藏
> 《豫章文集》三十卷本,僅有一卷至十四卷,十七卷、十八
> 卷、十九卷,俱屬宋刻,今又得此,行款悉同,當是聯屬
> 者,何意兩美之適合也。……《延令書目》載有《黄山谷》
> 三十卷,《後集》六卷,宋板,合諸此本,卷數却同,或即滄
> 葦(季振宜)所藏,亦未可知。書之以誌舊物源流,固各
> 有本爾。

兩殘本傅氏鈐有"雙鑒樓考藏宋本"印記,後爲日人所得,今
藏日本天理圖書館。

　三、《豫章先生文集》十二卷、《外集》十一卷。兩殘帙今
藏日本内閣文庫,乃近江西大路藩主市橋長昭舊藏本。每半
葉八行十五字,白口,左右雙邊。詳參《日藏漢籍善本書録》。

　四、《類編增廣黄先生大全文集》五十卷。此本原爲楊氏
海源閣藏書,《楹書隅録初編》卷五著録道:

> 每半葉十五行,行二十七字。目録後有碑牌云:"麻
> 沙鎮水南劉仲吉宅近求到《類編增廣黄先生大全文集》
> (祝按:傅增湘《經眼録》此下有"計"字)五十卷,比之先印行者
> 增三分之一,不欲私藏,庸鑱木以廣其傳,幸學士詳鑒

焉。乾道端午識。”目錄後及卷二、卷六、卷十一等卷後鈐方印一，文云“文安開國”；又卷二十四、二十五、四十五、四十七後鈐方印一，文云“累代仕宦清白傳家開封史氏”，皆朱文，似是元人圖記。又各册有“查昇之印”、“仁和沈廷芳字畹叔一字椒園”、“沈廷芳印”、“椒園”、“古柱下史”、“古杭忠清里沈氏隱拙齋藏書印”、“購此書甚不易遺子孫弗輕棄”、“玉峰徐氏藏書”、“西谿草堂彦清印”、“黄丕烈士禮居藏”、“百宋一廛”等印。椒園先生爲聲山官詹（祝按：即查昇）外孫，或是書乃查氏所藏，而後歸沈氏者。世無二本，洵可爲至寶矣。

又錄卷首沈廷芳、卷末黄丕烈題跋道：

《黄山谷大全集》，係南宋刊本，吾家世藏，宋本僅留此種，是可寶也，子孫其善守之。（書凡五十卷，十六册。）乾隆壬戌（七年，一七四二）除夕，隱拙翁廷芳志。

道光甲申（四年，一八二四）之秋，有平湖書友携示宋刻《山谷大全集》樣本，有刻有鈔，云是錢君夢廬（祝按：名天樹）屬售者。索直頗昂，雖心愛之，未及議易也。夢廬素係神交，並曾通假書籍，故遂札詢之。夢廬復云：“《山谷大全集》，諸家書目皆不著錄，惟《絳雲樓目》有之，只廿六卷。此其全者，係沈椒園先生故物，後人因營葬，始用贈人。適余有他種書籍銷去，遂摒擋得之。”書凡五十卷，中闕十三至十八卷，舊時鈔補，未知出自何本，蓋較絳雲所藏居然完璧矣。歲殘，未暇付裝。越明年，余有滂喜園書籍鋪之設，襄事者爲茂塘老友，手爲裝池，知缺卷外尚欠一葉，鈔補一葉，統五百單八云。乙酉（道光五年）孟夏月望後一日，蕘夫手識（祝按：此跋又見《蕘圖藏書題識》卷八）。

此本後爲李盛鐸所得，傅增湘《經眼録》卷一三記其版式道：
"半葉十五行，每行二十六字，細黑口，四周單闌。前有門目，
大字，半葉十行，細黑口，左右雙闌。次目録二卷，半葉十五
行，亦左右雙闌。"印記除《楹書隅録》所録外，猶有汪士鐘各
印、海源閣楊氏父子印。《增訂四庫簡目標注》謂是本"凡古
賦一卷、古律詩二十二卷、雜文二十六卷"。《邵亭知見傳本
書目》卷一三謂其"賦、詩、雜文、樂章，各以類分編"，當是合
各集而重編之。按黃營《別集跋》作於淳熙九年，則《別集》較
此本晚出，所合各集應無《別集》。又，傅氏《經眼録》著録《類
編增廣潁濱先生大全文集》時，稱其與《類編增廣山谷先生大
全文集》版式字體正同，又書名標題咸相配匹，"必爲閩中同
時書坊所合刊行世者"。陳氏《解題》所録《豫章集》五十卷，
不詳是否即指此種。此本李盛鐸收得後，罕有見者，其《木犀
軒藏書書録》亦未著録。今藏北京大學圖書館。

　　類編本分類瑣細，古賦一卷十二篇，分四門；古律詩共分
一百四門；雜文先按文體分二十二類，各類下另有細目，等
等。分類雜亂無章，彼此重複，致使體例不純。然其可校通
行三集本文字之訛。如《四部叢刊》影印本卷一《寄老菴賦》
中"養主者"句，類編本作"養生"，是。又，類編本篇目多於三
集本，雖可能真僞混雜，然亦可淘沙獲金。要之，類編本出於
南宋麻沙坊刻，質量遠低於《内》《外》《別》三集；然其爲宋刻，
仍有優勝處，可爲校勘考據之助（詳參劉尚榮《類編增廣黃先生大
全文集初探》）。

　　宋本之後，或云有元槧。《適園藏書志》卷一一著録元刊

本《豫章黄先生別集》二十卷，有孫原湘跋，稱"與嘉靖本（此本詳下）相較，誠屬不同"；又謂"細審紙色行列，其爲元翻本無疑"。然無確切證據。究竟黄集有無元刊本，文獻闕如，尚難定讞。

明刊黄集，以弘治至嘉靖本最著名。該本乃葉天爵弘治末始刊於分寧，弘治十八年（乙丑，一五〇五），葉氏丁憂去官，未竟而罷。後由喬遷重修、補刻而成，時在嘉靖六年（丁亥，一五二七）。查仲道《書後》述之曰：

> 是編之全，乃吾姻亞卿來軒周公（季鳳）與其伯兄都憲南山公（季麟），昔宦遊於朝、於浙、於蜀，博求諸薦紳士夫家傳寫之群書故牘中，章積篇累，歷十數載，僅全此書，珍藏以歸。謀刻諸前守婺源葉君天爵，垂成，適乙丑葉以憂去，中更數守，屬時多事，向未訖工。自乙丑至今，荏苒廿餘載，而版之蠹蝕將半，幾爲朽木矣。惟時大巡西蜀徐公（岱）按吾江右，雅重名教，薦橄州郡，拳拳於先哲文獻是徵，而吾守湖南喬君遷適至，欣然從事，悉心規畫，遂命庠士王朝宗、查應元輩復求善本，重加校刻。越數月始克告成，而人人喜獲睹全書爲幸。

所刻爲《豫章先生文集》三十卷、《外集》十四卷、《別集》二十卷、《簡尺》二卷、詞一卷，附黄庶《伐檀集》二卷，《山谷先生年譜》三十卷、《別傳》一卷。前後所用底本，周季鳳《黄先生全書序》述之曰：

> 予惟山谷詩文散見宇宙者最多，其全者則寡。初，與先兄南山先生求之瓊山閣老丘公（濬），得《豫章集》三十有六卷，訛脫未慊也。最後因亡友潘南屏時用鈔之內

閣，有《正集》、《外集》、《別集》、詞、簡、年譜諸集，凡九十七卷，乃宋蜀人所獻者，或者其全而無遺者哉，於是屬之前守葉君天爵梓行。憂去而寢，板、本兩歸殘逸，可恨也。復鈔之，挾以遊四方者垂二十年，非其人不授。適聞是，得無欣然而昇乎，而可與其須也。……其父亞夫（黃庶）《伐檀集》二卷，句甚奇崛，世所謂"山魈水怪著薜荔"之體，真黃氏審言，亦閣本附行。

又徐岱序略曰："叨按茲土，訪全書於寧，得故刻之半。時建昌郡丞余子載仕攝寧事，購原本補之；新守喬子遷至，乃竟厥工。"所謂"故刻之半"，即葉天爵所刊；"購元本補之"之所謂"元本"，當即周季鳳鈔內閣本之再鈔本也。則前後所用底本，皆爲鈔宋蜀人所獻本，故《四庫提要》稱"尚爲不失宋本之遺，非外間他刻所及"。然《提要》又謂丘濬本即《外集》，內閣鈔出宋蜀人所獻本爲《別集》，則誤。據周季鳳序，內閣鈔出本乃諸集全帙。況《外集》僅十四卷，丘氏所藏爲三十六卷，何得謂之爲《外集》？所謂"三十六"，疑即正集三十卷、外集殘本六卷，後來毛氏汲古閣所藏，集名卷數皆同，或即其本歟。

傅氏《經眼錄》卷一三記弘治、嘉靖本版式結構道：

十二行二十三字，白口，四周雙闌。前嘉靖丙戌（五年）徐岱序，次嘉靖丁亥周季鳳序，後建炎二年（一一二八）洪炎序。別集後淳熙壬寅諸孫訔跋。《伐檀集》前有皇祐五年（一〇五三）青社自序，後有嘉定二年（一二〇九）諸孫訔跋，又訔跋。《年譜》前有孫訔序，後附《別傳》，又周季鳳《重刻涪翁文集跋》，嘉靖丁亥查仲道《書山谷先生全書後》。《簡尺》卷首及詞卷首皆有"前寧州知州婺源葉天爵刊行”、“知州九溪喬遷訂補”兩行。每卷篇目接連正文。

傅氏著録是刻《（山谷先生）年譜》爲“三卷”，《四庫提要》亦爲三卷，當誤。今檢原刻本、四庫本，《年譜》皆爲三十卷。《增訂四庫簡目標注》謂嘉靖本因葉天爵舊刊者占三分之一，又謂“《四庫》著録即此本，蓋寧祠最舊本，亦最善”。以後各刻，多由此本出。據著録，弘治、嘉靖刊本，今大陸及臺灣藏本多達二十餘部（包括殘本）。日本宮内廳書陵部、内閣文庫、尊經閣文庫各藏一部。

嘉靖十二年（一五三三），蔣芝刻蜀本《内集》之詩十四卷、續二卷，題《黄詩内篇》，序曰：

> 分寧後人查子（仲儒）學夫得蜀本，出而不私，用山谷初意正名是集，以成四家（指任淵、洪炎、王雲、黄䇿）所未就，又以濂溪詩冠之，可謂有見乎此（指所謂“風人遺教”）者矣。詩在元祐戊辰（三年，一〇八八）後者曰《退聽堂録》，初在太平者録數篇，在德平者半之。建炎戊申，洪炎氏撰次刻本，又自鄂、道、潭、衡以後盡得之。蓋斷自《退聽堂》始，亦既入史館後也，視全集纔十之三。要之四家親炙詩教，凡所編會，於是乎爲精爲要，得是篇而全集可略矣。……用託之梓氏以傳，悉如查子。存考證四條，字校句正，爲詩七百一十二首，卷十四。續二：太常謚議、史傳、周公儀式、别傳。庶徵者足以興、興者足以徵也云爾。

則所刻即前集詩，而“正名”爲“内集”，以突出其江西“詩教”特徵。據著録，此刻今唯國家圖書館、山西臨漪圖書館有藏本。

萬曆三十一年（癸卯，一六〇三），知寧州方沆重刻黄集，題曰《重刻黄文節山谷先生文集》，凡正集三十卷、《外集》十四卷、《别集》二十卷、《年譜》十五卷、《伐檀集》二卷。方氏序略曰：

> 顧遺集，郡有鏤板（當指弘治、嘉靖板），異時掌故匪人，主藏不戒，漫漶殘缺，亥豕傳訛，十有其八九。……門下士周孝廉希令、查生堯安、余生應旟等，以文獻爲己任，慫恿不佞捐薄俸十金，爲都人士嚆矢。於是城内外父老子弟，翕然響應，捐助爭先。則以出納司之，查以修衛，使諏日命工殺梨，補闕删繁，間有統紀未明者，相與校訂而釐正之。

然其僅刻成正集。萬曆四十二年（甲寅，一六一四），知寧州李友梅續刻而成之，序稱“方公（沆）梓行公集，而《外集》《别集》缺焉。周太史子儀在燕，有令人不見全書之恨，而不以予冗且鄙，屬予通梓之，……幾十閲月而告成”云云。附《年譜》十五卷，乃周希令重編。是刻每半葉十一行，行二十字，白口，四周單邊。方刻每卷署“宋太史分寧黄庭堅魯直著，明後學莆中方沆子及校，里人周希令子儀編”；李刻每卷署“宋太史分寧黄庭堅魯直著，明後學滇中李友梅素交校，陳以志伯達同校”。據著録，此本大陸現存二十餘部（包括殘本），臺北“中央圖書館”著録六部。日本宫内廳書陵部藏有文集三十卷，内閣文庫凡藏三部，然都不全。此刻正集對舊本編次有所調整（即方序所謂釐正“統紀未明者”），開清緝香堂本重編之端（詳後）。

萬曆間，王鳳翔光啟堂嘗據方沆本重刊，題曰《黄文節山谷先生文集》，三十卷，清振綺堂遞修，中國大陸、臺灣及日本今皆有藏本。沈曾植《山谷正集跋》（《海日樓題跋》卷一）謂光啟堂本既删去方沆本義例，"又不刻方序而刻徐序，若以方沆本冒徐岱本者。自此《山谷集》舊本、改編本源流沿革，涇渭不分矣"。《增訂四庫簡目標注》又著録"明萬曆甲辰（三十二年，一六〇四）族孫希令重刊本六十九卷，附《伐檀集》二卷"，今館藏未見其本。

清代黄集刻本，以乾隆宋調元緝香堂本影響最大。緝香堂本刻於乾隆乙酉（三十年，一七六五），宋調元（理堂）《重刻序》謂其知寧州時，下車即訪黄集，不僅"古板蔑如，即故家所藏，亦久付劫灰洪水中"。初在黄氏後嗣黄榜處得故刻四分之一，又於徐慕璋等處得嘉靖原刻，而書又不全。最後在崇勝寺得"古本"，合前凡九十七卷，於是校而刻之。據光緒盛炳緯序，宋氏所用底本即嘉靖本，又"依萬曆本所改編"（《邵亭知見傳本書目》），再重加整理。宋氏訂《緝香堂凡例》十六條，重要者有：

　　一、公集宋、元刻本不復覯，今所存者，只前明嘉靖乙酉、萬曆甲辰（"辰"乃"寅"之誤）兩刻。查嘉靖刻多照宋板，萬曆刻立以義類，稍爲訂正，然其中篇章錯雜，頭緒紛如，《外集》《別集》究與嘉靖刻無異。今重加核訂，其詩準以《唐詩類選》之類，以古還古，以律歸律，以絶歸絶，而五、六、七言之不紊；其文則序還序類，記歸記類，書歸書類。諸凡碑誌頌贊，印以歐、曾文集標目分列，俾觀者展卷瞭如。

　　一、……九十七卷內有《簡尺》二卷、《年譜》三十卷，嘉靖仍之。萬曆刻以簡尺即書札類，不宜另立卷帙，於是擇《簡尺》中其文之有關係者編入書中，並採公向有《刀筆》集行世，其書札内之有遺者悉爲補入。今除《簡尺》、《年譜》、校勘外，總計正集三十二卷，《外集》二十四卷，《別集》十九卷，公父所著《伐檀集》二卷，序傳目次等四卷，凡八十一卷云。

一、舊刻《年譜》，……幾至三十卷之多，未免繁冗。今細加檢校，如事與時之不宜略者，即依年標注時日之下；其涉於作詩原由、可以散見者，即附注各詩篇内，約爲一卷，登之卷首，庶篇帙不繁，且便觀省。

一、編年，詩家所重。……必欲逐年編訂，另爲甲乙，則勢不得不以少時所作加公手定《退聽堂》編之上，未免非公本意。今仍照《正》《外》《別集》分編，惟於詩目之下著明時地，仍不失編年之意，俾論世者得以讀其書，想見其爲人。

一、編次。考洪氏、李氏舊編，洪氏以古詩爲首而不及賦與楚辭，李氏首賦、楚詞，方及於詩。明嘉靖刻遵李氏之説，萬曆仍之。然考各集，除《坡集》首賦外，餘集皆首詩。今彙次公書，以詩弁首，而賦爲古詩之流，故次於詩；詞雖詩之餘，而實從後起，故更次於賦與楚詞。……

第八條謂“兹集於七絶句内採入石刻《梨花詩》十三首，雜著内採入石刻《蓄狸説》一首”；第九條稱“兹取嘉靖刻及萬曆刻校勘，如兩集中其訛處可以徑易者”，則“以意測”，等等。其它各條，或非關宏指，或僅爲技術處理問題，此不具述。

從《凡例》可知，緝香堂本雖由嘉靖、萬曆本出，然對舊本體例變動不小，雖仍爲三集，已遠非原貌。宋氏自序謂“磨研編削，別類分門，汰《年譜》之冗長，校魚魯之舛訛，自前明兩刻以來，未有若斯之美善者"。光緒重刊本德馨序亦稱緝香堂本"集前賢之大成，散者輯之，缺者補之，體以類從，卷以目標，《山谷集》於焉大備"。然亦有意見截然相反者。《四庫提要》抨擊"近日刻本或删節《年譜》，或删并卷次，或移易分類以就各體"云云，顯然即針對緝香堂本而發。莫氏《邵亭知見傳本書目》則謂其"新改字多誤"。緝香堂本文字有錯訛，此雖難免，亦不可辭其咎。至於變動體例，使之更趨合理，未嘗不可，然既仍宋編三集，則似以保持原本面貌爲愈；若欲重編，倒不如徹底打破三集體例，更便於讀者。緝香堂本每半葉九行二十字，白口，左右雙邊，版心題"山谷全集"，今國内著録近二十部。

乾隆本後，猶有同治、光緒重刊緝香堂本。同治七年（戊辰，一八六八），黄氏裔孫之沖和堂重刊，劉坤一序稱乾隆中緝香堂本"歲久漫漶，板遂散失，……公裔孫等乃聚其族之人重刻之，讎校精審，頓還舊觀"。同治本今國家圖書館、上海圖書館、江西省圖書館等有著録。

光緒二十年（一八九四），義寧州署再據緝香堂本重刻《宋黄文節公全集》（又名《山谷全書》）。據盛炳緯序，同治板是時已毁佚，知義寧州事黄壽英"乃取緝香堂本，益以行世《刀筆》及流傳石刻，原刊所缺且遺者，葺爲《續集》，付之梓氏"。黄壽英跋自謂所刻"規模體制，一以緝香堂爲準，惟將行世《刀筆》及墨蹟、石刻，凡全書中所未收者，悉爲補刊，名曰《續集》"。所謂《刀筆》，需略述之，并兼及傳世之《豫章先生遺文》等書。

今按瞿氏《鐵琴銅劍樓藏書目録》卷二〇著録影鈔宋本

《豫章先生遺文》十二卷、明刊本《山谷老人刀筆》二十卷。其記《遺文》道：

> 嘉定戊辰（元年，一二〇八）曾孫銖後序，謂今所傳《豫章文集》多遺闕。持節東蜀，訪諸耆耋，得之黔僰間，凡若干紙，别而爲二，曰《遺文》、曰《刀筆》，則當時與《刀筆》合刻者。凡詩一卷，銘讚頌序一卷，記、書一卷，表奏、狀啟、婚書一卷，雜著一卷，疏、祝文、青詞、祭文一卷，墓銘、墓表一卷，行狀一卷，題跋三卷，行記一卷，附《宜州乙酉家乘》（按《年譜》謂即日記）於後。是書較《豫章文集》中《别集》字句頗有異同。每半葉八行，行十五字，宋諱字亦有闕筆，確從舊本録傳。舊爲平津館藏書。（卷首有"孫星衍"、"芳茂山人"二朱印。）

又記《刀筆》曰："此本與全集中《簡尺》微有不同，宋時已有别行本矣。卷首列《山谷老人傳》一篇。"《四庫提要·别集類存目》曰：《山谷刀筆》二十卷，"乃所著尺牘也。以年爲次，自初仕至館職四卷，居憂時三卷，在黔州三卷、戎州七卷、荆渚二卷、宜州一卷，皆於全集中摘出别行者。然是編向有宋槧本，非後人所爲"。《遺文》除前述瞿氏影宋本今藏國家圖書館外，尚有乾隆、嘉慶、同治等刻本；《刀筆》有元刻本，明弘治、萬曆及清嘉慶刻本，今皆有傳本，其中某些刻本日本亦有收藏。另，舊傳選本有《黄太史精華録》八卷，題宋任淵編，據《四庫提要》考證屬僞託。是否僞託，尚待進一步研究。

光緒本因有據《刀筆》及墨蹟、石刻等補刊之《續集》，故其收文較緝香堂本及嘉靖本三集爲全。光緒本今有著録，日本京都大學亦有藏本。

綜上所述，明、清兩代所傳黄庭堅全集，同源於明内閣所

藏宋蜀人所獻本。宋蜀人所獻本，一般説來應即蜀刻本，而
該本既有《年譜》，必刻於慶元五年黄㽦編譜之後，疑即前引
魏了翁序所謂“江、浙、閩、蜀間亦多善本”之“蜀”本。弘治至
嘉靖本猶存宋本面貌，在黄集傳本中堪稱佳槧；然光緒本收
文最全，又是其所長，故《全宋文》選作底本。

　　二〇〇一年，四川大學出版社出版劉琳、李勇先等校點
本《黄庭堅全集》，以光緒義寧州署刻本爲底本。二〇一一
年，江西人民出版社出版鄭永曉《黄庭堅全集輯校編年》。是
本之《内集》以南宋乾道本爲底本，《外集》《别集》以清乾隆緝
香堂本爲底本，《續集》則以光緒義寧州署刻本爲底本。是書
打破黄庭堅全集編纂中按體分卷之慣例，改爲按年代編次。

　　《全宋文》用光緒義寧州署刻本《宋黄文節公全集》爲底
本，輯得佚文四百二十二篇。《全宋詩》用武英殿聚珍本爲底
本，輯得佚詩四十一首。

【參考文獻】

　　洪炎《豫章黄先生文集序》（弘治、嘉靖本《豫章先生文集》卷末）

　　黄㽦《豫章别集跋》（同上《豫章别集》卷末）

　　黄㽦《山谷年譜序》（同上《山谷年譜》卷首〉

　　魏了翁《黄太史文集序》（影印《四庫全書》本《鶴山集》卷五三）

　　徐岱、周季鳳《豫章先生文集序》（弘治、嘉靖本《豫章先生文集》卷
首，人各一序）

　　周季鳳《重刻涪翁文集跋》（同上末附）

　　查仲道《書山谷先生全書後》（同上）

　　蔣芝《黄詩内篇序》（嘉靖十二年刻本《黄詩内篇》卷首）

　　方沆《黄太史全書序》（萬曆本《黄文節山谷先生文集》卷首）

　　李友梅《萬曆重修黄太史山谷外集序》（同上《外集》卷首）

王天發《萬曆重刻黄太史山谷別集序》(同上《別集》卷首)

沈德潛、周煌、宋調元《乾隆重刻黄文節公全書序》(緝香堂本《黄文節公文集》正集卷首,人各一序)

宋調元《緝香堂凡例》《乾隆重刻黄文節公外集序》《乾隆重刻黄文節公別集序》(同上正集、《外集》、《別集》卷首)

劉坤一《黄山谷先生全集序》(同治七年刻本《宋黄山谷先生全集》卷首)

德馨、方汝翼、盛炳緯《黄文節公全集序》(光緒義寧州署重刊本《山谷全書》卷首,人各一序)

陳寶箴《黄文節公遺集後叙》(同上)

黄壽英《黄文節公全集跋》(同上卷末)

山谷黄先生大全詩注二十卷
山谷内集詩注

黄庭堅　撰　　任　淵　注

任淵,字子淵,蜀新津(今屬四川成都)人。紹興時嘗參加四川類省試,獲第一。著有《訴菴集》四十卷(陳振孫《解題》卷一八),久佚。又著《山谷黄先生大全詩注》(即《山谷内集詩注》)、《後山詩注》,合稱《黄陳詩注》,自作《黄陳詩注序》,末署"政和辛卯(元年,一一一一)",知兩書至少是時已完成初稿。紹興乙亥(二十五年,一一五五),鄱陽許尹作《黄陳詩注序》曰:"三江任君子淵,博極群書,尚友古人,暇日遂以二家詩爲之注解,且爲原本立意始末,以曉學者,非若世之箋訓但能標題出處而已也。既成,以授僕,欲以言冠其首。"則兩書當刻於是年或稍後，世稱兩書“板行於蜀”（見後引黄塗跋），當指許尹序刻之本。

兩詩注皆傳於今。兹述《山谷内集詩注》，陳師道（後山）詩注將在後面另行著録。

任氏嘗作《山谷内集詩注序》，略曰：

> 近世所編《豫章集》，詩凡七百餘篇，大抵山谷入館後所作。山谷嘗仿《莊子》，分其詩文爲内外篇，此蓋内篇也。晚年精妙之極，具於此矣。然詮次不倫，離合失當。今以事繫年，校其篇目，各如本第，其不可考者，即從舊次，或以類相從。詩各有注，釐爲二十卷云。

據此序，可知其注釋體例，即打破原編次第，以事繫年（即編年），而注文儘可能究明原作立意始末，故頗爲學者推重，陳氏《解題》卷二〇著録時（著録見後）謂其“大抵不獨注事，而兼注意，用功爲深”。黄塗《山谷先生年譜序》亦稱“近世惟傳蜀本詩集舊注援據爲詳”，並多所引证。

詩注除蜀本外，南宋時猶有閩坊本、延平本、閩憲本。閩坊本之坊主及刊刻時、地不詳。延平本乃紹定壬辰（五年，一二三二）黄庭堅裔孫黄塗所刊，有跋曰：

> 先太史詩編，任子淵爲之集注，板行於蜀，惟閩中自坊本外未之見。豈非以平生轍迹未嘗至閩故耶？塗家藏蜀刻有年，試郡延平，以鋟諸梓。《且憩》《寂圖》二詩，舊亦僅著其目，參考家集，遂成全書。

閩憲本乃宋末徐經孫（一一九二——一二七三）刊，并作《黄山谷内集詩跋》（《矩山存稿》卷三），道：

> 太史黄公詩有《内》《外》集。夫任氏所注者《内集》，

板木雖多,而其烏焉傳寫之誤,亦自不少。暇日稍加較正,刻之閩憲,始與廨城所刊廨室(史容)《外集注》并傳之。

陳氏《解題》卷二○著録《注黄山谷詩》二十卷,不詳爲何本。《通考》卷二四四同。

明代書目著録黄詩注本甚多,其中當有宋槧。《文淵閣書目》卷一○有"《黄山谷詩集》一部十册,殘闕";《百川書志》有《山谷黄太史詩注》二十卷;《脈望館書目》登録《黄山谷詩注》七本,而《江陰李氏得月樓書目》亦録有"《山谷詩注》二十卷"。宋本流傳至今者,部帙已極少,分別述之如次:

一、陸心源舊藏本。《皕宋樓藏書志》卷七六著録,爲《大全詩注》二十卷,案曰:"此季宋閩中重刊紹興本,每葉二十二行,每行二十字,小字雙行,每行二十四字。諱至'惇'、'廓'以上,皆缺避,蓋宋寧宗時刊本。許尹序爲《山谷後山詩注》而作,紹興有紀元而無歲月,皆坊刻疏漏之證也。"此本今藏日本静嘉堂文庫。

二、沈曾植舊藏本。題《山谷黄先生大全詩注》,存二十卷八册,有沈曾植手書題記,陳曾壽觀款,南宋閩刊本。沈氏宣統庚戌(二年,一九一○)九月晦日題記曰:

> 《百宋一廛賦》"異三撝乎《豫章》",注:"任淵《山谷黄先生大全詩注》,每半葉十一行,每行大廿字,小廿四字。"蓋(顧)千里所見即此本,特黄氏所藏僅存卷一至八(祝按:黄氏原注稱存卷一至十八),非完帙耳。翁刻山谷詩(按:所刻詳後)未見宋本,近代收藏家亦尠著録,陳氏覆刻大字本亦明槧,非原宋槧,準是以談,此刻絶寶貴可知也。

此本今藏臺北“中央圖書館”。黄丕烈舊藏殘本，後爲傅增湘所得，然以爲是元槧，詳後。

三、紹定五年黄埛延平翻刻蜀本，今國家圖書館藏一殘帙，存卷四至五、卷十五至十七，凡五卷。每半葉九行十六字，白口，左右雙邊。

《大全詩注》宋蜀及閩憲刊本，今未見著録。傅增湘《經眼録》卷一三記一影寫宋刊本道：“《山谷詩前集詩注》二十卷，宋黄庭堅撰，宋任淵注。影寫宋刊本，十三行二十三字，注大字低一格，題低四格。前有雍正丁未（五年，一七二七）跋，稱‘賓記’（不知何人），言影毛氏藏舊本録出，尚缺卷四〔之〕廿五、六、及卷十三首葉。”今按此影宋本行款與宋蜀刻《後山詩注》稍異，而與今日本内閣文庫所藏宋本《後山詩注》正同（參《後山詩注》叙録），不詳是否即由閩憲本出。

《大全詩注》元代有刊本，今國家圖書館、上海圖書館、日本静嘉堂文庫各藏一部。傅氏《經眼録》卷一三記静嘉堂本（該本不著於陸氏《皕宋樓藏書志》）道：“元刊本，半葉十一行，每行十九字，注雙行二十四字。（低一格，實二十三字。）”静嘉堂著録爲宋末閩中覆刻紹興本。宋末刻、元刻，其實很難分別。傅氏又按曰：“此本余亦藏一帙，爲黄丕烈故物，有手跋，只十八卷，且每卷缺葉亦多。末有‘永樂二年（一四〇四）七月二十五日蘇叔敬買到’墨書識語一行。”傅氏所藏黄丕烈本，其《經眼録》曾詳記之，並按曰：“此書建本，然雕工字體圓美，無宋刻峭麗之態，當是元刊本。”此本後歸周叔弢，周氏捐贈國家圖書館，今藏該館善本室，僅存卷一至五、七至八、一二至二〇，凡十六卷。上海圖書館亦藏有元刊本，其中卷九、卷一〇配清鈔。

明、清兩代,《内集詩注》多與《外集詩注》《別集詩注》合刊,俗稱“三集詩注”,本書將在後面《別集詩注》處集中考述,此略。

約當明末清初,日本嘗多次刊行《内集詩注》,題作《山谷詩集注》,且傳至我國。主要有:

一、日本慶元間(明萬曆時)活字印本,李盛鐸曾收得一部,《木犀軒藏書書録》著録道:“半葉八行,行十七字。有政和辛卯任淵自序,紹興乙亥許尹序,紹定壬辰山谷孫垿刊板延平跋。有‘賜蘆文庫’楷書長印。”此本今藏北京大學圖書館。

二、日本寬永六年(一六二九)大和田意閑刻本。李盛鐸亦嘗收得,記曰:“半葉八行,行十七字。卷末黄垿跋後有日本刊板年月:‘寬永己巳曆(明崇禎二年)水□穚市衛洛陽書堂大和田意閑開板。’此本旁有倭訓。”(《木犀軒藏書書録》)此本今藏北京大學圖書館。臺北“中央圖書館”亦有著録。

三、日本慶安五年(一六五二)刻本。李盛鐸記曰:“半葉八行,行十七字。黄垿跋後有開板年月:‘慶安五曆(清順治九年)仲夏野田彌兵衛新刊。’此本亦有倭訓。”(《木犀軒藏書書録》)此本今國家圖書館、北京大學圖書館、陝西師範大學圖書館有藏本,日本京都大學、東京大學亦有著録。據《和刻目録》,此本乃重修大和田意閑本。

除上述三本外,日本古刻本尚多,如靈元天皇寬文三年(一六六三)村上勘兵衛刊《山谷詩集注》二十卷,寬永十二年風月宗知刊《山谷詩集》二十卷等,今日本猶有傳本,詳《和刻目録》及《日藏漢籍善本書録》。日本古刻本,皆以日本南北朝時期所翻宋紹定延平本爲祖本。

　　宋人爲《内集》詩作注，尚不止任淵一家。錢文子《山谷外集詩注序》稱内集詩"已有任淵、史會更注之矣（見後引）"，史會更其人不詳，注本未見著録。日本本《内集詩注》卷九末《且憩》《寂園》詩，注云"任氏舊注元無此詩，但存其目爾，今以楊氏《補注》增入"。作《補注》之楊氏，不詳爲何人，其書亦未見宋人著録。又《宋志》著録陳逢寅《山谷詩注》二十卷，當亦爲《内集》詩注。按《淳祐三山志》卷三二："陳逢寅，字必發，長邑人。"又乾隆《福建通志》卷三一："陳逢寅，長樂人，大觀間爲浦城主簿，有文名。"則其爲黄詩作注，當在北宋末南宋初。陳氏其他事跡不詳，其書亦不傳。

【參考文獻】

　　任淵《山谷内集詩注序》（光緒二十年陳三立刻本《山谷内集詩注》卷首）

　　許尹《黄陳詩注序》（同上）

　　黄塾《紹定刊山谷大全詩注跋》（同上末附）

　　張元禎《弘治刊山谷詩注序》（弘治本《山谷詩注》卷首）

　　楊廉《弘治刊山谷詩注後序》（同上卷末）

山谷外集詩注十七卷

黄庭堅　撰　史　容　注

　　史容，字儀甫，號藥室居士，眉山（今屬四川。一説青神，乃眉州屬縣）人，仕至太中大夫。嘉定元年（一二〇八），其年已逾七十，所著《山谷外集詩注》始付梓，錢文子（"子"或作

"宇"、"季",考之《宋史》俱誤)作序,評論道:

> 山谷之詩,與蘇同律,而語尤雅健,所援引者乃多於蘇。其詩集已有任淵、史會更注之矣,而公所自編謂之《外集》者,猶不易通,史公儀甫遂繼而爲之注。上自六經、諸子、歷代之史,下及釋老之藏,稗官之録,語所關涉,無不竟究。予官成都,得於公之子叔廉而遍閱之,其於山谷之詩既悉疏理,無復凝結,而古文舊事,因公之注,所發明者多矣。

此爲初刊本。淳祐庚戌(十年,一二五〇),史容之孫季温爲福建路提點刑獄,再於閩憲刊其晚年增注編年本,跋曰:

> 先大父蘗室先生所注《山谷外集》詩,脱稿之日,永嘉白石錢先生文(季)〔子〕爲之序引,鋟木於眉,蓋嘉定戊辰歲(元年)也。是書已行於世。其後大父優遊林泉者近十年,復參諸書,爲之增注,且細考山谷出處歲月,別行詮次,不復以舊集古律詩爲拘。考訂之精,十已七八,其間不可盡知者,附之本年。蜀板已毁,遺稿幸存,今刻之閩憲治,庶與學者共之,並以大父《實録》本傳附見。

又史容《山谷外集詩注引》略曰:

> 以少游語(祝按:指秦觀與李德叟、參寥兩簡,極推黄氏《焦尾》《敝帚》兩編文章高古,而兩編"即《外集》詩文")冠於篇首,其作詩歲月,別行詮次,有不可考者,悉皆附見。舊多舛誤,略加是正,餘且從疑,以俟博識。

對照史季温跋,可知《引》乃爲增注編年本而作。增注編年本

較之初刊本，最大區別是按作詩歲月“別行詮次，不復以舊集
古律詩爲拘”，即編年而不分體；因此可以反推：其初刊本必
是按舊集古、律詩分體，即不變更原有編次。又，據李彤跋，
所編《外集》第十一卷以下四卷，乃收録《南昌集》中之詩；四
卷中有詩凡四百有奇，史注“皆未之有”（《四庫提要》），故《外集
詩注》與李彤所編《外集》，收詩量不同。其以秦觀二簡冠篇，
正欲標舉《焦尾》《敝帚》二集，故只注前十卷中之詩（凡七
卷）。

　　《解題》卷二○著録黃𪷌《山谷編年詩集》三十卷（是書宋
有括蒼刻本，明《文淵閣書目》曾著録，後失傳）時，稱“青城
（‘城’蓋‘衣’之訛）史容儀甫近注《外集》”，未記卷數。宋代
初刊本、增注編年本，即蜀本、閩憲本，今皆無宋刻本傳世（莫
友芝《宋元舊本書經眼録》卷一著録《山谷外集（詩注）》十七
卷，“宋淳祐閩憲刊本，半葉九行，行大小字均十九。烏程蔣
氏瑞松堂所藏，同治丙寅〔一八六六〕秋，在滬假讀於海珊，遂
留行篋中”，今未見著録）。《文淵閣書目》嘗著録《外集詩注》
全帙，當是宋刻，至《內閣書目》已不全。現存《外集詩注》以
元刊宋萬卷堂本爲最古。該本藏日本宮內廳書陵部，共十四
卷、卷首一卷，“每半葉十二行，每行二十二字。注文雙行，行
二十二字。黑口，左右雙邊。前有嘉定元年錢文子撰《史氏
注山谷外集詩序》，次有史容撰《山谷外集詩注引》，次有《山
谷外集詩注目録》。史容《引》後，有至元乙酉（二十二年，一
二八五）文江泉溪後學羅嘉績梓語八行。目録後有‘建安熊
氏萬卷書堂’兩行木記”（《日藏漢籍善本書録》）。羅嘉績梓
語曰：

　　　書市所刊山谷詩止於《內集》，而《外集》缺焉，革後

並《外集》板不存。本齋昨雖續刊《内集》，每以《外集》未完爲欠事。今得蜀中《外集》善本，史君容撰注，重新繡梓，與同志共之，庶幾乎《内》《外》兩篇相爲輝映，莊周不得專美於前，先生可以儷美於後云。時至元乙酉，文江泉溪後學羅嘉績拜手識歲月。

民國時，中華學藝社曾往日本借照，上海涵芬樓將該本影印入《四部叢刊續編》，今頗易睹。張元濟於一九三四年跋曰：

> （元重雕蜀本）自明以來不見著録，蓋即今行《四庫》十七卷本容孫季温跋中所云嘉定戊辰元年（一二〇八）鋟梓眉山之蜀本。蜀版毀於宋世，當時傳本已罕。此爲至元翻刻，世無人知，字畫縝密，真所謂元初刊本比於宋本者也。書凡十四卷，詩注二卷約當《外集》原本之一卷。取勘明本《外集》，適盡於卷七而止，首尾起訖，一一符合，悉依李彤原編古律分體之舊。原本卷八至十爲文，十一至十四爲山谷晚年自刪之詩，彤所附存者，此皆未録。

元刊本既是翻刻宋蜀本，然在錢文子序後有史容引，則不類。前已言及，史容引乃其爲晚年修訂本而作，並非蜀刻本所有，羅嘉績取以冠於翻刻蜀本之首，故造成《引》與詩注結構不符，是爲失誤。據元刊本，可知宋蜀本爲十四卷。此本雖爲史容初作，然“書中文字足訂今本訛異者，難以縷舉”（張元濟跋語），仍足寶貴。至於張跋稱閩本“分年改編，全失李彤分體舊第，不復可窺見根源”云云，貶低閩本以抬高蜀本，則失公允，甚乖史容用心。欲窺“根源”，自有李彤原編本在，注本編年，乃是成例，何獨指責史容？

　　明、清兩代，《外集詩注》與《大全詩注》（即《内集詩注》）、
《別集詩注》三種以合刊本形式流傳。合刊本有弘治陳沛本、
乾隆謝氏樹經堂刊翁本、光緒陳三立本（《外集詩注》用朝鮮
古活字本），所收《外集詩注》皆爲十七卷，分年編次，顯然屬
閩本系統，即史容晚年增注修訂本。閩本考釋功力較蜀本爲
深，故後世流傳獨盛。合刊本詳後《別集詩注》，此略。

　　爲《外集》作注，南宋間除史容外，猶有任驥、鄧立等。據
洪咨夔《豫章外集詩注序》（《平齋集》卷二九），眉山處士任驥字
天成，"以《内集》有任子淵注，因注《外集》十二卷，考年譜以
推出處，用事必求其意，用字必探其原，勤且博至矣。……子
逢博習有家法。方注詩時，兩髦耽耽，檢書捧硯，領‘退而學
詩’之意。今以名卿守蜀，白首矣。懼父書無傳，力自校讎，
鋟而公諸世"。今按任逢字千載，淳熙進士，守蜀既已白首，
約當在寧宗末理宗初。即是説，任逢將其父所著書行世時，
正當史注蜀、閩兩本付梓之間。以年代推之，任驥作注似尚
在史容之前。鄧立注本，今存魏了翁《注黄詩外集序》（《鶴山
集》卷五五）。任、鄧兩注當亦有佳勝處，惜久已失傳。

【參考文獻】

　　錢文子《山谷外集詩注序》（《四部叢刊續編》本《山谷外集詩注》卷
首）

　　史容《山谷外集詩注引》（同上）

　　史季温《山谷外集詩注跋》（《抱經樓藏書志》卷五四）

　　沈增植《宋刻山谷外集跋》（《海日樓題跋》卷一）

　　張元濟《〈四部叢刊續編〉本山谷外集詩注跋》（《四部叢刊續編》本
卷末）

山谷別集詩注 二卷

黄庭堅 撰　史季温 注

史季温，字子威，史容孫。紹定五年（一二三二）進士，寶
祐中官至秘書少監。所作《山谷別集詩注》上下二卷，舊無序
跋，宋、元書目亦未著録。《四庫提要》稱史容注《山谷外集》，
"其《別集》則容之孫季温所補以成完書"。今不詳《別集詩
注》曾否單行，亦未見有傳本著録，所見皆與《内》《外》兩集詩
注合刊，稱"三集詩注"。

前述黄詩《内》《外》詩注單刻本時，皆述及"三集詩注"合
刊本，而《別集詩注》又僅見於合刊本，故此有必要對三集詩
注合刊本進行集中考述。

所謂"三集詩注"，即將《内》《外》《別》三個注本同時付
梓。傅增湘《經眼録》卷一三嘗記一殘本，爲《山谷内集詩注》
二十卷、《外集詩注》十七卷，"明初刊本，九行十九字，即莫郘
亭友芝所跋爲宋本者也"。沈曾植亦嘗購得明初刊《外集》史
注，張元濟（菊生）以其宋諱缺筆，"神廟"、"哲廟"等皆空格提
行，疑爲宋本。沈氏鑒定，則以爲是弘治祖刻（弘治本詳後），
然亦不敢遽定，跋曰：

> 余以九行十九字與張元禎本行款同，訒爲弘治本，
> 藏書家所稱明初本者耳。旋借得王西莊先生所藏影鈔
> 弘治本，前張序、後楊廉序俱全，先生以硃筆用宋本校過
> 者，彼此對勘，乃知此爲弘治祖刻，彼行款字數幅徑，與
> 此均同，甚至別字壞字，亦相沿襲，而筆畫之間，更增訛

　舛，翻雕痕迹顯然。……然則此本與張本異，乃與西莊
　所稱宋本同。菊生所見，固與前人闇合。第余終覺其字
　體鐫工，與天水末葉不類，姑記此疑，以待他證。（《海日樓
　題跋》卷一）

沈跋本今藏上海圖書館，僅存《外集詩注》十七卷，著録爲弘
治本，而非“明初本”，更非“宋本”。傅氏《經眼録》又載天一
閣佚書《別集詩注》二卷，稱其後有楊廉序，顯然即弘治本，而
析以單行。要之，三集詩注殆無明初本，舊所謂明初本皆弘
治本。

　弘治本，乃弘治九年（一四九六）南昌陳沛所刊，爲《山谷
内集詩注》二十卷、《外集詩注》十七卷、《別集詩注》二卷。張
元禎序曰：

　　　寧，南昌屬縣，先生其縣人。縣閭右有陳鳳岐者，知
　　重先生，圖刻其詩文，以諗於予，予遍爲訪之莫得。斯集
　　乃今提學僉憲莆田黃未齋仲昭故所有者，未齋愛之，每
　　笥以自隨。行縣次寧，勸督暇，因出之示諸生。時鳳岐
　　已物故，其沛、沾二子躍然跽請：“兹先人嘗圖刻於張東
　　白内翰，弗得而卒。幸賜焉，一以彰先正久晦之遺文，一
　　以終先人之志而瞑其目於地下。”公喜而亟與之，更躬爲
　　校正，以成二美。

黃仲昭家藏本是何版本，今不可考，很可能爲宋槧。弘治本
每半葉九行十九字，黑口，四周雙邊，今大陸有五部見於著
録，臺北“中央圖書館”庋藏二部。上引沈曾植跋稱“凡張元
禎叙刻山谷書，若《大全集》，若《刀筆》，工皆不精，但其不改
宋本面目爲可貴耳”。

清乾隆壬寅（四十七年，一七八二），《四庫全書》纂修官翁方綱校其家藏三集詩注上之於朝，詔刊入《聚珍版叢書》。收入《四庫全書》者，《内》《外》兩集詩注用兩淮鹽政採進本，《别集詩注》即用翁本，《提要》曰："任注《内集》、史注《外集》，其大綱皆繫於目録每條之下，使讀者考其歲月，知其遭際，因以推求作詩之本旨。……此本獨有（許）尹序全文，且三集目録犁然皆具，可與注相表裏，是亦足爲希覯矣。"《叢書集成初編》據《聚珍版叢書》本排印。

乾隆五十四年，翁方綱以其所鈔校進呈底本通五十六卷（包括黄珍撰《年譜》十四卷），付門人南康謝啓昆刻於樹經堂，題《黄詩全集》。翁、謝二氏並有序。謝序謂戊申（乾隆五十三年）十月，"見吾師覃溪先生（即翁氏）手鈔草稿，蓋先生爲洗馬時校進之底本也。因與同志鈔録成帙，謀付之梓"。樹經堂本比聚珍本多《外集補》四卷、《别集補》一卷。光緒時孫星華跋《外集補》道："（所補）不知係翁本所原有，或謝氏重刻時所增入？序跋中亦未説明原委。惟《别集補》目録後，謝氏有跋文數行，謂此《别集》詩與注本不同，今以三家注本所無者二十八首，鈔爲一卷云云，據此則所補《外集》《别集》，似皆出謝氏手也。其實此五卷，任、史三家既未加注，似可不必補於注本之後。況閣本（指《四庫全書》本）既收無注之山谷詩文《内》《外》《别》集全本，自更無容重出。"今按刻本通五十八卷（三集詩注三十九卷，補五卷、年譜十四卷），而翁氏序稱所合寫"通爲五十六卷"，則似翁、謝各有所補，非皆出謝氏手。沈曾植跋明初本《外集詩注》引莫氏《宋元舊本書經眼録》卷一，謂翁本《外集詩注》從明初刊本出（按：莫氏著録爲宋淳祐閩憲本，應即弘治本，詳前）。翁氏曾校明初刊本，其本今藏上海圖書館，莫氏之説當是。且上引莫氏謂“翁本《山谷外集詩注》卷五《和子瞻粲字韻》詩闕注者數行，此本此數行適空木未刊，知翁本即從此本出也”。此適可爲證。又楊守敬《光緒刊本跋》謂翁本係傳鈔本，雖較勝明刊，而“誤字不可勝舉”。樹經堂刻本每半葉十二行二十三字，白口，左右雙邊，今國内著録二十餘部，日本東京大學、京都大學亦有藏本。其後，道光十年（一八三〇）友全堂、光緒二年（一八七六）叙府山谷祠、同年盧秉鈞皆嘗重刻樹經堂本，今有著録。

　　光緒二十一至二十六年（一八九五——一九〇〇），陳三立用楊守敬所藏《内》《外》《别》三集詩注影刊於漢口。據楊氏跋，其《内集詩注》爲日本古時翻雕宋本，今日本亦罕見；其《外集》《别集》則朝鮮古活字本，行款稍異，然遇宋帝皆空格，亦源於宋本。三集底本雖來自鄰邦，然皆由宋本出，頗能校明本、翁本之訛脱（按：《内集》底本後爲張鈞衡所得，《適園藏書志》卷一一著録，今不詳何在）。宣統三年（一九一一），有重印光緒本。兩本今國内及日本皆有著録。所謂朝鮮古活字本，每半葉九行十七字，美國國會圖書館藏有完帙，見《中國善本書提要》。活字本亦嘗傳入中國，其中《外》《别》兩集詩注由宋本出，前已言光緒刊本即據以爲底本。又，今南京圖書館著録朝鮮舊刻本《内集詩注》二十卷，復旦大學圖書館著録朝鮮翻宋本《外集詩注》十七卷。臺北“中央圖書館”藏有三集詩注朝鮮舊刻本完帙。所謂朝鮮“舊刻本”、“翻宋本”，當非上述朝鮮古活字本，未見，情況不詳。

　　二〇〇三年五月，中華書局出版劉尚榮校點本《黄庭堅詩集注》，包括《山谷内集詩注》《山谷外集詩注》《山谷别集詩注》及《山谷詩外集補》《山谷詩别集補》，以清光緒間陳三立覆刻日本、朝鮮古本《山谷詩注》爲底本。同年十二月，上海古籍出版社出版黃寶華校點本《山谷詩集注》，亦以陳三立刻本爲底本。

【參考文獻】

翁方綱《刻黃詩全集序》(《復初齋文集》卷三)

孫星華《山谷詩注外集補跋》(《叢書集成初編》本《山谷詩注外集補》末附)

陳三立《山谷詩集注跋》(光緒二十年義寧州刻本《山谷詩注》卷末)

楊守敬《光緒刊本山谷詩注跋》(同上卷末)

灌園集二十卷

呂南公　撰

呂南公(一〇四七——一〇八六)，字次儒，號灌園，建昌軍南城(今江西南城)人。一試禮闈不遇，即退居灌園著書。符行中序其集道：

> 先生幼而警敏，力學不倦，於書無所不讀。發爲文章，雄深浩渺，自成一家，羞同舉子輩綴緝陳言，氣象萎薾，迎合有司之好。……其子郁亦有學問，能世其家，收拾先生遺稿，編成三十卷。紹興壬戌(十二年，一一四二)，余領漕江右，巡行到鄉，郁携以見訪，且屬爲序，欲傳不朽。

符氏作序之次年(紹興十三年)，治建昌之宜興人蔣某

“編摩校勘，刊定鏤板，以傳永久”，建昌軍司法參軍崔紹爲之序。

　　尤氏《遂初堂書目》有《灌園集》之目。《解題》卷一七著録道：

> 《灌園集》三十卷，鄉貢進士吕南公次儒撰。熙寧初，試禮部不利，會以新經取士，遂罷舉。欲修《三國志》，題其齋曰“袞斧”，書將成而死，其書亦不傳。元祐初，諸公欲薦進之，不及。

《通考》卷二三六、《宋志》皆著録爲三十卷。蓋是集宋代僅有紹興一刻。原本約佚於明代，今傳乃大典本。《四庫提要》曰：

> 刊版久佚，流傳遂絶，僅存鈔本《吕次儒集》一卷，……蓋後人從《宋文鑑》及《麻姑山志》鈔撮而成，十不存一。今據《永樂大典》所載裒輯薈萃，篇帙尚夥，謹依類排次，釐爲二十卷。雖不必盡符原數，視世所傳本則賅備多矣。

《四庫全書》據大典本收録，卷目編次爲：卷一至五，詩；卷六，詩、詩餘；卷七，議、論、序；卷八，序；卷九，記；卷一〇至一四，書；卷一五，書、啟；卷一六，傳、頌、贊、銘；卷一七、一八，雜著；卷一九，墓表、墓誌、墓誌銘；卷二〇，墓誌銘、祭文。《提要》所稱鈔本《吕次儒集》一卷，已經闌入集中。民國時，嘗以文淵閣庫本影印入《四庫全書珍本初集》。

　　《全宋文》用《四庫全書珍本初集》本爲底本。《全宋詩》用影印文淵閣《四庫全書》本爲底本。

【參考文獻】

符行中《灌園集序》(影印文淵閣《四庫全書》本《灌園集》卷首)

崔紹《刊灌園集序》(《永樂大典》卷二二五三七)

曲阜集 四卷

曾　肇　撰

曾肇(一〇四七——一一〇七),字子開,建昌軍南豐(今江西南豐)人,鞏弟。治平四年(一〇六七)進士,仕至翰林學士、知制誥。入元祐黨籍,卒。紹興初追諡文昭。楊時《曾文昭公行述》(《曲阜集》附錄,又見《龜山集》卷二九)載《曲阜集》四十卷、《外集》十卷、《奏議》十二卷、《邇英進故事》一卷、《元祐外制集》十二卷、《庚辰外制集》三卷、《內制集》五卷、《尚書講義》八卷、《曾氏圖譜》一卷。楊氏又作《曾公神道碑》(《曲阜集》附錄),所述同。衢本《讀書志》卷一九著錄道:

> 曾子開《曲阜集》四十卷、《奏議》十二卷、《西掖集》十二卷、《內制》五十卷、《外制》三十卷。右皇朝曾肇字子開,子固之弟也。登進士第。元祐中爲中書舍人,元符末再入西掖,遂爲翰林學士。……坐兄子宣(布)貶,亦以散官汀州安置。崇寧末移台州,居京口而終。封曲阜侯。

袁本《讀書志》無《外制》三十卷,餘同衢本。《解題》卷一七著錄《曲阜集》四十卷、《奏議》十二卷、《西垣集》十二卷、《外制集》三卷、《內制集》五卷，且曰《外制集》"別名《庚辰外制集》"。《通考》卷二三五從衢本《讀書志》，《宋志》同《解題》。

綜觀上引，《行述》所記《外集》《邇英進故事》《尚書講義》《曾氏圖譜》四種，各家書目未著錄，蓋楊時所據爲稿本，而四種未經刊佈。《庚辰外制集》《內制集》，唯晁氏《讀書志》分別著錄爲三十卷、五十卷，其他各家皆著錄爲三卷、五卷，疑《讀書志》各衍"十"字。庚辰（元符三年，一一〇〇）所擬內外制詞，蓋不至多達三五十卷。

諸集未見宋人序跋，宋代刊佈情況不詳，後皆散佚。明《內閣書目》卷三僅著錄"《曾文昭公集》三冊，不全，……闕第一至第十一卷"。其後連此本亦不存。《四庫全書》著錄鮑士恭家藏本，爲《曲阜集》四卷，《提要》曰：

> 明永樂十年（一四一二），其裔孫刊行《奏議》，曾棨爲序，有"茲特《曲阜集》中一卷，尚當爲刻全文"之語，則明初原集尚存，其後乃漸就散佚，傳本遂絕。國朝康熙中，其裔孫儼等取所存《奏議》，益以詔制碑表諸逸篇，掇拾編次，別爲此集。前三卷皆詩文，後一卷則附錄也。

永樂所刊《奏議》今無著錄，已包括在曾儼本中。曾儼本刊於康熙六十一年（一七二二），今猶著錄四部，其中四庫底本藏上海圖書館，每半葉九行二十字，白口，左右雙邊。

然而明代除永樂所刊《奏議》外，尚有嘉靖四十一年（一五六二）曾翔龍刻本《南豐曾文昭公曲阜集》二卷、首一卷，國家圖書館有著錄。萬曆癸卯（三十一年，一六〇三），又有裔孫曾思孔所刊《南豐曾文昭公曲阜集》二卷、《遺錄》一卷，今刊本未見著錄，而國家圖書館、南京圖書館藏有鈔本。傅增湘《經眼錄》卷一三記今國圖本道：

舊寫本，九行二十字。次行題“宋曲阜侯諡文昭南豐曾肇子開著”，三行題“明魁星里十九世裔孫思孔校”。前有萬曆癸卯南豐常侍裔吉水泉湖里同亨序，（蓋曾姓族人也。）言宗弟習卿輯遺文十一刻之。次萬曆己亥（二十七年）裔孫思孔序，次家乘雜録，次像讚，次除官制。本書上卷奏議，（自元豐八年〔一〇八五〕至元祐七年〔一〇九二〕。）下卷奏議，（自元祐七年至建中靖國元年〔一一〇一〕。）次《遺録》（詔類、制、表、啟、碑、記、墓誌銘、論、序、祭文、詩）。鈐有“兼牧堂書畫記”、“玉雨堂”、“結一廬印”。

南京圖書館本乃丁氏書，爲明鈔本，卷首序及編次與上述舊寫本同。原爲怡府藏書，有“檇李曹氏”、“曹溶”、“秋岳”三印，及“安樂堂藏書印”、“明善堂覽書畫印記”。“蓋先藏倦圃，後歸怡邸者也”（《善本書室藏書志》卷二七）。民國八年（一九一九），胡思敬據丁氏本刊入《豫章叢書·四宋人集》，胡氏有跋，稱原書卷首一卷繁冗，故只取曾思孔一序，餘皆闕之；“將《遺録》之文合奏議分爲四卷，雖失古本之舊，而編次尚有條理，且卷數與《四庫》相合”，又將其文字可疑者條記於後。

明、清刻本，或僅刊原集之一卷，或爲輯本，收録寥寥，而諸書所載佚文尚多，陸心源於是輯爲《曲阜集補》三卷，刊入《潛園總集·群書校補》中。陸氏遺漏仍多。《全宋文》用《豫章叢書》本爲底本，輯得佚文七十六篇；《全宋詩》用影印文淵閣《四庫全書》本爲底本，輯得佚詩十一首。雖現存佚篇差備，然較原有各集卷數仍相去甚遠。

【參考文獻】

曾思孔《萬曆刻文昭公奏議叙》（《豫章叢書》本《曲阜集》卷首）

西臺集二十卷

畢仲游 撰

畢仲游（一〇四七——一一二一），字公叔，雲中（今山西大同）人。登熙寧三年（一〇七〇）進士第，仕至吏部郎中。陳恬《畢仲游墓誌銘》（《永樂大典》卷二〇二〇五）載文集七十卷。衢本《讀書志》卷一九著録道：

> 畢公叔《西臺集》五十卷。右皇朝畢仲游字公叔，早登進士第。元祐中召天下文學之士十三人策試翰林院，蘇子瞻以公叔爲第一，除集賢校理，又表自代云：“學貫經史，才通世務，文章精麗，議論有餘。自臺郎爲憲漕，緽有能聲。”後入黨籍，終於西京留臺。集，陳叔易（恬）爲之序。

然袁本《讀書志》卷四下作“二十卷”。《遂初堂書目》著録，未載卷數。《通考》卷二三七、《宋志》皆爲五十卷，《宋志》別有《元祐館職詔策詞記》一卷。明《文淵閣書目》卷九著録“《西臺文集》一部十五册，全”；《内閣書目》亦云“全”，然曰“凡十五卷”，疑是“五十卷”之倒。《國史經籍志》卷五著録爲“五十卷”。《絳雲樓書目》卷三陳注云“三十卷”。《四庫提要》曰：

> 《東都事略》但稱仲游有集行世，不詳卷數。《宋史·藝文志》作五十卷，而晁公武《讀書志》則稱《西臺集》二十卷。所紀卷目，多寡互殊，傳本亦久絶於世。今從《永樂大典》各韻中搜輯排比，詩文諸體俱全，似已勘

所遺闕，特未能足五十卷之數。然《宋志》荒謬，多不可憑，疑"五"字爲傳寫之誤，謹仍依《讀書志》釐爲二十卷，亦幾幾乎還其舊矣。

大典本録入《四庫全書》，卷目編次爲：卷一，奏狀；卷二、三，表；卷四、五，議；卷六，試策；卷七、八，書；卷九，啟；卷一〇、一一，尺牘；卷一二，祝文、誌銘；卷一三、一四，誌銘；卷一五、一六，行狀；卷一七，祭文；卷一八至二〇，詩。大典本又刊入《武英殿聚珍版叢書》，《叢書集成初編》《山右叢書初編》等皆由之出。然館臣僅據袁本《讀書志》，以其所輯不足五十卷，遂斥《宋志》"荒謬"，奈衢本正作五十卷、《墓誌銘》尚有七十卷之數何！蓋是集原編爲七十卷，其後或有散佚，或經合併，刊本爲五十卷。"二十卷"及"三十卷"，或爲五十卷之訛，或爲別本。《讀書志》所稱陳恬（叔易）序今佚，故原本編刊情況莫可詳。

《全宋文》用影印文淵閣《四庫全書》本爲底本，輯得佚文十六篇。《全宋詩》底本同。

姑溪居士文集五十卷後集二十卷

李之儀 撰

李之儀（一〇四八——一一一七），字端叔，滄州無棣（今山東無棣）人。元豐進士。因代范純仁草遺表，蔡京構以罪，編管太平州，自號姑溪居士，官終朝散大夫。能文，尤工尺牘。所著文集，《揮麈後録》卷六謂有"六十卷"，其本久已失傳。

後世所傳爲《前集》五十卷、《後集》二十卷本。《前集》五十卷，乃吳芾乾道丁亥（三年，一一六七）守當塗時編刊。吳氏有序，稱“間得之邦人，類而聚之，命郡士戴疊訂正，釐爲五十卷，鋟板於學”云云。《後集》二十卷，不詳何人所編，然陳氏《解題》已著録，至遲亦當出宋末人之手。《解題》卷一七曰：

> 《姑溪集》五十卷、《後集》二十卷，朝請大夫趙郡李之儀端叔撰。嘗從東坡辟中山幕府，後代范忠宣作《遺表》，爲世傳誦。然坐是得罪，編置當塗，遂居焉。

《通考》卷二三七、《宋志》著録同。

明《文淵閣書目》卷九著録“李端叔《姑溪集》一部十册，全”；《内閣書目》卷三同，曰“凡五十卷”，殆是宋本，而唯有《前集》。《澹生堂藏書目》卷一三《續收》有“李端叔《姑溪集》十册，五十卷”，亦只有《前集》，且不詳爲何版本。唯毛氏所藏爲全，《汲古閣珍藏秘本書目》載“《姑溪居士文集》五十卷、《後集》二十卷，十四本，舊鈔”。《絳雲樓書目》卷三著録“《姑溪集》六册”，陳注：“六十卷，又《後集》二十卷。”“六十”或“五十”之誤，或即《揮麈後録》所叙之本，莫可詳。

宋本久佚。日本静嘉堂文庫藏有影寫宋刊本，陸心源嘗有跋，述之甚略，原本未見，不詳其出於何本。元、明兩代似未覆刊。是集今以明鈔爲古。國家圖書館藏有明吳氏叢書堂殘鈔本，原爲傅增湘所藏，其《經眼録》卷一三記之曰：

> 《姑溪居士文集》五十卷、《後集》二十卷，（宋李之儀撰，存五至六、二十至二十五、三十、三十一、三十七至四十三，凡十七卷，又《後集》十六至二十，凡五卷。）明吳匏菴（寬）家寫本，棉紙墨格，十行二十字，版心有“叢書堂”三字。吳氏原

鈔得十六卷，餘則後人補鈔也。余以新刻本校過，改正不少，洵堪珍秘，惜其殘缺，僅存少半耳。(全書七十卷，佶人乃挖去卷數別填，以充全書，可恨復可笑也。)

除明殘鈔本外，上海圖書館藏有明黄汝亨鈔本，有楊守敬跋。

清鈔本今存尚多，國内著録全本、殘帙近二十部，如國家圖書館藏寶玉齋鈔本、上海圖書館藏徐氏傳是樓鈔本、南京圖書館藏研經樓鈔本等，皆迭經名家收藏。《四庫全書》著録汪如藻家藏本，當亦爲傳鈔本，《前集》卷目編次爲：卷一，古賦、詩；卷二至一一，詩；卷一二，贊、銘；卷一三，表、啟；卷一四、一五，啟；卷一六，書；卷一七，雜書；卷一八至三四，手簡；卷三五，序；卷三六、三七，記；卷三八至四二，題跋；卷四三，祭文、疏文；卷四四，青詞、疏文；卷四五、四六，詞曲；卷四七，詞曲、樂語；卷四八至五〇，墓誌銘。《後集》爲：卷一，古賦、詩；卷二至一三，詩；卷一四，贊、銘；卷一五，序、題跋；卷一六至一八，手簡；卷一九，行狀；卷二〇，墓誌銘。

光緒乙亥(元年，一八七五)，南海伍氏將《姑溪》前、後集刊入《粵雅堂叢書》三編第三十集，伍紹棠跋稱所用底本是“在廠肆所購，繕寫訛謬，幾不可讀。爰細加校勘，授之梓人，其太脱誤者則姑闕之，以俟他日增補”。《叢書集成初編》據《粵雅堂叢書》本排印。宣統三年(一九一一)，金陵督糧道有刻本，即傅氏《經眼録》所謂“新刻本”。

《全宋文》用《粵雅堂叢書》本爲底本，輯得佚文十六篇。《全宋詩》用影印文淵閣《四庫全書》本爲底本。兩書分别以上述鈔本、刻本相校，各本文字無大差池，而異文訛字，則皆在所難免。

　　國家圖書館曾藏有《止齋先生集》十三卷，乃鈔姑溪《後集》之僞書，兹附及之。按傅氏《經眼録》卷一三著録該本，曰："題北宋人雙溪馮敬静修撰，有甲戌秋八月望後三日臨川王本中序。全集皆詩，惟卷首賦一篇，末卷詞五首。……余頗疑此北宋人集而古今目録皆不載，殊不可解。嗣遍取各集檢視，乃知爲《姑溪居士後集》之十三卷，賈人作僞以欺人，而前輩皆不之察，可爲笑歎。"

【參考文獻】

　　吳芾《姑溪居士前集序》（影印文淵閣《四庫全書》本《姑溪居士前集》卷首）

　　伍紹棠《姑溪居士集跋》（《粤雅堂叢書》三編本卷末）

祝尚書 著

宋人別集叙録

（增訂本）

中 册

中華書局

宋人別集叙録卷第十二

龍雲先生文集三十二卷

劉　弇　撰

　　劉弇（一〇四八——一一〇二），字偉明，吉州安福（今江西安福）人。元豐二年（一〇七九）進士，紹聖三年（一〇九六）中宏詞科，官僅至著作佐郎。李彦弼《劉偉明墓誌銘》（《龍雲集》附録）稱“有文集數十卷”，蓋其時尚未編定。高宗紹興四年（一一三四），羅良弼跋其集道：

　　　其平生所爲文，漫散莫考，浦城所鋟纔二十有五卷耳，雄篇大册，尚多不著。良弼惜其流落，冥搜博訪，得彭德源、曾如晦等手編數十卷，又得《宏詞》《時議》諸編於内相郭明叔家，合而次之，得古律賦三，宏詞四，古詩一百四十，律詩一百二十一，絶句一百一，生辰詩一十一，輓詩一十三，（總三百九十三首，印本止有三十九首。）樂府六，表一十七，啟五十二，（郭本黜，今附。）書四十四，序一十四，時議六，策問四十五，記十，雜著五，疏語十，祭文一十一，碑誌一十二，總六百三十一篇，爲三十有二卷，而先生之文略盡矣。

因著者生前未拾掇成編，故身後散落，遂各以其所得或付梓，或編集。又嘉泰時周必大序，謂“汴京及麻沙《劉公集》二十五卷”。麻沙本或即羅跋之浦城本（麻沙在建陽，距浦城不遠，宋代同屬建寧府），則此外尚有汴京本，皆爲二十五卷。兩本蓋俱刻於北宋末，所收詩文是否相同，因其本久已亡佚，無從校核，唯據羅跋知浦城本收詩僅三十九首，尚不及羅輯之零數。《通志》著録“《劉偉明集》二十五卷”，當即汴京或麻沙本。

羅良弼輯本，當時似未刊行，至嘉泰間方付梓，周必大序曰：

> 先是，汴京及麻沙《劉公集》二十五卷。紹興初，予故人會昌尉羅良弼遍求别本，手自編纂，增至三十二卷，凡六百三十餘篇。嘉泰三年（一二〇三），賢守豫章胡元衡平一表鄭公之鄉里，訪襄陽之耆舊，欲廣其書，激厲後學。予亟屬羅尉之子泌繕寫定本，授侯刻之。

序作於嘉泰四年六月，蓋已刊竣。陳氏《解題》卷一七所録，當即嘉泰本：

> 《龍雲集》三十二卷、《附録》一卷，著作佐郎廬陵劉弇偉明撰。元豐進士，紹聖詞科。曾慥《詩選》以比石敏若，非其倫也。龍雲，安福縣鄉名，弇所居也。

《通考》卷二三八、《宋志》同。蓋三十二卷本出，二十五卷本遂爲其所取代，以至散亡。然羅良弼嘗用舊本校勘，今傳明本原校尚引“京本”、“二本”等，“京本”當即汴京本，則二十五卷本篇目文字，從而猶依稀可睹。

元代蓋無覆刻本。明《文淵閣書目》卷九著録“一部五册,缺".《國史經籍志》卷五載二十二卷,"二"疑"三"之訛。
《絳雲樓書目》卷三陳景雲注曰"二十卷",殆非完帙。《萬卷
堂書目》卷四、《澹生堂藏書目》卷一三皆著録三十二卷本。
澹生堂本猶流傳至近代,傅氏《經眼録》卷一三著録爲成化
本,僅存卷七至十六,"十行十九字,黑口雙闌。鈐有'山陰祁
氏藏書之章'、'澹生堂藏書記'、'曠翁手識'各印"。此殘本
今未見著録,成化本別無他帙。今存弘治本劉璋序,稱是集
"每以不獲見爲恨"(見下文引);而成化與弘治相接,年代至
近,若澹生堂殘帙果爲成化刊本,弘治時不應難得。不詳傅
氏著録依據,據其版式,疑即弘治本。

　　弘治乙丑(十八年,一五〇五),後裔劉孟官於閩,於是重
刊是集。劉璋爲之序,略曰:

　　　宋有天下三百餘年,廬陵郡以古文倡明斯道,自歐
　　陽文忠公始,繼之者龍雲劉先生也。……予每以不獲見
　　先生之文爲恨。今年春,吾閩大參安成劉公孟旬宣來延
　　平,語予曰:"吾祖龍雲先生著述甚富,歷世既久,流落天
　　地間,漫不可省。天順間,先君始得《龍雲集》於彭文憲
　　公,出自秘閣,窮晝夜手鈔弗懈,乃有是書。吾雖王事於
　　外,亦必載以偕行。"出以示予,予受而讀之,以償其夙
　　願。……大參將鋟梓以傳,屬予爲之序。

則弘治本所用底本,乃傳鈔秘閣本,而秘閣本當即嘉泰本,故
有周必大序,卷中原注尚引"京本"等,猶存宋槧原貌。然秘
閣本已注"缺",所刊雖仍爲三十二卷,與宋人著録同,而是否
宋時完帙則已無考。弘治本每半葉十行十九字,黑口,四周
雙邊。版心題"龍雲先生文集",或"龍雲文集",下記卷數、葉
數。今國內著録五部(包括殘帙),日本天理圖書館藏一部。

清乾隆十三年（一七四八），劉氏龍雲讀書室嘗重刊弘治本，今國内亦僅著録數部。乾隆本行款與弘治本同，唯改爲白口、四周單邊。

《四庫全書》著録鮑士恭家藏本，《提要》稱宋刊"歲久版佚，明弘治中劉璋復序而重刊"云云，則鮑本顯係弘治本。其卷目編次爲：卷一，古律賦；卷二，宏詞；卷三至一〇，詩；卷一一，表；卷一二至一四，啟；卷一五至二一，書；卷二二、二三，記；卷二四、二五，序；卷二六，時議；卷二七至二九，策問（上、中、下）；卷三〇，疏文；卷三一、三二，墓誌銘（碑附）。

國家圖書館、南京圖書館等今猶藏有清鈔本，均源於弘治本。如南京圖書館本乃丁氏書，爲曹倦圃舊物，"依弘治刊本而繕録者，有'曹溶之印'、'潔躬'、'明善堂覽書畫印記'、'安樂堂藏書記'、'宣城李氏'、'瞿硎石室圖書印記'"（《善本書室藏書志》卷二八）。

民國四年（一九一五），胡思敬將是集刻入《豫章叢書》，跋稱"《龍雲集》流傳至今者，以明弘治本爲最古。予所藏舊鈔本及李振唐所收乾隆本，皆從弘治本出，故今刻從之，缺文小注悉仍其舊"云云。

弘治本有闕字，蓋秘閣本漫漶，加之歲久殘蝕，故重刊本、四庫本、《豫章叢書》本及鈔本等類有脱文。宜參校各本，盡可能補闕，以成完書。

《全宋詩》用弘治本爲底本，《全宋文》用《豫章叢書》本爲底本。

【參考文獻】

　　羅良弼《跋龍雲集後》（影印文淵閣《四庫全書》本《龍雲集》卷末）
　　周必大《龍雲集序》（同上卷首）

劉璋《弘治刊龍雲文集序》(《豫章叢書》本《龍雲集》卷首)

胡思敬《龍雲集跋》(同上卷末)

潏水集 十六卷

李　復　撰

　　李復，字履中，長安(今陝西西安)人。元豐二年(一○七九)進士，紹聖三年(一○九六)中宏詞科。官至中大夫、集英殿修撰，死於金兵。師事張載，於書無所不讀，尤工詩，學者稱潏水先生。其集蓋由子孫裒輯，乾道癸巳(九年，一一七三)，錢端禮《書潏水集後》稱"其孫龜年、龜朋出遺集四十卷"云云。然至淳熙間方有刻本。淳熙癸卯(十年，一一八三)，端禮孫象祖《書潏水集後》曰："先祖帥會稽時，欲刊先生之集，期以行遠。未幾奉祠歸，不克就。象祖今於上饒(即信州)郡齋刊之，從先志也。"《容齋四筆》卷六稱"比得上饒所刊《潏水集》"，又《朱子語類》卷五二謂"信州刊李復《潏水集》"云云，即其本。陳氏《解題》卷一七所録，當亦爲上饒本：

　　　　《潏水集》四十卷，集英殿修撰長安李復履中撰。元豐二年進士，博學有氣節。其爲熙河漕，有旨造戰艦、戰車，復奏斥議者之謬妄，以爲兒戲。遂罷其役，時論韙之。

《通考》卷二三七同。

　　是集淳熙刊板後，似再未重刻。元至正十二年(壬辰，一三五二)，危素作《潏水集序》，謂翰林院有賈似道家藏本；又引廣信舒彬來書，稱“吾郡所刻《灄水集》僅存，而多所脱落。
彬遊京師，遂摹刻其書以來。彬又從儒學假舊藏補其闕以遺
素，仍假翰林本校定。然彬與素皆貧，恨力不能完其版，始序
識之”，云云。由知信州淳熙時所刻書板，至元末猶存，尚可
摹印，只是脱落已甚。故雖危素感歎是書“難致”，然在信州，
宋本儒學即可得。明《文淵閣書目》卷九著録二部，一部四册
全，一部五册全。至《内閣書目》卷三著録時，僅一部全：“《李
灄水先生集》，五册全，……凡四十卷。又《灄水先生集》殘闕
一束。”内閣本後散佚，今傳乃大典本。《四庫提要》曰：

> 集本四十卷，乾道間嘗刻於饒郡，即朱子所謂信州
> 本也。後散佚無存，談宋文者多不能舉其名氏。今從
> 《永樂大典》裒輯編綴，釐爲一十六卷，著之於録，既以發
> 潛德之幽光，且以補史傳之缺略焉。

所謂“乾道間嘗刊於饒郡”，誤，刊集在淳熙中，余嘉錫《四庫
提要辨證》卷二二已駁其非。《四庫全書》據大典本收録，卷
目編次爲：卷一，奏疏；卷二，表；卷三至五，書牘；卷六，記；卷
七，賦、辭、序、跋；卷八，説、銘、墓誌銘、雜著；卷九至一六，
詩。今傳清鈔本及民國時鉛印《關隴叢書》本，皆由四庫本
出。《全宋文》《全宋詩》皆以影印文淵閣《四庫全書》本爲底
本，校以他本。

【參考文獻】

錢端禮《書灄水集後》（影印文淵閣《四庫全書》本《灄水集》卷末）

錢象祖《書灄水集後》（同上）

方回《讀灄水集跋》（《桐江集》卷三）

危素《摹印本灄水集序》（《説學齋稿》卷四）

芝園集二卷補續芝園集一卷芝園遺編三卷

釋元照　撰

元照（一〇四八——一一一六），字湛然，自號安忍子，餘杭（今浙江杭州）唐氏子。元豐中住靈芝寺。講天台教觀，著述甚多。政和六年卒，賜謚大智律師。所著《芝園集》等，國內舊傳本久佚，今唯見於涵芬樓影印日本《續藏經》。《續藏經》第二編第十套第三冊載《芝園（按："園"原作"苑"，該冊總目作"園"，據改）遺編》上、中、下三卷，多內學之文。卷上大題下署"餘杭（原誤"航"）郡沙門元照"，總目題"道詢集"。卷上之《大小乘論》後注"律師臨終口授，門弟子守傾執筆"。同卷《建明州開元寺戒壇誓文》末署"紹聖五年（一〇九八）二月十五日"，附《鄭丞相跋》，稱"照公之真蹟具存，可寶也已。湖心龍律師得之以示余，因書此紙以歸之"，末署"嘉熙己亥（三年，一二三九）季秋初吉，安晚（祝按："晚"原誤"脕"）居士鄭清之"。則道詢輯是集，當在嘉熙三年之後，蓋搜採《芝園集》等集外散逸之文，故稱"遺編"。卷中署"六世法孫道詢集"。卷下之末有日人題跋，曰：

> 貞和三年（丁亥）（一三四四）大蔟五日，前泉涌老比丘淳朴於竹園軒看讀校訂之次，卒點旁訓云。今寬文九年（一六六九）孟秋下旬更潤色之，以壽梓流世矣。欲繼法燈而永照迷闇，濟群生而遠沾妙道。忝浴祖恩，欽擬報答云。止止堂老乞士中訥翁。

　　《續藏經》第二編第十套第四册又載《芝園集》上、下二卷，無序跋，上卷爲塔銘、行業記，下卷爲論、序等雜文。《和刻目録》載有《芝園集》二卷，中村五兵尉刊，殆即此本。

　　《續藏經》第二編第十套第四册《芝園集》二卷之後，又有《補續芝園集》一卷，載《台州順感院轉輪藏記》等記六篇，天頭有校語，如曰“某疑某”、“某上《樂邦文類》有某字”之類。此集既題“補續芝園集”，疑著者猶有《續芝園集》，已佚。

　　《續藏經》第二編第十套第三册在《芝園遺編》三卷之外，收有題“元照”之《大智（禪）〔律〕師道具賦》，凡《三衣賦》等五篇，未入集内。賦題既稱元照之謚（“大智（禪）〔律〕師”），則此五賦顯是他人所作，題“元照”誤。

　　民國十一年（一九二二），北京刻經處曾將《續藏經》所載編爲《芝苑遺編》四卷、《補遺》一卷刊行，今上海圖書館等有著録。

　　《全宋文》用《續藏經》本爲底本。

盡言集十三卷

劉安世　撰

　　劉安世（一〇四八——一一二五），字器之，大名（今屬河北）人。熙寧六年（一〇七三）進士。歷左諫議大夫、樞密都承旨。立朝敢諫諍，曾多次貶官。學者稱元城先生。著有《盡言集》《元城集》，建炎初已成編。王綯《題鈔本盡言集》曰：

　　建炎丁未（元年，一一二七），今上（高宗）即祚睢陽，
綯時守壽春，復召爲給事中，過同寮直舍傳公諫草《盡言
集》者，就觀之，首見耆德魁雋、世所共賞者，舉錯非是，
公必言之不少假。……甲寅（紹興四年，一一三四），綯
自會稽得請外祠，來寓崑山，公季子至叔以尚書郎職事
繼至，綯借《盡言集》，則已爲人所先矣，獨得公所爲文
《元城集》二十卷。

則《盡言集》收録“諫草”，而《元城集》乃文集。《東都事略》卷
九四《劉安世傳》謂“有集二十卷，《盡言集》《通鑑音義》十
卷”。淳熙五年（一一七八），括蒼守梁安世於郡齋刊《盡言
集》，其刊板跋略曰：

　　元城先生南遷，往還皆道曲江。比得其手帖十餘紙
於州人鄧氏，乃刻石清淑堂上。適先生曾孫孝騫自連山
來訪，出其家藏《盡言集》十三卷，因命工鏤版，置之
郡齋。

《宋志》著録《劉安世文集》，當即《元城集》，殆宋時亦嘗付梓；
《盡言集》則因梁刻而流布較廣，《解題》卷二二、《通考》卷二
四七、《宋志》皆著録十三卷本。

　　宋刊文集及括蒼本《盡言集》，明代或猶傳世。《文淵閣
書目》卷九著録“《劉元城文集》一部三册，殘缺；《劉元城盡言
集》一部三册，缺”。今存《永樂大典》殘本中尚有所作表、狀、
啟、序諸體文，然數量極少（已輯入《全宋文》），當即取於殘本
《文集》。《澹生堂藏書目》卷一三、《江陰李氏得月樓書目摘
録》唯著録《盡言集》十三卷，已無文集。殘缺本文集後來亦
散佚，唯《盡言集》孤存於世，已無宋槧，今唯南開大學圖書館

著録清南海孔氏岳雪樓影宋鈔本。

《增訂四庫簡目標注・續録》稱《盡言集》有明初刊本。明初本各家未見著録，不詳邵氏何所據。今存明刻，乃隆慶五年（辛未，一五七一）張佳胤等所刊。佳胤字肖甫，四川銅梁人，隆慶間飭兵大名，以劉安世爲元城鄉里，遂刻其集。當時所用底本乃鈔帙。大名石星序曰：

> 去歲銅梁張廬山公憲副來鎮吾郡，丞慕先生，欲標榜以式後進。求先生遺言不可得，博搜之久，乃得其《盡言集》於大梁宗藩西亭（祝按：即朱睦㮮）處，則大喜。而集乃手鈔，不便傳誦，因命郡守暘谷王君、清戎雲岳朱君、司理龍陽蔡君梓之。

是序末稱“集凡三卷，刻之郡署中”，“三卷”當是“十三卷”之脱，《四庫提要》已辨之。其卷數與括蒼本同，又有梁安世跋，則西亭朱氏鈔本當由宋本出。是刻每半葉十行，行十八字，白口，四周雙邊。隆慶本今國内尚著録十部，民國時嘗影印入《四部叢刊續編》，今爲通行善本。

《四庫總目・史部・詔令奏議類》著録是集，爲山東巡撫採進本，據《提要》即隆慶本。《畿輔叢書》亦據隆慶本重刊，見光緒十三年（一八八七）王灝跋。《叢書集成初編》則據《畿輔叢書》本排印。

除隆慶刊本外，是集今猶有明鈔本。上海圖書館著録明鈔一部，十三卷。北京大學圖書館藏李氏書，有明鈔殘本，存卷一至四、卷十至十三，凡八卷。該本乃黃氏士禮居舊物，藍格，每半葉十行二十字（《木犀軒藏書書録》）。

《全宋文》用《四部叢刊續編》本爲底本，輯得佚文十八篇。

【參考文獻】

王絢《題鈔本盡言集》（《四部叢刊續編》本《盡言集》卷末）

張九成《盡言集序》（同上卷首）

梁安世《淳熙刻盡言集跋》（同上卷末）

陸東、石星、張應福《隆慶刻盡言集序》（同上卷首，人各一序）

張元濟《四部叢刊續編影印隆慶本盡言集跋》（同上卷末）

王灝《畿輔叢書盡言集跋》（《畿輔叢書》本《盡言集》卷末）

淮海居士集四十卷 後集六卷
長短句三卷

秦　觀　撰

秦觀（一〇四九——一一〇〇），字少游，又字太虛，號淮海居士，高郵（今屬江蘇）人。少從蘇軾遊，軾以爲有屈、宋才。元豐八年（一〇八五）登進士第。元祐間累遷國史院編修官，後坐黨籍，編管雷州。召還，道卒。爲“蘇門四學士”之一。尤工詞。早年嘗手編所作詩文爲《淮海閒居集》，自序道：

> 元豐七年冬，余將赴京師，索文稿於囊中，得數百篇。辭鄙而悖於理者輒刪去之。其可存者，古律體詩百十有二，雜文四十有九，從遊之詩附見者四十有六，合二百一十七篇，次爲十卷，號《淮海閒居集》云。

作者於次年登進士第，此次赴京，當爲準備應禮部試，其收拾文稿成集，蓋將用以爲贄。此本當時應曾付梓，然無傳本著録，乾道本《淮海居士集》（此本詳下）之首即爲此序，表明《閑居集》十卷已闌入集中。

　　據現有史料，除《閑居集》外，作者蓋身前猶有文集刊行。徽宗崇寧二年（一一〇三）四月下詔焚燬三蘇及其門人文集印板，其間有秦觀文集（見《通鑑長編紀事本末》卷一二一），時去作者離世僅四年，蓋刊集在遭黨禍之前。《通志》著録《淮海集》二十九卷，疑即禁燬之本。洪邁《容齋隨筆》卷一六謂關子東嘗爲秦集作序，所序或即該本。關氏爲紹興時人，蓋是時嘗重刻。又衢本《讀書志》卷一九著録《淮海集》三十卷，不詳是否即《通志》所載之本。二十九卷或三十卷本，疑即在手編十卷本《淮海閑居集》基礎上增編而成。三十卷本明代猶傳世，《世善堂藏書目録》卷下、《絳雲樓書目》卷三著録，後失傳。

　　秦觀文集今以日本内閣文庫所藏乾道九年（一一七三）高郵軍學刊本最古，董康《書舶庸譚》卷六著録，國内唯藏有乾道本之重修本。今按乾道刊本卷首有作者《淮海閑居集序》，已見前引。宋蜀刻本（此本詳後）自序後有無名氏題記，當是乾道本所原有，曰：

　　　　右學士秦公元豐間自序云耳，故存而不廢。今又采拾遺文而增廣之，合爲四十有六卷，大概見於後序，覽者悉焉。

所謂“後序”，乃林機作，國内所藏宋本（重修乾道本，詳後）均脱去，《天禄後目》卷七有引文，但不全。幸日本内閣文庫藏乾道本尚完好，近年上海社科院徐培均先生通過日本横山弘先生獲得複印件，並將其一葉書影附於所著校注本《淮海居士長短句》（上海古籍出版社一九八五年版）之前。《後序》作於乾道癸巳（九年）正月望日，署“左朝奉大夫、試給事中兼侍講三山林機景度”，略曰：

> 高郵荐更兵火，索囊善本，訛舛失真。里人王公定
> 國之牧是邦，剗裁豐暇，開學校以先士類，謂捨匠石之圍
> 而掄材於遠，天下之大弊。以公之文易於秭式，搜訪遺
> 逸，咀華涉源，一字不苟，校集成編，總七百二十篇，釐爲
> 四十九卷，板置郡庠，使一鄉善士其則不遠，可謂知設教
> 之序矣。

則乾道本乃王定國守高郵時所編刊。《後序》後猶有題記，稱
“高郵軍學《淮海文集》計四百四十九板，並副葉襟背等共有
紙五百張”云云。王定國何以在前集四十卷外另編《後集》六
卷，而不通爲編次，今不詳其故。按《東都事略》卷一一六《秦
觀傳》曰“有文集四十卷”，《宋志》著録《秦觀集》四十卷，《宋
史》本傳亦稱“有文集四十卷”；以理推之，蓋乾道之前已有四
十卷本行世，疑即林機所謂“訛舛失真”之本（或爲蜀本，參後
引謝雱跋），王定國殆不欲亂其編次，因以爲前集，再將其所
輯編者爲後集，即無名氏題記所謂“今又採拾遺文而增廣之”
云爾。

紹熙三年（壬子，一一九二），高郵軍學教授謝雱重修乾
道本，跋略曰：

> 右秦學士《淮海集》前、後四十六卷，文字偏旁，間有
> 訛缺，讀者病焉。雱以蜀本校之，十纔得一二，或者謂初
> 用蜀本入板也。遂與同事諸公商榷參考，增漏字六十有
> 五，去衍字二十有四，易誤字三百有奇，訂正偏旁，至不
> 可勝計。……《長短句》三卷，非止點畫訛也，如“落紅萬
> 點愁如海”，以“落”爲“飛”，“兩行芙蓉淚不乾”，以“兩

行”爲“雨打”,皆合訂正。

謝雩重修本,《天禄後目》卷七嘗著録,凡二函十册,有闕葉,後有林機、謝雩二跋。該書原爲吴氏叢書堂舊藏本,有“叢書堂印”朱文印記,後歸常熟毛氏,有毛晉等諸印記。此本今國内尚存三部,其中兩部已殘。傅增湘《經眼録》卷一三分别著録道:

《淮海集》四十卷、《後集》六卷、《長短句》三卷,(宋秦觀撰。存卷三十至四十,共十一卷,内卷三十缺一、二葉,三十四缺四、五葉,三十六缺十六葉,三十七缺一、二葉,三十八缺九、十葉,三十九缺一葉。)宋乾道九年高郵軍學刻紹熙三年謝雩重修本,半葉十行,行二十一至二十四字不等,白口,左右雙闌,板心上記字數,下記刻工人名,有曲釿、劉仁、劉志、劉明、劉文、劉宗、李憲、潘正、周佾、趙通等。魚尾下作“秦卷幾”。宋諱桓、構、慎闕末筆。此自午門紅本袋中清出者,今歸北京圖書館。

《淮海集》四十卷、《後集》六卷、《長短句》三卷,(宋秦觀撰。)宋乾道九年高郵軍刊紹熙三年謝雩重修本,……(版式略)。首《閑居文集序》,次舒王《答蘇内翰薦秦公書》,次曾子開答書,次蘇内翰答書,次後山居士撰《淮海居士集序》。後有嚴繩孫跋。此書余在故宫御花園位育齋撿出,重裝付善本書庫。前有原籤題一葉。

《淮海集》四十卷,(宋秦觀撰。存卷十二至二十五,計十四卷。)宋乾道九年高郵軍刊紹熙三年謝雩重修本,……各卷中間有缺葉。黄蕘圃(丕烈)跋録後:“此故友陶五柳主人爲余購得者,因借無錫秦氏宋刻四十卷全本手校過,故此不之重,其實非一刻也。今手校本已歸他所,而近又得一孫潛藏鈔本，因出此殘帙勘之，略正幾字。中有《淮海閒居集序》一葉錯入二十三卷中，以別本長短句偶存全集序文證之却合，因得考見宋刻源流，莫謂竹頭木屑非有用物也。蕘夫記。”

前兩部今藏國家圖書館，皆出自清宮，卷中已多漫漶，然似非天禄琳琅本，天禄藏書蓋多毀於火。後一部，《文禄堂訪書記》卷四著録爲“宋浙刻本”，未述其依據。該本今藏北京大學圖書館，著録爲宋刻明修本。又上海圖書館亦藏有宋刻明修本，存《淮海集》卷一至十五、二十一至四十，《後集》六卷，《長短句》三卷，凡四十四卷，其他卷亦稍有殘缺，間有鈔補。前後無序跋，首葉即目録。宋刻明修本當即所謂北監本，詳後。

陳氏《解題》卷一七著録《淮海集》四十卷、《後集》六卷、《長短句》三卷，當即乾道刊本（或其重修本）。

除乾道高郵軍學刊本及其遞修本外，秦集今猶存宋蜀刻殘本，藏國家圖書館。該本原爲瞿氏舊物，得之於汪氏藝芸書室，《鐵琴銅劍樓藏書目録》卷二〇著録道：

> 《淮海先生文集》二十六卷，（宋刊殘本。）題“秦觀少游”。原書四十六卷，今存卷一至十八，卷二十七至三十四。前有自序云（前已引，略），序後又有無名氏題記（前已引，略）。每半葉九行，行十五字（傅氏《經眼録》卷一三謂“白口，左右雙闌，版心上魚尾下題秦目，下記葉數”）。首葉版心有“眉山文中刊”五字，慎、敦、廓字闕筆，寧宗時蜀中刻本也。

《文禄堂訪書記》卷四記該本有元官印，又有“郁松年”、“泰峰”、“田耕堂”、“虞山瞿紹基藏書”印。傅氏《經眼録》按曰：
“此蜀大字本，與蘇文忠（軾）、蘇文定（轍）、陳後山（師道）三
集全同，當爲同時同地所刊也。”蜀大字本，疑即慶元時眉山
蘇氏功德寺所刻“大小二本”之大字本，參前蘇軾《東坡七集》
所述。蜀刻本既爲四十六卷，而《後集》六卷乃王定國所“增
廣”，則蜀刻當出於乾道本，唯無《長短句》三卷。此本晚於乾
道本，而前引謝雩跋稱乾道本或謂“初用蜀本入板”，四川師
大中文系趙義山教授以爲有比現存蜀大字本刊行年代更早
之蜀本，其見甚卓，惜缺文獻證據。

　　宋代除上述刊本外，《解題》卷一七猶著録蜀刊《蘇門六
君子集》，其中有《淮海集》四十六卷，當爲合前、後集通爲編
次（或合計著録）；卷二一著録《淮海詞》一卷，乃長沙坊刻《百
家詞》本。又《季滄葦書目》有“歐（陽）文忠、秦淮海、真西山
《琴趣》（四本，宋刻）”。毛扆校本《淮海詞》，亦曾引《淮海琴
趣》。各本皆久佚不傳。

　　《天禄後目》卷一一載《淮海集》元刊本，謂“無《長短句》
三卷”，已久無著録。明代自《文淵閣書目》而下，公私書目著
録秦集甚衆，多爲四十卷本，或前、後集四十六卷、《長短句》
三卷之本，唯《汲古閣珍藏秘本書目》注明爲“宋板”，其它是
何版本不詳。

　　秦集明代所刊，皆屬乾道高郵軍學系統之本，今以明初
本爲古。《愛日精廬藏書志》嘗著録明初本《淮海先生前集》
四十卷、《後集》六卷。今臺北“中央圖書館”藏有明初本，其
《善本書目》著録爲“明初葉閩刊本”。大陸未見此本，其詳
待考。

其次以正德本爲早。正德本乃黄瓚正德年間於山東所刻。丁丙《善本書室藏書志》卷二八嘗著録，略曰："此本前後無序跋，又無《長短句》三卷，刊版較大於嘉靖本。按張氏縱序……所謂不全者，殆因未刻《長短句》耳。"丁氏本今未見著録。臺北"中央圖書館"著録黄瓚本二部，其一原爲張鈞衡藏書，《適園藏書志》卷一一著録；另一部有近人徐均手書題記，《前》《後》集外有《長短句》三卷，繫鈔補。日本宫内廳書陵部亦藏有正德本，爲《前集》四十卷、《後集》六卷，《日藏漢籍善本書録》按曰："此本前後無序跋，與宋高郵刻本及明嘉靖胡民表刻本相校，亦無《長短句》三卷。此本原係江户時代德山藩三代主毛利元次廣收'天下秘籍'之一。……首有'瑞肅書扁'印記。每册首有'明倫館印'、'德藩藏書'印記。"正德本每半葉十行二十一字，上下雙邊，白口，單黑魚尾。

明刻以嘉靖年間最多，傳世者有五本（包括補刻本）。較早爲嘉靖十一年（一五三二）劉宗器安正堂所刻（按葉德輝《書林清話》卷五謂刻於萬曆壬辰〔二十年，一五九二〕，疑誤），卷帙同宋乾道本，每半葉十行二十一字，大黑口，四周雙邊。此本今唯上海圖書館庋藏，扉葉有"群碧樓"、"百靖齋"、"嘉靖刻本"朱印三方，目録首行下有"鳴野山房"、"葉氏篆竹堂藏書"等印記，卷末有"嘉靖壬辰孟夏安正堂刊"牌記。

嘉靖十八年（己亥）、二十四年（乙巳），分别有張縱鄂州刻本、胡民表高郵刻本，而兩本常常相混，傅增湘《明胡民表刊本淮海集跋》述之曰：

　　《淮海集》四十卷，《後集》六卷，《長短句》三卷，明嘉靖乙巳刊本，半葉十二行，行二十一字，白口，四周單闌。前有嘉靖乙巳江都盛儀序，次嘉靖己亥張縱序，後有嘉

靖乙巳郡人張繪跋。按諸家序跋，集板蓋舊藏國子監，
歲久漫漶，儀真黃中丞瓚刻於山東，高郵張州守綖參校
監本、黃本刻於鄂州。綖自序於鄂之石鏡亭，所謂“山東
新刻不全，予乃以二集相校，刻之郡齋”者是也。後以家
居，藏板別墅，甲辰歲（嘉靖二十三年）毀於火，高郵州守
龍山胡君民表重加校正，捐俸而翻刻焉，即此本也。是
此本爲嘉靖乙巳胡民表所刻，世皆認爲張綖本，誤矣！

　　余考近世藏家目録，如皕宋樓陸氏、八千卷樓丁氏、
藝風堂繆氏、適園張氏，（虞山《瞿氏目》有《淮海集》，著録爲張
綖本，然未見其書，不敢遽定。且丁氏亦誤以乙巳刻爲己亥
也。）凡著録嘉靖本《淮海集》者，皆爲胡氏重刊之本。余
昔年遊南中曾獲一帙，亦正是此本，無一人得睹張綖原
刻。夫原刻成於己亥，其版毀於甲辰，中間版存者尚有
五六年，何以獨無印本流傳於世（祝按：有傳本，傅氏未見而
已，詳後），而正德黃氏山東刻本轉有存者，（丁氏、張氏兩目
皆有黃本。）殊不可解。今觀胡氏覆刻，版式雅飭，字體亦
整潔，則原刻之精麗亦可推知。

　傅氏跋述及三本，即正德黃瓚本、嘉靖張綖本及胡民表
翻刻本。黃瓚本（已見前述）、張綖原刻本及胡氏翻刻本，今
皆有著録。國家圖書館、上海圖書館、北京中醫大學圖書館
及日本大倉文化財團藏有張綖本。國圖本原爲瞿氏藏書，
《瞿目》卷二〇謂卷首有“竹垞藏本”朱記。瞿氏客季錫疇（松
雲居士）嘗用宋蜀刻殘本校此本，有跋（見《鐵琴銅劍樓藏書題跋
集録》卷四），《瞿目》遂將所校訛字附刻，足資參考。上海圖書
館藏本有張元濟跋，稱“此爲涉園舊藏”云云。《四部叢刊初
編》即據以影印，今爲通行本，目録後有“嘉靖己亥孟秋刊”一

行,每半葉十二行二十一字,四周單邊,雙白魚尾。其卷目編次爲:卷一,賦;卷二至一一,詩;卷一二至一八,進策;卷一九至二二,進論;卷二三,論;卷二四,傳;卷二五,傳、説;卷二六、二七,表;卷二八、二九,啟;卷三〇,簡;卷三一,文;卷三二,文、疏;卷三三,誌銘;卷三四,贊、跋;卷三五,跋;卷三六,狀;卷三七,疏;卷三八,記;卷三九,序;卷四〇,哀輓。

胡民表翻刻本,今存傳本尚富,大陸有十七部見於館藏書目,其中傅增湘跋本藏山西省文物局;臺北"中央圖書館"著録二部。日本尊經閣文庫、静嘉堂文庫及蓬左文庫亦有庋藏。

《四庫總目》著録黄登賢家藏本,《提要》引《通考》《宋史》,稱"今本卷數與《宋史》相同(按:指正集四十卷),而多《後集》六卷,《長短句》分爲三卷,蓋嘉靖中高郵張綖以黄瓚本及監本重爲編次"。館臣不惟不知有宋本傳世,似亦未翻檢陳氏《解題》,而以爲《後集》及《長短句》三卷乃張綖"重爲編次",可謂疏忽之至。黄氏家藏本是張綖本或胡氏翻刻本,今不詳,因兩本皆有張綖序,而庫本未録明人序跋。

嘉靖本猶有一事需略作討論,即張綖《秦少游先生淮海集序》所稱"北監舊有集板,歲久漫漶"云云之"北監"板。所謂"北監"板,指明代北京國子監所藏板,《明太學經籍志》著録"《淮海文集》一百四十九塊",即其舊板之數。《木犀軒藏書書録》謂"北監舊板不知何人所刻,或爲宋刊"。其實北監宋板即遞修乾道高郵軍學板,今北大、上海兩圖書館尚藏有宋刻明修本可證(已詳前)。傅增湘《明胡民表刊本淮海集跋》謂"今監本不可得";若知明代北京國子監板即遞修乾道舊板,則傅氏所見紹熙謝雯重修本應遠勝於監本,不應以"不可得”爲憾。

以上述及嘉靖三本。嘉靖第四本，乃漢中府刊。卷帙與張氏、胡氏本同。傅氏《經眼録》卷一三記曰：“十二行二十一字，白口，單闌。前有嘉靖乙巳江都盛儀序，又己亥張綖序。目後有‘嘉靖戊午（三十七年）春漢中府重刊’一行，蓋秦中翻張綖本也，相距已二十年矣。”此本今未見著録。

嘉靖第五本，爲華州公署刻、嘉靖乙丑（四十四年）仲夏張光孝補刻本。是本卷帙與上述嘉靖各本同。張光孝序稱原集“刻之揚州”（當指胡民表本），“不知誰氏好少游，復刻之華州公署。歲月既久，半逸之。兹郡侯汝陽壺山張翁者，博古有道之君子也，恒歎少游之才瀟灑灝溔，……取乃兄鵠山學士所考訂少游集本再示予，較訛補闕以傳之”。華州原刻本今未見著録，嘉靖間人已不詳其刻於何時，年代當早於胡民表本。補刻本國内猶藏十餘部，每半葉十行二十一字，白口，左右單邊，上下雙邊。其中北大圖書館藏李氏書，《木犀軒藏書書録》著録爲明刊本，稱“相傳此本爲黄瓚刻於山東者”，據王嵐教授驗核，該本實爲華州補刻本（見《宋人文集編刻流傳叢考》第二二七頁）。

秦集明槧，以萬曆本流傳最廣。該本乃萬曆四十六年戊午（一六一八）李之藻於高郵所刊，首序者爲監察御史姚鏞。李氏仁和（杭州）人，時任工部都水司郎中、提督河道兼督木，平生刻書不少。是本有張綖、盛儀序，當以胡刻爲底本，故卷帙相同（《繡谷亭薰習録》謂據明初坊本重刊，不詳所據）。李之藻序稱“三復遺文，重爲讎校”，則付梓時有所校改，故文字與胡本略有出入，然往往訛誤，反不如胡本、張本之善。是刻每半葉九行十一字，白口，左右雙邊，今中國大陸及臺灣著録多達三十餘部，日本宫内廳書陵部、東洋文庫、京都大學、愛知大學、大谷大學等皆有藏本。

　　萬曆板清代猶存，嘗三次補刻印行。第一次補刻於康熙己巳（二十八年，一六八九），補刊者爲高郵學正余恭、訓導毛之鵬，毛氏跋略曰：“考其《淮海》前後二集，舊刻悉在郵學中，乃歷年既久，兵燹多故，不惟前集殘缺失次，而後集藏板，竟無有存者。”“會諸生中好古之士携其家藏舊本以補刻請”，於是“校讎付梓，逾年告竣”。第二次補刻在乾隆丁亥（三十二年，一七六七），有何廷模序，略曰：“抑有所刻《淮海集》者，板藏學中，又皆殘缺漫漶，不可復讀。……因與諸生吴鋐、陳觀文、沈鐸别求善本，補其缺失，付之梨棗。”第三次補刻在嘉慶乙丑（十年，一八〇五），有徐源跋，稱乾隆補刻板至是時已“漫漶遺失復至數十板”，“適同學孫同銓、孫侃詢有家藏善本，亦即屬其校讎付梓”。以上三次補刻，今上海圖書館、復旦大學圖書館、吉林省圖書館等有著録。至道光重刻時（重刻本詳後），連“漫漶者亦不可得”（道光本宋茂初序）。萬曆板竟殘存兩百餘年，洵爲不易。

　　萬曆本後，明末猶有段之錦武林（今杭州）刻本。段本刻於天啓間，卷帙與上述明本同，唯末附《詩餘》一卷。是本扉葉雙行大字題“徐文長評點秦少游全集”，上有朱印鐫“讀書坊主人”題識，卷末有“雕卉館”木記，當是坊刻本。目録前有許吉人行書《秦少游淮海集序》，並有張綎、盛儀、姚鏞、李之藻序，王應元撰郡志本傳，及王安石、曾子開、蘇軾書，陳師道《淮海居士字序》。許吉人序曰：“余郡徐文長（渭），抱間世之才，其生平學不濫宗，書不罔讀，而余於遺篋中得其手批《秦少游先生淮海集》，丹鉛錯落，似不啻編之屢絶者。”書中有圈點，書眉有批語，即所謂徐渭“評點”。耿文光謂其“蓋依胡民表本，增文長評語”（《萬卷精華樓藏書記》卷一一三）。卷末所附“詩餘”，除《搗練子》（秋閨）、《阮郎歸》（春歸）外，皆見於《草堂詩餘》。道光本（此本詳下）末附王敬之《淮海集補遺序》曰：“浙中段氏本卷末尚附補詞，僅就《草堂詩餘》所及編附，仍掛漏。且本集已載之詞亦復刊入，不足以稱善本。”不僅如此，尚有誤收他人詞爲秦詞者，文字訛誤亦不少。是本每半葉九行二十字，白口，左右雙邊，今大陸及臺灣著録二十餘部，日本內閣文庫亦有藏本。

《中國古籍善本書目》著録段刻本爲“鄧章漢輯，段之錦刻”。按原書目録前所列校閱者名單，有許吉人、鄧章漢、段斐君之錦。徐培均先生《淮海詞版本考》（《淮海居士長短句》附録一）曰：“日本橫山弘先生並曾以鄧章漢輯《淮海居士後集》（按即內閣文庫藏本）見寄，共三卷，然係長短句，而非詩文，與他本異。《長短句》及《詩餘》亦僅有句旁圈點而無眉批，與徐渭評點之段本亦不盡同，可見並非一板。然細校之，知長短句出於宋本，唯調下詞題乃據《草堂詩餘》所加，又間有附注。”日本藏本及所謂“後集”複印件皆未經見，若果如所述，則似明末段本外別有一本，雖同爲徐渭評點本，却並不完全相同。

清代秦集除前述補刊萬曆李之藻本外，至道光丁酉（十七年，一八三七），高郵方有王敬之重刊本。宋茂初《重刊淮海集序》曰：

　　《淮海集》四十六卷、《詩餘》三卷，舊爲明水部李公之藻所刊，乾隆年間稍事修葺，而漫漶已甚。迄今又八

九十年，並此漫漶者亦不可得。……王君寬甫（敬之）懼
文獻之馴至於無徵也，因取舊本與同志諸君正其脱誤，
釐爲二十卷。又念集中尚多缺遺，復與茆君雲水（泮林）
於集外搜採若干條爲補遺一卷，並付剞劂氏。一字之
訛，必加糾正，閲八月而告成，洵盛舉也。

此本即以李之藻本爲底本，而分卷不同。前附《道光十七年
重刊淮海文集條説》，凡八條，其一曰："李公之藻刊本作四十
卷，《後集》六卷，《長短句》三卷，蓋依張公綖、胡公民表刊本，
意在與陳振孫《直齋書録解題》所載相符。案李本每卷多者
二十餘葉，少止二葉，想有遺脱，定非原書之舊。《宋史》稱文
集四十卷，無所謂《後集》；《閑居集自叙》只云十卷，似皆不必
牽合（祝按：以上所言多誤，殆未見宋本）。今從省並，前集作十七
卷，後集作二卷，詞作一卷，共二十卷。"第五條言校勘，曰：
"集中訛脱甚多，其與胡本互異而胡本義較通者，改從胡本。
胡、李二本同訛而顯然可見者，亦略加改正。至難以意測，字
句俱仍其舊，間附案語篇末，待博雅考定。"前有秦瀛《重編淮
海先生年譜節要》，末附《補遺》一卷、《續補遺》一卷，道光辛
丑（二十一年）補刊《考證》一卷。是刻每半葉十行二十一字，
白口，左右雙邊，今藏本尚多，《四部備要》即據以排印。

同治癸酉（十二年，一八七三），秦氏家塾刊《淮海集》四
十卷、《後集》六卷、《長短句》三卷，附録鄧章漢輯《詩餘》一
卷。前有秦瀛《重編淮海先生年譜》及錢大昕校正一文，有秦
元慶跋，略曰：

　　國朝（祝按：當爲明朝，蓋段氏其人入清，故稱）段斐君刻
於浙中，板最完善。慶高祖茂修公自吳遷楚，携原槧本
篋藏以示後人，令無墜先業。惟是楚南坊間，向無精本，

先伯祖介景公欲重梓之，未果。……爰出所藏，精繕校刊，以竟先志。

因知此本實爲翻段本。是刻今國内著録十餘部。

綜觀秦集傳世各本，皆源於宋乾道本。據前引紹熙重修乾道本謝雩跋，重修本補漏訂誤不少，其實優於原刻本。張綖本源出宋槧，又嘗參校"監本"，亦堪稱佳善。道光本校勘較爲認真，所謂"一字之訛，必加糾正"，然其合併卷數，已失原本舊貌。

一九九四年，上海古籍出版社出版徐培均《淮海集校注》。是本以其所得複印日本所藏宋乾道刊本爲底本，校以各本。二〇〇一年，人民文學出版社出版周義敢、程自信、周雷編注《秦觀集編年校注》，底本同上。《全宋詩》亦用日本内閣文庫所藏乾道本爲底本，輯得佚詩十九首。《全宋文》用影印文淵閣《四庫全書》本爲底本，輯得佚文十六篇。

【參考文獻】

林機《淮海居士集後序》（《淮海集校注》附録）

張綖《嘉靖重刻淮海集序》（《四部叢刊初編》本《淮海居士集》卷首）

盛儀《嘉靖乙巳重刊淮海集序》（嘉靖十八年刊本《淮海集》卷首）

張繪《嘉靖重刊淮海集後序》（同上卷末）

姚鏞、李之藻《萬曆重刊淮海集序》（萬曆戊午高郵刊本卷首，人各一序）

許吉人《徐渭評點本淮海集序》（明末武林段氏刊本卷首）

學易集八卷

劉　跂　撰

劉跂，字斯立，東光（今屬河北）人，摯子。元豐二年（一〇七九）進士，官至朝奉郎，政和末卒。父遭黨禍，侍於貶所，後家居。能文章，世稱學易先生。其集今未見宋人序跋，《解題》卷一七著録道：

> 《學易集》二十卷，朝奉郎東光劉跂斯立撰。忠肅公摯之長子也，與其弟蹈同登元豐二年進士第。元祐初，以其父在言路，政府不得用。紹聖以後復坐黨家，連蹇終其身，晁景迂誌其墓，比孫明復、石守道之徒。爲文無所不長，《宣防宮賦》《學易堂記》，世傳誦之。

《四庫提要》引陳氏《解題》，謂“最初李相之得於跂甥蔡瞻明，紹興中洪邁傳於長樂官舍，後施元之刻版行世”。然此數句今存《解題》各本皆無，《通考》卷二三七引亦無，不詳館臣録自何本。按今傳《解題》乃清四庫館臣由《永樂大典》輯出重編之本，或《大典》有此數句，館臣漏抄乎？待考。《宋志》亦著録《劉跂集》二十卷。

是集原本明代猶存，然已極稀，唯《文淵閣書目》卷九著録“劉氏《學易文集》一部四册，闕”；《箓竹堂書目》卷三著録五册。後皆散佚，今傳乃大典本，《四庫提要》曰：

> 《永樂大典》載跂詩文頗多，雖未免有所脱佚，而掇拾排比，尚可得什之六七。謹依類編訂，共録爲十有二

卷。今恭承聖訓，於刊刻時削去青詞，以歸雅正。其《同天節道場疏》《管城縣修獄道場疏》《供給看經疏》《北山塑像疏》《靈泉修告疏》《仁欽陞坐疏》《請崇寧長老疏》，以及爲其父母、舅氏修齋諸疏，皆蹟涉異端，與青詞相類，亦概爲削除。重加編次，釐爲八卷。

所謂“刊刻時”云云，指刊入《武英殿聚珍版叢書》。收入《四庫全書》時，即已經刪削，其卷目編次爲：卷一至四，詩；卷五，表、露布、策問、啟、書；卷六，序、記、碑、贊、題跋、銘；卷七，傳、誌銘；卷八，誌銘、行狀、誄、祭文。《畿輔叢書》《清芬堂叢書》等俱源於此本。

《全宋詩》《全宋文》同以影印文淵閣《四庫全書》本爲底本。

樂静先生李公文集<small>三十卷</small>

李昭玘　撰

李昭玘（？——一一二六），字成季，號樂静先生，濟南（今屬山東）人。少爲蘇軾所知，擢元豐二年（一〇七九）甲科。累官京東路提刑，坐元符黨奪官，遂閒居十五年。召爲右司員外郎、起居舍人。《解題》卷一七著録其文集道：“《樂静集》三十卷……所居有樂静堂，故以名集。其姪邴漢老爲書其後。”《通考》卷二三七同。

明《文淵閣書目》卷九著録“《樂静集》一部三册，缺”。《萬卷堂書目》卷四、《澹生堂藏書目》卷一三、《國史經籍志》

皆著録三十卷本。宋刻本久已失傳，宋以後未見覆刻。陸心源嘗見一影宋鈔本，作《影宋本樂静集跋》曰：

> 《樂静先生李公文集》三十卷，題曰“鉅野李昭玘成季”。每葉二十行，每行二十字。每卷有目，連屬篇目。“搆”字注“御名”，蓋從紹興時刊本影寫者。祥符周季貺太守藏書也。以所藏閣鈔本校一過，卷一補《摘果》五古一首，《培花》五古四句。閣鈔本卷八錯簡不可讀，據此本改正。惟卷一六《吳正字啟》後半攙入他文，亦賴閣鈔本正之。（《儀顧堂題跋》卷一一）

陸氏所謂“閣鈔本”，即鈔四庫本，今藏日本静嘉堂文庫，見《静嘉堂秘籍志》卷三四。閣鈔本缺卷二（按文淵閣四庫本亦缺），影宋鈔本缺卷同，然其“以卷一、卷三合而爲一，題曰卷三”（《皕宋樓藏書志》卷七八）。影宋本今藏國家圖書館，書目著録多載其缺卷一至卷二，實則卷一不缺。今按其姪李邴所作《樂静公文集後序》猶存，盛稱其伯父之詩文。李邴乃紹興時人，疑是集即邴所編刊。

《四庫總目》著録編修汪如藻家藏本，《提要》述之曰：

> 其集前後無序跋，不知何人所編，晁、陳二家書目及《宋史·藝文志》皆不著録。葉盛《箓竹堂書目》有之，而無卷數。焦竑《國史經籍志》載三十卷。此本（汪如藻家藏本）凡詩四卷，徐州十事一卷，記一卷，傳、序一卷，雜文二卷，書二卷，表三卷，啟、狀七卷，疏一卷，青詞、疏文一卷，僧疏一卷，進卷二卷，試館職策一卷，碑誌、行狀三卷，與焦竑《志》合，蓋即竑所見之本也。

要之，《樂静集》今傳本，包括四庫本，蓋皆源於同一宋本，而該宋本闕卷二。

除上述各本外，今國家圖書館、南京圖書館、上海圖書館猶藏有清鈔本。文淵閣四庫本曾影印入《四庫全書珍本初集》。

《全宋文》用影印文淵閣《四庫全書》本爲底本，輯得佚文十二篇。《全宋詩》底本同，輯得佚詩十首。

【參考文獻】

李邴《樂靜公文集後序》（《清源文獻》卷一〇。又見《古今圖書集成·經籍典》卷四八三）

寶晉山林集拾遺八卷　寶晉
英光集六卷

米　芾　撰

米芾（一〇五一——一一〇七），字元章，自號無礙居士，又號海岳外史、家居道士，襄陽（今屬湖北）人。以恩補官，仕至禮部員外郎。爲文奇險，特妙於翰墨，爲宋代著名書法家。蔡肇《故南宮舍人米公墓誌》（鈔本《寶晉山林集拾遺》卷首），謂"所著詩賦諸文凡百卷，號《山林集》"。百卷之集乃稿本，後散佚於靖康兵火中。其孫米憲輯《寶晉山林集拾遺》，後來岳珂又輯《寶晉集》。兩本編次各異，原輯詩文數量相同，下分别述之。

一、《寶晉山林集拾遺》

《寶晉山林集拾遺》刊於嘉泰元年(辛酉,一二〇一),米憲跋曰:

> 先祖遺文,按待制蔡公天啟誌墓文,有《山林集》百
> 卷,若《宣已子》《聖度録》等文,又數十卷。適靖康變故,
> 先君閣學(米友仁,嘗官敷文閣直學士)僑寓溧陽,僅脱
> 身於崎嶇兵火之中,異時寶晉(祝按:米芾齋名,詳下)所藏,
> 皆希代所見,靡有孑遺,故先集亦不復存在,以故尚未顯
> 行於世。……憲欽承先訓,勑心瘵形,遠求博訪,裒聚縷
> 積,迨今五十年矣。而六丁敕將,毫芒僅存,故梵筴雜
> 疊,青氈並藏,自《書史》《畫史》《硯史》外,其他詩文纔百
> 餘篇。懼遺編之墜地,致潛德之晦蝕,乃即筠陽郡齋命
> 工鋟板,以遺世之欲見是書者。

《宋志》著録《山林集拾遺》八卷,當即米憲刊本。

嘉泰筠陽郡齋刊本今猶有一部傳世。該本曾經明華夏
真賞齋收藏,黃丕烈嘗知而未見,其校舊鈔本《寶晉英光集》,
有題識(《蕘圃藏書題識》卷八)道:"錢景凱,書賈中之巨擘,余及
交之,其所收宋本《山林集》,名曰《山林拾遺集》,矜爲善本,
收於東城顧家,惜已爲鹺賈吳姓購去,余不及見云。"此本後
歸楊氏海源閣,《楹書隅録初編》卷五著録道:

> 此本爲嘉泰辛酉筠陽郡齋所刊,詩集四卷,《寶章待
> 訪集》一卷,《書史》《畫史》《硯史》各一卷。可證岳本(祝
> 按:指《寶晉英光集》,見後)之誤者十餘條,據以見各本之妄
> 改詩句者復廿餘字,洵僅見之秘本也。每半葉十行,行
> 十六字。有"真賞華夏"、"魯郡郡氏"、"豐氏人叔"、"南

禺外史"、"李升之印"、"李裕"、"彭城中子審定"各印記。

後海源閣書散出，此本不幸再於天津鹽業銀行懸沽，傅增湘於一九三一年（辛未）三月十二日觀之，記曰：

> 《寶晉山林集拾遺》八卷，宋米芾撰。宋嘉泰辛酉筠陽郡齋刊本。大板心，半葉十行，行十六字，白口，左右雙闌，版心上記字數，下記刊工人名。前蔡肇《墓誌》，後有嘉泰改元嗣孫米憲手跋，以行書上版，字疏放，猶有祖風。此書世無二帙，明華氏真賞齋故物，有嘉靖己酉（四年，一五二五）豐道生坊識語。（《經眼録》卷一三）

此本後輾轉歸國家圖書館，今藏該館善本室，近年書目文獻出版社將其影印入《北京圖書館古籍珍本叢刊》第八十九輯。

除宋本外，是集今尚有清影宋鈔本傳世。國家圖書館、上海圖書館、南京圖書館皆藏有影宋本。南京圖書館所藏乃丁氏書，《善本書室藏書志》卷二八著録，陸心源嘗借以傳録，傳録本今藏日本静嘉堂文庫，見《皕宋樓藏書志》卷七八、《静嘉堂秘籍志》卷三四。又北京大學圖書館藏李氏書，亦有清影宋本，僅四卷，見《木犀軒藏書書録》。

附帶言及：今存宋本《山林集拾遺》卷末有豐坊（道生）嘉靖己酉六月甲子識語，稱"南宮《山林集》嘗見鈔本六十卷"，似乎《山林集》百卷本明代猶存大半。然米憲跋已明言先集"不復存在"，後來岳珂所輯，傳本亦只六卷。《山林集》南宋人已不復可睹，明代何來六十卷鈔本？豐氏之言絕難相信。疑其所謂《山林集》，即指岳珂所輯《寶晉集》，而"六十卷"或"六卷"之筆誤。

二、《寶晉英光集》

米憲輯《寶晉山林集拾遺》後三十二年，即紹定壬辰（五年，一二三二），岳珂又輯《寶晉英光集》，序稱"擷放失，恪編次，爲是集以傳"云云。按：岳珂（一一八三—?），字肅之，號亦齋，又號倦翁，抗金名將岳飛之孫。陸心源《影宋本寶晉山林集跋》謂"觀岳珂序，似未見（米）憲所刻者"。《解題》卷一七著録道：

> 《寶晉集》十四卷，禮部員外郎襄陽米芾元章撰。……酷嗜古法書，家藏二王真蹟，故號寶晉齋，蓋由得謝東山、二王各一帖，遂刊置無爲，而名齋云。

《通考》卷二三七同。按是集今本爲六卷，陳氏稱十四卷，或別是一本，更可能是合米憲《拾遺》一起著録，故統稱"寶晉集"。

明《文淵閣書目》卷九著録"《寶晉英光集》一部五册，闕"，殆爲宋本。《國史經籍志》卷五著録"《寶晉齋集》四十卷"。焦氏蓋據文獻，未必見其本，然《世善堂藏書目録》卷下確有"《米元章集》三十卷"。宋以來無三十卷傳本，疑陳氏所藏乃合兩輯本及世傳米帖之類通録之。

據《邵亭知見傳本書目》，《寶晉英光集》有明刊六卷本，今無著録。今傳皆鈔本。國家圖書館藏有明末毛氏汲古閣寫本，六卷，傅增湘《經眼録》卷一三記之曰：

> 九行十八字。前有岳珂序，戒菴跋。後有唐鷦安（翰題）手跋，録如後："《英光集》六卷，毛氏汲古舊鈔，鄂國倦翁序後有戒菴跋，當爲明人，即著《戒菴隨筆》之李君詡也。《浙江採集遺書總目》載有《英光集》八卷，鄂國序，

正與此同。又云張丑記云，吳文定公原博（寬）故物也，萬曆丁丑（五年，一五七七）中秋十日獲於公之孫所，校讎之次，摘録劉公四詩於後，以志梗概。此無張清河跋及四詩，當別是一本。《遺書目》所録乃知不足齋寫本，八卷疑是六卷之誤，書於後以竢考。丁卯（一九二七）四月八日獲此，因記。”

藏印如下：“毛扆之印”（白）、“斧季”（朱）、“每愛奇書手自抄”（朱白文各一方）、“來雲館”（朱）、“悠然見南山”（朱）、“澗農”（朱），以上皆毛氏印。“石蓮閣所藏書”（朱）。

傅氏所記之本，於一九三四年（甲戌）爲邢贊亭所收，邢氏後捐贈國家圖書館。吳寬本久已失傳，今以此本爲古。

清人各鈔本，似皆源於吳寬家藏本。如傅氏《經眼録》記海源閣遺籍《英光集》六卷，十行十二字，岳珂序後有戒菴老人二跋。該本乃黄丕烈收王蓮涇（聞遠）家舊鈔本，黄氏嘗借吳枚菴（翌鳳）校本臨校一過，吳氏所據，即錢景凱藏宋刊本《山林集拾遺》也。黄丕烈跋稱吳枚菴謂“錢景凱得宋刊《山林集》，詩文不增多，而稍有字句異同處”（詳《楹書隅録續編》卷四）。此本今未見著録。南京圖書館藏丁氏書中，有清勞權寫本、清趙氏星鳳閣鈔本，皆爲六卷。勞氏本嘗用知不足齋傳鈔《山林集拾遺》校補。趙氏本之末有張丑記。詳見《善本書室藏書志》卷二八。

《四庫全書》著録鮑士恭家藏本《寶晉英光集》八卷，《提要》曰：

此本後有張丑跋，云得於吳寬家，中間詩文或注從《英光堂帖》增入，或注從《群玉堂帖》增入，則必非岳珂原本；又有注從《戲鴻堂帖》增入者，則並非吳寬家本。

考"寶晉"乃芾齋名，"英光"乃芾堂名，合二名以名一書，古無是例。得無初名《寶晉集》，後人以《英光堂帖》補之，改立此名歟。

按其本既有張丑題記，當源於吳氏本；然吳氏本六卷，此本八卷，蓋爲後人增補重編。考《戲鴻堂帖》乃明末董其昌刻，館臣謂已非吳寬家本，其說極是。至於吳寬本是否岳珂原本，書名是否改立，《提要》可備一說，陳氏《解題》確乎著録爲《寶晉集》，無"英光"二字。又，前引黄丕烈跋稱吳翌鳳謂校宋本《寶晉山林集拾遺》較此本"詩文不增多"；而陸心源以四庫本校《拾遺》，跋稱"得多詩文數十首，皆從《寶晉》《英光》兩帖録出者"。疑"不增多"之本爲吳寬原本，增多之數，即後人所補。或以爲增補者即張丑。前述戒菴李氏跋，稱"坊間宋元名人刻米詩，强半在此集外"，可知米帖贗本不少。跋又曰："集六卷，叢書堂版，舊鈔，吳文定公故物也。已爲張青甫（丑）改竄，雜取吳中贗跡增至十卷，將以行世。余恐其亂真，亟取故本録之。"八卷本是否張丑所增，待考。其卷目編次爲：卷一，賦；卷二至五，詩；卷六，序、記、贊、偈、銘；卷七，碑、墓表、題跋；卷八，雜著、榜文。

清咸豐間蔣光煦輯刊《涉聞梓舊》，收《寶晉英光集》八卷、補遺一卷。後《湖北先正遺書》據該本影印，《叢書集成初編》據該本排印。

除上述各本外，今北京大學圖書館藏李氏書中，有日本鈔本《寶晉英光集》六卷，日人河山亥補四卷，乃李氏光緒二十四年（一八九八）出使日本時所收，見《木犀軒藏書題記》。

要之，是集今存兩系統之本，當以宋槧《山林集拾遺》爲善，而後世所傳《寶晉英光集》似乎收詩增多，其實真贗混雜，應特別留意。

　　《全宋文》用《涉聞梓舊》本《寶晉英光集》爲底本，輯得佚文一百七十五篇。《全宋詩》用宋嘉泰筠州刊本《寶晉山林集拾遺》爲底本，輯得佚詩二十三首，又録日本河山亥《寶晉英光集補》卷一所輯十八首，共四十一首。兩家所輯，恐難免贋本，尚待詳辨之。

【參考文獻】

　　米憲《寶晉山林集拾遺跋》（書目文獻出版社影印宋刊本卷末）
　　陸心源《影宋本寶晉山林集拾遺跋》（《儀顧堂題跋》卷一一）
　　岳珂《寶晉英光集序》（影印文淵閣《四庫全書》本《寶晉英光集》卷首）
　　李詡《寶晉英光集跋》（二則，《楳書隅録續編》卷四）

慶湖遺老詩集九卷拾遺一卷
後集補遺一卷

賀　鑄　撰

　　賀鑄（一〇五二——一一二五），字方回，衛州共城（今河南輝縣）人。以恩入官，嘗爲泗州通判。工詩文，尤長於詞，今存詩集九卷，《東山樂府》一卷。詩集原爲“前集”，乃著者手編，紹聖三年（丙子，一〇九六）自序道：

　　　　鑄生於皇祐壬辰，始七齡，蒙先子專授五七言聲律，日以章句自課。迄元祐戊辰（三年，一〇八八），中間蓋半甲子,凡著之稿者,何啻五六千篇。前此率三數年一閱故稿,爲妄作也,即投諸煬竈,灰滅後已者屢矣。年髮過壯,志氣日衰落,吟諷雖夙所嗜,亦頗厭調聲儷句之煩。計後日所賦益寡,而未必工於前,念前日之爨爐爲妄棄也,始衷拾其餘而繕寫之。後八年,僅得成集,以雜言轉韻、不拘古律者爲歌行第一卷;以聲義近古、五字結句者爲古體詩第二、第三、第四卷;以聲從唐律、五字結句者爲近體五言第五卷;以聲從唐律、七字結句者爲近體長句第六、第七卷;以不拘古律、五字二韻者爲五言絶句第八卷;以聲從唐律、七字二韻者爲七言絶句第九卷。隨篇叙其歲月與所賦之地者,異時開卷,回想陳迹,喟然而歎,莞爾而笑,猶足以起予狂也。倘夢境幻身,未遽壞滅,嗣有所賦,斷自己卯歲(元符二年,一〇九九),别爲《後集》云。

據程俱《賀公墓誌銘》(《慶湖遺老集》附録),著者有"《鑒湖遺老》前、後集二十卷"(按:程氏作"鑒湖",《四庫提要》考曰:"據謝承《會稽先賢志》,謂慶湖以王子慶忌得名,後訛爲'鏡',故(賀)鑄自號'慶湖遺老'.")。《東都事略》卷一一六《賀鑄傳》亦曰"有《慶湖遺老集》二十卷"。《前集》既爲九卷,則元符二年以後所賦,當嘗續編爲《後集》十一卷。

《後集》至南宋時已散佚,著者子賀廩輯爲《後集補遺》一卷,序曰:

　　廩伏讀《前集序》云"自己卯歲,嗣有所賦,别爲《後集》"。所謂《後集》,以經兵火散失,不復得有。近搜故稿所遺及於佛祠廟宇題詠,泹碑刻鎸勒,并士大夫、親戚傳誦,得其一二,皆此集中無者,故續書卷尾,爲《後集》

之補遺。廩老矣，不復得其全集，後之子孫續有得者，當
綴其末。

詩集正本爲金人携去。乾道丙戌（二年，一一六六），寇翼從
賀廩子承祖處借得過録本傳鈔，跋曰：

　　嘗從（承祖）訪公遺文，曰先祖昔寓毗陵，中間擾攘，
凡所著文編，悉爲敵人携去，獨巾箱有別録《慶湖詩前
集》在。因假傳寫，正其字畫訛舛，而疑者因之。又從趙
氏得公墓刻，並書於卷末，庶知公之出處本末云。

至紹熙壬子（三年，一一九二），胡澄方將其傳録本（按：其本
有寇翼跋，當由寇氏過録本再傳鈔）刻於邵陽郡齋，跋略曰：

　　賀公詩詞妙天下，……今詞盛行於世，詩則罕見。
余傳録此編久矣，意俟《後集》並爲鋟木。念未易得，恐
失因循，乃以所積節儀、折色等錢刻置郡齋。頃爲德清
令，邑子以公《留題左顧（亭）》二絶相示，嘗揭之亭上，今
附載於是。

次年刻成，又補刻《拾遺》及《後集補遺》各一卷。《拾遺》爲原
本卷十，當即《後集》卷一。胡澄又跋曰：

　　始，予讀公墓誌，謂有詩二十卷，而所得《前集》財九
卷，竊疑其脱略。以公自序如此，且其孫所手鈔，遂信
之。揭來邵陽，因命鋟木。既而有於公家嘗傳卷之十
者，爲予校讎，果少近體一卷，缺古風一首、絶句二十首。
又得之公子廩豫登《補遺》二十七篇，併程公之序，録以
見寄。屬瓜代之日無幾，不暇附益改作，姑目曰《拾遺》
而亟刻之，以全其集云。

至此，賀鑄詩集始有刊本，然僅及原編之半。按政和三年（一一一三）程俱作《鑒湖遺老詩序》（所序當爲《前集》），稱“詩凡四百七十二篇”。據《繡谷亭薰習録》統計，傳本《慶湖遺老集》九卷有詩“四百九十四篇，《拾遺》凡七十九篇，《後集》凡二十七篇”。《前集》詩蓋略有增益。

陳氏《解題》卷二〇所録，當即胡氏刊本：

> 《慶湖遺老集》九卷、《拾遺》二卷，朝奉郎共城賀鑄方回撰。……其《東山樂府》，張文潛（耒）序之。鑄後居吳下，葉少蘊（夢得）爲作傳，詳其出處，且言與米芾齊名。然鑄生皇祐壬辰，視米芾僅猶爲前輩也（祝按：米芾僅長賀鑄一歲）。

《通考》卷二四四同。《宋志》著録《慶湖遺老集》二十九卷，不詳爲何本。殆以《墓誌銘》所載二十卷，再加前集自序九卷歟。

宋刻本蓋明代猶存，《文淵閣書目》卷一〇著録“《慶湖賀遺老集》一部四册，闕”；《內閣書目》卷四著録四册，然稱“全”。此外《汲古閣珍藏秘本書目》著録十卷本，又有《拾遺》一卷、《補遺》一卷，四本，竹鈔。疑宋刻前集裝爲四册。

宋槧久已失傳，元、明兩代似未覆刊。今存明、清寫本，尚可窺宋板舊式。國家圖書館藏明謝肇淛小草齋寫本《慶湖遺老詩集》九卷、《拾遺》一卷、《後集補遺》一卷，曾經明末徐𤊹收藏，爲是集現存最古之本。傅增湘《經眼録》卷一三記之曰：

> 棉紙墨格（祝按：《文禄堂訪書記》卷四著録，稱其爲“藍格”），十行二十字，版心有“小草齋鈔本”五字。前有丙子

十月庚戌江夏寶泉監阿堵齋序，後有元豐己未年（二年，一〇七九）冬十有二月庚申延平楊時跋（祝按：楊時跋作於政和甲午〔四年，一一一四〕冬十有二月庚申。傅氏蓋未讀全文，而將楊跋首句"元豐末年"誤爲"元豐己未末"），程俱撰墓誌銘，乾道丙戌歲仲夏望日邯鄲寇翼令威跋，紹熙壬子七月朔晉陵胡澄跋。《補遺》後又有紹熙癸丑三月五日胡澄跋。藏印列後："徐爆之印"（白）、"徐興公"（白）、"晉安蔣絢臣家藏書"（朱）、"鹿原林氏藏書"（朱）、"晉安徐興公家藏書"（朱）。

　　傅氏《經眼錄》又記一清寫本，"十行二十字。宋諱注廟諱、御名，是從宋刊出者。鈐有'賜硯堂圖書印'、'查氏映山珍藏圖籍印'、'聽雨樓查氏有穀賞圖書'、'名余曰瑩兮字余曰韞煇'、'依竹主人'、'北平翁方綱藏書印'"。傅氏猶記海源閣遺籍之清初紅格鈔本、張紹仁舊藏本等。據著錄，國内各圖書館今藏是集清鈔本近二十部，如北京大學圖書館所藏李氏書中有清初鈔本（詳《木犀軒藏書書錄》）、國家圖書館藏有乾隆四十四年（一七七九）彭氏知聖道齋鈔本，等等。陸心源嘗有鮑淥飲（廷博）舊藏鈔本及黃丕烈跋舊鈔本（黃氏跋見《蕘圃藏書題識》卷八），其《皕宋樓藏書志》卷七九俱著錄，後歸日本靜嘉堂文庫，而《靜嘉堂秘籍志》卷三四謂鮑淥飲本已佚，僅有黃跋本二冊。所有清鈔完帙，卷次皆相同，蓋同源於宋刻本。

　　《四庫全書》著錄兩江採進本，《提要》曰："方回作《瀛奎律髓》，稱鑄每詩題下必詳注作詩年月，與其人之里居姓氏。今觀此本，與回所說相符，蓋猶舊刻之未經刪竄者矣。"隨篇敘時地，已見賀鑄自序，館臣何須遠引《瀛奎律髓》。《四庫》

底本，當亦源於宋本。

《增訂四庫簡目標注》謂是集有康熙中刊本，《邵亭知見傳本書目》同，然久無著録，其刊行情況不詳。是集今存之刊本，唯《宋人集》乙編本，一九一六年（丙辰）仲冬李之鼎跋曰：

> 宋人別集傳流至今，原編者少，《四庫》蒐輯《永樂大典》本者爲多。《慶湖遺老詩集》九卷，則仍宋原編之舊，且於每題之下自紀年月，當日事實，班班可考，尤爲宋集中絶無僅有者。……

> 此集胡澄刊於宋，莫郘亭《書目》云國初（祝按：康熙間）尚有刊本，詢諸藏書舊家，皆未經眼，即有摹印，已同麟鳳。崇仁華再雲先生藏有鈔本，予假得迻録一過，又假洪幼琴所藏朱述之舊鈔本，仍乞再雲、瀾石昆仲代操鉛槧，訂訛刊誤，特未（祝按：似脱"知"）國初刊本何如耳。

綜觀是集今傳之本，雖云源於宋刊，然多爲轉相傳録，不無魚魯之訛，《宋人集》本亦然。《全宋詩》用謝氏小草齋鈔本爲底本，比勘乾隆彭氏知聖道齋鈔本、影印文淵閣《四庫全書》本等，釐爲十一卷，甚佳。

【參考文獻】

賀鑄《慶湖遺老詩集序》（影印文淵閣《四庫全書》本《慶湖遺老詩集》卷首）

程俱《鑒湖遺老詩序》（同上，又見《北山集》卷一五）

楊時《慶湖遺老詩集跋》（同上附録）

賀廪《慶湖遺老詩集補遺序》（同上《補遺》卷首）

寇翼《慶湖遺老詩集跋》（同上附録）

胡澄《慶湖遺老詩集拾遺跋》（同上《拾遺》卷末）

胡澄《刊慶湖遺老詩集跋》（《皕宋樓藏書志》卷七九）

李之鼎《刊慶湖遺老詩集跋》（《宋人集》乙編本《慶湖遺老詩集》卷末）

雲溪居士集三十卷

華　鎮　撰

　　華鎮（一○五二一？），字安仁，自號雲溪居士，會稽（今浙江紹興）人。元豐二年（一○七九）進士，累官至朝奉大夫、知漳州。其文集及其他著作，乃其子初成編刊。樓炤紹興癸亥（十三年，一一四三）八月作《雲溪居士集序》，稱"君之子初成奉君文集一百卷，求余文冠其首"。同年九月初成跋曰："先君遺文，有《雲溪集》一百卷，《揚子法言訓解》一十卷，《書説》三卷，《會稽覽古詩》一百三篇，長短句一卷，《會稽録》一卷，並附見者哀文一卷，定爲一百一十有七卷。……《會稽覽古詩》，近稍流布於士大夫者，自餘方藏之篋中，……是用鏤版而傳之。"次年六月，初成將其所纂表上於朝，略曰："今有先臣《雲溪集》凡一百卷，……《會稽覽古詩》一百三篇，並目録二十五册，謹繕寫隨表上進。"從上引可知，《會稽覽古詩》先已有刊本（按：《宋志》著録"葉鎮《會稽覽古詩》一卷"，"葉"當是"華"之訛），華初成所刊，除專著外，《雲溪集》爲一百卷，而《會稽覽古詩》、長短句不在其内。

　　明《文淵閣書目》卷九著録"華鎮《雲溪集》一部十册，全"；《内閣書目》卷三同，謂"凡一百卷"，當爲宋槧。原本後散亡，今存乃大典本，《四庫提要》曰：

其集諸家書目皆不著録。《寶慶會稽續志》但稱鎮好學博古，嘗著《會稽覽古詩》一百三篇，不及其集。惟焦竑《經籍志》載《雲溪居士集》一百卷，而其他著作亦均未載。近錢塘厲鶚編《宋詩紀事》，僅從地志之中鈔得《會稽覽古詩》九首，知自明以來，是集無傳本也。兹於《永樂大典》中掇輯詮次，釐爲三十卷，雖未能頓還舊觀，然原刻卷數，已得三之一矣。

大典本録入《四庫全書》，文淵閣庫本嘗影印入《四庫全書珍本初集》。其卷目編次爲：卷一，賦；卷二至一三，詩；卷一四至二〇，論；卷二一至二四，書；卷二五，啟；卷二六，啟、札子；卷二七，表、策問；卷二八，記；卷二九，銘、序、引、題後、説、傳、墓誌；卷三〇，祭文。乾隆翰林院鈔本，今藏國家圖書館。今按四庫本卷一三據《宋詩紀事》録入《會稽覽古詩》九首，館臣曰《覽古詩》未收入《永樂大典》，并據以證明文集自明以來無傳本，誤。《大典》未收《覽古詩》，蓋其本明初已佚，而其時《雲溪集》尚傳世，至《内閣書目》尚著録全帙，亡佚當在明末。今以乾隆翰林院鈔本校四庫本，可是正庫本個別文字。翰林院鈔本卷三〇所收疏、青詞、致語等凡十篇，録入庫本時被删削。

《全宋文》用影印文淵閣《四庫全書》本爲底本，輯得佚文十六篇。《全宋詩》底本同，輯得佚詩二十首。

【參考文獻】

樓炤《雲溪居士集序》（影印文淵閣《四庫全書》本《雲溪集》卷首）

華初成《雲溪居士集跋》（同上卷末）

王仲修宮詞一卷

王仲修 撰

　　王仲修，華陽（今四川成都）人，珪子。元豐間登進士第，爲崇文院校書，遷秘書省著作佐郎，所作《宮詞》一卷凡百首，宋代嘗刊入《五家宮詞》，又刊入書棚本《十家宮詞》。宋本《十家宮詞》，康熙間有胡介祉影刊本。民國時周叔弢收得宋刊書棚本凡四家，遂影印爲《四家宮詞》，田中玉再以影印本配康熙本，影刊爲《十家宮詞》，其中皆有《王仲修宮詞》一卷，並傳世。詳參前《張公庠宮詞》叙録，此不贅。《全宋詩》用宋刻《四家宮詞》本爲底本。

後山居士集二十卷　　後山先生集

陳師道 撰

　　陳師道（一〇五三——一一〇二），字履常，一字無己，號後山居士，彭城（今江蘇徐州）人。仕爲太學博士、秘書省正字，爲江西詩派代表作家之一。平生所著詩文，付其門人魏衍，衍作《後山陳先生集記》曰：

　　　　衍從先生學者七年，所得爲多，今又受其所遺甲、乙、丙稿，皆先生親筆。合而校之，得古律詩四百六十五篇，文一百四十篇。詩曰五七，雜以古律；文曰千百，不分類。衍今離詩爲六卷，類文爲十四卷，次皆從舊，合二十卷，目録一卷，又手書之。

則二十卷本次第爲著者手編，卷次則爲魏衍所析。《集記》作於政和五年（一一一五）。次年（丙申），王雲有跋，稱其得“昌世所集，凡六百五篇”云云，“昌世”即魏衍字，所述與《集記》篇數合。

是集初刻於何時不詳。《通志》著録“《後山陳無己集》十五卷”，當非魏衍編次本。衢本《讀書志》卷一九著録道：

> 陳無己《後山集》二十卷。右皇朝陳師道無己，彭城人。公少以文謁曾南豐（鞏），南豐一見奇之，許其必以文著。元祐中，侍從合薦於朝，起爲太學博士。紹聖中，以進非科舉而罷。建中靖國初，入秘書爲正字以卒。爲文至多，少不中意則焚之，存者才十一。

《通考》卷二三七同。趙氏《讀書附志》卷下著録五十五卷本，曰：

> 《後山先生文集》五十五卷。右陳師道無己之文也。《讀書志》云二十卷，希弁所藏乃紹興二年（一一三二）謝克家所叙者。或謂二十卷者，乃魏衍所編，而《讀書志》不載。

陳氏《解題》卷一七著録叢刻三十卷本，道：

> 《後山集》十四卷、《外集》六卷、《談叢》六卷、《理究》一卷、《詩話》一卷、《長短句》二卷，秘書省正字彭城陳師道無己撰，一字履常。蜀本但有詩文，合二十卷。案魏衍作《集記》，云離詩爲六卷，類文爲十四卷，今蜀本正如

此。又言受其所遺甲、乙、丙稿，詩曰五七、文曰千百，今四明本如此。此本劉孝韙刊於臨川，云未見魏全本，仍其舊十四卷爲正集。蓋不知其所謂十四卷者，止於文而詩不與也。《外集》詩二百餘篇，文三篇，皆正集所無。《談叢》《詩話》，或謂非後山作。後山者，其自號也。

《解題》卷二〇又著録《後山集》六卷、《外集》五卷（一作三卷），乃是"於正集中録出入《詩派》（按指《江西詩派詩集》）"。又《解題》卷二一著録《後山詞》一卷，爲長沙坊刻《百家詞》本。

《宋志》則著録《陳師道集》十四卷，又《語業》一卷。

據上述諸家著録，知陳道師詩文集在宋代傳本甚多，計有蜀本、四明本、臨川本、詩派本等。按卷帙多寡分別，則有：

一、《後山先生文集》五十五卷（《讀書附志》）；

二、《後山集》二十卷（《讀書志》《通考》）；

三、《陳無己集》十五卷（《通志》）；

四、《後山集》十四卷（《解題》《宋志》）；

五、《外集》六卷（《解題》，臨川本）；

六、《後山集》六卷（《解題》，詩派本）；

七、《外集》五卷（或三卷。《解題》，詩派本）；

八、甲、乙、丙稿（《解題》載四明本）；

九、《長短句》二卷（《解題》）；

十、《後山詞》一卷（《解題》）；

十一、《語業》一卷（《宋志》，疑亦詞集）。

綜觀諸家著録，有兩點最可注意。一是陳氏所録劉孝韙刊臨川本，正集似已有詩，而《外集》又有詩二百餘篇、文三篇，"皆正集所無"。此部分詩文，不詳從何而來。二是趙氏

《讀書附志》稱其所藏爲紹興二年謝克家所叙之本，五十五卷，而今存蜀本二十卷（詳後），亦有謝序。兩本卷數相去懸殊，不詳何故。因宋代刊本今大多失傳，諸本異同已無法確考，惟據文獻粗知一二而已。《四庫提要》引徐度《却掃編》曰："師道吟詩至苦，竄易至多，有不如意則棄稿，世所傳多僞，唯魏衍本爲善。"

明代官私書目著録陳集甚衆，惜皆未注版本，殆其中不乏宋槧。今存宋槧唯蜀刻本《後山居士文集》二十卷。該本原爲潘氏滂喜齋所藏，《滂喜齋宋元本書目》著録，傅增湘一九三一年（辛未）於吳縣潘氏兄弟處見後記曰：

《後山居士文集》二十卷，（宋陳師道撰。）宋蜀中刊本，九行十五字，白口，左右雙闌，版心不記字數刊工。前有紹興二年汝南謝克家序。有翁覃溪方綱題字，録如後：

"丙寅（乾隆十一年，一七四六）九月，覃溪以任注本校看。

一瓣南豐古墨香，較量壓架配蘇黃。新津注尚開雕未，紙貴誰論越與襄。

吾齋蘇、黃集皆宋槧本也。越裝襄紙，見後山文內。九月十七日晨起，又題小詩。方綱。"

收藏鈐有"晉府書畫之印"、"姜氏圖書"、"蔗林藏書"、"蘇齋墨緣"、"覃溪審定"、"南海吳榮光書畫之印"各印。

按：此帙字橅誠懸，其版式正與二蘇集、秦淮海集同，疑當時合刻尚不止此四家也。（《經眼録》卷一三）

此本今藏國家圖書館，原缺第六卷第二十二葉。因其板式、字體與宋蜀刻大字本《蘇文忠集》《蘇文定集》《淮海居士集》

完全相同,故傅增湘等版本學家以爲是同時同地所刊,蓋爲寧宗慶元間眉山蘇氏功德寺刻本,參見前二蘇、秦觀集叙録。《解題》卷一七著録蜀刻《蘇門六君子集》,《淮海集》及此集皆在其中,不詳所謂功德寺本,是否即《蘇門六君子集》。一九八四年,上海古籍出版社嘗據國圖所藏原本影印(原大綫裝本、縮影平裝本),前人難睹之秘籍,今則館藏家貯,隨處可得。其卷目編次爲:卷一至六,詩;卷七,論;卷八,策;卷九,策問、題跋;卷一○,書;卷一一,表;卷一二、一三,啟;卷一四,記;卷一五,記、序;卷一六,序;卷一七,銘、贊、疏文;卷一八,墓誌銘、表;卷一九,行狀、傳;卷二○,上梁文、致語。

今按:宋蜀刊本有詩六卷、文十四卷,與魏衍《集記》合;有詩六百六十首、文一百六十八篇,又與《集記》不合(《集記》謂詩凡四百六十五篇,文一百四十篇)。傅增湘《弘治本後山先生集跋》謂魏衍所編、詩文之外不附《談叢》者,正是潘氏滂喜齋所藏宋蜀本。傅氏一觀之間,似未注意宋蜀本所收詩文數量較魏衍本溢出許多,當非魏本之舊。前引趙氏《讀書附志》稱《讀書志》不載魏衍所編二十卷本,似乎晁氏所録二十卷本非魏本。可知卷數相同,未必即是一本。《四庫提要》謂方回《瀛奎律髓》載,謝克家所傳之本猶有《後山外集》。《外集》不詳輯自何人。可見著者散見於各刻本之詩文,已逐漸匯聚爲一集,其中雖難免竄入僞作,然斷篇佚簡,亦賴之以傳。今存之宋蜀本,當以魏本爲基礎,又有所增補,故卷數同魏本,而所收詩文則較魏本多出達二百二十三篇,所多者或即出於《後山外集》歟。

《增訂四庫簡目標注·續録》稱陳集元代有麻沙本,然未見著録，不詳何據，僅弘治本署陳仁子編校，似可推測元代或有刊本（詳下）。宋本之後，今以明弘治本爲古。弘治十二年（一四九九），潞守馬曒刊佈是集，題曰《後山先生集》，計詩十二卷，文八卷，《談叢》六卷，《理究》一卷，《詩話》二卷，《長短句》一卷，通爲三十卷。傅增湘《弘治本後山先生集跋》述其版式道：

> 《後山先生集》三十卷，明弘治十二年己未刻本，半葉十一行，行二十字，黑口，四周雙闌。每卷首葉三、四、五行題"茶陵陳仁子同備編校"，"後學南陽王鴻儒懋學重校"，"後學彭城馬曒廷震繡梓"。前有山西按察司僉事王鴻儒序，……次有門人魏衍記，元城王雲、天社任淵二跋，皆據宋時原刻傳録。卷末有"潞州儒學廩膳生員郭銘繕寫"一行。

據王鴻儒序，是刻所用底本，即録自其家藏本，而其藏本又録自仁和陳氏。按編校人陳仁子，宋末元初人，著有《牧萊脞語》（今存）。因疑所謂仁和陳氏，即陳仁子後裔，其藏本當爲元刻（或源於元刻）。王序又謂因"無別本校證，訛字頗多，觀者以意讀之可也。其每卷之首載賤姓名而題曰'重校'者，蓋太史公所謂附驥之意，非事實也"。清雍正本（此本詳後）王原序，謂弘治本較魏本詩多二百一十四首，文多二十九首（按：《池北偶談》卷一四《後山詩》，謂弘治本"詩十二卷，六百七十九首，雜文八卷，一百六十九首"）。較之今存宋本，文多十九首，詩多一首。

　　弘治本因以傳録本上板，又無別本校正，故脱訛甚多，頗爲清人所歎恨。康熙時，何焯曾以嘉靖以前舊鈔本對校弘治本，有跋，其中兩跋曰（詳見傅氏《經眼録》卷一三）：

　　此卷弘治間刻本，《送邢居實序》脱後半，《章善序》脱前半，凡二十行。己丑（康熙四十八年，一七〇九）七月，得嘉靖以前舊鈔對校，因爲補寫。錢牧齋（謙益）蓄書，非得宋刻名鈔，則云無有，真細心讀書者之言。如浙之某某輩，徒取盈卷帙，全不契勘，雖可以汗牛馬，其實謂之無一紙可也。焯記。

　　康熙己丑秋日，從吳興鬻書人購得《後山集》殘本，中闕三、四、五、六凡四卷，勘校一過，改正脱誤處甚多，庶幾粗爲可讀。而明人錯本誤人，真有不如不刻之歎也。焯記。

傅增湘《題顧千里臨何義門校陳後山集》曰：“何校原本藏愛日精廬，近時《皕宋樓藏書志》（卷七六）亦載之，然卷數不符，刻本亦異，（張《志》載嘉靖本三十卷，陸《志》則爲弘治本二十四卷。《後山集》固無二十四卷本也。）且無月霄印記，其爲臨本可知。”何校原本今無著録，恐已久佚。陸氏本今藏日本静嘉堂文庫，見《静嘉堂秘籍志》卷三四。今國内猶有過録何校本一部、臨何校本一部。過録本今藏南京圖書館，乃丁氏書，底本即弘治本，《善本書室藏書志》卷二八記曰：“卷眉録康熙己丑何義門校語，有‘竹垞藏本’一印。”臨校本疑爲嘉靖本（詳後），乃顧廣圻（千里）所臨，有跋（參傅氏《經眼録》卷一三），今藏國家圖書館。蔣光煦嘗録何校爲《後山集校》一卷，輯入《斠補隅録》（《涉聞梓舊》本，又《叢書集成初編》本。《中國叢書綜録》以爲校記撰者佚名，似誤）。傅氏《題顧千里臨何義門校陳後山集》，稱顧氏所臨何校比《斠補隅録》“多至一千數十字”。蓋蔣氏爲選録。今若利用何校，當用顧氏臨校本。傅增湘又嘗以宋蜀刻本校弘治本，撮舉各卷奪佚大要，寫入《弘治本跋》，且對何校有所糾正。傅校本今亦藏國家圖書館。民國初，張鈞衡用舊鈔過録何校本刊入《適園叢書》（詳下）。

　　據著録，今中國大陸藏弘治本凡十二部、臺北"中央圖書館"藏一部，日本藏三部（均包括上述各校本）。

　　明代除弘治本外，《增訂四庫簡目標注》謂有嘉靖刊本三十卷，邵章《續録》曰："傅沅叔（增湘）有明嘉靖十年（一五三一）刊本，九行二十字，版心有'梅南書屋'四字，光澤王藩府本也。"今按傅氏所藏乃梅南書屋刊《後山詩注》十二卷，梅南書屋所刊陳氏文集，不見於各家書目，恐是邵氏誤記。嘉靖本《陳後山集》三十卷，《愛日精廬藏書志》卷三〇嘗著録，疑即前述何焯校原本。傅氏《題顧千里臨何義門校陳後山集》，謂顧氏臨校所用底本與弘治本"版式字體均同，而細審實爲二刻。蓋此本乃以弘治本重翻，殆即張《志》所載之嘉靖本耶"。此本今《北京圖書館古籍善本書目》著録爲"明刻本"，蓋以其刊刻年代別無顯證。

　　陳集清代所刊，有雍正本及光緒翻刻本。

　　雍正八年（庚戌，一七三〇），趙駿烈刊成是集，題曰《後山先生集》。王原爲之序，略曰：

　　　　馬氏刻版，久已亡失。吾郡趙子潤川（駿烈），素愛其詩，從姚太史聽巖公家借得鈔藏馬氏本，中間頗有訛字，余悉爲改正，疑者闕焉。潤川好古，工詩文，將謀雕版，以廣其傳，屬余引其端。

王序作於雍正四年（一七二六），蓋經始於斯。趙刻本將馬氏本三十卷重編爲二十四卷，每半葉十行十九字，黑口，左右雙闌。《四庫全書》據以著録，《四部備要》亦據以排印。光緒十一年（乙酉，一八八五），番禺陶福祥再據以重刊。因弘治本清代已難得，故趙、陶二本遂爲通行本。然其並非善本。傅氏《弘治本跋》曰：

> 文淵閣著録，所據爲松江趙駿烈重刊馬暾之本，近時番禺陶氏愛廬刻本因之。凡詩八卷，文九卷，《談叢》四卷，《詩話》《理究》《長短句》各一卷，通爲二十四卷。據清浦王（源）〔原〕序，言從姚太史聽巖家借得鈔藏馬氏本付梓。然今取此本（弘治馬本）與趙刻核之，其卷數乃不相合，殊不可解（按馬本通爲三十卷，詳前）。……趙氏付梓時，即言馬氏刻板久已亡失，意其所假姚太史傳鈔本或有改訂，而藝風老人乃歸咎於四庫館臣之併省，殆亦未加深考耳。……
>
> 近時《後山集》傳世者，以光緒乙酉番禺陶福祥刊本最爲通行，陶氏自題“依學稼村莊本（按即趙刻本）校訂重刊”，然檢《斠書隅録》逐卷證之，其奪佚文字竟無一條補列，是義門校記，陶氏固未曾寓目，第虛構校訂之名以自張耳。

又潘景鄭《明弘治本後山集跋》（《著硯樓書跋》）亦曰：

> 此本經馬暾刊傳竄易，已非魏衍輯本舊觀。至雍正時，雲間趙駿（祝按：原誤“鴻”）烈重行編次爲二十四卷，即世所通行本者是也。（《四庫全書》）《提要》據趙刻而遺馬本，至爲未得。……（以弘治本）取校宋刊，訛謬差多，實不逮宋本遠甚，然以視通行俗本，則復有霄壤之隔矣。

弘治本較宋本訛脱已多，清刻兩本不僅承訛襲謬，且又加甚焉，故《北京圖書館古籍善本書目》不録清本。雍正、光緒兩本今有著録，尤以光緒本爲多。

　　陳集傳本，固以宋蜀刻最佳；然弘治本之長短句一卷爲宋蜀本所無，陳詞賴之以傳，且又溢出詩文二十首，亦足可貴。

　　一九一四年，《適園叢書》第九集刊入《後山先生集》三十卷，張鈞衡有跋，稱“此舊鈔本過録義門先生（何焯）校本，即別下齋《校補隅録》所據，實比刻本爲佳，……今據以刊行，固高出於弘治本，更非趙本之可比矣”。

　　《全宋詩》用宋蜀刻本《後山居士文集》爲底本，校以宋刻殘本《後山詩注》、高麗活字本及影印文淵閣《四庫全書》本《後山詩注》等。輯得集外詩八首，其中《病中六首》輯自《瀛奎律髓》，整理者許逸民先生稱“疑非陳詩，姑録以備考”。《全宋文》底本同。

【參考文獻】

　　魏衍《後山陳先生集記》（弘治本《後山先生集》卷首）

　　王雲《題後山陳先生集》（同上）

　　謝克家《後山居士集叙》（影印宋蜀刻本《後山居士文集》卷首）

　　王鴻儒《弘治本後山先生集序》（弘治本卷首）

　　傅增湘《弘治本後山先生集跋》（《藏園群書題記》卷一三）

　　王原、趙駿烈《雍正本後山先生集序》（《四部備要》本《後山先生集》卷首，人各一序）

宋人別集叙錄卷第十三

後山詩注六卷

陳師道 撰　任　淵 注

新津(今屬四川成都)學者任淵嘗作《山谷黄先生大全詩注》,本書前已著錄。他又作《後山詩注》,自序道:

> 讀後山詩,大似參曹洞禪,不犯正位,切忌死語,非冥搜旁引,莫窺其用意深處,此《詩注》所以作也。近時刊本,參錯謬誤。政和中,王雲子飛得後山門人魏衍親授本,編次有序,歲月可考,今悉據依,略加緒正。詩止六卷,益以注,卷各釐爲上下。作之有謂,而存之可傳,無怪夫詩之少也。衍字昌世,作《後山集記》,頗能道其出處,今置之篇首,後有學者得以觀覽焉。天社任淵書。

紹興間,兩詩注嘗合刻於蜀中,許尹作《黄陳詩注序》,本書在前《山谷大全詩注》叙錄中已徵引,此略。陳氏《解題》卷二〇著錄道:

> 《注黄山谷詩》二十卷、《注後山詩》六卷,新津任淵子淵注,鄱陽許尹爲序。大抵不獨注事,而兼注意,用功

爲深。二集皆取前集，陳詩以魏衍《集記》冠焉。

《通考》卷二四四從之。《後山詩注》宋代猶有十二卷本，刊行時間無考，詳後。

《後山詩注》宋本，蓋明代尚多有之。《文淵閣書目》卷一〇著録"《陳後山詩》一部三册，完全"。所謂"陳後山詩"，當即詩注本。《澹生堂藏書目》卷一三曰："《詩集注》四册十二卷，任淵注。"《脈望館書目》著録"《陳後山詩注》六本"，而《近古堂書目》卷下則注明爲"宋版集注《後山詩》"，《絳雲樓書目》卷三亦曰"宋板《集注後山詩》"，陳景雲注曰十二卷。今存宋刻(包括殘帙)兩種，分別爲六卷(卷分上下)、十二卷，述之如次：

一、宋蜀刻殘本。傅增湘《宋刊殘本後山詩注跋》曰：

> 近日文德堂韓大頭在西小市收得《後山詩注》七册。……森玉、斐雲兩公皆走以相告，遂假之以歸，取覆聚珍本手自斠正，凡四日而畢，改定凡一千一百三十有餘字。

> 原書半葉十三行，每行二十四字，注亦大字，低二格，詩題低三格，其後山自注夾行小字。白口，左右雙闌，板心上魚尾下記"己三下"等字，(此據所存首册言。)下方記刊工姓名，可辨者有李彦、甘祖、小甘、張小四、張小五、張小八、小十諸人。又或記姓一字，爲甘、張、李、侯、鄧、梁、馬、楊、申等，或記名一字，如申、秋、昇、詮等。字體古勁，與《册府元龜》、唐人詩集相類，斷爲蜀中所刊。宋諱缺筆止於構字，而慎、敦不缺，蓋南渡紹興刊本也。存卷三下至卷六下，凡三卷有半，適當今本卷六之十二。按《直齋書録》載《後山詩注》六卷，即子淵自記亦言"詩

止六卷，益以注，卷釐爲上下”。可見今本分卷十二之
非，而此殘帙標題卷爲上、下，碻爲任氏舊式。即此一
端，已足貴矣。……

　　此書各卷鈐章有“皇次子章”(朱文)、“養正書屋”(朱
文)、“華云從龍”(白文)。各印，審爲舊時内府散出者。籤
題署“舊刊後山詩注”，不題宋刊，此亦禁中舊式。

此跋作於一九三一年(辛未)十月。又周叔弢跋，稱其爲南宋
初蜀刻小字本之最精者。該本後歸周叔弢，今藏國家圖書館
善本室，乃周氏所捐。

　　二、黄丕烈所得殘本。嘉慶庚午(十五年，一八一○)，黄
氏於其親家翁袁廷檮(五硯主人)遺書中，得宋刻《後山詩注》
殘本一卷，計三十二翻，“卷首及末俱已剜去，無從識别卷第，
因取明刻本核之，始知是册爲第六卷。明刻注於當句下，正
文與注牽接去，唯此正文與注各自爲行，當是舊式”(黄丕烈《殘
宋本後山詩注跋》)。每半葉十三行二十三字，白口，左右雙闌。
其既同明刻第六卷，則原本當爲十二卷。此殘本後歸瞿氏
(《鐵琴銅劍樓藏書目録》未著録)，瞿氏捐藏國家圖書館。傅
增湘嘗以該本書影與宋蜀刻殘本(此本詳下)相比較，謂兩本
區别有四，其《宋刊殘本後山詩注跋》曰：

　　核其版式行格，悉與此本(宋蜀本)合，第細審之則
又並非一刻。瞿本標題作“后山”，此本作“後山”，一也；
瞿本題“卷第六”，此作“卷三下”，二也；瞿本版心上有字
數，此本無之，三也；瞿本詩題低五格，注低一格，此本題
低三格，注低二格，四也。依此四者推之，知此本爲蜀中
初刻，而瞿本必出於覆刊。蓋分卷爲十二，既失原式，且
刊工字體亦不如此本之氣韻古樸，非深知版刻者，殆未

足語此耳。

宋槧之後，當有元刻本。今日本内閣文庫藏《後山詩注》十二卷，前人以爲是宋刻本，董康《書舶庸譚》卷三著録道：

> 《陳後山詩注》十二卷，宋槧，板高六寸三分，寬五寸五分。每半葉十三行，每行二十三字。注作大字，低一格。首爲《彭城陳先生集記》，（每半葉七行，每行約十四五字，政和五年〔一一一五〕十月六日。）門人彭城魏衍撰。附元城王雲題。（政和丙申〔六年〕正月甲午。）次爲目録，下注年譜附。各卷有墨蓋，然並無年譜。疑詩係編年，或古人即作爲年譜也。書名題“後山詩注卷第幾”，次行題“天社任淵”。詩題低四字。中縫標“己幾”或“陳詩幾”。上記字數。有“淺草文庫”（朱文楷書長方）、“昌平坂學問所”（朱文長方）、“□□侯長昭黄雪書屋鑒藏圖書之記”（朱文正方）等印。末有題跋，録後（祝按：即下總守市橋長昭寄藏文廟宋元刻書跋，此略）。明時有黑口本，即覆是刻。

今人嚴紹璗《日藏漢籍善本書録》著録爲元刻本，或有所據。

《詩注》明代所刊，以弘治丙辰（九年，一四九六）漢中知府袁宏重刻本爲佳善。袁氏嘗兩刻是集，楊一清序曰：

> 予尤酷愛後山，嘗攜其遺稿過漢中，令生徒録過，用便旅覽，而憲副朱公恨世無完集，不與歐、黄諸家並行，遂屬知府袁君宏加板刻焉。顧舛訛太甚，兼有脱簡，嘉其志而惜其費，蓋不獨予然也。丙辰歲，予南歸，獲定本於江東故家，朱公喜得如重寶，復以屬袁君，遂再板以行，精繕奚翅什百，而爲功爲惠，固不尠矣。

楊序作於弘治丁巳（十年）九月，蓋是時再刊成。是刻每半葉

九行十七字,注文小字雙行同,黑口,四周雙邊。今國内著録
五部。嘉靖遼藩朱寵瀼梅南書屋本、朝鮮本、日本本等,皆由
弘治本翻刻,而楊氏所謂獲於江東故家之“定本”,當爲宋本。
傅增湘《宋刊殘本後山詩注跋》曰:

> 余生平所見者,尚有明弘治楊一清本,嘉靖梅南書
> 屋本,朝鮮古活字本,日本古活字本。弘治本,據楊序凡
> 兩刻。至梅南書屋本,乃明光澤王藩府嘉靖時所刻,余
> 曾收得一帙,沈乙盦(曾植)見而好之,因以持贈,其源實
> 從弘治本翻雕。朝鮮本余亦有之,今《四部叢刊》中所通
> 行者是也,亦由弘治本出,而改易行款耳。日本古活字
> 本,乙盦有之,與《山谷詩注》同時排印,然亦載楊序,則
> 亦出弘治本可知。是此書弘治楊氏當時所據,必出於宋
> 刻,其餘梅南、朝鮮、日本各本,皆從弘治本孳乳而生耳。
> 故余取朝鮮本與蜀本校,其合者殆十之七八,凡聚珍本
> (祝按:此本詳後)誤者,朝鮮本多不誤,此足證朝鮮活字爲
> 宋刻再傳之本矣。

弘治本之後,又有嘉靖本。該本刻於嘉靖十年(一五三
一),每半葉九行二十字,版心有“梅南書屋”四字(傅氏《經眼
録》卷一三),今大陸亦有五部見於著録,臺北“中央圖書館”庋
藏二部(其中一部即傅增湘持贈沈曾植者,有沈氏手書題
記)。

朝鮮、日本古活字本今國内未見著録。日本東山天皇元
禄三年(一六九〇)洛陽(即京都)書林茨木多左衛門嘗刊行
《後山詩注》十二卷,見《和刻目録》。所謂日本古活字本,疑
即此本。《四部叢刊初編》據傅增湘所藏朝鮮古活字本影印,
上引傅氏《跋》已述,其《經眼録》卷一三記該本道:

　　《后山詩注》十二卷，（宋陳師道撰，宋任淵注。）朝鮮古活字本，九行十六字，注雙行，白口，四周雙闌，版心題"后山幾"。朝鮮薄皮紙印，字疏宕有古致。首《彭城陳先生集（記）》，魏衍撰，後附政和丙申（六年，一一一六）元城王雲題。次任淵序，次目録，年譜附。卷末弘治丁巳石淙楊一清跋。

　　鈐有"礪城宋氏"（朱）、"熙業克家"（白）、"寓翁"（朱）各印。

　　入清，有雍正三年（一七二五）陳唐活字印本《後山先生詩集》六卷、逸詩五卷，無注。《四庫全書總目》將其列入《别集類》存目。

　　《四庫總目》著録浙江採進本，爲《後山詩注》十二卷，按其文字，當爲弘治本。同時又刊有武英殿聚珍本。此外猶有清三榆書屋石印本、民國初上海文明書局石印本及各家校本。《叢書集成初編》據武英殿本排印。

　　近人冒廣生著有《後山詩注補箋》十二卷、《後山逸詩箋》二卷，民國二十五年（一九三六）由商務印書館出版。一九九五年，中華書局出版冒懷辛整理本《後山詩注補箋》，分《詩注補箋》十二卷、《逸詩箋》二卷兩部分。詩注用武英殿聚珍版任淵《後山詩注》爲底本，《逸詩》二卷來源於趙駿烈本。箋文來源於冒廣生，又補入惠棟批語，採用過録本何焯校等，内容甚爲豐富，爲讀《後山詩注》不可不參讀之書。

【參考文獻】

傅增湘《宋刊殘本後山詩注跋》（《藏園群書題記》卷一三）

黄丕烈《殘宋本後山詩注跋》（《蕘圃藏書題識》卷八）

瞿鏞《宋刊本後山詩注》(《鐵琴銅劍樓藏書目録》卷二〇)

楊一清《弘治本後山詩注序》(《四部叢刊初編》影印朝鮮本《後山詩注》卷末)

濟北晁先生鷄肋集七十卷

晁補之　撰

晁補之(一〇五三——一一一〇),字无咎,濟州鉅野(今山東鉅野)人。元豐二年(一〇七九)進士。元祐時爲校書郎,後坐黨籍。徽宗時累官至禮部郎中兼國史編修。早年爲蘇軾所稱道,乃"蘇門四學士"之一。元祐九年(一〇九四)嘗自序其集道:"食之則無所得,棄之則可惜,其鷄肋乎!故哀而藏之,謂之《鷄肋集》。"據《通鑑長編紀事本末》卷一二一記載,崇寧二年(一一〇三)四月,徽宗嘗下詔禁毀三蘇及黄、張、晁、秦文集印板,知元祐間(據下引晁謙之跋,當在元祐末)晁集已刊行,即以《鷄肋》名集,唯所刊卷數不詳。紹興七年(一一三七),其從弟謙之以所得編次爲七十卷,刊於建陽,跋曰:

> 從兄无咎平日著述甚富,元祐末在館閣時,嘗自製其序。宣和以前,世莫敢傳。今所得者,古賦、騷辭四十有三,古律詩六百三十有三,表啟、雜文、史評六百九十有三。自捐館舍,逮今二十八年,始得編次爲七十卷,刊於建陽。

《四庫提要》以爲"蓋其稿爲元祐中補之自葺,雖有集名,尚非定本,後謙之乃裒合編次,續成此帙,故中有元祐以後所作,與補之原序年月多不相應”。其説似是而非。其實元祐九年自序,即爲刊板而作,所謂“裒而藏之”,蓋謙詞也。崇寧後,徽宗嚴禁“元祐學術”,他不可能再刊書。换言之,元祐前晁集已有定本,否則崇寧初何來晁集印板可毁? 果如是,則後來謙之只是補輯重勒卷次而已。張耒《晁太史補之墓誌銘》(《柯山集拾遺》卷一二)稱“有文集及著作若干卷”,可知補之到大觀四年逝世時,遺文尚未最後編定。

《通志》著録“《緡城集》八卷,又《鷄肋集》七十卷”。《鷄肋集》當即建陽刊本,《緡城集》刻於晚年,收元祐以後作品。按:緡城,古地名,在今山東金鄉縣東北,補之“白首”時,曾在該地置舍,自號歸來子,作《歸來子名緡城所居記》(載《鷄肋集》卷三一)。衢本《讀書志》卷一九著録道:

　　晁无咎《鷄肋編》七十卷。右皇朝族父吏部公也。公諱補之,字无咎。幼豪邁,英爽不群。七歲能屬文,日誦千言。王安國名重天下,慎許可,一見大奇之。在杭州作文曰《七述》,叙杭之山川人物之盛麗。時蘇子瞻(軾)倅杭州,亦欲有所賦,見其所作,歎曰:“吾可以閣筆矣。”子瞻以文章名一時,稱其博辨俊偉,於文無所不能,屈輩行與之交,由此聲名籍甚。舉進士,禮部別試第一,而考官謂其文辭近世未有,遂以進御,神宗曰:“是深於經,可革浮薄。”元祐中,除校書郎。紹聖初,落職監信州酒,後知泗州,終於官,大觀四年(一一一〇)也。張耒嘗言无咎“於文章蓋天性,讀書不過一再,終身不忘。……其凌厲奇卓,出於天才,非醖釀而成者。自韓、柳而還,蓋不足道也”。

《通考》卷二三六從之。所謂"鷄肋編"，當即《鷄肋集》之別
稱。《東都事略》卷一一六本傳謂"有《鷄肋集》一百卷"。《解
題》卷一七除著録單行七十卷本外，又著録蜀刊本《蘇門六君
子集》，其中有《濟北集》七十卷（按：今存崇禎翻宋本題作《濟
北晁先生鷄肋集》）。《永樂大典》卷二二五三七引宋謝采伯
《密齋筆記》，謂《鷄肋集》及李廌《月巖集》，"蜀中有極小字
本，又有中字本"。《宋志》除著録七十卷本外，又著録《鷄肋
集》一百卷。百卷本《鷄肋集》編刊情況不詳，或連其他著作
在內，已久佚。

　　《增訂四庫簡目標注・續録》謂是集有"明晁瑮本，明嘉
靖三十三年（一五五四）重刊宋慶元五年（一一九九）黃汝嘉
本"。按晁瑮嘗刊詩派本晁沖之《具茨集》一卷，今存，未見有
補之詩集著録，《晁氏寶文堂書目》亦只載《鷄肋集》。

　　明《文淵閣書目》卷九著録"晁補之《鷄肋集》一部十六
冊，殘闕"，殆爲宋本。《萬卷堂書目》卷四曰："《鷄肋集》七十
卷。"又《澹生堂藏書目》卷一三《續收》："晁无咎《鷄肋集》十
二冊，七十卷。"宋本明季尚存。崇禎乙亥（八年，一六三五），
顧凝遠詩瘦閣嘗照宋本翻刻，爲是集今存之唯一刊本（按：
《天禄後目》卷一八著録此本，同時又著録另一明本，凡四函
三十二冊，已佚，不詳何時所刊），前人一致推其佳勝。《四庫
總目》據顧刻本著録，《四部叢刊初編》亦據以影印。《四部叢
刊書録》道：

　　　　卷前有元祐九年自述，後有紹興七年（祝按：原誤爲
　　"九年"）從弟謙之跋。此明繙宋本，每葉十八行，行十九
　　字（祝按：白口，左右雙邊）。中縫下方題"詩瘦閣"三字。卷
　　首有"顧凝遠印"、"誕伯氏"二木印，卷末有"明吳郡顧氏

於崇禎乙亥春照宋刻壽梓（祝按：原本此下尚有"至中秋工始竣"句）"二行。《雞肋集》未見他刻，惟此爲最舊耳。

崇禎本今大陸尚著録二十餘部，臺北"中央圖書館"藏有四部。日本静嘉堂文庫庋藏一部。顧氏所照刻之宋本，久已失傳。

顧刻本卷目編次爲：卷一、二，古賦；卷三，辭；卷四至二二，古律詩、絶句；卷二三，挽詞；卷二四，上書；卷二五，罪言；卷二六，河議；卷二七、二八，雜著；卷二九至三一，記；卷三二，銘贊；卷三三，題跋；卷三四、三五，序；卷三六，離騷序；卷三七至三九，策問；卷四〇、四一，春秋雜論；卷四二至四四，西漢雜論；卷四五至四九，唐舊書雜論；卷五〇，五代雜論；卷五一、五二，書；卷五三，奏狀；卷五四、五五，表；卷五六至五九，啟；卷六〇、六一，祭文；卷六二，傳、行狀；卷六三，墓表；卷六四至六八，墓誌銘；卷六九、七〇，釋氏贊疏。

除崇禎刊本外，今國家圖書館藏有明鈔本三部，清鈔本則有六部見於館藏書目。《雞肋集》無詞，其詞作別編爲《晁氏琴趣外篇》，有毛氏汲古閣刊本及影宋刊本。

《全宋文》用崇禎顧刻本爲底本，輯得佚文十七篇。《全宋詩》底本同，輯得佚詩七首。

【參考文獻】

晁補之《雞肋集自序》（《四部叢刊初編》本《雞肋集》卷首）

游廌山先生集 八卷

游　酢　撰

　　游酢（一○五三——一一二三），字定夫，一字子通，世稱廌山先生，又稱廣平先生，建州建陽（今福建建陽）人。元豐五年（一○八二）進士，爲監察御史，歷知漢陽軍、舒州、濠州。師事二程。楊時《御史游公墓誌銘》（本集附，又見《龜山集》卷三三）稱有“文集十卷藏於家”。《宋志》著録十卷本。然未見宋人序跋，十卷本宋代刊行否不詳。《墓誌銘》於文集外，又述其有《中庸義》一卷，《易説》一卷，《詩二南義》一卷，《論語雜解》《孟子雜解》各一卷。《東都事略》卷一一四《游酢傳》曰：“有《中庸義》《易説》《二南義》《語》《孟》新解各一卷，文集一卷。”蓋南宋間文集已無十卷之本，唯殘存一卷而已，故晁氏、陳氏不著於録。明代唯《徐氏家藏書目》卷六著録“游酢《廌山集》二卷”，不詳爲何本。未見元、明覆刻本著録。

　　至清乾隆七年（一七四二），游氏裔孫始有刊本，今未見著録。乾隆十一年（丙寅，一七四六），裔孫游端柏等增補重刊，題《游廌山先生集》，卷首四卷（謝枋得《傳略》，楊時《墓誌銘》，以及《紀録》、年譜），本集四卷，末爲附録，故今著録爲八卷。是本題“裔孫文遠暨男端柏重刊”，卷首有左宰序，稱檄訪遺書，板毁無存，幸先生裔孫端柏家藏數卷，參以家乘，彙成年譜云云。乾隆三十七年（一七七二）游氏再重刻，道光二十一年（一八四一）重修，同治三年（一八六四）補刊，擴爲十卷，然詩文數無所增益。同治六年，新化游開智於和州官舍

刊《游定夫先生集》六卷首一卷末一卷。胡玉縉《四庫提要補
正》曰:"是集當以是本爲最完善。"各本今皆有著録。

　　《四庫總目》著録福建巡撫採進本,殆即游氏家藏本。
《提要》曰:

　　　　《年譜》稱其年二十九録明道先生語,年四十一録伊
　　川先生語,年四十六作《論》《孟》雜解、《中庸義》,年四十
　　七作《易説》《詩二南義》,而不言文集,蓋本各爲書也。
　　此本首以《論語雜解》《中庸義》《孟子雜解》爲一卷,次
　　《易説》《詩二南義》爲一卷,次《師語》《師訓》爲一卷,次
　　以文七篇、詩十三首,附以墓誌、年譜爲一卷。又《中庸
　　義》後有拾遺,《孟子雜解》僅八條,《詩二南義》僅二條。
　　蓋後人掇拾重編,不但非其原本,且並非完書矣。

四庫底本乃鈔本,今藏國家圖書館。四庫本編次與游氏家刻
本大致相同,唯將墓誌等移至卷末。所謂游氏家藏本,四庫
館臣以爲"蓋後人掇拾重編",耿文光亦以爲"乃掇拾各書而
成者"(《萬卷精華樓藏書志》卷一一四),其説是。游酢詩文傳世
寥寥,勉强成集,蓋早期理學家文集類多如此。

龜山先生集 四十二卷

楊　時　撰

　　楊時(一〇五三——一一三五),字中立,世稱龜山先生,南
劍州將樂(今福建將樂)人。熙寧九年(一〇七六)進士。徽
宗時官至右諫議大夫兼國子祭酒,高宗時爲工部侍郎。卒,

謚文靖。先後學於程顥、程頤，與游酢、呂大臨、謝良佐號爲
"程門四先生"，又與羅從彦、李侗並稱"南劍三先生"。其文
集，陳氏《解題》卷一八著録爲《龜山集》二十八卷，《通考》卷
二三八從之。《宋志》著録《楊時集》二十卷，又《龜山集》三十
五卷。以上三本，今未見宋人序跋，其編刊情况不詳。傅增
湘《經眼録》卷一四曾記一舊寫本，乃彭氏知聖道齋故物，全
書僅十五卷，十行二十一字，其次第與祠堂本（祠堂本詳後）
不同。有咸淳己巳（五年，一二六九）丁應奎序，稱瀏爲楊龜
山過化之邑，"朱君主學事，既新其祠，復鋟其文"云云。此鈔
本當源出瀏陽刊本，蓋爲有宋第四本，惜今未見著録。據傅
氏所記卷目，無詩類，墓誌銘亦只一卷，當非完帙。另，《朱子
語類》卷一三〇謂"汪聖錫在三山刊《龜山集》，求奏議於其
家，安止移書令勿刊"云云。按汪應辰（字聖錫）隆興初知福
州，刊楊集蓋在此時，不詳所刊卷數。

　　明《文淵閣書目》卷九著録"《龜山楊先生文集》一部十二
册，全"；《内閣書目》卷三稱該本"凡三十五卷"，則當爲《宋
志》著録之第二本。《世善堂藏書目録》卷下、《徐氏家藏書
目》卷六、《絳雲樓書目》卷三皆著録二十八卷本，與《解題》所
録卷數同。是集明刻無二十八卷本，殆爲宋槧，或源於宋槧
之鈔本。各本久佚，今以明刊爲古。

　　弘治本爲有明第一刻。是刻底本乃程敏政選鈔内閣本，
有序曰："《龜山先生文集》三十五卷，不傳於世久矣。館閣有
本，關請閲之，力不足以盡鈔也，鈔其有得於心者，重加彙次，
爲十六卷如右，藏於家。"弘治十五年（一五〇二），將樂令李
熙等以鈔本刊板，跋略曰：

　　　　程篁墩（敏政）學士手録宋儒龜山楊文靖公所著詩

文並雜著凡若干，釐爲一十六卷。篁墩取其所得者録
之，而其全集非盡於此也。京師士夫家間有鈔本。……
將樂舊有先生書院，在龜山下。熙來尹於兹，獲謁瞻遺
像。頃因詣京，……因過翰林靳先生（貴），坐間乃以是
編授熙閱之，爰假以歸。

則李熙所得，蓋靳氏過録程鈔本。是刻每半葉十一行二十一
字，白口，四周單邊。今大陸所藏皆遞修本，僅四部；臺北“中
央圖書館”藏有弘治本一部。日本内閣文庫有遞修本。

　　李熙本之後，《四庫提要》謂“常州東林書院刊本分爲三
十六卷，宜興刊本又併爲三十五卷”。所謂東林書院刊本，今
國内外皆未見著録，情況不詳。宜興刊本，即正德十二年（一
五一七）沈暉刻本（或著録爲弘治本，不確），乃楊集全帙。沈
暉序述其謀刻經過道：

　　　　及出仕閩藩，又手鈔得將樂全集三十五卷（祝按：所鈔
　　底本未詳，疑源於宋本），念欲翻刻於將樂及長沙、瀏陽二
　　縣，意雖勤而力不逮。弘治辛酉歲（十四年，一五〇一），
　　致政還鄉，乃謀刻於提學御史莆田黄公希武，將刊於郡
　　庠，與語録並傳，亦不果。時南陽王公懋學由國子祭酒
　　來任南京户部亞卿，……慨然以爲己任，乃正其舛訛，補
　　其遺缺，且欲刊行於南雍。尋拜吏侍之命，還京，仍以原
　　本並新安程學士新刊十六卷見寄，諭以必爲共成此書。
　　予乃招致儒士陸儀、鍾瓚、史元祥於家塾，分卷書寫，塾
　　賓施怡重加對讀無差，然後入梓。……並取聖朝（祝按：
　　指明朝）孝宗詔從祠孔庭恩澤、《宋史》本傳、文定胡公《墓
　　誌銘》、吕本中《行狀》、黄去疾《年譜》備録卷首，仍以李
　　丞相（綱）祭文並葉水心（適）、湯東澗（漢）《記》附録於

後，共爲一書。

是刻每半葉十行二十字，黑口，四周雙闌。據記載，卷首有朱
璽序，所見之本皆無，不詳其内容。三十五卷中，卷一至四爲
詩，以下爲各體文，包括經筵講義、經解等。沈刊本今大陸凡
著録十一部（包括殘本），臺北"中央圖書館"藏一部。日本御
茶之水圖書館藏本缺卷一至一三。

萬曆十九年（一五九一），將樂令林熙春再刊是集，徐必
達等校，析爲四十二卷，凡書、奏、表、札、講義、經解、史論、
啟、記、序、跋各一卷，語録四卷，答問二卷，辨二卷，書七卷，
雜著一卷，哀辭、祭文一卷，狀述一卷，誌銘八卷，詩五卷。篇
七百有九，爲字二十一萬八千有奇。有林熙春、耿定力序，李
瑄後序（參《四庫提要》、丁氏《善本書室藏書志》卷二九）。耿序稱
"潮陽林子令將樂，求先生全集，得之官司理家藏，因授剞
劂"。清揭翰績爲康熙本（此本詳後）作《重刊龜山先生文集
序》詳述之曰：

　　先生集向未有傳，始刻於明弘治壬戌，僅十有六卷，
蓋邑侯李公熙受於學士靳公貴，靳得之篁墩程公敏政，
程從館閣宋本鈔録之者也。萬曆壬子，邑侯海陽林公熙
春閱之，以爲太簡，欲求全集傳世，而鄉先達官公，賢諸
生蕭燦、林鈿，因取常州大中丞沈公暉鈔本以進。林公
分彙增補，共成四十二卷，鳩邑人士捐資成板，貯之公
所，而先生刻集始有全書。

萬曆本每半葉十行，行二十五字，白口，四周雙邊，板心下有
字數及刊工名。今大陸及臺灣凡庋藏三十餘部，日本著録五
部。其中國家圖書館藏本有葉德輝跋（跋文又見《郋園讀書

志》卷八）、傅增湘校。

綜上述，楊時文集今存明刊凡三本。弘治本乃選本。正德、萬曆兩本，其實同出於沈暉所得將樂本，唯萬曆本增補並調整卷次，故卷帙不同。萬曆本所增，主要爲語録四卷。按《讀書附志》卷下、陳氏《解題》卷九俱著録《龜山語録》四卷，則其語録原在集外別行。萬曆本所收雖全，已非宋本文集原貌，故其書口題“龜山先生全集”。然而弘治、正德兩本中個別篇章，萬曆本又未收入，不詳其故。

楊集清代所刊，主要亦有三本。前兩本皆刊於道南楊氏祠堂，故又稱道南祠堂本。順治八年（一六五一），楊氏後裔令聞重刊萬曆本，有孔興訓、王孫蕃序，王序稱“兵燹之後，文集殘闕，聞生重付梨棗”云云。《四庫總目》著録鮑士恭家藏本，據《提要》即順治重刊本。康熙四十六年（一七〇七），裔孫繩祖又重刊之，光緒五年（一八七九）有修補本。第三本乃光緒九年（一八八三）知延平府張國正所刊，序稱楊集“版藏將樂，歲久殘缺，印刷非易，爰捐廉俸，重付剞劂，訛者改之，缺者補之”云云，知其即翻刻祠堂本，而略有校補。民國十年（一九二一）有重校本。清刊三本及修補本，今國内及日本皆有庋藏，其卷帙與萬曆本相同。

清代除全集本外，猶有《正誼堂叢書》六卷本，《叢書集成初編》即據以排印。該本前有順治本序，當以順治本爲底本。六卷乃選其各體文，無詩。

一九九三年，福建人民出版社出版林海權校點本《楊時集》。是本以萬曆十九年林熙春重刊《龜山先生文集》四十二卷本爲底本，校以弘治李熙本、正德沈暉本等。

《全宋詩》用影印文淵閣《四庫全書》本爲底本，輯得集外

詩十三首。《全宋文》用康熙四十六年本爲底本,輯得佚文十
六篇。

【參考文獻】

丁應奎《龜山先生集序》(《藏園群書經眼録》卷一四)

李熙《弘治刊龜山先生文集跋》(弘治本卷首)

沈暉《正德重刊龜山先生文靖楊公集序》(正德本卷首)

耿定方、李瑄、林熙春《萬曆刊龜山先生全集跋》(萬曆本卷末,人各
一跋)

楊篤生、陳廷統等《康熙刊宋龜山楊文靖先生文集序》(康熙本卷首
及卷末,序跋共十餘篇)

宛丘先生文集七十六卷　張右史文集六十卷　柯山集五十卷　張文潛文集十三卷

張　耒　撰

張耒(一〇五四——一一一四),字文潛,號柯山,祖籍譙郡
(今安徽亳縣),徙居楚州淮陰(今江蘇淮陰)。熙寧六年
(一〇七三)登第進士第,元祐時累遷至中書舍人。後坐黨
籍,落職投閒,世稱宛丘先生。少以文章受知於蘇軾兄弟,爲
“蘇門四學士”之一。所作詩文,元祐或元祐前已有刊本,崇
寧二年(一一〇三)徽宗嘗下詔毀板,見《通鑑長編紀事本末》
卷一二一。其後蓋因黨禍不解,文稿未經劃一編次,死後稿
本流散於世,各以所得結集,故宋代傳本甚多。汪藻《柯山張
文潛集書後》曰:

　　文潛詩千一百六十有四，序、記、論、誌、文、贊等又百八十有四，第爲三十卷。余嘗患世傳文潛詩文人人殊，屛居毗陵，因得從士大夫借其所藏，聚而校之，去其複重，定爲此書，皆可繕寫。……其集以《鴻軒》《柯山》爲名者，居復、黃時所作也。……公詩晚更效白樂天體，而世之淺易者往往以此亂眞，皆棄而不取。其采獲之遺者，自如《別録》云。

紹興十三年（一一四三），張表臣作《張右史文集序》，曰：

　　蘇門諸君子，自黃豫章、秦少游、陳後山、晁无咎諸文集皆已次第行世，獨宛丘先生張文潛詩文散落，其家子弟死兵火，未有纂萃而詮次之者。因俾訪求，始得公相汪公藻手編三十卷，頗復不全。繼得浙西憲王公銕所録四十卷，續集十餘卷，稍爲精好。又得察院何公若數卷。最後秘監秦公熺送示舊藏八册，不分卷。大抵總四家，凡百餘卷。亟加考訂，去其重複，正其訛謬，補其缺漏，定取七十卷，號《張右史集》。凡古賦三十二篇，古詩七百四首，五言律詩三百三十四首，七言詩三百三十九首，絶句諸小詩七百七首，古樂府等詩八十四首，哀輓四十一首，騷一十二篇，表狀十五篇，啟十三篇，文二十九篇，贊、銘、偈、疏、簡、評十九篇，題跋三十一篇，傳記二十一篇，序十五篇，議、説二十三篇，經史等論五十七篇，書十二篇，墓誌十七篇，同文館唱和六卷，通二千七百餘篇。

然而張氏所編之本猶不全。周紫芝《書譙郡先生文集後》曰：

　　余頃得《柯山集》十卷於大梁羅仲洪家，已而又得

《張龍閣集》三十卷於内相汪彦章（藻）家，已而又得《張右史集》七十卷於浙西漕臺。先生之製作，於是備矣。今又得《譙郡先生集》一百卷於四川轉運副使南陽井公之子晦之，然後知先生之詩文爲最多，當猶有網羅之所未盡者。余將盡取數集，削其重複，一其有無，以歸於所謂一百卷者，以爲先生之大全焉。晦之泣爲余言："百卷之書，皆先君無恙時貽書交舊而得之，手自校讎，爲之是正，凡一千八百三首，歷數年而後成。君能哀其所未得者，以補其遺，是亦先君子之志，而某也與有榮耀焉。"因謂晦之："他日有續得者，不可以贅君家之集，當爲《別集》十卷，以載其逸遺而已。"

所稱"井公"，即南宋著名圖書收藏家井度，晁公武嘗得其藏書而作《郡齋讀書志》。據以上三人所述，可知著者詩文南宋間所傳，蓋有如下數本：

一、《鴻軒集》，卷數不詳，收居復州時之作。

二、《柯山集》十卷，收居黃州時之作。

三、《張龍閣集》三十卷，汪藻編，收詩一千一百六十四首，文一百八十四篇。效白體疑僞者未收，編入《別錄》。

四、《張右史集》七十卷，張表臣編，通詩文二千七百餘篇，包括汪藻、王銖、何若、秦熺四家録藏之本。

五、《譙郡先生集》一百卷，井度編，周紫芝補。所據補之本，有《柯山集》《張龍閣集》《張右史集》。

從上述可知，流散之張耒詩文，至周氏所補《譙郡先生集》百卷本，乃彙聚諸本，堪稱大備。百卷本所收詩文，井氏所編凡一千八百三首，周氏補輯數不詳，然必多於《張右史集》；又稱他日續得編爲《別集》十卷，不知是否編成。

　　張耒文集，生前已有刊本，前已述崇寧二年（一一〇三）四月嘗下詔與蘇、黄等集同時毁板。《通志》著録“《張文潛集》一卷”。前引張表臣序謂秦熺送示舊藏八册，不分卷。“一卷”即不分卷，該書或即當日被禁之本。

　　前述南宋人輯編之本，今知百卷、七十五卷、七十卷三本當有刊本，其他嘗付梓否不詳。衢本《讀書志》卷一九著録道：

　　　　張文潛《柯山集》一百卷。右皇朝張耒字文潛，譙郡人，仕至起居舍人。……元祐中，蘇軾兄弟以文章倡天下，號長公、少公，其門人號四學士。文潛，少公之客也。諸人多早没，文潛獨後亡，故詩文傳於世者尤多。其於詩文兼長，雖同時鮮復其比，而晚年更喜白樂天詩體，多效之云。

《通考》卷二三七同。《解題》卷一七著録蜀刊本《蘇門六君子集》，其中收《宛丘集》七十五卷。《宋志》著録《張來集》七十卷，又《進卷》十二卷，“來”當是“耒”之訛。百卷本原名《譙郡先生集》，晁氏所録《柯山集》百卷，殆即其本，蓋集名乃付刊時所更。蜀刊《宛丘集》七十五卷，疑即張表臣所編之《張右史集》，而稍增其卷次。若《張來集》果即《張耒集》，則《進卷》十二卷今已全佚。

　　明《文淵閣書目》卷九著録“《張宛丘文集》一部十三册，全”，不詳爲何本。《世善堂藏書目録》卷下、《絳雲樓書目》卷三皆有“《柯山集》一百卷”。又胡應麟嘗於杭州僻巷中見鈔本《柯山集》一百卷，“書紙半已漶滅，而印記奇古，裝飾都雅，蓋必名流所藏”，因約明旦購之，不料“夜來鄰火延燒，此書倏煨燼矣”，見《少室山房筆叢》卷三《經籍會通》。此收詩文最全之百卷本，殆猶傳至明季，惜皆毀亡。《增訂四庫簡目標注》謂“蔣生沐（光煦）有宋刻《張右史集》七十卷，極精”，今僅存蔣氏所録張表臣序及按語，見其所著《東湖叢記》卷一。

今傳明、清鈔本及刊本，卷數與宋人著録皆不合。傅增湘《校宛丘集跋》曰：“《宛丘集》，世傳卷次最爲參差。聚珍本題《柯山集》五十卷。明嘉靖本題《文潛集》，十三卷（按：實爲十卷改編本，詳後）。鈔本題《張右史集》，有八十二卷者，有六十五卷者，有六十卷者，而《四庫》著録又爲七十六卷。至汪藻所編《張龍閣集》三十卷本、周紫芝所稱《譙郡先生集》百卷本，今已不可得見。”宋代已趨完備之本，又復零落如是。

兹略述張集現存主要傳本（依書名歸類）。

一、《宛丘先生文集》七十六卷。今國家圖書館、上海圖書館、南京圖書館等及日本静嘉堂文庫、美國國會圖書館，藏有明、清鈔本《宛丘先生文集》多部，凡七十六卷，爲今存卷數最多之本。明祁氏《澹生堂藏書目》卷一三嘗著録“張文潛《宛丘集》十册，七十六卷”。王重民《中國善本書提要》著録明謝氏小草齋鈔殘本六十三卷、目録二卷，十行二十字，“即《四庫》著録之本，全書七十六卷，此闕卷三十八至五十。卷内有‘晉安謝氏家藏圖書’印記”。傅氏《經眼録》卷一三亦嘗著録。此本原藏北京圖書館，後流入美國，現藏美國國會圖書館，國圖有微縮膠卷。今國家圖書館又藏有康熙間吕無隱鈔本二部，卷帙完整，一部每半葉十一行二十一字，無格，另一部十行二十字，白口，左右雙邊。上海圖書館所藏爲清禦兒吕氏鈔本，九行二十一字，黑格。南京圖書館藏丁氏本，有《補遺》六卷，乃“清吟閣瞿穎山從鮑以文借文瑞樓舊藏本，依式刊格，重爲鈔校，兵燹後祇存一十八卷，目録二卷，配以小山堂舊藏影宋本二十五卷，中有屬樊榭（鶚）、朱朗齋（文藻）校字，又鈔補三十三卷，以成全書。其《補遺》六卷，又缺其一”（《善本書室藏書志》卷二八）。又有紅藥山房鈔本《宛丘先生文集》七十六卷附《同文倡和》六卷本（見同上）。静嘉堂文庫所藏，爲顧廣圻舊藏鈔本，卷中有顧氏印記，見《皕宋樓藏書志》卷七七、《静嘉堂秘籍志》卷三四。

陸心源《儀顧堂題跋》卷一一《宛丘集跋》，謂七十六卷本分卷與蜀本（按：指蜀刻《蘇門六君子集》本）合，“當從宋刊蜀本傳錄者”。又謂此本比聚珍本《柯山集》（五十卷，詳後）多詩五百餘首，文、賦則大略相同（僅多墓誌五篇。按《鐵琴銅劍樓藏書目錄》卷二〇著錄七十六卷舊鈔本，謂除多墓誌五篇外，文類中尚增多《新居上梁文》《哭下殤文》二篇，書簡類中增多《與陳三書》《代范樞密答陳列書》《與范十三元長書》三篇）。陸氏又嘗以七十六卷本、六十卷本、《蘇門六君子文粹》等與聚珍本相校，多得詩文十二卷，刻入《群書校補》卷七八至八九。後來傅增湘又以七十六卷殘本（存四十三卷）與光緒廣雅書局翻聚珍本（有《拾遺》十二卷，即陸氏所輯）相校，謂殘本“佳處乃不可枚舉”，除可補脱文外，“片言隻語，賴以補正者更不可勝計”，而“古近體詩爲聚珍本所佚，且爲《拾遺》所不及者，都四十四首”（《校宛丘集跋》）。傅氏校本今藏國家圖書館。

《四庫總目》著錄鮑士恭家藏本七十六卷。然而實際錄入庫本者爲《柯山集》五十卷（書前提要亦此集），與聚珍本同，館臣疏失誤著。前引陸心源跋，謂七十六卷本當從宋刊蜀本（七十五卷）傳錄，吳氏《繡谷亭書錄》則以爲“《宛丘集》七十卷、《同文倡和》六卷，似即《庫目》七十六卷本也”。因宋

本不存，無從分辨孰是。又，《增訂四庫簡目標注·續録》稱
"知不足齋傳鈔本八十二卷，最足"，則似鮑氏另有足本。然
八十二卷恐即七十六卷加《同文倡和》六卷，並非別有所謂
"足本"。

　　《宛丘先生文集》除七十六卷本外，猶有四十一卷本，今
存明鈔及清初鈔本兩帙，分別藏上海圖書館及山西省文物
局。上海圖書館所藏明鈔本，有清丁晏跋、佚名校，每半葉九
行十七字，無格，無原序跋，乃汲古閣舊物。卷一至四爲賦，
計三十二首；卷五至二七爲詩，計六百七十六首；卷二八至
四〇爲文，計七十九篇；卷四一爲序、記、墓誌銘十篇，書啟六
篇。所收詩文數量，遠少於七十六卷本。丁晏跋曰：

　　　　《宛丘集》爲吾鄉文獻，傳世甚稀。往年購得《張文
　　　潛集》二册，有文無詩。己丑（道光九年，一八二九），在
　　　京都琉璃廠書肆見鈔本《張右史集》四函，苦索值昂不能
　　　購，悵然如有所失。歸里後，六月中旬，有持汲古閣鈔本
　　　《宛丘先生集》來售，亟買而藏之。此本乃阮唐山（祝按：
　　　阮葵生，號唐山）司寇故物也。

是本原爲十册，後經人改裝爲五册。原册封面左方有紅色長
框，題寫書名、卷數，框下有"毛氏汲古閣藏"紅字。鈐印有
"毛氏汲古閣"、"子晉氏"、"毛鳳苞印"、"得知千里外正賴古
人書"、"丁晏"、"頤志堂藏書記"、"山陽丁晏之章"、"四留堂"
（參沈津《上海圖書館藏集部善本書録》，《文獻》一九九〇年第四期）。
此書既首尾完整，疑是選録本，故諸體略備。《汲古閣珍藏秘
本書目》未著録。

　　二、《張右史文集》六十五卷本、六十卷本。六十五卷本，
今國家圖書館藏明鈔三部、清鈔一部，北京大學、南京、重慶

三圖書館亦藏有清鈔本。明鈔本有萬曆四十四年（一六一
六）清常道人趙琦美跋，略曰：

> 戊戌、己亥（萬曆二十六、二十七年）間，於吳門書肆
> 中得《右史集》四册，六卷至十卷，十六卷至二十卷，二十
> 八卷至四十四卷，中又脱三十三卷，三十四卷脱首葉、第
> 二葉。壬子（萬曆四十年），於金臺見綏安謝耳伯兆甲携
> 得宋刻《右史集》八卷，約百餘葉，予奚囊中偶未携得吳
> 門本，至悉爲鈔之。癸丑（萬曆四十一年）餉方乏，發篋
> 中吳門本，校去重複，惟存四卷，五十一至五十四也。歲
> 丙辰（萬曆四十四年），東阿中舍于小谷緯相公，谷峰子
> 也，藏有《右史集》十四册，因得借録。中間缺十一至十
> 五，而以《同文唱和》詩抵之。……二十卷後脱，以《暇日
> 會友》詩補之……二十二卷至二十五卷全脱。三十三卷
> 脱，以三十二卷分爲兩卷，今爲改正，仍缺其三十三卷。
> 六十三卷書簡，恐不止此一卷也。六十四卷、六十五卷
> 俱墓誌，亦恐不止此二卷也。且此三卷中脱落之甚，姑
> 附録之，以俟異日再訪。

由此可知，鈔本乃趙氏鈔校拼湊若干殘帙而成，而有直接由
宋刻鈔出者。今存明鈔本有清咸豐七年（一八五七）翁同書
跋，稱該本並非趙氏原本，而是傳録趙氏本，其曰：

> 予駐師邗上（指揚州），購得《右史集》十五册，末有
> 吾邑趙琦美跋，知此本係琦美攟拾而成。脱落已甚，原
> 缺二十二卷至二十四卷及三十三卷，今又缺第十二册五
> 十卷至五十三卷。……首葉有一印曰“海虞陵秋家藏”，
> 蓋吾邑士人從清常道人家傳録者，適落吾手，亦宿緣也。

此本每半葉十行二十一字，無格。國家圖書館藏另一明鈔本，有翁同書之父翁心存校後三跋，稱其本得於京都廠肆，雖與趙氏本卷數相符，而卷次前後碩異，則是重經編定云云。國圖所藏明鈔第三本，每半葉九行十七字，卷一至三十配清鈔。

《張右史文集》六十卷本，今國家圖書館藏有清雍正七年（一七二九）謝浦泰鈔本、原海源閣藏清鈔本及清四庫館本；上海圖書館藏有清初鈔殘本，存四十六卷、又《補遺》下；南京圖書館藏舊鈔本，見丁氏《善本書室藏書志》卷二八。湖南省圖書館藏清初鈔本，有清翁方綱及民國葉啟發、葉啟勳題識。謝浦泰鈔本六十卷外，有《補遺》七卷，謝氏雍正己酉（七年）題曰：

> 細校《宛丘集》中所有而《右史集》所無者，古詩二百七十首，律詩二百三十二首，絶句七首，書二篇，墓誌五篇，《補遺》六卷全無。《右史集》中所有而《宛丘集》所無者，不過古詩四首，律詩九首，《讀唐書論》第二條而已。但余此書，律詩已先將《瀛奎律髓》内幾首添在内，亦不可不知。

原海源閣藏清鈔本《張右史文集》，傅氏《經眼録》卷一三嘗記之，九行十七字，鈐有“笥河府君遺藏書籍”、“嘉蔭簃藏書印”、“海源閣印”。《楹書隅録》未著録。清四庫館藏鈔本，亦爲九行十七字，《中國善本書提要》著録道：

> 卷端有“翰林院印”滿漢文大方印，封面有印記云：“乾隆三十八年（一七七三）六月，翰林院編修勵守謙交出家藏《張右史文集》壹部，計書二十本。”是此本曾繳呈

四庫全書館中。然庫本據鮑士恭家藏《宛丘集》七十六卷本著録，武英殿據五十卷《柯山集》排印，實未用此本（祝按：録入庫本者亦爲《柯山集》，前已述）。……今《四部叢刊》影印鈔本《張右史文集》，卷數行款，均與此本相同，文字則互有勝負。此本有"信天廬"、"紅藥山房主者"、"讀易樓秘笈印"、"玉棟之印"等印記。

按《四部叢刊初編》據舊鈔本《張右史文集》影印，凡六十卷。其卷目編次爲：卷一至三，賦；卷四至七，古樂府歌詞；卷八至三五，古律絶句；卷三六，哀挽；卷三七至四二，同文唱和；卷四三，表狀；卷四四，啟；卷四五，文；卷四六，贊銘等；卷四七、四八，題跋；卷四九、五〇，記（傳附）；卷五一，序；卷五二，議、説；卷五三至五七，論；卷五八，書；卷五九、六〇，墓誌。

《汲古閣珍藏秘本書目》著録《張右史文集》六十卷二十四本，稱"張耒世所行《文潛集》纔十之五，《右史集》乃大全"。此本今未見著録。

三、《柯山集》五十卷。此本今唯存四庫本及武英殿聚珍版系統之本。廣雅書局覆刻《聚珍版叢書》本有《拾遺》十二卷。殿本《提要》謂"《文獻通考》作《柯山集》一百卷，兹集卷數祇得其半"，"不知何時何人摭拾殘剩所編，宜其闕佚者頗夥"。其闕佚及輯補情況，已見前述。民國十八年（一九二九），田毓璠借廣雅書局本校勘付梓，刊成《柯山集》五十卷、《拾遺》十二卷、《續拾遺》一卷，附邵祖壽所編《張文潛先生年譜》。序稱《柯山集》及《拾遺》，"統計詩文近二千七百篇，視紹興本（按即張表臣本）無甚差池"。民國刊本今有著録。

四、《張文潛文集》十三卷。此本今存明嘉靖三年（甲申，一五二四）郝梁刻本。該本每半葉十行十八字，白口，左右雙邊,有馬駟序、郝梁跋,國內著録十餘部,日本內閣文庫藏一部。是書僅收論説、雜著八十二篇。馬駟序謂郝氏"得宋集本,取而刻置山房",又稱"蓋昔人選本,有文無詩"。趙琦美《張右史文集跋》亦謂其"當是爲人選集無疑"。清徐葵復得宋本,證明其確爲選本。徐氏校本《張文潛文集跋》曰:

> 昨吴興書賈鄭甫田以宋建安余騰夫所刊《永嘉先生標注張文潛集》來,上有季滄葦與毛子晉圖書,共十卷,與此本校對,篇目正同,惟分卷則異,因知此本即南宋初十卷之本,後人亂其卷次耳。

謂郝氏本出於宋余騰夫刊本,極是,唯稱余氏本"即南宋初十卷之本"則誤。南宋初十卷本名《柯山集》,收作者居黄州時之作,而非選本,已見前述。傅增湘嘗作《校本張文潛文集跋》,謂其既題"永嘉先生標注","則亦坊賈選録,以備場屋揣摩之用耳"。傅説蓋是。徐葵校本後爲李盛鐸所得,今藏北京大學圖書館,見《木犀軒藏書書録》。徐氏所得宋本,今未見著録。

　　筆者在本書初稿中嘗寫道:"現存張耒文集卷次篇目參差若是,如能比勘諸本以成一會校本,則幸甚。"中華書局一九九〇年七月出版李逸安、孫通海、傅信點校本《張耒集》,區區之願,遂成現實。點校者以爲民國時所刊《柯山集》雖晚出,但在校勘上參訂較廣,頗有獨到之處,故用作底本,再校以小草齋鈔本、吕無隱鈔本、《四部叢刊初編》本、郝梁刊本,以及《柯山集》各本,參校有關總集、類書等。編次大體仍循底本,而將《拾遺》及《續拾遺》按文體插排於正集同類文體之後,删重補漏,再按順序改變卷次,通作六十五卷,以新輯詩十六首(含殘句)、贊一首,編爲《佚文輯存》附後。

　　《全宋詩》用影印文淵閣《四庫全書》本《柯山集》、廣雅書局重印聚珍本《柯山集》之《拾遺》《續拾遺》爲底本，輯得集外詩六十七首，編爲二卷。《全宋文》用民國田毓璠刊本《柯山集》爲底本。

【參考文獻】

　　汪藻《柯山張文潛集書後》（中華書局校點本《張耒集》附録三）

　　張表臣《張右史文集序》（同上）

　　周紫芝《書譙郡先生文集後》（同上）

　　趙琦美《張右史文集跋》（同上）

　　馬駉《張文潛文集序》（同上）

　　謝浦泰、翁心存、翁同書《張右史文集跋》（同上，三人共六跋）

　　徐葵《張文潛文集跋》（同上）

　　陸心源《宛丘集跋》《柯山集跋》（同上）

　　田毓璠《柯山集序》（同上）

　　傅增湘《校柯山集跋》《校宋本永嘉先生標注張文潛集跋》《校本張文潛文集跋》（《藏園群書題記》卷一四）

濟南集八卷　　月巖集

李　廌　撰

　　李廌（一〇五九——一一〇九），字方叔，自號太華逸民，華州（今陝西華縣）人，居陽翟（今河南禹州）。少貧力學，蘇軾極稱其文，而累試不利，遂絕意仕進。爲“蘇門六君子”之一。其遺稿由諸子裒輯。陳恬（潤上丈人）嘗作《李方叔遺稿序》，引作者子李俁語，謂"今吾父屬稿之文，無慮數千篇藏於家"，於是曰："子既以正集託序於岑侯彦休，而彦休又大述乃父之懿烈矣，亦何事於余？"由此知李俁所編，爲正、續二集，正集有岑彦休（名穰，蘇過姻親，《斜川集》卷六有祭文）序，今佚。兩集集名不詳。政和六年（一一一六），李之儀作《濟南月巖集序》，稱"方叔没後八年，其子潁秀川，集其文爲若干卷，號《月巖》，以書抵余，曰願有以序之"云云。李潁所編《月巖集》，不詳即李俁所輯兩集之一，抑或別爲一編？要之，作者平生所作詩文至多，諸子嘗勒爲數集，今幸兩序猶存，因可略知端倪。

各集刊行情況，多已不詳，唯據上引李之儀序，知《月巖集》乃鳷子李潁所編刊，當刊於政和六年。《濟南集》南宋間尚傳，陳氏《解題》卷一七著錄道：

> 《濟南集》二十卷，鄉貢進士華山李鳷方叔撰。又號《月巖集》。東坡知貢舉，得試卷，以爲鳷也，置之首選，已而不然，賦詩自咎，有"平生漫話古戰場，過眼方迷日五色"之句，後竟不第。

又著錄蜀刊《蘇門六君子集》，其中收有《濟南集》二十卷，《通考》卷二三七同。陳氏既兩次著錄，必合刊本外，猶有刊本，且知《濟南集》即《月巖集》。《永樂大典》卷二二五三七引宋謝采伯《密齋筆記》，謂《月巖集》《鷄肋集》，"蜀中有極小字本，又有中字本"，則蜀中已有兩本。周紫芝於紹興壬申（二十二年，一一五二）作《書月巖集後》，稱"滑臺劉德秀借本於妙香寮"，不詳所借爲何本。

《宋志》著錄《李鷹集》三十卷。若非別有此本，則"李鷹集"當即《濟南集》，"三十卷"蓋"二十卷"之訛。

《濟南集》原本約亡佚於明末清初。《文淵閣書目》卷九著錄"李廌《濟南集》一部四册，全"。《内閣書目》卷三亦載四册，然稱"不全"。《絳雲樓書目》卷三亦著錄《濟南集》，陳注曰"二十卷，又號《月巖集》"，殆猶完帙。今存《濟南集》八卷乃大典本。《四庫提要》曰："《永樂大典》修於明初，其時原集尚存，所收頗夥，采綴編輯，十尚得其四五，蓋亦僅而得存矣。"《四庫全書》收錄大典本，卷目編次爲：卷一至三，詩；卷四，詩、詩餘；卷五，賦、銘；卷六，論、序、傳；卷七，記、墓誌；卷八，書、啟。今國家圖書館等藏有清鈔本，皆八卷，并源於大典本。南京圖書館藏丁氏本有補遺。

　　民國十年（辛酉，一九二一），李之鼎據傳鈔庫本校文津閣庫本，刊入《宋人集》丙編，而將作者《德隅堂畫品》附後。此刻頗多訛誤，非善本。《全宋文》《全宋詩》皆用影印文淵閣《四庫全書》本爲底本。大典本僅八卷，集外佚詩文不多，較之原作數千篇，可謂十不存一，李廌之創作成就，只能憑此管窺而已。

【參考文獻】

陳恬《李方叔遺稿序》（宋本《國朝二百家名賢文粹》卷一五九）
李之儀《濟南月巖集序》（影印殘本《永樂大典》卷二二五三七）
周紫芝《書月巖集後》（《四庫全書》本《太倉稊米集》卷六六）
李之鼎《濟南集跋》（《宋人集》丙編《濟南集》末附）

郴江百詠 一卷

阮　閱　撰

阮閱，榜名美成，字閎休，號散翁，舒城（今屬安徽）人。

元豐八年（一〇八五）進士，嘗知郴州、袁州。喜吟詠，時號
"阮絶句"。編有《詩總》（後稱《詩話總龜》），今猶盛傳於世。
《讀書附志》卷下著録其《松菊集》五卷，久佚不傳。明《文淵
閣書目》卷一〇載"《阮户部詩》一部一册，完全。墊本二册"，
殆猶宋槧。《四庫提要辨證》卷二二稽考阮氏生平事跡，引
《輿地紀勝》卷五七，謂其有《阮户部詩集》，亦不傳。《辨證》
又引勞格《讀書雜識》卷一一，稱《方輿勝覽》卷二五所載"阮
美成詩"，即《郴江百詠》。唯此集今存，有宣和甲辰（六年，一
一二四）自序，道：

> 　　郴，古桂陽郡。陳迹故事，盡載圖史，亦間見於名人
> 才士歌詠，如杜子美《寄轟令入郴州》、韓退之《郴江》、柳
> 子厚《登北樓》、沈佺期《望仙山》、戴叔倫《過郴州》之類
> 是也。山川寺觀之勝，城廓臺榭之壯，未經品題者尚多，
> 亦可惜爾。余官於郴三年，常欲補其闕，愧無大筆雅思
> 可爲。然因暇日，時强作一二小詩，遂積至於百篇。雖
> 不敢比迹前輩，使未嘗到湖湘者觀之，亦可知郴州在荆
> 楚，自是一佳郡也。（《宋詩紀事》卷四三）

　　現存《郴江百詠》，以《四庫全書》本爲早。《四庫》著録浙
江採進本一卷，《提要》謂"出自屬鶚家，百詠尚闕其八"；又稱
"《袁州府志》載其《宣風道上》詩一首，《題春波亭》詩一首，鮑
氏知不足齋本録於此集之末，以補《松菊集》之遺，今亦從鮑
本，並録存之焉"。屬氏、鮑氏本承傳源流，今不可詳，疑原有
刊本，唯歷代書目未著録耳。

　　除四庫本外，清趙典編《唐宋元三朝名賢小集二十九
種》，法式善編《宋元人詩集八十二種》，俱收有此集，今存鈔
本。國家圖書館、南京圖書館猶藏有清鈔本，國圖所藏之一

本有勞格校。

民國十年（一九二一），李之鼎據鈔文津閣四庫本刊入《宋人集》丙編，增《輯補》。民國二十一年（一九三二），陳九韶作《郴江百詠箋校》，有鉛印本。

《全宋詩》用影印文淵閣《四庫全書》本爲底本，輯得集外詩二十九首，其中《蘇仙山》《高亭山》二首當屬《郴江百詠》逸詩。

宋東京留守宗簡公文集五卷

宗　澤　撰

宗澤（一〇五九——一一二八），字汝霖，婺州義烏（今浙江義烏）人。元祐六年（一〇九一）進士。抗金名將。靖康初任副元帥，建炎初爲東京留守，力主北伐，收復失地，爲黄潛善等所抑，憂憤成疾，臨終猶連呼“過河”者三。卒謚忠簡。其文集乃樓昉所刊，序略曰：

> 昉兒時，固已得公芳規於四明所刊《遺事》中。……公之曾孫有德出示遺文若干種，因爲補綴而襲藏之。適守南徐，公松楸在焉。會部使者喬行簡攝郡事，築僧廬於墓左，創祠堂於學官，……方君符尤所鄉慕，請以有德所授遺文鋟梓。昉遂掇取《遺事》中所載表疏，次第其日月而並刻之。

時在嘉定辛巳（十四年，一二二一）。其本宋人書目未著録。明《文淵閣書目》卷九載“《忠簡公全集》一部二册，闕”，不詳其版本、卷數。其他如《徐氏家藏書目》卷六、《絳雲樓書目》卷三皆登録四卷，明人似未刊四卷本，所録或爲宋槧。

今存傳本以明刻爲古。丁氏《善本書室藏書志》卷二九著録嘉靖本，述其版本源流道：

> （宋）嘉定間，四明樓昉收其遺文爲集。明正德六年（一五一一），金華郡守趙鶴得於王忠文公（禕）家，序刻以傳。嘉靖三十年（一五五一），公（宗澤）之十五世孫旦字仲昭，並傳、贊、像贊、題詞、詩、《復墓田記》合爲六卷，又梓於家塾，文徵明、彭年、胡應軫、黃姬水並裔孫訓等各有序。四庫館著録者，乃本朝義烏知縣王（庭）〔廷〕曾重編八卷本，增《諫止割地》一疏，而此本先已編入；《請回鑾疏》僅載十八篇，而此本多四篇。當時館臣實未睹此本耳。

所述正德、嘉靖兩本，今藏本已稀。正德本五卷，每半葉十行十八字，黑口，四周雙邊，唯上海圖書館著録一部。據趙鶴序，知其所得宗澤文出於王禕家，而分爲五卷，“乃愚（趙鶴謙稱）所類次”。按王禕亦義烏人，與宗澤同鄉，故其家有宗澤文集，蓋宋嘉定本或鈔嘉定本也。據前引樓昉序，嘉定本以日月爲次第，即編年本，而正德及以下各本皆按文體類編，類編本則即始於趙鶴。嘉靖宗旦本六卷，亦十行十八字，改爲白口，左右雙邊，今有三部見於著録，其中丁氏本藏南京圖書館。

今傳明本除上述外，猶有萬曆三十三年（一六〇五）裔孫宗焕刊《宗忠簡公文集》二卷，乃張維樞所選，每半葉十行二十字，白口，左右雙邊。崇禎十三年（一六四〇），黃正賓、熊人霖重刊嘉靖本，書題《宋宗忠簡公集》，凡六卷，增《雜録》一卷、《始末徵》一卷，每半葉八行十九字，白口，四周單邊。是本今國内及日本有著録，亦僅寥寥數部。

康熙三十年（一六九一），王廷曾輯刊《宋宗忠簡公集》八卷，即《四庫總目》著録之本，“自一卷至六卷皆札子、狀疏、詩文雜體；七卷、八卷爲遺事、附録，皆後人紀澤事實及誥敕銘記之類”（《四庫提要》）。王廷曾所用底本乃崇禎本，附録中有熊人霖識語。王氏序謂“兹於熊公所遺者編爲附録，而本傳在《宋史》可考，不入也。予少時得南中所刻公疏表一册，前有公像，又有世系圖，今冠其像於集首，世系俟訂補焉”。丁丙云該本《請回鑾疏》比正德本少四篇，其實另四篇改題《請回鑾表》，已移入“表”類，總篇數並不少。乾隆二十六年（辛巳，一七六一），趙弘信翻刻康熙本，署“明熊人霖訂，清王廷曾重編”。兩本皆爲半葉十行二十字，白口，四周雙邊，國内有著録。光緒二十四年（一八九八），又有黄氏翻刻本。

康熙四十五年（一七〇六），裔孫宗文燦刊《宋宗忠簡公全集》十二卷，據舊本而增其附録。

除上述明、清單刻本及四庫本外，清人又將宗澤文集刊入多種叢書，計有四卷、七卷兩類。四卷本有道光二十八年（一八四八）涇縣潘氏袁江節署刊《乾坤正氣集·宗忠簡公集》；同治十二年（一八七三）述經堂《西京清麓叢書續編·四忠集》之《宋宗忠簡公文集》（有《補遺》一卷、《遺事》二卷）；同年劉氏述荆堂《新刻諸葛宗岳史四公文集》之《宗忠簡公文集》（正集外有首一卷、《補遺》一卷、《遺事》二卷）等。七卷本有同治四年（一八六五）新建吳氏皖城刊本《半畝園叢書》之《宋宗忠簡公集》。同治八年（一八六九），胡氏據半畝園本刊入《金華叢書》，“而采取諸家之説，別纂《辨訛考異》一卷，以

證異同”（胡鳳丹《重刊宗忠簡公集序》）。民國時所編《叢書集成
初編》，據《金華叢書》本排印。七卷本與康熙王廷曾本編次
相同，唯無第八卷“附録”。

　　上述明、清所刊全集各本，雖卷數多寡不同，所收詩文則
大體無異。宗澤遺文，傳世者少，後世因重其人而重其文耳。

　　一九八四年，浙江古籍出版社出版標點本《宗澤集》。該
本即標點《金華叢書》本，校勘整理則無與焉。《全宋詩》用影
印文淵閣《四庫全書》所收《兩宋名賢小集》本爲底本，輯得集
外詩十五首（包括偈）。《全宋文》用《金華叢書》本爲底本，輯
得集外文八篇。

【參考文獻】

　　樓昉《宗忠簡公文集序》（康熙三十年刊本《宗忠簡集》卷首）
　　方孝孺《宗忠簡公奏疏序》（同上）
　　張維樞《萬曆本宗忠簡集序》（同上）
　　宗焕《萬曆刊宗忠簡公文集序》（同上）
　　熊人霖《崇禎本宗忠簡集序》（同上）
　　王廷曾《康熙刊宗忠簡集序》（同上）

嵩山景迂生文集二十卷

晁説之 撰

　　晁説之（一〇五九——一一二九），字以道，自號景迂生，濟
州鉅野（今山東鉅野）人。元豐五年（一〇八二）進士，蘇軾嘗
以文章典麗、可備著述薦之。坐元符邪等。靖康初，官至中

書舍人兼太子詹事。所著文稿，經靖康之亂，多所亡佚，其孫子健初輯爲十二卷，紹興二年（一一三二）跋略曰：

> 子健不肖，不足以顯揚吾先大父。伏自捐館之後，徒步往來江、浙間，求訪遺文者三年，得上朝廷章九，古律詩三百二十有二，《易規》十有一，《洪範小傳》一，《詩》之《序論》四，雜文十有七，書十有六，序十有三，墓誌等九，記、贊、銘、題跋四十有九，編成一十二卷，其題則謹如先志云。又得《京氏易式》並《周易太極傳》及《因説》與《外傳》稿，繕寫藏於家，以俟後之君子。嗚呼！先大父平生所述文字，亡軼盡矣，今得之百無一二。子健倘未死，謹當繼志博求，隨其所得以編次。

衢本《讀書志》卷一九即著録十二卷本，蓋紹興間嘗付梓。《通考》卷二三七從之。

乾道三年（一一六七），晁子健權知汀州，再刊二十卷本，跋曰：

> 先大父待制生平著述甚富，晚遭離亂，散失幾盡。紹興初，子健編集所得之文，止存十二卷，但竊記所亡書目於後。及既宦遊江、浙、蜀、淮、荆、襄，往來博訪，所得加多，重編爲二十卷，而東南之士多未之見，謹用鋟木於臨汀郡庠，以廣其傳。唯是收拾兵火之餘，傳寫訛缺異同，不敢輕易，改補去取，尚俟他日訪本校正。

陳氏《解題》卷一八即著録此本：

> 《景迂集》二十卷，徽猷閣待制晁説之以道撰。又本止刊前十卷。説之平生著述至多，兵火散逸，其孫子健裒其遺文，得十二卷，續廣之爲二十卷。別本刊前十卷

而止者,不知何説也。劉跂斯立墓誌,景迁所撰,見《學易集》後,而此集無之,計其逸者多矣。

《宋志》亦著録二十卷本。按《讀書志》卷一〇在《子部·儒家類》著録説之《儒言》一卷,稱"其書蓋辨正王安石之學違僻者"。乾隆時已收入《四庫全書》,《提要》謂"是書已編入《景迁生集》,然晁公武《讀書志》已別著録,蓋當時亦集外別行也"。其説是。

宋刊十二卷本、二十卷本,以及陳氏所謂前十卷本,皆久已失傳。《文淵閣書目》卷九著録"晁説之《嵩山文集》一部十三册,全",《内閣書目》卷三同。疑十三册本爲宋槧。《增訂四庫簡目標注》稱有明刊本,然不見於書目。今以南京圖書館藏明謝氏小草齋鈔配本爲古。該本乃丁氏舊物,《善本書室藏書志》卷二八記曰:

> 集凡二十卷,前三卷爲奏議;四至九卷爲詩;十卷爲《易玄星紀譜》;十一卷爲《易規》十一篇,又《堯典中氣中星》、《洪範小傳》各一篇,《詩序論》四篇;十二卷爲《中庸傳》及讀史數篇;十三卷《儒言》;十四卷爲雜著;十五卷爲書;十六卷爲記;十七卷爲序;十八卷爲後紀;十九、二十卷爲傳、墓表、誌銘、祭文。此本卷十之十五,十九、二十兩卷,爲謝在杭小草齋鈔本,餘以新舊鈔補完。

清鈔本今存尚多,各館著録達十部,且多源於宋乾道本。如南京圖書館藏丁氏書,另有舊鈔校本,"行款悉依宋録,不知誰氏通部丹筆點校,可寶也"(《善本書室藏書志》卷二八)。又如北京大學圖書館藏李氏殘本,"半葉九行,行十八字,語涉宋帝皆跳行空格。缺卷四之七、卷十六之二十"(《木犀軒藏書書録》）。

　　《四庫全書》著録馬裕家藏本，《提要》稱當即陳振孫所見，蓋亦傳録宋本。《四部叢刊續編》影印傳鈔本，附張元濟跋，謂其出自乾道本，並將該鈔本與四庫本比較，指出館臣竄改之劣，略曰：

> 　　是爲傳鈔本，卷二十末有子健跋，卷中遇“構”字稱“太上御名”，“慎”字稱“今上御名”，其他廟號及語涉宋帝皆空格或提行，仍宋刻舊式，是必出自乾道刊本。……《四庫》著録亦二十卷，編次悉同。惟館臣泥於時忌，遇原書詆斥金人詞句，無不竄改，甚至顛倒序次，變易意義。其不易更動者，則故作闕文，或加以删削，有多至數百字者。……又卷十三《大言》《知本》二首，卷二十後附雜文九首，均爲庫本所無。

　　各鈔本既仍宋刻舊式，是必有乾道刊本傳至後世，惜其終歸散亡。

　　道光十二年（一八三二），六安晁氏嘗以傳鈔二十卷本付梓，傳本甚稀，今唯見上海圖書館著録。又，上海圖書館猶藏有十二卷鈔本，不詳是否出於紹興本。

　　是集現存各本，包括《四部叢刊續編》本，因皆出於傳鈔，故訛文脱字頗多。宜參南京圖書館所藏舊鈔校本，比勘各本，整理爲新校本以傳世。

　　《全宋詩》用《四部叢刊續編》本爲底本，輯得集外詩十三首。《全宋文》底本同。

【參考文獻】

　　晁子健《嵩山景迁生文集跋》《刊嵩山景迁生文集跋》（《四部叢刊續

編》本《嵩山文集》卷二〇）

　　張元濟《影印嵩山文集跋》（同上卷末）

道鄉先生鄒忠公文集四十卷

鄒　浩　撰

　　鄒浩（一〇六〇——一一一一），字志完，自號道鄉居士，晉陵（今江蘇常州）人。元豐五年（一〇八二）進士，歷中書舍人，官至兵部侍郎，以諫立后事貶。卒，追謚“忠”。紹興三年（一一三三），其子柄、栩集其奏議一編，請楊時爲序。《朱子語類》卷一三〇曰：“鄒道鄉《奏議》不見於世。德父嘗刊行家集，龜山以公所彈擊之人猶在要路，故今集中無奏議。”然《奏議》終於刊行，只是要晚得多，趙氏《讀書附志》卷下著録《道鄉鄒忠公奏議》十卷，刊於何時不詳。其文集，紹興五年（一一三五）李綱作《道鄉文集序》，曰：“其子柄、桂集公平生所爲文，得賦若干，古律詩若干，雜文若干，合爲若干卷，而諫省章疏又別爲一集，將鏤板以傳於世。”紹興所刊，爲後來各本之祖。《解題》卷一七所録，當即此本：

　　　　《道鄉集》四十卷，吏部侍郎晉陵鄒浩志完撰。浩既諫立劉后坐貶，徽宗初，召還對，上首及之，獎歎再三，問：“諫草安在？”曰：“焚之矣。”退告陳瓘，瓘曰：“禍其始此乎！異時奸臣妄出一緘，則不可辨矣。”蔡京素忌之，使其黨作僞疏，言劉后殺卓氏而奪其子，遂得罪。其在昭州，作青詞告上帝，有“追省當時奏御之三章，初無殺母取子之一字”云。

《通考》卷二三七同。《宋志》著録“《文卿集》四十卷”，“文卿”蓋“道鄉”之訛誤。

明《文淵閣書目》卷九著録“《道鄉鄒公文集》一部六册，闕”，《内閣書目》無其目。其他如《萬卷堂書目》卷四、《澹生堂藏書目》卷一三、《徐氏家藏書目》卷六、《絳雲樓書目》卷三等皆著録四十卷本，然皆未注是何版本。紹興刊本似清末猶存，《萬卷精華樓藏書記》卷一一四、《增訂四庫簡目標注》均謂振綺堂有南宋刊本，《邵亭知見傳本書目》亦稱“宋刊本，同治丁卯（六年，一八六七）秋見之杭肆”。後湮没無聞，不詳尚在天壤間否。

因宋刊本久無著録，是集今以明成化本爲古。成化本刊於成化六年（一四七〇），十四世孫鄒量跋曰：“成化改元，王思軒學士録《道鄉全集》於内閣，歸以示量，謹拜受，延塾賓葛如山繕寫成帙，附以《思賢録》，翻刻印行。”所録内閣本，當爲宋槧。所謂“思賢録”，乃輯録祠記、書院記之類紀念文字。是刻每半葉十行二十字，黑口，四周雙邊，精印，今國家圖書館、南京圖書館各藏一部，上海圖書館有清初影鈔成化本。

正德七年（一五一二），裔孫鄒翎重刻於無錫，邵寶作《重刻道鄉文集序》，稱“吾錫有鄒忠公之裔孫曰翎字時用者，以公文集舊板刓弊，將重刻焉，而屬寶爲序”云云。版式與成化本同，“刊刻精整，乃明刊之善者”（傅增湘《經眼録》卷一三）。正德本今國内著録六部，日本静嘉堂文庫藏一部（有陳察、季振宜等人印記，見《皕宋樓藏書志》卷七八、《静嘉堂秘籍志》卷三四）。

據道光本（此本詳下）附鄒禾《道鄉集歷次刊刻之本考》，明嘉靖甲辰（二十三年，一五四四），十五世孫鄒輗嘗修補正德板，跋謂"檢《道鄉文集》板刻字畫模糊，木理蛀腐，殆十之三四，爰命工鐫補，數閱月始訖工"。國家圖書館所藏正德本，王重民以卷内字迹不一律推之，疑爲嘉靖修補本（見《中國善本書提要》）。該本脫鄒軏跋。此外修補本別無著錄。

萬曆四十六年（一六一八），十九世孫鄒忠允繼其父志，再重刊行世。其父學孟嘗跋曰："自成化庚寅（六年）梓後，百三十餘年中，僅南江曾伯祖因其蛀腐，稍爲鐫補（祝按：當指嘉靖時鄒軏修補正德本），至今日板且化爲烏有，此非後生之責乎？予力未逮，而漫有其志，姑識於此。"忠允跋稱"頃令錢塘三年有奇，捐五斗之餘，鏤其板行於世，亦以藏先志云爾"。萬曆本行款字數仍舊，而改爲白口，四周單邊。丁丙謂萬曆本不及正德本之善（《善本書室藏書志》卷二八）。今清華大學圖書館、吉林大學圖書館著錄有萬曆本全帙，廣東省圖書館藏一殘本（存卷一至一四，有何焯校），臺北"中央圖書館"著錄一部。《四庫總目》著錄馬裕家藏本，據《提要》稱"萬曆中錢塘令鄒忠允再行之"句判斷，當即萬曆本。其卷目編次爲：卷一，古賦、詩；卷二至一四，詩；卷一五至一八，制；卷一九，表；卷二〇，狀；卷二一、二二，書；卷二三，疏；卷二四，啟；卷二五、二六，記；卷二七、二八，序；卷二九、三〇，策問；卷三一至三三，雜著；卷三四至三七，墓銘；卷三八，祭文；卷三九，行狀；卷四〇，行狀、傳。

入清，是集刊有乾隆、道光兩本，皆翻刻萬曆本，而以道光本較佳。道光十一年（一八三一），裔孫鄒禾（字野存）留餘堂再刊是集，所用底本爲姚元之所贈萬曆本。據其跋，是刻由李兆洛任校讎，李氏"檢李燾《長編》，補集中奏疏之所未備，又删改年譜，並《外紀》入之，使有條理"。所刊仍爲四十卷,另有《補遺》一卷,附年譜。每半葉十行二十字,白口,左右雙邊,今國内著録十五部。鄒禾爲刊此集,籌措資金頗艱,姚元之《重刻道鄉集記》及鄒氏跋述之甚詳。此本之後,在咸豐、同治、光緒三朝,鄒氏後裔均有重刻本,今皆傳世,不再贅述。

　　綜觀是集傳世各本,皆著者裔孫遞相翻刻。直接由内閣本(殆宋本)出之成化本,爲後來各本之祖,而道光本經李兆洛校補,則更爲完善。

　　《全宋文》用道光鄒氏留餘堂本爲底本,輯得佚文十一篇。《全宋詩》用成化六年鄒量刻本爲底本。

【參考文獻】

楊時《鄒忠公奏議序》(道光刊本《道鄉集》卷首)

李綱《道鄉文集序》(《梁溪集》卷一三八)

邵寶《正德重刻道鄉文集序》(道光刊本《道鄉集》卷首)

王士禎《跋道鄉文集》(同上卷末)

李兆洛《道光校道鄉集序》(同上卷首)

姚元之《道光重刻道鄉集記》(同上卷末)

鄒禾《道鄉集歷次刊刻之本考》《道光刊道鄉集跋》(同上卷末)

東堂集十卷

毛　滂　撰

　　毛滂(一〇六〇—?),字澤民,衢州江山(今屬浙江)人,徙嘉興。元祐中蘇軾守杭州,滂爲法曹,軾得其詞深器之,薦於朝。後出入蔡氏兄弟之門，累官至祠部員外郎、知秀州，頗招物議。其集今未見宋人序跋，編刊情況不詳。南宋人陳造（一一三三—一二〇三）嘗作《題東堂詞集》，曰：“《毛澤民集》合文、詩、尺牘、樂府十五卷，刊於嘉禾（今浙江嘉興）郡庫。予校文秋闈，得是藏於家。”又《題東堂集》曰：“予讀《東堂集》，玩繹諷味，其文之瓌艷充托，其韻語之精深婉雅，視秦、黃、晁、張蓋不多愧，比文宗學師，不彼即而彼即之，其賢於世幾等。此集嘉禾有板，予己酉歲（淳熙十六年，一一八九）考是郡秋試，郡將趙侯送似，遂得寶藏之。”（俱見《江湖長翁集》卷三一）由知原集卷數及結構，亦可推知嘉禾郡庫刊板時間，約在孝宗淳熙間。毛滂嘗爲武康令，改盡心堂爲東堂，見所作《驀山溪》詞自注，蓋以此名集。

　　陳氏《解題》卷一七著錄《東堂集》六卷、詩四卷、書簡二卷、樂府二卷，凡十四卷。《通考》卷二三七從之。《宋志》著錄《毛滂集》十五卷，當與陳氏所錄十四卷爲同一本，蓋末卷爲附錄。

　　原本明代尚存。《文淵閣書目》卷九著錄“毛滂《東堂文集》一部六册，全”；《內閣書目》卷三曰“《東堂文集》七册，全”。六册或七册之本卷數不詳，殆即十五卷本。此本後散佚，元、明兩代未嘗覆刻，今傳乃大典本。《四庫提要》曰：

　　　　陳振孫《書錄解題》載滂《東堂集》六卷、詩四卷、書簡一卷（祝按：此誤，應爲二卷）、樂府二卷，……謹從《永樂大典》蒐採哀輯，釐爲詩四卷，文六卷，仍還其（詩文）十卷之舊。其書簡即附入文集，不復別編；至所作《東堂詞》，則毛晉已刊入《六十家詞》中，世多有其本，今亦別著於錄焉。

大典本録入《四庫全書》，卷目編次爲：卷一，賦、詩；卷二至
四，詩；卷五制、啟；卷六至八，書；卷九，記；卷一〇，序、贊、
銘、墓誌、文。書簡既有三卷之多，館臣所謂"仍還其（詩文）
十卷之舊"，不能自圓其説。除四庫本外，今重慶圖書館藏知
不足齋鈔本，有鮑廷博録沈叔埏校並跋；南京圖書館藏丁氏
八千卷樓鈔本，中山大學圖書館藏孔氏岳雪樓鈔本等，俱爲
十卷。民國時，嘗以文淵閣四庫本影印入《四庫全書珍本初
集》。

　　四庫本中，卷一〇《佛鑒禪師語録序》一文乃晁補之作，
見《雞肋集》卷六九，係誤收。陸心源《東堂集跋》（《儀顧堂題
跋》卷一〇）已予指正。

　　《全宋文》用影印文淵閣《四庫全書》本爲底本，輯得佚文
十五篇。《全宋詩》底本同，輯得佚詩十一首。

具茨晁先生詩集一卷

晁沖之　撰

　　晁沖之（？——一一二七），字叔用，一字用道，鉅野（今屬
山東）人，補之從弟。紹聖間隱居具茨山，世稱具茨先生。靖
康二年死於金兵。紹興十一年（一一四一），俞汝礪應作者子
晁公武請，作《具茨晁先生詩集序》，引公武語，謂其父平生多
所論著，靖康之亂散亡，所存特詩歌二百許篇，涪陵太守孫仁
宅爲鐫諸忠州鄮都觀。公武又在《讀書志》卷一九著録道：

　　　　《晁氏具茨集》三卷。右先君子詩集也。呂本中以

　　爲江西宗派，曾慥亦稱公早受知於陳無已。從兄以道嘗
　　謂公宗族中最才華（以下引俞氏序，略）。

其既引俞序，所録當即忠州刊本，知是本收詩二百餘篇，勒爲
三卷。《通考》卷二四五同。又明曹學佺《蜀中廣記》卷
一〇〇《晁氏具茨集三卷》條，謂“乾道間，其（沖之）子公武爲
四川安撫制置，翻刻於成都”。此本未見著録。

　　陳氏《解題》卷二〇“詩集類”著録“《具茨集》十卷”，據所
述，乃《江西詩派》本。然晁公武稱其父所存詩僅二百許篇，
何能編成十卷？疑“十”乃“一”之誤（辨詳下）。

　　宋代三卷原刻、翻刻兩本久已失傳。明《文淵閣書目》卷
一〇著録“《具茨先生詩集》一部一册，闕”，不詳其卷數。《萬
卷堂書目》卷四、《徐氏家藏書目》卷六著録“《具茨集》一卷”，
當爲詩派本。《澹生堂藏書目》卷一三稱“一册四卷”，其版本
不詳。

　　今存爲一卷本（即不分卷）《具茨晁先生詩集》、十五卷箋
注本《晁具茨先生詩集》兩類。

　　一卷本，今以山東大學圖書館藏明永樂二年（一四〇四）
范涼麾鈔本爲古。據著録，該本每半葉十行二十字，無格。
今人編《全宋詩》時，用其爲校本，似別無歧異，當由詩派本
出。明嘉靖三十三至三十七年（一五五四—一五五八），晁氏
裔孫瑮寶文堂刊《晁氏三先生集》，其中有《具茨晁先生詩集》
一卷。《晁氏三先生集》乃宋黄汝嘉編，收晁迥《昭德新編》三
卷、《晁文元公道院集要》三卷，晁沖之《具茨晁先生詩集》一
卷，晁説之《晁氏客語》一卷。寶文堂本今國家圖書館、南京
圖書館及臺灣等均有著録。國圖本乃馬思贊舊藏本，傅增湘
《經眼録》卷一三著録道：“明翻宋刊本，十行二十字，版心魚

尾上方有‘晁氏寶文堂’五字。前有紹興十一年九月五日陵陽俞汝礪序。卷首標題下有‘江西詩派’四字，卷末有‘慶元己未（五年，一一九九）校官黃汝嘉刊行’一行。”據此翻宋本，益知前引《解題》所謂“十卷”，當是“一卷”之誤。南圖本乃丁氏書，檢《善本書室藏書志》卷二八，謂所刻沖之詩“分體不分卷”。此外，國家圖書館、中山大學圖書館等猶著録清鈔本數部。清康熙間，綠筠堂又嘗據宋本翻刻，今有著録。要之，後世所傳一卷本，皆祖宋慶元間黃汝嘉所刊詩派本。

十五卷乃後人箋注本，題《晁具茨先生詩集》，今存清初刻本，唯臺北“中央圖書館”藏一部，卷首有明人亮圃序，略曰：

> 右宋晁具茨先生古今詩一百六十七首，涪陵孫君壽諸梓，陵陽俞君爲之序，迄今六百年矣。先生生於南北治亂之交，而群從復罹元祐黨禍，故其發於詩歌者類多憂讒畏譏，以至疾革時取所著書聚而焚之，曰：“是不足以成吾名。”嗚呼！豈真謂不足以成名哉？“客至勿多語，欲吐且復吞。”《送王敦素》云爾，此先生之微旨也，此先生之詩之所以可傳，傳而不貴多也。

> 余向藏有繕本，愛其取材宏博，富有百家，而又惜其字多魚豕，吟詠之餘，猝難解會，因別購善本，與西亭先生讎校數過，訛者是正，疑者是闕，而加箋焉。讀者庶可藉以尋其義之所在乎。若夫詩之淵雅疏亮，容閎寬餘，前輩論之詳矣，不復贅。亮圃書於一卷一勺之間。

其後，箋注本一再翻刻，計有乾隆時鮑氏知不足齋單刻巾箱本，光緒七年（一八八一）式訓堂章氏重印知不足齋本，梁溪三槐堂刊本等。各本卷末皆有亮圃跋（應爲序）。亮圃

其人生平不詳。序中所謂"西亭先生"，疑即朱睦㮮。朱氏事
跡見《明史》卷一一六《諸王傳》。清孫奇逢《中州人物考》卷
八《朱宗正睦㮮》略曰："睦㮮，字灌甫，周藩鎮平恭靖王四世
孫，高祖七世孫也。嘉靖中以學行聞，爲周藩宗正。早歲講
業水竹居之西，學者謂爲西亭先生。生而端穎，李夢陽一見
奇之，受經學，六經悉通大義。"因亮圃其人無考，故所稱"西
亭先生"是否即朱氏，尚難論定。又，序既稱距孫仁宅刊板已
六百年，推之則序作者應是乾隆時人。然而前人已指出，該
書注中猶有原注。阮元嘗將注本進呈（進呈本已編入《宛委
別藏》），《四庫未收書目提要》曰："其注不知何人所作，引書
内有《一統志》及《韻會》《韻府》等書，當爲明時人。"則西亭先
生亦有可能爲朱睦㮮，亮圃蓋同時人，所謂"六百年"，乃約數
也。又，亮圃序稱"古今詩一百六十七首"，已非孫刻"二百許
篇"之舊，核以寶文堂本，所收詩全同，知箋注本底本，即寶文
堂所刻詩派本。因知沖之詩集，明、清所傳，無論是一卷本、
箋注本，皆沿於詩派本。詩派本類有去取，故收詩量與孫氏
初刻本不同。

　　箋注本除上述外，晁氏東眷六安二十九世孫晁貽端於其
待學樓輯《晁氏叢書》，刻《晁具茨先生詩集》十五卷，道光十
六年（一八三六）有跋，謂底本得於金陵書肆，"今删其加箋
（按：指明、清人箋注），而僅録原注。叢書之例如此，歸畫一
也。"因原集所收作品無多，則删去箋注後，每卷或十餘首，少
者僅寥寥數首。道光二十七年，番禺潘氏將箋注本刊入《海
山仙館叢書》，《叢書集成初編》據以排印。

　　《續修四庫全書》影印《宛委別藏》清鈔本《晁具茨先生詩
集》十五卷，編入第一三一六册。《全宋詩》用清乾隆時所刊

十五卷本爲底本。

【參考文獻】

俞汝礪《具茨晁先生詩集序》（嘉靖寶文堂刻本卷首）

宋人別集叙録卷第十四

跨鼇集三十卷

李　新　撰

李新(一○六三——一一二五),字元應,自號跨鼇先生,仙井(今四川仁壽)人。元祐五年(一○九○)進士,爲南鄭丞。崇寧初以元符上書入黨籍,大觀元年(一一○七)遇赦,屢官郡貳。其集編刊情況不詳,衢本《讀書志》卷一九著録道:

> 李元應《跨鼇集》五十卷。右皇朝李新字元應,仙井監人。早登進士第,劉涇嘗薦於蘇子瞻,命賦《墨竹》,口占一絶立就。坐元符末上書奪官,謫置遂州,流落終身。跨鼇,仙井山名也。

《通考》卷二三七同。《宋志》著録《李新集》四十卷,蓋爲別本。

明《文淵閣書目》卷九著録"李新《跨鼇文集》一部十三册,全"。明末《內閣書目》稱全本"凡四十四卷,又《遺集》一卷,《別集》一卷"。則秘閣所藏既非晁氏著録本,又非《宋志》著録本,其本來歷不詳。

原本久佚,今傳乃大典本。《四庫提要》稱"今散見《永樂大典》者，裒合編次，尚得三十卷”。大典本録入《四庫全書》，卷目編次爲：卷一，賦、詩；卷二至一一，詩；卷一二，表；卷一三，札子；卷一四、一五，論；卷一六、一七，記；卷一八，序；卷一九，上書；卷二〇至二三，書；卷二四至二六，啟；卷二七，小簡；卷二八，祭文；卷二九，碑文；卷三〇，雜文。民國時，文淵閣四庫本嘗影印入《四庫全書珍本初集》。今猶存清人傳鈔四庫本數部。

　　《全宋詩》用影印文淵閣《四庫全書》本爲底本，輯得佚詩三十首。《全宋文》底本同。

何博士備論 一卷

何去非 撰

　　何去非，字正通，浦城（今屬福建）人。元豐中對策擢優等，除武學教授，後換文資。蘇軾《進何去非備論狀》（《蘇軾文集》卷三一）曰：“謹繕寫去非所著《備論》二十八篇附遞進上，乞降三省執政考覽。”其時似尚未付梓。刊於何時不詳，至陳氏《解題》卷一七方見於著録：

> 《何博士備論》四卷，武學博士浦城何去非正通撰。去非以累舉對策稱旨，授左班殿直、教授武學。後以東坡薦，換承奉郎、司農寺丞，通判廬州。別有文集二十卷，未見。

《通考》卷二三七同。

　　《備論》宋刻本久已失傳，今以國家圖書館所藏明穴研齋鈔本爲古。該本嘗經錢曾述古堂收藏,有錢天樹、黄廷鑒(琴六)跋。後爲黄丕烈所得,有跋,略曰:"此本偶得諸郡故家,通二十六篇,不分卷,未知全否,因其爲穴研齋繕寫,珍之。"(《蕘圃藏書題識》卷四)則較蘇軾狀少兩篇。

國家圖書館今藏另一清鈔本,爲蕭江聲手鈔,黄廷鑒舊藏,黄廷鑒嘗以錢曾也是園藏鈔本(即穴研齋本)校過,有跋,謂蕭鈔本"缺《漢武論》《唐論》二篇,而多《鄭禹論》一篇,因兩補之"(詳見《鐵琴銅劍樓藏書題跋集錄》卷三)。此本後歸鐵琴銅劍樓,見瞿氏《目錄》卷一三,卷首有"蕭江聲讀書記"、"飛濤"、"白沙手校"諸朱記。

《四庫總目·子部·兵家類》著錄鮑士恭家藏本,《提要》謂"(蘇)軾狀稱二十八篇,此本僅二十六篇,蓋佚其二也"。卷末原錄有歸有光跋,即稱"今缺二篇"。知明、清兩代傳本皆已如此,蓋源於同一殘宋本。

《四庫全書》之後,是集屢被收入叢書,計有:《浦城叢書》,嘉慶十六年(一八一一)刊,用鈔翰林院本爲底本;《指海》第六集,道光十六年(一八三六)刊,前有《四庫提要》,當以傳鈔四庫本爲底本;《明辨齋叢書》二集,同治二年(一八六三)刊,用《浦城叢書》本爲底本。上述外猶刊入《長恩書室叢書》甲集、《半畝園叢書·兵法彙編》、《百子全書·兵家類》等。《叢書集成初編》據《指海》本排印。

《全宋文》用光緒元年(一八七五)崇文書局刊《百子全書》本爲底本。

倚松老人詩集二卷

饒　節　撰

　　饒節（一〇六五——一一二九），字德操，號倚松道人，臨川（今江西撫州）人。嘗爲曾布客，因論新法不合，遂祝髮爲僧。能詩，名入吕本中《江西詩社宗派圖》。其集裒輯情況不詳。《解題》卷一七曰：“《倚松集》二卷，臨川饒節德操撰。後爲僧，號如璧。”《宋志》著録爲十四卷。蓋宋有二本，十四卷爲全帙，二卷乃《江西宗派詩集》本（詳下）。十四卷本久佚，今傳爲二卷本。

　　清末，吴昌綬購得宋刊二卷本殘帙，僅存卷二第一葉後半葉，第十一至第四十八葉，凡三十八葉半（參《藝風堂友朋書札》下册吴昌綬第七十六信），計存詩一百六十九首。吴氏後來將此殘帙贈袁克文，袁氏跋曰：

　　　　饒集從無刊本見於著録，《四庫》所收亦影鈔也。藏家所記鈔本，每卷尾皆有“慶元黄汝嘉重刊”一行，當即出於此本。此本傳爲西陂（宋犖）舊物，久非完帙，滿州景氏得自正文譚估，後歸吴印臣（昌綬）。印臣知余有佞宋癖，舉以見貽，可與《于湖居士集》並珍篋中，宋刊宋印宋人集，得雙孤本矣。

　　除此跋外，袁氏猶有題記：“乙卯（一九一五）七夕歸三琴趣齋。寒雲於上苑，倦繡、梅真侍觀。”（《文禄堂訪書記》卷四）李盛鐸、傅增湘亦爲之跋。李跋證此帙即宋刻“《江西詩派》一百三十七卷之存於今者”，傅跋略曰：

　　《倚松老人集》，宋慶元刊本，今存者三十八葉半，每葉二十行，每行二十字。原板紙祇存八葉，高六寸六分，闊四寸八分，補板亦宋刻，第板匡略低四分耳。刊印皆精雅，古香鬱然。憶壬子（一九一二）夏初，意園書方散出，余得見此，詫爲奇秘，留齋中數日，爲沈乙盦（曾植）、張菊生（元濟）及椒微師（李盛鐸）諧價賒未成，旋爲吳印臣以重值得之，乙盦刻饒集時曾假校焉。

傅增湘《經眼録》卷一三詳記宋本板式道："半葉十行，行二十字，白口，左右雙闌。版心上記字數，上魚尾下題'倚松一'，下魚尾下記葉數，下記刊工姓名。卷二卷尾書名後有'慶元己未（五年，一一九九）校官黄汝嘉重刊'一行。"殘宋本今藏上海圖書館，著録爲二卷。沈津《上海圖書館藏集部善本書録·北宋別集》（《文獻》一九九〇年第四期）記其刊工有：余二、高□、黄鼎、吳元、吳震、余千、劉元、高才、余茂、江、廷、達、宗昇。卷中"慎"、"構"、"惇"皆缺末筆。又記其鈐印有："公餘清趣"、"愚菴"、"文林世家"、"友竹之章"、"景行維賢"、"完顏景賢精鑒"、"小如菴秘籍"、"曉滄藏書"、"譚錫慶學看宋板書籍印"，以及袁克文"上第二子"、"惟庚寅吾以降"、"劉奴"、"孤本書室"、"人間孤本"、"三琴趣齋"、"寒雲"、"克文"、"佞宋"、"後百宋一廛"、"寒雲子子孫孫永保"、"與身俱存亡"、"寒雲鑒賞之鉥"、"寒雲秘籍珍藏之印"。

　　殘宋本尚完整時，其影寫本、鈔本甚夥。李盛鐸於一九一六年（丙辰）題清影宋本，述宋本收藏源流道："《倚松老人詩集》宋槧本舊藏商邱宋氏，光緒中宋氏遺書售出，遂歸鬱華閣。迨壬子年（一九一二）由鬱華後人售於廠肆，爲書估韓姓所得，展轉歸三琴趣齋。上卷已不全，抱存（袁克文）遂從此本鈔補。此當是康、雍影寫之本，在今日已不多覯矣。"（《木犀軒藏書題記》）又據《木犀軒藏書書録》，影寫本前有舊人題云："此爲江西詩派之一，竹垞先生從宋漫堂借得宋鐫本影鈔。時壬午十月，衎齋識。"竹垞爲朱彝尊别號，漫堂乃宋犖號，"衎齋"爲馬思贊號。因知"壬午"爲康熙四十一年（一七〇二），宋本乃宋犖舊物，康熙時猶完好，其殘闕當在康熙以後。李氏影寫本今藏北京大學圖書館。

王文進嘗記一傳鈔宋本，凡三卷，有"長沙葉德輝曾讀"、"陽湖張壽齡曾觀"等題記，又有"國子監"滿漢文印及"前分巡廣東高廉道歸安陸心源捐送國子監書籍印"、"光緒戊子（十四年，一八八八）湖州陸心源捐送國子監之書匯藏南學"大印，有陸心源、惲毓鼎跋（詳見《文禄堂訪書記》卷四），今未見著録。今北京師大圖書館藏有清潹喜堂鈔慶元黄汝嘉刊本，有清釋超峻題識，曰："載在《祖燈》，僅有此詩集三卷，庶可以見其所藴。"南開大學圖書館、厦門圖書館亦藏有清鈔三卷本。又日本静嘉堂文庫所藏清初鈔本三卷，《皕宋樓藏書志》卷七七稱"每卷末有'慶元己未校官黄汝嘉重刊'一條"。其分三卷，疑是鈔者所爲，宋代所刊《江西宗派詩集》本原爲二卷，無"三卷"之説。今國家圖書館、上海圖書館、南京圖書館等猶藏清鈔本多部，或二卷，或三卷，殆皆由宋本遞相傳録。

宣統二年（一九一〇），姚埭沈氏曾植刊《西江詩派韓饒二集》，其中《倚松老人詩集》二卷用影宋本爲底本，吴昌綬以殘宋本代校後，謂行款字數均與宋本同（見沈曾植序及《藝風堂友朋書札》下册吴氏第七十六信）。沈氏刊本今有著録。

《四庫全書總目》著録馬裕家藏二卷本，《提要》稱"末有'慶元己未校官黄汝嘉重刊'一行，蓋猶緣宋刻之舊"。前引袁克文跋,謂《四庫》所收爲影鈔本。繆荃孫嘗得四庫館本之一,《藝風藏書續記》卷六著録,乃鮑氏知不足齋進呈之影宋鈔本,“首葉有翰林院印。後見意園散出殘帙,行字皆同,高鈔本寸許”。

《全宋詩》用影印文淵閣《四庫全書》本《倚松詩集》二卷爲底本,輯得佚詩八首。

【參考文獻】

釋超峻《倚松老人詩集題識》(《皕宋樓藏書志》卷七七)

袁克文、李盛鐸、傅增湘《宋刊殘本倚松老人詩集跋》(沈津《上海圖書館藏集部善本書録》,《文獻》一九九〇年第四期)

沈曾植《重刊江西詩派韓饒二集序》(錢仲聯輯《海日樓文鈔佚序》,同上)

摛文堂集 十五卷

慕容彦逢　撰

慕容彦逢(一〇六七——一一一七),字叔遇,宜興(今屬江蘇)人。元祐三年(一〇八八)進士,紹聖三年(一〇九六)中宏詞科。官至刑部尚書。蔣璨《慕容彦逢墓誌銘》(《摛文堂集》附録,又見《永樂大典》卷五三九)曰:“有文集二十卷、外制二十卷、内制十卷、奏議五卷、講解五卷藏於家。”至淳熙十四年(一一八七),其第四孫慕容綸權知象州,方爲付梓,有跋,稱上述各集“因兵火盗賊之後,散失幾盡。綸近於親舊間搜訪,所得尚及千篇,分爲三十卷,命工鏤版,目以《文友公摛文堂集》(祝按:作者卒謚“文友”)”。陳氏《解題》未著録。《宋志》著録“《慕容彦逢集》三十卷”，當即淳熙刊本。

原本明代已不全。《文淵閣書目》卷九著録“慕容彦逢《摘文堂集》一部十册，殘闕”；《内閣書目》卷三曰：“《文友公摘文堂集》七册，不全。……凡三十卷，闕目録並七卷至十二卷。”殘本後亦散佚，今存乃大典本。《四庫提要》曰：“謹據《永樂大典》所載，分類裒輯，釐爲詩二卷、雜文十三卷，而以謚議、墓誌銘別爲一卷附之。”大典本録入《四庫全書》，卷目編次爲：卷一，賦、詩；卷二，詩；卷三，詔；卷四至九，制；卷一〇，奏疏；卷一一，表；卷一二，頌、記、笏記、序、議、策問；卷一三，書、啟、跋；卷一四，祭文、墓誌；卷一五，墓誌、碑、露布。翰林院紅格鈔本（四庫底本），後爲李盛鐸所得，今藏北京大學圖書館，見《木犀軒藏書書録》。

光緒二十三年（一八九七），盛宣懷以文淵閣《四庫全書》本刊入《常州先哲遺書》第一集。《全宋文》用此本爲底本，輯得佚文十一篇。《全宋詩》用影印文淵閣《四庫全書》本爲底本。

【參考文獻】

劉興祖《摘文堂集序》（影印文淵閣《四庫全書》本《摘文堂集》卷首）

慕容綸《摘文堂集跋》（同上卷末）

藏海居士集二卷

吴　可　撰

吴可，字思道，號藏海，金陵（今江蘇南京）人。大觀三年

（一一〇九）進士，官至團練使。詩爲蘇軾所稱。《遂初堂書目》著録《吳思道集》《吳師道詩》及《藏海居士詩》三種，皆不詳卷數。《吳思道集》疑爲詩文集，另兩種不詳是同集異名，抑或各自不同，但可知其詩文在北宋末頗流行。

明《文淵閣書目》卷一〇著録“《吳藏海居士集》一部一册，完全”。則吳集唯有一本流傳至明代。惜此册後亦散佚，今存《藏海居士集》乃大典本。《四庫提要》稱館臣從《永樂大典》中“一一裒輯，析爲二卷，與《（藏海）詩話》同著於録，俾不致於就湮没焉”。又謂“可事跡無考，亦不知何許人”。余嘉錫《四庫提要辨證》卷二二稽考其身世，知吳氏金陵人，字思道，“藏海”乃其齋名，因以自號並命集。又周紫芝《太倉稊米集》有《吳思道示藏海小集》詩，李之儀《姑溪集》卷四〇有《跋吳思道詩》，對吳可詩評價甚高。

館臣從《永樂大典》所輯草本（四庫底本），今藏南京圖書館，乃丁氏書，《善本書室藏書志》卷二九謂其“有翰林院點抹筆迹，猶儼然也”。中國科學院圖書館、上海圖書館藏有清鈔二卷本，乃傳鈔四庫本。

余氏《辨證》引吳繼曾跋朱緒曾《開有益齋讀書志》卷五吳可事跡考後，稱“取《藏海居士集》《藏海詩話》二書，合鋟諸木，亦金陵詩家之碩果也”，余氏注曰：“吳氏刊本今未見，蓋已毀。”今按：吳繼曾刊本國内未見著録，日本静嘉堂文庫庋藏一部，《静嘉堂秘籍志》卷三五載其刊於道光辛丑（二十一年，一八四一），與《金陵百詠》《金陵雜詠》合綴爲一册，且謂該本陸心源《皕宋樓藏書志》不載。按《開有益齋讀書志》卷五著録蘇洞《金陵雜詠》，亦有吳繼曾跋，稱因刻曾極景建《金陵百詠》，“取爲合璧”云云。則數集乃吳氏所同時授梓。

民國三年（一九一四），李之鼎據鈔文瀾閣四庫本刊入
《宋人集》甲編。

《全宋詩》用影印文淵閣《四庫全書》本爲底本，輯得佚詩
七首。

洪龜父集二卷　　清非集

洪　朋　撰

洪朋，字龜父，號清非居士，南昌（今屬江西）人。舅父黃
庭堅稱其“筆力可扛鼎”，然兩舉進士不第，年僅三十八而卒。
嗜詩，名入呂本中《江西詩社宗派圖》中。《解題》卷二〇“詩
集類”著録其《清虛集》一卷，乃《江西詩派詩集》本。《通考》
卷二四四引陳氏，作“《清非集》二卷”。《永樂大典》引、《國史
經籍志》及今存清鈔本，俱作《清非集》，則今本《解題》之“虛”
字當誤，卷數也應爲“二”字。“清非”乃洪朋齋名，黃庭堅嘗
作《洪龜父清非齋銘》（《豫章先生文集》卷一三）。《宋志》著録
《洪龜父詩集》一卷，當爲另一本。《四庫提要》引《豫章續
志》，謂洪朋没後，同郡黃著衰其詩百篇爲集，黃庭堅在宜州，
見其本，稱篇篇可傳。今未見宋人序跋，疑一卷本即黃著所
刊，因其得到黃庭堅首肯，故後來有所增補，收入《詩派》時改
編爲二卷。

宋本久已失傳，今存《洪龜父集》二卷乃大典本。《四庫
提要》曰：

今采掇《永樂大典》，分體排比，釐爲上下二卷。……

核黃氏（著）所編僅一百首，今乃得一百七十八首；陳氏所載僅一卷，今乃溢爲二卷。疑《永樂大典》所據之本，別經後人綴輯，續有所增，約略大凡，其所闕諒亦無幾矣。

《大典》所收當爲詩派二卷本，而非黃著百篇之本。

大典本録入《四庫全書》，文淵閣四庫本嘗影印入《四庫全書珍本初集》。今傳清鈔本（或題《清非集》），皆源於大典本，其中鮑廷博批校鈔本，藏山東省圖書館。

光緒二年（一八七六），洪汝奎將是集刊入《洪氏晦木齋叢書·豫章三洪集》，題《清非集》，兩卷外有《補遺》一卷。

《全宋詩》用影印文淵閣《四庫全書》本爲底本，輯得佚詩十三首。

老圃集二卷

洪　芻　撰

洪芻，字駒父，洪州南昌（今屬江西）人，朋弟，黃庭堅甥。紹聖元年（一〇九四）進士，靖康中官諫議大夫，坐爲金人括財，流放沙門島，卒。所作詩，《江西詩派詩集》嘗刊《老圃集》一卷，陳氏《解題》卷二〇“詩集類”著録。《四庫提要》稱“《宋史·藝文志》載《老圃集》一卷”，今按《宋志》並未著録，後人多援其說，殆未檢核（考《宋志》僅録洪朋《洪龜父詩》一卷，而《洪龜父集提要》却未引，館臣兩失之）。

江西詩派本後亦失傳，今存乃大典本。《四庫提要》曰：“《永樂大典》所載尚得一百七十首，殆當時全部收入歟。以

篇帙稍多，謹釐爲上下二卷，以便循覽焉。”大典本收入《四庫
全書》。清傳鈔大典本，今大陸及臺灣有十餘部見於著録。
其中鮑氏知不足齋原鈔四庫本，今藏北京大學圖書館，見《木
犀軒藏書書録》、《藏園群書經眼録》卷一四。知不足齋另一
鈔本，有《補遺》一卷，今藏上海圖書館。

　　咸豐中，仁和韓泰華刊《玉雨堂叢書》，收《洪老圃集》二
卷、《補遺》一卷。韓氏岳父沈濤《洪老圃集跋》（載《十經齋文二
集》）曰：

　　　　《宋史·藝文志》載此集僅止一卷（祝按：誤，說已見
　　前）。此本從《永樂大典》中採出，分爲上下二卷。然宋人
　　詩話及《合璧事類》所載駒父詩不見此集者甚多。謝枋
　　得《秘笈新書》言駒父平生爲詩千餘篇，著《老圃》前、後
　　集，而此僅一百七十首，則《大典》所收亦止吉光片羽耳。
　　小亭（韓氏字）女夫校刊是書，因綴數語於後，異日當採
　　宋人說部中駒父逸詩，爲補逸一卷，寄小亭續刻之。

　　光緒二年（一八七六），洪汝奎又將《老圃集》二卷、《補遺》一
卷、《遺文》一卷刊入《洪氏晦木齋叢書》之《豫章三洪集》。

　　《全宋詩》用影印文淵閣《四庫全書》本爲底本，輯得集外
詩三十首。

西渡集一卷

洪　炎　撰

　　洪炎（一〇六七——一一三三），字玉父，南昌（今屬江西）

人、朋、芻弟。元祐末舉進士，高宗初爲中書舍人。嘗爲其舅父黄庭堅編次《豫章先生文集》。能詩，名入吕本中《江西詩社宗派圖》。陳氏《解題》卷二〇“詩集類”著録其詩集道：

> 《西渡集》一卷，中書舍人洪炎玉父撰。洪氏兄弟四人，其母黄魯直之妹，不淑早世，所爲賦《毁璧》者也。龜父舉進士，不第。其季羽鴻父坐上書元符入籍，終其身。芻、炎皆貴，而芻靖康失節貶廢。羽詩不傳。

《通考》卷二四四同。據《解題》，此一卷本即收入《江西詩派詩集》之帙。

明《文淵閣書目》卷一〇著録“洪炎《西渡集》一部三册，殘闕”；《篋竹堂書目》卷四僅録一册。原刊本久佚（《增訂四庫簡目標注》謂《佳趣堂目》有宋板一卷，未見著録），長期僅以鈔册流傳。王士禛嘗跋宋氏漫堂鈔本道：“宋牧仲（犖，號漫堂）中丞自吴中鈔寄洪炎玉父《西渡集》，僅一卷。考焦氏《經籍志》，玉父《西渡集》一卷，與此本合。然編首題‘卷第一’，又似不完之書，何也？……此本牧仲鈔之醫士陸其清家。”（《居易録》卷二三）據《文禄堂訪書記》卷四，該鈔本半葉九行十八字，末署“康熙甲戌（三十三年，一六九四）漁洋山人跋”。王跋本今未見著録，而宋氏寫本猶藏國家圖書館（詳後，參傅氏《經眼録》卷一四）。

《四庫全書》著録鮑氏知不足齋鈔本，《提要》謂洪朋《清非》、洪芻《老圃》並佚，“近從《永樂大典》復裒輯成帙，惟炎集僅存，而亦無刊版。此本爲浙江鮑氏知不足齋所藏，惟分上下二卷，與陳氏（《解題》）所載少異。然《老圃集》陳氏亦稱一卷，而今日掇拾殘膡，尚非一卷所能容，則或《書録解題》傳寫之譌，《宋志》因之，均未可知也”。或者陳氏所録一卷爲詩派

本,别有二卷甚或卷帙更多之本歟?《文淵閣書目》既著録爲
"三册",當不止一、二卷也。又,今上海圖書館、日本静嘉堂
文庫並藏有鮑氏知不足齋鈔本,皆爲一卷。静嘉堂本乃鮑氏
手校,卷末有鮑氏跋,稱"檢曝書亭藏本再校一過"云云(見《静
嘉堂秘籍志》卷三四),則知不足齋亦有一卷本。

　　除上述外,是集今傳清鈔本尚夥,如國家圖書館藏周叔
弢校跋本,北京大學圖書館藏秦恩復舊藏本(參《木犀軒藏書書
録》、傅氏《經眼録》卷一四),廣東省圖書館藏吴翌鳳鈔本,上海圖
書館藏彭氏知聖道齋鈔本,等等,皆經名家收藏校跋。知聖
道齋本有彭氏跋曰:

　　　　雙井四洪所著,今傳世者惟玉父此集而已。卷中
　　《庚戌舊廬傷懷》一首,乃疊《丙午遷居》韻,而《遷居》詩
　　反在卷末,殆亦出後人掇拾,非原編也。校以鮑氏知不
　　足齋鈔本,别有補遺四首,録入之。(《知聖道齋讀書跋》卷
　　二)

　　清咸豐四年(一八五四),錢培名將是集刊入《小萬卷樓
叢書》,除正集一卷外,有補遺一卷,凡詩五首。光緒四年(一
八七八)有重刊本。《叢書集成初編》據此本排印。光緒二年
(一八七六)有朱氏惜分陰齋刊本、《洪氏晦木齋叢書·豫章
三洪集》本,亦皆有補遺一卷。傅增湘嘗借宋漫堂(犖)鈔本
與惜分陰齋本對校,據漫堂本"補《初至臨安》等詩五首,(在
《初入浙中》之下。)似正脱一葉"(《經眼録》卷一四)。今檢四庫本,
亦闕此五首。蓋闕詩之本,皆由知不足齋本孳衍(惜分陰齋
本附録後有鮑氏乾隆間題識)。要之,是集今以漫堂鈔本較
古較善,他本多據知不足齋本輾轉傳録付梓,類有訛脱。傅
校惜分陰齋本今藏國家圖書館,卷首有題識,其《藏園群書題

記》未收,附録於此,以資參考:

> 昨過蕭山朱翼盫(文鈞),見案頭有兹集寫本,爲宋
> 漫堂家物,版心有"漫堂鈔本"四字,鈐"綿津山人"朱文
> 印,遂乞一瓻之借,取此新刻爲正一通,《初至臨安》及
> 《再任秘書監》等五詩爲此本所遺,因手寫之卷末。《再
> 任秘書監》,補逸中有之,而删去中二聯,易爲絶句,尤可
> 嗤笑。《事文類聚》乃坊賈射利之書,據以補入,遂貽此
> 笑端。益知名鈔之足貴,而從事校讎,未可掉以輕心也。
> 癸亥(一九二三)十月朔,藏園居士傅增湘記。

今按:前述《文淵閣書目》著録"《西渡集》一部三册,殘闕",因
疑洪炎《西渡集》不止一二卷,而上引知聖道齋本彭元瑞跋謂
傳鈔本"殆亦出後人掇拾,非原編",皆可發人深思。事實是,
清以後《西渡集》傳本,自宋犖而下,所有鈔本及刊本,無論一
卷、二卷,皆源於《四庫全書》本之《兩宋名賢小集》(卷一一
六、一一七)之《西渡集》上、下卷。以《名賢小集》本與清鈔
本、刊本相校,無論收詩量、編次及分卷起迄,皆基本相同,雖
偶有小異,只是技術處理問題,不足證明爲二本。因此,今傳
之《西渡集》,恐非宋刊詩派一卷本,亦非《文淵閣書目》所載
三册之本,而是取之於舊題宋陳思、元陳世隆所編《兩宋名賢
小集》本。《兩宋名賢小集》首有朱彝尊二跋,《四庫全書·兩
宋名賢小集提要》稱朱氏"本有宋人小集四十餘種,或舊稿零
落,後人得其殘本,更掇拾他集合爲一帙,又因其稿本出彝
尊,遂嫁名僞撰二跋歟?然編詩之人雖出贗託,而所編之詩
則非贗託,宋人遺稿,頗藉是以薈粹,其蒐羅亦不謂無功,黎
邱幻技,置之不論可矣"。今於《西渡集》,亦可如是觀。

《全宋詩》用惜分陰齋刊本爲底本。

浮沚集九卷

周行己　撰

　　周行己（一〇六七—?），字恭叔，號浮沚，永嘉（今屬浙江）人。元祐進士，爲太學博士，本州教授。其集原序今佚，宋代編刊情況不詳，陳氏《解題》卷一七著録道：

> 《浮沚先生集》十六卷、《後集》三卷，秘書省正字永嘉周行己恭叔撰。十七入大學，有盛名。師事程伊川。元祐六年（一〇九一）進士，爲太學博士，以親老歸，教授其鄉。再入爲館職，復出作縣。永嘉學問所從出也，鄉人至今稱周博士。集序，林越撰，言爲秘書省，則不然。先祖妣，先生之第三女，先君子其自出也，故知其本末。所居謝池坊，有浮沚書院。

　　《通考》卷二三七同。《宋志》著録十九卷，蓋合《前》、《後》集而計之。《宋志》另著録《周博士文集》十卷，下注曰“不知名”。《四庫提要》以爲“牴牾”。然佚名之《周博士文集》與作者之《浮沚先生集》無涉，“周博士”並非專稱，何“牴牾”之有？

　　是集原本久佚，今存乃大典本。《四庫提要》曰：“今從《永樂大典》所載，蒐羅排比，共得八卷。較之原編，十幾得五，尚足見其大凡也。”《四庫全書》收録九卷本，武英殿聚珍本亦作九卷，蓋編定時重經分卷。其卷目編次爲：卷一，奏議、表；卷二，經解；卷三，策、策問；卷四，序、記；卷五，書、啟；卷六，雜著；卷七，祭文、誌銘；卷八、九，詩。

　　傳世者猶有同治八年（一八六九）福建重修武英殿本。

民國間所編《叢書集成初編》、一九三一年永嘉黄群《敬鄉樓叢書》第三輯，皆收有是集，同以聚珍本爲底本，後者增《補遺》一卷。

《全宋詩》用影印文淵閣《四庫全書》本爲底本，輯得佚詩十七首。《全宋文》底本同。

溪堂集十卷

謝　逸　撰

謝逸(一○六八——一一一二)，字無逸，號溪堂，臨川(今江西撫州)人。學於吕希哲，舉進士不第，遂不仕。江西詩派重要詩人。其文集，與其從弟謝薖之集，紹興間嘗合刊於臨川，有苗昌言跋，略曰：

> 兄弟以詩鳴江西，有文集合三十卷，邦之學士欲刊之，以貽永久，積數十年而未能也。粤紹興辛未(二十一年，一一五一)，趙公(士鵬)朝議來守是邦，期年政成，民服其教，慨然思以儒雅飾吏事，命勒其書於學官，以稱邦人之美意。昌言以鉛槧董兹職，於是搜訪闕遺，以相參訂。晚得溪堂善本於前學正易藏，又得幼槃善本於其子敏行。藏知溪堂出處甚詳。敏行逮事其父，詩律有典刑，其編次是正，可無恨矣。

跋作於紹興二十二年(壬申)十一月，蓋是時刻成。據今存影鈔宋本謝薖《謝幼槃文集》，苗氏跋後列宋砥、陸旻、苗昌言、嚴仲遠、趙士鵬銜名五行，又淳熙二年(一一七五)十二月陽夏趙熉重修一行。兩集紹興時既同時授梓，當亦同時重修。

《解題》卷一七、《通考》卷二三七、《宋志》皆著録《溪堂集》二十卷。按謝邁集宋刻本今存，爲十卷，前引苗跋稱兩集"合三十卷"，則《溪堂集》原本當爲二十卷。又，《解題》卷二〇"詩集類"著録《溪堂集》五卷、《補逸》二卷，乃《江西詩派詩集》本。《宋志》亦著録《溪堂集》五卷。

明《文淵閣書目》卷一〇著録"《謝溪堂詩集》一部一册，完全"，疑是詩派本，至《内閣書目》已無其目。《脈望館書目》亦嘗著録詩集一册。毛晉《溪堂詞跋》稱其"獲《溪堂全集》"（詳下引），則文集似明末清初猶存。詩集、文集後皆散佚，今存乃大典本。《四庫提要》曰："今從《永樂大典》所載，裒集綴輯，尚得詩文數百篇。……其存者，詩詞約十之七八，文亦約十之四五，已可略見其大概。謹訂正訛舛，釐爲十卷，庶考江西詩派者，猶得以備一家焉。"《四庫全書》收録大典本，卷目編次爲：卷一，賦、詩；卷二至五，詩；卷六，詩餘；卷七，序、記；卷八，論、辨、書、墓誌銘；卷九，墓誌銘；卷一〇，墓表、行狀、祭文、雜著。今國家圖書館及上海圖書館、南京圖書館猶著録清鈔十卷本，皆源於四庫本。

民國四年（一九一五），胡思敬據李之鼎（振唐）鈔本《溪堂集》校文瀾閣庫本，刊入《豫章叢書》。原由魏元曠校，胡思敬再撰《校勘補遺》，附刻於後。李氏宜秋館鈔本有批校，今藏江西省圖書館。以文淵閣四庫本校《豫章叢書》本，後者卷一〇脱文三篇（《反求齋對》《習説》及《匠者周藝多傳》），文字亦時有脱誤，蓋因底本出於傳鈔之故。

陳氏《解題》卷二一，在謝逸文集、詩集之外，另著録《溪堂詞》一卷。又《增訂四庫簡目標注》引《復齋漫録》，稱其有

《杏花村館詞》。則其詞集在宋代嘗單行。大典本《溪堂集》收詞六十二首。然其集本詞卷，明末尚存。毛氏汲古閣刊《名家詞》，有《溪堂詞》一卷，毛晉跋曰：

> 時本《溪堂詞》，卷首《蝶戀花》以迄禪尾《望江南》，共六十三闋，皆小令，輕倩可人。中間字句舛謬，無從考索。既獲《溪堂全集》，末載樂府一卷，今依其章次就梓。近來吳門鈔本多《花心動》一闋，……疑是贋筆，不敢淆入，附記以俟識者。

則《名家詞》所刊乃文集本。陸敕先嘗用鈔本校毛刻，毛扆亦嘗用孫氏舊録本校（手校本今藏日本静嘉堂文庫，見《皕宋樓藏書志》卷一一九、《静嘉堂秘籍志》卷五〇），所校兩本與集本編次異，陸氏將每首標以次序。鈔本及毛晉所稱“時本”，疑皆源於宋單行本。又《名家詞》本前有曼叟題詞，當録自所謂“時本”，文集本固不應有題詞，陸校云“鈔本無序，此序亦疑僞作，應去之”。《全宋詞》即依校本編次，跋曰：“汲古閣本《溪堂詞》原載詞六十三首，一首乃吕本中作，未録。另一首乃毛晉所補，非原本所有，另載於後。全部並依校本所標次序及紫芝漫鈔本《溪堂詞》重編。”毛晉所補《花心動》一闋，據《全宋詞》編者唐圭璋先生考證，乃明人傳奇《覓蓮記》中詞，非謝逸作。

　　《四庫總目·詞曲類》著録安徽巡撫採進本，據《提要》即汲古閣刊本，並稱《花心動》一闋毛氏“削而不載，特爲有見，今亦不復補入，庶免魚目之混焉”。因大典本《溪堂集》收有詞，而毛刻即集本，故兹附及之。

　　《全宋詩》用影印文淵閣《四庫全書》本爲底本，輯得集外詩十七首。《全宋文》底本同。

【參考文獻】

苗昌言《刊二謝文集跋》（影印文淵閣《四庫全書》本《竹友集》卷末）

劉左史集四卷

劉安節　撰

劉安節（一〇六八——一一一六），字元承，永嘉（今屬浙江）人。元符三年（一一〇〇）進士，歷監察御史，晚知宣州，卒。師事二程，世稱永嘉先生。今存留元剛（字茂潛）《劉左史文集序》。同治《永嘉叢書》本（此本詳後）孫詒讓跋曰：“茂潛嘉定中知溫州，是集蓋即其所合刊也。”所謂“合刊”，指與安節從弟安上之《給事集》同時付梓。其説當是，永嘉葉適《水心文集》卷二九有《題二劉文集後》，可證兩集確爲合刊，唯留氏序未明言，亦未署年代。

《解題》卷一七著録道：

> 《劉左史集》四卷，起居郎永嘉劉安節元承撰。與從弟安上皆嘗事二程，同游太學，號“二劉”。安節元符三年進士，爲察官、左史，晚知宣州以没。

《通考》卷二三八同。《宋志》著録爲五卷，疑與《給事集》卷數互混而誤。

明《文淵閣書目》卷九著録“《左史劉公集》一部四册，闕”，至《內閣書目》僅有二册。宋本久已失傳，未聞有元、明刊本。國內著録清鈔本十餘部，如國家圖書館藏王士禎跋本、吳氏古歡堂鈔本（有吳翌鳳、周星詒校並跋），上海圖書館藏清初鈔本，南京圖書館藏振綺堂舊鈔本等。孫詒讓《永嘉叢書》本跋稱"是集國初時已不易得，朱竹垞（彝尊）展轉傳寫，始獲其全"。陸心源舊藏傳錄本，有朱氏跋曰："曩從劉考功公皕（體仁）借鈔二劉長史合集，元禮（安上）只得半部而已。康熙壬午（四十一年，一七〇二），福州林孝廉吉人（佶）以鈔本見寄，乃得全。竹垞主人識。"（《皕宋樓藏書志》卷七九）陸氏本今藏日本靜嘉堂文庫，朱彝尊原鈔本未見著錄。

《四庫全書》著錄鮑士恭家藏本，《劉給事集提要》引述朱彝尊題識，則鮑氏本當即朱鈔本或傳錄朱鈔本。其卷目編次爲：卷一，奏議、表、疏狀、啟；卷二，墓誌、祭文、青詞、經義；卷三，經義、論；卷四，策、雜著（《漁樵問對》）、附錄。今上海圖書館藏有鮑廷博夾籤題鈔本。《增訂四庫簡目標注·續錄》謂王士禎跋本"迥勝閣本（即四庫本）"。王士禎本、林佶本等清初鈔本分別由何本鈔出，今不得而詳。

同治十二年（一八七三），孫衣言將是集與劉安上《劉給諫集》同刊入《永嘉叢書》。據其子詒讓跋，所用底本爲鈔吳翌鳳（枚菴）校本《左史集》、盧文弨（抱經）所藏舊鈔本《給諫集》，與其家舊藏鈔文瀾閣庫本對勘，然後付梓，且謂"盧、吳二家鈔本，行款不甚符合，所出蓋非一本，今亦不敢專輒改定，以存宋槧之舊"。孫氏父子所校兩鈔本，今藏浙江大學圖書館。

對此書編次，四庫館臣頗有微詞，《提要》略曰：

> 是集不知何人所編，前有留元剛序，標題雖稱《劉左史集》，而其文始終以周孚、劉安上與安節並稱，謂之"三先生"，又祇言其氣節，而無一字及文集，莫之詳也。其

編次頗無法，首以奏議，次以表，次以疏狀，是矣。而以
功德疏入之疏狀，則爲失倫；又次以應酬諸啟冠墓誌之
前，又次以祭文、青詞冠經義、論策之前，則顛倒尤甚。
終以《漁樵問對》，其名與世傳邵子（雍）書同，核其文，亦
皆相合。考晁公武《讀書志》，……有謂出自邵子者，有
謂邵子之祖者，均不云安節所撰，不知何人編入集中。

所舉皆有違宋人編集體例。疑是集與劉安上集相似，皆非原
本，蓋後人掇拾於散佚之餘，至明末傳本亦殘闕，再相輯補，
編者水平不高，故致編次無法，且竄入僞作。

　　《全宋文》用《永嘉叢書》本爲底本。

【參考文獻】

　　留元剛《劉左史集序》（影印文淵閣《四庫全書》本《劉左史集》卷首）
　　孫詒讓《刊二劉文集跋》（《永嘉叢書》本《二劉文集》卷末）

劉給事集五卷

劉安上　撰

　　劉安上（一〇六九——一一二八），字元禮，永嘉（今屬浙
江）人。安節從弟。紹聖進士，官至給事中。薛嘉言《劉安上
行狀》（本集後附）稱其"有詩五百篇，制誥、雜文三十卷藏於
家"。其集嘉定中與《劉左史集》合刊，已見前述。《解題》卷
一八著錄道：

　　　　《劉給事集》五卷，給事中劉安上元禮撰。紹聖四年

（一〇九七）登第，歷臺諫、掖垣、瑣闥，以次對歷三郡而終。集中有《彈蔡京疏》。

《通考》卷二三八同。《宋志》著録爲四卷，疑與《左史集》互混而誤。陳氏所録卷數與《行狀》相去甚遠，《四庫提要》以爲“蓋兵毀之餘，後人掇拾而成，非其原本矣”，其説殆是。

明末《内閣書目》卷三著録“《給事劉公文集》二册，全，……凡五卷”，殆猶宋刊本。後失傳，今存以清鈔本爲早。王士禛有《左史集》鈔本，當亦有此集鈔本，其跋題作《跋永嘉二劉集》(見《蠶尾集》卷九、《居易録》卷一)可知，然今無著録。上海圖書館藏有清初鈔本，又藏有鮑氏知不足齋鈔本(《四庫》底本，詳下)及鮑廷博夾籤題鈔本。日本静嘉堂文庫藏有張位手鈔本(二部)及勞格手校傳録文瀾閣本(見《皕宋樓藏書志》卷七九、《静嘉堂秘籍志》卷三四)。同治時孫氏父子刊《永嘉叢書》所用校本，今浙江大學圖書館藏一部，北京師範大學圖書館藏一部。據著録，國内外現存是集清鈔本凡十餘部，而鈔本是否源於明内閣本，今未詳。

上述上海圖書館所藏《四庫》底本一册，半葉十行二十字，黑格，左右雙邊，雙魚尾，書口下刻有“知不足齋正本”六字。卷一詩、彈事、奏議、札子；卷二外制；卷三表、啟；卷四策問、記、墓誌、頌、銘、偈、祝文、祭文；卷五經義，附録行狀，與其他清鈔本同。各卷末有鮑氏校後題識，卷五末有朱彝尊跋語，皆非親筆，説明是集爲傳録朱氏鈔本(《左史集》應相同)。封面有木記，文曰“乾隆三十八年浙江巡撫三寶送到鮑士恭家藏是書部册之記”。鈐有“翰林院印”滿漢文大方印，以及“海陵錢犀盦校藏書籍”、“重修東觀帝王書”、“犀盦藏書”、“海陵錢氏小天目山館圖書”諸印(參沈津《上海圖書館集部善本書録》，《文獻》一九九〇年第四期）。

最後，是集書名，宋、明人著録爲“劉給事集”，鮑氏知不足齋鈔本同。清初鈔本、孫衣言父子校本及《永嘉叢書》本等作“劉給諫集”。按安上官至給事中，當時蓋以此名集，與安節集名“左史”同例。宋代給事中僅有駁正權，而與諫官有别；清代給事中與御史同爲諫官，故又稱“給諫”。改“給事集”爲“給諫集”，蓋依清代官制，失當，當依宋人著録作《劉給事集》爲是。

清同治十二年（一八七三），瑞安孫衣言於孫氏詒善祠塾輯刊《永嘉叢書》，嘗刊入是集。《全宋文》即以《永嘉叢書》本爲底本。《全宋詩》用上海圖書館藏朱彝尊鈔跋本爲底本。

高峰先生文集十七卷

廖　剛　撰

廖剛（一〇七〇——一一四三），字用中，號高峰，南劍州順昌（今福建順昌）人。崇寧五年（一一〇六）進士，官至御史中丞。知無不言，秦檜銜之，改工部尚書致仕。乾道七年（一一七一），邵武軍軍學教授葛元隰序其集，略曰：

乃者天借之福，承乏郡文學，昕夕奉侍其令子史君，色笑之餘，遂率爾有請，願出前後製述鋟梓，以永其傳。史君曰：“吾先人備位夕郎與中司日封駁抨彈疏稿悉焚之，閒居雜文，散逸十八九，今家藏無幾，姑以詔吾子孫……”宮使直閣謝公，蓋尚書門下士，謂斯文有補於名教，……作序以冠其首，目爲《高峰先生文集》。

所稱"謝公"，即謝如圭，其序今存。乾道本蓋流傳不廣，陳氏《解題》未録。張栻於淳熙四年（一一七七）作《工部尚書廖公墓誌》（《南軒先生文集》卷三八），謂"暇日求公奏議讀之，削稿之餘，僅有存者"，所讀當即乾道刊本，惜未記卷數。

到咸淳辛未（七年，一二七一）有修補乾道本，吴邦傑跋曰：

> 郡庠舊有高峰先生文蕭廖公文集，乃公之長子以孝宗皇帝即位之八年（乾道六年，一一七〇）來守兹土，因郡博士之請，鋟梓以永其傳。歲久，字多漫滅，弗堪摹印，學者惜之。後百餘年，邦傑繼叨郡寄，始至謁學，詢之書庫，則卷帙散失，已無全書。遂出家世所藏舊本校正，命工重刊，補缺板八十七紙，修漫板百有餘紙，以足成此書全帙云。

《宋志》著録"《高峰集》十七卷"，當即宋刻本卷數。

明《文淵閣書目》卷九著録"廖氏《高峰集》一部四册，全"，《内閣書目》則無其目。《篆竹堂書目》卷三、《趙定宇書目》、《脈望館書目》皆有著録，不詳其版本及卷數。《近古堂書目》卷下著録宋刻本。《絳雲樓書目》卷三亦著録"宋板《高峰先生廖剛文集》八册"。宋本後失傳。今以福建省圖書館所藏明鈔本爲最古。該本有林佶跋，頗爲難得，蒙吴洪澤君由福州鈔至（同時複印到雜文以下各卷），今全文録於次：

> 此集閩中久無刻板，即此鈔本，亦是百餘年前物，蠹蝕之餘，幾不可觸手。古書之存，至是危甚矣。壬申（康熙三十一年，一六九二），吴門申函吉遊閩，傳其舅氏東

海公之命，求書之有關於經解者，期彙刻以傳。佶以是
集付其鈔去，蓋以集末有經書講義三卷，又是南宋初年
人物，爲伊洛之正傳者，確宜傳布，惜其後類有闕紙，無
從鈔補耳。

　　茲秋七月，藝初侍御來，復賫東海公札，並求傳是樓
中所未備者。佶搜家藏殘帙，得七十餘種，然其宜傳而
可貴者□□數帙，因是而得觀傳是樓之書，固不得不嘆
其多。然多而不能讀，猶玩物也，吾於是彌思吾師之緒
言爲有味矣。

　　康熙甲戌（三十三年）秋八月廿一日望，棲鶴樓題。

鈔本每半葉十行，行二十四字，遇宋帝、朝廷等均空格或提
行，當依宋本格式。全書凡十七卷，與《宋志》合。十七卷中，
詩一卷，雜文十三卷，《禮記・大學》及《詩經》講義三卷。卷
首爲廖剛傳，已殘；其次爲葛元隲、謝如圭、吳邦傑三序，葛、
謝二序亦有殘闕。謝序後另有一序，只存五十餘字，不知誰
作。鈔本文字時有訛誤，葛序題爲“後序”，今在卷首，恐經輾
轉傳録，已非宋本原貌。

十七卷本，今浙江省圖書館猶藏有清鈔林氏本。

是集除上述全本外，今尚有不全本，計有十二卷本、七卷
本等。南京圖書館藏丁氏書，有林佶舊藏鈔本十二卷。《善
本書室藏書志》卷三〇曰：“此乃康熙癸酉（三十二年）冬閩南
林佶家藏鈔本，吉人手識云‘從吳門申函吉長兄借鈔，略爲覆
校’。有‘鹿原林氏藏書’一印。”據前録林氏跋，知此即康熙
三十一年（壬申）付吳門申函吉鈔去之本。今上海圖書館庋
藏清蕭山陸芝榮三間草堂鈔本十二卷，有王宗炎題記。日本
靜嘉堂文庫藏十二卷本，乃陸心源借録丁氏本，《皕宋樓藏書

志》卷八四案曰：“書中遇宋帝皆空格，每行廿四五字不等，當以宋元舊本影寫。今從武林丁松生（丙）大令借録，原本卷八有缺文，借吾鄉丁月湖殘舊鈔本補足，通校一過。”南京圖書館除丁氏本外，猶藏有清鮑廷博校本七卷又四卷，王氏重論文齋鈔本七卷，皆非完本。

　《四庫總目》著録馬裕家藏本，亦只十二卷，《提要》稱“其集久無刻本，傳寫多誤，脱字或至數行，無從校補”。十二卷本即十七卷本之前十二卷，無講義。卷目編次爲：卷一、二，札子；卷三、四，表；卷五，奏狀；卷六，進故事；卷七，辭免、乞出、乞致仕；卷八，啟；卷九，啟、簡；卷一〇，詩、詞曲；卷一一，疏狀、青詞、記、題跋、墓誌；卷一二，致語、祝文、祭文、挽詞。卷中“虜”、“夷”字等，館臣皆改爲他字（如“虜”改“敵”）。至於脱文譌字，有部分可據明鈔本校補。不過四庫本文字亦有勝於明鈔本處，兩本互校，擇善而從，可補闕正譌。

　《全宋文》用上述明鈔本爲底本。《全宋詩》用影印文淵閣《四庫全書》本爲底本。

竹隱畸士集二十卷

趙鼎臣　撰

　趙鼎臣（一〇七〇—？），字承之，韋城（今河南滑縣）人。元祐六年（一〇九一）進士，紹聖二年（一〇九五）登宏詞科，官至太府卿。《解題》卷一七著録其集道：

　　《竹隱畸士集》四十卷，右文殿修撰韋城趙鼎臣承之
撰。元祐甲科，紹聖宏詞。又自號葦溪翁。其孫綱立刊
於復州，本百二十卷，刊止四十卷而代去，遂止。

《通考》卷二三八、《宋志》皆爲四十卷。趙綱立復州刊板序跋
今已不存，賴陳氏語略知原編及刊行概況。

　　《四庫提要》引《後村詩話》，謂《竹隱集》十一卷，多其舊
作，暮年詩無棗本。館臣以爲十一卷乃專指其詩而言。今
按劉克莊所言“竹隱”乃指傅伯成，見所作《傅公行狀》（《後村
大全集》卷四九），而非趙鼎臣，館臣大誤。館臣又考知作者之
父即趙偁，故其文章淵源有自，非傖陋者所能望其項背，此
説是。

　　宋刊本蓋傳至明末而亡。《文淵閣書目》卷九著録“趙鼎
臣《竹隱畸士文集》一部八册，全”。《內閣書目》卷三曰“凡四
十卷”。後散亡，今存乃大典本。《四庫提要》曰：“謹就《永樂
大典》各韻中蒐採彙輯，勒成二十卷。諸體具備，蔚然可觀，
雖未能齊軌蘇、黃，然比於唐庚、晁補之諸人，則不啻驂之有
靳矣。”大典本録入《四庫全書》，民國時嘗以文淵閣四庫本影
印入《四庫全書珍本初集》。其卷目編次爲：卷一，賦；卷二至
七，詩；卷八，表；卷九，札子；卷一〇、一一，啟；卷一二，策問、
策；卷一三，序、記；卷一四，傳、頌、銘、贊、七；卷一五，樂章；
卷一六，祝文；卷一七，行狀、墓誌銘；卷一八、一九，墓誌銘；
卷二〇，跋、雜文。大典本之外，今存佚文尚夥，尤以《五百家
播芳大全文粹》中所載四六表啟爲多。《全宋文》用影印文淵
閣《四庫全書》本爲底本，輯得佚文七十餘篇。《全宋詩》底
本同。

唐先生文集二十卷

唐　庚　撰

　　唐庚(一〇七一——一一二一),字子西,眉州丹稜(今屬四川)人。哲宗紹聖元年(一〇九四)進士,官至承議郎,貶惠州。宣和三年歸蜀,道卒。所作詩文,"隨作隨散,不復留稿"(唐庚《唐眉山文集序》),故生前並未自編其集。辭世之次年五月,友人鄭總作《唐眉山先生文集序》,曰:"太學之士得其文,甲乙相傳,愛而録之。愛之多而不勝録也,鬻書之家遂丐其本而刻焉。"則所序之本乃京師開封書坊所刊,底本或即爲鄭總哀輯。據其子鄭康佐爲紹興刊本(此本詳下)所作跋,鄭總本收文凡四十五篇,詩賦一百八十五首,未記卷數。

　　鄭總作序之次月,即宣和四年六月,作者弟唐庾另刊其本,序略曰:

　　　　比見京師刊行者,止載嶺外所述,多舛謬,失真害理,恐誤學者觀省,而不能以傳諸永久。因並取其少年時所爲文,隨卷附之,庶以廣其傳云。

則所刊意在補闕糾謬,固對京師坊刻本深表不滿;然又稱"隨卷附之",似仍以京師本爲基礎,不另增卷數。

　　紹興二十一年(一一五一),權發遣惠州軍州事鄭康佐再刊此集,跋曰:

　　　　康佐承乏惠陽,暇日閲《寓公集》,蓋東坡先生與唐公謫居時著述也,唐公之文凡十有二首,詩賦一百十有一首，與先君所傳頗有重複。既而進士葛彭年以所藏閩本相示，文凡五十六首，詩賦二百八十七首，較之所見稍加多矣，而篇秩殽亂，句讀舛謬不可辨。未幾又得蜀本於歸善令張匪躬之家，文凡一百四十二首，詩賦三百有十首，較之閩本益加多矣，而增損甚少，可以取正。康佐以郡事倥偬，遂屬教授王維則讎校，旁援博取，凡所辨正，悉有據依，而唐公之文遂爲全篇。因其名類，勒爲三十卷，命刻板摹之。

至此，知唐庚文集已刊有四本：京師坊刻本、閩本（編刊者不詳）、蜀本（疑即唐庚刊）、惠州本（王維則校，鄭康佐刊），總集《寓公集》尚不在其內。惠州本既取校諸本，當最完善。

因是集北宋末、南宋初刊有多本，故宋人著録亦頗參差。《通志》著録《唐子西集》五卷，又《別集》三卷。嘉慶汪氏藝芸書舍刊衢本《讀書志》卷一九著録《唐子西集》十卷，而《宛委別藏》本作“十五卷”。《通考》卷二三七引《讀書志》，亦爲“十五卷”。然袁本《讀書志》卷四下又作“十卷”。晁氏所録究竟爲十卷或十五卷，抑或先後著録兩本，已難斷定。明陳氏《世善堂藏書目録》卷下、清《絳雲樓書目》卷三録有《唐子西集》十卷。

以上五卷、十卷或十五卷等數本皆久佚，故何者爲前引各序跋所述之本無法指明，與其懸測，不若闕如。宋人猶著録二十卷本，詳下。

後世所傳唐庚集，有二十卷、三十卷、二十四卷、七卷四個版本系統。分述於下。

一、二十卷本。今存宋槧，題《唐先生文集》，藏國家圖書館。原書版框高一八七毫米，寬一三一毫米。每半葉十一行二十字，白口，左右雙邊。卷首爲鄭總、唐庚、吕榮義三序。前有總目，卷前無目。凡遇"桓"字悉注"淵聖御名"，是紹興時所刊。卷中間有校語或注文，如卷一三《答》詩"那得有此媪"句，校語曰："舊本'使得事'，非是。"《登越王樓》題下注："已下綿州舊作。"如此等等。刊工有程仲寶、程仲祥、江孫、龔才、薛祐、湯贇等。卷内有鈔補之葉。藏書印記有"謙牧堂藏書記"、"季振宜藏書"、"滄葦"、"振宜之印"、"祁陽陳澄中藏書記"、"竹野山人之印"、"揚州李氏"、"潘祖蔭藏書記"等。則是書迭經揆叙、季振宜及吴縣潘氏等所藏，然《季滄葦藏書目》《滂喜齋藏書記》未著録。書目文獻出版社已將其影印入《北京圖書館古籍珍本叢刊》第九十册。其卷目編次爲：卷一，賦、詩；卷二、三，詩；卷四，論；卷五，記；卷六，傳、贊、銘；卷七、八，三國雜事（上下）；卷九，雜文；卷一〇，墓誌銘、贊；卷一一至一四，古近體詩；卷一五，記、書；卷一六，表；卷一七，啓；卷一八，雜文（送序、書後、跋尾等）；卷一九，雜文（説、祈文、祭文等）；卷二〇，策題。

　　二十卷本除宋槧外，今上海圖書館尚藏有宋賓王校補鈔本，南京圖書館藏有謝悺泰鈔本等。鈔本之末，有鄭康佐跋及唐庚子文若《書先集後》，《善本書室藏書志》卷二八、《木犀軒藏書書録》、《經眼録》卷一三等皆有記載。唐文若《書後》末署曰："紹興己卯（二十九年，一一五九）歲立春日，男左朝奉大夫、權知饒州軍州事文若謹書。"鄭跋及《書後》，今存宋刊本無之。

　　二十卷宋本刊於何時何地，何人所刊？似猶依稀可考。按《清波雜誌》卷四曰："頃年番江初刊成《唐子西集》，時寓公曲肱熊叔雅來見先人，偶案間實此書，顧煇曰：‘曾看否？第九卷第一篇《惠州謝復官表》首云“始以爲夢，既而果然”，語簡而意足，可法也。’”檢影印宋本，《惠州謝復官表》正在第九卷第一篇（三十卷本在第十四卷，非第一篇），則當時周氏案間所置，可肯定即二十卷本。又宋人所謂“番江”即鄱陽，爲饒州治所。據此，上述唐文若《書後》應爲刊板而作。則今國圖所藏宋本，疑即紹興二十九年唐文若權知饒州時所刊，其無文若《書後》，蓋闕脱。鈔本有《書後》，或源於該宋本未脱之前，或據另一更完善之宋本影寫。至於周煇所稱番江刊本名“唐子西集”，似乎與今傳宋本書名（“唐先生文集”）不同。其實古人習慣以作者名或字指稱集名，連書目正式著録亦往往如此（比如《宋志》），似不足構成否定今傳宋本即唐文若饒州刊本之理由。

　　二十卷本曾經宋人著録。《東都事略》卷一一六《唐庚傳》曰：“有文集二十卷。”陳氏《解題》卷一七著録二十卷本，《宋史》卷四四三本傳同。吳氏《繡谷亭薰習録》以爲二十卷本乃唐庚所刊，“前十卷並嶺海之作，即庚序中所謂京師先已刊行者是也；後十卷雜記紹聖、宣和年號，……則居嶺表之前與後之文皆彙焉，出自庚哀集”。然唐庚序明言以京師本“隨卷附之”，知其並不另立卷第，前已述。

　　除二十卷本外，《宋志》又著録二十二卷本。陸心源《影宋鈔唐子西集跋》曰：“子西集《宋史》本傳、《書録解題》皆作二十卷。《藝文志》作二十二卷，蓋並《三國雜事》計之。《讀書志》作十卷，《文獻通考》同。據康佐後序，是書本有閩、蜀兩刻，而閩本多於蜀本，疑晁所據者蜀本，陳所據者閩本也。”陸氏之意，二十卷本與二十二卷本實爲一本，《三國雜事》兩卷在二十卷之外，不計爲二十卷，計之則爲二十二卷。然考上述宋本，《三國雜事》上、下，編在第七、八兩卷，並非附刻於後，若不計則僅十八卷。陸氏之説非是，或别有二十二卷本，亦未可知。又，據鄭康佐跋，蜀本所收詩文多於閩本（詳前引），陸氏顛倒其意，謂閩本多於蜀本，遂臆測"晁所據者蜀本，陳所據者閩本"，尤爲疏誤。

二、三十卷本。今僅存明、清鈔本。明鈔本凡二部，一藏湖北省博物館，一藏日本静嘉堂文庫。清鈔本有三部見於著録。静嘉堂本爲陸心源舊物，乃影宋鈔本，見《皕宋樓藏書志》卷七九、《静嘉堂秘籍志》卷三四。陸氏嘗作《影宋鈔唐子西集跋》，稱其本爲影寫宋紹興刻本，"總目第二行題曰'魯國先生唐庚著'，第三行題曰'教授王維則校'。每卷有目，題曰'眉山唐庚子西'。每半葉九行，每行十六字"；又謂該本"編次頗爲凌亂，前有宣和四年鄭總序、唐庚序，八年吕滎義序，後有紹興（二）十一年鄭康佐跋，唐文若書後"。

比較二十卷、三十卷兩本，雖卷數相差甚多，但編次略同，所收詩文無異，兩本關係到底如何，迄無定論。《四部叢刊三編》影印龔氏大通樓藏三十卷舊鈔本，張元濟跋曰：

總計是本文凡一百五十五首，詩賦三百十七首，又羼入《三國雜事》三十六則，篇數與（鄭）康佐跋所舉不合。余友傅沅叔（增湘）嘗見吳尺鳧（焯）手鈔本，據以校於汪亮采刊本上（祝按：傅校本今藏國家圖書館），爲卷二十，中缺卷九，無鄭康佐及唐文若跋。全書編次與是本略同，"桓"字注"御名"或"淵聖御名"，"構"字注"今上御名"，亦同，蓋皆從宋本出者，然何以卷數不合？以意度之，是蓋爲全集最初刊本，維則奉命讎校，僅僅綜合各

本，汰其重複，並未重加編定，故諸體前後迭出，且有同
屬一體雜入他卷者。吳氏鈔本或爲後人整併重刊，冀與
本傳卷數相合，至遺去康佐、文若二跋，則爲寫官與第九
卷同時脱漏，而非必原書如是也。

　張元濟蓋不知宋刊二十卷本尚傳世，故所述多誤，其至謂二
十卷是後人“冀與本傳卷數相合”而“整併重刊”。三十卷本
當即鄭康佐紹興二十一年惠州刊本，而傳本之所以有唐文若
《書後》，蓋後人鈔録時誤據饒州本補入；而正因《書後》竄入
三十卷本，遂使兩本源頭相混。要之，三十卷本略早於二十
卷本，但皆初刊於紹興間；二十卷本既有鄭康佐跋，則唐文若
饒州本當是據鄭氏惠州本重新編刻，故兩本詩文數相同。

　　三、二十四卷本。今傳《唐眉山詩集》十卷、《文集》十四
卷通二十四卷本，乃汪亮采南陵草堂雍正三年（一七二五）活
字印本。《四庫總目》即著録此本，《提要》曰：“此本乃明崇禎
庚辰（十三年，一六四〇）福州徐𤊙從何楷家鈔録，國朝雍正
乙巳歸安汪亮采所校刊，凡詩十卷，文十二卷，文末綴以《三
國雜事》二卷，共二十四卷。”據徐𤊙跋，何氏家藏本亦爲鈔
本，二十卷。汪亮采序以爲徐氏傳録本“似本宣和、紹興時所
編次”。然而汪本與今傳宋刊二十卷本、傳録三十卷本俱不
同。所附鄭康佐跋，傳録三十卷本“勒爲三十卷”句，汪本作
“勒爲二十二卷”。陸心源《汪刻唐子西集跋》略曰：

　　　　汪亮采刊本，……與影鈔宋紹興本編次、卷數皆不
　　同，與徐興公（𤊙）所得何給諫（楷）家二十卷本亦不合。
　　據汪氏刊板跋，所據亦即紹興中鄭康佐刊本，但鈔本康
　　佐《後序》云“勒爲三十卷”，……與刻本（祝按：指活字本）
　　不同。蓋徐興公所得即《宋史》著録及直齋所見之本，非

鄭康佐本。汪氏既得徐本，又得鄭康佐本，又重爲編次，以合《宋史》二十二卷之數，遂改康佐跋以就之。……明人刻書，每好妄改以就己，汪氏猶沿其餘習耳。

余嘉錫《四庫提要辨證》以爲陸氏此説是。汪本每半葉十行二十字，白口，左右雙邊，今國内著録近二十部，又有道光辛丑（二十一年，一八四一）及民國七年（一九一八）丹稜學署重刊本。

四、七卷本。唐集今存傳本中，猶有《唐先生集》七卷，乃明嘉靖三年（一五二四）任佃所刻，載詩賦而無雜文。有金獻民跋，稱正德辛巳（十六年，一五二一）"承乏南京刑書，偶獲鈔本詩若干篇於主事高君第，寶而讀之，不忍釋手。夫表章先賢，後人事也，遂託金壇尹任君佃鋟梓，與學者共之"云云。則其刻此七卷並非選粹，而是未獲全帙也。《百川書志》卷一五、《萬卷堂書目》卷四、《澹生堂藏書目》卷一三皆嘗著録七卷本。此本今國家圖書館藏有二部，其中一部有黄丕烈、傅增湘跋，另一部爲瞿氏舊藏本，參《鐵琴銅劍樓藏書目録》卷二〇。是刻有鄭總、唐庚、吕榮義等舊序，每半葉九行十八字，正文每行十七字，白口，左右雙邊。國家圖書館又藏有清汪氏裘杼樓鈔本一部，有黄丕烈校、蔣鳳藻跋，王頌蔚題款。七卷中，卷一爲賦、古體詩，卷二、卷三近體詩，卷四至卷六又爲賦、古體詩，卷七近體詩（參瞿氏《書目》。《書目》尚有卷八，而所録爲七卷，不詳何故）。黄丕烈跋刻本道："出舊藏鈔本二十卷爲宋賓王所校，其據以校者即止有詩之本也，謂出於金星軺家。復檢《文瑞堂書目》，果有七卷本，後參諸《延令書目》（即《季滄葦藏書目》），亦云'宋眉山唐庚集七卷'，始知是本古有之矣。兩家未載鈔刻，兹蓋刻本，中有云'淵聖御名'，當是覆宋本。"按宋人序跋、著録，均未見有詩賦集七卷本。黃氏以其爲覆宋本或是，而稱"古已有之"則誤。傅氏跋謂"頗疑此七卷本亦從宋刻二十卷出，而第鈔其詩耳。蓋刻本詩之次第與吳鈔（指吳焯手鈔本，已見前述）同，其一、二、三卷次亦同，惟四、五、六、七乃鈔本之十一至十四卷，則詩從二十卷本鈔出已可明證"。此説是。

　　以上所述傳世唐集四個版本系統，後兩本其實是由前兩本（二十卷、三十卷）派生。四本中，宋刊二十卷本既出於作者之子，在宋代又相對編刊較晚，故文字最善，自注及原校保留完整。三十卷本因輾轉傳録，已多訛脱。《四部叢刊三編》本後附張元濟撰校勘記，所用校本有傅校本、瞿氏本及汪本，多所刊正。今再校以宋本，傅校、汪本多是，足資參考；然因張元濟未見宋本，故所校多兩通，徒增繁文。汪本亦有訛奪，傅增湘校正甚多，典型之一例，即卷十一《別句永叔》詩汪本脱"句"字，致使四庫館臣枉費筆墨，以考證唐庚不可能與歐陽脩（字永叔）交往，甚爲可笑。丁丙謂其所藏謝氏鈔本"較汪刻遠勝之"（《善本書室藏書志》卷二八）；張元濟跋則以爲"汪本亦自有佳處"，較爲公允。嘉靖刊七卷本，因源於宋本，《增訂四庫簡目標注》邵章《續録》稱其"極佳"。又，以傳録三十卷本校今存宋本，兩本文字不盡相同，前者某些文句，宋本無之，亦足供補闕存異。

　　《全宋文》《全宋詩》皆用影印宋刊本《唐先生文集》爲底本。

【參考文獻】

　　鄭緫、唐庚、吕榮義《眉山唐先生文集序》《四部叢刊三編》本《眉山

唐先生文集》卷首，人各一序）

　　鄭康佐《眉山唐先生文集跋》（同上卷末）

　　唐文若《書先集後》（同上）

　　陸心源《影宋鈔唐子西集跋》（《儀顧堂題跋》卷一一）

　　張元濟《〈四部叢刊三編〉本唐先生文集跋》（卷末）

　　徐燉《唐眉山文集序》（雍正本《唐眉山集》卷首）

　　汪亮采《刊唐眉山集序》（同上）

　　陸心源《汪刻唐子西集跋》（《儀顧堂題跋》卷一一）

北湖居士集 五卷

吳則禮 撰

　　吳則禮（？——一一二一），字子副，號北湖居士，興國軍永興（今湖北陽新）人。以蔭入仕，官至直秘閣、知虢州。崇寧三年（一一〇四）入元祐黨籍，編管荆南。宣和壬寅（四年，一一二二），韓駒作《北湖居士集序》，略曰：

　　　　子副少習賢良科，未及設施，而被賞延。雖處富貴間，紬繹書傳，商略古今，罔有間斷。著爲文字，發爲詩文，無一點脂粉氣，自巧至拙，不少下於古人。……公既卒於虢之正寢，後一年，其子垌綴緝詩文爲三十卷。公自號北湖居士，而以是行於世，因名其集，且乞叙於余。

陳氏《解題》卷一七著録道：

　　　　《北湖集》十卷、長短句一卷，直秘閣、知虢州富川吳則禮子副撰。其父中復，以孫抃薦爲御史，不求識面臺

官者也。……則禮以父澤入仕，晚居豫章，自號北湖
居士。

《通考》卷二三八、《宋志》著録同，而與韓序所稱三十卷不合。
今未見刊板跋，疑付梓在南宋間，殆兵火之餘，多所散佚，已
非初編之舊。

是集蓋傳至明代而亡。明《文淵閣書目》卷九著録“吳則
禮《北湖居士集》一部二册，全”。《內閣書目》卷三亦稱全，曰
“韓駒序，凡七十卷”。二册何能有七十卷，疑“七十卷”乃“十
卷”之衍誤。秘閣本後散亡，今傳乃大典本。《四庫提要》曰：
“今從《永樂大典》各韻中裒輯編綴，尚得詩三百餘首，長短句
二十餘首，雜文三十餘首，謹校正訛舛，釐爲五卷。”《四庫全
書》收録大典本，卷目編次爲：卷一至四，詩；卷五，表、序、記、
跋、銘、贊、頌、祭文。今傳清鈔本，皆源於大典本。其中鮑氏
知不足齋鈔本，有鮑廷博校並跋，鈐有“老屋三間賜書萬卷”、
“歙西長塘鮑氏知不足齋藏書印”、“好書堆案轉甘貧”三印，
後爲丁氏所得，今藏南京圖書館（參《善本書室藏書志》卷二八，誤
録爲十卷）。民國六年（一九一七），李之鼎據丁氏本刊入《宋人
集》乙編。其後《涵芬樓秘笈》第四集（一九一八）、《湖北先正
遺書》（一九二三），皆據舊寫本影印。

《全宋文》用鮑廷博鈔校本爲底本。《全宋詩》用影印文
淵閣《四庫全書》本爲底本。

【參考文獻】

韓駒《北湖居士集序》（影印文淵閣《四庫全書》本《北湖集》卷首）

石門文字禪三十卷

釋惠洪　撰

惠洪（一〇七一——一一二八），又名德洪，自稱洪覺範等，高安（今屬江西）喻氏子。嘗住江西浮溪石門寺，賜號圓明禪師。工詩文，自謂"所作語言遍叢林"（《題所録詩》，《石門文字禪》卷二六）。著述甚豐，有《冷齋夜話》等傳世。其文集，《通志》著録《甘露集》九卷，衢本《讀書志》則著録《筠溪集》十卷，曰：

> 洪覺範《筠溪集》十卷。右皇朝僧惠洪覺範，姓喻氏，高安人。少孤，能緝文。張天覺（商英）聞其名，請住峽州天寧寺，以爲今世融、肇也。未幾坐累，民之。及天覺當國，復度爲僧，易名德洪，數延入府中。及天覺去位，制獄窮治其傳達言語於郭天信，竄南海島上。後北歸，建炎中卒。著書數萬言，如《林間録》《僧寶傳》《冷齋夜話》之類，皆行於世，然多誇誕，人莫之信云。

《解題》卷一七著録道：

> 《石門文字禪》三十卷，僧高安喻德洪覺範撰。一作惠洪。其在釋門，得法於真静、克文，而於士大夫，則與黨人皆厚善，誦習其文，得罪不悔。爲張商英、陳瓘、鄒浩尤盡力。其文偉俊，不類浮屠語，韓駒子蒼爲塔銘云爾。

同書卷二〇"詩集類"下又著録《物外集》三卷。《通考》卷二四二、《宋志》同《解題》。蓋作者先有《甘露集》《筠溪集》

《物外集》等行世，後由門人覺慈（見下）統編爲《石門文字禪》。宋代各本皆久佚，刊刻情況不詳，疑由僧寺印行。

萬曆丁酉（二十五年，一五九七），浙江徑山興聖萬壽禪寺募緣刊《徑山藏》（即《嘉興藏》），將《石門文字禪》收入“支那著述”中，釋達觀作序。達觀（一五四三——一六〇三），吴江人，俗姓沈，名真可，字達觀，晚號真柏，嘗主持輯刻《嘉興藏》。是刻每半葉十行二十字，黑口，四周雙邊。題門人覺慈編録，西眉東巖旌善堂校，中縫上方有“支那撰述”四字。每卷末長方框中刊施刻人姓名及了緣居士對、徐普書端、學堯等刻，並署“萬曆丁酉仲冬徑山興聖萬壽禪寺識”。其本不僅爲今存最古之本，也是唯一傳本，國内及日本皆有著録，《四部叢刊初編》即據以影印。其卷目編次爲：卷一至一六，詩；卷一七，偈；卷一八、一九，贊；卷二〇，銘、詞、賦；卷二一至二四，記、序、記語；卷二五、二六，題；卷二七，跋；卷二八，疏；卷二九，書、塔銘；卷三〇，行狀、傳、祭文。今通讀之，文字每有可疑，苦無別本校勘，或理校法可解決部分問題。

光緒二十五年（一八九九），錢塘丁氏嘉惠堂將是集刊入《武林往哲遺箸後編》。底本爲萬曆本，今藏南京圖書館，有丁丙跋。民國十年（一九二一），常州天寧寺刻《石門文字禪》三十卷，每卷署“門人覺慈編録，毗陵天寧法雲堂校”，卷三〇末有“常州天寧寺刻經處出資刻此全部，經理清鎔謹識，湖北陶舫溪刊”三行。其底本爲明《嘉興大藏經》，亦即萬曆本。一九七八年，臺北新文豐出版有限公司又曾影印民國十年本。

《四庫總目》著録内府藏本，《提要》稱“此本即釋藏所刊也”。今以萬曆本相校，闕字全同，其它文字亦極少差異。

内府本當即萬曆本，館臣所言釋藏，即《嘉興藏》也。一九八〇年，臺灣明文書局據文淵閣四庫本影印入《禪門逸書初編》。

　　日本寬文四年（一六六四），京都田原仁左衛門嘗刊行此集（見《和刻書目》），今日本有著録。又日本禪師廓門貫徹作《注石門文字禪》三十卷，寶永七年（庚寅，一七一〇）刊行。是年仲春卍山道白有序，略曰：“前住那須大雄寺廓門徹公，二十餘年用心於此中，而一事一言盡考其所出，注之解之，編爲三十卷。”其年夏已刊成，又請無著道忠爲序，稱“有廓門禪師，竊憂此之闕典，斧搜鑿索，積歲畢裘，遂自關東來，僦居於神京，而謀刊布之益焉。一日，帶鋟成者款弊廬，且謁以言首之。余觀其所查考，秘籍奥編，苞羅不遺力，盤根則解，錯節則分，自今讀之之人，如行無讎之路，而透無吏之關矣。後來縱有補苴遺漏者，必以師爲發蒙之首倡也”。廓門貫徹又自爲跋。是書今日本有藏本，近年赴日學者已將其傳入國内。二〇一二年，中華書局出版張伯偉點校本《注石門文字禪》，即用上述日人注本爲底本。

　　《全宋文》用《四部叢刊初編》影印萬曆本爲底本，輯得佚文十一篇。《全宋詩》底本同，輯得佚詩二十首。

【參考文獻】

　　釋達觀《石門文字禪序》（《四部叢刊初編》本《石門文字禪》卷首）

　　（日本）卍山道白、無著道忠《注石門文字禪序》（複印日本刻本《注石門文字禪》卷首，人各一序）

　　廓門貫徹《跋注石門文字禪》（同上卷末）

吕忠穆集 八卷

吕頤浩　撰

　　吕頤浩（一〇七一——一一三九），字元直，樂陵（今屬山東）人。紹聖元年（一〇九四）進士。高宗時兩入政府，官至左僕射、同中書門下平章事，卒謚忠穆。其子吕摭嘗向孝宗上《謝表》，稱"類編到《勤王事跡》及當時印下《勤王檄書》一軸，並先臣頤浩《家傳》及《遺事》《文集》共八件投進，乞降付兩浙轉運司鏤版，伏蒙聖恩……親灑宸翰，特依所乞者"云云（見今本卷八末附），則頤浩文集等，兩浙轉運司當嘗奉旨刊行，在兩宋名臣中少有其例。《解題》卷一八著録道：

> 　　《吕忠穆集》十五卷，丞相濟南吕頤浩元直撰。後三卷爲《燕魏録》，雜記古今事。卷末言金人敗盟始末甚詳。

　　《通考》卷二三八、《宋志》同。陳氏所録，或即孝宗時刊本。

　　明嘉靖十九年（一五四〇），裔孫吕清、吕樂嘗刻《吕忠穆公奏議》三卷，今唯國家圖書館著録。該本每半葉八行十六字，卷首有"十二世孫吕清校刊"一行，卷末有嘉靖庚子（即十九年）仲冬長至十三世孫吕樂跋九行（參《經眼録》卷四）。當時是否據宋刊文集本付梓，不詳。

　　文集原本，明代已罕見。《文淵閣書目》卷九著録"《吕頤浩文集》一部十册，殘闕"；《內閣書目》卷三則著録"《丞相吕忠穆公文集》五册，全"。後散佚，今存乃大典本。《四庫提要》曰："《永樂大典》頗散見其遺篇，裒而輯之，尚得文一百三十七首,詩詞五十八首,今重爲排輯,勒成八卷。"當時翰林院鈔本,今藏國家圖書館。大典本録入《四庫全書》,文淵閣四庫本嘗影印入《四庫全書珍本初集》,其卷目編次爲:卷一、二,奏議;卷三,札子;卷四,表;卷五,狀、書;卷六,書、啓;卷七,序、跋、詩、詩餘;卷八,雜記。嘉靖本《奏議》所收,多已包含在大典本《忠穆集》中,然有少數篇章又僅見《奏議》。考《提要》未述及嘉靖裔孫刊《奏議》事,疑館臣自《永樂大典》裒輯文集時,并未參考《奏議》。又,除《奏議》及大典本《忠穆集》外,文獻中散見之奏議(包括殘篇)及詩歌甚多。《全宋文》用影印文淵閣《四庫全書》本爲底本,輯得佚文四十八篇。《全宋詩》底本同,輯得佚詩二十八首。

和靖先生文集十卷

尹　焞　撰

尹焞(一○七一——一一四二),字彦明,一字德充,河南(今河南洛陽)人,尹洙姪孫。少師事程頤,靖康初召至京師,懇辭還山,賜號和靖處士。紹興初召爲崇政殿説書兼侍講。所書《壁帖》一卷,淳熙間有刻本,淳熙丙申(三年,一一七六)朱熹、張栻分别有跋。朱子跋略曰:"和靖尹公先生遺墨一卷,皆先生晚歲片紙手書聖賢所示治氣養心之要,黏之屋壁,以自警戒者。其家緝而藏之。今陽夏趙侯刻置臨川郡齋,摹本見寄。"(嘉靖本《和靖集》卷四末附)其文集,陳氏《解題》卷一八著録《尹和靖集》一卷、附集一卷,《通考》卷二三八同。

　　明《文淵閣書目》卷九著録“《尹和靖文集》一部二册，全”。《内閣書目》卷三則曰：“《和靖先生文集》二册，全，……凡二卷。後有吴匏菴先生、張洪陽先生真遺迹跋語。又二册，全。”《澹生堂藏書目》卷一三、《世善堂藏書目録》卷下、《徐氏家藏書目》卷六皆著録二卷。《絳雲樓書目》卷三陳景雲注爲“一卷，附集一卷”，與《解題》合。明代似未刊二卷本，官私所録，殆多宋槧，後皆失傳。《天禄後目》卷六嘗著録宋本一函二册，原爲季振宜藏書，亦已毁。

　　《和靖集》今以明嘉靖九年（一五三〇）洪珠刻本爲古。洪氏時守會稽，仍廢寺爲新祠，祠成，“乃裒拾其文集梓之祠中”（洪珠《刊尹和靖文集後序》）。既稱“裒拾”，當非照翻舊帙，蓋嘗重輯也。嘉靖洪刻本凡十卷，卷一年譜，卷二奏札上，卷三奏札下，卷四詩、雜文、書，卷五壁帖，卷六至八爲《師説》上、中、下，卷九薦札、告詞，卷十銘記、祭文、輓章，末附墓誌銘。每半葉十行十八字，白口，左右雙邊。此本今國圖、北大、故宫、上圖（《四庫全書》底本）、南圖等圖書館及單位共著録八部，日本静嘉堂文庫庋藏一部。

　　天啓四年（甲子，一六二四），浙江等處巡撫王沿重刊洪氏本。王氏有序，略曰：“余承乏兩浙，……求遺文，出諸裔孫懋中，得竟讀焉。約二三十簡，又半述聖賢成語。……同卿劉公宗周、廷評王公應麟皆越中理學名達，相與廣搜訂正，付梓以惠來學。”劉宗周亦有序曰：

　　　　舊集刻於前守洪西淙公（珠），逾百年，浸失其傳。
　　會今撫臺葱嶽王公祖行部至越，首訪先生俎豆所寄，已
　　就圮，亟捐俸令有司新之，且重刻其遺文，以惠多士。余
　　不敏，竊嘗嚮往先生之學，因搜得舊本，稍加詮次，付之

梓人，以副王公之志，而僭引其端如此。

天啟本卷數版式與嘉靖本同，今唯上海、天津兩圖書館及臺灣有著録，藏本少於嘉靖本。

明代所刊除上述十卷本外，猶有三卷本。三卷本乃隆慶三年（己巳，一五六九）知蘇州府事蔡國熙所刊，有序，略曰：

> 先生晚年常寓於吳之虎丘西菴，扁其齋曰“三畏”，後人即所寓爲祠以奉焉。宋憲使王公淶刊先生壁帖及語録置祠下，憲使林公介復刊先生文集，有年譜一卷，奏札一卷，詩文、壁帖一卷，附集一卷。……某之景慕先生蓋有日矣，兹幸承乏吳郡，獲瞻遺容於虎丘之祠，稍爲修飭，歲時致祀，竊願與吳中人士共效先生之篤行，而未敢忘先生之格言也。乃次第其文集而重刻之，輒序於首，昭示後學，俾學者咸知所重云。

則三卷乃指奏札、詩文、壁帖各一卷，年譜及附集不計。所刊當以林介本爲底本。宋無“憲使”之謂，林介當爲元或明人，所刊本未見著録，亦不詳刊於何時。隆慶本每半葉十行二十字，白口，左右雙邊，今上海、南京、浙江、雲南大學四圖書館有著録，日本尊經閣文庫亦有藏本。

除上述外，另有兩本亦著録爲明刊本，然刊刻年代不詳。一是南京圖書館所藏丁氏書，《善本書室藏書志》卷二九著録爲《尹和靖先生文集》六卷，曰：“今審此本，當嘉靖以前所刊。首年譜，次奏札、詩文爲四卷，繼以壁帖一卷，乃後人録其黏壁自警之文，又《師説》一卷，則其門人王時敏所編也。有‘明善堂珍藏書畫’、‘安樂堂藏書記’諸印。”二是李盛鐸舊藏本。《木犀軒藏書録》曰：《和靖先生文集》四卷（按：整理本誤署林逋撰），明刊本。"首年譜，次奏札，次雜文，次書並壁帖。半葉十行，行二十字。大黑口。語涉宋帝均空格，宋諱間有缺避，當從宋本翻雕者。惜序跋缺失，不可考爲何年所刻耳。"據所述，此本結構、行款大略接近隆慶本，然其爲黑口，與嘉、隆兩本白口皆不合。此本今北大圖書館未著録，不詳何在。兩本中，是否有一本爲上引蔡國熙所謂林介本？尚待研究。

《四庫全書》書前《提要》著録八卷本，曰：

> 集凡八卷。首列奏札二卷，次詩文一卷，次壁帖一卷，……又次《師説》三卷，則其門人王時敏編輯，末附年譜爲第八卷。《朱子語録》謂焞文字其有關朝廷者多門人代作，今亦不可復考，然指授點定亦必焞所自爲。

則其編次與嘉靖本同。而《四庫總目提要》又與書前《提要》異，曰：

> 此集猶相傳舊笈，凡奏札三卷，詩文三卷。其《壁帖》一卷，乃焞手書聖賢治氣養心之要，黏之屋壁以自警惕，後人録之成帙。又《師説》一卷，則焞平日之緒論，而其門人王時敏所編也。

《四庫全書》底本今尚傳世，藏上海圖書館，乃明嘉靖本；而《總目提要》所述不詳爲何本，可爲《四庫全書》總裁與編修脱節之一例。

有清及民初所刊尹集，以嘉靖本系統爲主，此略述之。康熙六十年（一七二一），尹氏家刻《和靖先生文集》七卷、言行録四卷，道光間尹氏又嘗重刻。光緒九年（一八八三），賀瑞麟傳經堂《西京清麓叢書》正編刊入《和靖先生文集》八卷、附集二卷。最後，乃裔孫尹恭壽民國二年（一九一三）所刊，有“癸丑年冬裔孫恭壽依明嘉靖本復刻”牌記。以上各本今皆傳世。此外猶有二卷本、一卷本等。要之，道學家文集，多爲勉强綴輯成編，所收詩文甚少，後世刊者隨意離合，又不斷增加附録以充卷帙，大同小異而已。

《全宋文》用影印文淵閣《四庫全書》本爲底本，輯得佚文十一篇。

【參考文獻】

蔡宗兖《嘉靖本尹和靖先生文集叙》（嘉靖九年刻本卷首）

洪珠《嘉靖刊尹和靖先生文集後序》（同上卷末）

蔡國熙《隆慶本尹和靖先生文集序》（隆慶三年刻本《尹和靖先生文集》卷首）

王洽、劉宗周《天啓四年重刊和靖先生文集序》（天啓四年本卷首，人各一序）

襄陵文集十二卷

許　翰　撰

許翰（？——一一三三），字崧老，襄邑（今河南睢縣）人。元祐三年（一〇八八）進士，建炎初累官至尚書右丞、資政殿大學士。其文集今未見宋人序跋，原本編刊情況不詳。《讀書附志》卷下著録道：

《許右丞襄陵文集》二十二卷、詩二卷、行狀一卷，右

尚書右丞許翰之文也。翰字崧老，拱之襄邑人也。登元
祐進士第。建炎初元，自提舉鴻慶宮召拜右丞，累章乞
罷，除資政、提舉洞霄宮。紹興二年，以提舉萬壽觀召，
懇求外祠，又求致仕，卒於吉州，贈光禄大夫。行狀中載
其章疏爲多。

詩二卷既在文集之外，當是兩集，此同時著録，不詳是如何編
次。《解題》卷一八著録爲二十四卷，《通考》卷二三八同，蓋
詩文通計之。《宋志》著録爲二十二卷，則又不計詩二卷。

　　明《文淵閣書目》卷九著録"許翰《襄陵文集》一部四册，
闕"。《篆竹堂書目》卷三登録五册。後散佚，今存乃大典本。
《四庫提要》曰："今據《永樂大典》所載，采輯編次，釐爲十二
卷。其奏疏爲《永樂大典》所原闕者，則別據《歷代名臣奏議》
補入，庶直言讜論，猶得以考見其什一云。"《四庫全書》收録
大典本，文淵閣四庫本嘗影印入《四庫全書珍本初集》。其卷
目編次爲：卷一、二，制；卷三，誥、表；卷四，表、札子；卷五，奏
疏；卷六，論、議；卷七，狀、啟；卷八，啟；卷九，書；卷一〇，書、
跋、贊、祭文；卷一一、一二，墓誌。

　　《全宋文》用影印文淵閣《四庫全書》本爲底本，輯得佚文
十三篇。

斜川集六卷

蘇　過　撰

蘇過（一〇七二——一一二三），字叔黨，號斜川居士，眉山

（今屬四川）人，軾少子。晚年權通判中山府。晁説之《蘇叔黨墓誌銘》（《永樂大典》卷二四〇一）稱“有《斜川集》二十卷”。其文集宋代編刊情況不詳。《解題》卷一七著録道：

> 《斜川集》十卷，通直郎蘇過叔黨撰。世號“小坡”。坐黨家不得仕進，終於通判中山府。晁以道誌墓，稱其純孝。給事中嶠，其孫也。

《通考》卷二三七、《宋志》著録同。陳氏既言及其孫蘇嶠，嶠嘗於建安刊《東坡集》，疑此集亦是其同時所刊。又，《宋史》卷三三八《蘇軾傳》附《蘇過傳》，稱“有《斜川集》二十卷”，與墓誌銘同，然卷數多寡倍之，不詳何故。疑二十卷爲初編本，蓋靖康兵燹有所散佚，十卷爲南宋間刊行之數。

明《文淵閣書目》卷九著録“蘇叔黨《斜川集》一部五册，闕”，蓋猶宋本，然已不全。其他書目罕見著録。清邵晉涵《書坊本僞〈斜川集〉後》（《南江詩文鈔》卷八）曰：“蘇叔黨《斜川集》十卷，《絳雲樓書目》有之，徐巨川所謂‘千里致書，求觀至寶’也。絳雲樓毁，此書存没無考。”原本殆明代已極罕見，至清初則皆散亡。而在原本散佚之前，約從元代起，即有贋本流傳，書賈或以謝薖、或以劉過之集冒充之。如《知聖道齋讀書志》卷三著録《僞斜川集》，“即《龍洲集》前十卷，但少《獨醒賦》一篇，真元槧也”。又如今存明末刻本、清李調元活字本《斜川集》十卷，亦是贋本。《四庫總目·別集類存目一·斜川集提要》駁江蘇蔣曾瑩家藏本《斜川集》道：

> 王士禎《香祖筆記》稱，康熙乙酉（四十四年，一七〇五），有書賈來益都之顔神鎮，携蘇過叔黨《斜川集》，僅二册，價至二百金有奇，惜未得見之，其存佚今不可知。

然士禎所記，多傳聞之詞，未必確也。此集乃近時坊間所刊，其本但有邊闌，而不界每行之烏絲。此本染紙作古色，每葉補畫烏絲，而僞鐫"虞山汲古閣毛子晉圖書"一印，印於卷末，蓋欲以宋版炫俗。然考晁説之所作《蘇過墓誌》，過卒於宣和五年，此集中所稱乃嘉泰、開禧諸年號，以及周必大、姜堯章、韓侂胄諸人，過何從見之？其中所指時事，亦皆在南渡以後，尤爲乖剌。案劉過《龍洲集》中所載之詩，與此盡同。蓋作僞者因二人同名爲"過"，而鈔出冒題爲《斜川集》，刊以漁利耳。

阮元《四庫未收書目提要》亦曰：

> 其書久已失傳，世間行本，大率因謝幼槃（薖）、劉改之（過）二人之名與叔黨同，竄改集名，聊以欺世。據明王世貞《弇州題跋》，則知以劉集充叔黨之書，自元季已然，真本散佚，蓋已甚久。

因原本難睹，後又失傳，學者以蘇軾子之故，又亟欲觀其書，贋本遂得以流佈。

清乾隆間開四庫館，編修周永年從《永樂大典》中輯出斜川詩文，然因館臣疏誤，未録入《四庫全書》。吳長元再增補缺遺，於乾隆壬寅（四十七年，一七八二）將録本寄鮑廷博，於是大典本《斜川集》得以行世。吳長元跋述之曰：

> 歲在癸巳（乾隆三十八年），朝廷開館纂修《四庫全書》，特詔儒臣從《永樂大典》中搜羅遺籍。時山左周編修永年於各韻下，得先生詩文散片共若干首。緣《全書提要》將外省所進《斜川集》贋本駁去，乃留笥不辦。繼予妹婿余編修集於孫中翰溶齋偶見稿本，亟以告予，予

驚喜過望，借歸録副，從《宋文鑑》《東坡全集》《播芳大全》諸書考訂訛舛，增補闕遺，釐爲六卷。又採他書所載遺聞軼事，輒録附焉。計其卷帙，祇原集十之二三（祝按：此蓋以原本二十卷計）。……友人鮑以文氏，嗜奇好古，先世所藏兩宋遺集，多至三百餘家，亦以未見先生詩文爲憾。會有南鴻之便，即以録本寄之。

乾隆五十二年（丁未），鮑廷博、趙懷玉據吳長元鈔本於其亦有生齋付梓，趙氏獨任剞劂之役，而商榷體例、訂正訛誤，則以鮑氏爲主（見趙懷玉《校刻序》及法式善《補遺序》）。是刻爲《斜川集》六卷（詩三卷二百二十首，文三卷六十篇）、訂誤一卷、附録二卷，每半葉十行二十一字，白口，左右雙邊。今國家圖書館、北大圖書館、上海圖書館（有鮑廷博校、貝墉跋）、南京圖書館等著録近二十部，日本京都大學等亦有藏本。周永年輯本，今藏國家圖書館，有周氏手校，其中猶有七首詩未入刻本，甚可珍貴。臺北“中央圖書館”藏有乾隆間濟南周氏林汲山房、大興朱氏椒花吟舫鈔大典本二部。吳長元手鈔、手跋本，後爲陸心源所得，今藏日本静嘉堂文庫，參《皕宋樓藏書志》卷七八、《静嘉堂秘籍志》卷三四。

嘉慶十三年（一八〇八），法式善充《全唐文》總纂，再檢《永樂大典》，“較趙刻復得遺詩五十三首，文十五篇”，於是“勒爲二卷”（《補遺序》）。十六年，法式善增輯本由蘇州知府唐仲冕刊行，原輯六卷外，增刻《補遺》二卷、《續鈔》一卷、附録一卷，卷首有“乾隆戊申（五十三年）武進趙氏亦有生齋校勘真本”牌記，增刻版式與趙懷玉刊本同。其所補《紹熙改元賀表》乃僞文，清人已辨析。法式善刻本今北京大學圖書館、上海圖書館著録，後者有鮑廷博、傅以禮校並跋。

亦在嘉慶十六年，鮑廷博將法式善所輯詩文補入乾隆本中，編刻爲《知不足齋叢書》第二十六集，“所增之詩分散於各卷之後，詩仍三卷，文亦三卷，與趙本次第不同”（《萬卷精華樓藏書記》卷一一二）。從此，大典本《斜川集》遂廣行於世。

道光七年（一八二七），眉山三蘇祠刊《三蘇全集》，以《知不足齋叢書》本《斜川集》附刻於後，唯將先詩後文改爲先文後詩，以統一體例。弓翊清有序，稱“爰將舊刻，重付新刊。合祖孫父子爲一編，駕漢魏齊梁而直上”云云。民國間所印《四部備要》《叢書集成初編》之《斜川集》，俱依《知不足齋叢書》本校排。

阮元嘗據傳錄本《斜川集》六卷進呈，其本後編入《宛委別藏》。阮氏《提要》稱“從舊鈔本繕錄釐定”。今檢影印《宛委別藏》本，無法式善所補詩文，編次與《知不足齋叢書》本異，而與趙氏本同，知其爲傳鈔趙氏亦有生齋初刻本。《續修四庫全書》用乾隆五十二年趙氏亦有生齋刻、嘉慶十六年唐仲冕增修本《斜川集》影印，編入第一三一七册。

一九九六年，巴蜀書社出版舒大剛等《斜川集校注》。此本以《知不足齋叢書》本爲底本，校以各本，補入新輯詩文二十餘篇，又甄別底本及他書誤收、誤題詩文若干篇，然全書漏注、誤注甚多。

《全宋文》用《知不足齋叢書》本爲底本，輯得佚文二十二篇。《全宋詩》底本同，輯得集外詩十四首。

【參考文獻】

趙懷玉《校刻斜川集序》（《知不足齋叢書》本《斜川集》卷首）

吳長元《斜川集跋》（同上卷末）

法式善《斜川集補遺序》（同上）

宋人別集叙録卷第十五

橫塘集二十卷

許景衡　撰

　　許景衡（一〇七二——一一二八），字少伊，瑞安（今屬浙江）人。紹聖元年（一〇九四）進士，官至尚書右丞，卒諡忠簡。學者稱橫塘先生。胡寅《許公墓誌銘》（《斐然集》卷二六）稱其"有文集三十卷"。《解題》卷一八著録道：

　　　　《橫塘集》三十卷，尚書右丞瑞安許景衡少伊撰。亦嘗從程氏學。建炎初爲執政，與黄、汪不合罷。建議渡江幸建康，言者以爲非是，及下還京之詔，景衡以憂卒於瓜洲。未幾，敵騎奄至淮陽，倉卒南渡。

《通考》卷二三八、《宋志》著録同。今未見宋人序跋，原本編刊情況不詳。

　　明《文淵閣書目》卷九著録"許景衡《橫塘集》一部十册，全"；《内閣書目》卷三亦稱全，"凡三十卷"，殆猶爲宋本。原本後失傳，今存乃大典本。《四庫提要》稱從《永樂大典》中輯出，"以次排纂，釐爲二十卷"。乾隆翰林院所鈔大典本，今藏國家圖書館。《四庫全書》據大典本著録，卷目編次爲：卷一至六，詩；卷七，制；卷八，表；卷九、一〇，札子；卷一一，札子、疏、狀、策問；卷一二至一四，啟；卷一五，書；卷一六、一七，小簡；卷一八，序、碑、記、文；卷一九，墓誌銘；卷二〇，墓誌銘、行狀、述、雜説、跋。

　　光緒二年（丙子，一八七六），孫衣言、詒讓父子於武昌以傳鈔四庫本刊入《永嘉叢書》，詒讓跋曰：

　　　重輯本（祝按：指大典本及四庫本）庋秘閣，未有刊帙，藏書家輾轉傳録，訛互頗多。家大人曩從吳興陸氏寫得一本，復從祥符周氏得別本以相讎校，甄箸同異，定爲此本。光緒乙亥奉命開藩東鄂（祝按：指其父孫衣言光緒元年任湖北布政使），會永康胡月樵（鳳丹）丈領書局，遂屬擇匠刊版，以廣其傳。大典本所佚而見於他書者尚多，儗捊輯之，別爲補遺，竢他日並刊之。

孫氏父子所校鈔本，今藏浙江大學圖書館。

　　《全宋詩》用影印文淵閣《四庫全書》本爲底本，輯得佚詩十三首。《全宋文》底本同，輯得佚文十九篇。

【參考文獻】

　　孫詒讓《刊橫塘集跋》（《永嘉叢書》本《橫塘集》卷末）

豫章羅先生文集十七卷

羅從彦　撰

　　羅從彦（一〇七二——一一三五），字仲素，世稱豫章先生，南劍州劍浦（今福建南平）人。建炎四年（一一三〇）特科，授博羅縣主簿，後入羅浮山研習學問。受業於楊時，與楊時、李侗並稱“南劍三先生”。嘗著《尊堯録》八卷，嘉定中有刊本，陳氏《解題》卷五著録道：

> 《尊堯録》八卷，延平羅從彦仲素撰。從彦師事楊時，而李侗又師從彦，所謂“南劍三先生”者也。從彦當靖康初，以爲本朝之禍，起於熙、豐不遵祖宗故事，故採四朝事爲此録，及李沆、寇準、王旦、王曾、杜衍、韓琦、范仲淹、富弼、司馬光、程顥名輔巨儒十人言行，附於其後。末有《别録》一卷，專載司馬光論王安石、陳瓘論蔡京奏疏。欲上之朝，不果。嘉定中，太守劉允濟得其書奏之，且爲板行。

著者自序及劉允濟進書狀今俱存，嘉定本《尊堯録》久無著録。其後所謂“文集”，實即以《尊堯録》爲主體，其他詩文甚少，多以附録充盈卷帙。

羅從彦文集，初刊於宋末，今僅存馮夢得序，稱“咸淳庚午（六年，一二七〇），先生之從孫泰孫出此編示予，且求序”云云，所刻卷數不詳。次刻於元末，有卓説序（作於至正二十七年丁未，一三六七）、曹道振跋，乃曹氏編次，從彦五世孫天澤鋟梓。《天禄後目》卷一一嘗著録一部，凡一函二册，已毀。丁丙藏有殘本，《善本書室藏書志》卷二九著録道：

> 《豫章羅先生文集》十七卷，（至正乙巳〔二十五年〕刊本。）……至正三年，延平沙邑曹道振跋云：“先生著述最多，兵火之餘，僅存什一於千百。世所共見者，郡人許源所刊遺稿五卷而已（祝按：此本今不存）。道振嘗欲搜訪爲

文集，其年月可考則繫以爲年譜，久之弗就。邑人吳紹宗蓋嘗有志於是，近得其稿，乃加序次，釐爲一十三卷，附録三卷，外集一卷，别有年譜一卷。先生五世孫天澤遂鋟以壽其傳。天澤使其子庭堅求序於卓説，以冠其首。"卷第一"經解"已闕。目録後有木記云"至正乙巳秋沙陽豫章書院刊"。惜中闕第四、五、六及八、九、十、十一凡七卷。

該本今藏南京圖書館，上述闕卷配清鈔。又湖南師範大學圖書館亦有著録。《文禄堂訪書記》卷四記一元豫章書院刻本，有道光六年（一八二六）李禮南手跋，有"蒼巖山人書屋記"、"灑桐齋書畫記"、"李禮南藏書記"印，此本今不詳何在。元刊本每半葉十三行二十三字，黑口，四周雙邊，爲後來各本之祖。傅增湘《明嘉靖本豫章羅先生文集跋》述元刊本道：

> 此集爲元至正三年延平曹道振所編，雖題爲"文集"，然自《尊堯録》《語録》外，所存者只文四首、詩二十五首耳。元本雕鐫極精湛，余辛亥（一九一一）歲暮見一本於滬市，目後有木記云"至正乙巳秋沙陽豫章書院刊"，有田耕堂、郁泰峰藏印，喜其字體圓湛，楮墨精麗，汲汲求之不可得，聞爲田中子祥（祝按：《經眼録》卷一四作"田中慶太郎"）收去，至今耿耿不忘。

明《内閣書目》卷三著録道："《豫章文集》三册，全。……凡十三卷，附録三卷，外集一卷。"又《萬卷堂書目》卷四、《徐氏家藏書目》卷六、《絳雲樓書目》卷三俱録十七卷本，疑爲元槧，或其傳鈔本。

明成化初，馮孜嘗重刊元本。柯潛於成化七年（一四七一)作《重刊序》,略曰:"邵武太守南充馮侯孜,前在延平時,慕先生之爲人,搜訪遺文,得之民間,蓋元進士曹道振所編次者。首年譜,次詩文,次附錄,次外集,凡十八卷,重加考訂,刻板以廣其傳。及來兹郡,又載以隨,惟恐或失之。"則板當刊於延平,柯潛作序時,板已在邵武(今俱屬福建)。是刻每半葉十行二十或二十一字,黑口,四周雙邊,與元刊本版式不同。今國家圖書館、南京圖書館、復旦大學圖書館(存十卷)著錄馮孜本,南圖本有清季錫疇、王振聲跋。

成化八年,知沙縣事張泰再重刊元本。張氏序稱提學憲副豐城游公按節考校之暇,以是集授泰曰:至正所刊,"正統戊辰(十三年,一四四八)毁於兵燹殆盡,其幸存者僅見此本,亟圖鋟梓,以廣其傳可也。"泰對曰:"謹受命。""是用重鋟諸梓,以廣其傳。"蓋因馮孜將板片帶走,故雖僅隔數年,而一地遂有兩刻。是刻每半葉十行二十字,黑口,四周雙邊。目錄後有"刻板八十三片,上下二帙一百六十一葉,繡梓工資二十四兩"木記(參《皕宋樓藏書志》卷八二)。今國家圖書館、復旦大學圖書館及日本靜嘉堂文庫有著錄,國家圖書館本有清李章煜跋。

正德十二年(一五一七),延平府知府姜文魁再翻刻元本。姜氏序謂"因訪得元進士曹道振編校舊本,……再新於梓"云云。編次與元本同,每半葉十行二十字。此本今唯上海圖書館著錄。隆慶五年(一五七一),裔孫羅文明嘗補修正德板,延平府儒學教授歐陽佑作《重刊序》,稱舊集年久漫漶,"庠生文明,爲先生遺裔,乃取舊集新之"云云。補修本今福建、江西兩省圖書館有著錄。萬曆六年(一五七八)有增刻本,增刻每半葉十行二十四字,細黑口,四周雙邊,今中國科學院圖書館有著録。

　　嘉靖三十三年（甲寅，一五五四），沙縣人謝鸞重刊張泰本，前有張泰序，謝鸞題識（跋）曰：“進士曹公編次校正，匪臊括也；邑宰張公重鋟諸梓，匪鉛槧也。慨經歲久，版失漸盡，幸書猶存，……用捐廩金刊行。”是刻每半葉十三行二十三字，黑口，四周雙邊，與元本相似，目録後保留張泰本刻板工資木記（參《善本書室藏書志》卷二九，木記已見上）。年譜首葉有“進士曹道振編次校正”、“後學謝鸞重校新刊”二行。是本今上海、南京等圖書館著録六部，日本尊經閣文庫藏一部。傅增湘《嘉靖本跋》謂此本較之元刻，“刊工之良窳，相去殆不可以道里計矣”（《經眼録》卷一四）。日本寬政八年（一七九六），聽雨精舍有翻刻謝鸞本，見《和刻目録》。

　　明刊本除上述外，猶有萬曆三十七（己酉，一六〇九）豐城熊氏（尚文）知本堂刻本，今美國普林斯頓大學圖書館著録，未見。國家圖書館藏有萬曆三十九年裔孫羅應斗重刊本《豫章羅先生文集》十七卷、年譜一卷，凡四册。每半葉十三行，行二十三字，黑口，四周雙邊。國家圖書館猶藏有明元季恭刻本，以及刊刻人、刊刻年代俱不詳之《豫章羅先生文集》十七卷、年譜一卷之本。

　　清刻羅氏全集，主要有二本。一是乾隆元年（一七三六）刊《羅豫章先生集》十二卷，首一卷，末一卷。此本乃羅氏裔孫士塱及其子侄天道、天廣等所刊，由黃植京校訂。黃氏序曰：“（羅集）我朝大中丞儀封張公刻之，宮詹學憲心齋沈公又刻之。……板又藏官舍，流佈未廣。……爰取沈本付京定訂，庶幾不誤來學。”由知清自開國至乾隆初，羅集有張氏、沈氏兩刻，然二氏所刊未見傳本，亦無著録，故其刊刻情況不詳。乾隆元年刊本今唯國家圖書館庋藏一部，凡十二卷，首一卷、末一卷。乾隆十年有增刻本，今唯天津圖書館著録。同治十三年（一八七四）有重修本，今國家圖書館有藏本。二是乾隆十五年（庚午）鐵嶺知縣裔孫羅蒼校刻本，留保訂補。羅蒼有跋，稱庚午春，因携舊本請序於松心留師相（保），留氏細爲校讎，增訂補遺，合爲全書，遂郵寄堂弟樹、宣、華等校刻。所刻凡《遵堯録》七卷、《別録》一卷、二程語録問答一卷、雜著二卷、詩一卷。此本今河南、陝西兩省圖書館著録。

除上述三本及其增刻、重修本外，羅集光緒間刻本特多，計有：光緒八年（一八八二）謝甘棠刊本；同年金溪趙氏紅杏山房刊本；九年張國正刊本；十二年寧化施瑞玉木活字本；二十三年（一八九七）泰興縣署刊本等。以上五本今皆傳世。要之，無論卷數多寡，也無論元槧或明、清刻本，羅集編次相對穩定，版本系統單一，即除專著《遵堯録》外，詩僅二十五首，文四篇，亦屬勉強成集之類。

《全宋文》用影印文淵閣《四庫全書》本爲底本。《全宋詩》用明刊藍印本爲底本。

【參考文獻】

馮夢得《豫章羅先生遺藁序》（成化馮孜本《豫章羅先生文集》卷首）

黃大任、劉將孫、曹道振等《豫章羅先生遺藁跋》（同上，凡五人，人各一跋）

柯潛、張泰《成化本羅先生文集序》（成化本卷首，人各一序）

謝鸞《嘉靖重刊豫章羅先生文集跋》（嘉靖本卷末）

傅增湘《嘉靖本豫章羅先生文集跋》（《藏園群書題記》卷一四）

歐陽佑《隆慶重刊羅先生文集序》（隆慶本卷首）

丹陽集二十四卷

葛勝仲 撰

　　葛勝仲（一〇七二——一一四四），字魯卿，常州江陰（今屬江蘇）人。紹聖四年（一〇九七）進士，官至顯謨閣待制，卒諡文康。其婿章倧作《葛公行狀》（今本《丹陽集》卷二四附），稱其"有文集八十卷，《外集》二十卷"。孫覿《丹陽集序》謂"公之子吏部侍郎立方裒公詩文爲八十卷"，又曰"校今所藏，猶有在八十卷之外者，侍郎公方紀次《別集》，未出也"。則著者當有正、《外》、《別》三集（正集又分《前》《後》兩集，詳下）。今本卷二三末有知真州宋曉、試中書舍人王信跋。宋跋曰：

　　　　曩者洪君（指洪興祖）出守儀真，固嘗鏤板，以惠學者。比者兵火蹂踐，散失殆過其半。曉不忍斯文之墜，因擧糧之餘，搜訪舊本，命工補闕，庶可傳之永久。

跋作於隆興癸未（元年，一一六三），則此時有補刻本。考《建炎以來繫年要録》卷一五八，洪興祖知真州在紹興十八年（一一四八）前後，其初刊是集當在此數年間，孫覿序疑即爲刊板而作。

　　王信跋作於淳熙十三年（一一八六），稱"儀真舊嘗鋟板，經兵火不全，姚君恪爲守，復刊之"云云，則此時有再次修補本（或重刊本）。

　　陳氏《解題》卷一八著録道：

　　　　《丹陽集》四十二卷、《後集》四十二卷，顯謨閣待制江陰葛勝仲魯卿撰。紹聖四年進士，元符三年（一一〇〇）詞科。洪慶善序其文（祝按：洪興祖字慶善，其序已佚），有所謂"絶郭天信、拒朱勔、慚盛章而怒李彦"者，蓋其平生出處之略也。再知湖州，後遂家焉。

陳氏既言及洪興祖，所録當即儀真刊本，知是刻分《前》《後》兩集，通八十四卷。孫覿序稱詩文八十卷，疑即一本，另四卷或爲附録之類。至於《外集》《別集》宋代有無刊本，今不詳。《通考》卷二三九同《解題》，《宋志》則著録爲八十卷。

是集傳本蓋亡佚於明末清初，而宋刊殘葉近世猶存。《文淵閣書目》卷九著録"葛文康《丹陽集》一部十四册，闕"；《内閣書目》卷三載"《丹陽集》十册，全。……凡八十卷"。《絳雲樓書目》卷三著録六册，陳注云"四十二卷"，則只有《後集》。錢氏本蓋毁於火，傳本遂絶。傅增湘嘗得清大庫所藏宋本《丹陽後集》殘卷數葉，見《經眼録》卷一四，今不詳何在。

今傳《丹陽集》乃大典本。傅增湘雖曾從清宮得宋刊殘葉，而四庫館臣由《永樂大典》輯録，可知乾隆時内府已無完帙。《四庫提要》謂所輯"文十五卷，詩七卷，詩餘一卷，又附録行狀、謚議爲一卷，共成二十四卷"。《四庫全書》收録大典本，卷目編次爲：卷一，札子、表；卷二，表；卷三，書；卷四、五，啟；卷六，啟、策問；卷七，論；卷八，記、序、書後；卷九，頌、銘、贊；卷一〇，跋；卷一一，文；卷一二至一四，墓誌銘；卷一五，行狀、祭文；卷一六至二二，詩；卷二三，詩餘；卷二四，附録。汲古閣刊《宋名家詞》有《丹陽詞》一卷，大多已在四庫本中，而庫本又較毛刻溢出三首（詳下引盛氏跋）。

光緒二十二年（一八九六），盛宣懷以鈔文瀾閣庫本刊入《常州先哲遺書》第一集，盛氏有跋，略曰：

　　此集藏書家罕見，昔年廠肆曾出孔荭谷（繼涵）鈔本，爲汪柳門（鳴鸞）侍郎購去。今從文瀾閣録副，取以刊行，訛錯滿紙，校讎不易。《丹陽詞》一卷，《四庫》別收，汲古毛氏刻入《六十種詞》（祝按：即《宋六十名家詞》）。今取集中詩餘一卷互校，有汲古無而本集有者三首，汲古有而本集無者十八首，字句亦有短長。乃重爲校定，而以汲古所有之詞附刊於後。《鴻慶集》中有序文一首，閣本未録，今仍冠於集首，以符其舊。七言古詩有《次韻鄭維心游西佘山》詩，係七言律兩首，爲改附七言律詩之後。

盛氏本乃繆荃孫所校刻，傅增湘嘗見一傳鈔大典本，有繆氏校筆，疑即據以付梓之底本（見《藏園訂補郘亭知見傳本書目》）。盛氏跋所稱孔荭谷鈔本，乃乾隆四十一年（一七七六）傳鈔大典本，今藏國家圖書館。

　　《全宋詩》用影印文淵閣《四庫全書》本爲底本，輯得佚詩十二首。《全宋文》用《常州先哲遺書》本爲底本，輯得佚文五十八篇。

【參考文獻】

　　孫覿《文康葛公丹陽集序》（《常州先哲遺書》本《丹陽集》卷首。又見《鴻慶居士集》卷三〇）

　　宋曉《隆興補刊丹陽集跋》（影印文淵閣《四庫全書》本《丹陽集》卷二三末附）

　　王信《淳熙補刊丹陽集跋》（同上）

　　盛宣懷《刊丹陽集跋》（《常州先哲遺書》本卷末）

日涉園集 十卷

李　彭　撰

李彭，字商老，建昌（今江西永修）人，黃庭堅表姪。博聞強記，詩文富贍，善書。與蘇軾、張耒等唱和，爲江西宗派詩人。其集今未見宋人序跋，編刊情況不詳。陳氏《解題》卷二〇"詩集類"著録《日涉園集》十卷，《江西詩派詩集》本。《通考》卷二四四同。

明《文淵閣書目》卷一〇載"李商老《日涉園詩》一部三册，闕"；《内閣書目》同。《篋竹堂書目》卷四僅登録一册，未注全否。原本久佚，今傳乃大典本。《四庫提要》曰：

> 其集《書録解題》作十卷，世久無傳。今檢《永樂大典》，所載彭詩頗多，鈔撮編次，共得七百二十餘首，諸體咸備。謹校定訛謬，仍釐爲十卷，以還其舊。

大典本録入《四庫全書》。館臣所輯底本（乾隆翰林院鈔本），今藏國家圖書館，羅振常《善本書所見録》卷四記曰：

> 《日涉園集》十卷，宋李彭撰。各目皆十卷。此鈔本原欲分五卷，後又分十卷，標目未清。其卷二末有題誌一行云："乾隆乙未（四十年，一七七五）借劉岸淮同年纂《大典》散編，秋八月鈔，初七日校卷九（原稿五卷）。"有眉籤云："是集乃乙未先君爲同年友劉湄岸淮所編，欲分五卷，未定，鈔此副本。而劉欲以卷多衒功，遂以五卷爲九卷，蓋即共成十卷也。"據此則爲四庫輯録《大典》之底

本。此集除《大典》外，有《玉澗小集》録入者。

由當日題記，可略知大典本纂輯情況。所謂《玉澗小集》，見《兩宋名賢小集》卷一一五，凡收李彭詩十二首。日本静嘉堂文庫所藏，爲過録大典本，有雲泉居士手跋曰：“樂易居士於《永樂大典》中録出，時乾隆辛丑（四十六年）之秋。嘉慶二年丁巳（一七九七）閏六月，借喜稻堂鈔本互校，另又録八詩於各體卷末，並爲書後附識，雲泉居士。”另尚有鮑廷博等跋，詳《䣭宋樓藏書志》卷七八。

民國九年（一九二〇），胡思敬據文瀾閣四庫本刊入《豫章叢書·四宋人集》。

《全宋詩》用影印文淵閣《四庫全書》本爲底本。

竹友集十卷　　謝幼槃文集

謝　薖　撰

謝薖（一〇七四——一一一六），字幼槃，以字行，號竹友，臨川（今江西撫州）人。工詩文，與從兄逸齊名，時稱“二謝”。其集於紹興二十一年（一一五一）與《溪堂集》同時付刻，底本出自作者子謝敏行，已見前《溪堂集》叙録引苗昌言跋。《解題》卷一七著録道：

> 《竹友集》十卷，臨川謝薖幼槃撰。逸從弟也。吕居
> 仁題其後曰：“逸詩似康樂，薖詩似玄暉。”

《通考》卷二三七、《宋志》同。又《解題》卷二〇“詩集類”著録

《竹友集》七卷，乃刻入《江西詩派詩集》之本。

明《文淵閣書目》卷九著録"《謝幼槃文集》一部二册，缺"。《篆竹堂書目》卷三載"《謝幼槃文集》二册"，卷四又録"《竹友詩》一册"。《內閣書目》卷三則曰："《謝幼槃文集》二册，全，……凡十卷。"又"《竹友居士詩》，一册"。殆宋槧兩本（後一本爲詩派本），明末猶傳世。

紹興原刊本尚流傳至今，藏上海博物館。該本乃清末楊守敬出使日本時所獲，後歸吳縣潘氏滂喜齋。楊氏《日本訪書志》卷一四著録道：

> 此宋槧謝薖《竹友集》十卷，鐫刻精良，紙墨朗潤，宋槧之絕佳者。《四庫提要》云："今所行本只四卷，又有詩無文。"其所著録之十卷本，乃明謝肇淛從內府鈔出，然傳鈔者仍希，故百年來著録家仍不見薖集，若宋槧原本，則自明內府外無著録者。然則此本爲天壤間孤本已數百年，無論今日也。初爲日本向山黃村所藏，余謂宜重刊以廣其傳，因借得用西法攝橅之。未幾，余將歸，黃村好余之刀幣古泉數十事，乃議以此原本交易之。
>
> 薖與兄逸同列江西詩派中。據苗昌言跋，此集得之於其子敏行，即其所編次；又稱二謝交遊遍天下，"既没之後，爲之傳、序、哀詞、祭文者甚衆，今未暇博詢而遍録也，特取吕舍人（本中）之所書，摹其真跡於後"。夫以薖之文行炬赫一世，生平酬應之作當不下數十册。此集名爲十卷，其實詩不過二百六十二首，文不過二十五首，並其傳、序、哀詞、祭文不載，其編次之謹嚴，可謂不誣其先。則昌言稱敏行之詩律有典刑者，亦爲實録。……
>
> 余歸後，得金山錢氏小萬卷樓所刊謝本，其誤脱不

下數百事。良由謝氏以寒夜急録，不能精審，加以展轉傳録，故不可讀，乃別爲札記，入《續群書拾補》中（祝按：其校記手稿本，今湖北省圖書館著録）。

楊守敬別有手跋，作於光緒甲申（十年，一八八四）十一月二日，文見《溸喜齋藏書志》卷三，與上引《訪書志》末段以前同。又，《溸喜齋藏書志》記其板式道：

> 前有苗昌言序及日本中題詞，序後列校刊姓氏，曰"右從事郎軍事推官宋砥"，曰"右文林郎軍事判官陸旻"，曰"左迪功郎差充州學教授苗昌言"，曰"右中散大夫通判軍州主管學事嚴仲遠"，曰"右朝議大夫知撫州軍州主管學事兼管内勸農營田使趙士鵬"。宋諱缺筆，遇"構"字則曰"御名"。每半葉十行，行二十八字。

又録藏印有："寶宋閣珍藏"、"錢長祚珍賞印"、"漱芳閣"、"漱芳閣鑒藏印"、"淺草氏章"、"子孫世昌"、"向黄村珍藏印"、"海堂藏書"、"楊星吾日本訪書之記"、"星吾海外訪得秘笈"。

森立之《經籍訪古志》著録求古樓藏宋板《謝幼槃文集》十卷，即指此本。

一九三五年，上海商務印書館將此宋本影印入《續古逸叢書》。

前引楊氏《訪書志》所云《四庫》著録謝肇淛鈔本（按：汪如藻家藏本），乃萬曆己酉（三十七年，一六○九）謝氏借内府所藏淳熙重修本傳録，於是遞相摹寫，遂行於世。鈔本後除有名銜五行外，又有"淳熙二年（一一七五）十二月陽夏趙煜重修"一行。謝氏手跋（參《皕宋樓藏書志》卷七八，陸氏所藏傳鈔本今藏日本静嘉堂文庫)曰：

> 幼槃詩文不傳於世。此本從内府借出，時方沍寒，
> 京師傭書甚貴，需銓旅邸，資用不贍，乃自爲鈔寫。每清
> 霜呵凍，十指如槌，幾二十日始克竣帙，藏之於家，亦足
> 詫一段奇事也。萬曆己酉十二月十四月辛酉，晉安謝肇
> 淛題。

今國内各圖書館著録清鈔本十餘部，皆源於此鈔本。四庫本
卷目編次爲：卷一至七，詩；卷八，古賦、論辯、序、記；卷九，題
跋、贊、頌、銘；卷一〇，墓誌、祭文。傅增湘嘗以所藏古香樓
鈔謝本校潘氏宋本，校本今藏國家圖書館(參《經録眼》卷一三)。
日本大倉文化財團藏知不足齋鈔本，亦據謝鈔本摹寫(參《日
藏漢籍善本書録》)。明内府所藏宋本及謝氏原鈔本，則久無
著録。

清咸豐四年(一八五四)，錢培名將是集刊入《小萬卷樓
叢書》，底本由守山閣借鈔，亦爲傳鈔謝本，見卷末錢氏跋。
《叢書集成初編》據《小萬卷樓叢書》本排印。前引楊守敬謂
錢氏刊本“誤脱不下數百事”，殆底本原非善本。

前引《解題》“詩集類”所録詩派本《竹友集》七卷，久已
失傳。

《全宋詩》以《續古逸叢書》本爲底本。《全宋文》用《小萬
卷樓叢書》本爲底本。

【參考文獻】

呂本中《題竹友集》(《續古逸叢書》本《竹友集》卷首)

傅增湘《校謝幼槃集跋》(《藏園群書題記》卷一四)

初寮集 八卷

王安中　撰

　　王安中（一〇七六——一一三四），字履道，號初寮，中山曲陽（今河北曲陽）人。元符三年（一一〇〇）進士，官至尚書左丞。擅長四六文。衢本《讀書志》卷一九著録其集道：

> 　　王履道《初寮集》十卷，《内制》十八卷、《外制》八卷。右皇朝王安中字履道，真定人。政和中有密薦於上者，自監大名倉，累擢掌内、外制，後拜太保，鎮燕山。建炎初，貶象州。爲文瑰奇高妙，最長於制誥。李邴入翰林，嘗請於上以方今詞林之式，上首尾舉安中之名。自號初寮。

　　《通志》著録《初寮先生後集》十卷。"後集"即《初寮集》，説詳下。

　　趙氏《讀書附志》卷下曰：

> 　　《初寮先生前集》四十卷、《後集》十卷，右王安中字履道之文也。《讀書志》止載《初寮集》十卷，希弁所藏乃周益文忠公必大序。《前集》，中興以前；《後集》，中興以後文也。内、外制二十六卷，則李文敏公邴序。

　　所稱李邴序，今存，題《初寮集序略》。周必大序，今亦存，述其南渡前所作，"今《前集》四十卷是也"；南渡後所作，"今《後集》十卷是也"，又謂《内制》十八卷、《外制》八卷，"李文敏公漢老（邴）實題其首"，與趙氏所述合。蓋《後集》及《内》《外制》集先刻,《前集》因收早年之作,編刻反而在後,晁公武殆不及見,故《通志》《讀書志》所録之《初寮集》,實即《後集》,故只十卷也。周序作於慶元六年(一二〇〇)二月,蓋是時方彙刻《前》《後》集爲一書,即趙希弁所藏之本,而《内》《外制》集仍在文集外别行。

《解題》卷一八著録《初寮集》四十卷、《後集》十卷,《内》《外制》二十四卷。不詳何故《内》《外制》集少兩卷。《通考》卷二三八從晁《志》,而《外制》又作十卷,溢出二卷。馬氏引周、李二序,當非别本,疑傳寫之誤。

明《文淵閣書目》卷九著録"王氏《初寮文集》一部七册,全",當爲宋槧。《内閣書目》無其目,當已散亡。今傳乃大典本。《四庫提要》曰:

> (是集)自明以來,久佚不見。今從《永樂大典》采掇裒次,尚得詩文數百篇。周必大序稱安中送其曾大父詩"不論與汝小一月,政自容君數百人"句,又楊萬里《誠齋詩話》稱安中行《余深少宰制》"仰惟前代,守文爲難;相我受民,非賢不乂"句,又在象州思鄉作文,有"萬里邱壠,草木牛羊之踐履;百年鄉社,室家風雨之飄摇"等句,今俱不見於集中,是其散佚尚多。然蒐羅什一,猶可考見崖略,謹釐爲八卷,而仍以李邴、周必大、周紫芝原序三篇冠之卷首,以存其舊焉。

四庫本卷目編次爲:卷一,頌、詩;卷二,詩、賦(一首);卷三,札子、奏狀;卷四、五,表;卷六,碑文、記;卷七,書、啟、跋;卷八,墓誌、雜著。乾隆翰林院鈔本,今藏國家圖書館。南京圖書館、廣東省圖書館等及日本静嘉堂文庫藏有清鈔本八卷,乃傳録四庫本。

《全宋文》用影印文淵閣《四庫全書》本爲底本，輯得佚文三十一篇。《全宋詩》底本同，輯得集外詩三十八首。

【參考文獻】

李邴《初寮集序略》（影印文淵閣《四庫全書》本《初寮集》卷首）
周必大、周紫芝《初寮集序》（同上，人各一序）

忠惠集十卷

翟汝文 撰

翟汝文（一○七六——一一四一），字公巽，潤州丹陽（今江蘇丹陽）人。元符三年（一一○○）進士，仕至參知政事。其子翟耆年撰《翟氏公巽埋銘》（今本《忠惠集》附錄。按《四庫提要》謂《埋銘》爲“孫繁作”，然據文意當是耆年撰，孫繁重刊。所謂“孫繁”者，即其孫翟繁也。而據《埋銘》，“繁”當爲“畋”之訛，即其長孫翟畋。《提要》誤）曰：“耆年哀公平日著述，爲《翟氏家乘》三十卷，繫除官制誥於後，欲後世考公行實，知家傳之實錄也。”趙氏《讀書附志》卷下著錄道：

> 《忠惠先生文集》三十卷，右翟汝文字公巽之文也。公巽丹陽人，年十四登進士第。徽宗朝爲左史、給事中、吏部侍郎；欽宗朝召置翰苑；紹興中參知政事。終於資政殿學士、提舉洞霄宮，私謚忠惠。文乃其子耆年編次，附《忠惠先生家傳》於後。

《解題》卷一八曰：

　　《翟忠惠集》三十卷，參政丹陽翟汝文公巽撰。汝文
制誥古雅，多用全句，氣格渾厚，近世罕及。夫人邢氏，
恕之女，居實，其弟也。長子耆年，實邢出，好古博文，高
尚不仕。忠惠者，私謚也。

　　《通考》卷二三八、《宋志》同。諸家著録之本，當即《埋銘》所
謂《翟公家乘》，然今因未見舊本序跋，宋代刊行情況不詳。

　　是集原本蓋佚於明末。《文淵閣書目》卷九著録“《翟忠
惠文集》一部十一册，全”。《内閣書目》卷三曰：“《忠惠先生
集》十册，全。……凡三十卷。”後散亡，今傳乃大典本，《四庫
提要》謂“從《永樂大典》各韻中掇拾排比，編爲十卷，以存其
梗概”。大典本録入《四庫全書》，文淵閣庫本嘗影印入《四庫
全書珍本初集》，其卷目編次爲：卷一，内制；卷二至四，外制；
卷五，賦、表；卷六，表；卷七，狀、札子、封事；卷八，策問、露
布、序、書；卷九，啓；卷一〇，銘、埋銘、祭文。末爲附録。今
南京圖書館等所藏清鈔本，皆爲傳鈔四庫本。

　　周必大《鴻慶居士集序》稱孫覿子介宗謂《鴻慶集》閩、蜀刻
本中雜有翟汝文之文。今《鴻慶集》五十七卷殘本、七十卷本與
閩、蜀本有淵源關係，然其中何者爲翟氏所作，已不可考。

　　《全宋文》用影印文淵閣《四庫全書》本爲底本，輯得佚文
十九篇。

石林居士建康集 八卷

葉夢得　撰

　　葉夢得（一〇七七——一一四八），字少藴，號肖翁，又號石

林，吳縣（今江蘇蘇州）人。紹聖四年（一〇九七）進士。徽宗時累官翰林學士，高宗朝除户部尚書，拜崇信軍節度使。平生著述甚富。《解題》卷一八著録《石林總集》一百卷、《年譜》一卷，同時又著録《石林建康集》十卷、《石林審是集》八卷，謂“其崇、觀間驟貴顯，三十一歲掌外制，次年遂入翰林。中廢，至建炎乃執政，然財數日而罷”。後忤秦檜，以崇（慶）〔信〕節度使致仕，云云。《石林建康集》，“皆帥建康時詩文。其初，以所莅官各爲一集，後其家編次，總而合之，此集其一也”。則《建康集》既經單行，其家後來又編入《石林總集》。《通考》卷二三八依《解題》。《宋志》著録《石林集》一百卷，即所謂《總集》，與《解題》《通考》同，而《建康集》僅爲八卷。《總集》百卷本蓋傳至明末清初而亡。明末人葉萬跋其鈔本，稱“虞山桑思玄（民懌）藏書目曾有之，思玄今百有餘年，已不可得”。又葉德輝《刊建康集跋》，謂足本《絳雲樓書目補遺》尚著録，爲世間孤本。錢氏本殆毀於火，因而失傳。

　　《建康集》，陳振孫著録爲十卷，《宋志》爲八卷。著者之孫葉籈嘉泰癸亥（三年，一二〇三）跋稱其爲八卷，曰：

　　　　右先大卿手編《建康集》八卷，乃大父左丞紹興八年（一一三八）再鎮建康時所作詩文也。別有《總集》百卷，昨已刊於吳興里舍。姪凱任總司酒官，來索此本，欲置諸郡庠，並以《年譜》一卷授之，庶廣其傳云。

是集明代以後傳本亦爲八卷。《四庫提要》以爲“或《書録解題》屢經傳寫，誤以八卷爲十卷；抑或舊本殘闕，亡其二卷，後人追改籈跋以僞稱完帙，則均不可考矣”。然馬氏《通考》引《解題》已作十卷，其時似未可稱“屢經傳寫”；《宋志》亦作八卷，元代恐舊本未必不可見，而能“追改籈跋以僞稱完帙”。

館臣蓋未檢《通考》及《宋志》，故其推測難愜人意。葉廷琯（調笙）跋道光重刊本（此本詳後）時，以爲著者嘗兩鎮建康，當有兩集。今本《建康集》中有前鎮時所作文，則“當時應前後兩集合編，前集不知何時散失，僅僅遺留一二於後集中，而陳氏著《書録解題》時應猶及見兩集合本，故十卷之數，自非虚語也”。此仍爲推測之詞，鎮建康是否有兩集，文獻無考。竊以爲八卷、十卷實爲一本，區别在著録時是否計年譜、附録二卷，正集當皆爲八卷。葉籟跋稱“並以《年譜》一卷”授與其姪凱，則葉凱刊置郡庠之本，必有年譜、附録也。

　　明《文淵閣書目》卷九著録“葉夢得《建康集》一部一册，闕”，而《内閣書目》卷三則曰“《石林居士建康集》一册，全”，殆爲宋槧。《篆竹堂書目》卷三著録《建康集》，未記册數、卷數。《澹生堂藏書目》卷一三《續收》有“《建康集》二册，八卷”。宋本久已失傳。王士禎《居易録》卷一引葉萬跋，謂“常熟毛氏嘗得宋刻《建康集》，逸第三卷”。毛氏宋本後不見著録，今以明鈔本爲古。明鈔本現存兩部，一部藏湖南省圖書館，有葉德輝跋，稱“此本爲黄虞稷千頃堂所藏，卷首有‘海鶴道人’四字白文印，虞稷之父名居中字明立者之别號也；又有‘俞邰’二字白文印，虞稷字也”。又謂“此猶宋本過録，中遇宋諱注書某祖某宗名，知其所據爲宋刻善本，鈔手亦是行家”（參《郋園讀書志》卷八）。另一部藏國家圖書館，有毛晉校、季振宜跋，《季滄葦藏書目》著録。此本亦當從宋本出。

　　《建康集》清鈔本頗夥，且多經名家收藏，其中以葉萬（曾名樹蓮）鈔汲古閣本影響最大。該本鈔於庚子歲（清順治十七年，一六六〇），底本借於毛晉家，“子晉得於建康焦氏，焦乃漪園（焦竑）之後”（見葉萬跋）。是本後歸陸心源皕宋樓，今藏日本静嘉堂文庫，見《皕宋樓藏書志》卷八〇、《静嘉堂秘籍志》卷三五。陸心源有跋，略曰：

> 《建康集》八卷，舊鈔本，每葉十六行，每行二十字。"廓"字注"御名"，"桓"字注"欽宗廟諱"，"惇"字注"光宗廟諱"，蓋從寧宗時刊本影寫者。末有二十代孫萬又名樹蓮跋。案：樹蓮字林宗，明諸生，國亡棄去，改名萬。世居洞庭山，嘗游虞山，樂其山水，因家焉。

陸跋又曰：

> 葉林宗傳此本，蓋從毛子晉借録，子晉則得之金陵焦弱侯後人者。中間硃筆校補數十字，皆林宗筆也。卷三《書李弼告後》《書唐李氏告後》《蘇秦論》《范增論》《養生論》上、中、下七篇仍缺，當求葉調生（筌）藏本補全之。

今上海圖書館著録葉樹蓮康熙鈔本，蓋爲再次傳録本。

葉德輝《刊建康集跋》稱清代相傳之本，"多從吾家石君先生（即葉萬）鈔本傳録"，並舉鐵琴銅劍樓藏本、黄丕烈藏吴翌鳳（枚菴）本、《四庫》所收本、葉廷琯所據刻之雍正葉啟祥鈔本，以及汪遠祖、朱緒曾二家藏本等等。四庫本卷目編次爲：卷一，詩；卷二，詩、銘、贊；卷三，書後、序；卷四，記、祝文、祭文；卷五，表；卷六，札子、奏狀；卷七，奏狀、啟狀、書；卷八，碑、傳、誌銘。毛氏宋本亡佚後，賴傳録本流布至今，惜原本逸第三卷。其中瞿氏藏本，脱文七篇已補録（見其《書目》卷二一），有邵恩多、季錫疇校，今藏國家圖書館。黄丕烈舊藏本，乃吴翌鳳所贈，吴氏得於嚴杲人（二西），爲影宋本，有"枚菴流覽所及"小印，帙角題"毛氏正本"，當從汲古閣本出。書後有吴氏題記，謂"辛亥歲（乾隆五十六年，一七九一），漢陽葉桐封舍人借鈔", 又有黄丕烈跋(文見《蕘圃藏書題識》卷八)。此本後歸丁氏善本書室, 有跋(參《善本書室藏書志》卷二九), 今藏南京圖書館。今復旦大學圖書館藏有傳録吳枚菴本, 不詳是否即葉桐封借鈔本。除上述外, 今南京圖書館猶藏有葉廷琯跋本, 國家圖書館、北京大學圖書館、上海圖書館等亦藏有清鈔本多部。其中國圖所藏孔廣栻録王士禛(漁洋)跋(跋文見《蠶尾集》卷九)並題記之本, "十行二十字, 宋諱注御名(小字), 是源於宋刻"(《經眼録》卷一四)。王士禛跋、彭元瑞手校之舊鈔本, 今藏臺北"中央圖書館"。據《居易録》卷一, 其本有葉萬跋, 則仍源於汲古閣本。

道光二十四年(一八四四), 葉廷琯以雍正時葉啟祥鈔本付梓, 正集八卷外有補遺文二篇, 附廷琯所撰《石林先生兩鎮建康紀年略》一卷。有張履《重刻序》及葉廷琯跋。每半葉十一行二十二字, 白口, 左右雙邊, 大陸、臺灣今猶著録十餘部, 日本京都大學庋藏一部。

咸豐六年(一八五六), 蘇州裔孫葉運鵬翻刻道光本, 改爲每半葉十行二十二字, 今僅國家圖書館、復旦大學圖書館著録。

宣統三年(一九一一), 葉德輝長沙觀古堂刊《石林遺書》, 其中《建康集》八卷, 以千頃堂明鈔本付梓, 參見《郋園讀書志》卷八。民國時又印入《郋園先生全書》。

前引陳氏《解題》著録《石林審是集》八卷, 謂是"其門人盛光祖子紹所録, 亦已入《總集》"。今上海圖書館藏有清鈔本《審是集》, 每卷目録之下署"宋葉夢得著, 明季振宜滄葦校"。按是本繫僞造, 今附考於此。

　　據劉琳先生考校，上海圖書館所藏清鈔本《審是集》八卷，收文凡一百五十五篇，除卷一《（程戭）祖母某氏追封郡太夫人制》《父某贈太子少師制》《歐陽脩可禮部侍郎制》，卷四《治戎論》上、中、下三篇，卷七《雜說六篇》外，餘皆鈔自劉敞《公是集》（按：程戭、歐陽脩皆與葉夢得時代不侔，亦顯爲僞文）。校以《四庫全書》所收大典本《公是集》，某些篇題目、文字不盡相同。書末附歐陽脩《劉學士敞墓誌銘》《宋史·劉敞傳》。蓋《公是集》與《審是集》僅一字之差，《審是集》久佚，作僞者遂鈔《公是集》以冒充之。然既照録《劉敞墓誌銘》及《宋史》劉敞本傳，又誤將清人季振宜署爲明人，可知作僞者拙劣之至（劉琳《傳世審是集是僞書》，《宋代文化研究》第二輯）。僞本《審是集》，某些書目將其録爲善本，大誤。

【參考文獻】

　　葉籛《建康集跋》（《皕宋樓藏書志》卷八〇）

　　葉萬《鈔建康集跋》（同上）

　　陸心源《葉萬鈔本建康集跋》（《儀顧堂續跋》卷一二）

　　張履《道光重刻石林建康集序》（道光二十四年刊本卷首）

　　葉廷琯《道光重刻石林建康集跋》（同上卷末）

　　葉德輝《宣統刊建康集跋》（宣統刊本卷末）

石林奏議 十五卷

葉夢得　撰

　　陳氏《解題》卷二二著録葉夢得《石林奏議》十五卷，《通考》卷二四七同，且録作者《志愧集序》，略曰：

> 進對以來，奏稿藏於家者若干篇，不忍盡棄，乃序次爲十卷，目之曰《志愧集》。夫天下豈無大安危，生民豈無大休感，矧戎狄亂華，中原分裂，上方櫛（木）〔沐〕風雨，旰食圖功，而身遭不世之主，横被非常之知，所言僅如此而已。心非木石，安得不愧？姑自識之，留以遺子孫，庶後世悼其意之不終，或有感勵奮發，慨然少能著見者，猶足雪其無功之耻，而償其未報之恩也。

清葉廷琯跋影宋本《石林奏議》，謂“《文獻通考》載公《志愧集自序》，稱以家藏奏稿次序爲十卷，是公在日已有手定之本。此十五卷者爲第三子模所編刊，當在福州歸老以後，即因《志愧集》增輯而成”，南渡以前奏議概未採入。今按葉夢得姪孫權知台州葉箋開禧丙寅（二年，一二〇六）跋，今僅存殘篇，稱《奏議》“《總集》不載，往往見者爲之興歎，因鋟木天台郡□（齋），□（以）廣其傳”。據知《奏議》原即獨立於《石林總集》百卷之外，台州刊本，當是翻刻葉模本。

明陳氏《世善堂藏書目録》卷上嘗著録“《石林奏議》十五卷”，不詳爲何本。宋槧今猶傳世，藏日本静嘉堂文庫，原爲陸心源皕宋樓舊物，見《皕宋樓藏書志》卷二五、《静嘉堂秘籍志》卷五。陸氏之前，曾經明李開先、清黄丕烈收藏，黄氏《百宋一廛書録》曾著録。顧廣圻《百宋一廛賦》所謂“眎石林之《奏議》，鬱剥落而生芒”，即指此本。黄氏注曰：“葉夢得《石林奏議》十五卷，每半葉十行，每行廿字（祝按：當爲二十五字）。每卷次行題‘模編’二字，後有跋，末署‘開禧丙寅六月既望，姪孫朝奉大夫、改差權知台州軍州兼管内勸農事、借紫箋謹書’。此書，陳直齋著於録。近《汲古閣秘本目》載影宋精鈔，此較勝之矣。居士頗惜其紙板有剥落處也。"傅增湘《經眼錄》卷四記其版匡高七寸九分，寬五寸三分。白口，左右雙闌。版心下記刊工姓名。鈐有"李開先印"、"吴平齋讀書記"及陸心源各印。陸心源《宋槧石林奏議跋》謂"其書按歷官編次"，首應天府尹，而以福建安撫使終焉。

　　光緒十一年（一八八五），陸心源據宋刊本翻刻，今有傳本。翻刻本全仿宋本舊式，每卷末署"光緒十一年歲在旃蒙作噩吴興陸氏皕宋樓重雕、榮禄大夫前分巡廣東高廉兵備道陸心源校"兩行。葉箋殘跋後，有題記曰："二百二十五葉，共十一萬三千九百十七字，一百二十八版。蘇城陶申甫摹鉤宋本刻。"後附有《校刊記》，陸心源撰，陸氏識曰："原本有灼然誤字，校改得二十條，別疏於此。光緒乙酉（十一年，一八八五）小春六月，心源識。"

　　國內今除藏有翻宋本《奏議》外，猶存汲古閣影寫宋刊本及清影寫宋刊本各一部。汲古閣本，即前引黄丕烈注所云《汲古閣秘本書目》著錄之本。傅增湘《校汲古閣影宋本石林奏議跋》謂該本乃"汲古閣毛氏曾借李氏（開先）宋本影寫一帙，精妙絶倫，不僅下真迹一等"。其《經眼錄》卷四詳記該本版式、藏印道：

　　　　汲古閣影寫宋刊本，十行二十五字，白口，左右雙闌，版心下記刊工姓名，後有開禧丙寅知台州軍州事姪孫箋跋，行書。闌外有毛子晉跋一行，録後："從李中麓先生宋本、影宋本影寫，希世之寶也。惜有糜爛處。子晉。"

　　　　藏印録後："宋本"（橢朱）、"希世之珍"（朱）、"汲古閣"（朱）、"毛晉之印"（朱白各一）、"毛晉私印"（朱白各一）、"子晉”(朱横豎各一)、“汲古主人”(朱)、“子晉書印”(朱)、“毛晉”(朱)、“虞山毛晉”(朱)、“汲古得修綆”(朱)、“心同太虛”(朱)、“虞山毛氏汲古閣考藏”(朱)、“筆硯精良人生一樂”(朱)、“子孫寶之”(朱)、“卓爲霜下傑”(朱)、“傳詩家學”(朱)、“進德修業”(朱)、“海虞毛晉子晉圖書記”(朱)、“鬻及借人爲不孝”(朱)、“毛扆之印”(朱)、“斧季”(朱)。(修綆堂閱,後自文友堂借來一校,庚午〔一九三〇〕二月七日記)

傅氏所謂“後自文友堂借來一校”,所校本即陸氏翻刻本,發現兩本文字多寡不同,其《校汲古閣影宋本石林奏議跋》曰:

> 影宋本有而刊本無者,凡增補三百三十字;刊本有而影宋本無者,凡一千六十四字。同一宋本也,毛氏影鈔本出焉,陸氏翻刊本亦出焉,而其差異乃達千百字之多,殊不可以理解。將謂毛氏影寫時偶有漏略乎,然不應至三百餘字之多;將謂宋本流傳日久,其糜爛之處益甚乎,則宋本固明明尚存,未曾更加湮損也。然則刊本多於影本之千餘字,果何從得之乎?且自汲古閣以迄今日,固未聞別有宋本可以參互比較也。反覆推尋,未明厥故,異時倘重渡扶桑,當攜此校本入高輪邸中,子細讎勘,庶幾一決此疑乎! 聊誌於此,以告後之讀是書者。

傅氏之疑,因宋本遠在日本,似乎迄無答案。按上引傅氏《經眼録》所記毛晉跋,影宋本乃是據李氏“宋本、影宋本影寫”,知毛氏當日影寫時,並未全依宋本。而陸氏本乃據宋本翻刻。則兩本差異處,是否源於李氏影宋本? 汲古閣影寫本,今藏中國社會科學院圖書館。

清影寫宋刊本,原爲海源閣藏書,有咸豐五年(一八五五）葉廷琯跋，傅氏《經眼録》卷四謂其鈐有“道光秀才咸豐舉人同治進士東郡楊紹和字彥合鑒藏金石書畫之印”、“秘閣校理”、“東郡楊氏宋存書室珍藏”各印，皆楊氏印也。此本今藏國家圖書館。

　　《四庫全書》未收《石林奏議》，阮元亦未進呈。《全宋文》用宣統三年葉氏觀古堂刻本《石林居士建康集》、光緒十一年歸安陸氏刻本《石林奏議》爲底本，輯得佚文四十五篇。《全宋詩》用毛氏汲古閣藏明鈔本《建康集》爲底本，輯得佚詩十一首。

【參考文獻】

葉箋《石林奏議跋》（殘，陸氏皕宋樓刊本《石林奏議》卷末）

陸心源《重刊石林奏議叙》（同上）

葉廷琯《影寫宋刊本石林奏議跋》（傅增湘《藏園群書經眼録》卷四）

傅增湘《校汲古閣影宋本石林奏議跋》（《藏園群書題記》卷三）

北山小集四十卷

程　俱　撰

　　程俱（一〇七八——一一四四），字致道，衢州開化（今屬浙江）人。以蔭入仕，紹興間累官至中書舍人兼侍講。紹興十年（一一四〇），葉夢得作《北山小集序》，稱著者嘗裒次所爲文，“後遇火，焚棄殆盡。稍復訪集，尚得十四五，而益以近所著，爲四十卷”。五年後作者謝世，程瑀作《程公行狀》（《四部叢刊續編》本《北山小集》卷四〇）曰：“公平生著述不可勝紀，已抱病猶不輟。然憂深慮危，時時芟削焚棄，今所存者，《北山小集》四十卷、《麟臺故事》五卷、《默説》三卷，餘無傳焉。”則《小集》當爲作者手編，刊於何時不詳，據門人鄭作肅《後序》，或在辭世後不久。《解題》卷一八著録道：

> 《北山小集》四十卷，中書舍人信安程俱致道撰。俱
> 父祖世科，而俱乃以外祖鄧潤甫蔭入仕，宣和中賜上舍
> 出身，爲南宫舍人。紹興初入西掖。徐俯爲諫議大夫，
> 封還詞頭，罷去。後以次對修史，病不能赴而卒。

《通考》卷二三九同。《宋志》著録爲三十四卷，蓋爲別本，與作者手編本不合。

明《内閣書目》卷三嘗著録“《北山集》八册，宋紹聖間信安程俱著，葉夢得序，凡四十卷，闕十九至二十八卷”，殆爲宋槧殘帙。清乾隆六十年（一七九五），黄丕烈忽於書賈處收得宋槧一部，然非明内閣本。黄氏有跋，略曰：

> 書友胡益謙持《北山小集》示余，欲一決其宋本與
> 否。余開卷指示紙背曰：“此書宋刻宋印，子不知宋本，
> 獨不見其紙爲宋時册子乎？”胡公深以余爲不欺，遂議交
> 易。……近時《浙江採集遺書總録》載有知不足齋藏影
> 宋槧寫本，吴之振識云：“此册昔年爲季滄葦侍御所贈，
> 侍御從絳雲樓宋刊本影寫者。”是宋本係東澗（錢謙益）
> 舊藏。今本首册有健菴圖章，而彭城無所記識，豈真絳
> 雲餘燼耶？余不能辨其是一是二也。卷尾有“黄氏淮東
> 書院圖籍”印，未知吾宗何人。

嘉慶丁巳（二年，一七九七）冬，錢大昕跋曰：

> 黄孝廉堯圃買得宋槧本《北山小集》四十卷，皆用故

紙印刷，驗其紙背，皆乾道六年（一一七〇）官司簿帳。
其印記文可辨者，曰“湖州司理院”新朱記，曰“湖州戶部
贍軍酒庫記”，曰“湖州監在城酒務”朱記，曰“湖州司獄”
朱記，曰“烏程縣印”，曰“歸安縣印”，曰“監湖州都商稅
務”朱記，意此集版刻於吳興官廨也。……北山詩文有
風骨，在南宋可稱錚錚佼佼者，而此本紙墨古雅，的是淳
熙以前物，讀之殊不忍釋手。

黃丕烈《百宋一廛書録》著録。顧廣圻《百宋一廛賦》所謂“致
道返淮東之藏”，即指此本，黃氏注曰：“《北山小集》四十卷，
程俱致道撰。每半葉十行，每行二十字。用故紙刷印。錢少
詹（大昕）跋云：‘驗其紙背，皆乾道六年官司簿帳（下略，見前
引）。’卷尾有‘黃氏淮東書院圖籍’印，未詳其爲何人。”此本
後歸汪氏藝芸書舍，又歸龐氏（見瞿氏《書目》卷二一）。今臺北
“中央圖書館”藏卷二四至二七凡四卷一册，不知即其殘帙
否，餘不詳所在。

　　道光元年（辛巳，一八二一），宋本尚在藝芸書舍，黃丕烈
嘗借歸傳録一部，又據傳録本影鈔一部贈張金吾（月霄），張
氏著録於《愛日精廬藏書志》卷三一，今藏國家圖書館。道光
三年，張蓉鏡（芙川）再據張金吾本傳録一部，中經柳瀛選等
收藏，民國時傅增湘得之於上海，有張金吾、邵淵耀跋（見《經
眼録》卷一四）。張元濟據此本攝影，印入《四部叢刊續編》，有
跋。傅氏本今藏國家圖書館。其卷目編次爲：卷一至一一，
詩；卷一二，賦、騷；卷一三、一四，論；卷一五，雜著；卷一六，
贊、銘；卷一七，銘、贊、文；卷一八、一九，碑、記；卷二〇，表；
卷二一，啟、書、咨目、簡；卷二二至二七，外制；卷二八，内制、
進故事；卷二九，進講；卷三〇、三一，墓誌銘；卷三二，墓誌

銘、墓表；卷三三，墓誌銘；卷三四，行狀；卷三五至三九，狀札；卷四〇，狀札、奏狀。

道光五年，袁廷檮貞節堂據黄氏士禮居傳録本仿鈔一部，藏於五硯樓，有跋。後歸鐵琴銅劍樓，見瞿氏《書目》卷二一，今藏國家圖書館。袁氏貞節堂另一鈔本，亦有跋，並有董康手識，今藏日本大倉文化財團（見《日藏漢籍善本書録》），蓋再傳録本也。

除上述外，今大陸及臺灣猶著録清鈔本數部，要之皆屬輾轉傳録，並源於宋本，其中以國家圖書館藏馬思贊家鈔本較早。另，今國家圖書館猶藏有明寫本八卷，“十二行二十四字，詩文皆不全，後題‘晚學潛山施介夫輯’，蓋施氏就所見選輯之，非完本也”（傅氏《經眼録》卷一四）。

《四庫總目》著録鮑士恭家藏本，《提要》稱“此本乃石門吴之振得於泰興季振宜家，蓋猶從宋槧鈔存，故鮮所闕佚”。今國家圖書館藏一清鈔本，録有吴之振跋。

《四部叢刊續編》影宋本文字頗佳，尤其是詩文自注，文獻價值很高。但也偶有訛誤，可以四庫本校正。兩本間有異文，不詳是傳鈔所致，抑或所據宋本有别。

《全宋詩》《全宋文》俱以《四部叢刊續編》本爲底本。

【參考文獻】

葉夢得《北山小集序》（《四部叢刊續編》本《北山小集》卷首）

鄭作肅《北山小集後序》（同上）

黄丕烈、錢大昕等宋本及影鈔宋本《北山小集跋》（《鐵琴銅劍樓藏書題跋集録》卷四，參《蕘圃藏書題識》卷八）

張金吾、邵淵耀《張蓉鏡鈔本北山小集跋》（《四部叢刊續編》本卷末，人各一文）

張元濟《影印北山小集跋》(同上)

莊簡集十八卷

李 光 撰

李光(一○七八——一一五九)，字泰發，越州上虞(今浙江上虞)人。崇寧五年(一一○六)進士，紹興時官至參知政事，極論金不可信，和不可恃，斥秦檜懷姦誤國，責官。檜死，得復官秩。卒，謚莊簡。胡銓《跋李泰發參政詩集》，稱"此林氏所集參相李公詩文也，編次甚精。予蒙恩北歸，行瓊山道中，日讀不廢手"云云，時在紹興丙子(二十六年，一一五六)。題稱"詩集"，而又謂林氏所集"李公詩文"，然其下所舉皆爲詩，蓋所跋實爲詩集也。除胡跋外，今未見其他宋人板刻序跋，其文集宋代編刊情況不詳。

李光詩文集，晁、陳二氏未著録，唯《宋志》載"李光《前》《後》集三十卷"。原本明末尚傳，《文淵閣書目》卷九著録"《李莊簡全集》一部八册，全"；《内閣書目》卷三謂"全"，"凡二十六卷"。後散亡，今傳爲大典本。《四庫提要》述其源流道：

> 其集目載於《紹興正論》者四十卷，載於《宋史·藝文志》者《前》《後》集三十卷，載於焦竑《國史經籍志》者二十六卷，錯互不合。錢溥《秘閣書目》、葉盛《篆竹堂書目》俱載有《莊簡集》八册，是明初尚存。其後散佚，原目多寡，遂無可考證。今從《永樂大典》中掇採編次，其詩

四百二十五首,詞十三首,雜文二百六十五首,釐爲十
八卷。

乾隆翰林院鈔本,今藏國家圖書館。大典本録入《四庫全
書》。文淵閣四庫本,民國時嘗影印入《四庫全書珍本初集》。
其卷目編次爲:卷一至七,詩;卷八至一二,奏議;卷一三,表、
狀、啟;卷一四、一五,書;卷一六,序、記、碑、辭、銘、贊;卷一
七,題跋、雜著;卷一八,祭文、墓記、墓誌銘、塔銘。國内圖書
館猶存清鈔本數部,皆源於大典本。

《全宋文》用影印文淵閣《四庫全書》本爲底本,輯得集外
文三十篇。《全宋詩》底本同,輯得集外詩十三首。

【參考文獻】

胡銓《跋李泰發參政詩集》(乾隆本《澹菴集》卷三二)

苕溪集 五十五卷

劉一止 撰

劉一止(一○七八——一一六○),字行簡,湖州歸安(今浙
江湖州)人。宣和進士,累官中書舍人、給事中。逝世後,門
人韓元吉爲其作《行狀》(見《苕溪集》卷五四),稱"有《類稿》五十
卷藏於家"。韓淲(元吉子)《澗泉日記》卷中曰:"先公出入其
門,爲作《行狀》,號《苕溪先生集》,刊行於世。"則其文集,韓
氏父子所述之本書名不同。《解題》卷一八著録道:

《非有齋類稿》五十卷,給事中吳興劉一止行簡撰。

宣和三年（一一二一）進士，居瑣闥僅百餘日，忤秦檜罷去。閒居十餘年，以次對致仕。檜死，被召，力辭，進雜學士而終，年八十二（祝按：其子劉玶謂八十三，詳後引），實紹興庚辰（三十年，一一六〇）。

《通考》卷二三九、《宋史》卷三七八本傳所述與《解題》同；《宋志》先著録"劉一止《苕溪集》五十五卷"，又著録"《劉一止集》五十卷"，原注曰："《苕溪集》多五卷。張攀《書目》以此本（按指五十卷本）爲《非有齋類稿》。"後人多不悉《苕溪集》五十五卷本之源，蓋未細考《宋志》之故（《宋志》將兩本分録於兩處，易被人忽略。《宋志》編排雜亂無章，宜爲後人所譏）。據《宋志》及其原注引張攀《中興館閣續書目》，知五十卷本名曰《非有齋類稿》，五十五卷本名曰《苕溪集》。《類稿》既已見於《行狀》，當裒次於作者生前。《繡谷亭薫習録》據《國史經籍志》，以爲兩本"一書字，一書名，其誤特甚"，蓋吳氏未考《宋志》，其實焦氏不誤。今按《苕溪集》卷五一末（宣統三年刊本。四庫本在卷五二末）有劉玶題記，曰：

　　右二文（祝按：指該卷所收雜著二篇，即《題陳都官墓芝亭石刻後》《故宋太宜人莫氏墓誌銘》）乃先公八十三歲時作，嘗語子孫："此文入石，吾不及見矣。"是年季冬捐館，如前云，故表於此卷。孤玶泣血謹書。

此卷爲劉玶所增，自無疑義；然以理推之，所多五卷應皆爲劉玶輯補。前引《澗泉日記》即稱《苕溪先生集》已刊行於世，而《日記》作者韓淲既爲劉一止門人之子，則當與劉玶同時或稍晚，因知《苕溪集》之刊行，必出劉玶之手。蓋《非有齋類稿》編於作者生前，尚有未及入編之文，故其子續編爲五卷（文只三卷,末兩卷爲行狀、誥詞)增附於後;又因新刊本較《類稿》卷帙加多,爲相區别,遂改題曰《苕溪集》。殆因《苕溪集》較《類稿》爲全,故獨流傳,《類稿》遂漸被取代以至湮没。以上雖係推測,當不至大謬。明乎此,方能悉是集版本源流。

《苕溪集》元、明兩代似無刊本,然宋槧明代殆猶傳世。《文淵閣書目》卷九著録"劉行簡《苕溪集》一部十二册,全";《内閣書目》卷三曰:"《苕溪集》十册,全。……凡五十五卷。又十一册,全。"《江陰李氏得月樓書目摘録》、《絳雲樓書目》卷三皆有五十五卷本。至清代,則僅以鈔本流傳。今大陸各圖書館著録清鈔本凡十七部,臺北"中央圖書館"藏舊鈔本二部,皆爲《苕溪集》五十五卷。丁丙謂"世之傳鈔,皆本於朱氏曝書亭"(《善本書室藏書志》卷二九)。傳鈔本中,多爲影宋鈔本,如《經眼録》卷一四所記舊寫本,每半葉十行二十字,"卷中於宋諱皆注明,是從宋刻鈔出者"。各鈔本之卷七皆脱詩二十一題三十三首,説明同出一源。《四庫總目》著録鮑士恭家藏本,《提要》謂"前有曝書亭印記,蓋朱彝尊家舊鈔"。其卷目編次爲:卷一,古賦;卷二至八,詩;卷九,策、策問;卷一〇,講義;卷一一,狀;卷一二,札子;卷一三、一四,奏狀;卷一五,故事;卷一六,書;卷一七至一九,表;卷二〇、二一,啟;卷二二、二三,記;卷二四,銘、贊、偈、序;卷二五,疏語;卷二六,祝文、疏語;卷二七,請疏、題跋;卷二八,啟狀、致語;卷二九,青詞、祭文;卷三〇,祭文、行狀;卷三一至四七,外制;卷四八,墓碑;卷四九至五一,墓銘;卷五二,雜著;卷五三,樂章、詞;卷五四,劉公行狀;卷五五,告詞。末兩卷皆他人所作,實爲附録。

宣統三年(一九一一),朱祖謀得原丁丙善本書室藏舊鈔本《苕溪集》之傳録本（丁氏《善本書室藏書志》謂亦源於曝書亭本），由沈耀勳付梓以行。是刻每半葉十二行二十二字，黑口，左右雙邊。宣統本今尚傳世，爲是集現存之唯一刊本。然丁氏舊鈔本乃輾轉傳寫，頗多脱漏，故嚴重影響刻本質量。傅增湘於一九二六年（丙寅）用璜川吳氏舊藏鈔本（詳《經眼録》卷一四）校宣統本，補卷七詩半首（吳氏本卷七脱詩同，唯《親征》詩尚存半首），卷一六、一七兩全卷，改補佚文訛字凡六百八十九字，作《苕溪集校本跋》詳記之。傅氏校跋本今藏國家圖書館，爲是集善本。

　　《全宋詩》用清擁萬堂鈔本爲底本。《全宋文》用影印文淵閣《四庫全書》本爲底本。

【參考文獻】

　　　朱祖謀《宣統刊苕溪集跋》（宣統三年刊本《苕溪集》卷末）
　　　傅增湘《苕溪集校本跋》（《藏園群書題記》卷一四）

浮溪集三十二卷

汪　藻　撰

　　汪藻（一〇七九——一一五四），字彦章，饒州德興（今江西德興）人。崇寧二年（一一〇三）進士。高宗時累官至翰林學士，擅詩文，尤長於四六。出知徽州、宣州。諸論其爲蔡京客，奪職，居永州。蔡京死，復職。衢本《讀書志》卷一九著録《汪彦章集》十卷，蓋爲早年刊本。孫覿《汪公墓誌銘》（《鴻慶

集》卷三四)曰："公之文有《浮溪集》六十卷行於世,《後集》若干卷。"《解題》卷一八著録道:

> 《浮溪集》六十卷,翰林學士婺源汪藻彦章撰。四六偶儷之文起於齊、梁,歷隋、唐之世,表章、詔誥多用之。然令狐楚、李商隱之流號爲能者,殊不工也。本朝楊、劉諸名公猶未變唐體,至歐、蘇始以博學富文爲大篇長句,叙事達意,無艱難牽强之態,而王荆公尤深厚爾雅,儷語之工,昔所未有。紹聖後置詞科,習者益衆,格律精嚴,一字不苟措,若浮溪尤集其大成者也。

據《墓誌銘》,《浮溪集》六十卷在作者身前已經板行,孫覿爲作序,稱"所爲書文若干首傳天下,號《浮溪集》,凡若干卷,公以書屬故人孫某爲之序",云云。《讀書附志》卷下曰:

> 《浮溪先生文集》六十卷、《猥稿外集》一卷、《龍溪先生文集》六十卷,右汪藻字彦章之文也。《讀書志》止載《汪彦章集》十卷,希弁所藏《浮溪》《龍溪》兩本,卷秩皆六十卷。藻德興人,崇寧二年進士,建炎中爲中書舍人、權直院;紹興中爲兵侍,改翰林,出知湖州,改撫州,提舉太平宫。黜居於永,累赦不宥,凡八年而卒。藻工於儷語,所爲制詞人多傳誦。集乃孫覿序。

《龍溪先生文集》,疑即《墓誌銘》所稱"後集",當於作者身後刊行。《通考》卷二三八從《解題》。《宋志》只著録《汪藻集》六十卷,蓋即《浮溪集》。

宋刻各集,皆久佚不傳。明《文淵閣書目》卷九著録"《汪浮溪文集》一部十册,殘闕。又《汪浮溪文集》,一部十册"。至《內閣書目》,僅有文集二册。他如《萬卷堂書目》卷四、《澹生堂藏書目》卷一三、《徐氏家藏書目》卷六等唯載《文粹》十五卷。《絳雲樓書目》卷三有"汪藻《浮溪文粹》"，陳景雲注曰："六十卷，孫覿序。"按《文粹》今存，僅十五卷(詳後)，陳氏蓋將文集與《文粹》混爲一書。《四庫提要》曰："趙汸跋羅願小集，謂浮溪之文，再更變故，失傳頗多。則明初已非完帙，其後遂亡佚不存。"《四庫簡目標注》稱《浮溪集》"有明刊本，罕見"，不詳何據。

今存《浮溪集》三十二卷乃大典本。《四庫提要》曰：

> 今檢勘《永樂大典》所載，視《文粹》所收，不啻倍蓰。雖未必盡符原數，而什可得其六七。……謹采掇編次，依類分排，其有《永樂大典》所失載者，即以《文粹》參校補正，考辨異同，釐爲三十六卷。

大典本録入《四庫全書》，刊入《武英殿聚珍板叢書》。今檢此兩書皆三十二卷，蓋館臣嘗依例删除青詞、朱表之類凡四卷。其卷目編次爲：卷一、二，奏疏；卷三至六，表；卷七至一〇，外制；卷一一至一六，内制；卷一七，謚議、策問、序跋；卷一八、一九，記；卷二〇，碑、傳；卷二一，銘、贊、祭文、書札；卷二二、二三，啟；卷二四，神道碑、行狀；卷二五至二八，誌銘；卷二九至三二，詩(末爲詞三首)。聚珍本之閩覆本、廣雅書局本有孫星華輯《拾遺》三卷。《四部叢刊初編》據武英殿聚珍本影印。

所謂《浮溪文粹》，凡十五卷，"首載敕、制、表、奏，次及記、序、碑、傳、跋等類，凡八十五篇"(正德本《浮溪文粹》馬金《後序》)。《四庫全書》另著録，《提要》謂"其爲何人所編録，則原本不載，他書亦未言及，不可得而復考矣"。所選詩文雖未能窺全豹，然"采掇菁華，亦已略具。其去取尚有別裁，故所録大半精腴，頗足以資諷誦"。《文粹》今存明正德元年（一五〇六）馬金刻本，國家圖書館及上海、南京、浙江、山東等圖書館著録；嘉靖元年（一五三〇）汪栻刻本，唯見臺北"中央圖書館"著録。嘉靖三十四年錢芹刻，萬曆四十三年（一六一五）王景勳重修本，今國家圖書館（有鈔配）、南京圖書館著録。又明刻《浮溪遺集》十五卷、附録一卷，今南京圖書館著録（有鈔配），清康熙七年（一六六八）汪士漢居仁堂有重刻本。

　　大典本《浮溪集》雖已據《文粹》補入《永樂大典》失載之文，然作者佚詩文尚多，其中部分篇目，陸心源已列入其《浮溪集跋》中。然而陸氏所舉仍不全。《全宋文》用影印文淵閣《四庫全書》本爲底本，輯得佚文一百八十五篇。《全宋詩》底本同，輯得佚詩四十七首。

【參考文獻】

　　孫覿《浮溪集序》（影印文淵閣《四庫全書》本《鴻慶居士集》卷三〇）
　　陸心源《浮溪集跋》（《儀顧堂集》卷一五）

陵陽先生詩集四卷

韓　駒　撰

　　韓駒（一〇八〇——一一三五），字子蒼，號牟陽，仙井監（今四川仁壽）人。政和初召試舍人院，賜進士出身。宣和中遷中書舍人。少以詩爲蘇轍推賞，因坐鄉黨曲學。爲江西詩派後期作家，世稱陵陽先生。其集編刊情況不詳。衢本《讀書志》卷一九著録道：

> 《韓子蒼集》三卷。右皇朝韓駒字子蒼，仙井人。政
> 和初詣闕上書，特命以官。累擢中書舍人，權直學士院。
> 王黼嘗命子蒼詠其家藏《太乙真人圖》詩，盛傳一世。宣
> 和廷臣，獨以能詩稱云。

《解題》卷一八曰：

> 《陵陽集》五十卷，中書舍人仙井韓駒子蒼撰。自幼
> 能詩，黃太史（庭堅）稱其超軼絶塵，蘇文定（轍）以比儲
> 光羲。游太學，不第，政和初獻書召試，賜出身。後入西
> 掖，坐蘇氏鄉黨曲學罷。

又《解題》卷二〇“詩集類”著録《陵陽集》四卷、《別集》二卷，
乃江西詩派詩集本（詳下）。《通考》卷二四五著録《韓子蒼
集》三卷，同《讀書志》；卷二三九著録《陵陽集》五十卷，同《解
題》。《宋志》則爲《陵陽集》十五卷、《別集》三卷。按陳氏所
録五十卷本，殆是全集，王十朋《陳郎中公說贈韓子蒼集》詩
（《梅溪後集》卷二）所謂“丈人珍重贈全集，開卷爛然光焰長”，當
即此種。《宋志》所載“十五卷”，疑爲“五十卷”之倒。

　　宋刊各集，明代官私書目罕有登録。《絳雲樓書目》卷三
嘗著録“韓子蒼《陵陽集》”，陳注爲“五十卷”。則全集本殆明
末清初猶傳世，後毀亡。今唯存詩派本《陵陽先生詩集》
四卷。

　　詩派本四卷，今存皆鈔帙，以日本大倉文化財團所藏明
菴羅菴鈔、清徐時棟手識本爲古。該本“係紅格鈔本，有丙子
秋録、甲辰重鈔菴羅菴識語。卷頭題‘江西詩派’。有硃筆點
及墨筆校語，並有徐時棟收書識語，署同治八年（一八六九）。

卷中有'菴羅菴'、'何元錫'、'犀'、'樹程'、'高邁盦'、'煙羅子'、'徐時棟秘笈'、'柳泉書畫'、'城西艸堂'等印記"(《日藏漢籍善本書錄》)。此本當即《解題》卷二〇著錄之《陵陽集》四卷,而佚其《别集》二卷。

傅增湘《經眼錄》卷一四嘗記另一明寫本,每半葉九行十八字,首卷次行有"江西詩派"四字,遇宋帝空格,鈐有"毛子晉讀書記"、"虞山錢曾遵王藏書"等印記。按《汲古閣珍藏秘本書目》載《陵陽先生集》四卷二本,韓駒字子蒼,竹紙舊鈔",殆即此本。今未見著錄。

今國内各圖書館猶藏是集清鈔本凡十餘部,如國家圖書館藏葉林宗舊藏本(原爲陸心源捐送國子監本,參《皕宋樓藏書志》卷八一、《中國善本書提要》)、勞權手校本(參傅氏《經眼錄》卷一四)、上海圖書館藏金氏文瑞樓鈔本,南京圖書館藏吳潢川、汪魚亭舊藏本及王氏十萬卷樓舊鈔本(參丁氏《善本書室藏書志》卷二九),以及上海、遼寧、重慶三圖書館所藏清初鈔本,等等。《四庫全書》著錄鮑士恭家藏本。後來繆荃孫得鮑氏鈔本,有"歙鮑氏知不足齋藏書"、"知不足齋鮑以文藏書"兩朱文方印,疑即四庫底本,詳《藝風藏書記》卷六,此本今不詳何在。各鈔本卷首多有"江西詩派"字樣,同源於宋《詩派》本,然因輾轉傳錄,文字例多舛訛。

清宣統二年(一九一〇),沈曾植刊《西江詩派韓饒二集》,其中有韓氏《陵陽詩集》四卷。據沈氏序,韓集用曹溶(倦圃)所藏舊本爲底本。曹氏本,《藝風藏書記》卷六嘗著錄,道:

> 《陵陽集》四卷,舊鈔本。有"檇李曹氏"朱文長方印,"曹溶"朱文、"鉏菜翁"朱文兩方印,"安樂堂藏書記"、"明善堂珍藏書畫印記"兩朱文長方印,"宣城李

氏”、“瞿硎石室圖書印記”朱文長印。

曹氏鈔本並不精善，故刊本亦有訛誤。傅增湘以毛氏汲古閣寫本及另一舊寫本校之，頗有改訂，沈氏遂補刊校記附於其書之後。沈刻本爲韓集現存之唯一刊本。

　　韓駒詩文散佚嚴重。《全宋詩》用影印文淵閣《四庫全書》本爲底本，輯得集外詩五十首。《全宋文》輯得各體佚文甚多，共編爲四卷，蓋《解題》所録《陵陽集》五十卷之遺也。

【參考文獻】

　　沈曾植《重刊江西詩派韓饒二集序》（錢仲聯輯《沈曾植海日樓文鈔佚序》，《文獻》一九九〇年第四期）

盧溪先生文集五十卷

王庭珪　撰

　　王庭珪（一〇八〇——一一七二），字民瞻，自號盧溪真隱，世稱盧溪先生，吉州安福（今江西安福）人（按：“盧溪”，“盧”又作“蘆”、“瀘”。安福縣有瀘水，似當作“瀘”。茲各依舊）。政和八年（一一一八）進士。紹興十二年（一一四二），胡銓乞斬秦檜貶官，庭珪獨以詩送行，坐流夜郎。孝宗初召爲國子主簿。周必大《王公庭珪行狀》（《周文忠公集》卷二九）曰：“所著書有《盧溪集》五十卷。”胡銓《王公墓誌銘》（《澹菴集》卷二九）亦稱“有《瀘溪集》五十卷”，並爲之作集序。胡氏序未言付梓事，蓋作者逝世時，文集尚未刊行。

淳熙丁未（十四年，一一八七），謝諤作《盧溪先生文集序》，稱“儒林於詩久以厭飫，而文乃未廣。有友劉江伯深，慨然編集，詩也文也，相與並行於世”。則作者詩集，此前似已有刊本，至是方有詩文全集本。次年，楊萬里再序其集，略曰：“先生之孫澹及曾孫澂，及其門人劉江，詮次先生之詩文凡五十卷，將刻棗以傳，而太守朱公子淵復刻其詩於（吉州）郡齋，澹屬萬里序之。”則是年知吉州朱氏又覆刻其詩集。

陳氏《解題》卷二〇“詩集類下”著録道：

> 《盧溪集》七卷，直敷文閣廬陵王庭珪民瞻撰。政和八年進士。仕不合，棄去，隱居數十年。坐作詩送胡邦衡（銓）除名，徙辰州，年已七十矣。阜陵（孝宗）初政，召爲國子監主簿，九十餘乃終。寄禄纔承奉郎，澤竟不及後。周益公（必大）在位，欲委曲成就之，卒不可。

《通考》卷二四五同。《宋志》著録《盧溪集》十卷，疑別有其本，或詩文集“五十卷”之脱。

庭珪詩集、文集宋刻本久已散亡。明《萬卷堂書目》卷四嘗著録“《瀘溪集》五十卷”；《徐氏家藏書目》卷六亦有其目，不詳卷數版本。《汲古閣珍藏秘本書目》載有“《王瀘溪集》十本，宋板影鈔”，後無蹤跡。《絳雲樓書目》卷三登録《盧溪集》七卷，當即《解題》所録詩集，亦已失傳。今以明刊文集五十卷本爲古。

是集明槧，《增訂四庫簡目標注‧續録》謂有明初本，不詳所據，久無其書。今僅存嘉靖五年（一五二六）梁英刻本，大陸著録六部（含殘本），臺北“中央圖書館”著録一部，又日本尊經閣文庫藏一部，静嘉堂文庫藏鈔嘉靖本一部（見《静嘉堂秘籍志》卷三五）。北京大學圖書館所藏嘉靖本，乃李氏書，《木犀軒藏書書目》詳記之曰：

半葉十行，行二十字。前有胡銓序，謝諤序，楊萬里序。胡序後有"劉氏晉齋重刊"篆書木記二行。謝序後有"吉州東崗劉宅梅溪書院善本"一行。楊序後有鐘式墨記，文與上同。各序後按"盧溪先生行實"，所列爲誥詞、行狀、墓誌、像讚、題跋。卷一標題，次行"左承奉郎直敷文閣主管台州崇道觀王庭珪民瞻"，三行"門人劉江編"。卷五十後有"盧溪先生脱稿"二葉，或僅存題，或存斷句不全之詩。末有嘉靖五年崑山張寰、常熟鄧韍二序，序謂葉文莊公（盛）得劉氏刻本，録而藏之，寰因借得，會静齋陳公出撫南畿，因以是集請陳公付常熟縣令梁君（英）刻之云。

今按張寰序在如上李氏所引之後，猶稱"是歲五月入梓，八月以訖工告"。是本古近體詩二十五卷、雜文二十五卷（詳目參《善本書室藏書志》卷二九所記雍正謝浦泰鈔嘉靖本，該本今藏南京圖書館）。葉氏所得吉州東崗梅溪書院善本，亦即劉氏晉齋重刊本，當是重刊劉江淳熙本。然晉齋劉氏爲何許人，重刊於何時，皆不詳。

清康熙、雍正間有王冷溪刻本，今唯臺北"故宮博物院"著録，未見。乾隆五十一年（一七八六），愛敬堂嘗重刊嘉靖本，今復旦大學圖書館、南京圖書館、湖北省圖書館著録。該本有二十四世孫王璇所作《重修集識》，略曰：

當夫淳熙年間，公之次孫澹公、曾孫澂公暨其門人劉江先生，曾爲編次而登梨棗，以志不朽。延及五世，裔孫樸公、萊公景定庚申（元年，一二六〇）來遷冷溪，猶且烺烺炳著。滄桑而後，不能永保其不壞矣。前明嘉靖丙戌（五年），常熟縣令梁公（英）雖覓鈔本而復刻之，然亦無有在者。所幸族內藏有遺編，歷世遞相珍重，以延薪傳。際今天子御極，聰明天亶，聖德汪洋，廼於（乾隆）三十七年（一七七二）詔採遺書，舉凡先朝文臣著述，悉詢訪之，而此亦得邀搜羅焉。第惜刊板不再，文傳難廣，甚爲當代名公鉅卿所憾。……用始謀諸父老，……以付諸梓。凡閲兩春，剞劂告竣。

該本內封題“乾隆五十一年重鐫《王瀘溪文集》”，後附《竹西殘集》，愛敬堂藏板。次爲楊萬里、謝諤、胡銓、張寀等舊序，再次爲行實、目録。卷首有題署四行，曰：“宋左承奉郎、敷文閣主管台州崇道觀王庭珪民瞻手著，門人劉江伯深編次，孫澹無極、曾孫澂見可校梓，嫡孫冷溪容孫、愛孫、仲孫等重修，二十四世孫璇編稿。”正文五十卷後有“脫稿”。後附刻《竹西聽雨殘集》，乃王庭珪九世孫王尊陽（字彦節，元末人）所著。每半葉九行，每行二十四字。白口，上下雙邊。正文版心魚尾上方刻“瀘溪文集”，魚尾下刻卷數，再下爲葉數。

《四庫全書》著録黄登賢家藏本，即嘉靖本，其底本今藏湖南省圖書館，存卷四至卷五〇，凡四十七卷。四庫本卷目編次爲：卷一至二四，詩；卷二五，挽詞；卷二六至三〇，書；卷三一、三二，手簡；卷三三，論；卷三四、三五，記；卷三六、三七，序；卷三八、三九，啟；卷四〇，上梁文、致語、疏；卷四一，銘、贊、頌、偈、祭文；卷四二至四六，墓誌；卷四七，行狀；卷四八至五〇，題跋。後爲《瀘溪文集脫藁》，除三首殘詩外，其餘有詩題而無文。末爲附録。

傅氏《經眼録》卷一四記一明寫本，爲《瀘溪先生文集》二十卷，十行二十一字，卷一標題下有“門人劉江編集”、“文林郎知江華縣事郡人蕭舉校正”、“中順大夫知永州府事宗孫爵

重刊"三行。有乾道壬辰胡銓序，淳熙丁未謝諤序，序後有
"吉州東崗劉宅梅溪書院繕本"一行。鈐有"李兆洛印"、"養
一"及"巴陵方氏"印。傅氏按曰：

> 嘉靖本五十卷，四庫著録同，此本獨作二十卷，細審
> 篇第，大體不異，惟逐卷歸併耳。余取嘉靖本對校，別有
> 跋語著其異同焉。考卷一及卷□有校正重刊銜名兩行，當
> 是明代重刊，然改正嘉靖本誤脱至夥，則所從出亦舊本也。

明寫本今未見著録，知永州王爵重刊本亦不傳，今唯上海圖
書館著録有清鈔二十卷本。傅增湘校、跋之嘉靖本（卷八至
二五配鈔本），今藏國家圖書館。

《全宋詩》《全宋文》俱以明嘉靖五年梁英刻本爲底本，
《全宋詩》輯得集外詩九首。

【參考文獻】

胡銓、謝諤、楊萬里《盧溪先生文集序》（嘉靖本《盧溪先生文集》卷
首，人各一序）

張寀、鄧軾《盧溪先生文集跋》（同上卷末，人各一跋）

王璇《重修集識》（乾隆五十一年刻本《王瀘溪文集》卷末）

太倉稊米集七十卷

周紫芝　撰

周紫芝（一〇八一—?），字少隱，自號竹坡居士，宣城（今
屬安徽）人，晚居九江。紹興十二年（一一四二）進士，歷左司

員外郎、知興國軍。嘗自序其集，述其平生學詩甘苦，以及結集並名集之由，略曰：“小兒曹未嘗學文，不識詩病，誤以爲好，而掇拾其遺，得若干卷，録而藏之，問名於余。余告之曰：‘文章一小技，於道未爲尊’也。……昔者山谷先生書告其甥曰：‘文章直是太倉一稊米耳。’”按《莊子·秋水》有“計中國之在海内，不似稊米之在太倉乎”句，書名蓋取於此。則集雖作者諸子所裒輯，其實乃自定，然生前似並未付梓，故後來陳公紹稱襄陽本爲“始鋟”（詳下）。

乾道元年（一一六五），知江州唐文若作《太倉稊米集序》，稱“逮守九江之明年，歲次甲申（孝宗隆興二年，一一六四）冬至後三日，今吏部侍郎陳君季陵經從，集庾樓上，出公《太倉稊米集》七十卷，命余爲序”云云。所稱陳季陵，名天麟，著有《攖寧居士集》。陳氏亦作《太倉稊米集序》，謂其未第時嘗從周紫芝學詩，“前年過九江，公家在焉。往拜遺像，哭而吊其孤，誦其餘文，以語太守唐立夫（文若）舍人”。序作於乾道丁亥（三年），“前年”即甲申歲，與唐氏序合。時陳天麟知襄陽軍府，是集即初刊於襄陽。

十七年後，陳公紹任襄陽學官，嫌陳天麟刊本校勘刻板不精，於是重加修整，跋略曰：

> 乾道丙戌（二年），其鄉人殿撰陳公天麟帥襄陽，始鋟諸木，然校勘之不精，刻畫之舛錯，凡三百八十有五，而爲字千餘。淳熙辛丑（八年，一一八一）春，公紹赴襄陽學官任，道過九江，見左司之仲子疇，得其家藏善本。比至，重加是正，命工修整，庶幾觀者靡有疑。時淳熙癸卯（十年）孟夏中澣。

陳氏《解題》卷一八著録《太倉稊米集》七十卷，當即襄陽刻本。《通考》卷二三九、《宋志》著録同。

　　明《文淵閣書目》卷九著録"周紫芝《太倉稊米集》一部十册，全"。《篋竹堂書目》卷三載"《太倉稊米集》十五册"。《内閣書目》卷三曰："《太倉稊米集》十五册，全，……凡七十卷。"《脈望館書目》除《太倉稊米集》外，又録有"《周右司集》二本"，不詳爲何書。《近古堂書目》卷下、《絳雲樓書目》卷三皆著録"宋板周紫芝《太倉稊米集》"。則是集宋槧，至明末清初猶不止一帙，惜後皆散佚。

　　《增訂四庫簡目標注》稱有明初刊本，查各家書目未録，不詳何據。今存皆爲鈔帙，以上海圖書館所藏明鈔本爲古。該本有葉德輝跋，稱其字"極草率，訛誤甚多"；又謂"前卷首有'秀水朱氏潛采堂圖書'朱文篆書方印，下有'檇李'二字白文篆書方印，蓋朱竹垞曝書亭舊藏本。半葉十行，行二十一字。不知鈔自何本，以行字考之，似是出於宋刻"（參見《郘園讀書志》卷八）。此外國内及日本猶藏清鈔本十餘部。吳氏《繡谷亭書録》稱其所藏鈔本"從絳雲樓宋本録出"。故宋刻雖亡，輾轉傳録，原本一脈尚存。如南京圖書館藏丁氏舊鈔影宋本，《善本書室藏書志》卷三〇謂"末有淳熙癸卯陳公紹誌語，併程光遠、王收、程恭、孫光祖銜名，猶存宋槧舊式"。上海圖書館藏沈氏鳴野山房鈔本、金氏文珍樓鈔本，皆經名家收藏。北京大學圖書館藏李氏書中，有是集鈔配本，清徐時棟跋，鈐有"城西草堂"界格朱文方印，"柳泉書畫"白文、"徐印時棟"朱文二方印，末有襄陽刊板跋語及銜名五行（見《木犀軒藏書書目》），當亦源於宋本。

　　日本静嘉堂文庫所藏陸氏書中，有影宋鈔本一部，共十册，卷末有黃丕烈手跋道："嘉慶辛酉（六年，一八〇一）秋，書賈收得汪氏開萬樓書，中有舊鈔《太倉稊米集》，缺五十六卷以下十五卷，因假郡中香巖書屋藏本影寫足之，以行款同也。卷中訛謬衍脱亦復不少，聊以朱筆識之，想香巖本亦傳録，非影寫宋本故爾。丕烈。”鈐有“劉棠真賞”朱文長印、“暝琴山館珍藏”朱文方印。静嘉堂猶藏有另一舊鈔本，雖非影鈔，然亦依傍宋刻。有章懍手跋，稱“是書多從閣本傳鈔，此獨依傍宋刻，行數字數俱仍其舊，尚屬乾、嘉間鈔本，可寶也”（參《皕宋樓藏書志》卷八四、《静嘉堂秘籍志》卷三六）。

《四庫總目》著録朱筠家藏本，卷末脱陳公紹跋，故《提要》未能考述是集版刻源流。朱氏本當亦爲傳鈔本。《四庫全書簡明目録》稱是書“凡樂府、詩二十七卷，文四十三卷”，今核之，實爲樂府、詩四十卷，文三十卷。卷目編次爲：卷一、二，樂府；卷三至四〇，詩；卷四一，賦；卷四二，詞、銘；卷四三，頌、贊；卷四四至四六，論；卷四七，策；卷四八，策問；卷四九，札子、雜説；卷五〇，雜説；卷五一、五二，序；卷五三，表；卷五四至五六，啟；卷五七至五九，書；卷六〇、六一，記；卷六二，上梁文、青詞、致語；卷六三，疏文；卷六四，偈、史斷；卷六五，史斷；卷六六、六七，書後；卷六八，祝文；卷六九，祭文；卷七〇，墓誌。

《全宋詩》《全宋文》皆以影印文淵閣《四庫全書》本爲底本，《全宋文》輯得佚文九篇。

【參考文獻】

周紫芝《太倉稊米集自序》（影印文淵閣《四庫全書》本《太倉稊米集》卷首）

唐文若、陳天麟《太倉稊米集序》（同上，人各一序）

陳公紹《重修太倉稊米集跋》（《皕宋樓藏書志》卷八四）

頤堂先生文集五卷

王　灼　撰

　　王灼，字晦叔，號頤堂，遂寧（今屬四川）人，紹興中嘗爲幕職官。以作《碧雞漫志》著名。其文集編刊情況不詳，《讀書附志》卷下著録道：

　　　　《頤堂先生文集》五十九卷、《碧雞漫志》一卷、長短句一卷、祭文一卷，右王灼晦叔之文也。灼，遂寧人，嘗佐總幕，故趙公爲之序。《漫志》可以見樂府之原委。

　　《宋志》著録“《頤室文集》五十七卷”，“室”當是“堂”之訛。五十九卷、五十七卷，或即一本，疑“九”、“七”兩字有一誤；或後者不計附録，今莫能詳。後三種蓋附刻，不在文集之內。

　　王灼集傳至明代已極罕覯，連秘閣亦無其書，唯《近古堂書目》卷下、《絳雲樓書目》卷三嘗著“頤堂集”之目，未注卷數。《四庫全書》未收録，蓋當時既無採進本，《永樂大典》中又不載其遺文，無從搜採。錢曾《讀書敏求記》卷四録有《頤堂集》五卷，當非完帙，然其後亦蹤迹銷匿。

　　光緒十二年（一八八六），丁丙姪立誠偶然收得宋乾道刊本《頤堂先生集》五卷，《善本書室藏書志》卷三〇記之曰：

　　　　此本卷一爲古賦，卷二、卷三、卷四爲古詩，卷五爲近體詩。一卷後有“乾道壬辰（八年，一一七二）六月王撫幹宅謹記”一條。每葉二十行，行十八字，版心記“頤堂幾”。書刻圓湛，洵宋刻之上駟。考柯維騏《宋史新編·藝文志》載《頤堂集》五十七卷（祝按：丁氏似未檢《讀書附志》及《宋志》）。此書前爲古詩三卷，而近體詩止一卷，殆什中之一耳。厲氏鶚《宋詩紀事》云灼嘗佐總幕府，選詩不出此卷，或即遵王（錢曾）之所藏者。有"城南王氏傳家之寶"、"王氏圖書"、"王璡印"、"公遠圖書"。明時王璡凡三人，一爲長山人，師事宋濂，史館編修；一爲丹陽人，永樂辛丑（十九年，一四二一）進士；一爲宣德間監察御史，究不知何屬也。灼，《四川省志》《遂寧縣志》皆無傳，《成都文類》止載《近古堂記》一篇，《詞綜》有詞數闋。

此本今藏南京圖書館，嘗影印入《續古逸叢書》《四部叢刊三編》。傅氏雙鑒樓又嘗刊入《蜀賢遺書十二種》中。《續修四庫全書》用殘宋本影印，編入第一三一七册。每卷前標"姪傅編"，而又題"王撫幹宅謹記"，則當是家編坊刻本。卷中及卷末有殘脱，總目係鈔補。傅增湘稱"驗其字體雕工，是蜀中風氣，當是蜀本"（《藏園訂補郘亭知見傳本書目》）。此本與宋人著録本卷數相差懸殊，有賦、詩而無雜文，爲宋刻殘帙無疑。

《全宋詩》用影印殘宋本爲底本，輯得佚詩十九首。《全宋文》底本同，輯得佚文十六篇。二〇〇五年，巴蜀書社出版李孝中、侯柯秀輯注本《王灼集》。該書彙《頤堂文集》五卷、《頤堂詞》一卷、《碧雞漫志》五卷、《糖霜譜》一卷、逸文十六篇爲一編，并作校、注。

【參考文獻】

丁丙《宋本頤堂先生文集跋》（《四部叢刊三編》本《頤堂先生文集》末附）

宋人別集叙録卷第十六

鴻慶居士集四十二卷 孫尚書大全文集五十七卷 南蘭陵孫尚書大全文集七十卷

孫覿撰

孫覿(一〇八一——一一六九),字仲益,號鴻慶居士,晉陵(今江蘇常州)人。大觀三年(一一〇九)進士,又於政和四年(一一一四)舉詞學兼茂科。歷官翰林學士,吏、戶二部尚書,忤執政,歸隱太湖。精四六,然人品低劣,貪贓枉法,爲人所不齒。慶元己未(五年,一一九九),其子介宗哀集遺詩文成集,刊於興國軍(今湖北陽興縣)郡齋,跋稱"僅得四十二卷。先君自號曰鴻慶居士。集今閩中有鏤版者,多訛舛。介宗不孝之孤,假守富川,吏退之餘,復加訂正,刊於郡齋。敬當百拜乞叙於一代鴻儒,爲不朽之傳云"。所請"鴻儒"爲周必大,其序中引用孫介宗書,謂"先君文稿,中更兵燼,存者無幾,而閩、蜀所刻,復雜翟忠惠(汝文)之文,大懼不足傳信。今定爲四十二卷,其未備者方哀次《外集》"云云。據序、跋,知興國軍刊本之前,已有閩、蜀刻本,唯多舛訛耳。

陳氏《解題》卷一八著録道：

> 《鴻慶集》四十二卷，户部尚書晉陵孫覿仲益撰。大
> 觀三年進士，政和四年詞科。《代高麗謝賜燕樂表》，膾
> 炙人口。生元豐辛酉，卒乾道己丑，蓋年八十有九，可謂
> 者宿矣。而其平生出處，至不足道也。嘗提舉鴻慶宫，
> 故以名集。

《通考》卷二三八、《宋志》同。所録當即興國軍刊本。

除四十二卷本外，趙氏《讀書附志》又著録《孫尚書大全
集》五十七卷，乃别是一本。此本編刊情況不詳，後將述及。

明《文淵閣書目》卷九著録孫氏文集凡三本："孫氏《鴻慶
集》一部十册，全。《孫尚書大全集》一部四册，闕。《孫尚書
尺牘》一部三册，闕。"《澹生堂藏書目》卷一三、《絳雲樓書目》
卷三皆載《鴻慶集》四十二卷。今存四十二卷本、五十七卷本
（殘）、七十卷本三類，書名各異，所收詩文數量亦各不相同，
蓋版本系統異也。諸家所謂《尺牘》，當即《内簡尺牘》，今存
李祖堯注本，本書另立目考述。以下分別述其文集各本。

一、四十二卷本，即《鴻慶居士集》。此乃孫氏家編本。
前述慶元興國軍刊本久已失傳，今以明鈔本爲古。明鈔本凡
二部，均藏上海圖書館。其一爲明山泉書舍寫本，係潘氏滂
喜齋遺書，傅增湘《經眼録》卷一四記之曰：

> 棉紙藍格，十一行二十字，版心有"山泉書舍"四字。
> 前有周必大序，（大字，七行。）鈐有"蒼巖山人書屋記"。書
> 衣上有題記："正定縣呈送宋孫氏原鈔著《鴻慶集》一部，
> 計□（原空）卷，共十本，係原任紹興府梁彬家藏之書。"

傅氏又有跋，稱此鈔本"卷帙整齊，紙幅寬展，字蹟亦明爽悦

目。前周益公序，後介宗跋，皆摹寫大字，半葉七行，行十四字，是從宋板仿寫之證”。

上海圖書館所藏另一明鈔本，乃祁氏澹生堂鈔本，版心下方有“澹生堂鈔本”五字。

除明鈔本外，是集今猶存清鈔本數部，如國家圖書館藏呂氏講習堂鈔本、章鈺跋清鈔本，南京圖書館藏丁氏舊鈔本（參《善本書室藏書志》卷二九），上海圖書館藏知聖道齋鈔本，等。知聖道齋鈔本有彭元瑞校並跋，跋稱“此本從知不足齋借讎再過，差少訛字”（詳《知聖道齋讀書跋》卷二）。

日本静嘉堂文庫亦藏有清鈔本一部，乃陸心源得於吴焯（尺鳧）繡谷亭之本（見《皕宋樓藏書志》卷八二、《静嘉堂秘籍志》卷三五）。陸氏有跋，稱以《大全集》（即七十卷本，詳後）校之，四十二卷本所無者，“文九百餘首，詩八十五首，翟忠惠之文或在其中，今不可考矣。此本有而《大全》無者，詩五首，輓詞六首，表四首，啟三首，記七首，外制三首，札子兩首，昏書兩首，序四首，題跋十四首，贊一首，墓誌十一首”。

《四庫總目》著録馬裕家藏本，爲《鴻慶集》四十二卷，當亦爲傳鈔本。然《四庫提要·内簡尺牘編注提要》稱“覲所撰《鴻慶集》，自三十七卷至五十卷皆書帖”云云，而《鴻慶集》僅四十二卷，所云當爲《南蘭陵孫尚書大全文集》。館臣手中既有《大全集》而不收録，蓋以《鴻慶集》四十二卷本出於孫氏家編，最爲可靠，然《提要》中應有所交代。《四庫提要辨證》引繆荃孫《孫尚書大全集跋》，已言其非。四庫本卷目編次爲：卷一至六，詩；卷七，挽詞；卷八、九，表狀；卷一〇至一二，書；卷一三至二〇，啟；卷二一至二三，記；卷二四至二六，外制；卷二七，札子；卷二八、二九，雜文；卷三〇、三一，序；卷三二，書跋、銘、贊；卷三三至四○，墓誌銘。

光緒二十一年（一八九五），盛宣懷將四十二卷本《鴻慶居士集》刊入《常州先哲遺書》，所用底本乃鈔本，跋稱“自宋之今，輾轉傳鈔，訛脱不可勝舉。前在京師，假得臨清徐梧生（坊）户部影宋寫本，係借書園舊藏，行款均自宋本出，而訛脱亦甚。卷三十二缺一葉，借錢塘丁氏本補足。卷三十四缺一葉，丁氏本亦缺，無從補矣”。盛氏本乃繆荃孫所校刻，其不取大全集本爲底本，即因周必大序稱閩、蜀所刊多雜有翟文之故。繆氏後來又以《大全文集》所溢出之詩文凡九百六十八首，編爲《補遺》二十卷，於光緒二十四年刻入《常州先哲遺書後編》中。

二、五十七卷本，題《孫尚書大全文集》。趙氏《讀書附志》嘗著録《孫尚書大全集》五十七卷。今存殘宋刻，凡三十三卷，藏國家圖書館，計有卷六、卷□、卷一五至一九、卷二三、卷二四、卷二九至三五、卷四二至五七。每半葉十三行二十二字，白口，四周單邊。此本嘗爲周錫瓚（香嚴）收藏，黄丕烈曾借以影鈔，有跋曰：

> 此殘宋刻本《孫尚書大全文集》，僅存三十三卷，即趙希弁《讀書附志》所云《孫尚書大全集》五十七卷本也。外間傳佈頗少，余借諸周丈香嚴處，用舊紙委門僕張泰影摹，兩匝月而竣事，藏諸讀未見書齋，居然影宋鈔本矣。雖不及毛鈔之精，而一時好事之所爲，以視汲古閣中入門僮僕盡鈔書者，其風致何多讓焉。嘉慶甲子（九年，一八○四）六月八日，蕘翁黄丕烈。（《蕘圃藏書題識》卷八）

張泰影宋本，後爲陸心源所得，今藏日本静嘉堂文庫，見《皕宋樓藏書志》卷八二、《静嘉堂秘籍志》卷三五。丁丙《善本書室藏書志》卷二九著録四十二卷本時，疑五十七卷即閩本或蜀本。

三、七十卷本，或題《宋南蘭陵孫尚書大全文集》，或書名無"宋"字。陸心源舊藏鈔本有"宋"字，故其跋謂"此本不著編輯姓氏，首冠'宋'字，當爲宋以後人"，"明《文淵閣書目》始著於録"；而其《皕宋樓藏書志》著録時，却稱"趙希弁《讀書附志》'《孫尚書大全集》五十七卷'，恐七十卷之訛"，則又以爲此本亦出於宋，自相矛盾如此。今按陸氏兩種推測皆可議。宋刻五十七卷殘本尚存世，疑趙氏《讀書附志》字訛，非是。傅增湘《孫尚書大全集跋》亦以爲該本是宋以後人所輯，然"其源甚古，宜可以并存而不廢"。按《大全文集》七十卷中，較四十二卷本溢出大量詩文（已詳前），恐非宋以後人所能蒐輯，況明初已見於書目，必是宋、元舊帙。因疑此本爲宋代書坊所編，唯宋人書目未著録耳。

七十卷本《大全文集》，今以明鈔本爲古。明鈔本乃瞿氏舊物，現藏國家圖書館，《鐵琴銅劍樓藏書目録》卷二一著録，並述其收藏源流道："此與《鴻慶居士集》四十二卷本不同。舊爲震澤王氏鈔本，後歸葉石君（萬）、周漪塘（錫瓚）、張月霄（金吾）諸家。卷中以硃筆依《鴻慶集》校補者，石君筆也。（卷首有'濟之'、'葉萬'、'歸來草堂'、'樸學齋'諸朱記。）"又，該本卷五十後及卷末有葉萬、錢大昕題跋數則，葉氏跋略曰："《孫尚書大全集》，係王文恪公（祝按：王鏊，字濟之，謚文恪）鈔藏本，中有差謬脱落，時無善本全校，將《鴻慶居士集》參校一次，其所補入，皆其集中文也。因性拙懶於鈔謄，故所録皆草草云。順治九年（一六五二）五月初六日，葉石君識。"（《愛日精廬藏書志》謂補入之文爲“石君手鈔，附每卷末”）錢氏跋曰：“《南蘭陵孫尚書大全集》，凡七十卷，係王文恪公家藏本，後歸葉石君氏，曾以《鴻慶集》參校增補，最爲精審，今爲周漪塘明經所得。”此本爲清鈔各本之祖。如南京圖書館之丁氏本，乃王鹿臺（原祁）舊物，有王氏印記，丁丙謂其“從文恪藏本傳録”（《善本書室藏書志》卷二九）。上海圖書館藏鈔本有葉萬（樹蓮）跋，其源可知。臺北“中央圖書館”著録張金吾手跋、傅增湘手書題記之舊鈔本兩部。日本静嘉堂文庫藏鈔本，陸心源謂“從王氏本傳録，有‘馬玉堂印’、‘笏齋’兩方印，‘漢唐齋’長印”（《皕宋樓藏書志》卷八二）。

　　除上述三本外，今國家圖書館等尚藏有明嘉靖刊本《鴻慶居士集》十四卷，每半葉九行十九字，非完帙。《天禄後目》卷一〇嘗著録，謂其“蓋後人選定之本也”。光緒本（即前述《常州先哲遺書後編》本）盛宣懷跋譏其“反改周序‘四十二卷’爲‘十四卷’，則明人陋習，不足據也”。不過《增訂四庫簡目標注》邵章《續録》稱該刻本“甚精美”。

　　《全宋詩》用《常州先哲遺書》本《鴻慶居士集》爲底本，輯得集外詩編爲二卷，其中佚詩二十首。

【參考文獻】

周必大《鴻慶居士集序》（《常州先哲遺書》本《鴻慶居士集》卷首）

孫介宗《鴻慶居士集跋》（同上）

傅增湘《明鈔鴻慶居士文集跋》（《藏園群書題記》卷一四）

陸心源《鴻慶居士集跋》（《儀顧堂題跋》卷一二）

盛宣懷《光緒刊鴻慶居士集跋》（《常州先哲遺書》本卷末）

葉萬、錢大昕等《南蘭陵孫尚書大全文集跋》（《鐵琴銅劍樓藏書題跋集録》卷四）

陸心源《孫尚書大全集跋》(《儀顧堂題跋》卷一二)
傅增湘《孫尚書大全集跋》(《藏園群書題記》卷一四)

李學士新注孫尚書内簡尺牘十六卷

孫　覿　撰　李祖堯　編注

孫覿《鴻慶居士集》不載尺牘。七十卷本《孫尚書大全文集》雖載有大量尺牘，然與李祖堯編注本《内簡尺牘》同者殊少。《内簡尺牘》不見於宋人書目，故丁丙謂"《尺牘》雖宋有專刻，然晁、陳諸志未見專録"(《善本書室藏書志》卷二九)。

《尺牘》明人書目多見著録，如前引《文淵閣書目》等，此外《脈望館書目》《徐氏家藏書目》《澹生堂藏書目》《絳雲樓書目》亦有登録，皆不詳其卷數及版本。然宋代之所謂"專刻"，今猶有一部傳世，藏上海圖書館，題《李學士新注孫尚書内簡尺牘》。此本嘗經黃丕烈收藏，《百宋一廛賦》所謂"梅山校正之《尺牘》"，即指該本，黃氏注曰：

> 《李學士新注孫尚書内簡尺牘》，十六卷。每半葉十二行，每行大廿字，小廿五字。無序文及刊刻年月，目後有"蔡氏家塾校正"六字。予向有趙靈均用元天曆庚午(三年，一三三〇)本所校之明刻，其首有鈔補序一通，云"慶元三祀(一一九七)閏餘之月，梅山蔡建侯行父謹序"。以之相證，即此本之序，而今失去耳。元本蓋從之出也。

其《百宋一廛書録》又著録道：

　　余向藏《孫尚書內簡尺牘》，係成化刊本，趙靈均取元刻本校過，後爲葉石君收藏，可稱善本矣。最後得此宋本於郡故家，無刻書年月，於分類之目末葉有"蔡氏家塾校正"六字，合諸葉本鈔補序文有云"慶元三祀（一一九七）閏餘之月，梅山蔡建侯行甫謹序"云云，未知即此蔡氏否也。葉本校語云"元英宗天曆庚午（三年，一三三〇）（祝按：天曆爲元文宗年號，非英宗，葉氏誤）刻本分十六卷"，而宋本分卷却合，然遇宋諱皆闕筆，則非即英宗時本可知。安知元翻宋本分卷不仍其舊耶？余嘗取以覆校，實有勝於葉本處，可知宋刻定勝元刻也。

　所謂元刻，今亦傳世，且有數部。《增訂四庫簡目標注·續錄》曰："翁弨夫藏宋刊本，乃清宮流出者，有'天禄繼鑒'印。袁抱存藏宋刊十六卷本，行款與黃（丕烈）本同，有覃溪、荷屋及陳伯陽跋語。"按清宮流出之宋本，不見於《天禄後目》，別無著錄，不詳何在；袁克文（抱存）所得本，有陳道復（伯陽）、翁方綱（覃溪）、吳榮光（荷屋）題識，翁、吳題識皆謂是南宋本，傅增湘則定爲元刊本。收藏印記有"文璧印"（白）、"停雲生"（白）、"文徵明印"（白）、"二酉齋"（朱）、"道復"（白）、"陳氏道復"（白）、"白陽山人"（白）、"周生"（朱）、"周中子"（白）、"莊棨之印"（白）、"莊濬之印"（白）、"南海葉氏雲谷家藏"（朱長）、"葉圭祥印"（白）、"葉夢龍鑒藏"（白）、"鄭埴之印"（白）、"鄭氏文圃"（白）、"茝林審定"（朱）、"李灝印信"（白）、"伊秉綬印"（白）、"墨卿鑒賞"（朱）、"石根審定"（白），各印甚多，不備錄（詳參《經眼錄》卷一四）。又《文禄堂訪書記》卷四亦著錄，謂目後有"泰定甲子歲（元年，一三二四）廣勤葉氏刊"十字木記。此本今藏天津圖書館，亦著錄爲元刊本。每半葉十二行二十字,與宋本同,唯宋本爲細黑口,此本爲黑口(《訪書記》謂爲綫口)。

前引黄丕烈注《百宋一廛賦》,稱元本有蔡建侯序,亦即宋本序,元本從宋本出,其説是。蔡序今存,謂孫覿"門人李公祖堯得公之遺帖獨富,嘗類而箋之,且欲刊之書肆,以便覽者"云云,時在慶元三祀,則宋本當刊於是時。元刊仿宋本,故頗易混淆,前引黄氏《書録》稱宋刻"遇宋諱闕筆",元刻不闕,是其顯著區别。翁方綱跋謂"覿之爲人不足道,而此編之注,則祖堯當日得自親所見聞,頗足以資考訂"。

元刻除十六卷本外,猶有十卷本,今國家圖書館著録二部,其中一部爲傅增湘舊藏,有跋,稱與十六卷本"分卷不同,而篇數則不異"。盛宣懷跋《常州先哲遺書》本(此本詳後),以爲宋刻即有十卷本,且亦有"蔡氏家塾校正"方牌子。所云宋刻十卷本,未見諸家著録。若十卷、十六卷兩本皆刊於蔡氏家塾,何本在前,由何人分合,俱不可考。元刻十卷本每半葉十二行二十二字,小字雙行同,細黑口,左右雙邊。

此書固以宋、元舊槧爲佳,明、清刻本,皆由以出。明代共刻有三本,題爲《孫尚書内簡尺牘編注》,皆屬十卷本系統。丁丙述之曰:"成化辛丑(十七年,一四八一),仲益十一世孫蜀撫仁刻於雲間,錢尚書溥序;嘉靖丁巳(三十六年,一五五七),建陽守顧名儒重刻,自爲跋;萬曆庚辰(八年,一五八〇),淮陽學政李時成又刻於姚江(祝按:即翻刻建陽本),葉逢春序。此本(祝按:嘉靖本。丁氏本今藏南京圖書館)爲顧刻,而仍冠錢序於首。"(《善本書室藏書志》卷二九)按錢溥序曰:"(孫覿尺牘)其門人李學士祖堯已編刻傳世,久而版佚。其十世孫徵士封工部主事玘寶藏之,授其子仁,今任都御史,巡撫西蜀,始復刻之以傳。"據此則成化所用底本似爲宋板，而非由元本出，或可反證宋時確有十卷本。明刻三本，今皆有著錄。成化本每半葉九行十九字，白口，四周單邊。嘉靖本同。萬曆本改爲十行十九字，白口，左右雙邊。傅增湘嘗以元刻十卷本校嘉靖本，跋稱"明刻之脱誤不勝枚舉"。傅校本今藏國家圖書館。

　　是集清代刻有兩本，亦皆屬十卷本系統。一本爲乾隆十二年（一七四七）蔡龍孫、蔡綽增注本，改題曰《宋孫仲益内簡尺牘》，有浦起龍序，略曰：

　　　　梅里蔡氏子弟，風尚好古。屬者初篹理故帙，憫斯牘之傳不廣，又病夫淺人者詭言，門人夾注淆漏，乃與諸大阮體乾、登復、用謙謀，手輦而版行之。於是用謙起爲約，克日從事，而吴門張蔭嘉以社會來集，與勞焉。刊正袞補，捷鈔接校，首尾纔五十日，注本定。

蔡氏以何本爲底本，浦序未明言，然其止述明代三刻，則底本當即明槧。乾隆本每半葉九行二十字，黑口，四周單邊，今國内及日本東京大學皆有著錄。

　　清刻另一本，爲光緒二十二年（一八九六）盛宣懷刊《常州先哲遺書》本。此本題《宋孫仲益内簡尺牘編注》，即以乾隆本爲底本。盛氏跋曰："國朝乾隆丁卯（十二年），無錫蔡龍孫、蔡綽病舊注簡漏，廣搜群籍，爲之增訂。補苴罅漏，頗有功於是書，今刊附《鴻慶集》之後。"至於此本所收，盛跋謂"《大全集》載尺牘八百三十四篇，與此同者僅有廿六篇。同時掇拾，各有短長，正宜互存，以成全璧"。傅增湘嘗以元刻本校盛氏本，補入十四札。

　　《四庫總目》著錄勵守謙家藏本《内簡尺牘編注》十卷，無增注,有錢溥序而無嘉靖、萬曆刊板序跋,殆爲成化本。

《全宋文》用《常州先哲遺書》本《鴻慶居士集》《内簡尺牘》及《常州先哲遺書後編》之繆氏《補遺》爲底本,都爲一編,輯得佚文八十二篇,通編爲八十三卷。

【參考文獻】

蔡建侯《李學士新注孫尚書内簡尺牘序》(《常州先哲遺書》本《宋孫仲益内簡尺牘編注》卷首)

錢溥《成化本内簡尺牘序》(影印文淵閣《四庫全書》本《内簡尺牘編注》卷首)

顧名儒《嘉靖重刊内簡尺牘跋》(嘉靖本卷末)

傅增湘《校元本孫尚書内簡尺牘跋》(《藏園群書題記》卷一四)

葉逢春《萬曆刊内簡尺牘序》(萬曆本卷首)

浦起龍《乾隆刊内簡尺牘序》(《常州先哲遺書》本卷首)

盛宣懷《光緒刊内簡尺牘跋》(同上卷末)

默堂先生文集二十二卷

陳　淵　撰

陳淵(? ——一一四五),初名漸,字知默,又字幾叟,世稱默堂先生,沙縣(今屬福建)人。早年從學二程,後師事楊時。召對,賜進士出身,除監察御史、右正言。爲秦檜所惡,去位。其文乃門人沈度裒輯,紹興十七年(一一四七)付刊,並序曰:

余昔從公受業左右,幾二十年。……余服膺高堅,因得其遺文五百一十四篇,釐爲二十二卷,序而刊之,廣諸同志。

淳熙戊戌（五年，一一七八）十月，楊萬里又作後序，稱其到毗陵數月，欲於事外陰求是邦之良士，一日，有陳淵之子秀才籒來謁，因向其求陳淵之書而觀之，“其詞質而達，其意坦而遠，其氣暢而幽。至於立朝廷，當言責，正君心，排權臣，蹇蹇不折也，是豈今之所謂文哉？蓋道學充乎其中而溢乎其外，形乎其躬而聲乎其言者歟。既歸其書於籒，而籒請序於予”，云云。後世傳本既有楊序，疑淳熙或稍後有重刊本。

陳氏《解題》卷一八著録《默堂集》二十二卷，與沈度序合。《通考》卷二三八從《解題》。《宋志》著録《朱敦儒陳淵集》二十六卷，又詞三卷。按紹興本既爲二十二卷，淳熙本當同，況淳熙本乃其子所刊，不至與朱敦儒合集。朱氏著有《獵較集》（久佚），疑“朱敦儒陳淵集”，乃“朱敦儒《獵校集》”之誤，或“陳淵”二字誤竄入“朱敦儒集”之中。前人或以爲《宋志》所録爲別本，恐非，《宋志》“別集類”不相干二人之集合録，尚無其例。

明《文淵閣書目》卷九著録“《陳默堂文集》一部八册，全”。明末之《內閣書目》仍稱“全”，凡二十二卷。所謂八册殆即宋槧。清初徐氏傳是樓猶有宋本，後失傳。宋以後似別無覆本。今國內僅有鈔本數部著於録，皆二十二卷，多爲影寫傳是樓宋本。南京圖書館藏清初寫本，丁丙記曰：“詩中‘應當慎行止’之‘慎’字，注曰‘御名同音’，則猶是影摹淳熙舊刻本。”（《善本書室藏書志》卷二九）國家圖書館藏影寫本，乃楊氏海源閣遺書，每半葉十行十九字，偶有闕文，首葉有“影寫崑山徐氏傳是樓所藏宋槧本”一行，卷一《重陽後送謹常兄之符離》詩“應當慎行止”，“慎”字注“御名”，與丁氏所云合。

《四部叢刊三編》即據此本影印，趙萬里有跋，稱原本“乃康、乾間人手跡”。

《四庫總目》著錄鮑士恭家藏本。四庫本闕文與影宋本略同，當亦源於宋槧。其卷目編次爲：卷一至一〇，詩；卷一一，啟；卷一二，表、札子、奏狀；卷一三，奏狀、札子；卷一四，書、論、論時事、經筵進故事；卷一五至一九，書；卷二〇，銘、記、跋、序、策問、論語解、贊、頌；卷二一，行狀、墓表、祭文；卷二二，雜文。《提要》又稱別本十二卷，題曰《存誠齋集》，有文無詩，未言是刊是鈔，今未見著錄。

《全宋文》《全宋詩》俱以《四部叢刊三編》本爲底本，《全宋詩》輯得佚詩十首。

【參考文獻】

沈度、楊萬里《默堂先生文集序》(《四部叢刊三編》本《默堂先生文集》卷首，人各一序)

趙萬里《默堂先生文集跋》(同上卷末)

東窗集十六卷

張　擴　撰

張擴(? ——一一四七)，字彦實，一字子微，德興(今屬江西)人。崇寧五年(一一〇六)進士，累官爲秘書省校書郎，充館職。南渡後歷官左史、中書舍人。王明清《揮麈餘話》卷二謂張彦實(按：“擴”爲寧宗諱，故南宋文獻或稱其字，或改作“廣”，詳《四庫提要辨證》)“有《東窗集》行於世”，未記卷數。

《遂初堂書目》載其《東窗詩集》。《解題》卷一八著録道：

> 《東窗集》四十卷，中書舍人鄱陽張廣（擴）彦實撰。
> 與吕居仁（本中）爲詩友。其在西掖，當紹興十一年（祝
> 按：《四庫提要辨證》謂“當作十二年”，一一四二）。

《通考》卷二三九同。《宋志》除著録《東窗集》四十卷外，又有
《詩》十卷。疑即《遂初堂書目》著録之《東窗詩集》，蓋曾別
行。兩集皆未見宋人序跋，原本編刊情況不詳。

張集明人極少著録，蓋宋槧久佚，別無傳本。今存乃大
典本，《四庫提要》曰：“惟《永樂大典》尚多録其詩文，其爲中
書舍人時所作制詞尤夥，大抵温雅綿密，與汪藻可以聯驅。
謹采掇編輯，釐爲一十六卷。”大典本録入《四庫全書》，前五
卷爲詩，次九卷制詞，末二卷爲啟。文淵閣四庫本嘗影印入
《四庫全書珍本初集》。

《全宋文》用影印文淵閣《四庫全書》爲底本。《全宋詩》
同，輯得佚詩八首。

大隱集 十卷

李正民　撰

李正民（？——一一五一），字方叔，揚州（今屬江蘇）人，晚
寓海鹽（今屬浙江）。政和二年（一一一二）進士，紹興間累官
中書舍人，吏、禮二部侍郎。所著文集，明代以前唯《宋志》著
録，爲《大隱集》三十卷，未見宋人序跋，編刊情況不詳。宋末
人陳貴謙序其子洪所著《芸菴類稿》時，稱大隱先生“諸所論

撰亦既盛行於時”，則其集當早已刊行，具體年代不詳。

　　明《文淵閣書目》卷九著録“李正民《芸菴類稿》一部五册，全”，同時又録“李正民《大隱文集》一部五册，全”。《内閣書目》卷三曰：“《大隱先生集》五册，全。……凡三十卷。”又“《芸菴類稿》二册，全，宋侍郎李正民著”。則原本明末尚存。《芸菴類稿》乃正民子李洪著，明人蓋誤題其父名。

　　原本久佚，今傳乃大典本。《四庫提要》曰：“據《永樂大典》所載，掇拾編次，釐爲文六卷（祝按：包括制三卷、疏一卷、啟一卷、書一卷）、詩四卷。中多中書制誥之作，温潤流麗，頗近浮溪（汪藻）。其詩亦妍秀可誦，在南渡初，猶不失爲雅音焉。”大典本録入《四庫全書》。今國家圖書館、廈門圖書館皆著録乾隆翰林院鈔本。南京圖書館藏丁氏書中，有邵晉涵舊鈔本，丁丙謂蓋其“在館時所鈔也”（《善本書室藏書志》卷二九）。

　　陸心源舊藏傳鈔文瀾閣四庫本，今藏日本静嘉堂文庫（見《皕宋樓藏書志》卷八一、《静嘉堂秘籍志》卷三五）。陸氏嘗作《大隱集跋》（《儀顧堂題跋》卷一二），據嘉靖《維揚志》《建炎以來繫年要録》《檇李詩繫》等稽考作者生平事跡，可補《宋史》無傳之憾。

　　《全宋文》用影印文淵閣《四庫全書》本爲底本，輯得佚文十四篇。《全宋詩》底本同。

宣和御製宮詞三卷

趙　佶　撰

　　趙佶（一〇八二——一一三五），廟號徽宗。在位時任用蔡京主國，窮奢極欲。宣和七年（一一二五）金兵南下，傳位於欽宗（趙桓），自稱太上皇。靖康二年（一一二七）爲金人擄之北去，後客死於五國城（今黑龍江依蘭）。擅書法，工花鳥。所作宮詞三卷，稱《宣和御製宮詞》，或稱《宋徽宗宮詞》，毛晉有影抄《十家宮詞》本，康熙中有胡介祉影刊本，今有傳本。民國時周叔弢得宋書棚本，只四家，其中有《宣和御製》，宋本今存。周氏將宋本影印爲《四家宮詞》，田中玉氏又據影印本配康熙刊本，影刊爲《十家宮詞》，詳參前宋白《宋文安公宮詞》《張公庠宮詞》叙録。

　　明末毛氏綠君亭嘗將《宋徽宗宮詞》三卷與《楊太后宮詞》一卷合刊爲《二家宮詞》，後又彙刻入《詩詞雜俎》。《四庫全書》著録毛氏《二家宮詞》二卷，《提要》曰：

　　　　宋徽宗皇帝三百首，寧宗楊皇后五十首。徽宗卷末有帝姬長公主跋，稱自建中靖國二年（一一〇二）至宣和六年，緝熙殿所收藏御製宮詞共三百首，命左昭儀孔禎同嬪御章安愷等收輯，類而成書云云。考蔡京改公主爲帝姬，各有封號。此既云帝姬，又云長公主，非當時之制。又，“禎”字爲仁宗廟諱，當時改“文貞”爲“文正”，改魏徵爲魏證，嫌名猶避之甚嚴，豈有宫中昭儀敢以此字爲名者？此跋殆出於依託。……毛晉跋徽宗卷末，稱舊刻或二百八十首，或二百九十二首，或三百首，或三百首有奇，多混入鄙俚贋作。後從雲間得一元本，止闕二首。則其書已屢經竄亂，即所謂雲間元本，亦未必舊觀。……蓋此三百五十首，皆後人裒輯得之，真僞參半，不可盡憑，姑以流傳已久存之耳。

館臣所言當是。今按田氏影宋刊本亦有該跋，依託蓋在宋代。

除上述各本外,今猶存明嘉靖三十一年(一五五二)黃魯曾輯、郭雲鵬刊本《編選四家宮詞》,收《宋徽宗宫詞》一卷,唯國家圖書館有藏本。

《全宋詩》用宋刻《四家宮詞》本爲底本。

【參考文獻】

毛晉《宋徽宗宫詞跋》(《叢書集成初編》影印《詩詞雜俎》本《宋徽宗宫詞》卷末)

傅增湘《影宋本十家宫詞跋》(《藏園群書題記》卷一八)

王著作集四卷

王　蘋　撰

王蘋(一〇八二——一一五三),字信伯,號震澤,福清(今屬福建)人。程門高弟。紹興四年(一一三四)以薦賜進士出身,官至左朝奉郎。寶祐丙辰(四年,一二五六),盧鉞作《王著作集序》,略曰:

> 福清邑庠舊有先生文集,而吳學獨無有,非一大欠缺歟。曩王公遂守此邦,始祠先生於學,訪其後曰思文者,俾奉嘗歲時。思文將以福清墨本刊於吳學,囑鉞序之。

按王蘋嘗隨其父由福清徙居姑蘇吳江,故王遂在吳學爲其建祠,王思文又將福清所刊文集在吳學翻刻。咸淳元年(一二六五)五月,王思文作《李提刑蒂行學問立祠因依申狀》(見今本《王著作集》卷六），稱"今家塾有福清刊行文集、蘄春刊行《論語集解》《震澤記善録》"云云。今本《王著作集》卷八爲《震澤記善録》，末有淳熙三年（丙申，一一七六）蘄春假守施温舒題識，稱"先生文集頃已刊之郡庠，今復得此遺言於先生之子郡丞大本，謹並刻之，以示後學"。則知蘄州州學亦嘗刊其文集，《記善録》於是時方有刻本。王思文《申狀》只言福清本，蓋以福清刊本最早，其他各本皆由福清本翻刻。若是，則福清本應早於蘄春本，即當刊於淳熙以前。

上述三本（福清、蘄春、蘇州），皆不詳其卷數。陳氏《解題》卷一八著録道：

> 《王著作集》四卷，著作佐郎福清王蘋信伯撰。從程門學，以趙忠簡（鼎）薦，召對，賜出身。秦檜惡之，會其族子坐法，牽連文致，奪官以死。

《通考》卷二三九同。則宋代所傳，至少有一本爲四卷。

是集明秘閣書目未著録。《萬卷堂書目》卷四載"《著作王先生集》八卷"，《澹生堂藏書目》卷一三曰"《宋著作王先生文集》四册，十卷"，疑皆明槧。《絳雲樓書目》卷三陳景雲注作四卷，與《解題》同。今本同源於明弘治間十一世裔孫王觀改編之本。《四庫總目》著録正德翻弘治本，《提要》述之曰：

> 此本爲明弘治中蘋十一世孫觀所編。一卷爲《傳道支派圖》，二卷爲札子、雜文十餘篇，三卷以下爲像讚、題跋及門人私志語録之類。較陳氏所記，卷數遽增一倍，然遺文不過一卷，餘皆附録，實則亡佚四分之三。蓋掇拾殘膡而成，已非舊本。

館臣所謂較宋本"亡佚四分之三"，純屬臆説，絕不可信。按四庫本卷首有弘治三年（一四九〇）祝允明《重刻序》，略曰：

> 其集自寶祐中曾孫貢補進士思文取福清邑庠墨本刊於吳學，迄今傳者甚鮮。（王）觀因其舊，復取像讚之屬附之，第爲八卷。

因知八卷者爲王觀重釐，"像讚之屬"乃其新附，餘皆"因其舊"而已。所因之"舊"，據祝氏序，當即寶祐吳學刻本，故卷首爲盧鉞序，然吳學本乃翻刻福清本，不應有蘄州所刻《記善録》。或吳學本嘗取蘄州本刻附，或是王觀重編時新增。《記善録》編於卷八，通觀全書體例，似以新增近是。祝序僅言吳學本"傳者甚鮮"，並未稱其殘缺，故館臣謂弘治本"蓋捃拾殘賸而成"，與祝序不合，此其一。第二，館臣謂弘治本"已非舊本"，主要理由是該本所收文章甚少。按吳學本有寶祐四年（一二五六）袁萬頃跋，稱"今觀著作王先生奏篇遺稿僅存十餘地（"地"字疑誤），文不過數則，讀之皆溫醇平實，沈潛蘊借，藹然有餘味，真得程氏之傳矣"云云。寶祐時是集當未亡佚殘缺，然其所載文章不過爾爾，與弘治本相仿（弘治本除卷一《傳道支派》外，卷二載札子、奏狀十二篇，雜文六篇）。可見王蘋遺文，宋本原止此數，並無脱逸。至於作者遺文甚少，宋、明人論之已詳。作者門人章憲所撰《墓誌》（見今本《王著作集》卷五）引王大本語曰"先君未嘗著書"。袁萬頃跋，開首即謂"程門諸賢多不甚著書，大抵要於涵養持守處用功，蓋二程夫子教人之法如是也"。祝允明序曰："今觀集中所載，不過狀札數篇與周、宋二弟子所録語耳。蓋程門之教不尚詞章，固如此。"明乎此，館臣當不至訝其遺文甚少，而疑弘治本爲"捃拾殘賸"。第三，因弘治本所載遺文不過一卷，而陳振孫所録之本爲四卷，故館臣以爲原本"亡佚四分之三"。陳氏著録本今雖不可得見,然據前引諸家序跋,已可略睹其概。蓋宋本除正文外,亦多附録,遂通編爲四卷,並非其他三卷皆王蘋之文(宋人編書,將正文與附録通編,其例不勝枚舉)。否則,弘治本除"像讚之屬"外,其它各卷從何而來?綜上所述,弘治本雖經增附改編,當已包括宋本全部内容,原本並無亡佚。

弘治原刻本久已不見著録。按四庫本卷首有正德九年(一五一四)徐源序,稱"世孫惟顯翻刻於梓"云云,又有杜啟序,知《四庫》所録爲正德翻弘治本。正德翻刻本今亦不見著録。除四庫本外,今存較早者僅國家圖書館等所藏清鈔八卷本數部而已。

民國十一年(一九二二),李之鼎宜秋館據迻録丁氏善本書室本(丁氏本今藏南京圖書館)校刊入《宋人集》丁編,爲是集現存之唯一刊本。《全宋文》即用該本爲底本。

【參考文獻】

盧鉞《王著作集序》(影印文淵閣《四庫全書》本《王著作集》卷首)

袁萬頃、汪懋《王著作集跋》(同上卷三,人各一跋)

祝允明《弘治重刻王著作文集序》(同上卷首)

徐源、杜啟《正德翻刻王著作集序》(同上,人各一序)

李之鼎《刊王著作集跋》(《宋人集》丁編本卷末)

梁溪先生文集一百八十卷

李 綱 撰

李綱(一〇八三——一一四〇),字伯紀,號梁溪,邵武(今

屬福建)人。政和二年(一一一二)進士,建炎初拜尚書右僕
射兼中書侍郎,在位僅七十五日而罷。一生主戰,爲議和派
所排。卒謚忠定。生前編有《迂論》,又編建炎間南遷所作詩
爲《湖海集》,其序今存(詩文已編入文集中)。死後,其弟李
綸爲作《行狀》(見《梁溪集》後附),述其平生著述,除專著如《易
傳》等外,猶有"文章、詩歌、奏議凡百有餘卷"。其時蓋已初
步編次,尚未釐定。淳熙己亥(六年,一一七九),陳俊卿作
《李忠定公奏議序》,謂"淳熙丙申(三年,一一七六),予帥三
山,其子秀之裒集其文以示予,求序以冠其端,蓋表章奏札,
至八十卷",後三年,"乃始書而歸之"。淳熙十年(一一八
三),朱熹又作《後序》。嘉定二年(一二〇九),作者孫李大有
爲福建路提舉市舶司幹辦公事,方刊其大父奏議,跋略曰:

> 表札奏議凡八十卷,是爲今書,蓋其後諸人所離合
> 譔次也,得之先子。大父生平有作,皆楷筆屬稿,書問亦
> 然,則後人裒集,當無遺逸。……充員絧幕,適帑藏空
> 匱,兩膚使先後極盟鳩工鋟木。太守今春官章公、尚書
> 郎趙德甫,皆助以費,而尚書章公又幸爲之跋,以垂信增
> 重於天下。

所謂"尚書章公"即章穎,其跋今存。第二年(嘉定三年),知
泉州鄒應龍作《書李忠定公奏議後》,稱"公之孫提幹大有出
示所刊丞相三朝表札奏議凡八十卷,又《總錄》一卷,及《陳少
陽盡忠錄》《如是居士靖康感事詩》,於是得盡讀公之文"云
云,則李大有所刊書,於此可見其全。

　　上引李大有跋,除述其刊行乃祖奏議八十卷外,又稱於
其父處所得,共有"文集合政路、帥府所紀,爲篇百有七十,内
("内"當是"而"之訛)以《傳信錄》《時政記》《進退志》附益";

除奏議外，其他書未刻，“大有不韙，尚庶幾異日卒成先志云”。至嘉定六年（癸酉，一二一三），權知邵武軍姜注遂將文集全帙付梓，跋略曰：

> 　　邵武乃公之故鄉，郡齋已刊《奏議》，獨文集尚缺，無以副邦人景行之思。……會丞相之孫制機（祝按：即李大有）與其族孫國録示以全帙，注盥手薰誦，至於再三。顧雖不肖，亦知興起，鳩工刻梓，屬泮師董其事，凡三月而後成。

此跋今傳鈔本署“嘉定歲次庚辰冬十有二月”。“庚辰”爲嘉定十三年（一二二〇）。據跋文文意，跋當作於刊成之時，而陳彭壽、黃登（即所謂“泮師”，時任邵武軍軍學教授）刊板跋皆署“嘉定癸酉”，“庚辰”當誤。又黃登跋曰：“是集刊於秋之九月，成於冬之十二月。其爲册三十有三，爲卷一百八十。”參之李大有跋及今存傳録本（詳後），姜注所刊乃全集本，即文集一百七十卷，附益三種凡十卷（《傳信録》《時政記》各三卷，《進退志》四卷），故通爲一百八十卷。全集本應包括李大有所刊《奏議》八十卷，而所收“表札奏議”只六十四卷，編爲卷三九至一〇二，蓋刊全集時所重鋟重刻，并未用李大有所刊板。

嘉定所刊書板，後遭火災毀壞，趙以夫嘗爲補刻，跋曰：

> 　　武陽舊有集，辛卯（紹定四年，一二三一）春閏，郡遭火毀，官書散落殆盡。明年之春，予被簡命來此，首訪公集，缺五百板。又明年，境內稍安，即刊補之。

是跋傳鈔本末署“壬辰日南至”。今按“辛卯”年無閏月，署“壬辰日”而無年代，亦不合乎習慣。疑“壬辰”爲年，即紹定五年(一二三二);"辛卯"乃"庚寅"之誤,即紹定三年(一二三〇)。紹定三年閏二月,而明年之明年,正爲壬辰,始與跋文前後相合。是集傳鈔本序跋文字扞格可疑非止一處,蓋年久蠹蝕訛誤,不足爲怪。

陳氏《解題》卷一八著録道:

> 《梁溪集》一百二十卷,丞相忠定公昭(祝按:當爲"邵"之訛)武李綱伯紀撰。父夔,進士起家,至右文殿修撰,黄右丞履之甥也。綱娶吴園先生張根之女,亦右丞外孫。"梁溪"名集者,修撰葬錫山(祝按:梁溪乃河流名,流經今江蘇無錫市區),忠定嘗廬墓云。

《通考》卷二三八從之。按《解題》卷一著録《梁溪易傳》,稱"今考《梁溪集》,紹興十三年(一一四三)所編,其《訓辭》二序已云有録無書,則雖其家亦亡逸久矣"云云。李綱卒於紹興十年,則陳氏所見一百二十卷本刊於作者逝世後不久。李大有《刊忠定公奏議跋》謂其祖父文稿七十年來"獨子孫寶藏,外無傳者",則紹興本亦當爲家編本。李大有等人未述及此本,不詳何故。一百二十卷本久已失傳。

趙氏《讀書附志》卷下曰:

> 《梁溪先生文集》一百七十卷,右李忠定公綱之文也。公字伯紀,邵武人,寓於常州無錫梁溪,因以爲號。政和元年(祝按:《行狀》、《宋史》本傳爲二年,即一一一二年,是)進士乙科。宣和初爲起居舍人,以大水章疏罷黜。靖康初爲右丞、親征行營使。俄知樞密院,河東北宣撫使,罷知揚州,提舉洞霄宫,責受昭化節度副使、建昌軍安置。高宗即位,召拜右僕射,凡七十五日而罷。後贈少師,諡

忠定。奏議中欽宗批答爲多。集有陳俊卿序、朱文公
後序。

趙氏所録，當即嘉定邵武刊本，而不計附益三種，故爲一百七
十卷。陳、朱序原爲奏議集而作，全集本援用之，故陳序即如
總序，冠於卷首。

《宋志》著録《李綱文集》十八卷，若非別本，則疑是"一百
八十卷"之脱誤。

李綱集宋槧，明代傳本已稀。《文淵閣書目》卷九著録
"李忠定公《梁溪集》一部四十册，殘闕"。《内閣書目》卷三
曰："《梁溪先生文集》三十六册，不全，……凡一百八十卷，闕
五十六至六十一、一百四至一百八、一百三十三至三十七、一
百四十九至五十四卷，外附年譜、行狀二册。"又卷五曰："《李
忠定公奏議》十册，全。……凡六十八卷，附録八卷。"又《世
善堂藏書目録》卷下有"《梁溪集》一百二十八卷"。其他私家
書目，唯有《奏議》。

宋刻一百八十卷本今猶傳世，藏上海圖書館，僅殘存三
十八卷。該殘本乃李氏家傳舊物，曾經文徵明、毛晉收藏，爲
二十六世裔孫李枚所得，乾隆六年（一七四一）跋曰：

　　枚自髫齡就傅時，家嚴天申公諱令德於課文之暇，
備述始祖忠定公《梁溪文集》，自先大父子珮公諱士達入
嘉定縣庠，館於嫽城，時遭兵燹，是集遂失去。……至雍
正己酉（七年，一七二九），下榻於衍聖公第之九如堂，見
其牙籤玉軸，充棟盈車，詢之守者，知《梁溪文集》爲舊族
高陽相公持去。高陽諱霽，聖祖時甌卜者也。又越十餘
年，枚抑鬱無聊，歷遊幕府，過上谷所屬之地，道經高陽
府第，半屬荒基，徐叩之，而是集猶在，乃求其發篋拜觀，

實爲宋代鎸板。鴻文偉義，捧讀難竟，因以歷歲所餘館穀傾囊與之，而是集始得返趙。

此本李氏仍不能保，後歸黃丕烈，其《皕宋一廛書録》著録道："《梁溪先生文集》，世不多有，茲宋刻之僅存者。"又跋曰："此宋刻殘本，始十三，終一百六十三，當是一百八十卷之舊而闕，存三十八卷者。先是，遭俗子割補卷第，取卷中文字有數目者，每卷填改，鈐以圖記，掩蓋其痕。余悉按舊鈔本更正，而以數目字還其原處，有失去者仍以素紙空其格，可謂慎之至矣。"（《蕘圃藏書題識》卷八）顧廣圻《百宋一廛賦》所謂"裂《梁溪》之卅八，孰斯文之可喪"，即指該殘本，黃氏注詳列所存卷次道："殘本《梁溪文集》，每半葉九行，每行廿字，凡三十八卷。……'古律詩'九、十兩卷爲第十三、十四；'表札奏議'三至十四爲卷第四十一至五十二，又廿四至卅二爲第六十二至七十，又五十三至六十爲第九十一至九十八，又六十二爲第一百；'迂論'四爲第一百四十八，又九、十兩卷爲第一百五十三、一百五十四；'題跋'上、中、下爲第一百六十一至一百六十三。"此本後又歸汪氏，《藝芸書舍宋板書目》著録；再歸潘氏滂喜齋，《滂喜齋藏書記》卷三詳著道：

> 宋刻殘本《梁溪集》三十五卷，（一函二十冊。）宋李忠定公撰。原本一百八十卷，此本存者卷十三、十四，卷四十一至五十二，卷六十二至七十，卷九十一至九十五，卷九十七，卷一百，卷百四十三，卷百四十八，卷百六十一至百六十三，凡三十五卷。黃蕘翁跋以爲三十八卷，誤也（祝按：該本黃氏收得時，已殘破不堪，據其《書録》，其中八卷遭剜改移易卷第，只能依版心字迹推之。黃、潘二氏著録卷數不同，蓋以此）。每半葉九行，行二十字。清朗悦目，與監本《算

經》同一精妙。卷端有“錫山安國寶藏”朱記，“安國”即
刻《初學記》者，所謂安民泰是也。竺塢文氏、汲古閣毛
氏皆有藏印。乾隆間，有嘉定李枚者，忠定二十六世孫
也，其家舊藏是集，兵燹散失，訪之數十年，得於高陽相
國家。其後入郡中黄氏、汪氏，又由沈韻初家歸於滂
喜齋。

　　附藏印：“文印徵明”、“膠陽安氏珍玩”、“錫山安國
寶藏”、“學士之章”、“汲古閣圖書記”、“虞山毛氏汲古閣
收藏”、“毛鳳苞印”、“臣晉”、“東吳毛晉”、“子晉氏”、“毛
表”、“毛表之印”、“毛表奏叔”、“毛奏叔氏”、“東吳毛
表”、“奏叔氏”、“二十六世孫名枚字卜功一字藕塘圖
書”、“薿圃”、“黄丕烈印”、“汪士鐘印”。

　　元、明兩代，李綱全集似再未重刊。明崇禎十二年（一六
三九），有家祠選刊全集本。據巡按福建、監察御史李嗣京及
福建邵武府建寧縣知縣左光先序及凡例，所用底本録自秘
府，因限於資，不能全刻，故僅選刻奏議十五卷、文十六卷、詩
六卷、《靖康傳信録》三卷、《建炎進退志》四卷，卷端冠以本傳
一卷、行狀三卷（參《四庫提要·別集存目提要》《中國善本書提要》），
總書名爲《新刻秘書藏本宋忠定公全集選》。入清，有康熙四
十四年（一七〇五）李榮芳重修、乾隆二十七年（一七六二）徐
時作遞修崇禎本。崇禎本及重修、遞修本，今國内收藏尚富，
日本及美國國會圖書館亦有庋藏。又日本寬政八年（一七九
六）至享和元年（一八〇一），明倫堂有木活字印本，見《和刻
目録》。

　　明代除上述選刊本外，早在正德十一年（一五一六），胡
文靜、蕭泮即嘗專刻奏議集以行，題曰《宋丞相李忠定公奏

議》，凡六十九卷、附録九卷，天啟二年（一六二二）有重修本，今皆有著録。《四庫提要・詔令奏議類存目提要》疑此本出於《宋史》本傳所云《建炎制詔表札集》，因其所收俱已編入《梁溪集》中，故僅存其目。然《奏議》所收不止建炎時表札，館臣所疑非是。

《四庫總目》著録汪如藻家藏一百八十卷本《梁溪集》，《提要》曰：

> 是集首載宋少保、觀文殿大學士陳俊卿序，謂綱少子秀之裒集其表章奏札八十卷，而詩文不與焉。晁公武《讀書志》則作一百五十卷，陳振孫《書録解題》則作一百二十卷，蓋後人續以詩文合編，互有分併，已非復秀之之舊本。此本賦四卷、詩二十八卷、雜文一百三十八卷，而以《靖康傳信録》三卷、《建炎進退志》四卷、《建炎時政記》三卷俱編入集中，又以年譜、行狀之類六卷附焉，與晁、陳二家所録均爲不合，又非宋本之舊矣。

今按《讀書志》袁本、衢本俱無“一百五十卷”之目，不詳館臣何所據依，或誤以趙氏《讀書附志》爲晁《志》，而誤“一百七十卷”爲“一百五十卷”歟。四庫本卷目編次爲：卷一至四，賦；卷五至三二，詩；卷三三、三四，表本詔書；卷三五至三八，擬制誥；卷三九至一〇二，表札奏議；卷一〇三、一〇四，札子；卷一〇五至一〇七，狀；卷一〇八至一二九，書；卷一三〇、一三一，啟；卷一三二、一三三，記；卷一三四至一三九，序；卷一四〇、一四一，贊；卷一四二，頌箴銘辭；卷一四三、一四四，論；卷一四五至一五四，迂論；卷一五五至一六〇，雜著；卷一六一至一六三，題跋；卷一六四、一六五，祭文辭疏；卷一六六至一七〇，碑誌；卷一七一至一七三，靖康傳信録；卷一七四至一七七，建炎進退志總序；卷一七九、一八〇，建炎時政記。按四庫本所録當即出於宋嘉定邵武刊本，而僅有陳俊卿序，蓋底本原已脱去李大有、姜注、黄登諸跋，故館臣不悉一百八十卷本之版本源流，而誤以爲"非宋本之舊"。

　　除四庫本外，今猶有清鈔一百八十卷本數部傳世，其中有鈔宋本。如國家圖書館藏瞿氏舊鈔本，《鐵琴銅劍樓藏書目録》卷二一著録道："前有陳俊卿及朱子序，首列總目，每卷首又列目。書中'潔''完''敦''廓'字俱注某帝嫌諱，是從寧宗後刻本鈔出者。"據諱字，底本當即源於李大有、姜注刊本，每半葉九行二十字，亦與前述殘宋本同。瞿氏本嘗由季錫疇借周錫瓚（香巖）校宋本校過，卷十四後有跋記之（見《鐵琴銅劍樓藏書題跋集録》卷四），然據校之周本僅存詩二卷。又傅氏《經眼録》卷一四嘗著録影寫宋刊本，今不詳何在。臺北"中央圖書館"著録舊鈔本一部，凡十六册。日本静嘉堂文庫藏陸氏舊鈔本，凡三十三册，除嘉定刊板跋外，又有趙以夫補刊跋，則當源於紹定補刊本。按錢泰吉《曝書雜記》卷下曰："《梁溪先生文集》，此集向來傳鈔亦希，余從王蘭泉先生哲嗣菱溪處鈔録其副，儲藏家大半從余處傳鈔。"

　　清道光十四年（一八三四），里人陳徵之跋其所得錢氏本道：

　　　　第公之遺集流傳甚罕，邵武家祠選刻，亦非完帙。余自弱冠游宦四方，舟車所至，未嘗不留心尋覓。兹一百八十六卷全集，今夏得之平湖友人錢姓，乃當時進呈真本。顧自宋至今七百餘年，全書尚未鋟梓，異日得以校刊行世，豈非厚幸也夫！

所謂"異日"校刊行世，不詳刻於何年。今國家圖書館、上海圖書館、南京圖書館等藏有《梁溪全集》十餘部，皆著録爲道光十四年刻本，蓋據陳跋署年，恐不確，陳氏所言乃其意向，并非作跋時在刻或已刻。要之，該本或當刻於道光年間。一九七〇年，臺北漢華文化事業股份有限公司嘗影印道光本。

國家圖書館藏傅增湘據朱翼盦（文鈞）舊寫本所校之道光本，對其文字時有釐正增補，有跋。據傅校，朱氏本文字多與四庫本合。今以道光本校四庫本，兩本文句略有差異。道光本訛誤較多，然忌諱字如“虜”“狄”之類猶存原貌，是其所長；四庫本雖亦難免訛誤，且擅改字句，總體稍佳。道光本將上皇帝書之“表札奏議”，與上宰相之“札子”、上樞密院及都督府之“狀”皆題爲“奏議”，失當。四庫本之最大缺陷，是以時忌而删《制虜論》（卷一四三）、《迂論六》之《論與夷狄同事》（卷一五〇），又卷一六六闕《豐應廟碑》及其後《宋故龍圖閣直學士許公（份）神道碑》之前半。要之兩本皆難稱佳善。《全宋文》所收，乃以傅校道光本爲底本，校四庫本，吸收傅校成果，另輯得佚文十篇。《全宋詩》用影印文淵閣《四庫全書》本爲底本。

【參考文獻】

陳俊卿《李忠定公奏議序》（道光本《梁溪全集》卷首）

朱熹《李忠定公奏議後序》（同上）

章穎、李大有《刊李忠定公奏議跋》（同上卷末）

鄒應龍《書李忠定公奏議後》（同上）

姜注、陳彭壽、黃登《刊梁溪文集跋》（同上，人各一跋）

趙以夫《補刊梁溪文集跋》（同上）

李枚《宋本梁溪文集跋》（《百宋一廛書録》，又見《滂喜齋藏書記》卷三）

陳徵之《梁溪全集跋》（道光本《梁溪全集》卷末）

北海集四十六卷

蘇崇禮　撰

綦崇禮（一○八三——一一四二），字叔厚，世稱北海先生，高密人，徙北海（今山東益都）。登重和元年（一一一八）上舍第，高宗時爲翰林學士。其文集乃從孫綦焕所編，從孫綦更生刊，請樓鑰爲序。樓序稱"公之從孫焕集公文爲五十六卷，藏於家"。在任丹丘通判時，"始見家集"，而到晚年投閒，"有更生者，亦公之從孫，……曰'今之知北海先生者蓋寡，遺文將遂版行，願爲之序'。……屬更憂患，既免喪，而後敢爲下筆。"楊萬里亦有序，極稱著者學識文章。《讀書附志》卷下著録道：

> 《北海先生文集》六十卷，右綦崇禮字叔厚之文也。叔厚，高密人，登政和（《宋史》本傳作重和元年，一一一八）上舍進士第。仕高宗爲翰林學士，終寶文閣學士、高密郡侯，贈朝議大夫。楊萬里、樓鑰爲文集序，行狀、墓誌附於後。

《解題》卷一八、《宋志》、《通考》卷二三八著録卷數同。刊本較樓序所記卷數少四卷，蓋付梓時增補或通編附録之類。

明《文淵閣書目》卷九著録"綦崇禮《北海文集》一部七册，闕"。至《內閣書目》已不登録。此外唯《籤竹堂書目》卷三著録"《北海文集》九册"。原本久佚，今存乃大典本。《四庫提要》曰：

今檢《永樂大典》，載崇禮詩文頗多，中惟制誥最富，表啟之類次之，散體古文較少，而詩什尤寥寥無幾，蓋其平生以駢體擅長故也。集中間有原注，稱崇禮爲“先祖”，則當時所據，猶其家刻之舊本矣。……謹分體排訂，釐爲三十六卷。又《兵籌類要》一書，乃其在翰苑時所撰進，皆援據兵法，參以史事，各加論斷。雖紙上空談，未必遽切實用，而采摭尚爲博洽，今亦編爲十卷，次之於後。其歷官除授告詞及吕頤浩書啟、李邴祭文、秦檜乞追取御筆詞頭札子，原本皆載入集中，今並仍其舊，而益以《宋史》本傳、《氏族言行録》諸條，别爲附録三卷，繫諸集末，以備考核焉。

乾隆翰林院鈔本，今藏國家圖書館。大典本録入《四庫全書》，民國時嘗以文淵閣四庫本影印入《四庫全書珍本初集》。其卷目編次爲：卷一，詩；卷二至七，制；卷八至一五，詔；卷一六，敕；卷一七，口宣、批答；卷一八，表；卷一九，祝文、道場齋文、疏、祈晴文；卷二〇至二二，進御故事；卷二三，語本、表；卷二四至二七，表；卷二八，札子；卷二九，奏狀；卷三〇至三三，啟；卷三四，行狀、墓誌銘；卷三五，墓誌銘；卷三六，雜著；卷三七至四六，兵籌類要。末爲附録上、中、下三卷。今以翰林院鈔本校影印文淵閣四庫本，可是正庫本文字，而鈔本卷一八有青詞八篇，爲四庫本所删落。

《全宋文》用影印文淵閣《四庫全書》本爲底本，輯得佚文三十一篇。《全宋詩》底本同。

【參考文獻】

樓鑰、楊萬里《北海先生文集序》（影印文淵閣《四庫全書》本《北海

集》卷首，人各一序）

華陽集四十卷

張　綱　撰

張綱（一〇八三——一一六六），字彥正，自號華陽老人，丹陽（今屬江蘇）人。政和二年（一一一二）登上舍第，官至參知政事，忤秦檜，引年歸。卒，謚章簡。卒之次年，即乾道三年（一一六七），其子張堅裒輯遺文成集，跋略曰：

> 堅不孝，遭大罰，號慕之餘，哀集遺文，以類編次，僅得外制二百二十二，表疏九十八，奏札六十八，故事十九，講義十九，啟八十四，雜文七十六，古律詩二百三十九，樂府三十四，釐爲四十卷。以先君自號華陽老人，目之曰《華陽集》。集中有宣、政、靖康間所作詩文數十篇，皆掇拾於殘編斷簡之末，或親舊口所傳誦，十不存一二。……先君力學起家，不幸遭兵火，畏權臣，故文章之傳後世者止於如此。

張堅欲刊此集，不果。紹熙元年（一一九〇），綱孫釜權知池州，遂刊之於郡齋，跋曰：“先叔（指張堅）寶文久欲鋟之木，而志弗遂。釜假守秋浦之明年，郡事稍間，因取所編復加訂正，以成先叔之志云。”次年，洪邁作集序，曰：“（綱）嗣子戶部郎中堅蒐拾論次，合八百五十九篇，將刊鏤垂世，未克而沒。後二十三年，慈孫池州使君釜乃出捐家貲，板置郡學。”又次年，周必大爲作《後序》，當已刊成。

《解題》卷一八著録道：

> 張章簡《華陽集》四十卷，參政金壇張綱彥正撰。大觀中舍法，三中首選，釋褐承事郎。辟雍正，蓋專於新學者。紹興初，在瑣闥忤張俊，求去，復與秦隙，遂引年。秦亡乃召用。乾道初，年八十四而終。自號華陽老人，華陽者，茅山也。

陳氏所録，當即池州刊本。《通考》卷二三九從之。

宋刊本似乎清末猶在，朱緒曾《開有益齋讀書志》卷五稱其所得“宋刊本完善”。該“宋刊本”情況不詳，久已不見著録，是否宋槧存疑。

萬曆丁酉（二十五年，一五九七），邑人于文熙重刊之，序稱在張綱裔孫張光裕處得該集“殘編斷簡”，於是“緝而梓之，以播之鄉邦，傳之四海”。是刻每半葉十行二十字，白口，四周單邊，凡文三十三卷，詩五卷，詞一卷，行狀一卷。萬曆本今國內僅著録三部，兩部藏國家圖書館（其中一部有清吳允嘉跋，另一部有鄭振鐸跋，鄭跋見三聯書店版《西諦書話》），一部藏北京師範大學圖書館。國外，日本靜嘉堂文庫、尊經閣文庫各藏一部。于氏所用底本不見著録，蓋久已亡佚。

《四部叢刊三編》即用萬曆本影印。據趙萬里跋，影印之底本嘗據海源閣舊藏殘帙、鐵琴銅劍樓藏校影宋鈔本各補闕葉凡七，而仍闕兩葉無由校補（按：爲卷二六《賀呂相啟》）。趙跋稱萬曆本“平闕之式甚古，遇宋諱注‘御名’云云，當從宋槧出也”。後世所謂影宋鈔本，疑即影鈔此本。今按所諱“御名”爲慎、敦二字，于文熙所得殆爲紹熙池州本，而重刊本闕周必大後序，蓋底本已經殘脱。

《四庫全書》著録兩江採進本四十卷。趙萬里影印萬曆本時，嘗以萬曆本校文津閣庫本，跋稱庫本有删、割原書，於闕處巧爲彌縫等“三失”，而兩本闕葉又往往相同。因知庫本所録，儻非萬曆本，亦當源於張光裕家藏宋本。今按四庫本將“御名”二字皆回改爲“慎”，然據文意，某些當作“敦”字者亦改爲“慎”，蓋又一失也。

除上述各本外，今國家圖書館、南京圖書館各藏有清鈔本一部。

《全宋文》用《四部叢刊三編》本爲底本。《全宋詩》用萬曆本爲底本。

【參考文獻】

張堅《華陽集跋》（《四部叢刊三編》本《華陽集》卷末）

張釜《刊華陽集跋》（同上）

洪邁《華陽老人文集序》（同上卷首）

周必大《張彦正文集後序》（影印文淵閣《四庫全書》本《周文忠集》卷二〇）

于文熙《新刻華陽集序》（《四部叢刊三編》本卷首）

趙萬里《影印萬曆本華陽集跋》（同上卷末）

崧菴集六卷

李處權　撰

李處權（？——一一五五），洛陽（今屬河南）人，祖籍徐州豐縣，李淑曾孫。宣和間以詩名，南渡後嘗領三衢。紹興二十四年（一一五四），作者自序其集道：“五十年間，作古賦五，古詩三百，律詩一千二百，雜文二百，長短句一百，生平之力，盡於此矣。""暇日拾掇次第，粗成編綴，名之曰《崧菴集》。"則作者平生之作，嘗自收拾併手編成集。

然原本後來散佚，其從弟李處全又重輯，有跋，稱其兄死後，"諸子流落湖外，遺編斷稿，多爲喜吟詠者持去"。又謂其兄建炎末避地客長沙劉氏伯仲家，劉氏舊所藏詩文頗多，"因裒輯少日所記，與十數年來摭拾得之於親舊間者四百餘篇，寄惠伯（陳安民）使歸諸劉氏，以滿其好事樂善之意"。時在淳熙六年（一一七九）。次年（庚子），邵驥又作跋，蓋即於是年付梓。

是集不見於宋人書目。明代唯《文淵閣書目》卷一〇著録"《李崧菴詩集》一部三册，闕"。原本久佚，今存乃大典本，《四庫提要》稱就《永樂大典》"采掇排比，以體區別，釐爲六卷，仍以原序跋分繫前後，俾將來有以考見焉"，且考明作者乃李淑曾孫。所輯六卷中，除卷一之首爲賦四篇外，其餘皆詩。大典本録入《四庫全書》。乾隆翰林院鈔本，今藏廈門圖書館，已殘（存卷一至四）。民國四年（一九一五），李之鼎據金陵朱氏所藏傳鈔四庫本，刊入《宋人集》甲編。

《全宋詩》用影印文淵閣《四庫全書》本爲底本。

【參考文獻】

李處權、李處全《崧菴集序》（影印文淵閣《四庫全書》本《崧菴集》卷首，人各一序）

邵驥《崧菴集跋》（同上卷末）

毗陵集十六卷

張　守　撰

　　張守（一〇八四——一一四五），字子固，一字全真，晉陵
（今江蘇常州）人。崇寧元年（一一〇二）進士，官至參知政
事，忤秦檜，致仕歸。卒諡文靖。嘉泰二年（一二〇二）九月，
周必大作《張文靖公文集序》，稱作者有“文集五十卷、奏議二
十五卷盛行於時，今公之孫户部尚書抑學世其家，數請爲序”
云云，則二集當板行已久，此時蓋又重刊。其初刊於何時，今
不詳。《解題》卷一八著録道：

　　　　《毗陵集》五十卷，參政文靖毗陵張守全真撰。一字
　　子固（祝按：“固”原作“同”，據《宋史》本傳改）。崇寧進士、詞
　　科。紹興執政，張魏公（浚）在相位，薦秦檜再用，守有力
　　焉。一日，與魏公言：“某誤公聽，今朝夕同班列，得款
　　曲，其人似以曩者一跌爲戒，有患失心，宜自劾謝上。”魏
　　公爲作墓誌，著其語。

　　《通考》卷二三九、《宋志》同爲五十卷。《解題》卷二二又著録
《毗陵公奏議》二十五卷，《通考》卷二四七同。《宋志》除著録
《奏議》二十五卷外，又著録十八卷。蓋《毗陵集》僅輯詩文，
而奏議另本別行也。

　　明《文淵閣書目》卷九著録“張子固《毗陵文集》，一部五
册”。《内閣書目》卷三稱“不全”，“凡五十卷，缺一至十八”。
私家唯《絳竹堂書目》著録，未注册、卷數。

　　文集及奏議原本皆久佚，今存乃大典本。《四庫提要》

曰:"今從《永樂大典》各韻中蒐輯編綴,約尚存十之三四。謹校訂排次,釐爲一十五卷,而以婁機等所作謚議文二篇附之於後。"大典本録入《四庫全書》,卷目編次爲:卷一,詔;卷二,制、表;卷三、四,表;卷五至八,札子;卷九,奏狀、狀;卷一〇,記、序、跋、題、銘、贊、頌、祝文、祭文;卷一一,啟、書;卷一二、一三,誌銘、墓表、神道碑;卷一四、一五,詩。大典本又刊入《武英殿聚珍板叢書》,釐爲十六卷,編次與四庫本稍異,而閩覆本、廣雅書局本又增"拾遺"一卷,俱輯自《五百家播芳大全文粹》。《常州先哲遺書》《叢書集成初編》皆據聚珍本刊印。

　　《全宋詩》用影印文淵閣《四庫全書》本爲底本,輯得佚詩九首。《全宋文》底本同,輯得佚文六十六篇。

【參考文獻】

　　周必大《張文靖公文集序》(影印文淵閣《四庫全書》本《周文忠公集》卷五四)

東萊先生詩集二十卷外集三卷

呂本中　撰

　　呂本中(一〇八四——一一四五),字居仁,學者稱東萊先生。祖籍壽州(今安徽鳳臺),生於開封。以蔭補承務郎。徽宗崇寧後蔡京專國,禁"元祐學術",因其曾祖呂公著、祖呂希哲皆元祐黨人,遂長期坐廢家居,宣和末方出仕。"靖康之難"後流浪於南方各地。紹興六年(一一三六)被召入朝,賜進士出身，官至中書舍人兼侍講，忤秦檜罷。詩學黄庭堅，而主張"活法"，爲後期江西詩派代表詩人。衢本《讀書志》卷一九著録其集道：

> 《吕居仁集》十卷。右皇朝吕本中字居仁，（吕）好問右丞之長子。靖康初權尚書郎，紹興初賜進士第，除右史，遷中書舍人，已而落職奉祠。少學山谷爲詩，嘗作《江西宗派圖》行於世。

十卷本蓋紹興間編刊，後不見著録，宋以降亦無傳本。

乾道二年（一一六六），曾幾作《東萊先生詩集序》，曰：

> 東萊吕公居仁以詩名一世，使山谷老人在，其推稱宜不在陳無己下。然即世多歷年所，而編次者竟無人焉。……儀真沈公宗師，名卿之子，少卓犖有奇志，方黨禁未解時，不顧流俗，專與元祐故家厚，居仁尤知之，往來酬唱最多。沈公之子公雅，以通家子弟從居仁游，居仁稱之甚。乾道初元，幾就養吴郡，時公雅自尚書郎擢守是邦，暇日裒集居仁詩，略無遺者，次第歲月，爲二十通，鋟板置之郡齋。

所謂"次第歲月"，周必大謂爲"以歲月爲先後"（《平園續稿》卷七《題吕紫薇與晁仲石詩》），即是本爲編年體。沈公雅吴郡郡齋刊本今尚傳世，藏日本内閣文庫，董康《書舶庸譚》卷六著録。傅增湘《經眼録》卷一四記之曰：

> 《東萊詩集》二十卷，宋吕本中撰。宋刊本，版匡高六寸二分，寬四寸九分，半葉十一行，每行二十字，白口，左右雙闌。前有乾道二年曾幾序。

> 按：此本結體方嚴，當爲杭州刊本。

據曾序，板乃吳郡所刊。又上引周必大《題吕紫薇與晁仲石詩》，亦稱其時沈公雅爲“平江守”，平江，蘇州府也，謂杭州所刊當誤。上海涵芬樓曾由日本攝回沈刻本照片，影印入《四部叢刊續編》，張元濟跋謂“近代藏目皆舊鈔本，攙入慶元二年（一一九六）陸游序，蓋後來傳鈔所附益，非原刊所舊有也”。按陸序稱“嗣孫祖平悉裒輯他文爲若干卷”，則序爲文集而作（文集已久佚），張説是。張跋又曰：“檢涵芬樓舊藏陳仲魚鈔本互校，陳本無總目，卷十全卷，其詩皆與宋本不合。”傅增湘嘗收得宋黄汝嘉刊本《外集》三卷（詳後），與鈔本校，則鈔本卷十“正爲《外集》之首卷”，傅氏“以私意測之”，以爲其時卷十適亡，而《外集》尚存，“無知市估遂移取首卷以彌其闕”，後輾轉傳寫，該卷遂僞（詳《宋江西詩派本東萊先生詩集三卷外集三卷書後》）。此説雖是猜度，甚合情理，當可信。又，沈氏編次時雖“以歲月爲先後”，然每年（更遑論每月）起訖并未注明，故除極少數詩篇標有作年外，其他年代只能據編排次序大致推測，所隔稍遠，推測亦難，至今幾與無編年等，是其遺憾。也有編年明顯錯誤者，如卷六已有詩題“己亥”（重和二年，一一一九），而卷七《雪夜》却題“政和六年”（一一一六），前後顛倒。

陳氏《解題》卷二〇著録另一本道：

> 《東萊集》二十卷、《外集》二卷，中書舍人吕本中居仁撰。希哲之孫，好問之子，而祖謙之伯祖也。撰《江西宗派》者，後人亦以其詩入派中。

陳氏所録，當即黄汝嘉所刊《江西宗派詩集》之本，今尚存正集殘本及《外集》，乃北京帶經堂書坊故物，一九一八年（戊午）秋爲傅增湘收得，今藏國家圖書館。傅氏《經眼録》卷一四著録，其《宋江西詩派本東萊先生詩集三卷外集三卷書後》曰：

> 　　《東萊先生詩集》，宋慶元刊本，存第十八、十九、二十，凡三卷，又《外集》三卷。半葉十行，每行二十字，白口，左右雙闌。版心上方記字數若干，下方記刊工姓名。可辨者有黃鼎、吳仲、余章、弓定、曾茂、高仲諸人名，及傑、遂、興、汝、升、明、延、壽、昌、升、郁、孜、贊、敬、京、卞、霞諸名各一字。《詩集》於上魚尾下標“東萊集十八”等字，《外集》標“東萊外一”等字。每卷首行，書名下空四格，題“江西詩派”四字。《詩集》後有乾道二年四月六日贛川曾幾題二葉，題前下注“增刊”二字。《外集》前有目録四葉，目後題“慶元己未（五年）校官黃汝嘉增刊”一行。刻工精整，字仿顔平原體，結構方嚴，而氣息渾厚，似是江西所刻。收藏有“寶敕堂印”、“蘇衛指揮使印”、“葛閬中印”、“東望”諸印記，其人皆不可考矣。
>
> 　　按：内閣文庫藏本，據曾幾題跋，知爲乾道二年沈公雅刻於吳門郡齋者，故於“慎”字下注“御名”。余本爲慶元己未黃汝嘉刻，後於沈本三十四年，避諱已至“敦”字，而“慎”字亦僅缺末筆矣。舉殘存三卷與沈本對勘，詩題次第相同，篇中小注亦合，文字絶少差異，知黃氏即依沈本重梓，未嘗以意變更也。再與咸豐己未（九年，一八五九）吕儶孫新刻相校（祝按：咸豐本今有著録，傳校本今藏國家圖書館），差訛之處甚夥，小注咸删落無存，三卷之中補正至一百六十餘字。

此本價值，尤以《外集》三卷爲巨。如方回《瀛奎律髓》卷三二收吕本中《兵亂後雜詩五首》，方氏曰：“《東萊外集》凡二十九首,取其五。"然因《外集》長期晦跡無聞,故極少有學者讀過,待三卷本出,人們方識廬山真面目,由此可睹一斑。《外集》三卷,《解題》著録爲"二卷",《通考》卷二四五同,今據原本知"二"乃"三"字之訛。《宋志》僅著録正集二十卷。上引傅氏《書後》謂其"不著《外集》,蓋其時已久湮逸矣"。似又未必,《宋志》所録或爲沈本。

　　《兩宋名賢小集》卷一〇二至一〇四收録呂本中《紫微集》詩凡二百五首,主要選自《東萊詩集》,亦有《東萊詩集》所不載之作。

　　明《文淵閣書目》卷九嘗著録"《吕東萊詩集》一部六册,闕",而明代其他私家書目極少登録,蓋傳本甚稀,元、明又未嘗覆刻。今唯華東師範大學圖書館藏有明鈔本正集二十卷。各圖書館著録之清鈔本,則達十七部之多(個別清鈔本題作《紫薇集》)。因今有影印宋本在,故鈔本及咸豐刻本(由傅鈔本出)皆可略而不述。

　　《四庫總目》著録馬裕家藏本,傅氏《書後》謂爲鈔本。今用四庫本與《四部叢刊續編》影宋本相校,庫本缺字、誤字甚多,且缺卷一〇,遂以《外集》卷一鈔補以成完帙,與上述涵芬樓藏陳仲魚鈔本同,可見其乃劣本。傅氏《書後》又曰:"邵氏批注《簡明目》言有明刊,余未之見,其言羌無故實,恐係誤記也。"今查各圖書館亦未見有明刊著録,傅氏"誤記"之説是。

　　《全宋詩》用《四部叢刊續編》本《東萊先生詩集》及《江西詩派》本《外集》爲底本,輯得佚詩五首、斷句數件,并録存清蔣光焴藏《紫微集》鈔本多出之詩六十四首,以其來歷不明,無所歸屬故也。今考所録第一首《丹桂軒》出《兩宋名賢小

集》卷二一二羅從彥《豫章先生詩集》卷一，第二首《松》見明
胡居仁《胡文敬集》卷三，又有二十多首見《兩宋名賢小集》所
載吕本中《紫微集》，其餘不詳出處。可見蔣氏所藏鈔本問題
不少，多出之詩尚待一一甄別，録存可也。吕本中無文集傳
世，《全宋文》另輯得佚文二十篇，編爲二卷，然多殘篇。

【參考文獻】

曾幾《東萊先生詩集序》（《四部叢刊續編》本《東萊先生詩集》卷首）

張元濟《影印東萊詩集跋》（同上末附）

傅增湘《宋江西詩派東萊先生詩集三卷外集三卷書後》（《藏園群書
題記》卷一四）

茶山集八卷

曾　幾　撰

　　曾幾（一〇八四——一一六六），字吉甫，河南（今河南洛
陽）人。徽宗朝賜上舍出身。紹興時忤秦檜，寓居上饒茶山
寺，自號茶山居士。檜死，官至敷文閣待制，卒謚文清。陸游
《曾文清公（幾）墓誌銘》（《渭南文集》卷三二）稱“有文集三十
卷”。《解題》卷二〇“詩集類”著録道：

　　　　《曾文清集》十五卷，禮部侍郎章貢曾幾吉父撰。本
　　朝曾氏三望，最初温陵宣靖公公亮明仲；次南豐舍人鞏
　　子固兄弟，然其祖致堯起家，又在温陵之先矣；其後則幾
　　之族也。自贛徙河南，與其兄松叔夏、開天游皆嘗貳春

官。梾至尚書，開沮和議得罪，並有名於世。又有長兄
弼爲湖北提舉學事，渡江溺死。幾以其遺澤補官，銓試
第一，賜上舍出身。清江三孔之甥也。紹興初，幾已老，
始擢用。乾道中，年八十三以死。號茶山先生。其子
逢、逮皆顯於時。

《通考》卷二三五、《宋志》著録卷數同。《四庫提要》以爲墓誌
稱有文集三十卷，而《解題》及《宋志》均作十五卷，"是當時已
佚其半"。館臣恐是臆説。陸游稱三十卷者爲"文集"，而十
五卷者乃其詩集。陸游《渭南文集》卷三〇有《跋曾文清公奏
議稿》《跋曾文清公詩稿》，足見當時以類編集。三十卷本或
爲詩文全帙，奏議恐仍在外。

　　曾幾各集宋代刊行情況不詳。明《文淵閣書目》卷一〇
著録"《曾文清詩集》一部五册，殘闕"。《内閣書目》無其目。
《江陰李氏得月樓書目摘録》則僅著"《曾幾詩》二卷"。原本
久佚，今存詩集《茶山集》八卷，乃大典本。《四庫提要》稱蒐
輯《永樂大典》各韻，"凡得古今體五百五十八首，雖不足盡
幾之長，然較劉克莊《後村詩話》所記九百一十篇之數，所佚
者不過三百五十二篇耳"。大典本録入《四庫全書》，刊入
《武英殿聚珍板叢書》（閩覆本、廣雅書局本增《拾遺》一卷，
勞格輯目，孫星華録文）。《叢書集成初編》據聚珍本排印。

　　日本文政十一年（一八二八）萬笈堂、種玉堂分别刊《茶
山集》八卷，乃據廣雅書局本（《和刻目録》）。

　　《全宋詩》用影印文淵閣《四庫全書》本爲底本，輯得佚詩
四十四首。《全宋文》底本同，輯得佚文九篇。

忠正德文集十卷

趙　鼎　撰

趙鼎（一○八五——一一四七），字元鎮，解州聞喜（今山西聞喜）人。崇寧五年（一一○六）進士。南渡後歷參知政事、右相、左相。力主抗金，爲秦檜所傾，一再貶官，絶食而死。追謚忠簡。嘉泰元年（一二○一）臘日，其孫謐知潮州，潮乃其大父當年貶官之地，因刻其集，請周必大作序。周氏序略曰：

> 始公謫潮，潮人敬愛不忘。天道好還，謐今來守此土，追懷祖烈，將刻遺稿，附昌黎文以傳。凡擬詔百有十，雜著八，古律詩四百餘首，奏疏、表札各二百餘篇，號《得全居士集》，而以樂府四十爲別集，屬某題辭。某按國朝故事，眷待故相，多賜佳名揭碑首，或二字，或倍之。公之生也，幸拜宸奎，襃稱四美（祝按：指“忠正德文”），某已敷衍於前矣。盍就以名集，昭示萬世，視碑額庶有光焉。謐曰“諾哉”！是爲序。

則其家集原題《得全居士集》，周必大改爲《忠正德文集》。
《解題》卷一八著錄道：

> 《忠正德文集》十卷，丞相聞喜趙鼎元鎮撰。四字（祝按：即“忠正德文”），高廟所賜宸翰中語也。

又同書卷二○著錄其詩集道：

> 《得全居士集》三卷，趙鼎元鎮撰。全集號《忠正德

文》，其曾孫璧別刊其詩，附以樂府。陸游曰：忠簡謫朱崖，臨終自書銘旌曰：“身騎箕尾歸天上，氣作山河壯本朝。”嗚呼，可不謂偉人乎！

《通考》卷二三八著錄《忠正德文集》、卷二四四載《得全居士集》，皆同《解題》。《宋志》著錄《忠正德文集》亦同，然《得全居士集》僅二卷，蓋詩集單行本“附以樂府”爲三卷，不附爲二卷；又錄有《得全居士詞》一卷，謂“不知名”，殆即所作長短句別行之本，《宋志》編者對其作者失考。《宋史》卷三六〇本傳稱“有擬奏、表疏、雜詩文二百餘篇，號《得全集》，行於世”。此蓋早年所刊家集，故篇數差少。

明《文淵閣書目》卷九著錄“趙元鎮《忠正德文集》一部六册，全”，而至《内閣書目》已不登錄。《篆竹堂書目》卷三載《忠正德文集》，無《得全居士集》。《世善堂藏書目錄》卷下有“《趙忠正德文集》十卷”。《趙定宇書目》有宋板大字《忠正德集》，蓋書名脱“文”字。《絳雲樓書目》卷三亦有《忠正德文集》五册，注曰“十卷”。其後傳本亡佚。《增訂四庫簡目標注·續錄》謂有明刊本，然別無著錄，恐邵氏誤記。今存乃大典本。《四庫提要》曰：

> 史（指《宋史》）稱其爲文渾然天成，凡軍國機事，多其視草，有奏疏、詩文二百餘篇。《紹興正論》、陳振孫《書錄解題》皆作十卷。今久佚不傳，謹就《永樂大典》散見各條，案時事先後，分類裒綴，得奏議六十四篇，駢體十四篇，古今體詩二百七十四首，詩餘二十五首，筆錄七篇，又據《歷代名臣奏議》增補十二篇，仍釐爲十卷。計所存者尚二百九十六篇，與《宋史》所稱二百餘篇不符。疑其集本三百餘篇，傳刻《宋史》者或偶誤“三”字爲“二”

字歟。

今按：所釐十卷，前三卷爲奏議上、中、下，卷四爲四六，卷五、六詩詞，卷七《建炎筆録》，卷八《丙辰筆録》《丁巳筆録》，卷九《使指筆録》《辯誣筆録》，卷十《家訓筆録》《自誌筆録》。《提要》疑《宋史》誤"三"爲"二"，然《宋史》本傳所述爲《得全集》，而非十卷本《忠正德文集》，後者所載詩文數量已見周必大序，遠多於三百餘篇，故大典本較原本缺佚甚多，館臣所疑非是。大典本録入《四庫全書》。

乾隆五十六年（一七九一），有刊大典本十卷，今唯見上海圖書館著録。道光十一年（一八三一），會稽吳傑以傳鈔四庫本付梓，有跋。光緒二年（一八七六），山陰謝福謙重刊吳傑本，序略曰：

今所傳者，即四庫本也，爲鄉先輩吳傑所刊。兵燹之後，板既廢毀，書亦無多，藏書之家鮮有存者。福謙偶於家藏書篋中檢得，……故重爲鋟板，公諸同好，以廣其傳。適友人魯君東川遺以善本，命子鳳書司校讎焉。

所謂魯君之"善本"，當亦爲傳鈔四庫本。道光、光緒兩刻今皆傳世。日本東京大學、京都大學藏有道光本。道光二十八年（一八四八），涇縣潘氏袁江節署刊《乾坤正氣集》，其中有《忠正德文集》八卷（無詩詞二卷）。同治五年（一八六六）、光緒元年（一八七五）、七年、十八年曾四次重印，今國家圖書館等有著録。

日本文久元年（一八六一），刊有是集木活字本，然只成前四卷（《和刻目録》）。

《全宋文》用影印文淵閣《四庫全書》本爲底本，輯得佚文

三十六篇。《全宋詩》底本同,輯得佚詩二十首。

【參考文獻】

　　周必大《忠正德文集序》(影印文淵閣《四庫全書》本《周文忠集》卷五四)

宋人别集叙録卷第十七

盡忠録 八卷　　陳少陽文集　陳修撰集

陳　東　撰

陳東(一〇八六——一一二七),字少陽,丹陽(今屬江蘇)人。徽宗時入太學,欽宗至高宗初屢率太學生伏闕並上書,請誅奸臣,乞留李綱堅持抗金,爲高宗所殺。後高宗悔悟,追贈秘閣修撰。宋人書目未著録其文集,唯《宋志》載《陳東奏議》一卷。文集不詳最初爲何人編次,李綱孫大有曾刊之,序略曰:

> 大有家藏《少陽事迹》,莫知何人編次,意有深旨,悉從其舊,止易其書二字曰《盡忠録》,蓋掇取賜金制詔中語,固重以詞旨。聖語三條揭諸篇首,鋟木以廣其傳。

時在嘉定元年(一二〇八)。李大有刊本久已失傳,據元代翻刻本(詳後),所刻當爲八卷。

後來魏了翁又作《陳少陽文集序》,略曰:

> 余嘗與李忠定(綱)之孫大有爲友,得其家所刊陳公少陽文集,梓類既詳;今又得三山孫君遇正鳳所輯,又加

詳焉。……君遇夙號多聞，加以游淮楚，客京口，嘗訪陳
公家里，得其言行甚悉。既爲之譜系，並以思陵（高宗）
前後詔旨，臣寮奏陳，前輩題識，與范《傳》、李《記》，列諸
篇帙，非惟著國家育才之功，抑以彰祖宗悔過之美意。
集凡若干卷。

因知孫君遇所編本，與李大有刊本多所不同，蓋主要是裒輯
言行，增加附録。孫編本不詳當時曾否付梓，未見諸書目。

《四庫提要》曰：“元大德中始有刻本《盡忠録》，凡八卷，
編次頗嫌錯雜。”余嘉錫《四庫提要辨證》卷二二引魏序駁之，
謂“南宋時李大有已嘗爲之付刊”。余氏之説是，蓋館臣所見
本無李、魏二序，故不悉是集源流。余氏又曰：“按《少陽集》
當即大有所編，惟《盡忠録》不知出何人之手。”“李大有所刻
之《少陽文集》，當時已有人取而重編之，改名《盡忠録》，且鋟
木以行，元人但覆刻耳。”按余氏以爲元本《盡忠録》乃覆刻宋
本，固是；然其自謂未見原書，僅是“臆擬”，且似並李大有序
亦未見，故所述仍誤。李序已明言其家藏爲《少陽事迹》，《少
陽事迹》不知爲何人所編次，而大有所刻“悉從其舊”，只是易
其名爲《盡忠録》而已，並非李大有刊本由其他人“重編”後方
改名《盡忠録》。孫君遇所編本，據魏氏序，蓋題爲《陳少陽文
集》。然元、明所傳，似僅爲李刊本，至天啓本才有魏了翁序，
疑是由《鶴山集》取之以冠卷首，詳後。

據前引《四庫提要》，館臣似嘗見元大德本，已久無著録，
今不知其詳。現存以明正德刻本爲古。該本有楊一清正德
十年（一五一一）夏四月所作序，略曰：

　　近丹陽太學生孫育得所謂《盡忠録》者，質之鄉進士
陳君沂，屬次編焉，乃請於丹陽令申君理刻以傳。録曰

“盡忠”，蓋因宋丞相綱之孫大有所序舊名，用高宗《賜錢詔》中語也。

同年後四月陳沂有跋，曰：

> 右少陽公之論諫凡七書，《還命》一書，答論薦者二書，就逮時慰家人一書，詩稿二十有七章。公之弟南有所撰行狀，友人李猷有《贖屍記》，省臺有上論薦及死事札子凡七，欽宗御批一，思陵（高宗）諭命凡八，哀挽題識凡四十有九，《宋史傳》一。編次首之以圖像傳狀者，重人之思也；前後論諫而間以敕札者，序其年也；後雜詠於哀挽、題識者，見公之餘事也；曰《盡忠録》者，用其舊也。昔丞相綱之孫大有序《盡忠録》，而獨存其序，恐即是物也。遂以名篇板行者，縣令申君爲民之勸也，太學孫思和（育）爲鄉人之榮也。

是年秋九月，孫育又跋之，當已刊成。傅增湘《明天啟刊本陳少陽先生文集跋》謂“明正德刻本有楊一清序，言丹陽孫育得《盡忠録》，屬陳沂爲之編次，計本集五卷，附録五卷。第其書亦罕覯，惟彭文勤（元瑞）曾見季滄葦（振宜）有藏本”。按季氏本後入天禄琳琅，《天禄後目》卷一五“明版史部”著録，題《陳少陽先生盡忠録》，一函二册，凡八卷，“其中束遺文惟上書七首，《辭還恩命書》一首，答蔣宣卿、趙子崧書二首，家書一首，遺詩二十七首，而以遺像、自贊、行狀、《宋史》本傳爲一卷，其他詔敕、薦章、哀挽、題跋、墓表參錯成書。目録後有沂自跋，書末有孫（有）〔育〕跋，丹陽知縣申理刻之。考別本有楊一清序，……此本佚。……是書外有《盡忠録補》二卷，上卷遺詩十首、訓三首，下卷宋人題跋十五首，在（陳）沂此録後所輯也。"其下録書中季振宜印記若干，此略。按彭元瑞《知聖道齋讀書跋》卷二曰："余獲見季滄葦所藏正德年初印《盡忠録》，尚無補録二卷。"則所謂《盡忠録補》疑爲鈔帙，故稱其在"是書外"。此本後亡佚。筆者曾見今國家圖書館藏本《宋陳少陽先生盡忠録》一部，凡八卷。卷首爲目録，目録有陳沂跋。卷一首爲遺像，遺像後有自贊，其次爲行狀、《宋史》本傳。卷二爲奏議，載上欽宗四書。卷三爲詔敕書札，除論薦札子外，有《辭還恩命書》、答論薦二書。卷四爲奏議，載上高宗三書。卷五爲詔敕書札，首爲《家書》，次爲《李猷瘞屍記》，以下爲詔札。卷六挽詞，卷七題跋，卷八遺稿雜詠，雜詠末爲孫育跋。每半葉九行二十字，白口，左右雙邊。此本編次，與陳沂目録跋及《天禄後目》所述正德本相合，如"前後論諫而間以敕札"、"後雜詠於哀挽、題識"等等。卷中有漫漶，字形版式頗古。國家圖書館置於普通書庫，著録爲"明刊本"，似不甚寶重。該本僅八卷，是否亦是正德初印本？或者説，上引傅跋稱正德本正集五卷、附録五卷，附録中九、十兩卷乃稍後補刻？因大陸今無正德本比對，故難以論定。

　　日本静嘉堂文庫藏有正德本一部，《皕宋樓藏書志》卷八二、《静嘉堂秘籍志》卷三五著録，書名爲《宋陳少陽先生文集》，凡十卷。又，今臺北"故宫博物院"亦著録正德本一部。余氏《辨證》以爲正德本仍名《盡忠録》，到天啓本方改爲《少陽集》，似不確，據上引《天禄後目》，正德本書名爲《陳少陽先生盡忠録》，已有"少陽"二字。

　　天啓本爲孫雲翼、賀懋忠編，題《宋陳少陽先生文集》，正集五卷、附録五卷，凡十卷，刊於天啓五年（一六二五）。傅增湘一九四〇年（庚辰）六月十日所作《明天啓刊本陳少陽先生文集跋》曰：

> 正德版毀，至天啟時（孫）育之孫雲翼又屬其甥賀懋
> 忠刻之，即此本是也。版式半葉九行，行二十字，行間加
> 圈點，詩文後兼有雲翼按語，前録魏了翁序，後有賀懋忠
> 跋，卷前尚有天啟五年雲翼序，而此本失之矣。

傅跋本《經眼録》卷一四著録，今藏國家圖書館。天啟本底
本，顯然即正德本，而其首録魏氏序，如前所言，當取於《鶴山
集》，並不表明該本與魏了翁所序孫君遇本有關係。天啟本
今僅有此本存世。《藝風藏書記》卷六嘗著録影鈔天啟本《盡
忠録》八卷，然書名、卷數與天啟本不合，不詳其故。

據《四庫提要》，是集入清後有康熙重刊本。雍正十一年
（一七三七）、乾隆二十二年（一七五七）有活字印本。康熙本
今無著録，《提要》稱其題曰“《少陽文集》，凡十卷，前五卷皆
束遺文，後五卷則本傳、行狀及他書論贊也”，則該本應是依
天啟本重刊。《四庫總目》著録朱筠家藏本，乃雍正活字本，
底本今山西省圖書館著録，書名爲《宋少陽公文集》，凡十卷，
每半葉九行十九字，白口，四周單邊。然四庫本除正集五卷
外，附録僅採行狀、《宋史》本傳、詔詞等爲一卷，餘皆删落。
該本乃裔孫陳炳及其長男培搜羅考校，陳炳有跋，見文津閣
四庫本《少陽集》卷首。

晚清，是集有重刻天啟本二種。前引傅氏《明天啟本
跋》曰：

> 道光戊戌（十八年，一八三八），李振綱重刻於郡庠，
> 改題爲《陳修撰集》。中經洪、楊之役，版刻不存。光緒
> 十六年（一八九〇），丹陽知縣劉德麟又重校付梓，仍復

名《少陽集》。前後二刻編卷悉遵此本（指天啟本），但次
第偶有更易耳。

道光本有李振綱跋，謂其底本爲劉氏所藏鈔本，以束氏校本
參訂，所刻“爲文四卷，詩一卷，附録五卷”。今國家圖書館、
上海圖書館、日本京都大學有藏本。光緒本，今國家圖書館
及北大、南京等圖書館著録。

晚清除上述外，猶有叢書本二種。一是道光二十八年
（一八四八）所刊《乾坤正氣集》，收《陳修撰集》四卷，有文無
詩。二是光緒十八年（一八九二）順德龍氏刊《知服齋叢書》
第二集，收《少陽集》十卷。

除刊本外，今猶存明、清鈔本數部。其中南京圖書館藏
丁氏書中，有明鈔本《盡忠録》一部，十卷，爲吳寬（文定）舊
物。《善本書室藏書志》卷二九記之曰：“此鈔本十卷，前止李
大有一序，附録中不及元以後人，當爲舊本。有‘叢書堂印’、
‘明善堂覽書畫印’、‘安樂堂藏書記’諸印。”丁氏之意，似以
其出於明以前之本。吳寬爲明孝宗時人，固不及見天啟本，
或即前引《提要》所謂大德本乎？然大德本是否十卷，別無佐
證，前引《提要》稱大德本“凡八卷”。以其爲鈔本，可不深論。
臺北“中央圖書館”著録有舊鈔本五卷、八卷各一部。

綜上所述，蓋因陳東遺作甚少，故歷代刊本遂綴輯大量
附録以多其卷帙，遂有八卷、十卷之別，而清人又削爲五卷
（連附録六卷）。明季以降，以天啟本流傳最廣，而正德所刊
《盡忠録》殆直接由宋李大有刊本改編重刊，承上啟下，最爲
重要。

《全宋文》用《乾坤正氣集》本爲底本。《全宋詩》用國圖
所藏天啟本爲底本。

【參考文獻】

李大有《盡忠録序》（明刊本《盡忠録》卷七）

魏了翁《陳少陽文集序》（影印文淵閣《四庫全書》本《鶴山集》卷五四）

楊一清《盡忠録序》（道光本《陳修撰集》卷九）

陳沂、孫育《跋盡忠録》（同上，人各一跋）

傅增湘《明天啟刊本陳少陽先生文集跋》（《藏園群書題記》一四）

沈忠敏公龜溪集 十二卷

沈與求　撰

沈與求（一〇八六——一一三七），字必先，號龜溪，德清（今屬浙江）人。政和五年（一一一五）進士，官至參知政事，知樞密院事，卒謚忠敏。淳熙間，其文即已結集，泉州州學教授張叔椿叙之曰：

> 淳熙紀號之三祀（一一七六），參政姚公（當爲姚憲）以天子大臣來守泉。越數月，政清訟簡，出龜溪所爲文十二卷，命叔椿爲之雔正。玩味不能釋手，留月餘始克歸其書，又俾爲之叙。竊喜附名不朽，有榮耀焉，乃不辭而承公命。

張叔椿作序後十五年，即紹熙辛亥（二年，一一九一），觀文殿學士、宣奉大夫致仕吴興李彦穎又序之曰：

> 紹熙辛亥，公之孫詵爲浙漕，始能裒輯類次，爲十二

卷，將以板行於世，蓋其家所存止是矣。

淳熙間既已編校爲十二卷，李氏又稱沈諟“始能裒輯”，頗覺牴牾。前人或以“紹熙”爲“紹興”，如清查岐昌跋一鈔本，即謂是集“一刻於紹興辛亥，一刻於淳熙丁酉”（參《中國善本書提要》）；然沈與求卒於紹興七年，李彦穎序明言“後六十年”方裒輯板行，則作“紹興”顯誤。劉承幹以爲“編自姚公，刻自沈諟”（《吳興叢書本龜溪集跋》）；又謂據集中“慎”字作“今上御名”，“可知爲淳熙初年所編定”。此説當是。傳本既同有張、李序，可知沈諟本即姚氏本，所謂“始能裒輯”云者，蓋頌美之辭耳。惟紹熙刊板竟未改諱，未免疏失，亦留下疑點（以下所謂“淳熙本”，參此）。

《解題》卷一八著録道：

　　《龜溪集》十二卷，知樞密院忠敏吳興（祝按：德清爲吳興即今湖州市屬縣）沈與求必先撰。建炎、紹興之間，歷三院、翰苑以至執政。嘗奏言王安石之罪，大者在於取揚雄、馮道，當時學者惟知有安石，喪亂之際，甘心從僞，無仗節死義之風，實安石倡之。此論前未之及也。紹興七年終於位。

《通考》卷二三八、《宋志》皆著録爲十二卷，與張、李二序合。按前述查岐昌跋謂“近見《湖州府志》，稱沈集五十卷，未知何據”。考劉一止《沈公（與求）行狀》（《苕溪集》卷三〇），稱沈氏“有文集二十卷、奏議二十卷藏於家”，卷數較後來刊行者亦多數倍。蓋五十卷爲原編各集總合，後來散佚太半，故李氏序謂“平生著述文字故多散落，或爲親黨取去，……公手筆起草與所鈔録在紙者皆亡之，雖往還尺牘無留者”。

明《文淵閣書目》卷九著録"沈與求《龜溪集》一部五册，全"；《内閣書目》卷三亦曰："《沈忠敏公龜溪集》五册，全，……凡十二卷。又四册，全。"《江陰李氏得月樓書目摘録》、《徐氏家藏書目》卷六、《絳雲樓書目》卷三並著録十二卷本。

宋槧清初尚存。查岐昌所跋鈔本，即從秀水朱氏家藏宋本録出，跋謂"今朱氏書多散佚，不知宋刊本落何人手?"該鈔本今藏國家圖書館。又季錫疇（號菘耘居士）嘗以金侃鈔宋本五卷對勘明萬曆刊本（此本詳後），跋稱"金本鈔自傳是樓徐氏"（見《鐵琴銅劍樓藏書題跋集録》卷四），則傳是樓當嘗有殘宋本，然亦久已失傳。

是集今以明萬曆二十八年（一六〇〇）十六世裔孫沈子木金陵刊本爲古，《四部叢刊續編》即據以影印。萬曆本有沈子木刊板序，稱"偶得善本"云云，不詳所謂"善本"是刊是鈔。萬曆本每半葉九行二十字，白口，左右雙邊，卷目編次爲：卷一、二，詩；卷三，詩（長短句附）；卷四，内制；卷五，内制（表附）；卷六，表；卷七，表狀、札子；卷八，札子；卷九，啟；卷一〇，啟（狀附）；卷一一，雜文；卷一二，行狀、墓誌銘、祭文、青詞、定書。張元濟影印跋稱卷中"遇'完'字注'欽廟諱'，'構'、'遘'、'彀'等字注'光堯御名'、'嫌名'，'慎'字注'御名'，'瑋'字注'御舊諱'，其涉及宋帝詞句皆提行、空格，此爲宋刻原式，蓋猶從淳熙刊本出也"。前述季錫疇跋，謂以鈔宋本五卷對勘萬曆本，萬曆本"別無異處"，"雖出明刊，亦善本也"（季校本今藏國家圖書館）。萬曆本今大陸著録五部，臺北"中央圖書館"藏一部。國外唯日本靜嘉堂文庫庋藏一部。

是集清代無刊本。《四庫全書》用兩淮鹽政採進本，《提要》稱該本乃“紹熙中其孫說（祝按：當爲“說”之訛）所刊，前有觀文殿大學士李彦穎、湖州（祝按：當爲“泉州”之誤）教授張叔椿二序”。此不詳爲何本，若兩字底本已訛誤，疑其爲傳鈔本。另，今國內尚藏有清鈔本數部。

民國二年（一九一三），劉承幹將是集收入《吳興叢書》，跋稱萬曆本“一無改易，猶是宋人舊第，亦稱善本。今得蔣香笙太守藏舊鈔本，而以明本（即萬曆本）覆核，刊而傳之，並宋劉苕溪（一止）先生所撰行狀附之，以存吳興先哲舊集之一云”。張元濟跋《四部叢刊續編》本，謂劉氏刻本雖“校訂精詳，而凡塵風葉，間或不免”，於是作校記附後。

《全宋文》用《吳興叢書》本爲底本，輯得佚文二十篇。《全宋詩》用《四部叢刊續編》本爲底本。

【參考文獻】

張叔椿《龜溪集後序》（《四部叢刊續編》本《龜溪集》卷首）

李彦穎《沈忠敏公龜溪集序》（同上）

沈子木《萬曆刊沈忠敏公龜溪集序》（同上）

張元濟《〈四部叢刊續編〉本龜溪集跋》（同上卷末）

劉承幹《吳興叢書本龜溪集跋》（《吳興叢書》本《沈忠敏公龜溪集》卷末）

檆溪居士集十二卷

劉才邵 撰

劉才邵（一〇八六——一一五八），字美中，自號檆溪居士，廬陵（今江西吉安）人。登大觀二年（一一〇八）上舍第，又中宣和二年（一一二〇）宏詞科，官至吏部尚書。文集乃其孫劉恪編次，嘉泰元年（一二〇一）周必大作序，稱“其孫承議郎恪類公集爲二十二卷，授其子國學生千齡，至是以序爲請，故爲追述見聞而題其端”。兩年後，嘉泰三年，劉千齡又請楊萬里作後序，蓋集刊成於是時或稍後。宋人書目未著録，唯《宋史》卷四二二本傳稱“所著《檆溪居士集》行世”，未述卷數。

　　明《文淵閣書目》卷九著録“劉才邵《檆溪居士集》一部三册，全”，至《内閣書目》已不登録，唯黄氏《千頃堂書目》卷二九著録爲“十二卷”，不詳是何版本。元、明未見覆刻本。周必大序稱原本爲二十二卷，其孫輩付梓時似不應更其卷次，疑黄氏“十二卷”乃“二十二卷”之脱誤。

　　各本後皆不傳，今存乃大典本。《四庫提要》曰：“謹就《永樂大典》所載，裒輯編次，釐爲詩三卷，内外制四卷，雜文五卷。其間如必大原序所舉《清江引》《大堤曲》諸詩，皆不復存，然約略卷帙，似尚得十之六七。”大典本録入《四庫全書》。所謂“雜文五卷”，指卷八，表；卷九，啟；卷一〇，序；卷一一，雜文；卷一二，祭文（哀詞附）、墓誌銘。文淵閣四庫本曾影印入《四庫全書珍本初集》。

　　《全宋文》《全宋詩》俱用影印文淵閣《四庫全書》本爲底本。

【參考文獻】

　　周必大《檆溪集序》（影印文淵閣《四庫全書》本《檆溪居士集》卷首）

　　楊萬里《檆溪集後序》（同上）

東牟集十四卷

王　洋　撰

　　王洋（一〇八七——一一五四），字元渤，山陽（今江蘇淮安）人，晚寓信州。宣和六年（一一二四）進士。官至知制誥、直徽猷閣。集乃其子王昌祖所編，淳熙元年（一一七四）周必大作序，稱作者"大篇短章，充溢箱篋。嗣子昌祖懼夫散軼而無傳也，釐爲三十卷，屬某爲之序"。蓋是時或稍後有刊本。《宋志》著録爲二十九卷。疑周必大所謂"三十卷"包括附録，正集僅二十九卷，其實爲一本。

　　明《内閣書目》卷三載："《東牟先生文集》五册，全，宋高宗朝王洋著，周必大序。又五册，全。"五册之本殆爲宋槧。原本蓋散亡於明季，又未覆刻，竟至失傳。今存乃大典本。《四庫提要》稱從《永樂大典》采掇編訂，"得古今體詩七百首，雜文三百五十餘首，……分類排纂，析爲十四卷，以著其概。其周必大序，亦仍冠之於首焉"。大典本録入《四庫全書》，卷目編次爲：卷一，賦、詩；卷二至六，詩；卷七、八，制誥；卷九，表、札；卷一〇，策問、策、書；卷一一、一二，啟；卷一三，序、記、贊、跋；卷一四，祭文、墓誌。文淵閣四庫本嘗影印入《四庫全書珍本初集》。

　　《全宋文》用影印文淵閣《四庫全書》本爲底本，輯得佚文十二篇。《全宋詩》底本同。

【參考文獻】

　　周必大《東牟集序》（影印文淵閣《四庫全書》本《東牟集》卷首）

北山集三十卷

鄭剛中　撰

　　鄭剛中（一〇八八——一一五四），字亨仲，一字漢章，號北山，婺州金華（今浙江金華）人。紹興二年（一一三二）進士，官至殿中侍御史，忤秦檜，累貶封州而卒。追謚忠愍。其詩文分初、中、後三集，初、中二集爲作者手編，後集乃其子鄭良嗣所編。作者自序道：

　　　　《北山初集》，即余所謂《笑腹編》也。余以紹興乙卯（五年，一一三五）至甲子歲（紹興十四年）所錄文字，自號《北山中集》；《笑腹編》則宣和辛丑（三年，一一二一）至乙卯歲中所錄者，因號《初集》。若辛丑以前見於紙筆者，皆爲盜所火，不復能記憶矣。甲子而後，時時因事有稿，老懶雜置篋中，他日有能爲余收拾者否？所未能知也。

是序即作於甲子歲（一一四四）十月。後集仿初、中集編次，鄭良嗣跋曰：

　　　　《北山》初、中二集，先君所自名，且手所分類也。蓋錄宣和辛丑至紹興甲子歲所作之文，良嗣因以第其卷，不敢有變易。《後集》則遺簏中號藁稿者，良嗣放初、中而編次之，自戊辰（紹興十八年）至甲戌歲（紹興二十四年）無遺焉。總三集，爲三十卷，凡一千二百一十四篇。仍以年譜冠於篇首，庶幾覽者按譜玩辭，得以見出處之大致。若乃甲子、戊辰之間數載，先君方經理西南，公餘撰述亦富，而携稿之桂陽，以横逆故亡失，良嗣纔能省記一二，以附於中集之後。繼此或訪尋有得，當爲《别集》以補其闕。

是跋作於乾道癸巳（九年，一一七三），下文述及其父專著數種，稱"今刊行自三集始"，知爲文集刊板而作。據現存之本，初集十二卷，中集八卷，後集十卷。《四庫提要》稱"是集一名《笑腹編》"，誤。據作者自序，僅初集曾謂之曰《笑腹編》，中集已無其名，更無論全集矣。館臣蓋沿襲康熙本（此本詳後）曹定遠《凡例》之謬説。

陳氏《解題》卷一八著録道：

> 《北山集》三十卷，端明殿學士金華鄭剛中亨仲撰。紹興二年進士亞魁，受知秦相（檜），擢使川、陝。後忤意，貶死封州。

《通考》卷二三九從之。蓋所録即乾道刊本。

明《文淵閣書目》卷九著録"鄭剛中《北山集》一部三册，全"。《篆竹堂書目》卷三著録爲十册，殆猶原本。《内閣書目》卷三曰"《北山集》一册，全，……凡二卷"。"二卷"乃稱"全"，不詳爲何本。

是集今以明崇禎間刻本《鄭忠愍公北山文集》十四卷爲古，今藏上海圖書館。該本無序跋，故刊刻具體時間不詳。每卷署"膠西趙麃友先生鑒定□後學曹定遠輯□裔孫鄭弘能梓"。白口，左右雙邊，每頁十行，每行二十二字。此十四卷，内容與清本（康熙本、《四庫全書》本，見下）《北山集》三十卷之前十四卷全同，知其爲殘闕不完本。卷中多闕文，然亦可補清本之闕，如卷四《謝漕司秋舉啟》，四庫本"終鮮"至"小巫"闕，用此本可補"事朋友交則"五字。等等。

是集以清康熙本爲全帙，且影響較大。康熙三十四年（一六九五），裔孫鄭弘能出是集"藏稿"，與曹定遠等參誤訂闕，重刻於家。張士紘序述其經過道：

> 歲在甲戌（康熙三十三年），邑侯趙公（指知金華縣事趙泰牲）省耕於郊，經其故里，登其堂，禮其像，遂詢其後裔，而《北山集》出焉。公讀之而慨然曰："予於史册知公之氣節政事久矣，今觀是集而益知公之文章著述，固百世不能磨者，盍付梨棗，以公諸世乎?"維時其裔孫世成、弘能、弘升，皆承教唯唯，然猶慮篇帙繁多，艱於資費。藉曹子定遠姻契，雅慕先賢，遂忻然任梓費之半，而是集遂成。

趙泰牲序稱裔孫輩所出爲"藏稿"，綜觀各序，恐非手稿，殆是崇禎本《北山集》之底本。康熙本每半葉十行二十二字，白口，左右雙邊。三集相連，通編爲三十卷，目次爲：卷一至卷一二（初集）爲疏一卷；詩二卷；書一卷；序、記、説一卷；祭文一卷；墓誌銘、行狀一卷；擬策一卷；啟一卷；賦一卷；詩二卷。卷一三至卷二〇（中集）爲序、記一卷；祭文一卷；墓誌銘、神道碑、墓表一卷；跋一卷；擬進士策一卷；詩二卷；啟一卷。卷二一至卷三〇（後集）爲詩三卷；表、啟一卷；序、記、題跋一卷；銘、贊、偈一卷；記、祭文一卷；啟、書三卷。康熙本今國家圖書館、上海圖書館、天津圖書館有著録，臺北"中央圖書館"著録二部。

《四庫總目》著録鮑士恭家藏本，《提要》稱"此本"三集連屬，蓋康熙間重刻時所改云云，則鮑氏本當即康熙本。館臣似以爲宋刻原本三集各自獨立，卷次不相連屬；然陳氏《解題》即著録爲三十卷，與其他各集獨立、分別著録者異，恐宋本即已通爲編次，非康熙重刻時所改也。據上列全書目次，知如此編次雖寫作時段清晰，然詩文類別雜出，蓋非良法。

同治十二年（一八七三），胡鳳丹將是集刊入《金華叢書》，序稱底本即康熙間里人曹定遠重刻本。《叢書集成初編》據《金華叢書》本排印。

《全宋文》用《金華叢書》本爲底本，輯得佚文二十九篇，又據四庫本補底本二篇。《全宋詩》用康熙本爲底本。

【參考文獻】

鄭剛中《北山集自序》（影印文淵閣《四庫全書》本《北山集》卷首）

鄭良嗣《刊北山文集跋》（同上）

趙泰牲、張士紘《康熙刻鄭忠愍公北山遺集序》（《金華叢書》本卷首，人各一序）

胡鳳丹《金華叢書刊北山集序》（同上）

鄱陽集四卷

洪　皓　撰

洪皓（一〇八八——一一五五），字光弼，饒州鄱陽（今江西鄱陽）人。政和五年（一一一五）進士。建炎時以徽猷閣待制假禮部尚書使金，被逼仕劉豫，不從，又拒受金人官職，羈留十五年方歸臨安。忤秦檜，累貶而卒，謚忠宣。所作詩文，其長子洪适裒輯成集，跋略曰：

　　（先君）平生著書多，悉留檇李，庚戌（建炎四年，一
　一三〇）之春厄於兵燼，無一存者。紹興癸亥（十三年，
　一一四三）還朝，入直玉堂，不旬日領鄉郡去。……未幾
　有嶺表之謫，杜門避謗，不敢復爲文章，謫九年而即世。
　故手澤之藏於家者，唯北方所作詩文數百篇。謹彙而叙
　之，以爲十卷，刻諸新安郡。未彙次者，猶有《春秋紀詠》
　千篇云。

跋未署年代，不詳刻於何時。

　　《解題》卷一八著録道：

　　　《鄱陽集》十卷，徽猷閣直學士鄱陽洪皓光弼撰。皓
　　奉使金國，守節不屈。既歸，爲秦（檜）所忌，謫英州。死
　　之日與秦適相先後。三子登詞科，俱貴顯。

陳氏所録，當即新安郡（今安徽歙縣）刻本。《通考》卷二三
九、《宋志》同爲十卷，而《宋史》卷三七三本傳稱“有文集五十
卷”。《四庫提要》曰：“皓子适《盤洲集》中，載有皓集跋語一
篇，稱裒其在北方詩文爲十卷，刻之新安郡，則《宋史》誤矣。”
然洪适跋亦云編刻十卷時，猶有《春秋紀詠》千篇未加彙次
（按：今存宋本《國朝二百家名賢文粹》卷一五二載洪皓《春秋
紀詠序》，自稱所作“僅存千篇，皆以四句”。然趙與時《賓退
録》卷二曰：“洪忠宣著《春秋紀詠》三十卷，凡六百餘篇。”疑
宋末傳本已有散佚）。明《内閣書目》卷八猶著録《春秋紀詠》
殘本，曰：“六册，不全。缺第一、第二、第三卷，及二十八卷以
後。莫詳姓氏，《春秋》中每事各以七言絕句紀之。”所謂“莫
詳姓氏”，蓋因首卷已闕，應即洪氏作。其本猶存第二十七
卷，蓋即《賓退録》所記三十卷本。則本傳稱“有文集五十

卷”，當連《紀詠》等在内。以此觀之，則誤在館臣而非《宋史》也。

　　明《文淵閣書目》卷九著録“洪皓《鄱陽集》一部二册，全”，至《内閣書目》已無其目。《箓竹堂書目》卷三亦著録二册，乃鈔本，僅存四卷。丁丙《善本書室藏書志》卷二九著録傳鈔四庫本《鄱陽集》時，謂“箓竹堂所載至正二十四年（一三六四）鈔本，有孫道明叔、吴寬、沈與文、沈廷芳諸題記，亦四卷，今尚在東郡楊紹和家”。按此元鈔本，楊氏《楹書隅録續編》卷四著録，並録有上述題記。惜其本今無著録，蓋已毁於兵火矣。此外《絳雲樓書目》卷三亦載有二册，陳景雲注曰“十卷”。蓋《鄱陽集》十卷原本明末清初猶存，後散亡。

　　今傳乃大典本，《四庫提要》曰：

> 　　其集久不傳。今從《永樂大典》所載，裒輯編次，共爲四卷，凡其始奉使時，塗次所經，及遷居冷山，以及歸國後南竄之作，有年月可考者，悉以年月排比。或年月不可考而確知其爲奉使後作、歸國後作、南遷後作者，亦皆以類相從；其不知作於何時者，則別綴於後，而以适跋語附焉。

其卷目編次爲：前三卷，詩；卷四，札子、狀、啟、書、記、祭文、跋、雜著。觀《提要》，《大典》所載篇什已遠過洪适跋所謂“北方所作詩文”範圍；或者説，《大典》所載，並不止洪适所編十卷本，館臣對此竟熟視無睹。今人欒貴明先生輯《四庫輯本别集拾遺》，從現存《大典》鈎緝館臣漏輯篇什，所録洪皓别集有《鄱陽集》、《紀詠》（當即《春秋紀詠》）、《洪忠宣公詞》、《洪忠宣公集》等。可知除洪适編刊之《鄱陽集》外，洪皓其他詩文詞集皆嘗付梓，且流傳至明代（《紀詠》明末猶存殘帙，上已述），唯其編刊情況今不可詳而已。館臣既知《大典》所載有洪皓多種集子，而將輯本統題爲《鄱陽集》，雖屬無奈，但當加以説明。

同治九年（一八七〇），金陵三瑞堂刊《洪氏晦木齋叢書》，據傳鈔四庫本刊《鄱陽集》四卷，增洪汝奎所輯《拾遺》一卷。

《全宋文》用影印文淵閣《四庫全書》本爲底本，輯得佚文十一篇。《全宋詩》底本同。

【參考文獻】

洪适《鄱陽集跋》（影印文淵閣《四庫全書》本《鄱陽集》卷末）

竹軒雜著六卷

林季仲　撰

林季仲（一〇八八——一一五九?），字懿成，晚號蘆山老人，又號竹軒，温州平陽（今屬浙江）人。宣和三年（一一二一）進士。高宗時爲秘書郎、吏部郎，遷太常少卿。反對議和，忤秦檜，罷去。其《竹軒雜著》録於《遂初堂書目》，蓋孝宗時已有刊本。陳氏《解題》卷一八曰：

> 《竹軒雜著》十五卷，太常少卿永嘉林季仲懿成撰。以趙元鎮（鼎）薦入朝，奏疏沮和議得罪。仲熊、叔豹、季貍，其弟也，皆知名。

《通考》卷二三九從之。

傳本明人罕有著録，殆佚之已久。今存乃大典本，館臣
“從《永樂大典》中搜輯編綴，釐爲詩一卷（祝按：四庫本實爲二
卷）、文四卷，用存其概”（《四庫提要》）。“文四卷”爲：卷三，疏、
表、札子、狀、策問；卷四，啟、書；卷五，書；卷六，祭文、墓誌
銘、記、序、跋。乾隆翰林院鈔本，今藏北京大學圖書館，原爲
李氏書，《木犀軒藏書書録》著録道：“庫鈔紅格底本，前有翰
林院印，中有夾紙録《四庫提要》，爲孫澄之所書。”此外南京
圖書館、復旦大學圖書館等猶藏有清鈔四庫本。

　　光緒二年（一八七六），瑞安孫氏詒善祠塾據傳鈔四庫本
刊入《永嘉叢書》，增《補遺》一卷。

　　《全宋文》用《永嘉叢書》本爲底本。《全宋詩》用影印文
淵閣《四庫全書》本爲底本。

傅忠肅集三卷

傅　察　撰

　　傅察（一〇八九——一一二五），字公晦，孟州濟源（今河南
濟源）人。大觀三年（一一〇九）進士。宣和七年（一一二五）
接伴金使，會金渝盟，擁之去，以不拜金太子遇害。乾道中追
謚忠肅。慶元元年（一一九五），周必大爲其集作序，稱作者
孫傅伯壽“哀公遺稿成三卷，將傳布四方，屬必大序其首”云
云，知是集初刊當在此時。《解題》卷一七著録道：

　　　《傅忠肅集》三卷，待制濟源傅察公晦撰。堯俞從孫
　　也。宣和七年，以吏部郎接伴金使，金人入寇，使人不

來，爲敵驅去。斡里布脅使拜，不屈，見殺。

《通考》卷二三八、《宋志》著錄同。

是集明人書目極少登錄。宋本久已失傳，世以明鈔爲古。傅增湘嘗於北京圖書館獲見一明鈔本《傅忠肅公集》三卷，記之曰："明末山陰祁氏澹生堂寫本，十一行二十字。宋諱小字旁注，提行、空格一循舊式。"（《經眼錄》卷一三）王重民以之爲嘉靖以前本，《中國善本書提要》曰：

> 卷内有"西河毛氏藏書之印"、"毛古愚藏"、"西河"、"冰香樓"、"葉伯寅圖書"、"葉九來"、"奕苞"等印記。傅沅叔（增湘）先生《藏園群書題記續集》卷四有校跋，亟稱此本之善；以校傅以禮新刻本（此本詳後），知其訛謬殆不可勝計。惟沅叔先生謂此本爲澹生堂寫本，則不知何所據而云然（祝按：《澹生堂藏書目》未載）？此原鈔本周必大序已殘，嘉靖間有署名孺元者，重爲鈔補，並作跋以記之，然則此爲嘉靖以前鈔本矣（以下錄孺元跋語，時在嘉靖己未〔三十八年，一五五九〕正月，兹略）。

是本今見臺灣臺中市圖書館著錄。

《四庫總目》著錄鮑士恭家藏本，《增訂四庫簡目標注》謂"係鈔本"。四庫本凡上、中、下三卷，卷目編次爲：卷上，詩、頌、表、啟；卷中，啟；卷下，啟、制、疏、口號、致語、上梁文、疏文、祝文、青詞、叙、銘、策問、祭文、挽詞、墓誌。傅氏《經眼錄》卷一三記乾隆三十八年（一七七三）採進馬裕家藏本，鈐有"翰林院印"大官印，蓋館臣黜而未用之本，今亦不見著錄。是集清鈔本，國内各圖書館猶著錄十部，如遼寧省圖書館藏彭氏知聖道齋鈔本，天津圖書館藏沈氏鳴野山房鈔本，南京圖書館藏吳允嘉校跋本、味書室鈔本（即所謂藍格精鈔本）等，皆曾經名家鈔藏。

光緒十八年（一八九二），傅以禮以家藏鈔本校以所借諸本，另繕清本，然後於福州演愼齋付梓。此前兩年，即光緒十六年（庚寅），傅以禮跋原楊雪滄（浚）藏明鈔殘本，詳述其校勘經過道：

> 此本乃同治癸酉（十二年，一八七三）楊雪滄觀察所贈，藏之垂二十年矣。嗣從陸存齋（心源）觀察、丁松存（丙）明府假得吳兔床（騫）、吳州來兩家舊鈔暨一藍格寫本（祝按：即前述南京圖書館藏味書室本，乃丁氏書），遂合家藏本，命子眉姪詳列異同，標著脫衍，又經魏稼孫大令反覆互勘，是正良多。光緒庚辰（六年，一八八〇）冬夏躬自讎對，另繕清本，並以歷代著錄書目及墓誌、像圖增列卷首。今春重加審定，成《校勘記》一卷附後。是本舊闕數翻，且有楮墨渝敝者，已爲補綴完好，並通體校正。（見《經眼錄》卷一三。楊雪滄本今未見著錄）

光緒刊本今國內著錄十餘部，日本東京大學、京都大學各藏一部。傅以禮鈔本，今上海圖書館、浙江省圖書館皆著錄，後者有傅以禮校並跋。

雖傅以禮校勘用力甚勤，蓋因各本皆係輾轉傳錄，故其刊本仍多訛謬。民國十五年（丙寅，一九二六），傅增湘以北京圖書館所藏明鈔本（即所謂澹生堂本，王重民謂是嘉靖以前本，詳前）與光緒刊本對校，作《校傅忠肅集跋》，稱刊本“訛謬殆不可勝計，全書改訂之字凡三百又四十”，且“脫漏之文連章累幅，烏焉帝虎，彌望皆是”。傅增湘校跋本今藏國家圖書館，爲是集善本。

《全宋文》用傅增湘校跋本爲底本。《全宋詩》以傅以禮刊本爲底本，校以傅增湘校跋本。

【參考文獻】

周必大《忠肅集序》(影印文淵閣《四庫全書》本《忠肅集》卷首)

傅增湘《校傅忠肅集跋》(《藏園群書題記》卷一四)

筠溪集二十四卷　　竹溪先生文集

李彌遜 撰

李彌遜(一〇九〇——一一五三)，字似之，吴縣(今江蘇蘇州)人。大觀三年(一一〇九)登上舍第一。因直言朝政，在外幾三十年。紹興時召試中書舍人、試户部侍郎，以反對議和忤秦檜，落職。晚居福建連江西山，自號筠溪翁。《筠溪李公家傳》(四庫本《筠溪集》末附)曰：“公遺稿有奏議三卷、外制二卷、議古三卷、詩十卷、雜文六卷。”以上凡二十四卷。嘉定辛未(四年，一二一一)，著者孫李珏作《刊筠溪集跋》曰：

> 大父捐館之日，先君尚幼，遺墨散失。旋傳録於親友家，所輯文稿僅有二十四卷，其間脱誤居多。先君辛勤哀粹，粗成全書，將傳於後，力所未逮。珏繆承墜緒，始克鋟梓。大參攻媿先生既光寵先世，親染序文，冠於篇端矣。其遺事之詳，具見《家傳》。

所稱樓鑰(攻媿)序，今存，謂所著“《議古》數十篇，雖泛論古事，而皆關於當世利病，深切著明，有范太史(祖禹)《唐鑒》之遺風”；又謂二孫（珽、琪）“出公遺文二十四卷求序”云云，時亦在嘉定四年。

《解題》卷一八著録道：

> 《筼溪集》二十四卷，户部侍郎連江李彌遜似之撰。大觀三年（一一○九）上舍第一。知冀州，能抗金敵。攝江東帥，與李忠定（綱）平周德之亂。晚爲從官，沮和議，坐廢而終。

《通考》卷二三九、《宋志》著録同，當即嘉定本。《宋史》卷三八三本傳稱“有奏議三卷、外制二卷、議古三卷、詩十卷”，蓋據《家傳》，而遺漏“雜文六卷”。

明《文淵閣書目》卷九著録“李彌遜《竹溪文集》一部十一册，全”；《內閣書目》卷三則曰“十二册”。陳第《世善堂藏書目録》卷下曰“《李筼溪集》二十四卷”，原注：“今鈔三卷。”三卷既注“今鈔”，疑另二十一卷猶是宋槧。

宋本久已失傳，後代未見覆刻，幸鈔本全帙尚存，原集不致湮没。今以上海圖書館及臺北“中央圖書館”所藏明鈔本爲古。上圖本爲《竹溪先生文集》二十四卷、《樂府》一卷，另有附録。臺灣本書題卷數與上圖本同，乃明謝氏小草齋鈔本配補正文齋鈔本。南京圖書館藏有清初鈔本，卷數同，亦題《竹溪先生文集》，有“曾在李鹿山處”一印，乃丁氏舊物，見《善本書室藏書志》卷二九。日本静嘉堂文庫藏有舊鈔本《筼溪集》，見《皕宋樓藏書志》卷八一、《静嘉堂秘籍志》卷三五。

《四庫總目》著録汪如藻家藏本，原亦題《竹溪集》，《提要》曰：“考諸家著録，皆無此名，知爲傳寫之誤，今仍改題曰《筼溪集》，以復其舊焉。”館臣似未見《文淵閣書目》即録爲“竹溪文集”，恐非全然無據，筼、竹同義，或舊有此異名歟。

其卷目編次爲：卷一至三，奏議；卷四、五，外制；卷六，表、狀；卷七，書、啟；卷八至一一，議古；卷一二至二〇，詩；卷二一，雜著、題跋；卷二二，銘、贊、序、記；卷二三，祭文；卷二四，墓誌銘。最後爲《筠溪集樂府》。文淵閣四庫本，民國時嘗影印入《四庫全書珍本初集》。

《全宋文》《全宋詩》俱以南京國書館藏清初鈔本爲底本。

【參考文獻】

樓鑰《筠溪集序》（影印文淵閣《四庫全書》本《筠溪集》卷首）

李珏《刊筠溪集跋》（《皕宋樓藏書志》卷八一）

雲溪集十二卷

郭　印　撰

郭印，晚號亦樂居士，成都（今屬四川）人。政和五年（一一一五）進士，累任縣令，終部刺史。其集宋人未著錄，亦不見刊板序跋，原本編刊情況不詳。明《文淵閣書目》卷九著錄“郭印《雲溪集》一部六册，全”，至《內閣書目》已無其目。私家唯《千頃堂書目》著錄，作《雲溪集》三十卷，殆明末猶存舊帙。至厲鶚纂《宋詩紀事》，僅自《全蜀藝文志》及《四川總志》採詩兩首，其時原集蓋已不復可睹。

今傳乃大典本。四庫館臣從《永樂大典》中輯得詩數百篇，皆題曰《雲溪集》，於是“分體編輯，釐爲十二卷”（《四庫提要》）。大典本（四庫底本）今藏上海圖書館。文淵閣四庫本嘗影印入《四庫全書珍本初集》。

《全宋詩》用影印文淵閣《四庫全書》本爲底本。

三餘集四卷

黄彦平　撰

黄彦平（？——一一三九），號次山，字季岑，豐城（今屬江西）人，黄庭堅族子。宣和元年（一一一九）登進士第，官終湖南提刑。作者多以字行，或傳寫訛異，遂不知其爲何許人。元危素作《黄次山傳》（《危太樸文續集》卷八），述其生平較確。清四庫館臣考其名、字、號及仕歷，與《黄次山傳》稍異，詳《四庫提要》。淳熙十三年（丙午，一一八六）十月，湯思謙爲其所著《三餘集》作跋，稱“訪其家藏，獲睹全帙，……乃鋟諸板，用廣其傳”，云云。次年（丁未），作者第三子黄牧之又携集到臨安，請試右諫議大夫謝諤作序，謝氏於十二月以序寄之，蓋是時已屆刊成。

《宋志》著録爲“黄季岑《三餘集》十卷”，當即黄牧之等淳熙刊本。

明《文淵閣書目》卷九載“黄次山《三餘集》一部二册，全”；《内閣書目》卷三曰：“《三餘集》二册，全，宋知邵州豐城黄次山著，凡十卷。”則内閣至明末猶存全帙，惜後散佚。今傳乃大典本，《四庫提要》稱“編爲賦、詩二卷，雜文二卷”，蓋已不及原有之半。館臣所輯大典本，即四庫底本，後爲丁氏所得，“尚存乙改鈎勒之迹。有翰林院印，又有唐棲朱氏結一廬圖書記”（《善本書室藏書志》卷二九）。此本今藏南京圖書館。此外國内猶有清鈔本數部，皆四卷，乃傳鈔大典本。

民國五年（一九一六），李之鼎據四庫底本刊入《宋人集》乙編，有跋。

《全宋文》《全宋詩》俱用影印文淵閣《四庫全書》本爲底本。

【參考文獻】

湯思謙《三餘集跋》（影印文淵閣《四庫全書》本《三餘集》卷首）

謝諤《三餘集序》（同上）

李之鼎《刊三餘集跋》（《宋人集》乙編本《三餘集》卷末）

蒙隱集二卷

陳　棣　撰

陳棣，字鄂父，青田（今屬浙江）人，累官通判潭州。其集宋人書目未著録，編刊情況及原有卷數俱不詳。明《文淵閣書目》卷二載《陳蒙隱詩集》一部三册。原本久佚，今存乃大典本。《四庫提要》稱“其詩邊幅稍狹，比興稍淺”，但“統各體而觀之，雖乏鴻篇，實殊偽體，大都平易近情，不失風旨，較以生硬晦澀爲奇偉，以鄙俚蕪雜爲真切者，其品固有間矣”。館臣於是“謹從《永樂大典》所載，按體區分，釐爲上下二卷，以略存梗概焉”。大典本録入《四庫全書》。國家圖書館藏有鮑氏鈔本，有鮑廷博校並跋。

民國十年（一九二一），南城李之鼎據傳鈔四庫本刊入

《宋人集》丙編。宜秋館鈔本，今藏湖南師大圖書館，有劉家
立、程湘校。

　　《全宋詩》用影印文淵閣《四庫全書》本爲底本，輯得佚詩
十一首。

增廣箋注簡齋詩集三十卷
無住詞一卷

陳與義　撰　　胡　穉　注

　　陳與義（一○九○——一一三八），字去非，號簡齋，其先眉
州青神（今屬四川）人，曾祖希亮遷洛，遂爲洛陽人。政和三
年（一一一三）登上舍甲科，紹興七年（一一三七）拜參知政
事，以詩著名。今知最早刊其詩集者，乃知湖州周葵。葛勝
仲《陳去非詩集序》曰：

　　　　紹興壬戌（十二年），毗陵周公葵自柱史牧吳興郡，
　　　剸裁豐暇，取公詩離爲若干卷，委僚屬校讎，而命工刊
　　　版，且見屬爲序。蓋將指南後學，而益永功名於不腐。

衢本《讀書志》卷一九即著録周葵刊本：

　　　　陳參政《簡齋集》二十卷。右皇朝陳與義，字去非，
　　　汝州葉縣人。中進士第。宣和中，徽宗見其所賦《墨梅》
　　　詩，喜之，遂登册府。建炎中，掌內外制，拜參知政事以
　　　卒。晚年詩尤工。周葵得其家所藏五百餘篇刊行之，號
　　　《簡齋集》。

《通考》卷二三八從之。

陳振孫所録爲另一本。《解題》卷二〇曰：

> 《簡齋集》十卷，參政洛陽陳與義去非撰。其先蓋蜀人，東坡所傳陳希亮公弼者，其曾祖也。崇、觀間，尚王氏經學，風雅幾廢絶，而去非獨以詩鳴，中興後遂顯用。

十卷本編刊情况不詳。《宋志》著録《陳與義詩》十卷，又《岳陽紀詠》一卷。十卷當即《解題》所録之本。《岳陽紀詠》亦見《遂初堂書目》，蓋嘗以一地之作别行。

明《文淵閣書目》卷一〇著録“《陳簡齋詩集》一部三册，完全；《簡齋詞》一部一册，闕”，不詳是何版本。《絳雲樓書目》著録二十卷本，後來蓋毀於火。據《須溪先生評點簡齋詩集》增注所引，南宋時陳詩猶有胡箋本、武岡本、閩本及簡齋手定本。除胡箋本今存外，其餘無論二十卷本、十卷本，皆久已散亡。今以《增廣箋注簡齋詩集》（即胡箋本）、《須溪先生評點簡齋詩集》及《簡齋外集》三種分别立目考述。

《增廣箋注簡齋詩集》三十卷、《無住詞》一卷，宋人書目未著録。瞿氏鐵琴銅劍樓嘗有宋刊本，《四部叢刊初編》據以影印。該本原書板高營造尺五寸八分，寬三寸七分。每半葉十行十八字，注每行字數同。匡、桓字缺筆。首爲樓鑰叙、胡穉題識、劉辰翁序；次爲《簡齋先生年譜》，題“竹坡胡穉仲孺編次”；次爲詩注三十卷，每卷題“增廣箋注簡齋詩集卷第幾”，次行空六字，題“竹坡胡穉仲孺箋”；次爲《無住詞》一卷，十八首，亦有胡箋；最後爲《胡學士續添簡齋詩箋正誤》（參瞿氏《鐵琴銅劍樓藏書目録》卷二一、《四部叢刊》影印本及其《書録》）。胡穉《題識》道：

公之詩，勢如川流，滔滔汨汨，靡然東注，非激石而旋，束峽而逸，則静止平易之態常自若也。特其用意深隱，不露鱗角，凡采擷諸史百子以資筆端者，莫不如自其己出。是以人惟見其沖瀜混瀁、深博無涯涘而已矣。若夫蜿蛇蜿蜒之怪，交舞於後先，有不能遍識也。余因暇日，網斷義摘，所得踰十八九，乃編紀歲月而悉箋之，將使覽者目擊心諭，可撫而玩焉。

樓氏叙略曰：

（陳公詩）至用事深隱處，讀者撫卷茫然，不暇究索。曉江胡君穉仲孺，約居力學，日進不已。得此詩，酷好之，隨事標注，遂以成編。吏部蘇公訓直愛其書，屬余爲叙，因得細觀之。貫穿百家，出入釋老，旁取曲引，能發簡齋之秘，用意亦勤矣。……胡君用心既專，數年之間，朝夕從事，而簡齋之作不過六百篇，故注釋精詳，幾無餘蘊。

胡氏題識作於紹熙改元（一一九〇），而樓叙作於紹熙壬子（三年），蓋前者爲脱稿之年，後者爲付梓之歲也。瞿鏞謂“書成於紹熙初元，距簡齋在時僅越五十年，故所箋出處、時事及朋友酬答甚詳”（《藏書目録》）。阮元《揅經室外集》卷三《提要》亦曰：

（樓）鑰序稱穉“約居力學，日進不已”，“隨事標注，遂以成編”，“貫穿百家，出入釋老”云云。今觀所注，多鈎稽事實，能得作者本意，絶無捃拾類書、不究出典之弊。凡集中所與往還諸人，亦一一考其始末，固讀與義集者所不廢也。

可見對於胡箋質量，前人評價甚高。按：胡穉，除知其字仲孺、號竹坡外，其他生平事跡不詳。

《增訂四庫簡目標注》謂"阮氏（元）有宋刊《增廣箋注簡齋集》三十卷、《無住詞》一卷，胡穉箋。昭文張氏（金吾）亦有宋刊本，同阮。四庫未見。朱述之有此，似即張氏所藏"。莫氏《邵亭知見傳本書目》卷一六謂"阮文達（元）曾進呈內府"（按：影印《宛委別藏》胡箋本，當爲鈔宋本，而非宋刊本）。所謂昭文張氏本，《愛日精廬藏書志》卷三一著録。錢泰吉《曝書雜記》卷下曰：

> 《箋注簡齋詩集》，余向有宋版不全本十餘卷，今亦散去，後《無住詞》，不識與此同一版否？……（朱）述之鈔文瀾閣宋元人集，已得十之七八，他所購藏甚富。甚尤愛賞者，宋刻胡穉《增廣箋注簡齋詩集》三十卷，《無住詞》一卷，《年譜》一卷，又《續添正誤》四葉。雖半屬影宋鈔，亦極精審。……此注爲四庫所未收，《愛日精廬藏書志》及儀徵相國（指阮元）《經進書目》皆有之，亦未詳竹坡生平事跡也。余擬助述之編纂所藏書目，未逾年（祝按：其時權知海昌），述之調任嘉興，遂不果。後其書載歸金陵，已付劫灰矣，可爲痛恨。

可見胡箋宋刊本傳至清代者非止一二部，然今竟無一帙著録，連鐵琴銅劍樓本亦不復可睹，唯賴《四部叢刊初編》影印之本以觀其真。

胡箋元刊本，今存殘本一部，藏國家圖書館，即黃丕烈、趙宗建校跋本。該本爲《增廣箋注簡齋詩集》三十卷、《無住詞》一卷、《胡學士續添簡齋詩箋正誤》一卷、《簡齋先生年譜》一卷。其中元刻舊僅九卷，向以爲宋槧，實係元版。後又配得元版三卷。今卷一三至三〇及《詩箋正誤》，配黃氏士禮居嘉慶十一年（丙寅，一八〇六）影寫周錫瓚（香嚴）藏元刊本，《無住詞》則於嘉慶十三年（戊辰）配影鈔何夢華藏影元本。元版每半葉十行十八字，注雙行同，黑口，左右雙闌（詳參黃丕烈跋及傅氏《經眼錄》卷一四）。

胡箋無明、清刻本著錄，長期以鈔本流傳。因《四庫全書》所收爲無注十六卷本，故阮元曾以胡箋本進呈，其《未收書提要》以爲“此本作三十卷，末附詞一卷，蓋稗作注時去雜文，每卷釐爲二卷”。進呈本今藏臺北“故宮博物院”，已輯入《宛委別藏》。今國家圖書館藏有清鈔本一部，有鮑廷博、劉履芬校。

民國九年（庚申，一九二〇），蔣國榜以影寫瞿氏鐵琴銅劍樓宋本，刻於江寧湖上草堂。是刻由馮煦任校勘，並作序，謂其“假劉君翰怡（承幹）所藏舊鈔本爲獨山莫子偲（友芝）先生手校者，取以對勘”，而“莫校者亦鈔自瞿氏（按：莫校本今藏上海圖書館），與此本略同，偲老所訂正者十得三四，予補偲老所不及，又得十之六七，其中有所疑不及檢原引之書，或原引之書爲插架所無者尚十之二三。……徐君隨厂復有舊鈔本《簡齋外集》一卷，亦曾藏瞿氏者，蘇厂又影鈔附於胡箋本後”，又擇四庫本之善者從之，云云。蔣刻本每半葉十一行二十一字，注小字雙行同。白口，左右雙邊。馮煦所撰校勘記一卷附錄於後。是本今中國科學院圖書館、上海圖書館、四川省圖書館等共著錄九部。《四部備要》據蔣刻本校刊。

一九八二年，中華書局出版吳書蔭、金德厚點校本《陳與義集》。該本以夏敬觀手校蔣刻本（包括《外集》）爲底本，以日本覆刻明嘉靖朝鮮本、武英殿聚珍本《須溪評點簡齋詩集》爲主要校本，參校黃丕烈、趙宗建校跋元刻胡箋本，明初刻本《簡齋詩集》（須溪評點本）、《四部叢刊》影宋刊胡箋本等，吸取馮煦《校勘記》及所引莫友芝校記，改正胡箋某些引書錯誤，補入底本所無之一銘七詩（出自須溪評點本），使新整理本較爲完善。一九九〇年，上海古籍出版社又出版白敦仁先生《陳與義集校箋》。該本以《四部叢刊》影印瞿氏宋本胡箋及元本《簡齋詩外集》爲底本，校以各本。二〇一四年，浙江古籍出版社出版白敦仁《陳與義集校箋》（附《年譜》）。《校箋》即原上海古籍出版社本，《陳與義年譜》亦白敦仁著，原爲中華書局出版，此本將二書合爲一書重新出版。

《續修四庫全書》用上述國家圖書館藏胡箋元刻本影印，編入第一三一七册。

【參考文獻】

葛勝仲《陳去非詩集序》（中華書局校點本《陳與義集》附録）

胡穉《簡齋詩箋題識》（同上）

樓鑰《簡齋詩箋叙》（同上）

瞿鏞《鐵琴銅劍樓藏書目録》卷二一《增廣箋注簡齋詩集》（宋刊本）

黄丕烈《增廣箋注簡齋詩集元刻本跋》（中華書局校點本附録）

錢泰吉《曝書雜記》卷下（同上）

馮煦《蔣刻本增廣箋注簡齋詩集序》（同上）

蔣國榜《胡注陳簡齋集跋》（同上）

須溪先生評點簡齋詩集十五卷

陳與義　撰　　胡　穉注　　無名氏增注　　劉辰翁評

明趙氏《萬卷堂書目》卷四、祁氏《澹生堂藏書目》卷一

三、《徐氏家藏書目》卷六皆嘗著録《簡齋詩集》十五卷。《汲古閣珍藏秘本書目》亦有“《陳簡齋詩集》十五卷四本，舊鈔”。所謂十五卷本，當即須溪評點本，今以元槧爲古。元本原爲陸心源所藏，後歸日本岩崎氏，今藏静嘉堂文庫。陸心源定其爲宋麻沙本，作《宋麻沙本陳簡齋詩注跋》，略曰：

> 《須溪先生評點簡齋詩集注》十五卷，前有劉辰翁序，卷一賦，卷二至十三詩，卷十四雜著，卷十五《無住詞》。年譜散入詩題之下，《續添正誤》散入每卷之後。與張月霄（金吾）所著録、阮文達（元）所進呈之三十卷本分卷不同，編次亦異，或即辰翁所合併歟。注爲胡穉作，又有增注，以黑質白章别之，不知出自何人，今不可考。有“汲古閣”、“稽瑞樓”、“方氏若衡”、“曾觀貽典”、“姚婉貞”、“芙初女史”諸印。目録後有文文肅題字，卷六後有張丑題字。蓋經毛子晉、陸敕先、陳子準、方芙初諸家收藏者。（參《皕宋樓藏書志》卷八〇、《静嘉堂秘籍志》卷一〇，《秘籍志》著録爲元刊本）

該本每半葉八行十六字，注文雙行，黑口（《日藏漢籍善本書録》）。今按《汲古閣珍藏秘本書目》嘗著録“《簡齋詩集》四本，高麗紙，宋板”，殆即指此本，“宋板”當爲“元板”。

今上海圖書館著録元至正二年（一三四二）刻明印本一部，凡十五卷。據此，上述元本亦當刻於至正二年。按：劉辰翁（一二三二—一二九七），字會孟，號須溪，廬陵（今江西吉安）人。景定三年（一二六二）進士，宋亡不仕，著名評點家。

除元刊本外，今猶存明初刻本，具體刊刻時間不詳。北京大學圖書館藏明初殘本一部（存卷四至七、卷九至一五）。日本静嘉堂文庫、大倉文化財團亦有藏本。静嘉堂本爲陸氏舊物，見《皕宋樓藏書志》卷八〇。《日藏漢籍善本書録》記曰:“每半葉十行,每行十九字。黑口。前有劉辰翁序,末有晦齋跋。”凡四册。大倉文化財團藏本,有朱墨筆點。卷中有“拙盦”、“白雲紅葉盦”、“守峒”、“同山”、“海豐張守同”等印記,凡六册。

今北京大學圖書館、日本京都大學藏有日本江户時代江宗白翻刻明嘉靖朝鮮本《須溪先生評點簡齋詩集》十五卷(按:《和刻目録》著録爲慶安元年〔一六四八〕野田兵彌衛刊)。北大本爲李盛鐸舊藏,《木犀軒藏書書録》記之曰:

> 半葉十一行,行二十字。前有劉辰翁序。末有嘉靖二十三年(一五五四)承議郎行茂長縣監柳希春跋,嘉善大夫、全羅道觀察使宋麟壽等銜名十二行,又甲申十月江宗白跋。蓋朝鮮覆刻元本,日本又從韓本重刻也。有“靈蘭室圖書記”朱文長方印。

傅增湘亦曾藏有此本,見《經眼録》卷一四。另,毛氏汲古閣舊藏朝鮮本,黄丕烈後曾見之(參《蕘圃藏書題識續録》卷三《日本刻本須溪先生評點簡齋詩集跋》)。兩本今未見著録。

除上述刻本外,今山西臨猗圖書館著録有錢謙益絳雲樓影鈔宋刻本,未見,疑是影元本。國家圖書館藏有清鈔本一部。南京圖書館有丁氏舊藏鈔本。丁氏本乃黄氏千頃堂藏書,“前列廬陵須溪劉辰翁序,朱晦齋小跋。又有‘明正德十二年(一五一七)春王月三十日購於金陵鷄鳴寺紫泉道人,馬駙伯次父識’,殆録自原題也。有‘千頃堂圖書’、‘宛平王氏家藏’、‘慕齋鑒定’、‘胡氏茨邨藏本’諸印”(《善本書室藏書志》卷二九。按丁氏謂晦齋姓朱,不詳何據,或誤以爲晦菴朱熹歟)。

李盛鐸嘗在其所藏日本翻刻朝鮮本卷首作題記(參見中華書局校點本《陳與義集》附録、《木犀軒藏書題記》),比較日本刻本與丁氏本（即千頃堂本）優劣，曰：

> 此日本翻刻朝鮮本《簡齋詩集》，昔年購之東京市上，亦未以爲珍異也。頃得八千卷樓鈔本，姑取此一校，十三卷以前，兩本編次皆同。至丁本十四卷係《無住詞》；十五卷係《外集》，凡詩六十餘首，文六篇（此本十四卷《玉剛卯》等三篇亦在内），而字句之間，則瞿氏《書目》所列宋刊胡穉箋注本佳處，此本與之悉合，丁本之誤與官刻（祝按：指翻刻武英殿聚珍本，詳後）不相上下也。則此須溪評點本源出宋刊本無疑，且箋注雖不全，所存者胡注必不少。瞿氏所藏乃宋槧孤本，得此亦仿佛虎賁中郎矣。乙卯（民國四年，一九一五）夏至後七日，盛鐸記。

至於評點本與胡箋本，吳書蔭、金德厚《陳與義集》點校《前言》嘗論其特點，曰：

> （須溪評點本）比胡箋本多出《次周漕族人韻》《水車》《山居二首》《拜詔》及《別諸周》二首等七首詩和《書堂石室銘》一篇。除多出篇目外，還有以下幾個特點：一是有劉辰翁的評語一百多條，散見於各詩詞句後或篇末；二是删節胡箋，增添新注。新注有的注明“增注”，有的没有，它出自何人之手，難以考訂。但增注或補充胡箋，或訂其訛誤，或品評詩詞，都有一定的見地，可補正胡箋的疏陋和錯誤。尤其值得注意的是，增注引用了胡箋本、武岡本、閩本及簡齋手定本的校勘文字，後三種刊本早就亡佚，幸有此本，我們還能粗知各本的異文。因此，須溪評點本是胡箋本外又一重要的刊本，所以李盛鐸説：“瞿氏所藏乃宋刊孤本，得此亦仿佛虎賁中郎矣！”

點校本《陳與義集》除已用日本刻本校勘、補七詩外，又將須溪之評點集中附録於後，頗便於使用。要之，須溪評點本初刻於元代，或無疑問；前引陸心源《皕宋樓藏書志》卷八〇謂元刻須溪評點本十五卷乃宋刊胡箋三十卷本之“合併”，似無確證，因其編次不同，評點本似是另起爐竈，惟汲取胡箋而已。

　　《四庫全書總目》著録《簡齋集》十六卷，鮑士恭家藏本。《提要》曰：“是集第一卷爲賦及雜文九篇，第十六卷爲詩餘十六首，中十四卷皆古今體詩。”此不詳爲何本。馮煦《蔣刻本增廣箋注簡齋詩集序》謂“四庫本雖分體，然其排比之次與胡箋本初無差池，且合《外集》而一之，故《外》之詩皆附於各體之末。疑館臣校上，曾見胡箋本與《外集》也。其雜文中，《書堂石室銘》一首，七絶句《偶成》至《別諸周》七首，均爲胡箋本及《外集》所無。亦有胡箋本有而四庫本無者”。沈曾植《影元本簡齋詩集跋》曰：

　　　　此集四庫著録本以五七言古律分卷，而宋刻胡箋注本編年。據第五卷《冬至》詩“不須行年紀，異代尋吾詩”，則簡齋自定本係編年。宋人詩集，編年者多，其以五七言分編者，大都出明人之手。四庫本已經羼亂，賴此舊鈔，猶存簡齋本來面目耳。

則沈氏疑四庫底本出自明人，非宋本之舊。以宋人編詩一般不分體類推測，其説大體可信。李之鼎跋其所刊《簡齋外集》（此本詳後），以爲四庫本乃館臣輯自《永樂大典》。然乾隆間《簡齋詩集》傳本尚不難得，若不取注及評點，館臣削之可也，何須從《大典》搜採？不過此説倒可啟發思考：是否館臣從《大典》中輯得陳氏之賦、雜文及一銘七詩，然後削鮑本之注重加編排？筆者以爲極有可能。

　　《四庫全書》本《簡齋集》十六卷，乾隆間曾用活字排印入
《武英殿聚珍本叢書》，聚珍版底本，今藏美國國會圖書館。
王重民《中國善本書提要》記之曰：十六卷，四册。八行，字數
不等。"按此爲校印《聚珍版叢書》時底本，卷九至十二爲印
本校樣，餘用《四庫全書》稿紙鈔寫。第二册面葉有樊增祥題
記云：'是書爲袁漱六方英家藏本，卷首有翰林院典籍關防，
蓋四庫館中物也。雲門識。'蓋武英殿校印時另繕稿本，故鈐
'翰林院典籍廳關防'，與四庫底本所鈐印不同（四庫底本鈐
翰林院大方印，此印爲長方，僅有一半大）。……卷内有'古
潭州袁卧雪樓廬收藏'印記。"聚珍本有福建、江西、廣東覆刻
本。《叢書集成初編》據聚珍本排印。

【參考文獻】

　　劉辰翁《簡齋詩箋序》（中華書局校點本《陳與義集》附録）

　　晦齋《簡齋詩集引》（同上）

　　陸心源《宋麻沙本陳簡齋詩集跋》（《儀顧堂續跋》卷一二）

　　沈曾植《影元本簡齋詩集跋》（《海日樓題跋》卷一）

　　（朝鮮）柳希春《須溪評點簡齋詩集跋》（《陳與義集》附録）

　　（日本）江宗白《須溪評點簡齋詩集跋》（同上）

簡齋詩外集一卷

陳與義　撰

　　《百川書志》卷一五嘗著録簡齋《外集》一卷。是集現以

元鈔本爲古，後之各本皆由此本出。元鈔本今藏國家圖書館，曾經汪士鐘、徐乃昌收藏，後歸鐵琴銅劍樓，瞿氏《目録》卷二一著録道：

> 《簡齋外集》一卷，舊鈔本。此本凡古今體詩五十二首，文三首，皆胡箋本所無。詩多次韻之作，風格亦稍遜，可知宋時原分二集。今官刻本（祝按：指武英殿聚珍本）十六卷，有劉辰翁序，殆出後人所併，非原第矣。書有舊序云（祝按：即晦齋引，略）。此序他本所無。卷首有題記曰：“《簡齋外集》，罕見其本，錢塘王心田以余愛之，持以見贈。延祐七年（一三二〇）二月，雲麓書齋記。”下鈐白文方印曰“錢氏翼之”。按：翼之名良有，郡人，工書法及詩。（卷首有“孫亮”、“朱子儋承爵”、“張子昭印”諸朱記。）

該本除上述印記外，猶有“蔡士權”、“朱時熙”、“汪閬源”及“積學齋徐乃昌藏書”諸印記（參《四部叢刊書録》）。又有清鮑廷博跋。每半葉九行十七字，細黑口，左右雙邊。

前引瞿氏《目録》謂《外集》所收皆胡箋本所無，稍欠準確，其實略有重複。馮煦《增廣箋注簡齋詩集序》曰：“余按《外集》內《海棠》一首，已見胡箋本卷十五；《問安危》一首，《欲入州不果》一首，並見胡箋本卷二十四，惟《欲入州不果》題作《山中》耳。其字體視胡箋本爲精，而無箋注，殆胡箋本既出後而搜得者邪？”沈曾植《影元本簡齋詩集跋》亦曰：

> 胡箋本不録《外集》詩，瞿氏《書目》録舊鈔單行本《外集》一卷，有元延祐七年錢良有（疑良佑）（祝按：作“良佑”是，其人見元吾丘衍《竹素山房詩集》卷三《錢良佑名記》）。題語云（略），證以《通考》周葵得其詩五百餘首刊之之説（祝

按：《通考》乃引晁氏《讀書志》），檢今集中詩數，適得五百八十餘首，若益以《外集》之詩，則六百餘首矣。以此知胡本無《外集》，周本亦無《外集》。集中詩是簡齋自訂，《外集》詩則後人拾遺，蛛絲馬跡，猶可尋蹤。

沈氏之論甚確。因《外集》爲後人拾遺，蓋按核疏略，至有數詩與胡箋重複。

民國七年（一九一八），李之鼎由南陵徐乃昌所藏元鈔本《外集》迻錄，刊入《宋人集》乙編。民國九年，蔣國榜以影鈔徐氏本附刊於胡箋本後。《四部叢刊初編》則據元鈔本影印，與影印宋本胡箋訂爲一册。

陳與義詩文，《全宋詩》以元刻《增廣箋注簡齋詩集》、元鈔《簡齋外集》爲底本，輯得集外詩十二首。《全宋文》用武英殿聚珍本爲底本，輯得佚文十二篇。

蘆川歸來集十卷

張元幹 撰

張元幹（一〇九〇——一一六一），字仲宗，號蘆川老隱，長樂（今屬福建）人。政、宣間以詞名，靖康初爲李綱屬官。南渡後耻與姦佞同朝，棄官歸。後以作詞送胡銓貶官除名。其作品，宋代刊爲《蘆川詞》及詩文集。張廣《蘆川詞序》稱作者除歌詞外，"尚有文集數百篇"。曾噩《蘆川歸來集序》曰：

> 近世名公勉其孫以文集行於世，欲以見公之節也。……噩，里人也，敬慕三張之聲價久矣。館寓家塾，

復得斂衽以受教於公之文集，凡裒集書啟、古詩、律詩、贊、序等作共十五卷，《幽巖尊祖錄》一卷附於其後，《樂府》二卷見於別集，於是乎有考焉。

作者孫張欽臣跋，稱"欽臣承乏潛川，並以家集鋟梓，信臣弟待次京局，實司之"。因知文集乃里人曾噩編次，張欽臣、信臣刊行，原爲詩文十五卷，附錄一卷。因《樂府》二卷已別集另行，故未編入文集内（按：詞集二卷本當是張靖家刻，陳氏《解題》所錄一卷本，蓋爲別本，不詳何人所刊）。張欽臣跋作於嘉定己卯（十二年，一二一九）孟冬，是時文集當已刊成。

文集《蘆川歸來集》不見於宋人書目。明《文淵閣書目》卷九著錄"張元幹《蘆川歸來集》一部八册，闕"，疑是宋槧，至《内閣書目》已無其目。明代私家書目極少著錄，蓋傳本甚罕。然原本清初猶傳世。丁丙《善本書室藏書志》卷二九著錄舊鈔大典本（此本詳後）時，稱"金星軺謂宋刻兩册爲石門吴氏收藏，後爲王子聲宏所得，不知今在何所矣"。

《蘆川集》宋本既已失傳，元、明又未重梓，不幸連鈔本亦無全帙。清四庫館臣嘗見一傳鈔本，已殘闕，"但五言律詩一卷，七言律詩一卷，而無古體及絶句，知非完書。又《跋米元暉瀑布軸》《跋蘇養直絶句後》《跋江天暮雨圖》《跋江貫道古松絶句》，乃收之題跋類中，亦似後人所竄亂，非其原本"（《四庫提要》）。館臣將此殘本著錄於《四庫總目·別集類存目》，乃汪如藻家藏本，《提要》謂"凡詩二卷，雜文三卷，末附《幽巖尊祖事實》一卷"，"蓋殘闕掇拾之本也"。今國家圖書館有鈔本，乃曹溶舊藏，爲十六卷（與宋本卷數合），存六卷（卷六至七、卷一二至一四、卷一六）。南京圖書館亦有舊鈔六卷，爲汪魚亭藏書，“乃其孫欽臣於嘉定己卯知於潛縣時所刊，疑爲後人得其叢殘而編成之，或其前已有闕佚也。有‘汪魚亭藏閱書’印。”（《善本書室藏書志》卷二九）兩鈔本疑與汪如藻本同源於殘宋本。南圖本已影印入《四庫全書存目叢書》。

文集完本不可得，館臣遂從《永樂大典》中輯録。《四庫提要》曰：

> 考《永樂大典》所載，則所佚諸篇，犖然具在。今裒輯成帙，與鈔本互相勘校，删其重複，補其殘闕，定爲十卷。元幹詩格頗遒，雜文多禪家疏文，道家青詞，今從芟削。然其題跋諸篇，則具有蘇、黄遺意，蓋耳目漸染之故也。鈔本末有《幽巖尊祖録》一卷，乃記其爲祖母外家置祭田事，附以同時諸人題跋，中多元祐名臣之筆，亦仍其舊第，並附録焉。

其卷目編次爲：卷一至四，詩；卷五至七，詞；卷八，表、啟、書；卷九，序、記、題跋；卷一○，贊、銘、祭文。末爲附録。

館臣據《大典》搜補鈔本之殘闕，功不可没；然據曾噩序，宋編文集無詞，而大典本有詞三卷；《四庫全書》已於“詞曲類”收《蘆川詞》一卷，則又顯然重複，且非原本結構。又，館臣所芟削之疏文、青詞，今殘鈔本雜文三卷中尚有多篇，就存留文獻論，仍可補録，使更近原編舊貌。

一九七八年，上海古籍出版社出版上海師範大學古籍整理組標點本《蘆川歸來集》。是本以遠碧樓劉氏藏傳鈔四庫本爲底本，參校曹溶原藏殘鈔本及雙照樓影宋本《蘆川詞》等，對庫本有所增補，仍不收疏文、青詞。然因底本係傳鈔，今校以文淵閣四庫本，間有訛誤，且卷末脱張廣跋。

《全宋詩》《全宋文》俱以影印文淵閣《四庫全書》本爲

底本。

【參考文獻】

曾噩《蘆川歸來集序》（影印文淵閣《四庫全書》本《蘆川歸來集》卷首）

張欽臣《蘆川歸來集跋》（同上卷一○）

歐陽修撰集六卷

歐陽澈　撰

歐陽澈（一○九一——一一二七），字德明，撫州崇仁（今江西崇仁）百姓，建炎初伏闕上書，請誅黃潛善、汪伯彥，與陳東俱被誣遇害。後高宗悔，贈秘閣修撰。其集最初乃吳沆所編，名曰《飄然集》，紹興二十六年（一一五六）序之曰：

> 比於其弟國平家得其遺文一編，大抵咳唾揮斥之餘，十百不存一二，讀之飄然，皆有不群之思。……予姑取其文之近似而可喜，得古律詩、詞、書、語（祝按：指《致語》一首）八十有七，次而編之，名曰《飄然集》。觀者得此，亦足想公爲人矣。

不詳吳氏是否曾將其付梓。嘉定甲申（十七年，一二二四），胡衍又編刊六卷本，序略曰：

> 歐陽君慷慨激烈，孤譏豪邁，而其遺文獨未概見。余來佐郡，實君之鄉，得其靖康所上三書及詩文百餘首，輯爲一編，釐爲六卷，刻而布之。

《解題》卷一八著録道：

> 《歐陽修撰集》六卷，崇仁布衣贈秘閣修撰歐陽澈德明撰。澈死時年三十一。環溪吴沆哀其詩爲《飄然集》三卷，而會稽胡衍晉遠取其所上三書，並刻之臨川倅廨。

《通考》卷二三八同。據陳氏所録，知胡衍刻本題作《歐陽修撰集》（《宋史》卷四五五《歐陽澈傳》稱胡衍刻《飄然集》六卷，誤），乃是取作者上皇帝三書爲三卷，與吴沆所編之《飄然集》三卷“並刻”，通編爲六卷。按吴沆稱《飄然集》收詩、詞、書、語凡八十七首，而胡衍謂“詩文百餘首”，蓋胡氏有所增益。觀吴沆序稱“姑取其文之近似而可喜”者云云，則其對遺稿原有所選擇。由是而論，胡氏所“並刻”之《飄然集》蓋經增補，非盡其舊也。

宋代書板，元末毁於兵火。明永樂十四年（一四一六），作者十世裔孫歐陽齊重刊是集，唐光祖跋，稱其“書（按指上皇帝書）編爲三卷，詩文（指《飄然集》）、事跡爲四卷，當時陳東所同上之書亦爲掇拾，無所失墮，並取附爲一卷，合爲八卷”。然次年王克義序却説“公平生所作詩詞曰《飄然集》，……十世孫永康丞齊録公前後奏議，次繼《飄然集》，分爲六卷，重鋟諸梓，以廣其傳”。則歐陽齊所刊，當即胡衍本，故仍是奏議（即上皇帝書）與《飄然集》並刻，通作六卷。《四庫提要》謂唐跋與王序不同，“蓋詞有詳略，實即一本”。所謂“詞有詳略”，蓋指王克義不言附録。洪熙元年（一四二五），歐陽齊再請同邑吴溥作《後序》，並補刊之。永樂原印本已久佚，補刊後序本今唯臺北“中央圖書館”藏有鈔補本，大陸未見著録。

明《文淵閣書目》卷九著録“歐陽澈《飄然集》一部四册，

闕";《内閣書目》卷三則曰"歐陽澈《飄然集》四册,全,……内萬言書三册,詩一册"。不詳秘閣所藏爲何本,有萬言書者,不應稱"飄然集"。蓋習俗以"飄然集"之名頗具特色,遂以代"歐陽修撰集"(後世傳本亦然,不再糾駁)。《萬卷堂書目》卷四著錄"《歐陽修撰集》七卷",《徐氏家藏書目》卷六有《飄然集》六卷,亦不詳是何版本。

萬曆四十二年(一六一四),作者二十世裔孫歐陽鉞與其子仕再重刊永樂本,同邑吳道南作序,略曰:

> 胡公衍爲公刻《飄然》之集,……故去之三百餘年,有十世孫曰齊者,以貢薦大廷,手寫其萬言書上之於文皇帝之朝。今有念世孫曰鉞者,與其子仕獨立成公之集,……屬刻成,仕以弁端敦請。

萬曆本久無著錄,不詳尚存世否。《四庫全書》著錄汪如藻家藏本,《提要》謂是傳寫萬曆本,闕第八卷陳東之書。今觀四庫本,前三卷爲"奏議"上中下,即上皇帝三書;卷四至六爲"飄然集"三卷;卷七"事跡",題"歐陽鉞輯"(按:"歐陽鉞"上原有"宋"字,乃館臣誤書)。蓋鉞對永樂本"事跡"又有增益(明人王景、胡儼等《跋宋朝奉郎秘閣修撰誥詞》等,當即所補),故署名焉。

傅增湘記李盛鐸舊寫本《飄然集》三卷(今未見著錄),有吳允嘉批校,"十一行二十六字。前有環溪吳沆序。卷中所載,即上欽宗三書也"(《經眼錄》卷一四)。道光二十八年(一八四八),涇縣潘氏刊《乾坤正氣集》,收《歐陽修撰集》三卷,即上皇帝三書。

民國四年(一九一五),胡思敬據丁氏八千卷樓影鈔《飄然集》三卷,刊入《豫章叢書·九宋人集》,附校勘記、校勘續記。據胡思敬跋，歐陽澈伏闕三書因已刊入《乾坤正氣集》，久已通行，故不再收入《豫章叢書》。丁氏原藏舊鈔本《歐陽修撰集》八卷，有吳道南序，當從萬曆本出(參《善本書室藏書志》卷二九)，該本今藏南京圖書館。《豫章叢書》本《飄然集》，據目錄所標，卷上收七言古詩十八首、七言律詩三十一首；卷中收七言律詩八十二首(末爲《曉發吳城山》，注原本無，據《宋詩紀事》補入)；卷下收七言絕句七十三首、詞七首、文二首。除所補一首外，三卷計有詩、詞、文凡二百一十二首，較胡衍序所稱"三書及詩文百餘首"溢出許多，不詳自何而來。傅增湘校《豫章叢書》本《飄然集》，今藏國家圖書館。

　　國家圖書館猶藏有清鈔《歐陽修撰集》六卷、七卷本，皆有吳道南序，當並出於萬曆本。

　　《全宋詩》《全宋文》俱用影印文淵閣《四庫全書》本爲底本。

【參考文獻】

　　吳沆《歐陽修撰飄然集序》(影印文淵閣《四庫全書》本《歐陽修撰集》卷首)

　　胡衍《歐陽修撰集序》(同上)

　　王克義《永樂重刊歐陽修撰集序》(同上)

　　李至剛《永樂重刊歐陽修撰集序》(臺北《"中央圖書館"善本序跋集錄》)

　　唐光祖、吳溥《永樂重刊歐陽修撰集跋》(同上)

　　吳道南《萬曆重刊歐陽修撰集序》(《四庫全書》本卷首)

　　胡思敬《豫章叢書本飄然集跋》(《豫章叢書》本《飄然集》卷末)

栟櫚先生文集二十五卷

鄧　肅　撰

　　鄧肅(一〇九一——一一三二),字志宏,號栟櫚,南劍州沙縣(今福建沙縣)人。靖康初賜進士出身,仕至左正言,以直言敢諫罷。卒,鄧柞爲其作《栟櫚先生墓表》(重修萬曆本《栟櫚先生文集》附録),稱"有文二十五卷,號《栟櫚居士集》"。王明清《揮麈後録》卷二謂其"有文集,號《栟櫚遺文》,三十卷,詩印集中"。《宋志》著録《栟櫚集》二十六卷,當即二十五卷本,蓋通計附録一卷。陸心源以爲"二十五卷當是宋時原本而缺五卷"(《皕宋樓藏書志》卷八一),恐非是。按《墓表》作於紹興二十七年(一一五七),而王明清乃慶元間人,自無缺佚在前之理。疑王氏所見《栟櫚遺文》別是一本。《絳雲樓書目》卷三陳注,正爲"《遺文》三十卷",與《揮麈後録》同,殆即其本,惜已久佚,不詳其與二十五卷本之異同。

　　二十五卷本《栟櫚先生文集》,初刻於作者甥饒某。乾道己丑(五年,一一六九),陳沃爲之跋,略曰:

　　　　公之甥饒君好學重義,切慮歲時浸邈,盛名雖顯,而遺文或至於泯滅,乃搜尋裒集,命工刊板,以永其傳。此亦士大夫所幸得而見也。

次年(庚寅)十月,當已刊成,張孝再跋之,略曰:

　　　　栟櫚舊有集,散逸頗多。今宅相饒君好古,悉取家藏繕本鋟板遠傳,與學者共,其志尚尤足嘉者。難弟志中又素敦羽翼之愛，不鄙固陋，囑以題跋。

是刻七十餘年後，至淳祐甲辰(四年，一二四四)，廣漢段震午重刊之，作《重刊栟櫚文集跋》道：

> 震午試邑於兹，誦其詩，讀其書，恨不得與之執鞭。……取其文重鋟諸梓，以致高山景行之思云耳。

宋本之後，舊説有元槧，唯見《結一廬書目》卷四著録，凡二十五卷，乃樊榭山房藏書。然厲鶚所藏爲正德本，今存(詳後)，疑朱氏誤録。又邵章亦稱有元刊二十五卷本(《增訂四庫簡目標注·續録》)，不詳何據。

明《文淵閣書目》卷九著録"鄧肅《栟櫚文集》一部二册，殘闕"。《内閣書目》卷三則曰"《栟櫚先生文集》二册，全"。疑爲宋槧。《趙定宇書目》《脈望館書目》皆著録爲二册。《萬卷堂書目》卷四、《徐氏家藏書目》則録爲二十五卷。又《澹生堂藏書目》卷一三《續收》曰"四册，二十五卷"。私家所藏，除澹生堂本外(此本見下述)，皆不詳其版本。

是集明正德間有覆刻本。正德本乃鄉進士林孜校正，知縣羅珊刻，林孜序之曰：

> 舊刻在沙陽，兵火之後，久已泯逸。孜自幼景慕其節義，思得其文以服誦之，遍訪諸士夫家，或得其前帙，或得其後帙，又字多磨滅。……近方訪求全備，遂命書人繕寫，親自校正，分例定式，庶幾足爲善本，以俟刊工有日矣。適縣尹南海羅侯廷佩(珊)涖任敝邑，雅重儒術，尤尚節概，……遂索其文集，命工刊刻，於是人人獲睹其文，欽而仰之矣。

時在正德十四年己卯(一五一九)。林序外，尚有胡瓊序、羅珊跋。今國内及日本俱藏有正德本，然僅寥寥數部。國家圖書館藏本，卷末有黄丕烈題跋，謂"書有不必宋、元舊刻而亦足珍者，此種是也"。南京圖書館所藏丁氏本，乃屬鶡舊物，《善本書室藏書志》卷二九謂其有"樊榭山民屬鶡之印"二方，卷一至三配清鈔（按：此本當即《結一廬書目》所謂元刻）。北京大學圖書館所藏李氏本，缺卷十七至末，"收藏有'吴印蹈昌'白文、'光遠'朱文二方印。書衣有耐冷居士題字，即上元孫氏文川也"（《木犀軒藏書書録》）。日本静嘉堂文庫、内閣文庫各藏一部。正德本每半葉十行二十字，細黑口，四周雙邊。其卷目編次爲：卷一至一〇，各體詩；卷一一，樂府；卷一二，奏札；卷一三，文；卷一四，書；卷一五，序；卷一六至一八，記；卷一九、二〇，題跋；卷二一，啓簡；卷二二，祭文；卷二三，疏語；卷二四，誌銘；卷二五，評論。

清道光初，二十一世裔孫江寧鄧廷楨於江寧萬竹園翻刻《栟櫚先生文集》。早在嘉慶十九年（一八一四），錢儀吉即爲其作序，稱底本"乃于蕭山汪氏得正德十四年刻本"，凡二十五卷。道光三年（一八二三）刊成，鄧廷楨有跋。是本今國家圖書館、上海圖書館、南京圖書館等有著録。

除刊本外，南京圖書館猶藏明祁氏澹生堂寫正德本，有"山陰祁氏藏書之章"、"曠翁手識"圖記（丁氏《善本書室藏書志》卷二九）。《四庫總目》著録福建採進本，爲十六卷，《提要》稱"僅詩一卷、詞一卷、文十四卷，殆散佚不完，又經後人重編歟"。然四庫本所録，已改換底本，實爲二十五卷，當即正德本。十六卷本又見《增訂四庫簡目標注·續録》，繆荃孫稱之爲"世行本"（見下），久不見著録，不詳爲何時何人所刊。

　　今存明代另一刻本爲十二卷，亦題《栟櫚先生文集》，乃萬曆鄧崇純所刊，每半葉九行二十二字，白口，四周雙邊。是本今僅國家圖書館（存卷一至七及附録）、湖北省圖書館著録，臺北“中央圖書館”藏有鈔本；國外則日本宮內廳書陵部藏一部。筆者所見，乃鄧崇純刊、鄧四教及其弟四維重修萬曆本，今僅國家圖書館及日本静嘉堂文庫著録。國圖藏本有“雲輪閣”、“荃孫”等印記。檢《藝風藏書記》卷六正著録此本，稱“世行本多十六卷，此獨十二卷，編次獨異”云云。重修本前爲目録，十二卷卷目編次爲：卷一，奏、札子；卷二，序、記；卷三至六，詩；卷七，書、啟、簡；卷八，題跋；卷九，文、祭文、誌銘；卷一〇，評論；卷一一，樂府；卷一二，“外集”，收序、記、疏語。卷一書題後署“宋承奉郎左正言鄧肅志宏父著，明十八代孫邑庠生四教弟四維重校梓”。目録後附敕命，末卷後有林尚春《鄧氏族譜序》及附録。卷末有鄧四教跋，稱“邑侯羅君廷佩諱珊者，尊重先賢，命刊是集表崇之”，“爲裔孫者忍俾没而弗揚，聽其舊板朦蛀舛訛，不思新諸木，以翼前光也哉”，云云。末題“乙酉”，當爲南明弘光二年（清順治二年，一六四五）。則十二卷本乃據正德本改編重梓，變其卷第，蓋當時風氣如此。

　　清咸豐九年（一八五九），裔孫鄧國選刊木活字本《鄧栟櫚先生文集》十二卷首一卷、末一卷。此前，道光三十年（一八五〇），孫葆元預爲作《叙》，稱“今春禮闈予所取士永安鄧子國選來會試，攜其先世《栟櫚先生文集》晉謁，兼乞校定，將以重刊。……今所攜閱者止十二卷，係明崇禎間重刊，意必當時散逸，搜訪無從。今又歷三四百年，刻板不存，在人間者寥寥罕覯，若不亟爲重刊，何以光前裕後？”云云。知其底本即上述弘光本。鄧國選跋,謂所刊"編次悉依(鄧)四教公重梓舊本,惟本傳與行略及名賢所題栟櫚山詩記,特從而補之,蓋不没先生之紀實與其讀書處也"。咸豐本今國家圖書館、北大圖書館著録。

以正德本校十二卷本,兩本所收詩文詞數全同(上引孫葆元《叙》謂十二卷本"意必當時散逸,搜訪無從"之説誤),而編次全異。觀十二卷本卷二、卷一二皆有序記類,且卷一二題"外集",是據正德殘本補輯重編。然今存正德本時有磨損殘闕,四庫本往往以意填補,至不可讀,十二卷本正好補闕糾謬。如弘光本卷一二《太平興國堂頭璨公語録序》有"旦扣栟櫚居士鄧某志宏之門,請以序冠焉"兩句,"志宏"至"請"字,國家圖書館所藏正德本漫漶不可識,四庫本作"湖南之鴻儒",大誤。十二卷本雖亦有訛誤,其校勘價值可見一斑。

《全宋文》用正德本爲底本,校以弘光本。《全宋詩》亦用正德本爲底本,校以萬曆本。

【參考文獻】

陳沃、張爕《栟櫚居士集跋》(明弘光重修萬曆本附録,人各一跋)

段震午《重刊栟櫚文集跋》(同上)

林孜、胡瓊《正德刊栟櫚先生文集序》(明正德刊本卷首,人各一序)

羅珊《正德刊栟櫚文集跋》(同上卷末)

鄧四教《重修栟櫚文集跋》(明弘光重修萬曆本卷末)

錢儀吉《重刊栟櫚文集叙》(道光三年刻本《栟櫚先生文集》卷首)

雙溪集十五卷

蘇　籀　撰

蘇籀（一〇九一—？），字仲滋，眉山（今屬四川）人，居婺州（今浙江金華），轍孫。高宗時爲將作監丞，孝宗時卒。集乃其子蘇訒裒輯，淳熙間訒權知筠州，因刊之，跋曰：

> 先公監丞，欒城公長孫也，在潁濵親炙教誨十五餘年。建炎初南渡，侍伯祖侍郎居婺州近三十載，裒其平昔所述古律論撰爲十五卷，目曰《雙溪集》，並所記《欒城公遺言》一卷，因鏤板於筠之公帑，庶幾廣其傳焉。

末署淳熙六年（一一七九）中秋日，蓋是時已刊成。是集《遂初堂書目》著其目，《解題》未録。《宋志》著録爲十一卷，當是別本。

明《文淵閣書目》卷九著録“《眉山蘇仲滋文集》一部六册，全”。《內閣書目》卷三曰：“《眉山蘇仲滋文集》六册，全。……凡十五卷，一名《雙溪集》。”當爲宋槧。則此集原有兩名，不詳是否因版本不同而異。《絳雲樓書目》卷三載《雙溪集》，陳景雲注爲“十五卷”，不詳其版本。《增訂四庫簡目標注·續録》謂《天禄後目》有宋刊本，又曰有明刊本，然檢《後目》無其目，蓋邵氏誤記。今以國家圖書館藏明鈔殘本爲古，原爲十五卷，現存卷一至九。

《四庫總目》著録江蘇採進本，凡十五卷，計古律詩五卷，賦、表、書、札子、雜著各一卷，疏、記、題跋一卷，啟三卷，辭、頌、青詞、祝文、祭文、墓誌銘一卷，而將《欒城遺言》録於子部。

　　清咸豐元年（一八五一），伍崇曜將是集刊入《粵雅堂叢書初編》第八集，跋稱所據爲“舊藏鈔本。原附《欒城遺言》一卷，《提要》本另著録，謹仍之”。以四庫本校此本，間可正其訛誤。《叢書集成初編》據粵雅堂本排印。另，民國時成都昌福公司有鉛印本，國内圖書館猶有庋藏。

　　《全宋詩》用影印文淵閣《四庫全書》本爲底本。《全宋文》則以《粵雅堂叢書初編》本爲底本。

【參考文獻】

　　蘇詡《雙溪集跋》（《粵雅堂叢書》本《雙溪集》卷末）

　　伍崇曜《刊雙溪集跋》（同上）

宋人別集叙録卷第十八

三十代天師虛靖先生語録七卷

張繼先 撰

張繼先（一〇九二——一一二六），字嘉聞，貴溪（今屬江西）人，嗣漢三十代天師，崇寧四年（一一〇五）賜號虛靖先生。今有《虛靖詞》傳世。其《語録》七卷，載正統本《道藏・正乙部》，雖題"語録"，其實乃詩文集，卷一爲文，卷二至七收詩詞歌頌二百餘首。

《道藏》所收之本，乃其裔孫嗣四十三代天師張宇初編刊，有序，稱是集"往嘗刊行，久亦遺缺，因採之名山，重鋟諸梓，以廣其傳"云云，時在明洪武二十八年（一三九五）。所謂"往嘗刊行"之本，未見著録。

今臺北"中央圖書館"藏有二卷舊鈔本，題《三十代天師虛靖真君集》，乃黄丕烈藏書，有黄氏手跋，並據《道藏》本校字及注明分卷、鉤勒行款，參《蕘圃藏書題識》卷九。

《全宋文》《全宋詩》俱用影印正統《道藏》本爲底本。

【參考文獻】

張宇初《三十代天師虛靖先生語録序》（影印正統《道藏》本《虛靖先

生語録》卷首）

橫浦先生文集二十卷

張九成　撰

張九成（一○九二——一一五九），字子韶，號橫浦居士，又號無垢居士，錢塘（今浙江杭州）人。少從楊時學，紹興二年（一一三二）進士第一。官至刑部侍郎。反對與金議和，忤秦檜，謫居南安軍十四年。理宗初賜諡文忠。紹定二年（一二二九）八月，其彌孫景獻府教授于有成作《橫浦先生文集序》，略曰：

> 先生著述，天下罔有闕遺，獨簡帖字畫，得者稀少。……邑（指鹽官縣）宰趙君汝艁，下車未久，……（淨居院）僧源上人有藏先生簡帖十餘紙，即命工刊之。既而故家皆出所藏以獻，悉刻之不遺。

由“先生著述，天下罔有闕遺”句，知《橫浦文集》行世已久，而趙氏紹定初所刊，乃故家所藏舊本并補入新得集外簡帖文。今人楊新勛《張九成〈橫浦集〉宋本刊刻考》（載《古籍整理研究學刊》二○一四年第三期），以爲“據宋刻本卷一署名和卷末之跋，《橫浦集》初爲郎曄編刻”；他又在“全面考證郎曄生平，尤其是在搜集宋人有關《橫浦集》和九成作品的言論的基礎上，考定《橫浦集》初刻於紹興末至乾道初之間”。其説大致可信。

《橫浦文集》今存宋刻本，藏國家圖書館，凡二十卷，附刻《家傳》一卷（姪張榕撰）、《施先生孟子發題》（宋施德操撰）一卷。每半葉十行十八字，白口，左右雙邊。據卷首于有成集序，該本當刊於紹定二年，雖是重刻郎曄本，但有增補，與舊本不盡相同。丁氏《善本書室藏書志》卷二九謂"天禄琳琅有宋刻本"，即指此本。《天禄後目》卷七著録，凡二函十二册，曰："按此本闕筆字，的爲宋末舊刻。今所傳有《横浦心傳録》《日新録》，此舊本無，當時二録别行專本也。"宋本原爲徐氏傳是樓藏書，有"徐健菴"、"乾學"等印記。集署"門人郎曄編"，有跋（跋爲《施先生孟子發題》作）。凡賦（二篇）、詩四卷，雜文十六卷。

　　張九成文集，陳氏《解題》及《宋志》皆未著録。明《文淵閣書目》卷九有"《横浦文集》一部五册，全"。《内閣書目》無其目。《篆竹堂書目》卷三載"《横浦文集》"，未注册數卷數。《澹生堂藏書目》卷一三曰"五册，二十卷"，《徐氏家藏書目》卷六亦録爲二十卷。《絳雲樓書目》卷三陳注曰"二十卷"。各本無《横浦心傳録》及《日新録》，蓋爲宋槧或宋槧傳鈔本。

　　明萬曆四十二年（甲寅，一六一四），新安吳惟明重校刊《横浦文集》。底本乃焦竑家藏，焦氏序稱"余家藏先生集二十卷、《心傳録》三卷、《日新》一卷、《家傳》一卷。新安吳康虞氏謂大有裨於學者，爲手校而梓行於世"。《心傳録》等原在文集之外，吳氏將其附刊於後。文集卷一署"門人郎曄編，後學吳惟明校梓"，無于有成序。每半葉十行，行二十字，白口。今北大圖書館、南京圖書館及臺灣有著録，其中傅增湘校、張元濟跋本藏上海圖書館。日本尊經閣文庫、静嘉堂文庫、東京大學亦有庋藏。民國十四年（一九二五），張元濟涉園清綺齋嘗據萬曆甲寅本影印，今較易得。影印本附有張元濟所作《校勘記》，所用校本有《南宋文範》《國朝二百家名賢文粹》及明鈔十二卷本《心傳錄》等，張氏有跋。其校勘成果多可採。

吳刻之次年，即萬曆四十三年乙卯（一六一五），方士騏又覆刻吳氏本，題《重刊橫浦先生文集》，黃汝亨序之，方氏有跋。黃序謂"是集吳康虞氏刻之南中，焦先生爲序，而海昌令方君以橫浦家在海昌，景行其哲，重刻之"。張元濟影印吳刻本跋，稱方氏本"中有殘闕，且字多舛訛"，非爲善本。方氏覆刻本今國家圖書館、北大圖書館及臺灣有著錄，其中傅增湘、張元濟校本藏上海圖書館。

清康熙二十三年（一六八四），張鳴皋有《重刻橫浦先生文集》十四卷，附其所編《無垢公遺跡》一卷，今僅見上海圖書館著錄，有傅增湘校。

《四庫總目》著錄《橫浦集》二十卷，乃江蘇巡撫採進本，《提要》稱"九成別有《心傳》《日新》二錄，原本亦附編集後，今以其已有單本別行，故並從刪削，不更複出焉"。既有二錄，則底本當爲萬曆所刻兩本之一。其卷目編次爲：卷一至四，古賦、詩；卷五，論；卷六至一一，書傳統論；卷一二，狀元策；卷一三，邇英殿春秋進講；卷一四，春秋講義；卷一五，孟子拾遺；卷一六，序；卷一七，記；卷一八，札子書簡；卷一九，雜著、題跋、贊、銘；卷二〇，祭文、墓誌銘。

《全宋文》用萬曆四十二年吳惟明刻本爲底本，輯得佚文二十四篇。《全宋詩》用宋刻本爲底本，另從《橫浦心傳錄》等書中輯得集外詩一百五首。

二〇一四年，浙江古籍出版社出版楊新勛整理本《張九成集》，收入《浙江文叢》中。該本除文集二十卷外，猶有《中庸說》（殘）三卷、《孟子傳》（殘）二十九卷、《心傳錄》十二卷、《橫浦日新》一卷。整理者又輯出部分《論語詳說》文字，定爲二十五卷。附録張九成傳記資料及序跋、書目提要等。則新本《張九成集》已爲大全集體例矣。

【參考文獻】

于有成《橫浦先生文集序》（宋刊本《橫浦先生文集》卷首）

焦竑《書張橫浦先生集》（影刊萬曆吳刻本卷首）

張元濟《影刊橫浦文集跋》（同上卷末）

黄汝亨《萬曆方氏覆刻橫浦文集序》（萬曆方士騏刊本卷首）

方士騏《萬曆覆刻橫浦文集跋》（同上卷末）

忠愍集三卷

李若水　撰

李若水（一○九三——一一二七），原名若冰，字清卿，洺州曲周（今河北曲周）人。靖康初登上舍第，擢吏部侍郎、兼權開封府尹。二年，隨欽宗至金營，金人逼帝易服，若水大罵其帥，遂遇害。建炎初謚忠愍。其子李淳作《書忠愍集後》，稱“獨稱歸費守樞爲先公文集序，今鋟木於蜀中，能不没其實，得以取信。至乾道中，諸父淪亡，因於秘稿中又得其遺事，始盡事（指遇害）之本末”。費樞序已佚，蓋作於遇害後不久。《書後》未署年代，應與“今鋟木”之蜀刻本大致同時。《書後》稱得遺事稿在“乾道中”，則鋟木當在乾道之後。今尚存趙希齊序，署慶元戊午（四年，一一九八），雖未述付梓事，疑即爲刊板而作，《書後》或亦作於是時。

陳氏《解題》卷一七著録道：

　　　《李忠愍集》十二卷，吏部侍郎臨洺李若水清卿撰。
後二卷爲附錄。其死事時財三十五歲。本名若冰，以靖
康出使，改今名。詩文雖不多，而詩有風度，文有氣概，
足以知其所存矣。

《通考》卷二三八同。《宋志》著錄爲十卷。《四庫提要》曰：
"考《書錄解題》稱後二卷爲附錄其死節時事，《宋志》蓋但舉
其詩文，其實一也。"此説當是。《提要》又曰："《書錄解題》載
《李忠愍集》十二卷，蓋以其追謚名集。劉克莊《後村詩話》作
《忠烈集》，當由傳寫之誤。"宋代或有題"忠烈集"之本，失傳
而已，未必定誤。

　　明陳氏《世善堂藏書目錄》卷下嘗著錄"《李忠愍集》十二
卷"；《絳雲樓書目》卷三載"李若水《忠愍公集》一册"，陳注：
"十卷，附錄二卷。"原本久佚，今傳乃大典本。四庫館臣"就
《永樂大典》中所散見者掇拾編次，釐爲三卷，以建炎時誥詞
三道附錄於後"（《提要》）。《四庫總目》據大典本著錄，卷一爲
札子、表、啟各體文，卷二、卷三爲古近體詩凡一百二十首。
今北京大學圖書館、南京圖書館藏有清鈔四庫本。

　　道光二十八年（一八四八）所刊《乾坤正氣集》，以及光緒
初之《畿輔叢書》，皆收有《忠愍集》一卷，無表與詩。《叢書集
成初編》據《畿輔叢書》本排印。

　　《全宋詩》用影印文淵閣《四庫全書》本爲底本，輯得集外
詩十七首。《全宋文》底本同。

【參考文獻】

趙希齊《忠愍集序》（影印文淵閣《四庫全書》本《忠愍集》卷首）

李淳《書忠愍集後》（同上卷末）

李延平先生文集五卷

李　侗　撰

李侗(一〇九三——一一六三),字愿中,居延平,世稱延平先生,南劍州劍浦(今福建南平)人。師事羅從彦。朱熹赴同安主簿任,嘗往延平見之,始受學。任滿再見之,留月餘。又越四載而侗没。其間以書札往來問答爲多,朱熹輯録爲一書,朱子門人又取其平昔論延平語及祭文、行狀等爲附録,即《宋史》卷二〇五《藝文志四》所著録之《延平師弟子問答》一卷是也。曹彦約《跋延平答問》曰:"《延平答問》一編,始得當塗印本於黄巖,趙師夏致道携度劍閣,以示石照度正周卿,因得周卿所藏臨川鄒非熊宗望録本與麻沙印本,刊其誤而闕其疑,可以傳矣。鋟本益昌學宫,與四蜀之士共焉。嘉定丙子(九年,一二一六)冬至日,後學曹某謹識。"(《昌谷集》卷一七)由此可窺是書在南宋後期流布之廣。

後世傳本,或爲二卷,或爲三卷,屢見明人著録,題曰《延平問答》。明末,李侗裔孫葆初重釐《問答》爲二卷,更輯佚詩文一卷附綴於後,改題曰《延平文集》,再以朱熹所作行狀之類爲附録二卷,通編爲五卷。遺文一卷中,有書八首,行狀一首,詩三首,凡十二篇,幾不成卷帙。清順治十一年(一六五四),裔孫孔文將輯本刊行,題曰《李延平先生文集》,今南京大學圖書館等有藏本。是刻每半葉九行二十字,白口,四周雙邊。首爲遺像。次周亮工所作集序,稱"先生生平不務著述,卒後考亭(朱熹)輯其問答遺言,釐爲三卷,傳之四百餘年。歲久弗戒於火，其裔孫葆初向僑吳門，以參戎入閩，修葺祠宇，重鋟之以惠後學，而以其別集二卷附之於後”。此外尚有同時人所作序文若干篇，後爲林潤之所定《凡例》，共七條，第一條曰：“原板（指《問答》）藏之郡庫，明崇禎乙亥（八年，一六三五）秋郡城火，堂房庫廨悉毀，李氏僅存一本，予手録之，然内多殘破，今悉考正，尚十之六七，其無所考者仍闕之，以俟博雅。”首題“宋門人元晦朱熹編，同邑後學林潤之彙輯”，“二十代裔長孫孔文重訂梓”等。

康熙四十八年（一七〇九），張伯行於福州正誼堂重刊，爲《李延平先生文集》四卷，卷一遺文，卷二、三問答，合併附録二十二則爲卷四，而以《宋史》本傳、年譜附於卷首。同治五年（一八六六）刊入《正誼堂全書》，《叢書集成初編》據《全書》本排印。

《四庫總目》於《子部·儒家類》著録《延平問答》一卷，而將《延平文集》五卷著録於《別集類存目》。《提要》以爲“前三卷均標曰朱熹編”（按：正誼堂本僅《問答》標朱熹編），殊失其舊，“其實朱子惟編《問答》，未編詩文，特借以爲重耳”，故仍録原本。李氏遺文甚少，題“文集”固不相稱，然僅存之詩文，亦賴以保存。

《全宋文》用《叢書集成初編》本爲底本，録文一卷。《全宋詩》重輯詩七首。

【參考文獻】

周亮工《李延平先生文集序》（順治刊本《李延平先生文集》卷首）

張伯行《李延平集序》（《正誼堂全書》本《李延平集》卷首）

相山集三十卷

王之道　撰

　　王之道（一〇九三——一一六九），字彦猷，濡須（今安徽無爲）人。宣和六年（一一二四）進士。紹興初沮和議，忤秦檜，淪廢二十年。檜死，起知信陽，以朝奉大夫致仕。尤袤《王公神道碑》（四庫本《相山集》末附）稱其“有文集三十卷藏於家”。今未見宋人序跋，宋代編刊情況不詳。《解題》卷一八著録道：

　　　　《相山集》二十六卷，朝奉大夫濡須王之道彦猷撰。宣和六年，兄弟三人同登科。建炎寇亂，率衆保明避山，從之者皆得免。以功改京官，沮和議得罪，晚乃歷麾節。其子藺被遇皋陵，貴顯。

同書卷二一又著録《相山詞》一卷。《通考》卷二三九、二四六分別同《解題》。《宋志》著録《相山居士文集》二十五卷，又《相山長短句》二卷。《四庫提要》謂《寶祐濡須志》及《濡須續志》俱作四十卷，“彼此乖互不合，今原集既亡，無可復證。然袤碑乃據其子家狀所書，似當得其實也”。

　　明《文淵閣書目》卷九著録“王之道《相山文集》一部十一册，殘闕”，而《内閣書目》卷三則曰“十册，全，……凡二十五卷”。《絳雲樓書目》卷三著録爲五册，陳景雲注“二十六卷”。各本後皆失傳。今存乃大典本，館臣“就《永樂大典》各韻中蒐輯編次，仍可得三十卷。疑明初纂修諸人重其爲人，全部收入，故雖偶有脱遺，而仍去原數不遠歟”（《提要》）。乾隆翰

林院鈔大典本，今藏國家圖書館。《四庫全書》收録大典本，
文淵閣庫本嘗影印入《四庫全書珍本初集》。其卷目編次爲：
卷一至一五，詩；卷一六至一八，詩餘；卷一九，制；卷二〇至
二二，札子；卷二三，序、記；卷二四、二五，書；卷二六，啟；卷
二七，跋；卷二八，雜文；卷二九，墓誌；卷三〇，附録（贈官敕、
神道碑）。

　　《全宋詩》《全宋文》皆以影印文淵閣《四庫全書》本爲底
本，後者輯得佚文八篇。

默成文集四卷

潘良貴　撰

　　潘良貴（一〇九四——一一五〇），字義榮，一字子賤，號默
成居士，金華（今屬浙江）人。政和五年（一一一五）登上舍
第，累官中書舍人。因事被彈，乃求去，遂家居。淳熙丙午
（十三年，一一八六），朱熹爲其集作序，略曰：

> 其條奏章稿有補於時、可爲後法者，又以公自焚削
> 而不復存；平生之言頗可見者，獨有賦詠筆札之餘數十
> 百篇而已。……公之兄子今廣州使君時謂熹，盍序其書
> 而傳之？熹不敢當，而亦不得辭也，於是三復其書，而掇
> 其梗概附於書首，以告觀者。……集凡十五卷。

則是集乃作者猶子潘時於淳熙間所刊。《解題》卷一八著
録道：

《默成居士集》十五卷，中書舍人潘良貴子賤撰。一字義榮。剛介之士也。朱侍講序其集，略見其出處大致。

《通考》卷二三九、《宋史》卷三七六本傳、《宋志》皆著録爲十五卷。

明《文淵閣書目》卷九著録“潘氏《默成文集》一部四册，全”。《内閣書目》亦稱全。原本後散佚。清康熙三十六年（一六九七），里人曹定遠重輯爲八卷，裔孫刊之，今唯國家圖書館有藏本。《四庫總目》著録汪啟淑家藏本，即康熙本，《提要》曰：

> 其集見於史者十五卷，久佚不傳。此本乃康熙中其裔孫所刊，僅文二十首、詩二十七首、詞一首，皆掇拾於散亡之餘，粗存梗概。……惟是篇頁寥寥，而强分卷帙，未免有意求多。又一卷、二卷皆載本傳及年譜、誥敕等文，至三卷乃及其著作，雖用宋敏求編《李白集》之例，而喧奪太甚，究爲編次無法。至潘時乃良佐之子，於良貴爲猶子，而亦附其傳誌於末編，尤爲不倫。今姑仍舊本録之，而附糾其叢脞如右。

館臣雖曰“姑仍舊本録之”，然鈔正時仍削去本傳、年譜及潘時傳誌等，改編爲四卷：卷一表札，卷二書啟，卷三論説，卷四詩。

民國十三年（一九二四），永康胡氏夢選廔刊《續金華叢書》，收《默成文集》四卷，即據四庫本付梓，見胡宗楙跋。

《全宋文》用影印文淵閣《四庫全書》本爲底本，輯得佚文十七篇。《全宋詩》底本同。

【參考文獻】

朱熹《默成文集序》（影印文淵閣《四庫全書》本《默成文集》卷首）

紫微集三十六卷

張　嵲　撰

張嵲（一〇九六——一一四八），字巨山，襄陽（今屬湖北）人。宣和三年（一一二一）中上舍第，紹興中附會秦檜，擢中書舍人。其集宋代編刊情況不詳，未見宋人序跋。《解題》卷一八著録道：

> 《張巨山集》三十卷，中書舍人光化張嵲巨山撰。嵲爲司勳郎官，金人再取河南，秦相惶恐，上章引伊尹"善無常主"及周任"不能者止"之文以自解，嵲之筆也。秦德之，遂擢修注掌制，而其具稿倉卒，誤以伊尹告太甲爲告湯，及周任之言爲孔子自言。時秘書省寓傳法寺，有書其門曰："周任爲孔聖，太甲作成湯。"秦疑諸館職爲之，多被逐。然嵲亦以答檜"三折肱"之語，謂其貳於己，無幾亦罷。

《通考》卷二三九同。《宋志》作"紫微集"，卷數同。

明《文淵閣書目》卷九著録"《張紫微文集》一部十二册，全"；又卷一〇有"《張紫微集》一部三册，完全"，疑是詩集。至《内閣書目》，兩本皆不登録，蓋散亡已久。今傳乃大典本。館臣"據《永樂大典》所録，裒輯排比，諸體咸備，當已抝所闕遺。以其篇帙較富，析爲三十六卷，仍依《宋史》題作《紫微集》，復其舊目焉”（《四庫提要》）。乾隆翰林院鈔本，今藏國家圖書館。大典本録入《四庫全書》，卷目編次爲：卷一，賦、詩；卷二至一〇，詩；卷一一，詔；卷一二至二〇，制；卷二一，口宣、策問、策、表；卷二二、二三，表；卷二四，奏札；卷二五，論；卷二六，奏狀、啟；卷二七至三〇，啟；卷三一，序、記；卷三二，記、雜著；卷三三，雜著、疏；卷三四，疏、齋文；卷三五，齋文、銘、箴、墓誌；卷三六，弔文、祭文。《湖北先正遺書》據文津閣四庫本影印。四庫本間有錯訛，可用翰林院鈔本是正。

《全宋詩》《全宋文》俱以影印文淵閣《四庫全書》本爲底本。

雪峰空和尚外集一卷

釋惠空　撰

惠空（一〇九六——一一五八），號東山禪師，俗姓陳，福州（今屬福建）人。嘗參圓悟於雲居，歷住曹溪、疏山，返閩寓秀峰，晚開法於福州雪峰。《外集》收其所作偈頌及法語函牘，宋、元皆嘗刊行，然其本國内久已失傳，今僅存日本舊刊本，中國國家圖書館、北京大學圖書館各藏一部。一九八〇年，臺灣明文書局據所得日本舊刊（元至正本）影印入《禪門逸書初編》，前有明復撰《雪峰空和尚外集解題》，述其版本源流道：

　　此《雪峰外集》，收東山禪師空老人一世偈頌，兼及法語函牘。昔在宋世，爲禪者所喜誦，以其機用橫放，文采典雅，堪充楷模規範也。曾幾有詩贊之云："江西句法空公得，一向逃禪挽不回。深密伽陀妙天下，無人知道派中來。"謂空公偈頌，援江西詩派篇章之法而成，人但服其深密，而不解其所自出。依此，可知其何以見重於世矣。唯此集久逸藏外，今人鮮知，無由得而讀之。幸杜君潔祥檢視鸞宮藏書，得日本神田家所藏舊本，展誦大喜，編入《禪門逸書》第一輯中，以饗世人。

此集初刊於乾道六年（一一七〇），去空公遷化，纔十二年耳。又八年（淳熙五年，一一七八），雷峰惠然再刊之。元順帝至正七年丁亥（一三四七），日本建長寺契充書記得其書，讀而好之，化緣而鋟之梓，寺主梵僊爲跋，即此本也，今幾七百年矣。久霾廢檔，一朝復出，得非空老人於真寂光中默佑冥護之力，何能有此機緣也。

尤可貴者，書中偈頌篇裏，夾注殆滿，蠅書蟻畫，精細非常。博引禪册，廣搜梵夾，儒典世籍，亦復不遺。一人一地，一事一物，皆剖析其意義，標示其出處，雖市諺土語，亦不忽遺。設非宏博之士，窮累年之功，焉克臻此，而其淑人婆心，覺世宏願，顯現於字行間者，足令人馨香再拜矣。惜乎偈頌篇外，法語書簡部分，無一字及之，殊難解識其故。

所謂"此集初刊於乾道六年，去空公遷化，纔十二年耳"，按原本卷首"山空"夾注云："紹興癸酉（二十三年，一一五三），安撫龍學侍郎張公宗元致禮敦請，開法郡之雪峰，徇緣一載，退皈東菴。戊寅三月十三日示寂，壽六十三。"考"戊寅"爲紹興二十八年（一一五八）。逆推之，則惠空生於紹聖三年（一〇九六）。又庚寅中秋，釋覺性作序，稱“就以《外集》繡諸梓”；由紹興二十八年下推十二年，則“庚寅”爲乾道六年也。

前述北京大學圖書館藏本，乃李氏舊物，《木犀軒藏書目録》著録道：

> 《雪峰空和尚外集》一卷，宋釋慧空撰。日本刊本，日本貞治正平間（元至正）刻本（日人批注有缺葉及鈔配）。分偈頌、法語、真贊、書簡諸門。和尚蓋南宋初僧也。

此本既稱“外集”，似猶有“内集”或“正集”，當爲禪門著述。

《全宋詩》以國圖所藏日本舊刻本爲底本。《全宋文》用《禪門逸書初編》本爲底本。

【參考文獻】

釋覺性、惠然《乾道刊雪峰空和尚外集序》（《禪門逸書初編》本《雪峰空和尚外集》卷首，人各一文）

（日本僧）梵僊《刊雪峰空和尚外集跋》（同上卷末）

韋齋集十二卷

朱　松　撰

朱松（一〇九七——一一四三），字喬年，號韋齋，婺源（今屬江西）人，朱熹父。政和八年（一一一八）同上舍出身，累官吏部郎，力言不可議和，忤秦檜，出知饒州，卒。集乃朱熹所

刊，傅自得作序，稱熹“走介二千里，書抵予曰：‘熹先人遺文，
江西遂將刊行，而未有序引冠篇首。先友盡矣，不孤之惠，誠
有望於門下，敢以爲請。’”云云。時在淳熙七年（一一八〇）。

陳氏《解題》卷一八著錄道：

> 《韋齋小集》十二卷，吏部員外郎新安朱松喬年撰。
> 侍講文公之父也。文公嘗言，韋齋先生自爲兒童時，出
> 語已驚人；及去場屋，始致意爲詩文。其詩初亦不事雕
> 飾，而天然秀發，格律閒暇，超然有出塵寰之趣。

同書卷二〇“詩集類”又著錄《韋齋小集》一卷。《通考》卷二
三九、二四九同。蓋詩集嘗別行，以其僅一卷，故稱“小集”。
疑陳氏著錄十二卷本時，書題衍“小”字。朱熹爲其父所作
《行狀》（見《朱文公文集》卷九七），即稱“所爲文有《韋齋集》十二
卷行於世”，無“小”字。《宋志》著錄《韋齋集》十二卷，又《小
集》一卷，可證十二卷本無“小”字，小集乃詩集本。

《行狀》除述《韋齋集》外，又稱有“《外集》十卷藏於家”。
嘉泰三年（一二〇三），周必大作《朱公（松）神道碑》（《周文忠公
集》卷六九），亦稱有《外集》十卷藏於家。不詳《外集》曾否付
梓，諸家書目未見著錄。

《韋齋集》宋刊本蓋清中葉尚傳世（見康熙本程塏序、雍
正本朱玉《重刊述言》），後散佚，今或以元代重刊本爲古。元
至元三年丁丑（一三三七）劉性作序，謂宋江西板本已亡，《韋
齋集》四方罕見，託人購求，最後從裔孫朱勳處得其本，“乃爲
繕寫，刻之學宮”。《皕宋樓藏書志》卷八一著錄《韋齋集》十
二卷附《玉瀾集》一卷，陸心源案曰：

> 此元刊元印本，每葉二十行，每行二十字。卷中有

"鹿原林氏藏書"朱文方印，"蒋絢臣曾經校藏"朱文長印，"是書曾藏蒋絢臣家"朱文方印。案：鹿原，林佶自號也。

是書後歸日本岩崎氏。傅增湘訪書東瀛，曾到静嘉堂親觀其本，以爲"此乃明弘治刊本，余所見非一帙矣"（《經眼録》卷一四）。因别無元本傳世，故該本是元是明，已無從考辨，兹姑依陸氏。又，據康熙四十七年（一七〇八）程壎重刊序（見下引），稱其所用底本爲元至元刊本，而該本"附以先生弟《玉瀾集》一卷，亦仍其舊也"，則元刊本朱松《韋齋集》已與其弟朱槔《玉瀾集》合刊。後人或謂弘治本始附，乃持傳世元本爲弘治本之説，孰是尚難判斷。

今南京圖書館所藏丁氏舊鈔本，丁丙疑爲影寫元本。《善本書室藏書志》卷二九著録道：

> 《韋齋集》前有淳熙七年四月河陽傅自得序，至元三年五月五日廬陵劉性序。一、二、三卷，古詩；四、五卷，律詩；六卷，絶句；七卷，奏議；八卷，策問；九卷，書；十卷，序、記、題跋；十一卷，表、疏、啟；十二卷，行狀、墓誌銘、祭文。《玉瀾集》後有淳熙辛丑仲春梁溪尤袤跋。似是影寫元本。孫淵如觀察藏《玉瀾集》宋時單行本，謂明弘治中鄺氏嘗附刊《韋齋集》後，今觀此本，疑元時先已附刻也。舊爲汪士鐘藏，有"曾在汪閬源家"一印。同治初年，應敏齋官蘇松太兵備道，闢龍門書院，刊《朱子年譜》，嘗舉此見贈，卷端尚鈐"應氏家藏"、"應寶時印"、"敏齋"、"可覼讀過"四印。

明《文淵閣書目》卷九著録"《韋齋朱先生集》一部六册，

全”，又卷一〇：“《朱韋齋集》一部三册，完全。”《内閣書目》卷
三曰：“《韋齋集》並《玉瀾集》六册，全。又《詩集》三册，全。”
則明初秘閣本似不附刻《玉瀾集》，兩書只是同時（“並”）著録
而已，當是宋、元刊本。所謂三册之《詩集》，或即《韋齋小
集》。《百川書志》卷一二著録“《朱韋齋小集》五卷”，又卷一
五著録“《朱韋齋詩集》六卷，附録一卷”，不詳爲何本。其他
如《萬卷堂書目》卷四、《澹生堂藏書目》卷一三、《世善堂藏書
目録》卷下、《徐氏家藏書目》卷六及《絳雲樓書目》卷三等皆
著録爲十二卷本。官私所藏，殆既有宋、元舊槧，亦有明弘
治本。

弘治本刊於弘治癸亥（十六年，一五〇三），爲《韋齋集》
十二卷附《玉瀾集》一卷，有酈璠跋，略曰：

> 予承乏吳邑，嘗手録《韋齋先生集》若干卷，而訛闕
> 無所於考。比倅新安，……通守睢陽陳侯性之乃出是
> 編，與其弟《玉瀾集》一卷，爰正所録本並刻之。

弘治本每半葉十行二十字，白口，左右雙邊。原本今國内藏
本已稀，僅國家圖書館、上海圖書館、浙江省圖書館著録。
《四部叢刊續編》影印鐵琴銅劍樓藏弘治本，今爲通行善本。
除弘治刊本外，今國家圖書館、南京圖書館猶有明鈔弘治本。
南京圖書館所藏乃丁氏書，怡府舊藏，“爲吳興晟溪閔氏館甥
鄭鑣於匡手録，書法整肅，有‘明善堂珍藏書畫印記’、‘安樂
堂藏書記’二印”（《善本書室藏書志》卷二九）。

入清，以康熙四十七年程埙刊本爲早，程氏有序，略曰：

> 《朱韋齋先生集》十二卷，文公刻之於江西，而屬序
> 於河陽傅自得。至元三年（一三三七），廬陵劉性刻之於

旌德。嗣後明弘治中，任丘酈璠爲倅新安，復有刊本。
然行于世者甚少，板亦皆久毀不存，於是韋齋先生之集
幾湮滅不傳於人間。……康熙戊子（四十七年），桐城戴
名世田有於吳縣繆日藻文子齋中得一刊本寄余，且爲書
勸余刻之。此本乃至元中旌德所刻者也，字畫頗爲精
工，然亦不無訛誤，亦有脫落處，而田有門人長洲徐東升
日如復出其所藏宋板借余讎勘，正其訛誤、脫落者十七
八，遂乃集梓人開雕，而附以先生弟《玉瀾集》一卷，亦仍
其舊也。其尚有訛字脫句無從訂正者，後生小子不敢擅
爲改補，俟他日更覓有善本，重爲校勘焉。

是刻每半葉十行二十字，黑口，四周單邊，今國家圖書館、上
海圖書館、中國科學院圖書館等有著録。

康熙四十九年（庚寅，一七一〇），二十世裔孫朱昌辰重
刊先祖家集，跋曰：

先儒獻靖公（即朱松）《韋齋集》十二卷暨先逢年公
《玉瀾集》一卷，一刻於淳熙辛丑，再刻於至元丁丑，三刻
於弘治癸亥。板藏闕里先祠，歲久漫滅，於世罕行，而世
亦罕有購得者。康熙庚寅正月，昌辰求得舊本，急訂魯
魚，付之剞劂，而記年月於後。

今按所刊有弘治本跋，所稱“三刻”亦止弘治，因知所謂“舊
本”即弘治本。刊本除松、槔兩集外，末附朱昇《蜀中草》。康
熙朱氏家刻本今北大圖書館、上海圖書館等著録十餘部，日
本京都大學亦有藏本。《四庫總目》著録內府藏本，據《提要》
即朱昌辰刻本。乾隆翰林院鈔本（四庫底本），今藏國家圖
書館。

　　雍正六年（一七二八），十七世裔孫朱玉又刻之，作《重刊述言》，稱其得陶士銘（字西崖）家藏本《韋齋集》，"捧讀確屬宋本，篇頁點畫，幸未大損"，於是"依原本繕寫重鏤，以公海内。其記銘文字，皆先哲所賜；贈謚誥敕，乃歷朝褒典，合《年譜》而載諸卷端"。此本今國家圖書館（有傅增湘跋）、首都圖書館、山東省圖書館著録。

　　同治七年（一八六八），裔孫朱振鐸於福建建寧府紫霞洲祠堂重刊《韋齋集》，今南京圖書館、江西圖書館、浙江圖書館等有著録。

　　綜觀是集清代所刊數本，除祠堂本底本不詳外，其他或爲宋元舊槧，或爲弘治本，故所刻亦大體佳善。

　　《全宋詩》《全宋文》俱以《四部叢刊續編》本爲底本。

【參考文獻】

　　傅自得《韋齋集序》（《四部叢刊續編》本《韋齋集》卷首）

　　劉性《至元刊韋齋集序》（同上）

　　酈璠《弘治刊韋齋集跋》（影印文淵閣《四庫全書》本《韋齋集》卷末）

陳文正公文集十三卷

陳康伯　撰

　　陳康伯（一〇九七——一一六五），字長卿，弋陽（今屬江西）人。宣和三年（一一二一）進士，高宗時累拜左僕射、同平章事。堅持抗金，曾敗敵於采石。孝宗即位，封魯國公。卒謚文恭，改謚文正。《宋志》著録其《葛谿集》三十卷，久佚。

現存《陳文正公文集》十三卷，有康熙二十九年（一六九〇）刻本，今唯江西省圖書館庋藏一部，半葉九行二十四字，白口，四周雙邊。首爲朱熹序，卷一署“世孫以範編次，士選參訂”，卷二署“裔孫思旺、特緟重修”，兩卷共收奏疏略、詔草、祭文等二十餘篇，不少皆爲節文（《奏疏略一》下注“詳見《宋（史）本傳》《聖政錄》《傳記》諸書，今集其略云”）。卷三以下爲各類附錄。《四庫總目》以鮑士恭家藏本著錄於《存目》，鮑氏本當即康熙本。《提要》曰：

> 是集爲其裔孫以範編次，並以誥敕及諸書文字有涉於康伯者彙附於後。然遺文僅二卷，而附錄乃十一卷，末大於本，殊非體例。且遺文亦多僞作，如所載《謝敕命修家譜表》，稱“昨進家譜，敕令史院編修填諱”，自古以來，無是事理。其謝語稱“伏惟聖躬保重，聖壽隆長”，而首稱“臣康伯叩頭拜謝曰”，末稱“臣等不勝欣躍，無任感戴叩謝之至”，尤不曉宋人章表體例。又首載原序一篇，稱“乾道七年（一一七一）新安門人朱熹頓首拜書於碧落洞天”，其辭鄙陋殊甚，朱子年譜具在，不言有此師，朱子集中亦無此文，蓋無往而不僞也。

編纂體例無法，誠如館臣所言。集中所收文章，乃裔孫摘鈔於諸書，而肆筆潤色，又僞造朱熹序以倚重，反弄巧成拙。其實陳康伯功業顯赫，原無須借朱子之名；不過殘篇斷簡，亦賴之以傳。

　　《全宋文》以康熙本爲底本，輯得佚文十六篇。本集未收詩，《全宋詩》於集外輯得四首。

瀋山集三卷

朱　翌　撰

　　朱翌（一○九七——一一六七），字新仲，自號瀋山居士、省
事老人，桐鄉（今安徽瀋山）人，晚居鄞川（今浙江寧波）。政
和八年（一一一八）進士。紹興中爲中書舍人，秦檜惡其不附
己，謫居韶州十四年。孝宗初，官至敷文閣待制、左朝議大
夫。慶元二年（一一九六），周必大作《朱新仲舍人文集序》，
謂“其子軺等類公遺稿凡四十有四卷，將刻而傳之，屬予爲
序”云云，則其後不久當有刊本。陳氏《解題》卷二○“詩集
類”著録《瀋山集》三卷，《通考》卷二四五同。《宋志》著録《朱
翌集》四十五卷，又詩三卷。四十五卷，當即慶元所刊文集
本，蓋本集四十四卷，連附録通編之；所謂“詩三卷”，殆爲《解
題》所録詩集本，不詳爲何人、何時所刊。

　　明《文淵閣書目》卷一○著録“《朱瀋山集》一部三册，完
全”，蓋其詩集，至《內閣書目》僅有一册。原本文集、詩集皆
久已失傳，今存乃大典本。館臣就《永樂大典》裒而集之，“釐
爲三卷，以還其原目”（《四庫提要》）。今觀四庫館臣所輯無文，
疑文集佚於明以前，僅詩集全帙猶傳至明初。

　　鮑氏知不足齋據傳録大典本刊入《知不足齋叢書》第十
八集，鮑廷博增輯《補遺》一卷、附録一卷。《補遺》爲賦一首、
詞五首、贊二首、銘一首。《叢書集成初編》據《知不足齋叢
書》本排印。

　　《全宋詩》用影印文淵閣《四庫全書》本爲底本，輯得佚詩

二十一首。《全宋文》底本同,輯得佚文十篇(包括殘篇),與鮑氏《補遺》合編爲一卷。

【參考文獻】

周必大《朱新仲舍人文集序》(影印文淵閣《四庫全書》本《周文忠公集》卷五二)

東溪集二卷

高　登　撰

高登(?——一一四八),字彦先,世稱東溪先生,漳浦(今屬福建)人。宣和間爲太學生時,即與陳東等同伏闕上書。紹興二年(一一三二)舉進士,以殿試對策切直,有旨附第五甲。後又上疏,秦檜怒,編管容州。朱熹《潭州州學東溪先生高公祠記》(《東溪集》附録,又見《朱文公文集》卷七九)曰:"公殁之後三十年,延平田君淡爲郡博士,乃始求其文刻之方板。"未述所刻卷數。殁後三十年,當在孝宗淳熙四年(一一七七)。

《解題》卷一八著録《東溪集》十二卷。《宋史》卷三九九本傳稱"有《東溪集》行世",《宋志》著録爲十二卷,與《解題》同,當即田氏淳熙刊本。《通考》卷二三九著録爲二十卷,除引陳氏《解題》外,又引"水心葉氏序"。按葉適序全文,見《水心文集》卷一二,題作《東溪先生集序》,開篇即云"君名伯熊,字元朝,姓劉氏,居簡東溪,號東溪先生"。則所序之《東溪先生集》乃劉伯熊著,非高登之《東溪集》;所録"二十卷",亦指劉氏《東溪集》，馬端臨顯以集名相同誤混爲一。後世著録高登《東溪集》，往往並引十二卷、二十卷兩説（如《四庫提要》），蓋未察馬氏之謬也。

明《内閣書目》卷三著録高登“《東溪子集》一册，全”，當是宋槧。《絳雲樓書目》卷三載高登《東溪集》，陳景雲注爲“二十卷”，蓋沿《通考》之謬。《會稽鈕氏世學樓珍藏圖書目》著録“《東溪集》二卷，正統刊本”。《徐氏家藏書目》卷六亦録二卷本。正統本今别無著録，編刊情況不詳。

是集現存以明嘉靖本爲古。嘉靖丙戌（五年，一五二六），林希元作《東溪集序》，略曰：

> （高登）所著有《東溪集》行世。余讀其傳，見其爲人，心竊慕焉。往得其集於留都，思刻之其鄉，以語漳節推黄子以方〔直〕，曰：“我責也。”取歸刻之。

黄直同時亦有序，稱其刻是集意在表彰“節介”，“不獨爲漳人望，亦以爲吾守令者勗也”。嘉靖本署“林希元編，黄直校正”，每半葉十二行二十字，白口，四周雙邊。《四庫總目》著録兩江採進本，即嘉靖本，《提要》曰：

> 此本爲明林希元所編，僅分上下二卷。書疏、論議、辨説等作共二十篇，詩三十一首，贊五首，箴銘二十六首，詞十二首，啟二首。末有附録一卷，則朱子褒録奏狀、祠堂記兩篇，及《言行録》十條。史稱所上《時議》六篇，僅存其序；所上五書，已亡其一。又《言行録》載“紹興元年（一一三一）上駐蹕臨安，公以十事投時相”者，集中亦無之，蓋已全非其舊。

館臣所言是。林希元所謂得於留都之本，殆即正統本，而正統本所據底本當爲宋槧，或已殘缺不堪，無法依原卷第上板，故重編爲二卷。雖正統本編刊情況不詳，料其情理或如是；林希元序並未言其如何重編，可推想仍依舊第。嘉靖本今僅北大圖書館、南京圖書館及日本静嘉堂文庫著録。

嘉靖本後，至清咸豐二年（一八五二），方有裔孫高均儒重刊本。傅增湘述之曰：《東溪先生集》二卷，“清咸豐二年十月刊本。前録《四庫提要》，次《宋史》列傳，次《漳州志》傳，次歷代名臣傳，次林希元、黄直嘉靖刻本舊序。後附褒狀、祠記、言行録。又道光壬寅（二十二年，一八四二）羅以智跋，咸豐元年（一八五一）顧廣譽跋。包世臣題封面。刊刻甚精”（《經眼録》卷一四）。光緒二十三年（一八九七），有重刊咸豐本，改題《高東溪先生遺文集》，連附録通編爲三卷。

除單刻本外，是集猶有《正誼堂全書》本二卷，《藝海珠塵》壬集本析爲六卷，《叢書集成初編》據《正誼堂全書》本排印。

大陸及臺灣各圖書館猶藏有清鈔本十餘部，大多爲二卷，亦有少數作六卷。要之是集傳本皆以嘉靖本爲祖，重刻本中以咸豐本爲佳。

《全宋詩》以影印文淵閣《四庫全書》本爲底本。《全宋文》用《正誼堂全書》本爲底本。

【參考文獻】

林希元、黄直《東溪集序》（《正誼堂全書》本《東溪集》卷首，人各一文）

胡偉宮詞一卷

胡　偉　撰

胡偉，字元邁，新安（今安徽績溪）布衣，胡仔（字元任）從兄弟。所撰《宮詞》一卷凡百首，乃集前人宮詞之句而成，故又稱《胡偉集句》，袁説友嘗作《跋胡元邁集句詩帖》（四庫本《東塘集》卷一九）。是集宋代嘗刊入書棚本《十家宮詞》，清康熙間有胡介祉影刊本，今存；民國時田中玉又嘗影刊，詳參前宋白《宋文安公宮詞》叙録，此不贅。

是集《全宋詩》失收。

致堂胡先生斐然集三十卷

胡　寅　撰

胡寅（一○九八——一一五六），字明仲，學者稱致堂先生，建寧崇安（今福建崇安）人。宣和三年（一一二一）進士，學於楊時。紹興時官至禮部侍郎、直學士院。反對議和，秦檜深忌之，遂落職，卒。嘉定三年（一二一○），章穎爲其集作序，稱“三山鄭君肇之持節湖湘，得是文於致堂先生之猶子大時，遂取而刊之木”云云。端平元年（一二三四），魏了翁又序之，略曰：

　　長沙吴德夫間爲予言，胡仲剛氏學業行誼爲世楷

則，出一編書名《斐然集》以授予曰："其爲我廣諸蜀！"予
識之弗忘。後守廣漢，將以刻諸梓，未皇然也。厥二十
又七年，予歸自南，旋起家渡瀘，叙州馮侯邦佐已刊之，
求一言冠篇。

據今存之影寫端平本（詳後），知馮邦佐當即翻刻鄭肇之本，
故有章序，又置章序於魏序之後；吳德夫所授魏了翁之"一編
書"，當爲鄭刻本，惟魏序去章序僅二十五年，與所云"二十又
七年"不合，或起訖計算異，或傳寫之誤。《四庫提要》曰："是
集端平元年馮邦佐刻於蜀，樓鑰序之；嘉定三年鄭肇之又刻
於湘中，章穎序之。"館臣既誤魏爲樓（端平初樓氏卒已二十
餘年），又不知嘉定在端平之前，頗令人歎異。

陳氏《解題》卷一八著録道：

《致堂斐然集》三十卷，禮部侍郎胡寅明仲撰。文定
公（胡安國）長子也。本其兄子，初生棄不舉，文定於水
盆内收育之。既長，俾自絕於本生，不爲心喪，止服世父
之服，寅遵行之。集中有《與秦丞相書》，言之甚詳。人
倫之變，古今所未有也。寅，宣和初進士，紹興初已爲從
官，不主和議，秦（檜）本與其父子有契分，竟謫新州。檜
死北歸，没於岳州。

《通考》卷二三八、《宋史》卷四三五本傳同；《宋志》作"二十
卷"，"二"疑"三"之訛。

明《文淵閣書目》卷九著録"胡致堂《斐然集》一部十册，
殘闕"；《内閣書目》卷三曰："《斐然集》九册，不全。……凡三
十卷，闕十一至十四卷。"《世善堂藏書目録》卷下曰"三十
卷"。宋以後，是集未見重刊，諸家所藏殆多爲宋槧，且宋本

清代猶存。《增訂四庫簡目標注》謂“《存寸堂目》有宋板三十卷，十册，又宋板《胡致堂古文》五册”。今國内外各圖書館皆未見宋板著録，而以明影寫宋端平元年本爲古。

明影寫宋端平元年本今藏日本静嘉堂文庫，筠江上舊藏，目録首有“端平元年春刊於東州道院”一行，卷中有“重光”白文、“子宣”朱文二方印（参《皕宋樓藏書志》卷八三、《静嘉堂秘籍志》卷三五）。此外，國家圖書館、南京圖書館等藏有清鈔本。國圖本“十一行二十二字，緑格，闌外有‘經鉏堂重録’五字，蓋倪氏傳鈔本也”（《經眼録》卷一四）。南京圖書館本乃丁氏書，《善本書室藏書志》卷二九記曰：“（是集）自來繕録者皆出自宋本。此本密行細字，通部完善，洵不易得也。”

《四庫總目》著録兩江採進本，《提要》謂“蓋猶從宋槧繕録”。文淵閣四庫本曾影印入《四庫全書珍本初集》。其卷目編次爲：卷一，賦、詩；卷二至五，詩；卷六，表；卷七、八，啟；卷九，奏狀；卷一〇、一一，札子；卷一二至一四，制；卷一五，奏狀；卷一六至一八，書；卷一九，序；卷二〇、二一，記；卷二二，無逸傳；卷二三，左氏傳故事；卷二四，子産傳；卷二五，先公行狀；卷二六，墓誌銘；卷二七，祭文、挽詞；卷二八，跋；卷二九，策問；卷三〇，傳、叙、贊、銘、祝文、疏、致語。鈔本及四庫本俱有章、魏二序，當皆源於端平馮氏本，故文字差異甚少。

一九九三年，中華書局《理學叢書》出版容肇祖校點本《崇正辨》《斐然集》。校點者《前言》對《斐然集》底本語焉未詳，似即四庫本。所謂《崇正辨》，乃胡氏闢佛專著，《四庫全書》入《子部·儒家類存目》。

《全宋文》《全宋詩》俱用影印文淵閣《四庫全書》本爲

底本。

【參考文獻】

章穎、魏了翁《斐然集序》（影印文淵閣《四庫全書》本《斐然集》卷首，人各一序）

松隱文集四十卷

曹　勛　撰

曹勛（一〇九八——一一七四），字公顯，號松隱，陽翟（今河南禹州）人。宣和五年（一一二三）以蔭補官，特命赴進士廷試，賜甲科。從徽宗北遷，遁歸，請由海道救徽宗，被黜。後屢使金，孝宗時加太尉。卒，謚忠靖。其文集今存樓鑰序，稱作者仲子工部曹耜在其父逝世十七年後，集其文俾序云云。曹耜有《後序》，略曰：

> 先君遺稿罔敢失墜，會萃十餘年，釐成四十卷。稿帙雖多，不敢漏言温室中事，惟應制詩詞，敢編出一二，且欲概見禁籞中興氣象云。

時在紹熙元年（一一九〇），然不見於宋人書目。

明《文淵閣書目》卷九著録“曹忠靖《松隱文集》一部九册，全”，《内閣書目》卷三載“曹忠靖公《松隱文集》九册，全。又六册，全”。疑九册之本爲宋槧，所增一部蓋明版。

是集明代有刊本，劉氏嘉業堂曾庋藏一部。傅增湘《松隱文集跋》曰：“此《松隱文集》四十卷，明代有刊本，然世所罕覯，近歲劉翰怡（承幹）京卿得一本，乃刻入《嘉業堂叢書》中。"檢《嘉業堂叢書》本（刊於民國九年，一九二〇），卷首有宋樓鑰序，明洪益中序，卷末爲宋曹耜後序，劉承幹跋。卷目編次爲：卷一，賦、補樂府；卷二至六，古樂府；卷七至二二，詩；卷二三、二四，書；卷二五至二七，札子；卷二八，頌、序、偈、銘；卷二九，贊；卷三〇、三一，記；卷三二、三三，題跋；卷三四，祭文、挽章；卷三五、三六，墓銘；卷三七，雜著、傳；卷三八、三九，長短句；卷四〇，樂府句。劉承幹跋曰："右《松隱集》四十卷，宋陽翟曹忠靖公勛所著也。……集久罕傳，予得一舊刻，壽之劂氏。"按洪益中序作於正統五年（一四四〇），謂其自幼聞説鄉里宋曹忠靖公有《松隱文集》，文采華麗，炳炳琅琅，昭如日星，於是"深紀胸臆，而不及拜觀之，深切自歉"。侍從兩京者三十餘年，因疾歸里醫治，頗得清暇，遂從其十世裔孫曹參家"得請而拜觀之。集計六册，通四十卷，字字精明，無少脱落"；又稱其爲曹氏先人"手澤"。《四庫提要》曰：

　　　　是集前載正統中大理寺正洪益中序，稱爲勛十世孫參所藏。朱彝尊亦嘗從其家借鈔《迎鑾賦》七篇，謂勛之子姓保有此卷半千餘年勿失，後復得文集錄之。蓋止有家傳鈔本，從未鋟版也。

據洪序，似正統時曹家確有文集鈔本。然永樂間秘閣已有庋藏，秘閣藏書殆以宋元舊槧居多，"從未鋟版"之説似可疑，唯秘閣本、曹氏家藏本皆久已散佚，無從驗證也。

　　嘉業堂劉氏所得"舊刻"，今亦不見著錄，劉氏、傅氏皆未言及其爲明代何年所刊。洪益中序僅云讀後"樂識於是集之末"，未言付梓事，故所謂"舊刻"，未必即正統刊本。傅增湘

嘗於北京翰文齋見一舊寫本，乃潘伯寅滂喜齋遺書，前有洪
益中序，“十行二十字”（《經眼録》卷一四），當由明刊本出，或即
原刻版式。

　　除《嘉業堂叢書》本外，今上海圖書館藏有明鈔本，國家
圖書館、上海圖書館、南京圖書館藏有清鈔本。《四庫總目》
著録鮑士恭家藏本，《提要》稱“其中第十四卷已全佚，樓鑰
《攻媿集》載有《松隱集序》，亦闕不載。又脱篇落句，不一而
足，則亦蠹蝕斷爛之餘，轉相傳寫，幸而僅存矣”。四庫本既
有洪益中序，當是傳鈔明刊本。然採進本脱失，並非世無全
帙，嘉業堂所得明本，據劉氏所刊叢書本，可知并無闕失。傳
世之明、清鈔本亦多完善，如南京圖書館藏丁氏舊本，丁氏記
曰：“《四庫》所收者已闕第十四一卷，此亦鈔本，獨不闕也。”
（《善本書室藏書志》卷二九）不僅如此，鈔本或有優於刻本之處。
傅增湘《松隱文集跋》稱其曾假得朱翼盦（文鈞）藏鈔本，爲鮑
淥飲所手校者，以勘對新刻《嘉業堂叢書》本，“時有補正之
字”。足見鈔本之不可忽。

　　《全宋文》《全宋詩》俱以《嘉業堂叢書》本爲底本。

【參考文獻】

　　樓鑰《曹忠靖公松隱集序》（《嘉業堂叢書》本《松隱集》卷首）

　　曹耜《松隱集後序》（同上卷末）

　　洪益中《松隱集序》（同上卷首）

　　劉承幹《嘉業堂叢書本松隱集跋》（同上卷末）

　　傅增湘《松隱文集跋》（《藏園群書題記》卷一四）

浮山集十卷

仲　并　撰

　　仲并，字彌性，江都（今江蘇揚州）人。紹興二年（一一三
二）進士，以張浚薦召，爲秦檜所阻。孝宗即位，擢光禄丞、知
蘄州。嘉泰元年（辛酉，一二○一）夏，周必大序其集道：“外
孫安南太守孟猷嗜學好修，淵源有自，哀成《浮山集》十六卷，
以序見屬。”蓋是時有刊本。陳氏《解題》卷一八著録道：

> 　　《浮山集》十六卷，左朝請大夫江都仲并彌性撰。紹
> 興壬子（二年）進士。晚丞光禄寺，得知蘄州。并嘗倅
> 湖，籍中有所盼，爲作生朝青詞，好事者傳誦之，遂漏露，
> 坐謫官，其訓詞略曰：“爾爲瀆侮之詞，曾弗知畏天，其知
> 畏吾法乎？”吾鄉前輩能道其事如此。

《通考》卷二三九、《宋志》著録卷數同。
　　明《文淵閣書目》卷九載“仲并《浮山先生文集》一部五
册，全”，明末《内閣書目》同，殆爲宋槧。内閣本後失傳，今存
乃大典本。《四庫提要》稱“據《永樂大典》所載，排次訂正，輯
成十卷”。乾隆翰林院鈔本，今藏國家圖書館。大典本録入
《四庫全書》，文淵閣四庫本曾影印入《四庫全書珍本初集》。
其卷目編次爲：卷一至三，詩；卷四，奏議、書、序、跋、記、贊、
行狀、墓誌、祭文；卷五、六，表；卷七至九，啟；卷一○，雜著。
今南京圖書館藏丁氏八千卷樓鈔本、國家圖書館藏民國十七
年（一九二八）藏園傅氏烏絲闌鈔本等，皆爲傳鈔大典本。
　　《全宋詩》《全宋文》同以影印文淵閣《四庫全書》本爲

底本。

【參考文獻】

　　周必大《仲并文集序》（影印文淵閣《四庫全書》本《周文忠集》卷五四）

侍郎葛公歸愚集十卷

葛立方　撰

　　葛立方（？——一一六四），字常之，丹陽（今屬江蘇）人，勝仲子。紹興八年（一一三八）進士，累官至吏部侍郎。所著詩文號《歸愚集》，乃其子葛邲所裒輯，芮燁爲之序，略曰：

　　　燁與先兄祭酒同爲紹興十八年進士，吏部先生（指葛立方）實參掌文衡，今燁復與正言（指葛邲）同朝，一日，出示吏部文集謂之《歸愚》，且謂燁曰：“子爲序之。”燁於吏部爲門下士，其敢以不敏辭？

芮序未署年代，刊於何時不詳。

　　《解題》卷一八著録道：

　　　《歸愚集》二十卷，吏部侍郎葛立方常之撰。勝仲之子，丞相邲之父也。以郎官攝西掖，忤秦相得罪。更化召用，言者又以爲附會沈該，罷去，遂不復起。

同書卷二一“歌辭類”又著録《歸愚詞》一卷。《通考》卷二四〇、二四六分别同。《宋志》唯著録《歸愚集》二十卷。明正德二年（一五〇七）葛諶跋《韻語陽秋》，謂“公所著《歸愚集》五十卷，《外制集》五卷”。然五十卷本既不見於書目，亦無傳本，恐是“二十卷”之訛。《外制》五卷久佚。

明《文淵閣書目》卷九載“葛侍郎《歸愚集》一部三册，闕”，當是宋槧。明代私家書目極少著録，蓋傳本甚尠。是集今存殘宋本，藏上海圖書館。該本曾經黄丕烈收藏，其《百宋一廛書録》著録，《百宋一廛賦》所謂“詞傳疑於立方”，即指此本。黄氏注曰：

> 殘本《侍郎葛公歸愚集》，每半葉十二行，每行二十二字。所存五至十三，凡九卷。漁洋山人《居易録》（卷一六）云：“宋葛立方常之《歸愚集》十卷：詩四卷，樂府一卷，騷賦雜文一卷，外制二卷，表啟二卷。”今宋槧無樂府，而予藏汲古毛氏精鈔宋人詞百種中有之，即刻入《六十家》者也，或是傳鈔者取以附益耳。《書録解題》二十卷，此槧當與之同，但不識樂府在缺卷内否。

此本後歸潘氏滂喜齋，《滂喜齋藏書記》卷三著録道：“楮墨精雅，宋刻中之上駟也。舊爲士禮居藏書，前有阮亭、竹垞題識。蕘翁從别一鈔本影寫，鈔本多樂府一卷，今歸皕宋樓矣。”又附藏印有：“士禮居”、“丕烈”、“蕘夫”、“汪氏士鐘”、“閬源真賞”。則知是書由士禮居散出後，又嘗爲汪氏藝芸書室所有。近年，上海圖書館已將其影印，審定爲宋撫州刻本。

除殘宋本外，今日本静嘉堂文庫藏有舊鈔本十卷，即上引潘祖蔭所云已歸皕宋樓之本，乃王士禛池北書庫舊物，有王士禛、朱彝尊、黄丕烈手跋，後歸陸心源，再流入東瀛。王氏手跋曰：“侍郎名立方，謚文定郯之父也。按《（國史）經籍志》‘《歸愚集》二十卷’，此佚其半矣。文定公（葛郯）南渡賢相,有集二百卷,詞業五十卷,不知傳於世否,當訪之。濟南王士禎書。"(參《蠶尾集》卷一〇)朱氏手跋曰:"竹垞娛老齋成,展讀一過。時康熙丁丑(三十六年,一六九七)八月二日。"黃氏手跋道:"此集係從宋刻殘本録出,卷中行款間有不同。宋本自五卷至十三卷,與此本合,而此本中多樂府一卷,爲宋刻所無,大約後人從他處補入,以足十卷之數,惜與宋刻剌謬耳。阮亭、竹垞未見原本之舊,故跋語未及。余家殘宋本楮墨精雅,爲宋刻中之上駟,至樂府一卷亦係汲古精鈔。取與此本相對,惟序次紊亂,未能如毛鈔之舊。"(《蕘圃藏書題識》卷八、《皕宋樓藏書志》卷八三、《滂喜齋藏書志》卷三。黃丕烈所謂"以足十卷之數",其說不確,潘氏糾正道:"蕘翁謂著録家作十卷,誤於阮亭《居易録》,此實不然。阮亭題識明言已佚其半矣,豈有誤耶?")除此本外,今國内各圖書館猶著録清鈔本十餘部,皆爲十卷,蓋多由王漁洋本輾轉傳録,因殘宋本九卷及毛刻詞本俱在,兹略而不述;而二十卷原本,似已永絶於世矣。

　　《歸愚集》已著録於《四庫全書簡明目録》,然而《總目》不載,前人多以爲是館臣失誤遺漏,非有意見棄。按四庫《歸愚詞提要》曰:"立方有《歸愚集》,已著録。"則確爲失誤無疑。成於衆手之書,難免有顧此失彼之謬。

　　光緒二十二年(一八九六),繆荃孫將十卷本刊入《常州先哲遺書》第一集,編次爲:卷一至四,詩;卷五,樂府;卷六,騷、賦、雜文;卷七、八,外制;卷九、一〇,表、啟。盛宣懷跋稱"兹據翰林院底本及勞季言(格)校宋本校定上板,又輯《播芳大全》《臨安志》《韻語陽秋》爲《補遺》一卷附益之"。按丁丙《善本書室藏書志》卷二九著録舊鈔本《歸愚集》十卷(原十萬卷樓藏書)曰:"《浙江採進遺書總録》壬集列《歸愚集》十卷,知不足齋寫本。"不詳盛氏所謂翰林院底本，是否即知不足齋寫本（或其過録本），今未見著録。繆荃孫録勞格校跋本，今藏國家圖書館。《續修四庫全書》用上述上海圖書館藏殘宋本影印，編入第一三一七册。

《全宋詩》用上海圖書館藏宋刊殘本爲底本，輯得佚詩三十六首。《全宋文》用《常州先哲遺書》本爲底本，輯得集外文四十八篇。

【參考文獻】

芮燁《歸愚集序》（《常州先哲遺書》本《歸愚集》卷首）

盛宣懷《刊歸愚集跋》（同上卷末）

雪溪集五卷

王　銍　撰

王銍（？——一一四四），字性之，汝陰（今安徽阜陽）人，自稱汝陰老民，人稱雪溪先生。性聰敏，記問該洽。歷樞密院編修官、太府寺丞。修《七朝國史》，未半，爲秦檜所沮，未克成。所著《四六話》二卷、《默記》三卷，今存。《解題》卷一八著録其文集道：

《雪溪集略》八卷，汝陰王銍性之撰。國初《周易》博士昭素之後也。其父莘（莘）樂道，嘗從歐公學。銍爲曾紆婿，嘗撰《七朝國史》。紹興中，常同子正薦之，詔視秩史官，給札奏御，會秦氏柄國中止，書竟不傳。其子明清著《揮麈録》。

《通考》卷二三九同。《宋志》作《雪溪集》八卷，書題無“略”字，然亦止八卷，殆即陳氏所録之本。今未見宋人序跋，不知其編刊之詳。

明《文淵閣書目》卷九著録“王性之《雪溪集》一部二册，全”，《内閣書目》同，殆猶宋本，約明季散亡。《增訂四庫簡目標注·續録》謂“道古樓有《雪溪集》八卷精鈔本”，亦久不見於書目。今存乃五卷本，全收詩，以南京圖書館所藏明鈔本爲古，有黄丕烈跋。《四庫總目》著録兩江採進本，乃馬氏小玲瓏山館鈔本，今藏上海圖書館，亦只五卷。《提要》謂“今世所傳，已佚其三卷，非完帙矣”。陳氏《解題》不將八卷本置於詩集類，則所佚三卷當爲各體文。

除上述外，今各圖書館猶著録清鈔十餘部。北京大學圖書館所藏李氏書，五卷外附有逸文、補遺，“五卷末有‘嘉慶己未（四年，一七九九）四月一日校，次日吴石蒼本重校’一行，後有康熙己巳（二十八年，一六八九）王士禎題字一行，吴允嘉識語一則”（《木犀軒藏書書録》）。繆荃孫曾藏弆知不足齋鈔本，亦有逸文、補遺，“收藏有‘欽獎世守陳編之家’朱文雙龍橢圓印，‘老屋三間賜書萬卷’、‘歙西長塘鮑氏知不足齋藏書印’兩朱文方印。鮑氏手跋曰：‘嘉慶己未四月初一校，次日用吴石蒼本重校。’”（《藝風藏書記》卷六）。臺北“中央圖書館”藏有清初鈔本五卷。國外唯日本静嘉堂文庫藏有舊鈔本兩部，其中一部有勞格（季言）校、王士禎題字（《皕宋樓藏書志》卷八二、《静嘉堂秘籍志》卷三五）。以上數本，當同出一源，殆皆由王士禎漁洋書庫本轉相傳録。

《全宋文》從集外輯得各體文二十篇。《全宋詩》用影印

文淵閣《四庫全書》本《雪溪集》爲底本，輯得集外詩二十一首
（包括北大圖書館藏李氏書之“補遺”十三首）。

玉瀾集一卷

朱　槔　撰

　　朱槔，字逢年，婺源（今屬江西）人，松弟，熹叔。少有軼
才，不肯隨俗，故不仕。詩風閒暇。淳熙辛丑（八年，一一八
一）尤袤跋其集，謂僅有“詩數十”，且言及朱熹（“韋齋之子”
云云）。按淳熙七年朱熹刊其父朱松遺集《韋齋集》，蓋隨後
即將其叔集付梓。《遂初堂書目》載其目。《解題》卷二〇“詩
集類”著錄道：

　　　　《玉瀾集》一卷，朱槔逢年撰。韋齋之弟，晦菴之叔
　　　　父也。嘗夢爲玉瀾堂之游，甚異，有詩紀之。

丁丙《善本書室藏書志》卷二九著錄影寫本（丁氏疑爲影元
本）時，稱“孫淵如（星衍）觀察藏宋時單行本”（見《孫氏祠堂書目
内編》卷四），則宋刻本嘗傳至清代，後亡佚，今唯北京大學圖書
館藏有鈔宋淳熙本。

　　是集自元至元三年（一三三七）劉性重刊《韋齋集》起，即
附刻於其後以傳，故明人書目多兩集合録，似再無單刻本。
明、清刊傳情況，詳前《韋齋集》叙録，此不贅。

　　《全宋詩》以《四部叢刊續編》影印明弘治鄺璠刊本爲
底本。

【參考文獻】

尤袤《玉瀾集跋》(《四部叢刊續編》本《韋齋集》附《玉瀾集》卷末)

屏山集二十卷

劉子翬　撰

劉子翬(一一〇一——一一四七)，字彦沖，號屏山，一號病翁，建州崇安(今屬福建)人。以父死難補官，仕至通判興化軍。辭歸武夷山，專事講學，朱熹嘗從之學《易》。紹興二十年("二"當爲"三"之誤)，胡憲爲作集序，略曰：

> (劉子翬卒)越十有三年，其嗣子玶始編次其遺文，得古賦、古律詩、記、銘、章奏、議論二十卷，目曰《屏山集》，屬予爲序。

此時蓋初編成集。乾道癸巳(九年，一一七三)，門人朱熹作跋，曰：

> 《屏山先生文集》二十卷，先生嗣子玶所編次，已定，可繕寫。先生啟手足時，玶年甚幼，以故先生遺文多所散逸。後十餘年，始復訪求，以補家書之闕，則皆傳寫失真，同異參錯，而不可讀矣。於是反復讎訂，又十餘年，然後此二十卷者始克成書，無大訛謬。熹以門牆灑埽之舊，幸獲與討論焉。

則文字之最後校定，乃朱熹之力。不詳何時付刊，蓋在此後不久。陳氏《解題》卷一八著録道：

> 《屏山集》二十卷，通判興化軍崇安劉子翬彦冲撰。
> 父韐，兄子羽。子翬以蔭入仕，年甫四十八而卒。朱文
> 公，其門人也，嘗謂朱曰：「吾少聞佛老之説，歸讀吾書，
> 然後知吾道之大、體用之全如此。於《易》得入德之門
> 焉。作《復齋銘》《聖傳論》，可以見吾志矣。」

《通考》卷二三九從之。《宋志》著録卷數同。

《屏山集》蓋元人不止一次翻刻。《天禄琳瑯書目》卷六
著録元板一部，每册後副葉有「停雲」朱文印。又《後目》卷一
一著録元本二部，一部一函八册，謙牧堂舊藏本；另一部一函
四册，小字本。《增訂四庫簡目標注》謂「至元庚辰（六年，一
三四〇）刻於崇安」，《續録》稱「至元本有高凝跋」（按：此本見
下）。天禄本今俱無著録，蓋已毁。

明《文淵閣書目》卷九著録「《劉屏山文集》一部四册，
全」，《内閣書目》同。《篆竹堂書目》《澹生堂書目》《脈望館書
目》皆爲四册二十卷。疑四册乃宋、元刊本原裝。《近古堂書
目》注明爲「宋刻《屏山文集》」。其他如《萬卷堂書目》《世善
堂藏書目録》《徐氏家藏書目》《絳雲樓書目》等皆著録爲二十
卷，版本不詳。宋、元本今皆失傳。

《屏山集》今以明弘治十七年（一五〇四）刊本爲古。弘
治本大陸著録約十部，臺北「中央圖書館」藏一部。日本静嘉
堂文庫藏本，《皕宋樓藏書志》僅著録爲明刊本，凡四册。該
本原爲陸心源十萬卷樓藏書，不詳爲何本。弘治本每半葉十
行十九字，大黑口，四周雙闌。除胡憲等舊序外，所見本無弘
治刊板序跋，故未詳其付梓經過。按今上海圖書館藏有弘治
本殘帙（存卷七至一〇、卷一五至二〇，凡十卷），有元人高凝

《書屏山文集後》一文,略曰:

> 至元己卯,因按事閩省,道建安而旋留止旬日,得際
> 屏山裔孫,且出先生文集二十卷,皆晦翁公親嘗讎校,因
> 伏而讀之,益嘆夫淵源之盛,望洋渺瀮,乃今始副昔聞
> 矣。其文則宏深劌切,詣理精緻;其詩則恬暢雍容,咀有
> 餘味。至其忠義凜然,體國憂世,濡染素褧,顧惟雅致。
> 而是集也,雖晦菴公方執灑掃之恭,而不敢多議,況余小
> 子荒謬僭逾,無所逃罪。雖然,士之升沉,卜時之否泰。
> 方建炎而來,棲忽會稽,仇恥未雪,要當羅致賢才,急賢
> 逾渴。乃俾忠賢之後抱負如此,而搜置閒散。雖夫英特
> 邁往之氣一成不見施用,獨發爲文章篇什焜燿簡册,猶
> 謂國有人哉? 宜其南風之不競也。微吾友心有以貰其
> 戇而恤其狂,亮其爲北方之氣習可也,不然,則付此醬
> 瓿矣。
>
> 至元庚辰(六年,一三四〇)元日,覃懷高凝書於崇
> 安官廨。

按該本有民國時人董增儒、費寅題跋,費氏跋略曰:"頃得一
本,卷末多至元庚辰元日覃懷高凝《書後》一篇,朱文公跋左
下角有'季印振宜'朱記。《延令書目·宋元雜版》載宋劉子
翬《屏山集》二十卷,即此本也。"據知上引《增訂四庫簡目標
注》稱"至元庚辰刻於崇安",當即據高凝《書後》,而弘治本當
以至元本爲底本,而至元本又出於朱熹手校本。弘治本每半
葉十行,行十九字,大黑口,四周單邊。其卷目編次爲:卷一
至四,論;卷五,記、序;卷六,雜著;卷七,表、札子;卷八,啟;
卷九,祭文、墓銘、墓表;卷一〇,賦、詩;卷一一至二〇,詩(末
有詞四首)。

明正德七年（一五一二），十二世裔孫劉澤再刻之，有建安後學梁儲序。劉澤跋曰：

> 右先祖《屏山先生文集》二十卷，蓋幸而存者，其漫失者亦已多矣。其門人朱夫子嘗加訂正，而不得全睹爲憾。後之人因續附入一二，其真得先生手稿附之誠是也，間有語意不類者，亦概不考而混入焉。……甚病之，而未有據也。近得舊本，遂謀諸匠氏，鋟之於梨，俾疑者以辨，訛者以正，贋者以明，庶乎不失朱夫子訂正之初心，我先祖崇正黜邪之實學。

所謂“後之人”不考而混入一二云云，不詳何所指。正德本篇目、行款與弘治本大致相同，但改大黑口爲黑口，改四周雙邊爲左右雙邊。正德與弘治相接，則所謂“舊本”，疑當爲宋或元刊本。正德本今國内僅著錄四部，日本宫内廳書陵部、内閣文庫、尊經閣文庫各庋藏一部。弘治、正德兩本皆佳善。

除刊本外，今國家圖書館猶藏有明末鈔本一部，乃乾隆時兩江總督採進本，有清葉萬校、翁同書題記。翁氏題記曰：“舊鈔本《屏山集》二十卷，蓋葉石君故帙，後歸士禮居者。咸豐丁巳（七年，一八五七）正月得諸廣陵市中，蓬山散吏翁同書。”

入清，是集屢經翻刻，蓋有如下七本。

一、清初刻本《屏山先生文集》二十卷。卷端署名除“門人朱熹校正”、“籍溪胡憲參閱”、“嗣子劉玶編次”外，又有“明張璠、鄭起潛、梁儲重訂”三行。黑口，雙黑對魚尾，四周雙邊。每半葉九行，行二十字，小字雙行同。無刊板序跋，故具體刊板時間不詳。避“玄”字，“弘”字不避，當爲康熙間所刊。今唯復旦大學圖書館庋藏一部，原爲王同愈藏書。按：是本有“明張磻、鄭起潛、梁儲重訂”三行，而“明”在中間行爲領字，即以三人同爲明人，誤。張磻嘗爲劉子翬作謚議，鄭起潛作覆議，乃宋人（後來翻刻本訛誤同，不再辨）。梁儲嘗爲正德本作序，則是刻底本當爲正德本，乃承上啟下，爲有清第一刻。

二、康熙三十九年（一七〇〇）裔孫劉秉鐸等刻本《劉屏山先生集》二十卷。秉鐸有跋，稱“顧其鋟版散失，因與弟輩共謀付梓，手録其文，而藏其原本，俾先生之文廣傳於天下後世”云云。所稱“原本”不詳爲何本，當不出弘治、正德及上述清初三本。今上海圖書館、首都圖書館、浙江圖書館及日本東京大學等藏有此本。

三、雍正八年（一七三〇）晉陵新安歸三堂刻本《屏山集》二十卷。每半葉九行，每行大字二十字，小字雙行同。黑口，雙黑對魚尾。四周雙邊。卷首有胡憲序，朱熹跋，正德七年壬申（一五一二）下六月吉日建安後學梁儲序，弘治十七年（一五〇四）毛鳳《崇祀文》。内封橫題“雍正八年重鐫”。有“朱文公先生校正”、“大宋名儒劉屏山先生文集”、“晉陵新安歸三堂藏板”三行。卷一署名與上述清初本同，底本當亦爲正德本。此本今唯國家圖書館庋藏一部。按：歸三堂，乃劉氏宗祠堂名。

四、乾隆李氏秋柯草堂刻本《屏山全集》二十卷。首胡憲序，次朱熹跋遺帖，以及朱熹撰墓表、張磻撰謚議、鄭起潛撰覆議。目録末及正文每卷卷末，刻有雙行小字“文晟重校，李鴻儀書刻”。別無刊版序跋，故所用底本及具體刊板年代不詳。卷二十末另有單行大字“海陽吳開來刻字”一行。每半葉九行，每行大字十九字，小字雙行同。白口，單黑魚尾，左右雙邊。版心下刻“秋柯草堂藏書”。今唯國家圖書館有藏本，藏印有“長相思室”、“松菴居士”、“春暉艸堂”等，皆朱印。按：秋柯草堂，乃清代名將、廈門人李長庚（字潤堂，號鶴樵）書堂名。

　　五、道光十五年（一八三五）毗陵（即晉陵）新安佩三堂刻本《屏山先生文集》二十卷。是本首葉横題“道光十五年重訂梓行”一行，又有豎題“毘陵新安佩三堂藏板”一行。卷一署名爲“明張礐、鄭起潛、梁儲重訂”。全書之末，有十二世孫劉澤跋。每半葉九行，行二十字。四周單邊，單黑魚尾。疑即翻刻雍正歸三堂本。此本今唯國家圖書館著錄。光緒十二年（一八八六），新安佩三堂（亦劉氏宗祠堂名）又有重刻本，版式與道光本同，乃裔孫劉震之等所刊，卷首有王先謙序，稱“先生裔孫震之、受益、思退、岳榮等重授剞劂，請序於余”云云。此本今國家圖書館、江西圖書館等共著錄四部。

　　六、道光十八年（一八三八）李氏秋柯草堂刻本《屏山全集》二十卷。該本首爲道光丁酉年（十七年）正月温陵李廷鈺《重刊屏山全集序》，略曰：“朱子表墓稱有集二十卷。陳振孫《書録解題》有其目。近代寖以不著。……余少入家塾，先公即教以學當師聖賢儒先緒言，耳濡目染，幸與有聞，而此集遍訪藏書家，俱未之見。及居京邸，有以大家祕籍來售者，潢治爛然，以重價購得。……又念此書既世所罕覯，恐久而就湮，爰付之剞氏，以廣其傳。”按：李廷鈺（一七九二——一八六一），李長庚子，著有《秋柯草堂文集》。所刻訂爲六册，白口，單魚尾，四周單欄。半葉九行，行十九字。板心上方題“屏山全集”，下題“秋柯草堂藏書”。今國家圖書館（有傅增湘校并跋）、北大圖書館、上海圖書館、南京圖書館等藏有此本，凡十餘部。是本因未用善本校勘，故闕脱不少（詳下）。

七、光緒二十七年（一九○一）武夷潘氏雲屏山房本《宋劉文靖公屏山全集》二十卷。次年三月刊成，潘政明作《續刊屏山全集序》，略曰：

> 《屏山集》二十卷，孝廉翁安宇先輩主講南浦書院所得温陵李廷鈺重刊本也。光緒辛丑（二十七年）春，翁先輩過余家，攜以相示，謀續刊。已付梓矣，其間篇闕句，句闕字，亥豕魯魚，多不可辨，於心未安。廼復訪求，得富沙鄭重山評註本，學使沈心齋鑒定本，皆劉氏子孫所收藏，板則悉化爲烏有。……是集如碩果之僅存，勉承先志，喜得此爲先導，爰與弟輩及兒子任校讐之役。雖諸本同異參差，而一字之疑，詳加考證，就正山長鄒曉邨年丈，刊譌補闕，而書成焉。

又有邑後學洪簡於光緒辛丑跋，稱道光本"復罹刼火，書之存者亦希覯。光緒庚子（二十六年），翁君昭泰孝廉主浦城講席，獲是本，什襲珍之，而又懼其久而就湮也，擬續刊，限於力未果。越明年春，孝廉僑寓於潘君政明司馬家，因出是本，謀所以廣其傳。司馬及其弟中書舍人政良，皆博雅嗜古士也，遂力任其事，重加校勘，付諸手民"。洪氏跋後猶有鄒舒宇、楊紱二跋。則是本當以李廷鈺本爲底本，校以鄭重山評注本、沈心齋鑒定本（二本今未見著録），二十卷外有《考異》一卷。每半葉九行，行二十字，大黑口。今上海圖書館、江西圖書館、東北師大圖書館著録。在清刻本中，此本較爲佳善。

《四庫總目》著録兩江採進本，凡二十卷，前有胡憲序，末爲朱熹跋，版本不詳，或爲明槧。《提要》盛稱劉子翬詩歌成就，曰："古詩風格高秀，不襲陳因。惟七言近體派雜西江，蓋

子翬嘗與吕本中遊，故格律時復似之也。"又引《池北偶談》
語，稱其詩"往往多禪語"。

《全宋文》用影印文淵閣《四庫全書》本爲底本。《全宋
詩》以道光李廷鈺秋柯草堂本爲底本。

【參考文獻】

朱熹《屏山先生文集跋》（正德本《屏山集》卷首）

胡憲《屏山集序》（同上）

高凝《書屏山文集後》（弘治殘刻本《屏山集》卷末）

縉雲先生文集四卷

馮時行　撰

　　馮時行（一一〇一——一一六三），字當可，號縉雲，恭州洛
磧（今重慶渝北區，或謂壁山）人。宣和六年（一一二四）進
士。力言和議不可信，忤秦檜。官至提點成都刑獄。其集唯
《宋志》著録，爲《縉雲集》四十三卷。今未見宋人序跋，原本
編刊情况不詳。明《文淵閣書目》卷九載"馮時行《縉雲文集》
一部九册，殘闕"，至《内閣書目》僅有六册。《萬卷堂書目》卷
四著録"《縉雲集》四卷"，《澹生堂藏書目》卷一三則爲"《縉雲
先生集》四册二卷"，皆遠非原本之舊，當是明本（詳下）。《四
庫總目》著録汪如藻家藏本《縉雲文集》四卷，《提要》曰：

　　《宋志》載其文集五十五卷（祝按：此蓋沿張儉嘉靖刊板
序，見下引，《宋志》無五十五卷之文），歲久散佚。明嘉靖中，

重慶推官李璽始訪得舊鈔殘本，編爲四卷授梓。此本即
從璽所刻傳寫者也。

所編四卷中，卷一、卷二爲五七言古詩、七言近體詩；卷三爲
七言近體詩、啟；卷四爲墓誌銘、雜著、題跋、樂府，末附錄蹇
駒撰《古城馮侯（時行）廟碑》。李璽原刻本今未見著錄。除
四庫本外，今唯國家圖書館藏趙氏小山堂鈔本、臺北"中央圖
書館"藏紅藥山房鈔本，皆爲四卷。蓋此集四十三卷本且無
論，即四卷本亦僅不絕如縷。趙氏小山堂鈔本有嘉靖十二年
（一五三三）四川按察司副使張儉刊板序，稱馮時行"紹熙間
以狀元及第"，"所爲詩文五十五卷"，不詳所據（按：臺北"中
央圖書館"藏清紅藥山房鈔本，"紹熙"作"嘉熙"，亦誤，《四庫
提要》已駁之。又，馮氏亦非狀元及第，此蓋鄉曲後人溢美
耳）；又有李璽跋，謂鄉衮劉培菴示以《縉雲文集》，"璽上之，
乃下學諭翟子表、周子魯編輯，得其精且粹者詩若干章，文、
雜著若干篇，屬（壁山尹孫）奇梓之，不彌月而告成"云云。則
似當時除去其殘篇外，編輯者猶有所抉擇，未盡付梓也。嘉
靖諸公雖使是集免於湮没，然僅存什一，令人遺憾。

　　二○○三年，巴蜀書社出版胡問濤、羅琴著《馮時行及其
縉雲文集研究》，上編爲《縉雲文集校注》，以影印文淵閣《四
庫全書》本爲底本，包括輯佚詩文，共分六卷。《全宋詩》亦用
四庫本爲底本，輯得佚詩三十二首。《全宋文》底本同，輯得
佚文四十九篇（原本僅有文四十六篇）。

【參考文獻】

　　張儉《嘉靖本縉雲先生文集叙》（臺北《"中央圖書館"善本序跋集錄》）

　　李璽《嘉靖刊縉雲先生文集跋》（同上）

范香溪先生文集二十二卷

范　浚　撰

范浚（一一〇二——一一五一），字茂明，號香溪，蘭溪（今屬浙江）人。高宗紹興元年（一一三一）登賢良方正科，以秦檜當國不起，閉門講學，世稱香溪先生。紹興三十一年（一一六一），陳巖肖作《香溪先生文集叙》，略曰：

> 一日，先生猶子元卿（名端臣）過余，曰：“叔父平昔爲文至多，今不欲秘於家，而出與世共之，力有未辦，則先刻其詩賦、論議、雜著爲二十二卷行於時。子嘗與叔父厚，願叙以冠其首。”

後來傳本題“門人高栻編”。蓋高氏編成後，經著者侄范端臣（字元卿）手訂並刊行，然不見於宋人書目，蓋當時流傳不廣，元以後遂失傳。

元至順壬申（三年，一三三二），吳師道作《香溪先生文集後序》，略曰：

> 仁山金氏（按指金履祥）《四書考證》，謂《范集》近亡。以金之洽聞而云然，殆無有矣。……至順辛未（二年，一三三一），始得先生文七卷於親友應氏家，蓋其首編也。陳公巖肖序稱從子端臣右史所纂，凡二十二卷，則逸者尚多。一日，先生族孫俊來言，家藏缺自一至五卷，惜其無從補也。於是忻然畀之，足以成編。……今右史裔孫元璹念殘集之復完，懼泯没之薦至，首刊數卷，

将率其族人之力而終之，不私其美。又以右史《蒙齋集》
未及刊，則以其與香溪唱酬諸詩先附見焉，俾予序其事。

知元刊本所用底本，乃由兩殘宋本拼合而成，且其中數卷先
刊，又以《蒙齋遺文》附之。

清人以爲清代有元刊本傳世。今日本靜嘉堂文庫所藏
陸心源舊藏本，陸氏以爲即元槧。《皕宋樓藏書志》卷八三著
錄道：“此元刊元印本，每葉二十四行，每行二十二字，大黑
口，每卷有目，連屬正文。”《日藏漢籍善本書錄》補記道：“（香
溪先生）范賢良文集《香溪集》二十二卷，（宋）范浚撰，高栴
編，元刊明修本，共八册。”又曰：“前有紹興三十一年四月十
三日同郡陳巖肖序，次有《香溪先生范賢良文集總目》，卷末
有題署‘後學里生元吳師道’所撰寫的《香溪先生文集後序》。
卷中有‘蕭爽齋書畫記’、‘願乘長風破萬里浪’、‘海峰’、‘朱
叙’等印記。”按《鐵琴銅劍樓藏書目錄》卷二一亦嘗著錄元刊
本，原爲席氏藏書，卷首有“席鑒之印”、“席玉照氏”諸朱記。
除兩本外，丁氏《善本書室藏書志》卷三〇著錄季振宜、汪士
鐘舊藏元本（今藏南京圖書館，已改著爲成化刻遞修本）。繆
氏《藝風藏書記》卷六著錄明人補葉之元刻本。傅增湘《藏園
訂補郘亭知見傳本書目》卷一三下記舊稱元刻本者，猶有張
金吾舊藏本、鈐有汪啓淑藏印之本等。傅氏以爲前人所謂元
本，“實天順、成化間翻本”，惜未提供證據。據中國社科院文
學研究所張劍先生考證，今所傳元槧，以及傅增湘所謂明初
本和天順間翻元本，其實是成化本：“成化本多避宋諱，如
‘敬’字多缺末筆或作‘欽’字，且版式古雅，有的版本抽去章
懋序，遂使人誤爲元翻宋刊本或明初翻元本。”（《宋范浚〈香溪
集〉版本源流考》，載《文獻》二〇一三年第一期，下引簡稱《源流考》）并

進一步指出：文淵閣《四庫全書》本（底本爲安徽巡撫採進本）、胡鳳丹《金華叢書》本（底本乃孫衣言藏鈔本），皆出於成化本。《叢書集成初編》本又據《金華叢書》本排印。

所謂成化本，乃進士唐韶（字尚虞）成化中爲蘭溪縣令時所刊，請里人章懋作《重刊序》，略曰：

> （唐尚虞）於涖政之餘，閲地志，訪遺書，禮鄉賢，將以興廢舉墜，隆化美俗。於是香溪先生范公之後曰永昌者，出其家藏之集二十有二卷，蓋先生從子右史蒙齋之所類也。唐君讀而歎曰……，爰命鋟梓，以惠學者，而俾懋識諸其末。

此序作於“屠維大淵獻之歲”，“大淵獻”爲“亥”年，故此本今各藏館皆著録刊於成化十五年（己亥，一四七九）。《四部叢刊續編》本（此本詳後）姜殿揚跋考證道：“唐尚虞刻本有同邑章懋序，童品撰《香溪范先生傳》。按縣志《官師表·縣令》欄：‘唐韶，弘治十二年（一四九九）任。’《宦蹟門》：‘唐韶，字尚虞。’《鄉賢傳》：‘章品，初從童姓，與章懋齊名。弘治丙戌（祝按：弘治無丙戌，當誤）進士，筮仕後奏復宗姓。’此題童品，蓋猶未第時所作也。”二〇一一年夏，浙江師範大學歷史系本科生金曉剛同學來信，謂姜殿揚所見《蘭溪縣志》，很可能是康熙《蘭溪縣志》。而今查康熙《蘭溪縣志》，卷之二《官政類》明代“知縣”下有“唐韶，字尚虞，常熟人，成化十二年進士任。溫柔和易，克協上下，升監察御史”。又據《明清進士題名碑録索引》（下册，第二四六九頁）成化十一年乙未（一四七五）謝遷榜第三甲二百二名下第四十五名即唐韶。其於次年出任知縣，亦是合理之事。金曉剛又檢嘉慶、光緒《蘭溪縣志》，均言唐韶於成化十二年任蘭溪知縣，故得出結論道：“姜氏所引‘唐韶，弘治十二年任’，當屬疏忽之謬。”章懋成化間居鄉講學，正可爲之作序。本書初版本依姜氏所考，疑成化本實乃弘治本，誤，茲爲改正。金曉剛同學讀書甚勤，判斷正確，特表感謝。成化本今國家圖書館、上海圖書館著録，成化刻遞修本國家圖書館、南京圖書館著録（丁氏書，丁丙有跋），日本内閣文庫亦藏一部。是本每半葉十二行，行二十二字，黑口，左右雙邊。

上引張劍《源流考》認爲，成化本校勘不精，錯字頗多，且被人做了“小小的手腳”，即《香溪集》卷二〇所收《代賀趙丞相畫像啟》，其“趙”字，宋刻本作“秦”，可從元姚桐壽《樂郊私語》中的一則記載判斷出來，該記中有“後檢宋范茂明集，有《代賀秦太師畫像啟》”云云語。“趙丞相”爲趙鼎，而“秦丞相”則是秦檜。改“秦”爲“趙”，乃范氏後人爲掩飾先人瑕疵所用的“換頭法”。

成化本之後，《增訂四庫簡目標注·續録》謂有嘉靖刊本。北大圖書館藏李氏書中有此集，《木犀軒藏書書録》標爲嘉靖本，而李氏舊録爲元刊本，又稱有“童（章）懋重刊文集書後”。既有章序，則顯非元槧，而應是成化本。

是集明秘閣蓋無藏本，書目未載。私家頗見著録：《趙定宇書目》《脈望館書目》登録三册；《萬卷堂書目》《澹生堂藏書目》《徐氏家藏書目》著録二十二卷。諸家年代已晚，所藏爲何本不詳，恐以成化本居多。

《四部叢刊續編》影印瞿氏鐵琴銅劍樓藏本影印，謂是萬曆本。姜殿揚作跋，以爲是范氏家刻本，曰：“胡應麟序不言刻者爲誰，余嘗別見乾隆四年（一七三九）（祝按：應爲乾隆七年）印本，板刻若一，已有裔孫某校梓名氏一行，此尚無之，疑書亦家刻，其板自明入清，世守未失，此其明時初印也。"傅增湘以爲《四部叢刊續編》所影乃清刊本，"誤定爲明萬曆刊本"（《藏園訂補邵亭知見傳本書目》）。傅説是，瞿氏、姜氏皆誤判，其實是乾隆本，詳下。

乾隆七年（一七四二），范友松、范文焕率族人捐貲刻其遠祖之《香溪集》，即姜殿揚所謂與萬曆本"板刻若一"者。此集國家圖書館有藏本。張劍《源流考》述之曰："有乾隆八年彭啟豐序、紹興三十一年歲（吳）〔陳〕巖肖叙、至順壬申吳師道序、成化十五年章懋序、萬曆十三年胡應麟序；後附蒙齋、楊溪遺文各一卷。"又引民國丁丑（一九三七）年續修《香溪范氏宗譜》（今藏蘭溪縣范氏族人處），載各族人具體捐銀數目甚詳，又卷一《重梓香溪文集碑記》更兼及歷代刻《香溪集》情況，曰：

> 我祖香溪先生爲宋大儒，學承洙泗，道倡東南，立德立言，並垂不朽。遺書二十有二卷，始輯於宋之紹興辛巳，續刻於元之至（正）〔順〕壬申，三易於明之成化己亥，越今五百有餘歲矣，未嘗失墜。豈非以聖賢成書，名言精理，所以紹往開來，天地啟之，鬼神護之，而子若孫世世守之弗替者哉！今漫漶矣，魯魚是懼。裔孫友松、文焕等倡梓捐貲，合族欣躍，選梨擇鋟，鳩工於肆月望，告竣於十一月朔，板成三百三十有七，經費一百六十有零。道學真傳，祖宗典物，於是爲不朽矣，而一族之衆，勉盡仁孝，以爲繼述之善者，且借我祖不朽之集而並以不朽也。爰壽其名於石。時乾隆壬戌（七年）仲冬日，二十世孫宗灝撰。

《源流考》比較兩本編次，述之曰：乾隆本編排、行款與明成化本有較大不同。成化本每半葉十二行二十二字，黑口，順次依宋本原貌：古賦（卷一）、詩（卷二至四）、雜著（卷五、卷六，《心箴》在卷五第十一篇）、論（卷七至卷九）、書總論（卷一○）、進策（卷一一至一五）、記（卷一六、一七）、書（卷一八、一九）、啟（卷二○）、傳（卷二一）、墓誌（卷二二）。乾隆七年本每半葉十行二十字，白口，卷首有嘉靖帝《頒刻心箴制章》及《御注心箴》，順次則以《心箴》爲卷一開篇，詩賦挪至卷七至卷一○，其他篇目位置與成化本也多有不同，此本避諱不很嚴格，如"玄"末筆缺，"歷"寫作"曆"，而"燁"字不避，因此當被人抽去乾隆八年彭啟豐序後，便被鐵琴銅劍樓誤做明萬曆本收藏。

《全宋文》《全宋詩》俱用《四部叢刊續編》本爲底本。

成化本將《范蒙齋先生遺文》附於《香溪集》之後，元刻本附有范端臣《范蒙齋先生遺文》，乾隆本增附范端杲《范楊溪先生遺文》。《蒙齋遺文》有小序曰："先生諱端臣，字元卿，號蒙齋，官右史。受學於叔父香溪公，人品文章卓然名世，已彪炳志書矣。詩集三卷、文集二十餘卷，世遠無存。今輯散見諸書者，並附於《香溪集》後，以見一斑云。"《范楊溪先生遺文》僅有箴一首、詩三首，亦有小序曰："先生諱端杲，字元章，號楊溪，官國子監學賓。與蒙齋並學於叔父香溪公。有文集數卷，失傳，今輯得數言，與《蒙齋集》並附見焉。"

【參考文獻】

陳巖肖《香溪集序》（《四部叢刊續編》本《范香溪先生文集》卷首）
吳師道《香溪先生文集後序》（同上）
章懋《題重刊香溪先生文集後》（同上）

胡應麟《范香溪先生文集序》（同上）

彭啟豐《香溪先生文集後序》（乾隆七年刻本《范香溪先生文集》卷首）

姜殿揚《影印萬曆本香溪集跋》（《四部叢刊續編》本卷末）

胡鳳丹《香溪集序》（《金華叢書》本《香溪集》卷首）

胡澹菴先生文集三十二卷

胡　銓　撰

胡銓（一一〇二——一一八〇），字邦衡，號澹菴，廬陵（今江西吉安）人。建炎二年（一一二八）進士。紹興八年（一一三八）爲樞密院編修官，力斥議和，上書乞斬秦檜等三人，被除名，編管新州。孝宗即位方起用，官至兵部侍郎。卒諡忠簡。周必大《胡忠簡公神道碑》（《周文忠公集》卷三〇）曰：“在新興，名室曰澹，晚號澹菴老人，遂以名其集，總一百卷。”慶元五年（一一九九），門人楊萬里作《胡忠簡先生文集序》，略曰：

> 先生既殁後二十年，其子澥與其族孫秘，裒集先生之詩文若干卷（祝按：“若干”或作“七十”，疑後人據刻本改），目曰《澹菴文集》，欲刻板以傳，貧未能也。之官中都，舟過池陽，太守蔡侯必勝相見，因問家集，慨然請其書刻之，命郡文學周南、董振之、學録何巨源校讎之。未就，而蔡侯移官山陽，雷侯孝友、顔侯械踵成之。

此即所謂池州刊本。《解題》卷一八著録道：

> 《澹菴集》七十八卷，端明殿學士忠簡廬陵胡銓邦衡

撰。建炎甲科第五人。既上書乞斬秦檜，謫嶺海，秦死
得歸。孝宗即位，始復官召用，又以沮再和之議得罪去。
乾道中入爲丞郎，亦不容於時，奉祠，至淳熙七年乃終，
年七十有九。

《通考》卷二三九同。《宋志》作七十卷。陳氏所録當即池州
刊本，疑該本後八卷爲附録，或别有七十卷之本，不詳。《解
題》卷二二又著録《胡忠簡奏議》四卷，其奏議蓋嘗單行。《宋
史》卷三七四本傳稱“有《澹菴集》一百卷行於世”，當據《神道
碑》，元代未必有百卷本流傳；所謂“行於世”者，蓋史官隨意
之筆，不足信。《四庫提要》謂“《書録解題》載銓集七十八卷，
《宋志》載銓集七十卷，則在當時已非百卷之舊矣”。按楊萬
里序並無遺稿散佚之説，胡澥既貧不能自刻，其付蔡必勝之
稿，無不出全帙之理。《神道碑》既稱“總一百卷”，疑包括其
它專著（胡氏著有《經解》，見後），池州所刻惟詩文，故無百卷
之數，《提要》之説恐非至論。

　　宋刻本明代當猶存世。《文淵閣書目》卷九著録一部二
十册，全。《内閣書目》卷三則有兩部，一部二十册，全，凡七
十一卷；又一部二十册，全。同書卷三又著録“《胡忠簡公奏
議》三册，全。……其孫通判鄂州槐編次，凡六卷”。葉氏《菉
竹堂書目》録有集本（未注册數、卷數）。陳氏《世善堂藏書目
録》登録七十八卷本。毛氏《汲古閣珍藏秘本書目》則爲鈔本
三十卷，當非完帙。各本後皆散佚，明季以降，傳本爲六卷、
三十二卷兩類。

　　六卷本乃明末裔孫接輝所衷集，未及刊行而易代，僅以
鈔本流傳。《四庫總目》著録馬裕家藏六卷本，即傳鈔本之一
種。該本“僅文五卷，詩一卷，蓋得之散佚之餘”（《四庫提要》）。

乾隆翰林院鈔本（四庫底本），今藏國家圖書館。上海圖書館、南京圖書館、浙江大學圖書館等亦藏有清鈔六卷本。

三十二卷本晚出，亦收拾於殘闕之餘。乾隆十一年（一七四六），齊召南作《文集序》，曰：

> 公所著《澹菴集》百卷，後多散佚。今公孫侍御静園（胡定）、巡檢亮采（胡逢盛）、文學龍篆（胡澐）、騎屋（胡廷棟）、元長（胡近仁）、睿文（胡紹虞）、映奎（胡鍾蘭），哀其遺文，得三十二卷，率族人梓以行世，屬召南爲序。

乾隆二十一年（一七五六），符乘龍（字斯萬）再作集序，引胡澐語，謂著者遺文散佚已久，“有族弟鍾蘭游東粤，得一鈔本於家静園先生處”，於是屬其校閱，得文三十餘卷付梓。按胡鍾蘭所得東粤胡定鈔本多達三十餘卷，當不全出於輯佚，殆源於集本殘帙。

乾隆二十二年，胡氏練月樓刻成《胡澹菴先生文集》三十二卷。是刻每半葉九行，行二十字，白口，左右雙闌。每卷署“宋廬陵胡銓著，宜川後學符乘龍校閱，嗣孫鍾蘭映奎、紹虞睿文、澐龍篆、廷棟騎屋、定静園、近仁元長編輯，逢盛亮采、值夏道院、永陽院背同訂”。乾隆本今大陸及臺灣皆有著録，日本静嘉堂文庫亦庋藏一部（見《静嘉堂秘籍志》卷三五）。傅增湘有校補乾隆本，今存。

六卷本所收詩文，遠少於三十二卷本，故《增訂四庫簡目標注》謂乾隆本及道光重刻乾隆本“較四庫本完全”。四庫館臣不用乾隆刻本而采録六卷鈔本，殊不可解，蓋以刻本出於本朝，不及六卷鈔本歷世久遠；或以六卷本編輯方便，即以虛應故事歟。

乾隆五十三年，胡氏裔孫哀輯《胡忠簡公經解》，附《胡忠

簡公文集補遺》三卷,有餘杭官署刊本。道光十三年(一八三
三),歷原裔孫重刊乾隆本,從裔孫胡文恩作序,稱"依原集次
第,於其字句之訛誤者稍爲訂正,文集之遺漏者間爲增益"。重
刊本據六卷本補文四篇附後,今傳本尚富,日本東京大學亦藏
一部。民國二十六年(一九三七),劉峙輯《宋廬陵四忠集》,收
《胡澹菴先生文集》三十二卷、附録二卷,亦由乾隆本出,有排印
本。今上海圖書館藏有清初鈔本三十卷,山西文物局又著録清
鈔二十五卷本(參《藏園群書經眼録》卷一四),皆不足之帙。

　　無論六卷本、三十二卷本《澹菴集》,皆遠非原帙,且兩本文
字頗有出入。《全宋文》用道光十三年重刻乾隆本《胡澹菴先生
文集》爲底本,輯得佚文五十八篇,合編爲三十六卷。《全宋詩》
用光緒刻本胡雪村《廬陵詩存》卷二之胡銓詩一卷爲底本,從殘
本《永樂大典》中輯得佚詩三十二首爲一卷,又從散見典籍中輯
得二十五首及斷句若干爲一卷,共編爲三卷。

【參考文獻】

楊萬里《胡忠簡先生文集序》(乾隆刊本《胡澹菴先生文集》卷首)
齊召南《乾隆本胡澹菴集跋》(同上)
符乘龍《乾隆本胡忠簡公文集序》(同上)

岳武穆集十卷　　鄂王家集　岳忠
武王文集

岳　飛　撰

岳飛(一一〇三——一一四二),字鵬舉,相州湯陰(今河南

湯陰）人。出身農家，青年從軍，奮力抗金，爲南渡名將。紹興十一年（一一四一）解兵權，旋被秦檜等誣陷下獄遇害。孝宗時追封武穆，寧宗時追封鄂王。所作詩文，由其孫岳珂輯爲十卷，嘉定三年（一二一〇）自序道：

> 先父臣霖蓋嘗搜訪舊聞，參稽同異。或得於故吏之所録，或傳於遺稿之所存，或備於堂札之文移，或紀於稗官之直筆。掇拾未備，嘗以命臣，俾終其志。臣謹彙次，凡三萬六千一百七十四言，釐爲十卷，闕其首尾，以俟附益。曰表，曰跋，曰奏議，曰公牘，曰檄，曰律詩，曰詞，曰題記，其目有八，而奏議、公牘復皆析而爲三。

此本當時嘗刊行，陳氏《解題》卷一八著録，題曰“《岳武穆集》”，凡十卷，當即岳珂所編本。《通考》卷二三九從之。明陳氏《世善堂藏書目録》卷下嘗載“《岳武穆集》十卷”，不詳是否宋槧。岳珂輯本後又刻入《金陀粹編》（卷一〇至一九），題《鄂王家集》。十卷之中，表、跋、奏議、公牘、檄、題記六類凡文一百六十四篇，律詩二首，詞（《小重山》）一首。今傳岳集，以《金陀粹編》本最早，因經作者子孫長期搜集整理，故最具權威性。

　　明嘉靖十五年（一五三六），焦煜刊兩浙督學徐階所編《岳集》五卷。《四庫全書》即著録此本，《提要》稱“陳振孫《書録解題》載《岳武穆集》十卷，今已不傳。此遺文一卷乃明徐階所編，凡上書一篇，札十六篇，奏二篇，狀二篇，表一篇，檄一篇，跋一篇，盟文一篇，題識三篇，詩四篇，詞二篇”。館臣之論離事實太遠，故遭後人嚴斥。莫友芝《持靜齋藏書紀要》卷上辨駁道：“《金陀粹編》二十八卷、《續編》三十卷，宋岳珂撰。《岳忠武王文集》十卷，珂悉載《粹編》中，爲卷之十至十九。《四庫》録忠武遺文僅一卷，爲明徐階所編，謂十卷本已不傳，檢核是編，固完善無恙也。"又《邵亭知見傳本書目》卷一三亦曰："《岳忠武王集》十卷，其孫珂編，刊入《金陀粹編》中，題《岳王家集》，完整無缺。後人欲刊岳集，直據鈔出付梓可也。直齋所録，蓋即其當時鈔出別刊者耳。"余嘉錫《四庫提要辨證》引莫氏語後，再作詳細考辨，謂徐階所編文不足家集五分之一，而據徐氏《岳集序略》，又非未見《粹編》者。"今於飛自作之文任意删去百數十篇，幾致零落不可收拾，無知妄作，莫此爲甚。《四庫》館臣不知飛集尚在，乃以階所編本著録，可謂棄周鼎而寶康瓠矣。"又曰："階之增删，不知以何爲標準，殆不過如鍾惺輩之選詩文，以意爲取去，歸於謬妄而已矣。"又，徐階本五卷，岳飛遺文一卷之前冠以後人詩文四卷，其中多明人惡札，《四庫提要》斥其"倒置"，亦屬中肯。

　　嘉靖焦氏本後，又有萬曆二十年（一五九二）李楨刻本《岳武穆集》六卷，所收文章及詞均與徐階本同，而另增詩三首（詩凡七首）。天啓間有翻刻萬曆本。崇禎十一年（一六三八），單恂等刊《岳少保忠武王集》一卷，題"明華亭陳繼儒輯，門人單恂訂"，"前列本傳，較徐刻札多十一篇，奏多四篇，又多記三篇，詩多四篇。恂爲之序，版心梓'淨名齋'三字"（《善本書室藏書志》卷二九）。按單氏序稱"採《經進家集》《桯史》諸書所載，裒次録存之，庸繫千百載忠孝仰止之懷"，則此本由家集中選出，有文四十二篇、詩八首、詞二首，凡五十二篇。

　　以上嘉靖至崇禎各本，今俱有著録。崇禎單恂本，清吳省蘭又輯入《藝海珠塵》，日本亦多據以翻刻，《和刻目録》著録有嘉永五年（一八五二）木活字本、文久三年（一八六三）玉巖堂和泉屋金右衛門本、明治印本及雙研堂木活字本等。然各本皆非岳集全帙。

清代所刊岳集，以《岳忠武王文集》八卷、首末各一卷之本爲早。此本爲河南彰德府知府黄邦寧編，刊於乾隆三十五年（一七七〇）。黄氏序稱該本“乃就《經進家集》及《金陀粹編》《續編》《桯史》諸書，旁參而互訂之，間益以諸書所未載者”。收文一百五十九篇、詩十四首、詞二首，共一百七十五篇。較之上述明刻本，此本堪稱全帙。嘉慶二十一年（一八一六），知湯陰縣事郝延年嘗修板，序稱“刊刻既久，刷印滋多，而板亦因以脱落。今特捐俸補修，使成完璧”。此後猶有同治二年（一八六三）補修本。道光丁未（二十七年，一八四七），揚州府江防河務同知鍾承露又刊之於揚州。據翰林院編修汪廷儒後序，鍾氏以爲湯陰舊刻爲備，“乃重鈔付梓，而補記一、詩二、詞一，并附揚州立廟碑文、公牘於末”。以上三本（包括修補本），今國家圖書館、北大圖書館、南京圖書館、浙江圖書館等皆有藏本，總數達二十餘部。

嘉慶十二年（一八〇七），梁玉繩將黄邦寧本重新編次，刊之於杭州，書題爲《岳忠武王集》，類爲八卷，附年譜一卷。梁氏有序，略曰：“我朝乾隆己丑，彰德知府同安黄邦寧據茅氏殘帙彙綴，鐫於湯陰，今行世者惟兹而已。乃取黄本與《金陀粹》《續》兩編、《桯史》附録參校訛異，類分八卷，重付剞劂。”光緒間，錢汝雯編《宋岳鄂王文集》三卷，有民國十三年（一九二四）鉛字本，收文達一百八十二篇、詩十四首、詞三首，共一百九十九篇，文較黄氏本有較多增補。

以上所述，乃清代岳集主要刻本，其中尤以乾隆黄邦寧本影響最大，其他刊本多由之出。然清人所刊極繁，難以縷述，又有《藝海珠塵》《乾坤正氣集》《西京清麓叢書續編》《半畝園叢書》等叢書亦收入之，此皆從略。

　　一九九七年五月，中州古籍出版社出版郭光《岳飛集輯注》，編年注不分卷。此本以家集本爲底本，参以上述單、黄、錢諸本，再旁搜諸書，較錢氏本多文五篇，迄爲收詩文詞最多之本。其注翔實可参。

　　明清人所刻岳集，較之《金陀粹編》本《家集》，詩文詞俱有增補，而皆不注出處。一般説來，文章較易據内容考訂，而詩詞則很難勘驗，故其真贋乃令人頭痛之事。如徐階本，詩補三首，詞補一首(《滿江紅》)，後來各本皆沿襲之。其中爭議最大者莫過《滿江紅》("怒髮衝冠")詞。余嘉錫《辨證》謂岳珂當年搜訪遺稿之不遺餘力，"飛之筆墨散落者蓋亦無幾矣。如其有之，而爲珂所不及見，亦當先見於宋元人之記載，或題詠跋尾，惡有沈霾數百年，突出於明中葉以後者乎？"前些年學術界嘗對《滿江紅》展開過討論，然論者各持己見，莫衷一是。有人據《須江郎峰祝氏族譜》，以爲該詞即紹興三年(一一三三)岳飛與祝允哲述懷詞之藍本。上引余氏之論，對補篇持謹慎態度固是，然未免偏於保守。關鍵在於考訂，像《滿江紅》之類，若有文獻可證，即便不算充足，亦可存而待考，似不必以其是否載於家集也。然而事實是，各補篇多不注出處，其來歷真僞不得不令人懷疑，又誠如余氏所論。此種尷尬，蓋仍將持續下去。

　　《全宋文》用元刻明印本《金陀粹編》爲底本，删去後人輯佚中之代作、僞作，釐爲八卷。《全宋詩》共錄詩十三首。

【參考文獻】

岳珂《家集序》（嘉靖本《金陀粹編》卷一〇）

徐階《岳集序略》（嘉靖十五年刊本《岳集》卷四）

單恂《岳少保忠武王集序》（《藝海塵珠》本卷首）

黄邦寧《岳忠武王文集序》（乾隆三十五年刊本卷首）

定菴類稿四卷

衛　博　撰

衛博，歷城（今山東濟南）人，孝宗時仕至樞密院編修官。其文集未見宋人序跋，宋代編刊情況不詳，書目唯《宋史》卷二〇九《藝文志八》“總集類”著録“衛博《定菴類稿》十二卷”，蓋誤入也。

原本久佚，今存乃大典本。《四庫提要》曰：

（衛）博《宋史》無傳，其集諸家亦未著録，惟散見《永樂大典》中。考《宋中興百官題名記》，載乾道四年（一一六八）正月衛博爲樞密院編修官，四月致仕，知其終於是職。然平生事跡已不可考。……所作凡表札、牋啟、序記、書疏之類，無所不備，而十九皆爲他人屬草者，特原本多直標題目，不署明“代”字，故往往不可辨别。……蓋博本以表奏四六擅長，故每爲當時顯貴者所羅致，而觀其所作，亦大都工穩流麗，有汪藻、孫覿之餘風，非應酬率率者可比。惜其流傳不廣，幾致亡佚。謹鈔撮薈萃，釐爲四卷，存其梗概，俾不至終就湮没焉。

大典本録入《四庫全書》，卷目編次爲：卷一，詩、奏札；卷二，表；卷三，啟；卷四，書、序、記、頌、銘、跋、雜文、祝祭文。民國時，文淵閣四庫本曾影印入《四庫全書珍本初集》。

《全宋文》《全宋詩》俱以影印文淵閣《四庫全書》本爲底本。

宋人別集叙録卷第十九

夾漈遺稿三卷

鄭　樵　撰

鄭樵(一一〇四——一一六三)，字漁仲，自號溪西逸民，興化軍莆田(今福建莆田)人。居夾漈山下三十年，閉門讀書著述，學者稱夾漈先生。著《通志》成，除樞密院編修官。其文集未見宋人著錄，亦無舊刊本流傳。乾隆《興化府莆田縣志》卷三三稱有《溪西文集》十五卷(或作五十卷)，不詳所據。《四庫總目》著錄汪如藻家藏本《夾漈遺稿》三卷，《提要》曰：

> 樵銳於著述，嘗上書自陳，稱所作已成者凡四十一種，未成者八種，當時頗以博洽著，而未嘗以文章名。其集自陳振孫《書錄解題》以下亦皆不著錄。此本前後無序跋，不知何人所編。上卷古近體詩五十六首，中卷記一篇、論一篇、書二篇，下卷書三篇。

除四庫本外，是集今僅存清鈔本數部，分別藏國家圖書館、上海圖書館、南京圖書館及日本静嘉堂文庫。國圖藏有三部，兩部分三卷，其一有鮑廷博校並跋(參《藝風藏書記》卷六)，另一部不分卷，亦錄有鮑氏跋，其中多偽作，鮑氏批語已辨正。上圖藏有二部，一部有趙宗建校，一部有莫棠題識。南圖本乃丁氏舊物，有丁丙跋，《善本書室藏書志》卷三〇記曰：“是集向無著録，前後亦無序跋，或爲元、明人所編輯。”又謂該本“鈔寫古舊，有‘調某’、‘半樵’二印，亦不知誰氏也”。静嘉堂所藏乃張位手鈔本，卷末有“乙亥（康熙三十四年，一六九五）六月二十七日寫畢並校”一行，見《䜭宋樓藏書志》卷八四、《静嘉堂秘籍志》卷三六。

清乾隆中，李調元嘗將是集輯入《函海》，在李氏萬卷樓刊本第九函、光緒樂道齋刊本第十一函。序稱“得其詩文遺稿各一卷”，蓋底本亦鈔帙。嘉慶中，吳省蘭輯刊《藝海珠塵》，又將其輯入“金集”（道光錢氏漱石齋增刊本改題“甲集”）。《叢書集成初編》據《藝海》本排印。上述知不足齋鈔校本鮑氏手跋，謂“以南匯吳氏新刻《藝海珠塵》本校一過，謬誤極多，又在此本下矣”。一九四一年，長沙商務印書館有鉛印本。以上各本皆爲三卷。

一九九二年，書目文獻出版社出版吳懷祺校補本《鄭樵文集》（附《鄭樵年譜稿》）。《文集》以《遺稿》（文淵閣四庫本）爲基礎，除勘訂原有詩文外，又從方志、宋人文集及《月齋鄭氏宗譜》輯得佚詩文十一篇，迄爲較完善之本。

《全宋詩》《全宋文》皆用影印文淵閣《四庫全書》本爲底本。

漢濱集十六卷

王之望　撰

王之望（一一〇四——一一七一），字瞻叔，號漢濱，穀城

（今屬湖北）人。紹興八年（一一三八）進士。孝宗初擢參知政事兼同知樞密院事，力主議和。卒，謐敏肅。慶元六年（一二〇〇）四月，周必大爲其集作序，曰：

　　其季子鉛通敏好學，念公遺文刻於蜀者訛舛特甚，手加編校，定爲《漢濱集》六十卷。謂某之先大父與公先正爲同年進士，以序見屬。惟公學根於經，故有淵源；文適於用，故無枝葉。奏札甚多，皆可行之言；内制雖少，得坦明之體。酷嗜吟詠，詞瞻而理到。嘗游大峨，賦長韻，與客賡和至六七篇，下語如珠之走盤，用韻如射之破的。其他著述，大率近是。世論文章事業，公實兼之，豈與夫一偏一曲之士校短量長而已！

因知其集先有蜀中刻本。按王之望紹興末嘗總領四川財賦，又爲川陜宣諭使，刻集或在此時期内。而王鉛所編六十卷本，蓋刊於慶元之末。《四庫提要》曰：“錢溥《秘閣書目》載有之望《漢濱集》，而佚其册數。焦竑《經籍志》作六十卷。然趙希弁、陳振孫兩家俱未著錄，則宋代已罕傳本，後遂散佚不存。”館臣顯然未見周必大序，且未細檢《通考》及館臣已輯出之陳氏《解題》。按《解題》卷一八著錄道：“《漢濱集》六十卷，參政襄陽王之望瞻叔撰。周益公爲集序。”《通考》卷二三九同，何謂陳氏未著錄？又按《文淵閣書目》卷九著錄“王之望《漢濱文集》一部十三册，全”；《内閣書目》卷三曰：“《漢濱先生文集》十三册，全。……凡六十卷，有周必大序。”則錢氏並未佚其册數。《絳雲樓書目》卷三著錄“《漢濱集》八册”，陳注曰：“六十卷，王之望撰，周益公作序。”

　　是集殆亡佚於明末清初，今傳乃大典本。四庫館臣“從《永樂大典》中採撮裒綴，所存十之三四而已。……謹釐爲十六卷，著之於録”（《四庫提要》）。大典本録入《四庫全書》，卷目編次爲：卷一，賦、詩；卷二，詩；卷三，制詞、策問、論語答問、講義；卷四，表狀；卷五至七，奏議；卷八，朝札；卷九、一〇，書；卷一一至一三，啟；卷一四，策、論、贊、記；卷一五，跋、傳、墓誌銘、行狀；卷一六，祭文、雜文。四庫底本今藏西安文管會。《湖北先正遺書》據文津閣四庫本影印。

《全宋文》用影印文淵閣《四庫全書》本爲底本，新輯佚文三十八篇。《全宋詩》底本同，凡輯佚詩十一首。

【參考文獻】

周必大《王參政文集序》（影印《四庫全書》本《周文忠公集》卷五三）

湖山集十卷

吳 芾 撰

吳芾（一一〇四——一一八三），字明可，號湖山居士，台州仙居（今浙江仙居）人。紹興二年（一一三二）進士，不附秦檜，歷州通判，遷殿中侍御史。孝宗時以敷文閣直學士知臨安府。朱熹《龍圖閣直學士吳公（芾）神道碑》曰：“有表奏五卷、詩文三十卷、《和陶詩》三卷、《當塗小集》、《湖山遺老傳》一卷藏於家。”（《朱文公文集》卷八八）嘉泰三年（一二〇三），周必大爲其文集作序，稱作者之子“嘉興太守洪哀公遺文號《湖山集》二十五卷，長短句三卷，《別集》一卷，《奏議》八卷，遠來謁序”云云。則刊刻時，稿本蓋嘗重釐。吳洪或於此後不久付梓。《宋史》卷三八七本傳謂“有表奏五卷、詩文三十卷”，當據神道碑。《宋志》著録《湖山集》四十三卷，又《别集》一卷、《和陶詩》三卷、附録三卷、《當塗小集》八卷。《四庫提要》曰：“所載卷目，殊牴牾不合，原本亡佚，無從核定。”

　　明《文淵閣書目》卷九著録“吴芾《湖山文集》一部十一册，全”。《内閣書目》卷三亦爲十一册，稱不全，“凡四十三卷，又《和陶詩》三卷，附録三卷。内闕三十九至四十三卷”。秘閣本當爲宋槧，蓋即《宋志》著録之本，惜其散佚不傳，今存乃大典本。《四庫提要》曰：“據《永樂大典》散見各韻者采輯編訂，釐爲十卷，以《和陶詩》併入而仍取必大原序冠之。史稱芾爲文豪健俊整，是其雜著亦必可觀。惜《永樂大典》中已經闕佚，僅得表一首、序一首，附之末卷，以略存其概云。”大典本録入《四庫全書》，卷目編次爲：卷一，和陶詩；卷二、卷三，五言古詩；卷四，七言古詩；卷五，五言律詩；卷六至卷八，七言律詩；卷九，五言絶句；卷一〇，七言絶句，附録文二首。

　　道光二十三年（一八四三），王魏勝校刊活字本《湖山集》十卷，今僅見國家圖書館著録七卷、中山大學圖書館著録四卷（卷一至四）。光緒八年（一八八二）有排印本八卷，今亦僅浙江圖書館著録。民國八年（一九一九）石印本《台州叢書》收是集入己集，增《補遺》一卷。民國十一年，李之鼎以家藏内府殘本校文津閣四庫本，刊入《宋人集》丁編，有《輯補》一卷。民國二十四年，李鏡渠又排印入《仙居叢書》第一集，有《補遺》一卷、附録一卷。上述各本皆源於大典本，諸家輯補可資參考。

　　《全宋文》用影印文淵閣《四庫全書》本爲底本，輯得佚文二十三篇，與底本所載文二篇編爲一卷。《全宋詩》底本同，輯得佚詩八首。

【參考文獻】

周必大《湖山集序》（影印文淵閣《四庫全書》本《湖山集》卷首）

五峰胡先生文集五卷

胡　宏　撰

　　胡宏（一一〇五——一一六一），字仁仲，號五峰，建寧崇安（今福建崇安）人，安國子。以蔭補官，避秦檜不仕。先後從楊時、侯仲良讀書，而傳其家學。淳熙三年（一一七六）元日，其門人張栻作《五峰集序》，略曰：

　　　　五峰胡先生遺書有《知言》一編，栻既序而傳之同志矣。近歲，先生季子大時復裒輯先生所爲詩文之屬凡五卷以示栻。栻反復而讀之。惟先生非有意於爲文者也，其一時詠歌之所發，蓋所以紓寫其性情，而其他述作與夫問答往來之書，又皆所以明道義而參異同，非若世之爲文者徒從事於言語之間而已也。

是集蓋刊於此年或稍後。《遂初堂書目》著録《胡五峰集》，當即其本。《解題》卷一八著録道：

　　　　《五峰集》五卷。右承務郎胡宏仁仲撰。文定（胡安國）季子。不出仕，篤意理學。南軒張栻，其門人也。別本不分卷。

《通考》卷二三八、《宋史》卷四三五本傳皆作五卷。《宋志》則著録《胡宏集》一卷，殆即陳氏所謂不分卷之"別本"，不詳爲何人所刊。

元許有壬嘗作《五峰文集後序》，稱"《五峰胡先生文集》凡五卷，南軒張先生序之矣，益陽劉用孚將刻諸家塾，且徵余題其端"云云。《後序》不詳作於何年，劉氏刻本亦無著録，僅據以知元代嘗有刊本。

明《文淵閣書目》卷九著録"《胡五峰文集》一部五册，全"。《内閣書目》卷三曰："《五峰胡先生文集》四册，……門人張栻序，凡五卷。"《萬卷堂書目》《世善堂藏書目録》俱作五卷。舊槧後皆散亡，今唯以鈔本流傳。據著録，國家圖書館藏有三卷本（無《皇王大紀論》及經義兩卷）、五卷本各一部，上海圖書館、南京圖書館、江西圖書館各藏五卷本一部。臺北"中央圖書館"亦藏有舊鈔本。國圖所藏蕭山陸香圃三間草堂鈔五卷本，陸心源有跋，稱其嘗"據影宋本補足並改正數十字，乃成善本"。按《皕宋樓藏書志》卷八三著録舊鈔本二部，其中一部注"陳韜菴舊藏"；《静嘉堂秘籍志》卷三五著録一部，而稱"陳韜菴舊藏今佚"。不知陸氏據校之所謂影宋本，是否即陳韜菴舊藏本。影宋本既不可得，則三間草堂鈔本遂見珍貴。

《四庫總目》著録鮑士恭家藏本，《提要》曰："此本題其季子大時所編，門人張栻爲之序。凡詩一百六首爲一卷，書七十八首爲一卷，雜文四十四首爲一卷，《皇王大紀論》八十餘條爲一卷，經義三種爲一卷，蓋即所謂五卷之本也。"文淵閣四庫本嘗影印入《四庫全書珍本初集》。

一九八七年，中華書局出版吳仁華校點本《胡宏集》，乃

中華書局所編《理學叢書》之一種。是本首次將著者論學雜
著《知言》與《五峰集》合爲一書，故另題書名。所收《五峰
集》，以《四庫全書珍本初集》本爲底本，校以國家圖書館所藏
三卷本、陸氏三間草堂本等。

　　《全宋詩》用影印文淵閣《四庫全書》本爲底本，輯得集外
詩十首。《全宋文》底本同，輯得佚文五篇。

【參考文獻】

　　張栻《五峰集序》（中華書局校點本《胡宏集》附錄二）
　　許有壬《五峰文集後序》（同上）
　　陸心源《胡五峰集跋》（《儀顧堂題跋》卷一二）

鄮峰真隱漫録五十卷

史　浩　撰

　　史浩（一一〇六——一一九四），字直翁，鄞縣（今浙江寧
波）人。紹興十五年（一一四五）進士。孝宗隆興、淳熙時嘗
兩爲右丞相。卒謚文惠。嘉定十四年（一二二一），追封爲越
王，改謚忠定。其文集刊行年代不詳。陳氏《解題》卷一八
曰：“《鄮峰真隱漫録》五十卷，丞相文惠公四明史浩直翁撰。”
《通考》卷二三九、《宋志》卷數同。

　　是集後世傳本極罕。《絳雲樓書目》卷三載“史浩《鄮峰
真隱漫録》三册”，陳景雲注：“五十卷。”“五十卷”當據文獻，
三册蓋不可能爲完書，且不詳其版本。世無宋、明舊槧，而以
明鈔本爲古。明鈔殘本今藏浙江天一閣，僅存卷三三至卷三

八,凡六卷。然《四庫全書》即著録天一閣本,尚大體完好。
《提要》曰:

> 其集見於陳振孫《書録解題》《宋史·藝文志》者皆
> 五十卷,此本卷數并合,而目録別爲三卷。首題"門人周
> 鑄編",則猶宋時刊行舊式也。……集凡詩五卷,雜文三
> 十九卷,詞曲四卷,末二卷爲《童丱須知》,分三十章,所
> 言皆治家修身之道,而諧以韻語,乃録之家塾以訓子
> 孫者。

檢影印文淵閣《四庫全書》本,卷四四闕文,故雜文實只三十
八卷,卷目編次爲:卷一至五,詩;卷六,内制(外制附);卷七
至一〇,奏議;卷一一,進呈故事;卷一二至一八,表;卷一九、
二〇,牋;卷二一,王府撰述;卷二二,青詞;卷二三,疏文;卷
二四至二八,啟;卷二九至三一,札子;卷三二,書;卷三三至
三五,贊;卷三六,題跋;卷三七至三九,致語、上梁文;卷
四〇,銘、雜説、頌、雜著;卷四一,楚辭;卷四二,祝文;卷四
三,祭文;卷四四,闕;卷四五、四六,大曲;卷四七、四八,詞
曲;卷四九、五〇,童丱須知。四庫底本今藏北京大學圖書
館,有繆荃孫跋,其《藝風藏書記》卷六著録道:"鈔本極舊,内
有塗乙,是修四庫書時館臣手筆,惜官印在首册,已失去矣。
缺後五卷。"

　　乾隆四十二年(一七七七),會稽繼錦堂有刻本,今南京
圖書館、浙江省圖書館有藏本。按施宿《會稽志》卷一八曰:
"繼錦鄉在嵊縣,以史氏所居得名。先是,史屯田綸登科,至
其侄中大安民、子兵部侍郎、叔軻繼以科名顯。"故繼錦堂刻
本,乃史氏家刻本。光緒二十六年(一九〇〇),鄞縣史氏有
木活字本,今國家圖書館、上海圖書館及北大圖書館有藏本。

此外，今南京圖書館、湖北省圖書館各藏清鈔本一部（湖北本有史及義校）。各本皆相沿闕卷第四十四。

《全宋詩》用影印文淵閣《四庫全書》本爲底本，輯得佚詩十首。《全宋文》底本同，輯得佚文二十六篇。

大隱居士詩集二卷　　鄧紳伯集

鄧　深　撰

鄧深，字資道，一字紳伯，湘陰（今屬湖南）人。紹興進士。歷通判郴州，知衡州，官終朝散大夫。晚年家居，構軒曰大隱，因號大隱居士。其集宋人未著録，原本久佚，又未見舊本序跋，編刊情況不詳。今傳乃大典本。《四庫提要》曰：

> 按《鄧紳伯集》散見《永樂大典》中，裒輯排纂，尚得二卷。然原本不著其名，亦不著年代，諸家目録皆不載其書。惟集中有《游羅正仲磬沼分韻》詩，題曰“深得一字”。又有《諸人集貧樂軒賞花分韻》詩，題曰“深得把字”。則其名當爲鄧深。

以下館臣據《永樂大典》引《古羅志》等考證其事跡，謂鄧深“有文集十卷”，又謂深“宦遊所歷”，與集中所述“一一相符，則此集爲鄧深所撰審矣”。館臣所考允當，可謂有功於鄧氏。《提要》又曰：

> 黄虞稷《千頃堂書目》載有元《鄧大隱居士詩集》，此集中《答杜友詩》有“小軒名大隱”句，又有《自賦大隱》一

律，與之相合。然核其詩句標題，實宋人而非元人。或大隱即深別號，《大隱居士詩集》即此集之别名，虞稷等輾轉傳寫，誤宋爲元，亦未可知也。

考《文淵閣書目》卷一〇著録"《鄧大隱居士詩》一部一册，闕"，亦誤排爲元人。《四庫總目》據大典本著録爲《鄧紳伯集》，而鈔入四庫本時，又改題爲《大隱居士詩集》。由庫本而出之汪家聲刊本及《宋人集》甲編本從之。

《全宋詩》用影印文淵閣《四庫全書》本爲底本，輯得佚詩十七首。

雲莊集五卷

曾　協　撰

曾協（？——一一七三），字同季，南豐（今屬江西）人，肇孫。以蔭入仕，歷臨安通判，知吉、撫、永三州。慶元元年（一一九五），傅伯壽作《雲莊集序》，稱"公卒之二十八年，公之子今直敷文閣、福建轉運副使炎輯公之文爲二十通"。《四庫提要》曰："考劉禹錫作《柳宗元集序》，稱一卷爲一通，則原集蓋二十卷。"宋人書目未著録。

明《文淵閣書目》卷九著録"曾協《雲莊集》一部四册，全"。《内閣書目》卷三曰："曾同季《雲莊集》四册，全，……凡二十卷。"是原本明末猶存。《千頃堂書目》卷二九著録"二十八卷"本，與二十卷之數不合，不詳何故。此集别無傳本，疑黄氏誤録。

原本後皆亡佚，今存乃大典本。《四庫提要》曰：“今傳於世者，惟《詠芭蕉》一詩，僅見陳景沂《全芳備祖》中，他不概見，則其亡已久矣。今捃拾《永樂大典》所載，以類編次，尚得五卷。又得傅伯壽序一篇，一並録入。”《四庫全書》收録大典本，卷目編次爲：卷一，賦、詩；卷二，詩；卷三，表、啟；卷四，銘、辨、書、序、記、書後；卷五，行狀。民國九年（一九二〇），胡思敬以丁氏八千卷樓傳鈔四庫本刊入《豫章叢書·九宋人集》，有校勘記。日本静嘉堂文庫藏有文瀾閣傳鈔本，見《静嘉堂秘籍志》卷三六，陸心源《儀顧堂題跋》卷一二有跋。

《全宋文》用《豫章叢書》本爲底本。《全宋詩》用影印文淵閣《四庫全書》本爲底本。

【參考文獻】

傅伯壽《雲莊集序》（影印文淵閣《四庫全書》本《雲莊集》卷首）

唯室集 四卷

陳長方　撰

陳長方（一一〇八——一一四八），字齊之，長樂（今屬福建）人。紹興八年（一一三八）進士，從王蘋游，隱居鄉里，研窮經史以教學者，世稱唯室先生。今傳所著《步里客談》二卷。乾道戊子（四年，一一六八）十月，胡百能作《陳唯室先生行狀》（四庫本《唯室集》附録），謂長文“有文集十四卷”。同年十一月，唐璟又作《唯室集序》，略曰：

> 雖其平生應用之文，亦不苟出，率多有德之言。凡有所作，又爲人持去，所存者寡。及其孤哀而集之，僅得二百篇而已。將鋟木以廣其傳，故予爲序之。

則集乃著者之子所哀輯，原爲十四卷，當刊行於乾道四年後不久。宋人書目未著録，蓋流布不廣。

明《文淵閣書目》卷九著録“陳齊之《唯室文集》一部三册，全”。《内閣書目》卷三同，稱“凡十四卷”。《千頃堂書目》卷二九著録《唯室先生文集》十四卷。蓋原本明末猶存，後失傳。今存乃大典本，四庫館臣就《永樂大典》各韻下“掇拾殘闕，僅得文五十五首，詩三十九首，勒爲四卷，而以他人所作銘狀記序附録於後，以備稽考”（《四庫提要》）。乾隆四庫館底本，今藏臺北“中央圖書館”，有墨校。大典本録入《四庫全書》，卷目編次爲：卷一，論、札子、表、啟；卷二，序、傳、記、書、題跋；卷三，雜文、贊、銘、祭文、墓誌；卷四，詩。末爲附録，編爲卷五。文淵閣四庫本嘗影印入《四庫全書珍本初集》。中國社會科學院文學研究所藏有李氏宜秋館鈔本，由四庫本出，有“增輯”一卷。

《全宋文》用影印文淵閣《四庫全書》本爲底本。《全宋詩》失收。

【參考文獻】

唐璟《唯室集序》（影印文淵閣《四庫全書》本《唯室集》卷首）

方舟集二十四卷

李　石　撰

　　李石（一一〇八——一一八一），字知幾，號方舟，資州銀山
（今四川資中銀山鎮）人。紹興二十一年（一一五一）進士，爲
成都户曹參軍。召爲太學博士。出主成都石室，閩、越之士
萬里來學。其集未見宋人序跋，今本（《永樂大典》本，詳下）
《方舟集》卷一《次牟朝佐見贈韵》末二句曰：“他日仇池書，爲
記小有洞。”原注：“朝佐爲石編類拙稿十卷甚有力，故卒章及
之。”但全書編刊者不詳，牟朝佐事跡亦無考。陳氏《解題》卷
一八著録道：

　　　　《方舟集》五十卷、《後集》二十卷，資陽李石知幾撰。
　　石有盛名於蜀，少嘗客蘇符尚書家。紹興末爲學官，乾
　　道中爲郎，歷麾節，皆以論罷。趙丞相雄，其鄉人也，素
　　不善石，石以是晚亦困，其自叙云“宋魋魯倉今猶古”也。

《通考》卷二四〇同。

　　明《文淵閣書目》卷九著録“李知幾《方舟集》一部四册，
全”，而《内閣書目》已無其目。原集蓋散佚於明中葉，今存乃
大典本。《四庫提要》曰：

　　　　從《永樂大典》采掇編次，猶可得十之六七。……謹
　　以類排比，編爲詩五卷，詞一卷，文十二卷。又浙江採進
　　遺書中有石所撰《易十例略》《互體例》《象統》《左氏卦
　　例》《詩如例》《左氏君子例》《聖語例》《詩補遺》諸篇，皆

題門人劉伯龍編，而帙首一行乃標曰《方舟先生集》。勘
驗《永樂大典》所録，經説諸篇與浙江本無異，而其前冠
以《方舟集》字亦與浙江本同。蓋本附入集中，後全集散
亡，僅存此經説。今仍別爲六卷，附之於後，以還其
舊焉。

乾隆翰林院鈔本，今藏國家圖書館，僅存九卷。大典本録入
《四庫全書》，文淵閣四庫本曾影印入《四庫全書珍本初集》。
其卷目編次爲：卷一，賦、詩；卷二至五，詩；卷六，詩餘；卷七，
奏議、札子、表、狀、策問；卷八、九，論；卷一〇，書；卷一一，
記；卷一二，啟；卷一三，辯、説、題跋、簡；卷一四，銘、贊、疏
文、偈、祝文；卷一五至一七，墓誌銘；卷一八，雜著；卷一九，
周易十例略；卷二〇，左氏卦例；卷二一至二三，左氏詩如例
（上、中、下）；卷二四，左氏君子例。則除經説外，今存各體文
實止十八卷，較陳氏所録《前》《後》兩集七十卷來，遠無所謂
"十之六七"。今上海圖書館、南京圖書館等尚藏有清鈔本，
皆二十四卷，並爲傳鈔四庫本。

　　《全宋文》《全宋詩》俱以影印文淵閣《四庫全書》本爲底
本。《全宋文》輯文三十一篇，《全宋詩》輯詩十一首。

莆陽知稼翁文集十二卷

黃公度　撰

　　黃公度（一一〇九——一一五六），字師憲，號知稼翁，興化
軍莆田（今福建莆田）人。紹興八年（一一三八）進士第一，除

秘書省正字。秦檜當國，坐譏切時政，出判肇慶府，終考功員外郎。龔茂良《黃公行狀》、林大鼐《黃公墓誌銘》（並見本集末附），皆謂公度有文集十一卷。其嗣子黃沃慶元二年（一一九六）跋其集道：

> 先君在時號知稼翁，文成輒爲人取去，故笥所存，塗乙之餘，纔十一卷。沃於暇日泣而次之，名之曰《知稼翁集》，已刊於家塾，今復刊於邵陽郡齋，而求序於年家父執者，成先志也。

所謂"年家父執"之序有二，一爲慶元二年洪邁作，即序邵陽郡齋本；一爲乾道七年（一一七一）仲秋陳俊卿所作，當序家塾刊本。兩序皆云十一卷，則兩刻所收詩文數蓋大致相同。

陳氏《解題》卷二一"歌詞類"著錄《知稼翁集》一卷，曰：

> 考功郎官莆田黃公度師憲撰。紹興戊午大魁。坐與趙忠簡（鼎）往來，得罪秦檜，流落嶺表。更化召對爲郎，未幾死，年財四十八。

《通考》卷二四六同。此是其詞集。《四庫提要》謂"《書錄解題》載公度集十一卷"。按書前《提要》原謂《文獻通考》載，蓋總纂官改作《解題》；今考兩書皆僅著錄詞集，館臣並誤。

《宋志》著錄《莆陽知稼翁集》十二卷，乃前述慶元二年邵陽郡齋本刊成後，再刊詞集於其後。今按《宋人集》本（據影宋慶元本刊，詳後），《知稼翁詞》有黃沃《題記》，曰："慶元乙卯（元年）假守邵陽，逾年，謹刊《知稼翁集》於郡齋，並以詞一卷係其後。嘉平之月，其日戊午，沃謹識。"詞卷末又有黃沃跋，稱"此詞近方搜拾，未得其半，姑録而藏之，以傳後裔"，時爲淳熙十六年（一一八九），在撫州通判任。詞卷前猶有曾丰序,亦作於淳熙十六年,稱黃沃得其父所作樂章於臨川人士,而"不憚刊之木"。由上引可睹始末:黃沃於淳熙末始搜得其父所作詞集,遂在臨川(即撫州)付梓單行;慶元初知邵州,將乾道間家塾所刊文集重刊於郡齋,再以臨川所刊詞集合刊於文集之後,故洪邁序在述文集十一卷之後,又言及"樂府詞章"。之所以如此,蓋宋人文集一般不收詞之故。因邵陽本未將兩種通爲編卷,故不計詞集爲十一卷,計之則十二卷。《宋志》既著録爲十二卷,當即計詞集之慶元本。

明末毛氏汲古閣刊《宋名家詞》所收,即源於此本。

明《文淵閣書目》卷九嘗著録"黃師憲《知稼翁集》一部三册,闕",至《内閣書目》已無其目。但傳本民間尚存。天啟五年(一六二五),裔孫黃崇翰重刊《知稼翁集》,跋略曰:

> 丙午歲(萬曆三十四年,一六〇六),先司空任翰撰,司徒君辦公任文選,有陝中謁選人持是集贄,册有御印,蓋前朝秘府流落人間者。……乙卯(萬曆四十三年),考以官洗謫倅衡州,刻於衡。壬戌(天啟二年)倭變,板復毀,乃就榕城陳環江公索回一部,崇翰等謄較多年,邇姪孫鳴俊自會稽寄俸四金,遂圖命梓。

據跋所述,天啟本之前,尚有萬曆衡州刻本,而衡州本所用底本乃所謂前朝秘府藏本,即文淵閣本。衡州本今唯浙江大學圖書館著録一部,爲黃廷用刊,乃孫氏舊物,即《增訂四庫簡目標注·附録》孫詒讓所謂"余家有明刻十二卷本"者也。該本文集十一卷,詞一卷,每半葉十行,行十八字,白口,左右雙邊。據衡州刻本,知底本(秘府本)應爲宋慶元本,故有詞。天啟重刊本每半葉九行,行二十字,白口,四周單邊,題"宋尚書考功員外郎黃公度著,知邵州軍事借紫男沃編,新泉州惠安縣主簿孫處權校勘，明廣東按察司僉事十一世孫廷宣、工部右侍郎十一世孫廷用重校"（參《中國善本書提要》）。是刻與衡州本之明顯區別，是僅分上下二卷（包括詞）。《藏園群書經眼録》卷一四著録舊寫本《莆陽知稼翁集》上下卷，傅氏按曰："宋本爲十一卷（祝按：傅氏所指黄處權本有詞，應云通十二卷），其文字次第均與此同，附録亦同。蓋十一卷者處權刊於泉州，此則廷用所刊，併爲二卷也。"《四庫提要》曰："（天啓本）併詞集合爲一編，僅一百三十四首，分爲上下二卷，似不足十二卷之數，豈尚有遺佚歟？"今據傅氏按語並對校兩本，實無遺佚，黄崇翰跋亦不言底本殘闕。在宋代，子孫收拾先人遺稿，類多廣其卷帙以誇富；天啓付梓時之所以合併，除受當時風氣（多改編舊本）影響外，蓋即嫌其篇什少而卷帙繁也。又，明代翻刻本署"知邵州軍事借紫男沃編，新泉州惠安縣主簿孫處權校勘"，而影宋本僅間於卷末題"孫迪功郎新泉州惠安縣主簿處權校勘"一行，當是翻刻時更其原有署銜，而底本殆即黄沃邵陽郡齋刻本，黄處權不過助其父任校勘而已。傅氏以爲乃"處權刊於泉州"，恐非。據著録，天啓本大陸庋藏十餘部，臺北"中央圖書館"藏有二部。《四庫全書》即著録天啓本。清道光九年（一八二九）又有重刻本，今有著録。

　　民國九年（一九二○），李之鼎據徐乃昌所藏影宋鈔本刊入《宋人集》乙編，李氏跋曰：

　　　　此集原分十二卷，卷七以前爲詩，八卷至十一卷爲文，末卷爲詞，後有附録，乃景宋鈔本也。每葉二十行，行十八字，卷末間有其孫處權銜名校勘一行，實爲宋刊原式。

《宋人集》本於卷末增校勘記，原注曰："用傳鈔庫本初校，又以文津閣庫本重校二次。"李氏又跋曰：天啓本與四庫本"詩文次序雖無大異,惟中有全句及數十字彼此互異者。蓋宋時已有二刻本,一刊於家塾,一刊於邵陽,見師憲子沃跋中。處權所刊,殆家塾之本歟"。此説誤。家塾本無詞,萬曆底本有詞,不出於家塾本甚明。至於文字互異,除庫本以違礙擅改外,蓋天啟本亦未免臆爲改補,明人風氣乃爾,未必版本不同。

宋刊兩本皆久已失傳,徐乃昌影宋本由何而來,今不詳(《皕宋樓藏書志》卷三八亦著録影宋本十二卷,後歸静嘉堂文庫)。《宋人集》本大體尚佳,若再校以萬曆本(即衡州本),則是集整理遂臻完善。

《全宋文》用《宋人集》乙編本爲底本。《全宋詩》以天啟本爲底本。

【參考文獻】

陳俊卿、洪邁《知稼翁集序》(影印文淵閣《四庫全書》本《知稼翁集》卷首,人各一序)

黄沃《知稼翁集跋》(同上卷末)

曾丰《知稼翁詞集序》(《宋人集》乙編本《知稼翁詞》卷首)

黄沃《知稼翁詞跋》(《四庫全書》本卷末)

黄崇翰《天啟重刊知稼翁集跋》(同上)

李之鼎《刊知稼翁集跋》(《宋人集》乙編本卷末)

九華集二十五卷

員興宗　撰

員興宗(?——一一七〇),字顯道,自號九華子,仁壽(今

屬四川）人。紹興二十七年（一一五七）進士，歷官著作郎、國
子編修、實錄院檢討。長於古文，《四庫提要》謂其"力追韓
柳"，"骨力峭勁"。在朝敢於盡言，終被斥逐以死。寶慶三年
（一二二七），李心傳序其集，略曰：

> 　　公没垂六十年，而心傳猥以非才，誤膺招聘，揭來成
> 府，訪別父兄，過公舊廬，低迴而不忍去。公之孫榮祖出
> 公遺稿示余，求爲之序。……始，公未仕時，屏居郡之九
> 華山，自號九華子，後人因以名其文。然傳於世者，視今
> 書纔十七，蓋猶有所避就。既歷五紀，而後全書出焉。

據是序，則前此當已有集行世，然非完帙，員榮祖所刊之稿方
全。榮祖蓋即在是年付梓。

是集不見於宋人書目。明《文淵閣書目》卷九著録"員興
宗《九華文集》一部八册，全"。《内閣書目》卷三同，曰"李心
傳序，凡五十卷"。五十卷當即員榮祖原槧本，焦氏《國史經
籍志》卷五著録同。

秘閣本後散佚，今存乃大典本。《四庫提要》曰：

> 　　其集見於焦竑《國史經籍志》者本五十卷，乃寶慶三
> 年其孫榮祖所編，興宗弟夢協（祝按：今庫本作"典寅夢協"，
> "典"當是"興"之訛。其弟名興寅字夢協）、井研李心傳俱爲之
> 序。明以來久佚不存。今檢勘《永樂大典》所録，摭拾詮
> 次，釐爲詩六卷、雜文十五卷，又《論語解》《老子解略》
> 《西陲筆略》並《紹興采石大戰始末》各一卷，而原集所載
> 同時祭文可以互證興宗始末者，則別爲一卷附之於後。

録入《四庫全書》時，詩實際編爲四卷，雜文編爲十七卷，《論
語解》等四卷，附録不編卷，凡二十五卷。雜文十七卷（卷五

至卷二一)之卷目編次爲:卷五至七,奏議;卷八,表、策問;卷九至一一,策;卷一二、一三,書;卷一四,啟;卷一五、一六,小簡;卷一七、一八,論;卷一九,記;卷二〇,序、跋、銘、贊;卷二一,偈子、疏文、雜著、墓誌銘。較之《内閣書目》所載,大典本蓋僅得其半。大典本録入《四庫全書》,文淵閣四庫本民國時曾影印入《四庫全書珍本初集》。

《全宋文》用影印文淵閣《四庫全書》本爲底本,輯得佚文三十四篇。《全宋詩》底本同,所輯佚詩僅四首。

【參考文獻】

李心傳《九華集序》(影印文淵閣《四庫全書》本《九華集》卷首)
員興寅《九華集跋》(同上)

梅溪先生文集五十四卷

王十朋　撰

王十朋(一一一二——一一七一),字龜齡,號梅溪,温州樂清(今屬浙江)人。紹興二十七年(一一五七)進士第一。孝宗時歷國史院編修、起居舍人、侍御史等。詩文剛健曉暢。汪應辰《王公墓誌銘》(《梅溪後集》附録,又《文定集》卷三三)曰:"公有《梅溪》前、後集五十卷。"劉珙《梅溪集序》(乃朱熹代作)略曰:

> 及來守建康,則公歿幾十年,而其子聞詩適官府下,相與道舊,感慨歔欷。一日,出公遺文三十二卷,屬予序之。

又作者次子王聞禮《梅溪集跋》稱:

> 先君文集,合《前》《後》並《奏議》五十四卷。紹熙壬
> 子(三年,一一九二),聞禮鋟木江陵,歸藏於家。

以上所述,凡五十卷、三十二卷、五十四卷三本。卷數各殊,
後莫能詳。《四庫提要》論之曰:

> 《文獻通考》作《梅溪集》三十二卷,《續集》五卷,並
> 載劉珙之序。今無此序(祝按:文淵閣四庫本有劉序),卷數
> 更多寡不符。應辰《墓誌》則稱《梅溪》前、後集五十卷,
> 與此本亦不相應。疑珙所序者初稿,應辰所志者晚年續
> 增之稿,而此本(指所著録之明刻五十四卷本)則十朋没
> 後,其子聞詩、聞禮所編次之定稿也。觀應辰稱《尚書》
> 《春秋》《論語》《孟子》講議皆未成書,而此本《後集》第二
> 十七卷中載《春秋》《論語》講議數條,則爲蒐輯續入
> 明矣。

館臣恐係臆説。今按《墓誌》作於著者逝世之當年,而劉珙作
序在"殁幾十年"之後,何能以其卷數少於《墓誌》,即爲"初
稿"? 五十卷本爲前、後二集,載於墓誌,蓋作者生前手定。
至於三十二卷本,竊以爲即《梅溪後集》。考陳氏《解題》卷二
二著録《梅溪奏議》三卷,殆聞詩將《後集》釐爲二十九卷,再
與《奏議》三卷合編;或《後集》仍爲二十七卷,加《奏議》三卷,
另兩卷爲《日記》(集中有《日記》,見下文引明人著録)。三十
二卷中有奏議,可從劉序得到明證。序謂"所言者莫非修德
行,任賢討軍之實",又特別稱其"論事取極己意"云云,顯然
是指集中奏議而言。此本明末猶存,《絳雲樓書目》卷三著
録,注曰:"集三十二卷,朱晦翁(熹)序,泉州板刻。"後失傳。

王聞禮在江陵所刻五十四卷本,從明秘閣本可知其結構。按明《文淵閣書目》卷九著録"王龜齡《梅溪文集》一部十四册,全"。《內閣書目》卷三曰:"《梅溪先生文集》,宋王十朋著。《前集》二十卷四册,《後集》三十卷八册,奏議一册,日記一册。"又卷五著録"《梅溪先生奏議》一册,全。……其子營田使聞禮序"。秘閣本當即王聞禮刊本,《前》《後》集爲五十卷,則奏議、日記應爲四卷,方符聞禮跋所謂"合《前》《後》并《奏議》五十四卷"之語。聞禮刊本殆仍依《前》《後》集五十卷之舊,奏議不在其內。各家著録之所以卷數參差,蓋主要在奏議、日記編入與否。至於《內閣書目》所録之《梅溪先生奏議》一册,疑是集外單行之本,或集本殘餘之零册。

陳氏《解題》卷一八著録稱"《梅溪集》《續集》五卷,……正集未有"(此據元鈔本,《續集》詳下)。則陳氏既無《前集》,亦未見《後集》,故雖標《梅溪集》之名,而缺注卷數。《通考》卷二四〇著録《梅溪集》三十二卷,引陳氏語,而改"正集未有"爲"劉珙作序"。然劉序之三十二卷本,恐非"正集"全帙。至於《解題》所謂"《梅溪續集》五卷",乃真德秀編刊,真氏《梅溪續集跋》曰:

慶元中,某竊第來歸,鄉之儒先楊君明遠出一編曰《南游集》(祝按:此本《宋志》著録爲二卷,又《後集》一卷,蓋收一時之作),以示某曰:"此永嘉詹事王公之所作也。"某時尚少,未悉公行事本末,然嘗誦晦菴先生所爲《梅溪集序》,則已知公爲一代正人矣。……嘉定丁丑(十年,一二一七)蒙恩假守,獲繼公躅於四十七年之後。……集板藏之郡齋,歲久浸或刓缺,屬議刊整,而郡士林君彬之爲某言,公《勸農》《戒訟》等文猶有未見於集者,而公之孫夔通守蒲中，亦出公書問三十餘通，皆在泉時作，……因並刻之，命曰《梅溪續集》，使來者得以覽觀焉。

此跋作於嘉定己卯(十二年)，較王聞禮刊五十四卷本晚二十餘年。此本《絳雲樓書目》卷三著錄，陳注曰："《梅溪續集》，亦泉州刻，真西山跋。"《續集》有補遺之功，惜散佚不傳。

明人著錄除前引內閣目外，《萬卷堂書目》卷四著錄《梅溪集》四十九卷，《澹生堂藏書目》卷一三亦爲四十九卷，稱"《前集》二十卷、《後集》二十九卷"，據其卷數，疑是明正統本。其他如《脈望館書目》《行人司書目》著錄《梅溪文集》十本，《世善堂藏書目錄》卷下爲"《王梅溪集》五十四卷(《會稽三賦》在內)"，版本不詳。唯《徐氏家藏書目》卷六爲五十卷本，疑出於宋刊《前》《後》集。

宋槧傳至明初，已頗難得。正統間，溫州守劉謙、府學教授何澥等重刊之，黃淮作序，略曰：

> 文集舊嘗鏤板，歲久寖廢。郡之前太守何公文淵訪於其家，得錄本若干卷，殘缺錯亂，不可緝理。會陞除侍郎而去，然其心未嘗忘也。未幾，前御史劉公謙繼守是郡，旁求博訪，乃得其刻本於黃巖士族蔡玄之家，命郡學教授何澥重加訂正，鳩工刊刻，用廣其傳。

時在正統五年(一四四〇)。何文淵作《後序》，亦詳述訪本校刊經過。所謂蔡玄之家藏本，當即宋江陵刻本，故正統本實即重刻宋本而又有所改編(詳下)。《天祿後目》卷一八嘗登載正統本二部，今大陸館藏似闕，唯臺北"中央圖書館"著錄一部。

天順六年(一四六二)，溫州知府周琰以劉謙等所刻遺漏朱熹代作之序，故爲“表而冠諸卷端”，有跋。今揣其理，恐並非劉謙遺漏，而是朱序乃爲《後集》而作，王聞禮刊全集五十四卷時蓋未之採；而周氏以其“冠諸卷端”，意在尊朱子，其實不當。周琰補刊本，後稱天順重修本，今大陸及臺灣各圖書館猶著録三十餘部，日本静嘉堂文庫、京都大學亦有藏本。是刻共五十四卷，“凡《奏議》五卷，而冠以《廷試策》；《前集》二十卷，《後集》二十九卷，而附以汪應辰所作《墓誌》”（《四庫提要》）。每半葉“十一行二十一字，黑口，四周雙闌，題‘教授建昌何濂校正’”（傳氏《經眼録》卷一四）。《四庫總目》著録正統本，《提要》稱無劉珙序，當是正統原刻本，而鈔録時實際所用乃天順本，故仍有劉序（四庫底本今藏國家圖書館）。《四部叢刊初編》亦據天順重修本影印，卷目編次爲：

　　《奏議》五卷：卷一，廷試策；卷二至五，札子。

　　《梅溪前集》二十卷：卷一至一〇，詩；卷一一，賦、銘、贊；卷一二，論、上舍試策；卷一三，問策；卷一四、一五，策問；卷一六，書；卷一七，序、記；卷一八，青詞、疏文、祭文；卷一九，雜著；卷二〇，行狀。

　　《梅溪後集》二十九卷：卷一，賦；卷二至二〇，詩；卷二一，表狀、笏記、疏文附（按：卷中有六篇辭免狀有題闕文，又闕疏文）；卷二二、二三，啟；卷二四，小簡；卷二五，手札；卷二六，記；卷二七，雜文、經筵講義、小學講；卷二八，祝文、祭文；卷二九，墓誌銘。

　　前引《内閣書目》所述五十四卷本結構與此異，疑底本《後集》闕一卷，又闕《日記》一册，只得將《奏議》擴編爲五卷，以牽合五十四卷之數。故正統本雖卷數與王聞禮本同，恐内涵已非原本之舊。

　　傅增湘嘗藏有翻刻劉謙本，"行款版式與正統劉謙本全同，惟《後集》卷二十五版心誤標卷二十六，以下逐卷版心卷次均後移一卷，卷二十九作卷三十，然卷首標題固未嘗誤也。各卷首亦有何瀾校正一行"（《藏園訂補邵亭知見傳本書目》）。傅氏僅著録其爲"明刊本"，刊於何時殆不可考。

　　《增訂四庫簡目標注》謂是集尚有正德刊本；《續録》又稱有元刊本，"行款與正德本同"，然俱久無著録，未知所據。今唯吉林省圖書館著録嘉靖元年（一五二二）刊《王忠文公集》二十七卷，未見，不詳是否完帙。

　　清雍正七年（一七二九），知樂清縣事唐傳鉎重編重刊《梅溪集》，王鶴齡任讎校。底本爲徐鼎來所得舊本，當即明天順重修本（有該本序跋）。唐氏打破原本分集體例，重新以類編次。其《凡例》第二條曰：

　　　　舊刻渙散錯雜，今彙編爲五十卷。廷試策、奏議係
　　　公書思對命之章，仍爲前列；次以表狀、論説、策問，皆學
　　　識經濟之大者；又次以序、記、誌銘文；又次以書啟、題
　　　跋、雜著；然後次以詩及賦。俾井然有條，不復有渙散錯
　　　雜之病。

改編本書題爲《宋王忠文公文集》，凡五十卷，前有徐炯文編《年譜》一卷，目録四卷。天順本未收之《會稽三賦》一並收入，其中《會稽風俗賦》有周世則、史鑄注，單獨爲一卷。改編本已不存宋編原貌，但無"渙散"之病，便於閲讀；然其編排次序，即所謂"大者"、小者，乃封建時代之政治標準，不足爲訓。雍正本今國家圖書館、北大圖書館等凡著録七部，其中溫州圖書館藏本有孫衣言校并跋。雍正本刊印清整，錯訛較少，不似天順本多俗字。

　　清末,雍正本屢被翻刻,廣爲流傳,計有:道光十二年(一八三二)重刻雍正本,今唯天津圖書館著録。同治十年(一八七一)重印雍正本,今江西省圖書館、蘇州大學圖書館著録。光緒二年(一八七六),温州梅溪書院再刻雍正本,今國内及日本皆有著録。民國時,上海掃葉山房有石印雍正本。

　　《全宋文》以《四部叢刊初編》本爲底本,輯得佚文二十五篇。《全宋詩》底本同,輯得佚詩二十首。

【參考文獻】

　　朱熹《梅溪集序》(《四部叢刊初編》本《梅溪先生文集》卷首)

　　王聞禮《梅溪集跋》(同上卷末)

　　真德秀《梅溪續集跋》(影印文淵閣四庫本《西山文集》卷三四)

　　黄淮《正統本梅溪集序》(《四部叢刊初編》本卷首)

　　何文淵《正統本梅溪集後序》(同上卷末)

　　周琰《跋天順補刊朱熹序》(同上卷首)

　　王斂福、黄復傳、唐傳鉎《雍正刊宋梅溪王文忠公文集序》(雍正本卷首,人各一序)

　　王鶴齡、徐炯文、林培《雍正刊宋梅溪王文忠公文集跋》(同上卷末,人各一跋)

會稽三賦注一卷

王十朋　撰　　周世則、史　鑄　注

　　王十朋紹興二十七年(丁丑,一一五七)榮登狀元第,高宗特添差爲紹興府僉判,作《會稽風俗賦》《民事堂賦》《蓬萊閣賦》，合稱“會稽三賦”，編於明正統、天順本《梅溪集》後集卷一，僅《會稽風俗賦》有周世則注，另兩賦無注。宋代猶有《賦注》單行本，三賦皆有注。嘉定丁丑（十年，一二一七），郡人史鑄對周注不甚滿意，又以另二賦缺注，於是一並再注，序略曰：

> 竊惟《風俗》一賦，雖有剡溪周君之注，惟以表出山川事物爲意，而公之文章，以經史百家之言盤屈於筆下者，殊未究其根柢。暨《民事》《蓬萊》之作，其注又缺然無聞，遂使覽者惜其未備。鑄平日嗜公之文，至於成癖，由是不揆譾淺，輒皆爲之注。雖未必一一盡得公之本意，且以補周君遺闕。

史注本不詳刊於何時，宋人書目未著録。

明《文淵閣書目》卷九著録“王龜齡《會稽賦》一部一册，闕”。《會稽鈕氏世學樓珍藏圖書目》則著録“《會稽三賦》一卷，宋刊本”。《絳雲樓書目》卷三亦有其目。此類單行本，殆皆爲注本。宋槧猶流傳至今。今傳宋本有一卷（即不分卷）、三卷兩類，傅增湘《藏園群書經眼録》卷一四著録一卷本，述之曰：

> “三賦”者，首爲《會稽風俗賦》，題郯溪周世則注，郡人史鑄增注。次爲《民事堂賦》，次爲《蓬萊閣賦》，皆題愚齋處士注，即鑄也。三賦作於紹興丁丑官越簽幕時，不載《梅溪集》中，前有愚齋史鑄序，題嘉定丁丑，距作賦時正甲子一周。此書宋刻流傳有二本：一爲三卷，見於《莪圃題識》，今藏日本静嘉堂文庫，今鐵琴銅劍樓瞿氏所藏嚴充本正與之同；一爲不分卷，《楹書隅録》之季滄

葦本，丁氏《善本書目》之影寫本，道光丁酉（十七年，一八三七）杜春生之翻刻本及此本是也。杜氏、丁氏本皆云出於朱卧菴（之赤）所藏，今不知流轉何所。黃蕘圃生平所見四本，惟顧八愚一本尚藏海源閣中，然則此册可與南瞿北楊鼎足而立矣。

傅氏又記其本爲"大板心，半葉九行，每行十八九字，注三十至三十二字不等，注中有注。白口，左右雙闌。板心有'三賦'二字，上方分注大小字數，下方間記刊工姓名。左闌外有耳，記'風俗'、'民事'、'蓬萊'等字。增注用陰文別之。宋諱'廓'字缺末筆，更加墨圈。字仿歐體，雋秀可喜。間有補刊之版，則殊朴拙，然亦在宋、元間"。

一卷之宋本，今國家圖書館藏有二部。其中一部著録爲宋刻元修本，有缺葉，由顧廣圻從另一宋本影寫補足；另一部著録爲宋刻元、明遞修本。前本黃氏《百宋一廛書録》著録，謂該本"爲季滄葦（振宜）舊藏，又有'季寓庸珍藏書畫印'一，未知誰何"；黃氏有跋（在原書末葉），曰：

　　宋刻《會稽三賦》，余所見有三本，此本得諸東城顧八愚家，首尾皆有殘闕，每以無從補録爲恨。後於五柳居書肆見一本，印已糊塗，紙多裱托，因未購之，卒歸吾友顧抱沖。既訪得八愚之兄五癡亦有是書，遂假以對勘，其中缺葉俱可補録，爰取舊紙倩館師顧澗蘋手影足之。其第四十九葉係五癡本所重，丐主人贈余，頓成完璧，命工裝池。俟他日有更好於五癡本者，俾書中缺字一一補録，不亦快乎！嘉慶元年（一七九六）冬至前四日，棘人黃丕烈識。

顧廣圻《百宋一廛賦》所謂"愚齋增注之《三賦》"，即指此本。此本後爲楊氏海源閣所得，其《楹書隅録初編》卷二著録，謂"每半葉九行，行大十八字，小三十二三字不等。有'振宜家藏'、'滄葦'、'季寓庚珍藏書畫印'（祝按："庚珍"，《百宋一廛書録》作"庸珍"）、'士禮居'、'蕘圃卅年精心所聚'各印。《延令書目》《百宋一廛書録》皆著録"。所謂《延令書目》，即《季滄葦書目》，嘗著録兩本，曰："王十朋《會稽三賦》，一本宋板，又一本宋板。"

嘉慶十七年（一八一二），蕭山陳春據汪繼培影宋鈔一卷本刊入《湖海樓叢書》。道光十五年（一八三五），杜氏知聖教齋有單刻一卷本，今國家圖書館、南京圖書館著録，南圖本有沈宗昉、丁丙跋。民國十三年（一九二四），陶湘據宋刻一卷本影刊入《托跋廛叢刻》。

宋刊三卷本，亦嘗爲黃丕烈所得，有題識道：

> 宋本《會稽三賦》，往余所見有三本，一得諸顧八愚家，一見諸顧五癡處，（今歸潛研堂。）一見諸顧抱沖所。八愚、五癡爲昆仲，其兩本悉屬舊藏，若抱沖則得諸他處，非郡中物也。然皆大字，不分卷，每半葉九行，每行大十八字，小卅二三字不等，注中有注。此刻版式與前所見異矣。兹本首載史序，第一葉與《會稽三賦》第一葉誤倒，故印記反鈐於賦之第一葉，應正之。丙寅（嘉慶十一年）穀雨後二日，蕘翁識。（《蕘圃藏書題識》卷三）

黃氏本後爲陸心源所得，見《皕宋樓藏書志》卷三四，今藏日本靜嘉堂文庫。宋刻三卷本今國內未見著録，前引傅氏《經眼録》所稱鐵琴銅劍樓藏嚴充本，瞿氏《目録》卷一一著録，後不詳何在。

明代有重刻三卷本。《四庫總目》著録曹秀先家藏本，即明刊，今僅存底本之卷上，中、下二卷配舊鈔，每半葉十一行二十一字，大黑口，藏北京大學圖書館，見《木犀軒藏書書録》。《楹書隅録》謂以宋刻校勘明本，補正脱誤數百字，可知明刻之粗率。

明代後期，《會稽三賦》有新注本，限於本書體例，略述如次。《百川書志》卷二○曰"《會稽三賦》三卷，……明渭南南逢吉校注也"。今存嘉靖二年（一五二三）刻本，爲《會稽三賦校注》一卷，國家圖書館有著録。此本又有丁氏致遠堂刻本、彭富刻本，今國家圖書館均有著録。天啟元年（一六二三），凌弘憲刻套印本《會稽三賦》四卷、首一卷，除南逢吉校注外，增尹壇補注，陶望齡評，今國家圖書館、南京圖書館著録。又有朱啟元重刻本，今國家圖書館著録。入清，康熙五十九年（一七二○）刊有南逢吉注、清周炳曾增注之《王梅溪先生會稽三賦》四卷，今國家圖書館著録。

【參考文獻】

史鑄《會稽三賦序》（影印文淵閣《四庫全書》本《會稽三賦》卷首）

拙齋文集二十卷

林之奇　撰

林之奇（一一一二—一一七六），字少穎，號拙齋，侯官（今福建閩侯）人。紹興二十一年（一一五一）進士，累官校書

郎。與當政者持論不合，乞祠家居。卒，諡文昭。其學出於
呂本中，又授呂祖謙。姚同《拙齋林先生行實》（《拙齋集》附錄）
稱其著有《拙齋集》《觀淵集》。陳氏《解題》卷一八著錄《拙齋
集》二十二卷，《通考》卷二三九同。

　　其集元、明書目極少著錄，然宋本猶傳至後代，今殘存
四、五兩卷，藏上海圖書館。每半葉二十行，行十九字，版心
上記字數，下記刻工名。因序跋已佚，故原本編刊情況不詳。
民國二十二年（一九三三），曾將此殘本影印，今國家圖書館
有著錄。

　　除殘宋本外，今湖南師範大學圖書館尚藏有明刻本，亦
爲殘帙，存卷一、卷六至九、卷一三至一七、卷一九，凡十一
卷，何時何人所刊，莫可考。

　　幸清影宋鈔本完帙尚流傳於世，是集方免於湮没。南京
圖書館藏影宋本，著錄爲《拙齋文集》二十卷、拾遺一卷、附錄
一卷，乃丁氏書，《善本書室藏書志》卷三〇謂其出於文瑞樓，
文瑞樓從何本影寫不詳，蓋上述殘宋本清初尚完好。《四庫
全書》著錄鮑士恭家藏本，《提要》謂凡記問二卷、詩一卷、雜
文十七卷，末爲附錄。雜文十七卷，爲卷四至卷二〇，其卷目
編次爲：卷四，表；卷五，奏議；卷六，札；卷七至九，書；卷
一〇、一一，啟；卷一二、一三，史論；卷一四，策問；卷一五，
記；卷一六，序；卷一七，箴、銘、贊；卷一八，行狀、墓誌銘；卷
一九，祭文；卷二〇，雜著。後爲拾遺（兩書一序）一卷、附錄
（行實）一卷。四庫底本今藏上海圖書館，亦爲影宋鈔本。前
引《解題》著錄是書爲二十二卷，據影宋鈔本，知原刻本將正
集二十卷與拾遺一卷、附錄一卷通爲編次。

　　除影宋鈔本外，國家圖書館藏有清鈔本四册二十卷、拾

遺一卷，有“小山堂”、“萊陽張氏桐生藏書之印”等印記，見《中國善本書提要》，今存卷一至八。上海圖書館、遼寧省圖書館、湖南師大圖書館亦藏有清鈔本。陸心源藏舊鈔本，其《皕宋樓藏書志》卷八四著録，後歸日本静嘉堂文庫。

　　上述明刻以下各傳本中，唯卷三收詩二十九首，但存在真僞問題。《合肥師範學院學報》二〇一〇年第一期發表王開春先生《林之奇詩辨僞——兼論〈拙齋文集〉的版本源流》一文，發現該卷詩無一首爲林作，其作者實爲劉敞、王安石、狄遵度、王令、邵雍、文同、黃庭堅、張耒、邢居實、梅堯臣、沈遼、張舜民、郭祥正、謝逸、崔鷗、李彭，且皆取自《宋文鑒》卷三。該文又考《拙齋文集》版本源流，以爲宋刻本至明時蓋缺第三卷，書估遂取他人詩摻入其中，冒充全本。明刻據作僞之宋本翻刻，文瑞樓據作僞之宋本影寫，其他清鈔本則由明刻本鈔出。所考證據確鑿，推斷合理，學界亟宜採納。則現存《拙齋文集》二十卷，實止十九卷，其卷三乃僞作，應當删除。

　　《全宋文》用影印文淵閣《四庫全書》本爲底本，輯得佚文二十五篇。《全宋詩》底本同，所收集本詩二十九首乃僞作，其中三首編者已指出原作者爲文同，注謂“亦見”，未判斷是非。另輯得佚詩六首。

艾軒先生文集九卷

林光朝　撰

林光朝（一一一四——一一七八），字謙之，號艾軒，莆田

(今屬福建)人。隆興元年(一一六三)進士,歷國子祭酒兼太子左諭德、中書舍人兼侍講,以集英殿修撰知婺州。卒,諡文節。陳宓嘗爲其集作序,謂作者没後五十年,文集始傳於世。又曰:

> 初,先生從子成季哀其稿,不輕以示人。近族孫同叔搜羅略備,得詩文若干首,爲十卷。急於垂後,不暇求序於名公,猥以屬宓。

今存序文無年月,以卒年推之,當在理宗紹定(一二二八——一二三三)初。此爲宋刻十卷本。

宋代又有二十卷本,劉克莊爲序,略曰:

> 先生殁六十年,微言散軼。復齋陳公宓所序者,纔十之二三;外孫方之泰訪求哀拾,彙爲二十卷,勤於李漢、趙德矣。東陽范侯鎔欲鋟梓,會迫上印,不克就。毗陵張侯友慨然成之。

范鎔離任時,方大琮曾與之書,曰:"《艾軒先生文集》二十卷,近方編就。……閣下試開端於前,後之君子必且緒而成之。其書僭申呈,儻蒙電覽,發下郡庠置局,仍委先生外孫、新尤溪尉方之泰、國子進士方涓孫監視刊本,庶幾精實無誤。"(《與范卿守》,《鐵菴方公文集》卷一九)林希逸序鄱陽本(此本詳後),詳述是本編刊經過道:

> 先生平生既不著書,遺文僅數卷耳,殁五十年未有全稿。余同舍方君巖仲先生,外諸孫也,每相與扼腕此事。壬辰(紹定五年,一二三二)成進士,南還,余別之彙征,曰:"太史公遺書,今責在楊惲矣。"巖仲歸而求之,凡數年方克集,刊於莆。

劉序亦缺署年，然其謂"先生殁六十年"，林序謂方之泰"壬辰
成進士"，南還後"數年"方克集事，則莆田刊本當在理宗嘉熙
（一二三七—一二四〇）初。

上引林希逸序，又稱集刊於莆，"而四方學者未盡見也。
春來鄞，過象山，友人湯君伯紀（漢）相與語曰：'昔艾軒使東
廣，道饒之餘干，宿相嶺，有鄉耆儒李恕軒名興宗者，嘗侍先
生談一夕，至今吾里能傳艾軒之言。若以公之書鋟之鄞，邦
人之願也。'余喜曰：'是吾心也。'既成，將志以歲月"。時在
淳祐十年（一二五〇）。則二十卷本又有鄱陽（饒州）翻刻本。

宋季，林希逸將林光朝、林亦之、陳藻三人文集同時授
梓，稱《三先生文集》。明黃仲昭《未軒文集補遺》卷上《林亦
之陳藻列傳》述之曰：

> （理宗）景定（一二六〇—一二六五）中，（陳）藻門人
> 福清林希逸守莆，言其有道於朝，有旨並贈迪功郎。希
> 逸又就成山立祠，以祀光朝及亦之、藻，而并刻其遺文，
> 爲《三先生集》云。

明《文淵閣書目》卷九猶著録"《艾軒先生文集》一部二十
册，殘闕。《林艾軒文集》一部八册，殘闕"。兩本書名略有不
同，所謂二十册、八册，疑分別爲二十卷本、十卷本。至《內閣
書目》，僅有《艾軒文集》三册，不全。此外，私家如《萬卷堂書
目》卷四載《艾軒集》十卷，《徐氏家藏書目》卷六、《絳雲樓書
目》卷三著録二十卷本，當皆出於宋本，是刊是鈔不詳。合刊
宋本明初猶存，然已殘闕。《文淵閣書目》卷九著録道："《艾
軒三先生文集》一部二十册，殘闕。"又《內閣書目》卷三曰：
"《三先生文集》十五册，不全。一爲林光朝謙之著，曰《艾軒
集》，凡二十三卷，今闕第二、第四、第二十一、二十三卷；一爲

陳藻元潔著，曰《綱山集》，凡八卷；一爲林亦之學可著，曰《樂軒集》，凡十六卷，闕八卷。三先生皆閩人，劉克莊序刻。”按陳藻著《樂軒集》，林亦之著《綱山集》，此人名混誤。又《篆竹堂書目》卷三載“《艾軒三先生文集》三十册”，當猶完本。

　　無論十卷、二十卷或《三先生集》之宋槧，明代當皆傳世，然已罕覯，後俱散亡，今傳唯正德選刊本系統之本。

　　正德辛巳（十六年，一五二一），莆田尹雷應龍等欲重刊《艾軒集》，僅得傳録本；又以力不足以全刊，因屬鄭岳“擇其尤關係者先刻之，附以遺事，凡若干卷，非輒有去取也”，故以《艾軒文選》名之（鄭岳《艾軒文選後序》）。所謂“尤關係者”，當指尤與理學相關者。又有族孫林俊序，稱“梓文巖仲、伯紀也”。據前引，“巖仲”乃方之泰字，“伯紀”即林希逸友人湯漢，字伯紀。故知所得之本，當據宋鄱陽重刊二十卷本傳録。正德本刊成後仍名《艾軒先生文集》，凡十卷：卷一，各體詩；卷二，奏狀、札子；卷三、四，策問；卷五，記；卷六，啓；卷七，祭文；卷八，行狀；卷九，墓誌銘；卷一〇，附録（遺事、神道碑、祠堂記、謚議、祭文等）。每半葉十行十九字，白口，四周單闌，間有評語，今國家圖書館、上海辭書出版社、浙江省圖書館有藏本，又日本静嘉堂文庫、大倉文化財團、美國國會圖書館亦有庋藏。

　　《四庫總目》即著録正德本，而删其評語（詳《提要》）。文淵閣四庫本嘗影印入《四庫全書珍本初集》。清人傳鈔正德本，今國家圖書館等猶藏有數部。

　　正德刊本之後，明萬曆二十八年（一六〇〇），林兆珂嘗刻《林艾軒先生文鈔》，不分卷，每半葉八行二十字，白口，四周單邊，今僅浙江省圖書館著録。要之，是集經明人選刻，遂亡宋人原編之舊,雖集外佚文不少,尚難釋其憾。

　　《全宋文》用正德本爲底本,輯得佚文二十六篇。《全宋詩》底本同,輯得佚詩九首。

【參考文獻】

陳宓《(十卷本)艾軒集序》(正德本《艾軒先生文集》卷首)

劉克莊《(二十卷本)艾軒集序》(同上)

林希逸《鄱陽重刊艾軒集序》(同上)

林俊《正德刊艾軒集序》(同上)

雷應龍《跋正德本艾軒集後》(同上卷一〇末)

鄭岳《正德刊艾軒文選後序》(同上)

新刊嵩山居士文全集 五十四卷

晁公遡　撰

　　晁公遡(一一一六—?),字子西,號嵩山居士,又號箕山先生。鉅野(今屬山東)人,公武弟。紹興八年(一一三八)進士,歷通判施州,涪州軍事判官,乾道元年(一一六五)知眉州。官至兵部員外郎。乾道四年六月,嘉州州學教授門人師璿作《嵩山集序》,略曰:

　　　吾家傳甫從公游,間掇拾其詩文,凡一千餘篇。以世之學者爭欲得公所作讀之,而恨見之未博也,於是鋟之板以傳焉。……嘗窺公所謂《抱經堂稿》者,以甲乙分第,汗牛馬而充棟宇,傳甫之所得,殆笯中之豹,然已足

　　蓋一世矣。

師氏本當刊竣於乾道四年，集中以卷五二《程邛州墓誌銘》最
晚，作於乾道三年十一月。《四庫提要》謂是集“皆眉山以前
所作”，非是。是本雖非子西平生所作之全部，然後世所傳，
亦僅此編而已。

　　是集宋人書目未著録。明《文淵閣書目》卷九曰：“晁子
西《嵩山集》一部四册，殘闕。”至《内閣書目》無其目。然師氏
乾道間刊本，尚有殘帙流傳至今，據其目録，知原刻爲五十四
卷。殘帙爲常熟翁氏世藏，題《新刊嵩山居士文全集》，存四
十二卷，爲卷五至二五、卷三〇至三二、卷三七至五四，又目
録一卷。每半葉十一行二十二字，白口，左右雙邊。卷前有
師璿序。書中有明晁瑮、清葉國華、劉喜海等藏印，自劉氏散
出，即轉入翁氏收藏。據藏印，此本當爲晁氏家塾世藏之本
（參冀淑英《常熟翁氏世藏古籍善本叢書影印説明》，《文獻》一九九四年
第二期）。近年，上海圖書館用重金購回，現藏該館善本部。
又刊入《常熟翁氏世藏古籍善本叢書》，由江蘇廣陵古籍刊行
社出版，再製作編入“中華再造善本”。

　　宋以後，是集似别無刊本，唯以鈔本流傳，而現存鈔本亦
寥寥：國家圖書館著録兩部，上海圖書館著録一部，皆爲五十
四卷。國圖所藏一部爲清初鈔本，另一部爲清鈔本。上海圖
書館則爲彭氏知聖道齋鈔本。書題皆爲《新刊嵩山居士文全
集》，當源於宋本。宋人刊書，往往稱初版或重刻爲“新刊”、
“新開”之類，詳葉德輝《書林清話》卷一“刊刻之名義”條。

　　《四庫總目》著録《嵩山集》五十四卷，江蘇採進本，蓋爲
傳鈔本。卷目編次爲：卷一，賦；卷二至一四，詩；卷一五，表；
卷一六，牋、狀；卷一七至二六，啟；卷二七，樂語、口號；卷二

八,祭文;卷二九至三三,柬;卷三四至四四,札子;卷四五、四六,書;卷四七,序;卷四八至五〇,記;卷五一,雜著;卷五二至五四,傳、墓誌銘。

《全宋文》用影印文淵閣《四庫全書》本爲底本,輯得集外佚文二十篇。《全宋詩》底本同。

【參考文獻】

師璿《嵩山集序》(影印文淵閣《四庫全書》本《嵩山集》卷首)

盤洲文集八十卷

洪　适　撰

洪适(一一一七——一一八四),字景伯,一字景溫,號盤洲,鄱陽(今屬江西)人。紹興十二年(一一四二)中博學宏詞科,孝宗時累拜尚書左僕射、同中書門下平章事兼樞密使,未幾罷。卒,諡文惠。許及之《洪公行狀》(《盤洲文集》附録)曰:"有文集一百卷藏於家。"周必大《洪文惠公神道碑銘》(同上,又見《周文忠公文集》卷六七)則稱其"有《盤洲文集》八十卷",兩者互異。《四庫提要》以爲"及之所稱,其家藏之舊稿;必大所稱,乃其行世之刊本",其説當是。陳氏《解題》卷一八著録道:

《盤洲集》八十卷,丞相文惠公鄱陽洪适景伯撰。忠宣(洪皓)之長子。方奉使時,文惠甫十三歲,後與其弟遵同中壬戌宏博科。本名造,後改焉。又三年乙丑(祝按：紹興十五年），弟邁繼之，世號三洪。其自淮東總領入爲太常少卿，一年而入右府，又半年而拜相，然在位僅三閲月，爲林安宅所攻而去。嘗一帥越，閒居十六年而終。《通考》卷二四〇、《宋志》著録卷數同。

明《文淵閣書目》卷九著録“洪适《盤洲文集》一部十一册，闕”；又卷一〇載“洪适《天台石橋詩選》一部一册，完全”。《内閣書目》卷三曰：“《盤洲文集》十一册，全。……鈔本，凡八十卷。”《世善堂藏書目録》卷下著録《三洪集》，曰：“洪皓子适、遵、邁。原一百五十二卷，今鈔四卷。”《三洪集》不見宋人著録，殆洪偲犍爲郡齋刊本（詳下）。《絳雲樓書目》卷三登録“《盤洲集》十册”，陳注曰：“八十卷。”文集宋槧明代蓋猶有多本流傳。《天台石橋詩選》蓋選編天台石橋題詠詩，屬總集類，久已散亡，而宋刊文集今尚存一部，藏國家圖書館。原無序跋，其編刊情況不詳，前人鑒定爲蜀中刻本。傅氏《藏園群書經眼録》卷一四記之曰：

　　《盤洲文集》八十卷，宋洪适撰。宋蜀中刊本，十行二十字，白口，左右雙闌，板心下記刊工姓名，宋諱廓、敦皆爲字不成。歷經朱、項、徐、季、吕、宋、張諸家收藏，藏印記之如後：“華亭朱氏”（白）、“横經閣收藏圖籍印”（朱）、“項元汴印”（朱）、“子京父印”（朱）、“項墨林鑒賞章”（白）、“天籟閣”（朱）、“墨林山人”（白）、“項子京家珍藏”（朱）、“項墨林父秘笈之印”（朱）、“宋本”（朱）、“玉峰珍秘”（朱）、“乾學”、“徐健菴”（白）、“臣筠”（朱）、“三晉提刑”（朱）、“滄葦”（朱）、“張敦仁讀過”（朱）、“葆采私印”（白）、“善養堂印”（白）、“季振宜藏書”（朱）、“季振宜印”（朱回文）。

按《季滄葦書目》著録"宋魏國公洪适《盤洲集》八十卷,十二本",當即此宋本。《四部叢刊初編》二次印本,即據是本影印(初次印本用影宋鈔本),今頗易睹,爲通行善本。張元濟跋《四部叢刊》影印宋本,稱今世傳本並從該本出。計有詩十卷,内外制十四卷,詞科習稿、進卷四卷,賦、銘、頌、贊等一卷,記、序、碑、傳五卷,表、奏十七卷,啟十卷,題跋二卷,致語、上梁文等八卷,祭文、行狀、墓誌六卷,樂章三卷。附録後有"盤洲拾遺",存文三篇,影印者注曰:"前葉《轉運司乞移免折斛錢札子》,末字未完。按目尚缺《祭張侍郎文》一首,今留白葉以俟訪補。"

《四庫總目》著録毛氏汲古閣影宋本,《提要》稱"末卷拾遺札子第三篇,蠹損特甚",則汲古閣本殆即由上揭宋本影寫。是集清影宋鈔本及鈔本,大陸、臺灣各圖書館共藏十餘部。其中虞山毛氏影宋鈔本,今山東省圖書館著録。上海圖書館藏清初鈔本,有王士禎跋。彭氏知圣道齋鈔本,今湖南省圖書館、香港大學圖書館著録,前者有彭元瑞跋。南京圖書館藏道光二十七年(一八四七)鈔本,有方藱先校,等等。

嘉慶十八年(一八一三),宜黄洪氏三瑞堂有活字印本《盤洲文集》八十卷,附錢大昕編《洪文惠公年譜》一卷,今江西、湖北、遼寧三省圖書館及日本京都大學有藏本。道光二十九年(一八四九),涇縣洪氏刻《盤洲文集》八十卷,首一卷、末一卷(含拾遺、年譜等)。其底本,據彭元瑞乾隆丙子(二十一年,一七五六)跋,知是"從館中稿本録出,乃内府天禄琳琅所藏虞山毛氏影宋鈔本也"。又嘉慶十八年張敦仁跋,謂宜黄進士洪星焕向其出示彭氏鈔本,然"舛訛不可以授梓,乃從鄞邵氏假得宋鐫本,爲之鈔補目録,是正脱誤,並爲標識行頁，俾得依式繕寫，付諸剞劂，庶幾稍還舊觀”。又據朱琦序，洪氏繕本仍“魚豕雜亂，姑稍待。旋聞江右新鋟棃棗，琴西（洪汝奎）孝廉遽掉舟往，値宜黄同派貽成帙，歸而貯諸祠。戊申（道光二十八年，一八四八）秋，孌堂州倅瑞徵上舍掘之學博踵門捧書來，屬爲審覈，披册詳閲，知兩本或互訛，或并訛，紛如落葉，殆不勝掃。中惜多闕蝕，而刻本間能附益。鈔本遇明顯字，蒙亦偶加一二，餘則若《酒誥》之簡俄空焉”。道光本今國家圖書館、北大圖書館著録。同治間涇縣洪氏有二次刻本，洪汝奎撰校記一卷，今國家圖書館著録。同治、光緒間，涇縣洪氏又刊《晦木齋叢書》，收有是集。上述各本皆欠佳，以道光本略勝。

除《盤洲文集》外，洪适之孫偲又將其内外制十四卷與洪遵（文安）、洪邁（文敏）之制詞，編爲《三洪制稿》，刻於犍爲（今四川樂山）郡齋，魏了翁爲之序（見《四部叢刊初編》本《鶴山先生大全集》卷五一）。魏序缺署年，參其活動年代，當在寧宗時。《宋志》著録《三洪制稿》六十二卷，殆即犍爲刊本，已久佚。今存之宋蜀刻本《盤洲文集》既諱“廓”、“敦”，則應與《三洪制稿》刊板年代略同。疑《三洪制稿》《三洪集》皆洪偲在犍爲郡齋同時所刊，“三洪集”爲總名，《盤洲》乃其中之一集也。

《全宋文》用《四部叢刊初編》本爲底本，輯得佚文二十餘篇。《全宋詩》底本同，輯得佚詩四十一首。

【參考文獻】

張元濟《影印宋本盤洲集跋》（《四部叢刊初編》影宋本《盤洲文集》末附）

彭元瑞、張敦仁《盤洲文集跋》（道光二十年刻本《盤洲文集》卷首，人各一文）

朱珔《道光新刻盤洲集序》(同上)

朱珔《盤洲文集跋》(同上卷末)

海陵集二十三卷

周麟之　撰

　　周麟之(一一一八——一一六四),字茂振,泰州海陵(今江蘇泰州)人。紹興十五年(一一四五)進士,十八年中博學宏詞科。歷中書舍人、翰林學士兼侍讀,官終同知樞密院事。周必大嘗爲其集作序,略曰:

　　　　公薨,嗣子準哀遺稿得二十三卷,而内外制殆居其半,蓋久官於朝,故其他詩文因事而作者少,然温潤精切,鼎臠可知。向使天假公年,主盟斯文,則述作之富,雖至於百卷可。

序作於淳熙癸卯(十年,一一八三),不詳何時付梓,蓋即在是時或此後不久,方能著録於《遂初堂書目》。陳氏《解題》卷一八曰:

　　　　《海陵集》三十二卷,同知樞密院海陵周麟之茂振撰。乙丑進士,戊辰(紹興十八年)詞科。既執政,被命使金亮,辭行得罪,去。

《通考》卷二三九從之。《宋志》著録爲二十三卷。參之周必大序、《宋志》及今存本,《解題》"三十二卷"當爲"二十三卷"之書誤或刊誤。

明人唯《文淵閣書目》卷九載有"周麟之《海陵文集》一部四册，殘闕"，至《內閣書目》已不登録，蓋秘閣本已流散。世間傳本極罕。《四庫總目》著録汪如藻家藏本，二十三卷之外，另有《外集》一卷。《提要》辨《外集》道：

> 其中使金諸詩稱紹興己卯。考徐夢莘《三朝北盟會編》載，紹興二十九年，周麟之爲告哀使，蓋以韋太后事而行。……（在金必取悦金主，）而其詩誇宋詆金，與事實絶不相應。又前後《凱歌》三十首，虛張虞允文瓜州、采石僥倖之功，殊爲過實。詞句亦多鄙俚，不類麟之他詩。考之《宋志》，亦無"外集"之目。殆其子諱而削稿，後人又掇拾附存歟。

檢文淵閣《四庫全書》本，正集卷目編次爲：卷一，賦、詩；卷二，詩；卷三至五，奏議、奏札；卷六、七，表；卷八至一〇，啟；卷一一、一二，內制、樂章、致語；卷一三至二〇，外制；卷二一、二二，雜文；卷二三，碑銘，並無所謂"外集"。

日本靜嘉堂文庫藏有影寫宋刊本，正集二十三卷外有《外集》一卷（《皕宋樓藏書志》卷四、《靜嘉堂秘籍志》卷三六），則《外集》即便爲後人掇拾，亦當在宋代。傅增湘《周麟之海陵集跋》不贊同館臣之論，曰：

> 考《清波别志》，言"族叔同知《海陵集》已有墨本，然於內制不載批答。又《小官賞刑告詞》，語雖簡而切當功罪，最爲用功處。紹興復疆，除兩京留守，孟庚西京，路允迪南京，旋坐失守，皆貶責。後追復官職，適當草制，孟曰：'屬關中之事，初有望於蕭公；棄河上之師，尚何尤於高克。'路曰：'惟睢水之遺忠，始焉有愧；比李陵之失

節，終則爲多。'制出，士皆傳誦，今俱不載集中"云云。
今檢集中，實無此二篇，則今世所行，即出當時墨本
矣。……《提要》譏其《外集》所載《使金詩》《中原謡》《凱
歌詞》諸篇多諛頌失實。此南宋士大夫慨憤夷禍、渴望
恢復之言，與文達（紀昀）所處時代不同，要不足爲病也。

傅氏不贊同"削稿"、"附存"説，然《外集》究竟從何而來，仍是
待解之謎。

除上述四庫本、影宋本外，今南京圖書館、臺北"中央圖
書館"猶藏有清鈔本。民國九年（一九二〇），韓國鈞將是集
排印入《海陵叢刻》。

《全宋文》用影印文淵閣《四庫全書》本爲底本。《全宋
詩》收詩三卷，卷一、卷二底本與上同，卷三以《海陵叢刻》本
《外集》爲底本。

【參考文獻】

周必大《海陵集序》（影印文淵閣《四庫全書》本《海陵集》卷首）

傅增湘《周麟之海陵集跋》（《藏園群書題記》卷一四）

文定集二十四卷

汪應辰　撰

汪應辰（一一一八——一一七六），字聖錫，信州玉山（今江
西玉山）人，學者稱玉山先生。紹興五年（一一三五）進士第
一。忤秦檜，流落嶺嶠凡十七年。檜死還朝，官至吏部侍郎

兼翰林學士並侍讀，卒謚文定。陳氏《解題》卷一八著錄《玉山翰林詞草》五卷，《通考》卷二三九同。《讀書附志》卷下載《玉山先生表奏》六卷。然其有文集五十卷，既不見於宋人書目，亦不存宋人序跋，宋代編刊流傳情況無從稽考。《詞草》《表奏》蓋嘗於集外單行，已久佚。

　　至明代，汪氏文集方見著錄。《文淵閣書目》卷九載“汪應辰《玉山文集》一部十三冊，全”，《內閣書目》同，曰“凡四十三卷”。內閣完本應是五十卷，四十三卷而稱“全”，不詳何故，蓋檢視不愼。《萬卷堂書目》卷四著錄四十卷，《澹生堂藏書目》卷一三只有四冊十三卷，皆非完帙。

　　弘治癸丑（六年，一四九三），程敏政從秘閣選鈔之，跋曰：

　　　　玉山《汪文定公集》五十卷，舊有刻本，今亡，而秘閣獨存。嘗請閱之，力不足盡鈔也，手摘鈔爲十二卷如右。

嘉靖丙午（二十五年，一五四六），汪氏鄉人夏浚以程鈔本刊之，有《叙》，略曰：

　　　　此宋玉山汪文定公集也。全集五十卷，今亡，兹刻僅十二卷，蓋學士篁墩程公摘鈔自閣本者云，乃冠以廷試策，附以遺事若傳，總爲十四卷，雖不盡刻，然知言者足以知其人矣。……公先世自新安徙玉山，遂世爲玉山人。浚於公爲鄉後進，梓公之文，俾世有知公者，吾道世道，尚亦有賴哉。

嘉靖本今國家圖書館、上海圖書館、臺北“中央圖書館”及日本東洋文庫各藏一部。每半葉十行，行二十字，白口，左右雙邊。萬曆間，夏九州等有重刊本，每半葉九行十八字，今唯上海圖書館著録。除上述外，國家圖書館猶藏有清鈔本一部，有翁心存校并跋；遼寧省圖書館著録乾隆時鈔本一部。

由於明刊本非汪集全帙，而原集曾採入《永樂大典》，故清四庫館臣恨明本掛漏太多，即以夏刻本爲基礎，再據《永樂大典》輯補。《提要》曰：

> 《宋史·藝文志》載其集五十卷（祝按：今檢《宋志》僅著録《翰林詞章》五卷，"詞章"當即"詞草"之訛，未著録文集，館臣誤），明初已罕流傳。弘治中，程敏政於内閣得其本，以卷帙繁重，不能盡録，乃摘鈔其要，編爲廷試策一卷、奏議二卷、内制一卷、雜文八卷。嘉靖間，其鄉人夏浚刻之，又附以遺事、志傳等文凡二卷。今世所行，皆從程本傳録，不見完帙者已二三百年。今考《永樂大典》所載，爲程本不載者幾十之四五。蓋姚廣孝等所據之本，即敏政所見之内閣本，而敏政取便鈔録，所採太狹，故巨製鴻篇，多所掛漏。謹以浙江所購程本與《永樂大典》互相比較，除其重複，增所未備，勒爲二十四卷。較五十卷之舊，業已得其大半，計其精華，亦約略具於是矣。

館臣此舉，無疑甚有功於汪氏。大典本録入《四庫全書》，卷目編次爲：卷一至五，奏議；卷六，狀札、表；卷七，策論；卷八，制、敕書；卷九，序、記、説、銘；卷一○至一二，題跋；卷一三至一六，書；卷一七至一九，啟；卷二○，祝文、祭文、誌銘；卷二一至二三，誌銘；卷二四，詩、帖子詞。大典本又刊入《武英殿聚珍板叢書》。《叢書集成初編》據聚珍本排印。

陸心源嘗作《汪文定集跋》，稱二十四卷中"凡文四百五十六首，詩五十八首"，"較程本幾倍之"。然集外遺文尚多，陸《跋》又曰："愚案《播芳大全》卷一有《賀郡王冠禮表》一首，卷六《謝轉官表》一首，卷八《賀左丞相啟》一首，卷十《賀林侍郎啟》一首，卷十六《賀朱丞相帥紹興啟》一首，皆今本所未收也。"陸氏僅就《播芳大全》一書而論，其實除此書外，佚文猶夥。《全宋文》《全宋詩》均用影印文淵閣《四庫全書》本爲底本，分别輯得集外文三十九篇，詩九首。

【參考文獻】

陸心源《汪文定集跋》（《儀顧堂集》卷一五）

南澗甲乙稿二十二卷

韓元吉　撰

韓元吉（一一一八——一一八七），字无咎，號南澗，開封雍丘（今河南杞縣）人。以蔭入仕，歷權中書舍人，累官吏部尚書，封潁川郡公。陳氏《解題》卷一八著録其《南澗甲乙稿》七十卷，又卷二一"歌辭類"著録《焦尾集》一卷。《通考》卷二三九、二四六分别同。《宋志》除《南澗甲乙稿》七十卷外，又著録《愚戆録》十卷。既稱"甲乙稿"，似是兩集，未見宋人序跋，其編刊情況不詳，唯《焦尾集》今尚存淳熙壬寅（九年，一一八二）作者自序，略曰：

> 予時所作歌詞，間亦爲人傳道，有未免於俗者，取而焚之。然猶不能盡棄焉，目爲《焦尾集》，以其焚之餘也。

則《焦尾集》乃其詞作自選本，蓋是時有刊本。

　　明《文淵閣書目》卷九著録"韓元吉《南澗集》一部七册，全"，《内閣書目》同，曰"凡七十卷"。《籜竹堂書目》卷三載"《南澗集》八册"。《絳雲樓書目》卷三有《韓南澗甲乙藁》，陳注爲"七十卷"。《焦尾集》《愚戇集》明代已無著録。上述諸家所藏集本後皆失傳，今唯存大典本《南澗甲乙稿》，館臣"總裒爲詩七卷，詞一卷，文十四卷"（《四庫提要》）。大典本録入《四庫全書》時，分卷蓋有所調整，實爲詩六卷、詞一卷、文十五卷。文十五卷爲卷八至卷二二，卷目編次爲：卷八，表、牋；卷九，狀；卷一〇，札子；卷一一，進故事、議、策問；卷一二，啟；卷一三，書；卷一四，序；卷一五，記；卷一六，記、題名、題跋；卷一七，論、辨、説、考；卷一八，銘、贊、文、祭文；卷一九，碑；卷二〇至二二，墓誌銘。大典本又刊入《武英殿聚珍板叢書》。《叢書集成初編》據聚珍本排印。

　　《全宋文》用影印文淵閣《四庫全書》本爲底本，輯得佚文二十二篇。《全宋詩》底本同。

蓮峰集十卷

史堯弼　撰

　　史堯弼（一一一九—？），字唐英，世稱蓮峰先生，眉州（今屬四川）人。少有文名，張浚留於館中。紹興二十七年（一一五七），與弟堯夫同登進士第，不幸早逝。事跡略見本集任清全序、周密《浩然齋雅談》卷中。乾道丙戌（二年，一一六六），省齋（疑爲廖行之）序其集道："比因編次公平日所著文凡三

十卷，刊出與衆共之。”嘉定癸酉（六年，一二一三），自稱“年
家子”任清全又作序，略曰：

> 其文至多，皆散落不存。舊集漫漶，今蓮峰兄長之
> 嫡孫師道取而再刻之，加以南軒（張栻）少時一帖，並諸
> 公所跋附於其後。

至此時，是集已兩次付梓，然不獲載於宋人書目。明《文淵閣
書目》卷九著録“史堯弼《蓮峰家集》一部六册，全”，《内閣書
目》同，稱“凡三十卷”，當猶是宋槧之舊。原本蓋至明末失
傳，今存乃大典本。《四庫提要》曰：

> 焦竑《國史經籍志》載堯弼《蓮峰集》三十卷，而世間
> 亦無傳本。……謹從《永樂大典》中掇拾裒輯，釐爲十
> 卷，著之於録，俾懷才齎志之士無聲塵翳如之慨焉。

大典本録入《四庫全書》，卷目編次爲：卷一、二，詩；卷三，表、
策問；卷四，策問、私試策問；卷五，私試策；卷六至八，論；卷
九，啟；卷一〇，小簡、文、墓誌銘、哀詞。文淵閣四庫本，民國
時嘗影印入《四庫全書珍本初集》。

《全宋文》《全宋詩》俱用影印文淵閣《四庫全書》本爲
底本。

【參考文獻】

省齋《蓮峰集序》（影印文淵閣《四庫全書》本《蓮峰集》卷首）
任清全《嘉定重刊蓮峰集序》（同上）
李心傳《蓮峰集序》（同上）

新注斷腸詩集十卷後集七卷

朱淑真　撰　　鄭元佐　注

　　朱淑真，號幽棲居士，南宋初在世，錢塘（今浙江杭州）人。自幼聰慧，能詩詞，不幸嫁俗吏，抑鬱終身。其作品曾爲其父母所焚，淳熙間魏仲恭搜集整理於百不一存之後，名之曰《斷腸集》，凡十卷，淳熙壬辰（九年，一一八二）有序。其後鄭元佐補輯七卷，並爲兩集作注。

　　其集宋人未著録。明《文淵閣書目》卷一〇載有一部一册，稱“闕”，《內閣書目》無其目。《百川書志》卷一五曰：“《斷腸詩》十卷，女子朱淑真撰，錢唐鄭元佐注。”《澹生堂藏書目》卷一二著録“《斷腸詞》一卷”。《脈望館書目》有“《朱淑真詩》四本”，《絳雲樓書目》卷三則載“朱淑真《斷腸》前、後集四册”，陳注曰“十六卷”。各家所録，皆不詳是何版本，當有宋、元舊槧。

　　清及近人稱有元刊本傳世，題《新注斷腸詩集》。黄丕烈跋一舊刊本，即以其爲元刻，略曰：

　　　　嘉禾友人戴松門（光曾）爲余言，平湖錢夢廬（天樹）藏有元刻，苦難借出，遂録副見示，識爲鄭元佐注本，前集十卷，後集僅四卷第二葉止，蓋與《百川書志》所載本同，而逸後集之半矣。惜缺序文并卷一前之兩葉半。……今春海寧陳仲魚（鱣）過訪，談及是書，云硤石蔣君夢華亦有元刻注本，許爲我借出助勘。頃果以書畀余，竭一二日力，手校一過，乃知此與錢本同出一原，此稍有所修補，故誤字特多。

黃氏所跋蔣夢華本，後繆荃孫亦有跋，略曰："此書元刊本，前歸道古樓馬氏，後歸硤石蔣氏，陳仲魚、黃蕘圃皆經眼，蕘圃並爲之跋，推許甚至。"此本後爲上海涵芬樓收得，僅爲《前集》十卷。民國十五年（一九二六），南陵徐乃昌從涵芬樓借出，與其所得天一閣舊藏本《後集》一並影印，即今尚傳世之影印元刊本《新注朱淑真斷腸詩集》，有《補遺》。徐氏嘗將《前集》精鈔，其鈔本今藏復旦大學圖書館。在徐氏將刻本歸還涵芬樓之日，張元濟又跋之，曰：

> 此書爲江陰何秋輦（祝按：名彦升）同年所藏。秋輦逝後，其子鬯威亦相繼下世，其家不能守，盡舉所有歸於涵芬樓。諸家所藏，都屬鈔本，此爲元人舊刻，古色古香，至堪珍重。友人徐君積餘（乃昌）藏有《後集》，版刻相同，葉號亦復銜接，假此景印，俾成全璧，……甚可喜也。

諸家所謂元刻本，今藏國家圖書館，有吳昌綬題款，著録爲"明刻遞修本"。每半葉十行二十字，注文小字，行同。黑口，左右雙邊，卷首序後署"宋通判平江軍事魏仲恭撰，錢塘鄭元佐注"。今國家圖書館猶藏有明初刻遞修本，臺北"中央圖書館"藏有明初刻本，行款皆同。若舊所謂元本皆明初本，則黃丕烈以下蓋鑒定失誤，徐氏影印本亦自非影元本。然此本即便非元本，亦頗佳，不失爲是集善本。不詳黃跋所述錢夢廬所藏是否元刻，今未見著録。

明萬曆四十三年（一六一五），潘是仁輯刊《宋元百家詩》，收《斷腸集》四卷，存詩一百六十餘首。

丁丙善本書室收有羅以智舊藏精鈔本《前集》九卷、《後集》七卷（按：鈔本今藏南京圖書館，《前集》著録爲十卷），乃羅氏鈔天一閣本，有校正，鈐“江東羅氏所藏”一印（《善本書室藏書志》卷三一）。光緒二十三年（一八九七），丁氏嘉惠堂將是本刊入《武林往哲遺箸》，丁丙跋曰：

> 劫後得羅鏡泉廣文手鈔精本，惜有闕葉闕文，無從校補。久之，於潘是仁刊本得增詩三首，馬氏小玲瓏山館寫本增詩一首，王氏振綺堂、蔣氏別下齋舊鈔本增詩八首。雖中有四首可補羅本之闕，惟有詩無注，仍難合璧，特附梓於後云。

傅增湘《經眼録》卷一四記徐乃昌藏明初本時，稱“況夔生（周頤）言以丁刻本校殊勝。蓋丁鈔本出於此，而缺葉甚多，往往誤連之”。可見羅氏鈔本及丁刻本，不及明初本之完善。

民國三年（一九一四），西泠印社將丁氏刊本《斷腸詩集》與《孫夫人集》（明楊文儷撰）、《卧月軒稿》（清顧若璞撰）抽出單行，號《西泠三閨秀詩》，今有傳本。丁氏刊《武林往哲遺箸》本之同年，翠螺閣亦有刊本，今僅見浙江省圖書館著録。

《新注斷腸詩集》除上述刊本及鈔本外，今國家圖書館尚藏有汪氏藝芸書舍鈔本等。日本静嘉堂文庫所藏陸氏本，爲《前集》十卷，《後集》四卷，有鮑淥飲手校，鮑氏跋曰：“計詩二百五十七首，潘訒叔（是仁）本共佚九十二首。”國家圖書館等又藏有二卷本《斷腸全集》。《四庫全書總目·集部存目》即著録二卷本，館臣以“不脱閨閣之習”鄙之，不入《四庫》。今人所編《續修四庫全書》，用國家圖書館所藏明初刻遞修本影印，編入第一三一六册。

民國間，《新注》之石印本、鉛印本頗多。近年浙江古籍出版社出版冀勤輯校本《朱淑真集》，其中《外編》收詞三十一首。上海古籍出版社一九八六年出版張璋、黃畬校注本《朱淑真集》，以南陵徐氏影印本爲底本，廣校諸本，又輯得佚詩二十一首，收詞三十三首。二〇〇八年，中華書局出版冀勤輯校《朱淑真集注》，詩集部分用清汪氏藝芸書舍影元鈔本爲底本，詞集部分用明毛晉汲古閣本爲底本。

《全宋詩》以國家圖書館所藏清汪氏藝芸書舍影元本爲底本，輯得佚詩二十四首。

【參考文獻】

魏仲恭《斷腸詩集序》（上海古籍出版社校注本《朱淑真集》附錄）
孫壽齋《斷腸詩集後序》（同上）
黃丕烈《新注斷腸詩集跋》（同上）

志道集一卷

顧　禧　撰

顧禧，字景繁，自號癡絶翁，吳郡（今江蘇蘇州）人。閉門讀書，不求禄仕，田居者五十年。其才學聲望招致里中同學者忌恨。嘗與吳興施元之合注蘇軾詩。《志道集》乃其子宏聞所輯，姪長卿於元至元壬辰（二十九年，一二九二）春作《志道集叙》，略曰：

忌者愈謀所以中之，指作《周世宗宫詞》爲藥，禍幾不解。會以遺逸薦，得白。歸，乃具杯酒釋奠，盡焚生平所著述凡百餘卷，無復隻字存者。……嗣弟宏聞不忍先人手澤泯没，從江浙提刑、轉運任公處鈔得遺稿若干首，顔曰《志道集》。……予少侍伯父，稔知顛末，因援筆述之。

是集元、明兩代未見著録。清乾隆四十七年（一七八二），翁方綱《蘇齋叢書》刊《蘇詩補注》，將其刊附於後，遂傳於世。咸豐元年（一八五一），南海伍氏《粤雅堂叢書》第六集刊《蘇詩補注》，亦附有《志道集》。光緒三十三年（一九〇七）有單刻本，今國家圖書館等著録。《叢書集成初編》據《粤雅堂叢書》本排印。

今按：是集真僞，前人頗有懷疑。《四庫總目》據鮑士恭家藏本著於《存目》，《提要》曰：

（顧長卿）《叙》述禧生平頗具，惟序末署至元壬辰，乃元世祖即位之二十九年。禧爲宋高、孝時人，相距一百餘年，安得有其姪尚在，爲之作序？又考集中多載洪興祖倡和之作，興祖當紹興中以忤秦檜貶死，禧正與之同時，又似乎真出禧手。惟贈行省任古一首，宋時無此官名，而序中則作提刑、轉運任公，復與宋制相合。其長卿結銜稱石泉書院山長、福州路教授，又非宋官，殊參錯不可解。詩僅三十餘首，且多俚句，疑其出於依託焉。

館臣所疑有理，尤其是作者與其子姪年代相距過遠，揆之常理，其姪絕不可能入元。或序爲依託？莫可詳，姑仍存疑待考。

《全宋詩》用《叢書集成初編》本爲底本。

【參考文獻】

顧長卿《志道集叙》（《粤雅堂叢書》本《志道集》卷首）

澹軒集 八卷

李　呂　撰

　　李呂（一一二二——一一九八），字濱老，一字東老，號澹軒，邵武軍光澤（今福建建甌）人。年四十棄科舉，著《易義說》，縱覽百家，尤留意《通鑑》。與朱熹爲益友。周必大《李濱老墓誌銘》（《四庫全書》本《澹軒集》末附，又見《周文忠公集》卷三五）稱“嘉泰癸亥（三年，一二〇三）秋，邵武軍光澤縣進士李閎祖過予，示其父隱君《澹軒集》十五卷”云云，則作者文集乃其子裒輯，是時或已刊成，然不見於宋人書目。

　　明《文淵閣書目》卷九著錄“《李澹軒文集》一部三册，全”，《内閣書目》同。《千頃堂書目》卷二九載李呂《澹軒文集》十五卷。則原本明末猶存。後終亡佚，今傳乃大典本。《四庫提要》曰：

　　　　焦竑《國史經籍志》載《澹軒集》十五卷，與周必大《墓誌》相符。然世無傳本，惟散見於《永樂大典》中。謹採掇裒綴，釐爲詩三卷，詩餘一卷，雜文四卷，周必大《墓誌》一首亦附之卷末，以備考核焉。

大典本錄入《四庫全書》，卷目編次爲：卷一至三，詩；卷四，詩餘；卷五，序；卷六，記、書；卷七，行狀、祭文；卷八，雜著、贊、跋。民國時，曾以文淵閣四庫本影印入《四庫全書珍本初集》。

　　《全宋詩》《全宋文》俱以影印文淵閣《四庫全書》本爲底本。

澹齋集十八卷

李流謙　撰

　　李流謙(一一二三——一一七六),字無變,號澹齋,漢州德陽(今四川德陽)人。由父蔭補官,以文學知名。仕終通判潼川府事。卒後,其兄李益謙爲作《行狀》(四庫本《澹齋集》末附),稱有“文若干卷,長短句若干卷,題跋若干卷,講義若干卷,雜篇若干卷,皆自删類,命廉榘手編之,標爲《澹齋集》”云云。作者子李廉榘跋之,略曰:

　　　　平生所爲文章,嘗自詮次及百餘卷。先君賴此,名爲不朽,計家素貧,無力刊而廣之。既男廉榘泣血手自覆校,誠爲精審,僅得八十九卷。婿張君極甫痛念及此,乃率學生坤謙同力爲之,今幸已成編。……先君之名,亦無窮矣。

時在嘉泰甲戌(七年,一二一四),當已刊成。宋人書目未著録,蓋流傳不廣。

　　是集明代殆唯秘閣有其本,《文淵閣書目》卷九著録“《李澹齋文集》一部十五册,全”,《内閣書目》卷三同。秘閣本後散亡,今存乃大典本。《四庫提要》曰:

　　　　所著文集,《宋志》亦不著録,唯焦竑《國史經籍志》、黄虞稷《千頃堂書目》俱載有《澹齋集》八十一卷(祝按:《國史經籍志》卷五、《千頃堂書目》卷二九同著録爲八十九卷,館臣誤),是明世尚有傳本,今已湮没無聞。……謹就《永樂大

典》所載，鈔撮編次，釐爲十八卷。其益謙《行狀》及其子
廉榘刊集原跋，並附録於末，以備考證焉。

大典本録入《四庫全書》，卷目編次爲：卷一至八，詩（卷一之
首爲賦一篇）；卷九，表、札子；卷一〇、一一，書；卷一二、一
三，啟；卷一四，序；卷一五，記；卷一六，記、贊、銘；卷一七，誌
銘；卷一八，雜文。乾隆翰林院鈔四庫底本，今藏國家圖書
館。今南京圖書館藏丁氏本、廣州圖書館藏南海孔氏本、日
本静嘉堂文庫藏陸氏本等，俱源於大典本。

　　《全宋文》用影印文淵閣《四庫全書》爲底本，輯得佚文十
二篇。《全宋詩》底本同。

【參考文獻】

　　李廉榘《跋澹齋集後》（影印文淵閣《四庫全書》本《澹齋集》卷末）

宋人別集叙録卷第二十

竹洲文集二十卷　吳文肅文集

吳　儆　撰

吳儆(一一二五——一一八三),初名稱,字益恭,又字恭父,休寧(今安徽歙縣西)人。紹興二十七年(一一五七)進士。歷知泰州,以親老請祠,遂教於鄉里。嘉定十五年(一二二二),程卓作《吳公儆行狀》,稱"有文集三十卷行於世,或謂其峻潔類賈長沙,雄麗類蘇内翰,風騷類柳柳州"。端平甲午(元年,一二三四),羅任臣有跋,謂"《竹洲集》近世始刊出,遂獲盡觀其全"云云。其所"盡觀"者,當即《行狀》所述已行世之本,刻於嘉定十五年以前,具體何時不詳。次年(端平二年)秋,程珌再作集序,略曰:

> 珌生也晚,視公蓋前輩。而公之子載將梓公之集,欲珌一言於篇末,蓋累年於此矣。而公之孫鉉又復申言之,誼不得以晚學辭也,乃敬書而歸之。

吳載、吳鉉父子所刊,乃重刊舊本。

嘉熙二年(一二三八)十一月,作者曾孫吳資深將文集繕本奉表上進於朝,表稱"臣曾祖臣儆所著文集二十卷","敢冀

燕閑之賜覽，特昭鴻儒以易名"，於是謚文肅。程敏政弘治本
（此本詳後）序亦稱所上爲"二十卷"。唯萬曆刊本（亦詳後）
所載上表，"二十卷"作"三十卷"。據弘治本，以二十卷爲有
據，"三十卷"疑是據《行狀》改。吳資深表進之本，當即端平
本，由知吳載父子所刊，亦當爲二十卷，然程珌序並未言傳本
已有殘闕，於是只能有兩種可能：一是《行狀》所載"三十卷"
乃"二十卷"之訛，二是"二十卷"乃三十卷之合併。筆者以爲
"二"訛"三"之可能性較大。

　　理宗淳祐七年（一二四七），吕午再作集序，稱作者曾孫
吳資深"既哀輯佚文，囊封上進，以備乙覽，而與其父鉉每見
必惓惓書此夢（祝按：指吳儆托夢其裔孫輩，謂程珌序未言及其孝
行）"云云，蓋淳祐間嘗增刻吕序重印。

　　以上各本，刊行皆在宋末，故宋人書目未及著録。

　　宋本久佚。《天禄後目》卷一一著録元刊本一函四册，原
爲季振宜藏書，後亦不見蹤跡，當已毁。今以明弘治本爲古。
是本刊於弘治六年（一四九三），程敏政作《重刊竹洲文集
序》，略曰：

　　　　先生既没，曾孫資深始哀其遺文爲二十卷上之，得
　　易名之典。兵燹數變，板刻亡矣。今十世孫雷亨始取家
　　藏本嗣刻之，俾從子俊來屬爲之序。走觀其間，彙次欠
　　審，恐不足以盡先生之大致，因重加校訂，以授俊而
　　序之。

程序之後，有程珌、吕午、洪揚祖、陳塤等舊序四篇，以及吳資
深《進〈竹洲文集〉上表録本》，然後爲總目。文集凡二十卷，
卷二十爲《棣華雜著》，《四庫提要》謂"亦儆遺稿也"。或稱該
卷所收記、書、啟數篇乃其兄俯所撰，恐非是，"棣華"乃其家

堂名,見卷一八《和金尚書棣華堂詩韻》,而非兄弟之義。是刻每半葉十行二十一字,黑口,四周雙邊,藍印。遇“聖”、“陛下”、“朝廷”等空格,猶遵宋式。弘治六年本今國家圖書館、上海圖書館等凡著錄五部,臺北“中央圖書館”藏一部(有鈔配)。

日本静嘉堂文庫亦庋藏弘治本《竹洲文集》一部,爲正集二十卷、首一卷、附錄一卷,乃陸心源藏汲古閣舊本。《皕宋樓藏書志》卷八四著錄,并錄吳資深上表、吕午序、洪揚祖序、陳塤序及羅任臣跋,最後爲程敏政重刊序。《日藏漢籍善本書錄》著錄爲四册,“每半葉有界十一行,行二十一字。黑口,左右雙邊”。觀此,知其版式與上述弘治六年本區别明顯,似非一本。考明張寧《方洲集》卷一六有《吳文肅公竹洲文集序》,略曰:“今(吳儆)十世孫若鳳命其子孟賢附以南軒諸名公贈言、序贊、表文、謚議,重刊於家塾,請寧爲序。”則吳雷亨、吳若鳳爲兄弟行,同爲吳儆十世孫,蓋所刻雖皆在弘治中,皆有程敏政序,實乃兩本,不盡相同。疑静嘉堂本即吳若鳳刊本,所刻或即經程敏政“重加校訂”之本。因無機緣持兩本比對,姑説以待考,冀赴日學者留意焉。

弘治本後,舊謂有嘉靖重刊本。傅增湘曾有藏本,其《經眼錄》卷一四記曰:《竹洲文集》二十卷,明嘉靖刊本,十行二十字。前有宋本舊序,弘治六年程敏政序。每卷首葉題“十四世孫繼良校正重梓”。然而傅氏又曰:“今此本爲十四世孫繼良校梓,則似又以雷亨本(弘治本)翻刻,其鋟木計當在嘉靖以後矣。”今按萬曆時吳繼良刻有《竹洲文集》十卷,繼良應是嘉靖至萬曆時人,殆傅氏先著錄其書爲嘉靖本,再考則以爲當刊於嘉靖以後。然其卷數又與吳繼良所刊不同(見下)。

傅本今未見著錄，難以深考。

　　萬曆七年（一五七九），十三世裔孫吳瀛再重刊是集，改題曰《吳文肅文集》，每半葉九行十八字，白口，四周單邊，署"宋廣南安撫竹洲吳儆撰，明中書舍人裔孫吳瀛編"。王重民《中國善本書提要》謂"此本從嘉靖本出，書題則瀛所改也"。此本有羅任臣端平甲午跋，爲弘治本所無。吳瀛刊本，有萬曆三十二年（甲辰）其子吳繼京重印本，卷末補刊裔孫吳堯臣萬曆丙戌（十四年）所作《後序》，吳繼京萬曆甲辰跋。此本與弘治本之明顯區別，是《棣華雜著》一卷附於二十卷之後，編次亦異，然文字無甚差異。崇禎十七年（一六四四），吳聞禮重修吳瀛本。各本大陸及臺灣皆有著錄。日本內閣文庫藏有吳瀛本。日本静嘉堂文庫（乃陸氏書，見《皕宋樓藏書志》卷八四）、美國國會圖書館藏有吳繼京重印本。

　　萬曆間，十四世裔孫吳繼良刊《竹洲文集》十卷、附錄一卷，今國家圖書館著錄。南京圖書館藏有舊鈔本，乃丁氏書，其《善本書室藏書志》卷三〇著錄，略曰：

> 　　此本作十卷，驗其賜諡敕牒、款式，當出自宋槧，雖非三十卷之舊第，或編次在二十卷以前也。一至九卷爲奏議、政議、表啟、書、記、序、祭文、雜著、銘贊、賦、詩、樂府，十卷爲《棣華雜著》，乃其兄俯字益華、仕至國學錄所著（祝按：此說誤，辨已見前。又，其兄吳俯字益章，見卷一〇《竹洲記》，作"華"誤）。集前有程珌、吕午、洪揚祖三序，集後附錄陳亮、陸伯壽、張南軒、朱文公序、贈、書簡，及程卓所撰行狀、進書表、諡告敕牒。有"曾藏汪閬源家"一印。

丁氏疑其底本出於二十卷本之前，恐非是。據前述，端平本爲二十卷,該本之前是否有三十卷本頗可疑(説已見前),文獻別無十卷本線索可徵。今考十卷、二十卷兩本,類目、編次全同,唯分卷不同而已,知十卷乃二十卷之合併。明末人刻書風氣如此,勿庸深究。

　　是集雖吳氏裔孫刊本不少,但多在明季,故明人書目極少著録,唯《徐氏家藏書目》卷六有"吳儆《文肅集》二十卷",據書題當爲萬曆吳瀛本。《四庫總目》著録安徽採進本。四庫本中《棣華雜著》一卷另附,不在二十卷之數,與弘治本異;而書題《竹洲集》,不稱《吳文肅集》,又與萬曆本不同。疑即萬曆本,蓋館臣改書名以符宋槧之舊。其卷目編次爲:卷一、二,奏議;卷三,政議;卷四,表、啟;卷五、六,啟;卷七至九,書;卷一〇、一一,記;卷一二,序;卷一三,祭文;卷一四,雜著;卷一五,銘、贊;卷一六,古賦(辭附);卷一七至一九,詩;卷二〇,樂府(詞)。後附《棣華雜著》。要之,是集傳本中,弘治、萬曆各本皆訛誤甚少,以其出於宋本、又皆爲家刻故也。

　　《全宋文》用影印文淵閣《四庫全書》本爲底本。《全宋詩》用萬曆七年吳瀛刊本爲底本。

【參考文獻】

　　程珌、陳塤、洪揚祖、呂午《竹洲文集序》(弘治本《竹洲文集》卷首,人各一序)

　　程敏政《弘治重刊竹洲文集序》(同上)

　　吳堯臣《吳文肅公文集後序》(萬曆甲辰重印本卷末)

　　吳繼京《吳文肅公文集跋》(同上)

劍南詩稿八十五卷

陸　游　撰

陸游（一一二五——一二一〇），字務觀，號放翁，越州山陰（今浙江紹興）人。紹興時應禮部試，以論恢復被黜。孝宗即位，賜進士出身。累官禮部郎中，以寶謨閣待制封渭南縣伯。工詩文，詩尤著名，乃"中興四大家"之一，現存詩九千餘首，爲宋人之冠。其詩宋代刊有嚴州（今浙江建德市）、江州（今江西九江市）兩本，分別考述如次。

一、嚴州本

淳熙十四年（丁未，一一八七），其門人監嚴州在城都稅務鄭師尹作《劍南詩稿序》，略曰：

> 太守山陰陸先生《劍南》之作傳天下，眉山蘇君林收拾尤富，適官屬邑，欲鋟本爲此邦盛事，乃以纂次屬師尹。……《劍南詩稿》六百九十四首，《續稿》三百七十七首，蘇君於集外得一千四百五十三首，凡二千五百廿四首，又□七首，釐爲□十卷。總曰《劍南》，因其舊也。

據此，知鄭氏所編，乃是合先前已有之《劍南詩稿》《續稿》，以及蘇林所輯集外詩一千四百五十三首，凡二千五百二十四首，又□七首，然後通編而成。"總曰《劍南詩稿》，因其舊也"，謂新編本仍以"劍南詩稿"爲題，乃是沿用舊書名。

陳氏《解題》卷二〇"詩集類下"著錄道：

> 《劍南詩稿》二十卷、《續稿》六十七卷，陸游務觀撰。

初爲嚴州，刻前集稿，止淳熙丁未（十四年）。自戊申（淳熙十五年）以及其終，當嘉定庚午（三年，一二一〇），二十餘年，爲詩益多，其幼子（子）遹復守嚴州，續刻之。篇什之富以萬計，古所無也。

所録《劍南詩稿》二十卷，陳氏稱爲“前集稿”，即上述鄭師尹新編本，“初刻嚴州”，“止淳熙丁未”。而《續稿》六十七卷，乃陸游幼子遹“復守嚴州”時所編刻，起淳熙十五年，止嘉定三年。鄭氏新編二十卷本總題曰《劍南詩稿》，包括先前已有之《劍南詩稿》；陸子遹所編題曰《續稿》，而鄭氏新編本中包括舊有之《續稿》。“劍南詩稿”、“續稿”兩種書名被沿用，但書名相同，内涵有大小之分，書則全然不同。线索雖并不複雜，但概念容易混誤，難以辨説。近人錢仲聯先生《劍南詩稿校注·前言》曰：“《書録解題》‘詩集類’又著録《續稿》六十七卷，説是自淳熙十五年戊申以至其逝世前二十餘年之作，其幼子子遹復守嚴州所續刻。考《景定嚴州續志》卷二《知州題名》，子遹守嚴州在寶慶二年（一二二六）十一月到紹定二年（一二二九）三月，刻《續稿》當在此三數年内。”若再推之，刻《續稿》乃在鄭師尹刻“前集稿”（即新編《劍南詩稿》）之後約四十年。子遹刊板序跋今已不存（或原無），僅能據《解題》知其所刻爲六十七卷。

《解題》卷一八“別集類”下又著録《劍南詩稿》《續稿》八十七卷，《通考》卷二四〇、卷二四五同。八十七卷本，當即合嚴州前後兩刻而通計之。

二、江州本

陸子遹刻《續稿》前約十年，即嘉定十三年（一二二〇），其兄子虡於江州刊《劍南詩稿》八十五卷，跋略曰：

　　（先君）心固未嘗一日忘蜀也，其形於歌詩，蓋可考
矣，是以題其平生所爲詩卷曰《劍南詩稿》，以見其志焉，
蓋不獨謂蜀道所賦詩也。後守新定（即嚴州），門人請以
鋟梓，遂行於世。其戊申、己酉（淳熙十五、十六年）後
詩，先君自大蓬謝事歸山陰故廬，命子虡編次爲四十卷，
復題其籤曰《劍南詩續稿》，而親加校定，朱黄塗擳，手澤
存焉。自此至捐館舍，通前稿，凡爲詩八十五卷。子虡
假守九江，刊之郡齋，遂名曰《劍南詩稿》，所以述先志
也。其他雜文論著，季弟子遹亦已刊之溧陽。會子虡上
乞骸之請，旦暮且去，故有所未暇。初，先君在新定時，
所編前稿，於舊詩多所去取。其所遺詩，存者尚七卷。
念先君之遺之也，意或有在，且前稿行已久，不敢復雜之
卷首，故別其名曰《遺稿》云。

所謂“自大蓬謝事歸山陰故廬”，指陸游嘉泰三年（一二○三）
以秘書監致仕。子虡編戊申以後詩成四十卷，當在是年或稍
後。又《劍南詩稿》卷六九（汲古閣重刊江州本）《力耕》詩曰：
“猶恨未能忘筆硯，小兒收拾又成編。”自注：“子遹編予詩成
四十八卷，卷有百篇。”時在開禧二年（一二○六）。子遹當是
續編子虡四十卷本，至此又增八卷。江州刊本既爲八十五
卷，除其中含前稿（即鄭編《劍南詩稿》）二十卷外，戊申以後
詩共六十五卷，則至少有四十八卷曾經作者過目，且嘗“親加
校定，朱黄塗擳”。若曰《劍南詩稿》絕大部分由作者生前手
定，當符合實際情況。

　　陸子虡既已通編前集稿、《劍南詩續稿》爲八十五卷而刻
之，又有《遺稿》七卷，可謂完備，何以其弟子遹復在嚴州刊
《續稿》六十七卷？《續稿》與子虡所編六十五卷有無異同？

由於嚴州本《續稿》今不可睹，未知其詳。宋人文獻，如陳氏《解題》、馬氏《通考》，以及《寶慶會稽續志》卷五等，皆著録嚴州刊本（《宋志》唯載《劍南續稿》二十一卷，疑即鄭氏編刊之前集稿〔刊本題曰《新刊劍南詩稿》，詳下〕二十卷，而誤爲“續稿”），似乎江州本當時不甚爲人所重。究其原因，殆嚴州所刊《續稿》晚出，或已包括《遺稿》，且又有所增益，合前集稿二十卷，則較八十五卷本更爲完備。

宋嚴州所刊二十卷本，江州所刊八十五卷本，今僅存殘帙，均藏國家圖書館。

嚴州刊二十卷本，題曰《新刊劍南詩稿》，黄丕烈嘗收得，顧廣圻《百宋一廛賦》所謂“摭《劍南》以作貳，俾掍連之就匡”，即指該本，黄氏自注道：

> 殘本《新刊劍南詩稿》，每半葉十行，每行廿字。所存一至四，又八至十，又十五至十七，凡十卷。前有淳熙十有四年臘月幾望門人迪功郎、監嚴州在城都税務鄭師尹序一首。《書録解題》云：《劍南詩稿》二十卷，止淳熙丁未；《續稿》六十七卷，自戊申以及其終，當嘉定庚午，其幼子遹續刻之。今經汲古毛氏一概合刻，面目無復存焉者矣。此雖殘帙，猶可考其初不掍連也（祝按：此説不確，汲古閣依江州本覆刊，詳後）。

傅增湘就國家圖書館所藏，進而記之曰：

> 存十卷，二百九十一葉，中缺六葉。……宋刊本，十行二十字，白口，左右雙闌。版心下方記刊工姓名，有張明、張威、徐通、李忠、金彦、張定、金敦、王恭、師順、張彦等。前有序二葉，大字九行，題淳熙十四年臘月幾望門

人迪功郎監嚴州在城都税務括蒼鄭師尹謹書。本書首行標題"新刊劍南詩稿卷第一"，次行"山陰陸（下空三格）游（下空一字）務觀"。題低四格。卷中有墨書標題於各詩上方，兼有評語。字畫清勁，爲宋人手迹。鈐有"宋本"（橢朱）、"蔡廷禎印"（白文回文）、"廷相"（朱）、"伯卿甫"（朱）、"卓恕真賞"、"金匱蔡氏醉經軒考藏章"（朱）、"汪士鐘印"（白文回文）、"閬源真賞"（朱）。又有墨記一方，録《顔氏家訓》借人典籍一則，題"虎瞻中齋録"。

傅氏又按曰：是本"有淳熙鄭師尹序，核其刊工與篋藏嚴州小字本《通鑑紀事本末》合，其爲淳熙十四年嚴陵刊本無疑。眉上宋人批語字極古雋。惜紙墨微淄，爲後人描畫闌格，古意少失，爲可恨耳"（《藏園群書經眼録》卷一四）。

對此本是否即嚴陵本，曾有異議。中華書局校點本《陸游集》（此本詳下）之《出版説明》曰："國家圖書館收藏的一個宋版《新刻劍南詩稿》殘本（存詩不到十卷），清人黄丕烈認爲即嚴州初刻二十卷本，但分卷次序和今本完全相同，還未必能證明它是初刻。"按：此説誤。殘宋本分卷次序與"今本"（指汲古閣本，由江州本出）相同，不僅不能以此懷疑甚至否定殘宋本爲嚴州本，恰恰證明它是嚴州本。上引陸子虡江州刊本《劍南詩稿》跋曰："通前稿，凡爲詩八十五卷。"所謂"前稿"，又稱"前集稿"，即鄭師尹所編《劍南詩稿》二十卷。子虡跋的意思是：江州本所刊八十五卷中，淳熙十五年戊申（一一八八）以後所作詩編爲六十五卷，前二十卷即用鄭氏本，故云"通前稿"也。

江州刊本殘帙，題曰《放翁先生劍南詩稿》，亦嘗爲黄丕烈購得，嘉慶庚午（十五年，一八一〇）有跋，略曰：

　　頃訪書玉峰吳氏，復得殘宋本《放翁先生劍南詩稿》。目錄三册，爲目錄一至十、二十九至三十、三十一至四十五。《放翁先生劍南詩稿》卷四十二至四十四、五十八、五十九、六十至六十二，亦三册。第一册版心卷第可考，餘二册俱剟去，約略而得其卷第之次序矣。四十二卷中有《己未冬至》詩，六十二卷中有《乙丑重午》詩，合諸陳氏所云，必在《續稿》中，此皆題曰《劍南詩稿》者，必非幼子通復守嚴州續刻之本。就乙丑數至庚午，尚隔有五年。惜目錄與詩卷第俱不全，無從得其究竟，爲可恨耳。（《蕘圃藏書題識》卷八）

黃氏以當在《續稿》之詩而題曰《劍南詩稿》，因斷言該本必非陸子通復守嚴州所刊之《續稿》，甚是。然其後另一跋又云該殘本“當即《續稿》六十七卷本”，錢仲聯《劍南詩稿校注》附錄該跋，按曰：

　　黃氏前跋謂《放翁先生劍南詩稿》必非子通所刻《續稿》，其說允矣。此跋又以爲即《續稿》六十七卷本，自相牴牾。不思既是《續稿》，其目錄即不應闌入前稿卷一至十二，而此本四十二卷有《己未冬至》詩，爲板心卷第可考者，與毛刻本相合，如果是《續稿》，當爲二十二卷或二十三卷也。

毛刻出於江州本，則此殘宋本應即江州本，錢先生之論確不可移。又，沈曾植嘗跋曰：

　　此宋槧本前刊《劍南詩稿》（祝按：指鄭師尹所刻《新刊劍南詩稿》），後題曰《放翁劍南詩稿》，並無“續集”名目，恰與子虡跋中通前後爲八十五卷、名曰《劍南詩稿》語

> 合。……此之《新刊劍南詩稿》爲嚴州本，《放翁劍南詩稿》爲江州本，一爲子遹刻，一爲子虞刻，故前後紙墨不同，魚尾上一記字數、一不記字數也。

此説將嚴州、江州兩本判然分開，簡明準確。

傅增湘《經眼録》卷一四著録此殘帙，仍以之爲嚴州六十七卷本。其按曰：

> （是本）蘇紙初印精湛，目録背面有宋人題詩，雖字迹詞藻稍遜前書，亦可珍也。其刊工姓名多與敝藏慶元二年（一一九六）周益公刻《歐陽文忠公全集》刊工合，殆亦吉州刊本歟。

傅氏以此本爲嚴州所刊六十七卷本，蓋偶失考；又疑是吉州刊本，更非。考之文獻，陸游著作未見有吉州刊本。吉州距江州甚近，吉人赴江州刊書，原不足怪。其謂刊工與《歐陽文忠公全集》合，頗爲重要，正好證明該殘本爲江州所刊。《歐集》刊於慶元間，江州本刊於嘉定間，年代前後相接；而據前引錢仲聯先生所考，嚴州本刊於寶慶間，時間相距近三十年，刻《歐集》之刊工，恐已多不在世矣。

傅氏《經眼録》嘗詳記該殘本現存卷、葉及刊工姓名等，茲迻録版式及刊工姓名，以資考證：

> （每半葉）十行二十字，白口，左右雙闌。版心上記字數，下記刊工姓名，有董云、劉元、劉擧、劉寅、曾宣、胡允、胡生、吳元、阮才、天祐、余才、之滋、之宗、弓定、吳宗、胡必誠、胡果（陰文）、王文、董榮、劉振、張璟、蔡申、徐清、羅誼、操誠、胡睦、蔡章、蔡懋諸人。目録卷一前十二葉紙背乃宋人詩草稿。

宋末至明季,未見別有《劍南詩稿》全帙覆刊本著錄,而僅有選刻本,以宋末羅椅輯《澗谷精選陸放翁詩集前集》十卷及劉辰翁輯《須溪精選陸放翁詩集後集》八卷、《別集》一卷流傳最廣。《須溪》本有元槧,見傅氏《經眼錄》卷一四,今未見著錄。兩《精選》有弘治十年(一四九七)劉景寅、嘉靖十三年(一五三四)黃漳翻刻本,《四部叢刊初編》嘗據弘治本影印(《別集》一卷,乃弘治翻刻時劉景寅從《瀛奎律髓》中鈔出附後)。

明《文淵閣書目》卷一〇著錄道:"《放翁詩集》一部二册,完全;《陸放翁劍南稿》一部四册,完全;《陸放翁劍南續稿》,一部十九册,闕。"《内閣書目》無其目,殆已流入民間。《篋竹堂書目》卷四曰:"《陸放翁詩》一册,陸放翁《劍南稿》三十四册,陸放翁《劍南遺稿》四册,陸放翁《劍南續稿》十九册。"《百川書志》卷一五載《渭南詩》八十卷、《澗谷陸放翁詩選》十卷、《須溪精選放翁詩集》八卷。《世善堂藏書目錄》卷下有"《渭南詩集》三十卷,《劍南詩稿》二十卷"。《絳雲樓書目》卷三登錄《渭南詩稿》二十册,陳景雲注:"並《續稿》共八十七卷。"(今按:陸游詩集無題"渭南"者,以上三家稱"渭南詩",蓋誤書)又有《劍南續稿》及《劉須溪羅澗谷選放翁詩集》二册。各家雖未注明版本,蓋其中不乏宋槧,澗谷、須溪兩《精選》亦當有元刻本。

明末,毛氏汲古閣將陸游所著《渭南文集》五十卷、《劍南詩稿》八十五卷、《南唐書》十八卷、《放翁逸稿》二卷、《家世舊聞》一卷、《齋居紀事》一卷,合刊爲《陸放翁全集》,凡一百五十七卷(以下凡稱汲古閣本,皆指《全集》本)。毛晉跋《劍南詩稿》曰:

近來坊刻寡陋不成帙，劉須溪本子亦十僅二三。甲子（天啟四年，一六二四）秋，得翁子虞編輯《劍南詩稿》（祝按：即江州本），又吳、錢兩先生嚴定夭夭者，真名秘本也。亟梓行之，以公同好。

毛晉又跋《放翁逸稿》曰：

據放翁子子虞跋云：「先君編前稿，於舊詩多所去取，其遺存者尚七卷，別名《遺稿》。」惜今不傳。余刻《劍南詩稿》成，復從牧齋師（錢謙益）案頭見《續稿》二冊，又得未刻律詩八句者二十三首，四句者二十首。但《春日》一章，雖編入斷句，而語意未了，疑亦八句而缺其後。遂銓次作《逸稿》下卷（祝按：上卷爲雜文），聊補《劍南》之遺云。湖南毛晉識。

毛晉所用底本，黃丕烈以爲並非宋刻，其跋殘宋本時道：

毛刻於各卷下注宋本者，往往與殘宋本（祝按：指淳熙嚴州刊前集殘本）合。然此十卷外，尚有注宋本字樣者，余所收中却無，未解其何謂。及續收此別本宋刻（祝按：指江州刊殘本），存卷有八，覆取毛刻證之，與其注宋本字樣者適合，乃嘆遇合之奇，無過於是。蓋汲古當日所據以付梓者，本非宋刻，偶得殘本十八卷校勘之，因各記於卷尾，而不明言所得宋刻之全否以示後人，豈知後世有勤於搜訪者，次第得之，以重爲印證乎！

其跋《新刊劍南詩稿》時亦曰：

毛刻所據者，止此殘本，故於宋刻存卷，皆注云毛子晉校，餘則不然，此其明驗，惟字句仍不能悉遵宋刻爲異耳。

至於毛晉得於錢謙益案頭之《續稿》，不詳爲何本，似非陸子虡跋所謂《遺稿》七卷者；因倘若即《遺稿》，則當全部收入，不止僅據以補詩二十餘首。《續稿》似亦非陸子遹嚴州刻六十七卷本殘帙，因據毛晉所補，其中有僞作羼入，嚴州本當絶無贋品。

毛氏汲古閣所刊，分初印本及後印本。後印本印於清康熙間。錢仲聯《劍南詩稿校注・前言》曰：“毛晉初印本有錯誤，經毛扆、毛綏德後印本校改，較初印本爲勝。”後印本有《遺稿續添》，毛扆跋曰：

> 先君刻《遺稿》後六十餘年，扆購得別本《渭南集》五十二卷，其前後與家刻略同，只少《入蜀記》六卷，而多詩八卷。細檢《劍南集》中，除其重複，又得未刻詩二十首，並續添於後云。汲古後人毛扆識。

今按續添詩皆見於《須溪精選陸放翁詩集後集》及劉景寅《別集》中，則知毛扆所謂“多詩八卷”者，必是《須溪》本，且省却《別集》未述；而所謂別本五十二卷之《渭南集》，當即正德梁喬本，該本收有《澗谷》《須溪精選》本（參下《渭南文集》叙録），唯其有詩九卷爲異耳。

汲古閣原刊《全集》本《劍南詩稿》，今國内傳本已稀，僅國家圖書館（有鮑廷博校并跋）、上海圖書館（二部，其中一部有清潛陽子評點）、湖北省圖書館、華東師範大學圖書館（有嚴復批注）著録。臺北“中央圖書館”庋藏兩部，其中一部殘；臺北“故宮博物院”有汲古閣刻清印本一部。汲古閣刊《全集》本《放翁逸稿》二卷，今國家圖書館（有鮑廷博校并跋）、上海圖書館（有潛陽子評點）著録。而是書日本藏本極富，據《日本漢籍善本書録》，日本宮内廳書陵部、國會圖書館、内閣文庫（其中《劍南詩稿》今缺卷第十四）、尊經閣文庫、東洋文庫、京都大學（兩部）、東京大學東洋文化研究所、東北大學附屬圖書館、大谷大學悠然樓圖書館（其中《齋居紀事》一卷，缺第五、第六葉）、大坂府立圖書館、福井市立圖書館、大坂天滿宮御文庫、京都陽明文庫皆藏有《全集》本。米澤市立圖書館有《陸放翁全集》五十卷。國會圖書館、内閣文庫、東洋文庫、静嘉堂文庫藏有《劍南詩稿》八十五卷，京都大學附屬圖書館藏有《劍南詩稿》八十五卷、《放翁逸稿》二卷。

　　有清一代，曾三次重刊毛氏汲古閣《陸放翁全集》，其中皆有《劍南詩稿》八十五卷。一爲常熟張氏詩禮堂覆刻本，今國家圖書館、山東省圖書館有著録。二爲光緒五年（一八七九）益陽丁氏養雲書屋木活字本，今國家圖書館有著録。三爲楚澴李氏森寶齋刻本，今中國人民大學圖書館、江西省圖書館、陝西省圖書館有著録。《四庫總目》著録内府藏本八十五卷，乃汲古閣後印本。民國時所編《四部備要》，據汲古閣後印本校排。

　　一九七六年，中華書局出版校點本《陸游集》，前四册收《劍南詩稿》，即以汲古閣後印本爲底本，校以國家圖書館所藏兩殘宋本。校點者以爲《逸稿》《續添》“來源不大可靠”，而移入附録。一九八五年，上海古籍出版社出版錢仲聯《劍南詩稿校注》，亦以汲古閣後印本爲底本，除校以兩殘宋本外，再校《四部叢刊》影印羅椅、劉辰翁《精選》本及《别集》本。在《逸稿續添》後，又附校注者所輯《逸稿補遺》，凡詩十四題三十二首，以及零殘句。現通行之《劍南詩稿》，以此兩本爲佳。

然就總體論,宋人所重之嚴州本,只能覘鄭編《劍南詩稿》殘帙,而其中陸子遹所編《續稿》六十七卷,必更有佳勝處,則已永絶天壤矣。

《全宋詩》用毛氏汲古閣刻《劍南詩稿》後印本爲底本,校以各本,輯得佚詩四十一首。

【參考文獻】

鄭師尹《淳熙嚴州本〈新開劍南詩稿〉序》(中華書局校點本《陸游集·劍南詩稿》卷末)

陸子虡《江州刊本〈放翁先生劍南詩稿〉跋》(同上)

黃丕烈《殘宋本〈放翁先生劍南詩稿〉跋》、《殘宋本〈新開劍南詩稿〉跋》(《士禮居藏書題跋記續編》卷五)

毛晉《汲古閣本〈劍南詩稿〉跋》(校點本《劍南詩稿》卷末)

毛扆《〈劍南逸稿續添〉跋》(同上本《放翁逸稿》卷下末)

渭南文集五十卷

陸　游　撰

陸游文集,生前未付刊,然已編定。嘉定十三年(一二二〇),游幼子子遹知溧陽縣,方刻之於學宮,跋曰:

今學者皆熟誦《劍南》之詩,《續稿》雖家藏,世亦多傳寫;惟遺文自先太史未病時故已編輯,而名以《渭南》矣,第學者多未之見。今別爲五十卷,凡命名及次第之旨,皆出遺意,今不敢紊。乃鋟梓溧陽學宮,以廣其傳。"渭南"者,晚封渭南伯,因自號爲陸渭南。嘗謂子遹曰:

"《劍南》乃詩家事，不可施於文，故別名《渭南》。如《入蜀記》《牡丹譜》，樂府詞，本當別行，而異時或至散失，宜用廬陵所刊《歐陽公集》例，附於集後。"此皆子遹嘗有疑而請問者，故備著於此。

陳氏《解題》卷一八著錄《渭南集》三十卷，《通考》卷二四〇同。《四庫提要》曰："疑三字五字筆畫相近而訛刻也。"其説當是（丁氏《善本書室藏書志》卷三〇謂三十卷本"佚久不傳"，別無他據。陳振孫爲當時人，所錄必爲溧陽所刊完本）。《宋志》作五十卷。蓋宋代除溧陽刻本外，別無它本。

嘉定本今猶傳世，藏國家圖書館，存卷一、二、卷五至一〇、卷一三至五〇，凡四十六卷。有清黃丕烈、張祖翼、繆荃孫題款。是本乃錢氏絳雲樓故物，曾經黃丕烈收藏，其《百宋一廛書錄》著錄，嘉慶丁巳（二年，一七九七）有跋，詳述該本數易其主及收得經過，稱"紙白墨黑，如新印者然。……此本係翁子子遹所刻，故'游'字皆缺末筆，或云某某廟諱"；又稱取對明華氏活字本（此本詳後），"遇有紅筆描改處，皆與活字本合，則華氏所藏宋本即此"，云云。顧廣圻《百宋一廛賦》所謂"神子遹之《渭南》，叶告夢之殊祥"，即指此本，黃氏自注道：

> 《渭南文集》五十卷，每半葉十行，每行十七字。前有序一首，署"嘉定十有三年十一月壬寅，幼子承事郎知建康府溧陽縣主管勸農公事子遹謹書"。此是家刻，故"游"字皆去末筆。白堤錢聽默，書賈之多聞者也，語予曰："相傳庚寅（順治七年，一六五〇）一炬（祝按：指錢謙益絳雲樓火災）之先，放翁示夢於汲古主人曰：'有《渭南文集》一部在某所（祝按：黃氏跋謂"在絳雲樓"），可往借之。'遂

免於厄。"噫，文人結習，有如是哉！通體完好，中有闕葉，錢叔寶手鈔補足。

《渭南文集》自嘉定初刊之後，至明弘治十五年（壬戌，一五〇二）方有重刊本，乃華珵用銅活字摹印，有吳寬、祝允明序，華氏跋。吳序稱《渭南集》五十卷，"錫山華君汝德得之，乃嘉定中其子知溧陽縣子遹初刻本也，因託活字摹而傳之"云云。活字本每半葉九行十八字，白口，左右雙邊。活字本今傳本極稀，唯南京圖書館、日本靜嘉堂文庫庋藏。南京本乃丁氏書，《善本書室藏書志》卷三〇著録，有"簡莊藝文"、"仲魚圖像"、"得此書費辛苦後之人其鑒我"、"鷗寄室王氏收藏"諸印。靜嘉堂本乃陸氏書，《皕宋樓藏書志》卷八七著録，係朱彝尊舊藏本。《四部叢刊初編》即據華氏活字本影印，今通行。

明正德八年（一五一三），紹興郡守梁喬等校刊《渭南文集》五十二卷。傅增湘《明正德本渭南文集跋》道：

> 正德本爲汪大章官浙江按察僉事時所刻，蓋合詩文彙編以傳者也。據自序言，以壬申（正德七年，一五一二）巡行山陰，得《渭南文集》，原本多訛闕，附以手録，至不成字。乃屬郡守梁君喬等爲倡，正訛補缺，梓而行之。觀其所言，似所據者殆合刻本、鈔本而校輯以成是編也。

> 全集五十二卷，卷一至四十二爲文，卷四十三至第五十一爲詩，卷五十二爲詞。取汲古閣本核之，文之編次大略相同，惟此本詩只九卷，遺佚正多。……本書半葉十行，行二十一字，白口，四周雙闌。篇中語涉朝廷皆空一格，是其源亦出宋刻也。故人章式之君曾假去校勘，謂其亦有勝於汲古閣本者……

第余有不可解者，《渭南文集》弘治壬戌有無錫華珵活字本，……（汪氏等）何以竟未及見華本？汲汲刊傳，就所得者以意編輯，其謬戾最甚者，以詩屬入其中也。

正德本今國家圖書館、北大圖書館、上海圖書館、南京圖書館等及臺灣有著録；日本宮内廳書陵部、内閣文庫、尊經閣文庫、大倉文化財團亦有藏本，傳世凡二十餘部。

萬曆四十年（一六一二），有陸夢祖翻刻正德本，福建按察使陳邦瞻爲之序。傅氏《明萬曆本渭南文集跋》曰：

> 此萬曆刊本，五十二卷，半葉十行，行二十二字，白口，四周單闌，提行空格仍存古本之式。其編次則自卷一至四十一爲文，卷四十二爲《天彭牡丹譜》，以下古今體詩九卷，詞一卷，其次第與正德本同，蓋即從紹興郡齋本翻刻者也。各卷詩後偶有評隲，細審之乃劉辰翁之語，蓋此九卷之詩即據澗谷、須溪選本前後二集全部收入，於《劍南詩稿》固未之見也。

萬曆本今北大、上海、南京三圖書館有著録；日本早稻田大學圖書館、御茶之水圖書館亦有藏本。

正德、萬曆兩本題“文集”而竄入詩卷，非原本之舊，可謂謬種流傳，故其本不甚爲人所重。不過《藏園訂補郘亭知見傳本書目》謂“友人章鈺曾校過，言有勝於汲古閣本處”。考五十二卷本《渭南文集》，似明以前久已有之。《天禄後目》卷一一著録元版《渭南文集》四函二十四册，原爲謙牧堂藏書，凡五十二卷，除文外無詩而有詞。《後目》記其内容道：“凡表牋二，札子二，奏狀一，啟七，書一，序二，碑一，記五，雜文十，墓誌、表、壙記、塔銘九，祭文、哀詞二，《天彭牡丹譜》一，致語一,《入蜀記》六,詞二。有嘉定三年(祝按:"三"上疑脱"十")其子遹跋。"天禄本久已失傳,編刊原委莫可詳,但可肯定梁喬本並非由此本出。

明《文淵閣書目》《内閣書目》未著録陸游文集。《百川書志》卷一二載"《渭南文集》五十卷"。《萬卷堂書目》卷四、《澹生堂藏書目》卷一三皆著録五十二卷本,祁氏注其所藏爲"越板、閩板",當是正德、萬曆兩本;《脈望館書目》有所謂"《渭南文集》十本(甲),又十本(乙)",疑亦明槧。《徐氏家藏書目》卷六、《絳雲樓書目》卷三著録三十卷本,"三十"殆"五十"之訛,蓋後人據傳本《解題》誤本妄改,絳雲樓所藏宋本今存,足證其訛。

明末,毛氏汲古閣編刊《陸放翁全集》,其中《渭南文集》五十卷,用華氏活字本爲底本,而於《放翁遺稿》卷上補賦七篇,文二篇,詞五首,毛晉跋曰:

> 《渭南文集》,皆放翁未病時手自編輯者,其不入韓侂胄《園記》(祝按:指《南園記》),亦董狐筆也。予已梓行久矣,牧齋(錢謙益)復出賦七篇相示,皆集中所未載。又云《閲古》《南園》二記,雖見疵於先輩,文實可傳。……因合鐫之,並載詩餘幾闋,以補《渭南》之遺云。

汲古閣刊本今國内僅國家圖書館(有章珏校并跋)、上海圖書館(有胡堯戴跋、佚名批)及華東師範大學圖書館著録。日本藏本甚富,除《陸放翁全集》本外(《全集》本日本藏書單位,見前《劍南詩稿》叙録,此略),内閣文庫、無窮會天淵文庫亦有藏本。

清代三次覆刊汲古閣《全集》,皆有《渭南文集》五十卷,今有傳本,參見上《劍南詩稿》叙録,此略。《四庫總目》著録內府本，《提要》謂即汲古閣本（按：乃後印本）。

一九七六年，中華書局出版校點本《陸游集》，前四冊乃《劍南詩稿》，第五冊爲《渭南文集》，以國家圖書館所藏宋嘉定本爲底本，用華氏活字本、汲古閣刊本校補。附錄孔凡禮《陸游佚著輯存》，包括詩、詞、文完篇殘句。校點本優於《四部叢刊初編》本，可爲通行善本，惜其用簡體字排印，難以反映古籍原貌，又未廣收諸家序跋爲憾耳。

《全宋文》以國家圖書館所藏宋嘉定刊本爲底本，闕卷用校本補足，另輯得佚文三十五篇。

【參考文獻】

陸子遹《刊渭南文集跋》（《四部叢刊初編》本《渭南文集》卷首）

吳寬《弘治新刊渭南集序》（同上）

祝允明《書新本渭南集後》（同上卷末）

華珵《弘治刊渭南文集跋》（同上）

汪大章《正德刊渭南文集序》（正德本《渭南文集》卷首）

梁喬《正德刊渭南文集跋》（同上卷末）

傅增湘《明正德本渭南文集跋》《明萬曆本渭南文集跋》（《藏園群書題記》卷一五）

梅山續稿十八卷

姜特立 撰

姜特立（一一二五一？），字邦傑，麗水（今屬浙江）人。以父忠翊郎綬死事之蔭補官，歷太子宮左右春坊、知閤門事，寧宗時拜慶遠軍節度使。今本《梅山續稿》卷一有作者小序，曰：

> 特立既備數官屬，入則番直，出則應酬，無復灞橋風雪間思也。時時作應用小詩，雖有慚大雅，譬如雞肋，不忍棄也，故録之，名曰《續稿》。

則《續稿》爲作者手編，刊於何時不詳。陳氏《解題》卷二〇"詩集類下"著録其《梅山詩稿》六卷、《續稿》五卷。按《通考》卷二四五引作"十五卷"，參之今本，作"十五卷"是，《解題》當脱"十"字。則在《續稿》之前，猶有正集《詩稿》。據《解題》著録通例，正、《續》兩稿當皆嘗付梓，刊刻時間不詳。

　　明《文淵閣書目》卷一〇載"姜特立《梅山稿》一部五册，闕"。《内閣書目》卷三則曰"《梅山續集》五册，全"。蓋《詩稿》久已亡佚，唯存《續稿》，而《續稿》刻本蓋明末尚在，後亦散亡，長期僅以鈔帙流傳。

　　《四庫總目》著録鮑士恭家藏本，《提要》曰：

> 陳振孫《書録解題》載《梅山稿》六卷、《續稿》十五卷，列之"詩集類"中，則兩集皆有詩無文。此本出休寧汪森家，附以雜文及詩餘共爲十七卷，不知何人所增輯，森序稱其流傳絶少，故繕寫以傳，則亦罕覯之本。其正稿六卷，藏書家皆不著録，意其散佚已久矣。

今按該本有汪森康熙丁卯（二十六年，一六八七）仲春下浣於裘杼樓所作序，稱"觀其自題《續稿》，深有味乎其言"；又曰"詩凡十七卷外，雜文六篇，長短句二十首，流傳絶少，故繕寫以儕於有宋諸家，不欲使作者之意隨世而湮淪也"。汪氏未言據何本繕録。今檢影印文淵閣四庫本，未録原所附雜文，而析出長短句爲第十八卷。又，卷一二《潘夫人輓章》詩後，有一行曰"拾遺詩"。此可理解爲：原本止此，以下殘缺，其後數卷（包括文、詞）乃拾遺補編。今人編《全宋詩》，所輯佚詩出自殘本《永樂大典》，所引皆爲《梅山續稿》及《梅山集》，亦説明今傳《續稿》非原本舊貌，況較十五卷又多二卷乎！然拾遺補編出於何人之手，則不可考矣。

除四庫本外，《續稿》今猶存清鈔本數部，皆爲十七卷，附雜文及長短句，與鮑氏本同，當同出一源。傅增湘嘗記一舊寫本道："十一行十八字，提行空格一依舊式，從宋刻鈔出者也。"又記小山堂寫本道："清小山堂趙氏寫本，十一行十八字。彭氏知聖道齋、朱氏結一廬遞藏。眉間有雍正戊申（六年，一七二八）十月五日樊榭山人題記。"（《藏園群書題記》卷一四）此本今藏國家圖書館。國圖猶藏有清藍格鈔本一部。中國社科院文學所藏有馬氏醉經樓鈔本。上海圖書館所藏爲清初朱氏潛采堂鈔本。南京圖書館、浙江圖書館則各藏清鈔本一部。

《全宋詩》用影印文淵閣《四庫全書》本爲底本，輯得佚詩十五首。

【參考文獻】

汪森《梅山續稿序》（影印文淵閣《四庫全書》本《梅山續稿》卷首）

石湖居士詩集三十四卷

范成大 撰

范成大（一一二六—一一九三），字致能，號石湖居士，吳

縣（今江蘇蘇州）人。紹興二十四年（一一五四）進士，累擢至
參知政事，卒諡文穆。有文名，尤工詩，爲“中興四大家”之
一。陸游於淳熙三年（一一七六）作《范待制詩集序》，謂成大
自桂林入蜀，“舟車鞍馬之間有詩百餘篇，號《西征小集》，尤
雋偉”，因請而刻之。如此之類，乃集結一時一地之作。范成
大逝世之次年（紹熙四年），楊萬里作《石湖集序》，稱其子范
莘抵書，爲其父之文集求序，謂“方先公之疾而未病也，日夜
手編其詩文，數年成集，凡若干卷”。則范成大全集乃晚年手
自編定。周必大《范公神道碑》《周文忠公集》卷六一）曰：“初效
王筠一官一集，後自衷次爲《石湖集》一百三十六卷。”嘉泰三
年（一二〇三）十二月，子范莘、范玆作跋，稱“詩文凡百有三
十卷，求序於楊先生誠齋，求校於冀編修芥隱（敦頤），而刊於
家之壽櫟堂”。則范成大集乃家刻，至是當已刊成。

　　陳氏《解題》卷一八著録《石湖集》一百三十六卷，同書卷
二一又著録《石湖詞》一卷。《通考》卷二四〇、卷二四六分別
同。《宋志》著録“《石湖居士文集》（卷亡），又《石湖別集》二十
九卷、《石湖大全集》一百三十六卷”。所謂“大全集”，當即范
莘等所刊本，《石湖詞》《石湖別集》蓋生前行世之本，應已闌
入《大全集》。至於《神道碑》《解題》等所録《石湖集》爲一百
三十六卷，較范莘跋多六卷，疑所多爲附録（下引《澹生堂藏
書目》即有附録五卷，可參證），殆非別本。

　　范莘等所刻全集本，宋以後即未重刊，明人著録，已無完
帙。《文淵閣書目》卷九載“范至能《石湖居士文集》一部六
册，殘闕”；又卷一〇曰：“范石湖《三吳雜吟》一部一册，闕。”
又《内閣書目》卷三：“《石湖文集》四册，不全。……楊萬里
序，凡三十四卷，二十二卷以後俱闕。”《萬卷堂書目》卷四載

《石湖集》三十四卷。《脈望館書目》登録《石湖居士集》六本，《徐氏家藏書目》卷六曰《石湖集》三十四卷。《汲古閣珍藏秘本書目》有《詩集》舊鈔八本，《絳雲樓書目》卷三則爲《詩集》六册，陳景雲注："三十三卷。楊祕書誠齋作序，龔編修芥隱校字。"三十四卷乃詩集，原在一百三十卷之内。各家所藏多爲詩集，其中容有宋槧，或亦有明弘治活字本（此本詳下）。惟祁氏《澹生堂藏書目》卷一三著録種類最多，計有《石湖承明集》十卷、《雜著》二十三卷、《書稿》十五卷、附録五卷，又《石湖居士集》八册三十四卷。以上連附録五種，共八十七卷，正是大全集體例，若非宋刻本，亦當是鈔宋本，惜已久佚。

明弘治十六年（癸亥，一五〇三），金蘭館嘗用銅活字印行《石湖居士集》三十四卷，乃范氏詩集。銅活字本版心有"弘治癸亥金蘭館刊"八字，每半葉十行二十一字，今國家圖書館、北京大學圖書館（存卷八至一二、一五至三四）、上海圖書館有著録。傅增湘《董若雨鈔本石湖居士集跋》引康熙刻本顧氏跋，謂一百三十卷本明時曾已重刻，而流傳頗少；傅氏曰："第遍檢歷來藏家絶無此本，其言或出傳聞，未可據爲典要歟。然則此三十四卷之詩，明代自金蘭館活字外更無他刻，故康熙以前傳世者只有鈔本。"

清康熙二十七年（一六八八），顧嗣立愛汝堂刊《石湖居士詩集》三十四卷，有倚園主人跋，述之曰：

　　吾友金子亦陶（侃）所藏，從宋板鈔得，更爲廣集諸家，較勘精密，可稱善本。兹先刻其詩集，以公諸同好。卷帙前後悉依原本所編，其間訛字，……皆略爲改正。所有一二漶漫之處，無從辨證，姑闕之以俟考。外附賦、楚辭一卷，樂府一卷。賦本在詩前，今附於詩後者，集以詩名，從其類也。

傅增湘《明鈔范石湖集跋》曰：“是金氏藏本實兼存文集，不審顧氏何以只取其詩，致令百卷鴻文竟歸沈没，並傳鈔亦絶迹於天壤，深足嗟惜。”傅氏所嘆良是，然所謂“先刻其詩集”云云，恐是刊書家詆作其語以張聲勢，明人已無文集全帙著録，金氏是否有文集，別無記載，頗可疑。《四庫全書》即著録顧刻本，《提要》曰：

> 此本爲長洲顧嗣立等所訂，乃於全集之中獨摘其詩別行，而附以賦一卷。前有楊萬里、陸游二序，然萬里所序者乃其全集，不專序詩；游所序者乃其《西征小集》，亦非序全詩。以名人之筆，嗣立等姑取以弁首耳。據萬里序，集乃成大所自編。考十一卷末有自注云：“以下十五首，三十年前所作，續得殘稿，附於卷末。”其餘諸詩，亦皆注“以下某處作”，是亦手訂之明證矣。詩不分體，亦不分立名目，惟編年爲次。然宋洪邁使金詩凡四首，其兩首在第八卷，列於《邁使還入境以詩迓之》之前；其兩首乃在第十卷，列於《何溥挽詞》之後。邁未嘗再使金，則送別之詩，不應前後兩見。又《南徐道中》詩下注曰：“以下赴金陵漕試作。”則是當在第二卷之首，不應孤贅第一卷之末，或後人亦有所竄亂割併歟。

其説可資參考。顧刻本每半葉十一行二十一字，白口，左右雙邊。今國内藏本尚富，著録多達四十餘部，日本東京大學、京都大學亦有庋藏。《四部叢刊初編》據顧氏愛汝堂刊本影印。以國圖所藏明鈔本相校，顧刻尚佳，今爲通行善本。

與顧氏刊板之同一年，即康熙二十七年，黄昌衢藜照樓亦刻《范石湖詩集》，凡二十卷。有李振裕序，略曰："余督學江南，購其全集而不可得，僅得鈔本詩集二十卷，謀所以廣其傳者。黄生康謡適來謁，出以示之，黄生受而卒業，喜形於色，曰：'請以付諸剞劂。'余曰：'是吾心也。'閱數月告成，丐序於余。余按《文獻通考》，《石湖集》一百三十六卷，別著有《攬轡録》《吴郡志》《吴船記》《桂海虞衡志》《范村梅菊譜》諸書，尚不在此數。今所刊止二十卷，則其餘未刊者正多。"由知其底本不佳。是刻今國内著録十餘部。傅增湘嘗以董説（若雨）鈔本校之，謂"訂訛補漏殆難枚舉"，又謂"黄刻則分卷二十既已不同，文字更多舛互，疑所據乃別一本，故差違遂不可以道里計也"（《董若雨鈔本跋》）。傅氏校本今藏國家圖書館。當時王士禎即嘗比較顧、黄兩刻優劣，曰："婺源黄昌衢刻宋《范石湖詩集》二十卷，中多闕文。吴郡門人顧嗣協迂客亦刻《石湖集》，摹宋板最工。"（《居易録》卷一）

除刊本外，今國家圖書館著録明鈔三十四卷本《石湖居士集》三部：明吴氏叢書堂鈔本、明藍格鈔本（存卷五至三四，有清彭元瑞校）及另一明鈔本。國圖猶藏有清順治九年（一六五二）董説鈔本（三十四卷）、清康熙間施卯鈔本（三十六卷）各一部。北京大學圖書館藏李氏書中，亦有康熙施卯鈔本三十六卷，卷三五、三六乃《攬轡録》《驂鸞録》，詩仍爲三十四卷（《木犀軒藏書書録》）。南京圖書館藏明鈔本一部，有佚名校。除上述外，四川省圖書館、臺北"故宫博物院"亦藏有清鈔本《石湖居士集》各一部，凡三十四卷。

一九六二年，中華書局上海編輯所出版校點本《范石湖集》，詩用顧刻爲底本，校以黄昌衢刻本等；詞以《知不足齋叢書》本爲底本，校以《彊村叢書》本。一九七四年，中華書局香港分局出版周汝昌校點本,底本同上,附録沈欽韓《范石湖詩集注》等。一九八一年,上海古籍出版社出版新一版《范石湖集》,富壽蓀重作校勘。校點本凡詩三十四卷,詞一卷,補遺一卷,另有附録四。一九八三年,中華書局出版孔凡禮《范成大佚著輯存》,凡范成大文集散佚之文,皆輯録入編,足資參據。《全宋文》吸收孔氏《輯存》輯佚成果,加上新輯,共編爲十一卷。《全宋詩》以《四部叢刊初編》影印康熙顧刻本爲底本,從明鈔本及其他典籍中輯詩二十二首。

【參考文獻】

陸游《范待制詩集序》(《四部叢刊初編》本《石湖居士詩集》卷首)

楊萬里《石湖集序》(同上)

范莘、范兹《刊石湖集跋》(同上卷末)

倚園主人《康熙本石湖詩集跋》(同上目録後)

傅增湘《明鈔范石湖集跋》、《董若雨鈔本石湖居士集跋》(《藏園群書題記》卷一四)

鄭忠肅奏議遺集一卷

鄭興裔　撰

鄭興裔(一一二六——一一九九),初名興宗,字光錫,開封(今屬河南)人。徽宗顯肅皇后外家三世孫,初以后恩授官,仕至武泰軍節度使。卒謚忠肅。其集未見宋、元人序跋,《四庫提要》曰:

　　是集所録多奏疏表狀，其記、序、辨、跋諸雜著則間附數篇。……《書録解題》及《宋史·藝文志》皆不著録，蓋其裔孫所裒輯，出於南宋之後，録之亦足徵宋代故實之一二焉。按此編雖以"奏議"爲名，實則裒輯雜文共爲一集，故録之別集類中。

《四庫總目》著録江蘇採進本，乃康熙三十一年（一六九二）至三十九年鄭定遠陸續重刊《鄭氏六名家集》本之一。所謂"六名家"，指唐鄭谷、宋鄭興裔、宋鄭準、宋鄭思肖、元鄭元祐、明鄭文康。重刊本今尚傳世。此集原爲《鄭忠肅公奏議遺集》一卷，附《鄭忠肅公年譜》一卷，刊於康熙三十二年，年譜乃宋鄭竦撰、明鄭若曾重訂，雜文爲清鄭起泓輯。四庫底本今藏復旦大學圖書館。文淵閣四庫本，民國時曾影印入《四庫全書珍本初集》。

　　《增訂四庫簡目標注》謂是集有明刊本，殆指明賜書堂本《鄭氏六名家集》，鄭定遠即重訂該本付刊。賜書堂原本今未見著録。

　　《全宋文》用康熙本爲底本，分爲二卷。

周益文忠公集 二百卷

周必大　撰

　　周必大（一一二六—一二○四），字子充，又字弘道，自號平園老叟，又號省齋居士，吉州廬陵（今江西吉安）人。紹興二十一年（一一五一）進士。淳熙中拜右丞相，光宗時封益國公，卒諡文忠。著書多達八十一種。李壁爲其作《行狀》，列舉《省齋文稿》四十卷、《平園續稿》四十卷、《省齋别稿》十卷等凡二十五種。樓鑰作《神道碑》，稱有《省齋文稿》《别稿》《平園續稿》《掖垣類稿》等等"總二百卷藏於家"，目繁，此不具録。各集多爲作者手編，《詞科舊稿》《掖垣類稿》《玉堂類稿》《玉堂雜記》有自序，部分生前已單行。作者逝世後，其子綸與門客曾三異等依《歐陽文忠公集》體例校刻於家，《省齋文稿》又請陸游作序，《平園續稿》則由徐誼序之。二百卷本乃叢刻，即所謂"大全集"。總目末有開禧丙寅（二年，一二〇六）嗣子周綸題識，稱"先公丞相文集二百卷，與曾三異纂集，又得許凌、彭叔夏、羅克宣校正。唯《日記》紀録頗詳，而《書稿》尤多，皆未容盡刻"云云，故後世傳鈔有一百二十五卷之本（參顧廣圻《周益文忠公集跋》，《思適齋集》卷一五）。其實周綸當時蓋已全刻，唯有顧忌，故託言而未全部印行。陳氏《解題》卷一八著録道：

> 《周益公集》二百卷、年譜一卷、附録一卷。……其家既刊《六一集》，故此集編次一切視其凡目。其間有《奉詔録》《親征録》《龍飛録》《思陵録》凡十一卷，以其多及時事，託言未刊，人莫之見。鄭子敬守吉，募工人印得之，余在莆田借録爲全書。

《通考》卷二四〇從之。《宋史》本傳謂"著書八十一種，有《平園集》二百卷"。《宋志》著録《詞科舊稿》等十二種，蓋單行之本。

明《文淵閣書目》卷九著録"《周益公文集》一部五十八册，殘闕"。至《内閣書目》卷三則僅有"《玉堂類稿》二册，不全；《省齋文集》十八册，不全"。《籈竹堂書目》卷三載"《周益

公文集》五十八册,《周益公玉堂類稿》七册,《周益公表啟大
全》四册"。《趙定宇書目》登録《周益公集》四十本。《萬卷堂
書目》卷四載《周益公集》一百九十卷,所闕不多。《澹生堂藏
書目》卷一三《續收》有"《周益公大全集》四十册,一百九十八
卷",近於完帙,乃鈔本,今存(詳下)。《脉望館書目》載"《周
益公集》四十本(甲),又四十本(乙)",不詳其版本,恐亦不
全。唯《世善堂藏書目録》卷下有"《周益公集》二百卷"。《汲
古閣珍藏秘本書目》爲《周益公全集》五十本。《絳雲樓書目》
卷三著録《周益公文集》四十册,陳注曰:"二百卷,又年譜一
卷,附録一卷。"要之,周集明代蓋猶不乏宋本,終因部帙繁
重,易於遺落,故完整者寡。

宋槧今存殘帙。該本原爲黄丕烈舊藏,其《百宋一廛書
録》著録,即顧廣圻《百宋一廛賦》所謂"披益公而疏行"之本,
黄氏自注道:

　　　殘本《周益公集》,每半葉十行,每行十六字。所存
者爲《省齋文稿》一至八,又廿八至卅六;《平園續稿》一
至十五,又廿七至卅,又卅六至四十;《玉堂類稿》六至
八,又十一至十三(祝按:《皕宋樓藏書志》作卷十至十二);《歷
官表奏》一至五,又十至十二;《承明録》一至六;《書稿》
九至十一,附録五卷,凡六十九卷。疏行大字,軒爽悦
目。予又嘗別見《歐集》於某所,款式悉同,此殆仿彼而
爲之也。

此殘本後爲陸心源所得,陸氏嘗作《宋槧周益公集跋》詳述
之,謂其"版心皆有刻工姓名及字數,事涉宋帝皆空一格,有
空二格者";集乃其嗣子周綸等所校刊,"故遇必大名及其曾
祖衎、祖詵、父利建名皆缺末筆"。此本今藏日本静嘉堂文

庫，卷中有"汪士鐘"、"汪士鐘印"、"三十五峰園主人"、"趙宋本"等印記。傅增湘嘗在静嘉堂見之，其《藏園群書經眼録》卷一四著録，謂"板匡高六寸六分半，寬四寸四分"，"刊印極精"，並據刊工姓名考證此本"當即吉州所刊"。《日藏漢籍善本書録》記其爲"開禧二年（一二〇六）刊本，共四十册"。

今國家圖書館、上海圖書館藏有宋刊《書稿》殘卷。國圖本爲《書稿》卷一、卷二（即《周益文忠公集》卷一八六、一八七），乃鮑廷博舊藏本，有嚴元照、鄧邦述跋，詳參《鐵琴銅劍樓藏書目録》卷二一、《文禄堂訪書記》卷四。上圖本爲《書稿》卷中、卷下（即《周益文忠公集》卷一八七、一八八），有翁同龢、潘祖陰跋。

由於是集元、明兩朝未嘗重刊（僅明萬曆二十七年〔一五九九〕胡廷宴刻有《宋文忠公文選》，今唯國家圖書館著録），故至清代傳本已極稀，即鈔本亦不多得。國内各圖書館今著録周必大集明、清鈔本凡二十多部（多爲殘本、小集本）。國家圖書館藏明鈔配清鈔本兩部，其中一部乃澹生堂藍格鈔本，《政府應制稿》配清末趙氏舊山樓鈔本，張氏舊藏，見《愛日精廬藏書續志》卷四；後爲瞿氏所得，其《鐵琴銅劍樓藏書目録》卷二一著録，謂"朱字校過，曠翁筆也。版心有'澹生堂鈔本'五字。書首有'山陰祁氏藏書之章'、'曠翁手識'、'子孫世珍'及'王昶德甫別字蘭泉'諸朱記"。另一部有黄丕烈校跋並鈔補，陸塤之校並跋、周星詒跋。浙江天一閣藏有明鈔本五十卷。上海辭書出版社所藏爲明純白堂鈔本二百卷、附録五卷，以及周綸所編《年譜》一卷，在現存各明鈔本中，是爲最全。南京圖書館藏金氏文瑞樓舊鈔本，乃宋賓王借傳是樓本最先鈔出之帙，配黄丕烈家鈔本，有黄丕烈跋（按國圖亦

藏有文瑞樓鈔本）；又藏有清蔣氏西圃鈔校本，有丁丙跋（參
《善本書室藏書志》卷三〇）；等等。日本静嘉堂文庫除藏有上述
陸心源殘宋本外，又藏有宋賓王、謝浦泰手校手寫本二百卷、
附録五卷、年譜一卷，有宋氏手跋數則，稱"全集九（祝按：疑當
作"一"）百五十四萬五千餘言，卷帙浩繁，宋槧既湮，世無嗣
刻。本朝如玉峰傳是樓藏書，亦僅有鈔本。故近世之士，得
其殘篇斷簡，皆奉若拱璧"，并詳述其借鈔王聲宏藏傳是樓本
過程。又有謝浦泰手識。詳見《皕宋樓藏書志》卷八五。由
於周集卷帙浩繁，鈔本雖云源於宋槧，然經輾轉傳録，遂致訛
闕紛出，幾不可讀。如上述國圖所藏澹生堂鈔配本，其《平園
續稿》除錯簡十分嚴重外，又誤鈔王安石文十二篇、樓鑰文三
篇（詳參吳洪澤《道光刻本周必大集佚文雜考》，《宋代文化研究》第六
集，四川大學出版社一九九六年十二月版）。然以該本校四庫本及
清道光刊本，又時有佳勝，其價值仍不可没。除上述外，其他
清鈔全集、小集本尚夥，難以俱述，此略。

　　《四庫總目》著録浙江鮑士恭家藏本，《提要》稱其爲"鈔
帙"。四庫館底本，今國家圖書館藏一百三十卷、北京大學圖
書館藏四十五卷。北大本乃李氏書，《木犀軒藏書書録》著
録，謂半葉十行，行二十一字。每卷小題在上，下題"周益文
忠公集卷幾"。"集中宋諱有書'御名'者，或從宋本傳録。書
中勾勒夾籤甚多，封面填寫書手姓名，蓋四庫底本。書衣並
有'江蘇巡撫採進備選書籍'楷書朱記。"則《四庫全書》所録，
似據江蘇採進本，而未用鮑氏本，與《總目》不合。當日四庫
館《總目》著録本與實際鈔録本往往不一致，前人譏其草率，
是集蓋又一例耳。四庫本因出於鈔帙，故闕脱比比皆是，尤
以《平園續稿》《玉堂類稿》爲甚。

道光二十八年（一八四八），廬陵人歐陽棨自稱爲歐陽脩之後，感周必大當年編刊《歐陽文忠公集》之功，於瀛塘別墅刊成《廬陵周益國文忠公全集》一百六十二卷。其《重刊周益國文忠公集叙略》曰：

> 棨自早歲，即有志是編。訪知張古餘（敦仁）觀察藏有舊本，急借鈔録，因訛缺甚多，惘悵久之。時與王霞九（贈芳）觀察覓公集善本重刊，以廣流佈，於是觀察借得内府庋閣本，與同人倩工分鈔之。旋以督學楚北，未竟也。又謀諸彭春農（邦疇）學士，出其祖文勤公（元瑞）知聖道齋本，合翰院本校録郵寄。棨喜獲全書，不揣固陋，匯數本之異同，參互鈎稽，訂訛補缺，次第編録，非敢云克復舊觀，較之諸本，差爲完善。

張敦仁、王贈芳、彭邦疇亦各有序，分別述其鈔本之來歷。歐陽棨又訂《重刊凡例》十二條，第一條曰：

> 是集共二百卷，外《年譜》一卷、附録五卷。張古餘觀察鈔本止一百二十五卷，内缺三十九卷。王霞九觀察所分鈔翰院本又止有《平園續稿》《省齋別稿》《詞科舊稿》《掖垣類稿》四種。唯彭春農學士所録知聖道齋本爲全書。互校三本，各有異同得失，蓋皆假手鈔胥，亥豕魯魚，所未能免。今悉心讎勘，計得一百六十二卷，先爲梓行。其《雜著述》二十三卷、《書稿》十五卷及附録五卷俟續刊。

咸豐元年（一八五一），歐陽棨又作《續刊周益國文忠公集叙略》，曰：

> 《周益公全集》凡二百卷，棨往歲校正一百六十二卷

先爲板行，已叙其崖略矣。尚餘《雜著述》二十三卷、《書稿》十五卷、附錄五卷，年來昕夕展讀，⋯⋯並足以垂不朽，續刊之役，詎容緩耶？爰勉策駑鈍，仍據彭春農學士手校本，合王霞九觀察所分鈔翰院本《雜著述》之十一種，張古餘觀察本所有《思陵錄》《玉堂雜記》《二老堂詩話》，暨《書稿》、附錄，悉心參訂，概登棗梨。

歐陽棨前後所刊，計有《省齋文稿》四十卷，《平園續稿》四十卷（兩集含詩十一卷，賦、銘、箴、贊三卷，策問四卷，題跋十二卷，序、說五卷，啟狀九卷，記、傳四卷，碑誌二十六卷，青詞、疏文、祭文等六卷），《省齋別稿》十卷，《詞科舊稿》三卷，《掖垣奏稿》七卷，《玉堂類稿》二十卷，《政府應制稿》一卷，《歷官表奏》十二卷，《奏議》十二卷，《奉詔錄》七卷，《承明集》十卷，又有《辛巳親征錄》等日記八種十一卷，《玉堂雜記》等雜著四種十一卷，近體樂府一卷，書札十五卷。每半葉十行二十四字，白口，左右雙邊，今國内及日本著錄近三十部，國家圖書館藏本有傅增湘校並跋。前述彭氏知聖道齋鈔本，有彭元瑞校，今藏臺北“中央圖書館”。歐陽氏刊本比勘三本，較爲完善，今爲通行本，實有功於周氏。然訛闕仍不少，蓋底本原不佳善，難以克復舊觀。如《平園續稿》卷三九末原有案語曰：“此卷翰院本自《追薦亡妻九幽醮詞》後全佚，其文僅存三葉，不成卷帙。知聖道齋本則自《奉安御書》以下各篇，又錯出不齊。今彙成編，依翰院本原次，爲第三十九卷。”可見當日編刊者無可奈何之狀。今以國圖所藏澹生堂鈔配本校之，此卷果闕祭文八篇。

光緒二十五年（一八九九），周日新堂有重刊歐陽棨本，民國二十六年（一九三七）有劉氏排印本，今皆有著錄。

《全宋文》用道光歐陽棨刊本爲底本，輯得佚文三十七篇。《全宋詩》以國圖所藏黄丕烈校跋並鈔補之明鈔本爲底本。

【参考文獻】

陸游《省齋文稿序》（道光本《周益國文忠公集·省齋文稿》卷首）

徐誼《平園續稿序》（同上本《平園續稿》卷首）

張敦仁、彭邦疇《重刊周益國文忠公集序》（同上本《周益國文忠公集》卷首，人各一序）

王贈芳《周益國文忠公集後序》（同上卷末）

歐陽棨《道光重刊周益國文忠公集叙略》（同上卷首）

歐陽棨《道光重刊凡例》（同上）

歐陽棨《咸豐續刊周益國文忠公集叙略》（咸豐續刊本《雜著述》卷首）

梁溪遺稿二卷

尤　袤　撰

尤袤（一一二七——一一九三），字延之，自號遂初居士，常州無錫（今江蘇無錫）人。紹興十八年（一一四八）進士，仕至禮部尚書兼侍講，卒諡文簡。以詩著名，與陸游、楊萬里、范成大並稱"中興四大家"。《誠齋詩話》曰："自隆興以來，以詩鳴者，林謙之、范致能、陸務觀、尤延之、蕭東夫，近時後進有……，前五人皆有詩集傳世。"則在楊萬里作《詩話》時，尤袤詩集早已刊行，唯刊版情況不詳。陳氏《解題》卷一八著録道：

> 《梁溪集》五十卷，禮部尚書錫山尤袤延之撰。家有
> 遂初堂，藏書爲近世冠。

《通考》卷二四○同。又《咸淳臨安志》卷一七《尤袤傳》，稱其
“有《遂初小集》六十卷、内外制三十卷藏於家”。《宋史》卷三
八九本傳同，惟“小集”作“小稿”。疑《梁溪集》五十卷由各
“小集”或“小稿”合編而成。魏了翁《答名山張監茶伯酉書》
稱趙子直、尤延之等“雖皆可録，然論其世則太近，未有家集
之類行於世”（《鶴山先生大全文集》卷三三）。咸淳十年（一二七
四），方回作《跋遂初尤先生尚書詩》，稱“（楊萬里、范成大、陸
游）三家全集板行，遂初先生尚書文簡公厥後□□□獨未暇
及此”（《桐江集》卷三）。則魏、方二氏不僅未見《梁溪集》，甚至
也不知其曾有刻本，故後世研究者多引據以謂尤袤文集長期
未刊行，唯以稿本藏於家。除非陳直齋誤録，否則是説不能
成立，然宋季絶少傳本則是事實，蓋當日印本甚少，隨即板
毀歟。

　　上引方回跋又曰：“歲在甲戌（即咸淳十年），公之曾孫、
尚書都官之孫、滁陽使君之子爲古歙通守，博雅好古，……先
以公詩二十卷鋟梓，命回是正訛僞。”又《瀛奎律髓》卷二○尤
袤《落梅》詩方回注亦曰：“遂初詩，其（曾）孫新安半刺藻嘗刊
行，而焚於兵。”所謂“古歙通守”、“新安半刺”，皆指尤藻，嘗
任新安通判，所刊僅詩集，且不久即毀於兵火。

　　尤集，未見明人書目著録。清朱彝尊跋其尤袤詩文輯
本，謂“《梁溪集》五十卷，公之（曾）孫藻刊木新安，而焚於
兵”。然據上引方回跋，尤藻所刊僅爲詩，並未刊《梁溪集》五
十卷。盛宣懷跋刊本（朱輯、盛刊，皆詳後），亦稱“明《文淵閣
書目》即未著録，可見明初已佚”。按清四庫館臣曾於《永樂

大典》中廣輯宋人佚集，而無尤集，知其散佚在永樂之前，盛氏之説是。《兩宋名賢小集》卷二二三有《遂初小稿》一卷，收詩四十六首，蓋後人輯本而沿用舊名，吴洪澤君證其出朱彝尊之手，見所作《尤袤詩名及其生卒年解析》（載《文學遺産》二〇〇四年第三期）。

清康熙三十九年（一七〇〇），朱彝尊將平日所輯尤袤《詩鈔》一卷四十七首、《文鈔》一卷二十六首，示其同年友尤侗。侗自稱爲尤袤裔孫，遂刊之，名曰《梁溪遺稿》（收詩僅四十三首，蓋删削四首）。是本每半葉十行，行二十一字，黑口，左右雙邊，今唯國家圖書館、上海圖書館著録，國圖本有吴梅跋，上圖本無《文鈔》，有勞格跋。《四庫全書》即著録康熙本。

道光元年（一八二一），裔孫尤興詩延月舫重刊康熙本，今國家圖書館、中國科學院圖書館等著録，日本京都大學亦有藏本。道光間猶有尤塈等惠山宗祠刻本，補輯文五篇、詩四首（其中兩首爲僞作）。光緒二十三年（一八九七），武進盛宣懷將《遺稿》刊入《常州先哲遺書》第一集，增《補遺》一卷、附録一卷，所補詩凡十一首，文一篇。李之鼎嘗從《四庫全書》手鈔《遺稿》，補文十篇。民國二十四年（一九三五），錫山尤桐輯《錫山尤氏叢刊集》，首即《梁溪遺稿》，分《文鈔》及《外編》，《詩鈔》及《外編》。尤桐跋稱“此次校刊《遺稿》，係合各本而彙輯之”。此本收文四十七篇、詩六十二首（其中三首係僞作，即《拄杖》一首、《送趙成都》二首，前者作者爲滕元秀，後者爲趙蕃），在各輯本中可稱最全，有鉛字排印本。

然而尤袤詩文遺珠尚多。《全宋文》用《錫山尤氏叢刊集》本爲底本，新輯佚文十三篇。《全宋詩》爲重輯本，增輯詩五首，其中據《兩宋名賢小集・遂初小稿》所輯《游閣皂山》一首乃僞作，該詩作者實爲劉遂初正之，辨詳上引吳洪澤《解析》文中。但無論輯補多少，已遠不能恢復《梁溪集》原本規模，當日"大家"風貌僅可管窺而已。

【參考文獻】

方回《跋遂初尤先生尚書詩》（《宛委別藏》本《桐江集》卷三）

朱彝尊《〈梁溪遺稿〉序》（《常州先哲遺書》本《梁溪遺稿》卷首）

尤侗《康熙刊〈梁溪遺稿〉跋》（同上）

尤興詩《道光刊〈梁溪遺稿〉跋》（同上）

盛宣懷《〈常州先哲遺書〉本〈梁溪遺稿〉跋》（同上卷末）

誠齋集一百三十三卷

楊萬里　撰

　　楊萬里（一一二七—一二〇六），字廷秀，吉州吉水（今江西吉水）人。紹興二十四年（一一五四）進士。官至秘書監，進寶謨閣學士，卒謚文節。光宗嘗爲之書"誠齋"二字，學者遂稱誠齋先生。楊萬里生前曾自編其詩凡八集，皆自序之。丙午（淳熙十三年，一一八六）序《南海集》，稱是集所收"自庚子至壬寅（淳熙七至九年），有詩四百首"。淳熙丁未（十四年）四月序《荆溪集》，謂是集收官荆溪時所作詩凡四百九十二首。同年六月作《西歸集序》，稱該集收任廣東常平使者至上印綬西歸，"凡一年，得詩幾二百首，題曰《西歸集》"。同月又作《朝天集序》，稱門人劉焕（字伯順）送到所刻《南海集》，且索近詩，於是將甲辰歲（淳熙十一年）至京所作"彙而次之，得詩四百首，名曰《朝天集》寄去云"。淳熙戊申（十五年）作《江湖集序》，曰："予少作有詩千餘首，至紹興壬午（三十二年，一一六二）七月皆焚之，大概江西體也。今所有曰《江湖集》者，蓋學後山及半山及唐人者也。……舊所有者五百八十首，大兒長孺再得一百五十八首，於是並録而序之云。"淳熙己酉（十六年），又輯在江西道院至修門道中，並歸途及在郡時詩録之，"凡二百有五十首，析爲三卷，目名《江西道院集》"。未幾，有"廷勞使客之命，……既竣事，歸報，得詩凡三百五十首，目之以《朝天續集》"。是序又曰："余詩自壬午至今凡七集，近三千首。"其中四集已寄劉焕。《朝天續集序》作於紹熙元年（一一九〇）。紹熙壬子（三年），再作《江東集序》，是其爲江東副漕之後，因集在金陵及行部諸郡所作，"得詩五百首，乃命曰《江東集》，以寄劉炳先、繼先伯仲"。著者猶有《退休集》，收晚年之作，無序，蓋逝世後方成集。

　　《宋志》即分集著録，凡詩集九種：《江湖集》十四卷、《荆溪集》十卷、《西歸集》八卷、《南海集》八卷、《朝天集》十一卷、《江西道院集》三卷、《朝天續集》八卷、《江東集》十卷、《退休集》十四卷，共八十六卷。今國家圖書館藏有淳熙至紹熙遞刻單集本凡七集，即《誠齋先生江湖集》十四卷、《荆溪集》十卷、《西歸集》四卷（存卷一至三）、《南海集》八卷、《江西道院集》五卷、《朝天續集》八卷、《退休集》十四卷（存卷一至三、卷六至一四）。以上共存六十卷（按：前引自序《江西道院集》三卷，此爲五卷，蓋付梓時重釐）。日本宫内廳書陵部藏有淳熙本《誠齋先生南海集》八卷。各集皆劉氏家刻本，每半葉十行，行十八字，注文雙行，白口，左右雙邊。《南海集》最先刻成，有淳熙丙午（十三年）門生承事郎、新權通判肇慶軍府兼管内勸農事劉煥跋，稱誠齋爲詩之多至於一千八百餘首，分爲五集，“今得《南海》一集，不敢掩爲家藏，刊而傳之，以爲騷人之規範。餘四集將續以請，則又當與學者共之”云云。《四庫提要》謂“岳珂《桯史》記《朝天續集・韓信廟》詩‘淮陰未必減文成’句，麻沙刻本訛‘文成’爲‘宣成’，則當時已多誤本”。

端平二年（一二三五），劉燀叔合諸集而刻爲全集本《誠齋集》，有序，略曰：

> 東山先生（祝按：楊萬里子長孺號東山）曩帥東廣，燀叔貳令南海，辱置門牆，益深敬慕。乃今假守通德之鄉，《誠齋文集》獨闕未傳。……冒兹承乏，政孰先此！東山首從所請，且獲手爲是正，以卷計一百三十有二，以字計八十萬七千一百有八，鋟木於端平初元六月一日，畢工於次年乙未六月之既望。

全集本將詩合併爲四十二卷，餘爲文。陳氏《解題》卷一八即著録此本，《通考》卷二四〇同。

端平初劉燀叔所刊原本，今日本宮内廳書陵部猶藏一部，董康《書舶庸譚》卷三著録道：

> 《誠齋集》一百三十三卷、目録五册，宋槧。板高七寸餘，題“廬陵楊萬里廷秀”。每半葉十行，每行十六字。中縫標“誠齋幾”，上記字數，下有鄧拱、蔡義、蔡誠、炳、顯、章、劉淵、李文、元壽、德章、子明、胡明等刻工姓名，餘多剥蝕不可辨。每卷之末有“嘉定元年（一二〇八）春三月男長孺編定、端平元年夏五月門人羅茂良校正”兩行。第一百三十三卷爲歷官告身、詔書及謐、告等，後有（劉燀叔）跋。

《日藏漢籍善本書録》謂此本乃原京都（洛東）建天寺僧天章舊藏，並録刻工名姓，除上述徐氏已録者外，猶有：子允、子春、中萬、公弼、正、玉、李子允、生、伯、余坤、周發、成、坤、俊、胡仕明、胡祥、挺、曹生、梓、陳公弼、陳英、喻岩、彭元德、彭元慶、彭德彰、曾沂、暉、靖、劉子春、劉元、劉峰、劉從、劉源、蔡平、蔡正、蔡永、鄭、鄧炳、鄧授、鄧滉、震、蕭儀等。又稱第一卷第一葉鈔補，第四卷每一葉有火傷痕跡，卷五三至五九、卷六六至六八凡十卷係鈔配。據西村兼文《好古漫録》記，此本原爲洛東（京都）建仁寺天章禪師所有。明治天皇二十五年（一八九二）五月二十五日，由福聚院主梧菴禪師讓與外務書記官古澤滋氏，携往東京，轉入宮內廳圖書寮（即今宮內廳書陵部）。該本目次爲：詩四十三卷；賦二卷；辭藻一卷；表二卷；牋一卷；啟十三卷；書七卷；奏狀、札子二卷；記六卷；序七卷；心學論三卷；千慮策三卷；程式論一卷；庸言四卷；解一卷；雜著八卷；尺牘八卷；東宮勸讀録一卷；淳熙薦士録一卷；詩話一卷；傳三卷；行狀二卷；碑二卷；表一卷；墓誌銘一卷；歷官告詞、詔書、謚告一卷。

傅增湘以爲日本藏帙並非端平本。《藏園訂補邵亭知見傳本書目》謂蔡姓刊工九人，鄧姓刊工四人，劉姓刊工七人，均江西刊工；“其版式、字體亦猶存豫章本歐公、周益公二大全集矩矱，當是江西刊本。其卷次、分集與影端平本同，而實非一刻”。按上引劉燁叔序稱“乃今假守通德之鄉”云云，“通德之鄉”即指誠齋故鄉，則端平本原本刻於江西。傅氏蓋未注意此句，遂致小謬。

明《文淵閣書目》卷九著録“《楊誠齋文集》一部四十册，殘闕”。《內閣書目》卷三曰：“《誠齋文集》三十八册，不全。

凡一百三十三卷，闕一百二至一百五並末三卷。《退休集》二册，全。《西歸集》一册，全。"當爲宋槧。《篆竹堂書目》卷三僅載"《楊誠齋文集》四册"。《絳雲樓書目》卷三著録《楊誠齋文集》四十二册，陳景雲注曰："一百三十三卷。"國内所藏，迄無全集刊本，而明、清鈔藏帙尚夥。國家圖書館藏毛氏汲古閣鈔本二部，其中一部有清顧廣士校、跋，另一部有翁同龢跋，已殘，僅存十五卷。上海圖書館亦藏有汲古閣鈔本，全。山東省圖書館藏有明末鈔本，殘，僅存二十七卷。今國家圖書館、北京大學圖書館、南京圖書館等所藏清鈔全集本凡十餘部（包括殘本、不全本），臺北"中央圖書館"亦庋藏鈔本三部。又有僅鈔其詩集者，如北大圖書館藏石門吕氏鈔《誠齋詩集》四十二卷等。日本除上述宫内廳書陵部藏有宋端平初刊本外，猶有東山天皇元禄時期（一六八八——一七〇四）摹宋端平《誠齋集》寫本一百三十三卷、目録四卷，卷中有"島田重禮"、"敬甫"、"篁村島田氏"、"島田翰讀書記"等印記。大坂天滿宫御文庫藏有江户時代寫本《誠齋集》，今存殘本九十卷，等。

　　清乾隆五十九至六十年（一七九四——一七九五），二十世裔孫吉水楊振鱗帶經軒刊成《楊文節公詩文全集》，底本爲楊氏家藏鈔本。因恐資費不敷，遂分爲二集，先刊文集，再刊詩集。乾隆五十九年校刻文集成；次年仲夏，刻詩集成。然因底本不佳，所刊文集不完整，楊振鱗《楊文節公文集跋》曰："原集兩處所藏皆鈔本，其中散佚者固多，即現存而錯訛難辨者亦復不少，兹暫存原稿，俟再覓善本補闕訂訛，而續爲一集。"今國家圖書館、北大圖書館（有胡適題記）、上海圖書館等著録全集本《誠齋文集》僅四十二卷、卷首一卷、卷末一卷。

同治三年（一八六四），楊氏裔孫夢弼等重刻全集本，今國家圖書館、上海圖書館著録，亦爲《誠齋文集》四十二卷。經查，所謂"誠齋文集"，并非只存文章，詩集實在其後。宋槧之後，此爲《誠齋集》之唯一刊本。

《四庫總目》著録汪如藻家藏全集本，《提要》稱"其集卷帙繁重，久無刻版，故傳寫往往訛脱"云云，則汪氏本無疑爲鈔帙。

《四部叢刊初編》據繆氏藝風堂影宋本影印。該本《藝風藏書續記》卷六著録，稱"日本人云宋本在其國内，此從之影寫者"。所謂影寫，殆出於輾轉傳録，雖大體尚可，然即便用四庫本校之，訛脱已復不少（四庫本亦不盡佳）。

《全宋詩》用宋端平刊本（藏日本宫内廳書陵部）爲底本，輯得集外詩十五首。《全宋文》用《四部叢刊初編》本爲底本，補入《豫章叢書》本《誠齋策問》二卷，輯得佚文九篇。二〇〇六年，江西人民出版社出版王琦珍校點本《楊萬里詩文集》。二〇〇七年，中華書局出版辛更儒《楊萬里集箋校》。二〇一一年，三秦出版社出版薛瑞生《誠齋詩集箋證》。《箋證》以《四部叢刊初編》本爲底本，以日本藏本、遞刻本、北大圖書館藏本等十五種版本參校，校、注精審，又輯得集外詩三十首，殘句五件。

【參考文獻】

劉煒叔《誠齋文集序》（《四部叢刊續編》本《誠齋集》卷首）

楊振鱗《楊文節公文集跋》（乾隆五十九年刻本《楊文節公詩文全集》本《誠齋文集》卷末）

楊雲彩《楊文節公詩集序》（乾隆六十年刻《誠齋詩集》卷首）

楊振鱗《楊文節公詩集跋》（同上卷末）

橘洲文集十卷

釋寶曇　撰

　　寶曇（一一二九——一一九七），字少雲，俗姓許氏，嘉定龍游（今四川樂山）人。幼習儒業，已而出家，遊方至徑山、蔣山諸寺，晚住四明杖錫山，史浩爲築橘洲使居之。《寶慶四明志》卷九有傳，謂其“工文辭，有《橘洲集》十卷行叢林。始爲蜀士時，師慕東坡，後游東南，敬山谷，故文章簡古高妙，有前輩風。又倣太史法，著《大光明藏》，以西方七佛爲紀，達摩以降諸祖師則傳之，未絶筆，故不傳。然每自謂‘於第一義諦心有得，人謂我以文詞鳴，是未知我者’。慶元三年四月二十日辭世”。

　　《橘洲文集》嘉定初有刊本，釋曇觀跋曰：

　　　　橘洲詩文高妙簡古，有作者之風。予少年誦之，實深跂慕，自是片言隻字，率訪得之。久而成編，不敢自閟，敬命工鋟版，以廣其傳，是亦徐君掛劍之義也。嘉定改元（一二〇八）仲春，住通列狼山凌雲叟曇觀謹書。

　　是集原本大陸久已失傳。臺北“中央圖書館”藏有殘鈔本四卷（卷七至一〇），爲各體文。曇觀跋後有無名氏題記曰：“右板元存徑山，毀於癸巳（紹定六年，一二三三）之火。咸淳改元歲在乙丑（一二六五），化城石橋塔院重刊印行。”則所鈔爲咸淳重刊本。卷終有遯叟題識曰：“此宋僧文集，未收入《四庫》者。文頗有古音節。世間流傳甚少，亦秘本也。天南遯叟識，時光緒丙戌（十二年，一八八六）孟秋，年五十有九。”一九八〇年，臺灣明文書局據該殘本影印入《禪門逸書初編》。

　　據《和刻目録》，日本元禄十一年（一六九八）織田重兵衛有仿宋刻十卷本，其中前四卷收詩，餘爲各體文。《日藏漢籍善本書録》著録此本，乃日本内閣文庫藏書。中國科學院圖書館亦藏有元禄本，有羅繼祖印記，蓋羅振玉舊藏本，今人編《續修四庫全書》已據以影印，編入集部第一三一八册。檢影印本，曇觀所作在卷首，應爲序而非跋。每半葉十行，每行二十字，有片假名注音。日本《佚存書目》嘗著録。卷末有無名氏題記，已見上引。其卷目編次爲：卷一，賦、楚辭、古詩；卷二至四，詩；卷五，記；卷六，記、序、跋；卷七，雜文、跋、贊；卷八、卷九，榜疏；卷一〇，記、序、銘。

　　《全宋詩》以日本内閣文庫所藏元禄本爲底本。《全宋文》用《禪門逸書初編》本爲底本，收文不全。

平菴詩稿十六卷

項安世　撰

　　項安世（一一二九—一二〇八），字平父，號平菴，括蒼（今浙江麗水）人，遷江陵（今屬湖北）。淳熙二年（一一七五）進士，官至户部員外郎、湖廣總領。其集宋本刊行情况不詳。《解題》卷二〇“詩集類下”著録道：

　　　　《平菴悔稿》十五卷、《後編》六卷，太府卿松陽項安世平父撰。“悔稿”者，以語言得罪，悔不復爲也，自序當慶元丙辰（二年，一一九六）。《後編》自丁巳終壬戌（慶元三年至嘉泰二年，一一九七——一二〇二）。

《通考》卷二四一從之，又引其自序謂"項子題所爲文稿曰《滑稽篇》"云云，蓋除詩集外，猶另有文集。《宋志》著録《丙辰悔稿》四十七卷。以原本久佚，今莫可知其詳。

明《文淵閣書目》卷九著録"項平菴《丙辰悔稿》一部十五册，全"。卷一〇載"項平甫《悔稿》一部三册，殘闕"，又"項安世《悔稿》一部六册，闕"。《内閣書目》卷三僅有"《丙辰悔稿》十五册，不全"。除秘閣外，私家未見著録，故明以後極罕見，唯項氏後裔有家藏殘宋本（詳下）。

清四庫館臣因未得採進本，遂從《永樂大典》輯其佚篇，然因當時誤傳全集已鈔入《四庫》，編纂遂輟，而《四庫》其實未收。大典本乃四庫館臣余集所輯，因有誤傳，輯稿遂藏其家，後吳長元因而編之，有跋曰：

> 是編爲余秋室集太史分纂《永樂大典》摘出，時誤傳全集已鈔入《四庫全書》，遂未經編録。庚子（乾隆四十五年，一七八〇）秋冬，予寓秋室邸舍，愁病相侵，杜門不出，取案頭存稿黏（帖）〔貼〕成書，手録副本，計《悔稿》《丙辰悔稿》《悔稿後編》凡三種，共詩一千四百餘首，每稿輯成一卷。以《書録解題》所載較之，《悔稿》十五卷，今丙辰以前共得八百六十餘首；《悔稿後編》六卷，今得詩五百五十餘首。知《悔稿》之所缺甚多也。……又《解題》列於詩集，故前後共二十一卷；《（宋史）藝文志》作四十七卷，大約舉全集而言，直齋或未之見耳。

余集所輯大典原稿本，後傳入鮑氏知不足齋。嘉慶乙丑

（十年，一八〇五），趙魏由知不足齋借出，再編次之，跋曰：

> 舊録不分卷，編爲三帙，有分體錯誤者，余爲正其
> 訛，輯《平菴悔稿》爲十五卷，《悔稿後編》爲六卷，仍《書
> 録解題》之舊；《丙辰悔稿》佚去爲多，只存一卷。

此本後爲陸心源所得，今藏日本静嘉堂文庫，有鮑廷博（以
文）手校，及吳長元、趙魏跋，見《皕宋樓藏書志》卷八六、《静
嘉堂秘籍志》卷三六。

清鈔大典本或又編爲十六卷，統題曰《平菴詩稿》，今北
京大學圖書館、南京圖書館、上海圖書館著録。北大本乃李
氏書，爲王宗炎十萬卷樓舊鈔本，有朱墨校，墨筆校爲孫文川
所書（詳《木犀軒藏書書録》）。南京圖書館本乃丁氏書，見《善本
書室藏書志》卷三〇。

吳長元、趙魏二人編次本，經清人輾轉傳録，今各大圖書
館藏有多部，簡述如次：

一、《平菴悔稿》十四卷、《丙辰悔稿》一卷、《平菴悔稿後
編》六卷、補遺一卷，今藏國家圖書館、北京大學圖書館（按：
此本已影印入《續修四庫全書》集部第一三一八、一三一九
册）。

二、《丙辰悔稿》一卷、《平菴悔稿》不分卷、《平菴悔稿後
編》不分卷、補遺一卷，今藏國家圖書館（有翁心存、翁同書
跋）、浙江大學（原杭大）圖書館（有吳元長跋）。

三、《平菴丙辰悔稿》不分卷、《平菴悔稿後編》不分卷，今
藏中山大學圖書館。

四、《平菴悔稿後編》不分卷（與《丙辰悔稿》合鈔），今藏
北京大學圖書館。

亦有清鈔單本多帙傳世，如單藏《平菴悔稿》十四卷，或

《平菴悔稿後編》六卷（或不分卷），多藏於國圖或北大圖書館，此不一一。

項氏詩集另一重要傳本，爲《宛委別藏》本《平菴悔稿》十二卷，阮元《揅經室外集》卷三《提要》曰：

> 案《文淵閣書目》日字號載《丙辰悔稿》十五册，又月字號載《悔稿》三册、又一部六册，並殘缺之本。《宋史·藝文志》載《丙辰悔稿》四十七卷。近日傳本殊希，厲鶚《宋詩紀事》僅從《後村詩話》、《方輿勝覽》、後村《千家詩》蒐採數首。此則依舊鈔過録，合前、後集凡一千二百八十五首，分卷與《宋志》不合，即《後村詩話》所録《春日堤上》《吹帽臺》《抛毬》《糟蟹》《永州》諸作，皆未見於是編。卷六以下乃慶元丙辰謫居江陵後所作。缺佚雖多，然就存者觀之，固紹熙、嘉泰間一作者也。

所謂“依舊鈔過録”，不詳“舊鈔”源於何本。《静嘉堂秘籍志》卷三六著録陸心源舊藏大典本，引《提要》並案曰：“阮元所進，似非大典録出，與此本（指大典本）自異。”筆者在本書初版中推測道：“吳長元跋大典本，謂‘吾友姚訒齋天成中翰云，乾隆三十八年掌處州書院，浙撫有採書之檄，時松陽項氏尚有舊藏刊本，惜殘缺不全，未送省局’。阮氏進呈本既異於大典本，是否即由此殘刻本出？因殘宋本後亡佚，今無從勘驗。”今按：北京大學李更先生將宛委本與大典本列表對比，作《宛委別藏本〈平菴悔稿〉小識》一文（載《中國典籍與文化》二〇〇九年第三期），論之曰：

> 《宛委別藏》本雖統稱《平菴悔稿》，但《悔稿》《丙辰悔稿》《悔稿後編》依然各成段落。具體到每個部分内

部，也與其他兩個版本（祝按：指吳長元編《悔稿》《丙辰悔稿》《悔稿後編》三卷、趙魏編二十一卷本）一樣按體編排，録詩順序也如出一轍。而作品位置上的細微差異，則來自編者對詩體及詩體間關係的把握，如四言詩置於五言古詩之前抑或附於各體之後，某些作品是古體還是近體，是律詩還是絶句等等，自有理路可尋。它不僅存於《宛委別藏》本與二十一卷本之間，也存在於三卷本與二十一卷本之間。……從《宛委別藏》本各種詩體的排列順序與三卷本完全一致，而某些篇章的詩體歸屬有調整這一特點看，其底本或祖本應鈔自吳長元編次本，又經過了一些加工編訂。

於是，宛委本與大典本之關係，遂豁然明瞭。簡言之，宛委本同屬於大典本系統，較之其他傳鈔大典本，只是分卷不同而已。舊謂兩本異，皆因未曾對比校核之故。又，《小識》猶指出大典本有誤輯劉子翬《屏山集》、劉克莊《後山先生大全集》之現象，此略之不述。

《全宋詩》用《宛委別藏》本爲底本，校以國圖所藏吳長元鈔本，另輯得佚詩二十五首。項氏文集散亡已久，《全宋文》輯得佚文十七篇。

【參考文獻】

吳長元《大典本平菴詩稿跋》（《皕宋樓藏書志》卷八六）
趙魏《編大典本平菴詩稿跋》（同上）

芸菴類稿六卷

李　洪　撰

　　李洪（一一二九一?），字可夫，一字子大，揚州（今屬江蘇）人，寓居海鹽，正民子。官至浙東路提刑。陳貴謙嘗序其集，稱作者"有《芸菴類稿》二十卷，貴謙得而讀之"云云，又謂其父李正民"歿且八十餘年"。按正民爲政和二年（一一一二）進士，略以年代推之，則序蓋作於宋季。

　　明《文淵閣書目》著録《芸菴類稿》"一部五册"，當爲宋槧，然誤題其父李正民撰，參前《大隱集》叙録。其後原本散佚，今傳乃大典本。《四庫提要》曰：

　　　　諸家書目亦未載有是集，惟《永樂大典》頗散見其文，又別出陳貴謙原序一篇。……陳貴謙序稱原本二十卷，而今所掇拾，僅得詩詞三百九十餘首，文三十首，視原集只十之三四。謹據所存者釐爲五卷，而以雜文一卷附之。

大典本録入《四庫全書》，卷目編次爲：卷一，賦、詩；卷二至五，詩；卷六，啟、序、記、傳、銘、贊、跋、祭文。文淵閣四庫本民國時曾影印入《四庫全書珍本初集》。今南京圖書館等藏有清鈔本六卷，同源於大典本。

　　《全宋詩》《全宋文》俱以影印文淵閣《四庫全書》本爲底本。

【參考文獻】

陳貴謙《芸菴類稿序》(影印文淵閣《四庫全書》本《芸菴類稿》卷首)
陸心源《芸菴類稿跋》(《儀顧堂題跋》卷一二)

香山集十六卷

喻良能 撰

喻良能,字叔奇,號香山,義烏(今屬浙江)人。紹興二十七年(一一五七)進士,歷工部郎中、太常寺丞,以朝散大夫致仕。所著《香山集》,既未見宋人刊板序跋,宋人書目亦不登録,其編刊情況不詳。明《文淵閣書目》卷九著録"喻良能《香山文集》一部二册,全",《内閣書目》稱"凡十七卷"。《國史經籍志》卷五著録"喻良能《香山集》十七卷"。

原本蓋佚於明末,今傳乃大典本。《四庫提要》曰:

> 其集《義烏志》作三十四卷,焦竑《國史經籍志》作十七卷,世亦無傳。獨《永樂大典》中所録古今體詩尚多,核其格律,大都抒寫如志,不屑屑爲緗章繪句之詞。……惜其詩僅存,而文已湮没不傳矣。今從《永樂大典》采掇裒次,而以《南宋名賢小集》所載參校補入,釐爲十六卷,庶猶得考見其大略。

乾隆翰林院鈔本,今藏國家圖書館。大典本録入《四庫全書》。《續金華叢書》據文瀾閣四庫本校刊。《全宋詩》以影印文淵閣《四庫全書》本爲底本。

晦菴先生朱文公文集一百卷
續集十一卷別集十卷

朱　熹　撰

　　朱熹（一一三〇—一二〇〇），字元晦，一字仲晦，號晦菴，別號紫陽，婺源（今屬江西）人，徙居福建建陽。紹興十八年（一一四八）進士。仕至寶文閣待制知江陵府，以煥章閣待制奉祠。慶元二年（一一九六）爲御史所劾，落職罷祠，卒。追謚“文”。早年受學於李侗，遂集北宋以來理學之大成，創立“閩學”，或稱“考亭學派”。平生著述宏富，其文生前曾部分刊行。《答劉季章》第八書（《朱文公文集》卷五三）稱“王晉輔（峴）來，……欲得鄙文編次鋟木。此雖未必果然，亦不可有此聲。恐渠後生未更事，不識時務，不知此是大禍之機，……望痛爲止之”。此書作於慶元四年，正值黨禁，故作者一再制止鏤板。然其弟子王峴不聽勸阻，終於刊成。朱熹另一《答劉季章書》（同上卷二九）曰：“嚮日石刻及今所刊三册，勸其（指王峴）且急收藏，不可印出。向後或欲更爲此舉，千萬痛止之也。”

　　今存宋槧最早之本，爲《晦菴先生文集》前集十二卷、後集十八卷，乃清宮天禄琳琅舊藏，《天禄後目》卷七著録道：

　　　《晦菴先生文集》二函十二册，宋朱熹撰。前集十二卷，爲古律詩賦、策問、銘文、贊詞、歌解義、表札、上書、記、題跋、序、墓誌銘、祭文；後集十八卷，爲序、辨、論、問答、易贊、記、行狀、碑銘、墓誌。無編者姓名，亦無序跋。
書中標"晦菴先生文集"，而前集目録之首標"晦菴朱先
生大全文集"，是"大全"之名不始於蔡方柄之刻也。

宋本中最工整者。常熟毛氏藏。後集二印不可辨。

又附藏印"宋本"、"甲"、"毛晉"、"汲古主人"（俱朱文）。民國
十一年（一九二二）八月，溥儀將此書賞與溥傑，列入《賞溥傑
書畫目》中。抗戰初，沈仲濤於上海購得，密藏把玩數十年，
垂暮捐贈臺北"故宮博物院"，今藏該院，國家圖書館有複印
本。檢核複印本，除毛氏印記外，猶有"乾隆御覽之寶"、"五
福五代堂寶"等印記。大字本，無序跋，每半葉十二行二十一
字，白口，間有小黑口，雙魚尾。後集取《論語‧爲政篇》
"爲"、"政"、"德"、"如"、"北"、"辰"等字以記卷次，其例罕見。
前集模糊，有修補、抽換之葉，後集較清晰，但也有個別改刻
之處。校以閩、浙二系統之本（閩本、浙本詳後），溢出文章四
篇，他文可補内容數千字。文字有同閩本者，有合浙本者，亦
有與二本俱異而於義較長者，且可糾正兩本若干錯誤，甚有
校勘價值。前集諱至"慎"，後集諱至"敦"，當刻於淳熙十六
年（一一八九）二月光宗即位之後，至遲在紹熙初。據研究，
此本蓋是麻沙坊刻本，書賈蒐得詩文隨時付梓，故編次無序
（參郭齊、尹波校點本《朱熹集》附《版本考》）。但何以前集目録之首
標"晦菴朱先生大全文集"，頗令人不解，疑爲後來修補時
改刻。

彙次朱熹生平所作爲一集，蓋在嘉定初，即"慶元黨禁"
弛禁之後。黃榦《文公朱先生行狀》（《勉齋先生文集》卷三六）
曰："平生爲文，則季子在彙次之矣。"《行狀》作於嘉定十年
（一二一一），蓋朱在"彙次"文集，在此年前後之間。朱在彙

次本未見宋人著録，亦無傳本，據明、清翻刻本及後裔追記，當爲八十八卷（詳後）。

　　稍後，有朱氏弟子黃士毅類編本《文集》一百五十卷。魏了翁《朱文公語録序》（《鶴山先生大全文集》卷五三）曰：“（黃）子洪名士毅，姑蘇人，嘗類《文公集》百五十卷，今藏之策府。”此序作於嘉定十三年九月。黃榦《行狀》未言類編本，則其書應成於嘉定十至十三年間。今人束景南先生《朱熹遺文輯考·朱熹文集編集考》以爲一百五十卷本“似是據朱在所編《文集》重加分類別門，以類相從，另分卷數，一如其因現成諸家語録分門序次《語類》一百三十八卷。故是編即有增益，當亦不多，終不免藏之策府，不傳於世。至直齋作《書録解題》，趙希弁作《郡齋讀書志附志》，均不録是書，恐其時已亡佚”。大致依朱在本類編，其說近是。不過陳、趙二氏皆著録所藏、所見刊行本（個別未見亦注明），類編本既藏之策府，固不入録，未必其時已亡佚也。

　　陳氏《解題》卷一八著録《晦菴集》一百卷、《紫陽年譜》三卷，僅云年譜係其門人昭武李方子公晦所述。《通考》卷二四〇從之。趙氏《讀書附志》卷下著録《晦菴先生文集》一百卷、《續集》十卷，曰：“嘉熙己亥（三年，一二三九），王野刻於建安，黃壯猷嗣成之，識於後。《續集》則王遂刊而序之。然南康黃西坡（灝）諸處所刻墨帖之類，或不在焉，然則遺逸尚多有之。”《宋志》著録《前集》四十卷、《後集》九十一卷、《續集》十卷、《別集》二十四卷。陳、趙所録正集皆一百卷，而《讀書附志》多《續集》十卷，當係閩本（詳下）。《宋志》所録四集凡一百六十五卷，與諸家異，其本久佚，莫曉其詳。

　　朱熹文集百卷之本，版本目録家歷來以爲有閩本、浙本兩個系統。兩本雖卷數相同，而其編次及内容、文字則有異同。

先述閩本。

閩本宋槧今存殘本，題《晦菴先生朱文公文集》，爲正集百卷、《續集》十一卷、《別集》十卷。正集無編刊序跋，一般以爲源於朱在所編八十八卷本，或以爲即朱在所編。《續集》有淳祐五年（一二四五）正月王遂序，略曰：

> 歲在癸卯（淳祐三年），遂假守建安，從門人弟子之存者而求其議論之極，則王潛齋已刻之方册。間從侍郎之子請，亦無所獲。惟蔡西山之孫覺軒（祝按：指蔡忱子模）早從之游，鈔録成秩；劉文昌家亦因而鈔掇，悉以付友人劉叔忠刊落其煩，而考定其實。繼是而有得焉，固無所遺棄也。

所謂“王潛齋已刻之方册”，王潛齋即王野，所刻由黄壯猷嗣成，即趙氏《讀書附志》所録正集百卷本。《續集》由王遂編刻（據《讀書附志》），其底稿來源，《序》述之已詳。王遂所刊止十卷，今存宋本《續集》爲十一卷，其第十一卷乃徐幾補刻，有淳祐庚戌（十年）徐幾跋，稱“得之劉侯之孫觀光，今爲浦城尉，……言乃祖參議公嘗受知文公先生，出所藏帖數十，皆集所不載，……遂刻以附於集”。

《別集》十卷，乃建州通守余師魯編，建安書院山長黄鏞刊。黄氏有跋，略曰：

> 文公先生之文，《正集》《續集》，潛齋、實齋二公已鏤板書院，蓋家有而人誦之矣。建通守余君師魯好古博雅，一翁二季自爲師友，搜訪先生遺文又得十卷，以爲

《別集》，其標目則一仿乎前，而每篇其下必書其所從得，且無外書不能審所從來之恨，真斯文之大幸也。鏞於君之長子謙一爲同舍郎，亦嘗預聞搜集之意，兹來冒居長席，而余君適將美解，始刊兩卷，餘以見囑。於是節縮餘費，以供兹役，蓋又二年而始克有成。

黃跋作於咸淳元年（一二六五）六月，則其編成，最遲當在景定四年（一二六三）。據編者所注出處，《別集》材料來源有四：一爲私家所藏及朱氏後裔家藏"録稿"；二爲已刊之帖，計有蔡九軒刊《慶元書帖》，朱熹曾孫潗刊《家藏帖》，洪正學刊《允夫家藏帖》，新安汪逢龍刊《允夫家藏帖》，廬陵胡翼龍刊《静春家藏帖》，廖槎溪韶州州學刊帖及婺州刊帖七種；三爲由仕宦之地所編小集采輯，計有《大同集》《南康集》《臨江集》《臨漳語録》四種；四爲附於他書者，有《稽古録》《南溪祠志》《寒山子詩集》《尤川志》四種。

上述宋嘉熙至淳祐初陸續所刊三集，今國家圖書館僅著録一卷。日本天理圖書館藏有二卷，據《日藏漢籍善本書録》，該本題《晦菴先生朱文公文集》，存卷七一、卷七二，共二册。每半（按：此字疑衍）葉十九行，行十九字，小字雙行，白口，蝴蝶裝。版心有刻工名姓。卷中避宋諱，凡"慎"、"敦"等皆爲字不成。按：是本版式與流傳後世之宋刻閩本每半葉十行十八字（見下）異，疑是另一本。

因宋刻板木到明代尚存閩藩，元、明兩代屢加修補，故宋刻元、明遞修本傳世較富，然多爲殘本。今國家圖書館著録宋刻元修本三部，一部存五十八卷，一部存四十八卷，另一部存三卷。而宋刻元、明遞修本，國家圖書館、北大圖書館等大陸圖書館，以及臺北"中央圖書館"等，著録近十部（包括殘本）。日本静嘉堂文庫藏一部，乃陸心源藏書。《皕宋樓藏書志》卷八五著録，稱其爲“宋刊大字本，張楊園舊藏”。又曰：“宋刊明印本。每葉二十行，每行十八字。版心有字數及刻工姓名，卷中有‘張履祥印’白文方印。”白口，間有黑口，左右雙邊，明補版爲四周單邊。在宋刻閩本中，今以此本最全。四川師範大學圖書館著録宋刻元、明遞修本一部，存四十七卷，鈐有“吴興劉氏嘉業堂藏書記”印，是本較特别：乃合閩、浙兩刻拼湊爲一書。

　　《增訂四庫簡目標注·續録》謂“涵芬樓藏元刊本大全集，十一行二十二字”。今北大圖書館等著録元刻本，北大本爲《晦菴先生朱文公文集》，存二十三卷（卷一至二三）。經查核，該本實爲天順本，乃著録之誤（見尹波、郭齊《朱熹文集版本源流考》，《西南民族大學學報》二〇〇四年第三期）。

　　朱子集明人著録甚夥。《文淵閣書目》卷九載：“《晦菴朱先生集》一部一百册，全。《文公大全集》一部四十册，全。”又卷一〇曰：“《朱晦菴先生集》一部一册，闕。”至《内閣書目》，僅載八十册文集本，亦稱“全”。《萬卷堂書目》卷四、《世善堂藏書目録》卷下皆有《晦翁文集》一百卷。《趙定宇書目》著録“宋板大字《朱文公文集》”。《徐氏家藏書目》卷六有“《朱文公大全集》一百卷”。按“大全”之名，乃宋人對閩本之别稱，如趙氏《讀書附志》著録閩本，而其另著録錢明德所刻《朱文公帖》六卷時，即謂“於中可以補晦翁《大全集》之闕者爲多”。因知《文淵閣書目》及徐氏所藏“大全集”當屬閩本。又閩本書題較浙本多“朱文公”三字，故上述題《晦菴朱先生集》《晦翁文集》之本，蓋多爲浙本。但不可一概而論，一般著録從簡，未必細分。如《絳雲樓書目》卷三著録“宋板《晦菴文集》

四十册"，既不稱"大全"，亦無"朱文公"三字，然陳景雲注曰："一百卷，又年譜二卷，閩板舊刻，佳。"

閩本系統之明代重刊本，今臺北"故宮博物院"庋藏《文公先生朱子大全文集》殘本，存二十三卷，另《續集》十一卷，著録爲"明洪武間刊本"。未見，情況不詳，若鑒定無誤，則該本應是有明第一刻。明刻今以天順本、嘉靖本及萬曆本傳本較多。天順四年（一四六○），賀忱、胡緝刊《朱子大全》一百卷、目録二卷、《續集》十卷、《別集》十卷，胡緝序略曰："《大全》一書傳之既久，惜乎舊本湮訛，重增感嘆，故與同寅太守賀侯捐資，以廣其傳於四方，俾後學知所自焉。"所刊每半葉十一行二十二字，黑口，四周雙邊，間有左右雙邊。卷端書題間有"朱文公大全"、"文公先生朱子大全"、"晦菴先生朱文公文集"、"晦菴先生朱子大全"。天順本今浙江、江西、遼寧三省圖書館及山東師大圖書館有著録。

明刊以嘉靖本影響最大。該本卷帙與宋刊閩本同，有黄仲昭跋，略曰：

成化戊子（四年，一四六八），仲昭自翰林謫官南都，偶得閩本，公暇因取浙本校之，其間詳略互有不同。如《劾唐仲友》數章，閩本俱不載其所劾事狀，世之鄙儒多以是疑先生，異論紛起；故悉增入，使讀者知仲友蠹政害民之實，而無所惑於異論也。其它無大關係者，則仍其舊，惟正其亥豕魯魚之訛而已。歲丙申（十二年），閩憲使山陰唐公質夫、僉憲蘭谿章公德懋閔舊板磨滅日甚，遂以仲昭所校本補之，未及訖工，而二公相繼去任，尋復殘缺。僉憲天台林公一中至，慨然以爲己任，久未暇及。壬寅秋，謀於先生九世孫都運伯承君，復以仲昭所校本

精加讎訂，訛者正之，腐者易之，缺者補之，至是始無遺
憾矣。……工既告成，仲昭謹識其顛末，以告後之君子，
俾謹守而嗣修之，以無替諸公之嘉惠也。

或據此跋以爲明代有成化重刊本，當誤。黃氏所校閩本，當
時嘗據以修補宋板，修補過程，跋文已詳述之，故静嘉堂藏宋
刻明修明印本，卷末即有黃跋（見《皕宋樓藏書志》卷八五）。
嘉靖本當據黃氏校閩本爲底本，故《劾唐仲友》數狀已加詳
焉。此本付梓經過，卷首蘇信嘉靖十一年（一五三二）所作
《重刊晦菴先生文集序》述之甚詳：

> （朱熹）所著文若詩，彙之總百有二十卷。……是集
> 舊刻閩臬，歲久刓闕，且簡袠重大，人艱於蓄。比張憲副
> 大輪白諸前巡按虞侍御守愚、蔣侍御詔重刻之，省約版
> 紙者什四。方鳩工沐梨，而胡憲使岳至，躬總校讎之任，
> 董學潘憲副潢佐之，羅憲副英、陸憲副銓、姜僉憲儀、劉
> 僉憲案咸與有勞。信涖，亟促其成。

是刻每半葉十二行二十二字，白口，四周單邊，書口題“朱子
大全”，版心有刻工姓名。嘉靖原刻本今大陸及臺灣圖書館
凡著錄十餘部。日本宮内廳書陵部（三部）、内閣文庫（四部）
及静嘉堂文庫等，所藏亦不下十部。《四部叢刊初編》據此本
影印，卷目編次爲：卷一，詞、賦、琴操、詩；卷二至九，詩；卷
一〇，詩、樂府（詞）；卷一一、一二，封事；卷一三、一四，奏札；
卷一五，講義、奏狀、札子；卷一六至一九，奏狀；卷二〇、二
一，申請；卷二二、二三，辭免；卷二五至六四，書；卷六五至七
四，雜著；卷七五、七六，序；卷七七至八〇，記；卷八一至八
四，跋；卷八五，銘、箴、贊、表、疏、啟、婚書、上梁文；卷八六，

祝文；卷八七，祭文；卷八八、八九，碑；卷九〇，墓表；卷九一至九四，墓誌銘；卷九五至九七，行狀；卷九八，行狀、事實、年譜、傳；卷九九、一〇〇，公移。《四部備要》亦據此本校刊。嘉靖本以黄校修補宋本爲底本，雖仍以閩本爲主體，但取浙本之長，實爲兩本合流，差異縮小，故爲學者所重，今爲通行善本。

　　萬曆三十三年（乙巳，一六〇五），吴養春、朱崇沐（諧卿）等刊《晦菴先生朱文公文集》八十八卷、目録二卷，《續集》十一卷、《别集》十卷、《考異》一卷。每半葉十二行，行二十二字，白口，四周單邊。此本乃朱吾弼重編，而所謂"重編"，即將正集中奏議狀札類抽出單刻爲《重鋟文公先生奏議》十五卷另行（傳本今存）。不過此本也自有特色，劉洪謨《叙》謂朱子"四十以前"、"四十以後"、"年近六十"、"年逾七十"思想變化極大，故"兹編末每多紀年，最不可忽"。劉曰寧序稱"諧卿方盡發朱子寶藏，臚列而年志之"，即指此。是本今國家圖書館、北大圖書館、天津圖書館等及日本尊經閣文庫有著録。崇禎七年（一六三四），有李寅賓重修本，今中山大學圖書館等有著録。

　　入清，閩本經多次翻刻，廣爲流傳。清刻以康熙二十七年（一六八八）臧眉錫、蔡方柄本爲早，影響最大。是本有臧眉錫序，稱"泛棹建陽，訪求遺書，得其全帙，歸而謀諸平江息關蔡子（方柄），校讎以行於世"云云。所刻除正集百卷外，《續集》爲五卷，《别集》爲七卷，與此前各本異。康熙本今尚傳世，國家圖書館、上海圖書館、南京圖書館、浙江省圖書館等有著録。《四庫全書》著録内府藏本，即此本，《提要》曰："（潘）潢跋稱文集百卷，《續集》五卷，《别集》七卷，與今本合。

而與潢共事之蘇信所作前序，乃稱百有二十卷，已自相矛盾。方(炳)〔柄〕手校此書，其跋又稱原集百卷、《續集》十卷、《別集》十一卷，其數尤不相符，莫明其故。疑信序本作百有十二卷，重刻者偶倒其文，而方(炳)〔柄〕跋則繕寫筆誤，失於校正也。"按嘉靖本潘潢跋，稱《續集》十一卷、《別集》十卷，不作五卷、七卷，蓋藏氏所得本中，潘跋文字已被人追改。今以傳本《續集》十一卷、《別集》十卷校此五卷、七卷，收文相同，惟編次異，可肯定五卷、七卷乃後人所改編，非宋槧之舊。至於館臣因前人序跋所述與康熙本卷數不符，"莫明其故"，遂猜測其爲"倒文"、"筆誤"，純係臆説。

　　康熙本之後，至清末方有重刻本。咸豐十年（一八六〇），福州鰲峰書院刻《朱子集》一百四卷，今中國科學院圖書館、南京圖書館著録。同治元年（一八六二）有重印本，今吉林省圖書館著録。咸豐十年，徐樹銘於建陽紫霞洲祠堂刻《朱子集》一百零四卷，所據乃"建安朱氏嫡裔藏"祠堂本，附《年譜》《補遺》，今國家圖書館、上海圖書館、浙江省圖書館等著録十多部。光緒二年（一八七六），賀瑞麟《西京清麓叢書》正編收入《朱子大全集》一百卷、《續集》五卷、《別集》七卷，底本即康熙蔡方柄刻本，附賀氏撰《文集正譌》一卷、《文集記疑》一卷、《正譌記疑補遺》一卷。賀氏利用他本及文獻五十餘種，所考多所發明，足資參考。與賀氏同一年，即光緒二年，劉毓英又將康熙本刊入《劉氏傳經堂叢書》。

　　日本正德元年（一七一一），平安（京都）壽文堂嘗重刊嘉靖十一年本，今日本尊經閣文庫、東京大學、京都大學、足利學校遺跡圖書館、金刀比羅宮等皆有庋藏。此本南京圖書館亦藏一部，乃丁氏舊物，《善本書室藏書志》卷三〇著録，謂版心有"朱子大全"四字，"卷第悉仍舊貫，末有'正德辛卯年八月十三日'一條"。據浙江大學何忠禮先生介紹，韓國漢城保景文化社一九八四年曾影印李氏朝鮮英祖辛卯（一七七一）全羅道觀察使尹東昇奉敕命刊行本《朱子大全》一百卷、《續集》十一卷、《別集》十卷、《遺集》二卷、附錄十二卷，原本韓國當有收藏（《〈現存宋人別集版本目錄〉朱熹部分補正》，《文獻》一九九六年第三期）。

再述浙本。

浙本書名爲《晦菴先生文集》，凡一百卷、目錄二卷，今存宋刊本及宋刊元、明遞修本。宋刊板木明代嘗取置南廱（南京國子監），明《南廱志經籍考》卷下曰："《晦菴文集》九十九卷，存好板四千二百二十八面，失四百九十八面。"故宋刻修補本傳本也較富，國家圖書館、上海圖書館等凡著錄多部，國圖有一部完整，另一部較完整，其他皆爲殘帙，多者數十卷，少者僅存一卷。

國家圖書館今存宋刊浙本一部，凡四十八卷，蝶裝，有修配。每卷首末有紅色陽文印記"國子監崇文閣官書借讀者必須愛護損壞缺失典掌者不許收受"及蒙文官印。

宋刻元修本，今國家圖書館庋藏一部，存七十五卷，蝶裝。封面背後有民國譚新嘉等人鑒定記錄，書末有元余謙重修題識。國圖又藏有是本膠卷二件，皆美國國會圖書館所贈，亦皆爲蝶裝。每卷卷首有民國十三年（一九二四）譚新嘉、李文椅、爨汝僖鑒定記錄。其中一部存六十五卷，書末題"至元又二年（一三三六）十二月江浙等處儒學提舉余謙重修"；另一部存五十五卷。

浙本宋刻元、明遞修本，以今國家圖書館所藏《晦菴先生

文集》一百卷最完善。該本爲瞿氏書,其《鐵琴銅劍樓藏書目録》卷二一著録,并述之曰:

> 無序跋。每半葉十行,行十九字(祝按:白口,左右雙邊,書口題"晦菴文集")。遇"廓"、"擴"等皆爲字不成,是寧宗後所刻也。考成化本(祝按:即成化補修宋本)黄氏仲昭跋云(祝按:謂《劾唐仲友》數章,閩本不載其所劾事狀,已見前引,略)。今詳此本,備載無遺,當是浙本矣。又考嘉靖本卷六十七《仁説》小注云:"浙本誤收南軒先生作,而以先生作爲《仁説序》。"此本正如是,其爲浙本益明矣。

該本鈐有"紹基瞿鏞"、"瞿潤印"、"鐵琴銅劍樓"、"李莊仲圖書記"、"海虞朝棟莊仲寶藏"、"雲山一葉閣辛氏藏書"諸印記。《瞿目》在著録閩本系統之明嘉靖本(已校浙本)時,進一步考述兩本差異道:

> 此本大題視浙本多"朱文公"三字,而板心又稱"朱子大全文集",……而浙本絶無此名。……此本與浙本字句頗有不同,篇次亦互異。如《書濂溪光風霽月亭》《游密菴記》,浙本在卷七十九"記"類,此本在卷八十四"跋"類。《游密菴記》誠宜在"記"類,而《書光風霽月亭》則移之"跋"類爲是。又如《皇考吏部府君遷墓記》,浙本在《先姚孺人祝氏壙志》後,而此本則在前,似浙本以作文先後爲次(祝按:原有注,述葬祝孺人、吏部年月,此略),而此本以父先乎母爲次也。蓋閩本與浙本故有詳略之異,又經黄氏(仲昭)、潘氏(潢)遞相參校,其異同益不少,要亦可爲考訂之資焉。

除瞿氏本外，國家圖書館尚藏有另一宋刻元、明遞修本。該本殘損嚴重，卷一即配清影宋鈔本，鈐有"子穎"、"陳銳"、"揚州方氏退園藏書印"、"涵芬樓藏"、"海鹽張元濟經收"諸印章。其他如北大圖書館、首都圖書館、上海圖書館、山東博物館等，皆著録有浙本殘帙。《文禄堂訪書記》卷四嘗著録宋浙殘刻本（存卷七五至八〇），今不詳何在。

浙本與閩本雖有差異，但大體相近，必然有其版本淵源關係。因浙本無宋人序跋，兩本之關係迄無確切答案。有人以爲王野在建安書院開板之次年即離任，而其爲浙之婺州人，疑浙本即王野在婺州所刊。此僅爲推測，且一人所刊何以有不少差異，甚至浙本誤收張栻（南軒）之文？浙本究竟爲誰所刻，尚待研究。明嘉靖本用黄仲昭校本爲底本，浙、閩兩本差距縮小；但終因浙本無《續》《別》二集，福建建州爲朱熹寓居之地，有書院、祠堂及直系後裔，明、清兩代屢刊其集，故浙本影響遠不及閩本。

除閩、浙二本外，宋代似猶有江西刊本。《藏園訂補邵亭知見傳本書目》著録《朱文公文集》一百卷，"宋江西刊本，十行十八字，白口，左右雙闌，版心上記字數，下魚尾下記朱文公集卷第幾，下記刊工名一字。文禄堂見殘卷"。按《文禄堂訪書記》卷四嘗著録此本，謂"存卷三十五至五十九"。此殘本今未見著録，而書名、版式與宋刻閩本相同或相近，莫知其斷爲江西刊本之理由。

《宋志》著録之四集一百六十五卷本，佚之已久，其編刊情況不詳，可肯定與閩、浙二本不同。《朱熹文集編集考》謂《新安月潭朱氏族譜》録有朱熹所作《茶院朱氏世譜》，《族譜》前有茶院第十二世孫朱沖序云："右茶院朱氏世譜，有刊本，見《大全後集》第十一卷。"又引明程敏政《篁墩文集》卷三六《題文公梅花賦後》,謂"文公舊有《前》《後》《續》《別》四集行世,而《後集》亡矣。此賦見《事文類聚》,固《後集》之一也"。因推斷四集或出於新安後裔所編,而欲與建安朱氏藏本相較勝,可稱爲徽本,應編於南宋末。此可爲一説,尚俟進一步證實。

前已言及,清代朱子集主要爲翻刻閩本,唯雍正本《朱子文集大全類編》一百一十卷,與舊本(無論閩本或浙本)編次截然不同。此本有康熙壬寅(六十一年,一七二二)建安嫡長派十六代孫朱玉跋,曰:

> 玉幸生其後,每讀遺編,竊嘆文祖易簀時作書,命季子早歸收拾文字,可見著作繁多,雖片言必存,究未類其孰先孰後暨一生升沉顯晦,載在簡編者亦多詳略逕庭,學者反無所考據,豈五百餘年之缺事耶?玉不揣庸陋,殫三餘之心力,搜羅群集,稽之家乘,詳其原委,序其先後,互參考證,彙鈔成帙,分爲一十六册。究文祖之出處、功業、行誼、文章,按年稽月,計日尋時,或載之譜諜,或附諸散帙未售諸於世者,悉序次補入,顏曰《朱子文集大全類編》,將公諸海內,得以次第循覽,展卷瞭然。篇頁頗繁,欲登棗梨,實慮工資浩瀚,兹勉强授梓,惟賴文祖在天默相,漸次圖功。倘幸而有成,其足以發明斯道者,即所以表玉三十載研究之夙願也,敢云於文祖之全集有以補其前所未備也哉!

朱玉用力頗勤,然而人事懸隔,欲準確繫年,談何容易。故類編本並不爲學界所重,《四庫全書》將其録於《存目》,《提要》謂其"割裂繁瑣,究不及大全集之原本爲能存其舊也"。類編本有雍正八年（一七三〇）紫陽書堂刊本，今國家圖書館、北大圖書館、南京圖書館有著録。乾隆十五年（一七五〇）有朱氏采芝山房印本，山東大學圖書館、蘇州大學圖書館等有著録。其後又有道光二十五年（一八四五）考亭書院刊本，今亦傳世。

除上述歷代全集本外，朱熹詩文又有按仕歷刊行之若干小集。閩本《别集》嘗據小集搜輯佚文，計有《大同集》《南康集》《臨江集》等，已見前述，可見諸小集刊行年代不晚。今唯《大同集》尚存，其他已不見著録。《大同集》今傳元刊本，爲瞿氏舊藏，《鐵琴銅劍樓藏書目録》卷二一著録道：

> 《朱文公大同集》十卷，元刊本，門人陳利用編。凡詩一卷、文九卷，皆公主同安簿時所作。元至正間，鄱陽都璋寓居同安，重刊之，並纂《年譜節略》列卷首，孔公俊序。

瞿本爲元刊明修本，年譜配清鈔，每半葉十一行二十一字，細黑口，左右雙邊，今藏國家圖書館。傅增湘又見黑口元刊本，四周雙闌，題“學生縣學司書兼奉文公祠陳利用編”（《經眼録》卷一四），今未見著録。明林希元曾刊增輯本，亦爲十卷，版式改爲四周雙邊，國家圖書館有藏本。《大同集》所載詩文，皆已收入全集（包括《續集》），其中“問答”已收入《朱子語類》。《四庫總目》録於《存目》，《提要》謂此集爲同安人“攀附以爲重”，故“裒刻以夸飾其地”。其他小集，情況多與此相若。

國家圖書館猶藏有元刊本《晦菴先生朱文公詩集》，已殘，存卷一一至二二，凡十二卷，原本總卷數不詳，蓋亦傳自有宋。宋代猶傳蔡模等《感興詩注》，有嘉熙丁酉（元年，一二三七)注者跋(本書另立目著録)。現存明、清兩代朱熹詩、文選本種類繁多,此皆從略。

　　一九九六年,四川教育出版社出版郭齊、尹波校點本《朱熹集》。是本以《四部叢刊初編》影印嘉靖本爲底本,校以臺北"故宫博物院"藏宋本,以及閩、浙兩系統各宋本,補入佚文,新輯附録,堪稱完備。二○○二年,上海古籍出版社出版朱杰人、嚴佐之、劉永翔主編《朱子全書》,其中收有《晦菴先生朱文公文集》。《全宋文》用嘉靖本爲底本,輯得集外文一百六十篇。《全宋詩》底本同,輯得集外詩一百九十多首,編爲二卷。

【參考文獻】

　　王遂《晦菴先生續集序》(《四部叢刊初編》本《晦菴先生朱文公文集・續集》卷首)

　　徐幾《補刊續集跋》(同上卷末)

　　黄鏞《別集跋》(同上《別集》卷末)

　　胡緝《天順重刊朱子大全序》(天順本《晦菴先生朱文公文集》卷首)

　　黄仲昭《書成化補刊本晦菴朱先生文集後》(《四部叢刊初編》本《晦菴先生朱文公文集》卷首)

　　蘇信《嘉靖本晦菴文集序》(同上)

　　潘潢《嘉靖本晦菴文公文集跋》(同上卷末)

　　劉曰寧《刻朱文公全集序》(萬曆本《朱子文集大全》卷首)

　　劉洪謨《叙朱子文集大全》(同上)

　　臧眉錫《康熙新刻朱子大全文集序》(康熙本《朱子大全文集》卷首)

　　蔡方柄《康熙新刻朱子大全文集書後》(同上卷末)

　　朱玉《雍正本朱子文集大全類編跋》(雍正本《大全類編》卷末)

文公朱先生感興詩一卷
附陳普武夷櫂歌注一卷

朱　熹　撰　蔡　模　注

朱熹嘗作組詩《齋居感興二十首》，載《朱文公文集》卷四，有小序曰：

> 余讀陳子昂《感遇詩》，愛其詞旨幽邃，音節豪宕，非當世詞人所及。如丹砂空青，金膏水碧，雖近乏世用，而實物外難得自然之奇寶。欲效其體，作十數篇，顧以思致平凡，筆力萎弱，竟不能就。然亦恨其不精於理，而自託於僊佛之間以爲高也。齋居無事，偶書所見，得二十篇，雖不能探索微渺，追跡前言，然皆切於日用之實，故言亦近而易知，既以自警，且以貽諸同志云。

該組詩極受歷代理學學者追捧，宋、元曾有多人（至元代中葉已達十家，詳下）爲之作注，自稱朱熹門人之蔡模乃其中之一，而唯蔡注有單行本流傳至今。按：蔡模，字仲覺，號覺齋，建陽（今屬福建）人，蔡沈長子。淳祐中以薦補迪功郎。著有《論語集疏》《孟子集疏》等。嘉熙丁酉（元年，一二三七）仲春，蔡模作《文公朱先生感興詩注序》，述其作注動機及經過，略曰：

> 朱子切於教人，故特因人之易入易感者（祝按：指詩），以發其所難入難感者（祝按：指理）耳。……總角常侍先君讀之，優游諷詠之久，不覺手舞足蹈之意，然亦懵然未曉

其爲何説也。先君間因其憤悱而啓發之，似有所見。近
因弟杭試邑樵川，寄示瓜山潘丈（祝按：當指潘柄）箋本，積
日吟誦，猶或恨其箋注之間若有未盡者，隨筆抄記，不覺
成帙，用以求正於有道。

蔡注書名爲《文公朱先生感興詩》，當始刊於宋末（或在作序
後不久）。明初《文淵閣書目》卷九著録"《朱文公感興詩》一
部一册，完全"，疑即蔡注本。然傳本久佚。日本寬政、文化
年間（清嘉靖間），日本學者天瀑山人（林衡）得活字板古本蔡
氏注《感興詩》一卷，又獲同書高麗本，高麗本附有懼齋（陳
普）注《武夷櫂歌》，於是將蔡注《感興詩》一卷附陳普《武夷櫂
歌注》一卷刊入《佚存叢書》第二帙（見《佚存叢書》本《文公朱先生
感興詩》卷末天瀑《書感興詩注後》）。

陳普所注《櫂歌》，乃朱熹所作另一組詩《淳熙甲辰（十一
年，一一八四）中春精舍閒居戲作武夷櫂歌十首呈諸同遊相
與一笑》，載《朱文公文集》卷九。陳普（一二四四——一三一
五），字尚德，福州寧德（今屬福建）人。居石堂山，因以爲號，
又別號懼齋，入元，隱居授徒，今存所著《石堂先生遺集》二
十二卷，本書將在後面著録。大德時，劉概跋陳氏注本道：
"概居遊武夷，常誦《櫂歌》，見其詞意高遠，超絶塵俗，而未得
其要領。近獲承教懼齋陳先生，蒙出示旨義，有契於心。乃
知九曲寓意，直與《感興》二十篇相爲表裏，誠學者入道之一
助，不敢私已，敬刊以續《感興詩解》之後，與同志共之，時大
德甲辰（八年，一三〇四）仲春，武夷劉概謹跋。"則天瀑所得
之本，當源於大德本。

清同治十二年（一八七三），賀瑞麟輯、傳經堂刻《西京清
麓叢書續編》之《養蒙書九種》後，附刻《文公朱先生感興詩》

一卷、《注武夷櫂歌》一卷。光緒八年（一八八二），滬上黄氏用木活字排印《佚存叢書》，其本今存。民國十三年（一九二四），上海商務印書館影印《佚存叢書》，後又收入《叢書集成初編》。一九九二年，江蘇廣陵古籍刻印社嘗據上海涵芬樓刊本《佚存叢書》影印綫裝本。丁氏《善本書室藏書志》著録《感興詩注》清鈔本，今藏南京圖書館。

　　元泰定間，胡炳文又著《文公感興詩通》一卷，泰定甲子（元年，一三二四）十月望日作《感興詩通序》。所謂"通"，即集注也，稱"由此十家之注，以會朱子之意"。《感興詩》原有四家注，胡氏廣之爲十家，即長樂潘氏柄、楊氏庸成、建安蔡氏模、真氏德秀、詹氏景辰、徐氏幾、黄氏伯晹、番陽余氏伯符、新安胡氏升、胡氏次焱也。此本今存成化二十三年（一四八七）熊繡刊本，《鐵琴銅劍樓藏書目録》卷二一嘗著録，今藏國家圖書館，北大圖書館亦有著録。是乃與蔡模《感興詩注》相關之另一部書，於此附述之。

【參考文獻】

蔡模《文公朱先生感興詩注序》（《佚存叢書》本《感興詩注》卷首）

林衡（天瀑山人）《書感興詩注後》（同上《感興詩注》末）

胡炳文《感興詩通序》（《雲峰集》卷三）

宋人別集叙録卷第二十一

頤菴居士集二卷

劉應時 撰

劉應時，字良佐，號頤菴居士，四明（今浙江寧波）人。喜爲詩，與陸游、楊萬里善。嘉泰元年（一二〇一），楊萬里序其集，稱"今四明劉君叔向寄其父頤菴居士詩稿，命予爲之序"云云。蓋此後不久有刊本。《通考》卷二四五著録，未記卷數，且誤"頤"爲"熙"。

明《文淵閣書目》卷一〇載"《劉頤菴詩》一部一册，闕"，至《内閣書目》已無其目。《趙定宇書目》《脈望館書目》皆著録爲一册。《百川書志》卷一五有《頤菴居士集》二卷。

宋本久已失傳，今以明嘉靖四年（一五二五）刻本爲古。該本凡二卷，有都穆《書後》，略曰：

> 先生十七世孫允卿，以名進士知太倉州，携先生之詩自隨，近俾余校正，重刻於梓。先是，弘治間，允卿之兄刑部正郎世臣，常托其同年友朱君君佐刻之新安，未見行世。故尚寶卿伯雨，允卿姪也，曩在京師與余同僚，亦嘗有志於此，會陞官未幾而没，而今乃成於允卿。

今不詳劉允卿所携詩爲何本，是否全帙。傅增湘《藏園群書
經眼録》卷一四記嘉靖本道：“明嘉靖四年刊本，九行十五
字。前陸游、楊萬里序，後有劉允卿、都穆跋。據跋，此爲十
七世孫劉允卿重刊者。”此本今唯國家圖書館藏一部，幾成
孤帙。

　　清鮑氏刊《知不足齋叢書》，第十八集收入《頤菴居士
集》。傅增湘嘗以嘉靖本校之，跋稱改定二十餘字，又補遺詩
《西郊》一首。傅氏以全書只二十葉，脱誤“殊可詫怪”。蓋鮑
氏所用底本出於傳鈔，原非善本之故。傅校本今藏國家圖
書館。

　　《四庫總目》著録江蘇採進本。國家圖書館等藏有清鈔
本。日本静嘉堂文庫藏有清張位（立人）鈔校本，見《静嘉堂
秘籍志》卷三七。各本俱爲古律詩及絶句凡二卷，蓋皆源於
嘉靖本。

　　民國時所刊《四明叢書》收有是集，底本用傳鈔文瀾閣四
庫本，校《知不足齋叢書》本。《全宋詩》以影印文淵閣《四庫
全書》本爲底本。

【參考文獻】

　　陸游、楊萬里《頤菴居士集序》（影印文淵閣《四庫全書》本《頤菴居
士集》卷首，人各一序）
　　劉允卿《頤菴居士集跋》（嘉靖本《頤菴居士集》卷末）
　　都穆《書頤菴居士集後》（同上）
　　傅增湘《明本頤菴居士集跋》（《藏園群書題記》卷一五）

倪石陵書一卷

倪　樸　撰

倪樸，字文卿，浦江（今屬浙江）人，居石陵村。喜言兵，陳亮等極稱之。後爲里人所構，徙筠陽，赦歸，以窮寠死。所著書，宋代流傳情況不詳，元吳萊嘗得其《雜著》，爲作《後序》，略曰："初，武夷謝翱皋羽嘗因先生之書選爲一編，今始得其全帙號曰《雜著》者觀之。"所謂《雜著》，不詳是刊是鈔；僅稱"觀之"，蓋吳氏並未付梓。

明嘉靖丙戌（五年，一五二六），毛鳳韶始刊之，有序曰："求其遺書，得於鄉人趙氏之壁，遂並他所考録刻之，名曰《倪石陵書》，舉重也。"毛氏得之壁間者是否即吳萊所觀全帙，今莫可詳。

嘉靖本久不見於書目，或已不傳。趙氏《萬卷堂書目》卷四著録"《倪石陵書集》一卷"，《絳雲樓書目》卷三僅有其目。《四庫全書》著録江蘇採進本，《提要》稱"此本則明嘉靖丙戌麻城毛鳳韶所輯"，當即嘉靖本。今國家圖書館藏有舊鈔本，亦源於嘉靖本，有傅增湘校，其《經眼録》卷一四記曰：

> 十行二十字。題麻城毛鳳韶集刊。有嘉靖丙戌聚峰毛鳳韶序。首傳，（宋濂、吳師道撰。）次書，次辨，次跋，次後序。鈐有"明善堂覽書畫印記"、"安樂堂藏書記"二印，又"宣城石室"、"李氏瞿硎石室圖書"印記。

清道光十三年（一八三三），慎德堂將是集以木活字刊行，有黃幾琠跋，謂世行傳、序次序顛倒，因加調整，"用以復毛氏（鳳韶）之舊”；又補入吳之器《婺書》小傳，云云。其本今國家圖書館、浙江省圖書館著録。光緒時，沈登善又將其刊入《豫恕堂叢書》。民國十年（一九二一），李氏宜秋館鈔録文津閣四庫本，刊入《宋人集》丙編。民國十三年（一九二四），胡宗楙據文瀾閣四庫本刊入《續金華叢書》，又據傅增湘校宜秋館本、吳師道《敬鄉録》及四庫本互相勾稽，成《考異》一卷附於後。

　　《全宋文》用傅增湘校宜秋館《宋人集》本爲底本。

【參考文獻】

　　吳萊《雜著後序》（影印文淵閣《四庫全書》本《倪石陵書》卷首）
　　毛鳳韶《倪石陵書序》（同上）

于湖居士文集　四十卷

張孝祥　撰

　　張孝祥（一一三二——一一七〇），字安國，號于湖居士，烏江（今安徽和縣東北）人。紹興二十四年（一一五四）進士第一，官至權中書舍人。嘗上書請昭雪岳飛，而以贊助張浚北伐落職。其文集（包括詞集）宋代有多本流傳。嘉泰元年（一二〇一），作者弟張孝伯知隆慶府，方刻爲全集，由王大成集校，謝堯仁作序，稱“天下刊先生文集者有數處”云云。孝伯亦有序，略曰：

　　　　揭南昌解后王大成集。大成從先生久，先生深愛之

者，盡以家藏與諸家所刊屬其讎校，雖不敢謂全書，然視
他本則有間矣。繼有所得，當爲後集云。

兩序皆未言全集本卷數。陳氏《解題》卷一八、趙氏《讀書附
志》卷下並著録爲四十卷，《通考》卷二二九、《宋志》同。張孝
伯刊本當即四十卷。

前已言及，在全集編行之先，作者文集已有數種行世，惜
皆失傳。今唯陶氏《影刊宋金元明本詞四十種》嘗據宋乾道
本影刊《于湖先生長短句》五卷、《拾遺》一卷，有宋人湯衡、陳
彦行《雅詞序》，蓋其詞集當時稱《雅詞》（《花菴詞選》亦謂“紫
微《雅詞》，湯衡爲序”）。據湯序，知其本爲劉温父所輯；陳序
則謂“比游荆湖間，得公《于湖集》，所作長短句凡數百篇”。
兩序皆作於乾道辛卯（七年，一一七一）。乾道原刻本久已失
傳，陶氏影刊，乃據瞿氏嘗收藏之影鈔宋本（見《鐵琴銅劍樓藏書
目録》卷二四）。《于湖居士文集》又有王質序，曰：“歲癸巳（乾
道九年），公之弟王臣官大冶，道永興，某謂王臣曰：‘公之文
當亟輯，世酣於其歌詞，而其英偉粹精之全體未著，將有以狹
公者。’王臣既去一年，以公之文若干篇若干册示某。”則淳熙
元年（一一七四）當編有文集。王質稱“若干册”，不詳其卷
數，亦不知曾付梓否。

陳氏《解題》卷二一著録《于湖詞》一卷，乃長沙坊本。趙
氏《讀書附志》卷下著録《張紫微帖》一卷，爲陶思贊所刻手
迹。《宋志》除詞一卷外，猶有《古風律詩絶句》三卷。上引謝
堯仁序既稱“天下刊先生文集者有數處”，似宋人著録遠不
全。蓋全集本出，他本遂歸湮没，宋人亦不多見。王大成既
參校諸本，應已將各集所載輯入《于湖居士文集》之中。

明《文淵閣書目》卷九著録“張氏《于湖居士文集》一部六

册，全”；《内閣書目》同，曰“凡四十卷”。《篆竹堂書目》卷三載文集七册。《趙定宇書目》有《于湖文集》六本，《脈望館書目》有二本。《絳雲樓書目》卷三陳注曰“四十卷”。

明内閣本今猶傳世。傅增湘《藏園群書經眼録》卷一四嘗記盛伯希（昱）藏宋槧本道：

> 半葉十行，行十六字，白口，左右雙闌。版心雙魚尾。上魚尾上記字數，下記“于湖幾”。下魚尾下記葉數，再下記刊工姓名，有陳榮等。首嘉泰元年昭武謝堯仁序，又弟孝伯序，皆鈔補。目尾鈔補七葉，十卷鈔補五葉。鈐有“文淵閣印”。（盛昱遺書，歸袁寒雲。癸丑）

《文禄堂訪書記》卷四亦載其本，曰：

> 《于湖居士文集》四十卷，宋張孝祥撰。宋嘉定（祝按：“嘉”當爲“泰”之誤）刻本。補鈔附録。半葉十行，行十六字。白口。板心上記字數，下記刊工姓名。（王恭新、劉處仁、劉大有、陳恭、金文浚、陳良、朱正、祐新。）嘉泰改元謝堯仁序。
>
> 有“文淵閣”、“人間孤本”、“景行維賢”、“小如菴秘笈”、“寒雲秘笈珍藏”印。

吳氏雙照樓景刊宋本《于湖居士詞》四卷，即盛氏藏本之卷三一至三四，由袁克文夫人劉梅真影摹上板。

《藏園訂補邵亭知見傳本書目》曰：“（《于湖居士文集》）盛昱舊藏，後爲袁君克文收得，今又歸李君思浩矣。”《四部叢刊初編》即據慈谿李氏藏宋刊本影印，《四部叢刊書録》曰：“卷中‘匡’、‘徵’、‘襄’、‘完’、‘敦’、‘廓’等字皆闕筆。每葉二十行，行十六字，字畫斬方，宋槧之至佳者。”據諱字乃嘉泰本。《四部叢刊初編》本卷首謝序下猶有袁氏印記，目録首葉"文淵閣印"依稀可見。李氏宋本今藏臺北"中央圖書館"，有袁克文手書題記、章世保觀款。四十卷卷目編次爲：卷一，辭賦；卷二至一二，詩；卷一三、一四，記；卷一五，序、銘、説、贊；卷一六至一八，奏議；卷一九，内制、外制；卷二〇，表；卷二一至二三，啟；卷二四，書；卷二五，疏文、青詞、釋語；卷二六，釋語；卷二七，祝文、致語；卷二八，定書、題跋；卷二九、三〇，墓誌、祭文；卷三一至三四，樂府；卷三五至四〇，尺牘。

今國家圖書館、上海圖書館藏有清鈔影宋全集本。傅氏《經眼録》嘗記明寫本《于湖居士文集》，每半葉十行二十五字，首卷次行題"歷陽後學萬可賢惺聞父"，有"汲古得修綆"、"潘祖蔭印"、"伯寅"各印記，今未見著録。

明崇禎六年（一六三五）張時行輯本《合刻兩張先生集》，其中有《張于湖集》八卷（另一"張"爲唐詩人張籍）。崇禎十七年（甲申，一六四四），焦竑等編、張弘開刊《二張集》，其中亦有《張于湖集》八卷。前者大陸有藏本，後者唯見臺北"中央圖書館"著録。毛氏汲古閣刊《宋名家詞》，收《于湖詞》三卷，先刻一卷，續刻二卷。饒宗頤《詞集考》謂"先録《花菴》所選，後得《長短句》本，始補爲三卷"。

《四庫全書》著録浙江採進本《于湖集》四十卷，前有謝堯仁、張孝伯序，當亦出於宋本。

一九八〇年，上海古籍出版社出版徐鵬校點本《于湖居士文集》，以《四部叢刊初編》本爲底本，校以宋乾道本《于湖先生長短句》《宋名家詞》本等，附有補遺。

《全宋文》用《四部叢刊初編》本爲底本，輯得佚文三十四篇。《全宋詩》底本同，輯得佚詩十一首。

【參考文獻】

謝堯仁、張孝伯《張于湖先生集序》(校點本《于湖居士文集》卷首)

湯衡《張紫微雅詞序》(同上附錄)

陳彥行《于湖先生雅詞序》(同上)

王質《于湖集序》(同上)

南軒先生文集 四十四卷

張　栻　撰

　　張栻(一一三三——一一八〇),字敬夫,一字欽夫,號南軒,綿竹(今屬四川)人,徙居衡陽,浚子。以蔭補官,仕至吏部尚書、右文殿修撰,卒諡宣,爲宋代著名理學家。其集乃逝世後由友人朱熹編,朱熹淳熙甲辰(十一年,一一八四)十二月爲之序,略曰:

　　　　敬夫既没,其弟定叟(杓)哀其故稿,得四鉅編,以授予曰:"先兄不幸蚤世,而其同志之友亦少存者。今欲次其文以行於世,非子之屬而誰可?"予受書愀然。……然吾友平生之言蓋不止此也,因復益爲求訪,得諸四方學者所傳,凡數十篇;又發吾篋,出其往還書疏,讀之亦多有可傳者。方將爲之定著繕寫,歸之張氏,則或者已用別本摹印,而流傳廣矣。遽取觀之,蓋多曏所講焉而未定之論,而凡近歲以來談經論事、發明道要之精語,反不與焉。……於是乃復亟取前所蒐輯,參互相校,斷其敬

夫晚歲之意,定其書爲四十四卷。……敬夫所爲諸經訓
義,唯《論語説》晚嘗更定,今已別行。其他往往未脱稿
時學者私所傳録,敬夫蓋不善也,以故皆不著。其立朝
論事,及在州郡條奏民間利病,則上意多鄉納之,亦有頗
施行者,以故亦不著。獨取其《經筵口義》一章,附於表
奏之後,使敬夫所以堯舜吾君,而不愧其父師之傳者,讀
者有以識其端云。

據此序,不僅可瞭解朱熹編集義例,且知在其未編定之前,已
有別本刊行,而作者晚年更定之《論語説》亦有刊本。然而朱
熹所編,不僅删去早年"未定之論",且因時忌,並未收全。他
在《答胡季隨》中寫道:"《南軒文集》方編得略就,便可刊行。
最好是奏議文字及往還書中論時事處,確實痛切,今却未敢
編入。異時當以奏議自作一書,而附論事書尺於其後,勿令
廣傳,或世俗好惡稍衰,乃可出之耳。"《《朱文公先生文集》卷五
三》又曰:"《南軒集》誤字已爲檢勘,今却附還。其間空字向來
已直書,尤延之(袤)見之,以爲無益而賈怨,不若刊去,今亦
不必補,後人讀之,自當默喻也。但序文後段若欲删去,即不
成文字,兼此書誤本之傳,不但書坊而已,黄州印本亦多有舊
來文字,不唯無益,而反有累,若不如此説破,將來必起學者
之疑。"所謂"黄州印本",疑即前引朱熹序所謂"別本"。次年
(淳熙乙巳),他又在《答詹帥書》《同上卷二七》中説:"欽夫文集
久刻未成,俗人嗜利難以語,然亦一面督之,得即納去。"可知
是集刊刻並不順利,其成當在乙巳或稍後。朱熹不僅於集本
編綴頗費心力,且親自督促刊布,可謂不負死友。

趙氏《讀書附志》卷下著録道:

　　《南軒先生文集》四十四卷,右張宣公栻字敬夫之文

也。朱文公校定而爲之序。然《紫巖棋圖》、跋語之類，
皆不載於集中。

《讀書附志》又著録《張宣公帖》四卷，稱"以遺表終焉"。

陳氏《解題》卷一八著録《南軒集》三十卷，同書卷二二又
著録《南軒奏議》十卷。《通考》卷二三九、二四七分別同。三
十卷本《南軒集》，疑即朱熹序所謂"別本"（即黄州本），而朱
熹擬編之《奏議》，蓋後來終於刊行。《宋志》著録《南軒文集》
四十八卷，不詳爲何本，疑即合録趙氏《讀書附志》所載文集
四十四卷及《張宣公帖》四卷。

明《文淵閣書目》卷九著録"《張南軒文集》一部三十册，
全。《張南軒遺文》一部四册，全"。《内閣書目》卷三曰："《南
軒文集》六册，全。……又三十册，全。又《遺文》四册，全。"
又卷五載"《南軒先生奏議》二册，全"。秘閣所藏，應有宋槧。
私家所藏，《篯竹堂書目》卷三著録《張南軒文集》三十册（按：
此爲嘉靖間繆輔之刊本，今猶存世，詳後）、《張南軒遺文》四
册。《趙定宇書目》載四十四卷本，注明爲"宋版大字"。又
《傳是樓宋元本書目》亦載"宋本《南軒文集》，十本"，《季蒼葦
藏書目》著録有宋刻四十四卷本；其餘如《行人司書目》所録
《南軒集》八本，《萬卷堂書目》卷四、《澹生堂藏書目》卷一三
所録四十四卷本，《世善堂書目》卷下、《絳雲樓書目》卷三所
録三十卷本，皆不詳其版本，或亦有宋槧。可見明、清之際，
是集尚不乏宋本，且三十卷、四十四卷兩本皆傳世，而除詩文
集外，猶存《奏議》及《遺文》。後來三十卷本文集及《奏議》
《遺文》皆散佚，僅四十四卷本文集傳世。

宋淳熙刊本嘗傳至近代。《四庫全書》著録鮑士恭家藏
本，《提要》稱朱熹所編"即今所傳淳熙甲辰本也"。《天禄後

目》卷七著録淳熙甲辰本，凡二函十二册，原爲焦竑藏書，有
"弱侯讀書記"等印記。此本後無著録，殆已毁。

　　清宫所藏宋槧似不止一部，傅增湘於一九二七年（丁卯）
查點故宫藏書時，嘗見另一宋槧殘本，《藏園群書經眼録》卷
一四記之曰：

　　　　《南軒先生文集》四十四卷，宋張栻撰，存二十八卷。
　　　宋刊本，十行十七字，白口，左右雙闌。版心上記字數，
　　　下記刊工姓名。卷中貞、桓、敦、廓字缺末筆。刊工有鄭
　　　春、江漢、方中、方淳、方茂、方忠、徐大忠、江浩諸人。前
　　　朱元晦草書序，七行。鈐有"曲阿孫氏七峰山房圖籍私
　　　篆"（長方朱文）、"朱文石史"（朱）、"青霞館"（朱）、"曲阿仲
　　　子"（朱）各印。按：是書缺一至四卷，三十三至四十四卷，
　　　共缺十六卷。當時進呈者以二十九至三十二各卷剜改
　　　爲一至四卷，以充完帙。沅叔。（丁卯〔一九二七年〕七月查
　　　點故宫藏書所見）

此本諱字已至"擴"，當是寧宗時翻刻淳熙本。所鈐印記，"曲
阿孫氏"即孫育，"朱文石史"乃嘉靖時人朱大韶藏書章，而
"青霞館"則爲萬曆間潘玄度藏書章（參侯安國《張南軒先生文集
三考》）。

　　傅氏發現殘宋本後，即取清道光二十五年（一八四五）陳
鐘祥刊本（此本詳後）對校，作《校宋本南軒先生文集跋》，
略曰：

　　　　余請於圖書館，持蜀中翻華刻本（祝按：即道光本）對
　　　勘，凡八日而畢。補卷五《自西園登山》五律一首，卷十
　　　一《敬齋記》一首，卷十《道州重建濂溪周先生祠堂記》脱
　　　文二十四行，卷三〇《答陳平甫書》中條答五則。其文字

詳略視世行本迥異者，爲《潭州重修嶽麓書院記》《經世
紀年序》《孟子講義序》《胡子知言序》各篇。其餘奪文訛
字，殆不可計，余別撰校記存之，此不贅述也。

由此可見殘宋本校勘價值甚大，也可見後代刊本雖卷帙與宋
槧同，而篇目文字差異不小。傅校道光本今藏國家圖書館，
允爲珍本。

　　傅氏所記殘宋本，今藏臺北“故宮博物院”。一九八一
年，該院將其影印入《善本叢書》，布面綫裝，凡四册二十八
卷。每半葉十行，行均十七字，大字，白口，左右雙欄。雙魚
尾，上魚尾下題“南軒集（問題類某）卷幾”，亦有省書名惟題
類別卷數者。下魚尾下題該卷葉次，再下記刊工。卷首爲朱
熹序，次爲總目。每卷首行頂格大題“南軒先生文集卷第
幾”，次行低二字題類目，第三行低四字題篇名，第四行頂格
爲正文。卷末空行再題“南軒先生文集卷幾”。首冠蔣復璁
《影印宋刊本南軒文集序》，末附昌彼得《宋槧南軒先生文集
跋》。跋述該本在清宮收藏情況道：“是帙原裝爲二函十六
册，藏置壽安宫。乾隆時整理各宫藏書時，遂補録缺頁，去襯
紙，重裝爲一函四册，今函中尚附有四十五年（一七八〇）鈔
補改裝記録籤條二紙，唯無寶璽，蓋尚未選入昭仁殿天禄琳
琅書藏中。”跋又據刊工名氏考證，以爲該本當爲浙江官刻。
侯安國以康熙華氏本（此本詳後）與鈔葉對照，無一字之差，
以爲“鈔配所用底本可能是清康熙華氏刻本”。

　　以下述元、明、清三代《南軒先生文集》刊行情況。

　　一、元刊本

　　《增訂四庫簡目標注》稱“路（小洲）有元刊本”。《文禄堂
訪書記》卷四著録“元大德刻本”，“存卷七、卷八。半葉十二

行,行二十字。黑口。有‘天禄繼鑒’、‘天禄琳琅’、‘乾隆御覽之寶’、‘五福五代堂寶’、‘八徵耄念之寶’、‘太上皇帝之寶’印。”傅增湘以爲該殘本爲明刊,其《經眼録》卷一四記曰:“此本失前後刻書序跋,未知何時所刻,然觀其雕刻風氣,當爲弘治時所刊。有人以硃筆校過,有跋:

> 《南軒先生文集》,宋張栻撰。此明初刻本,甚罕。辛巳秋假宋本校,小題低三格。宋本每半葉十行,行十七字,白口,雙魚尾。昔見元刊,半葉十二行,行二十字,黑口,與此同,惜存第七、八兩卷,首尾鈐……(述鈐印,除無“天禄琳琅”印記外,餘已見上,此略)。此明覆元本,完整如新,可珍也。南華館主識於燕京。”

傅氏又曰:“此刻罕見,余藏明刊本二部,皆與此不同。”則元槧世無傳本,文禄堂所録元刊殘本二卷,南華館主(不詳爲何人)、傅增湘皆以爲是明刊,而《標注》所稱路氏元本未詳所在,不知是否即文禄堂本? 要之,是集元代曾否付梓,尚存疑待考。

二、明刊本

除上述是元、是明存疑外,傅氏《經眼録》卷一四又記另一《南軒先生文集》四十四卷,存卷一至三,亦鈐有“天禄琳琅”、“乾隆御覽之寶”等印記,亦爲半葉十二行二十字,黑口,四周雙闌,傅氏定其爲“明初刊本”。按:張栻文集明代刊有數本,皆爲四十四卷。黑口本刻書年代無考,統稱爲“明刊本”,傅增湘以爲刊於弘治間,又謂刊於明初,似無定論。丁氏所藏另一黑口本,亦爲十二行二十字,其《善本書室藏書志》卷三〇稱《文瑞樓書目》定爲弘治、正德間所刻(該本今藏南京圖書館,卷一配清鈔)。黑口本今國内著録五六種,謂刊於明初或弘治、正德間俱無實據。不過明弘治時確有刊本，日本、朝鮮嘗據以翻刻。日本寬文九年（一六六九）芳野屋權兵衛曾覆刻明弘治本，今北京大學圖書館藏李氏書中有一部，《木犀軒藏書書録》著録道：

> 半葉十行，行二十字。淳熙甲辰朱子序，弘治十一年（一四九八）四月宜興沈暉序。據沈序，謂承乏湖湘，從提學楊君春得秘閣鈔本，授方伯李君濬刊行。此蓋從沈本翻雕者。末有"寬文己酉（九年）季春望日芳野屋權兵衛刊行"木記二行。

此本日本東京大學、京都大學等亦有著録。美國國會圖書館藏有高麗活字本，十行十八字，有沈暉序（《中國善本書提要》），蓋亦爲翻刻弘治本。日本翻刻本每行字數與上述明黑口本同，但行數不同。所謂黑口本與沈暉本有無關係，尚待進一步研究。又，現存各黑口本雖版式相同，其實並非一刻。侯安國先生曾用黑口本與上海圖書館、南京圖書館所藏兩黑口殘本對校，發現不僅字體小有差異，且文字亦偶有不同。如卷一一《敬齋記》"性本善，而人秉天氣之正"句之"天"字，兩殘本作"夫"，是。

除黑口本外，明嘉靖間刊有兩本。一爲嘉靖元年（一五二二）劉俊翠巖堂慎思齋刊本，題《新刊南軒先生文集》，四十四卷。傅增湘《經眼録》卷一四記之曰：

> 十二行二十三字，黑口，四周雙闌。前淳熙甲辰朱熹序，序後題"時皇明嘉靖壬午元年孟冬之月吉旦翠巖堂京兆劉氏慎思齋重新刊行"。序後小木記刊南軒小傳。次目録，目下題"翠巖劉氏慎思齋刊"。本書首葉題

"翠巖堂慎思齋刊"，卷尾有"翠巖堂"三字陰文横木記。

按：此本壬子春得之上海，最爲罕見，其刻工頗似慎獨齋，蓋必刊於建寧，故一時風氣使然也。

傅氏所記本今藏國家圖書館，世無二帙。其卷目編次爲：卷一至七，賦、詩；卷八，表、啟；卷九至一三，記；卷一四至一五，序；卷一六、一七，史論；卷一八，説；卷一九至二八，書；卷二九至三二，答問；卷三三至三五，題跋；卷三六，銘、箴、贊；卷三七至四一，墓誌銘；卷四二至四四，祝文、祭文。

嘉靖另一本爲繆輔之刊，題《南軒先生文集》。傅氏亦記曰：

> 十行二十字，白口，四周雙闌。卷一首題"知州後學繆輔之刊"，是嘉靖時邛州刻本也。鈐有"葉氏篆竹堂藏書"、"曾在寶是堂"、"二裒收藏"各印。

此本今藏國家圖書館。北京師範大學圖書館、山東省圖書館、山西臨猗圖書館及臺北"中央圖書館"等亦有著録。

除上述黑口本及劉、繆二本外，嘉靖十年猶有聶豹編刊之《南軒文集節要》八卷，今存。

三、清刊本

入清，康熙四十五年（一七〇六），錫山華希閔劍光書屋刊《南軒先生文集》四十四卷，江南督學使者魏學誠爲之序，稱"向有文集四十四卷，紫陽序而傳之，歲久板湮，學者求《南軒集》，或積歲不可得。無錫華生希閔重校而刻之，用以表章先賢，公之同志，其意亦可尚矣"。所刻篇目順序與繆輔之本全同。又卷一〇《道州重建濂溪周先生祠堂記》，繆本在文末誤刻第十五卷第五葉，華氏本則空缺二十一行以糾之，足證其底本即繆本（參侯安國《三考》）。華氏本每半葉十一行，行二十字，白口，左右雙邊。目録末有"康熙丙戌錫山華氏鐫版"木記，版心題"南軒先生文集"。此本前人以爲校刊甚精，今國内藏有十餘部。

《四庫全書》著録鮑士恭家藏本。按《浙江採集遺書總録簡目》有此書，著録爲"翠巖堂劉氏慎思齋刊本"，當即鮑氏本。以劉氏本校四庫本，文字幾無差異。

康熙本之後，至道光中方又重刊。道光二十五年（乙巳），知綿竹縣陳鐘祥於綿竹洗墨池祠堂翻刻是集。陳氏作《張南軒文集序》，略曰："於邑南里陳氏訪得華氏本讀之，篇帙完好，……乃謀諸邑士人，捐廉釀貲，因舊本而更新之，期以行遠垂久。"又《重刊凡例》亦曰："是書悉依舊本翻刻，字句有錯誤處重加訂定，其篇幅間或有殘缺滲漏，亦悉依其舊，不敢妄意增補。"所刊版式與康熙本全同，知所謂"舊本"即康熙本。然是本亦有與此前所有刊本不同之處，即將文集與專著《論語解》《孟子解》合刻，故封面題"宋張宣公詩文集論孟解合刻"（通稱《張宣公全集》）。其《重刊凡例》曰："原書詩文集與《論》《孟解》本係分刻，今合梓成帙，以歸簡易，且以便學者參觀互訂，更可得其旨趣。"此本現存甚富。

道光本之後，有三位綿竹知縣先後對前刻不滿而重梓或重修。一是道光二十九年（己酉）知縣劉慶遠，其《重刻張宣公文集序》稱陳刻本"藏事日促，頗有未備，且魯魚亥豕，不免訛以傳訛，識者惜之。海梁通侯博古好學，富於收藏，爰取是書，細加釐訂，訛者正，缺者補，……始無遺憾。……竊恐存閣日久，復致散失，因於退食餘閑，悉心校對，亟付剞劂"。二是咸豐四年（甲寅，一八五四）知縣事江西人吕華賓，移全集版片於南軒故里新祠，遂重修集版，重修之卷葉題"綿邑南軒祠重刊"。三是杭州李蓮生知綿竹時，於光緒十七年（辛卯，一八九一）再次修補，序稱"版多缺落"，"因捐資鳩工斠補完好"云云。以上各本今皆傳世，國家圖書館等有藏本。

除上述全集本外，清康熙三十三年，武林張氏遙述堂刊《南軒先生詩集》七卷，今存。康熙四十八年，張伯行刊七卷文選本《南軒集》，同治間收入《正誼堂全書》，《叢書集成初編》本等由之出。

綜觀張栻文集傳本，固以殘宋本最爲珍貴，次則明黑口本，再次爲繆輔之本。清刊多由繆本出，參校價值不大。明刊與殘宋本大異之文，是否爲明人用宋代所傳三十卷本改刻，尚待研究。一九九九年，長春出版社出版楊世文、王蓉貴校點本《張栻全集》。是本收入張栻《南軒易説》三卷、《論語解》十卷、《孟子説》七卷、《南軒集》四十四卷。《南軒集》亦用慎思齋本爲底本，校以宋殘本、繆本、道光本及其他各本，輯得佚詩詞四十九首，佚文六十七篇，編爲《南軒集補遺》一卷。

由於朱熹編集時曾削其少作（參《四庫提要》），又以時忌刪其奏議、書信等文字，故散見群書之集外詩文甚多。《全宋詩》用嘉靖元年劉氏慎思齋刊《新刊南軒先生文集》爲底本，輯得佚詩二十一首。《全宋文》底本同，輯得佚文六十一篇。

【參考文獻】

朱熹《南軒集序》（影印文淵閣《四庫全書》本《南軒集》卷首）

沈暉《重刊南軒先生文集叙》（日本刊本《張南軒集》卷首）

魏學誠《康熙華氏刊本南軒文集序》（康熙本卷首）

陳鐘祥《張南軒文集序》（道光二十五年本《宋張宣公詩文集論孟解

合刻》卷首）

　　傅增湘《校宋本南軒先生文集跋》（《藏園群書題記》卷一五）

江湖長翁文集四十卷

陳　造　撰

　　陳造（一一三三——一二〇三），字唐卿，高郵（今屬江蘇）
人。淳熙二年（一一七五）進士。官至淮西路安撫司參議。
遭宋不競，自以無補，遂號“江湖長翁”。集乃其自編自序，稱
“好吟詩爲文，詩寓興，文寫其所欲言，不古不工，人議之，不
病也。此外無嗜好”。嘉定二年（一二〇九），陸游應著者子
師文之求，爲作集序，稱宋南渡後，文章久而寖微，“或以纖巧
摘裂爲文，或以卑陋俚俗爲詩”，惟長翁能“卓然傑立於頽波
之外”。疑是時或稍後有刻本，然宋人書目未著録。

　　明代唯《澹生堂藏書目》卷一三《續收》載有“《江湖長翁
集》二十册，四十卷”，不詳是何本。後世所傳，爲明李之藻刊
本。此本刻於萬曆四十六年（戊午，一六一八），巡按直隷監
察御史姚鏞爲序，稱之藻“治河廣陵，搜括先生遺言，與《淮海
集》並付之梓”。又之藻有刊板序，謂“治水江淮，訪求再葳，
乃得前貢士王應元所手録者，愛而傳之，遂以節嗇餘鏹，與秦
太虚集並授之梓”。按其刊本有著者自序及陸游序，則所謂
王氏手録本當源於宋槧。萬曆本凡四十卷，每半葉九行二十
一字，小字雙行同，白口，左右雙邊。今大陸及臺灣各圖書館
著録尚富，日本内閣文庫、尊經閣文庫及美國國會圖書館等

皆有皮藏。其卷目編次爲：卷一至卷二〇，辭賦、詩；卷二一、二二，記；卷二三，序；卷二四至二六，書；卷二七、二八，札子；卷二九，傳、贊、銘等；卷三〇，文；卷三一，題跋；卷三二，論；卷三三，策問；卷三四，易説；卷三五，墓誌、行狀；卷三六，表箋；卷三七、三八，啟；卷三九，疏；卷四〇，致語。

《四庫總目》著録山東採進本，《提要》稱即萬曆李之藻刊本。由於除萬曆本外別無他本，集中文句可疑處已無可校核。

《全宋文》用影印文淵閣《四庫全書》本爲底本。《全宋詩》用李之藻刻本爲底本。

【參考文獻】

陳造《江湖長翁集自序》（萬曆李之藻刊本《江湖長翁集》卷首）

陸游《江湖長翁集叙》（同上）

姚鏞、李之藻《刊江湖長翁集序》（同上，人各一序）

涉齋集十八卷

許及之　撰

許及之（？——二〇九），字深甫，温州永嘉（今屬浙江）人。隆興元年（一一六三）進士。諂事韓侂胄，官至同知樞密院事。侂胄誅，降兩官，泉州居住。其集陳氏《解題》未録，蓋以其黨韓之故。《宋志》著録爲“《許及之文集》三十卷、《涉齋課稿》九卷”。《許及之文集》當即《涉齋集》，《課稿》疑早年科場之作，不詳是否闌入文集中。

傳本久佚，今存乃大典本。《大典》原題“許綸撰”，清四庫館臣在《提要》中力辨乃許及之作，《永樂大典》所題“不知所據，或及之初名綸，史偶未載更名事歟”。考之本集，許綸乃及之子，《大典》實題纂集者之名，館臣之辨，可令人噴飯。《提要》又曰：“此集世無傳本，今摭拾殘賸，編爲十八卷。”乾隆翰林院鈔本，今藏國家圖書館。大典本録入《四庫全書》。今南京圖書館等猶藏有清鈔本。

民國十七年（一九二八），永嘉黄氏據瑞安孫氏玉海樓鈔本校文瀾閣四庫本，刊入《敬鄉樓叢書》第一集。

檢文淵閣《四庫全書》本《涉齋集》，館臣所輯十八卷乃各體詩，無文。《全宋文》輯得佚文十三篇，編爲二卷。《全宋詩》用影印文淵閣《四庫全書》本爲底本，輯得佚詩十六首。

艮齋先生薛常州浪語集三十五卷

薛季宣　撰

薛季宣（一一三四——一一七三），字士龍，號艮齋，永嘉（今屬浙江）人。少師事袁溉，傳河南程氏之學，但重事功，主張“施之實用”。晚與朱熹、吕祖謙善。除知常州，未上而卒，謚文憲。其集宋人書目未著録，今存作者姪孫薛旦寶慶二年（一二二六）所作跋，略曰：

> 伯祖常州得歲四十，所爲文雖富，而猶有未脱稿者。
> 先伯建安簿澟早世，其孤又幼，篋中書因秘不復啟。頃
> 華文曹太博持節東川，嘗取奏札及簡牘等刻於蜀矣，而

亦憾不得其全書。旦自外府丞出守臨川，至既數月，事稍間，因令師石弟從其家發篋中書詮次，得三十有五卷，而鋟諸梓。此獨篋中所存者耳，遺軼尚多焉。

明《文淵閣書目》卷九著錄"薛季宣《艮齋浪語集》一部十冊，全"。《内閣書目》稱不全，"闕二冊"。《澹生堂藏書目》卷一三《續收》亦著錄十冊之本，凡三十四卷，乃寫本。宋本久無著錄，元、明蓋未覆刻，今唯存鈔帙，即以上述祁氏澹生堂寫本爲古。該本今藏南京圖書館，爲丁氏舊物，卷三至二二、卷二七至二九、卷三二至三三配清鈔。《善本書室藏書志》卷三〇著錄爲三十卷，謂闕卷以舊本補足，其行款猶仍宋槧，有"澹生堂經籍記"、"曠翁手識"、"汪魚亭藏書記"印記。祁氏《書目》著錄爲三十四卷，乃不計末卷附錄（詳下）。此外，今國家圖書館等藏有清鈔本數部。

《四庫總目》著錄馬裕家藏本，《提要》稱"自明以來，刻本遂絶，藏書家輾轉傳鈔，訛脱頗甚。謹重爲校正，而卷帙則仍從其舊焉"。底本顯爲鈔帙。其卷目編次爲：卷一至卷三，賦；卷四至一四，詩；卷一五，祝文；卷一六至二〇，奏、札子；卷二一至二五，書；卷二六，札狀；卷二七，解、讀、辨、書跋；卷二八，策問；卷二九，解；卷三〇，序、贊；卷三一，記；卷三二，檄、頌、銘；卷三三至三四，行狀、志銘、祭文、弔文；卷三五，附錄（祭文、挽詩、行狀、墓誌銘）。末附姪孫薛旦跋。

清同治至光緒間，瑞安孫衣言於孫氏詒善祠塾輯刊《永嘉叢書》，刻入薛氏《浪語集》三十五卷。所用底本蓋清鈔本，上引丁丙《善本書室藏書志》稱孫氏嘗假所藏明澹生堂鈔本校正。

《全宋詩》《全宋文》俱以《永嘉叢書》本爲底本。

【參考文獻】

薛旦《浪語集跋》（影印文淵閣《四庫全書》本《浪語集》卷末）

自鳴集六卷

章　甫　撰

　　章甫（一一三四一？），字冠之，自號易足居士，又號轉菴，
鄱陽（今屬江西）人。少從張孝祥游，豪放不羈。終生未仕，
浪遊各地，晚年定居真州胥浦（今江蘇儀徵）。其集宋代編刊
情況不詳。韓淲《澗泉日記》卷中稱其“有《易足居士自鳴
集》”，未記卷數。《解題》卷二〇《詩集類》下著録道：

　　　　《易足居士自鳴集》十五卷，鄱陽章甫冠之撰。居吳
　　下，自號轉菴，作易足堂，韓无咎爲之記。

《通考》卷二四五同。張端義《貴耳集》卷中曰：“章（原誤
“張”）冠之名甫，有文集十卷。”蓋其詩、文各自爲書。文集十
卷本不見著録，疑未嘗付梓，久已失傳。

　　詩集原本明末猶殘存。《文淵閣書目》卷一〇著録“章甫
《自鳴集》一部三册，闕”，《内閣書目》同。其後殘本散亡，今
存乃大典本，《四庫提要》曰：

　　　　甫行事不概見，惟張端義《貴耳集》有云：“張冠之名
　　甫，有文集十卷。少從于湖交遊，豪放飄盪，不受拘羈。
　　淳熙間，淮有三士：舒之張用晦，和之張進卿，真之張冠

之也。"據其所述，可略見其爲人。其以"章"爲"張"，蓋
刊本字訛耳。……其集不見於《宋史·藝文志》，《文淵
閣書目》雖有其名，而傳本久絶。其得見於世者，惟《名
賢小集拾遺》所載《湖上吟》一首、《詩家鼎臠》所載《寄荆
南故人》一首而已。今檢《永樂大典》，所收《自鳴集》詩
句頗多，……謹裒次釐訂，析爲六卷。

大典本録入《四庫全書》，除卷六《雜説》三篇外，全爲詩。《豫
章叢書·九宋人集》收有是集，底本爲李氏宜秋館鈔本，再校
以文瀾閣庫本，胡思敬作校勘記，遂爲是集之唯一刊本。

　《全宋詩》用影印文淵閣《四庫全書》本爲底本，輯得集外
詩十首。

蠹齋先生鉛刀編三十二卷

周　孚　撰

　周孚（一一三五——一一七七），字信道，號蠹齋，濟南（今
屬山東）人，寓丹徒。乾道二年（一一六六）進士，爲真州教
授。工詩文，《四庫提要》稱其"大抵詞旨清拔，無纖仄卑俗之
病。文章不事雕繢，而波瀾意度，亦往往近於自然"。其文集
宋人書目未著録，然當時刊有兩本。一本乃辛棄疾所刊，名
《蠹齋集》，久已失傳（詳後）；另一本名《鉛刀編》三十二卷，蓋
即《宋志》著録者（《宋志》同時著録"《玉堂梅林文集》二十卷，
又《雲溪類集》三十卷"，久佚。此兩種既不見於其他書目，同
時人亦未言及，疑非周孚所著，或《宋志》誤録，待考），今猶傳

世。《鉛刀編》有淳熙己亥（六年，一一七九）八月陳珙序，略曰：

> 公既没之二年，平陽解君伯時得公之遺文，古賦、古律詩、表、牋、啟、書、序、記、疏、青詞、贊、碑銘共三十卷，目曰《鉛刀編》者，屬余爲之序。

所謂“解君伯時”，即解百禰，同年九月有跋，略曰：

> 百禰與蠹齋先生從游，辱知遇最深。男瑀受業於先生之門，積有歲時，盡得先生家藏詩文三十二卷。先生平日盡力於斯文，於詩文尤刻意，舊句多所更定，與昔少異。不敢私藏於家，命工鏤板，以廣其傳。

序、跋所言卷數不合，清四庫館臣以爲是解氏刊集時附入作者另一專著《非詩辨妄》二卷，其説可信（詳後引）。

明《文淵閣書目》卷九著録“周信道《鉛刀編》一部四册，闕”，《内閣書目》無其目，蓋傳本極罕。然淳熙刊本清代猶存，陸心源嘗收得影宋鈔本，有某氏手跋曰：

> 《鉛刀編》三十二卷，海内藏書家概不見。東海先生過訪天一閣范氏，所藏有宋槧本，登閣影鈔，四旬始竟。携歸過余齋頭，余即欲傳鈔，不克是願。今忽忽二十餘年，先生已歸道山，撫卷感懷，不勝凄悵。聊書數語於首，以爲後人珍重之意云。老友靖之呵凍疾書於聞琴橋畔。（《静嘉堂秘籍志》卷二六）

所謂“東海先生”，即徐乾學。天一閣宋本今未見著録，恐已不存，各圖書館唯藏鈔帙。陸氏所得影宋本，今藏日本静嘉堂文庫，參《皕宋樓藏書志》卷八六、《静嘉堂秘籍志》卷二六。

今南京圖書館藏丁氏書中,有是集鈔本二部,其中一部依宋鈔,乃朱彝尊舊物,"有'友人陳珙德厚校正、友人宋廓子大校正、友人解百褮編集'三行,行款似從宋槧而出,有'竹垞藏本'一印"(《善本書室藏書志》卷三〇)。北京大學圖書館藏李氏書中,有徐氏傳是樓舊藏鈔本,半葉十行十八字,亦有上述三行題款,《木犀軒藏書書錄》謂其"語涉宋帝皆空格,'徵'、'鏡'字缺筆,當從宋本傳錄"。國家圖書館藏有明鈔本,清吳焯跋,每半葉亦十行十八字。大陸其他圖書館及臺北"中央圖書館"猶藏清鈔本數部。日本東京大學亦藏鈔本一部。要之,是集宋本不可見,唯賴影鈔本續其遺脈,然轉相傳錄,難免魚魯滋繁。

《四庫總目》著錄汪如藻家藏本,蓋亦爲鈔本,《提要》曰:

> 集首有京口陳珙序,稱遺文共三十卷,《儀真縣志》並同,而鄺延解百褮跋語又稱三十二卷,與今集本相合。蓋珙序專指詩文而言,末二卷爲《非詩辨妄》,原自别本單行,百褮取以附入,故通爲三十二卷耳。又《宋詩紀事》稱孚卒後,辛棄疾刊其集。今考集中多與棄疾贈答之作,然絶無刊集之文,世所傳本,實淳祐己亥歲百褮爲鏤板以傳,跋語可證,疑《宋詩紀事》有誤也。

所辨卷數、刊集兩事,前者是,後者謂辛棄疾未嘗刊集,誤。余嘉錫《四庫提要辨證》考駁其説,引證頗富,而是集宋代刊行情況於是益明,故錄之於次:

> 案《宋詩紀事》云:"終真州教官,辛稼軒刊其集,曰《蠹齋鉛刀編》。"孚既終於其官,則棄疾之刊集,自當在卒後,故《提要》云然。然孚既卒矣,則已冥然無所覺,烏

知有人爲之刊集而見之於文也哉，乃竟以此事疑《紀事》
爲誤，豈不大奇。《瀛奎律髓》卷四十四云：“周孚字信
道，乾道二年進士，爲儀眞教官卒。辛稼軒刊其集曰《蠹
齋集》。”《紀事》之説，蓋出於此。《咸淳鎮江志》（《嘉定志》
附録）云：“周孚字信道，丹徒人，乾道二年蕭國梁榜，爲眞
州教授，卒於官，年四十三。有《蠹齋集》三十卷，稼軒辛
棄疾幼安刊於長沙，樞密丘崈宗卿爲之序。又有集曰
《鉛刀編》，鄉人之從游者爲板行於世。”其言與《律髓》同
而加詳，皆言稼軒曾爲之刊集，然則《紀事》何嘗誤耶？
蓋孚集自有兩本，辛棄疾刊於長沙者三十卷，名《蠹齋
集》，蓋棄疾知潭州時所刊，約在淳熙六七年間。解百禩
所刊者附《非詩辨妄》於後，凡三十二卷，名《蠹齋先生鉛
刀編》，刊於淳熙己亥（六年）重九日，（見百禩跋。）兩人不謀
而合，先後爲之付梓。其後劉宰作《京口耆舊傳》，只言
孚有《蠹齋集》，而其《漫塘文集》卷二十四《書周蠹齋集
後》乃云“蠹齋文不可見，又十有三年，始於里中周舜卿
處見所謂《鉛刀編》者”，由此可知兩本名雖不同，其詩文
固無以異也。

　　文淵閣《四庫全書》本《鉛刀編》三十二卷，卷目編次爲：
卷一至一四，賦、詩；卷一五、一六，表箋；卷一七至二〇，書
啟；卷二一，《春秋講義》；卷二二，策問；卷二三、二四，記；卷
二五，序；卷二六、二七，疏、青詞；卷二八，碑銘；卷二九，文
（祈文、祝文等）；卷三〇，雜文；卷三一、三二，《非詩辨妄》。
末附“蠹齋拾遺詩”，有詩十四首，疑爲四庫館臣所輯。

　　《全宋詩》《全宋文》俱以影印文淵閣《四庫全書》本爲
底本。

【參考文獻】

陳珙《蠹齋鉛刀編序》(影印文淵閣《四庫全書》本《蠹齋鉛刀編》卷首)

解百襘《蠹齋鉛刀編跋》(《皕宋樓藏書志》卷八六)

雪山集十六卷

王　質　撰

王質(一一三五──一一八九),字景文,其先鄆州(今山東鄆城)人,徙興國軍(今湖北陽新)。紹興三十年(一一六〇)進士,屢爲幕職,遷太學正,不附勢求進。仕終樞密院編修官。慶元四年(一一九八),王阮序其集道:"其家勒以遺稿見屬,乃爲搜羅删次,釐爲四十卷,名曰《雪山》,本其舊也。"則集以家藏稿爲主,王阮再爲之哀輯增删,蓋慶元間或稍後有刻本。

陳氏《解題》卷二〇"詩集類下"著録《雪山集》三卷,《通考》卷二四五從之。《宋志》著録《王景文集》四十卷,又《雪山集》三卷。《四庫提要》曰:

> 史稱其嘗著論五十篇,言歷代君臣治亂,謂之《樸論》。今止存漢高帝、文帝、五代梁末帝、周世宗四篇。質自序《西征叢記》云:自丁亥(乾道三年,一一六七)至庚寅(乾道六年),得詩一百三十有九,詞五十有一,記十,序六,銘二。又於淳熙二年(一一七五)作《退文》,有

六悔、六變。《永樂大典》所載，乃總題曰《雪山集》，不可辨識。又《宋史·藝文志》稱《王景文集》四十卷，而別出《雪山集》三卷。陳振孫《書錄解題》亦作三卷。焦竑《經籍志》、朱彝尊《經義考》則俱云四十卷。考王阮原序，稱"其家以遺稿見屬，乃爲蒐羅删次，釐爲四十卷，名曰《雪山》，本其舊也"。然則質初有小集三卷，自題《雪山》之名；迄阮删定遺稿，編爲全集，而其名如故，故三卷之本與四十卷之本，諸書互見也。張端義《貴耳集》載其《何處難忘酒》詩四首，稱所撰有《雪齋集》，則又刊本流傳訛"山"爲"齋"矣。

參諸王阮序，則詩集《雪山集》三卷必當先刻，故有"本其舊"之説，即全集四十卷本亦稱《雪山集》，而諸論、記當已收入全集。《永樂大典》所採乃全集，故勿需再別出三卷本詩集。館臣所述原不誤，唯其指責《永樂大典》總題《雪山集》"不可辨識"，則近於無事生非。又《宋志》著錄，多以人名集，《王景文集》蓋亦如此，其實即《雪山集》也。

明《文淵閣書目》卷九著錄"王質《雪山文集》一部八册，全"，《内閣書目》同，曰"凡四十卷"。原本蓋傳至明末而亡，今存乃大典本。《四庫提要》曰：

　　　　今（從《永樂大典》中）蒐羅排次，共得一十六卷，其詩文有歲月可稽者各加考證，附於題下。……至集中青詞一體本非文章之正軌，謹欽遵諭旨，於繕錄之本姑仍其舊，於刊刻之本（指武英殿聚珍本）則概予芟除。又如《會慶節功德疏》《福地化緣疏》《真如修御書閣疏》《天申節開啟疏》《滿散疏》，水陸修齋懺經諸疏，及《化緣修造榜文》諸篇，亦皆語涉異教，刊本並爲削去，以示別裁焉。

其實不止刊本，大典本在錄入《四庫全書》時，上述諸文亦已
删除。傅增湘跋李文藻舊鈔本殘帙（存卷五至一二，今藏國
家圖書館），稱以該本與聚珍本對勘，不僅多出所删十一篇，
編次亦不同。館臣從《大典》鈔出時，初編十二卷，後來總裁
重加釐定，改爲十六卷。其卷目編次爲：卷一至三，奏議；卷
四，表、論；卷五，題跋；卷六、七，記；卷八、九，書、啟；卷一〇，
銘、贊、傳；卷一一，雜著、誌銘；卷一二至一五，賦、詩；卷一
六，詩餘。

　　今國家圖書館藏乾隆四十一年（一七七六）孔繼涵微波
榭鈔本、嘉慶十三年（一八〇八）秦恩復石研齋鈔本（存卷一、
卷三至一二），皆爲十二卷，由初鈔大典本出，所删之篇在焉，
文字亦佳於四庫本。《湖北先正遺書》據聚珍本影印。《叢書
集成初編》據聚珍本排印。

　　《全宋文》用影印文淵閣《四庫全書》本爲底本，從李文藻
鈔本錄文十二篇，輯得集外佚文九篇。《全宋詩》底本同，從
《紹陶錄》（此書見下）輯得詩二卷，從鈔本及集外輯得詩十
六首。

　　王質除《雪山集》外，清代猶有所謂《林泉結契》五卷流
傳。《四庫總目·別集類存目》著錄汪如藻家藏本，《提要》謂
"是編乃商邱宋犖摘《紹陶錄》中《山友辭》《山友續辭》《水友
辭》《水友續辭》《山水友續（餘）辭》各爲一卷，謂其有玩物適
情之趣，改題此名，其文則無所增損也"。按：《紹陶錄》二卷，
王質著，《四庫全書總目》著錄於《史部·傳記類》。此書非文
集，因《全宋詩》錄其詩，故附及之。

【參考文獻】

王阮《雪山集序》（影印文淵閣《四庫全書》本《雪山集》卷首）

傅增湘《雪山集殘本跋》（《藏園羣書題記》卷一四）

尊德性齋小集三卷

程　洵　撰

程洵（一一三五——一一九六），字允夫，號克菴，晚又號翠林逸民，婺源（今屬江西）人，嘗任廬陵録事參軍，以僞學（指理學）去官。家有“尊德性齋”，乃表弟朱熹所名。周必大嘗爲其集作序，稱其能貫穿洛、蜀之學，文章“合蘇、程爲一家”。又曰：“以病卒於官。後累年，其宗人法曹萬里出君《尊德性齋小集》一編，合古律詩百餘篇，記、序、書、銘各二，跋四，説一，志、表、行狀、祭文、叙事札子五，表、啟五十一，大抵議論正平，辭氣和粹。”今存周序未署年代。又邑人王炎序，謂“予自清江秩滿入中都爲博士，久不聞問，因詢鄉人之來者，則允夫已捐館舍矣。又四年，予始來歸，其婿黄君昭遠集允夫所著詩文屬予序。讀之終篇，大抵理勝而詞彩附之，陶鑄礱括，俱不苟作”。則序當作於慶元五年（一一九九）。時黨禍正熾，蓋周、王二序皆不爲刊梓而作，若嘗付刊，也當在嘉定之後。

是集宋、明書目罕見著録。今存明嘉靖九年（一五三〇）裔孫程資序，略曰：

齋(指尊德性齋)故有集，與凡所著，咸逸莫傳。弘治中，先伯父東山府君有慨乎此，特汲汲焉，乃獲是集散稿一於從兄仲松所，楮蠹墨渝，代遠僅存。府君喜弗勝，以屬予小子資曰："謹藏之。"資唯唯。越如干年，則以質於先友鼉山梅君，爲補其脱者八，訂其訛者十，約而爲卷者三，曰："盍梓諸?"資唯唯。則奉以周旋於甌、越之間，又如干年，至是始克就梓。

次年劉節序，述其所刊篇目道：

集何? 爲詩也，文也。詩何? 爲四言一，爲五言古二十有六，爲七言古十有五，爲五言絶五，爲七言絶三十有三，爲五言律二，爲七言律三十有九;文何? 爲札子十有七，爲表十有一，爲啟二十有七，爲書二，爲序二，爲記三，爲銘二，爲跋四，爲行狀三，爲墓表一，爲祭文一，合而爲卷三、爲册一也，曰《尊德性》何? 重其集也。……裔孫地官仲朴獲散簡於伯考，校諸聞友，而授之梓焉，於惟重哉!

所刊詩歌與周序"百餘篇"之數大致相當。各體文則或有增減，而總數反多五篇(連"説"一篇，劉序遺漏，詳下)。疑所謂"散稿"乃後人鈔宋本，而有增補。嘉靖本今未見著録。

清嘉慶戊辰(十三年，一八〇八)，韓溪程氏宗祠刊《世德録》，以此集入編。戊寅(嘉慶二十三年)，鮑氏又將其收入《知不足齋叢書》，二十一世裔孫程均爲跋，詳述新刊兩本道：

宋録參府君爲朱子內弟，坐僞學廢職，有《尊德性齋集》十卷，周益公必大爲之序。前明弘治中，族祖東軒公得其遺稿，命從子歷峰參政公(程資)校刊於淮，約爲三

卷。梓本又復不傳。嘉慶戊辰冬，刻韓溪程氏《世德
録》，遍求族中藏本，始得文模公手鈔此集，遂重刻之。
均按劉序爲札子十有七，今存十，已逸其七；爲記三（原
校：三應爲二），見周益公序。集中有《董崇本字説》，而
劉序脱"説一"二字，其餘一一與劉序合。又按《世德録》
中載録參府君爲許氏《琴堂棋軒記》《宋聖道府君壙記》，
俱本集所遺，今補集後。録參府君没，朱子有所爲祭文
若詩，皆宜附載。本傳、《道命録》、府縣志儒碩傳，及今
陽湖惲子居爲先君子重創尊德性齋，《記》亦例得附載。
戊午（嘉慶三年）夏，均客吴門，晤鮑君志祖，出集求校，
許附《叢書》行世，乃謹記得集之原委於後云。

按周必大序，僅云作者嘗爲《三蘇紀年》十卷，而無文集十卷
之文，不詳程氏所據。其實嘉靖本篇目與周序無大出入，所
謂約爲三卷，殆唯重釐卷次而已，並非多有闕脱。鮑氏知不
足齋於道光三年（一八二三）刻成，編入《知不足齋叢書》第三
十集，後有補遺一卷，收記一篇、壙記一篇，今爲通行本，且傳
世亦僅此一本。《續修四庫全書》據以影印，編入集部第一三
一八册。

　　《全宋文》《全宋詩》俱以《知不足齋叢書》本爲底本。

【參考文獻】

　　周必大、方直孺、王炎、劉節、程資《尊德性齋小集序》（《知不足叢
書》本《尊德性齋小集》卷首，人各一序）

燕堂詩稿一卷

趙公豫 撰

趙公豫（一一三五——一二一二），字仲謀（"謀"或作"謙"），宗室子。紹興二十四年（一一五四）進士，仕至寶謨閣待制。所著《燕堂詩稿》，版本源流不詳，今以清鈔本爲古。《四庫總目》著録鮑士恭家藏本，前有《燕堂詩稿本傳》，略曰：

> 趙公豫，字仲謀，本宗室，南渡徙居常熟，因籍焉。幼聰警，五六歲記《左氏傳》，不謬一字。及冠遊四方，所至文人爭相邀迎。……旋登進士第。紹興間知真州。……累階至寶謨閣待制致仕。著有《燕堂類稿》十六卷，詔誥表策多爲時傳誦。其詩因屬對不甚工切，泉州守蔣雝選録全部，澄汰大半，僅有若干首，皆中年遊歷而作者，自州郡以迄館閣，所賦率刪去不存。歿年六十有四，葬虞山之拂水巖西三里，工部侍郎錢塘馬和之作誌，表其墓曰"清顯"。

《四庫提要》曰：

> 《燕堂詩稿》一卷。……是集卷首有傳一篇，不著撰人名氏，稱公豫本宗室子，南渡後徙居常熟。然考《宋史·宗室表》，諸王系中無以"公"字聯名者，不知出於何派也。

今按館臣謂"公"字聯名者不知出於趙氏何派，殆未深考。趙廷美六世孫皆以"公"聯名，人物甚多。然《本傳》亦有疑點，即稱"歿年六十四"，而《琴川志》卷八小傳謂其"嘉定五年（一二一二）卒，年七十八"，同書"進士題名"條稱其中進士在紹興二十四年，李裕民先生《宋人生卒行年考》謂"如以卒年六十四計，中進士時才六歲，顯然是不可能的，《燕堂詩稿》小傳之説有誤"。按明王鏊撰《姑蘇志》卷五一《人物（名臣）》，亦作"嘉定五年卒，年七十八"。王鏊爲蘇州人，常熟屬蘇州，所據當可信。

《提要》又曰："《傳》又稱公豫所著《燕堂類稿》原本十六卷，詔誥表策多爲時傳誦。其詩因屬對不甚工切，泉州守蔣雝選錄全部，澄汰太甚，僅存若干首。是公豫止優於文，而詩則非所擅長，故雖鈔本僅存，而選錄宋詩者亦未經采摭。"按：蔣雝，字元肅，莆田人，紹興二十一年進士。與林光朝等十人號"莆田十先生"，嘗爲泉州教授，著有《樸齋文稿》三十卷。見《莆陽文獻傳》卷三八、《閩中理學淵源》卷八等。檢《景定建康志》卷二六《官守志》二曰："趙公豫：中大夫充秘閣修撰、運副，嘉泰三年（一二〇三）正月十二日到任，十月宮觀。"上引《本傳》稱蔣氏删削其詩在守泉州時，然守泉州年代不詳，而《本傳》稱"自州郡以迄館閣，所賦率删去不存"，則削稿當在爲秘閣修撰之後，已屆晚年矣。因疑今存《燕堂詩稿》，蓋《燕堂類稿》之詩歌部分，而文類則已全佚。惟鮑氏本源自何本，今不可考。

除四庫本外，今日本静嘉堂文庫亦藏有鮑氏手鈔本，見《皕宋樓藏書志》卷八四、《静嘉堂秘籍志》卷三六。《静嘉堂秘籍志》又另錄一鈔本，與《春卿遺稿》《金陵雜詠》《郴江百詠》《棠湖詩稿》《志道集》合鈔，且稱此本《皕宋樓藏書志》不載。國内南京圖書館等亦著錄有清鈔本。

　　民國九年（一九二〇），南城李之鼎據傳鈔文淵閣四庫本刊入《宋人集》乙編。

　　《全宋詩》以影印文淵閣《四庫全書》本爲底本。

羅鄂州小集五卷

羅　願　撰

　　羅願（一一三六——一一八四），字端良，號存齋，歙縣（今屬安徽）人。乾道二年（一一六六）進士，終於知鄂州。《宋史》卷三八〇《羅汝楫傳》附《羅願傳》，稱願“博學好古，法秦漢爲詞章，高雅精鍊，朱熹特稱重之。有《小集》七卷，《爾雅翼》二十卷。知鄂州，有治績”。《宋志》著録《羅願小集》五卷。鄭玉《羅鄂州小集序》稱《小集》乃鄂州通守劉清之編刻，“視其大全，蓋十一耳”。又謂“予嘗得之於藏書之家，讀而愛之，乃謀刻之梓，以廣傳布。從予游者，洪氏之兄弟曰斌、曰杰、曰宅，鮑氏之叔姪曰元康、曰深樂，以其資共成之，而請予爲之序”。《增訂四庫簡目·續録》謂是書“宋乾道二年鄭玉子美刊於新安本”。以鄭氏爲乾道時人，乃邵氏誤讀鄭玉序，原序實述羅願爲乾道二年進士。今按：鄭玉（一二九八——一三五八）乃元人，著有《師山文集》，今存（序收入該書卷三），爲羅願鄉人。其序言及劉清之，又述其底本“得之於藏書之家”，當即翻刻劉清之本。

　　明洪武本（此本詳後）載元末人趙汸序，略曰：《小集》五卷，乃“權通判鄂州軍州事、臨江劉公清之所編次。公與劉公同官於鄂，公既卒官，劉公因以是編刻置郡齋，於公平生所著，不能十一，故題曰《小集》。其藏於家者餘五卷（按：四庫本趙汸《東山存稿》作"五十卷"，當衍"十"字），不幸一再傳而中絕，遂俱亡矣。惟《新安志》《爾雅翼》二書，吾郡嘗刻諸梓。此《小集》者，郡人亦嘗再刻之，故家有其書。兵火後板本既弗存，三書皆不易得矣"。所謂《小集》"郡人亦嘗再刻之"，"郡人"蓋指鄭玉，據知鄭刻本明初已罕見。同時人李宗頤序又云："所爲文十卷，刻本毀於兵。"據諸序，劉清之所刻《小集》爲五卷，當即《宋志》所録之本；《宋史》本傳謂七卷，蓋家藏手稿，後有散佚，僅存五卷。李宗頤稱有十卷刻本，然上引趙汸謂另五卷藏於家，未嘗付梓，不詳孰是。《四庫提要》以爲《羅鄂州小集》止六卷，"史稱十卷，與原集不合。蓋《宋史》多訛，不足爲據"。館臣所言六卷本，乃明人刊本（詳下），非其舊有；不知館臣在《宋史》何處見"十卷"之文，而遽加撻伐？據上引，稱"十卷"者乃元末明初人李宗頤，蓋其源於耳聞，不足爲據。要之，羅願文集宋、元通行本爲劉清之所編刊之《小集》五卷，其他似在影響之間，即或有之，亦久已失傳。

羅願七世孫羅宣明（字傳道）於元末訪求《小集》鈔寫，得九十二篇，仍釐爲五卷，又由趙汸據舊刻本及鈔本校證，去訛補闕，至明洪武二年（一三六九）方刊行之，趙汸等多人有序。洪武本除《小集》外，附作者兄羅頌《羅鄳州遺文》一卷，附録一卷。洪武本今國内猶著録七部，國家圖書館藏本有何焯批校並跋。日本静嘉堂文庫亦庋藏一部（原陸心源藏書）。傅增湘記洪武本道："十一行二十一字，大黑口，四周雙闌。前有宋濂、趙塤、李宗頤、蘇伯衡、林公慶、馬城序，後有王褘序，又趙汸序。"（《經眼録》卷一四）其卷目編次爲：卷一，頌、辭、賦、古律詩；卷二，論、説、問；卷三，序、記；卷四，行録、墓誌銘、碑、箴、文、題跋；卷五，札子、表、書、啟、語、叙。此本上承宋劉清之、元鄭玉本，下爲明、清各本之祖。

　　明《文淵閣書目》卷九著録“《羅鄂州文集》一部二册，全”。《内閣書目》卷三同。《萬卷堂書目》卷四、《徐氏家藏書目》卷六、《絳雲樓書目》卷三皆著録五卷本。各家所藏版本不詳，秘閣本或爲宋槧。《增訂四庫簡目標注》謂明代有正統本、弘治本，正統本不見著録，唯存弘治本。該本始刻於弘治十一年(一四九八)，有祝允明序，略曰：“弘治己未(十二年)，其十二世孫惟善等重刻之。……今集凡五卷，郢州(願兄羅頌)文十一首附焉。”則弘治本乃重刻舊本，今惟臺北“中央圖書館”著録一部。

　　萬曆間，有羅願《小集》覆刻本。清王士禛《居易録》卷二九曰：“新安門人王洪度、于鼎寄《羅鄂州小集》及鄂州所著《新安志》《爾雅翼》……萬曆中刻於長治，甚工。”傅增湘亦嘗著録該本，謂萬曆四十五年(一六一七)畢懋康刊《羅鄂州小集》六卷，每半葉九行十九字，白口，四周單闌(《藏園訂補郘亭知見傳本書目》)，殆即王氏所謂刻於長治者，今未見著録。

　　天啟六年(丙寅，一六二六)，從裔孫羅朗再將《小集》與《新安志》《爾雅翼》合刻，有序，稱舊有刻本，板毀不存，“考訂以授梓”。此本《小集》仍爲五卷，附《郢州遺文》一卷，每半葉十行二十字，白口，四周單邊。天啟本今國家圖書館、北大圖書館、上海圖書館等著録二十餘部，日本東洋文庫庋藏一部。

　　今國家圖書館、上海圖書館等猶藏有明刻本《小集》六卷、《郢州遺文》一卷，附録《月山録》一卷。其第六卷乃人物傳，輯自作者專著《新安志》，不詳爲何時所刻。《新安志》尚傳世，將其中人物傳輯入文集，失當。六卷本每半葉九行十九字，白口，四周單邊，與上述畢懋康本同，殆亦萬曆間所刊。

入清，康熙間有刊本兩種。《增訂四庫簡目標注》曰："康熙丁亥（四十六年，一七〇七）黃以祚刊本；康熙癸巳（五十二年），歙程氏七略書堂刊本。"黃氏本今未見著錄。程氏本今國家圖書館（有莫棠跋）、北大圖書館、上海圖書館等著錄多部。該本有程哲序，略曰："原集五卷，前弘治中刻於裔孫文達。洊更兵燹，流佈漸稀。余特取舊本，校讎補綴，授諸剞劂，以廣其傳。"則程氏所用底本爲弘治本，而加以"補綴"。所謂"補綴"，即增第六卷"補遺"。其《凡例》第二條云："《東觀漢記序》，見馬端臨《文獻通考》；《汪王廟考實》之文十一篇，一見王伯厚所輯《忠烈廟實紀》，一見家皇墩（祝按：指程敏政）《新安文獻志》，皆信而可徵；又《新安志序》向亦失載，續成《補遺》一卷。"此本補遺之功，度越前此各本，文字亦佳。

《四庫全書》著錄馬裕家藏本六卷，其第六卷乃人物傳，附錄《鄞州遺文》，疑即上述不詳年代之明刻本。館臣對第六卷略有增補。康熙程氏本削去作者猶子羅似臣《徽州新城記》（見其《凡例》）；四庫本仍有似臣文，而削去明人所附《月山錄》，《提要》謂其"冗雜鄙陋，蓋願之疏族，因刊是集而竄入之，冀附驥以傳"。

清末，有光緒十九年（一八九三）黟縣李氏刻本，今國家圖書館等著錄尚富。咸豐三年（一八五三），南海伍氏將是集刊入《粵雅堂叢書》二編第二十集，其本有程哲序，卷六與程氏本同，底本當即康熙五十二年程哲刊本。《叢書集成初編》據《粵雅堂叢書》本排印。

《全宋文》用《粵雅堂叢書》本爲底本。《全宋詩》以影印文淵閣《四庫全書》本爲底本。

【參考文獻】

鄭玉《羅鄂州小集序》(《粤雅堂叢書》二編本《羅鄂州小集》卷首)

趙汸、趙壎、李宗頤、宋濂、王禕、馬玠、蘇伯衡等《洪武本羅鄂州小集序》(同上,人各一序)

祝允明《弘治本羅鄂州小集序》(同上)

程哲《康熙本羅鄂州小集序》(同上)

網山集八卷

林亦之　撰

林亦之(一一三六——一一八五),字學可,號月漁,一號網山,福清(今屬福建)人。林光朝高弟,講學於莆之紅泉。其集有林希逸、劉克莊序,不見於宋人書目,明人亦很少著録。今傳皆鈔本。《四庫總目》著録鮑士恭家藏本《網山集》八卷,《增訂四庫簡目標注》謂"《四庫》著録係曝書亭鈔本"。《提要》曰:

> 原集刊於紹定辛卯(四年,一二三一)。劉克莊序稱,嘗謂艾軒高處逼《檀弓》《穀梁》,平處猶與韓並驅。至於網山論著,句句字字,足以明周公之志,得少陵之髓;其律詩高妙者絶類唐人,疑老師當避其鋒,他文稱是云云。其推之可謂至矣。今觀此本,詩僅二卷,而挽詩居一卷;文凡六卷,而祭文居二卷,祝文、聘書居一卷,青

詞、募疏之類不軌於正者又居一卷，殊不類克莊之所稱，其編次尤爲猥雜。疑原集散佚，無識者掇拾叢殘，重編此本，故遺其菁華而存其糟粕也。

館臣所謂原集刊於紹定辛卯，當是據林希逸序"今上辛卯後"句，然林氏序文文意牴牾。序稱作者"生高宗丙辰，終孝宗乙巳"，又謂"今上辛卯後，先生之生百有三年"。按高宗丙辰爲紹興六年（一一三六），孝宗乙巳爲淳熙十二年（一一八五），與序所謂"甫五十而死"合，然與生巳百有三年不合。既生於紹興六年，需至嘉熙二年（一二三八）方百有三年。今按林希逸序又曰："希逸甲申客壽陽，嘗集艾軒、月漁二先生之詩，序而名之曰《吾宗詩法》。今十有五年，躔甫以是集來求余文，俾書其首。故帙偶遺，追憶不復得，手先生之文，重有所感，因更叙數語云爾。"甲申（嘉定十七年，一二二四）後十五年，正嘉熙二年。疑序文輾轉傳寫，致"嘉熙二年"誤爲"辛卯後"。要之，《網山集》當刊於嘉熙二年，而非紹定辛卯。

館臣以爲是集內容與劉克莊所評不相稱，疑是原集散佚，無識者掇拾叢殘重編此本云云。所疑是，然更可能爲前面詩歌部分脱佚（詩歌前、後是否猶有他文，不可考），故只存挽詩、青詞之類，而經人重編卷次，遂泯殘闕之迹，以致精華散佚不傳，誠如館臣所言。

宋季，林希逸曾將林光朝、林亦之、陳藻三人文集合刊爲《三先生文集》，其中有《網山集》八卷，已見本書卷一九林光朝《艾軒先生文集》叙録，此不贅。宋刊《三先生文集》原本久已失傳。《增訂四庫簡目標注·續録》稱有明嘉靖安政堂刊本，未見著録。故《網山集》今惟四庫本及據文淵閣四庫本影印之《四庫全書珍本初集》。國內各圖書館尚著録清鈔本十餘部，卷數編次俱與四庫本同，而迄無刊本流傳。

　　《全宋文》用影印文淵閣《四庫全書》本爲底本，輯得佚文七篇。《全宋詩》底本同。

【參考文獻】

　　林希逸、劉克莊《網山集序》（影印文淵閣《四庫全書》本《網山集》卷首，人各一序）

悦齋先生文鈔十卷

唐仲友　撰

　　唐仲友（一一三六——一一八八），字與政，號悦齋，金華（今屬浙江）人。紹興二十一年（一一五一）進士，紹興三十年再中宏詞科，通判建康府。後擢江西提刑，爲朱熹劾罷，遂不仕，肆力於學。著述宏富，多散佚失傳。其文集蓋原爲四十卷，不詳何時初刊，元末明初重刻時已不全（見下引蘇伯衡《悦齋文粹序》），然仍爲四十卷。《文淵閣書目》卷九著録“唐仲友《悦齋文集》一部二十二册，殘闕”。《内閣書目》卷三曰：“《悦齋文集》二十一册，不全。……凡四十卷，闕第二、第三卷，又《别集》三卷。”《千頃堂書目》卷二九載《悦齋文集》四十卷。官私所藏，蓋多爲重刊本。重刊本後亦失傳，今僅存輯本《悦齋文鈔》十卷。

　　十卷本乃清金華人張作楠（一七七二——一八五○）所輯，爲《金華唐氏遺書》之一種，有序曰：“《悦齋文集》四十卷、《别

集》三卷，《千頃堂書目》尚著録，然蘇平仲《悦齋文粹序》云
‘諸孫懷敬得重刊本，以《發題》《愚書》足四十卷之數，且駢驪
之什、應用之作居多，非復稿次之舊’。是文集原本明初已
佚，黄氏（千頃堂）所録，殆重刊本歟。自懷敬删重刊本爲《文
粹》，而四十卷之本遂不復傳。”其文散見於《金華文軌》《金華
文徵》《金華文略》等地方總集中，以《文略》所收最多，亦只二
十一篇。張氏序又詳述其輯文經過，最後編定爲十卷，卷一
札子，卷二策，卷三書，卷四序、説，卷五、六説，卷七、八論，卷
九論、送序，卷一○詩，而以佚篇逸句及存目附於卷一○
之末。

　　《金華唐氏遺書》今存道光十一年（一八三一）翠薇山房
刊本、宣統三年（一九一一）金華教育分會石印本。民國十三
年（一九二四），胡氏夢選廎刊《續金華叢書》，即以張氏輯本
《遺書》入編，胡宗楙跋曰：“……晤金雪孫太史，得金華張作
楠氏手輯《唐氏遺書》，内有《悦齋文鈔》十卷，雖非完襃，亦足
窺豹一斑。余又自《浦江縣志》得《重建學校記》，自《古逸叢
書》得唐楊倞注《荀子》後序二首補之，亟取付梓。”刊本卷
一○末題“永康胡宗楙據《唐氏遺書》本校録”，所附則題曰
《悦齋文鈔補》。《續修四庫全書》亦用《續金華叢書》本影印，
編入集部第一三一八册。

　　《全宋詩》用《續金華叢書》爲底本，輯得佚詩四十四首。
《全宋文》底本同，輯得佚文二十四篇。

【參考文獻】

　　張作楠《悦齋文鈔序》（《續金華叢書》本《悦齋先生文鈔》卷首）

　　胡宗楙《刊悦齋文鈔跋》（同上）

舒文靖集二卷

舒　璘　撰

舒璘（一一三六——一一九九），字元質，一字元賓，號廣平，奉化（今屬浙江）人。乾道八年（一一七二）進士，官終宜州通判。淳祐中追諡文靖。其集不見於宋、明書目，今存元危素所作《舒文靖公文集序》，略曰：

> 《舒文靖公文集》十有六卷，第録如上。……素於公相後百年，相距且千里，數夢寐拜公而承教焉。大瀛海逸人吕虚夷，公里人，素嘗屬之求公文集。既數年，乃以書介公之六世孫莊、七世族孫祥金奉遺稿至京師以授素，謹取而次第之。

序下原署“丁亥”，乃至正七年（一三四七）。則是集蓋一直以稿本藏於家，著者逝世後近百五十年，方爲危素所編次。十六卷本是時不詳是否付梓，久佚。

今以雍正本爲古。雍正本乃雍正辛亥（九年，一七三一）十六世裔孫舒玢所刊，題《廣平先生舒文靖公類稿》，凡四卷。舒玢有序，略曰：

> 世遠言湮，而我祖之《類稿》鮮有見者。迨八世孫諱讓手録編次，得十二世外孫鄔孟坎與本邑蕭侯付諸梓人，僅文靖公之《言行考》也，所遺《類稿》，終湮没而無聞。玢也不肖，……而集我祖之《類稿》也半，耿耿於懷，痛恨不能光前以裕後。自是搜羅遍閲，手録遺稿一百十

四篇，與目録相對，無一缺者，乃今而知《類稿》之全也。意將鐫諸木矣，而惜乎匱乏無資，愧衷甚焉。於是謀諸本族之子衿，幸各慨然捐資。議甫定，始授諸梓人，時則有與玢同主祠事者若廷元正功、琦佳爵，皆如命從事，戮力以勤厥成焉。

同時著名學者全祖望亦有序，稱"六百年來遺稿脱落，康熙中同里萬先生充宗求之其家，得其奇零不完者四卷"；"予喜其（指舒氏後人）不忘先生之學統也，乃勸以是稿付之梓人，而序其首"。同治時，舒氏後裔亨熙跋全氏序，謂據此序，舒玢所用底本似"即出全氏所定，然玢實據明成化間公八世孫讓刻本重刊。疑全氏所云奇零不完、更釐定之者別是一本，而固未付刻也"。所稱成化本，久無著録。按舒玢序謂舒讓等所刊僅《言行考》，不詳亨熙何據謂雍正本出於成化本。又，危素所見後裔舒莊，爲六世孫，至明成化時似不止八世。蓋文集流傳源流，後裔已不甚了了，而讀諸人序，似皆不知有危素所編十六卷本。《類稿》何人所編，與十六卷本是何關係，已不可考。雍正本今罕見著録，唯復旦大學圖書館庋藏一部。

《四庫總目》著録汪啓淑家藏本《舒文靖集》二卷。丁氏《善本書室藏書志》卷三〇記其所藏舊鈔本，疑即四庫底本，曰：

> 此本初不分卷，卷首有翰林院印，中有校籤，鈎勒集中書志、墓誌、記録爲上卷，札子與啓爲下卷。著録《四庫》，或當時之底本耳。

丁氏又記所藏二卷精鈔本道：

《浙江採進遺書總録》:"《舒文靖集》一册,寫本,宋教授鄞縣舒璘撰。"吳焯題云:"雍正間,慈谿鄭義門過杭,以此册見貽,蓋爲姚江梨洲黄氏(宗羲)從其裔孫鈔得者。"按館中底本原止一册,分編爲二。別見雍正辛亥十六世孫玢刻本,題《廣平先生類稿》,作四卷,核之仍一百十四篇。玢序稱(略,已見前引),似梨洲即鈔於《類稿》將刻之時耳。

由此知二卷、四卷兩本皆出自舒氏裔孫,收文篇數相同,"特'集'與'類稿'命名不同,二卷、四卷編次互異耳"(舒亨熙跋語)。蓋是集原爲四卷,初鈔時未分卷,家刻仍分四卷,館臣釐爲二卷(卷上書、誌;卷下札子、啟),世遂有卷數不同之兩本,其實一也。丁氏《志》所録兩本,今皆藏南京圖書館。

同治十一年(一八七二),裔孫亨熙據雍正本《類稿》重刊,附徐時棟輯校《附録》上、中、下凡三卷(卷上學案,卷中墓誌、歷傳,卷下碑記、祭文、雜詩文)。光緒二十二年(一八九六),孫氏七千卷樓刊二卷本,有附録三卷、校勘記三卷。兩本今皆有著録。

民國二十五年(一九三六),四明張氏約園據同治本刊入《四明叢書》第四集。今以《四明叢書》本校四庫本,差異不大,後者稍優。

《全宋文》用《四明叢書》本爲底本。

【參考文獻】

危素《舒文靖公文集序》(《嘉業堂叢書》本《危太僕集》卷八)

舒玢《雍正刻廣平先生類稿序》(《四明叢書》本《舒文靖類稿》卷首)

全祖望《雍正本廣平先生類稿序》(同上)

舒亨熙《跋四庫簡目舒文靖集》、《跋全氏序》(同上)

張壽鏞《四明叢書刊舒文靖類稿序》(同上)

宮教集十二卷

崔敦禮　撰

崔敦禮(？——一一八二)，字仲由，通州靜海(今江蘇南通)人。紹興三十年(一一六〇)進士，仕至諸王宮大小學教授。其集不著於宋人書目，亦未見舊本序跋。明《文淵閣書目》卷九著録"《崔宮教集》一部六册，全"。《内閣書目》同，曰"凡二十卷"。《千頃堂書目》卷二九有"《崔宮教集》二十卷"之目。是集殆明末猶存，後散亡，今傳乃大典本。《四庫提要》曰：

> 焦竑《國史經籍志》載有《敦禮集》二十卷。其本久佚，他家書目亦罕著於録，故厲鶚《宋詩紀事》不及敦禮之名。惟《永樂大典》載有敦禮《宮教集》，其詩文篇帙尚富，大抵格律平正，詞氣暢達。……謹采掇編次，釐爲十有二卷。第五卷内有《進重删定吕祖謙所編文鑒札子》一篇，稱删去增添别寫進呈云云。考李心傳《朝野雜記》，謂吕祖謙《文鑒》既成，近臣密啟其失當，乃命直院崔大雅更定，增損去留凡數十篇。大雅者，其弟敦詩字也。《朱子語類》嘗論祖謙編類《文鑒》事，亦有崔敦詩删定奏議之語。是此札當出敦詩，不出敦禮，似乎《永樂大典》偶爾誤題。然或敦詩刊定進呈，敦禮代爲草奏，亦未

可定。今既别無顯證，姑仍其舊録之，而附著其舛互如右。

大典本録入《四庫全書》，卷目編次爲：卷一，賦；卷二，詩；卷三，樂章、詩餘；卷四，表；卷五，札子；卷六，記、序；卷七，論、策問；卷八至一一，啟；卷一二，雜著。今國家圖書館藏有乾隆翰林院鈔本。中國科學院圖書館藏有清鈔殘帙，存卷一至三，前有"古稀天子之寶"，末有"乾隆御覽之寶"朱文印，蓋清宮流出者。光緒中，順德龍氏刊《螺樹山房叢書》，所收是集亦爲十二卷。

《全宋文》《全宋詩》俱以影印文淵閣《四庫全書》本爲底本。

東萊呂太史文集四十卷

呂祖謙 撰

呂祖謙（一一三七—一一八一），字伯恭，婺州金華（今屬浙江）人，呂本中姪孫。隆興元年（一一六三）進士，復中博學宏詞科，累官著作郎兼國史院編修官。博學多識，世稱東萊先生。傳家之集，乃其弟祖儉及從子喬年編刊，嘉泰四年（一二〇四）呂喬年有跋，略曰：

> 自太史公之没，不知何人刻所謂《東萊先生集》者，真贋錯糅，殆不可讀，而又假託門人名氏，以實其傳，流布日廣，疑信相半。先君病之，乃始與一二友收拾整比，將付之鋟木者，以易舊本之失。會言事貶，不果就。喬

　　年追惟先緒之不可墜，因遂刊補是正，以定此本。凡家
　　範、尺牘、讀書雜記之類，皆總之《別集》；策問、宏辭之
　　類，爲世所傳者，皆總之《外集》；年譜、遺事與凡可參考
　　者，皆總之附録，大凡四十卷。其他成書已傳、草具之未
　　定者，皆不著，著其目於附録之末。雖或年月之失次，訪
　　求之未備，未可謂無遺恨；至於絶舊傳之繆，以終先君之
　　志，則不敢緩，且不敢隱焉。既以質諸先友，因輒記於目
　　録之後。

因知此集宋有兩本，一蓋坊刻，劣；一乃家編，自當爲善本。
不過家編本亦偶有瑕疵。《朱子語類》卷一二二曰：“伯恭文
集中，如《答項平父書》(祝按：書見《別集》卷一〇)，是傅夢泉子淵
者；如罵曹立之書，是陸子靜者。其他僞者，想又多在。”《四
庫提要·東萊集提要》曰：“是祖儉等編集之時，失於別擇，未
免收入贗作。然無從辨別，今亦不得而刪汰之矣。”

　　陳氏《解題》卷一八著録家編本，爲《東萊吕太史集》十五
卷、《別集》十六卷、《外集》五卷、《附録》三卷。《通考》卷二
四〇從之。《宋志》亦同。坊刻《東萊先生集》未見著録。

　　明《文淵閣書目》卷九著録“《吕東萊文集》一部十一册，
闕”。《内閣書目》卷三僅有“《東萊博議》六册，全”。《萬卷堂
書目》卷四爲“《東萊集》四十七卷”，宋以來無此傳本，疑與其
他“成書”通計之。《江陰李氏得月樓書目摘録》有“《吕東萊
別集》十六卷、《外集》五卷、年譜一本”，闕正集。《絳雲樓書
目》卷三著録《吕東萊文集》，陳注曰：“集十五卷，《別集》十六
卷，《外集》五卷，附録三卷，弟祖儉編。”各家所録，殆不乏宋
本。嘉泰四年所刊板片明代猶殘存。《明太學經籍志》曰：
“《東萊集》六百九十四塊。”原注：“《舊志》三百六十七塊，餘

係嘉靖二十一年（一五四二）司業王同祖刊補，尚欠七塊。”
《天禄後目》卷七嘗著録宋版四函三十册，不詳是否原印本。
今各圖書館著録宋本及宋刻元、明遞修本多達十餘部（包括
殘帙）。國家圖書館即藏有五部，皆係遞修本。臺北“中央圖
書館”庋藏一部。日本静嘉堂文庫藏陸心源舊藏本，乃宋刻
元印，其中正集殘，僅十四卷，缺卷九，且卷十之後係用它本
補配。卷中有“馬玉堂”白文方印、“笏齋藏本”朱文方印，見
《皕宋樓藏書志》卷八五、《静嘉堂秘籍志》卷一〇。静嘉堂又
藏有宋刻本《東萊先生外集》四卷，亦爲陸氏藏書。

　　瞿氏《鐵琴銅劍樓藏書目録》卷二一著録宋刊本，詳記其
内容結構道：

　　　　《東萊吕太史文集》十五卷、《别集》十六卷、《外集》
　　五卷，文集附録三卷、拾遺一卷，《麗澤論説集録》十卷，
　　宋刊本，宋吕祖謙撰。此書爲成公殁後其弟祖儉、從子
　　喬年編輯刻之。文集凡詩一卷，表奏一卷，奏狀、札子一
　　卷，啟一卷，策問一卷，記、序、銘、贊、辭一卷，題跋一卷，
　　祭文、祝文一卷，行狀一卷，墓誌銘四卷，傳一卷，紀事一
　　卷。其《庚子辛丑日記》後有淳熙壬寅（九年，一一八二）
　　朱子跋，公殁後一年作也。《别集》凡家範六卷，尺牘五
　　卷，讀書雜記四卷，師友問答一卷。《外集》凡策問二卷，
　　宏詞、進卷、試卷共二卷，詩文拾遺一卷。文集附録凡年
　　譜、壙記一卷，祭文、像讚、哀詩三卷。《拾遺》存《祠堂
　　記》、《祠堂祭文》，餘殘闕。《麗澤論説集録》皆門人所集
　　録者，凡《易説》二卷，《詩説拾遺》一卷，《周禮説》一卷，
　　《禮記説》一卷，《論語説》一卷，《孟子説》一卷，《史説》一
　　卷，《雜説》二卷。喬年有跋。每半葉十行，行二十字，

貞、桓、敦、廓有减筆，寧宗時刻本也。

傅增湘《藏園群書經眼録》卷一四記宋刊《別集》版式、刊工道：

> 版匡高六寸八分，闊五寸二分。版心記子目。……
> 上記字數，下記刊工姓名，有丁亮、丁明、李信、李思賢、
> 李嵒、吴志、吴春、楊先、周文、周才、周份、吕拱、張文、張
> 仲辰、張彦忠、張世晠、韓公輔、羅裕、羅榮、陳靖、宋琚、
> 姚彦、史永、劉昭、趙中等名。

傅氏又謂宋刻爲白口，左右雙闌；明修補板則爲黑口，四周雙
闌（按：《藝風藏書續記》卷六謂補葉下半截黑口者，“觀其字
形猶是宋時補刻”）。二〇〇五年，北京圖書館出版社據國家
圖書館藏嘉泰四年刻元明遞修本仿真影印，收入《中華再造
善本叢書》。

《四庫全書》以宋刊明印本著録。傅氏《經眼録》記其底
本，謂卷首鈐“翰林院印”滿漢文大官印，卷中有館臣鈎點各
處（按：庫本將《麗澤論説》移入經部。四庫底本今未見著
録）。又《續金華叢書》亦據宋本付梓，附胡宗楙撰《考異》四
卷，佳。

吴氏《繡谷亭書録》稱花山馬寒中有是集宋版、建版，又
謂“建本多舛”；《續録》又云有宋刊大字本、巾箱本。不知所
謂“建版”、“巾箱本”是否即指前述坊刻《東萊先生集》之類，
今不可見。《續録》又謂持静齋有元刊本，今亦無著録，疑即
宋刻元修本。傅增湘嘗記明刊本，通編爲四十卷，乃黄氏千
頃堂藏書，亦爲半葉十行二十字，字體類慎獨齋，“卷一詩，二
至十五文，卷十五目後有吕喬年記一則。十六至二十詩文並

拾遺，二十一至二十六家範，二十七至三十一尺牘，三十二至三十五讀書雜記，三十六師友問答，三十七年譜、壙記，三十八至四十祭文、哀詩"（《經眼録》卷一四）。所録蓋即嘉靖三年（一五二四）安正書堂刻本，今蘇州大學圖書館（存卷七至四〇）、臺北"中央圖書館"及日本尊經閣文庫有著録。陸心源《宋本吕東萊集跋》曰："至明嘉靖中，安正堂刊本始通爲四十卷，無'文集'、'別集'、'外集'之目，失宋本之舊。"

清雍正元年（一七二三），金華陳思臚敬勝堂刻《吕東萊先生文集》二十卷、首一卷，乃王崇炳虎文編次重刊，有序。傅氏《經眼録》記曰："清雍正時東陽王崇炳編輯，卷十二以下皆諸經及史説、雜記也。版心有'敬勝堂'三字。"按是本卷一表、札子，卷二策問、啟，卷三至五書，卷六記、序、銘、贊、辭、題跋，卷七、八墓誌銘，卷九家傳、祭文，卷一〇官箴、宗法條目、學規，卷一一詩，卷一二以下如傅氏所云。據王崇炳叙，底本"購於葉老人之子"，不詳爲何本，疑是傳鈔。雍正本今國家圖書館、北大圖書館、南京圖書館等著録十餘部，《金華叢書》嘗據以付刊（《續金華叢書》改用宋本），《叢書集成初編》據《金華叢書》本排印。

除上述刊本外，今國家圖書館、南京圖書館等猶著録清鈔本數部。是集宋槧及遞修本既在，固爲善本，明以後各本僅供參校而已。

二〇〇八年，浙江古籍出版社出版《吕祖謙全集》，第一册即爲《東萊吕太史文集》。

《全宋文》用《續金華叢書》本爲底本，輯得佚文六十八篇。《全宋詩》用宋刻元明遞修本爲底本。

【參考文獻】

呂喬年《東萊呂太史文集跋》（《續金華叢書》本《東萊呂太史文集》卷末）

陸心源《宋本東萊集跋》（《儀顧堂集》卷一六）

張坦讓、王崇炳《呂東萊先生文集叙》（《金華叢書》本卷首，人各一序）

省齋集 十卷

廖行之　撰

廖行之（一一三七——一一八九），字天民，衡州（今湖南衡陽）人。淳熙十一年（一一八四）進士，授巴陵尉，以親老歸。紹熙二年（一一九一）九月，戴溪序其集，引作者子廖謙語，稱“哀平生遺文得拾卷”云云。又今本存宋慶元至嘉泰初諸家題跋多篇，謂其子“出示”《省齋文集》，似猶爲稿本。疑是集至嘉泰間方付梓。又潛敷跋，謂嘉定己巳（二年，一二〇九）春，向省齋子“求其遺編讀之，至駢四儷六，遽驚歎以嘗載之《周益公表啟》中。質諸小倅，且稱其先君子昔侍親官沅陵，隨兄仕濱陽，以箋翰供子弟職。既登第，尉巴陵，形之尺牘，履歷可見。逮寺簿劉公守衡陽，誘以圖志，手澤具存。方其時益公已登政府，豈容遠涉熊湘，俯從朱墨事也？此焉可誣！竊惟益公亦嘗名齋以‘省’，豈書市之不審耶？抑故托之以售其書耶？又豈料刊之家塾，而不可紊如是乎！”知是集有家塾刊本，又有誤名僞本。

明《文淵閣書目》卷九著録"廖行之《省齋文集》一部六册，全"。《内閣書目》卷三曰："《省齋文集》六册，全。……正集十卷，附集一卷。"蓋原本明代已極稀，明末終於亡佚。今存乃大典本。《四庫提要》曰：

> 據田奇所作行狀，稱其生平内行修飭，留心經濟，入仕亦多著循績。然名位不昌，故姓字不著於史傳，其所著作，諸家亦罕著録。是集乃其子謙所刊，原本十卷，今從《永樂大典》中采掇裒輯，篇帙頗夥，似當日全部收入。謹排次審訂，仍析爲十卷，以還其舊。其原跋十七通，行狀、墓銘等三首，仍附於後，以備考核。……潛敷敬跋（祝按：跋中有"敷總角於侍旁聞省齋名"句，則"敬"字非其名，館臣誤讀）稱其表啓多互見周必大集中，蓋以必大亦有"省齋"之名，故相淆混。今檢勘必大全集，實無一篇與此相複，當由後人知其誤載，從而刊除矣。

大典本録入《四庫全書》，卷目編次爲：卷一，賦、詩；卷二至四，詩；卷五，策、札子；卷六，書；卷七、八，啓；卷九，策問、銘、跋；卷一○，哀詞、祭文。文淵閣四庫本民國時嘗影印入《四庫全書珍本初集》。今按大典本既有潛敷跋，則永樂編《大典》時所用底本，似已爲前述家塾本之重刊（或補刊）本。又，前引潛敷跋稱廖氏四六文有偽題《周益公表啓》之本，乃坊刻書，而周必大全集本乃家刻，與坊本絶無關係。館臣"檢勘"家刻全集未嘗不可，而謂"由後人知其誤載從而刊除"，則係無稽之談。

　　《全宋文》《全宋詩》俱以影印文淵閣《四庫全書》本爲底本。

【參考文獻】

戴溪《省齋集序》（影印文淵閣《四庫全書》本《省齋集》卷首）

潛敷等《省齋集跋》（同上。凡十六人，人各一跋）

止齋先生文集五十二卷

陳傅良　撰

陳傅良（一一三七—一二○三），字君舉，晚建"止齋"十數間，遂以爲號，溫州瑞安（今浙江瑞安）人。乾道八年（一一七二）進士甲科，官至中書舍人兼侍讀，直學士院。卒，諡文節。其集乃門人曹叔遠所編，嘉定戊辰（元年，一二○八）有序，略曰：

今裒次斷自梅潭丁亥（乾道三年）之後，凡爲歌辭、古律詩、内外制、奏狀、札子、表啟、書簡、序、記、雜著、祭文、墓誌、行狀，總五十一卷，即先生燕坐之齋，以爲集名。

至嘉定六年（癸酉，一二一三），曹叔遠再作《後序》曰：

文集舊未成編，蓋俗所傳如《城南集》之類皆幼作，先生每悔焉。故叔遠所詮次，斷自梅潭丁亥以後，抑先生意云爾，而裒搜衆錄，參別唯久，至嘉定戊辰始就緒。又不揆輒陳述先生問學獨出之旨，人所未及知者，僭爲序文，冠諸篇端。樓公（鑰）復以屬（永嘉）郡守楊公簡續

刊之，楊謝不能。郡博士徐公鳳慨然曰："是吾志也。吾
起慕敬於兹久。"乃與前吏部侍郎蔡公幼學更加訂定，即
廩士羡緡萬亟成之。

　　陳氏《解題》卷一八著録《止齋集》五十二卷，《通考》卷二
四〇、《宋志》同。《四庫提要》曰："此集爲其門人曹叔遠所
編，前後各有叔遠序一篇。所取斷自乾道丁亥（三年），訖於
嘉泰癸亥（三年，一二〇三），凡乾道以前之少作，盡削不存，
其取去特爲精審。末爲附録一卷，爲樓鑰所作神道碑、蔡幼
學所作墓誌、葉適所作行狀。"丁丙《善本書室藏書志》卷三〇
著録明嘉靖本（此本詳後）時，述是集宋刊版本道：

　　　　《止齋集》一爲五十卷，稱三山本，蔡幼學所刊；一爲
　　五十二卷，曹叔遠所編，温州教授徐鳳刊於永嘉郡齋。
　　兩本並刊於嘉定間，而蔡刻稍後，不見流傳，傳者唯曹
　　本耳。

又《荆溪林下偶談》卷四《陳止齋》亦曰："蔡行之（幼学）亦锓
其集於三山。"三山，今福州。

　　明《文淵閣書目》卷九著録"《陳止齋集》一部四册，闕"。
《内閣書目》不登録。《百川書志》卷一二曰"《止齋文集》五十
二卷"，卷二〇又載《止齋論祖》四卷、《止齋論訣》一卷。《萬
卷堂書目》卷四、《黎氏家藏書目》卷六俱載《止齋集》五十二
卷。《澹生堂藏書目》卷一二著録"《陳止齋内外制》九卷"；同
書卷一三又載"《陳止齋集》六册，五十二卷。又《止齋奥論》
六册，八卷"。《世善堂藏書目録》卷下有"《陳止齋集》五十
卷"。《絳雲樓書目》卷三著録《陳止齋文集》，陳注曰："五十
二卷。三山本五十卷。嘉定戊辰門人曹叔遠序。"由上可知，

三山所刊五十卷本明代似仍存世，後失傳。諸家著録之《止齋論祖》，將在下面另立目考述，而《止齋論訣》《止齋奧論》，亦在該處述之。

嘉定徐鳳原刻本今無著録（北大圖書館舊録一部，後改著爲正德本）。然宋本清代猶存，陸心源舊藏正德本（今藏日本静嘉堂文庫）有周錫瓚手跋，稱“從書坊五柳居陶君琅軒處借得宋刊《陳止齋文集》，因將明刻校對”云云（見《皕宋樓藏書志》卷八六）。陶氏之宋本後不詳所在。

《鐵琴銅劍樓藏書目録》卷二一嘗著録元刻本，瞿氏記曰：

> 門人曹叔遠編爲五十一卷，刻於嘉定戊辰，前後皆有叔遠序。是本爲元至正間重刻，多附録一卷，爲神道碑、行狀及雜文八篇，合五十二卷。末有白文二行云“至正庚子（二十年，一三六〇）仲冬屏山書院重刊”。《四庫提要》謂附録一卷“不知誰所續入，據弘治乙丑（十八年，一五〇五）王瓚序，稱澤州張璡欲掇拾遺逸以爲《外集》，其璡重刊所附入歟”，是未見元刊也。

清代其他藏書家未言及元刊本，瞿氏本今不見於書目，存佚莫詳。附録一卷，館臣以爲弘治時所附（即正德本附，詳下），瞿氏以爲乃元人重刊時所增，然王瓚序明言張璡所輯八篇乃張氏“彙拾散逸”。要之，瞿氏乃一家之言，在未親睹元刊之前，孰是孰非，尚難確定。

是集今以正德元年（一五〇六）刊本爲古。據該本王瓚及林長繁序，所用底本乃王瓚從秘閣録出，當出於宋曹叔遠刊本。王瓚以鈔本示侍御史澤州張璡（字伯純），張璡授同知温州府事甫田林長繁壽諸梓，以廣其傳。正德本每半葉十三

行二十三字,黑口,四周雙邊。或以爲張、林爲兩刻,如《增訂
四庫簡目標注》曰:"明弘治乙丑張璠刊本,十三行二十三字;
林本,正德元年丙寅刊。"近人、今人所編書目,或亦分別著録
爲弘治、正德兩本。按王瓚序作於弘治乙丑(十八年),第二
年即丙寅,改元正德,顯然無張璠刻後又交林長蘩再刻之理。
弘治、正德實爲一本。蓋因是刻乃林長蘩受張璠之託刊行,
故由張氏領銜。《日本漢籍善本書録》著録日藏弘治本,其結
構、版式與正德本全同,亦有王瓚、林長蘩二序,説明原本爲
一書。書既刊成於正德元年,以著正德本爲確。其卷目編次
爲:卷一至九,詩;卷一〇,内制;卷一一至一八,外制;卷一九
至二七,奏狀、札子;卷二八、二九,講義、對策;卷三〇、三一,
表;卷三二至三五,啟;卷三六至三九,書;卷四〇、四一,記、
序;卷四二、四三,題跋;卷四四,策問;卷四五,雜著;卷四六,
祭文;卷四七至五〇,墓誌銘;卷五一,行狀;卷五二,陳傅良
神道碑(樓鑰撰)、墓誌銘(葉適撰)、行狀(蔡幼學撰)。附録
雜文一卷,乃張璠所輯集外文八篇,其中《民論》《文章論》《守
令論》《收民心論》四篇出於《止齋論祖》。末有"嘉定壬申郡
文學徐鳳鋟板于永嘉郡齋"二行。此本今大陸各圖書館著録
十餘部,單國圖即藏有七部(包括殘本),臺灣亦庋藏數部。
日本宫内廳書陵部、内閣文庫、尊經閣文庫、静嘉堂文庫、蓬
佐文庫、早稻田大學圖書館等俱有藏弆。《四部叢刊初編》即
據正德本影印。正德本由於底本佳,故較少錯訛,今爲通行
善本。

　《四庫提要》既稱引王瓚序,所用底本(浙江採進本)當即
正德本。清光緒四年(一八七八),瑞安孫衣言於孫氏詒善祠
塾輯刊《永嘉叢書》,亦據正德本付梓。

　　明嘉靖十年（一五三一），安正堂刻《止齋先生文集》二十八卷，丁氏《善本書室藏書志》記曰：

　　　　此本細行密字，併曹本爲二十六卷，無一删削。附録一卷，遺文一卷，則仍其舊。爲嘉靖間安正書堂刻本。安正堂者，當爲麻沙書肆之號，寫刻精良，卷中空格、提行一遵宋式，後之林刻、陳刻，遠不及也。

丁本今藏南京圖書館。浙江大學（原杭大）圖書館亦有著録。該本每半葉十三行二十五字，綫黑口，四周雙邊。

　　清乾隆十年（乙丑，一七四五），瑞安林上梓愛日樓刻《宋陳文節公詩集》五卷、《文集》十九卷，卷首一卷、卷末一卷，有陳世修序，林上梓跋。據道光重刻本（此本見下）錢士雲跋，乾隆本乃陳世修、林上梓合併正德本。

　　乾隆十一年，有重刻正德本，改題爲《陳文節公文集》，凡五十二卷，今唯山東、山西兩省圖書館著録。

　　道光十四年（甲午，一八三四），杭州陳用光詁經精舍有重刻乾隆本，陳氏有序，稱“得乾隆年間所刻《文節文集》，喜其創獲，惜字多漫漶闕誤，未爲善本。乃與海航中丞謀重刻，中丞亟喜從之，屬錢生士雲爲校訂。錢生購得明正德本，爲正其訛誤，補其闕佚”云云。此兩本，即上引丁氏所謂遠不及明安正堂本之“林刻、陳刻”。林刻本今僅浙江瑞安玉海樓著録，有項傳霖校并跋，《增訂四庫簡目標注·續録》謂其本“不足”。所謂“不足”，似指未刻集外文。陳刻本今國家圖書館等著録數部，日本京都大學亦有藏本。林、陳兩刻比較，後者有所補正，優於前本。

　　清光緒四年（一八七八），瑞安孫衣言於孫氏詒善祠塾輯刊《永嘉叢書》，以正德本刻入是集，校以諸本，孫詒讓有跋詳之,并縱論是集各本短長,可參讀。

一九九九年,浙江大學出版社出版周夢江點校本《陳傅良先生文集》。二○一○年,浙江古籍出版社出版郁震宏《陳傅良詩集校注》,收入《兩浙作家文叢》。兩書俱用《四部叢刊初編》本爲底本。

《全宋文》用《四部叢刊初編》本爲底本,從《十先生奥論後集》《續集》《論學繩尺》《止齋論祖》等書中輯得論體文一百零四篇,他文十六篇。《全宋詩》以正德本爲底本。

【參考文獻】

曹叔遠《止齋先生文集序》(《四部叢刊初編》本《止齋文集》卷首)

曹叔遠《止齋文集後序》(同上卷末)

王瓚《止齋先生文集序》(同上卷首)

林長繁《止齋集序》(文津閣《四庫全書》本卷末)

孫詒讓《刊止齋先生文集跋》(《永嘉叢書》本卷末)

蛟峰批點止齋論祖四卷

陳傅良 撰　方逢辰 批點

除上述《止齋先生文集》外,陳傅良早年所作揣摩科場程式之文,雖不爲作者所重,但後世流傳極廣,影響甚大。前引曹叔遠《止齋先生文集序》稱"蓋俗所傳如《城南集》之類,皆幼作,先生每悔焉"。似著者早年已有《城南集》刊行。又吳子良《荆溪林下偶談》卷四載:"止齋年近三十,聚徒於城南茶

院，其徒數百人，文名大震。初赴補試，才抵浙江亭，未脱草
屨，方外士及太學諸生迓而求見者如雲。吴琚，貴公子也，冠
帶執刺，候見於旅邸，已昏夜矣。既入學，芮祭酒（燁）即差爲
太學録，令二子拜之齋序。止齋辭不敢當，徑遁之天台山國
清寺。士友紛然從之者數月。其時止齋有《待遇集》板行，人
爭誦之。"《城南集》《待遇集》久已失傳，今傳僅《止齋論祖》
一種。

　　所謂《止齋論祖》，殆即取《城南集》《待遇集》等書中之論
體文彙編而成，編者不詳。前引明人王瓚序稱"屢嘗誦讀遺
文而私淑之"，至録得文集，"則向所嘗誦讀者，百無一二存
焉，蓋曹公（叔遠）所編止自梅潭丁亥之歲（乾道三年，一一六
七），而他作不入也"。其向所"誦讀"者，殆即元、明時所盛行
之《論祖》一書。

　　瞿氏《鐵琴銅劍樓藏書目録》卷二一著録元刊本《止齋論
祖》二卷："宋陳傅良撰，傅參之序。此元時書肆所刻。止齋
決科諸論全集不載，其門人曹叔遠序公集謂'片言落筆，傳誦
震響，場屋相師，而紹興之文丕變'，即謂此種也。集中所載
之文斷自乾道丁亥以後，此作於隆興間，故删去不存。"按傅
參之序曰：

　　　　論學率祖止齋，然刊本多遺缺，至玉峰新編乃備。
　　備矣，未明也，今邵君清叟復加蛟峰批點，其體製大意則
　　見於各篇之評文，其法度微旨則見於各段之注脚，且間
　　從而潤色之，一展卷間，義理粲然，甚明且備，論學其得
　　所祖矣。雖然，此止齋決科之文也，吕公以爲其長不獨
　　在文字間，祖其論者並索之。龍飛戊辰上元日，傅參之
　　宗山序。

"蛟峰"爲方逢辰（一一二一－一二九一）號。方氏乃嚴州淳安（今浙江淳安）人，淳祐十年（一二五〇）廷對第一，累官兵部侍郎。後聚徒講學，學者稱蛟峰先生。所謂"龍飛戊辰"，當是元泰定五年（即致和元年，亦即天順元年、天曆元年，一三二八）。傅參之序謂此前有"玉峰新編"，"玉峰"其人不詳；又謂"刊本多遺缺"，則早在"玉峰新編"之先，刊本已夥。又據傅序，新刊本之方逢辰批點乃邵澄孫（清叟）所加，蓋從他本過録，且對文字略有改動（參見拙著《宋元文章學》第一章第二節，中華書局二〇一三年版，第三十頁，此略）。瞿氏之元刊本，今未見著録。

明成化六年（一四七〇），知嚴州府事朱瞳重刊《蛟峰批點止齋論祖》四卷，丁丙嘗收藏一部，今藏南京圖書館。《善本書室藏書志》卷三〇著録道：

> 前有《論訣》，曰認題、曰立意、曰造語、曰破題、曰原題、曰講題、曰使證、曰結尾，分甲、乙、丙、丁四體。題"後學釣臺邵澄孫清叟編誦"，傅參之宗山爲序云……後有淮南冰蘗子朱瞳識云："《論祖》一帙，止齋陳先生所作，蛟峰方狀元（逢辰）所批點。成化戊子（四年），余按巡滇南，得廉憲莊公尚源藏本，凡三十九篇，謀刻廣傳，瓜代弗果，持歸。尋擢守嚴郡，校正壽梓，以成初志云。"

朱瞳序作於成化戊寅（六年）仲春，當於此時刻成。首爲《蛟峰批點止齋論訣》，後分"甲之體"、"乙之體"、"丙之體"、"丁之體"四卷，署"永嘉止齋陳先生傅良君舉著述，嚴陵蛟峰方先生逢辰君錫批點，知嚴州府事淮南朱瞳景文重刊"。每半葉十行二十五字，注小字雙行。黑口，四周雙邊。每篇首爲"評曰"，概括所謂"體製大意"；正文中有夾注，即標舉所謂

"法度微旨"。

終明一代,《論祖》各種刻本繁夥。朱暟本之前,王塤於成化四年刊《蛟峰批點止齋論祖》不分卷,每半葉十行二十四字,黑口,四周雙邊,今國家圖書館有藏本。成化間又有《新編名儒類選單編大字止齋論祖》二卷,每半葉十行二十字,黑口,四周雙邊,今日本尊經閣文庫著録。正德九年(一五一四)鮑雄刻小字本《蛟峰批點止齋論祖》四卷,今惟北大圖書館著録。嘉靖十九年(一五四〇)劉弘毅慎獨齋刻《新刊批點止齋論祖》二卷,每半葉十行二十字,下黑口,四周雙邊,今國家圖書館及日本内閣文庫有藏本,等等。因其有利科場,故士子傳誦不息,書肆屢爲翻版,亦風會使然也。

《四庫總目·別集類存目》著録《止齋論祖》五卷,浙江鮑士恭家藏本,《提要》曰:

> 初,傅良講學城南茶院時,以科舉舊學,人無異辭,於是芟除宿説,標發新穎,學者翕然從之。此論五卷,蓋即爲應舉而作也。首列《作論要訣》八章,中分四書、諸子、通鑒、君臣、時務五門,凡爲論九十二篇。考《止齋文集》卷末附録雜文數首,編内《守令》《文章》《民論》三篇存焉,餘皆削而不録。疑傅良當日自悔其少作,故其門人編次之時,不以入集,特別録此本,私存爲程試之用耳。

鮑氏五卷本今未見著録。其本當無蛟峰批點,而分爲五門,且其論有九十二篇,與上述成化朱氏本分四體三十九篇者不同。疑好事者從《十先生奥論·止齋奥論》(此書詳拙著《宋人總集叙録》)及《止齋文集》等書中增選擴編而成。又孫詒讓《止齋先生文集跋》(《永嘉叢書》本《止齋先生文集》末),稱方蛟峰所評《止齋奧論》，“書凡六卷，余家藏有明隆興辛未（五年，一五七一）刊本。別本題《止齋論祖》，并爲五卷，無方評。其本出《奧論》後”。孫衣言所校《止齋奧論》七卷，今藏浙江大學（原杭大）圖書館。此外蘇州市圖書館著録明萬曆元年（一五七三）吳桂泉刻本《止齋先生奧論》八卷，上海、浙江兩圖書館著録明崇禎間刻本爲七卷、首一卷，等。則《止齋奧論》《止齋論祖》已實同名異。今按：若追溯之，《止齋奧論》所收陳氏論體文，蓋源於南宋人所編《十先生奧論前集》《後集》《續集》，而《奧論》又源於陳氏早年所著《城南集》《待遇集》等書。若只講《論祖》，當以有蛟峰方氏批點、收文三十九篇者爲正，明人增補本《論祖》，或又以“奧論”爲名目者，無方氏批點，類皆明代後期書坊搭《論祖》“順風車”編刊之書，與蛟峰批點本已没有關係。

【參考文獻】

朱瞻《書蛟峰批點止齋論祖後》（成化六年刊本《蛟峰批點止齋論祖》卷末）

攻媿先生文集一百二十卷

樓　鑰　撰

樓鑰（一一三七——一二一三），字大防，號攻媿主人，鄞縣（今浙江寧波）人。隆興元年（一一六三）進士，官至同知樞密院事、參知政事。著《攻媿先生文集》一百二十卷，真德秀爲之序，對樓氏立朝大節及文學成就評價甚高，稱其爲嘉定後"一代文宗"；又謂"南渡以來詞人固多，其力量氣魄可與全盛時先賢並驅，惟鉅野李公漢老（邴）、龍溪汪公彦章（藻）及公三人而已"。此蓋主要指其四六文。真序又謂"公季子治以集序見命"云云。魏了翁亦有序，稱"公（樓鑰）之子淳與予爲同舍郎，……少侍公左右，習知言行，嘗裒粹遺文，得百有二十卷而卒，其季治屬予識篇首，會予得罪徙靖。厥十有二年，淳之子构守南康，而予適至廬阜，构乃言曰：'昔歲季父之請，則我先人之志也，不可復請乎？'……念不可終辭也，則爲叙其修辭之本，以復於孝子慈孫云"。則文集乃樓淳輯編，經樓治、樓构而刊成。考魏氏生平，其於理宗寶慶元年（一二二五）貶至靖州，其後十二年爲端平二年（一二三五），則文集刊成約在端平間。陳氏《解題》卷一八、《通考》卷二四一、《宋志》俱著録爲一百二十卷，蓋宋代別無他本。

明《文淵閣書目》卷九載"樓鑰《攻媿集》一部十五册，殘闕"。《内閣書目》卷三曰："《樓攻媿集》二十八册，不全。"《萬卷堂書目》卷四、《澹生堂藏書目》卷一三《續收》、《江陰李氏得月樓書目摘録》俱著録百二十卷本。

樓治刻本今猶傳世，即《增訂四庫簡目標注》所謂"許滇翁有宋刊本百二十卷"者（又見《郘亭知見傳本書目》卷一三）。傅增湘嘗因翰文齋送閲得以見之，謂爲徐坊（梧生）遺書，其《經眼録》卷一四記之曰：

> 《攻媿先生文集》一百二十卷，宋樓鑰撰。宋刊本，十行十八字，白口，左右雙闌。版心上記字數，下記刻工姓名，有阮、金滋、詹世榮、馬祖、朱阮、曹興祖、徐滋、丁松年、陳彬、方至、王壽、沈文、張明、丁松、丁之才、沈松、

阮先、宋琚、董澄、顧澄、夏乂、劉宗顯。鈐有"吳"、"孟
章"、"青華小閣藏"三印，(甚古。)又"楝亭曹氏藏書"(朱)、
"長白敷槎氏菫齋昌齡圖書印"(朱)、"滇生珍藏"(白)
等印。

除傅氏所述印記外，尚有"徐健菴乾學收藏印"，知是本於有
清迭經曹溶、徐乾學、許滇生、徐坊等收藏，今藏北京大學圖
書館。該本今闕序文、目錄卷一，正文闕卷五至七、卷二六至
二九、卷三八至四〇、卷七七至七九、卷九四至九七，凡存一
百零三卷。存卷中，卷五八、七三、七四亦有部分殘闕。刻工
多與《寶慶四明志》同，集蓋樓氏家刻本也。

　　是集宋以後似未重刊，除宋本外，僅以鈔帙流傳。今國
家圖書館著錄鈔本凡六部，其中有明鈔一部，共存二十三卷。
其他多清初鈔本，皆有殘闕，個別鈔本訛脫嚴重。臺北"中央
圖書館"有朱墨合校之舊鈔本一百二十卷十六冊，未見，很可
能仍有殘闕。

　　《四庫全書》著錄兩淮採進本，據《提要》，該本原闕卷七
七、七八、七九共三卷，卷五六、七三、七四諸卷中有部分殘
脫，"諸家所藏刻本、鈔本並同，今俱無從校補"。《提要》又
曰："至第四十八卷、第八十卷、第八十一卷、第八十二卷有青
詞、朱表、齋文、疏文之類，凡一百六十七篇，均非文章之正
軌，謹稟承聖訓，概從刪削，重編爲一百一十二卷，用聚珍版
摹印，以廣其傳。"則庫本、聚珍本不僅有闕脫無從校補，且經
刪削重編，已非宋本舊次。其卷目編次爲：卷一至一四，詩；
卷一五至三五，表狀奏札；卷三六至五〇，外制、内制；卷五一
至五三，序；卷五四至六〇，記；卷六一至六八，書啟；卷六九
至七八，題跋；卷七九，雜著；卷八〇、八一，賦、贊等；卷八二

至八四，祝、祭文；卷八五至九二，事略、行狀；卷九三至一一〇，碑誌；卷一一一至一一二，北行日録。後來《四部叢刊初編》《叢書集成初編》並據武英殿聚珍本影印、排印，蓋別無更完善之本。

前述傅氏《經眼録》著録宋刊本時，稱“余嘗取校聚珍本，補正甚夥，別爲跋詳之”。當日殘宋本求售，傅氏以值昂無力購之，遂借得，約友人徐鴻寶、熊譯譚、鄧守遐同校聚珍本，傅氏又鈔補被館臣删削之青詞、朱表等八卷。校宋本有傅氏跋，又李盛鐸跋，今藏國家圖書館。殘宋本不易見，此本彌足珍貴。

《全宋文》用武英殿聚珍本爲底本，輯得佚文若干篇（原書未統計）。《全宋詩》用宋刊本爲底本，殘缺部分用聚珍本校補。

【參考文獻】

真德秀《攻媿集序》（影印文淵閣《四庫全書》本《攻媿集》卷首）

魏了翁《攻媿樓宣獻公文集序》（《四部叢刊初編》本《鶴山先生大全文集》卷五六））

宋人別集叙録卷第二十二

雙峰猥稿 九卷

舒邦佐 撰

舒邦佐（一一三七——一二一四），字平叔，靖安（今屬江西）人。淳熙八年（一一八一）進士，授鄂州蒲圻簿，改潭州善化簿，遷衡州錄事參軍。以疾歸，卒。所著《雙峰猥稿》，嘗自爲序，述其學四六得法經過，末曰：

> 投紱西歸，老於三徑，目昏於觀書，手倦於執筆，不復記憶舊作。邁子念其生平勞甚，並與詩文哀之，釐爲若干卷，鋟木以衍其傳。

則是集乃其子舒邁編，作者生前已刊行。李大異所撰《墓誌銘》（道光本文集附），未記文集卷數。趙氏《讀書附志》卷下著錄道：

> 《雙峰猥稿》八卷，右舒邦佐平叔之文也。開禧丙寅（二年，一二〇六），劉德秀爲之序。平叔，豫章雙溪人也。

趙氏所錄，殆即舒邁刊本。所稱劉序久佚。

是集明人書目極少著録。自元迄清，舒氏後裔嘗屢爲翻刻。清查慎行嘗傳鈔一部，有跋述其版本源流道：

> 是集初刻於宋寧宗嘉泰四年（一二〇四），公季子邁所編，先生自叙，題曰《雙峰猥稿》。至理宗淳祐七年（一二四七），再刻於連山，章杭山有序。元初，公之六世孫名世重刊，有歐陽冀公序，未幾板毁。洪武中，七世孫泰亨以家藏舊雕本翻刻於南昌，訓導劉鉞志其本末。正統中，九世孫守中重刻，劉忠愍（球）爲之序。今所鈔者，照正統本。

查氏所述各本（包括正統本），今皆未見著録，唯舊本序跋多存。查氏鈔帙凡九卷，有朱墨校補並跋，今藏重慶圖書館。國家圖書館亦藏有清初鈔本一部。鈔正統本較趙氏《讀書附志》多一卷，蓋元、明重梓時所增。

正統本之後，明代猶有崇禎本，乃舒氏裔孫日敬所刊，有崇禎癸酉（六年，一六三三）序。此刊底本缺三卷，故只六卷，遂易名《雙峰先生存稿》，今遼寧省圖書館著録一部。

入清，是集首刻於雍正間，乃二十一世裔孫慕芬所刊，雍正辛亥（九年，一七三一）翰林院編修黃之雋爲之序，次年張廷璐、周大璋再序之，舒慕芬有跋。據黃序，此刻亦僅六卷，當源於崇禎本。雍正本今未見著録。

由於是集久失九卷之舊，故裔孫頗以爲憾。道光中，《別下齋叢書》新刻《拜經樓藏書題跋記》出，舒氏裔孫恭受見後，得知吳騫所藏查慎行鈔九卷本猶傳世（見《題跋記》卷五），遂乞錢吉泰假以校勘，錢氏於是照本録寄（按乃朱緒曾所鈔，見《開有益齋讀書志》卷五），比六卷本詩文共多九十篇，因而“珍之不啻球圖”，遂於道光二十九年（一八四九）付梓，浙江督學使者趙光爲之序，裔孫舒化民跋。是刻恢復“雙峰猥稿”舊名，每半葉十行二十一字，白口。咸豐八年（一八五八）舒氏又重刊。道光本今國家圖書館、北大圖書館、上海圖書館等著録六部，日本京都大學藏一部。咸豐本今北大圖書館、上海圖書館等著録四部。卷一爲表、牋，卷二至七爲啟，卷八詩，卷九雜著，

乾隆開四庫館時，江西巡撫嘗採進六卷本，館臣疑其爲僞書，因列之於《存目》，《提要》考舒邦佐爲北宋末人，又據集中詩文，以爲紹熙間尚在仕途，當已百有餘歲，似無此理。再據詩中用語，以爲“出於唐寅之後，是殆近世之所作耳”。道光刊本前列《提要》，舒恭受有按語，分析館臣致誤原因道：“惟族衆繁多，每三十年一修族諜，輒以活字版排印祖集數十部，隨諜分儲各房，其族中別刻之本鮮有存者，而活字本所存諸序又皆僅記支干，未署年號。當乾隆時四庫開館採書，江西大吏即據活字本繕寫以進，總纂諸公誤以淳熙辛丑（八年，一一八一）爲宣和辛丑（三年，一一二一），移南宋於北宋，至爭差甲子一周。凡集中所上長官牋啟皆在紹熙年間，年代齟齬不相合，遂有百有餘歲之疑。”

是集未收入《四庫全書》，裔孫固十分惱恨，以爲“皆由活字本校刻不精，啟斯疑竇”所致。故道光本除前後悉附墓誌銘及歷代重刻序跋外，“並考證集中事跡，注於各題之下，無一不與史傳脗合，源委井然，班班可考，集之真僞，可不辨而自明”。今通讀全書，四庫館臣所考顯誤，是集可信無疑。

《續修四庫全書》用上述明崇禎刊六卷本影印，編入集部第一三一八册。底本選擇失誤。

《全宋文》《全宋詩》俱用道光二十九年刊本爲底本。

【參考文獻】

舒邦佐《雙峰猥稿自序》（道光本《雙峰猥稿》卷首）

陳仲孚《雙峰猥稿序》（同上卷末）

章鑒《淳祐刊本雙峰猥稿序》（同上）

劉鉽《明洪武刊本雙峰猥稿序》（同上）

舒泰亨、舒佳《洪武刊本雙峰猥稿跋》（同上，人各一跋）

劉球《明正統刊本雙峰猥稿序》（同上）

舒日敬《明崇禎刊本雙峰存稿跋》（同上）

黃之雋、張廷璐、周大璋《清雍正刊本雙峰存稿序》（同上卷首、卷
末，人各一序）

舒慕芬《雍正刊本雙峰存稿跋》（同上卷末）

查慎行《鈔正統本雙峰猥稿跋》（同上卷首）

趙光《道光刊雙峰猥稿叙》（同上）

舒化民《道光刊雙峰猥稿跋》（同上卷末）

雙溪文集十七卷　　雙溪類稿

王　炎　撰

　　王炎（一一三七—一二一八），字晦叔，一字晦仲，婺源
（今屬江西）人。世居婺源武水之曲，雙溪合流，因以爲號。
乾道五年（一一六九）進士，歷秘書郎、著作佐郎，官至軍器少
監。深於理學，詩文博雅精深。所著《雙溪文集》宋代未嘗編
定刊行，今存元延祐丙辰（三年，一三一六）邑後學胡炳文
序，曰：

　　先生固道中人，非文人也，豈必文集之傳足爲先生
增重乎哉？然所著《四書解》及《五經注》，並皆爲世俎
豆，燦若日星，而詞賦、文章、詩歌、贈答，《明堂》《祭祀》
《禘祫》《宗子》《周禮》《卦變》諸篇，亦復時時散見，莫不
優遊蘊籍，隱然與道相發。孰謂先生文之所存，非即道
之所存耶？吾竊幸得學子朱子之學，讀先生文，覺於朱
子之源流往往有合，爰詮次而爲之序。

則鼎革後方始結集。據康熙本（此本詳後）族孫王廷瑜《後
序》，知延祐本乃作者裔孫王偁所刊，偁“嘗受業於雲峰胡先
生（即胡炳文），故集中有先生序”。延祐本久已失傳。

　　明《文淵閣書目》卷九著錄“王炎《雙溪文集》一部七冊，
殘闕”。《内閣書目》無其目。殆元刊本傳世極稀，文淵閣雖
有其本，但已殘闕，故延祐刊本卷數不詳。今以明嘉靖本《雙
溪文集》十七卷爲古。此本刊於嘉靖十二年（一五三三），有
潘滋、汪錫玄、汪思（宋）、鄭昭先四序。汪氏序稱“《雙溪文
集》若干卷，乃閣本也。篁墩先生（程敏政）摘鈔之，戴翀峰
（銑）黄門全錄之，今雙溪裔孫琰、吉輩遂鳩工而刻之”。潘滋
《叙》謂其從友人王懋守、懋元得此集，“於是僭加訂正，叙而
歸之。懋元與其群從守信、惟信、瑩、琰、聰五人刻之”。因知
嘉靖本之底本鈔自文淵閣，以其無宋人刊版序跋推測，閣本
當爲元槧。閣本明初已殘闕，故即使戴氏所謂“全錄”，恐已
非原本舊貌。嘉靖本每半葉十行二十一字，白口，四周單邊，
單魚尾，今國家圖書館、北大圖書館、上海圖書館、南京圖書
館（有丁丙跋）及臺灣有藏本，日本尊經閣文庫、靜嘉堂文庫
亦有庋藏。國家圖書館、上海圖書館又各藏清鈔嘉靖本一
部。嘉靖本卷目編次爲：卷一，古賦、古辭、古頌；卷二，五言

古風；卷三，七言古風；卷四，五言絶句；卷五，七言絶句；卷六，五言律詩；卷七，七言律詩；卷八，詩餘；卷九，序；卷一〇，記；卷一一，書；卷一二，表；卷一三，牋；卷一四，啟；卷一五，考古雜論；卷一六，札子；卷一七，銘、讚、謚議。

萬曆二十四年（丙申，一五九六），尚寶司丞王鏻刊《雙溪類稿》二十七卷，序稱"少保四明沈公（一貫）雅好《雙溪集》，惜其秘於金匱石室中，世人徒耳而嗜也，圖欲表之。余因請得拜受，退而鳩工梓焉"。又稱"集今行於世，賦、樂府一卷，詩詞九卷，文十七卷"（今按：細目爲：卷一，賦；卷二至九，古律詩；卷一〇，長短句；卷一一至一三，表；卷一四至一八，啟；卷一九至二二，書；卷二三，札子；卷二四、二五，序；卷二六，考古雜論；卷二七，疏）。可見嘉靖、萬曆兩本，編次大不相同。之所以稱"類稿"，《四庫提要》曰："（王炎）所著有《讀易筆記》，《尚書小傳》，《禮記》《論語》《孝經》《老子解》，《春秋衍義》，《象數稽疑》，《禹貢辨》，《考工記》，《鄉飲酒儀》，《諸經考疑》，《編年通紀紀年提要》，《天對解》，《韓柳辨證》，《傷寒論》，總題曰《雙溪類稿》，今已無傳，惟詩文集僅存，仍以'雙溪類稿'爲名。"《四庫總目》著錄馬裕家藏本，即萬曆本，底本今藏上海圖書館，殆成孤帙。萬曆本文類收錄較全，但錯訛不少。

清康熙五十七年（一七一八），裔孫王廷瑜偕族人王德淇等重刊祖集。此刻經重編並改題曰《雙溪集》，凡詩詞文十二卷。王廷瑜序稱該集始刊於六世孫王俌（即延祐本），重刊於十一世孫王文魁（懋元），"而今之所存則重刊之本也（指嘉靖本）"。由於康熙末嘉靖板"多蠹朽煤爛"，故"補遺者四版，綴剝蝕者二十一版，正訛謬者百七十有餘字，删重載者三首，删時人投贈而混列者三首。其散體、韻體、駢體及在官札狀體，使各以類從，復按其所作之時爲先後"云云。則此本既分體，又繫年。既稱"補遺"、"綴剥蝕"若干"版"，知嘉靖本印版其時尚殘存，故康熙本與其説是重刊，不如説是修補重編更符合實際。其卷目編次爲：卷一、二，書；卷三，序；卷四，記、論、議；卷五至卷八，詩；卷九，賦、辭、頌、讚、銘、詩餘；卷一〇，表、牋；卷一一，啟；卷一二，申狀。耿文光著録康熙本時，謂是集"屢經刊刻，不無訛謬，此本删複補遺，各以類從，各類中又以所作之時爲先後，已非原編；而議論之後爲詩，詩餘之後爲表牋啟狀，則創見之例也"（《萬卷精華樓藏書記》卷一一六）。康熙本今國家圖書館、北大圖書館等著録十餘部，日本内閣文庫藏一部。

今以康熙本、萬曆本、四庫本互校，後兩本多脱誤，且闕"記"類。但嘉靖本、康熙本闕"疏"。所收詩文數量，三本各參差不齊。要之，王炎集自秘閣鈔出時殆已亂其編次，故明、清凡三刻，各刻不同，蓋以底本卷數不詳、所傳作品互異而無準的故也。相對而論，康熙本經過校正，文字要優於嘉靖、萬曆兩本。

《全宋文》用康熙本爲底本，闕文由清鈔明嘉靖本、影印文淵閣《四庫全書》本補。《全宋詩》以影印文淵閣四庫本爲底本。

【參考文獻】

胡炳文《雙溪集序》（康熙本《雙溪集》卷首）

潘滋、汪錫玄《嘉靖本雙溪文集序》（嘉靖本《雙溪文集》卷首，人各一序）

王鏻《萬曆刊雙溪類稿序》（影印文淵閣《四庫全書》本《雙溪集》卷首）

王廷瑜《康熙重刊雙溪集後序》（康熙本卷末）

義豐文集一卷

王　阮　撰

王阮（？—一二〇八），字南卿，德安（今屬江西）人。隆興元年（一一六三）進士，累官知撫州。不附韓侂胄，歸隱廬山，從容觴詠。其集今存宋刊殘帙，不詳原本卷數，故著録爲一卷。宋本有淳祐癸卯（三年，一二四三）吳愈序，稱“其子旦爲邑惠之博羅，粹其文鋟梓以歸，屬愈識其卷首”云云，則是集刊於惠州博羅縣。殘宋本嘗爲黃丕烈所得，其《百宋一廛書録》著録，又顧廣圻《百宋一廛賦》所謂“文考信於南卿”者是也。黃氏自注道：

> 殘本王阮《義豐文集》，每半葉十行，每行十八字，所存五十八葉。前有淳祐戊申大梁趙希坌叙，後有淳祐癸卯吳愈叙。通體均遭割補，文僅末半葉，與前半葉《和淵明詞》云云初不連屬，缺損已甚矣。元書幾卷無從考見。惟《桯史》（祝按：見該書卷一）以爲阮所作詩號《義豐集》，刻江沔，校官馮椅爲之序者，有詩無文，絶非此本也。

殘宋本後歸汪氏藝芸書舍，入丁氏持静齋，後爲傅增湘所得，其《藏園群書經眼録》卷一四著録，有按曰：

> 集爲王阮南卿所撰，目録自《水調歌頭》後有補綴痕，且卷首標題及版心均題“義豐集卷第一”，則其下有文可知。兹所存者只詩一卷，而又缺《水調歌頭》一首，殊爲可惜。然《四庫》著録即已如此，文字既多改削，又

逸去《和歸去來辭》一首，卷中訛謬滿紙。以江西胡氏新刻本（祝按：指胡思敬所刻《豫章叢書》本，乃據丁氏八千卷樓鈔本校刻）校之，改正約二百字。設非親見宋本，又何所取正耶？壬戌（一九二二）春得於豐順丁氏持静齋後人，海内孤本，洵足珍也。

傅氏又有跋以詳之，並附録原本卷首趙希弁題語及李盛鐸借校後手跋。《文禄堂訪書記》卷四亦有著録。殘宋本今藏國家圖書館。

《四庫總目》著録勵守謙家藏本。清翰林院鈔本（四庫底本）今藏復旦大學圖書館，係傳鈔殘宋本。《提要》引岳珂《桯史》，以爲“阮詩本有單行之本，不知何以佚去（馮）椅序，易以（吴）愈序也”。前引黄丕烈注《百宋一廛賦》，已辨明馮椅所序本刻於江洋，有詩無文，決非吴愈序本，甚是。傅增湘謂四庫本“訛謬滿紙”，亦見前引，蓋底本出於輾轉傳録故也。

除上述外，今國家圖書館、北京大學圖書館、南京圖書館藏有清鈔本，皆源於殘宋本。國圖本有孔繼涵跋。北大本乃李氏書，李盛鐸嘗以傅氏殘宋本校，有跋。李氏本乃傳録知不足齋本，末有千頃堂主人黄虞稷識語，謂先世借鈔於晚村；又知不足齋鮑氏跋曰：“右從曝書亭鈔本對録。宋刻亦只一卷，今藏吴中黄蕘圃家，予嘗一見之，不以借人。卷中一二訛字留俟他日，思之成一適耳。嘉慶己未（四年，一七九九）四月初六日，記於知不足齋。”（《木犀軒藏書書録》）其他如《唐宋元三朝名賢小集》《宋人小集》等叢書，亦收有此集，俱爲一卷。

今按：自乾隆四庫館臣及黄丕烈以下，皆稱《義豐文集》原有卷數“無從考見”，以至徵引《桯史》。其實是集不僅原有卷數可考，而且大致結構亦約略可知。前賢似皆未注意劉克莊《王南卿集序》，而劉序正爲是集刊板而作。劉序曰：

> 余發番禺，送者係路，秋暑猶在，宿酲（祝按：原作
> "醒"，據文意改）未解，坐舟中如炊甑。偶得順風張帆，伸
> 首篷外，紫翠插空，舟人曰羅浮山也，意稍舒豁。明日，
> 縣尹王旦携其先大夫義豐公遺文五卷示余，讀之終編，
> 渙然如甘露之蠲渴，灑然如清泉之濯垢也，可謂能言之
> 流矣。蓋公之言曰："□（文）惡蹈襲，其妙在於能變，惟
> 淵源者得之。"豈惟文哉，議論亦然。故公之諸文變態無
> 窮，不主一體。論事必□古今，據義理，不祖舊説。詩高
> 處逼陵陽、茶山。四六□□，不減汪、綦。……余讀公之
> 文，悲公之志，乃取文公之語冠之編端，以行於世，且以
> 慰公之子焉。公名阮，字南卿。義豐，所居山名。

前引吳愈序稱"其子旦爲邑惠之博羅"云云，與此序所述合。
據此，知《義豐文集》原爲五卷，原刻當以朱熹語冠編端，殘宋
本連劉序俱已佚去。劉克莊又論其"不主一體"，而言及"論
事"、"詩"、"四六"，則原集結構大體可知。又考劉克莊至廣
東任提擧在嘉熙四年至淳祐元年（一二四〇——一二四一），吳
序作於淳祐三年，蓋鋟梓將成，與劉序年代正相接。趙希弁
題語作於淳祐戊申（八年，一二四八）冬，稱"得《義豐集》，夜
坐涉獵一過"云云，當爲讀書題識，其時刊本已行矣，跋語疑
是後來補刻。

　　《全宋詩》用國家圖書館所藏殘宋本爲底本。

　　二〇〇六年，華東師範大學出版社出版朱瑞熙、孫家驊
《義豐文集校注》，以淳祐殘刻本爲底本，校以《四庫全書》本、
《豫章叢書》本等。

【參考文獻】

劉克莊《王南卿集序》(《四部叢刊初編》本《後村先生大全集》卷九四)

吳愈《義豐集序》(影印文淵閣《四庫全書》本《義豐文集》卷首)

傅增湘《宋刊本義豐文集跋》(《藏園群書題記》卷一四)

尊白堂集六卷

虞　儔　撰

虞儔,字壽老,寧國(今屬安徽)人。隆興元年(一一六三)進士,仕終兵部侍郎。權刑部尚書陳貴誼序其集道:

> 紹定己丑(二年,一二二九)秋八月,武岡守朝請郎虞君衡遣介奉一編書,謁余序其首,啟而視之,曰《尊白堂集》,乃其人兵部侍郎諱儔字壽老所作也。卷二十有二,詞制奏議之卷七,詩之卷十五。衍裕雅重,根柢經術,緒密思清,非苟作者。

則原集二十二卷,蓋刊於是年。宋人書目未著録。明《文淵閣書目》卷九載"虞儔《尊白堂集》一部七册,闕"。傳本久佚,今存乃大典本。《四庫提要》曰:

> 據陳貴誼原序,集本二十四(祝按:"四"當爲"二"之誤)卷,今從《永樂大典》中采掇裒次,釐爲詩四卷、文二卷,録而存之。

今國家圖書館藏有乾隆翰林院鈔本。大典本録入《四庫全書》。民國時嘗將文淵閣四庫本影印入《四庫全書珍本初集》。其中有六篇僞文，原作者爲陳傅良。《全宋文》用影印文淵閣《四庫全書》本爲底本，輯得佚文十二篇。《全宋詩》底本同，僅輯得佚詩四首。較之原集，虞氏詩文闕佚已甚，僅幸免於湮没而已。

【參考文獻】

陳貴誼《尊白堂集序》（影印文淵閣《四庫全書》本《尊白堂集》卷首）

崔舍人玉堂類稿二十卷
西垣類稿二卷

崔敦詩　撰

　　崔敦詩（一一三九——一一八二），字大雅，通州静海（今江蘇南通）人，寓常熟。與兄敦禮同登紹興三十年（一一六〇）進士第，仕至中書舍人、侍講、直學士院。韓元吉《中書舍人兼侍講直學士院崔公墓誌銘》（《南澗甲乙稿》卷二一）曰：“有集，文若干卷，内外制稿若干卷。所類《制海》十編、《鑑韻》五編，藏于家。”蓋去世時尚未付梓。

　　其集不見於宋人書目。明《文淵閣書目》卷九著録道：“《崔舍人文集》一部四册，全。《崔舍人玉堂類稿》一部六册，闕。”《内閣書目》卷三唯“《崔舍人集》四册，全”。内閣本後俱亡佚，今國内傳本，皆源於日本所藏宋刊本，無文集，而增《西垣類稿》。阮元《揅經室外集》卷四《提要》曰：

> 敦詩淳熙九年（一一八二）致仕，故宇文价所作告
> 中，偁其才猷敏贍，問學淵深。是編所載宋孝宗時制誥、
> 口宣、批答、青詞甚詳。諸家書目皆未著録，而《宋史·
> 藝文志》誤爲周必大所撰。明葉盛《菉竹堂書目》曾列其
> 書（祝按：《菉竹堂書目》卷三載《文集》及《玉堂類稿》，册數與秘閣
> 本同），是明中葉尚有傳本。此爲活字板，其文皆必大集
> 中所未有也。

阮氏所謂“活字板”，指日本《佚存叢書》之本。《宛委別藏》收
《玉堂類稿》及《西垣類稿》，即據《佚存叢書》本鈔録。《佚存
叢書》乃據日本宮内廳書陵部藏南宋刻本以活字排印。該宋
本森立之《經籍訪古志》卷六、董康《書舶庸譚》卷三著録，傅
增湘《藏園群書經眼録》卷一四詳記之曰：

> 《崔舍人玉堂類稿》二十卷、附録一卷，《西垣類稿》
> 二卷、目録一卷，宋崔敦詩撰。宋刊本，半葉十行，每行
> 二十字，白口，左右雙闌。版心記“玉堂類稿卷第幾”，或
> 加“崔舍人”三字，下記刊工姓名，可辨者有王信、李忠、
> 吴琪、李珍諸人，餘則記朱杞、陳杞、某梓，蓋皆鋟梓之義
> 也。版匡高六寸五分，寬五寸。《西垣類稿》祇存第一、
> 二兩卷，附録爲告身、祭文、哀挽等。日人柴邦彦有跋
> （此略，詳下）。此書字體方整，白麻紙厚韌，初印精善。

按柴栗山（邦彦）跋略曰：“此本古色鬱紛，其爲當初原板，不
可疑焉。首有‘金澤文庫’印記，上杉氏舊藏也。”《日藏漢籍
善本書録》謂原本版心下方損傷較多。

日本光格天皇文化四年（清嘉慶十二年，一八○七），林

衡（號天瀑山人）將其刊入《佚存叢書》第四帙，有題識。

南海伍氏於同治元年（一八六二）據日本《佚存叢書》本刊入《粤雅堂叢書》三編第二十七集，跋不贊同前人所謂《宋志》誤《玉堂類稿》等爲周必大撰之説，以爲宋人以“玉堂”、“西垣”名集者，不知凡幾。其説是。《叢書集成初編》據《佚存叢書》本排印，今易得。

《全宋文》用《佚存叢書》本爲底本，輯得佚文十六篇。《續修四庫全書》亦用該本影印，編入集部第一三一八册。

【參考文獻】

（日本）柴邦彦《宋本崔舍人玉堂類稿西垣類稿跋》（《叢書集成初編》本《西垣類稿》卷末）

伍崇曜《刊崔舍人玉堂類稿西垣類稿跋》（《粤雅堂叢書》本卷末）

象山先生文集二十八卷外集四卷

陸九淵　撰

陸九淵（一一三九——一一九三），字子静，號象山翁，世稱象山先生，撫州金溪（今屬江西）人。乾道八年（一一七二）進士，歷敕令所删定官、知荆門軍。卒謚文安。主理學中之心學，與朱熹齊名，而見解多不合。遺文由其嗣子持之裒輯成集，宋代嘗屢經刊行，今可考者蓋有四本。袁燮、傅子雲初稿、李子愿彙編《陸九淵年譜》（以下簡稱《年譜》）：“開禧元年（一二〇五）乙丑夏六月，先生長子持之伯微編遺文爲二十八卷、《外集》六卷。乙卯，楊簡序。”按楊簡序稱“先生冢嗣持之，字伯微，集先生遺言爲二十八卷，又《外集》六卷，命簡爲之序”
云云。《年譜》又曰：“開禧三年丁卯秋九月庚子，撫州守括蒼
高商老刊先生文集於郡庠。”高氏跋曰：“商老嘗從先生游，頗
自奮勵。今老矣，學不加進，爲州鄭鄉，愧於簿領之外，效如
捕風，因刻之郡庠，以幸後學。”此即所謂臨汝（今江西臨川）
本。其後袁燮序嘉定江西倉司本（此本詳下），謂文集“臨汝
嘗刊行矣”，即楊簡所序本，爲後來各本之祖。此爲宋刻第
一本。

宋刻第二本，即袁燮所刊江西倉司本。《年譜》：嘉定五
年（一二一二）九月戊申，“江西提舉袁燮刊先生文集，自爲
序”。袁序今存，略曰：“先生之没餘二十年，遺言炳炳，……
臨汝嘗刊行矣，尚多缺略，先生之子持之伯微哀而益之，合三
十二卷，今爲刊於倉司。”據今存明刊本可知，所謂“合三十二
卷”，包括正集二十八卷、《外集》四卷。陳氏《解題》卷一八、
《通考》卷二四〇、《宋志》著録之本，卷數與此合，疑即倉司
本。此本正集卷數雖與楊序本同，收文却有增益，而《外集》
反較楊序本少兩卷。《四庫提要》以爲“殆傳寫訛四爲六”，無
顯證，疑有併合。

宋刻第三本，乃建安陳氏書坊本。嘉定庚辰（十三年），
吳杰跋曰：

> 右《象山文安先生文集》二十八卷、《外集》四卷，先
> 生行狀附焉。杰聞建安狀元陳公子孫喜與人同其善，敬
> 送上件文集，請用刊行，以與世之志學志道之士共之，仍
> 以二賢（指孔煒、丁端祖）謚議次於目録之後。

《讀書附志》卷下即著録此本，謂“集有袁燮、楊簡序，嘉定十
三年。賜謚、行狀、謚議附”。則吳杰所送底本，當即袁氏倉

司刻本，而此本與前兩本之顯著區別，是附有行狀、謚議。按孔燁上《謚議》、丁端祖上《覆謚》，於嘉定十年三月二十八日得聖旨賜謚"文安"，故此本將兩文附錄焉。

陳氏坊刻本似有傳至後世者。《增訂四庫簡目標注·續錄》謂"徐積餘（乃昌）藏宋嘉定十四年安正書堂刊本，十一行二十二字，頗疑元刊"。《天禄琳琅書目》卷六著錄爲元刊本，道：

> 正集二十八卷、《外集》五卷，共三十三卷，前宋楊簡、袁燮、吳杰三序。……《外集》係五卷，其第五卷乃錄孔燁、丁端祖所撰謚議二篇，然則九淵《外集》仍止四卷也。……《外集》卷五後有"辛巳歲孟冬月安正書堂重刊"木記。按嘉定十三年歲在庚辰，則木記所紀辛巳當爲嘉定十四年。但此書墨暗紙黝，決非宋本，當屬元時翻刻之書。……元趙孟頫藏本，明陶宗儀、本朝黄虞稷俱經收藏。

有清及近代所傳安正書堂本究竟屬宋屬元，前人似未論定。《天禄目》所載之本已散佚不傳。按今傳安正書堂本（此本詳後）有吳澄所作《語錄序》，吳澄乃元人，則應爲元刻本（詳下）。今各圖書館所藏安正書堂本，皆著錄爲明正德刻本。

宋刊第四本，爲袁燮子甫覆刻倉司本。《年譜》：紹定四年（一二三一）冬十月己未，"袁甫刊先生文集"。袁氏作《跋象山先生集》，略曰："先君子曩嘗刊於江右庾臺矣。某將指江左，新建先生書院，復摹舊本，以惠後學。"

象山文集，元代至少刊有一本。吳澄於元至治甲子歲（即泰定元年，一三二四）所作《象山先生語錄序》曰："楊敬仲（簡）門人陳塤，嘗鋟板（指《語錄》）貴溪象山書院。至治癸亥

（三年，一三二三），金溪學者洪琳重刻文集於青田書院，樂順携至京師，請識其成。”（見《吴文正集》卷一七）據知元至治三年有洪琳青田書院所刊文集本，惜久已失傳。

明《文淵閣書目》卷九著録“《陸象山文集》一部六册，全”。《内閣書目》卷三曰：“《象山文集》六册，全，……凡二十八卷。又五册，全。”《篋竹堂書目》卷三載“《陸象山文集》十册”，當非秘閣本。又《澹生堂藏書目》卷一三：“《陸象山先生集》，内集二十八卷、《外集》四卷、語録一卷。”《徐氏家藏書目》卷六著録《象山集》二十八卷。《世善堂藏書目録》卷下著録《陸象山集》三十二卷，當計内、外兩集。《萬卷堂書目》卷四載“《象山全集》三十六卷”，蓋嘉靖本（此本詳下）。《絳雲樓書目》卷三爲《陸象山全集》十二册，陳注曰：“二十八卷，又《外集》四卷。”自文淵閣本以下，官私所藏殆不乏宋槧，然各爲宋刻何本，則莫可詳。

前述宋、元槧後世無傳本，今以明刻本爲古。

明代重心學，故是集刊本特多，蓋近十種，而《集要》《節要》《文粹》之類選本不與焉。明刻本大體屬陸持之編刊本系統，兹擇要作簡略考述。

一、陸時壽刻黑口本

是本爲《象山先生文集》二十八卷、《外集》四卷、附録一卷，卷一標題次行題“先生冢嗣持之伯微次第編集”，第三行爲“先生九世孫陸時壽重刊”。有行狀及謚議。每半葉十三行，行二十四字，四周雙邊。今北京大學圖書館、臺北“中央圖書館”著録。北大本爲殘帙，僅存二十三卷（卷一至一一、卷一七至二八），卷一有“陳氏道復”等印記，見《木犀軒藏書書録》。此本刊刻年代不詳，據其版式，當在明初。

二、陸和、陳復等成化刻黑口本

是本爲《象山先生文集》二十八卷、《外集》四卷、《語録》四卷，刊版年代不詳，一般著録約在“成化間”。每半葉十三行，每行大字二十四字，小字雙行同。黑口，雙黑順魚尾。左右雙邊或四周雙邊。今國家圖書館、上海圖書館及臺北“中央圖書館”著録。國圖本凡十二册，前有袁燮序、楊簡序、吳杰識。吳杰識曰：“右《象山文安先生文集》二十八卷，《外集》四卷，先生行狀附焉。杰聞建安狀元陳公子孫喜與人同其善，敬送上件文集請用刊行，以與世之志學志道之士共之，仍以二賢諡議次于目録之後。杰末學小子，竊以謂二議一以爲學得孟氏，一以爲學非伊洛，此真得先生之心，至論也。二賢可謂知人矣。覆議末章，伊川之言與孔孟不類，謂有子之言支離，謂太極之上不復更有無極，未悉其用意何如，然其至論在此。嘉定庚辰（十三年，一二二〇）秋九月盱水吳杰謹識。”目録殘缺不全，存卷八至二八。文集卷一卷端題“象山先生文集卷第一”、“男持之編集，十世孫和刊行”。《象山先生外集》及目録四卷，署“象山書院陸和時雍編集，文安公陸九淵子靜”。次正文。

三、正德十六年（一五二一）李茂元刊本

是本爲《象山先生文集》二十八卷、《外集》四卷、附録二卷。每半葉十行，行二十二字，黑口，四周雙邊。有辛巳歲（正德十六年）王守仁序，稱“撫守李茂元將重刻象山之文集”云云。《天禄琳琅書目》卷一〇載“李茂元重刻本”，即此本。《四庫總目》著録陸錫熊家藏本，亦即此本，《四庫提要》曰：

　　　　此本前有（袁）燮序，又有楊簡序。燮序作於嘉定五年，簡序作於開禧元年，在燮序前七年，而列於燮後，蓋

刊板之時以新序弁首，故翻刻者仍之。又有嘉定庚辰吳杰跋，稱是集爲建安陳氏所刊，而年譜未載此本，豈持之偶未見歟。前十七卷爲書，十八卷爲表奏，十九卷爲記，二十卷爲序贈，二十一卷至二十四卷爲雜著，二十五卷爲詩，二十六卷爲祭文，二十七卷、二十八卷爲墓誌、墓碣、墓表。《外集》四卷，皆程試之文。末爲謚議、行狀，則吳杰所續入也。其《語録》四卷，本於集外別行，正德辛巳，撫州守李茂元重刻是集，乃並附集末，以成陸氏全書。其説與集中論學諸書互相發明，合而觀之，益足勘證。

今國家圖書館、上海圖書館等及臺灣地區著録多部，日本靜嘉堂文庫、京都陽明文庫亦有庋藏。清代刻本多據此本改編（詳後）。

四、正德十六年安正書堂刻本

是本爲《象山先生文集》二十八卷、《外集》五卷，無《語録》。每半葉十一行二十二字，小字雙行同。黑口，雙黑順魚尾，四周雙邊。版心魚尾上方刻“象山文集”，魚尾下刻“書卷之一”，下魚尾下刻葉數。開本較小，字密。首有袁燮序、楊簡序、吳杰序、吳澄序。次目録，次正文。書末刻“紹熙五年（一一九四）二月十有六日，門人奉議郎知饒州樂平縣主管勸農公事楊簡狀”、“後學東陽邵豳校正”。另有“辛巳歲孟冬月安正書堂重刊”長方形牌記。此本當爲翻刻元至治三年（一三二三）金溪洪琳青田書院本。今北大圖書館、上海圖書館、重慶圖書館等及臺北“中央圖書館”有著録。

五、嘉靖十四年（一五三五）戚賢刻三十一年魏希相補刻本是本乃知荆門州（今湖北荆門市）戚賢（祝按：戚賢字秀夫，全椒人，嘉靖五年進士，《明史》卷二〇八有傳）所刻，爲《象山先生全集》三十六卷。首有王守仁序、嘉靖甲午（十三年，一五三四）戚賢《刻象山全書叙》，戚《叙》略曰：

> 桂林楊充甫（琇）知荆門，養士教民，一以先生爲法，期年之間，民用和睦，於是鳩衆董材，恢宏往蹟，濬其蒙泉，復其祠堂，崇其講經臺，而增廣其書院，士聚其業，民誦其休。余過荆門樂嘉而適觀之，蓋有與化俱徂者矣，因留公署。充甫進曰：“象山明天地聖人之心，琇欲象山之心，裒語録、文集刻爲全書，以遺荆門，庶荆門之學知所宗師，子其爲我一表也。”

每半葉九行，每行大字十七字，小字雙行同。白口，雙黑魚尾，四周雙邊。次圖版，次目録，次正文。版心偶記刻工一字或二字。正文卷端署“桂林後學楊琇編校，荆門國子生趙振綱類刊”。卷三三末題“荆門國子生趙振紀助刊，荆門國子生趙振道助刊”。書末有“嘉靖乙未（十四年，一五三五）冬十月後學古鄮商大節書”《叙刻象山文集後》（“後”字原誤“復”，逕改），稱“《象山先生文集》，舊刻于江西撫州府。南山戚都諫奉使過荆門，以先生嘗守是州，遺澤未泯，召集諸士講明先生之學，復以州守楊堯泉能修先生之業，圖刻其集，以廣其傳”云云。

是集於嘉靖十四年刻成約十五年後，嘗於卷末（卷三六之後）補刻徐階《學則辨》，有廖恕題識，曰：

> 右《學則辨》，華亭少湖徐公所作也。辨朱、陸二夫子之學同歸一致，不容有毫髮之疑矣。今因補刻《象山

全集》，附刻是辨，俾求象山之學者則焉。荆門州儒學學
正閩尤溪廖恕謹識。

其下有"嘉靖己酉(二十八年，一五四九)秋九月吉旦，同知荆
門州安福劉彬校補"二行。嘉靖三十一年(壬子，一五五二)，
魏希相曾對全書進行補刻。在補刻本卷三六《年譜》末，有
"嘉靖壬子，刊板多遺失，學正臨淮魏希相刊補"一行。蓋此
次補刻始於《學則辨》，然後遍及全書"遺失"板片，到嘉靖三
十一年竣工。戚賢嘉靖十四年原刻本今未見著録，而上海圖
書館、雲南大學圖書館所藏兩本，皆補刻本。

六、嘉靖三十八年金溪張喬相刻本

是本爲《象山先生全集》三十六卷、附少湖徐先生(階)
《學則辨》一卷。每半葉十行，每行大字二十字，小字雙行同。
白口，單白魚尾，四周雙邊。魚尾下方刻"象山全集卷某"，再
下刻葉數，間有刻工姓名，有張文、王寅、王春、王尚仁等。首
爲袁燮序(上海圖書館藏本爲補鈔)，次目録，次正文。張喬
相時爲金溪知縣。《學則辨》後亦有廖恕識語，與上述戚賢
刻、魏希相補刻本同，其下有"嘉靖己未(三十八年)秋九月吉
旦"一行。今上海圖書館(存卷一至一〇，一八至二〇及附
録)、中科院圖書館、重慶圖書館、福建師大圖書館有著録。

七、嘉靖四十年(一五六一)何遷刻本

是本爲《象山先生全集》三十六卷，包括正文三十一卷，
《拾遺》兩卷，《語録》兩卷，年譜一卷，附少湖徐先生(階)《學
則辯》一卷。每半葉十行，每行大字二十字，小字雙行同。白
口，單黑魚尾，四周雙邊。版心魚尾上方刻"象山先生卷某"，
下刻葉數。書首有正德辛巳(十六年，一五二一)王守仁序，
以及袁燮序、楊簡序，王宗沐嘉靖四十年(一五六一)序、王宗

沐嘉靖癸丑（三十二年，一五五三）序。《學則辯》有廖恕識語。嘉靖四十年江西布政司右布政使王宗沐序略曰："是集刻於金溪，而歲久漫漶。德安吉陽何先生（遷）撫江西之明年，丕闡理學，以淑士類，乃改刻焉，而命沐爲序。"因知王宗沐所謂"改刻"，即何遷照嘉靖三十八年金溪本重刻。《善本書室藏書志》卷三〇稱該本"終以知金溪縣事會稽馬堯相識語"，馬氏識語今未見。

　　何遷本卷目編次爲：卷一至一七，書；卷一八，奏表；卷一九，記；卷二〇，序贈；卷二一、二二，雜著；卷二三，講義；卷二四，策問；卷二五，詩；卷二六，祭文；卷二七，行狀；卷二八，墓誌銘；卷二九至三一，程文；卷三二，拾遺；卷三三，謚議、覆謚、行狀；卷三四，語錄上；卷三五，語錄下；卷三六，年譜。今國家圖書館、上海圖書館、南京圖書館等及臺北"中央圖書館"（著錄四部）共藏有二十餘部，日本宮內廳書陵部、內閣文庫、尊經閣文庫等共著錄六部。又有清補修本，今遼寧、江西、湖北、四川等省圖書館及武漢大學圖書館等著錄。《四部叢刊初編》影印上海涵芬樓藏明嘉靖刊本，即何遷本。何遷本影響大，今爲通行善本。

　　明萬曆二十二年（一五九四）有重印何遷本，日本內閣文庫、御茶之水圖書館著錄（見《日藏漢籍善本書錄》）。傅增湘《藏園群書經眼錄》卷一四著錄日本帝室圖書寮藏朝鮮活字印本《象山先生全集》三十六卷，八行十七字，"有嘉靖己未荊門州儒學學正閩尤溪廖恕跋，則亦出於嘉靖本矣"。

　　八、明活字本

　　此本國內未見著錄。嚴紹璗《日藏漢籍善本書錄》曰："《象山先生文集》三十六卷，附《年譜》。宋陸九淵著。明活字印本,共二十册。静嘉堂文庫、大阪府立圖書館藏本。按：
静嘉堂文庫本,原係竹添井井(光鴻)舊藏,共十册。大阪府
立圖書館藏本,卷中有大鹽中齋(平八郎)朱批,并有‘諷善堂
圖書’印記。”其排版年代、版式等不詳。

　　除上述外,明代還刊有兩本。一是萬曆四十三年(一六
一五)周希旦金陵刻本《象山先生全集》六卷。傅文兆作
《叙》,稱象山文集“已經七刻,殊無善本。友人周希旦氏,孝
友人也,慕先生之高致,乃求全集而刻之金陵,以廣其
傳。……集中不敢删削一字”,末署“萬曆丁卯(四十三年)
夏,金溪後學傅文兆識”。然《四庫全書總目·別集類存目
一》著録是書江西巡撫採進本時,《提要》力辨其妄,曰：

　　　別本《象山文集》六卷,宋陸九淵撰,舊本題九淵門
　　人傅子雲編。首卷爲年譜,次卷爲講學語録,後四卷爲
　　詩文,末附以謚議、行狀。前有萬曆乙卯金谿傅文兆重
　　刻序,稱文集已經七刻,殊無善本,友人周希旦得全集而
　　刻之金陵,集中不敢刊削一字,又稱吾家子雲與先生同
　　里云云。考九淵子持之所作《年譜》云：開禧元年乙丑,
　　持之編遺文爲二十八卷,外集八卷,楊簡序之。三年丁
　　卯,撫州守括蒼高商老刊於撫州,是爲初本。又云：嘉定
　　五年壬申八月張衍編遺文成,傅子雲序之,未言刊板與
　　否,是爲第二本。是年九月江西提舉袁爕刊其文集三十
　　二卷於倉司,稱爲持之所裒益,是爲第三本。紹興四年
　　辛卯,爕之子甫文重刊之,是爲第四本。《文獻通考》作
　　《象山集》二十八卷、《外集》四卷,與三十二卷數合,併載
　　爕序於後。《宋史·藝文志》亦同。無所謂六卷之本,亦
　　無所謂傅子雲編之事。其文僅全集五分之一,則“不敢

刊削一字”之説，尤爲誕妄。蓋後人選刻之本，文兆以宗族之故，借張衍本有“子雲作序”一事，遂題其名，實非當日之舊。其《年譜》亦多所竄亂，如載形家占其先墓之言，有“糊糊塗塗生一個大孔夫子”之語，顯爲不學者所妄加也。

則此本蓋書賈所刊弄虚作假之劣本，今北京大學圖書館、重慶圖書館、山東文登圖書館著録。

二是崇禎十七年（一六四四）所刊《陸子重光集》十卷，原刊本未見著録，今存清順治十八年（一六六一）金溪知縣李丕則補刻本，唯中國科學院圖書館著録，未見，情況不詳，疑亦爲估書家選本。

入清，象山全集編次多延續嘉靖本結構爲三十六卷，書名亦多爲《象山先生全集》，但又借重正德十六年王守仁爲李茂元刊本作序事，稱李本爲王守仁“鑒定”本或“校本”。清刻多爲陸氏後裔所爲，兹略述之。

雍正二年（一七二四），裔孫陸麟比刻《象山先生全集》三十六卷，爲清刻之首，今南京圖書館、浙江圖書館著録。卷一標題次行署“餘姚王陽明先生鑒定，元孫麟比玉書氏重編”，則底本爲李茂元本，而又編爲三十六卷。道光三年（一八二三）金溪槐堂書齋刻《陸象山全集》三十六卷，李紱評點，裔孫陸邦瑞刊。邦瑞請禮部尚書汪廷珍作序，稱“臨川李穆堂（紱）先生素佩陸，於其家得王文成公（守仁）校本若干卷，爲之評點，並詳注門人姓字里居，至是已百餘年矣，未經刊布（祝按：李氏評點作於雍正間，故云）。庚辰（嘉慶二十五年，一八二〇），先生之嗣孫邦瑞，將携其稿入都門，復而新之”云云。知底本亦爲李茂元刻本。又周毓齡同時有序，略曰：“歲辛巳

（道光元年），秉鐸鄂城，時金溪陸兄名邦瑞者來楚，乃文安公二十二世孫也。……攜所藏象山夫子集本，同郡李穆堂先生曾有評點，囑爲重校。間亦竊附跋語，加以‘按’字，於是勉付梓。”然道光本校勘不精，耿文光以爲“此本闌上有穆堂評語，刻法頗近於俗”（《萬卷精華樓藏書記》卷一一六）。是本今存較富，國家圖書館、北大圖書館等共著録十多部。同治十年（一八七一），大儒家廟有重刻本，今北大圖書館、上海圖書館、南京圖書館等著録。光緒庚辰（六年，一八八〇），新建喻震孟作《校勘略》，有序，稱道光本“訛舛極多”，於是購得嘉靖何遷本彼此參校，再校以明代各選集本，槐堂奉祠裔孫陸慕祖因而刊爲修補本。修補本今有著録。

　　《四庫全書總目》著録陸錫熊家藏本《象山集》二十八卷、《外集》四卷、附《語録》四卷之本。《提要》引吳杰跋，當即陸和、陳復於成化間所刻黑口本。《提要》又稱《語録》四卷在集外別行，依正德李茂元重刻本附於集末，以成陸氏全書。

　　一九八〇年，中華書局出版鍾哲校點本《陸九淵集》。該本以《四部叢刊初編》本爲底本，校以各本。

　　《全宋文》用《四部叢刊初編》本爲底本，輯得佚文十一篇。《全宋詩》以影印文淵閣《四庫全書》本爲底本，輯得集外詩七首。

【參考文獻】

　　楊簡、袁爕《象山先生文集序》（中華書局校點本《陸九淵集》附録）

　　袁甫《跋象山先生集》（《四庫全書》本《蒙齋集》卷一五）

　　王守仁《正德刻本象山先生文集序》（校點本《陸九淵集》附録）

　　王宗沐《嘉靖何遷刻本象山先生文集序》（同上）

陸麟比《雍正重刊本陸象山先生全集序》（雍正二年本卷首）

汪廷珍《道光重刊象山先生文集序》（道光三年本卷首）

客亭類稿十四卷

楊冠卿　撰

　　楊冠卿（一一三九一？），字夢錫，江陵（今屬湖北）人。舉
進士失利，遂終身不仕，流落江湖。張孝祥《題楊夢錫客亭類
稿後》稱其"爲文有活法，拘泥者窒之，則能今而不能古。夢
錫之文，從昔不膠於俗，縱橫運轉如盤中丸，未始以一律拘，
要其終亦不出於盤"。又稱其官荆南時，"夢錫自交廣寄《客
亭類稿》來，精深雄健，視昔時又過數驛，讀之終篇，使人首益
俯焉"云云（《于湖居士文集》卷二八）。考孝祥知潭州、權荆湖南
路提刑在乾道三年（一一六七），時冠卿不足三十歲，《類稿》
當已行世。然今本中記年有至癸丑（紹熙四年，一一九三）者
（《癸丑仲冬十日蚤晴從中使過葦湖未幾風雪交作》，《類稿》卷一二），
蓋非早年之本。《四庫提要》謂"京鏜、何異、李結諸帖，極稱
其集杜之工，而稿中乃無一篇，豈當時別本單行，而今佚之
耶？"其集未見宋人刊版序跋，編刊情況不詳。《四庫提要》又
謂"陳振孫《書錄解題》載有此集"，今檢《解題》無之，《通考》
亦未著錄，館臣當誤。

　　明《文淵閣書目》卷九著錄"楊夢錫《客亭類稿》一部四
冊，闕"，至《内閣書目》已無其目。今尚有殘宋本傳世。傅增
湘於一九二四年（甲子）春日得諸述古堂書坊，現藏國家圖書

館。傅氏《經眼録》卷一四記之曰：

> 《客亭類稿》□□卷，（宋江陵楊冠卿夢錫撰，存《四六編》
> 《雜著編》《古律編》，計十卷。）宋刊巾箱本，半葉十一行，每行
> 十八字，白口，四周雙闌。原書不分卷。以四庫本核之，
> 今存《四六編》者四，當四庫本之卷三至六；爲《雜著編》
> 者三，當四庫本之卷七至九；爲《古律編》者二，當四庫本
> 之卷十一、十三。按之四庫本，當缺卷一、二、十、十二、
> 十四，共缺五卷。附《諸老先生惠答客亭書啟編》，則爲
> 四庫本所刪去也。《四庫》所據爲知不足齋巾箱本，與此
> 正同。又從《永樂大典》搜輯補綴，釐爲十四卷。然館臣
> 編定時有刪易，閣本傳鈔不免舛訛，不親見宋本殆無由
> 知之。如《登峴首賦》"限南北而增悼"下，竟刪去"蔽氈
> 毳於陳梁，扇腥風於嵩少"一聯是也。余以四庫本對勘
> 一周，改正之字殆過百餘。惜缺卷既無從寫完，存帙又
> 半多蠹損，不獲竟掃塵之功，爲足慨也。

傅氏又作《宋刊殘本客亭類稿跋》，稱殘宋本"字迹亦多剥蝕
不完，然取閣本對勘，改正凡二百三十六字，其中胡虜、夷狄
等字，例爲館臣易以他詞"云云。收藏有"雲莊張氏鑒藏"朱
文一印，不知誰氏。《文禄堂訪書記》卷四亦著録，録有周樹
模、朱文鈞題識。

臺北"中央圖書館"亦著録宋刊殘本，僅存《諸老先生惠
答客亭書啟編》一卷。

殘宋本朱文鈞題識，稱其懷疑《四庫》所據當即該殘本，
然別無顯證。按《四庫總目》著録《永樂大典》本，《提要》曰：

> 其集世頗罕傳，唯浙江採進書中有舊刊《客亭類

稿》，爲巾箱小字本，檢勘尚係原刻。分《四六編》《雜著編》《古律編》，皆所作詩文；《惠答客亭書啟編》，則同時名人酬贈之作。不標卷數，前後亦無序跋。而《永樂大典》各韻内所收冠卿之文，尚有表牋、詩餘各數十首，皆刊本所未收。疑當時本各自爲編，流傳既久，遂有闕脱。今據《永樂大典》所載，以刊本參校，搜緝補綴，諸體始全。謹仿原編名目，釐爲十四卷，而仍以書啟一卷附之。

今檢影印文淵閣《四庫全書》本，《書啟編》已删，如傅氏所云。館臣補遺之功不可没，唯其以時忌删改，既爲通例，亦是通病。四庫本卷目編次爲：卷一至六，四六編（收表、牋、啟）；卷七至一〇，雜著編（收古賦、紀述、頌、贊、序、題跋、辨疑問、愚慮説、疏文、婚書、祭文）；卷一一至一三，古律編（收古詩、律詩）；卷一四，樂府編（收詞）。民國十二年（一九二三），盧氏慎始基齋據文津閣四庫本影印入《湖北先正遺書》。

　　《全宋文》《全宋詩》俱以影印文淵閣《四庫全書》本爲底本。

【參考文獻】

傅增湘《宋刊殘本客亭類稿跋》（《藏園群書題記》卷一五）

應齋雜著六卷

趙善括　撰

趙善括，字无咎，號應齋，太宗七世孫，寓隆興（今江西南

昌）。嘗登進士第，官至朝散大夫、岳州漕帥佐。嘉泰壬戌
（二年，一二〇二），楊萬里爲其遺集作序，略曰：

> 无咎既没，其子汝譽來爲太和宰，一再訪予於南溪
> 之上，求予序之。其文大抵平淡夷易，不爲追琢，不立崖
> 險，要歸於適用，而非窾非浮也；至其詩，皆感物而發，觸
> 興而作，使古今百家，萬象景物，皆不能役於我。

蓋在嘉泰或稍後，是集有刊本。然傳本久佚，明人已罕著録，
今存乃大典本。《四庫提要》曰：

> 是集《宋志》不載，其原本卷帙不可考，今以《永樂大
> 典》所載，裒爲六卷。宋人奏議，多浮文妨要，動至萬言，
> 往往晦蝕其本意。善括所上諸札，率簡潔切當，得論事
> 之要。……詩詞多與洪邁、章甫唱和，而與辛棄疾酬贈
> 尤多，其詞氣駿邁，亦復相似。觀其《金陵有感》詩，有
> "謝安王導亦可罪，至今遂使南北分"句，其不滿于湖山
> 歌舞，文恬武嬉，意趣蓋與棄疾等，固宜其相契也。

大典本録入《四庫全書》，卷目編次爲：卷一，奏議、札子；卷
二，啟；卷三，書、序、記；卷四，疏、贊、跋、墓誌、祭文、雜著；卷
五，詩；卷六，詞。丁丙舊有傳鈔四庫本，見《善本書室藏書
志》卷三〇，今藏南京圖書館。民國九年（一九二〇），胡思敬
據該鈔本刊入《豫章叢書·九宋人集》，有校勘記。

　　《全宋文》《全宋詩》俱以影印文淵閣《四庫全書》本爲
底本。

【參考文獻】

　　楊萬里《應齋雜著序》（影印文淵閣《四庫全書》本《誠齋集》卷八四）

東塘集二十卷

袁説友　撰

　　袁説友（一一四〇——一二〇四），字起巖，號東塘居士，建安（今福建建甌）人，寓湖州。隆興元年（一一六三）進士。歷四川安撫使兼知成都府，回朝爲户部尚書，嘉泰三年（一二〇三）進參知政事，卒。其集今未見宋人序跋，編刊情況不詳。明《文淵閣書目》卷九嘗著録“袁起巖《東塘文集》一部十二册，闕”，《内閣書目》已不登録，私家俱無其本。傳本久佚，今存乃大典本。《四庫提要》曰：

　　　　（袁）説友學問淹博，留心典籍。官四川安撫使時，嘗命屬官程遇孫等八人輯蜀中詩文，自西漢迄於淳熙，爲《成都文類》五十卷，深有表章文獻之功。其集則《書録解題》《宋史·藝文志》皆不載，故厲鶚《宋詩紀事》僅從楊慎《全蜀藝文志》採其《巫山十二峰》詩一首，從郁逢慶《書畫題跋記》採其《題米敷文瀟湘圖》詩一首，而不言其有集。則非惟詩文散佚，並其集名亦湮没不傳矣。今據《永樂大典》所載，蒐羅排纂，得詩七卷，文十三卷。又家傳一篇，不知誰作，後半文已殘闕，而前半所述仕履頗詳，亦并存之，以備考證。

文十三卷即卷八至卷二〇，卷目編次爲：卷八，進論；卷九，奏疏；卷一〇，札子；卷一一，講義；卷一二、一三，狀；卷一四、一五，表；卷一六，祝文、祭文；卷一七，啓；卷一八，記；卷一九，題、跋；卷二〇，辯、説、贊、行狀、墓誌。乾隆翰林院鈔本，今藏國家圖書館。大典本録入《四庫全書》。文淵閣四庫本，民國時嘗影印入《四庫全書珍本初集》。

《全宋文》用影印文淵閣《四庫全書》本爲底本，校以乾隆翰林院鈔本，輯得佚文四十二篇。《全宋詩》底本同，輯得佚詩十二首。

稼軒集鈔存四卷詞四卷補遺一卷

辛棄疾　撰

辛棄疾（一一四〇——一二〇七），歷城（今山東濟南）人。原字坦夫，後字幼安，號稼軒居士。紹興末歸宋，歷知諸州及諸路安撫使、提點刑獄，屢爲諫官所劾。一生力主恢復，以長短句歌詞著名，風格豪放，與蘇軾并稱"蘇、辛"。其詞集傳播甚廣，而文集則未見宋、明人著録。劉克莊嘗作《辛稼軒集序》，乃序辛氏嗣子所編之本，既論其文，又有"誦其詩詞"之語，當爲詩文詞全集本，久佚。《宋志》載《稼軒奏議》一卷，亦久佚。今存《稼軒集鈔存》，乃江西萬載縣人辛啓泰於清嘉慶中所刊。嘉慶十五年（一八一〇），《全唐文》總纂官法式善作《稼軒集鈔存序》，略曰：

> 萬載辛子敬甫，奇士也，……與予議論古今上下，輒以宋辛忠愍公著作散佚爲念。予嘗於《播芳大全文粹》、《鐵珊瑚網》、各郡縣志、宋人詩話諸書，録出稼軒詩文十餘首，敬甫並詞刻之，冠以所編《年譜》，……而益求所謂《稼軒集》者不已。會朝廷開唐文館，予效編纂之役，約

同事見公詩文胥簽識，補從前陋略。金匱孫平叔（爾准）編修適亦以是諉予，蓋其識敬甫有日矣。……茲從《永樂大典》各韻中採得詩文及詞若干首，皆世所未有，敬甫彙前編，統名曰《稼軒集鈔存》，刻以行世。

由此可知稼軒全集明初猶存，故《永樂大典》得以鈔錄。所謂辛氏"並詞刻之"之本，除詞外，僅附詩十首、文二篇。次年，辛啟泰將新輯本刊成，作《編輯稼軒集鈔存記》，略曰：

　　既欲購唐荆川《史纂右編》鈔錄《（美芹）十論》，適時帆先生（即法式善）有撰集唐文之役，孫平叔（爾准）太史亦雅以公文字爲汲汲，相與集散篇於《永樂大典》中，得奏議及駢體文共二十八篇，古今體一百十首，較前已十倍過之，而史所謂《思陵詔跋》《朱子祭文》皆不及見。且此所得長短句凡五十首多出四卷外，則全集遺佚不少矣。庚午（嘉慶十五年），啟泰教習期滿，冒暑往來二先生家，次第鈔錄其稿。適南旋，鋟板於豫章，因合前刻編次之，統名曰《稼軒集鈔存》，又雜採各集中有關於公者，附錄以備覽。

所刊爲《稼軒集鈔存》四卷，詞四卷、補遺一卷（凡詞三十六首，輯自《永樂大典》），共九卷。此本今有著錄。

一九四七年，上海商務印書館出版鄧廣銘校補本《辛稼軒詩文鈔存》，對《稼軒集鈔存》原本多所校正，詩文皆有補遺。一九五七年，上海古典文學出版社出版鄧廣銘重編本《辛稼軒詩文鈔存》，打破前本文章分體編例，而以寫作先後爲序；詩因絕大多數寫作年份無法考知，遂仍分體編排，而將年代相近之作連在一起，補遺之篇則分別穿插於各體之中，並剔除僞作。一九九五年，上海古籍出版社出版鄧廣銘輯校審訂、辛更儒箋注之《辛稼軒詩文箋注》，再次剔除僞作，使所收稼軒詩文更爲精確可靠。

一九九一年，臺灣文津出版社出版徐漢明校本《辛棄疾全集》，合編詞、詩、文爲一本。一九九四年，四川文藝出版社重版。此本詩文主要依鄧廣銘重編本《鈔存》，而後來《箋注》本所剔除之僞作仍在其中。二○○七年，湖北人民出版社出版徐漢明《新校編辛棄疾全集》，共收辛詞六百二十九首，辛詩一百一十七首，文二十一篇，爲目前收集辛氏作品最多最全之本。

關於辛棄疾文集，尚有一事須辨，即所謂《蕊閣集》。《蕊閣集》凡二卷（或作一卷），舊題辛棄疾撰。國家圖書館藏有清趙氏小山堂黑格鈔本，四周單邊，上魚尾，十行二十字，小字雙行同。又傅增湘《經眼録》卷一四曾著録舊寫本，稱"有稼軒自序，乃集唐人句爲詩，每韻一首，五七言各三十首"。《四庫全書總目·別集類存目一》著録兩淮馬裕家藏本一卷，《提要》辨駁道：

> 是編集六朝及唐人詩句爲五、七言近體，平聲上下三十韻，韻爲一首。前有棄疾自序。今按《唐韻》及《宋禮部韻》皆上平二十八部，下平二十九部。至理宗末，平水劉淵始併爲上、下、平各十五部。棄疾當高、孝、光、寧之朝，平水韻未出，安得而用其部分？且平韻分上下，自《廣韻》已然。集中顧以一先爲十六先，至咸韻爲三十，此向來韻書所無。又據魏了翁之説，《唐韻》下平作二十九先，而小變之者也。至集句始於晉傅咸，宋王安石、孔武仲皆有其體。今序首即云集韻非古，又舍王、孔而獨

舉陳後山、林莆田，尤極疏舛。文筆亦頗類明末竟陵一
派，決不出棄疾之手也。

館臣所辨有據有力。又，所謂辛稼軒《蕊閣集序》稱其居山有
年，"故吟誦之餘，偶有得趣，輒手録之，漸積成帙"云云，亦與
稼軒生平不盡相符。是書疑明人僞作，或可定讞。

《全宋文》用辛啓泰嘉慶十六年刻本《稼軒集鈔存》四卷
爲底本，參校鄧廣銘《辛稼軒詩文鈔存》。《全宋詩》用鄧廣銘
本爲底本，新輯佚詩十九首，主要輯自書目文獻出版社影印
本《詩淵》。

【參考文獻】

劉克莊《辛稼軒集序》（《後村先生大全集》卷九八）

法式善《稼軒集鈔存序》（上海古籍出版社《辛稼軒詩文校注》附録）

辛啓泰《編輯稼軒集鈔存記》（同上）

慈湖先生遺書十八卷續集二卷

楊　簡　撰

楊簡（一一四一—一二二六），字敬仲，慈谿（今屬浙江）
人。乾道五年（一一六九）進士，官終寶謨閣直學士，卒謚文
元。師事陸九淵，學者稱慈湖先生。《宋史》卷四〇七本傳稱
"簡所著有《甲稿》《乙稿》《冠記》《昏記》《喪禮家記》《家祭記》
《釋菜禮記》《石魚家記》，又有《己易》《啟蔽》等書"。按袁甫
《書慈湖遺稿》曰："先生之言多矣。門人馮興宗、周之德取訓

語之要，聚爲一編，屬甫刻梓，以惠後學。或者病所取太少，……先生之學師先聖，師象山先生，吐於言辭，的的真實，一編已多矣，奚其少？"《解題》卷九"儒家類"著録《慈湖遺書》三卷，疑即袁氏刊本。陳氏曰：

> 前二卷雜説，末一卷遺文。慈湖之學，專主乎心之精神，是謂聖。一語其誨人，惟欲發明本心而有所覺。然其稱學者之覺，亦頗輕於印可。蓋其用功偏於上達，受人之欺而不疑。竊嘗謂誠、明一理，焉有誠而不明者乎？當淳熙中，象山陸九淵之學盛行於江西，朱侍講（熹）不然之。朱公於前輩不肯張無垢，於同流不肯陸象山，爲其本原未純故也。象山之後，一傳而慈湖，遂如此。甚矣，道之不明，賢知者過之也！

同書卷一八又著録《慈湖甲稿》二十卷（《四庫提要》唯述《解題》所録《遺書》而不及《甲稿》，蓋館臣翻檢遺漏）。《宋史》本傳所謂《乙稿》，未見著録。其實甲、乙二稿，方是其文集，三卷本《遺書》，乃所謂"訓語之要"，即闡發心學之學術論著。

明《文淵閣書目》卷九著録道："楊敬仲《慈湖文集》一部二册，全。"又卷一〇："《楊慈湖甲稿》一部二册，完全。"《内閣書目》同。《萬卷堂書目》卷四、《世善堂藏書目録》卷下載《慈湖遺書》《楊慈湖集》二十卷。《楊慈湖集》若非《甲稿》，則應是嘉靖本。要之，《甲稿》明初猶存，而《乙稿》則久已散亡。

原集各本後皆散佚。今存《慈湖先生遺書》，以明嘉靖四年（一五二五）秦鉞刊本爲早。該本有陳洪謨序、周廣後序。陳序稱"秦君（鉞）出舊藏《遺書》若干卷，手自勘讎，得十有八卷，復節縮稍食，以鑱諸梓"；周氏後序則謂秦公"手是編以示余"，"若篇章謬複，多所散逸，而大意藴苞，釐校彙粹，終以成集而梓行之”。傅增湘跋其所藏嘉靖本，謂“是此書出於秦、周二人之重輯，非宋時之舊觀矣”。嘉靖本共二十卷，凡序、記、書、祝文、行狀、墓誌、銘文、講義、跋、銘、賦、詩六卷，《家記》十卷，紀、先訓一卷，附録一卷凡十八卷爲正集，又雜文一卷、《孔子閒居解》一卷爲《續集》。傅氏《經眼録》卷一四記其版式道：

> 明嘉靖四年秦鉞刊本，十行二十二字，白口，四周雙闌。目録版心下方有“江西高安藍糾寫”，“蘇州章景華刻”。……卷十八爲附録，其後又有續集二卷。

傅跋又謂“刻梓之工仍在吳門，故版式雕工特爲精雅”。不僅如此，其文字舛誤亦少，堪稱是集善本。今國家圖書館、北大圖書館、南京圖書館（配清鈔）、山東省圖書館等著録，臺北“中央圖書館”著録一部，日本内閣文庫、尊經閣文庫亦有藏本。嘉靖四年本爲後來各本之祖。

嘉靖十二年，楊氏克復書齋翻刻嘉靖四年本，今僅北京大學圖書館、中國科學院圖書館有著録。王重民記北大本道：

> 此本目録末有殘缺牌記云“嘉靖癸巳一陽之月”，癸巳爲嘉靖十二年。但此本字體草率，紙墨粗劣，疑是坊賈翻秦本。封面有題記：“《四庫》著録即此本，蟄菴所有，乙巳歲除日惠康記。”下鈐“丁□”。卷内有“鄭氏注韓居珍藏記”、“鄭杰之印”、“一名人杰字昌英”等印記。
> （《中國善本書提要》）

此本每半葉十行二十二字，白口，四周單闌。

明萬曆時，是集又有刊本，仍爲每半葉十行二十二字，白口，四周雙闌，後有曾熠跋，乃翻刻嘉靖本。今北大圖書館、上海圖書館、甘肅圖書館等有著録，日本静嘉堂文庫亦藏一部（見《䀜宋樓藏書志》卷八六、《静嘉堂秘籍志》卷三六）。

今國家圖書館等另藏有明刻十八卷本，每半葉十行二十字，白口，四周雙邊，無續集。刊刻年代不詳，當在嘉靖四年以後。又，萬曆時猶有潘汝禎刊《慈湖先生遺書鈔》六卷，“題‘後學同邑楊世思鈔，鄭光弼訂，楊守勤校’，有世思識語及潘汝禎序”（《木犀軒藏書書録》）。此本今國家圖書館、北大圖書館、上海圖書館等著録，即專鈔《遺書》之詩文。

《四庫全書》著録汪如藻家藏本，爲《遺書》十八卷、《續集》二卷，《提要》謂與陳氏所録《遺書》三卷“多寡不合，而集中《家記》内各條，又有別標曰‘見遺書’者。疑先有《遺書》三卷，初本別行，後又裒輯諸篇，共成此集，仍總以‘遺書’名之，猶之王質《雪山集》有三卷之本，有四十卷之本歟”。所説殆是。今檢影印文淵閣四庫本，有周廣《後序》而無陳洪謨序。蓋底本亦爲明刊本（前引王重民所録題記，稱爲嘉靖十二年本）而佚去陳序，故館臣不知重輯者即秦鉞。

《繡谷亭薰習録》著録十七卷附録一卷之本，謂“是編前十卷皆題‘家記’，並經説之文，馬氏《通考·先賢大訓》六卷是也；《己易》另爲一編，此列之卷首，自出後人彙集，而仍以‘遺書’名之耳”。此本編次似與秦鉞本不同，今未見著録。

中國社會科學院文學研究所圖書館藏有光緒間慈谿翁繫齋鈔本，正、續編二十卷外，有清馮可鏞輯《補編》一卷。民國十九年（一九三〇）寧波大酉山房刊本，底本乃毋自欺齋校本，二十卷外即刊入馮輯《補編》。民國二十五年，四明張氏約園將是集輯入《四明叢書》第四集，以嘉靖秦鉞刊本爲底本,《補編》則以馮氏稿本爲底本,後附張壽鏞輯《新增附録》一卷。

　　要之,是集現存各本皆源於嘉靖秦鉞本,《四明叢書》本有《補編》,較全。秦本編次既非宋槧之舊,體例亦非純文集,蓋就當時所存彙爲一帙耳。

　　《全宋文》用影印文淵閣《四庫全書》本爲底本,輯得佚文十六篇。《全宋詩》用明嘉靖四年刊本爲底本,輯得佚詩十六首。

【參考文獻】

　　袁甫《書慈湖遺稿》(影印文淵閣《四庫全書》本《蒙齋集》卷一五)
　　陳洪謨《慈湖先生遺書序》(《四明叢書》本《慈湖先生遺書》卷首)
　　周廣《慈湖先生遺書後序》(同上卷末)
　　傅增湘《明嘉靖本慈湖先生遺書跋》(《藏園群書題記》卷一四)

定齋集二十卷

蔡　戡　撰

　　蔡戡(一一四一—?),字定夫,仙遊(今屬福建)人,寓常州。乾道二年(一一六六)進士,歷寶謨閣直學士、廣西經略、淮西總領等。《解題》卷一八著録其集道:“《定齋集》四十卷,寶謨閣直學士蔡戡定夫撰。君謨(蔡襄)四世孫,丙戌(乾道二年)甲科。”《通考》卷二四一同。陳氏所録,當即著者子蔡廣紹定庚寅(三年,一二三〇)總領四川財賦時所刊之本,有眉山李壁序,稱“公之季子户部郎官、總領四川財賦廣素厚善堂”，“既以公集四十卷鋟木，將廣其傳，以幸惠後學，且不鄙衰陋，俾爲之序”云云。

明《文淵閣書目》卷九載有“《蔡定齋文集》一部十册，全”，《内閣書目》無其目，私家極少著録，蓋傳本久佚。今存乃大典本。《四庫提要》曰：“今據《永樂大典》所載者蒐採彙集，並集《歷代名臣奏議》得所未載者二十篇，互相訂正，釐爲二十卷，較諸原目，十殆得其五矣。”大典本録入《四庫全書》，卷目編次爲：卷一至六，奏議；卷七，表；卷八，書；卷九、一〇，啟；卷一一，策；卷一二，論；卷一三，序；卷一四，行狀；卷一五，墓誌銘；卷一六，賦；卷一七至二〇，詩、詞。光緒二十二年（一八九六），武進盛宣懷據文瀾閣庫本刊入《常州先哲遺書》第一集。

《全宋文》用影印文淵閣《四庫全書》本爲底本，輯得佚文十七篇。《全宋詩》底本同。

【參考文獻】

李墍《定齋集序》（影印文淵閣《四庫全書》本《定齋集》卷首）

止堂集十八卷

彭龜年　撰

彭龜年（一一四二——一二〇六），字子壽，號止堂，清江（今江西樟樹市西南）人。乾道五年（一一六九）進士，從張栻、朱熹游，寧宗時官至吏部侍郎。面折廷諍，有古直臣風，卒謚忠肅。樓鑰《忠肅彭公神道碑》（《攻媿集》卷九六）稱“雜著合爲若干卷，藏於家塾”。紹定三年（一二三〇）秋，魏了翁作《彭忠肅公止堂文集序》，略曰：

> 廬陵李公鼎受知於公有年矣，今將漕湖南，而公之子鉉來爲屬，乃以公平生所爲文刻諸湘西精舍，移書某命識篇首。……文集凡四十七卷，《訓蒙》《聖監》與別集不與。

真德秀嘗作跋，謂“公之子橫浦使君鉉以鏤本寄余”云云，時已刊成。陳氏《解題》未錄，蓋當時流傳不廣。

《宋志》著錄《止堂集》四十七卷，當即彭鉉紹定刊本。

是集明代蓋唯藏於内閣，後散亡，今傳乃大典本。《四庫提要》曰：“《宋史·藝文志》載其集四十七卷，世久失傳。今從《永樂大典》所載，益以《歷代名臣奏議》所錄，共得文二百二十三首，詩二百二十首，依類編次，釐爲二十卷。”大典本錄入《四庫全書》，刊入《武英殿聚珍版叢書》，《叢書集成初編》據聚珍本排印。四庫本卷目編次爲：卷一至六，奏疏；卷七，狀；卷八，經解；卷九，策問；卷一〇，序；卷一一、一二，書；卷一三、一四，啟；卷一五，牋；卷一六至一八，詩。

《全宋文》用影印文淵閣《四庫全書》本爲底本，輯得佚文二十三篇。《全宋詩》底本同。

【參考文獻】

魏了翁《彭忠肅公止堂文集序》（《四部叢刊初編》本《鶴山先生大全文集》卷九六）

真德秀《跋彭忠肅文集》（《四部叢刊初編》本《真文忠公文集》卷三六）

默齋遺稿二卷

游九言　撰

　　游九言（一一四二——一二〇六），初名九思，字誠之，號默齋，學者稱默齋先生，建陽（今屬福建）人。早從張栻學，舉江西漕司試第一。累官知光化軍、充荆鄂宣撫司參議官。卒，謚文靖。其集不見於宋、明書目。《四庫總目》著録鮑士恭家藏本，《提要》曰：

> 其集《宋史·藝文志》不著録。此本爲浙江鮑氏知不足齋所藏，凡詩一卷、文一卷。厲鶚《宋詩紀事》録九言詩四首，其前二首即採之此集。……《美人倚樓圖》一首、《溪上》一首，則均爲集中所不載，鶚從《詩家鼎臠》録入；而此本之末，鮑氏又從劉大彬《茅山志》補録詞三首，從曹學佺《宋詩選》及《檇李詩繫》諸書補録詩六首。疑此本亦由掇拾而成，故搜採有所未及歟。

　　館臣以爲二卷本爲後人掇拾而成，殆是，唯今不見舊本序跋，裒輯始末未詳。除四庫本外，今南京圖書館藏丁氏書二部，其一爲趙氏小山堂鈔本，振綺堂舊藏，烏絲印闌外有“小山堂鈔本”五字，並“汪魚亭藏閲書”印。此本詩文無增輯。另一部乃勞權丹鉛精舍鈔本，前録《四庫提要》，後有鮑氏補録，勞氏又從諸書補輯詩文凡六篇（詳參《善本書室藏書志》卷三一）。民國六年（一九一七），李氏宜秋館據勞氏本刊入《宋人集》乙編。

　　是集雖經前人不斷輯補，然仍欠完備。《全宋詩》用影印文淵閣《四庫全書》本爲底本，輯得佚詩十二首（包括勞權所輯）。《全宋文》底本同，輯得佚文五篇。

撙齋先生緣督集四十卷
撙齋集二十卷

曾　丰　撰

曾丰（一一四二—？），字幼度，號撙齋，樂安（今屬江西）人。乾道五年（一一六九）進士，淳熙間知會昌縣，歷隆興、廣東、廣西帥漕幕，仕終知廣德府。著有《撙齋集》，一名《緣督集》。《四庫提要》述是集宋、明間流傳情況道：

> 真德秀幼嘗受學於丰，及執政，奏取其集入崇文四部，當時嘗版行於世。歲久不傳。元元統間，丰五世孫德安購其遺集，得四十卷，翰林學士虞集爲之叙，……然當時欲授梓不果。至明嘉靖間，詹事講始選録十有二卷，刻於宣城，卷末有萬錡後序，稱摘其尤者存之，……遂使丰之菁華，反因此選而散佚，殊堪惋惜。

今按是集《宋志》著録，作“十四卷”；虞集序稱曾德安購遺集得四十卷，殆是宋本，則《宋志》“十四”二字當倒誤。明《文淵閣書目》卷九著録“《曾撙齋文集》一部九册，全”，私家書目未見登録，蓋傳本極稀。秘閣本後來失傳。

《四庫提要》所述嘉靖間詹事講刻本，“嘉靖”當作“萬曆”。《四庫提要·別集類存目一》著録別本《緣督集》十二卷道：“此本爲其十世孫自明所輯，萬曆癸未（十一年，一五八三)詹事講爲選而刻之。……所選僅詩三卷，文九卷，掛漏頗多。"萬曆本今國家圖書館及浙江博物館有著録，清咸豐初有重刻本(據鄒嶧賢序，重刻時對萬曆本編次有所調整)。王重民記北大本道：十行二十字，"原題'宋賜紫金魚袋樂安曾丰幼度著，參知政事門人西山真德秀奏行，明廉州府學教授十世孫自明輯，臨淮教諭十二世孫繼武編，邑人後學詹事講明甫校刊'"(中國善本書提要)》)。

四庫館臣因別無完本，遂從《永樂大典》蒐輯，《提要》曰：

> 《永樂大典》編自明初，尚見丰之原集，其所收録，較刊本(指萬曆本)多至數倍，今據以增補，乃哀然幾還舊觀，佚而復存，亦丰幸矣。……今原目不可復睹，謹據所存各體，以類區別，共釐爲二十卷。

大典本録入《四庫全書》。乾隆翰林院鈔本，今藏國家圖書館。

《提要》謂曾德安所購本當時欲授梓不果，當據元末明初人何淑《題緣督集後》(見詹事講萬曆刻本《緣督集》附録)，其曰："元統間，御史燮君(燮理溥化)爲樂安宰，求其書，奎章閣學士虞公序之，欲再板行，弗果。"該本其後蓋以鈔本形式流傳，萬曆間詹事講編選本時必嘗見之，故其刊本附録有該本序跋，且鈔本一直傳至清代。陸心源《原本緣督集跋》曰：

> 《撙齋先生緣督集》四十卷，題曰"廬陵曾丰幼度"，舊鈔本，前有虞集序。卷一頌、古賦、楚詞，卷二擬雅，卷三至卷六古詩，卷七至十二律詩，卷十三、十四絶句，卷十五、十六書，卷十七、十八序，卷十九至二十二記，卷二十三至二十六墓誌，卷二十七文，二十八勸農文、説、銘，

二十九贊、疏，三十青詞、表、疏，卷三十一至三十六啟，卷三十七策問，三十八至四十論。自卷二十七至三十皆有目無文。

　　案丰爲真西山之師，其集在宋已版行，至元而亡。至元初，五世孫德安重刊之，虞集爲之序，即此本也。明以後流傳甚罕，汪氏振綺堂有其書，乾隆中開四庫，汪氏以缺四卷不進呈，故《四庫》所收從《永樂大典》録出，原本則未之見也。今以大典本互校，可補詩一百四十九首，書五首，序三首，記十七首，啟三十三首，墓誌十七首。

跋又稱無文之四卷，按目求之大典本，可得十五首，餘四十八目則無從搜補。"然《大典》所收有出於此目外者，意者《大典》所收或宋時原本，此者從元刊傳鈔耳。"（詳陸氏《大典本緣督集跋》）陸氏所跋四十卷（缺四卷）係丁月河舊物，今藏日本静嘉堂文庫（參《皕宋樓藏書志》卷八六、《静嘉堂秘籍志》卷三六）。又朱緒曾《開有益齋讀書志》卷五謂振綺堂本所闕四卷中，"據其目録以閣本補之，得祭文、行狀、跋、説、銘、贊、謝表十九首，惟青詞、疏則閣本所無，不能補耳。又得《蠹書魚賦》一首，《鏡香》等題詩二十九首，《重修族譜序》《同班小録序》《代廣東帥到任啟》《通潘經略啟》《福慶寺始末記》《窮客達主人問答説》《叢書銘》《震齋銘》《愛山堂銘》，皆原目所不載"。謂可補十九首，與陸氏説稍異。今南京圖書館藏丁氏書，亦有四十卷（缺四卷）舊鈔本（參《善本書室藏書志》卷三〇）；上海圖書館藏有清鈔殘本，存卷一至二三、卷三五至四〇，凡二十九卷。南京圖書館本字跡尚工整，同事王曉波先生校點該本複印件以入《全宋文》，稱其訛誤頗多。然國内別無善本，不詳静嘉堂本如何。以鈔本校四庫本，可補之文如朱氏説。鈔本蓋皆源於振綺堂本，而振綺堂本今未見著録。

明正統九年（一四四四），曾丰九世孫緒端嘗刊行不完全本。該年九月，前永樂甲申（二年，一四〇四）賜同進士出身邑人黄陽作《重刊緣督集序》，略曰：

> 宋搏齋曾先生詩文號《緣督集》，自參知政事西山真公奏上板行於世，逮有元時五世孫德安欲再板行未果，今九世孫緒端遂刊行之。……
>
> 元統中，監邑燮理溥化詢求遺書，得先生文集四十卷，虞邵菴學士爲之序。國朝洪武初元，進士蟆暗何先生（淑）題跋，有詩。自乾道己丑登進士，至今正統甲子，二百七十六年矣，先生之文不至湮没者，後學尊之，子孫保之，抑亦神明之所護歟。緒端今所購，凡目録四十卷，其中所存頌、賦、詩、雜著二十八卷，遺失序、記、墓銘一十二卷，目完而篇缺，若爲可惜。然一草一木足觀造化之妙，奚以多爲哉？

惜此二十八卷刻本久不見於書目，當已散亡。就現存論，是集若以四庫館臣輯本（即四庫本）、傳鈔四十卷本相校重編，基本可稱完書，欲按闕目全部補齊，難度較大，甚至已無可能。

《全宋詩》用南京圖書館藏清鈔四十卷本爲底本，校以影印文淵閣《四庫全書》本等，另輯得佚詩二十九首。《全宋文》用影印文淵閣《四庫全書》本爲底本，用南京圖書館藏鈔本校補，輯得佚文五篇。

【參考文獻】

　　虞集《曾搏齋緣督集序》（影印文淵閣《四庫全書》本《緣督集》卷首，又見《道園學古録》卷三四）

　　黃陽《正統重刊緣督集序》（萬曆詹事講刊本《緣督集》卷首）

　　陸心源《原本緣督集跋》《大典本緣督集跋》（《儀顧堂題跋》卷一二）

格齋先生三松集一卷　　格齋四六

王子俊　撰

　　王子俊，字才臣，一字巨臣，號格齋，吉水（今屬江西）人。安丙帥蜀，嘗辟爲制置使屬官。其集今未見宋人序跋，宋代編刊情況不詳。《解題》卷一八著録道：“《三松集》十八卷，盧陵王子俊才臣撰。周益公、楊誠齋客，以列薦補官入蜀，爲成都帥幕。”《通考》卷二四一同。後世唯焦氏《國史經籍志》卷五著録“《王子俊集》十八卷”。

　　十八卷本久佚，今僅存四六文一卷。《四庫總目》著録鮑士恭家藏本，題《格齋四六》，《提要》曰：

　　　　（王子俊）所著有《史論》《師友緒言》《三松類稿》諸書（祝按：據陸心源《儀顧堂題跋》卷一二《格齋四六跋》，諸書之目見《西江人物志》），俱已不傳。此編原本題曰《格齋三松集》，疑即類稿中之一種，散佚僅存者。朱彝尊《曝書亭集》有是書跋（祝按：見卷五二），稱鈔得宋本《格齋四六》計一百二首。今檢勘其數，與所跋相同，當即彝尊所見之本。楊萬里嘗謂其史論有遷、固之風，古文有韓、柳之則，詩有蘇、黄之味，至於四六，踵六一、東坡之步武，超然絶塵，自汪彦章、孫仲益諸公而下不論。其推之甚至。今其他文已湮没不傳，無由證所評之確否；但就此一卷而論，其典雅流麗，亦復斐然可觀，故朱彝尊亦謂其由中而發，漸近自然，無組織之迹。必謂勝於汪藻、孫覿，固友朋標榜之詞，要之驂駕二人，亦足步其後塵矣。

朱彝尊所稱之宋本今猶存，藏國家圖書館，與趙汝談《南塘先生四六》同裝一函，每半葉十行十九字，乃毛氏汲古閣舊物。王重民疑其非宋刻，應爲選節本，《中國善本書提要》曰：

> 按《四庫全書》本、朱彝尊所跋本當並從此本出，朱氏謂所據爲宋刻，諸家亦均認此爲宋本。然卷内不避宋諱，且與南塘、梅亭同一版式，其爲宋、元間同時同地所刻無疑。當時凡刻若干家，今不可考，兹由此三家推之，均是選節之本，則無疑也。《提要》稱是書爲"《類稿》中之一種，散佚僅存者"，則由不知爲節本故也。余頗疑其選刻於元初，然無確據，故仍題爲宋本云。卷内有"虞山毛氏汲古閣收藏"、"虞山毛扆奏叔家圖書"、"毛扆之印"等印記。

節選本之説疑是。今據國内各圖書館著録，是集清鈔本凡藏九部，或題《格齋先生三松集》，或題《格齋四六》，分别源於宋本及四庫本（庫本亦由宋本出）。其中南京圖書館藏《格齋先生三松集》清鈔本，乃丁氏書，原爲王氏十萬卷樓藏本，《善本書室藏書志》卷三〇著録道："卷首有'嘉慶乙亥（二十年，一八一五）借汪蘇潭（繼培）吏部本鈔出，己卯（嘉慶二十四年）八月以開萬樓藏鈔本校過’晚聞手記，有‘宗炎’、‘宗炎校讀’、‘十萬卷樓藏書’諸印。”

　　民國八年（一九一九），胡氏退廬據江南圖書館（即今南京圖書館）藏鈔文瀾閣四庫本刊入《豫章叢書・九宋人集》，魏發將其分爲二卷，又删去各體名目及《薦舉表》二首。胡思敬頗不以爲然，於是補目録於前，而刻《薦舉表》於後，有跋。

　　《全宋文》用影印文淵閣《四庫全書》本爲底本。

宋國録流塘詹先生集 三卷
寒松閣集

詹　初　撰

　　詹初，字以元，一作子元，號流塘，休寧（今屬安徽）人。以薦入太學爲學録，忤韓侂冑，罷歸，遂入廬山不仕。是集有其子詹陽跋，稱所著文集原爲二十一卷，遭毁悉爲煨燼，後在詹體仁之孫處得數紙，裝爲一卷。又饒魯跋稱《翼學》爲“煨燼之餘”，似又在所裝一卷之外。其殘本宋時刻印否不詳，各家書目皆未著録。

　　明嘉靖戊午（三十七年，一五五八），著者十六世孫詹景鳳、十七世孫詹璧以是集於寒松草閣付梓，跋稱“族舊有刻”，因“再鐫之”。不詳所謂“舊刻”刻於何時，《四庫提要》因而質疑，謂“其書晚出，真偽蓋不可知”，然亦無證據指爲偽書。詹璧跋稱“是集刻分三卷，共四十一板”，其本今唯上海圖書館著録，題作《宋國録流塘詹先生集》，每半葉九行十三字，白口,四周單邊。國家圖書館有清初鈔本,爲影鈔嘉靖本,鈐有朱彝尊藏印(參見《藏園群書經眼錄》卷一四)。

清乾隆二十年(一七五五),詹氏後裔嘗重刻之,沈德潛、何達善等有序,沈序稱"原集二十一卷,家毀散佚,今存三卷,裔孫務勇將鎸板公世"云云。是本題作《寒松閣集》,今國家圖書館等有藏本。

《四庫全書》著錄山東採進本,題《寒松閣集》,《提要》稱其本與詹璧跋相符,"蓋從刻本影鈔也"。又述其書名、結構道:"其十六世孫景鳳、十七世孫璧二跋,稱嘉靖戊午,景鳳等始鎸於木,因其讀書之處,改名曰《寒松閣集》,分爲三卷。首卷《翼學》十篇,述學問大旨;又《序經》二篇,《序論語》上下篇,義如《易・序卦》之例。次卷爲《日録》五十五條,分上下二篇。第三卷爲古今體詩四十九首,又附以往來書簡。末有宋饒魯、李士英及明嘉靖間(田)〔周〕怡等跋。"關於書名,嘉靖本汪以湘跋亦云:"先生構讀書閣於萬松之間,以'寒松'名閣,今名其集亦曰《寒松》。"然嘉靖本仍未廢舊名,"寒松閣集"僅爲附題而已。

民國十年(一九二一),李之鼎宜秋館據文津閣四庫本《寒松閣集》刊入《宋人集》丙編。

《全宋詩》用明嘉靖刊本爲底本。《全宋文》用國家圖書館所藏清初精鈔本爲底本。

【參考文獻】

饒魯、李士英、吳欽儀《翼學跋》(影印文淵閣《四庫全書》本《寒松閣集》卷三附,人各一跋)

詹陽、詹景鳳、詹璧等《詹先生集跋》(同上,凡六人,人各一跋)

華亭百詠一卷

許　尚　撰

許尚，號和光老人，淳熙間華亭（今上海松江區）人，身世無考。是集惟晚出之《續文獻通考》卷一九五《詩集上》著録，今以《四庫全書》所收本爲早，底本爲鮑士恭家藏本，《提要》曰：

> 是編作於淳熙間，取華亭古蹟，每一事爲一絶句，題下各爲注。然百篇之中，無注者凡二十九，而其中多有非注不明者。以例推之，當日不容不注，殆傳寫佚脱歟。弔古之詩，大抵不出今昔之感。……然格意雖多複衍，而措詞修潔，尚不失爲雅音。所注雖簡略，而其時在今五六百年之前，舊蹟猶未全湮，方隅之所在，名目之所由，亦尚足備志乘之參考。

民國十一年（一九二二），南城李氏宜秋館據傳鈔文津閣四庫本刊入《宋人集》丙編。

《全宋詩》用《宋元方志叢刊》影印《至元嘉禾志》本爲底本。

乾道稿二卷淳熙稿二十卷
章泉稿五卷

趙　蕃　撰

趙蕃（一一四三——一二二九），字昌父，號章泉，信州玉山（今屬江西）人。與韓淲（澗泉）併稱“上饒二泉”，爲“江西詩

派"殿軍。以祖賜恩補官，終直秘閣，謚文節。嗜詩，劉克莊
《韓隱君詩》曰："趙章泉詩逾萬首，韓仲止（淲）、鞏仲至（丰）
幾半之，至少者亦千首。"（《後村大全集》卷九六）方回《跋趙章泉
詩》稱"予得其所刊乾、淳間詩十册"云云（《桐江集》卷二），知其
詩集行世甚早，但未見宋人書目著録。

　　明《文淵閣書目》卷一〇著録"《章泉趙先生詩》一部十二
册，殘闕"。《千頃堂書目》卷二九載《淳熙詩稿》四十卷。傳
本久佚，今存乃大典本。《四庫提要》曰：

　　　　蕃集世亦無傳，而《永樂大典》所收頗富，並爲采掇
　　編次，依舊本標題，釐爲《乾道稿》一卷（祝按：文淵閣四庫本
　　爲上、下二卷）、《淳熙稿》二十卷、《章泉稿》五卷，共二十六
　　（七）卷，而以蕃本傳及劉宰所作墓表附録於後。

大典本録入《四庫全書》，刊入《武英殿聚珍版叢書》。翰林院
鈔本《淳熙稿》二十卷（四庫底本），今藏國家圖書館。《叢書
集成初編》據聚珍本排印。三稿之中，僅《章泉稿》卷五有記
二篇（其中一篇作者爲他人，實止一篇），餘皆各體詩。較之
原作"逾萬首"之數，所存蓋不及其半。

　　《全宋詩》用影印文淵閣《四庫全書》本爲底本，輯得佚詩
二十七首。《全宋文》底本同，輯得佚文五篇。

龍川先生文集 三十卷

陳　亮　撰

陳亮（一一四三——一一九四），字同甫，號龍川，婺州永康

（今浙江永康）人。才氣豪邁，喜談兵，力主抗金，曾三次被誣
下獄。紹熙四年（一一九三）中進士第一，授簽書建康府判官
公事，未行而卒。文集乃其子陳沆（祝按：沆，據考當作“沈”，姑不
改，下同）所編，葉適作序，略曰：“同甫文字行於世者，《酌古
論》《陳子課稿》《上皇帝四書》最著者也。子沆聚他作爲四十
卷，以授予。”時在嘉泰甲子（四年，一二〇四）。至文集付梓，
葉適又作《書後》，曰：

> 余既爲同甫序《龍川文》，而太守丘侯真長（壽雋）刻
> 於州學，教授侯君敞、推官趙君崇崿皆佐其役費。同甫
> 雖以上一人賜第，不及至官而卒，於是二十年矣。……
> 又有長短句四卷，每一章就，輒自歎曰：“平生經濟之懷，
> 略已陳矣。”

既言距著者卒已“二十年矣”，則刻書當在嘉定七年（一二一
四）左右。長短句四卷不詳誰編，蓋亦出於陳沆之手。

《解題》卷一八著錄道：

> 《龍川集》四十卷、《外集》四卷，永康陳亮同甫撰。
> 少入太學，嘗三上孝廟書，召詣政事堂，宰相無宏度，迄
> 報罷。後以免舉爲癸丑（紹熙四年）進士第一，未禄而
> 卒。所上書論本朝治體本末源流，一時諸賢未之及也。
> 亮才甚高而學駁，其與朱晦翁往返書，所謂“金銀銅鐵混
> 爲一器”者可見矣。平生不能詩，《外集》皆長短句，極不
> 工而自負，以爲經綸之意具在是，尤不可曉也。葉適未
> 遇時，亮獨先識之，後爲集序及跋皆含譏誚，識者以
> 爲議。

直齋所錄，當即丘氏所刊，故引葉適《書後》，且知長短句題曰

《外集》，而對其學術及長短句頗有微詞。《通考》卷二四一、《宋志》著録卷數同，惟《宋志》録《外集》爲《外集詞》。

南宋末年，有《圈點龍川水心二先生文粹》，今存宋刊本，藏臺北"中央圖書館"，著録爲四十一卷十二册，宋饒輝編，嘉定間刊本，清趙稺農手校。一九八七年，中華書局出版鄧廣銘先生《陳亮集》增訂本，前附是書書影，《出版説明》稱"一九八三年春，由美國友人田浩教授協助，我得到了一部《圈點龍川水心二先生文粹》的影印本"。又據所附《陳龍川文集版本考》，知前後二集四十一卷中，"陳、葉二人的文章參互錯出於其間：前集卷一至卷三爲陳亮文，卷四卷五爲葉適文，卷六至卷八爲陳亮文，卷九至卷十六爲葉適文，卷十七至卷二十爲陳亮文；後集卷一至卷七爲陳亮文，卷八爲葉適文，卷九至卷十六爲陳亮文，卷十七、十八爲葉適文，卷十九至卷二十一爲陳亮文"。"每半葉十二行，行二十一字，不但宋代各皇帝的本名及嫌名一律避諱（但也間有不嚴格處），凡遇'本朝'、'祖宗'一類字樣亦一律空一格或提行，知其爲南宋刻本。"鄧先生即據此本增補明成化本，整理爲《陳亮集》，詳下。

明《文淵閣書目》卷九著録"《陳龍川文集》一部十二册，全"。《内閣書目》卷三曰："《龍川文集》十册，全，……葉適序，《内集》四十卷，《外集》四卷。"《萬卷堂書目》卷四、《澹生堂藏書目》卷一三著録三十卷本，殆成化本。《世善堂藏書目録》卷下有《陳龍川集》四十四卷，當連《内》《外》兩集。《徐氏家藏書目》卷六載《龍川集》四十卷。《絳雲樓書目》卷三著録《文集》，陳景雲注曰："四十卷，又《外集》四卷，葉水心序，婺州刻。崇禎間德州盧德水刻《三國紀年》《史傳序》，題曰《龍川二書》。"上述除明秘閣所藏殆宋槧外，唯錢氏絳雲樓本注明“婺州刻”，應即嘉定間知婺州丘壽雋所刊本，其餘各家所藏多不詳其版本。

宋刊本久已失傳，今以明成化本爲早。成化間，永康龍川書院刊《龍川文集》三十卷。該本無序跋，前人多視爲宋元本，晚清宗廷輔《致應寶時書》考證道：

> 承示《龍川》一集，竊嘗反覆讀之，知書賈之所謂宋版，實則明成化間所刊之書院版也。按《永康縣志》載，“龍川書院在龍窟山小崆峒，明成化間里人朱彦宗建”，則成化以前並無書院可知。今集首卷末行題“龍川書院朱彦霖捐貲刊行”，疑（《縣志》之）“宗”乃“霖”字之訛。又每卷第二行（祝按：原誤“第三行”）稱“九世甥孫朱潤刊行”，以字義核之，疑彦霖即潤之字，當取霖雨潤物也。……惟（每卷）第二行均經鏟去，而第七卷及第十六卷尚有“明邑後學汪海（又似“淵”字）輯補”八字，仿佛可認，則輯者汪海，刻者朱潤，字畫較然。

鄧廣銘《版本考》以爲宗氏論斷確鑿無疑，並謂“現今北京圖書館（今國圖）所收藏的一部，正是這一版本，其各卷第二行被剷版之情況，亦與宗氏信中所説完全相合”。又曰：“陳沆所編《文集》四十卷、《外集》四卷，很可能只在南宋嘉定年間刻印過一次，其後未再重刻重印過，在流傳了二百六七十年之後，在朱潤、汪海等人再也找不到比較完整的本子了，便只好因陋就簡地把它編輯刻印出來。於是在這個三十卷本裏面，葉適在《書後》中所提及的《春秋屬辭》和《陳子課稿》等著述便一概未被收録。《外集》四卷之詞，雖已羼入其中，而所收僅三十闋，最多想亦不過陳沆原編數目三分之一，究竟是出於有意的節選，還是因舊本殘闕致然，殊不可知。”成化本雖已非原本之舊，然因宋刻久已失傳，遂爲後來各本之祖。
今除上述國圖外，上海圖書館、南京圖書館（有丁丙跋）等猶
著録數部。傅增湘記其版式道：

> 十一行二十二字，大黑口，四周雙闌。首紹熙四年
> 諡文，次像讚，次嘉泰甲子葉適序。每卷前有“九世甥孫
> 朱潤刊行”一行（祝按：此行前當有“明邑後學汪海輯補”一行，
> 蓋亦被剷去，詳前）。第一卷末有“龍川書院朱彥霖捐貲刊
> 行”一行。卷中遇宋帝皆空格，是從宋本出。（《經眼録》卷
> 一四）

《四庫全書》著録浙江巡撫採進本，《提要》曰：“亮集凡四
十卷，今是集僅存三十卷，蓋流傳既久，已多佚缺，非復當時
之舊帙。以世所行者祇有此本，故仍其卷目，著之於録焉。”
要其意，當即成化本。卷目編次爲：卷一，書、疏；卷二，論；卷
三、四，問答；卷五至八，酌古論；卷九，論；卷一〇，經書發題、
銘、贊；卷一一，策；卷一二，三國紀年；卷一三，史傳序；卷一
四，序、説、引；卷一五，序；卷一六，記、題跋；卷一七，詩、詞
選；卷一八，啟；至一九至二一，書；卷二二，祝文；卷二三至二
五，祭文；卷二六，行狀；卷二七至三〇，墓誌銘。

成化本之後，是集明代尚有嘉靖、萬曆、崇禎三本。嘉靖
刊本亦無序跋，準確刊刻年代不詳，傅增湘著録爲正德、嘉靖
間刊本，半葉“十行二十字，每卷有‘晉江後學史朝富編刻’、
‘惠安後學徐鑒校正’兩行”（《經眼録》卷一四）。然史朝富爲嘉
靖三十二年（一五五三）進士（《中國善本書提要》），正德時恐不
至於刻書。鄧廣銘《版本考》謂以成化本與嘉靖本核對一過，
“發現它實乃完全依照成化本重刻的，在‘編’的方面並無任
何加工之處”。又説：“嘉靖本實只是成化本的一個翻刻本，

刻工雖較成化本稍勝，却也更增加了一些脱漏和錯訛。”嘉靖本今國家圖書館、上海圖書館、南京圖書館等著録十餘部，日本宮内廳書陵部、静嘉堂文庫、尊經閣文庫、大倉文化財團、京都大學，以及美國國會圖書館皆有藏本。

　　萬曆本爲二十六卷、附録一卷，萬曆丙辰（四十四年，一六一六）黄州知州永康王世德刊，跋稱“舉家藏本趣之梨棗”。鄧廣銘《版本考》曰：“這一刻本的卷首爲瞿九思、于倫、郭士望三人的序文，書後有王世德的跋。其所以爲二十六卷，乃是把三十卷本中之二十二至二十五各卷祭文概加删除，把祝文與哀詞另編爲二十二卷，把原二十六至三十卷改爲二十三至二十六卷。其各卷中之文章編次則與成化、嘉靖兩本全同，故亦直接或間接出自成化本者。”李盛鐸嘗謂將祭文一門删去，“不知何意？其他篇次尚未紊亂。明人刻書每有此病，無足怪也”（《木犀軒藏書題記》）。萬曆本每半葉十行二十字，白口，四周單闌，今國内僅著録四部。

　　崇禎本三十卷，乃崇禎六年（一六三三）鄒質士刻於杭州者。鄒氏《小引》僅云“梓其全集”，未言用何本爲底本。《版本考》謂事實極明顯：“若非成化本，即必爲嘉靖本也。”是本每半葉九行十九字，白口，四周單邊，今國家圖書館、北大圖書館、上海圖書館等猶著録二十餘部。

　　陳亮集清刊本頗多，主要有：

　　一、康熙四十八年（一七〇九）永康陳氏重刊三十卷本。是本有姬肇燕序，稱“文集之刻已不啻一而再，奈兵燹後梨棗遇災，其散見於人間者雖尚有傳書，設久而失傳，豈非後人之大過耶！今靈源後裔陳子良樫、應策等捐資而重刻之”。《版本考》曰：“這一刻本的卷首，首爲永康知縣姬肇燕序，其次爲轉載崇禎刻本中之鄒質士序,則其爲依據崇禎本重刻,當無可疑。"此本今北大圖書館、中國人民大學圖書館、浙江省圖書館等有著録。

二、道光二十九年(一八四九)義烏繡湖陳坡刻本。是本三十卷,陳坡跋曰:"公集在永康向有刻本,板凡數易。嘗覓得三種,惟得於金郡者刻最工,而舛訛處則皆仍其舊,兹特商本派而重梓之。"既未説明所得三本究爲哪三種刻本,亦未説明以何本爲底本。《版本考》曰:"根據書後所附《考異》看來,其中必有明嘉靖中的那一刻本,蓋即其'得於金華,所刻最工'之一種也。陳坡雖也自稱'與派孫新奏略爲訂正',而據《考異》所云,則實有如宗廷輔《與應寶時書》中所説,有因成化本之誤刻,'讀不可通,因改而益訛者'。而爲了不去觸犯滿清統治者的忌諱,陳亮的文句橫遭陳坡和陳新奏二人之删削竄改者,幾乎隨處可見。"因此,"陳坡的繡湖刻本,既有有意的删改,也有無意的脱漏和訛誤,不論與前乎它或後乎它的諸刻本相較,它都得算是一個最壞的本子"。道光本今中國人民大學圖書館、浙江省圖書館著録。

三、同治七年(一八六八)永康胡鳳丹退補齋刊《金華叢書》本。是本凡三十卷,王柏心跋曰:"柏心家有二藏本,一爲明刻,一爲國朝道光時刻。乃取授都轉(即胡鳳丹),合二本校之,字畫舛誤,悉爲刊定,遂繕寫重刻。"《版本考》曰:"在全書的卷首,在葉適的《龍川文集序》之下,即爲明崇禎癸西錢塘鄒質士的《刻龍川先生全集小引》。因知其所謂'明本',蓋即崇禎年間之刻本,而'道光本'則即繡湖陳坡刻本也。這個刻本的三十卷之後,爲胡鳳丹的《辨訛考異》二卷,其最後爲《附録》兩卷:頭一卷是從道光刻本照鈔來的朱熹與陳亮辨論

王霸義利的書信,第二卷則是胡鳳丹又從葉適的文集中補鈔
的《祭陳同甫文》《陳同甫王道甫墓誌銘》《書龍川集後》三文,
和《題陳同甫抱膝齋》詩二首。"《叢書集成初編》《四部備要》
即據《金華叢書》本刊印。

　　四、同治八年(一八六九)常熟宗廷輔校勘、永康應寶時
刻本。應寶時先向宗廷輔提供一部所謂宋版,宗氏研究後,
以爲實則明成化間所刊之書院版。於是宗廷輔參以諸本,寫
成《札記》。《札記序》謂"《龍川集》刻亡慮十數本,大率以明
成化書院本爲最古","今一以成化本爲主,參之以諸本。鄙
見所及,亦附存一二,皆注明於下方;而其間訛字脱句,無可
是正者,姑仍之"。所參之本,有嘉靖、崇禎、道光、同治胡刻
共四本,而萬曆、康熙兩本"今均未見,闕之以俟後賢"(見《又
書》)。據應寶時跋,宗氏凡改定一千餘字。《版本考》謂"宗廷
輔的《龍川文集札記》是一篇極有功力的校勘記,其中有一些
頗爲精彩的條目",他"能在極少憑藉的情況下,對於從明成
化到清同治年間幾次刻印的《龍川文集》中所存在的許多問
題,作出了大部分論證諦當的訂正,這確實是很不容易的"。
成化本經宗廷輔訂訛補闕後,應寶時即據以刊行,《版本考》
稱應刻本"確實是集中了成化以來諸刻本之所長,而又儘量
避免了諸本互相沿襲的一些失誤",且增《補遺》一卷,從而成
爲清代"最好的刻本"。應刻本今北大圖書館、復旦大學圖書
館等著録八部,日本東京大學、京都大學亦有藏本。

　　是集清代除上述刻本外,清初及清中葉猶有廣東壽經堂
活字本(即宗廷輔《致應寶時書》中所謂"廣東擺字版"),又有
光緒元年(一八七五)湖北崇文書局刻本等,今並有著録。據
《和刻目録》,日本孝明天皇嘉永五年(一八五二)有如不及齋

活字刊本《龍川文集》十五卷，又修補本十六卷，又修補本三十卷；孝明天皇萬延元年（一八六〇）河内屋茂兵衛刊有《龍川先生集要》六卷。《日藏漢籍善本書録》謂是年猶有浪華書肆岡田茂兵衛刊印之《龍川先生文集》三十卷。各本俱傳入中國，今上海圖書館等有藏本。

　　一九七四年，中華書局出版鄧廣銘校點本《陳亮集》，以同治七年胡鳳丹刻《金華叢書》本爲底本，校以成化本及同治八年應刻本等。《版本考》自我批評道：“不論在標點和校讎方面，全都做得不够細緻，故既有疏漏，也多錯誤。但這個本子還從一些書册中補入了陳亮本人的若干首詩詞以及後代人有關陳亮的一些論述，與清道光年間陳坡的刻本相較，倒應算是差勝一籌的一個印本。”

　　一九八七年，中華書局再出版鄧廣銘點校《陳亮集》增訂本。宗校應刻本雖已較善，然而“畢竟還是因爲宗廷輔能够參考到的書籍太少，即不但成化年間重刻《龍川文集》時所據宋刻殘本不可得見，就連選録陳亮文章較多的幾種書籍，例如南宋末年人編印的《龍川水心二先生文粹》、明永樂中黃淮、楊士奇編輯的《歷代名臣奏議》，他也全未見到。甚至與陳亮交往較多的一些人物的著作或有關記載，他能參考到的也極爲有限。在這樣局限之下，宗廷輔的《札記》及其寫與應寶時的信中所論述的，自然也不免有些不够確切恰當之處”（《版本考》）。鄧先生因得到《文粹》影印本，遂可對成化本作大量增補和校訂，而這是此前各本（包括宗校應刻本）所不可能做到的。其《陳亮集增訂本出版説明》道：

　　　　我是在明成化刻三十卷本的基礎上，又依據《龍川水心二先生文粹》和《永樂大典》殘卷等書作了一些增補和校訂工作的。事實上，凡見收於《文粹》當中的陳亮文，我是一律以《文粹》爲底本的。這樣，成化本中的一些訛誤、脫漏，特別是經由朱潤、汪海二人所肆意竄亂篡改諸處，就不必特意加以糾正而都得以恢復原面貌了。陳亮文中因避宋帝名諱而換用代字之處，成化本和後刻諸本也有遞加改易者，今也一律照用《文粹》舊文而不加改易。凡成化本某卷所收文章與《文粹》某卷全相同，而排列順序互相參差者，亦均改從《文粹》序列。其爲成化本所未收而爲今次增入者，則爲《文粹》中之《策問》三卷、《漢論》五卷、《任子官觀牒試之弊》及《人法》兩文，和《永樂大典》殘卷中的《代妻父祭弟茂恭》《代妻祭弟何少嘉》兩文。成化本卷十五之末原收有《後杜應氏家譜序》一篇，文中有"登宋咸淳中解榜，官至廣東廉訪司副"語，明係元人之作，今予删除。另外，凡《文粹》未收之文，則儘量依從成化刻本。這是因爲，後來諸刻本雖有對成化本遞加改正之處，然大都無稽無據，肆意而爲。對此等改易文字自須慎重將事，故凡非理據確鑿者，均一仍成化刻本之舊。……增補後之陳文雖亦分編爲三十八卷，然其總量必不等同於陳沆所編四十卷本中之三十八卷。

增訂本乃迄今最完善之本。

《全宋文》用鄧廣銘增訂本《陳亮集》爲底本。《全宋詩》從《龍川集》中録詩三首，輯得佚詩十一首。

【參考文獻】

葉適《龍川文集序》（中華書局《陳亮集》增訂本附録）

葉適《書龍川集後》（同上）

于倫、郭士望《萬曆刻本龍川文集序》（同上，人各一序）

王世德《萬曆刻本龍川文集跋》（同上）

鄒質士《崇禎刻本龍川文集小引》（同上）

姬肇燕《康熙刻本龍川文集序》（同上）

陳坡《道光刻本龍川文集跋》（同上）

胡鳳丹《同治壬辰重刊龍川文集序》（同上）

胡鳳丹《龍川文集辨訛考異跋》（同上）

王柏心《同治壬辰刻本龍川文集跋》（同上）

應寶時《同治己巳覆刊龍川文集跋》（同上）

宗廷輔《龍川文集札記序》（同上）

宗廷輔《致應寶時論龍川文集書》《又書》（同上）

鄧廣銘《陳龍川文集版本考》（同上卷首）

祝尚書 著

宋人別集叙録 （增訂本） 下 册

中華書局

宋人別集叙録卷第二十三

潔齋集二十四卷

袁　燮　撰

袁燮(一一四四——一二二四)，字和叔，號潔齋，鄞(今浙江寧波)人。早年師事陸九淵，與楊簡等俱爲高弟。淳熙八年(一一八一)登進士第，歷國子祭酒、禮部侍郎，卒諡正獻。文集乃其子袁甫等所裒輯，甫作《後序》，稱"惟是散落人間，兄弟相與裒輯，尚多闕略，姑取其已彙次者刻梓，以惠後學"，時在紹定元年(一二二八)。《解題》卷一八著録《潔齋集》二十六卷、《後集》十三卷；《通考》卷二四一從之，然《後集》作十二卷，盧文弨以爲是《通考》"誤脱其畫耳"(《潔齋集書後》)。前集蓋即紹定初所刻，當時未彙次者，後來再編爲《後集》，刊於何時不詳，陳氏既著録，當在刊前集後不久。

明《文淵閣書目》卷九著録"《袁潔齋文集》一部二十七册，全"，至《内閣書目》已無其目。《篆竹堂書目》卷三僅載"《袁潔齋文集》四册"。兩集後皆失傳，今存乃大典本。《四庫提要》曰：

> 明初尚有其本，故《永樂大典》采掇頗多，厥後遂罕

相傳録，漸就散亡，即祖述象山之派者，亦不能舉其篇目矣。今據《永樂大典》所載，衰集編次，得文二百四十八首，詩一百七十六首。……惟《永樂大典》於前、後二集不各爲標識，今遂無可辨別。謹以類排纂，並爲一集，勒成二十四卷，而以夑子甫所作序一篇附之，用存其舊云。

大典本録入《四庫全書》，其卷目編次爲：卷一至四，奏疏；卷五，奏狀；卷六，策問；卷七，論；卷八，序、題跋；卷九、一〇，記；卷一一至一六，行狀；卷一七至二一，墓表、墓銘；卷二二，廟碑、祭文；卷二三、二四，古近體詩。大典本又刊入《武英殿聚珍版叢書》（閩覆本、廣雅書局本有勞格輯《拾遺》一卷）。同治十一年（一八七二），浙江四明袁氏進修堂刊《潔齋集》二十四卷、附從祀録六卷，據裔孫袁震跋，底本當爲聚珍本。《叢書集成初編》據武英殿聚珍本排印。

　　一九三六年，張壽鏞輯刻《四明叢書》第四集，收《袁正獻公遺文鈔》二卷、附録三卷。此本據徐時棟煙嶼樓藏鈔本付梓。《遺文鈔》乃袁氏二十一世孫士杰所輯，卷上收各體文八篇，卷下爲《沈叔晦言行編》，分別注明出處。附録卷一“言行”，卷二“潔齋集校勘記”，卷三爲真德秀所作《正獻公行狀》。對於校補大典本，《遺文鈔》頗有參考價值。

　　是集書名，宋人著録作“潔齋集”，大典本以下“潔”作“絜”。盧文弨《潔齋集書後》曰：“古‘潔’字雖作‘絜’，然在今則不得不分。和叔齋名本作潔清之潔，故其《贈陸伯微絶句》有云：‘斗大書齋以潔名……’若作古字，恐不知者疑其或取‘絜矩’爲義，則失之矣。”今按明人書目皆作“潔”（見上引），現存影印《永樂大典》殘本所載除個別作“絜”外，絶大多數亦作“潔”，館臣統書爲“絜”，誤，誠如盧氏所説。本文統改爲

"潔"，以免謬種繼續流傳。

《全宋文》用影印文淵閣《四庫全書》本爲底本，在《遺文鈔》之外，又輯得佚文二十七篇。《全宋詩》底本同。

【參考文獻】

袁甫《潔齋集後序》(影印文淵閣《四庫全書》本《潔齋集》卷末)

盧文弨《潔齋集書後》(中華書局校點本《抱經堂文集》卷一三)

張壽鏞《刊袁正獻公遺文鈔序》(《四明叢書》本《袁正獻公遺文鈔》卷首)

水心先生文集二十九卷

葉　適　撰

葉適(一一五〇——一二二三)，字正則，永嘉(今屬浙江)人，家居水心村，世稱水心先生。淳熙五年(一一七八)進士第二，官至寶文閣待制兼江淮制置使。支持開禧北伐，失敗後被奪職奉祠十三年。卒，謚忠定。爲"永嘉學派"集大成者，長於文，時稱"大手筆"(《黃氏日鈔》卷六八)。其文集乃門人趙汝讜編，有序，略曰：

> 集起淳熙壬寅(九年，一一八二)，更三朝四十餘年中期運通塞，人物散聚，政化隆替，策慮安危，往往發之於文，讀之者可以感慨矣。故一用編年，庶有考也。

則其集乃編年本，故吳子良《荆溪林下偶談》卷二《水心文可資爲史》贊之曰："水心文本用編年法，自淳熙後道學興廢，立君用兵始末，國勢汙隆，君子小人離合消長，歷歷可見，後之爲史者當資焉。”然未記卷數，也不言刊於何時。《偶談》卷二又有《前輩不肯妄改已成文字》一則，曰：“水心作《汪參政勃墓誌》，有云：‘佐佑執政，共持國論。’執政蓋與秦檜同時者也。汪之孫浙東憲綱不樂，請改，水心答云：‘凡秦檜時執政，某未有言其善者，獨以先正厚德，故勉爲此，自謂已極稱揚，不知盛意猶未足也。’汪請益力，終不從。未幾水心死，趙蹈中（諳）方刊文集未就，門下有受汪囑者，竟爲除去‘佐佑執政’四字，碑本亦除之，非水心意也。水心答書，惜不見集中。”按今傳本“佐佑執政”作“居紀綱地”，可知趙刻本對原文偶有改竄。

《讀書附志》卷下曰：“《水心先生文集》二十八卷，右葉適字正則之文也，門人趙汝諳序而刻之。水心，其自號也。”則趙刻爲二十八卷本。又陳氏《解題》卷一八著録道：“《水心集》二十八卷、《拾遺》一卷（又《別集》十六卷，今另立目，此不引），吏部侍郎永嘉葉適正則撰。淮東本無《拾遺》，編次亦不同。”《通考》卷二四一從《解題》。趙刻無《拾遺》，然考汝諳未嘗官淮東，不知淮東本爲誰氏所刻。《宋志》著録二十八卷，無《拾遺》。明黎諒跋又稱舊有《葉學士文集》（詳下引），益不喻其爲何本。蓋是集宋、元間刊有多本。

明《文淵閣書目》卷九著録“《葉水心文集》一部十五册，全”。《内閣書目》同，稱“凡二十八卷”，且多一部，曰“又十册全”。其他私家如《萬卷堂書目》《澹生堂藏書目》等皆著録二十九卷，當是正統本，唯《絳雲樓書目》卷三陳景雲注爲二十八卷。官私所藏，疑内閣本爲宋槧，然後來散亡，今以正統本爲早。

正統本乃正統十三年（一四四八）處州府推官黎諒搜輯編刻，跋略曰：

> 嘗因公事詣邑，訪求遺本，無有存者。間或得一二篇或數十篇，歷八載始克備。有曰《文粹》，曰《葉學士文集》，曰《水心文集》，及余幼時所讀《標準集》者，其總目有四，惟《標準》一集十亡其七八。公暇躬自謄録。其各集中所作札、狀、奏議、記、序、詩、銘並雜著，成篇章者得八百餘篇，編集彙次，分爲二十九卷，其所著經傳子史，編爲《後集》，總名曰《水心先生文集》，繡梓以永其傳，與四方同志共覽焉。集中字義脱落無可考者，不敢僭補，姑虚以待後之君子而正之。

景泰二年（一四五一）王直序，稱黎氏“鋟梓以傳”，當刊成於是年。黎氏所刻乃重輯本，雖亦爲二十九卷，但已非宋本之舊；因宋本失傳，此刻遂爲後來各本之祖。

傅增湘記其所藏黎諒刊本道：

> 十行二十字，黑口，四周雙闌。前門人大梁趙汝諧序，序後正統十三年處州府推官章貢黎諒跋，次景泰二年泰和王直序，次總目。每卷標題下題“前集”二字，次行題“章貢黎諒編集”一行。

> 按：此集乃黎諒重編本，計搜集得八百餘篇，分爲二十九卷，葉集行世以此本爲最古矣。此本四明盧氏抱經樓藏書，余曾見之樓中，今雖剗去印記，尚可辨。余丙辰（一九一六）二月得之滬上，時陳立炎購盧氏書事尚未定，不知何以先爲人盜出。沈乙盦（曾植）聞之，留觀半月，爲著數語於後：

"《水心集》二十八卷，世久不存，景泰本遂爲最古，然亦罕覯，平生只兩見耳。明季有刻本，即從此出，雖文字小有出入，大體不異也。黎氏序中所稱《文粹》，余嘗見之，小字巾箱本，與陳同甫文同刻，曰《二先生文粹》，頗疑即提要所謂淮東本者。珍秘永存，勤者有獲，沅叔曷更訪之。丙辰三月寐叟借讀記。"

繆荃孫氏題沈跋後曰："水心、同甫兩《文粹》，荃孫亦見之，索價一百五十元，後歸黃仲弢。"（《經眼録》卷一四）

此本今藏國家圖書館。沈跋疑《文粹》即淮東本，恐非是。據陳氏《解題》，淮東本雖較趙氏本編次不同，無《拾遺》，但應仍是全集本，而《文粹》乃選本（當即今藏臺灣之宋刻本《圈點龍川水心二先生文粹》，詳下）。黎諒跋所謂《後集》，歷來不見著録，後人多以爲未刻。

除此本外，今國家圖書館、上海圖書館等猶著録黎刻本六部，其中南京圖書館兩部殘闕，配以清鈔（丁氏本卷五至九配鈔，見《善本書室藏書志》卷三〇；另一本有劉體仁、羅槼校，丁立誠跋，卷一至六、一五至二二、二九配清丁氏竹書堂鈔本）。臺北"中央圖書館"著録三部。日本宮内廳書陵部亦藏一部，首有"磐生"、"茂緑軒"印記，每册首有"秘閣圖書之章"印記（《日藏漢籍善本書録》）。《四部叢刊初編》據劉氏嘉業堂藏黎刻本影印，有張紹仁圖記（《四部叢刊書録》），卷末録有沈曾植跋。黎刻本卷目編次爲：卷一，奏札；卷二，表狀；卷三至五，奏議；卷六至八，古律詩；卷九至一一，記；卷一二，序；卷一三至二五，墓銘；卷二六，行狀；卷二七，書；卷二八，祭文；卷二九，雜著（題跋等）。

前引沈曾植跋所謂明季刻本，乃重刻黎本，刊刻經過不詳。每半葉九行十九字，白口，四周單邊，今國家圖書館等及臺灣著録十餘部，日本内閣文庫亦有庋藏。

入清，是集有乾隆二十年（乙亥，一七五五）温州府學刊本二十九卷，有兩浙督學使者雷鋐、浙江分巡温處道朱椿二序，俞文漪跋後。雷鋐序稱底本乃葉氏裔孫賓止所藏黎刻本，尚缺十之二三，遂從武林藏書家覓全本以補綴之。孫衣言《永嘉叢書》本《書後》曰：

> 葉文定（祝按：《宋史》本傳作"忠定"）公集，余家所藏，但有乾隆時永嘉刻本（祝按：指温州府學本），雷憲副序所謂"於武林藏書家得全本補綴之"者也，每病其多訛脱，又以意改竄，頗類淺人所爲。繼得方文輈《水心文鈔》本，又於士友處見國初大字本，則永嘉本之誤皆自大字本出，乃知雷序所謂全本，即此書也。

按：乾隆五十五年（一七九〇）方文輈希古堂刊《水心文鈔》十卷，孫氏所謂《文鈔》指此。《文鈔》乃選本，今有著録。清初大字本不詳爲何本。乾隆温州府學本，今國家圖書館、上海圖書館、浙江圖書館等著録十餘部，其中浙江大學圖書館藏本有孫衣言批校。日本京都大學亦有藏本。該本每半葉十行二十字，白口，左右雙闌。可見黎刻之後，重刊本質量等而降之，是集迄無善本。

《四庫全書》著録朱筠家藏本，據《提要》知即黎刻本。又《提要》曰："汝諧（原誤"鐺"）實用編年之法，諒不加深考，以意排纂，遂至盡失其原次。其間如《財總論》《田計》諸篇，多論時事，當即《別集》佚篇，不在原集二十八卷之内，諒亦不能辨別也。"所云皆是，然黎諒當日搜於殘斷之餘，若恢復編年，談何容易；又，黎氏因誤以爲《别集》已無完本，故以其所存編入文集，亦勿須深責。要之黎諒乃葉氏功臣，否則是集或致湮没不傳。

光緒八年（一八八二），孫衣言以錢桂森所贈之黎刻本刊入《永嘉叢書》，作《書後》述其校勘情況道：

> 予編《永嘉叢書》，既刻《止齋集》《水心別集》，謀重刊此本，乃取《事文類聚》、《黄氏日鈔》、馬氏《通考》、周密《浩然齋雅談》、李心傳《道命録》、吴子良《林下偶談》、劉壎《隱居通議》、《景定建康志》、《咸淳臨安志》、永樂《歷代名臣奏議》諸書所載水心詩文補正闕誤。其它無可考，則永嘉本（祝按：即乾隆溫州府學本）、大字本，方本（即《文鈔》）與侍御元校本（祝按：不知校者何人，似反以永嘉本改易黎本，而其與永嘉本不同者，又似别有所據，今姑取其一二）亦有取焉。或缺誤顯然，可以文義推測，知爲某字，輒以意改定，蓋取便誦讀而已。至於各本文字偶有不同，概不輕改，以存黎氏之舊。刻既竣，復爲《校注》二卷，附之於後，著其所以沿革之故，俾閱者得以訂其當否。字句之異義可兩存者，亦並著之，以資參考。

孫氏又輯佚文九首爲《補遺》附之於後。所作《校注》（即校記），當時並未刊附，稿本今藏浙江大學（原杭大）圖書館及溫州圖書館。黎刻本之後，孫氏用功爲多，故《永嘉叢書》本較善。

一九六一年，中華書局出版劉公純、王孝魚、李哲夫校點本《葉適集》。一九八一年重印，將《文集》與《別集》合刊，《文集》以《永嘉叢書》本爲底本，參考孫衣言所作《校注》。《文集》與《別集》重複凡四十九篇，《文集》删文存目。

校點本限於條件而未校宋刻《水心文粹》，是其缺憾。十

餘年前,鄧廣銘先生既得複印臺灣藏宋槧《圈點龍川水心二
先生文粹》,從而訂補《陳亮集》,已詳前《龍川先生文集》叙
録;又蒙先生厚意,再複印給四川大學古籍研究所,以校葉集
入《全宋文》。《全宋文》用《永嘉叢書》本、《文粹》本、同治本
《水心別集》(此本詳下)爲底本。《文粹》所收除資校勘外,有
論、策問若干篇,爲《文集》《別集》所無,因採編爲"論"一卷、
"策問"二卷。此外,《全宋文》編者猶新輯得葉氏佚文二十篇
(包括殘篇)。葉氏存世之文,至此差爲完備。《全宋詩》用
《四部叢刊初編》影印黎刻本爲底本。

【參考文獻】

趙汝譡《水心文集序》(《四部叢刊初編》本《水心先生文集》卷首)
黎諒《景泰本水心文集跋》(同上)
王直《水心文集序》(同上)
孫衣言《校刊黎本水心文集書後》(同上卷末)

水心先生別集十六卷

葉　適　撰

陳氏《解題》卷一八著録《水心集》時,又著録《別集》十六
卷,曰:

《外集》(即指《別集》)者,前九卷爲制科進卷,後六
卷號"外稿",皆論時事,末卷號"後總",專論買田贍兵。

《通考》卷二四一同。《別集》後來多在《水心集》外單行,故本

書另立目。

明《文淵閣書目》卷九著録“《葉水心別集》一部五册，全”，《內閣書目》同。《篆竹堂書目》卷三載有三册。《絳雲樓書目》卷三陳景雲注曰“《別集》十六卷，《拾遺》一卷”。今按《永嘉叢書》本，《別集》卷一五末有著者跋，謂四十餘篇爲淳熙乙巳（十二年，一一八五）入都時作，獲對孝宗；光宗初，又應詔條六事，而編於嘉泰甲子（四年，一二〇四）。卷一六《後總》中，屢有“袁云”按語及校語，當是著者門人袁聘儒之筆。則是集前十五卷乃著者手編，末卷蓋袁氏所增，李哲夫《葉適集編校後記》謂“《別集》最初的校刻者也許就是袁聘儒”，其説蓋是。

黎諒《水心文集跋》曰：“余幼時，先君東臯處士以遺書一帙名曰《策場標準集》授諒，謂是書乃水心葉先生適在宋時所著也。”因《別集》前九卷爲《制科進卷》，蓋《標準集》即《別集》，書坊更其名作爲舉子範文讀本。由此可知，《別集》當曾一再付梓，唯名目不同而已。黎諒編《水心集》時，所存《標準集》已“十亡其七八”，因將殘存部分輯入文集。

然而《別集》尚有完本流傳，今猶著録清鈔本多部，而源於何本則不詳。阮元嘗進呈葉適《賢良進卷》四卷，《提要》曰：

宋人賢良進卷甚多，如孫（深）〔洙〕《賢良進卷》十卷、錢公輔《賢良進卷》十卷，均載《郡齋讀書志》。而適書獨不存，唯前明葉盛《篆竹堂書目》經濟門有“葉正則《賢良進卷》二册”，即此書也。萬曆《溫州府志》載《水心文集》之外，有《制科進卷》九卷、《外稿》六卷，疑此與《外稿》實係一種，故黃震讀文集《日鈔》於適正集外復著《水心外集》,其篇目、摘要與此卷吻合。按《宋史·孝宗本紀》,淳熙十一年(一一八四)六月,詔在内尚書、侍郎、兩省諫議大夫以上、御史中丞、學士、待制,在外守臣、監司,不限科舉年分,各舉賢良方正能直言極諫一人。適此卷即於其時所進。

阮氏所進四卷,見《宛委别藏》。《增訂四庫簡目標注》邵章《續録》曰:"萬曆《温州志》載《水心文集》外,有《制科進卷》九卷,張金吾所藏《别集》中有之,阮氏以四卷進呈,蓋未見張本也。"阮氏非但未見全本,蓋亦未細檢陳氏《解題》,故不知《進卷》《外稿》皆在《别集》(或稱《外集》)中。

同治九年(一八七〇),由李春龢出資,將孫衣言所藏《别集》寫本在江寧(今江蘇南京)刊入《永嘉叢書》,李序略曰:

> 春龢自乙丑(同治四年)冬攝令瑞安,瑞安爲先生故里。時吾師孫琴西(衣言)先生方奉諱家居,所藏永嘉諸先生遺書至夥,因從假得《别集》寫本,讀之,歎其論治之精,有益於經世,欲爲重墨諸版,會代去,未果也。逮今年春,春龢復攝江山,而吾師亦以觀察需次江寧,因寄貲請校刻之。

今觀所刻,前九卷爲《進卷》,次乃《外稿》六卷,末爲《後總》一卷,與《解題》所述合,又有葉氏自跋,蓋仍是宋編本原貌。

一九六一年,劉公純、王孝魚、李哲夫校點本《葉適集》,將《别集》編入,即以《永嘉叢書》本《水心别集》爲底本,校以浙江圖書館所藏《别集》鈔本。

【參考文獻】

葉適《水心别集跋》(中華書局校點本《葉適集·水心别集》卷一五末)
李春龢《同治刊水心别集序》(同上卷首)

樂軒集八卷

陳　藻　撰

　　陳藻，字元潔，福清（今屬福建）人，屢舉進士不第，遂終身布衣。師事理學家林亦之，爲林光朝再傳弟子。開門授徒，不足自給，至浮游江湖。歸，扁其室曰樂軒，因以自號。卒，年七十五（按：據《福建日報》二〇〇八年十月十七日載，福清海口鎮城裏村發現陳藻墓碑，已殘，乃林希逸端平二年〔一二三五〕所刻，則陳氏生卒年約略可考），謚文遠。其集乃門人林希逸編，有劉克莊序，稱"樂軒没二十餘年，余從竹溪林侯肅翁（希逸）傳鈔遺稿"云云。此集嘗與林光朝、林亦之集合刊爲《三先生文集》，宋本至明末猶庋藏於内閣，《内閣書目》卷三著録道："《三先生文集》十五册，不全。一爲林光朝謙之著，曰《艾軒集》，凡二十三卷，今闕第二、第四、第二十一、二十三卷；一爲陳藻元潔著，曰《網山集》，凡八卷；一爲林亦之學可著，曰《樂軒集》，凡十六卷，闕八卷。"著録者將陳藻、林亦之二人混誤，即著《網山集》者應爲林亦之，陳藻所著爲《樂軒集》。由知陳氏《樂軒集》原本爲十六卷，時缺八卷，或曰僅存八卷。參本書卷一九《艾軒先生文集》叙録。

　　内閣藏本後散佚，今傳悉爲鈔帙。國内著録清鈔本凡六部，如上海圖書館藏康熙汪氏裘杼樓鈔本、雲南大學圖書館藏清初鈔本等。日本静嘉堂文庫藏有傳是樓舊鈔本，見《皕宋樓藏書志》卷八六、《静嘉堂秘籍志》卷三六。所有鈔本皆八卷，當同源於明内閣本。傅增湘《藏園群書經眼録》卷一四

記一舊鈔本,有陳起識語曰:

> 樂軒先生隱居長樂之西郊,天分是崇,怡然自得。
> 余向慕其人,以不獲見所著爲恨。没後二十餘年,後村
> 録其遺稿八卷,爲序其生平。余因借觀,鈔寫一本,藏於
> 篋笥云。錢唐陳起。

由陳起題識知劉克莊所録爲八卷,此應爲文集原編本卷數。
上引《内閣書目》謂《三先生文集》本《樂軒集》“凡十六卷,闕
八卷”,則十六卷當是由八卷文集本重釐而來。弄清此點很
重要,因爲後世所傳八卷本,實爲闕佚已半之《三先生文集》
本,並非劉克莊所録八卷本(詳下)。

《四庫總目》著録馬裕家藏本,亦止八卷,《提要》曰:

> 今觀集中所載諸體詩,頗涉粗率,而真樸之處實能
> 自抒性情。古文亦主於鍛煉字句,不爲奔放閎肆之作,
> 與《艾軒集》體格相近。雖其蹊逕太僻,不免寒瘦之譏,
> 然在南宋諸家中,實亦自成一派也。

八卷目次爲:卷一至三,詩;卷四,賦;卷五,記、序;卷六至八,
策問。

《全宋文》用影印文淵閣《四庫全書》本爲底本,據《永樂大
典》殘卷補文四十餘篇。此可證永樂時十六卷本《樂軒集》尚庋
藏於文淵閣,後亡失其半;並説明《四庫》所録爲《三先生文集》
本,八卷僅有原本之半,並非宋編原帙,故其文類較少,如銘、誌
及大量祭文,尚保存在《大典》殘卷中。《全宋詩》底本同。

【參考文獻】

劉克莊《樂軒集序》,(《四部叢刊初編》本《後村先生大全文集》卷九五)

校注橘山四六二十卷

李廷忠 撰　孫雲翼 注

李廷忠，字居厚，號橘山，於潛（今浙江杭州臨安區）人。淳熙八年（一一八一）進士。初官於潛教授，累遷夔州守。《橘山四六》不見於宋人書目，初編及流布情況不詳。明祁氏《澹生堂藏書目》卷一二著錄“《橘山四六》六册，二十卷”。《徐氏家藏書目》卷五亦載“《李橘山四六》二十卷”。《脈望館書目》則有“《橘山四六》八本”。

是書所收乃“啟”類四六文，用於作者官場交往。今存校注本及無注鈔本兩類。

校注乃明孫雲翼所爲（偶有作者自注）。按：孫氏丹陽（今屬江蘇）人，萬曆十九年（一五九一）舉人，仕至陵州知州。工齊梁體，撰述較豐。據其所作《引》，校注底本乃“宋人鈔本”，先隨手箋釋於赴京舟中，後訂正於炎徽官舍。萬曆三十五年（一六〇七）付梓，題“宋古潛李廷忠居厚著，明曲阿孫雲翼禹見注”。每半葉十行，注爲小字雙行，每行二十一字。白口，左右雙闌。萬曆本今大陸及臺灣著錄二十餘部，日本宮内廳書陵部、静嘉堂文庫、尊經閣文庫並有藏本。《四庫全書》亦著錄萬曆本，《提要》謂廷忠《宋史》無傳，“厲鶚作《宋詩紀事》，載其所著有《洞霄詩集》，今亦不傳”；《橘山四六》“蓋向無刊版，自雲翼箋釋後始授梓行世”。然而孫氏箋注“尤多蕪雜，未足以資考核，以其裒綴頗勤，故姑仍舊本錄之，不復刊削焉”。

不附孫注之白文本今存明鈔，國家圖書館、北大圖書館
及浙江天一閣皆有藏弆。國圖本存卷一至十八，乃劉氏嘉業
堂舊物，傅增湘記之曰：“明寫本，棉紙紅格，十行十八字。鈐
有‘閩中徐惟起藏書記’朱文印，明徐𤊹舊藏。”(《經眼錄》卷一
四)北大本爲李氏書，李氏跋曰：“世行《橘山四六》，皆明孫氏
禹見校注本，今亦有萬曆時刊，而無注之本不可得見。此藍
格明鈔雖訛闕頗多，却無孫注，爲近今各藏書家所未有，不得
不視爲珍秘也。甲寅(一九一四)小暑後五日，盛鐸記。”(《木
犀軒藏書題記》)天一閣本殘缺已甚，僅存卷一六至二〇，凡
五卷。

《全宋文》用影印文淵閣《四庫全書》本爲底本，删去孫
氏注。

【參考文獻】

孫雲翼《校注橘山四六引》(影印文淵閣《四庫全書》本《橘山四六》
卷首)

方是閒居士小稿 二卷

劉學箕　撰

劉學箕，字習之，崇安(今屬福建)人，劉韐曾孫、劉子翬曾
孫。恬於仕進，居南山之下，自號種春子。有堂曰方是閒，遂
號方是閒居士。是集乃作者門人游郴編刊。游氏跋曰：“此
集二百餘篇，凡三萬言，郴親授先生之前而手編之。”著者《自

記》，稱凡舊唱和一百首，新作七十一首，雜著二十七首，詞四十一首，集成兩編（即二卷）。時在嘉定丁丑（十年，一二一七）。是年冬，趙蕃等一時名流紛紛爲之題跋，方立跋稱游郴“刻梓有日”，蓋刊成於次年。

元至正二十一年（辛丑，一三六一），又有重刊本。著者從玄孫劉張跋，稱是集“舊已鏤板，因毁於兵，遂失其本。近偶得於邑士家，……遂復授諸梓”。

宋刻本久無著錄，今存元至正刊本，唯上海圖書館及臺北“中央圖書館”有藏本。元刊本每半葉八行十八字，黑口，四周雙闌。前有劉淮、趙蕃、趙必愿序，必愿序後有隸書木記曰“至正庚子仲冬屏山書院重刊”兩行；後有自記及游郴等跋，最後爲從玄孫劉張跋。按“至正庚子”爲至正二十年，蓋於是年冬開雕，而於次年竣工，故劉張跋作於次年暮春。

明《文淵閣書目》卷一〇著錄“《方是閒居士集》一部一册，闕”。至《內閣書目》已無其目。《汲古閣珍藏秘本書目》有二本。各本屬宋屬元不詳。

除元刻本外，今國家圖書館、上海圖書館、南京圖書館等著錄清鈔本共十餘部，日本靜嘉堂文庫藏一部，多爲影元傳錄本，序後有“至正庚子仲冬屏山書院重刊”隸書牌子。《四庫全書》著錄影元鈔本，見《提要》。其上、下二卷編次爲：卷上，詩；卷下，雜著（賦、記、頌、銘、序、疏、致語、説）、詞。按詞僅三十八首，《全宋詞》所收同，與《自記》之四十一首不合，不詳何故。除元本系統外，是集傳世蓋別無它本。

《全宋詩》用元至正刊本爲底本，又從《兩宋名賢小集》之《方是閒居士小稿》中輯詩五十三首。《全宋文》用影印文淵閣《四庫全書》本爲底本。

【參考文獻】

劉學箕《方是閒居士小稿自記》（影印文淵閣《四庫全書》本《方是閒居士小稿》卷末）

劉淮《方是閒居士小稿序》（同上卷首）

游郴等《方是閒居士小稿跋》（同上卷末。凡十一人，人各一跋）

劉張《至正本方是閒居士小稿跋》（同上）

勉齋先生黃文肅公文集四十卷

黃　榦　撰

黃榦（一一五二——一二二一），字直卿，號勉齋，閩縣（今福建閩侯）人。少師朱熹，熹以女妻之。以蔭補官，歷知漢陽軍、安慶府。卒謚文肅。其集不見於宋人書目，《四庫全書》著録四十卷本，《提要》稱“與《宋史·藝文志》相合”，然檢《宋志》僅著録“《黃榦文集》十卷”，榦、榦同，殆所謂衡陽本（見下），館臣誤。按黃震《跋勉齋集》，稱臨江董雲章家收勉齋文最全，董氏謂“初得衡陽本十卷，次得巖溪趙氏所刊本二十四卷，次得雙峰饒氏録本《書問》一卷，次得徽菴程氏録本《書問》一卷，次得北山何氏録本《答問》十卷。近又得三山黃氏友進刊本四十卷，凡衡陽、巖溪、雙峰、徽菴本皆在焉，而又多三之一，獨無《答問》”。董氏又云：“衡陽本最初刊，有妨時，有不盡刊，故爲最略；巖溪所刊雖略增，其板已毀於火；三山所刊分類多未嘗聞，亦頗散佚。”則除録本外，至此時已有三本，而以三山黃友進所刊四十卷本較全。黃震於是館致董雲章，"盡求其書，屬幹辦常平司公事趙君必趨相與裒類爲《勉齋大全集》"，並以《勉齋祠堂記》刻附卷末，時在咸淳九年（一二七三），上距作者逝世已半個多世紀。

王柏又嘗編《勉齋北溪文粹》，跋稱"《勉齋黃先生文粹》三十篇，《北溪陳先生（淳）文粹》三十一篇、經説十五篇，金華後學王柏之所編集，而又附以雜著四十餘章，北山何先生（基）亦嘗增定焉"（《魯齋集》卷一一）。是乃黃榦、陳淳選集合刊本。

據上述，黃榦文集在宋末刊本頗多，且有大全集。明《文淵閣書目》卷九著録"《黃勉齋文集》一部八册，全"。《内閣書目》同，曰"凡十卷，又講義一卷"。則秘閣所藏乃衡陽本。《絳雲樓書目》亦有十卷本。宋槧各本（包括十卷本、大全集本等）後皆失傳，今以元刊四十卷本爲古。

元刊本疑即翻刻三山黃友進本。《天禄後目》卷一一嘗載一部，乃謙牧堂藏書，有殘闕，久佚。陸心源又收得一部，稱其爲宋刻元修本，《皕宋樓藏書志》卷八八著録道：

> 《勉齋先生黃文肅公集》四十卷、附録一卷，宋刊本。
> 案此宋刊元印本，每葉二十行，行十八字，版心有注"延祐二年（一三一五）補刊"字樣，小黑口，宋刊元修本也。

陸氏另有《宋本黃勉齋集跋》，詳記其卷目編次爲：卷一，詩；卷二至卷一六，書；卷一七銘、記；卷一八，記；卷一九，序；卷二〇，題跋；卷二一，啟；卷二二，婚書、疏、青詞、祝文、奏狀；卷二三，擬奏、代奏、論；卷二四、二五，講義；卷二六，經説；卷二七，策問、公札；卷二八、二九，公札；卷三〇至三二，公狀；卷三三、三四，行狀；卷三五，志銘；卷三六，祭文；卷三七，雜著；卷三八至四〇，判語。此本後歸日本静嘉堂文庫。傅增湘赴日檢視後按曰：

> 此書余曾假徐梧生（坊）藏本校過，其中有壞板，脱失
> 文字甚多，檢視此本亦然，蓋同爲元刊元修之本也。（《經
> 眼録》卷一四）

丁丙《善本書室藏書志》卷三〇著録影宋鈔本（今藏南京
圖書館），稱“卷中略有闕文，殆影寫時板已漫漶”，蓋亦由元
刊元修本出。

元刊元修本，今國内猶存兩部，藏國家圖書館、吉林省圖
書館。國圖藏本今已影印入《北京圖書館古籍珍本叢刊》第
九十册，卷中有“虞山瞿紹基藏書之印”及“鐵琴銅劍樓”等印
記，知爲瞿氏舊物。按《鐵琴銅劍樓藏書目録》卷二一著
録道：

> 《勉齋先生黃文肅公集》四十卷，附集一卷、語録一
> 卷、年譜一卷。宋刊本，宋黃榦撰。凡講義、經説三卷，
> 雜文三十六卷，詩一卷，與《宋史・藝文志》合（祝按：此當
> 沿襲《四庫提要》之誤），蓋猶原本也。附集録本傳、告詞、謚
> 議、行實、祠（祝按：原誤“詞”）記、祭文等篇，語録爲門人林
> 圓、蔡念成記録，年譜爲門人鄭元肅撰、陳義和重編。前
> 後無序跋。每半葉十行，行十八字。字畫清勁，體似顏、
> 柳，爲宋刻中至佳本。

此本今國圖著録爲“元刻延祐二年重修本”。因附集中縫偶
有“延祐二年補刊”字樣，是重修本無疑；定其爲“元刻”，蓋以
卷中不避宋諱也。此本卷中亦有漫漶，尤以附録爲甚。

元刻之後，全集唯康熙間刊有兩本，一爲康熙四十三年
（一七〇四）黃若金刻本，書名《宋儒文肅公黃勉齋先生文

集》；一爲康熙五十年（一七一一）黄鉞刻本，書名同（康熙時另有《正誼堂叢書》本《黄勉齋先生文集》八卷，乃選本，盛行於晚清）。康熙兩本今已稀見，前本唯國家圖書館、上海圖書館、福建省圖書館有藏本，半葉十行二十二字，白口，單闌；後本僅南京大學圖書館著録。黄若金本有沈涵、程仕序，黄若金跋，皆未述所用底本，蓋輾轉傳鈔本，故其訛脱闕逸，比現存元刊本更嚴重，陸心源《宋本黄勉齋集跋》嘗評之曰：

> 康熙中沈涵刊本雖仍四十卷之舊，前後編次非多（祝按：疑爲“多非”之倒）舊第，竄易脱落，又復不少。如《上朱晦菴第八書》“婆娑山林以聽之”下脱三百餘字，《第九書》“游談諸司”上脱二百餘字，妄增與某人書失名五字。《與金陵制使李夢聞第四書》全缺，《第五書》之首脱十餘字。《與林宗魯司業書》後脱《與黄去非書》之前半三百八十餘字，而改題爲《與某某書》。《復陳師復殿丞第五書》脱下半首，《第六書》脱上半首，約七百餘字。《通江東柴漕啟》“寬當宁之憂思”下脱五百餘字。《謝史丞相啟》脱上半之百餘字，而連屬爲一篇。《申轉運司乞減和糴數狀》“桐城以旱”以下脱七百餘字，“寧城不得築”下脱七百餘字。《申省土功告畢狀》下脱二千一百餘字，《乞備申省》《丐祠狀》後《再丐祠狀》一首約四百餘字。此外零星訛舛更不勝枚舉也。

陸氏所謂編次多非舊第，指該本卷第與元槧大異。傅增湘嘗以西圃蔣氏傳鈔黄若金本與元槧對照，詳列兩本編次差異，參《藏園訂補邵亭知見傳本書目》。

現存其它清鈔或影宋鈔本，皆類有闕脱，如北大圖書館藏清馬氏紅藥山房鈔本、南京圖書館藏清影宋鈔本（《善本書

室藏書志》卷三〇稱“卷中略有闕文”）等，殆俱源於元刊漫漶
之本。

《四庫總目》著録勵守謙家藏本。檢四庫本，大體與元刊
本無異，而脱葉闕文愈甚。要之，是集已無完善無闕之本，就
現存論，仍以影印元刊本爲佳。

今臺灣“中央研究院歷史語言研究所”藏有朱氏潛採堂
舊鈔本四十卷，有“杲會里朱氏潛採堂藏書”、“朱彝尊錫鬯
父”二印；又有西圃蔣氏手校鈔本，亦爲四十卷（按：即上述傅
氏著録本）。兩鈔本皆斷爛嚴重，但潛採堂本附集有六葉可
補國圖元刊本之闕，甚爲可貴（詳參黃彰健《跋“國家圖書館”本〈勉
齋先生黃文肅公文集〉》，《“中央圖書館”館刊》第二十七卷第一期）。

《全宋文》以宋刻元延祐二年重修本爲底本。《全宋詩》
以影印文淵閣《四庫全書》本爲底本。

【參考文獻】

黃震《跋勉齋集》（影印文淵閣《四庫全書》本《黃氏日鈔》卷九一）

陸心源《宋本黃勉齋集跋》（《儀顧堂集》卷一六）

南湖集十卷

張　鎡　撰

張鎡（一一五三—一二三五），字時可，一字功父，號約齋
居士，張俊曾孫。先世爲成紀（今甘肅天水）人，自張俊起寓
臨安（今杭州）。累官權通判臨安府，忤史彌遠，貶死象臺。

嗜爲詩，風格清新獨造，於蕭散中見雋永之趣。所著《南湖集》蓋由多個小集彙編而成，其成書過程，曾維剛君曾作過細緻梳理，作《张鎡〈南湖集〉成书考》（載《文学遗产》二〇一一年第五期）。

據所考，宋孝宗淳熙八年（一一八一）八月張鎡曾以詩投贈陸游，陸游作《謝張時可通判贈詩編》詩致謝，曰：“聖朝中興六十年，君家文武何聯翩。……流傳到君愈卓犖，投我千篇皆傑作。”（《劍南詩稿》卷一三）楊簡《張時可惠示甲乙稿》詩曰：“凌晨帶月上竹輿，荷君封送兩卷書。朦朧未省何文字，中道曉色來徐徐。乃是約齋甲乙稿，驚喜邊讀味新好。”（《慈湖遺稿》卷六）淳熙十三年九月，張鎡又將所編《約齋詩乙稿》贈友人楊萬里，誠齋作《跋張功父通判直閣所惠約齋詩乙稿》答謝（《誠齋集》卷二一）。是年十二月，張鎡有《立春日園梅未花書呈尤檢正（袤）》詩，曰：“十行猶用午年曆，數首初編丁稿詩。臘雪已多春定好，願求名句檄南枝。”（《南湖集》卷五）。次年四月，張鎡再將《約齋詩丙稿》贈楊萬里，並向楊萬里索詩集。淳熙己酉（十六年），楊萬里作《南湖集序》，稱“約齋子寄其詩千餘篇曰《南湖集》，且諗予序之”云云（《誠齋集》卷八一）。則此時當已將用“約齋”命名之甲、乙、丙、丁四稿統編爲《南湖集》。尤袤《遂初堂書目》著錄之《南湖集》，蓋即此編。次年（嘉定四年）十二月，張鎡預謀倒史彌遠，事泄，坐扇搖國本罪除名，象州羈管。

宋末元初作家方回嘗作《讀張功父南湖集並序》，曰：“南湖生於紹興癸酉（二十三年），循忠烈王之曾孫。近得其前集二十五卷，三千餘首，嘉定庚午（三年，一二一〇）自序，蓋所謂得活法於誠齋者。”（《桐江續集》卷八）則方回所讀《南湖集》收詩"三千餘首"，較之楊萬里所序之《南湖集》"千餘篇"，雖書名相同，數量却不啻倍蓰，絕非一本。由於史料闕失，個中緣由不詳，然似仍有蛛絲馬跡可尋。嘉泰二年（一二〇二），張鎡在太府寺丞任上，曾將新編《南湖》第三集詩稿及書函寄楊萬里，誠齋有《和張寺丞功父八絕句》（《誠齋集》卷四〇），並作《答張功父寺丞書》云："功父深居帝城，……不遠千里，走一介行李，移書寄詩……《南湖》第三集。詩老而逸，夷而工。"（《誠齋集》卷六八）《南湖集》淳熙末已編成，此又有"第三集"，可知誠齋所序《南湖集》，并非最後彙編本。既有第三集，是否尚有《南湖》第二集？前引方回序稱其所讀并序之《南湖集》爲"前集"，似乎確有後集或第二集。方回《南湖集》爲二十五卷，今存史浩《題南湖集十二卷後》（見文淵閣《四庫全書》本《南湖集》卷一〇附），《知不足齋叢書》本收入附錄，鮑廷博按曰："《南湖集》原本凡二十五卷，見方萬里（回）《桐江續集》，真隱（史浩）此跋，蓋題《桂隱記詠》之後，而云十二卷者，知當時編次如是也。"史浩所題明明爲《南湖集》，鮑云"蓋題《桂隱記詠》"，恐屬臆度，《南湖集》當有十二卷本，其爲第幾集已不可考。又，慶元六年（一二〇〇），楊萬里有《謝張功父送近詩集》詩云："十年不夢軟紅塵，惱亂閒心得我嗔。兩夜連翻約齋集，雙明再見帝城春。……近代風騷四詩將（誠齋自注：四人，范石湖、尤梁溪、蕭千岩、陸放翁），非君摩壘更何人？"（《誠齋集》卷三九）。所謂"近詩集"爲何集？不得而知（詩所謂"約齋集"當爲泛指，而非書名）。要之，張鎡當年所作極富，結集時分分合合，今已難以盡考。

　　以上所考，尚未涉及張鎡各集刊行情況。上引方回《南湖集序》，稱集中有嘉定庚午（三年，一二一〇）張鎡自序，疑該序即爲刊板而作。其時尤袤已死（卒於光宗紹熙五年，一一九四），故《遂初堂書目》著錄之《南湖集》，可肯定非方回本，很可能爲《南湖集》之初稿本。除嘉定庚午本《南湖集》外，疑其他各集皆未嘗上板，故陸續亡佚，明初秘閣所藏只有《南湖集》（有闕，見下），疑即嘉定本。

　　明《文淵閣書目》卷一〇著錄"張約齋《南湖集》一部五册，闕"，至《内閣書目》已不登錄。蓋傳本極罕，終歸亡佚。今本《南湖集》乃大典本。《四庫提要》曰：

　　　　其集久佚不傳。楊士奇《文淵閣書目》雖載有張約齋《南湖集》一部，五册，藏弄家亦皆未見。今檢《永樂大典》各韻中，收入鎡詩尚多，評其格律，大都清新獨造，於蕭散之中時見雋永之趣，以視嘈雜者流，可謂翛然自遠。詩固有不似其人者，鎡之謂歟。鎡又工長短句，有《玉照堂詞》，選本多見采錄，而原本亦久散佚。謹裒集編次，以類相從，釐爲詩九卷、詞一卷，用存其略。《永樂大典》所載，多題曰"湖南集"，以諸書參考，知爲傳寫之誤，今亦並從改正焉。

館臣所鈔紅格底本，今藏北京大學圖書館，乃李氏舊物，《木犀軒藏書書錄》記曰："原作'湖南集'，墨筆鈎勒作'南湖集'。前九卷詩，末一卷詩餘。第一卷缺首葉。有'古潭州袁卧雪廬收藏'白文方印。"《四庫全書》據大典本鈔錄。

　　乾隆四十六年（一七八一），鮑氏知不足齋據朱文藻鈔校《四庫全書》本《南湖集》刊入《知不足齋叢書》。鮑廷博《刻南湖集緣起》曰：

　　　　據方萬里（回）題詞，稱其前集二十五卷，三千餘首；

兹所得者,計詩一千十七首,詞七十八闋。雖較方所稱
僅三之一,而已燦然可觀矣。博於武林先哲遺書,頗多
采輯,嚮者張助教潛亭入都,曾以搜求未備爲託,閲歲書
來,以館中新得《南湖集》見報。未幾助教忽歸道山。繼
而邵太史二雲(晉涵)聞之,赴官之後,亟求館中校定副
本傳鈔一編,適沈侍御蘆士南歸,寄以相示。……謹依
館閣原編校寫,既畢,偶檢志乘,補其漏佚。至於遺文逸
事,與夫後人景仰題詠之作,亦輯而附焉。爰付剞劂,以
廣流傳。

鮑氏所補"漏佚",分別注明出處,與所輯"遺文逸事",編爲
《附錄》上、中、下三卷,上、中爲遺文,下爲逸事。今存約齋詩
集,以此本較完善。鮑廷博校鈔本,今藏國家圖書館。《叢書
集成初編》據《知不足齋叢書》本排印。

《全宋詩》用影印文淵閣《四庫全書》本《南湖集》爲底本,
輯得佚詩二十七首。《全宋文》底本同,輯得佚文九篇。

【參考文獻】

楊萬里《約齋南湖集序》(《知不足齋叢書》本《南湖集》卷首,又《誠
齋先生文集》卷八一)

史浩《題南湖集十二卷後》(影印文淵閣《四庫全書》本《南湖集》卷
一〇附)

方回《讀張功父南湖集并序》(同上)

鮑廷博《刻南湖集緣起》(《知不足齋叢書》本《南湖集》卷首)

朱文藻《書南湖集後》(同上卷末)

燭湖集二十卷

孫應時 撰

　　孫應時（一一五四——一二〇六），字季和，號燭湖居士，餘姚（今屬浙江）人。淳熙二年（一一七五）進士，歷黃巖尉、蜀制幕、知常熟縣。嘗師事陸九淵、朱熹，學者稱燭湖先生。今本《燭湖集》卷一九末，有七律一首，題爲《閩憲克莊以故舊託文公五世孫明仲遠徵鄙文老退遺棄散逸荷伯宗用昭止善浩淵子旵至善及余表姪孫陳誼予兄子豐仲弟之婿賈熙用昭之從子大年等十餘人寒冬連旬日夜録之得五十卷亦已勞矣賦此爲謝》，《四庫提要》謂“蓋嘗應劉克莊之求，手編其稿爲五十卷”。今按寶慶丁亥（三年，一二二七），作者從子祖祐作《燭湖集跋》，略曰：

　　　　先叔父燭湖所遺詩文，襲藏惟謹。寶慶丙戌歲（二年），越帥集撰大卿汪公綱修《會稽續志》，採之鄉評，載先叔父小傳於人物門，仍訪問遺文所存若干，即先會粹十卷以對。

既言“襲藏惟謹”，若著者生前嘗手編爲五十卷，原稿當無散佚，何以因修《續志》訪及遺文，方才臨時“會粹十卷以對”？又按劉克莊生於淳熙十四年（一一八七），孫應時死時僅二十歲，尚未入仕，何能官至“閩憲”？考劉克莊爲閩憲在淳祐八年（一二四八），其時應時辭世已四十餘年矣。又，孫氏爲朱熹門人，而詩題謂“託文公五世孫”云云，亦顯見乖謬。則前述七律當爲僞作。今按：該詩見虞集《道園學古録》卷二九，蓋《永樂大典》誤題，館臣不考，遂以爲著者嘗"手編其稿爲五十卷"，反以爲孫祖祐所編十卷"非其舊本也"。

前引孫祖祐跋稱編集爲十卷；跋又謂付作者門人浙西庾使司馬述鋟梓時，增編《經史説稿》一卷、附録一卷，故司馬述《燭湖集序》稱"得以會粹者十有二卷，敬鋟梓以惠後學"云云。《宋志》著録《燭湖集》十卷，蓋據《會稽續志》，即祖祐初編本。

明《文淵閣書目》卷九著録"孫介《燭湖文集》一部十三册，闕"。按孫介乃應時之父，蓋原本前附孫介事跡或作品，著録者不察而誤。原本散佚已久，明末《内閣書目》已無其目，今傳乃大典本。《四庫提要》曰：

> 兹從《永樂大典》所載，排纂成編，惟《經史説》殘闕特甚，僅存一篇，其餘則約略篇數，殆已十得八九，以卷帙繁重，分二十卷。仍附編其父介及其兄應求、應符詩，並録應時父子志傳行狀、子祖開補官省札諸篇爲上下二卷。

大典本録入《四庫全書》，卷目編次爲：卷一，表；卷二、三，啓；卷四，簡；卷五至八，書；卷九，策問；卷一〇，序；卷一一，行狀；卷一二，墓誌銘；卷一三，祭文；卷一四至二〇，各體詩。附編二卷，卷上收孫介、孫應求、孫應符詩；卷下爲行狀、墓銘、壙誌、傳記。

清嘉慶八年（一八〇三），裔孫孫景洛静遠軒重刊是集，底本乃邵晉涵（二雲）鈔四庫館大典本，校文瀾閣《四庫全書》本，有吴安世、黄徵蕭及裔孫孫熙載、景洛、元杏諸跋。此本今國家圖書館、北大圖書館等及臺灣有著録，日本京都大學亦有庋藏。

《全宋文》用影印文淵閣《四庫全書》本爲底本，輯得佚文八篇。《全宋詩》底本同。

【參考文獻】

司馬述《燭湖集序》（影印文淵閣《四庫全書》本《燭湖集》卷首）

孫祖祐《燭湖集跋》（同上卷末）

吳安世、黃徵肅《燭湖集跋》（嘉慶八年刊本《燭湖集》卷末，人各一跋）

龍洲道人詩集十五卷

劉　過　撰

劉過（一一五四——一二〇六），字改之，自號龍洲道人，吉州太和（今江西泰和）人。四次應舉不中，遂流落江湖，窮死於崑山。嘗從辛棄疾游。詩詞多抒發抗金抱負，語意峻拔，風格豪放。其詩文集不見宋人著録，唯《解題》卷二一載《劉改之詞》一卷。今存《龍洲道人詩集》十五卷，有作者弟劉澥跋，略曰：

古人以詩名家者衆矣。予兄改之晚出，每有作，輒伸大紙以爲稿，筆法遒縱，隨爲好事者所收，故無鈔集，詩章散漫人間，無從會萃。澥嘗游江浙，涉淮甸，得詩詞表啟序於所交遊中，……用是鋟木，以廣其傳。每得名賢序跋詩文亦多，嘗陸續以刻。少有舛闕，不敢輕易竄易。

跋作於端平紀元(一二三四)六月，蓋是時已刊成。

明《文淵閣書目》卷九著録"《劉龍洲集》一部二册，闕"。《内閣書目》已無其目。《絳雲樓書目》僅録其目，有其書否不詳，蓋傳本極罕見。所謂"劉龍洲集"，當即劉澥刊本。宋槧久已失傳(按：《增訂四庫簡目標注·續録》謂有宋紹興四年〔一一三四〕陳贊刊本，其時劉過尚未出世，大誤。或"紹熙"歟？不詳所據)。

文集今以明嘉靖本爲古。嘉靖本今著録二部，分別藏南京圖書館(配清鈔)、日本静嘉堂文庫。是刻題《龍洲道人詩集》，凡十五卷，署"西昌劉過改之著，崑山縣知縣王朝用校正"，每半葉九行十七字，白口，左右雙邊。參《善本書室藏書志》三一、《皕宋樓藏書志》卷八八。

今按前引劉澥跋，謂其所輯有"詩詞表啟序"，則所刻當爲各體文集；王朝用刊本十五卷中，前十卷爲詩，卷一一、一二爲詞，卷一三、一四爲雜文，卷一五附録名賢詩文，與劉澥序合，疑即翻刻《劉龍洲集》，不詳何故改題"詩集"，與内容不符，失妥。

《四庫總目》著録鮑士恭家藏本，《提要》稱《龍洲集》十四卷，附録二卷，附録中有宋以來諸人所題詩文。四庫本删去宋以後人詩文，保留序跋及宋人題詩爲第十五卷。則鮑本之第十六卷，乃析嘉靖本卷一五之"名賢詩文"而成，何人所析不詳。

乾隆中，綿州學者李調元於李氏萬卷樓刊《函海》，將《龍洲集》詩十卷刊入《函海》第十二函。

光緒二十五年(一八九九)，泰和蕭作梅刊《龍洲集》十四卷首一卷，乃是將嘉靖本第十五卷移之於編首，并有增補。

孫振濂、蕭作梅有序，孫序略曰：“先生之詩十卷，詞二卷，雜著一卷，代有鋟版，而歲久漫漶，且多魚魯之訛。蕭君和卿，博雅好古，爰校訂而重刊之。又增採宋人贈龍洲詩若干首，爲附録一卷。”此本今國家圖書館、上海圖書館著録。

　　除刊本外，是集今存清鈔本凡十餘部，分十五卷、十二卷、十卷三類（不計選録本）。三類疑皆由嘉靖本出。十二卷本，唯南京圖書館藏一部，乃丁氏書，爲陳氏西畇草堂舊藏本，前十卷爲詩（卷一〇有賦一篇），卷一一、一二爲詞，“每卷有篇目，後無雜文，蓋別一本也”（《善本書室藏書志》卷三一）。其實並非別本，乃未鈔雜文。十卷本僅有詩，即乾隆以前書賈改題《斜川詩集》以作僞者。十卷本除鈔本外，尚有元刊本、明末刊本及清活字本（詳參蘇過《斜川集》叙録，此略）。

　　一九七八年，上海古籍出版社出版楊明校點本《龍洲集》，其中詩以過録邵晉涵校本（今藏上海圖書館。浙江大學圖書館亦藏一部）爲底本，文以蕭作梅刊本爲底本，詞以《蟬隱廬叢書》本爲底本，校以各本。有補遺詩二首，附録凡四。

　　《全宋詩》以明嘉靖刻本爲底本。《全宋文》用楊明校點本爲底本。

【參考文獻】

劉澥《龍洲道人詩集跋》（嘉靖本《龍洲道人詩集》卷末）

孫振濂、蕭作梅《龍洲集序》（光緒二十五年泰和蕭氏刊本《龍洲集》卷首，人各一序）

育德堂外制五卷

蔡幼學 撰

蔡幼學（一一五四——一二一七），字行之，瑞安（今屬浙江）人，陳傅良門人。乾道八年（一一七二）進士，寧宗時官至權兵部尚書兼太子詹事。《解題》卷一八著録其制誥集道：

> 《育德堂外制集》八卷、《内制集》三卷，兵部尚書永嘉蔡幼學行之撰。成童穎異，從同郡陳傅良君舉學，治《春秋》。年十七，試補上庠，首選，陳反出其下。明年，陳改用賦，冠監舉，而幼學爲經魁。又明年，省闈先多士，而傅良亦爲賦魁。一時師弟子雄視場屋，莫不歆艷。

《通考》卷二四一從之。《宋志》著録《育德堂集》五十卷，當爲文集全帙，或稍晚出，陳氏未及著録。集已久佚，所作内、外制及奏議當已闌入集中。今存《外制》《奏議》兩集，蓋當時曾單行，故未隨文集而湮没，得以流傳至今。

《育德堂外制》今存宋刊本，傅增湘《經眼録》卷一四記之曰：

> 《育德堂外制》五卷，宋蔡幼學撰，存卷一至五，目録卷五後有補痕，當有缺卷。宋刊本，九行十八字，白口，左右雙闌，版心上記字數，下記刻工姓名。字體仿顔平原，刻印皆精。鈐有："蔡氏圖書子子孫孫永寶印"、"永哉一蔡昭祖宗文印"（祝按：參下述《奏議》印記，疑當作"永嘉蔡昭祖宗之印"）、"毛扆"（朱）、"斧季"（白）、"毛扆字斧季別

號省菴”（白）、“叔鄭後人”（白）、“中吴毛斧季圖書記”
（朱）、“與清堂”（白）、“毛姓秘玩”（白）、“毛扆之印”（白）、
“季斧”（朱）。

王文進《文禄堂訪書記》卷四亦著録此本，補“永嘉韋昭且
印”，并記刊工姓名有：虞干、劉酉、文甫、次升、葉樞、葉仁、江
德、余酉、江京、共生、蔡仁、蔡仲、余士、江文等。此本今藏臺
北“中央圖書館”，大陸唯有影宋鈔本，藏南京圖書館。據《解
題》，《外制集》凡八卷，當闕三卷。

民國十八年（一九二九），黃群據影宋鈔本五卷鉛印入
《敬鄉樓叢書》第二輯。《全宋文》即以該叢書本爲底本。今
人編《續修四庫全書》，用南京圖書館藏影宋本影印，編入集
部第一三一八册。

【參考文獻】

黃群《刊育德堂外制跋》（《敬鄉樓叢書》本《育德堂外制》卷末）

育德堂奏議 六卷

蔡幼學　撰

是集未見宋人著録，今亦存宋刻本，藏國家圖書館。《奏
議》結集著者奏議、疏札凡六十七篇，始孝宗淳熙十四年（一
一八七），終寧宗嘉定十年（一二一七）。無序跋，每半葉九
行，行十八字，白口，左右雙邊。版心雙魚尾，上記字數，下記
刻工姓名，有江正、共生、江德、余士、賴正、葉仁、陳之、劉甫、

劉生明，及單字意、塊、西、石等。"廓"字缺末筆，避宋諱至寧宗止，當刻於寧宗朝。卷中藏印有"永嘉蔡昭祖宗之印"、"蔡氏圖書子子孫孫永寶用"、"永嘉蔡氏文懿世家"、"與清堂"，以及"毛斧季收藏印"、"汲古閣世寶"、"毛宬之印"、"叔鄭後人"等，據知此本嘗藏蔡氏本家及毛氏汲古閣，與《外制集》同。兩集版式、字體、刊工名亦全同，當爲同時同地所鐫。

《外制》《奏議》二書由汲古閣散出後，曾經蔣廷錫、李振裕、查慎行、馬思贊、李秉誠遞藏。民國初，《奏議》爲軍閥張懷芝所有，後蹤迹隱晦。一九五六年，國家圖書館自北京修綆堂購得，因而入藏。

一九八六年，中華書局據國家圖書館所藏宋本原大影印，收入《古逸叢書三編》，並附丁瑜《影印宋本育德堂奏議説明》。《説明》"深望臺灣所藏《外制》亦能影印傳播，使七百年來之孤行秘籍化身千百，儷行於世，爲學術研究提供罕見之文獻資料"。美哉斯願！

《全宋文》以國家圖書館藏宋刻本爲底本。

陳克齋先生集十七卷

陳文蔚　撰

陳文蔚（一一五四—一二三九），字才卿，號克齋，信州上饒（今江西上饒）人。朱熹門人，講讀於鉛山。其集宋、明書目未著録，不詳初刊於何時，亦不詳原本卷數幾何。明崇禎十六年（一六四三），鄉人張時雨重輯之，有侯峒曾序，張時雨撰《紀録》。《紀録》稱全集若干卷，放軼幾半，雨與其裔孫良鑒及吾弟時泰捃摭於蠹蝕之餘，僅得文十二卷、賦一卷、詩四卷，刻成而紀其概云云。時泰將輯編本刻之於鄉，板歸陳氏。張氏本今僅清華大學圖書館、山西大學圖書館著録。

康熙四十四年（一七〇五），裔孫陳銓竹林書室重修崇禎本，有武清趙璘序。此本今國家圖書館等著録，亦僅存數部。

刊本之外，今北京大學圖書館、南京圖書館及日本静嘉堂文庫藏有清鈔本，卷數與刊本同。

《四庫總目》著録湖北採進本，《提要》稱即張時雨本，卷目編次爲：卷一至六，書；卷七，叙、書後；卷八，克齋講義；卷九，序；卷一〇，記；卷一一，祭文；卷一二，墓誌銘；卷一三，賦；卷一四至一七，詩。

《全宋文》《全宋詩》俱用影印文淵閣《四庫全書》本爲底本。

【參考文獻】

侯峒曾《陳克齋先生集序》（康熙重修崇禎本卷首）

趙璘《重修克齋先生集序》（同上）

方壺存稿 九卷

汪　莘　撰

汪莘（一一五五——一二二七），字叔耕，號柳塘，休寧（今屬安徽）人。平生布衣，屏居黄山，後又築室柳塘上，自號方壺居士。嘉定戊辰（元年，一二〇八），劉次皋跋其詩稿道：
"柳塘汪叔耕自新安來應詔上封事，一日，因同舍生陳斯敬訪
余於學省，出示詩稿三編。"則作者早在中年，即嘗自編詩集。
咸淳元年（乙丑，一二六五），史唐卿再跋其稿，稱"其姪黨書
訪予於松雪，書示詩詞二篇"云云。咸淳辛未（叶洽歲，七年，
一二七一），孫嶸叟、王應麟俱有序，孫序謂"黨書兄世克其
家，薈萃遺編，以傳不朽"，蓋是年有刊本。《增訂四庫簡目標
注》稱"宋咸淳元年刊於新安"，恐誤，殆僅據史氏跋。因是集
不見於宋、明書目，不知所謂"三編"或"二篇（編）"各有多
少卷。

　　是集今以明汪璨刊本爲古，後來各本，或翻刻或改編重
刻此本。汪璨本今僅國家圖書館庋藏一部，乃瞿氏舊物，《鐵
琴銅劍樓藏書目録》卷二一著録道：

　　　《方壺存稿》九卷，明刊本。題"休寧柳塘汪莘叔耕
　　著，休寧仁峰汪循進之訂"。前有端平乙未（二年，一二
　　三五）洺水程珌、咸淳重光叶洽山陰孫嶸叟、重光叶洽歲
　　浚儀王應麟三序，又嘉定戊辰（元年，一二〇八）閶風劉
　　次皋跋，附刻晦菴朱夫子、徐安撫（誼）、真直院西山（德
　　秀）三書，序跋與書皆以手蹟摹刻。後有汪循跋，謂"先
　　生著述多不存，所存者此耳，故謂之《存稿》。裔孫璨、尚
　　和、顯應輯而期傳之"。一本"顯應"作"學海"，或作"孝
　　海"。後來萬曆重刻本增入《稅科提舉邵公行狀》一篇，
　　又有咸淳（祝按：原誤"淳熙"，據原跋改）壬申（八年）華陽宇
　　文十朋跋，乙丑改元（咸淳元年）鄞史唐卿跋，此本皆
　　無之。

是刻每半葉十一行二十一字，白口，四周單邊。汪循跋未署

年代，故是本不詳刻於有明何時。今按《明一統志》卷一六
《徽州府》："汪循，休寧人。舉進士，兩爲縣令，民皆有去思。
擢判順天時，逆（劉）瑾擅權，循一月三抗疏於朝，請裁革中
官。及上《内修外攘十策》，言剴切，爲瑾所忌，罷職。瑾誅，
再召弗起。"同上卷一："汪循，正德初通判順天府。"爲刊本作
跋之汪循，當即此人。具體刊板年代雖仍不詳，但據此可推
之約在弘治、正德間。

　　其後有萬曆重刊本，今國内未見著録，僅日本静嘉堂文
庫庋藏一部，見《静嘉堂秘籍志》卷三七。據陸氏《皕宋樓藏
書志》卷九〇著録，該本凡八卷（蓋不計附刻），有史唐卿跋，
又有萬曆二年（一五七四）張應元重刊序。丁氏《善本書室藏
書志》著録味書堂鈔本（馬笏齋藏書，今藏南京圖書館），稱
"集爲萬曆時裔孫燦等輯梓，前有張應元序，後有汪循跋"。
則丁氏以汪燦爲萬曆時人，即汪璨輯本刻於萬曆時，而不是
萬曆時重刊汪璨本，與瞿氏説異。今按張應元《續刻方壺存
稿引》稱"孝廉學海汝至甫續校以永其傳，其美之益彰，久之
彌光歟！"既云"續刻"、"續校"，則萬曆本當爲汪學海等重刻，
之所以有汪循跋，蓋所用底本爲弘治、正德本故也。丁氏之
説恐誤。

　　今國家圖書館、北大圖書館等猶著録九卷清鈔本數部，
當皆由上述明刻本出。

　　清雍正九年（一七三一），汪棟將明刻九卷本併合重編爲
四卷付梓，其本今國家圖書館著録一部，有傅增湘校；上海、
南京兩圖書館各著録一部。該本卷一古詩，卷二律詩，卷三
賦、頌、雜文，卷四爲詞。題"族後學棟重訂"，每半葉十行二
十字，黑口，左右雙邊。卷首有孫嶸曳、王應麟、劉次臯三序。

《四庫總目》著録汪如藻家藏四卷本，當即雍正本。《提要》謂"後有宇文十朋、史唐卿、劉次皋、汪循四跋"，"宇文十朋跋稱曰《柳塘集》，蓋其初名也"。又曰："卷末載徐誼書，稱移牒州縣，使書吏録其著述。則當時原有全集行世，其後歲久散佚，裔孫循等復就其存者輯而傳之，故以'存稿'爲名，而世所行本往往彼此異同，未詳其故，殆其子孫各有所輯録，故不免於增損移易耳。"四庫本卷一爲書、辨、説、歌行，卷二、卷三古近體詩，卷四詞。蓋館臣對編次略有調整，目的在將《辭晦菴朱侍講書》置於首卷之首，以與理學拉近關係。四庫本較之前述汪璨本，已删去不少。《提要》又評其詩、文、詞道："今觀其集，諸文皆排宕有奇氣。詩源出李白，而天姿高秀不及之，故往往落盧仝蹊徑，雖非中聲，然亦不俗。其於詩餘，亦稱作手。平生所愛者蘇軾、朱希真、辛棄疾三人，嘗謂爲詞家三變。所賦每多摹仿其體，欲以粗豪見長，頗不免于習氣，而大致疎落可觀，亦南宋一奇士也。"

《全宋詩》以明汪璨刻本爲底本。《全宋文》用雍正本爲底本。

【參考文獻】

程珌、孫嶸叟、王應麟《方壺存稿序》（影印文淵閣《四庫全書》本《方壺存稿》卷首，人各一序）

史唐卿、劉次皋《方壺存稿跋》（明汪璨刊本《方壺存稿》卷首，人各一跋）

宇文十朋《柳塘集跋》（舊鈔萬曆本《方壺存稿》卷末）

汪循《方壺存稿跋》（汪燦刊本卷末）

張應元《萬曆續刻方壺存稿引》（舊鈔萬曆本《方壺存稿》卷首）

靈巖集十卷

唐士恥　撰

唐士恥，字子修，金華（今屬浙江）人。仲友次子（一説猶子）。以蔭入仕，嘗爲建昌軍司理，歷江右諸郡丞倅問刑之官。其集宋、明書目皆無著録，原本久佚，今存乃大典本。《四庫提要》曰：

> 集久失傳，非惟史不著録，即志乘亦不登其姓名，故談藝諸家，率不之及。今從《永樂大典》内采輯，次爲十卷，並其代人之作，以類附焉。循誦其文，洽聞殫見，古澤斑然，非南宋末流操臆見、騁空談者所能望其涯涘，未可以其名不著而忽之也。

大典本録入《四庫全書》時有所删削（見下），故爲卷凡八，卷目編次爲：卷一，制；卷二，表；卷三，檄；卷四，記；卷五，頌；卷六，箴；卷七，啟；卷八，賦、詩。《提要》曰："集中制誥等作絶無除授姓名，即表、檄、箴、銘、贊、頌諸篇亦皆擬作，其題自羲、軒以至漢、唐，間取北宋八朝與南渡初年時事。考高宗立詞科凡十二題，制、詔、誥、表、露布、檄、箴、銘、記、贊、頌、序内雜出六題，分爲三場，每場體制一古一今。士恥所作，蓋即備詞科之用也。"其説極是。《提要》又曰："其文字紀年可考者，上自嘉定，下至淳祐，知爲寧宗、理宗時人，其他則集無明文，莫得而稽矣。"今按集中并無淳祐之文，而《府判何公行狀》稱狀主何松（作者岳父）"紹熙壬子（三年，一一九二）九月九日卒於官，……以慶元戊午（四年，一一九八）十有一月日合葬於縣之白砂鄉麻車塢”（四庫本《靈巖集》卷七），早於嘉定十餘年。估計作者生年不會太晚。

民國十三年（一九二四），永康胡氏夢選廙據丁氏八千卷樓所藏鈔本《靈巖集》十卷刊入《續金華叢書》。該藍格鈔本今藏南京圖書館，較四庫本多兩卷，與《提要》所述大典本卷數合，當源自未被刪削前之大典本。當年館臣編書時，遵命將“非文章正軌”之文刪去，故此書大典本所有之婚書、祝文、致語、功德疏等均被刪去，而此本皆在焉。

《全宋文》用《續金華叢書》本爲底本。《全宋詩》以影印文淵閣《四庫全書》本爲底本。

蟠室老人文集二十二卷奏議一卷涉史隨筆一卷

葛　洪

葛洪（？——一二三七），字容甫，號蟠室老人，東陽（今屬浙江）人。淳熙十一年（一一八四）進士。嘉定中累遷工部侍郎，紹定元年（一二二八）拜參知政事，封東陽郡公。卒，謚端獻。《宋史》本傳稱其“有奏議、雜著文二十四卷”。二十四卷本當即《蟠室老人文集》，編刊情況不詳，亦不見於書目，唯雍正《浙江通志》卷二四八《集部·別集》著録爲“《蟠室集》二十四卷”。此外猶著有《涉史隨筆》一卷，有弘治間王朝言刊本，鮑氏知不足齋嘗據以覆刻，《四庫全書》著録於《史部·史評類》。

　　《蟠室老人文集》殘宋本今猶傳世，僅存卷一四、一五，凡二卷。每半葉九行十八字，白口，左右雙邊。殘宋本舊藏葛氏本家，一九五三年在上海某故紙堆中被發現，經趙萬里鑒定，然後入藏今南京圖書館。

　　光緒六年（一八八○），作者後裔葛萯棠等將文集殘本及《涉史隨筆》用活字擺印，計有文集十卷（卷一至五、卷一四、一五、卷一八至二○），《奏議》一卷、《涉史隨筆》一卷。每半葉八行二十字，白口，四周雙邊。活字印本今唯南京圖書館著録。以活字本推測，光緒時葛氏家藏宋槧殘本應有十卷，後又佚去八卷（卷一至五、卷十八至二十），故今只存二卷。

　　今人金程宇君以葛洪詩文《全宋詩》《全宋文》多未收録（編《全宋文》時，因南京圖書館複印索價太昂，無力獲至，只得闕如待補），遂用活字本將《蟠室老人文集》卷一至卷五所收詩三百餘首進行整理，載於《稀見唐宋文獻叢考・〈全宋詩〉一補——以〈蟠室老人文集〉爲中心〉》文中（中華書局二○○九年版第二四四至二九二葉）；所整理之文章部分，載《古典文獻研究》第十一輯（鳳凰出版社二○○八年）。

　　《全宋文》僅輯録葛洪文五篇，《全宋詩》輯得詩四首，均可用上述木活字本增補大量作品。

南塘先生四六一卷

趙汝談　撰

　　趙汝談（？——一二三七），字履常，號南塘。太宗八世孫，寓餘杭（今浙江杭州）。淳熙十一年（一一八四）進士，理宗時權刑部尚書。其集編刊情況不詳。明《文淵閣書目》卷九著録"趙汝談《南塘文集》一部一册，全"。《内閣書目》卷三曰："《南塘文集》一册。宋光宗朝趙汝談著，九卷，無序目，疑非全書。"焦竑《國史經籍志》卷五、黄氏《千頃堂書目》卷二九皆著録爲九卷。

疑非全書之九卷本《南塘文集》後亦失傳，今唯存《南塘先生四六》一卷，宋刻本，藏國家圖書館，與《格齋四六》同裝一函，蓋僅選刻其四六文，遠非全集。宋本題"古汴趙汝談"，每半葉十行十九字，卷内有"海虞毛表奏叔圖書記"、"乾學"、"徐健菴"等印記（《中國善本書提要》），則嘗經毛氏汲古閣、徐氏傳是樓收藏。又北京大學圖書館藏有清鈔本。

《四庫總目》以浙江採進本著録於"存目"，《提要》曰：

> 汝談在當時頗以詩名，歷掌制誥，亦以文章典雅見稱。其《嘉定賀玉璽表》有"函封遠致，不知何國之白環；璟刻孔彰，咸曰寧王之大寶"四語，王應麟《困學紀聞》極稱之，今全篇在集中。然他作不盡如是也。

除《南塘四六》外，《兩宋名賢小集》收其《介軒詩集》一卷。《兩宋名賢小集》舊題宋陳思編，《四庫提要》辨其爲贋托，則《介軒詩集》蓋亦後人輯本，非其舊有也。

《全宋文》用宋刻本《南塘四六》爲底本，輯得集外文十五篇。《全宋詩》輯得佚詩十五首。

碧巖詩集二卷

金朋説　撰

　　金朋説，字希傅，休寧（今屬安徽）人。淳熙十四年（一一
八七）進士，由教官擢知鄱陽縣，值僞學（指道學）之禁，上狀
言素師朱熹，實不知僞，遂解職歸。今存《碧巖詩集》二卷，未
見前人著録，惟國家圖書館藏清鈔本一部，有宋人范寛序，稱
作者“發軔教官，擢鄱陽令。僞學黨起，剥官東歸，隱於碧巖
山，嘯吟而終。故其詩吟風弄月，詠草題花，尋幽弔古，在在
有存神寓道之妙，時以陶彭澤擬之”云云，又謂其姪金子方
“能抱節仗義”，末署“咸熙癸酉”。按宋無“咸熙”年號，疑是
“咸淳”之鈔誤，咸淳癸酉爲咸淳九年（一二七三），蓋是時有
金子方編録本，曾付梓否不詳。

　　明萬曆間，是集有刊本。萬曆丁丑（五年，一五七七），裔
孫金大綬序曰：

　　　族有號東安者，晚歲別居東山，文與行不失世守，偶
　　得公遺稿，喜而不寐，一日持以示余。余忝承公之
　　後，……今其德言尚在，心事之磊落，操行之純潔，其可
　　想見。遂與東安緩步躋碧巖而指曰：“此山吾先公所嘯
　　傲也，此水此丘吾先公所釣游也。今此集與此山俱存，
　　吾公爲不朽矣。子盍鋟諸梓，令承學者有興而繩公步
　　武，可乎？”東安曰：“唯唯。”

又同年金袍《後序》曰：

世遠人殊，是集之失傳也久矣。萬曆間，袍始得之於族彦曰佳者（祝按：據上引金大綬序，金佳當即號東安者）。豈奇珍美璧，天地不終秘耶？乃捧帙而莊誦之。況復有櫟山范公之序、滄洲公之訂注、傅齋公之補議、月石公之補注在焉，則公之出處履歷昭然，千載如一日矣。因撫卷歎曰：以公經濟之才，心學之正，雖不得行於當時，然觀文知人，因詩逆志，則其正大之氣，出處之宜，猶幸得想見於今日也。孰曰士君子之生於天地間，非文章德業，又何以顯於後世哉！因相與族叔紫臺公鋟梓，以廣其傳焉。

國家圖書館所藏清鈔本，當即鈔萬曆本，原刻則未見著録。全書分體編排，凡五言絶句二十五首，七言絶句七十首，詩後偶有"滄洲"、"傅齋公"、"月石公"等人之評議，其名皆待考。

《全宋詩》用上述國圖所藏清鈔本爲底本。

【參考文獻】

范寬《碧巖詩集序》（清鈔本《碧巖詩集》卷首）

金大綬《碧巖公詩序》（同上）

金袍《碧巖詩集後序》（同上）

宋人别集叙録卷第二十四

昌谷集二十二卷

曹彦約 撰

曹彦約（一一五七——一二二八），字簡夫，號昌谷，都昌（今屬江西）人。淳熙八年（一一八一）進士，官至兵部尚書。卒。嘉熙初賜謚文簡。其集未見宋人序跋，編刊情況不詳。原本久佚，今存乃大典本，《四庫提要》述之曰：

> 是編稱《昌谷集》者，考集中有《與劉後溪書》，謂世爲都昌村落人，後遷於城下昌谷巷，則其所居地名也。……其《經幄管見》一書，敷陳祖訓，規箴時政，尚歷歷可稽，文集乃湮没不顯。《宋史·藝文志》皆不著録，惟焦竑《國史經籍志》有《昌谷小集》二十卷，錢溥《秘閣書目》亦有《曹文簡公集》十五册，然亦久無傳本。厲鶚《宋詩紀事》蒐羅繁富，絶不及其姓名，則無徵久矣。今考《永樂大典》，載彦約詩文頗多，核其篇目，如（《宋史》）本傳所稱爲利路轉運判官時所作《病夫議》，爲兵部侍郎時所上《薦李心傳札子》，俱不載其中，知已未免於佚闕。然其餘諸作，世所不傳者，爲數尚夥。謹類次排纂，釐爲

二十二卷。

今按《文淵閣書目》卷九著録"《曹文簡公集》一部十五册，全"；又"《曹文簡公集》一部十二册，全"。《内閣書目》卷三曰："曹文簡公《昌谷小集》十四册，全，……凡二十卷"；又"曹文簡公《昌谷小集》十二册，全，……正集二十卷、續集一卷"。兩目著録之書名，有"曹文簡公集"與"昌谷小集"之别。考今存《永樂大典》殘卷所收，有題《昌谷集》者，有題《曹文簡公集》者，亦有題《昌谷小集》者。或一集而版本書名不同，更可能原有多集，未嘗彙爲一編，今莫可詳。

大典本録入《四庫全書》，卷目編次爲：卷一至三，詩；卷四，表；卷五，封事；卷六，上書；卷七，啟；卷八、九，狀；卷一〇至一三，札子；卷一四，序；卷一五，記；卷一六，榜文；卷一七，跋；卷一八、一九、二〇，墓誌；卷二一、二二，雜著。民國時，文淵閣四庫本嘗影印入《四庫全書珍本初集》。日本静嘉堂文庫藏有傳鈔文瀾閣庫本，見《皕宋樓藏書志》卷八八、《静嘉堂秘籍志》卷三七。

《全宋文》用影印文淵閣《四庫全書》本爲底本，輯得佚文十五篇。《全宋詩》底本同，輯得佚詩四首。然大典本《昌谷集》卷一《偶成》（"道心非動静"），見楊簡《慈湖遺書》卷一《偶作》；卷二《偶成》二首（"春入園林種種奇"），見同上卷六；卷三《偶成》二十一首，見同上卷六。《全宋詩》又據《永樂大典》殘本卷八九六引《昌谷集》輯得"此天然處不亦妙"二首，見《遺稿》卷六，題《偶作》。上揭諸詩皆曹集僞作。今核《永樂大典》殘卷，僞作中可考者皆題《昌谷集》，蓋《大典》原編者之誤，惜後人不察，遂踵訛承謬。故是集之整理，尚須下去僞存真的功夫。

騷　略三卷

高似孫 撰

高似孫（一一五八——一二三一），字續古，號疏寮，餘姚（今屬浙江）人。淳熙十一年（一一八四）進士，授校書郎，出知徽州、處州。善詩文，詩尤出色，劉克莊《後村詩話》續集卷四嘗評曰："老筆如湘絃泗磬，多人間俚耳所未聞者，有石湖、放翁、誠齋之風。"其詩存《疏寮小集》一卷，本書在《南宋群賢六十家小集》中著録。又嘗作《子略》《緯略》《騷略》《蟹略》等。

《騷略》三卷，宋末刊入叢書《百川學海》，未見單行本著録。是書乃擬騷賦之作，以《百川學海》（咸淳本、弘治本）爲早。明《徐氏家藏書目》《澹生堂藏書目》《絳雲樓書目》等皆著録，《澹生堂藏書目》卷一二注明爲"《百川學海》本"。

《四庫全書》以浙江汪啟淑家藏本著録於集部"存目"，《提要》曰："是編皆所擬騷賦，凡三十三篇。其後《欸乃詞》一篇，集杜甫詩八句、柳宗元詩四句爲之，殊纖詭也。"

民國間刊行之《宋人集》丁編、《四明叢書》第一集、《叢書集成初編》俱收録是集，皆出《百川學海》本。《善本書室藏書志》卷三〇著録"明翻宋本"，即弘治《百川學海》本。

《全宋文》用影刊咸淳《百川學海》本爲底本，另輯得佚文十篇。

宋丞相崔清獻公全録<small>十卷</small>

崔與之　撰

　　崔與之（一一五八——一二三九），字正之，一字正子，號菊坡，廣州增城（今屬廣東）人。紹熙四年（一一九三）進士。端平二年（一二三五）除參知政事，次年拜右丞相兼樞密使。卒諡清獻。門人李昂英撰《行狀》（見《崔清獻公全録》卷三），稱"有文集十卷"。然其原集宋末已散佚，由南海人李肖龍重輯並授梓，跋略曰：

> 肖龍生而有知，公已仙去。……壬午冬，偶游寶邑，訪求殘編，僅得一二，哀集銓次，即正於梅先生、李處士，乃壽諸梓。

以時代推考，所謂"壬午"，當爲元至元十九年（一二八二）。李刻久已失傳，亦不見於書目，卷數不詳，據明人序跋，殆爲《言行録》三卷（詳後）。

　　明正德間有翻刻本。正德丙子（十一年，一五一六）林鉞跋曰：

> 《崔清獻公言行録》，乃宋太社司令李公（肖龍）哀集銓次，梓行久矣。嗣是輯校者，崔公六世孫百冑也；慨其壞翻刻之者，舊尹今侍御鄭公行也；補略則節推汪君潤亦與有力焉。甲戌（正德九年）秋，予忝令增邑，首及是録，惜其或有遺也。適甘邑博鏞亦有志於是，遂相與採其見於別籍及故老珍藏者若干篇爲附録，並間有殘失者

易補之,遂命工鋟於梓,用俟後之繼此而興者。

所謂"崔公六世孫"輯校本,《內閣書目》卷六著錄,曰:"《崔清獻公言行錄》一册,全。宋嘉定間崔與之言行及詩文,洪武六世孫崔子(璲)輯。"據知所謂"言行錄",其實含詩文。正德九年(甲戌)甘鏞(即林鉞所稱"甘邑博")有跋,謂其與鄭彥、胡鳳來等"正其訛舛,定其編次,而尤旁考史傳諸書以補其脫略,間有字畫滅没而不可曉,姑闕之以竢知者。因又冠以圖像、贊語,而於其末也,謹採自宋至國朝諸製作並内翰甘泉湛(若水)先生《新置祀田記》,一以增附之"。則正德本當以洪武本爲底本,而圖像、史傳及諸書所搜,以及"挽贈"諸詩文等,皆爲新輯。

上述元刻本、重刻本及正德翻刻本皆久無著錄,今傳乃嘉靖本。

嘉靖刊有三本。一爲嘉靖十三年(甲午,一五三四)贛州本,題《宋丞相崔清獻公全錄》,乃唐胄刻,其《全錄叙》略曰:

> 是錄哀狀傳、言行,而蓋以新得者爲較全。余久得之於蒲圻胡大參廷獻,凡入滇、入京、復廣不離笥,今至贛,始出與校官吳誠、楊昱輩校之,而付邵憲副煉梓以廣傳。

既稱所得本"較全",當即正德本。贛本今國內唯復旦大學圖書館藏有一部,日本靜嘉堂文庫有著錄。又尊經閣文庫藏明刻本(《日藏漢籍善本書錄》),不詳是否贛本。是刻蓋因所收較舊本爲全,故改題曰"全錄",而"言行錄"之名,仍爲此本及後來序跋作者所襲用。

嘉靖第二本,乃何維栢於嘉靖癸丑(三十二年,一五五三)翻刻於廣州者,底本即唐胄本。何維栢《崔菊坡先生言行録序》曰：

> 吾鄉菊坡崔先生《言行録》已行於世，惟廣郡未有梓之者。藩參一吾李公過予，論及，因出二帙，公閲之稱缺典云，遂以商於憲學來溪張公，刻之以風示來學。

是本傅增湘嘗見之，《經眼録》卷一四著録道：

> 《宋丞相崔清獻公全集》十卷，宋崔與之撰。明刊本，十行十九字，黑口，單闌。有嘉靖十三年瓊山唐冑序，嘉靖癸丑何維栢序。卷一至三言行録，卷四至七奏札，卷八遺文、遺詩，卷九宸翰贈挽，卷十贈挽。

該本今未見著録，唯存鈔帙，題《宋丞相崔清獻公全録》，一九八〇年上海古籍書店曾據以複印，訂爲二册，今稍易見，且較完善。前有圖像，首録宋、明人諸作及正德本序跋。前三卷爲“言行録”，卷三附有李昴英《行狀》、《宋史·列傳》及元至正辛丑（二十一年，一三六一）蘇州路教授陳子經編《續通鑑綱目節要》。卷四以下，蓋即原《言行録》之詩文，正德本補輯之佚詩文，以及增附贈挽等，遂通編爲十卷，以合行狀之數。

　　嘉靖第三本久已失傳，今唯《四庫提要》記其大概。《提要》稱蔣曾榮家別有寫本，分爲二集，内集二卷，前卷爲言行録，後卷爲奏札、詩文；外集三卷，則賜詔札、《宋史》本傳及題贈詩文之類。題十世孫爌所重編，成於嘉靖庚申（三十九年），“雖並十卷爲五卷，而序次略與子璲本合”。

　　《百川書志》卷一二著録“《崔清獻公全録》十卷：言行録三卷、奏札四卷、宸翰一卷、遺詩文一卷、贈挽一卷”；《徐氏家藏書目》卷六亦載“崔與之《清獻集》十卷”，當皆爲正德（或嘉靖）本。

是集《四庫全書》著録於《史部・傳記類存目》，爲《崔清獻全録》十卷，乃紀昀家藏本，據《提要》即正統本。

清嘉慶十九年（一八一四），羅學鵬春暉堂刻《廣東文獻》，其中有《崔清獻公菊坡集》一卷，僅收詩文，又有同治二年（一八六三）印本，今國家圖書館等有著録。

清道光三十年（一八五〇），南海伍氏粵雅堂刊《崔清獻公集》五卷（即《全録》卷四至八）、《言行録》三卷、《附録》一卷，删去贈挽。同年伍氏將其收入《嶺南叢書》，只文集五卷，附《宋史》本傳及行狀。《叢書集成初編》據《嶺南叢書》本排印。今人編《續修四庫全書》，用復旦大學圖書館藏明嘉靖十三年邵煉刊本影印，編入集部第一三一九册。是書卷數不少，但所收詩文寥寥，勉强成集而已。

《全宋文》《全宋詩》俱用上海古籍書店複印明鈔本爲底本，前者輯得佚文二十三篇。

【參考文獻】

李肖龍《跋文集後》（上海古籍書店複印本《崔清獻公全録》卷九）

姚鏞、林鉞《跋正德本崔清獻公言行録後》（同上卷一〇，人各一跋）

唐胄《嘉靖贛州本崔清獻公全録叙》（同上卷首）

何維栢《嘉靖廣州本崔菊坡先生言行録序》（同上）

山房集八卷後稿一卷

周　南　撰

周南（一一五九——一二一三），字南仲，號山房，吳縣（今江蘇蘇州）人。紹熙元年（一一九〇）進士，爲池州教授。歷秘書省正字，以薦入詞館，官終文林郎。《解題》卷一八著録其集道：

> 《周氏山房集》二十卷、《後集》二十卷，秘書省正字吳郡周南南仲撰。南有聲學校，庚戌（紹熙元年）登甲科，而仕不偶，再入館，再罷，以殿廷所授文林郎終焉。

《通考》卷二四一從之。《宋志》著録《山房集》僅五卷，蓋爲別本。葉適《周南仲文集後序》稱“季度既序傳之”云云，按季度乃滕宬字，其序今佚，不詳其所序傳之本是否即《解題》著録本。

明《文淵閣書目》卷九著録“周南仲《山房稿》一部八册，殘闕”，又“《周氏山房集》一部十一册，全”。《内閣書目》卷三曰：“《山房稿》六册，全。……《前集》二十卷，《後集》二十卷。”“《周氏山房後稿》五册，全，……凡二十卷。”自陳氏《解題》以下所録之《山房集》，與《山房稿》似應有版本區別，其詳今莫可考。《萬卷堂書目》卷四有“《周氏山房後稿》二十卷”。《後稿》疑即《後集》。《近古堂書目》卷下則著録“《周氏山房集》，《周氏山房後集》”，僅有其目。又《絳雲樓書目》卷三載：“《周氏山房集》，又《後集》七册。”陳景雲注“共四十卷”。要之，周氏各集明後期尚不乏原本，惜後來皆散佚，今存乃大典本。《四庫提要》曰：

> （《宋史》）《藝文志》有周南《山房集》五卷。陳振孫《書録解題》則稱《周氏山房集》二十卷、《後集》二十卷，卷目多寡迥異。今檢《永樂大典》所載，有題《山房集》者，亦有題《山房後稿》者，與陳氏著録之本合，知《宋志》

五卷之目，乃傳寫脱訛，不足據也。惟計《永樂大典》所録，篇帙無幾，當由删薙太甚，故佚去者多。今但就其存於今者，各依原目，釐爲《前集》八卷、《後稿》一卷，以略存其舊。南長於四六，以俊逸流麗見稱，制誥諸篇，尤得訓詞之體。……集中又有諸書題跋二十餘則，與《館閣續書目》體例相近，疑亦在館校勘時所作。又雜記數十條，多述宋代故事，間或直録古書之文，無所論斷。疑本別有説部附於集内，而爲《永樂大典》所割裂，今無可參證，姑仍其原文録之云。

《四庫全書》據大典本鈔録。其卷目編次，《前集》八卷爲：卷一，詩；卷二，詔敕；卷三，書啟；卷四，序；卷五，題跋；卷六，策問；卷七，對策；卷八，雜記。《後集》一卷爲：詩、制、表、牋、啟、策問。

民國十四年（一九二五），上海商務印書館據傳鈔四庫本排印入《涵芬樓祕笈》第八集。傅增湘嘗以趙萬里搜得之四庫館原稿本（大典本）校《祕笈》本，有跋，稱"改訂殆千餘事，補文九首，蓋青詞、疏文之類，爲當時奉命所删削。經解一首，緣中多觸忌之語，故不得不概從刊落也"。翰林院朱格鈔本、傅校《祕笈》本，今皆藏國家圖書館，爲是集善本。此外南京圖書館（有丁丙跋）、中山大學圖書館、日本静嘉堂文庫藏有傳鈔四庫本。

《全宋詩》用影印文淵閣《四庫全書》本爲底本。《全宋文》以鈔大典本爲底本。

【參考文獻】

葉適《周南仲文集後序》（中華書局校點本《水心文集》卷一二）

傅增湘《校鈔本山房集跋》（《藏園群書題記》卷一五）

北溪先生大全文集五十卷外集一卷

陳　淳　撰

陳淳（一一五九——一二二三），字安卿，號北溪，龍溪（今福建漳州）人。朱熹守漳，從游於郡齋，受其教誨，爲學益力。嘉定中授安溪主簿，未上而卒，謚文安。文集乃其子槼所編，宋、元皆有刊本。元至元元年（一三三五）王環翁序曰：

> 集五十卷，淳祐戊申（八年，一二四八），郡倅薛公季良鋟梓龍江書院，歲久佚壞。乙亥（至元元年）暮冬，幕賓本齋高公念斯文之將墜，痛道統之無傳，遂乃文移有司，力請壽梓。於是太守張公是其説，推理烏古孫公贊其謀，遂以庫廩贏奇，委學録黄元淵之三山墨莊鏤刻，而黄又勉齋先生之裔，故其奉承惟謹，不三月而集事。

淳祐本久無著録。元刊本似有傳至後世者（《增訂四庫簡目標注》稱“路（小洲）有元刊本”），亦已失傳。《鐵琴銅劍樓藏書目録》卷二一著録顧嗣立舊藏鈔本，“即從元刻本傳録”，題“宋陳淳撰，男槼編。附録王雋、陳宓、黄必昌祭文，陳宓墓誌銘、陳沂序述爲《外集》。前有至元改元漳州路儒學教授莆王環翁序”。該本今藏國家圖書館。日本静嘉堂文庫藏陸氏書，有汪喜孫舊藏鈔本，《静嘉堂秘籍志》卷三七謂“蓋從至元刊本鈔出者，版心有‘怡顔堂鈔書’五字”。

明《内閣書目》卷三著録“《北溪文集》八册，不全”。《萬卷堂書目》卷四載"《北溪集》五十卷"。《絳雲樓書目》卷三同。有明官私所藏，當不乏宋、元舊槧，然皆散亡。後世重刻，皆祖元槧，今以明弘治三年（一四九〇）本爲早。

弘治本乃撫州守周梁石所刊，姚琛續成之。周孟中爲序，略曰：

> 江西藩參龍溪林君大同得《北溪陳先生集》，捐俸屬撫州守莆田周梁石鍥梓以傳。梁石素惟朱氏學，雅與藩參志向相合，遂捐俸以助板刻。垂成，各以改任去。後通守姚琛乃續而終焉。尚未有序之者，林君以委孟中，辭弗獲。

是刻爲《北溪先生大全文集》五十卷、《外集》一卷，每半葉十行二十一字，黑口，四周雙邊。有王環翁序。則林氏所得，當即元刊本。弘治本今唯上海圖書館、北京市委有著録。重慶圖書館有明鈔本。國家圖書館、北大圖書館、上海圖書館等有清鈔本。

萬曆十三年（一五八五），有裔孫陳柱宇上饒重刻弘治本。林士章爲序，略曰：

> 先生之裔十二代孫柱宇君，初舉孝廉，即留心先澤，……梓其遺録，以行於世。獨以先生文集舊在江右之撫州，力未逮也。庚辰（萬曆八年）成進士，令上饒，乃搜其集於撫署中，重鐫其板，携而藏之家廟，以垂不朽。

此本原刻本今未見著録，據臺北《"中央圖書館"善本書目》，該館藏有傳鈔萬曆本。

《四庫全書》著録汪如藻家藏本，《提要》謂陳氏"生平不以文章名，故其詩其文皆如語録"。又稱"今所傳者，蓋猶弘

治本”。則其底本當即弘治本，故文字尚佳。卷目編次爲：卷
一至五，詩；卷六至八，問目；卷九，記；卷一〇，序；卷一一至
一三，説；卷一四，題跋；卷一五至一七，雜著；卷一八、一九，
講義；卷二〇、二一，解義、辨論；卷二二至三四，書；卷三五至
四二，答問；卷四三至四八，札；卷四九至五〇，祝文、祭文。
《外集》爲逝世後奠文、祭文、墓誌等。

　　清代是集主要刻有兩本，一本刻於乾隆癸卯（四十八年，
一七八三），一本刻於光緒七年（一八八一）。兩本皆爲《北溪
先生全集》五十卷、補遺一卷（清連臚聲輯）、《外集》一卷，附
《北溪字義》二卷。乾隆本乃陳氏宗裔文芳所刊，有序，言底
本爲刻本，得於鄭子幾家，據所述版本源流，當爲撫州弘治本
或上饒萬曆本。劉希周等參預校正，改書名爲《北溪先生全
集》，對底本編次有所調整，有序。乾隆丙申（四十一年）官獻
瑶在所作序中對此略有交待，道：

　　　　是書原署曰“文集”，觀者習爲固然，劉君東溪（希
　　周）疑書中兼有講義、問答等目，不當專以詩文稱，與余
　　見合。因相與博稽古人編書之例，略區分之，以類相從。
　　仍遵文勤公（蔡新）之教，以《嚴陵講義》居首，而於原書
　　五十卷名目，壹循其舊，不敢易，志慎也。編成，拜手序
　　其本末，以答鶴村（陳文芳）相屬之雅，謹題曰《陳北溪先
　　生全集》。其門人所編《字義》暨祭章、墓文，別爲一集附
　　於後。

此本今國家圖書館、北大圖書館、上海圖書館、復旦大學圖書
館等著録十餘部。

　　光緒本乃陳淳鄉後學鄭圭海種香別業所刊，有陳榮仁
序，未述所用底本，據其編次，當爲翻刻乾隆本。今國家圖書

館、北大圖書館、上海圖書館等著録數部。

《全宋文》用影印文淵閣《四庫全書》本爲底本。《全宋詩》以弘治本爲底本。

【參考文獻】

王環翁《北溪大全集序》(影印文淵閣《四庫全書》本《北溪先生大全集》卷首)

周孟中《弘治重刊北溪先生大全集序》(弘治本卷首)

林士章《萬曆重刊北溪先生大全集序》(臺北"中央圖書館"藏鈔萬曆本卷首)

陳文芳《重鋟北溪公全集序》(乾隆四十八年刻本《北溪先生全集》卷首)

劉希周《北溪先生全集後序》(同上卷末)

澗泉集二十卷

韓　淲　撰

韓淲(一一五九——二二四),字仲止,號澗泉,上饒(今屬江西)人,元吉子。仕不久即歸里。嗜詩,與趙蕃併稱"上饒二泉",上繼江西詩風,下啟江湖詩派。劉克莊稱'趙章泉(蕃)詩逾萬首,韓仲止(淲)、鞏仲至(丰)幾半之"(《韓隱君詩》,《後村大全集》卷九六)。戴復古《哭澗泉韓仲止二首》之二曰:"忍貧長傲世,風節似君稀。死後女方嫁,峽中兒未歸。門人集詩稿,故卒服麻衣。澗上梅花發,吟魂何處飛。"(《石屏詩集》卷四)知其詩集乃過世後門人所輯。今未見宋人序跋,輯刊情

況不詳。明《文淵閣書目》卷一〇著録"《韓澗泉詩》一部五
册，殘闕"，又"《澗泉詩餘》一部一册，完全"，蓋原有詩、詞兩
集。《國史經籍志》卷五僅録"《澗泉詩集》八卷"。兩集後皆
亡佚，今存詩詞集乃大典本。《四庫提要》曰：

> 淲詩稍不逮其父，而淵源家學，故非徒作。同時趙
> 蕃號章泉，有詩名，與淲並稱曰"二泉"。李龏《端平詩雋
> 序》所謂"章、澗二泉先生"，方回詩所謂"上饒有二泉"
> 者，即指蕃與淲也。然其集世罕傳本，《文獻通考》《宋
> 史・藝文志》皆不著録。……今檢《永樂大典》所載，凡
> 得詩二千四百餘首，詞七十九首，編爲二十卷，又得制詞
> 一首、銘二首，亦並附焉。

今國家圖書館藏有乾隆翰林院鈔本，可校補四庫本。大典本
録入《四庫全書》，前十九卷皆詩，末卷爲詞。民國時嘗以文
淵閣四庫本影印入《四庫全書珍本初集》。

　　《全宋詩》用影印文淵閣《四庫全書》本爲底本，輯得佚詩
十七首。

後樂集二十卷

衛　涇　撰

　　衛涇（一一五九——一二二六），字清叔，初號拙齋居士，改
號西園居士，晚號後樂，華亭（今上海松江）人，徙崑山。淳熙
十一年（一一八四）進士第一，官至參知政事，封秦國公，卒謚
文節。文集乃其嗣子衛樵編刻，跋略曰：

先公參政文字七十卷，皆樵執簡膝下隨日録稿襲藏者也。……孤苦餘生，悉未編集。樵兹來守永，偶公暇，因以所藏者纂録校讎，……敬鋟諸木，而以櫟齋叔父湜所編年譜冠諸帙首。

時在紹定（定，四庫本作"興"，按紹興與著者年代不侔，誤，徑改）壬辰（五年，一二三二）。跋猶謂其諸弟亦藏有録稿，故"伊欲馨先公之遺文具載備録"，只得"俟他日續鋟木"，則七十卷尚非完帙。

明末《内閣書目》卷三曰："《後樂先生集》九册，不全。宋孝宗時人，未詳姓氏，前後俱闕。"此殘帙後亦散亡，今存乃大典本。《四庫提要》曰：

原本凡七十卷，乃其子樵所編，嘗刻之於永州。歲久亡佚，明楊樞《淞故述》僅著其名，而其本已不可見。今從《永樂大典》中裒輯編次，釐爲二十卷。……涇所作大都和平温雅，具有體裁。歸有光《震川集》稱其文章議論有裨當世。

大典本録入《四庫全書》，卷目編次爲：卷一、二，外制；卷三至五，内制；卷六至八，表狀；卷九至一三，奏議；卷一四，申狀、牋、書；卷一五，書；卷一六，啟；卷一七，策問、序跋、行狀；卷一八，墓誌；卷一九，祭文、祝文、雜文；卷二〇，詩。光緒八年（一八八二），友順堂嘗據傳鈔四庫本用活字排印，今復旦大學圖書館等有著録。南京圖書館所藏清鈔本，有衛壽康、季錫疇、潘道根跋。民國時，嘗以文淵閣四庫本影印入《四庫全書珍本初集》。

《全宋文》用影印文淵閣《四庫全書》本爲底本，輯得佚文

三十二篇。

【參考文獻】

衛樵《後樂集跋》（影印文淵閣《四庫全書》本《後樂集》卷二〇末附）

毅齋詩集別錄一卷

徐　僑　撰

徐僑（一一六〇——一二三七），字崇甫，號毅齋，婺州義烏（今浙江義烏）人。淳熙十四年（一一八七）進士，歷工部侍郎，終寶謨閣待制，卒諡文清。其集不見於宋人書目。明正德六年（一五一一），十一世孫徐興刊《毅齋詩集別錄》一卷，序曰：

> 奈何世久人微，家無全册，僅有雜説數卷。成化丁酉（十三年，一四七七），興受業於齊山允達王先生之門，復得先正忠文公所藏《毅齋文集》一十卷，幾欲鋟梓，區區屢困場屋，夜雨燈窗之累，莫之暇及。弘治壬戌（十五年，一五〇二），□意遭回禄，而前集煨燼，可勝惜哉！尚幸是録藏於别館，……雖曰《别録》，然公之所以爲全書者，即此可知矣。

則其集原本凡十卷，《别録》遠非完帙。正德本《别録》與《徐文清公家傳》合一册，每半葉十一行二十字，黑口，四周雙邊。今國家圖書館、上海圖書館、福建圖書館及日本静嘉堂文庫有藏本，國家圖書館、日本大倉文化財團藏有鮑氏知不足齋影鈔正德本。南京圖書館著録光緒七年(一八八一)翻刻本。

　　是集《四庫全書》未收，阮元因而進呈，其《揅經室外集》卷四《提要》稱徐僑"不以詩名，然無講學家習氣，頗近江湖詩派"。今按影印《宛委別藏》本有徐興序，文字除顯爲傳鈔訛誤外，亦與正德本同，阮氏所進當即鈔正德本。

　　《全宋詩》用《宛委別藏》本爲底本。

【參考文獻】

徐興《毅齋詩集別録序》(《宛委別藏》本《毅齋詩集別録》卷首)

永嘉四靈詩集 八卷

徐照集 三卷	徐　照　撰
徐璣集 二卷	徐　璣　撰
翁卷集 一卷	翁　卷　撰
趙師秀集 二卷	趙師秀　撰

　　徐照(?——二一一)，字道暉，又字靈暉，號山民，終身布衣。徐璣(一一六二——一二一四)，字致中，又字文淵，號靈淵，以父致仕恩歷任建安主簿、永州司理、龍溪丞等。翁卷，字續古，又字靈舒，預淳熙十年(一一八三)鄉薦，嘗供職帥幕。趙師秀(一一七〇——一二一九)，字紫芝，又字靈秀，號天樂，宋宗室，紹熙元年(一一九〇)進士，仕至筠州推官。四人皆永嘉(今屬浙江)人，字號中皆帶"靈"字，又詩風相近，故世

稱"永嘉四靈"。四人詩作，《宋志》唯著録徐璣《泉山詩稿》一卷。考徐照集亦嘗單行，葉適《水心文集》卷八有《徐師垔廣行家集定價三百》詩，師垔即徐照子。兩集已久佚，而以四人選集及合刊本流傳後世。

　　選集乃葉適編選，許棐有跋，稱選詩"五百篇"，"芸居（陳起）不私寶，刊遺天下"。《讀書附志》卷下著録《四靈詩》四卷，明《文淵閣書目》卷一〇著録"《四靈詩》一部一册（闕）"，當即此本。明萬曆中，潘是仁（訒叔）輯刊《宋元四十三家集》，其中徐照《芳蘭軒詩集》五卷、徐璣《二薇亭詩集》四卷、翁卷《葦碧軒詩集》四卷、趙師秀《清苑齋詩集》四卷，學界多以爲即取自陳起所刊《四靈詩》。鮑廷博知不足齋影寫《南宋八家集》（民國十一年上海古書流通處影印本）、嘉慶六年（一八〇一）石門顧修重輯《南宋群賢小集》本，以及樂清鄭見田息末園刊《四靈詩集》、冒廣生永嘉詩人祠堂叢刻《永嘉四靈詩集》等，皆源於潘刻四十三家集本。《四庫全書》著録鮑士恭家藏本，其中《二薇亭詩集》之四庫底本今藏國家圖書館。以上諸本，包括鮑、顧本之補遺，收四人詩凡五百零四首（徐照一百十七首、徐璣一百零八首、翁卷一百三十八首、趙師秀一百四十一首），與葉適所選"五百篇"（當言其整數）大致相合。

　　合刊本凡八卷，《解題》卷二〇著録道：

　　　　《徐照集》三卷，永嘉徐照道暉撰，自號山民。
　　　　《徐璣集》二卷，徐璣致中撰。
　　　　《翁卷集》一卷，翁卷靈舒撰。
　　　　《趙師秀集》二卷，别本《天樂堂集》一卷，趙師秀紫芝撰。四人者，號"永嘉四靈"，皆爲晚唐體者也。惟師秀嘗登科改官,亦不顯。

《通考》卷二四五同。

合刊本傳本極罕,長期不爲人所知。清康熙間,錢氏絳雲樓殘宋本《四靈詩集》忽出,學者方知宋刻合刊本殘帙尚傳世。該本嘗藏毛氏汲古閣(即《汲古閣珍藏秘本書目》著録之"宋板《四靈詩》三本"),後歸錢氏。合刊本與前述葉適選本不同。何焯跋影寫宋殘本道:

> 《四靈詩》,(錢氏)絳雲樓所藏已爲六丁取去,裱工陳生不知何自得其半,亦宋刻善本,今歸毛丈斧季。此册乃陳生倩人影鈔者,亦不易得,後人勿以非全書遂忽視之。康熙辛巳(四十年,一七〇一)何焯記。

何焯所跋影寫本後不詳所在,清末孫詒讓玉海樓鈔本即録有何跋,或由該本傳録。

絳雲樓殘宋本久已失傳,而該本之影寫本,後由黃丕烈士禮居所得,黃氏於嘉慶七年(一八〇二)十一月二十八日嘗跋之,略曰:

> 顧余檢《汲古閣珍藏秘本書目》,宋板《四靈詩》三本,亦云有缺,則此影鈔者必自三本出。惜其目未載卷數,不知所缺同否耳。近日雖有傳本,較此絕無影響。毛氏云此書久矣失傳,幸而得此,真確論哉!

士禮居書散出後,此影寫本又輾轉爲常熟瞿氏所得,著之於《鐵琴銅劍樓藏書目録》卷二三。

黃氏士禮居另一影寫本,後爲陸心源所得,《皕宋樓藏書志》卷八八案曰:

　　此汲古影宋本,每葉二十行,每行十八字。版心有字數,卷中有"宋本"朱文腰圖印,"稀世之珍"朱文方印,"毛晉私印"、"子晉"、"汲古主人"朱文三方印,"毛扆之印"、"季斧"朱文二方印,"席鑒之印"、"席氏玉炤"朱文二方印,"黄丕烈印"白文方印,"蕘圃"朱文方印,"虞山席鑒玉炤考藏"朱文方印,"虞山毛晉"朱文方印,"子晉書印"朱文方印,"汲古得修綆"朱文長印。

陸氏猶有跋,詳記其版式及收詩數道:

　　《永嘉四靈詩》甲乙丙丁四卷,汲古閣影寫宋刊本。每卷首行題曰"永嘉四靈詩",旁注甲、乙、丙、丁等字,甲、乙、丙三卷次行題曰"徐照道暉",旁注上、中、下等字。版心有"徐上"、"徐中"、"徐下"等字。丁卷次行題曰"徐幾",版中旁注"上"字,版心"徐幾上"三字。各有字數。每葉二十行,每行十六(祝按:"六"疑爲"八"之誤)字。《直齋書録解題》載《徐照集》三卷,《徐幾集》二卷,與此合,惜幾集只存上卷耳。照集存詩二百六十七首,較石門顧修《群賢小集》本名《芳蘭軒集》者多詩一百六十二首。……幾集存詩一百零兩首,其六十四首爲顧刻名《二薇齋集》者所無。

四人收詩數量與選本各不相同,此點乃該宋刻爲合刊本而非選本之鐵證。陸心源於是將顧刻所無之二徐詩刊入《潛園總集·群書校補》(卷九〇至九三)。陸氏所得汲古閣影宋本,今藏日本静嘉堂文庫,見《静嘉堂秘籍志》卷一〇。嚴紹璗《日藏漢籍善本書録》著録爲五卷。

　　民國十四年(一九二五),南陵徐乃昌用影鈔汲古閣殘宋本刊《永嘉四靈詩》（實止二徐詩）。民國十七年（一九二八），永嘉黃氏《敬鄉樓叢書》之《芳蘭軒詩集》《二薇亭詩集》，皆據孫氏玉海樓鈔本校刻，徐璣詩兩本皆附有補編。殘宋本所收詩，於是廣之於世。

　　一九八五年，浙江古籍出版社出版陳增傑校點本《永嘉四靈詩集》，二徐詩以《敬鄉樓叢書》本爲底本，翁、趙詩以潘是仁《宋元名家集》本爲底本，校以諸本，並有補遺及附録。校點本實爲合刊本（《解題》著録本）、總集本（《讀書附志》著録本，即葉適選本）之拼合本，而現存四靈詩，以是本較爲完備。

　　《全宋詩》所收徐照詩，用徐乃昌所刊《永嘉四靈詩·徐道暉集》爲底本，輯得佚詩五首。徐璣詩，第一卷底本同上，第二卷用顧修刊讀畫齋本《南宋群賢小集·二薇亭集》爲底本，輯得佚詩九首。翁卷詩用潘是仁《宋元四十三家集·葦碧軒詩集》、影印文淵閣《四庫全書》本《西巖集》爲底本，輯得佚詩四首。趙師秀詩用《宋元四十三家集·清苑齋集》爲底本，輯得佚詩二十九首。

【參考文獻】

　　葉適《翁靈舒詩集序》（黃震《黃氏日鈔》卷八六引）

　　許棐《跋四靈詩選》（影印汲古閣《南宋群賢六十家小集》本《融春小綴》）

　　黃丕烈《影宋本永嘉四靈詩跋》（《蕘宋樓藏書志》卷八八）

　　陸心源《影宋鈔永嘉四靈詩跋》（《儀顧堂續跋》卷一二）

　　孫詒讓《影鈔殘宋本四靈詩集跋》（浙江古籍出版社校點本《永嘉四靈詩集》附録）

　　徐乃昌《校刻永嘉四靈詩跋》（同上）

黄群《敬鄉樓叢書本芳蘭軒詩集二薇亭詩集跋》(《敬鄉樓叢書》本《二薇亭詩集》卷末）

拙軒集六卷

張　侃　撰

張侃，字直夫，號拙軒，揚州人，先世渡江後居湖州（今屬浙江）。嘗知句容縣，遷上虞丞。著有《拙軒初稿》《拙軒稿》。明人書目多録其《初稿》。《文淵閣書目》卷九曰：“《張拙軒初稿》一部四册，全。”《內閣書目》同。《國史經籍志》卷五著録“張侃《拙軒稿》四卷”。兩稿後皆失傳，今存《拙軒稿》乃大典本。《四庫提要》述之曰：

> 錢溥《秘閣書目》載有《張拙軒初稿》四册，焦竑《國史經籍志》則有張侃《拙軒稿》四卷。而《宋·藝文志》《書録解題》俱無之，宋人《江湖》前後諸集及近時選録宋詩者亦多未之及，則其湮晦於世蓋已久矣。今《永樂大典》各韻內，尚頗載其詩文，或題《拙軒集》，或題《拙軒初稿》，勘驗標目，與錢溥、焦竑所記并合，當即其書。……其集久佚僅存，實爲世所未睹，謹排訂編次，釐爲六卷，俾言宋詩者猶得以知其名氏焉。

據《大典》所載，明初秘閣應有《初稿》及《拙軒》兩集，館臣已不復分別。大典本録入《四庫全書》，卷目編次爲：卷一至四，詩；卷五，賦、札子、書、序、跋；卷六，論、説、銘、贊、傳、記、祭文。民國時，文淵閣四庫本嘗影印入《四庫全書珍本初集》。

《全宋詩》《全宋文》俱以影印文淵閣《四庫全書》本爲底本。

竹齋先生詩集三卷

裴萬頃　撰

裴萬頃（？——一二二二），字元量，號竹齋，新建（今屬江西）人。淳熙十四年（一一八七）進士，累官大理司直、江西撫幹。所作詩文稿，由其子從龍哀輯成集，題《竹齋漫存》，胡詠跋之，稱作者"歿後一年，孤從龍料檢手澤，得詩文數百篇"云云。劉克莊嘗跋其遺稿，謂"其猶子南康理掾應材携竹齋遺墨古律詩三首，又其季子玄齡手録四十三首示予"，因謂"理掾盍鋟諸梓，與同志共之"，時在辛未、壬申後三十六年，即淳祐七、八年（一二四七、一二四八）間。蓋至是時猶無刻本，裴應材等付梓否不詳。又陳元晉《跋裴元量竹齋漫存詩》（《漁墅類稿》卷五），稱其得《竹齋漫存》一編讀之云云，則其詩集宋季似嘗單行。

明嘉靖間，是集有刊本，張鰲爲之序，略曰：

> 嘉靖戊子（七年，一五二八）獻歲，先生十一世孫汝中持遺稿得若干首請曰："我祖竹齋氏之言富矣，幸猶存十一於千百。……予小子不敏，詎敢附麗，唯實墜是懼，子其序之，將屬鋟工。"

嘉靖原刻本久無著録。據張序，裴汝中所用底本乃"遺稿"，似其時已無舊槧流傳，僅存家藏"遺稿"（疑即鈔本）。

　　明萬曆四十三年（一六一五），潘是仁輯刊《宋元四十三家集》，收有《裒竹齋詩集》六卷，當即據嘉靖本。此爲詩集，而胡詠跋稱其遺稿爲"詩文"，則文已全佚。

　　明祁氏《澹生堂藏書目》卷一三著録"《裒竹齋詩集》一册，六卷"，又《江陰李氏得月樓書目摘録》、《徐氏家藏書目》卷六亦登録詩集六卷，蓋皆嘉靖本。

　　清康熙四十八年（己丑，一七〇九），著者十六世裔孫裒奏於錦縣重刻是集，題《竹齋先生詩集》，凡詩三卷、附録一卷，收詩共二百餘首，宋犖、朱彝尊等先後作序。朱序稱"其詩不作硬語，清疏韶亮，異乎魯直流派"。康熙本每半葉十一行二十一字，白口，左右雙邊，今國家圖書館、北大圖書館、上海圖書館等著録十餘部，南京圖書館等有清鈔本。是刊當據嘉靖本改編重梓，故前附嘉靖序。裒集今以此本爲善。清咸豐十一年（一八六一）、民國十年（一九二一）有重刻本，仍爲詩三卷、附録一卷，今國家圖書館等著録。

　　《四庫全書》收録馬裕家藏本，據《提要》即康熙本。

　　民國三年（一九一四），李氏宜秋館將是集刊入《宋人集》甲編。據李之鼎跋，其底本爲康熙本。是本將詩與附録通編爲四卷，末附校誤表。宜秋館鈔本今藏國家圖書館。

　　《全宋詩》據裔孫裒鏡秋手校《宋人集》本爲底本。

【參考文獻】

　　胡泳《跋竹齋漫存遺稿》（《宋人集》甲編本《竹齋先生詩集》附録）

　　劉克莊《跋裒元量司直詩》（同上補録。又見《後村先生大全集》卷一〇一）

　　張鰲《嘉靖刊竹齋詩集序》（同上卷首）

　　朱彝尊、宋犖、張尚瑗《康熙重鎸裒司直竹齋詩集序》（同上，人各一

序）

　　裘奏《康熙重刻竹齋詩集跋》(同上)

　　裘兆澐、李之鼎《竹齋先生詩集跋》(同上卷末,人各一跋)

友林乙稿一卷

史彌寧　撰

　　史彌寧,字安卿,鄞縣(今浙江寧波)人,浩從子。寧宗嘉定初知邵州,八年(一二一五)期滿,獲再任。《讀書附志》卷下著錄其集道:

　　　　《友林詩稿》二卷,右史彌寧安卿之詩也。集有黃景説、曾丰序。安卿,嘉定中以國子舍生之望涖春坊事,帶閤門宣贊舍人知邵陽。

　　《詩稿》蓋分甲、乙二編,《甲稿》久佚,今僅存《乙稿》。

　　《乙稿》無黃、曾二序,而有鄭域序。鄭序稱其甲午以和史浩《寶鼎現》詞見賞,後四十年,又得親炙彌寧幕下,並謂其“鬱然有伯父(指史浩)風烈,典刑固存。凡兩霜侍席,掇拾《友林詩稿》,……竊命工鋟之”。按“甲午”爲淳熙元年(一一七四),“後四十年”云云,則在寧宗嘉定中。因知《詩稿》乃嘉定中鄭域於邵陽編刊。《讀書附志》所錄,當即嘉定本。

　　黃丕烈嘗得《乙稿》宋刊本,其《百宋一廛書錄》著錄,顧廣圻《百宋一廛賦》所謂“躋《友林》之逸品,儷聲價於吉光”,即指該本。黃氏注曰:

　　　　史彌寧《友林乙稿》一卷,每半葉八行,每行十六字。

予又有覆本，行字相同，《潛罨堂題跋》稱在都門所見，即
覆本耳。真本流麗娟秀，兼饒古雅之趣，在宋槧中別有
風神，未容後來摹仿也。予跋之，目爲逸品。又考趙希
弁《讀書附志》云《友林詩稿》二卷，有黃景説、曾丰序。
今詩既一卷，又無此序，佚其《甲稿》無疑矣。

黃氏本後歸汪氏藝芸書舍，民國初年爲袁克文（抱存）所得。
李盛鐸跋所藏影鈔宋刻本（該本今藏北京大學圖書館）道：

　　《友林乙稿》宋刻原本，由士禮居轉徙歸藝芸書舍，
散出後不知流落何所。迨光緒庚子（一九〇〇）後，忽見
於廠市，爲合肥龔比部心銘所得，藏之數年，今歲（一九
一五年）夏售之袁抱存。跋中“百七十”等字係刮去用墨
筆填寫，翻刻本據以上板，大足貽誤後人，蓋合《甲稿》斷
不止百七十首也。（《木犀軒藏書題記》）

袁氏後又將該宋本售與南海潘宗周，《寶禮堂宋本書錄》詳爲
著錄，謂是稿詩凡一百八十一首；再由潘氏捐北京圖書館，今
藏國家圖書館善本室，有清顧純題籤，李盛鐸跋，高世異、徐
鴻寶等觀款。

舊稱《乙稿》有另一宋刻本，乃吳縣潘氏滂喜齋藏書，《滂
喜齋藏書記》卷三著錄道：

　　　宋刻《友林乙稿》一卷，一函一冊。宋史彌寧撰。彌
寧，丞相浩之從子，嘉定中知邵陽。此本前序脱去一葉，
序中自稱其名曰域，屬樊樹云集有《鄭中卿惠蟢蛑》詩，
《文獻通考》鄭域字中卿，當即其人也。案《序》言在湘南
幕下掇拾詩稿得百七十首，命工鋟之，是嘉定間邵陽刊
本也。每半葉八行，行十六字，字體瘦勁，古香古色，撲

人眉宇。舊藏椒花吟舫，後有少河山人（朱錫庚）跋，笥
河先生（朱筠）之子也。附藏印："大興朱氏竹君藏書
印"、"朱筠之印"、"椒花吟舫"、"朱印錫庚"、"少河"、"葉
名灃"、"潤臣借讀"、"同龢私印"。

此本王文進《文録堂訪書記》卷四嘗著録，定其爲"明覆刻宋
本"，并非宋槧。

除明覆刻宋本外，又有清翻宋本。今日本静嘉堂文庫藏
本，《皕宋樓藏書志》卷九〇、《静嘉堂秘籍志》卷一〇著録爲
"宋刊宋印本"，《藏書志》按曰："此南宋刊本，每葉十六行，每
行十六字，即《百宋一廛賦》所謂'躋《友林》之逸品，儷聲價於
吉光'者也。"然傅增湘檢視原本後，以爲是清翻宋刊本，並非
所謂"宋刊宋印本"。其《經眼録》卷一四按之曰："此帙乃清
初翻刻本。其真宋本余爲袁寒雲克文購得於廠市英古齋，已
影印行世。此本字畫雖極娟秀，以宋本比較，則神韻索然，殆
虎賁之視中郎耳。"或又以清影刻宋本誤認爲明仿宋本。

《增訂四庫簡目標注·續録》有所謂"明仿宋本"。南京
圖書館亦藏有明翻宋本，有丁丙跋。《善本書室藏書志》卷三
一著録，乃朱彝尊舊物，有"彝尊私印"、"竹垞玉樹山房"、"當
湖小重山館"、"胡篔江珍藏"諸印。今該館已改著爲清影宋
刻本。清影宋刻本，今國家圖書館（有勞健跋）、北大圖書館
（有李盛鐸跋）等猶著録多部，前引黄丕烈注《百宋一廛賦》所
謂"覆本"，即指此種。無論明仿或清翻，因其影刊於何人何
年不詳，故極易混淆和誤判。

《四庫全書》著録浙江採進本，《提要》稱"此本猶宋時舊
刊，楷法頗爲工緻，凡録詩一百七十首，前有原序一篇"。另，
清影宋鈔本，今國家圖書館、上海圖書館有藏本，清鈔本則猶

存多部。

　　前引傅增湘按語中，所謂真宋本"已影印行世"，乃指民國六年（一九一七）華陽高氏蒼茫齋影印本，今國內著録十餘部。民國二十三年（一九三四），江都秦氏石研簃又有覆宋刊本，今有著録。一九五七年，北京古籍出版社嘗據江都秦氏本重印。要之，《乙稿》固以宋刊原本爲佳，然其已成珍貴文物，就閱讀和文本研究而言，所謂清影宋本甚至四庫本皆絶少錯誤，足可憑信，不必刻意追求其文物屬性。《全宋詩》即用華陽蒼茫齋本爲底本。

【參考文獻】

　　鄭域《友林乙稿序》（《皕宋樓藏書志》卷九〇）

　　陸心源《宋槧友林乙稿跋》（《儀顧堂續跋》卷一二）

楊太后宮詞一卷

楊皇后　撰

　　楊皇后（一一六二——一二三二），會稽（今浙江紹興）人。因忘其姓氏，楊次山自稱是其兄，遂姓楊氏。寧宗立爲后。嘗使楊次山與史彌遠等預謀，伏兵槌殺韓侂胄，史氏遂專國政。理宗即位，尊爲皇太后。其《宮詞》五十首，毛氏綠君亭（毛晉早年刻書堂號）嘗將其與《宋徽宗宮詞》合刊爲《二家宮詞》，後又彙刻入《詩詞雜俎》。清同治十二年（一八七三）淮南書局嘗重刊。《叢書集成初編》據《詩詞雜俎》本影印（詳參前《宋徽宗宮詞》叙録)。《楊太后宮詞》有潛夫跋：

> 右宮詞五十首，寧宗楊皇后所撰，好事者秘而不傳，世亦罕見。癸酉仲春得之江左，何啻和隋之珠璧耶！王建、花蕊，不得專美矣。潛夫識。

卷末又有毛晉跋。《四庫總目》以毛氏本著録於總集類，《提要》曰：

> 寧宗楊皇后五十首，……卷末有潛夫跋，不著名氏，毛晉謂不知何許人。考劉克莊字潛夫，跋稱癸酉仲春，爲度宗咸淳九年(一二七三)，時代亦合，或克莊所題耶？……(毛晉)跋楊后卷末，稱今本止三十首，餘二十首從未之見，乃天啟丁卯(七年，一六二一)得胡應麟家秘本所載。又稱"迎春燕子尾纖纖"一首、"落絮濛濛立夏天"一首、"紫禁仙輿詰旦來"一首，向刻唐人；"蘭徑香消玉輦蹤"一首、"闕月流光入綺疏"一首、"輦路青苔雨後深"一首，向刻元人。今姑仍舊本云云。今考集中"阿姊携儂近紫微，藥宮承寵對芳菲。繡幃獨自裁新錦，怕看花開蝴蝶飛"一首，亦似楊妹子作，故有首句。《書史會要》稱楊妹子詩語關情思，人或譏之，蓋即此類，不應出楊后之筆。蓋此三百五十首(祝按：連同徽宗三百首)者，皆後人裒輯得之，真僞參半，不可盡憑，姑以流傳已久存之耳。

毛氏所用底本，嘉慶庚午(十五年，一八一○)黄丕烈得之於蘇州城南衛前書肆，有跋記其欣喜之狀(見《蕘圃藏書題識》卷八)。是年，雲間古倪園沈氏(綺雲)即從士禮居借出翻刻，輯入《四婦人集》，黄氏有校勘記一卷，又作《刻書跋》，並考"潛夫"其人，略曰：

> 《楊太后宫詞》，汲古閣曾刊入《詩詞雜俎》中，其稿
> 本余今始獲之，所謂潛夫輯本也。毛子晉云："舊跋潛
> 夫，不知何許人。"余以稿本核之，其爲宋人無疑，紙係宋
> 時呈狀廢紙，有官印朱痕可證。至潛夫之爲何許人，就
> 其跋云"寧宗楊后"而不係以"宋"，則可斷爲宋朝人。其
> 標題曰"潛夫輯"，余疑爲周密公謹，蓋公謹所撰書皆曰
> "輯"。

今人著録，多用黄氏説，即以其爲周密輯。

民國十三年（一九二四），瞿啟甲據影宋鈔本刊入《鐵琴
銅劍樓叢書》。瞿氏以其刻本貽傅增湘，傅氏稱之爲"影刊宋
人寫本"，因作《校宋寫本楊太后宫詞跋》，謂該本爲瞿良士
"近歲於吳門收得刻板十二番重爲修治印行者。其版不審爲
何時何人所梓，然筆意樸拙，雅近燉煌經卷，要出宋人手跡無
疑。因發興取緑君亭本校讀一通，其字句乃頗有歧異"。傅
氏列舉歧異之例，以爲毛氏本輕改古書以至訛失，又謂訛異
各條咸在沈刻本校記所云"朱校"之列，是竹垞（朱彝尊）固嘗
見此本矣，云云。則是集傳本，當以瞿刻本爲善。

《全宋詩》以《叢書集成初編》影印《二家宫詞》本爲底本。

【參考文獻】

黄丕烈《刻宋鈔本楊后宫詞跋》（《蕘圃刻書題識》卷八）

傅增湘《校宋寫本楊太后宫詞跋》（《藏園群書題記》卷一五）

西園康範詩集一卷　　環谷存稿

汪　晫　撰

　　汪晫(一一六二——一二三七),字處微,績溪(今屬安徽)人。平生不仕,隱居山中,結廬環谷。卒,私諡康範先生。晫博學多通,著有《曾子子思子全書》,其三世孫夢斗嘗於咸淳十年(一二七四)鏤板并表上於朝。元至元戊寅(十五年,一二七八),夢斗又刊詩詞集,跋稱其先大父雜著嘗編輯得二十篇(按:篇即卷),兵燹中散佚,家中圖書悉爲煨燼,唯詩詞草稿寄山中,幸無恙,視所作已百無一二存,"恐後復散軼也,亟謀鋟梓,置之静觀堂,以傳不朽。"

　　元至正己丑(九年,一三四九),作者五世孫疇重刊之,張純仁爲序,略曰:

　　　　觀其《環谷存稿》,所爲詩詞數十首,其言典雅,其聲和平,無一毫晚宋氣息。……惜乎其所述作不復盡傳於世,此其幸傳而未泯者耳,非惟汪氏子孫所宜珍重,亦斯文之所當共惜者也。余再來新安,校文郡庠,糾録趙君遇偕先生五世孫疇爲徵余文題其端,以鋟諸梓。執筆汗顏,姑論其概。

　　元刊兩本皆失傳,明人已罕著録。弘治乙丑(十八年,一五〇五),四川道監察御史章瑞又作《環谷存稿叙》,稱"西園康範先生詩凡七十首,其來孫湛圖刻之"。又謂"元人入武林,大家流離,先生稿存者無幾。音節凌厲,闡幽揭明,譬諸古鐘磬,雖不諧里耳,自可尋玩"云云。弘治本亦未見著録。

今存以嘉靖本爲古。嘉靖二十年（一五四一），裔孫汪茂槐作
《新刊環谷杏山二先生集叙》，略曰：

> 《環谷存稿》一册，乃我康範先生所著，而《雲間》《北
> 游》詩辭各一册，則作之杏山府君（汪夢斗）者也。……
> 歲戊戌（嘉靖十七年），叨貢選，拜簿河南宜揚。一日發
> 篋笥檢閲，將爲鋟梓計，適蒼溪簿侄璉過余宦邸，因道其
> 故，璉乃作而謂曰："是誠在我二人。"於是捐俸貲若干
> 兩，遣長子瑄持授邑庠侄球編次校刊，庶前人望我之意
> 不孤，而此心亦得以少盡矣。

是刻除正集外，又有《實録》一卷、《續録》一卷、附録《外集》一
卷。每半葉九行十八字，白口，四周單闌。今傳本已稀，僅見
國家圖書館、上海圖書館及安徽省圖書館著録，爲是集善本。
隆慶三年（一五六九），又有裔孫汪廷佐重刊本。

《四庫總目》著録安徽採進本，當即嘉靖本，《提要》曰：

> （正集）後又有《康範續録》，載夢斗進晫所編《曾子
> 子思子全書表》，及褒贈通直郎指揮二篇。又有《康範實
> 録》，載行狀、銘誄之類，蓋仿《李翱文集》所作《皇考實
> 録》之例。又有附録《外集》，載諸名賢與其先世酬唱題
> 贈之作，皆後人所續輯也。是集及夢斗《北游集》，舊本
> 合題曰《西園遺稿》。西園蓋其先世監簿琛别業，蘇轍有
> 《題汪文通豁然亭》詩，即在其地。今以二人相距三世，
> 本各爲一集，故仍分著於録，而附存其改題之總名於
> 此焉。

民國九年（一九二〇），李氏宜秋館據傳鈔文津閣四庫本刊入
《宋人集》乙編。存詩僅五十餘首，幾不成卷帙。

《全宋詩》以影印文淵閣《四庫全書》本爲底本。

【參考文獻】

汪夢斗《康範集跋》(嘉靖刊本《康範詩集》末附)
張純仁《西園康範先生遺稿叙》(同上卷首)
章瑞《環谷存稿叙》(同上)
汪茂槐《新刊環谷杏山二先生集叙》(同上)

巽齋先生四六一卷　　春山文集四六鈔

危　積　撰

危積(一一六三──一二三六),字逢吉,號巽齋,臨川(今江西撫州)人。淳熙十四年(一一八七)進士。初名科,孝宗更名曰"積"。調南康軍教授。累官著作郎兼屯田郎官,出知潮州、漳州。卒,年七十四。著有《巽齋集》二十卷,久佚,今僅存《巽齋小集》一卷(收入《南宋群賢六十家小集》,見後)。另有《巽齋先生四六》一卷,傳本撰主多所歧誤,今略加考索如下。

按:今國家圖書館藏宋刊本《四家四六》四卷,凡六册,每半葉十行十九字,細黑口,左右雙邊。所謂四家爲《壺山先生四六》一卷,《臞軒先生四六》一卷,《後村先生四六》一卷,《巽齋先生四六》一卷。宋本四家皆不著撰人,而以別號名書,除"臞軒"爲王邁號、"後村"爲劉克莊號可確定外,另兩家皆被後人誤題。《壺山先生四六》實爲方大琮作,或誤題汪莘,本書將在卷二六著録並考述。《巽齋先生四六》,或署歐陽守道撰(如《北京圖書館古籍善本書目》等),又或署危昭德撰(如北京大學圖書館藏清初鈔本、南京圖書館藏舊鈔本等），而無一本題危積，幾堅不可摧。兹主要據楊世文先生所考，以釐清真相。

按歐陽守道，字公權，廬陵（今江西吉安）人。生於嘉定二年（一二〇九），淳祐元年（一二四一）進士。初名巽，故號巽齋，所著曰《巽齋文集》，傳本二十七卷（詳後），其中四六文數卷，無一篇與《巽齋四六》同。《巽齋四六》中所載，多官福建、浙江時所作書啟，其中如《通潮州沈卿》（有“實慚假守”之句）、《漳守通泉州章郎中》等，表明作者曾知潮州、漳州，與危積事跡合，而歐陽氏無此經歷。又《賀浙西漕》稱“方二十五而擢第春官”，歐陽守道及第年已三十有三，亦不符。《巽齋先生四六》中多篇又見於宋人所編《翰苑新書·續集》卷一四、卷一九、卷二一等，皆題“危巽齋”，而無署“歐陽巽齋”者，足證是集非歐陽守道撰。

危昭德，字子恭，邵武（今屬福建）人。寶祐元年（一二五三）進士，官至工部侍郎。著有《春山文集》，久佚。《巽齋先生四六》清初鈔本已題危昭德撰，又《四庫總目·別集類存目一》著録《巽齋四六》一卷，浙江鮑士恭家藏本，亦以爲危昭德撰，《提要》謂“昭德所著有《春山文集》，今已久佚。此本摘録其駢體，僅四十九首，非完本也”。《巽齋四六》或題曰《春山四六鈔》，凡二卷。傅氏《經眼録》卷一四著録原抱經樓藏舊寫本《春山四六鈔》二卷，“上卷文十八首，下卷文三十二首”。今中山大學圖書館所藏清初鈔二卷本，前面多文十餘篇。又今上海圖書館、黑龍江省圖書館等館藏本，又題曰《春山文集四六鈔》。書名多“文集”二字，蓋以爲此集乃鈔撮《春山文集》中所載四六文而成（四庫館臣即持此説）。

是集宋本原題“巽齋先生”，後人既署危昭德著，而危氏

絶無"巽齋"之號,已可定其僞。考集中所收文章,凡內容有
事跡可考者,皆非昭德所撰。如兩卷本《春山文集四六鈔》卷
上《賀誅吳曦》,誅吳曦事在開禧三年(一二○六),是時昭德
殆尚未出世。此篇宋人所編《翰苑新書·後集上》卷二○署
"危巽齋"。又《通楊安撫》《賀李參政》《賀錢參政除資學赴經
筵》《賀魏右史》等篇,分別指楊萬里、李壁、錢象祖、魏了翁,
皆與危積同時,而危昭德當不及見。故可斷言:《巽齋先生四
六》非危昭德撰。《翰苑新書·續集》所題"危巽齋",實乃危
積。蓋後人見《巽齋四六》之文,他書有題"危巽齋"者,遂誤
以爲該集乃危昭德撰,而危氏《春山文集》久佚,無可按覆,踵
謬承訛,幾不可破。又有人輯文獻中凡題"危巽齋"之文,以
增補《巽齋先生四六》,遂成所謂《春山四六鈔》或《春山文集
四六鈔》,故各本所收多寡不同(詳參楊世文《宋刻本〈四家四六〉
考》,《宋代文化研究》第七輯,巴蜀書社一九九八年版)。兹將宋刻本
《巽齋先生四六》改題爲危積撰,舊題《春山先生四六鈔》仍附
焉,以資比較研究。

　　《全宋文》用宋刻本《巽齋先生四六》爲底本,并採《春山
文集四六鈔》所收之危積文,另輯佚文十一篇,統編爲三卷。
《續修四庫全書》影印清鈔本,編入集部第一三二一册,仍誤
題危昭德撰。

程端明公洺水集二十六卷

程　珌　撰

程珌(一一六四——二四二),字懷古,休寧(今屬安徽)

人。以先世居洛水，因自號洛水遺民。紹熙四年（一一九三）進士，歷禮部尚書，翰林學士、知制誥，官終端明殿學士。嘗自序其集，謂近世學者“不流於老莊之苦空，則歸於篇章之吟詠”，“今秘是集，猶有不能盡去，亦或有補於世教之萬一，觀者其審之”。序未署年代，亦未記卷數。據嘉靖本序（詳下），初刊其集者爲作者曾孫景山，時當在元代。至明嘉靖間，連本家亦只存文集鈔帙（“録本”）六十卷，且間有殘缺。今以嘉靖重刻本爲古。

嘉靖本乃程氏族裔所刊，卷末有裔孫程元昺所作《後序》，曰：

　　　　所著有《洺水集》六十卷，《内制類稿》十卷，《外制類稿》二十卷，曾孫教授公景山嘗輯而刻之。元季兵燹，遺本鮮有得者，雜出於《新安文獻志》及家乘，僅數十篇。海内誦慕，不勝珠沉玉委之歎。嘉靖乙卯（三十四年，一五五五）春，族之預《敦本約》者咸曰：“表章先達，吾人志也。安集久湮？安所得梓？”太叔祖霄因以其兄霖家藏録本出示，所有蓋六十卷，僉喜而閲之，間有殘闕失次。昺乃與叔應元以善、弟昇、姪夢龍更加輯定，以公歷官歲月次其表疏，餘文則各以類相從，附公轉官制詔及狀傳諸外作，爲卷二十有六。其内外制稿僅得《文獻志》所載七篇，別附卷首，命工刊梓，以廣其傳。……在約凡二十有六人，故卷因之分隸焉。

嘉靖本凡二十六卷，卷二五、二六爲附録。每半葉十一行二十一字，白口，左右雙闌。每卷首葉版心有“城西虬川黄鍊刊”數字，或別一人名一二字（《經眼録》卷一四）。今國家圖書館、首都圖書館、上海圖書館、南京圖書館（有丁丙跋）等著録八部，日本尊經閣文庫、静嘉堂文庫及美國國會圖書館各藏一部。

　　嘉靖本後，又有崇禎二年（一六二九）重刊本。崇禎元年（戊辰），裔孫程至遠跋曰：

　　　　《洺水文集》六十卷，因久散落，熙朝一再刻之，僅得
　　　　三十卷。萬曆戊申年（三十六年，一六〇八），山水暴漲，
　　　　板爲漂失，不肖遠懼寖久而遂湮也，乃取舊本重訂，壽諸
　　　　剞劂。

所謂“一再刻”，或指修補嘉靖板，或嘉靖後、崇禎前別有刻本，今不詳。崇禎本凡三十卷，附録一卷，每半葉九行十九字，白口，左右雙邊，題“宋少師新安程珌著，裔孫至遠遍行重訂”。此本今國家圖書館、北大圖書館、上海圖書館等及臺灣凡著録十餘部，日本内閣文庫、美國國會圖書館亦有庋藏。

　　《四庫總目》著録江西採進本，即崇禎本。《提要》曰：“集本六十卷，載於《書録解題》。此本乃崇禎己巳（按：“己巳”原作“乙巳”，誤，崇禎無乙巳。己巳爲崇禎二年）其裔孫至遠所刻，僅三十卷。原序稱歲久散佚，舊闕其半云。”今按陳氏《解題》、馬氏《通考》皆未著録《洺水集》。以年代推考，程氏曾孫刻集時，陳振孫當久已辭世，不可能著於録。崇禎本卷目編次爲：卷一，制誥；卷二，奏疏；卷三，表箋；卷四，議；卷五，策問；卷六，講義；卷七，記；卷八，序；卷九，題跋；卷一〇，墓誌；卷一一，行狀；卷一二，祭文、哀辭；卷一三，書；卷一四，尺牘；卷一五，啟；卷一六，致語；卷一七，祝版；卷一八，疏；卷一九，上梁文；卷二〇，賦；卷二一至二七，各體詩；卷二八，説；卷二九，贊、銘；卷三〇，樂府。《四庫全書》未録附録。

　　由於是集原本六十卷，明刻或作二十六卷，或作三十卷，

後人遂懷疑明本是否完帙。《四庫提要》謂原序（指程至遠跋）稱"舊闕其半"。王重民《中國善本書提要》著録美國國會圖書館藏嘉靖本時，駁斥道：

> 考至遠原序，無"舊闕其半"之言，當是館臣想像之詞。此本爲明代第一刻，卷末記"古歙黄銓寫"，即崇禎本所從出。據程元昺後跋，稱其太叔祖霄從其兄霖家藏本録出，所存蓋六十卷。當時預於剞劂之役者，即爲預於族中《敦本約》者之二十六人，因釐爲二十六卷，爲改六十卷爲二十六卷之主因。又從《文獻志》得内外制稿七篇，爲卷首一卷，則其内容仍爲六十卷本之舊。焉得以原本六十卷，崇禎本三十卷，遂謂闕其半耶？

王氏説甚是。程元昺嘉靖時唯稱舊本"間有殘闕失次"，而所謂"更加輯定"，當指重新編次爲二十六卷，以滿足《敦本約》二十六人之需，雖原本"間有殘闕"，但内涵大體仍是原本（且增内外制七篇，嘉靖本刊於卷首，未入編次，崇禎本編爲卷一）。據程至遠跋，崇禎本底本無疑即嘉靖本，更無"闕半"之理，編爲三十卷，蓋求卷目爲整數故也。

《全宋文》《全宋詩》俱用嘉靖本爲底本。

【參考文獻】

程珌《洺水集自序》（嘉靖本《洺水集》卷首）

程元昺《書重刻端明公洺水集後》（同上卷末）

程至遠《崇禎本洺水集跋》（影印文淵閣《四庫全書》本《洺水集》卷首）

北磵詩集九卷

釋居簡　撰

居簡（一一六四—一二四六），字敬叟，號北磵，潼川通泉（今四川射洪）龍氏（一云王氏）子。二十一歲出蜀，依東南徑山、德光、報恩等多所禪寺。居杭州靈隱飛來峰北磵十年，人以“北磵”稱之，故以爲號。嘉熙間敕住杭州浄慈光孝寺。嘉定丁丑（十年，一二一七），張自明序其集，稱“讀其文”、“誦其詩”云云，則“其集詩、文各爲一編”（《四庫提要·北磵文集提要》）。明人書目極少著録，唯《脈望館書目》嘗載《北磵詩集》，然僅五卷。

《北磵詩集》凡九卷，《四庫全書》未收，蓋館臣未得其本。詩集今存宋刊本，藏日本御茶之水圖書館，乃原德富蘇峰成簣堂舊藏，“每半葉十四行，每行二十四字。左右雙邊，版心有字數及刻工名姓。是書首有葉水心（適）題詩，每册首尾有‘青柳軒常住’墨書”（《日藏漢籍善本書録》）。元白珽《湛淵静語》卷二曰：“蜀僧居簡號北磵，能詩，葉水心有《奉酬北磵詩後題》云：‘新詩尤佳，三復愧嘆。然有一説，不敢不告：林下名作，將以垂遠，不可使千載之後，集中有上生日詩。此意幸入思慮。何時共語，少慰孤寂。’簡遂鋟此語於詩集之端。前輩相與之情類如此。”日本宮内廳書陵部又有應安七年（一三七四）刊本《北磵詩集》九卷，存卷一至六，傅增湘檢視後按曰：“《北磵詩集》中土久佚，今此本行款與文集（文集詳後）同，是亦直翻宋本也。”（《經眼録》卷一四）所謂翻宋本，指日本中世紀五山翻宋崔尚書宅刊本，今日本內閣文庫有藏本。二〇一二年，西南大學出版社、人民出版社用該本影印入《日本五山版漢籍善本集刊》，同年又影印入金程宇編《和刻本中國古逸書叢刊》。《和刻目録》猶著録日本寶永三年（一七〇六）刊木活字本《北磵詩集》九卷。

臺北“中央圖書館”藏有朝鮮舊刊本《北磵詩集》，存卷一至四，卷首有龍泉葉適題詩《奉酬光孝堂頭禪師》，摹手書。每半葉十四行，每行二十四字。臺灣明文書局嘗將其影印入《禪門逸書初編》。

《全宋詩》以日本應安七年刻《北磵詩集》及日本貞和、觀應間所刻《外集》《續集》（兩集詳下）爲底本，輯得集外詩二百四十多首（主要爲偈、頌、贊等）。

北磵文集十卷

釋居簡　撰

除上述《北磵詩集》外，居簡猶著有文集，“皆其所作雜文也”（《四庫提要》）。明《文淵閣書目》卷九著録“僧北磵《文集》一部二册，完全”，《內閣書目》同，曰“凡十卷”。《絳雲樓書目》著録十卷本，版本不詳。今存宋刊兩殘本，一藏國家圖書館，一藏日本宮內廳書陵部。

國圖本存卷一至八，傅增湘《經眼録》卷一四記之曰：

十四行二十四字，白口，左右雙闌。版心上記字數，下記刊工姓名。前有嘉定丁丑（十年，一二一七）十月望日旴江張自明誠子叙，（大字七行。）次永嘉普觀義問宣子跋，跋後有牌子"崔尚書宅刊梓"。鈐有毛子晉、曹棟亭藏印。

日本藏本存卷七至十，凡四卷，傅氏按曰："此書上海涵芬樓有宋本（即今國圖本），與此同，缺九、十兩卷，得此正可影印補完，亦快事也。"（《經眼録》卷一四）惜至今兩本仍未合璧，可謂憾事。

除宋本外，是集僅日本曾重刻，其内閣文庫有藏本。該本乃中世紀五山翻宋崔尚書宅刊本，爲《北磵詩集》九卷、《文集》十卷、《外集》一卷，"十四行二十四字，白口，左右雙闌，版心上記字數，下記刊工人名。文集後有牌子一行'崔尚書宅刊梓'"（傅氏《經眼録》卷一四）。《日藏漢籍善本書録》謂日本室町時代有覆宋本《北磵全集》十九卷（包括詩集、文集），即指五山本。又，《和刻目録》著録元禄十六年（一七〇三）木活字本。

是集國内有舊鈔本數部見諸著録，其中以明小草齋鈔本爲最古。該本今藏國家圖書館，"十行二十字，版心下有'小草齋鈔本'五字。鈐有'周元亮鈔本'、'是書曾藏周元亮家'、'周雪客家藏書'三印"，乃徐坊遺書（傅氏《經眼録》卷一四）。其它爲清鈔本。日本静嘉堂文庫藏有吴焯（尺鳧）舊藏本、趙谷林鈔校本，見《皕宋樓藏書志》卷九一、《静嘉堂秘籍志》卷三八。《儀顧堂題跋》卷一二有跋吴焯本二首，稱其"洵善本也"。《四庫全書》著録鮑士恭家藏本，蓋亦鈔帙。

《全宋文》用影印文淵閣《四庫全書》本爲底本。

【參考文獻】

張自明《北磵集序》（影印文淵閣《四庫全書》本《北磵集》卷首）

北磵和尚外集一卷續集一卷

釋居簡　撰

　　此《外》《續》兩集，與上述《北磵詩集》，國内皆久無傳本。《外集》今存宋淳祐刊本，藏日本宫内廳書陵部。據董康《書舶庸譚》卷三、傅增湘《藏園群書經眼録》卷一四及《日藏漢籍善本書録》載，該本版匡高六寸三分，寬四寸四分，半葉十行，每行二十字，左右雙邊，上下單邊。題“嗣法小師大觀編”（按：大觀，即釋物初大觀，著有《物初賸語》二十五卷，今存，本書將在卷二七著録）。前有淳祐庚戌（十年，一二五〇）清明後十日嗣法小師大觀序，曰：

　　　　某昔侍先師，每聽火爐頭話在衆時事，間舉舊作偈句，多佛照會下泊雪峰鐵菴時也。兹於《提唱録》外得之，又《録》中所不載者，并萃以爲《外録》焉。夫言豈有内外哉？以其多未出世時之言爾。惟先師於佛照祖相見處，脱然忘所得，故見於言句，如珠走盤。其發揚宗趣，砭警後學，自是前輩手脚。如《禮諸祖師塔》，與夫《東山下十父子》《漁家傲》讃之類，尤爲叢林所傳。舉見諸此，渾金璞玉，土苴緒餘，具眼高流，大家證據。淳祐庚戌清明後十日，客冷泉嗣法小師大觀謹書。（《北磵和尚

外集》卷首。又見《物初賸語》卷一三,題作《先師外録序》)

所稱《外録》,當即《外集》。大觀又在《崔都廂》書中説:"先師《續集》,近得塔頭勝老寄來,點校楷書成册,便可鋟梓。内有三兩可去者,去之矣。"(《物初賸語》卷二五)由知《外集》《續集》,皆北磵嗣法弟子物初大觀所編。

《外集》全本凡偈頌三十六葉,贊十五葉,題跋六葉,附《行述》一篇,亦大觀所撰。末有日本南北朝時代北朝後光嚴天皇應安庚戌(一三七〇)日僧圓月題識,是從日本五山刊本補録。其文曰:

> 磵陰語日本未行,予忝爲耳孫,責不歸焉邪? 古岩西堂募緣開板,《語録》《外集》二册既印行京師,余集衆讀而誇之,吾祖如此胸次也。有似葛伯,不能祀其先,成湯送餉於民,使耕田爲祀,葛伯殺而食之。繇是予雖讀而誇之,顙泚且如雨下。應安庚戌(三年,一三七〇)夏,不肖遠孫圓月拜手。

書首有"巢松"印記。

上所謂五山刊本,即日本五山文化時代所刊《外》《續》兩集,刊版時間相當於吾國元朝後期。《外集》《續集》今存五山刊本二種,其一藏日本内閣文庫,乃貞和、觀應間在京都據宋、元本翻刻之本,版式與宋本基本相同;另一本藏日本大東急記念文庫,版式與宋本完全相同,然中間有嚴重錯葉,且混入《語録》中部分内容(詳見許紅霞輯著《珍本宋集五種》之《北磵和尚外集續集整理研究》,北京大學出版社二〇一三年版)。

又據《和刻目録》,日本元禄十六年(一七〇三)刊有木活字本《北磵和尚外集》《續集》各一卷。《日藏漢籍善本書録》謂日本中世紀南北朝時猶有《北磵外集》三卷刻本。又記日

本宮內廳書陵部藏有室町時代（一三九三——一五七三）《北礀
全集》十九卷。許紅霞《北礀和尚外集續集整理研究》謂該本
凡九册，包括《詩集》二册，《文集》五册，《外集》及《續集》一
册，第九册爲《語録》，總二十二卷，乃由不同版本組合而成，
即并無"全集"這個版本。

　　《珍本宋集五種》之第一種，即《北礀和尚外集》校點本。
該本用日本宮內廳書陵部所藏宋刊本《北礀和尚外集》（包括
《續集》）爲底本，用日本內閣文庫、日本大東急記念文庫所藏
五山本及日本駒澤大學圖書館所藏鈔本等參校。

漫塘劉先生文集三十六卷

劉　宰　撰

　　劉宰（一一六六——一二三九），字平國，號漫塘病叟，金壇
（今屬江蘇）人。紹熙元年（一一九〇）進士，歷任州縣，不樂
仕進，告歸，隱居三十年。卒，謚文清。嘉熙四年（一二
四〇），趙葵作《漫塘劉先生文集序》，稱劉宰"平生著述不可
勝紀，然皆散佚不存矣，今姑就所見所聞者傳之於世"云云。
則此本是時當已刊行。

　　淳祐二年（一二四二），著者子劉汝進、汝遇編成另一本，
王遂爲序，略曰：

　　　　既卒數年，鄉里諸友欲發其文傳於世，而早歲之稿
　　　散佚不存，中年所作，趙師契者鈔録最多（祝按：當即趙葵所
　　　序本），其餘友朋亦以類至。略計平生之文，十未四五，其

子翁望、剛叔（名汝進、汝遇）既彙次之，名曰《前集》，而留後集以待方來。

此本未付梓而入秘閣（見下）。王序所謂“後集”，曾輯編否不詳。

《宋史》卷四〇一本傳謂“有《漫塘文集》《語録》行世”；今傳文集附《宋史·列傳》，則作“有《漫塘文集》三十卷、《語録》十卷行於世”，與《宋史》本傳異。《嘉業堂叢書》本（此本詳下）編者按，謂“此係舊集附傳，增定必有所本”。然文集傳本實三十六卷，所稱“三十卷”之集，不詳爲何本。明《文淵閣書目》卷九著録“《劉漫塘集》一部十二册，全”。《内閣書目》卷三僅有五册，稱“不全”。《澹生堂藏書目》卷一三、《脈望館書目》著録十二册三十六卷。《萬卷堂書目》卷四、《絳雲樓書目》卷三亦著録三十六卷。凡三十六卷本，類皆明槧，詳下。

趙葵所序之宋刊本，似乎清代猶存，《天禄後目》卷七嘗著録，題《漫塘劉先生文集》，凡二函十册二十二卷，前有趙葵序。分體曰賦，曰楚辭，曰五言絶句，曰七言絶句，曰五言八句，曰六言八句，曰七言八句，曰雜言，曰長篇詩，曰辭免狀，曰書問，曰札子，曰七幅札，曰表，曰啟，曰四六札，曰雜文。《後目》又謂“集中門目頗爲恢詭，詩首今體而後古體，謂之‘長篇詩’，又有‘七幅札’之名，其‘四六札’又別於啟，皆諸家文集所未有，或當時體製如此。至以一葉爲一卷，應越行字皆空一格，而通部每行上空一格，版式特異。然嫌名闕筆極謹嚴，紙墨俱古”。《藝風藏書記》卷六以爲《後目》所載乃明活字本，然又“疑天禄所收爲真宋本”，未有定論。天禄本已毁，無可按核，《後目》編者彭元瑞等皆嫻於版本學，似不應認明活字本爲宋槧。

所謂明活字印本，排印年代不詳，《藝風藏書記》卷六謂
"紙墨俱古，大字活板，亦決不在（成）化、（弘）治以下"。傅增
湘則以爲"字體是明萬曆間風氣"（《藏園訂補邵亭知見傳本書
目》）。全書二十二卷，有趙葵序，每半葉八行十六字，白口，左
右雙邊。又《天禄琳琅書目》卷一○著録明版《漫塘劉先生文
集》一函十册，謂其"紙色皆出渲染，蓋以新本而襲舊刊者
矣"，亦疑爲明活字本。明活字本今唯遼寧省圖書館及臺北
"中央圖書館"著録。

王遂所序之本，據正德本（此本詳下）王臬序，似宋、元無
刻本，至明代方付梓。王臬序略曰：

> 宋漫塘劉文清公既没，遺文散落，我先正實齋先生
> （王遂）裒輯爲三十六卷（祝按：《四庫提要》謂王臬釐爲三十六
> 卷，不確），並《語録》十卷，序而藏之。未及登梓，而理宗
> 尋遣使取入秘閣，以是海内無傳焉。正德庚辰（十五年，
> 一五二○），余讀《禮》家居，既終襄事，往京口謁謝大學
> 士靳戒菴先生（貴），得見斯稿，喜不自勝，乃再拜請歸，
> 圖梓行。

又萬曆本段溥跋，稱"大學士靳戒菴侍文淵時，僅録其半藏於
家"。則是本能傳諸世，賴靳貴由秘閣鈔出；當時"僅録其半"
即爲三十六卷，似乎猶有《後集》未鈔，然《文淵閣書目》未云
有前、後集，其故不詳。

王序本（即"前集"）明代凡兩槧。正德辛巳（十六年，一
五二一），南充人任佃從靳貴家得到鈔本（按：王臬等先已向
靳貴請準，而靳貴逝世後，任佃方得之於手），亟召工付梓，然
因經費不足，"故未及盡刻，俟稍裕，當次第舉行焉"（王臬《後
序》）。至嘉靖己丑（八年，一五二九），王臬爲郡守，方才續刻

告竣，上引其序又曰：正德庚辰於靳戒菴處得見斯稿，"再拜
請歸，圖梓行而力不逮，求助於縣大夫任君象虞（佃），僅刻成
詩之四卷而止。今幸蒙恩縮郡符，乃克嗇俸餘完繡於梓"。
是刻題"漫塘劉先生文前集"，凡三十六卷。前有小像及吳節
贊、《宋史·列傳》。每半葉十行二十字，小字雙行同，細黑
口，四周雙邊。今國家圖書館、上海圖書館、四川省圖書館
（缺卷九至一一）等有著録，北京大學圖書館藏有二、三兩卷，
乃四庫底本（按：《四庫全書》著録鮑士恭家藏本，《提要》謂爲
正德本）；日本宮内廳書陵部、静嘉堂文庫亦有藏本。其卷目
編次爲：卷一，賦、楚辭、詩；卷二，詩；卷三，長篇詩上；卷四，
長篇詩中、下；卷五，辭免狀；卷六，策問；卷七至一二，札子；
卷一三，七幅札；卷一四，表；卷一五、一六，啟；卷一七，四六
札；卷一八，雜文；卷一九，序；卷二〇至二三，記；卷二四，題
跋；卷二五，銘；卷二六、二七，祭文；卷二八至三二，墓誌銘；
卷三三至三五，行狀；卷三六，哀辭、挽詩。據上述刊板經過，
所謂"正德本"，實以稱"正德至嘉靖本"更爲確切。是爲明槧
第一本。

　　明代第二本，乃萬曆三十二年（一六〇四）王桌之孫王堅
重刊本。該本有范侖序，略曰：

　　　　（任佃、王桌刊本）歲久漶漫，梨棗刓敝，傳懼弗廣
　　　矣。憲副公（王桌）季子恭簡公（藩）校而再欲付梓，以詘
　　　貲弗果。其從子南昌君爾祝（堅）倡義以終恭簡之志，不
　　　佞暨虞部行父徐君翼而成之。

刊本末附王藩與從子堅書曰：

　　　　《漫塘集》今得一部，紙板俱善（祝按：指正德、嘉靖本），

當校成善本，以俟有力者刻之。姪可先閲一過，張數有
缺者記之，以俟鈔補；字句有差者記而改之。此吾二人
不了之一大事也。吾欲作年譜一卷，以終先大人之志。
吾姪素所留心，凡劉氏家世及文清公一言片迹有載於他
書者，爲我蒐羅輳聚，千萬千萬。（嗣有蒐得，應附詩章
左方。）

可見當時校刻頗爲認真。是本改題曰"漫塘文集"，仍無年
譜，而以《宋史・列傳》及祭文等爲附録。每半葉九行十九
字，白口，四周單邊。"范侖序於首，四明周應賓跋於後，末有
附録並捐資校勘共事名氏爵里凡一百二十餘人，皆同郡後學
也"（《善本書室藏書志》卷三〇）。萬曆本今國家圖書館、北大圖
書館、南京圖書館（有丁丙跋）等及臺灣共著録十餘部。

　　民國十五年（一九二六），吳興劉氏將三十六卷本刊入
《嘉業堂叢書》。卷首爲馮煦序及正德本、萬曆本序跋，後附
録一卷，爲萬曆本所有，底本當即萬曆本。此本文字尚佳。

　　二十二卷活字本（有趙葵序）因難得，未能與三十六卷本
一校。然後者乃家編，又稍晚出，據王遂序，二十二卷本當已
全部闌入，且三十六卷本應更全。

　　《全宋文》《全宋詩》俱以影印文淵閣《四庫全書》本爲
底本。

【參考文獻】

趙葵《漫塘劉先生文集序》（臺北《"中央圖書館"善本序跋集録》）

王遂《漫塘文集序》（《嘉業堂叢書》本《漫塘文集》卷首）

任佃《正德本漫塘劉先生文前集序》（同上）

王杲《正德本漫塘劉先生文前集後序》（同上）

王杲《嘉靖續刊漫塘劉先生文前集序》(同上)

范侖《萬曆本漫塘文集序》(同上)

段溥、周應賓《萬曆本漫塘文集跋》(同上，人各一跋)

馮煦《嘉業堂叢書本漫塘文集序》(同上)

性善堂稿十五卷

度　正　撰

度正(一一六六—?)，字周卿，號性善，合州巴川(今重慶銅梁)人，嘗游朱熹之門。紹熙元年(一一九〇)進士，累遷禮部侍郎。《讀書附志》卷下著録其集道：

> 《性善堂稿》十五卷。右度正周卿之文也，曹文簡公彥約爲之序。周卿，巴川人，紹熙元年進士，嘗爲禮部侍郎。

按曹彥約序已佚，其《昌谷集》卷一七猶存《跋性善堂後集》，曰："(度正)守師道如守孤城，持正論如持槃水，蓋嘗爲識者言之。其爲文操縱卷舒，真得鉅儒心法，非拘拘泛泛襲紙上已成之説架屋於屋下者。今觀《性善堂後集》，則其平日所作固已磊落於歌行，而諄複於書、序、記、跋，反復於宏議，而微妙於至理。以爲未足，悦晦菴先生之道，南學於考亭。孟子所謂豪傑之士，不是過也。"則除《性善堂稿》外，尚有《後集》，然無傳本，不詳其卷數。

明《文淵閣書目》卷九著録"度周卿《性善堂稿》一部五册，全"，《内閣書目》同。《國史經籍志》卷五、《千頃堂書目》

卷二九俱著録《性善堂稿》十五卷。各本後皆散亡，今存乃大典本。《四庫提要》曰：

> 自明以來，世久失傳。今從《永樂大典》中採撮裒次，以類排纂，仍析爲十五卷，以還其舊。正游於朱子之門，文章質實，大都原本經濟，不爲流連光景之語。……詩品雖不甚高，而詞意暢達，頗與朱子格律相近。

大典本録入《四庫全書》，卷目編次爲：卷一至四，各體詩；卷五，表；卷六，奏狀；卷七，札子；卷八、九，啟；卷一〇，序；卷一一，記；卷一二，頌；卷一三，祭文；卷一四，墓誌銘；卷一五，跋。民國時，嘗以文淵閣四庫本影印入《四庫全書珍本初集》。

　　《全宋詩》《全宋文》俱以影印文淵閣《四庫全書》本爲底本，《全宋文》輯得佚文九篇。

石屏詩集 十卷

戴復古 撰

　　戴復古（一一六七—？），字式之，台州黃巖（今屬浙江）人，居南塘石屏山，因號石屏。一生不仕，浪遊江湖，年近八旬始歸鄉，數年後卒。嘗從陸游學詩，在江湖派詩人中成就較高。明弘治時馬金《書石屏詩集後》，述其詩作在宋時編選流傳情況道：

> 天台布衣戴屏翁以詩鳴宋季，類多閔時憂國之作，

同時趙蹈中（祝按：名汝讜，號懶菴）選爲《石屏小集》，袁廣微（祝按：名甫）選爲《續集》，蕭學易（祝按：名泰來）選爲《第三稿》，李友山（祝按：名賈）、姚希聲（祝按：名鏞）選爲《第四稿》上下卷，鞏仲至（祝按：名丰）仍爲摘句。又有欲以其詩進御而刊置郡齋者。

按作者《石屏小集跋》稱"懶菴趙蹈中寺丞作湘漕時，爲僕選此詩，凡一百三十首"，時在嘉定癸未（十六年，一二二三）。趙汝騰有《石屏詩序》，即爲《小集》而作，亦稱取詩至百三十首。李賈跋謂"石屏南歸，過僕於渝江尉舍，出示雪蓬姚公（鏞）所選《四稿》下卷，僕永歌不足，並入梓以全其璧"，時在端平丙申（三年，一二三六）。所謂"並入梓"，乃指李賈已選上卷，故稱與姚鏞所選下卷"全其璧"。據同一年姚鏞所作跋，知《第四稿》下卷有詩六十首。另，著者又嘗自跋，謂"復古以朋友縱，更收拾散稿得四百餘篇，三山趙茂實（汝騰）、金華王元敬爲删去其半，各以入其意者分爲兩帙，江東繡衣袁蒙齋（按：袁甫字廣微，號蒙齋）又就其中摘取百篇，俾附於《石屏小集》之後"。袁氏所選即《續集》，知有詩百首。鞏丰《摘句》亦有跋，時在嘉定七年，尚在編《石屏小集》之前。以上所引序跋，可與明人馬金《書石屏詩集後》相參證，足見作者詩集在宋季刊行之多。

馬金《書後》所謂"有欲以其詩進御而刊置郡齋者"，不詳爲何本。著者十世孫戴鏞《重刻石屏詩集跋》，稱"先世《石屏詩全集》，宋紹定間已板行"。疑《全集》即刊置郡齋者。又據明弘治本謝鐸序，紹定本乃樓鑰、吳子良等所刊（詳後引）。然據前述姚鏞《第四稿》下卷跋，端平三年著者尚健在，猶託姚鏞爲其"銓次"詩稿，則所謂紹定間板行之"全集"，似不可能爲全編。又，陳振孫與著者大致同時，然當時所刊各集，《解題》不予著錄；或以其爲江湖詩人之作，且又易得，故不之重歟。

元至正戊戌（十八年，一三五八），貢師泰作《重刊石屏先生詩叙》曰：

> 先生之諸孫文瓚知所好尚，校舊本以圖新刻，益廣其傳，垂之永久，可謂能世其家者。予過天台，文瓚間以序來謁，遂不敢以後學辭，而書之首簡。

戴文瓚所刻爲全集本，抑仍爲分集？今其本不存，已不可詳。今觀弘治本（詳後）編首即載貢氏叙，知馬金重編時已用其本，而馬金《書後》稱"未獲見其全集"，則至正本似仍分集編訂。

明《文淵閣書目》卷一〇著錄"《戴石屏詩》一部二册，闕"，《內閣書目》未載。《篆竹堂書目》卷四登錄三册。《百川書志》卷一五、《萬卷堂書目》卷四著錄《石屏詩集》十卷。《會稽鈕氏世學樓珍藏圖書目》亦有十卷本，注明爲"弘治刊本"。宋、元舊槧久已失傳，今唯《石屏續集》尚存影宋書棚本（詩有溢出《石屏詩集》者），詳後《南宋群賢六十家小集·石屏續集》叙錄。《詩集》今以明弘治重編重刻本爲古。

弘治戊午（十一年，一四九八），馬金作《書後》，述其重編經過道：

> 成化中，家君入翰林，始得翁詩寫本，命金手錄，每病其訛舛，未有以正也。後十有五年，金以郎吏倅廬，……適六安學正（戴）鏞出示家藏板本並《詩鈔》一帙，板本較前寫本頗詳，然脱簡尚多，字或漫滅不可讀。……乃於政暇據二本之同異，親自校讎，重加編次。

東臯子十詩仍録集首。《詩鈔》乃東塾、漁村、秋泉、充
菴、樗巢、介軒諸君所作,附載於後。東臯翁之父東塾以
下,至學正君,皆其裔孫也。學正君拳拳於先正文獻,有
足尚者。又四年,編成,凡十卷,爰謀諸太守宋侯(鑒)刻
而傳之,以成其志。

所謂戴鏞"出示家藏板本並《詩鈔》一帙"云云,戴鏞跋述其收
藏經過道:

先世《石屏詩全集》,宋紹定間已板行,歲久湮滅,而
家藏本亦散逸。天順初,家君恬隱先生重録《小集》並
《續集》爲一帙,家兄安州守潛勉先生檢故篋,復得刻本
《後集》、《第四稿》下卷並《第五稿》上下二卷,鏞亦於藏
書家得律詩數十篇。成化巳亥(十五年,一四七九),悉
付姪進士豪携至京求完本,豪復取《南塘遺翰》所載東塾
諸先世古律絶詩若干篇附《石屏集》後,將刻以傳。繼而
豪奉命出參東廣政,未幾卒於官,而是志竟弗果矣。鏞
往典六校時,每一展誦,欲付諸梓,而力未能也。適今郡
侯西充馬公由憲部郎出倅於廬,行部按六,公暇評古今
詩,鏞因取以進,且告之故。公亟讀,三歎曰:"是可以無
傳乎? 其責在我矣。"乃携歸郡齋,手自類次,仍正其訛
缺,而復序諸其後,因與前郡侯陽城宋公(鑒)謀而刻之。

邑人謝鐸《重刊石屏詩集序》亦曰:

石屏之詩,當宋紹定中樓攻媿鑰、吳荆谿子良諸公
嘗序之以行於世矣。弘治初,其裔孫廣東參政豪將重刊
之,未就而卒。今廬之六安學正鏞,參政從父也,將畢參
政之志而未能,以告於其守貳宋君克明、馬君汝礪,二君

　　素重斯文而樂於義舉者，乃不閲月而功以告成焉。

以上序跋，對弘治本之編刊經過叙之甚明，由以知是刻乃據舊傳諸集重編而成。弘治本每半葉“九行十九字，黑口，四周雙闌。前有謝鐸序，後有弘治戊午廬州府同知西充馬金汝礪後序”（《藏園群書經眼録》卷一四）。謝鐸序前有貢師泰序，其後有趙汝騰等十餘人序跋題詩。首冠以戴復古所輯其父戴敏《東皋子詩》十首，自作跋，又有陳昉等跋。卷一至七詩，卷八詞，卷九、一〇附録，載戴昺以下二十八家詩（參傅增湘《校明弘治本石屏詩集跋》，《藏園群書題記》卷一五）。

　　弘治本又有板歸南京國子監後所印之本，末有戴鏞正德二年（一五〇七）補刊之跋，稱將原刻於廬郡之書板“取而歸之國學東書樓而庋焉”云云。《明南雍志》卷一八“文集類”末載《戴石屏先生詩集》十卷，注云共板三百五十三面，完，即該板也。

　　弘治本共收各體詩八百六十九首，詞二十五首，總八百九十四首（見目録前原題，又《百川書志》卷一五）。詩前有總目，首題“石屏詩集目録”一行，其下分行署：“天台戴復古式之詩，浚儀趙汝讜蹈中、剡中姚鏞希聲、四明袁甫廣微、小山蕭泰來學易、昭武李賈友山選，陽城宋鑒克明重刊，西充馬金汝礪重編。”是刻既以諸選本改編，則仍遠非作者全部詩稿；然全集本已不復可見，遂以此爲全帙矣。戴氏詩集，今以此本爲善。弘治本今僅國家圖書館、上海圖書館等著録五部（包括殘本），臺北“中央圖書館”著録三部（包括正德二年補刊跋文本）；日本大倉文化財團藏一部。

　　《四部叢刊續編》據瞿氏鐵琴銅劍樓所藏弘治本影印。是本原爲黄丕烈舊藏，有跋，述其收得及鈔補缺葉情況；此跋前又録其所藏八卷本（按：該本參傅氏《經眼録》卷一四，卷九、一〇兩卷鈔配，今藏臺灣）跋二通，詳參《鐵琴銅劍樓藏書目録》卷二一。

　　清嘉慶二十二年（一八一七），宋世犖刊《石屏詩集》十卷，輯入《台州叢書》（一名《名山堂叢書》）甲集。是刻“所據乃長塘鮑氏鈔本，故奪誤仍所不免”，傅增湘以弘治本勘之，補詩及糾正字句訛失多至數百事（參《校明弘治本石屏詩集跋》）。傅校本今藏國家圖書館。

　　十卷本系統，除明、清刻本外，今猶存明、清鈔本數部，皆源於弘治本，而以北京大學圖書館所藏明祁氏澹生堂鈔本爲古。該本原爲李氏舊物，“藍格鈔本，板心有‘澹生堂鈔本’五字。有‘澹生堂經籍印’朱文長方印，‘曠翁手識’、‘山陰祁氏藏書之章’兩白文方印，‘子孫世珍’朱文圓印”（《木犀軒藏書題記及書録》）。日本静嘉堂文庫藏有紅葉山房鈔本。

　　是集明代又有六卷本，潘是仁輯，萬曆時刻入《宋元四十三家集》，以及天啟重修本《宋元詩六十一種》。六卷本不詳由何本出，與弘治本編次不同（鄭振鐸跋潘刻《元名家詩集》殘帙，謂“潘氏究未脱明人習氣，未言各家集所據之本，且每與原集相出入”，見《西諦書話·劫中得書記》〔生活·讀書·新知三聯書店一九八三年版，第二九六頁〕）《四庫全書》著録鮑士恭家藏本。丁氏《善本書室藏書志》卷三〇記弘治本時，謂“《四庫》著録爲六卷本，《提要》不言附録，殆別一本歟”。今以《四部叢刊續編》影印弘治本與影印文淵閣四庫本對校，除附録二卷（卷九、一〇）爲四庫本所無外，詩歌編次基本相同，但分卷有所不同。即弘治本卷四、卷五兩卷，四庫本合爲一卷（卷四）；又將弘治本卷七（絶句）、卷八（詞）合爲一卷（卷六），故四庫本只有六卷，但可肯定：鮑氏家藏本源自弘治本。四庫本文字多訛誤，篇什偶有闕脱，其底本當是傳鈔弘治本，而非所謂別本。四庫本無附録二卷,蓋底本原未鈔録,或爲館臣所删。前者可能性較大,故鮑氏本之底本,疑即出於《宋元四十三家集》也。

《全宋詩》用《四部叢刊續編》影印弘治本爲底本,集外從《南宋群賢小集》之《中興群公吟稿》、《南宋六十家小集》之《石屏續集》、《兩宋名賢小集》之《石屏續集》等凡輯詩三十二首。

【參考文獻】

樓鑰《石屏詩集序》(《四部叢刊續編》本《石屏詩集》卷首)

鞏豐《石屏詩摘句跋》(同上)

戴復古《石屏小集自跋》(同上)

趙汝讜《石屏小集跋》(同上)

趙汝騰《石屏詩序》(同上)

戴復古《石屏第四稿自跋》(同上)

姚鏞、李賈《石屏第四稿跋》(同上)

吳子良《石屏詩後集序》(同上)

貢師泰《至正重刊石屏先生詩叙》(同上)

謝鐸《弘治重刊石屏詩集序》(同上)

馬金《書弘治本石屏詩集後》(同上卷末)

戴鏞《弘治本石屏詩集跋》(同上)

傅增湘《校明弘治本石屏詩集跋》(《藏園群書題記》卷一五)

金陵百詠一卷

曾　極　撰

曾極,字景建,臨川(今江西撫州)人,號雲巢,終身未仕。

坐題金陵行宮《古龍屏風》詩（詩見《金陵百詠》），迕丞相史彌遠，謫道州，卒。著有《舂陵小雅》，久佚。《金陵百詠》一卷盛行當時，然元、明書目罕見著録，今無清以前單刻本，而以宋刻祝穆《新編四六必用方輿勝覽》之《附録拾遺》本爲古。該本今唯日本宮内廳書陵部有藏本（見傅增湘《經眼録》卷五），近年綫裝書局已影印入《日本宮内廳書陵部藏宋元版漢籍影印叢書》。宋刻祝洙（穆子）《方輿勝覽》重訂本（有上海古籍出版社一九九一年影印本），則散見於建康府（金陵）各名勝之下。

《四庫總目》著録鮑士恭家藏本，《提要》曰：

> 此乃其詠建康故蹟之作，皆七言絶句，凡一百首。詞旨悲壯，有磊落不羈之氣。羅椅嘗謝其惠《百詠》書云：“不知景建是何肺腑，能辦此等惱人語於千載下。”

鮑氏本源於何本，今不詳。文淵閣《四庫全書》本存詩九十五首，則鮑本收詩應即此數。據影印宋本祝洙重訂本《方輿勝覽》今人所編《索引》查核，該本收詩九十八首。很可能鮑本即由重訂本輯出，唯輯佚時漏輯三首，所謂“百首”，或約數也。

北京大學圖書館藏李氏書中有此集，乃朱緒曾（字述之）所刊。朱氏道光十七年（一八三七）跋曰：“余得文瀾閣傳鈔本僅九十三首，因取《方輿勝覽》《建康志》補五首，尚少二首。”道光二十一年（一八四一），朱氏雙梧軒嘗據此本與蘇泂《金陵雜詠》同時付梓，合爲一帙，有孫文川跋（參《木犀軒藏書書録》、《開有益齋讀書志》卷五）。則所刊爲九十八首。光緒二十九年（一九〇三），長沙葉德輝據清翰林院典籍廳鈔本刊入《觀古堂所刊書》，民國八年（一九一九）重印入《觀古堂彙刻書》

第二集，其孫又於一九三五年刊印入《郎園先生全書》，所刊詩爲九十三首。丁氏善本書室曾藏影寫本《金陵百詠》，其《藏書志》卷三〇稱“百首今尚少二首”，今藏南京圖書館，則該本有詩九十八首，比葉氏本多五首。上述之外，猶有宣統三年（一九一一）南昌道署刊本，傅春官序曰：“四庫館開，浙江鮑士恭以此帙進，……然鮑本僅九十三首（祝按：此指文瀾閣四庫本）。吾鄉朱氏述之復取《方輿勝覽》《建康志》補五首，尚缺其二，至今無從搜求。”則所刊爲九十八首。

　　《全宋詩》用影印文淵閣《四庫全書》本爲底本，除《百詠》九十五首外，另輯得佚詩二十九首。

宋人別集叙録卷第二十五

東澗集 十四卷

許應龍 撰

許應龍(一一六九——一二四九),字恭甫,閩縣(今福建閩侯)人。嘉定元年(一二〇八)進士,累官兵部尚書,兼中書舍人,拜端明殿學士,簽書樞密院事。其集編刊情況不詳,未見於宋元書目。《文淵閣書目》卷九著錄"《東澗文集》一部十册,闕",至《內閣書目》僅有八册,不全。蓋明代已無完帙。殘本後亦散佚,今存乃大典本。《四庫提要》曰:

> (應龍)事蹟具《宋史》本傳,其集則不見於《藝文志》,原書卷目已不可考,明錢溥編次《秘閣書目》,亦不載其名,則明初已散佚矣(祝按:此説誤,見上引)。惟《永樂大典》頗散見其詩文,鈔撮排綴,各體粗備,而制誥一類尤繁。蓋應龍在理宗時,歷掌內外制……雖其格力稍弱,然春容和雅,能不失先正典型。在南宋館閣之中,亦可稱一作手矣。謹以類裒次,釐爲十有四卷,著之於錄,俾不致泯没於後焉。

乾隆翰林院鈔本,今藏國家圖書館。大典本錄入《四庫全書》，卷目編次爲：卷一、二，詔；卷三，批答；卷四至六，制；卷七、八，札子；卷九，狀；卷一〇，策問；卷一一、一二，啟；卷一三，論；卷一四，帖子詞。民國時，嘗以文淵閣四庫本影印入《四庫全書珍本初集》。

　　《全宋文》用影印文淵閣《四庫全書》本爲底本，輯得佚文三十五篇。《全宋詩》底本同。

重編古筠洪城幸清節公松垣文集十一卷

幸元龍　撰

　　幸元龍（一一六九——一二三二），字震甫，號松垣，筠州高安（今江西高安）調露鄉洪城里人。慶元五年（一一九九）進士，歷京山縣丞、隨州州學教授、當陽令、通判鄂州，因上書論國是，忤史彌遠，被劾致仕。卒，謚清節。《宋史翼》卷二二有傳。其集未見宋人序跋，亦不見諸書目，明《萬姓統譜》卷八七稱“所著有《松垣集》”，《楚紀》卷五二曰“所著有《桂巖松垣集》”，皆未記卷數。《四庫總目》據孔昭焕家藏本著録於《存目》，館臣頗疑其僞，《提要》曰：

　　　　是集《宋志》亦不著録，所載凡疏三篇，書四篇，記事六篇，序一篇，行狀一篇，墓誌銘一篇，詩十首。前有像讚及傳，今已佚。後爲《事蹟》一卷，載所判岳飛、万俟卨子孫爭田事，不知何人所記，疑即集中稱濱谷居士者所爲。濱谷名鳴鶴，即元龍後裔，搜輯遺稿，編成此帙者也。詩文各繫以評語，間有注釋，亦頗疏略。元龍事跡無考，其題曰“幸清節公”，亦莫詳其得謚之由。首篇《論國是疏》內自引所作與陳晐、劉之傑二律，而終之曰“二詩之意切矣”，殊非臣子對君之體。他文亦多鄙淺，而詩謂一篇爲一韻，尤古無是例，殆出依託。其“事蹟類”中載万俟卨子孫與岳飛家爭田，委問一十三州府縣不能決，理宗御批金牌，敕賜諸侯劍、皂纛旗、衮龍筆架、玳瑁硯，委公裁斷。又稱判畢奏聞，上大喜，賜緋魚袋一，象笏一，玉帶一，金帛百端，梅花金盞蓋一副。是直委巷之語矣，古來有是事乎？

館臣以判爭田事爲“委巷之語”，是，然詩文是否出於“依託”，尚無證據。今讀其集，史事班班可考，且文章典雅，當非贋品（參劉琳《幸元龍與〈松垣文集〉》）。丁丙著録其藏本時，以爲該本“爲元龍後裔鳴鶴所編，時在萬曆丙辰（四十四年，一六一六），大約搜自譜牒殘稿而成也”（《善本書室藏書志》卷三一），其説殆是。按幸鳴鶴序亦稱“《松垣文集》散亂闕略，僅存十一，竊恐其久而靡傳，因遍搜遺稿，編彙成帙，釋考訂正，付諸剞劂氏，公之海内，以垂不朽”云云。蓋鳴鶴文化素養不高，編纂無法，故有如館臣所指之失耳。

　　萬曆本未見著録，今傳皆鈔帙。丁丙所藏乃趙氏小山堂鈔本，有“汪魚亭藏閲書印”，今藏南京圖書館。此外國家圖書館、北京大學圖書館等猶著録清鈔本數部，皆十一卷。北大本爲李氏書，《木犀軒藏書書録》録有該本查慎行康熙庚子（五十九年，一七二〇）跋，稱“所著《松垣集》外尚有《桂巖集》，今不傳。此集刊於明萬曆朝，僅存什之一，亦非足本也”。按《桂巖集》别無著録，疑即據《楚紀》所載，然“桂巖”乃元龍故居山名（見本集），恐當與《松垣集》連讀，非別一集名。遼寧圖書館藏本題《松垣文集》，不分卷，訂爲二册。又國圖本有道光間邑人熊松之序，稱蕭松崖刊有活字版本云云，活字本今未見著録。

《全宋文》用國家圖書館藏清鈔本爲底本。

《續修四庫全書》用上述南京圖書館藏清趙氏小山堂鈔本影印，編入集部第一三二〇册。

【參考文獻】

幸鳴鶴《重編古筠洪城幸清節公松垣文集序》（北京大學圖書館藏清鈔本卷首）

信天巢遺稿一卷　菊磵集　附林湖遺稿一卷江村遺稿一卷疏寮小集一卷

高　翥　撰

高翥（一一七〇—一二四一），字九萬，號菊磵，餘姚（今屬浙江）人。科舉不第，遂棄去，隱居教授，以詩酒接交名士。釋居簡謂其"得句法於雪巢林景思，於後山爲第五世。嘗出唐律數十篇，活法末機，往往擅時名者並驅争先"云云（《北磵文集》卷五《送高九萬菊磵游吳門序》）。其集乃姪鵬飛（字南仲）所編，姚燧《菊磵集序》曰：

其姪鄉貢進士南仲甫痛其文墨外遺，十亡八九，殘編綴之斷簡，拾之僅存者百七十章，成集而家傳焉。今曾孫名師魯者，持其集屬予序。

時在元貞元年（一二九五），蓋是時有刻本，而名《菊磵集》。清二十一世裔孫敬璋跋其纂注本（此本詳後），稱"原刻曰《菊磵小集》，二十卷，散佚已久，姪南仲（鵬飛）輯之，僅存百七十章，此宋本第一刻也"。謂其原本爲二十卷，不詳所據（按：《續文獻通考》卷一九五《經籍考》稱"所著《菊磵集》二十卷，久佚"，而乾隆《浙江通志》卷二四八《經籍志八》著録《菊磵集》十二卷，或爲"二十"之倒，然時代俱晚）。

明《文淵閣書目》卷一〇著録"高九萬《菊磵集》一部一册，闕"，殆猶舊槧。然至《內閣書目》已不登録。私家未見著録，蓋傳本極罕。明代無覆刻本。清康熙二十六年（一六八七），裔孫高士奇重編付梓，更名《信天巢遺稿》。《後序》曰：

> 舊刻菊磵、南仲兩公詩稿，及姚承旨、王學録原序，缺略不全，……若節推、縣尉之詩，僅存數首，又有質齋、遁翁，譜失其名，詩亦清迥。余恐殘板久復漫漫，洗而録之。頃在都門，從御史大夫徐公（乾學）所藏宋板書籍中，得菊磵詩一百有九首，合向之所録三十二首，又於他集中得十三首，頃同年朱竹垞（彝尊）復從宋刻《江湖集》中搜示四十七首，統計重出者十二首，前後凡五七言近體詩一百八十九首。竊念先賢遺稿，忍使湮没不傳，遂並南仲、節推、縣尉之詩，同付剞劂，而附質齋、遁翁詩於卷尾。

《四庫全書》即用康熙本，《提要》曰：

> 信天巢者，疇所以名其居也。然卷前元貞元年姚燧序，本稱曰《菊磵集》，不知何以改名也。後附《林湖遺稿》一卷，爲疇姪鵬飛字南仲者所撰；又附《江村遺稿》一

卷，則燾父選、叔邁之詩。選、邁皆紹興間登第，選官武當軍節推，邁官縣尉。此卷之中，又附質齋、遯翁二人之詩，則高氏譜中所載，僅存其號，即士奇亦莫能舉其名矣。最後附高似孫《疏寮小集》一卷。似孫即撰《緯略》者，《文獻通考》載《疏寮集》三卷，此所刻甚少，尚有他選所有而此刻無之者。是集（指《疏寮集》）在宋頗著稱，陳振孫《書錄解題》謂其作文怪澀，詩猶可觀；劉克莊《後村詩話》謂其詩能參誠齋活句，不知此刻何以采輯轉不完備？然士奇《後序》中初未言及附刻《疏寮集》，疑爲士奇後人所加，更不暇博採歟（祝按：所附乃陳氏書棚本，本書在《南宋群賢六十家小集》中著錄）。

高燾詩，高士奇所輯一百八十九首，超過姚燧序所稱一百七十章之數，較爲完備。康熙刻本每半葉十行十八字，白口，左右雙邊，今國家圖書館、上海圖書館等有著錄，道光八年（一八二八）有翻刻本，今浙江圖書館著錄。高士奇《後序》所謂《江湖集》，有汲古閣影鈔《南宋群賢六十家小集》本，其中收《菊磵小集》一卷，本書將在《六十家小集》中著錄。

上引高敬璋跋，謂高士奇刊本爲“江村本第二刻也”。跋又曰：“又六年癸酉（康熙三十二年，一六九三），十七世孫訏編次《宋十五家詩》，以公集入其中，自爲一卷，錄其全本，此又第三刻也。”所謂《宋十五家詩》，即《宋十五家詩選》，今著錄爲陳訏編，此謂高訏，不詳其故，恐誤。日本文化八年（一八一一）英平吉等曾據此本翻刻，見《和刻目錄》。

二十一世裔孫高敬璋所作纂注本，亦稱《信天巢遺稿》，跋謂“廣爲搜採，加意考校，又得從子鱣相與賞析而參訂之，爲《纂注》二卷。謹就每題之下次其人事古蹟之出處，詩中不敢妄贅一語,而於首卷先爲圖其遺像、世系,理學、詩法二派,並考訂其遺文、傳略及諸賢題贈,爲知人論事之助”云云。此本未付刊,稿本爲繆荃孫所藏,卷末有“璋印”白文、“鳳哦”朱文兩小印,見《藝風藏書記》卷六,今未見著録。

《全宋詩》收高翥詩二卷,第一卷以汲古閣影宋鈔《南宋六十家小集·菊澗小集》爲底本,第二卷以顧氏讀畫齋《中興群公吟稿》爲底本,另輯得佚詩二十八首。

【參考文獻】

姚燧《菊磵集序》(影印文淵閣《四庫全書》本《信天巢遺稿》卷首)

高士奇《信天巢遺稿後序》(同上)

高敬璋《信天巢遺稿跋》(《藝風藏書記》卷六)

冷然齋詩集 八卷

蘇　洞　撰

蘇洞(一一七〇—?),字召叟,山陰(今浙江紹興)人,頌四世孫。少從其祖遊宦入蜀,後以薦得官,嘗再入建康幕府。學詩於陸游,與辛棄疾、劉過、姜夔等唱和。張世南《宦遊紀聞》卷八曰:“召叟有《冷然詩集》十卷行於世。”《解題》卷二〇“詩集類”著録道:“《冷然齋集》十二卷,山陰蘇洞召叟撰。丞相子容(蘇頌字)四世孫,(蘇)師德仁仲之孫。”《通考》卷二四五作“《冷然齋詩集》二十卷”,《四庫提要》同。然《解題》在前,“二十”疑“十二”之倒誤。《解題》卷二一又著録《冷然齋詩餘》一卷,《通考》卷二四六同。蓋蘇氏詩集,宋槧有十卷、十二卷兩本，另有詞集一卷別行。

　　明《文淵閣書目》卷一〇著録"《泠然齋詩集》一部六册，完全"。秘閣本後散亡，今傳乃大典本。《四庫提要》曰：

　　　　今從《永樂大典》所載采輯排比，共得詩八百五十餘篇，釐爲八卷。……泂本從學於（陸）游，詩法流傳，淵源有自，故其所作皆能鑱刻淬鍊，自出清新，在江湖詩派之中可謂卓然特出。其《金陵雜詠》多至二百首，尤爲出奇無窮。周文璞爲作跋，以劉禹錫、杜牧、王安石比之，雖稱許不免過情，要其才力富贍，實亦一時之秀也。

《四庫全書》據大典本鈔録。民國時，文淵閣四庫本嘗影印入《四庫全書珍本初集》。清道光間，裔孫蘇廷玉有刊本，當出於傳鈔四庫本，見其所作《重刊先魏公（蘇頌）文集後跋》，今未見著録。今北京、南京等圖書館著録有清及民國時鈔本，皆由四庫本出，如南京圖書館藏趙氏星鳳閣鈔本（參《善本書室藏書志》卷三一）等即是。

　　集中之《金陵雜詠》二百首，清人嘗鈔出單行。道光間，朱緒曾於杭州得文瀾閣傳鈔本，吳繼曾將其與曾極《金陵百詠》合刻，今有著録，參《開有益齋讀書志》卷五。

　　《全宋詩》以影印文淵閣《四庫全書》本爲底本。

復齋先生龍圖陳公文集二十三卷

陳 宓 撰

　　陳宓（一一七一——一二三〇），字師復，號復齋，莆田（今

屬福建）人。少及朱熹之門，長從黄榦游，官至廣東提刑。其
集宋、明無著録，今唯存鈔本，藏南京圖書館、湖南師範大學
圖書館。南京本乃丁氏舊物，《善本書室藏書志》卷三一著
録道：

> 《龍圖寺丞復齋陳先生文集》二十三卷、附録一卷，
> 舊鈔本。是書《四庫》未著録，阮氏未進呈，各家書目亦
> 未見，惟《福建通志‧經籍志》載其目。前有淳祐戊申
> （八年，一二四八）友人清谿鄭性之序云：“公之子圭哀公
> 詩文屬序，義不得辭。公之立朝也，位雖居卑，而應詔論
> 事，言人所不敢；其歸閑也，年雖未及，而引疾告老，爲人
> 所未能。然其爲辭忠誠惻怛，和緩明白，而無一毫矯亢
> 激迫之意。至於詩詠，雅正和平，既足以寫性情之真，又
> 有以窺造化之妙，此皆有德之言也。”卷一、二歌賦、雜
> 詠、古風；卷三、四五言；卷四、五七言；卷六奏札；卷七雜
> 説、策問；卷八銘、贊、箴、戒；卷九記；卷十序、題跋；卷十
> 一之十六書札；卷十七送序、贈序、送行詩、壽詩、挽詩；
> 卷十八祭文；卷十九祝文、青詞、上梁文；卷二十勸諭文；
> 卷二十一、二十二墓誌銘；卷二十三行狀。後爲附録、
> 拾遺。

日本静嘉堂文庫亦藏鈔本一部，乃是從丁氏藏本傳録，見《皕
宋樓藏書志》卷八七、《静嘉堂秘籍志》卷三七。《皕宋樓藏書
志》陸氏按曰：“《宋史》，脱脱所修，集末附《宋史》列傳，當是
元初刊行，此本即從元刊影寫。”陸氏又作跋，以爲列傳“當是
入元後所增”。無論宋末或元初，是集當有舊刊本，方能不絶
如縷。

　《續修四庫全書》用南京圖書館所藏丁氏清鈔本影印，編

入集部第一三一四册。《全宋文》即用該影印本爲底本。《全
宋詩》以南京圖書館所藏清鈔本爲底本。

【參考文獻】

鄭性之《復齋陳公文集序》（《皕宋樓藏書志》卷八七）
陸心源《影鈔陳復齋集跋》（《儀顧堂續跋》卷一二）

浣川集十卷

戴　栩　撰

戴栩，字文子，永嘉（今屬浙江）人。嘉定元年（一二〇
八）進士，爲太常博士，遷秘書郎，出爲湖南安撫司參議官。
其集原本編刊情況不詳。明《文淵閣書目》卷九著録“戴栩
《浣川集》一部三册，全”，《内閣書目》同，則明末猶存完帙。
《千頃堂書目》著録《浣川集》十八卷。傳本久佚，今存乃大典
本。《四庫提要》曰：

> 按栩有絶句云：“近來萬境心如洗，笑改斜川作浣
> 川。”蓋其罷官後所自號，因以名集也。外間久無傳本，
> 今從《永樂大典》采掇編次，釐爲十卷。栩與徐照、徐璣、
> 翁卷、趙紫芝等同里，故其詩派去四靈爲近。然其命詞
> 琢句，多以鏤刻爲工，與四靈之專主清瘦者氣格稍殊。
> 蓋同源異流，各得其性之所近。至其文章法度，則本爲
> 葉適之弟子，一一守其師傳，故研鍊生新，與《水心集》尤
> 爲酷似。

大典本録入《四庫全書》，卷目編次爲：卷一至三，詩；卷四，奏疏；卷五，碑、記；卷六，表；卷七、八，啟；卷九，跋、祝文；卷一〇，祭文、墓誌。

民國十七年（一九二八），永嘉黃氏據瑞安孫氏玉海樓鈔本校文瀾閣四庫本，排印入《敬鄉樓叢書》第一集，有《補遺》一卷。

《全宋詩》《全宋文》俱以影印文淵閣《四庫全書》本爲底本。

梅亭先生四六標準四十卷

李　劉　撰

李劉，字公甫，號梅亭，崇仁（今屬江西）人。嘉定元年（一二〇八）進士，累官中書舍人、直學士院，仕至寶章閣待制。長於四六文。《佩韋齋輯聞》卷二曰：“梅亭李公甫工耦麗之文，好用經句。”著有《梅亭類稿》。其門人羅逢吉跋《四六標準》，稱“比眉山所刊《類稿》，已盛行世”。入元，其孫又編《續類稿》，虞集嘗作序，曰：“公初有《語纂》《閉户録》《理語》，書成皆毀於火。然則《續稿》者，亦公既貴之所著也。……先有《梅亭類稿》三十卷，其家既鋟梓而傳之。及内附國朝（元），公之孫畯掇拾遺書而彙次之，又得三十卷，曰《續稿》，既成帙而歿。後三十年，畯之子積力不及其前人時，猶欲節約次第，勉力以成其志，而求予叙其事云。”（《李梅亭續類稿序》，《道園學古録》卷三二）則《續類稿》當刊成於李積。《類稿》至明末尚殘存，《内閣書目》卷三著録道：“《梅亭類稿》十二册,不全。宋李劉著,凡九十卷,闕目録上並二十五卷至四十四卷。"則《類稿》規模甚大,惜後皆散佚。

《四六標準》乃門人羅逢吉所輯,跋曰:

> 客有求逢吉所藏四六,欲鋟之梓,適先生以儀曹召,弗敢請。客求益堅,姑授以先生初年館月湖及湖南、蜀川所作,名曰《四六標準》,繼此當陸續以傳。

因知《四六標準》乃"以劉初年館何異家,及在湖南、蜀中所作彙爲一集,題曰'標準',蓋門弟子尊師之詞也"(《四庫提要》)。

明祁氏《澹生堂藏書目》卷一二著録"《四六標準》二十四册,四十卷";又"《箋注四六標準》二十四册,四十卷"。其他如《脈望館書目》《徐氏家藏書目》等皆録有《四六標準》四十卷。《標準》今存宋刊本,凡五部。國家圖書館所藏宋本之一,每半葉十行十九字,黑口,四周雙邊;國圖另一宋本,以及北京大學圖書館、上海圖書館及日本内閣文庫所藏宋本,每半葉亦十行十九字,然是細黑口,左右雙邊。兩本雖同爲四十卷,蓋刻印時、地不同,故版式略異。

傅增湘嘗記袁克文舊藏宋末建本《四六標準》四十卷,"鈐明'東宮書府'朱文大印,爲洪武間南京懿文太子朱標邸中之書。又鈐'避暑山莊'大印,則又嘗入清内府矣"(《藏園訂補郘亭知見傳本書目》)。此本久已不見著録。傅氏又記日本内閣文庫藏本道:

> 《梅亭先生四六標準》四十卷,宋李劉撰。宋刊本,半葉十行,每行十九字,黑口,左右雙闌。版心陽葉上記字數,下記人名。字體方峭俊麗,是建本之佳者。文分類爲次,如言時政、贄見、薦舉、舉科目、謝座主、賀正、賀

冬各門。鈐有"新宫城書藏"朱文印。(《經眼録》卷一四)

民國時,中華學藝社嘗借照該宋刊本,影印入《四部叢刊續編》,張元濟有跋。是書按表啟投贈對象分類,每卷一類或數類,極繁,此不録。

國家圖書館另藏有宋刻本《梅亭先生四六》一卷,與《格齋四六》同裝一函,王重民《中國善本書提要》著録道:

　　原題"臨川李劉公甫"。凡有賀表、謝表、慰表、賀牋、謝牋、慰牋六類。持校今本《四六標準》,纔得十一,且文字不同,復有删節。欲明其故,固可謂全書或不僅此,此當爲《標準》未刻以前之祖本。然每類之中,所載不全,一表之内,字有删節,余故疑其爲選本、節本也。卷内有"毛奏叔氏"、"叔鄭後裔"等印記。

《四六標準》除宋刊本外,《天禄後目》卷一一著録元版一部,凡二函十二册,"四十卷,分六十六目,凡箋啟千九十六首。前有門人羅逢吉序"。又謂"是書坊行明張雲翼箋釋本,此無注初刻,爲稀珍也"。此本今未見著録,當已毁。

是集今存明刊本。明刊主要有二本:一是萬曆二十五年(一五九七)新安吴士睿、黄立範刻本,即所謂"徽本";一是萬曆四十四年(一六一六)金陵唐鯉飛刻孫雲翼箋釋本。

徽本有目録四卷,本集亦爲四十卷,前有馮夢禎序,稱其底本乃所購秘館鈔得之本,"舛訛不可讀",加之鈔手"任意減落,或故紊其次",經三閲歲校理,然後"條貫彬彬,文從理順",其"門人新安黄氏兩生毅然以校刻自任",因而行於世。然校以宋刻本,宋刻本"多'舉自代'、'宣賜'、'被召'、'樞屬'四類,編次分類頗有出入"(《四部叢刊續編》本《四六標準》張元濟

跋）。蓋底本不善，原有闕脱竄亂，雖經校理，仍難以恢復舊
貌。徽本每半葉十行二十一字，白口，左右雙邊。是本今中
國社科院文學所、北大圖書館等著録六部，日本内閣文庫、尊
經閣文庫、東京大學東洋文化研究所、京都大學文學部中國
語學文學哲學研究室各藏一部，參《日藏漢籍善本書録》。

　　箋釋本題《箋釋梅亭先生四六標準》，四十卷。據孫雲翼
序，箋釋本所據爲徽本，而以家藏本及鄠陵劉氏本校補。其
篇什略多於宋本，“出於掇拾，已非羅輯原本”。以宋本校箋
釋本，“合處爲多，知雲翼據以校補之家藏本、鄠陵劉氏本，必
有一本與此（宋本）相合者。注本多《論事》二十首，其文不盡
屬於論事，爲此本（宋本）所不載，不知從何輯得”（《四部叢刊續
編》本張元濟跋）。箋釋本每半葉十行二十一字，白口，左右雙
邊。此本今存傳本尚富，北大圖書館、上海圖書館等凡著録
二十餘部。《中國善本書提要》著録北大本道：

　　　　原題“宋臨川李劉公甫著，明曲阿孫雲翼禹見箋，金
　　陵唐鯉飛季龍校”。孫雲翼序云：“箋成，未克入梓。會
　　臨川唐君季龍見之，慨然曰：梅亭吾里中先達也，刻他書
　　不若刻是書。遂捐貲梓行。”此本後印，紙墨俱惡。

又著録北大所藏另一本，“封面題‘古吳陳長卿梓’，則應是
啟、禎間印本矣”。

　　清乾隆四十二年（一七七七）、嘉慶二十三年（一八一
八），有翻刻箋釋本，兩本今國内皆有著録，此略。

　　《四庫全書》著録内府藏箋釋本，當爲明槧，《提要》稱“凡
分七十一目，共一千九百六首”。又曰：“雲翼之注，蕪雜特
甚，然亦有足備考證者。舊本所載，亦姑附存焉。”但凡孫雲
翼箋釋之書，其箋釋質量均不高，如前已著録之李廷忠《校注

橘山四六》亦如是。

　　《全宋文》用《四部叢刊續編》影印宋刻本《梅亭先生四六標準》爲底本,輯得佚文三十五篇。《四六標準》無詩,《全宋詩》於集外輯詩四十七首。

【參考文獻】

　　羅逢吉《梅亭先生四六標準跋》(《四部叢刊續編》本《梅亭先生四六標準》卷末)

　　馮夢禎《梅亭先生四六標準序》(萬曆二十五年新安黄氏本《梅亭先生四六標準》卷首)

　　孫雲翼《箋釋梅亭先生四六標準序》(萬曆四十四年刻本卷首)

　　張元濟《〈四部叢刊續編〉本梅亭先生四六標準跋》(《四部叢刊續編》本卷末)

鶴林集四十卷

吳　泳　撰

　　吳泳,字叔永,號鶴林,潼川中江(今四川中江)人。嘉定元年(一二〇八)進士。官至權刑部尚書,以寶章閣學士知温州、泉州。其集編刊情況不詳,明人唯《内閣書目》卷三著録,曰"《鶴林文集》九册,不全。……散逸,莫查卷數"。《千頃堂書目》卷二九著録爲四十卷。秘閣殘本及黄氏所藏後皆散亡,今存乃大典本。《四庫提要》曰:

　　　　(泳)事蹟具《宋史》本傳。史稱所著有《鶴林集》,而不詳卷數,《藝文志》亦不著録。惟《永樂大典》各韻中,頗散

見其詩文，謹裒輯編次，釐爲四十卷。放佚之餘，篇什尚
夥，亦見其著作之富矣。泳當南宋末造，正權姦在位、國勢
日蹙之時，獨能正色昌言，力折史彌遠之鋒，無所回屈，可
謂古之遺直。……章疏表奏，明辨駿發，亦頗有眉山蘇氏
之風，在西蜀文字中，繼魏了翁《鶴山集》後，固無多讓也。

今國家圖書館藏有乾隆翰林院鈔本。大典本録入《四庫全
書》，卷目編次爲：卷一至四，詩；卷五至一一，內外制；卷一
二，詔；卷一三、一四，祝文；卷一五，進御故事；卷一六，表；卷
一七，奏疏；卷一八至二〇，札子；卷二一，繳黃奏議；卷二二
至二四，狀；卷二五、二六，啟；卷二七至三二，書；卷三三，策
問；卷三四，碑；卷三五，墓誌；卷三六，序；卷三七至三九，雜
著（論、辯、記、跋、勸農文等）；卷四〇，詞。民國時，嘗以文淵
閣四庫本影印入《四庫全書珍本初集》。

今人欒貴明先生《四庫別集輯本拾遺》統計現存《永樂大
典》殘本，共收《鶴林集》四百六十四條，館臣僅輯得其中六十
四條，而竟有四百條漏輯。漏輯者少數爲詩歌、雜文，絕大部
分乃制詞。至於完本《大典》中吳氏詩文尚有多少被遺漏，則
不得而知矣。《全宋文》據欒氏《拾遺》補録三百九十五篇，另
輯佚文七篇。《全宋詩》自《永樂大典》殘卷中輯詩五首。

蒙齋集二十卷

　　　　　　　　　　　　　　　　　　袁　甫　撰

袁甫（一一七四——一二四〇），字廣微，號蒙齋，鄞縣（今

浙江寧波)人。燮子。嘉定七年(一二一四)進士第一,累官國子祭酒、權兵部尚書。卒謚正肅。其集原本無宋人序跋,編刊情況不詳。明《文淵閣書目》卷九著録"袁廣微《蒙齋集》一部二十册,全",又"袁廣微《蒙齋番江集》一部十二册,全"。《内閣書目》卷三曰:"《蒙齋文集》十册,全。"又"《袁蒙齋集》十八册,不全。……凡四十卷,闕目録並一卷"。《篆竹堂書目》卷三載"袁廣微《蒙齋集》二十册",又"《蒙齋續集》六册",又"《蒙齋番江集》二册"。則作者原有數集(按:據欒貴明《四庫輯本別集拾遺》,現存殘本《永樂大典》所引有《袁蒙齋詩》《袁蒙齋文集》《袁蒙齋集》《袁蒙齋先生集》),單《袁蒙齋集》即有四十卷之多,可謂繁富。

各本後皆散亡,今存乃大典本。《四庫提要》曰:

> 焦竑《國史經籍志》載甫《蒙齋集》四十卷,明以來傳本甚稀。近時李鄴嗣等輯《甬上耆舊詩》,蒐羅頗廣,而亦未見甫集,僅從他書摭拾編次,則其佚固已久矣。今取《永樂大典》所載者,以類排比,釐爲一十八卷(祝按:鈔入《四庫》者實爲二十卷,蓋經重釐)。甫承其家學,具有淵源,歷官所至,惟汲汲以興利除害爲事,凡所奏請,鑿然可見諸施行。……其他詩文,類多明白曉暢,切近事理,亦不屑爲藻繢之詞。

大典本録入《四庫全書》,刊入《武英殿聚珍版叢書》。其卷目編次爲:卷一,經筵講義;卷二至七,奏疏;卷八、九,制;卷一〇,表;卷一一,序;卷一二至一四,記;卷一五,説;卷一六,箴、銘、贊;卷一七,祭文、誌銘;卷一八,誌銘;卷一九,賦;卷二〇,詩。

光緒十六年(一八九〇),黄梅梅氏慎自愛軒將是書刊入

《清芬堂叢書》。《叢書集成初編》據聚珍本排印。

《全宋詩》以影印文淵閣《四庫全書》本爲底本。《全宋文》底本同，輯得佚文十八篇。

蜀阜存稿三卷

錢　時　撰

錢時（一一七五——一二四四），字子是，號融堂，淳安（今屬浙江）人。從楊簡學，絕意仕進，隱居授徒。嘉熙初，以薦特賜進士出身，授秘閣校勘。尋辭歸，創融堂書院。著書十種，文集稱《蜀阜集》。《蜀阜集》全本明代猶存，趙氏《萬卷堂書目》卷四著錄道：“《蜀阜集》十八卷。”又《千頃堂書目》卷二九載：“錢時《蜀阜集》十八卷。淳安人，官秘閣檢閱。喬行簡嘗進其所爲《五經管見》《西漢筆記》於朝。”

十八卷本明代已罕見，後散佚。今存三卷本，題《蜀阜存稿》，乃明代鄉人徐貫重輯之本。徐氏門人蔡清嘗作《蜀阜存稿序》，稱“其遺稿今不盡傳，是編名《蜀阜存稿》，則今吾閩右布政使梅軒徐公（貫）所收集於散落之餘而校定焉者也。公將行之梓，命門生蔡清校而序之”。序未署年代，考蔡清爲成化進士，書當刊於成化前後。

徐貫刊本久不見著錄，或已失傳。民國十六年（一九二七），徐氏後裔刊《徐氏家集七種》，附刻《蜀阜存稿》三卷，當即源於明本。家集本各公共圖書館亦不見著錄，唯中華書局圖書館尚存其本（按：此本距今不遠，當猶有庋藏）。該本每半葉十行十六字，黑口，單邊。卷一爲七言絶句，卷二雜體詩，卷三碑文、記、銘、序。三卷凡詩二百三十三首，文四十七篇。前有《融堂先生行實》，後附門人吕人龍等書、叙。錢氏詩文，幸賴此本而未盡湮没。

《全宋詩》用民國徐氏刊本爲底本，輯得佚詩十五首。《全宋文》底本同，輯得佚文二十篇。

【參考文獻】

蔡清《蜀阜存稿序》（影印文淵閣《四庫全書》本《虚齋集》卷三）

平齋文集 三十二卷

洪咨夔　撰

洪咨夔（一一七六——一二三六），字舜俞，號平齋，於潛（今浙江杭州臨安區）人。嘉泰二年（一二〇二）進士，官至刑部尚書、翰林學士，卒謚忠文。其集陳氏《解題》卷一八著録，作"《平齋集》三十二卷"，《通考》卷二四一從之。明《文淵閣書目》卷九著録"洪舜俞《平齋文集》一部十一册，闕"。《内閣書目》卷三載："《平齋文集》十册，不全。……凡三十七卷，闕前四卷。"《脈望館書目》著録《文集》十本。《近古堂書目》卷下有"宋刻《洪平齋集》"，未注卷數。《絳雲樓書目》卷三亦録"宋板《洪平齋集》二十册"，陳景雲注："三十二卷。"考《國史經籍志》卷五著録"洪咨夔《平齋集》三十二卷"，又"洪舜俞《平齋集》三十四卷"，參之《内閣書目》有三十七卷之本，是否

《洪平齋集》《平齋文集》爲卷數不同之本？今莫可詳。

今存《平齋文集》宋本，藏日本内閣文庫，《藏園群書經眼録》卷一四記曰：

> 《平齋文集》三十二卷，宋洪咨夔撰。宋刊本，版匡高六寸四分，寬四寸五分，半葉十一行，每行十九字，白口，左右雙闌，版心題"平齋集幾"，上方記字數。字體方整而無精湛之美，頗與棚本相類。此書目録舊題明本，張君菊生（元濟）改訂爲宋本，余細觀之，信宋本不疑也。然考森立之《經籍訪古志》，固以爲宋本也。

此本原爲昌平坂學問所舊藏，乃世間孤本。

《四部叢刊續編》收有是集，乃據瞿氏舊藏影宋鈔本配宋刊本影印。張元濟跋曰：

> 鐵琴銅劍樓瞿氏有影宋鈔本，闕卷十一至十四、卷十九至二十二。……影宋鈔本極精。余以是書久勘流傳，因亟乞影，將以行世。戊辰（一九二八年）秋，中華學藝社有輯印古書之議，余偕往日本訪書，抵東京，至其内閣文庫，典守者發篋相視，適見是集，且爲宋刻，瞿氏所闕八卷儼然具存，借影携歸，與瞿本合印，遂成完璧。

所稱瞿氏影宋鈔本，《鐵琴銅劍樓藏書目録》卷二一著録道：

> 《平齋文集》三十二卷，影鈔宋本，宋洪咨夔撰。無序跋，賦、詩八卷，文多内外制之作。是書久無刻本，此從宋本影寫，甚精，惜闕卷十一至十四、卷十九至二十二，凡八卷，擬從閣本鈔補之。每半葉十一行，行十九字。

此本今藏國家圖書館。中華學藝社民國十九年（一九三〇）影印本今猶傳世，國家圖書館、上海圖書館、山東大學圖書館著録。《四部叢刊續編》本今頗易睹，補卷有“淺草文庫”、“日本政府圖書”、“内閣文庫”等印記。其卷目編次爲：卷一，古賦；卷二至八，詩；卷九，記；卷一〇，序、題跋；卷一一，箴、銘、贊、雜文、疏；卷一二，奏狀；卷一三，表、簡札；卷一四至一六，内制；卷一七至二三，外制；卷二四至二六，啟；卷二七、二八，易講義；卷二九，故事；卷三〇，策問；卷三一，墓誌銘；卷三二，祭文、行狀。

　　瞿氏稱闕卷“擬從閣本鈔補之”，蓋以爲閣本（即《四庫全書》本）完整無闕。據《四庫全書總目》，《四庫全書》用汪如藻家藏本，該本所闕更甚：不僅瞿氏本所闕八卷閣本仍闕，連瞿氏本前八卷，閣本亦闕如，而割裂他卷，拼湊爲三十二卷，以合陳氏《解題》之數。同治十二年（一八七三），洪汝奎《洪氏晦木齋叢書》刊入是集，底本乃丁雨生（日昌）舊藏鈔本，即傳鈔閣本，張元濟《〈四部叢刊續編〉本跋》謂“其編次分卷顛倒脱漏，亦不勝僂指”。又曰：“是館臣所見汪如藻本，必已殘闕可知。古書殘闕，事所恒有，後之人乃必竄易原編，分析卷數，泯其迹以欺世，是則最可憾耳。”不過“洪氏梓行時，嘗就《咸淳臨安志》《事文類聚》《鶴林玉露》《宋四六選》《宋詩紀事》《鐵網珊瑚》《梅磵詩話》《昌化縣志》諸書補輯遺文附刊卷後，間有詩文詞若干首，原爲是書所無，其他均見於所闕十六卷中。然以校宋刻，尚佚十之七八”。洪氏晦木齋鈔本，今藏南京圖書館，有劉壽曾校并跋。其輯補可資參考。則是集無疑以《四部叢刊續編》本最爲佳善，四庫本最劣。

　　《全宋文》用《四部叢刊續編》本爲底本，輯得佚文四十餘篇。《全宋詩》底本同，輯得佚詩七首。

【參考文獻】

　　勘菴《影鈔宋本平齋文集跋》（《鐵琴銅劍樓藏書題跋集録》卷四）

　　張元濟《平齋文集跋》（《四部叢刊續編》本卷末）

南海百詠—卷

方信孺　撰

　　方信孺（一一七七——一二二二），字孚若，號好菴，莆田
（今屬福建）人，累官爲淮東轉運判官，終廣西漕。陳氏《解
題》卷二一著録其詞集《好菴遊戲》一卷，長沙書坊本。又著
有《好菴遊戲詩境集》，久佚，僅存劉克莊《詩境集序》（《後村先
生大全集》卷九七），略曰：“初筮，有《南海百詠》。權侂挑虜南
吠，公丞蕭山，未三十，以選使軍前議和。垂成矣，虜有所邀
索，皆峻拒，……（韓侂胄）怒，謫公清江，有《南冠萃稿》；牧
韶、道兩州，有《曲江》《九疑稿》；歷廣西憲、漕、淮東〔漕〕，牧
（有）〔真〕州，有《桂林》《淮南》諸稿。坐議邊事與當國不合，免
歸，益大肆於翰墨。歸六年而卒，得年四十六爾。後四十年，
孫香山明府大年會粹公叢稿爲十三卷，別刊《使虜語録》，以
《國史》本傳附卷末，而請余序之。”除《南海百詠》一卷今存
外，其他各稿惜皆久佚。《兩宋名賢小集》收其《觀我軒集》一
卷，乃後人輯本。

　　《南海百詠》乃作者初仕尉蕃山時所作，有葉孝錫序，稱

"詩境方君來尉蕃山，剗苔剔蘚，訪秦漢以來數百年莽蒼之
迹，可考者百，而綴以詩，可見胸中之磊落"云云。此集不詳
宋有刻本否。元代曾刊行，然久已失傳。康熙己亥（五十八
年，一七一九），金㮚跋其鈔校本道：

> 《南海百詠》，大德間鏤版行世，後未有重梓之者。
> 余家向有鈔本，承訛踵謬，不無魯魚帝虎之失，恨不能一
> 一訂正之。今春苕賈錢仲光携一冊至，點畫精楷，裝潢
> 鄭重，卷端有印章曰"絳雲樓"，乃知爲虞山錢氏家藏善
> 本也。借觀三日而校勘之。功畢，因命學徒重爲繕寫，
> 珍諸篋笥，視向之承訛踵謬者相去遠矣。

後來各本，皆源於此鈔本，而鈔本又源於元大德本。金氏鈔
校本後爲阮元所得，遂進呈，今影印入《宛委別藏》。《揅經室
外集》卷三《提要》謂其"取南海古跡，每一事爲七言絕句一
首，每題之下各詞其顛末，注中多記五代南漢劉氏事"。除此
本外，今國內猶藏有清鈔本數部，其中鮑廷博校本藏國家圖
書館。

　　清道光中，嘉應吳蘭修將是集刊入《嶺南叢書》，有道光
元年（一八二一）吳氏跋，跋文詳考方氏事跡，並稱"余從江鄭
堂先生（藩）假得鈔本，爰爲校正"云云。其本有葉序、金跋，
當源於康熙金氏鈔校本。咸豐三年（一八五三），仁和胡珽據
《嶺南叢書》本以木活字刊入《琳琅秘室叢書》，胡氏撰有《校
訛》。光緒十三年（一八八七），會稽董金鑒再以木活字重排
收入《秘室叢書》，董氏撰《續校》。《叢書集成初編》據光緒
《秘室叢書》本排印。

　　除上述叢書本外，光緒八年（一八八二）廣東學海堂有單
刻本，今上海圖書館等著録。

　　《全宋詩》以《琳琅秘室叢書》本爲底本，又從《觀我軒集》及集外輯詩十九首。

【參考文獻】

　　葉孝錫《南海百詠序》（《宛委別藏》本《南海百詠》卷首）
　　吳蘭修《南海百詠跋》（《叢書集成初編》本卷末）

西山先生真文忠公文集五十五卷

真德秀　撰

　　真德秀（一一七八——一二三五），字景元，更字希元，號西山，浦城（今屬福建）人。著名理學家。慶元五年（一一九九）進士，累官户部尚書，翰林學士知制誥，拜參知政事。卒，謚文忠。所作詩文，生前已有小集刊行。端平元年（一二三四），門人王邁《真西山集後序》曰："某壯歲從游，今髮種種，得所爲文最多。……某分教視邸，乃裒所蓄數巨帙，與寓客莊君元戊編類而是正之，刊二十餘卷惠同志。"末稱"乃綴其語爲《甲集》後序"。則所刊爲甲集（當即《西山甲稿》），是時德秀尚在。按《宋史》卷四三七本傳稱其所著有《西山甲乙稿》《對越甲乙集》《經筵講義》《端平廟議》《翰林詞草四六》《獻忠集》等等，蓋各小集皆嘗單行。除上述《甲稿》外，各集爲誰所刊，以及刊行時、地，尚俟稽考。

　　全集本《西山集》，即陳氏《解題》卷一八所録之五十六卷本，《通考》卷二四一同，未見宋人序跋，編刊始末不詳。明

《文淵閣書目》卷九著録"《真西山文集》一部三十册,殘闕",
至《内閣書目》僅存二十九册,"凡五十五卷,闕十九、二十
卷";又一部十九册,"不全,闕四十六至四十七卷"。其他如
《澹生堂藏書目》卷一三著録"《真西山集》二十册五十五卷",
《世善堂藏書目録》《徐氏家藏書目》《絳雲樓書目》皆爲五十
六卷。五十五卷、五十六卷,其實一本,所多一卷爲附録。各
家所藏,殆不乏宋槧,後來大都散佚。

　　清代猶存宋刊殘本。殘本乃黄丕烈所藏,有鈔補,其《百
宋一廛書録》著録,顧氏《百宋一廛賦》所謂"奇兩探於真、
魏","真"即指該本。黄氏注曰:

　　　《西山先生真文忠公文集》五十五卷,每半葉十行,
　　每行十八字。其卷八至十一、又二十五至二十八、又五
　　十二至五十五皆鈔補,而第五十一全卷盡缺。考《書録
　　解題》《經籍考》皆五十六卷,《延令目》乃云五十一卷。
　　今宋槧前後凡存四十二卷,而止於卷之第五十,鈔補未
　　知所出,無以訂此也。

此本後歸汪士鐘,見《藝芸書舍宋板書目》。汪氏書散後,不
詳所在,恐已亡佚。

　　是集元代有刻本。《天禄後目》卷一一著録元版《西山先
生真文忠公文集》四函四十八册,五十一卷,無序跋,原爲謙
牧堂藏書。今國家圖書館藏元刊殘本一册,不詳是否天禄遺
帙,僅存卷一四、一五,每半葉十行十九字,細黑口,四周
雙邊。

　　明槧《真文忠公文集》凡四本:嘉靖元年(一五二二)黄
鞏、張文麟刻本,五十一卷;嘉靖三年書林精舍刻本,五十一
卷;萬曆二十五年(丁酉,一五九七)金學曾景賢堂刻本,五十

五卷；明末刻本五十五卷附《心經》一卷、《政經》一卷。

嘉靖元年本有正德庚辰（十五年，一五二〇）黃鞏序，略曰：

> （真德秀）平生所著，若《讀書記》《心》《政經》之類，皆行於時，獨其他彙次文集分爲五十一卷者，世罕得見。予同年建寧太守常熟張君公瑞（文麟）近訪得之地官郎楊君乾叔所，……遂圖梓行，且思所以校而叙之者。適鞏被放南歸，過焉，則亟以見委。

卷末有張文麟跋，稱得書在正德乙丑（十八年），至嘉靖元年六月刊成（故書目或據黃序著録爲正德本，或據張跋著録爲嘉靖本。本書統稱嘉靖元年本）。目録及首卷有“後學莆陽黃鞏校正”、“後學常熟張文麟同校”二行，每半葉十行十八字，黑口，四周雙邊。卷一爲詩賦，卷二至一二爲《對越甲稿》，卷一三至一七爲《對越乙稿》，卷一八爲《經筵講義》，卷一九至二三爲《翰林詞草》，皆係總名；卷二四以下爲各體文，疑出所謂《西山甲乙稿》。張文麟所訪得之本，不詳爲何本，然所刊版式、編次與上述殘宋本同，即卷一爲詩賦，《對越甲稿》爲十一卷，與《後目》所列元刊本卷一、二爲詩賦，《對越甲稿》十卷稍異（少一卷，或脱“一”字），然其總爲五十一卷，與《天禄後目》元刻本同，則所得楊乾叔藏本，應爲元槧無疑，蓋元本版式與宋本同。嘉靖元年本今國家圖書館（《北京圖書館古籍善本書目》著録爲五十五卷，然所藏實爲五十一卷）、上海圖書館等著録六部，日本宮内廳書陵部、内閣文庫、静嘉堂文庫、尊經閣文庫亦有庋藏，《四部叢刊初編》即據丁氏藏本（今藏南京圖書館）影印，現爲通行善本，然較五十五卷本（此本詳下）闕文四卷。上已述此本前二十三卷之編次，二十四卷以下爲

各體文，目次爲：卷二四至二六，記；卷二七至二九，序；卷
三〇、三一，問答；卷三二，講義；卷三三，説；卷三四至三六，
題跋；卷三七、三八，書；卷三九，啟；卷四〇，文（諭、勸等）；卷
四一，神道碑；卷四二，墓表；卷四三至四六，墓誌銘；卷四七，
行狀；卷四八至五〇，祝文；卷五一，祭文。

　　嘉靖三年書林精舍翻刻黃鞏本，卷次、版式及序跋一仍
其舊，卷末有“嘉靖三年孟夏書林精舍新刊”一行，今國家圖
書館、北大圖書館、上海圖書館等有著錄。

　　萬曆二十五年（丁酉），福建巡撫金學曾景賢堂刊是集，
凡五十五卷，與上兩本異。金氏有序，稱“余叨撫閩之二年，
屬鹽幕林君（培）走境內，稍葺前賢祠墓，爰訪公家，僅存一
編，爲捐帑金梓布之”，則底本乃林培所得真氏後裔家藏本。
卷末有蓮花長方牌記二行：“萬曆丁酉歲季冬月重梓于景賢
堂。”此本前四十七卷與黃鞏本同，卷五二至五五，即黃本之
卷四八至五一；所增四卷（實止三卷），爲青詞二卷（卷四八、
四九）、疏語二卷（卷五〇、五一，卷五一有目缺文）。若刪青
詞、疏語，將最後三卷依次上移（卷五一空缺），則與黃本全
同。殆真氏家藏五十五卷本（闕第五十一卷），即陳氏《解題》
著錄之五十六卷本，傳自有宋；而不載青詞、疏語之五十一卷
本，據《天祿後目》當傳自元代。疑五十一卷本原亦爲五十五
卷，元人翻刻時刪其青詞、疏語四卷，兩本其他卷次相同，可
證同源，而並非別本。換言之，是集五十五卷、五十一卷之
分，即宋槧、元槧之別。萬曆本每半葉十行二十字，白口，四
周雙邊，今國家圖書館、上海圖書館等著錄十餘部，日本國會
圖書館、內閣文庫、蓬佐文庫等亦著錄多部。萬曆板曾經崇
禎十一年（一六三八）丁辛、康熙四年（一六六五）王胤元兩次

修補，遞修本今國内各圖書館著録近二十部。

　　明末刻本刊刻年代不詳，其顯著特點，是正集五十五卷外附刻作者專書《心經》一卷、《政經》一卷。《心經》原名《心經法語》，陳氏《解題》卷九著録，《提要》稱"集聖賢論心格言"。原刻本未見著録，今存乾隆重修本，藏國家圖書館；又有雍正元年（一七二三）重刻本，今首都圖書館、上海圖書館等著録；乾隆二十九年（一七六四）刻本，今北大圖書館、上海圖書館著録。

　　《四庫全書總目》著録福建巡撫採進本，凡五十五卷，《提要》稱"此本爲明萬曆中金學曾所刊，國朝浦城縣知縣王允（即"胤"字，避清諱）元又補葺之"，則其底本爲康熙四年遞修萬曆本。

　　清人所刊真氏集，乃萬曆本之延續，皆爲五十五卷（闕卷五一），計有康熙初年所刊家祠本（原本今未見著録，有同治中重印本），雍正元年（一七二三）刊本、乾隆二十九年（一七六四）刊本等。要之，真氏文集今以萬曆本最全，以其直接宋槧故也；嘉靖兩本則需補入五十五卷本所有之四卷（實止三卷，其中一卷有目無文），方爲全帙。

　　《全宋文》用影印文淵閣《四庫全書》本爲底本，輯得佚文四十篇。《全宋詩》用《四部叢刊初編》本爲底本，輯得佚詩九首。

　　在考述真德秀《西山文集》之後，有必要附考劉爚《雲莊集》。劉爚（一一四四—一二一六），字晦伯，號雲莊，建陽（今福建南平市）人。朱熹門人，宋代理學家。孝宗乾道八年（一一七二）登進士第，調紹興山陰縣主簿。仕至權工部尚書兼太子右庶子，兼左諭德。卒，謚文簡。《宋史》卷四〇一有傳。

　　劉爚去世後，真德秀作《劉文簡公神道碑》(載《西山文集》卷四一)，稱爚"平生論著，有《奏議》《史稿》《經筵故事》《東宮詩解》《禮記解》、堂銘、故事若干卷，《雲莊外稿》若干卷，藏於家"。嘉定十五年(一二二二)，李塈爲其遺著作序，較《神道碑》所述爲詳，曰："平生論著，有《奏議》《史稿》《經筵故事》《雲莊外稿》《續稿》、古詩賦、記、序、祝文、祭文、表箋、奏札、敕書、答詔、墓表、墓誌，凡若干卷，於是乎序，惟子孫寶而傳諸。"顯然，劉爚辭世時不僅未嘗刊集，且文稿亦未匯集成編。不詳後來曾否釐定付梓，未見宋元書目著錄。《四庫全書》著錄浙江巡撫採進本《雲莊集》二十卷，《提要》曰："是集爲祁承㸑澹生堂鈔本，前有嘉定間李塈序，乃明天順間(祝按：刻於天順四年，一四六〇)其十世孫梗所編。又別一本，爲其十世孫穩所重刊(祝按：刻於明正統九年〔一四四四〕，爲《雲莊劉文簡公文集》十二卷、《外集》十卷、年譜一卷)，較梗所編少文數首，不如此本之完備。"則《四庫》所收乃祁氏鈔本，源出天順本。

　　然而，明代傳刻之《雲莊集》，包括《四庫》所收祁氏鈔本，却并非《神道碑》及李塈序所述之劉爚原著。最早發現傳本多僞者，乃清代學者勞格。在吳昌綬所輯《勞氏碎金》中，勞格指出劉集中真德秀文"孱入者幾至十八卷"。近年所編《全宋詩》《全宋文》，編者亦已發現其僞。《全宋詩》卷二六四八收劉爚詩五首，皆由集外輯得，並在劉氏小傳中指出："集中所收詩及貼子詞等，均見諸真德秀《西山文集》，顯非劉作。"《全宋文》經編者核對，亦發現其與《西山文集》關係密切，決定《雲莊集》中各類文章皆不收。二〇〇六年，湖北《理論月刊》第六期發表盧萍《劉爚及其著述》文，指出《兩宋名賢小集》所收《雲莊詩稿》一卷，“所録詩均出自《西山文集》”。又指出《奏議》《史稿》《雲莊外集》等“均疑爲後人託名所爲”，並認爲“現存劉爚真作已屬少數，學者當考證無誤後謹慎使用”。臺灣學者對該集真僞亦有考辨（如梁庚堯《劉爚雲莊集的版本及其真僞》一文即指僞甚多，見所著《宋代社會經濟史論集》下册附録）。《雲莊集》之僞，疑由其後裔所爲，蓋急於爲先祖刊書以炫耀門户，而劉爚原著散亡已久，遂不惜大量删減移易真氏文集以爲己有。明人學風之敝，可慨也。

【參考文獻】

王邁《真西山集後序》（《四庫全書》本《臞軒集》卷五）

黄鞏《新刊真西山先生文集序》（《四部叢刊初編》本《西山先生真文忠公文集》卷首）

張文麟《嘉靖刊西山先生真文忠公文集跋》（《愛日精廬藏書志》卷三一）

金學曾《萬曆重刊西山先生真文忠公文集序》（萬曆金氏景賢堂本《真文忠公文集》卷首）

重校鶴山先生大全文集一百十卷

魏了翁 撰

魏了翁（一一七八—一二三七），字華父，號鶴山，邛州蒲江（今屬四川）人。慶元五年（一一九九）進士，著名理學家。官至端明殿學士、同簽書樞密院事。卒諡文靖。辭世十餘年後，其全集方於姑蘇（即蘇州）付梓。蘇州本乃其子所刊，有吳淵序，稱"歲在丙申（端平三年，一二三六），魏公假督鉞道吳門，淵辱兼知，首處元揆，讀公詩文爲尤熟。公薨背十二年，而二子曰近思、克愚萃遺稿刻梓，屬淵序發之"。時在淳祐己酉（九年，一二四九）。吳潛《後序》曰："公之子近思、克愚相與蒐遺罔軼，有正集、《外集》《奏議》凡一百卷，將鋟梓行於世。"時在淳祐辛亥（十一年），刻成當在此後不久。所云二子"萃遺稿"、"蒐遺罔軼"，當指將作者生前自編之若干小集及散佚文稿統一編次爲一書（詳後）。又有溫陽本，刊刻情況不詳，開慶本（此本詳下）佚名《後序》稱其"字畫精，紙墨善"，然而"舛誤猶姑蘇本"，蓋即據蘇州本翻刻。

明《文淵閣書目》《內閣書目》《萬卷堂書目》等，以及錢氏《絳雲樓書目》，皆嘗著錄百卷之本，題曰《鶴山先生文集》。焦氏《國史經籍志》亦著錄《文集》百卷。官私所藏，當即姑蘇、溫陽二本。兩本後皆失傳。

魏集今存宋開慶刊本，題《重校鶴山先生大全文集》。此本乃開慶元年（一二五九）由成都府路提點刑獄公事某某（即前述"佚名"）刻於成都，其《後序》即爲雕板而作，惜末行久脫，無從校補，遂不詳其名氏。《後序》曰：

> 繼叨西臬，距先生袞鄉（蒲江）百里許，家有先生遺稿，刊正之局方開，嘉定法掾趙與梣以得於先生次翁溫本相過，字畫精，紙墨善，意無以出其右。尋熟讀，則舛誤猶姑蘇本。既而制幹何璟、漕幕朱景行、昌士盧貞皆以所藏先生《雅言》《周禮折衷》、大魁之作來，至如墓誌、書札等文，求與大全集者項背相望，類成一編，比姑蘇、溫陽二本加詳焉。余謂是編不容不再刊之，先生殘編斷

> 簡散落人間，未易裒輯，復命漢嘉士楊起寅偕寮友日夕
> 相與校正，屏工鋟梓。

則是本於百卷之外又增刻數種，因題曰"大全文集"；將家藏
遺稿與姑蘇、温陽二本相校，故曰"重校"。

開慶本凡一百又十卷，今存一殘本，缺十八卷，存卷中亦
時有缺葉。該本清初藏於徐氏傳是樓，後由黃丕烈收得，有
跋，並著之於《百宋一廛書録》，顧氏《百宋一廛賦》所謂"奇兩
探於真、魏"，"魏"即指此本。後由士禮居轉入汪氏藝芸書
舍，再入劉氏嘉業堂。其後爲南海潘宗周寶禮堂所得，潘氏
捐贈北京圖書館，今藏國圖善本室。

明祁氏《澹生堂藏書目》《徐氏家藏書目》等著録一百十
卷之本，當即開慶本。據《百宋一廛書録》《寶禮堂宋本書
録》及《藏園群書經眼録》卷一四，開慶本每半葉十一行，行
二十至二十四字不等，左右雙闌，版心白口，單魚尾。書名
題"大全集幾"，或"某類幾"。上間記字數，下記刻工姓名。
刻工姓名僅有"簡師"、"何每"、"袁滋"、"梁□之"、"石□"等
數人，餘爲單字，有田、祖、善、梁、宋、李、每、佑、天、保、南、
程、全、喜、行、勝、再、仁、召、真、祥、衍、春、單、材、林、章等。
宋諱玄、弦、郎、筐、恒、貞、徵、戌、燉等字闕筆。前有淳祐己
酉夏五宛陵吳淵序（草書），後有佚名隸書序，又影鈔吳潛後
序。鈐有"汪士鐘藏"（白長）、"乾學之印"（白方）、"健菴"（白
方）印記。

民國間，當宋本尚在劉氏嘉業堂時，上海涵芬樓曾借出，
影印入《四部叢刊初編》，而用明錫山安氏本（此本詳後）補
闕。《四部叢刊書録》曰："原闕十八卷，今以安刻補之，其源
同也。唯一百八卷安刻亦闕。闕葉可從安刻補者，亦悉補

之。”此本今爲通行本，其卷目編次爲：卷一至一二，詩；卷一三，表牋；卷一四，内制；卷一五至二〇，奏議；卷二一，館職策；卷二二，進故事；卷二三至二五，狀札；卷二六至三〇，督府奏陳；卷三一，督府書；卷三二至三七，書；卷三八至五〇，記；卷五一至五六，序；卷五七，銘；卷五八，字説；卷五九至六五，跋；卷六六至六八，啟；卷六九至七三，神道碑；卷七四至八七，墓誌銘；卷八八、八九，行狀；卷九〇、九一，祭文；卷九二，挽詩；卷九三，策問；卷九四至九六，長短句；卷九七，詩；卷九八，祝文；卷九九，醮詞；卷一〇〇，勸農文；卷一〇一，舉文；卷一〇二，問策；卷一〇三，御策一道；卷一〇四至一〇六，周禮折衷；卷一〇七，原闕；卷一〇八，拾遺（無文）；卷一〇九、一一〇，師友雅言。質言之，開慶本並不精善。佚名《後序》曰：“深恨四郊多壘，工則取之於鶩徒，力則取之於摶節，紙墨則取之於散亡，姑以是紀斯文之不墜。若曰字精工巧，墨妙紙良，將有望於方來。”自端平間蒙古兵侵蜀，開慶時戰事方酣，四川殘破，能有心刻書已十分難得，雖留下許多遺憾，但校刊者拳拳之意，後人當深諒之。錢大昕跋曰：“其中有合兩卷連爲一卷者，亦不無魯魚亥豕之訛。然世間止此一本，可寶也。”此本爲後來各本之祖，而後來各本理應較善，實則更次乎其下。

　　是集明代刊有兩本，《寶禮堂宋本書録》述之曰：

　　　　明錫山安氏以活字排印，中缺第一百八卷，又各卷缺葉，並失重刊後跋作者姓名，均與是同，蓋即從是本出也。活字印本訛奪既多，復加删削，殊失真相。嘉靖辛亥（三十年，一五五一），邛州知州吳鳳等又據安本重刻，即《四庫》著録之本，《提要》斥其校訂草率，與目多不相應，疑有所竄改，已非其舊，其説甚允。唯指新增各卷爲書坊刊版所續入，則以邛州刊本失去佚名後跋，未知其重刊始末，故致誤也。

按銅活字本每卷有"錫山安國重刊"一行，版心上方有"錫山安氏館"五字。有嘉靖壬午（元年）邵寶序，次年劉瑞序、暢華跋。據序跋，知此本乃蘇州知府内江李某所校，原本只十得其九，蓋由無錫知縣暢華於嘉靖二年令安氏館印行。每半葉十三行十六字，白口，左右雙邊。邊欄外印有大字"宙七十二"、"洪七十三"等編號，以示裝訂次序。安氏本雖多訛奪，然可補宋本部分缺逸，仍有其價值。黄丕烈將其與宋本對照後，跋曰：

> 宋本所失者十八至七十七卷都有，惟一百八卷仍闕如也。至缺葉，十不得一。以宋刻核之，似明刻即從此本（殘宋本）出，而闕卷何以多有？或明代刻時未失耶，抑别本據補耶？

安氏活字印本，今國家圖書館、上海圖書館（存三卷）、南京圖書館（配清鈔）及浙江天一閣著録。日本庋藏二部：静嘉堂文庫本缺卷一〇二，大倉文化財團本存九十七卷。

嘉靖三十年邛州本，乃四川兵備副使高翀、邛州知州吴鳳所刊，"十一行十六字。題'邛州知州吴鳳、郡學王蔡校正'，'學正李一陽、訓導周南編次'"（《經眼録》卷一四）。《四庫全書》著録鮑士恭家藏本，即邛州刊本。《百宋一廛賦》黄丕烈注曰："（宋本）第一卷首缺損一葉又四行，其第五行始爲《寄題雅州胥園》云云，而明邛州刻本竟以此題爲首，誤甚矣。"前述《寶禮堂宋本書録》引《提要》已言其劣。按《提要》

又曰："目凡一百十卷，而吳鳳後序稱一百七卷，蓋重訂時失於檢勘。又《周禮折衷》併爲三卷，以《師友雅言》併爲一卷，又闕《拾遺》一卷，故實止此數。"館臣於是"仍其所闕，析其所併，定爲一百九卷，而原目之參錯不合者，則削而不録焉"。館臣之草率塞責，由此可見。周廣業《四部寓眼録》卷下對此深表憤慨："内有缺卷，《周禮折衷》自'職方'以下並無之，編次者强分以足卷數，非完書也。是書留局既久，苦乏同志，不肯出以公好，臨繳急一翻而已。"又，《提要》稱魏了翁"所著作詩文極富，本各自爲集，此本乃後人裒合諸本，共次爲一編。其三十五卷下題《渠陽集》，三十七卷下題《朝京集》，九十卷下題《自菴類稿》，則猶仍其舊名，刊削未盡者也"。今檢《四部叢刊初編》影印宋本亦同，如卷九〇下正題《自菴類稿》，館臣所言是。邛州刊本，國内今唯國家圖書館著録一部，日本尊經閣文庫亦藏一部。

鶴山全集，清以後似無刊本，唯有同治十三年（一八七四）盱眙吳棠望三益齋刊本《鶴山文鈔》三十二卷附《周禮折衷》四卷、《師友雅言》一卷，宣統二年（一九一〇）成都官印刷局有重修本，今國内及日本皆有著録。

《全宋文》《全宋詩》俱以《四部叢刊初編》本爲底本。

諸書目有《注鶴山先生渠陽詩》（或題《魏鶴山先生渠陽詩》）一卷，宋王德文注。今存明刻本，國家圖書館、上海圖書館著録。另有光緒二十八年（一九〇二）貴池劉氏玉海堂刻本，同年陶子麟影宋刻本，民國間瞿啓甲輯《鐵琴銅劍樓叢書》影印宋刊本等，今皆有著録，宋刊本則不知所之。然該本僅注魏了翁《讀易亭》詩一首，不能成書，兹附載之，并録《鐵琴銅劍樓藏書目録》卷二一之著録：

> 《注鶴山先生渠陽詩》一卷，宋刊本，題"門人承信郎新監寧國府南陵縣酒税務王德文"。案：此册僅注鶴山謫渠陽時所作《讀易亭》詩一首，附實齋王先生（遂）和詩一首。前有端平三年（一二三六）南充游似序及鶴山手札，後有淳祐改元（一二四一）王遂跋，又淳祐橫艾攝提格霅溪李心傳跋，淳祐壬寅（二年）莆陽葉大有跋，淳祐二年竹坡呂午跋，終以端平乙未（二年）德文自跋，後記"注渠陽詩六卷，嗣容鋟梓"一行。凡諸名賢作序跋時，有書翰與之，亦附刻於中，皆用手書真跡，古雅可愛。（卷首有"士禮居黄錫蕃印"，"椒升"諸朱記。）

由知王德文當年蓋已全注魏了翁謫渠陽時所作并自編之《渠陽集》，凡六卷，然所刻只此一首，稱"嗣容鋟梓"，有如今新書預告之樣本。惜後來似并未嗣刻，全稿久已散佚。

【參考文獻】

吳淵《鶴山集序》（《四部叢刊初編》本《鶴山先生大全文集》卷首）

吳潛《鶴山集後序》（同上卷末）

佚名《開慶刊鶴山集跋》（同上）

錢大昕、黄丕烈《開慶本重校鶴山先生大全文集跋》（同上本卷首、卷末、卷一〇九末、卷一一〇末等，參《寶禮堂宋本書録》）

邵寶、劉瑞《活字本重校鶴山先生大全文集序》（明銅活字本卷首，人各一序）

暢華《活字本重校鶴山先生大全文集跋》（同上卷末）

亞愚江浙紀行集句詩 七卷

釋紹嵩 撰

紹嵩,號亞愚,廬陵(今江西吉安)人,紹定中住嘉禾大雲寺。《集句詩》有自序,略曰:

> 今所存《集句》也,乃紹定己丑(二年,一二二九)之秋自長沙發行訪游江浙,村行旅宿、感物寓意之所作。越壬辰(紹定五年)五月中澣,嘉禾史君黄公尹元以大雲虚席俾令承乏。八月初九日,永上人來訪,……力請(集句詩)至再至三又至於四,遂發囊與其編録,得三百七十有六首,離爲七卷,題曰《江浙紀行》以遺之。

今存毛氏汲古閣影宋鈔本,藏國家圖書館,卷末有"嘉熙改元丁酉(一二三七)良月師孫奉直命工刊行"二行,又有紹定四年宣城陳應申跋。是集今以此本爲佳。又丁丙舊藏黄氏醉經樓鈔本,今藏南京圖書館,參《善本書室藏書志》卷三〇。

《四庫全書》本《江湖小集》卷三至卷九、清嘉慶六年(一八〇一)石門顧修讀畫齋本《南宋群賢小集》皆收有是集。所集句皆注明原作者,是其優點。然據上引影宋鈔本卷末所題,是集宋本當非臨安陳氏書鋪所刊。

《全宋詩》用毛氏汲古閣影宋鈔本爲底本。

【參考文獻】

紹嵩《江浙紀行集句詩序》(影印文淵閣《四庫全書》本《江湖小集》卷三《亞愚江浙紀行集句詩》卷首)

陳應申《江浙紀行集句詩跋》（同上卷九末）

竹坡類稿五卷

呂　午　撰

　　呂午（一一七九——一二五五），字伯可，號竹坡，歙縣（今屬安徽）人。嘉定四年（一二一一）進士。累官監察御史，浙東提點刑獄，知泉州、漳州，復入爲監察御史。著有《左史諫草》一卷。其《竹坡類稿》，唯《千頃堂書目》卷二九著録，未注卷數。今存清鈔本，凡五卷附録一卷，僅國家圖書館藏一部，有祝穆序，曰：

　　　　淳祐癸卯（三年，一二四三）夏，詔右浙憲部使者竹坡先生呂公再除監察御史。穆往省視於柏廳，見棐几間有題曰《竹坡類稿》，披而誦之，手不容釋。輒跪請曰：“先生斯文，如日光玉潔，孰不願睹，盍板行以惠後學？”先生曰：“司馬在西都而《史記》未振，昌黎至我朝而文集競傳。子姑聽之，勿容庸速。”穆請再三，因粲笑而首肯。
　　　　載念吾家自曾大父以來，玉潤率多偉人。吏部韋齋朱公（松）及今御史呂公，則以學問文章，負盛名於世。《韋齋集》既已刻梓豫章，玆刻《竹坡類稿》，蓋使二集並行，以彰盛美。先生著述，尚多櫝韞，今所得者，特泰山之毫芒。如奏疏、書啟、詩詞，及繼今有作，方月增歲益，尚當嗣請而刻之。是歲臘月望日，表姪建安祝穆拜手謹識。

　　清鈔本源於何本不詳，其卷目編次爲：卷一，序；卷二，記；卷三雜説、題跋；卷四，墓誌銘；卷五，雜録，末爲附録。既稱“類稿”，而篇帙無多，門類甚少，疑原本久佚，是編乃重輯本，且襲用舊名，故附録多明代後裔文字。又，考卷二《仁義院記》《髦田忠烈廟記》《古城院復興記》三文，乃吕午子吕沆所作，文末署名猶在，時已入元，其非原編本益明。此本今人已用國家圖書館藏清鈔本影印入《北京圖書館藏善本書叢刊》第八十九集，又影印入《續修四庫全書》集部第一三二〇册。《全宋文》《全宋詩》皆用該清鈔本爲底本，《全宋詩》僅録詩三首，另輯得佚詩三首。

左史諫草一卷

吕　午　撰

　　此集蓋由吕氏家傳摘出單行，遠非當日《諫草》之全。《四庫總目・史部》詔令奏議類二“奏議之屬”著録馬裕家藏本，《提要》曰：

> 　　是編凡奏議六首，後附其子沆奏議一首，後又附載家傳、詩文之類，最後載吕氏節女事，皆因家傳附編者也。午兩爲諫官，以風節自勵，知無不言。……此六疏皆理宗嘉熙二年（一二三八）所上，雖篇數無多，而宋末時事頗可考見。

除四庫本及《四庫全書珍本初集》本外，今别無他本。

　　《全宋文》用影印文淵閣《四庫全書》本爲底本，輯得佚文七篇。

篔窗集十卷

陳耆卿　撰

　　陳耆卿（一一八〇——一二三六），字壽老，號篔窗，臨海
（今屬浙江）人。嘉定七年（一二一四）進士，官至國子監司
業。其文得葉適傳授，吳子良《荆溪林下偶談》卷二曰：“往時
水心先生汲引後進如飢渴，然自周南仲死，文字之傳未有所
屬。晚得篔窗陳壽老，即傾倒付囑之。……今纔十數年，世
上文字日益衰落，而篔窗卓然爲學者所宗。”嘉定六年，著者
自編其集，自序道：

　　　　詩詠性情，非有感觸不作；他文雖强作，亦不多見。
　　四六之浮，至於家皁隸而人稷契，讀之欲嘁，予心病焉。
　　會四五郡侯連以牋翰爲囑，辭不獲命，涉筆無休時，今數
　　之，不啻千百矣。……獨以疇昔勞瘁，不忍付之埃土，擇
　　其粗可予懷者録藏之。

淳祐癸卯（三年，一二四三），其門人吳子良於海陵刊之，即所
謂《初集》，有跋，略曰：

　　　　余將指淮東，欲盡出先生文以啟來者，甫命工，以他
　　役去，乃屬海陵謝令範舘鋟《初集》三十卷，蓋先生四十
　　歲以前之作也。

按著者自編其集時年三十四，此云“四十歲以前之作”，蓋後
來又有所補編。是刻葉適爲之序，稱作者於文“涉獵既多，培
蘊亦厚，規制廣而密，波瀾浩而平”云云。

　　著者又有《筦窗續集》，亦爲吳子良所刊，並作《續集序》，稱"故於《筦窗初集》既以鋟之海陵，而今復並其《續集》鋟之豫章"，則豫章所刻似初、續兩集。今本吳序未署刊刻年代，考吳子良任江西轉運判官在淳祐間，蓋即刻於運判任内。

　　《讀書附志》卷下著録道：

　　　　《筦窗先生初集》三十卷、《續集》三十八卷，右陳耆卿字壽老之文也。壽老，台之臨海人。《初集》，葉水心爲之序。吳子良並刻於江西漕司。於中沂邸牋表爲多。

　　明《文淵閣書目》卷九著録"陳耆卿《筦窗文集》一部五册，全"。《内閣書目》卷三曰："《筦窗文集》五册，又五册，原置二處，俱不全，是一部。"所謂"文集"，蓋《初》《續》二集之統稱。後皆散佚，今存乃大典本。《四庫提要》曰：

　　　　今從《永樂大典》中采掇薈萃，共得文一百三十一篇，詩三十八篇，詞四篇，……蓋所存僅十之一二矣。……謹釐正訛舛，録爲十卷，俾不終就湮没。其葉適、吳子良序跋及耆卿自序，仍録置前後，庶有以考見其大略焉。

　　大典本録入《四庫全書》，民國時嘗以文淵閣四庫本影印入《四庫全書珍本初集》，其卷目編次爲：卷一、二，論；卷三，序；卷四，記；卷五，書；卷六，啟；卷七，策問；卷八，墓誌銘；卷九，祝文；卷一〇，詩。光緒二十年（一八九四）臨海葉氏《蔭玉閣叢書》活字單印本（今國家圖書館、首都圖書館著録），以及民國八年（一九一九）楊晨輯《台州叢書》（己集）本，俱源於四庫本，《台州叢書》（己集）有《補遺》一卷。

　　《全宋文》用影印文淵閣《四庫全書》本爲底本，輯得佚文

七十二篇。《全宋詩》底本同，輯得佚詩五首。

【參考文獻】

陳耆卿《篔窗初集自序》（影印文淵閣《四庫全書》本《篔窗集》卷首）
葉適《篔窗初集序》（同上）
吳子良《篔窗續集序》（同上）
吳子良《篔窗初集跋》（同上卷末）

平塘集三卷

陶夢桂　撰

陶夢桂（一一八〇—一二五三），字德芳，晚號平塘老人，進賢（今屬江西）人。嘉定十三年（一二二〇）進士，仕至荆湖制機兼通判岳州，去官閒居。其集凡三卷，未見宋、明人著錄，今唯浙江省圖書館庋藏清刻本一部。《開有益齋讀書志》卷五述之曰：

> 卷一、卷二皆詩，卷三則辟書、墓誌、祭文、挽章，皆他人作也。挽章諸人如丁師正、危驟、羅一鶚、羅一能、陳榮、樊夢辰、易中行、胡文學、危彪詩附此以傳。末又附其四世孫以禮字用和墓誌表。夢桂詩八十七首，有景定壬戌（三年，一二六二）九月己丑同年生玉局散仙李義山序，雍正甲辰（二年，一七二四）族孫成序。

復旦大學圖書館藏有民國初李氏宜秋館刻本，《全宋詩》用以爲底本，《續修四庫全書》用以影印入集部第一三二〇冊。

翠微南征録十一卷

華　岳　撰

華岳(?——一二二一),字子西,别號翠微,貴池(今屬安徽)人。登嘉定十年(一二一七)武舉第一,時人稱"華狀元"。爲武學生時,即關心國是,嘗於開禧元年(一二〇五)上書擊韓侂胄,反對北伐,貶建寧編管。侂胄誅,召還,又被丞相史彌遠編管,至嘉定九年方放還,復入學,次年登第。爲殿前司官屬,以謀去史彌遠,事覺,杖死東市,《宋史》卷四五五入《忠義傳》。岳雖出身武科,然好詩文,其詩雖"粗豪使氣","然不肯附合浮議,蓋陳東一流人。如岳詩,不以工拙論可也"(《四庫提要》)。

華岳所作《南征録》,未見宋人序跋,宋、明書目亦不登録,其最初編刊情況不詳。清康熙間,黄虞稷從史館鈔得之,遂著録於《千頃堂書目》卷二九,并屬池州郎遂刻以行世。原本十一卷,卷一爲《上皇帝書》,餘十卷乃古今體詩。郎遂重加編次,以原第一卷爲卷首,詩仍爲十卷,而以明嘉靖王崇志本點竄填補,大加删削,竟失其本真,且奪文甚多,故頗致後人譏議(參吳錫麒《鈔本翠微南征録跋》、張元濟《四部叢刊三編本翠微南征録跋》等),不可稱爲善本。郎本刻於康熙三十年(一六九一),每半葉十一行二十二字,黑口,四周雙邊,今僅國家圖書館(有傅增湘校、跋,并録鮑廷博、勞權題識)、南京圖書館(卷六至一〇配清鈔)、清華大學圖書館有著録。郎氏所用明嘉靖王崇志本,今未見著録,情況不詳。

　　嘉慶丙子（二十一年，一八一六），吳錫麒出舊鈔本與郎刻讎比，作跋以指刻本之謬，並有補逸，而稱舊本乃黃虞稷所鈔“原本”。鈔本每半葉十行十八字，有吳氏批校並跋，今藏國家圖書館。一九八〇年，上海古籍書店據以複印。今觀複印本無黃氏印記，所謂“原本”，不詳是否指由黃鈔本出。今湖北圖書館著録清鈔本，亦有吳氏校補，每半葉十行，每行二十、二十一字不等，蓋過録本。

　　黃丕烈亦嘗購得一鈔本，有跋，稱鈔本“雖不甚舊，而取此儷《北征集》，適爲兩美之合，因置之”云云。此本後歸上海涵芬樓，商務印書館據以影印入《四部叢刊三編》“集部”。張元濟跋稱“就卷一《上皇帝書》‘陛下’字均提行觀之，其源當出宋刻”。今與複印吳錫麒本對照，兩本提行空格同，當同出一源，蓋黃虞稷原是依宋本（或影宋本）鈔録。《四部叢刊三編》本附有《校勘記》，張元濟跋曰：“訛文奪字，郎、劉二刻（祝按：“劉”指劉世珩，其刻本詳後）有足以參證者，已悉校出。友人瞿鳳起復出汲古閣毛氏鈔本校正如干字，尤見精審。其有疑不能明者，仍闕之。”涵芬樓本今藏國家圖書館。張氏所稱汲古閣本，今亦藏國家圖書館，瞿氏《鐵琴銅劍樓藏書目録》卷二一著録，稱“極精，版心有‘汲古閣’三字”。該本原爲張金吾藏書，見《愛日精廬藏書志》卷三一。除上述外，是集清鈔本，今大陸及臺灣猶著録十餘部，皆十一卷本。日本静嘉堂文庫亦庋藏清鈔一部，見《皕宋樓藏書志》卷八九、《静嘉堂秘籍志》卷三七。

　　《四庫全書》著録汪如藻家藏本，凡十一卷，首有漁洋山人王士禛題語。卷一《上皇帝書》，餘十卷爲詩，與《四部叢刊三編》本等蓋皆同源。

　　光緒十五年（一八八九），北京文萃堂刊木活字本，今國家圖書館、上海圖書館、南京圖書館等著録。光緒二十八年（一九〇二），貴池劉世珩唐石簃又將其刊入《貴池先哲遺書·秋浦雙忠録》，劉氏跋稱"以文瀾閣本付刻，去其複出者，而以《雜記》作十一卷"。劉氏初刻本不佳，後又據傅增湘以鮑廷博、勞格校本所校之郎刻本重刻（傅校本今藏國家圖書館，前已述）。

　　要之，清以降所傳《南征録》，當皆由所謂鈔史館本孳衍，轉相傳録，難免訛誤，今以國家圖書館所藏汲古閣本及複印吳氏本最佳。《四部叢刊三編》本參校各本，其《校勘記》足資參考。

　　《全宋詩》以影印文淵閣《四庫全書》本爲底本，輯得佚詩二十六首。《全宋文》用《四部叢刊三編》本爲底本，收其《上皇帝書》。

【參考文獻】

　　黃丕烈《鈔本翠微南征録跋》（《四部叢刊三編》本《翠微南征録》卷末）

　　吳錫麒《鈔本翠微南征録跋》（上海古籍書店複印本卷末）

　　劉世珩《刊翠微南征録跋》（《貴池先哲遺書》本《翠微南征録》卷末）

　　張元濟《影印翠微南征録跋》（《四部叢刊三編》本《翠微南征録》卷末附）

翠微北征録 十二卷

華　岳　撰

　　是集乃作者投進文字，皆兵家言，清人亦著録爲別集。

其中部分内容，宋嘉定時有坊刻本。《宋會要輯稿·刑法》二之一三八記載嘉定六年（一二一三）十月二十八日臣僚言：

> 國朝令甲，雕印言時政邊機文書者皆有罪。近日書肆有《北征讜議》《治安藥石》等書，乃龔日章、華岳投進書札，所言間涉邊機。乃筆之書，鋟之木，鬻之市，泄之外夷，事若甚微，所關甚大。乞行下禁止，取私雕龔日章、華岳文字盡行毀板。其有已印賣者，責書坊日下繳納，當官毀壞。從之。

所謂《治安藥石》，即《北征録》之一部分。臣僚既言該書乃"投進書札"，故置於集部亦不大謬。

坊刻之後，宋、明似再無刊本，《四庫全書》亦未收録，僅見於清代藏書家目録或題跋。黃丕烈舊藏鈔本《翠微南征録》，末有黃氏跋（參前《南征録》），稱"余向藏《翠微先生北征録》，係舊鈔本，外間罕有也"。顧廣圻亦嘗作跋，稱《北征録》"得觀於讀未見書齋"云云（參《思適齋書跋》卷四）。黃丕烈藏本後爲瞿氏所得，《鐵琴銅劍樓藏書目録》卷二一著録道：

> 《翠微先生北征録》十二卷，元鈔本。此書亦華岳所著，傳本絶稀，《四庫書目》未採。是本猶出元人所鈔，有嘉慶庚申（五年，一八〇〇）顧廣圻跋。（卷首有"水鏡堂"、"河南郡圖書記"二朱記。）

黃氏本今藏國家圖書館，凡三册。

《善本書室藏書志》卷三一著録過録瞿氏本，述其内容結構道：

> 《翠微先生北征録》十二卷，舊鈔本，愛日精廬藏書。首有開禧三年（一二〇七）待罪國學發解布衣臣華岳《再

上皇帝書》云："臣向以狂妄，叩闇乞罷兵事，冒犯天威。重蒙聖慈不賜誅戮，謫臣建安，迄今兩載。伏自待罪以來，日聞邊鄙之音，傷感不已，乃知臣前日之所以料陛下今日之事者審也。"因上《平戎十策》爲第一卷。其二卷曰《治安藥石》，則題"國學發解進士華岳進"，時在嘉定元年（一二〇八）。三卷曰《軍國大計》，四卷曰《邊防要務》，五卷曰《破敵長策》，六卷曰《將相小數》，七、八卷又曰《治安藥石》，九卷曰《採探之法》，十卷曰《戒飭將帥之道》，十一卷曰《守邊待敵之策》，十二卷曰《足兵便民之策》。末有顧廣圻記云（此略）。此爲張金吾傳鈔本，有"秘册"及"愛日精廬藏書"二印。（張氏《愛日精廬藏書志》卷三一著錄）

光緒庚子（二十六年，一九〇〇），貴池劉世珩以鈔丁氏十萬卷樓本刊入《貴池先哲遺書》，跋稱丁氏本"即傳錄瞿氏本"；又曰"此書實只文兩篇，次爲五卷（祝按：《平戎十策》一卷，《治安藥石自序》云四十一篇，分四卷），或十一卷，或十二卷，均非原次也。然無他本校定，只可仍之"。

今大陸及臺灣各圖書館猶著錄舊鈔本多部。蓋傳世之《北征錄》，皆源於黃丕烈舊藏元鈔本。

一九九三年，黃山書社出版馬君驊校點本《翠微南征录北征录合集》，爲《安徽古籍叢書》之一。合集本以劉世珩刻《貴池先哲遺書·秋浦雙忠錄》本爲底本，校以國圖所藏元鈔本等。

《全宋文》以《貴池先哲遺書》本爲底本，只收其卷一《平戎十策》及卷二《治安藥石序》。

【參考文獻】

顧廣圻《翠微北征錄跋》（《貴池先哲遺書》本《翠微北征錄》卷末）

劉世珩《刊翠微北征錄跋》（同上）

勿齋先生文集二卷

楊至質　撰

　　楊至質，字休文，號勿齋，豐城（今屬江西）人。江西閣皁山道士，淳祐中主管教門公事。其集宋代刊行情況不詳，後入《道藏》，今以正統《道藏》（太平部）本爲最早。國家圖書館藏有明鈔《道藏》本。

　　《四庫全書》著錄汪如藻家藏本二卷，皆爲啟狀，《提要》謂其所作“雖邊幅少狹，而對偶工緻，吐屬雅潔，猶有《樊南甲乙集》之遺，正未可以方外輕之矣”。今考四庫本與《道藏》本收文編次全同，唯《道藏》本卷上末《回王監官賀啟》，卷下末重出，四庫本卷下删之。蓋汪氏本即出於《道藏》本。四庫底本今藏上海圖書館。

　　民國九年（一九二〇），李氏宜秋館以鈔文津閣四庫本刊入《宋人集》丙編。

　　《全宋文》以影印正統《道藏》本爲底本。

宋人別集叙録卷第二十六

滄洲塵缶編 十四卷

程公許 撰

　　程公許(一一八二——二五一),字季與,一字希穎,號滄洲,眉山(今屬四川)人,寓烏程。嘉定四年(一二一一)進士,累官權刑部尚書,以寶章閣學士知隆興府。卒,謚文簡。《四庫提要》稱"公許沖澹自守,而在朝讜直敢言,不避權倖,屢爲群小齮齕,不安其位而去,當代推其風節。初不以文采見長,然所作才氣磅礴,風發泉湧,往往下筆不能自休"。淳祐元年(一二四一)自序其集道:

　　　　公暇,閱所藏稿編,盈箱累篋,因取筮仕以來次第編綴。古律詩以一官爲一集;賦、騷、箴、頌、銘、贊、書、序、記、志、表、啟,各以類相從;奏篇、謚議、內外進退故事,則自爲一帙。……用採陸士衡"懼蒙塵於叩缶,顧取笑於鳴玉"之句,名其編曰《塵缶》,並叙所以未暇蒐擇之本意。……是編成於淳祐改元歲辛丑之中秋,嗣有撰述,續綴右方。

則其自編詩文原爲多集,而奏議等又在詩文集之外,"塵缶"

乃詩文集之總名。

《讀書附志》卷下著録道：

> 《滄洲先生塵缶編》三十五卷、《内外制》二十四卷，
> 右程先生公許之文也。先生字季與，眉桂枝人。嘉定辛
> 未進士，嘗以禮部侍郎兼侍講。聖上親御翰墨，以“桂枝
> 永芳世家”及“南山滄洲”字賜之。臞軒王邁爲之序其
> 集。希弁生父彬倅墓銘，先生筆也。

《宋史》卷四一五本傳曰：“所著有《塵缶文集》《内外制》《奏
議》《（奏）〔奉〕常擬謚》《掖垣繳奏》《金（革）〔華〕講義》《進故
事》行世。”諸集刊行於何時不詳，趙氏《讀書附志》既著録，則
宋末當已板行，唯高斯得所作《奏議序》今存，惜缺年代，據所
述，蓋由其孫繩翁所刊（《滄洲先生奏議序》，《耻堂存稿》卷四）。

明《文淵閣書目》卷九著録“程公許《滄洲塵缶編》一部八
册，殘闕”，至《内閣書目》僅有五册，不全。《千頃堂書目》卷
二九僅録其目，未注卷數。後來連殘本亦散亡，今存《滄洲塵
缶編》乃大典本。《四庫提要》曰：

> 《本傳》稱所著有《塵缶文集》《内外制》《奏議》《奉常
> 擬謚》《掖垣繳奏》《金華講義》《進故事》行世，今皆散佚
> 不傳。惟《永樂大典》載有公許詩文，題曰《滄洲塵缶
> 編》，又有公許自序一篇，末署淳祐改元辛丑，蓋公許爲
> 秘書少監所自編也。……至古今體詩，據自序本以一官
> 爲一集，而其目爲《永樂大典》所割裂，原第已無可考。
> 雜文亦僅有序、記、策問等寥寥數篇，尤非完帙。今姑就
> 所存者裒輯掇拾，分類編次，釐爲十四卷。

《四庫全書》據大典本著録，卷目編次爲：卷一，賦；卷二，擬

騷；卷三至一二，詩；卷一三，記、序；卷一四，策問、箴、偈。民國時，嘗以文淵閣四庫本影印入《四庫全書珍本初集》。

《全宋文》用影印文淵閣《四庫全書》爲底本，輯得佚文二十三篇。《全宋詩》底本同，輯得佚詩三十三首。

【參考文獻】

程公許《滄洲塵缶編自序》（影印文淵閣《四庫全書》本《滄洲塵缶編》卷首）

王邁《滄洲塵缶編序》（同上）

杜清獻公集二十卷

杜　範　撰

杜範（一一八二——一二四五），字成之，一字成己，號立齋，黃巖（今屬浙江）人。嘉定元年（一二○八）進士，淳祐間拜右丞相。卒謚清獻。《宋史》卷四○七本傳曰："其所著述，有古律詩、歌詞五卷，雜文六卷，奏稿十卷，外制三卷，進故事五卷，經筵講義三卷。"以上凡三十二卷。明《文淵閣書目》卷九著錄"《杜清獻公文集》一部八册，闕"，《內閣書目》無其目。《徐氏家藏書目》僅錄十九卷，殆明刻本。黃氏《千頃堂書目》卷二九著錄《清獻集》三十卷。據嘉靖本黃綰序（詳下），古律詩、歌詞爲三卷，比本傳少兩卷，或經重編，或佚其二卷，或"三"字訛，今不可詳。三十二卷或三十卷之本後皆不傳，今存以明刻十九卷、別錄一卷爲古。

明本刻於嘉靖二十六年（一五四七），有黃綰重刊序及符驗跋。黃序略曰：

> 公遺文有古律詩、歌詞三卷，雜文六卷，奏稿十卷，外制三卷，進故事五卷，經筵講義三卷，《易》《禮》《春秋》《禹貢》、關洛諸儒微言皆有論述，舊藏中秘，亦散逸不全，鄉里皆不獲見。先祖文毅公在選部日，嘗借錄，僅得古律詩四卷、奏稿十卷、雜文五卷，卷首有黃震戊辰修史傳一篇，先祖增錄《宋史》列傳一篇、《文獻書院記》二篇，予今傍搜《赤城集》及鄉里諸載籍，又得若干篇，重爲校訂，釐爲十九卷，仍置史傳、《書院記》於卷首。前御史松岩符子見之曰："鄉有先哲如公，可使其遺文無傳乎？吾後學之責也。"請刻以傳。

因中秘所藏本已不全，故黃氏所錄僅此，而杜範文集，亦賴此而不至全然湮没。嘉靖本今傳世僅一部，乃陸心源舊物，藏日本靜嘉堂文庫，見《皕宋樓藏書志》卷八八、《靜嘉堂秘籍志》卷三七。國內有清人傳鈔本，爲數亦寥寥：國家圖書館藏兩部（其中一部已殘，連卷首凡五卷），南京圖書館藏一部，浙江圖書館藏一部（闕卷一七、一八）。南京本乃丁氏書，爲馬氏小玲瓏山館傳鈔本，以嘉靖本校正之，有"汪魚亭藏閱書"一印（《善本書室藏書志》卷三一）。清鈔本本集皆十九卷，當並出於嘉靖本。

《四庫全書》著錄汪如藻家藏本，《提要》曰：

> 史載範所著古律詩五卷，今此本四卷；又雜文六卷，今此本亦四卷；又奏稿十卷，今本十卷，又多書札一卷（祝按：書札蓋原本在雜文五卷之中，黃氏析之）。又外制三卷、進故事五卷、經筵講義三卷，今此本俱不載，而有行狀、本

傳、祠記等一卷,列於卷首,共爲二十卷。蓋後人重輯之
本,非其舊也。

汪本當亦由嘉靖本出,而移《別録》於卷首,與國家圖書館、南
京圖書館所藏清鈔本同(浙江館藏鈔本仍稱《別録》,在卷
末)。四庫本卷目編次爲:卷一至四,詩;卷五至一五,奏札;
卷一六,序;卷一七,跋;卷一八,祝文、祭文;卷一九,傳;末附
録《宋史・列傳》,編爲卷二〇,其卷次結構與嘉靖本有差異。
又,汪氏本當佚去黄、符二氏序跋,故館臣不悉此本源流,僅
推測爲"後人重輯之本",非是。

　　清同治庚午(九年,一八七〇),黄巖九峰书院山長王棻
(一八二九——一八九九)在京師得藏書家錢桂森所藏明人舊
鈔本《杜清獻公集》,屬同人分卷繕録,王棻、王蜺(子莊)等參
互考訂,"正訛字五百十三,補脱字二百三十有幾,删乙衍互
一百五十餘字,疑而未定者三百餘字,闕文一百有幾,補正訛
脱三葉"(見孫衣言《後序》、王棻跋),縣令孫憙捐資,刊爲《杜清獻
公集》十九卷首一卷,補遺一卷,附録一卷,校勘記一卷。是
刻每半葉九行二十字,黑口,四周雙邊。然因底本脱誤極多,
又乏校本,故刊竣後發現錯誤嚴重,只好重校修板。光緒三
年(一八七七),王棻作《清獻集校注序》,略曰:

　　《杜清獻集》既竣,而吾友子裳(王蜺)歸自甬上,得
南城吕氏賜書樓寫本殘帙,爲雍正丁未(五年,一七二
七)西圃蔣繼軾氏用刻本手校者,因據以校此本,則脱
葉三,異同數百字,多可證錢本之失。惜卷二以前不可
得見,其訛脱尚不知有幾也。既而德清陸存齋(心源)
觀察據所藏明刻本手校寄示,則第一卷之首即有脱葉,
而《送趙寬堂》詩以下又錯二葉。三卷以後則與蔣校略

同。乃嘆前此之亟於付梓，而不復博訪當世藏書之家是正闕誤，爲可笑也。（光緒六年九峰書院補修本《杜清獻集》卷首）

所謂“校注”，即校勘。重校補修本於光緒六年刊成。同治本及光緒補修本，今國家圖書館、浙江圖書館等共著録十餘部，日本東京大學藏有補修本。兩本卷數與嘉靖本同，則錢桂森所藏明鈔本，當即鈔嘉靖本。較之同治本，重校補修本顯然有很大進步，然終因底本訛脱過甚，很難盡掃塵之功，故九峰書院前後所刻兩本皆難稱善本。是集當仍以日本静嘉堂所藏嘉靖原刻本爲佳。

王棻又撰《杜清獻公年譜》一卷，原附光緒六年補修本《杜清獻公集》卷末。北京圖書館出版社（今國家圖書館出版社）嘗據光緒六年重校補修本影印，收入《北京圖書館藏珍本年譜叢刊》第三十三册。

《全宋文》以影印文淵閣《四庫全書》本爲底本，輯得佚文九篇。《全宋詩》底本同，用明本補詩五首，輯得佚詩三首。

【參考文獻】

黄綰《嘉靖重刊杜清獻公集序》（舊鈔本《宋杜清獻公集》卷首）

符驗《嘉靖重刊杜清獻公集跋》（同上卷末）

孫衣言《鈔本杜清獻公集後序》（同治本《杜清獻公集》卷末）

王棻《鈔本杜清獻公集跋》（同上）

王棻《同治重刊杜清獻公集跋》（同上）

王棻《清獻集校注序》（光緒六年補修本卷首）

敝帚稿略 八卷

包　恢　撰

　　包恢（一一八二—一二六八），字宏父，號宏齋，建昌軍南城（今江西南城）人。諸父皆朱熹門人，恢少從諸父學。嘉定十三年（一二二〇）進士，官至簽書樞密院事，封南城縣侯。卒諡文肅。集乃作者自編，其《自識》稱"疇昔雖或有斐然妄發，未嘗留稿，中間有親友見之，不忍棄，爲之收拾類聚，因而成編，遂有誤傳錄以去者，於是不能掩其惡而匿其醜。予每病之，乃就其間選其彼善於此者，姑別存之，名曰《敝帚稿略》"云云。後來，門人鄭无妄將其付梓，並作《書後》，謂"先生謙遜未遑，僅示其略。學者果能以謝上蔡讀《論語》法讀斯稿，則先生之文故略矣；而先生之體用一源、顯微無間者，果可以詳略求哉？无妄敬刻之純軒，與四方之士共之"。方回跋其集，對包恢其人頗有貶辭，以爲狂怪，至有"世道衰而怪物作"之語。

　　明《文淵閣書目》卷九著錄"包宏齋《敝帚集》一部五册，闕"，《內閣書目》無其目。原本久佚，今傳乃大典本。《四庫提要》曰：

　　　　集爲恢所自編，《宋史·藝文志》、馬氏《經籍考》皆未著錄，世亦別無傳本，原目已不可考。今從《永樂大典》采掇編輯，共得文七十餘首、詩八十餘首，釐爲八卷，而以恢《自識》及門人鄭无妄《書後》附於末簡，尚略見是集之始末也。

大典本録入《四庫全書》，卷目編次爲：卷一，札子；卷二，答；卷三，序；卷四，記；卷五，跋；卷六，箴、銘、墓誌銘；卷七，説、祭文；卷八，詩；附録《自識》。乾隆翰林院鈔本（四庫底本），今藏國家圖書館。

民國十年（一九二一），李氏宜秋館據傳鈔四庫本刊入《宋人集》丙編。

《全宋文》用影印文淵閣《四庫全書》本爲底本，輯得佚文十篇。《全宋詩》底本同。

【參考文獻】

包恢《敝帚稿略自識》（影印文淵閣《四庫全書》本《敝帚稿略》卷末）
鄭无妄《敝帚稿略書後》（同上）
方回《敝帚稿略跋》（《皕宋樓藏書志》卷九〇）

東野農歌集五卷

戴　昺　撰

戴昺，字景明，號東野，台州黄巖（今浙江黄巖）人，復古從孫。嘉定十二年（一二一九）進士，授贛州法曹參軍，歷官池州。其集編刊情况不詳。明《江陰李氏得月樓書目》嘗著録“《戴丙詩集》五卷”。“丙”當是“昺”之訛。《四庫提要》述其集道：

> 其詩世有二本：一爲兩淮所進，題曰《戴東野詩》，只一卷，卷首又題曰“石屏詩集附録”，蓋本綴復古詩後以行者；一爲浙江所進，分爲五卷，其編次稍有條理，而詩

視兩淮本較少數篇。今以浙江本爲主，據兩淮本增入詩十一首，又據《宋詩鈔》增入詩三首，凡百有餘篇。考卷內有寶祐改元癸丑（一二五三）修禊日昺自跋曰："抖擻破囊，凡百篇，録之。"則昺所自編不過此數，可以稱足本矣。

所引戴昺自序今存，略曰：

> 余效官秋浦，公餘弗暇他問，獨未能忘情於吟。凡得諸山川之登覽，景物之感觸，賓友之應酬，率於五七言寄之。……抖擻破囊，凡百篇，輒忘其醜，録以備或者楓落吳江之問。

則所謂"百篇"之本，當皆作於效官池州（秋浦）期間；然考四庫本所收，有作於他地者（如卷五《夜過鑒湖》等等），館臣以自序判斷所收爲"足本"，恐未必是。

《四庫提要》所謂一卷本題"石屏詩集附録"，乃弘治本《石屏詩集》附，即第九卷；所謂五卷本，當出於明潘是仁所輯《宋元詩六十一種》，而潘氏蓋即據《石屏詩集附録》選編。《石屏詩集》附録戴昺等諸人詩，乃採自《南塘遺翰》，詳前《石屏詩集》叙録所引戴鏞跋，實皆重輯之帙，既非原本，亦非足本，然後世所傳止此。蓋當時池州舊序猶存，編者遂取以冠編。因《四庫全書》未用弘治本《石屏詩集》，故館臣不詳《東野集》之版本源流，誤以爲此百篇即池州所編百篇之舊，甚至即爲戴氏詩全帙。

民國時，文淵閣四庫本曾影印入《四庫全書珍本初集》。

《全宋詩》以影印文淵閣《四庫全書》本爲底本。

【參考文獻】

楊萬里《東野農歌集序》（影印文淵閣《四庫全書》本《東野農歌集》卷首）

玉楮詩稿八卷

岳　珂　撰

岳珂（一一八三—一二三四），字肅之，號倦翁，相州湯陰（今河南湯陰）人，寓嘉定，岳飛孫。官至户部侍郎、寶謨閣學士，封鄴侯。是集乃作者手編，嘉熙庚子（四年，一二四〇）自序道：

> 予自戊戌西遡沔鄂，庚子東游當塗，歲凡三周（祝按：即淳熙五年至七年，一一七八—一一八〇），裒彙詩稿得三百五十有八，名以《玉楮》，因爲之序。

又有跋，稱“集既成，遣人謄録，寫法甚惡，俗不可觀，……遂自日録數紙”，通計一百零七版。

是集至明代方有裔孫岳元聲等刻本。嘉慶十三年（一八〇八）吳騫跋明刊本道：

> 右《玉楮詩稿》八卷，據岳倦翁跋，自寫清本，凡百零七版，今正合其數。每卷首題“十六世孫元聲等藏墨”，殆明時即依倦翁手録傳寫付梓，故版數適符，而字句間猶不免晉豕，何耶？至跋中又云“偶至海甯訪友”云云，

海甯不詳何地。考今海甯州，宋時鹽官縣，至元天曆二年（一三二九）始改海甯縣；惟歙之海陽縣，晉初嘗稱海甯縣，隋改休甯縣，是宋時亦未嘗有海甯之稱，豈亦刊梓時人妄改，或係後人僞造此跋？然元聲爲時名臣，刻其先集，不應鹵莽若此也。……嘉慶十三年歲次戊辰中秋日，海甯吳某識。（《拜經樓藏書題跋記》卷五）

一九五七年二月十四日鄭振鐸跋明刊本道：

> 《玉楮詩稿》八卷，宋岳珂撰，明岳元聲刻本。元聲爲珂十六世孫，此集係他從珂的稿本録刻的，故當是珂集的第一個刻本，也是唯一的一個刻本。諸藏書家著録的多半是鈔本，殆都是出於此本也。（《西諦書話》第六三〇頁，三聯書店一九八三年版。所跋本今藏國家圖書館）

按：岳元聲，嘉興人，萬曆十一年（一五八三）進士，官至南兵部左侍郎，其刻《玉楮詩稿》當在萬曆中後期。是刻每半葉十行二十字，白口，左右雙邊，爲後來各本之祖，在傳本中也最具權威。

國家圖書館除藏鄭跋本外，猶有邊裕禮跋本。北京大學圖書館、上海圖書館、臺北“中央圖書館”等，以及日本內閣文庫亦有著録。南京圖書館藏丁氏本，《善本書室藏書志》卷三一著録，原爲朱彝尊藏書，有“錫鬯彝尊私印”，及“沈氏春星草堂藏書印”、“乾隆三十八年（一七七三）十一月浙江巡撫三寶送到鮑士恭家藏玉楮詩稿一部計書一本”木記，又有“翰林院印”，則爲四庫館採進本，故丁氏稱“其寶貴更加一等矣”。

除岳元聲刊本外，是集明、清鈔本今見於著録者凡十餘部。《增訂四庫簡目標注》謂“《四庫》著録係安邱張氏鈔本”。

按《四庫總目》著錄鮑士恭家藏本，即前述丁氏本，而《提要》引王士禎《居易錄》，稱是集流傳絕少，“安邱張貞得高唐王家舊鈔本，乃錄而傳之，蓋亦罕覯之笈矣”。兩者不符，殆館臣疏誤。張貞本即明寫本。吳騫所跋明刊本，又嘗書首葉云：“昔張杞園嘗以《玉楮集》貽王漁洋，乃明衡府高唐王所鈔，漁洋有跋，以爲楮墨裝潢，並極精妙，未識視此何如？”所言即指此本。該本今藏國家圖書館，傅增湘《經眼錄》卷一四記之曰：

> 前有岳氏自序，後有褐山王士禎跋。鈐有“執鄙吝者非我而誰”朱文方印，又鈐有“張貞從元氏書畫印”。全書計一百零七葉，中脱二葉，只百零五葉。此安邱張氏藏本，即四庫本所從出也。此外鈔本每卷有岳元聲等藏墨雠訂人五行，則據明末刊本所出，誤字甚多。

《增訂四庫簡目標注》又稱“振綺堂有石倉吳氏鈔本，有刊本無而採自他書增補者”。按其本今藏南京圖書館，乃丁氏書，《善本書室藏書志》卷三一著錄，謂“此吾鄉吳石倉老人手寫本，並輯附錄一卷於後，有‘吳允嘉印’、‘石倉手校’、‘來氏藏書記’三印，又有‘汪魚亭藏閱書印’”。

北京大學圖書館藏李氏書中，有盧文弨抱經堂寫本，盧氏有跋，見《木犀軒藏書書錄》、傅氏《經眼錄》卷一四。

民國十一年（一九二二），河南官書局刊《三怡堂叢書》，收《玉楮集》八卷、附錄一卷。

除《玉楮詩稿》外，岳珂猶著有《棠湖詩稿》，本書在《南宋群賢六十家小集》中著錄。

《全宋詩》以明岳元聲刊本爲底本。

【參考文獻】

岳珂《玉楮集序》(影印文淵閣《四庫全書》本《玉楮詩稿》卷首)

岳珂《玉楮詩稿跋》(《皕宋樓藏書志》卷九〇)

盧文弨《玉楮詩稿跋》(《抱經堂文集》卷一四)

宋寶章閣直學士忠惠鐵菴方公文集四十五卷

方大琮 撰

方大琮(一一八三——一二四七),字德潤,號鐵菴,又號壺山,莆田(今屬福建)人。開禧元年(一二〇五)進士,淳祐中爲寶章閣直學士、知隆興府。卒,諡忠惠。劉克莊《鐵菴方閣學墓誌銘》(《後村先生大全集》卷一五一)道:"遺文皆精妙可傳,有奏議、外制、雜著若干卷。"蓋其時文集尚未編定。劉克莊又嘗爲文集作序,略曰:

> 寶章閣直學士方公既没,余於其家得公《諫垣奏疏》四,又二疏稿而未上;《右螭直前疏》二,《西掖繳疏》三,《進故事》八,雜表章二十五。如良醫以單方起危疾,不雜試也;如善弈以緊着救壞局,不泛應也。外制三十六,如湯盤孔鼎,單詞隻字足矣,不在多言也。……通所作僅八十篇,而一代之文獻在焉。……公他文皆典嚴精麗,與人尺牘,蟬聯縝密,語妙天下,可以寶玩。尤勤民事,決訟或數千言,皆切於世教民彝,異乎所謂"龍筋鳳

髓”者，公之子演孫方彙次爲別集云。

是序當爲大琮子演孫刊板而作，知正集收奏疏、進故事、雜表章等；此外尚有別集，收尺牘、書判等。劉序未署年代，該集久無著録，編刻經過及卷數已不可詳。

明祁氏《澹生堂藏書目》卷一三著録“《方忠惠公鐵菴集》八册，四十五卷”；又《徐氏家藏書目》卷六載有“方大琮《鐵菴集》”。徐氏所藏不詳爲何本，祁氏本乃明槧（見下）。今以明正德本爲古。正德本四十五卷，乃作者族孫方良永、良節所刊，今凡著録三部，分别藏國家圖書館、南京圖書館及日本静嘉堂文庫。

南京圖書館所藏爲丁氏本，原爲振綺堂藏書，署“廣西按察司按察使族孫良永校正，廣東布政使右參政族孫良節編刊”。《善本書室藏書志》卷三一著録道：

> 此本爲明正德七年（一五一二）見素林俊序，稱公没淳祐丁未，至是二百六十有七年，公族孫雪筠良節因舊本輯梓以傳。又正德八年南海張詡序云，參政君介卿與伯兄良永壽卿同舉弘治進士，壽卿今爲廣西按察使，莆人歎以爲難兄難弟云。……有“汪魚亭藏閲書”及“怡亭主人”兩印。

按林俊序稱“因舊本輯之，復梓以傳”，又謂“公舊本無恙，兹復焕然以新”。所謂“舊”本當是宋本，蓋宋本是時猶在，且完整無缺。張詡序略曰：“念公遺稿浩繁，乃託一二文學處壇壝静室，選其所作扉繁世教之大者，其爲類目凡二十有二，其爲卷凡四十有五，總若干萬言，名曰《鐵菴集》。”據知是時雖“舊本無恙”，然因過於浩繁，故從中選其重要者重編爲四十五卷。則正德本并非翻刻宋本,而是選刻本。

國家圖書館所藏乃傅氏書,爲明祁氏澹生堂舊物,《藏園
群書經眼録》卷一四記曰:

> 明正德刊本,九行十九字,黑口,四周雙闌。題“廣
> 西按察司按察使族孫良永校正”,“廣東布政司右參政族
> 孫良節編刊”。前有正德八年癸酉南海病夫張詡廷實
> 序。鈐有“澹生堂藏書記”、“曠翁手識”、“山陰祁氏藏書
> 之章”各印。

日本静嘉堂文庫藏陸心源舊藏正德本,見《皕宋樓藏書
志》卷九〇、《静嘉堂秘籍志》卷三七。

正德本卷目編次爲:卷一,諫院奏議;卷二,右螭奏議;卷
三,西掖奏議;卷四,進故事;卷五,奏申;卷六,外制;卷七,
表;卷八至一三,啟;卷一四至二五,書;卷二六,賦;卷二七,
論;卷二八,策;卷二九、三〇,策問;卷三一,詩;卷三二,記;
卷三三,文(勸農文);卷三四,序;卷三五,銘;卷三六,説;卷
三七,雜文;卷三八,祝文;卷三九,青詞;卷四〇,祭文;卷四
一,壙誌、墓誌;卷四二,札子;卷四三,賀表、札、牋;卷四四,
啟;卷四五,札。據此,類目遠多於張詡所謂“二十二”,蓋上
板時又嘗細分。

明萬曆八年(一五八〇),李時成刊《宋寶章閣直學士忠
惠鐵菴方公文選》六卷,今唯浙江大學圖書館及臺北“中央圖
書館”著録。

《四庫全書總目》著録鮑士恭家藏本三十七卷,《提要》
曰:“此本乃其族孫良永、良節等蒐輯編成,蓋散亡之餘,已非
全帙矣。”而書前提要謂“《鐵菴集》三十五卷”。余嘉錫《四庫
提要辨證》道:

丁氏云"按《四庫》著録作三十七卷，《浙江採集遺書録》亦三十七卷，鮑士恭鈔本，張金吾、瞿鏞且稱三十六卷。（按兩家所藏皆舊鈔本。）此刻乃四十五卷，較《提要》多八卷，尤堪珍貴"。今按四庫本及瞿氏藏本皆稱爲族孫良永、良節編，（見《鐵琴銅劍樓藏書目》卷二十一。）則當同出於正德本，而卷數乃與刊本互爲不同，未詳其故。

傅增湘跋其所藏正德本道：

鮑氏所進即此正德刊本，何至卷數歧出至此？意當時必失去末册，故所存止此耳。此外張金吾、瞿鏞所藏鈔本皆稱三十六卷，陸心源藏鈔本二十六卷，大抵多緣殘佚而致誤也。

今國家圖書館、上海圖書館等所藏清鈔本，皆三十六卷。傅氏所云"失去末册"之説，恐非是。今檢影印文淵閣《四庫全書》本，所録實止三十五卷，且編次與正德本多不相符。如賦類，正德本在卷二六，四庫本在卷二三；詩類，正德本在卷三一，四庫本在卷二八；記類，正德本在卷三二，四庫本在卷二九，如此等等。又，兩本同類目收文數量也不盡同，有的差别極大。如正德本卷二六"賦"，收賦十七篇，四庫本卷二三僅收四篇；正德本卷三四"序"，收文三篇，四庫本卷三一僅有二篇，如此等等。倘若僅是"失去末册"，則末册之前，卷次應與正德本同。要之，三十七卷、三十六卷或三十五卷之本，皆非完帙，雖皆源於正德本，然經輾轉傳録，斷爛闕佚，已非原貌。是集以正德本四十五卷最爲完善。

《全宋文》用正德本爲底本，輯得佚文九篇。《全宋詩》底本同。

【參考文獻】

劉克莊《鐵菴方公文集序》(《皕宋樓藏書志》卷九〇。又見《後村先生大全集》卷九五,題《鐵菴遺稿序》)

林俊、張詡《正德本方忠惠公文集序》(正德本卷首,人各一序。林序又見四庫本《見素集》卷五)

傅增湘《明正德本宋寶章閣直學士忠惠鐵菴方公文集跋》(《藏園群書題記》卷一五)

壺山先生四六一卷

方大琮　撰

除《鐵菴方公文集》外,今國家圖書館藏宋刊本《四家四六》,其中《壺山先生四六》一卷,據考亦爲方大琮所撰。宋本原未署作者名,今人書目(如《中國叢書綜録》等)或題汪莘撰。《壺山先生四六》即《四庫總目》所著録之《壺山四六》,四庫底本(浙江鮑士恭家藏本)亦不著撰人名氏。館臣考其作者,謂南宋文士號"壺山"者凡四人,宋自遜、徐師仁、黃士毅三人不可能爲此書作者,應予排除,只有方大琮與集中内容相符。《提要》曰:

大琮曾任閩漕,而此集第一首即《除福建漕謝喬平章啟》,其中所云"竟坐非宜言之誅,當伏不可赦之罪"者,亦與大琮疏論濟王被斥事蹟相符,似當爲大琮所作。第今所傳大琮《鐵菴集》,爲其族孫良永等所編,取入四六啓札六十四首，多不與此相同，而此本所收八十餘首，其數轉浮於本集，良永等既加搜輯，不應疏脫如是，其偶未見此本耶？

館臣蓋出於慎重，仍不完全肯定即大琮作，故《提要》又稱"疑以傳疑，姑附録於《鐵菴集》後"。

昔日同事楊世文先生對此集進行深入考察，發現集中有書啓多篇又見於宋人所編《翰苑新書・續集》。如卷五《賀彭侍郎方》，卷一四《賀福建趙提舉綸》，卷三五《除福建漕謝喬平章行簡》《謝李丞相宗勉》，以及卷一六、卷一八、卷三一、卷三三、卷三八、卷四一等，皆收有與《壺山四六》相同之文，而《翰苑新書・續集》或題"方壺山"，或署"鐵菴"、"方鐵菴"，無題汪莘者。則《壺山先生四六》爲方大琮所作，至此可以斷定（參所作《宋刻本〈四家四六〉考》，《宋代文化研究》第七集，巴蜀書社一九九八年版）。題汪莘撰，蓋以汪氏號方壺；然"方壺"豈是"壺山"，誤之遠矣。

以宋本《壺山先生四六》校四庫本，前面篇名、順序及內容全同，而四庫本之末有文十餘篇，爲宋本所無。蓋鮑氏本出於傳鈔，有所輯補。

《全宋文》用影印文淵閣《四庫全書》本爲底本，校以宋刻《四家四六》本。

臞軒集　十六卷

王　邁撰

王邁（一一八五——一二四八），字實之，一作貫之，號臞軒,興化軍仙遊(今屬福建)人。嘉定十年(一二一七)進士,官終知邵武軍。其集編刊情況不詳。明《文淵閣書目》卷九著録"《王矔軒文》一部七册,闕",《内閣書目》無其目。傳本久佚。今存乃大典本。《四庫提要》曰:

> 邁所著文集,《宋史·藝文志》不著録,惟明錢溥《秘閣書目》載有《矔軒集》七册,王圻《續文獻通考》亦有《矔軒集》二十卷,是明代尚有傳本。今世所存只《矔軒四六》一卷,皆啟札駢偶之作,蓋即從集中鈔出別行,偶然獨存者也。今以《永樂大典》所載,兼採他書所引附益之,共得文一百七十一首,詩四百四十三首,詩餘五首,釐爲一十六卷。計其篇目,約略得十之七八矣。

今國家圖書館藏有乾隆翰林院鈔本。大典本録入《四庫全書》,卷目編次爲:卷一、二,奏疏;卷三、四,論;卷五,序、記;卷六至九,啟;卷一〇,雜著;卷一一,墓誌銘;卷一二至一五,詩;卷一六,詩、詩餘。民國時,嘗以文淵閣四庫本影印入《四庫全書珍本初集》。

　　《全宋文》所收《矔軒集》,以影印文淵閣《四庫全書》本爲底本;所收《矔軒四六》(此本見下),以李氏宜秋館鈔本《矔軒先生四六》爲底本,另輯得佚文二十篇。《全宋詩》以影印文淵閣《四庫全書》本爲底本,輯得佚詩二十九首。

矔軒四六一卷

王　邁　撰

　　王邁除《矔軒集》外,尚有《矔軒四六》一卷傳世。《四庫

總目》以鮑士恭家藏本著録於《存目》，《提要》曰："此乃所作
駢體凡一百五首，蓋即從原集中摘出别行者也。"今國家圖書
館藏有宋刊本《四家四六》，其中有《矓軒四六》一卷，其版本
情況，參本書卷二四危稹《巽齋先生四六》叙録，此不贅。南
京圖書館藏丁氏書中，有謙牧堂舊鈔本一卷，《善本書室藏書
志》卷三一著録。李之鼎宜秋館鈔本二卷，今藏國家圖書館，
蓋原仍爲一卷，傳鈔時分爲二卷。

《矓軒四六》所收四六文全爲啟，多不見於大典本《矓軒
集》中。

漁墅類稿 八卷

陳元晉　撰

陳元晉（一一八六——一二四九），字明父，自蜀遷崇仁（今
屬江西）。嘉定四年（一二一一）進士，累官邕管安撫使。嘗
建漁墅書院，因以名集。其集編刊情況不詳，明《文淵閣書
目》卷九著録"陳元晉《漁墅類稿》一部四册，全"，至《内閣書
目》則曰："《漁墅類稿》五册，不全。……止存甲、乙、丙、丁、
己五册。"《千頃堂書目》著録爲十卷。原本久佚，今存乃大典
本。《四庫提要》曰：

　　焦竑《國史經籍志》載有元晉《漁墅類稿》十卷，諸家
　　悉不著録。今檢《永樂大典》中，尚存雜文八十餘首，各
　　體詩一百一十餘首，謹以類編輯，釐爲八卷。

大典本録入《四庫全書》，卷目編次爲：卷一，札子；卷二、三、

啟;卷四,書;卷五,記;卷六,祭文;卷七、八,詩。乾隆翰林院鈔本(四庫底本),今藏國家圖書館。民國時,嘗以文淵閣四庫本影印入《四庫全書珍本初集》。

《全宋文》《全宋詩》俱以影印文淵閣《四庫全書》本爲底本。

字溪集十二卷

陽　枋　撰

陽枋(一一八七—一二六七),初名昌期,字宗驥,一字正父,巴川(今重慶銅梁)人。居字溪小龍潭之上,因以自號。淳祐四年(一二四四)賜同進士出身,終紹慶學官。其子炎卯作《行狀》(見《字溪集》卷一二),稱"其書有詩辭一卷,講義一卷,圖象問答、語録一卷,書説、中庸説、辨惑、正言、記序、題跋、家訓各一卷,《易正説》二卷,《本草集方》一卷,藏於家"。以上除《本草集方》外,凡十二卷。

明《文淵閣書目》卷九著録"陽昌朝《字溪文集》一部八册,全"。《内閣書目》同,"凡十卷"。原本久佚,今存乃大典本。《四庫提要》曰:

> (陽枋)行履不見於史傳,惟《文淵閣書目》載有《陽字溪集》之名,而不著卷數。黄虞稷《千頃堂書目》(卷二九)則稱其集爲十二卷。久無傳本,今檢勘《永樂大典》所載,裒而集之,附以其子所作年譜、行狀,仍析爲十二卷,適符原目之數。雖已經割裂,未必無所殘闕,然所佚

似亦無多矣。

按《千頃堂書目》著録十二卷，而《内閣書目》則爲十卷，原槧卷數究爲多少，尚難定奪。大典本録入《四庫全書》，爲詩文十一卷、附録一卷。其卷目編次爲：卷一，表；卷二至五，書；卷六，札；卷七，説經；卷八，序；卷九，雜著；卷一〇、一一，詩；卷一二附録猶子陽昂所作《紀年録》《行狀》及其子某所作《跋譜繫圖》。文淵閣庫本嘗影印入《四庫全書珍本初集》。

今國家圖書館等藏有清鈔本《字溪集》及《字溪詩集》（二卷），皆爲傳鈔四庫本。

《全宋文》《全宋詩》俱以影印文淵閣《四庫全書》本爲底本。

後村先生大全集—百九十六卷

劉克莊　撰

劉克莊（一一八七—一二六九），初名灼，字潛夫，號後村，莆田（今屬福建）人。嘉定二年（一二〇九）以父彌正郊恩授官，淳祐初特賜同進士出身。歷秘書少監、中書舍人，官至龍圖閣學士。卒，謚文定。葉適嘗作《題劉潛夫南嶽詩稿》（《水心文集》卷二九），對其詩甚爲稱道，謂將“建大將旗鼓”。林希逸在《後村居士集序》中，亦曾言及此集。與其他大家一樣，後村詩文亦先以諸多小集流傳，最後方彙編爲大全集，述之如次。

一、《南嶽舊稿》

明《文淵閣書目》卷九著録《南嶽詩稿》，後失傳。《南嶽稿》由書賈陳起臨安府陳宅書籍舖刊入《江湖集》，其中《落梅》詩及陳起、曾極等人之詩，被史彌遠黨羅織，多人遭貶或流放，後村僅免下獄，是爲文學史上有名的“江湖詩禍”。《南嶽》共五稿，凡五卷，今存宋刊本四卷，二〇〇六年於福建福清一張姓人家翻修老宅時被發現，缺《南嶽第二稿》。四卷共八十一葉，每半葉十行，行十八字，左右雙邊，墨單魚尾，“玄”、“弦”等字缺筆。蝴蝶裝。每卷首葉第三行題“詩一百首”，實際爲《南嶽舊稿》一卷，有詩一百一首；《南嶽第一稿》一卷，詩九十九首，其中有三首重出；《南嶽第三稿》一卷，詩九十六首；《南嶽第四稿》一卷，詩九十七首。在《南嶽舊稿》卷尾有兩行文字：“余少作幾千首，嘉定己卯（十二年，一二一九）自江上奉祠南歸，發故笥盡焚之，僅存百篇，是爲《南嶽舊稿》。”（參見今人程有慶《南嶽舊稿追憶》、翁連溪《〈南嶽舊稿〉〈南嶽稿〉版本淺談》等）今《四部叢刊初編》本《後村先生大全集》（此本詳後）猶略存舊跡，卷一題下亦有該段文字，只是換成編者口氣，將“余”改爲“公”；卷四題下亦有注：“《南嶽第三稿》。”由於國家圖書館與書主議價不諧，該宋本已於二〇〇六年十一月被國内一收藏家拍得，暫時無緣寓目。

二、《前》《後》《續》《新》二百卷

劉克莊所有詩文稿，包括《南嶽詩稿》在内，後陸續彙編爲四集。洪天錫撰《墓誌銘》（見《大全集》卷一九五，《大全集》詳下）稱其“早負盛名，晚掌書命，每一制下，人人傳寫，號真舍人。……達官顯人欲銘先世勳德，必托其文以傳。江湖士友爲四六及五七言，往往祖後村氏。於是《前》《後》《續》《新》四集二百卷，流布海内，巋然爲一代宗工”。則四集當時皆有刻本，然除《前集》外，其餘三集單刻本後皆失傳，但已編入《大全集》中。

三、《後村居士集》五十卷

上述《前》《後》《續》《新》四集中，《前集》乃林希逸淳祐九年（一二四九）所刊，名《後村居士集》，有序。又林希逸《大全集序》稱“予戊申（淳祐八年）備數守莆，方得《前集》刊之郡庠”，即指其本。此集五十卷，目録二卷。明《文淵閣書目》卷九著録殘闕本“《劉後村居士集》一部五册”，《趙定宇書目》《脈望館書目》所載“宋刻《劉後村集》十六本”，以及《近古堂書目》之“宋刻《後村居士集》”，當皆爲前集本。

《天禄後目》卷七著録《後村居士集》宋版二部，前有林希逸序，後有林秀發銜名，并注其中一部原爲唐寅藏本，後歸商邱宋氏。今未見著録。宋刻及宋刻元修前集本，今國家圖書館藏六部，中國社科院文學研究所藏一部，上海圖書館藏一部（存十八卷），臺北“中央圖書館”藏一卷（卷第三〇），日本静嘉堂文庫藏一部。國圖藏本，除一部爲完帙，一部僅卷一至二、卷五〇配清影宋鈔外，其餘皆爲殘本。殘本之一爲瞿氏捐，《鐵琴銅劍樓藏書目録》卷二一著録，存三十八卷（侯體健疑其爲六十卷本之殘本，見所著《劉克莊的文學世界》第五章第二四七葉注，尚待研究）。六部皆爲每半葉十行二十一字，細黑口，然又分左右雙邊及四周雙邊兩類。諸家著録，或題林秀發編次，如《蕘圃藏書題識》卷八著録舊藏本、《善本書室藏書志》卷三一著録依宋鈔本等。又傅氏《經眼録》卷一四載其所藏宋末刊殘本（存五卷），左右雙闌，卷後有“門人迪功郎新差昭州司法參軍林秀發編次”一行，與上述天禄本同。按林秀發

（一一九一—一二五七），字實甫，亦莆田人。林希逸序未言
秀發編次事，是否林希逸刊成後，秀發嘗翻刻爲左右雙邊之
本？待考。

日本静嘉堂藏本，《皕宋樓藏書志》卷九〇著録爲"宋刊
宋印本"，"每葉二十行，每行二十（一）字，大黑口。前二十卷
題‘後村詩’，後三十卷題‘後村居士集’"。陸心源嘗作《宋槧
劉後村集跋》，略曰：

> 語涉宋帝皆空格。卷一至十六皆淳祐庚戌（十年）
> 臘月以前作，卷十七、十八詩話，卷十九、二十詩餘，卷二
> 十一以後皆文也。《四庫》所收卷數與此本同，唯四庫本
> 有《賀賈相啟》及《復相啟》《再賀平章啟》及"詩話後集"，
> 此本無之，豈別一本耶？……此本當爲四集之一，以不
> 收淳祐庚戌以後詩證之，其爲《前集》無疑也。

後傅增湘至静嘉堂檢視之，《經眼録》謂其所藏五卷殘本"正
與此同"。可見二林所刊兩本，内容略有差異（蓋賈似道姦迹
日露，遂删去有關賀啟數篇）。

《前集》中前二十卷，乃詩、詩話及詩餘，嘗析出單行。
《絳雲樓書目》卷三載"宋板劉（潛夫）克莊《後村居士集》"，陳
景雲注："二十卷。"當即《前集》詩。今國家圖書館藏有宋刻
元修本《後村居士詩》二十卷一部，宋諱空格，涉詆斥元人詞
句多被剜削，蓋印刷時已入元，參《寶禮堂宋本書録》。傅增
湘《藏園訂補郘亭知見傳本書目》著録宋末刊本《後村居士
詩》二十卷，以爲"蓋五十卷本《前集》之節本也"。又謂"此本
行款與《前集》同，而只刊二十卷，或亦閩中翻本之一也。只
一《前集》，即有左右雙闌五十卷本、四周雙闌五十卷本及此
二十卷本，宋末後村集之風行，翻刻之頻繁可以想見，而閩中

刊書之盛亦可知矣”。上海圖書館藏有明鈔本《後村居士集》二十卷，有明錢允治、陸嘉續、朱之赤題記。

《前集》清鈔本，國家圖書館、上海圖書館、南京圖書館等及臺北“中央圖書館”，共著録十餘部。國家圖書館藏有康熙五十年（一七一一）吕無隱南陽講習堂鈔本，有黄丕烈、葉昌熾跋；又有倪氏經鉏堂藍格鈔本等。南京圖書館、浙江圖書館等及日本静嘉堂文庫亦藏有清鈔本。《四庫總目》著録汪如藻家藏本，即爲《前集》，《增訂四庫簡目標注》曰：“《四庫》著録係鈔本。”

後村之《前集》，除林希逸所刊五十卷本外，又嘗續刊十卷，故當時猶有六十卷本。林同曾爲林希逸《鬳齋續集》作序，略曰：“後村《第一集》（指《前集》）六十卷之行也，亦子敬（林式之）效程督其間。前五十卷，則鬳齋（林希逸號）在郡時以却例卷資其費。及易鎮延平，通守王公實緒（續）成之，今後十卷卷末有子敬監雕名銜在焉，可考也。”《千頃堂書目》卷二九嘗著録“文集六十卷”，不詳是否其本。

至於《後》《續》《新》三集，林希逸咸淳六年（一二七〇）所作《大全集序》嘗述及之，略曰：

> 後村兩自京還石塘小孤山，二友始求公近稿於其家，積二十年，共成《後》《續》《新》三集，今此書流傳遍江左矣。

三集中，今唯存作者《續稿跋》，乃開慶元年（一二五九）所作，稱“《續稿》五十卷，起淳祐己酉（九年）至寶祐戊午（六年，一二五八）十年間之所作也”；又云“摘取臬司書判稍緊切者爲二卷，附於《續稿》之後”。又林希逸《後村行狀》曰：“其在《新集》者，半出於目眚之後，口誦成篇，子姪筆受。”按後村盲左

眼在景定五年(一二六四)七十八歲時,則《新集》所收爲晚年
之作。林序既稱三集已"流傳遍江左",則當皆刊行於咸淳六
年之前。劉希仁《大全集序》(詳下引)稱三集刊於玉融(今福
建福清),付刊始末不詳。

　　四、《後村先生大全集》一百九十六卷

　　後村諸集,身後由其季子山甫彙刻爲《大全集》一百九十
六卷、目録四卷。林希逸《大全集序》曰:

　　　　後村夢奠,諸郎分任送終之責,各盡其心。季子季
　　　高既成負土之役,又取先生四集合爲一部而彙聚之,名
　　　以"大全",共二百本。

咸淳壬申(八年),劉希仁作《大全集序》曰:

　　　　後村公以文章名天下,有《前集》刊於莆,既而《後》
　　　《續》《新》三集復刊於玉融,四方□□。板爲書坊翻刻,
　　　而卷帙訛繁,非巾箱之便。季高姪乃以□□□□□,人
　　　便於收覽。會閩閫有受後村之知者,或告以所刊略
　　　□□□□□公移令郡縣索板而毀。予聞而語鄉牧石磵
　　　陳侯,宜且□□□□□學職審訂,果略則益之,訛則改正
　　　之,脫毀之則恐流傳稍□□,類毀《坡集》之公案,人未易
　　　家曉也。陳侯曰:"然。"於是不果毀,而上其板於閫,以
　　　故中輟。或謂季高曰:"近代省齋、誠齋集皆其子曰綸、
　　　曰長孺與士友編定鋟木於家,故迄今皆善本,而陸務觀
　　　《渭南集》亦其幼子遹刊於溧陽學官。爲父刊文集,非不
　　　應爲者,宜不在並案之科,子何疑焉?"至是始成部帙,遂
　　　志所云於竹溪序引之後,以解識者之惑。

知當時書坊有翻刻四集本,有人告發所刊文字略訛,幾成毀

板公案（原序闕脱，細節未詳）。山甫爲便於收覽，遂決定將四集彙刻爲巾箱本，而大全集最終刊之於家。

明《文淵閣書目》卷一〇著録"《劉後村詩》一部五十册，殘闕"。《內閣書目》卷三載"《劉後村詩集》四十五册，不全，……凡二百卷。又四十四册，不全"。連目録共二百卷之本乃大全集，而非詩集，疑著録誤。

劉山甫家刻本《大全集》宋槧全帙久已失傳，今存明、清鈔本多部（包括殘帙），主要有：上海圖書館藏明鈔本五卷（卷一五三至一五七）。范氏天一閣曾庋藏影宋綿紙藍絲鈔本，《天一閣書目》著録，凡一百九十六卷。該本今未見著録，然張金吾、陸心源藏有從天一閣傳録之帙。張氏本，《愛日精廬藏書志》卷三一著録，今藏南京圖書館，有清劉尚文校補，張金吾、周星詒、傅以禮跋，孫毓修校并跋。國家圖書館藏有清鈔本，有翁同書校。傅增湘嘗記其友人徐沅（芷昇）所藏舊寫本《大全集》板式結構道："九行二十二字。前有目録四卷，卷一至四十八詩，四十九賦，五十卷以下文，一百七十四至一百八十六詩話，一百八十七至一百九十一長短句，一百九十二、三書制，末三卷則行狀、墓誌、謚議附入者也。"前有張金吾（月霄）手跋，鈐有"慈谿馮氏醉金閣圖籍"、"五橋珍藏"二印（《經眼録》卷一四）。徐氏本蓋據愛日精廬本傳鈔。陸心源本，《皕宋樓藏書志》卷九〇著録，後歸日本静嘉堂，見《静嘉堂秘籍志》卷三七。《儀顧堂集》有跋，詳記其卷次，並按曰：

> 《後村集》五十卷，《四庫》著於録，以此本較之，約多數倍。南宋以後，編集者往往以多爲貴，不復有所抉擇，黃茅白葦，閲之令人生厭，此集其一也。唯碑誌頗多，有足以補《宋史》之闕者，且流傳甚罕，未可以龐雜廢之。

　　民國間所編《四部叢刊初編》，用顧氏賜硯堂鈔本影印，缺葉由涵芬樓借無錫孫氏小綠天藏愛日精廬鈔本配補。賜硯堂鈔本版心下有"賜硯堂"三字，今藏江西圖書館。其本蓋因輾轉傳録，錯訛闕脱觸處皆是，傅增湘《經眼録》謂徐沅所藏舊寫本，"取上海翻印賜硯堂本（指《四部叢刊初編》本）校之，改正訛誤至多"，又稱"僅第一卷即訂正四十四字，於義咸爲優長"（《藏園訂補郘亭知見傳本書目》）。上海商務印書館當年選用賜硯堂本爲底本，蓋不能不説是失誤。

　　五、《後村先生詩集大全》十五卷

　　宋末除劉山甫家刻大全集本外，猶有另一本題名《後村先生詩集大全》流傳，今上海圖書館藏有宋刊殘本，凡十一卷（卷一至四、卷九至一五，卷一五殘）。該本有黄丕烈、孫原湘、邵淵耀、錢天樹等多人題跋，競相詫爲秘籍（詳參《菦圃藏書題識》卷八）。該本曾經項子京、季振宜、林佶等人收藏，有印記。按錢天樹跋曰："此係大全集中一種，月霄從四明范氏所鈔大全集（祝按：此本已見前），與此微有不同，豈宋時已有兩本耶？"又黄丕烈跋稱該殘本"標題《後村先生詩集大全》，共十五卷（缺卷五至八），爲華林劉帝與編集並分類，而每類又分體"。按范氏天一閣影宋本《大全集》不題"劉帝與編集"，"華林"古有數地，皆不在福建，或小地名歟？劉帝與其人事跡不詳。侯體健君對該本作過探討，謂該本半葉十行，白口，左右雙邊。現存詩"共三百五十六題，四百二十六首，其中逸出《後村居士集》《後村先生大全集》者十三首，内有十二首爲《全宋詩·劉克莊卷》未收"。又稱"猜算此書全帙規模亦只一千首左右，與《後村先生大全集》所收數量懸殊，……從此書編次來看，（劉帝與）或是有一定詩學修養的晚宋書商"，

"稱爲'大全'，或只是書坊廣告而已"（《劉克莊的文學世界》第五章，第二四九葉）。其説事信理愜，可資參考。

六、《後村先生四六》一卷

宋末刊《四家四六》本，其中收有《後村先生四六》一卷，今存宋刊本，藏國家圖書館。詳前危稹《巽齋先生四六》叙録。

七、《後村集》六十卷

今國家圖書館藏有明謝氏小草齋鈔本《後村集》六十卷。上海圖書館藏經鉏堂鈔本《後村集》，亦爲六十卷。六十卷本前有林希逸《後村居士集序》，文字與前集序同，唯"五十卷"作"六十卷"，而所收内容却大不相同，故此本之存在，頗令人費解。六十卷覆蓋四集，應出於大全集本，非上述《前集》先刊五十卷、續刊十卷之舊。經鉏堂本乃明季鈔帙，其結構與小草齋本同，原爲張鈞衡藏書，見《適園藏書志》卷一二。小草齋鈔本六十卷爲：卷一至六記，卷七至一一序，卷一二至二四題跋，卷二五字説、謚議，卷二六至二八表牋，卷二九至三七啟，卷三八雜啟，卷三九上梁文，卷四〇疏，卷四一青詞，卷四二至五五詩話，卷五六至六〇長短句。因此本與傳世各本異，故對其來歷頗費猜測。黃丕烈跋《大全詩集》時，曾曰："予訪書華林橋顧氏，乃見有六十卷本，與五十卷本有雙夾綫、單夾綫之别，即如詩話、詩餘並不在現有刊本叙次。蓋後人得宋刻殘零版片任意排比，故六十卷中記叙等類往往羨於五十卷本，知後人就僅存者編卷，彼此自不同也。"然而鈔本各門類收文頗完整，甚至有衍出大全集本者，恐非殘零板片所能拼成，黃氏之説不可信。考明末宋珏增補本《宋蔡忠惠公别紀補遺》，有蔣孟育序，稱謝在杭爲水部時，潛隨人入秘閣,欲翻閱蔡襄集,"但檢得其書目而無其書,僅鈔《劉後村集》三十册以歸"(清雍正遜敏齋本《蔡忠惠公文集》附録)。據前引《内閣書目》卷三,知秘閣所藏無六十卷本,僅有二百卷本《劉後村詩集》四十五册,不全,又有四十四册不全本。前已指出,二百卷爲大全集,稱其爲"詩集",蓋著録之誤。據蔣氏序,小草齋鈔本來歷遂明:殆謝氏入閣後,據兩部大全集不全本選鈔六十卷(個别篇章或從他書鈔補,故有溢出大全集本者),又改林希逸序"五十卷"爲"六十卷"。明末人風氣如此,無足怪也。

謝氏小草齋本雖爲選鈔之帙,然因内閣所藏爲宋槧,固非輾轉傳録可比。今以小草齋本校《四部叢刊初編》本,前者文字甚佳,可補正《四部叢刊初編》本大量訛脱。《適園藏書志》曰:"大全集脱字不全詞賴之校出,其鈔在前歟。"其優勝蓋不止前後之差,主要是底本善也。

康熙五十九年(一七二〇),姚氏遂安堂嘗刊《後村先生詩》十六卷、詩話二卷、文集三十卷,今國家圖書館、北大圖書館、上海圖書館、南京圖書館等著録。此雖選刻本,然其爲宋以後《後村集》之唯一刻本,故略及之。

《全宋文》用《四部叢刊初編》本爲底本,由各參校本補入五十餘文,輯得佚文六十餘篇。《全宋詩》分别用宋刻本《後村居士集》、賜硯堂本爲底本,輯得佚詩四十四首。

二〇一一年,中華書局出版辛更儒《劉克莊集箋校》。是書以國家圖書館藏清鈔翁同書校本爲底本,以江西圖書館藏清鈔賜硯堂本(即《四部叢刊初編》影印本)爲主校本,再以宋刻《後村居士集》五十卷本、國家圖書館藏清鈔慈谿馮氏醉經樓本、盧氏抱經樓本(此二種皆大全集鈔本)、國家圖書館藏明謝氏小草齋鈔本六十卷、《永樂大典》殘册等刊本、寫本參校。

【參考文獻】

劉克莊《續稿跋》（《四部叢刊初編》本《後村先生大全集》卷一九三）

林希逸《後村居士集序》（四庫本《後村居士集》卷首）

林希逸、劉希仁《後村先生大全集序》（《四部叢刊初編》本《大全集》卷首，人各一序）

王士禛《謝氏小草齋鈔六十卷本後村大全集跋》（《蠶尾集》卷一〇，《居易錄》卷二）

盧文弨《劉後村集跋》（《抱經堂文集》卷一四）

張金吾《寫本後村先生大全集跋》（《藏園群書經眼錄》卷一四）

陸心源《宋槧劉後村集跋》（《儀顧堂續跋》卷一二）

東山詩選 二卷

葛紹體　撰

葛紹體，字元承，建安（今福建建甌）人，寓黃巖（今屬浙江）。生平事跡不詳。嘗師事葉適，《水心文集》卷六有《送葛元城》詩，疑即其人，有曰："數年之留能浩浩，一日之別還草草。念子身名兩未遂，令我衰病無一好。"蓋江湖不偶之士歟。《讀書附志》卷下著錄其集道：

> 《東山詩文選》十卷，右葛紹體元承之作也。家大酋、應繇爲之序，葉夢鼎跋其後，行狀、墓誌附焉。

蓋其身後所傳僅此選本，而選本後亦散佚，今存乃大典本。

《四庫提要》謂《東山詩選》散見《永樂大典》中，《讀書附志》載爲“詩文選”，“而《永樂大典》所載乃有詩無文，或文不足錄，爲編纂者所删歟。希弁又稱家大酋、應繇爲之序，葉夢鼎跋其後，及行狀、墓誌原附集中，今並佚不存，其事蹟無可考矣。……今據《永樂大典》所錄，分體釐訂，編爲二卷，以存其概。”大典本錄入《四庫全書》。

光緒二十七年（一九〇一），太平陳氏刻《東山詩選》二卷，今國家圖書館、南京圖書館等有著錄。民國十年（一九二一），李氏宜秋館《宋人集》丙編亦刊入是集。兩本皆源於四庫本。《全宋詩》用影印文淵閣《四庫全書》本爲底本，輯得佚詩十四首。

獻醜集—卷

許　棐　撰

許棐（？——二四九），字忱夫，海鹽（今屬浙江）人。嘉熙中隱居秦溪，環屋皆書，四周植梅，扁曰“梅屋”，自號梅屋居士。《獻醜集》有嘉熙丁酉（元年，一二三七）自序，稱“予以詩文獻醜者也”；又謂“與其藏醜而人窺笑，禁笑而人愈笑，孰若獻醜之笑之爲快也，故氏其集曰《獻醜》”。明《文淵閣書目》卷九著錄“許棐《獻醜集》一部一册，闕”。後未見單行本。今以咸淳本《百川學海》所載之本爲最古，另見《説郛》（商務印書館本）卷八〇。《宋人集》丁編、《叢書集成初編》俱依《百川學海》本刊印。

《四庫總目》著錄於“存目”，《提要》謂其“僅短文十一篇，《樵談》三十則，載左圭《百川學海》中，似非完本。詞旨淺俗，亦無可取”。《全宋文》用咸淳《百川學海》本爲底本。

許棐另有《梅屋詩稿》等詩詞小集數種，本書在卷三〇《南宋群賢六十家小集》中著錄。

【參考文獻】

許棐《獻醜集序》（影刊《百川學海》本《獻醜集》卷首）

宋宗伯徐清正公存稿六卷

徐鹿卿　撰

徐鹿卿（一一八九—一二五一），字德夫，號泉谷樵友，豐城（今屬江西）人。嘉定十六年（一二二三）進士，累官禮部侍郎，進華文閣待制致仕。爲官正直敢言，卒，謚清正。著有《泉谷文集》、奏議、講義、《鹽楮議政稿》、《歷官對越集》，手編《漢唐文類》《文苑菁華》（《宋史》本傳）。所作詩文，嘗自編《橫江雜稿》，序（今本《清正存稿》卷五）稱該集爲其“士友”所梓。此蓋裒輯一地之稿，據知作者生前有小集行世。

至明代，各集皆已散佚。現存《清正公存稿》，乃其遠裔徐即登所輯，有序，略曰：

> 登嘗從家乘中見公年譜，蓋自嘉定登第以後，諸凡所關職守及國家大計，無事而不言，無言而不盡。……時觀叔（徐鑒）以按閩過家，命錄出年譜中諸疏札，將與

矩山公集並刻以傳。

所稱"矩山公"即徐經孫,徐鑒、徐即登爲其輯《徐文惠公存稿》五卷(詳後),與即登所輯《清正公存稿》六卷、附錄一卷,由徐鑒合刊爲《二徐公存稿》,時在萬曆四十二年(一六一四)。是刻每半葉九行二十字,白口,左右雙邊,今南京圖書館、北京大學圖書館、遼寧圖書館及江西圖書館有著錄。南京本乃丁氏書,吴焯舊藏,鈐有"西泠吴氏"、"吴焯"、"繡谷薰習"三印(《善本書室藏書志》卷三一)。北大本乃李氏書,與國家圖書館所藏《徐文惠公存稿》俱鈐有"閩中徐惟起藏書印"、"晉安蔣絢臣家藏書"等印記(參《木犀軒藏書書錄》)。萬曆本卷目編次爲:卷一、二,奏札;卷三,表;卷四,講章;卷五,文(包括記、論、序、跋等);卷六,頌、詩。附錄《宋宗伯徐清正公年譜》、詔誥、史志、傳記。

《四庫總目》著錄鮑士恭家藏本,《提要》稱爲萬曆孫鑒刊本,而《增訂四庫簡目標注・續錄》謂"《四庫》依小山堂鈔本"。小山堂鈔本今藏天津圖書館,當出於萬曆本。

民國四年(一九一五),胡思敬據熊氏二顧齋藏萬曆本刻入《豫章叢書》,劉家立、胡思敬撰校勘記附刻於後,胡氏有跋,可資參考。要之,是集遠非作者詩文全帙,然今除萬曆本系統外,別無他本。

《全宋文》用《豫章叢書》本爲底本。《全宋詩》以萬曆本爲底本。

【參考文獻】

徐即登《清正存稿序》(影印文淵閣《四庫全書》本《清正存稿》卷首)

淮海挐音二卷

釋元肇 撰

元肇（一一八九——一二六五），字聖徒，號淮海，通州靜海（今江蘇南通）人，俗姓潘。十九受具，初住通之光孝，歷吳城雙塔等寺，晚遷靈隱，不閱月遷徑山。嘗謁葉適，深見賞識。圓寂後，“遺語提唱外，有雜筆一編，併鋟諸梓”（事跡詳大觀《淮海禪師行狀》，《物初賸語》卷二四）。其詩文有《淮海挐音》二卷、《淮海外集》二卷傳世。淳祐四年（一二四四），程公許於雪溪寓舍作《淮海挐音序》，略曰：

> 歲戊戌（嘉熙二年，一二三八），余自中秘丞、考功郎得祠去國，維夏復輿游諸山，過雙徑，留五宿。鄉僧安侍者爲瀹茗焚薌於不動軒，示余以一軸詩，淮海肇禪人所作也。風簾展讀，律呂相命，組繡競巧，幾與晴嵐奪翠，谷泉遞響，獨恨未識其人。想其頂笠腰包，枝笻雙屨，穿雲度水，逐月追風，超然氛垢之外，不待見而意度了了在目前矣。
>
> 後六年，余復賦閒，得自放于湖海，偶過吳門，小憩開元精舍。大長老枯椿曇公携一雪顱破衲比丘訪我，袖出詩稿，索爲之序。亟閱數十首，皆昔日得見於雙徑山中者，不待交語，已一笑莫逆。

《淮海挐音》《淮海外集》國内傳本久絶，然日本猶有其書，據知《淮海挐音》由陸應龍、應鳳兄弟刊於南宋理宗寶祐六年（戊午，一二五八），二人合作一序，曰：

　　吾鄉淮海師之詩,自水心先生賞鑒,江湖傳誦久矣。
程滄洲諸名勝爭爲序引,先君教授屢欲刊行,而師方以
道任衆而遲之。師今索居,先君永感,遂得以鋟梓。非
惟質傳寫之訛,是不没先君之志也。

又有趙汝回、周弼序及居簡書。

　　寶祐刻本今日本亦無庋藏,然其國會圖書館藏有東山天
皇元禄八年(乙亥,一六九五)神雒書林柳枝軒茨城方道翻宋
本,《和刻書目》嘗著録。所刻爲《淮海挐音》上、下二卷,左右
雙邊,白口,每半葉十行十六字。日本大正二年(一九一三),
成簣堂影印元禄乙亥翻宋本,編入《成簣堂叢書》。金程宇
編、鳳凰出版社二〇一二年出版之《和刻本中國古逸書叢
刊》,據日本國立公文書館内閣文庫藏元禄八年本影印,編入
第五十二册。

　　《全宋詩》以日本元禄八年刊本爲底本。

【參考文獻】

　　陸應龍、陸應鳳《淮海挐音序》(《和刻本中國古逸書叢刊》影印元禄
年刊本《淮海挐音》卷首)

　　程公許、趙汝回、周弼《淮海挐音序》(同上,人各一序)

淮海外集二卷

釋元肇　撰

　　釋元肇現存集部著作,除上録詩集《淮海挐音》二卷外,

猶有文集《淮海外集》二卷。傳本國内久絶，今存日僧常信於東山天皇寶永七年（一七一〇）木活字排印本，共一册，《和刻書目》嘗著録，日本國會圖書館有藏本。該本卷首有釋大觀《淮海外集序》，曰：

> 空諸己而後空人，雖一字著不得，有法門在，必有所潤色焉。淮海生通川，所秉英利，形諸外者亦稱是。登凌霄，見浙翁，盡空所（祝按：《物初賸語》卷一三作"諸"）有。時緣既盡稔，挧厥弘持，其所以潤色者，又善用夫空也。
>
> 諸子會粹十會提唱，併以《外集》鋟諸梓。噫！淮海已繪空矣，予爲之序，重重繪空，空果受繪也哉！
>
> 時咸淳丙寅（二年，一二六六）結制後十日，住玉朴末屬物初大觀序。

所稱"十會提唱"，當指《淮海挐音》；稱"併以《外集》鋟諸梓"，疑在刻《挐音》後不久，最遲於大觀作序之咸淳丙寅，《外集》已經刊成。每卷卷首有"通川沙門（空二格）元肇述"一行。每半葉十一行，行二十字，白口，四周單邊。卷上爲表、榜、疏、書、狀、銘、説等雜文，卷下爲記、跋、祭文。卷下末葉有"通川花路分助錢刊行"一行，當爲底本所原有，證明底本爲宋刊本；又一行爲"時寶永七庚寅下秋"，則是活字本排印時間。卷末後有應雷跋，曰：

> 前輩謂晉無文章，惟《歸去來》一辭；唐無文章，惟《盤谷》一序。甚矣，文名世不以多爲貴也。《淮海外集》一卷，余軍事膠葛中不暇盡讀，觸手而觀，得《來月軒記》，爲之擊節。蓋其命意遠，狀物工，嘗鼎一臠，已知師之所以爲文者矣。若夫末後轉語，乃法門中機關，活潑

潑地,不必爲蜜説甜。

　　咸淳庚午(六年,一二七〇)重陽日,應雷題。

應雷,疑即陸應雷,蓋與刊《淮海挐音》之陸應龍、應鳳爲兄弟行。

　　一九八七年,臺灣漢聲出版社據該本影印入《禪門逸書續編》第一册。

　　是集《全宋文》失收。

滄浪嚴先生吟卷三卷

嚴　羽　撰

　　嚴羽,字儀卿,一字丹邱,自號滄浪逋客,邵武(今屬福建)人。寧宗、理宗時在世。少隱莒溪,後避地江楚,以《滄浪詩話》著名於世。所著《滄浪吟卷》,最早乃李南叔所録,咸淳四年(一二六八)同郡進士黃公紹爲之序,略曰:

　　　　余幼時,見東鄉諸儒藏嚴詩多甚,恨不及傳。今南叔李君示余所録《滄浪吟卷》,蓋僅有之者,俾余序其篇端。……(嚴羽)爲詩宗盛唐,自《風》《騷》而下,講究精到,石屏戴復古深所推敬。

　　明《文淵閣書目》卷一〇著録“《嚴滄浪集》一部一册,闕”。《内閣書目》無其目。《百川書志》卷一五、《徐氏家藏書目》卷六著録“《滄浪吟》二卷”。唯《江陰李氏得月樓書目》載“《嚴羽詩集》六卷”。按潘是仁萬曆間刊《宋元四十三家集》,

有《嚴滄浪詩集》六卷，然潘氏年代稍晚，或得月樓後來入藏之潘刻本歟。

　　宋刻本至清初猶存，王士禎《鹽尾續文》卷一九《跋嚴滄浪吟卷》曰：“康熙戊申（七年，一六六八），始得宋刻於亡友程太史翼蒼。”此後再未見著録，不知由漁洋書庫散出後流落何所，殆亡佚已久。今以元刻本爲古，藏臺北“中央圖書館”，其《善本書目》著録道：

　　　　《滄浪嚴先生吟卷》三卷二册，宋嚴羽撰，元陳士元編，元前至元庚寅（二十七年，一二九〇）刊本。

該本未見，例之明槧（詳後），三卷中當有詩話一卷。

　　元刊本之後，以明正德十二年（一五一七）胡璉（字重器）刻本爲早。該本凡三卷，卷一詩辯、詩體、詩法、詩評、詩證，附《答出繼叔臨安吳景仙書》。此卷即《滄浪詩話》，另有單行本。卷二各體詩；卷三楚詞、操、吟、引、謠、歌、行、詞（僅二首），末附《滄浪逸詩》。每半葉九行十二字，黑口，四周雙邊。此本今僅見國家圖書館（兩部）、北京大學圖書館及日本静嘉堂文庫著録。所見國圖本前有明林俊序，已殘損不可讀，然林氏《見素文集》中有全文，稱“吾閩憲伯淮陽胡君重器購存稿，僅百三十有餘篇，與《詩辯》等作並鋟之梓”云云。後有長汀李堅《書後》，謂“憲伯胡公重器出視所藏《吟卷》一帙，則詩評俱在，而五七言、古近體二卷備焉。公將謀之梓人，用傳廣遠”。今按刻本每卷前皆署“樵川陳士元暘谷編次”，則胡氏所藏當即元刻本，正德本乃重刊元本。

　　胡氏付梓四年後，即正德十五年（一五二〇），又有尹嗣忠刻本。此本有都穆序，略曰：

是書在元嘗有刻本，知崑山縣事尹君子貞（名嗣忠）以騷壇之士多未之見，重刻以傳，俾余爲序，遂不辭荒陋而僭書之。

既謂元有刻本，又稱"重刻"，疑所用底本亦爲元槧。尹刻本與胡刻本之最大區別，是尹本併詩兩卷爲一卷，故連詩話止二卷。此本每半葉十行十八字，白口，左右雙邊，今國家圖書館、北大圖書館、南京圖書館等及臺灣有著録，日本内閣文庫、東洋文庫各藏一部。除刻本外，今猶存影鈔尹氏本，爲丁氏藏書，乃玉玲瓏閣舊物，有"龔氏墨稼軒珍藏圖書"、"玉玲山閣"、"紅藕湖莊蘅圃曾觀"三印，末有題記及龔氏圖記等（《善本書室藏書志》卷三一）。影鈔本今藏南京圖書館。

明正德中除上述兩本外，似猶另有一本，今未見著録，僅存正德八年（一五一三）和春跋，稱"僉憲蒙溪王先生嘗過余，閲此欣然，遂以屬開封郡齋刻之"。和跋多論其詩話，不詳開封本有詩否。

嘉靖十年（一五三一），又有重刻本，署"彭城清省堂校刻"，有閩中鄭綱重刻序，稱"滄浪嚴先生集，閩有刻本，姑蘇有刻本（當指尹刻本），既傳布之矣。余愛其參禪論詩超悟宗旨，……乃復爲重刊云"。此本每半葉十行，行十八字，白口，左右雙邊，今國家圖書館、復旦大學圖書館、浙江圖書館及臺灣有著録，日本静嘉堂文庫亦有藏本。是刻凡二卷，當即翻刻尹本，故兩本版式相同。

至明末，又有四卷本，題《滄浪詩集》，署"明樵川何望海若士較，吳伯麟兆聖、李又白元編"。此本無詩話，而將詩分爲四卷，卷一騷、操、吟、引、謡、歌、行，卷二樂府、四言古詩、五言古詩，卷三五言律詩、五言排律、五言絶句，卷四七言律

詩、七言絕句。版式與尹本、清省堂本同。前有徐熥序，稱
“斯集久湮，至正庚寅邑人黃公紹始叙而傳（祝按：黃序作於咸淳
間，至正傳刻者乃陳士元，徐氏誤）。正德間，淮陽憲伯胡公岳（祝
按：“岳”乃“璉”之誤）、吳郡吏部都公穆先後授梓。萬曆中，鄧學
憲汝高又梓之。兹何若士復校訂精詳，友人吳、李與余商榷
之耳”。所稱萬曆鄧氏，名原岳，字汝高。嚴氏詩什所存不多
（僅一百四十首），何氏校本紛更卷帙爲四，甚覺無謂。此本
今僅南京圖書館著録（參丁氏《善本書室藏書志》卷三一）。徐序謂
“萬曆中”云云，則此本刻成疑在崇禎間。又，今國家圖書館、
中國科學院圖書館著録明刻本《滄浪集》四卷，明林古度校。
暫未見其書，疑乃翻刻鄧氏本。林古度崇禎時人，嘗跋汪駿
聲重刊本《心史》。要之，明後期嚴氏詩集傳刻甚廣，蓋以其
詩話爲時所重也。

　　綜觀明刊數本，當以胡刻爲佳。該本不僅文字較善，且
所補逸詩最多，故清以後頗見推重。

　　清順治十年（一六五三），周亮工輯《樵川二家詩》，刊於
邵武詩話樓，其中有《滄浪吟》一卷《詩話》一卷。周氏序未述
其所用底本，然刊本中有都穆序而無正德胡刻本序跋，當以
正德尹刻爲底本，故版式亦同。《樵川二家詩》（另一家爲元
黃元鎮《秋聲集》）後來又有康熙六十一年（一七二二）朱霞雙
笏山房覆刊本、光緒十六年（一八九〇）邵武徐氏重刊本，今
皆有著録。

　　《四庫總目·别集類》著録兩淮鹽政採進本，即胡刻本，
而將詩話析出入“詩文評類”。《提要》曰：

　　　　其詩話一卷，舊本别行。此本爲明正德中淮陽胡仲
器所編，置之詩集之前，作第一卷，殊乖體例。今惟以詩

二卷著録"別集類"，其詩話別入"詩文評類"，以還其舊焉。

民國五年（一九一六），烏程張氏將《吟卷》三卷刊入《適園叢書》第七集，底本爲舊鈔正德胡刻本（見《適園藏書志》卷一二）。張鈞衡跋曰：

> 尹嗣忠二卷本，亦以詩話在前。此三卷，正德中淮陽胡仲器（祝按：當是"重器"之誤，胡璉字重器。下同）所刻，較尹本補足《送主簿兄之德化任》《寄贈張南卿兼答文篇之貺》《惜別行》三首，自以此本爲佳云。

日本安永五年（一七七六），京都好文軒秋田屋伊兵衛刊《嚴滄浪先生詩集》二卷，題陳士元編，見《和刻目録》。

嚴氏以《滄浪詩話》影響最大，近人郭紹虞先生《滄浪詩話校釋》（人民文學出版社一九八三年版）最爲詳備。一九九七年，中州古籍出版社出版陳定玉輯校《嚴羽集》。是書彙輯《滄浪詩話》《滄浪吟卷》及嚴羽評點《李太白詩集》三種，前二種以《適園叢書》本爲底本，校以各本。《全宋詩》亦以《適園叢書》本爲底本。

【參考文獻】

黃公紹《滄浪先生吟卷序》（《滄浪詩話校釋·附輯》）

林俊《正德胡刻本滄浪先生吟卷序》（正德胡刻本《滄浪吟卷》卷首。又見影印文淵閣四庫本《見素文集》卷六）

李堅《書滄浪先生吟卷後》（正德胡刻本卷末）

都穆《正德尹刻本滄浪先生吟卷序》（《滄浪詩話校釋·附輯》）

鄭絪《嘉靖重刊嚴先生吟卷序》（嘉靖清省堂本卷首）

鄧原岳《萬曆重刊滄浪吟卷序》（《滄浪詩話校釋·附輯》）

周亮工《順治刊樵川二家集序》（同上）

徐兆豐《光緒重刊樵川二家集跋》（同上）

張鈞衡《適園叢書本滄浪集跋》（同上）

宋學士徐文惠公存稿五卷
矩山存稿

徐經孫　撰

徐經孫（一一九二——一二七三），字仲立，初名子柔，豐城（今屬江西）人。寶慶二年（一二二六）進士，累遷翰林學士、知制誥，忤賈似道，罷。授端明殿大學士，閒居十年。鄉里有山，形狀方正，因號矩山。卒，諡文惠。是集乃其十一世孫徐鑒編刊，序略曰：

> 余嘗檢世譜，得遠祖文惠公之集。……余被命按閩，念公曾爲閩提點、安撫，固所過化之地，因屬有司讎校卒業，付之殺青，以作新舊邑士肛之耳目。第計公謨結甚富，茲僅得五卷，所謂存什一於千百者。

時在明萬曆甲寅（四十二年，一六一四）。徐鑒姪即登亦預編次，其序曰：“輒愧遠紹之未能，乃取遺稿稍編次之，而以詩歌、雜著附焉。”萬曆本與徐鹿卿《徐清正公存稿》合刊，號《二徐公存稿》，是集題《宋學士徐文惠公存稿》，署“裔孫鑒梓”，兩本版式相同，詳前《宋宗伯徐清正公存稿》叙録。此本五卷，卷一奏疏、表，卷二講章，卷三雜著，卷四詩、詞，卷五誌銘。附錄詔誥、史志、贈詩之類。

《四庫全書》著録孔昭焕家藏本,題《矩山存稿》,傅增湘以爲是傳鈔萬曆本,見其所作萬曆本跋。民國四年(一九一五),李之鼎宜秋館以萬曆本刊入《宋人集》甲編。

《全宋詩》以萬曆本爲底本,輯得佚詩十一首。《全宋文》用《宋人集》甲編本爲底本。

【參考文獻】

徐鑒《宋學士徐文惠公存稿序》(《宋人集》甲編本《徐文惠公存稿》卷首)

徐即登《宋學士豐城伯徐矩山公文集序》(同上)

傅增湘《明萬曆本宋學士徐文惠公存稿跋》(《藏園群書題記》卷一五)

太白山齋遺稿 二卷

孫德之 撰

孫德之(一一九二—?),字道子,東陽(今屬浙江)人。嘉熙二年(一二三八)進士,又中宏詞科,官至秘書監丞。後以國事不可爲,遂絶意仕進,築太白山齋,别號太白山人,潛心著述。據明嘉靖時其十一世裔孫孫學爲其集所作《後序》,知作者著有《續大事記》及各體文不下數百卷,然經元季兵燹之餘,所存僅什一於千百。萬曆時,二十一世孫宗裕(按:萬曆去嘉靖不遠,嘉靖爲十一世,此作"二十一世"疑誤)跋,稱作者文集嘗由"同知公諱志者綴録梓傳,因遭回禄,僅存一本,後爲杜氏所竊,幾乎無傳。石臺公(孫揚)遍訪復得,教諭公諱學者復刻其板，而又灰燼”。此謂初刻於孫志，復刻於孫學。然孫學《後序》曰：“元季燹餘，家笥所藏僅十一於千百中也。歲遠蠹蝕敗壞，叔祖膠州同知府君憫之，先是携卒業南雍，日鈔成册。但公問學宏深該博，援引出處，字畫舛訛，未遑考訂，欲謀傳世，有志焉而未逮。復携官所，不久而賫志以殁，先君寶之南旋。……嗣後又爲姦人計匿，蹤跡俱泯。賴我祖在天之靈，失而復得，已去三之一也，具見兄揚《失》《復》二記。”又曰：“嘉靖甲寅（三十三年，一五五四），奉命分教清流。”後七年（嘉靖三十九年），始舉以付梓。所謂“叔祖膠州同知”即孫志，知其僅是鈔録，並未傳刻；“爲姦人計匿”者即孫志鈔本，並非如孫宗裕所謂孫志刻本“因遭回禄，僅存一本”云云，所記不同，不詳孰是。又，所謂“姦人計匿”，指正德甲寅（九年，一五一四）冬郡守劉惟馨因修郡志，移文借鈔，而與事人杜運遂匿而不歸，後幾經周折方復原主，然已失去原有古齋錢氏序及正文二十餘篇，詳孫學兄孫揚所作《失太白山齋稿記》《復太白山齋稿記》。《失太白山齋稿記》詳述孫志鈔本道：

　　（遠祖德之）闢書齋於居東之桑園，日談經以授子姓及四方來學之士，自號太白山齋，學者因稱爲太白先生，而後世併名其遺文三十卷曰《太白山齋稿》。第世存其稿而未及梓傳，歷元及今，漸至壞爛，而亡者已十之九矣。有叔祖膠州同知諱志者，天順間卒業南雍，因携其敗篋之僅存者以往，日於官舍中檢取殘缺散紙補綴録之，共得八十餘篇，而一字一畫楷正端嚴，皆叔祖手筆也。古齋錢先生爲叔祖外父，因爲之叙其首簡。

因知孫志所鈔已遠非原帙之舊，而孫學所刊又非孫志鈔本之全。嘉靖孫學刊本久無著録。

　　嘉靖初刊之後，至崇禎癸酉（六年，一六三三），是集方有重刻本。重刻本乃作者十五世裔孫紹塤所鐫，有《叙》，稱“因以千百世之計，託之片楮焉”。崇禎本今亦無著録。

　　是集今可見者唯清道光四年（一八二四）刻本，藏中國科學院圖書館、天津圖書館及浙江東陽縣圖書館。蔡袁海《重刊記》稱“石臺先生（孫揚）裔孫刻《石臺先生遺集》若干卷，並此稿刻之”。是本首行題“宋秘書孫氏太白山齋遺稿”，次行署“十一世孫清流學訓導學集刻”。每半葉十行二十字，白口，四周單邊。卷首爲附録、目録，正集釐爲上、下二卷。卷上爲序、記、表、跋，卷下爲祭文、銘、説、碑、行狀、贊。兩卷共有文六十二篇，有題無文者二十三篇。

　　《全宋文》用鈔東陽縣圖書館所藏道光本爲底本。

【參考文獻】

　　孫揚《失太白山齋稿記》《復太白山齋稿記》（道光本《太白山齋遺稿》卷首）

　　洪經奎《嘉靖本太白山齋遺稿叙》（同上）

　　孫學《嘉靖刻太白山齋遺稿後序》（同上）

　　孫宗裕《太白山齋遺稿跋》（同上）

　　孫紹塤《崇禎刊宋秘書太白孫公遺稿叙》（同上）

　　蔡袁海《道光重刊太白山齋遺稿記》（同上）

　　郭昭璉《校正太白山齋遺稿序》（同上）

竹溪鬳齋十一稿續集三十卷

林希逸 撰

　　林希逸（一一九三—?），字肅翁，一字淵翁，號竹溪，又號鬳齋，福清（今屬福建）人。端平二年（一二三五）進士，官終中書舍人。劉克莊嘗作《竹溪詩序》（《後村先生大全集》卷九四）及《竹溪集序》（同上卷九六），皆未言編集及刊梓事。今存《竹溪鬳齋十一稿續集》三十卷，有林同序，略曰：

　　　　咸淳戊辰（四年，一二六八）秋，（林式之，字子敬）抵官下（指通守三陽）將一考，以書爲同言："……或有可以足吾生平未足之志者，願以《鬳齋集》爲先，子其爲我請《續集》於先生而行之，且毋以憚煩辭。"同敬諾。……明年春，（鬳齋）再入禁林，掌詞翰。……行有日，至是而《續集》之入梓者，爲卷三十矣。……《鬳齋前集》亦六十卷，《續集》宜視《前》。繼自今廣殿閣之吟，陪甎厦之咨……當揭爲《又續集》，以遂子敬兄之志云。

據知《前集》爲六十卷，《續集》擬亦視《前集》編爲六十卷，而僅刻成三十卷，時在咸淳五年。蓋後因宋社傾覆，林同抗節死，未能如志。

　　明《文淵閣書目》卷九著録"《林鬳齋文集》一部十一册，闕"，《内閣書目》僅有其目，未注册數卷數。《絳雲樓書目》載二十册。《國史經籍志》卷五、黄氏《千頃堂書目》卷二九皆著録《竹溪鬳齋十一稿》九十卷，當計《前》《續》兩集，殆千頃堂嘗有其本。後《前集》散亡，今唯存尚未刻足之《續集》（原擬六十卷）。

《續集》三十卷，今以明謝氏小草齋鈔本爲古，有清人楊浚跋，每半葉十行二十字，白口，四周單邊，藏國家圖書館。國內猶著録清鈔本六七部，如北京大學圖書館藏呂氏講習堂鈔本（殘）、南京圖書館藏丁氏兩本（其一爲鳴野山房舊藏本）、重慶圖書館藏陸氏三間草堂鈔本等。日本静嘉堂文庫亦藏有舊鈔本。

《四庫全書》著録江蘇採進本，《提要》曰：

> 《宋史·藝文志》載希逸有《鬳齋前集》六十卷，久佚不存（祝按：《宋志》未著録，館臣誤）。惟此《續集》謂之《竹溪十一稿》者，尚有傳本，即此三十卷也。凡詩五卷，雜著一卷，少作三卷，記二卷，序一卷，跋一卷，四六三卷，省題詩二卷，挽詩一卷，祭文一卷，墓誌二卷，行狀二卷，學記四卷，其門人福清林式之所編，共十三類。而謂之“十一稿”，不詳其故，或十中存一之意歟。

按南宋作家，或一官一集，或一地一集，或一年一集，集又稱“稿”，然後再以多“稿”彙爲一編。所謂“竹溪十一稿”，當是由十一個小集彙編成《前》《續》兩集。此類例子不勝枚舉，蓋當時風氣如此。館臣不曉，遂强説之爲“十中存一之意”，未免貽笑後人。

除《續集》外，今存汲古閣影鈔《南宋群賢六十家小集》中有《竹溪十一稿詩選》一卷，所收詩皆《續集》所無，當選自《前集》，而所謂“前集”，原書題似應爲《竹溪鬳齋十一稿》。

《全宋文》用影印文淵閣《四庫全書》本爲底本，輯得佚文二十四篇。《全宋詩》底本同。

【參考文獻】

林同《竹溪臞齋十一稿續集序》（影印文淵閣《四庫全書》本《臞齋續集》卷首）

楳埜集十二卷

徐元杰 撰

徐元杰（一一九四——一二四五），字仁伯，號楳野，上饒（今屬江西）人。紹定五年（一二三二）進士第一，累官至工部侍郎。侃直敢言，以暴疾卒，人疑史嵩之毒之。謚忠愍。淳祐己酉（九年，一二四九），趙汝騰爲其集作序，稱作者子直諒、直方以其父“遺文來請序”云云。景定二年（一二六一），徐直諒爲權發遣興化軍時方付梓，有跋，稱“始充聚俸餘”刻之，“敬置郡齋”，又謂“文集凡二十五卷”，而“集中多甲辰、乙巳（淳祐四、五年）在宗廟朝廷之言”。

明《文淵閣書目》卷九著録“徐元杰《楳埜文集》一部十册，闕”，《内閣書目》無其目。蓋明代傳本極罕，後散亡，今存乃大典本。《四庫全書》據大典本著録，《提要》曰：

> 其集不載於《宋史·藝文志》。觀其子直諒跋語，乃景定二年直諒知興化州時所刊，本二十五卷，世久失傳。今從《永樂大典》中采輯編次，釐爲雜文十一卷、詩詞一卷，雖僅存十之五六，而本傳所列奏議，條目具存，尚可得其大概。

乾隆翰林院鈔本,今藏國家圖書館。其卷目編次爲:卷一,經
筵講義;卷二,進講日記;卷三、四,札子;卷五,廷對策;卷六,
狀;卷七,制;卷八,書;卷九,啟;卷一〇,記;卷一一,誌銘;卷
一二,詩、詩餘。清姚瑩、顧沅等編《乾坤正氣集》,收《楳野
集》十一卷,删其詩詞。

　　《全宋文》《全宋詩》俱以影印文淵閣《四庫全書》本爲底
本,後者輯得佚詩九首。

【參考文獻】

　　趙汝騰《楳埜集序》(影印文淵閣《四庫全書》本《楳埜集》卷首)
　　徐直諒《楳埜集跋》(同上卷一二末)

藏叟摘稿二卷

釋善珍 撰

　　善珍(一一九四—一二七七),字藏叟,泉州南安(今福建
南安)吕氏子。嘗住四明育王山、臨安徑山寺。景炎二年卒,
年八十四。詩學晚唐,頗有時名。釋居簡《書泉南珍書記行
卷》(《北磵文集》卷七)曰:“學陶、謝不及,則失之放;學李、杜不
及,則失之巧;學晚唐不及,則失之俗。泉南珍藏叟學晚唐,
吾未見其失,亦未見其止,駸駸不已,庸不與姚(合)、賈(島)
方軌。”
　　善珍著《藏叟摘稿》二卷,國内傳本久絶,今日本國會圖
書館藏有日本南北朝時代(一三三一—一三九二)刊本一部,

卷中有後人寫補。《全宋詞訂補續記》據日本五山版《藏叟摘稿》補詞三首，即指該本。日本國會圖書館又藏有室町時代（一三九三——一五七三）日人寫本卷上，共一册（《日藏漢籍善本書録》）。《和刻目録》著録靈元天皇寬文十二年（一六七二）藤田六兵衛刊本，日本國會圖書館有藏本，《全宋詩》即用該本爲底本，編詩爲一卷。

上清集八卷玉隆集六卷武夷集八卷

白玉蟾　撰

白玉蟾（一一九四—?），本姓葛，名長庚，父亡，隨母改適白氏，繼爲白氏子，名玉蟾，字如晦，號蠙菴，又號海蟾，閩清（今屬福建）人，徙瓊州（今海南瓊山）。少入武夷山修道。嘉定中召赴闕，對稱旨，命館太一宮，一日不知所往，詔封紫清真人。道教奉爲南宗第五祖。元俞琰《席上腐談》卷下曰：

> 白玉蟾有《武夷集》《上清集》《玉隆集》《海瓊集》《金關玉鑰集》，又有留子元《問道集》、彭鶴林《問道篇》，皆門弟子所編。《群仙珠玉集》載張紫陽《金丹四百字》，石杏林《還源篇》，其文辭、格調與玉蟾所作無異，蓋玉蟾託張、石之名爲之耳。陳泥丸《翠虚篇》亦是玉蟾所作，其首篇數首詩皆元陽子詩。其後《紫庭經》《羅浮吟》《歸一論》，與《武夷》等集如出一手。

所述蓋多爲傳聞，託名門弟子及疑似之作尤不可信。《四庫全書總目·子部·道家類存目》著録《群仙珠玉集成》四卷，

《提要》稱"論大概,怳忽不可究詰,其詞亦涉於鄙俚",是矣。

今存《上清》《玉隆》《武夷》三集,收詩、詞及各體文,當爲白玉蟾作。三集皆有元刊本。《善本書室藏書志》卷三一載《上清集》元刊八卷,前題"建安余氏刊於静菴",殆麻沙坊刻本,有"大石山人顧元慶印"等圖記。此本今藏南京圖書館。《鐵琴銅劍樓藏書目録》卷二一載《武夷集》元刊八卷,卷首末有"秀野草堂顧氏藏書印"朱記,目録前有"建安余氏新刊"一行。此本今藏國家圖書館,著録爲"元建安余氏刻明修本"。又《玉隆集》元槧,傅增湘《藏園群書經眼録》卷一四嘗記曰:

> 《新刊瓊琯白先生玉隆集》六卷,宋葛長庚撰。元刊本,十一行二十字,注雙行同,黑口,四周雙闌。版匡高六寸,寬四寸。目録標題大字占雙行,三四行跨行題"海南白玉蟾著",五六行題"卷之一",亦大字占雙行(下各卷同)。卷一記,卷二歌,卷三《旌陽許君傳》,卷四《許真君後傳》,卷五《逍遥山群仙傳》,卷六傳。本書題"白先生玉隆集卷一",後題"建安余覺華刊於勤有堂"。

傅氏又注曰:"朱君希祖持來,曾經日本人所藏,朱君新得之。庚午元月十七日記。""庚午"爲公元一九三〇年。此本今未見著録,不知尚在否。

三集又有《道藏》本,見影印《正統道藏·洞真部·方法類·修真十書》。

《續修四庫全書》用上海涵芬樓影印道藏本《武夷集》八卷影印,編入集部第一三一九册。

海瓊玉蟾先生文集六卷續集二卷

白玉蟾　撰

白玉蟾除上述三集外，又有《海瓊玉蟾先生文集》六卷、《續集》二卷，仍是其詩文集，上述三集未收之篇什皆歸焉。是集今傳本乃明太祖第十六子寧獻王朱權（號臞仙）輯校，有宋端平丙申（三年，一二三六）潘牥序，略曰：

> 僕頃未識瓊山，一日會於鶴林彭徵君座上，時飲半酣，見其掀髯抵掌，伸紙運墨如風，中心疑焉。旁適有紙數百幅，因取窮之，隨叩隨響，愈探愈深，猶河決崑崙注之海，晝夜泅湧有聲。童子隅坐研墨，腕幾脱。頃刻數千萬言，取而讀之，放言高論，閎肆詭奇，出入三氏，籠罩百家，有非世俗所能者。始大驚異，是所謂不由紀律、不擊刁斗，而轉鬭千里外者也。徵君與瓊山爲莫逆交，此集詩文若干首，皆徵君手自纂集，又親爲審訂，去其“悲來笑矣”之類，得四十卷，其篇軸浩汗猶如此。

又有明正統壬戌（七年，一四四二）孟秋“南極遐齡老人臞仙”朱權序，略曰：

> 得是書，皆先生平昔所作之詩文數十萬言，昔先生囑其徒鶴林緝之，行於世久矣，歲月湮没，而世無所傳。今偶得是書，如親覿師面，誦之再三，油然心與妙融，恍然置身於太清之境。苟非大羅之霞客，曷能語於是哉？蓋原本篇叙不一，《上清》《玉隆》《武夷》三集内未入者皆

收之。今重新校正,定爲八卷,附録一册,乃霞侶奉酬之
玄簡,仍綴諸卷末。摹寫成集而壽諸梓,以永其傳焉。

據兩序,知是集宋編本爲四十卷,乃葛氏門人鶴林彭耜所輯,
收未入《上清》等三集之詩文,且行世已久。原本既達四十卷
之多,何以朱權"重新校正"後僅存八卷? 其故不詳,或所得
爲殘帙,或多與《上清》等三集重複被删除,或不録丹訣之類
專著及俚俗不合傳統詩文規範之語。

正統本今存,題"南極老人臞仙重編,山陰新安何繼高、
汪乾行、劉懋賢同校"。前有臞仙(朱權)序。傅增湘《經眼
録》卷一四記曰:

> 《海瓊玉蟾先生文集》六卷、《續集》二卷,宋葛長庚
> 撰,附録一卷。明正統七年朱權刊本,十二行二十一字,
> 大黑口,四周雙闌,版心記"白一"、"白二"等字。卷首標
> 題大字占雙行。前有端平丙申日長至文林郎新鎮南軍
> 節度推官潘牥序,(大字行書。)次玉蟾先生事實,嘉熙改元
> (一二三七)仲冬甲寅鶴林彭耜謹書,次目録。

傅氏謂該本刊工精湛,極似元本,然脱朱權序。正統本今北
京大學圖書館等有藏本。日本國著録甚多,宮内廳書陵部、
内閣文庫、静嘉堂文庫、東洋文庫、蓬佐文庫等皆有庋藏,其
藏本之詳,可參嚴紹璗《日藏漢籍善本書目》。美國哈佛燕京
大學圖書館等亦有著録。

正統本之後,是集明、清兩代刊本繁夥,或以原本翻刻,
或經增輯、改編,多署朱權校正銜名。今存嘉靖十二年(一五
三三)刊《白玉蟾海瓊摘稿》十卷,有唐胄序,稱"近臞仙重編,
並於翰墨、郡志等書中摘其切於景事者爲此集云"。此本每

半葉十行二十字，黑口，四周雙邊，今國家圖書館、湖南師大圖書館等及日本静嘉堂文庫有藏本。萬曆二十二年（一五九四），劉雙松安正堂有《新刻瓊琯白先生集》十四卷，有何繼高序、林有聲刊版後序，稱舊本（正統本）“其中丹圖玄論，集所未備者”亦多經手録。此本每半葉九行十八字，今國家圖書館、北師大圖書館、南京圖書館等及日本蓬佐文庫有著録。同年，世裕堂亦刊此集，書名與安正堂本同，今北師大圖書館、江西省圖書館著録爲十四卷，日本内閣文庫著録爲十二卷。又有汪乾行等重刊正統本，凡正集六卷、續集二卷，題“山陰何繼高、汪乾行、新安劉懋賢同校”，每半葉九行二十字。王重民《中國善本書提要》引康熙《山陰縣志》，謂何繼高號泰寧，嘉靖甲子（四十三年）舉人，萬曆癸未（十一年）進士，官至江西右參政，善星曆壬遁兵法形家之學，“其所以重刊是集，當以與其所學相近也”。上述之外，潘是仁亦嘗輯刊《白玉蟾詩集》九卷。趙氏《萬卷堂書目》卷四著録“《海瓊玉蟾集》八卷”，祁氏《澹生堂藏書目》卷一三有“《白叟詩集》一册八卷”，當皆正統本。《徐氏家藏書目》卷六登録“《海瓊集》”，應爲明槧。

　　入清，乾隆五十六年（辛亥，一七九一）刊有《海瓊白真人集》八卷，海南人王時宇有序，稱“何公（繼高）所與朣仙之八本（按：指正統本），分類參差，多寡互異，（彭）竹林命宇重爲編次，悉心校對，重者爻之，訛者正之，缺者補之”。此本今北大圖書館著録。同治七年（一八六八），瓊山縣知縣許寶珩等刊《白真人集》十卷，所據乃乾隆本，增録《道德經注》《指玄篇解》《木郎祈雨咒》等，而重新編次。

　　葛氏諸集《四庫全書》未收，阮元嘗以正統本進呈，見《揅經室外集》卷一。進呈本未入《宛委別藏》，當已亡佚。

日本元禄十年（一六九七），京都柳田六左衛門、梅村彌左衛門有《新刻瓊琯白先生集》十四卷，見《和刻目録》，乃據萬曆二十二年劉雙松安正堂本翻刻。

白玉蟾詩文集，近年來整理成果頗豐，主要有：朱逸輝主編《白玉蟾全集校注》（海南出版社二〇〇四年版）；周偉民、唐玲玲、安華濤校點《白玉蟾集》（海南出版社二〇〇六年版）；蓋建民《白玉蟾文集新編》（社會科學文獻出版社二〇一三年版），等。

《全宋詩》以正統朱權刊本爲底本，將校本多出底本之詩及新輯集外詩五十多首另編爲一卷。《全宋文》用《上清》《玉隆》《武夷》三集及《瓊琯白先生集》《瓊琯白真人集》等書重新輯録，得文一百四十四篇，釐爲十二卷。

【參考文獻】

潘牥《海瓊白玉蟾先生文集序》（正統本《海瓊玉蟾先生文集》卷首）
朱權《重編本海瓊玉蟾先生文集序》（同上）

履齋先生遺集四卷　履齋遺稿

吳　潛　撰

吳潛（一一九五——一二六二），字毅夫，號履齋，宣州寧國（今安徽寧國）人。嘉定十年（一二一七）進士第一。累官翰林學士、知制誥。淳祐中拜參知政事，累進左丞相，封許國公。爲沈炎論劾，貶化州團練使、循州安置，卒。其集宋代不詳有無刊本，祁氏《澹生堂藏書目》卷一三《續收》著録“《衮繡堂遺集》，吳潛、吳淵。吳許國《履菴集》四卷、吳莊敏《退菴集》二卷”，蓋兄弟二人合刊本。《絳雲樓書目》卷三亦載有“吳潛《履菴遺集》”。按吳潛號履齋，兩書目皆稱“履菴”，似誤。

今傳明刊《履齋先生遺集》四卷，國家圖書館庋藏一部，傅增湘謂該本題“宋左丞相許國公宣城吳潛撰”，“明同邑後學梅鼎祚編校”，“十二代孫吳伯敬閱梓”。前有《宋史》本傳。卷一，詩；卷二，詩餘；卷三，文、記、墓誌銘、贊、跋；卷四，表、書、詞。又續附文三篇。卷首鈐“翰林院印”大官印，“一六淵海”朱文印（《經眼録》卷一四）。每半葉九行十八字，白口，四周單邊。此本當即所謂衮繡堂遺集本，因刊板序跋不存，故當日合刊情況無考。據梅鼎祚生平並參《奏議集》（此本詳後）刊行年代，該本當刻於萬曆間。除國圖外，今北大圖書館亦著録一部。

《四庫總目》著録鮑士恭家藏本，書題爲《履齋遺稿》，據《提要》即裔孫吳伯敬刻本。

除上述外，今大陸及臺灣猶著録清鈔本數部。日本靜嘉堂文庫亦藏有鈔本，見《皕宋樓藏書志》卷九〇、《靜嘉堂秘籍志》卷三七。鈔本俱四卷，當同源於吳氏本。

吳伯敬本蓋因輯自殘賸之餘，不免有舛誤遺漏，如《四庫提要》所舉卷二《和呂居仁侍郎》詞，據呂本中（字居仁）年代當爲誤收（今按：《全宋詞》仍未刪除，或呂居仁另有其人，非本中歟）。陸心源跋其鈔本，謂《開慶四明志》中載吳潛詩文甚多，《遺集》皆未收。此前，鮑氏知不足齋已輯爲《履齋四明吟稿》二卷、詩餘二卷（知不足齋鈔本今藏重慶圖書館），後來《彊村叢書》即將四明詞悉數收入，《四明吟稿》則已收入今人所編《全宋詩》中。另，《四庫提要》舉《宋史》本傳所載各疏皆不在集中爲遺漏，乃是館臣不知明人另輯有《許國公奏議》，詳下。

【參考文獻】

陸心源《履齋遺集跋》（《儀顧堂題跋》卷一二）

宋特進左丞相許國公奏議集四卷

吳　潛　撰

傳本吳潛《履齋遺集》因係後人所輯，容有掛漏。《四庫提要》舉《宋史》本傳所載諸奏疏皆不見於集中。然作者奏議，明代另有專集，原不編入詩文集内。《繡谷亭薰習録》著録《吳丞相奏議》六卷，“明憲副、十二世孫伯與編刻，萬曆壬辰（二十年，一五九二）沈懋學及十一世孫詔相並序”。今山西省文物局著録《宋特進左丞相許國公奏議》六卷，僅存卷一，明吳詔相（著録誤作“柏”）編。六卷本蓋亦爲後人所輯。陸心源《履齋遺集跋》謂《奏議》四卷，“前明溧陽吳氏祠堂有版，凡《宋史》所載諸奏議皆在其中”。山西文物局殘帙，蓋即明祠堂本，未見。《脈望館書目》嘗著録“《吳許國公奏議》一本”，《澹生堂藏書目》卷一二則載“《吳許公奏議》四册，四卷”。

今存《許國公奏議》四卷，陸心源跋謂“各家書目均未著録，先師朱述之太守從溧水吳氏後裔傳録，遂傳於世”。四卷本蓋即明刊六卷而闕其二。光緒八年（一八八二），陸氏以四卷本刊入《十萬卷樓叢書》二編，後來《叢書集成初編》即據以排印。陸氏鈔本，當時嘗捐送國子監，今藏美國國會圖書館，王重民《中國善本書提要》於史部政書類著録，謂卷内題“裔孫斗祥，男開楨、開模同輯”，又有“光緒戊子（十四年，一八八八）湖州陸心源捐送國子監之書匱藏南學”、“前分巡廣東高廉道歸安陸心源捐送國子監書籍”及“國子監印”漢滿文大方印。第一册末有陸心源題字曰：“光緒六年歲在上章執徐七夕前一日，校讀一過，無别本可校，以意是正之而已。存齋。”

　　《全宋文》用影印文淵閣《四庫全書》本《履齋遺稿》、《十萬卷樓叢書》本《許國公奏議》爲底本，另輯得佚文十六篇。《全宋詩》以《履齋遺稿》（底本同上）、《兩宋名賢小集》本《四明吟稿》及《開慶四明續志》卷九、卷十所載《四明吟稿》（上、下）爲底本，輯得佚詩十七首。

【參考文獻】

　　陸心源《許國公奏議跋》（《儀顧堂集》卷一三）

魯齋王文憲公文集二十卷

王　柏　撰

　　王柏（一一九七——二七四），字會之，一字伯會，號長嘯，更號魯齋，金華（今屬浙江）人。宋季理學家，嘗主麗澤、上蔡二書院。卒諡文憲。《四庫提要》稱其“好妄逞私臆，竄

亂古經,《詩》三百篇重爲删定,《書》之《周誥》《殷盤》皆昌言
排擊,無所忌憚,殊不可以爲訓。其詩文雖亦豪邁雄肆,然大
旨乃一軏于理"。平生著述極富。文集乃門人金履祥所編,
仿《朱子大全集》例,彙萃生前各稿而成。金氏作《魯齋先生
文集目後題》,謂著者早年有《長嘯醉語》,後從師問學,著《就
正編》。"迨至端平甲午(元年,一二三四),學成德進,粹然一
出於正,自是以來,(一)〔十〕年一集。……自甲午至癸卯(淳
祐三年,一二四三),凡五卷,謂之《甲午稿》。其後類述仿此:
《甲辰稿》二十五卷,《甲寅稿》二十五卷,《甲子稿》二十五
卷",又有雜著多種。宋末散佚,履祥於己丑、庚寅(元至元二
十六、七年,即一二八九、一二九〇)間,"募得諸稿之全,其他
著述雖間逸亡,而未盡喪也,於是與同門之士相與紬繹諸稿,
各以類聚,其他雜著,卷帙少者,用《朱子大全集》例,亦各附
入"。金氏所編,不詳其是否鋟板。又元吳師道《魯齋先生王
柏事述》(《吳禮部集》卷二〇)稱王柏有文集七十五卷,其他如
《讀書記》《讀易記》等多達三十八種。

　　明《文淵閣書目》卷九著録"《王魯齋集》一部九册,闕"。
《内閣書目》卷三曰:"《魯齋甲寅稿》四册,全,鈔本。""《魯齋
王文憲公甲辰稿》四册,不全,……鈔本。"《萬卷堂書目》卷四
有"《王文獻公集》二十卷",疑是正統本(此本詳下)。《國史
經籍志》卷五著録"王柏《魯齋三稿》六十卷"。各單集後皆失
傳,今以明正統刊二十卷本爲古。

　　正統本有楊溥序,稱該本乃著者"六世孫四川按察僉事
迪衷而成帙,義烏縣正廬陵劉同、丞鄱陽劉傑,政有餘力,用
鋟諸梓"。又劉同跋,謂其"來官金華,因公之六世孫四川憲
僉王公迪,得公遺稿,……遂與貳尹鄱陽劉君仁傑(祝按:"仁

傑”疑劉傑字）商訂編校，命公之鄉生何贊繕寫成書，已而謀諸
同寅，各捐禄米，鋟梓以傳，復得邑民陳乘忠助力而成。始工
於壬戌（正統七年，一四四二）之冬，訖工於癸亥（即次年）之
夏”云云。正統本今僅國家圖書館、上海圖書館、浙江省圖書
館及臺北“中央圖書館”有著錄。國圖本原爲傅增湘雙鑒樓
藏本，其《經眼錄》卷一四記之曰：

> 《魯齋王文憲公文集》二十卷，宋王柏撰。明正統刊
> 本，十三行二十五字，黑口，四周雙闌。題“盧陵銅溪劉
> 同編輯”、“鄱陽三臺劉傑校正”。……鈐有“叢書堂印”、
> “紅藥山房收藏私印”，明吳寬、清馬秋藥（履泰）遞藏。

正統本卷目編次爲：卷一、賦、詩；卷二、三，詩；卷四，序；卷
五，序、記；卷六，説、箴、贊；卷七，銘、頌、書；卷八，書；卷九，
帖、雜著；卷一〇，雜著；卷一一至一三，題跋；卷一四，傳；卷
一五，續雜著；卷一六，辨；卷一七，尺牘；卷一八，挽章；卷一
九，祭文；卷二〇，墓誌銘。

《四庫全書》著錄山東採進本二十卷，有楊溥序、劉同跋，
當即正統本。民國十三年（一九二四），永康胡氏夢選廎嘗據
正統本刊入《續金華叢書》，胡宗楙撰《考異》一卷附刻之。按
正統本卷帙與金履祥所述相去甚遠，蓋金氏所編本此時多所
散佚，所謂王迪“哀而成帙”者，殆僅收拾殘闕之餘而已。

萬曆辛卯（十九年，一五九一），十三世裔孫王三錫題其
藏本，稱“有志剞劂，但恐崦嵫之日暮而未遑，則冀我後人，嗣
成吾志焉耳”。崇禎壬申（五年，一六三二），阮元聲等據該本
刻於婺州，題《宋魯齋王文憲公遺集》，僅十二卷，有序。崇禎
本今北大圖書館、中國科學院圖書館等及臺灣皆有庋藏。清
順治十一年（一六五四），馮如京又重刻崇禎本，有序，稱“得先

生裔孫遇以遺集視余，喜而讀之。……余懼文獻之或墜也，亟
謀捐梓，以永其傳"。今北大圖書館、上海圖書館等著錄。民國
間，永康胡鳳丹退補齋嘗據此本補刊入《金華叢書》，改編爲十
卷附錄一卷。《叢書集成初編》據《金華叢書》本排印。

　　現傳王柏文集正統、崇禎兩本，不僅卷數不同，收文多寡
不同，編次亦迥別。二十卷本賦、詩、辭、箴、贊、銘、頌、墓誌
銘等類，十二卷本無之。其他門類，後者即便有，所收亦較前
本少。十二卷本顯然爲選本。王集今以正統本佳勝。

　　《全宋文》以《續金華叢書》本爲底本。《全宋詩》底本同，
輯得佚詩五十八首。

【參考文獻】

　　金履祥《魯齋先生文集目後題》(《續金華叢書》本《魯齋集》卷首)
　　楊溥《正統本魯齋集序》(同上)
　　劉同《正統本魯齋集跋》(同上卷末)
　　王三錫《題文憲公集後》(順治補刊崇禎本《宋魯齋王文憲公遺集》
卷首)
　　阮元聲《崇禎本魯齋集序》(同上)
　　馮如京《順治重刊宋魯齋王文憲公遺集序》(同上)

可齋雜稿三十四卷續稿八卷
續稿後十二卷

李曾伯　撰

李曾伯(一一九八——一二六八)，字長孺，號可齋，懷州

（今河南沁陽）人，居嘉興。嘗專邊事，累官至觀文殿學士。所著《雜稿》《續稿》《續稿後》三集，皆其兒輩所裒次。《雜稿》有自序，作於淳祐壬子（十二年，一二五二），稱“與書塾親友偶閱舊作一二，有勸以刊諸梓示兒曹者，姑俾芟次之”。寶祐甲寅（二年，一二五四）又作《續稿自識》，謂“《雜稿》鋟梓，出於兒輩裒次，中多少作，未嘗不動壯夫之悔。一二年間，復應酬，又欲從而續之，姑徇其意”。是年尤焴序，稱著者“一日貽書，以其在荆襄著述二編見示”，因序之“以遺湖北倉使劉和甫鋟，俾刊之編首，益相勉勵，以盡朋友之義云”。可見三集雖云兒輩裒次，其實乃作者手定。咸淳庚午（六年，一二七〇），其子杓跋曰：

> 先公少保觀文《雜》《續》《三》（祝按：即《續稿後》）稿，杓侍官荆渚時，竊伏會萃而鋟之梓。繼而庾使介軒劉公鋟又刻之武陵，端明木石先生尤公焴序於篇首。二刻之行乎世也久矣。……歲戊辰（咸淳四年），先公棄諸孤。……藐是不肖，大懼弗能讀，以閟於前文人光，嘗欲手鈔小帙，未果。會書市求爲巾笥本，以便致遠，杓曰：“是區區之心也。”亟命吏楷書以授之。棗刻告成，用識於後。

據以上序跋，知三集自淳祐至咸淳凡刊三本：一刻於荆州，一刻於武陵，一刻於書市（巾笥本）。

明《文淵閣書目》卷九著録“李曾伯《可齋文集》一部十二册，全”。《内閣書目》卷三曰：“《可齋李先生文集》十二册，……正集三十四卷，續集八卷。”内閣所藏，殆爲宋槧。宋刻三本久無著録，而巾笥本（即巾箱本）當有傳至後世者，今猶存影寫本。南京圖書館藏丁氏書有之，《善本書室藏書志》

卷三一著録道：

　　《可齋雜稿》三十四卷、《續稿》八卷、《續稿後》十二卷，影宋本。……（曾伯）文則明於理勢，多可見諸施行；詩則暢厥氣機，未嘗拘於格律。淳祐壬子自序《雜稿》於荊州；《續稿》則寶祐二年翰林學士尤焴爲序，湖北倉使劉甄助刊，而又自爲小序；《續稿後》則前後並無序跋也（祝按：尤氏序稱"以其在荊襄著述二編見示"，則所序當無《雜稿》，而包括《續稿後》）。咸淳庚午公子杓又彙三稿刻之荊州，並爲一跋（祝按：跋未言"刻之荊州"）。每卷後俱有"嗣男杓編次"，《續稿自序》後有"曾伯"聯文木印，"長孺"鼎式木印，"可齋"長方木印，"河內開國"、"郟亭李氏"二方木印，皆存宋槧之舊耳。

該本既有李杓跋，則必出於書市所刻巾箱本。又，國家圖書館、上海圖書館藏有清鈔本數部。傅增湘《經眼録》卷一四著録舊寫本，每半葉十一行二十字，序跋與丁氏本同，"卷中提行空格一仍舊式"，並詳著三集之目：

　　《雜稿》目：一至三（表），四至十四（啟），十五至二十（奏申），二十一（賦、記），二十二（樂語），二十三（上梁文、疏語、序），二十四（青詞），二十五至三十（詩），三十一至三十四（詞）。

　　《續稿》目：一（表），二（啟），三、四（奏申），五（記、銘、序、跋、樂語、上梁文、青詞），六（詩），七、八（詞）。

　　《續稿後》目：一（表），二（啟），三至九（奏申），十（詩），十一、十二（詞、雜著）。

吳昌綬雙照樓《影刊宋金元明本詞》有《可齋雜稿詞》四卷、

《續稿詞》三卷，即據集本影刊，雙照樓鈔本今藏國家圖書館。

　　日本静嘉堂文庫藏陸氏書，有張金吾（月霄）舊藏鈔本《可齋》三集，"卷中有'張月霄印'朱文、'愛日精廬藏書'朱文二方印，'汪士鐘藏'白文長印"（《皕宋樓藏書志》卷八九、《静嘉堂秘籍志》卷三七，參《愛日精廬藏書志》卷四）。該本有李灼跋，當亦源於巾笥本。

　　《四庫全書》著録鮑士恭家藏本，據《提要》，乃由宋巾笥本出，編目卷次與上引傅氏《經眼録》所記全同；又《提要》曰："三稿皆各自爲編，《至元嘉禾志》始稱爲《可齋類稿》，蓋後人合而名之，殊非宋刻之舊。"民國時，文淵閣四庫本嘗影印入《四庫全書珍本初集》。

　　《全宋文》以《四庫全書珍本初集》本爲底本。《全宋詩》用影印文淵閣《四庫全書》本爲底本。

【參考文獻】

李曾伯《可齋雜稿序》（影印文淵閣《四庫全書》本《可齋雜稿》卷首）

李曾伯《續稿自識》（同上本《續稿》前）

尤焴《武陵本可齋稿序》（同上本《可齋雜稿》卷首）

李杓《巾笥本可齋稿跋》（《皕宋樓藏書志》卷八九）

庸齋集六卷

趙汝騰　撰

趙汝騰（？——一二六一），字茂實，號庸齋，太宗八世孫，

寓福州（今屬福建）。寶慶二年（一二二六）進士，官至端明殿
學士兼翰林學士承旨。所著文集，原本編刊情況不詳。明
《文淵閣書目》卷九著錄"趙庸齋《紫霞洲集》一部一冊，闕"。
又"趙庸齋《蓬萊集》一部三冊，全"。《內閣書目》著錄兩本
同，皆稱"全"，而增《庸齋表箋》一冊，全"。蓋作者原有多集
傳世，而未嘗彙編爲一書。

　　各集後皆亡佚，今傳《庸齋集》乃大典本，《四庫全書》據
以著錄。《提要》曰：

　　　　其集《宋史·藝文志》及諸家書目皆不著錄，厲鶚
　　《宋詩紀事》載宋宗室共七十五人，亦無汝騰之名。惟
　　《永樂大典》各韻中間收入汝騰之文，有題《趙庸齋集》
　　者，有題《庸齋蓬萊閣》（祝按：據今人欒貴明《四庫輯本別集拾
　　遺》，現存《永樂大典》殘本有題"趙庸齋《蓬萊集》"者，有題"趙庸
　　齋《蓬萊館集》"者，有題"趙汝騰《紫霞洲集》"者，而無"蓬萊閣"。
　　所謂"蓬萊閣"，疑是"蓬萊館集"之誤書）、《紫霞洲集》者，又有
　　題《庸齋瑣闈集》者，而舊序已佚，其卷目次第不可復考。
　　謹蒐羅殘闕，釐次成編，析爲六卷。篇帙無多，可無煩名
　　目，統題作《庸齋集》，以歸於一。

四庫本卷一、二爲頌及各體詩；卷三表；卷四牋、疏、札子、奏
狀；卷五論、序、說、跋；卷六銘、贊、祭文、碑文、墓誌。民國時
嘗以文淵閣四庫本影印入《四庫全書珍本初集》。

　　《全宋文》用影印文淵閣《四庫全書》本爲底本，輯得佚文
十四篇。《全宋詩》底本同。

三山鄭菊山先生清雋集一卷
附所南翁一百二十圖詩集一卷
所南文集一卷

鄭　起　撰

　　鄭起（一一九九——一二六二），初名震，字叔起，號菊山，福州連江（今屬福建）人。嘗主無錫縣學，晚居西湖長橋。其子思肖《心史·雜文》之《先君菊山翁家傳》曰："有碑銘記序百五十餘篇，詩百餘篇，皆晚年所作，亂後故稿爲賊取去；僅存於別稿者，文得十一篇，詩得十五篇，餘篇不可復得，深爲痛惜。"（按：前人或疑《心史》爲僞作，恐非，詳《心史》叙録）大德五年（一三〇一），柴志道作《清雋集序》，稱鄭起"頗多雜著文章，有詩曰《仙遊稿》，今山村仇君（遠）摭四十首曰《清雋集》，遂冠於《所南翁一百二十圖詩》之首，庶幾知有所本，橋梓輝映，抑亦俱有光焉"。按鄭思肖（所南）有《一百二十圖詩集自序》，則原自爲集，蓋仇遠始以兩集合刊。據柴序，《清雋集》乃選自《仙遊稿》，而《仙遊稿》久佚，故鄭起詩今僅存此集。《一百二十圖詩集》，乃詠古畫之作，如《黄帝洞庭張樂圖》《堯民擊壤圖》之類，末附《錦錢餘笑》詩二十四首，爲白話詩。兩詩集之後，又有《鄭所南先生文集》一卷，末附所南友人唐謙撰《鄭所南小傳》，稱"文集一卷，自叙《一百二十圖詩》一卷，與菊山先生詩集並行於世"。又王行《題鄭所南行録後》謂唐謙"能於篇章殘廢之餘，故老凋零之緒，掇拾纂綴，得不至於盡泯"，似《所南文集》即唐謙所輯，而與兩詩集合刊併行。

　　明《文淵閣書目》卷九著録"鄭起《菊山清雋集》一部一
册，闕"。《内閣書目》無其目。《絳雲樓書目》卷三載"鄭菊山
《清雋集》附鄭所南《一百二十圖詩》"。

　　《四庫總目·別集類存目》著録鄭思肖《心史》時，謂其父
《菊山清雋集》"已著於録"，實則《四庫全書》失收，蓋館臣疏
誤。舊椠久已失傳。乾隆間鮑氏刻入《知不足齋叢書》第二
十一集，《所南文集》後有"平江路天心橋南劉氏梅溪書院印
行"一行，猶存舊刊痕迹。張元濟跋《四部叢刊續編》本（此本
詳下），謂"卷首柴志道序作於大德五年，《清雋集》又爲仇山
村所選，蓋元代固有刊本，而《所南小傳》，鮑氏所據乃録自盧
熊《蘇州府志》，則亦必爲傳録本矣"。《叢書集成初編》據《知
不足齋叢書》本排印（《所南文集》未收）。

　　民國二十三年（一九三四），商務印書館嘗據林佶手寫本
《清雋集》附鄭思肖二集影印入《四部叢刊續編》（按：傅增湘
以爲"舊題林佶手寫本，非是"，見《藏園訂補邵亭知見傳本書
目》），張元濟撰校勘記，跋稱以林氏寫本校鮑本，"足以正其
訛繆者不鮮，然鮑刻亦自有佳處"。

　　除上述外，今國家圖書館、北京大學圖書館、南京圖書館
等猶著録清鈔本凡七部。國圖藏有張位鈔本、趙氏小山堂鈔
本等；南京圖書館所藏乃丁氏書，爲怡府舊本，有"安樂堂藏
書記"、"明善堂覽書畫印記"等印記（見《善本書室藏書志》卷三
二）；北大圖書館藏本爲藝芸書舍舊物，有"汪士鐘印"朱文長
印（見《木犀軒藏書書録》）。要之，清以後各鈔本、刊本，當皆源
於元刻本，以《四部叢刊續編》本爲通行善本。

　　日本文化十四年（一八一七），江堀野屋儀助等嘗翻刻

《知不足齋叢書》本，後又有明治時印本，見《和刻目録》。

　　《續修四庫全書》用北京大學圖書館藏清鈔本影印，編入集部第一三二〇册。

　　《全宋詩》以《四部叢刊續編》本爲底本。

【參考文獻】

　　柴志道《三山鄭菊山先生清雋集序》（《四部叢刊續編》本《三山鄭菊山先生清雋集》卷首）

　　鄭思肖《所南翁一百二十圖詩集自序》（同上本《所南翁一百二十圖詩集》卷首）

　　張元濟《鄭菊山父子詩文跋》（同上卷末）

秋崖先生小稿八十三卷

方　岳　撰

　　方岳（一一九九——一二六二），字巨山，號秋崖，新安祁門（今屬安徽）人。紹定五年（一二三二）進士，嘗知南康軍、袁州，官至吏部侍郎。先後忤賈似道、丁大全，罷歸。其集宋、元、明皆有刊本。明《文淵閣書目》卷九著録“方巨山《秋崖小稿》一部七册，闕”。《内閣書目》卷三曰：“《秋崖方先生集》十册，全。……文集四十五卷，詩集三十八卷。”秘閣本當是宋、元舊槧。《脈望館書目》載“《秋崖集》六本”。《國史經籍志》卷五著録“方岳《秋崖小稿》五十九卷”，不詳所録何本。

　　明嘉靖本（此本詳下）李汛序曰：

　　《秋崖小稿》凡八十三卷，……嘗一刻於開化，再刻
於建陽。迨先生之後咸淳進士曰貢孫、寶祐進士曰石
者，又翻刻於竹溪書院，行於世久矣。至元季，板逸於
兵。高廟（明太祖）龍興之初，詔求古今遺書，有司窮搜
以進，此稿遂泯。

所述開化、建陽及寶祐竹溪書院翻刻本，原刻皆久佚，唯清乾
隆四庫館尚採得影鈔寶祐五年（一二五七）本《秋崖新稿》三
十一卷（詳後）。

秋崖詩文，今以日本所藏元大德二年（一二九八）翻刻建
陽本爲最古。該本爲《分類秋崖先生詩稿》十五卷（原本十八
卷，闕卷一至三）、《小稿別集》十一卷，今藏日本御茶之水圖
書館，乃德富蘇峰成簣堂等舊藏。《日藏漢籍善本書錄》著
錄道：

　　　　元大德年間（一二九七—一三〇七）刊本，共三
冊。……每半葉有界十行，行十八字。黑口，左右雙邊，
版心記“秋詩卷（幾）”，下記字數。

　　　　各卷起首皆頂格直書“分類秋崖先生詩稿卷之
（幾）”，次行上空八字，題署“方岳巨山”，第三行爲詩體
標目，如“七言絕句”等，第四行列詩題，第五行起爲
詩文。

　　　　卷七末有陰文“大德二年十一月十九日（下缺）”，卷
四、卷十三末也有相同文字，然墨跡銷蝕，不能卒讀。卷
十八末鐫刻有“取四景花卉拾遺律詩詞曲古風後集繼此
出售”二行。

　　　　是書全本凡十八卷。此本今缺卷一至卷三，實存卷
四至十八，共十五卷。

金程宇《稀見唐宋文獻叢考》所收《佚存東瀛的方岳詩文集及其價值》一文，引該書第一册扉葉日文題詞曰：“此書大德二年刊行……大德二年爲公曆千（三）〔二〕百九十八年，我國永仁六年北條貞時執政之時。此書要處於宋元槧刻中間，故自并具兩者之風韻面目也。”

　　除上述元大德本外，日本猶藏有室町時代鈔本，其中有方岳小集二種爲元槧所無。第一種爲《類編秋崖先生詩稿後集》九卷。金程宇《佚存東瀛的方岳詩文集及其價值》述東京都立中央圖書館所藏是集鈔本，稱《（東京都立日比谷圖書館藏）特別買上文庫目録·諸家漢籍》著録，每半葉十行，行十八字。又引阿部隆一《本邦現存漢籍古寫本類所在略目録》，謂鈔本有“室町寫‘香山常住’”印。該本前有目録，末尾至《謝兄編言仁求詩》之“吾衰甚矣將”止，後缺“奈何，欲共君談口荆棘”數字。元槧所無另一種爲《秋崖先生小稿續集》十卷，藏日本內閣文庫。日本內閣文庫藏有寫本三部，金程宇稱甲本、乙本、丙本。甲本封面上有“昌平坂學問所”墨印，目録後另起行題“建安耐軒馬世和　編集”，後有序曰：

　　　　“學詩如學仙，時至骨自換。”蓋讀多、做多則好者多矣。秋崖方君雖爲天爵所縻，然詩意沖澹，綽有山林野性，亦長於詩者也。是編雖巨，率皆圓熟，盡多警拔，未敢輕易去取，故類格爲前後耳。

金先生謂“此序未署名，當即編者馬世和所撰”。乙本、丙本，多出《秋崖先生小稿續集》十卷。乙本封面有“昌平坂學問所”墨印，封面題“秋崖詩稿一之九”、“秋崖詩稿十之十八”、“秋崖詩稿續一之十”、“秋崖詩稿別一之十一”、“秋崖詩稿後一之五”、“秋崖小稿六至九”。鈔本原六册，合爲三本裝訂。丙本爲秋崖詩稿六册，外封同樣有“昌平坂學問所”墨印。其特點爲内題“類編分體秋崖先生詩稿大全目録”，“建安耐軒馬世和編集”。每半葉十行，行十八字。此本鈔手不佳，誤字極多，但有目録，有《秋崖先生小稿續集》十卷。金氏引筧文生、野村鮎子《四庫提要南宋五十家提要》，認爲成簣堂文庫所藏元刻本爲宋建陽本之翻刻，而“内閣文庫所藏室町時代寫本《分類秋崖先生詩稿》十八卷、《後集》九卷、《小稿別集》十一卷，顯自前述元刻本鈔出。較之御茶之水圖書館所缺《詩稿》卷一之卷三與《後集》九卷，此本完整地傳達出元刻本的原貌”(以上所述，詳見中華書局二〇〇九年版《稀見唐宋文獻叢考》第四〇至四四葉)。

金程宇《佚存東瀛的方岳詩文集及其價值》論日本所藏秋崖詩文四集之價值有三：一、可輯補《全宋詩》《全宋詩訂補》(陳新、張如安、葉石健、吳宗海等補正，大象出版社二〇〇五年版)之方岳佚詩；二、可輯補《全宋文》之方岳佚文百餘篇(含斷章，主要見《小稿別集》《小稿續集》)；三、具補録通行本出處及校勘方面之價值。并一一列出佚詩和佚文目録，以及補録、校勘舉例。要之，日本藏方岳詩文集之介紹并引入國内，對方岳研究意義重大。

國内通行方岳詩文傳本完帙，以明嘉靖本爲早。到嘉靖時，已無全本流傳，裔孫方廷孚等以前後所得數帙“參考互訂”而成書。李汛序曰：

　　弘治中，學士篁墩先生(程敏政)自中秘録出一十二卷，手授先生九世孫國子博士舜舉，曰：“此君家舊物也。”嗣是淵之知蘄州得五卷，舜明訓道江右得十卷，舜中教授江浙得十卷，舜文家藏三十一卷，舜玉客吴下得一十五卷，蓋異處也。嘉靖乙酉（四年，一五二五），先生十世孫廷孚、廷畏、廷光、廷實、廷獻，子澄，取前後所得參考互訂，缺者補之，斷者續之，訛者正之，而成是編，可謂寶矣。

據所述，知明代所傳方岳詩文爲若干小集，稱“小稿”，故參訂合編後，仍題《秋崖先生小稿》，凡文集四十五卷、詩集三十八卷，共八十三卷。祁門方氏刻本前有李汎、方謙兩序（作於嘉靖五年〔一五二六〕刊成時），後有吳煥章跋，今國家圖書館、上海圖書館及北京大學圖書館有藏本。嘉靖二十一年，方顯用重印是集，今北大圖書館、上海圖書館、南京圖書館等著錄，日本内閣文庫、静嘉堂文庫、尊經閣文庫、大倉文化財團亦有藏本（詳《日藏漢籍善本書録》）。又有嘉靖刻明、清遞修本，國家圖書館、南京圖書館等及日本著録。清方氏工部草堂重印嘉靖二十一年本（卷首題“工部草堂藏板”），今上海圖書館、山東省圖書館著録。光緒二十一年（一八九五），黄澍芬爲祁門令，是時嘉靖刻板猶在，黄氏为之補刻，跋曰：“余今年來祁門，公餘徵考文獻，得此讀之，即所云嘉靖本也。旋從其裔孫得刊板，檢校計闕若干葉，亟思補刻，適胡君廷瑝先有是志，與商之，毅然從事，爰屬鈔付手民，復歸完美。”今國家圖書館、南京圖書館、天津圖書館等著録黄氏補刻本。嘉靖版保存到清末，亦中國印刷史之奇迹。嘉靖本遇“皇帝”、“陛下”等字空格，猶依宋本原式。然其文集、詩集行款不同，文集每半葉十二行二十字，詩集十一行十九字，説明原本乃詩、文分刻。

除上述各刊本外，今國家圖書館、南京圖書館等尚藏有康熙六十年(一七二一)錢枚、方蔚等鈔嘉靖本。

　　除嘉靖刻本系統外，今國家圖書館藏有清乾、嘉時木活字印本《秋崖先生小稿》三十八卷，乃詩集，上海圖書館、南京圖書館亦有著錄。南圖本有清石蘊玉校、丁丙跋，《善本書室藏書志》卷三一著錄爲“明活字印本”。明活字本未見文獻記載，疑是清活字本之誤。

　　《四庫總目》著錄鮑士恭家藏本，題《秋崖集》，凡四十卷。《提要》曰：

　　　　其集世有二本，一爲《秋崖新稿》，凡三十一卷，乃從宋寶祐五年刻本影鈔；一爲《秋崖小稿》，凡文四十五卷、詩三十八卷，乃明嘉靖中其裔孫方謙所刊。今以兩本參校，嘉靖本所載較備，然寶祐本所有而嘉靖本所無者，詩文亦尚各數十首。又有別行之本，題爲《秋崖小簡》，較之本集多書札六首。謹删除重複，以類合編，併成一集，勒爲四十卷。岳才鋒凌厲，洪焱祖作《秋崖先生傳》，謂其詩文、四六不用古律，以意爲之，語或天出，可謂兼盡其得失。要其名言雋句，絡繹奔赴，以駢體爲尤工，可與劉克莊相爲伯仲。

所云別行之《秋崖小簡》，今未見著錄。前引李汛序，稱方舜文家藏三十一卷，此影鈔《秋崖新稿》是否即方舜文藏本？不得而知。李汛序又謂寶祐竹溪書院本乃“翻刻”建陽本，建陽本乃“再刻”開化本，則應同爲《秋崖小稿》八十三卷，而影鈔本題《秋崖新稿》，且僅三十一卷，其中詩文數十首又爲嘉靖本所無，是否寶祐本曾經方頁孫、方石合併重編，或三十一卷本并非寶祐本完帙？館臣未作説明，因影鈔《新稿》久無著錄，今不可考。鮑士恭家藏本當即嘉靖本，四十卷乃館臣“以類合編”,其卷目編次爲：卷一至一五,詩；卷一六,詞；卷一七,表；卷一八,奏狀、奏札、制誥；卷一九至二三,啟；卷二四,書簡；卷二五至三〇,簡札；卷三一、三二,簡；卷三三,樂語；卷三四,上梁文、雜文；卷三五,榜、祝文；卷三六,賦、記、序；卷三七,箴、銘、贊；卷三八,題跋；卷三九,祭文；卷四〇,墓誌銘。今以嘉靖所刊詩、文共八十三卷與四庫本相校,前者詩文反較四庫本略少,文字則各有短長。清乾隆翰林院鈔本,今藏南京图书馆。

　　《全宋文》用影印文淵閣《四庫全書》本爲底本,輯得佚文八十四篇。《全宋詩》以嘉靖五年刻本爲底本,補入四庫本多出之詩,另輯得佚詩二十四首。隨上述日本藏本回歸,兩《全》失收之方岳詩文甚多,有待將來補入。

【參考文獻】

　　李汛、方謙《秋崖小稿序》（工部草堂重印嘉靖本《秋崖小稿》卷首,人各一序）

　　吳煥章《秋崖方先生小稿跋》（同上本“文集”末）

孫耕閑集一卷

孫　銳　撰

　　孫銳（一一九九——一二七七）,字穎叔,號耕閑居士,吳江（今江蘇蘇州）人。咸淳十年（一二七四）進士,僉判廬州。元兵攻佔吳越,遂謝命歸里,以詩酒嘯詠不倦。至元十八年（一二八一）趙時遠序其集,稱“文集累若干卷,多散佚不傳。予忝世誼，知之深，因搜輯其遺稿，或扇頭，或壁上，或蠹簡鼠穴，裒而成編，得數十首，後之人覽斯集，而先生之梗概從可知矣”。則是集乃趙時遠所重輯，曾付梓否不詳，明代書目未見著錄。

　　今存鮑氏知不足齋鈔本，藏日本大倉文化財團，卷中有“徐時棟祕笈”、“城西草堂”、“柳泉書畫”印記（《日藏漢籍善本書錄》），不詳其源於何本。國家圖書館、中國科學院圖書館亦藏有鈔本。國圖本有傅增湘跋，稱該本十行十六字，本集凡詩三十首，後補遺詩文三首。又，國圖所藏清金氏文瑞樓鈔本《宋人小集六十八種》，亦收有此集。今本存詩數，與趙時遠序所謂“數十首”大致相當，疑即源於趙氏重輯本。

　　咸豐中，韓泰華將是集刊入《玉雨堂叢書》，爲現存之唯一刊本。此書《四庫全書》未收，《全宋詩》以國圖所藏清鈔本爲底本。《續修四庫全書》用國家圖書館藏清鈔本影印，編入集部第一三二〇册。

【參考文獻】

　　趙時遠《孫耕閑集序》（《皕宋樓藏書志》卷九三）

　　傅增湘《舊鈔本耕閑集跋》（《藏園群書題記》卷一五）

彝齋文編 四卷

趙孟堅　撰

趙孟堅（一一九九——一二九五），字子固，號彝齋居士，太祖十一世孫，寓海鹽（今屬浙江）。寶慶三年（一二二七）進士，歷湖州掾，知諸暨縣。善書畫，工詩文。明《文淵閣書目》卷九著録其"《彝齋文編》一部四册，全"，然至《内閣書目》已無其目。今傳乃大典本。《四庫提要》曰：

> 其集《宋史·藝文志》不著録，唯見於明《文淵閣書目》者四册，世久失傳。今從《永樂大典》摭拾補綴，釐爲四卷，大都清遠絶俗，類其爲人。剩璧零珪，風流未泯，亦足與書畫並傳不朽云。

大典本録入《四庫全書》，卷一賦、詩；卷二詩、詩餘；卷三序、記、狀；卷四啟、雜著。

今國家圖書館、北京大學圖書館、南京圖書館俱著録鮑氏知不足齋鈔本，有嘉慶十五年（一八一○）鮑廷博跋（全文參見《木犀軒藏書書録》），四卷之外又自他書輯《補遺》一卷。南京圖書館本乃丁氏書，後有印曰"知不足齋鈔傳秘册"，以及陳氏西畇草堂諸印記（詳《善本書室藏書志》卷三二）。民國三年（一九一四），吳興劉氏據丁氏本刊入《嘉業堂叢書》。鮑氏原本略有校勘，其卷四篇目次第與四庫本稍異。上述之外，南京圖書館猶藏有清沈叔珽鈔本，上海圖書館著録勞氏鈔本，日本静嘉堂文庫著録傳録知不足齋本等。所有鈔本（包括鮑氏本），皆源於大典本。

《全宋詩》以影印文淵閣《四庫本書》本爲底本，輯得佚詩十首。《全宋文》用《嘉業堂叢書》本爲底本，新輯佚文九篇。

雪窗先生文集二卷

孫夢觀 撰

孫夢觀（一二〇〇——一二五七），字守叔，號雪窗，慈谿（今屬浙江）人。寶慶二年（一二二六）進士，官至集英殿修撰、知建寧府。趙孟堅嘗作《孫雪窗詩序》（《彝齋文編》卷三），稱其"志古工吟"，"體備而不時世妝"；又謂其有韻之文"春容大篇，《北征》《廬山高》之行輩乎！精密簡短，《秋浦》其流乎！載揚古風，一洗靡習，吾其望子"。其集曾付梓否不詳，明人極少著録，趙氏所序詩集亦久佚，今傳乃其文集。

《四庫總目》著録兩淮鹽政採進本《雪窗集》二卷、附録一卷，《提要》曰：

> 是編乃明嘉靖間其裔孫應奎所校刊，有劉教後序云："集凡二卷，曰奏議，曰故事。其誌贊誄文爲附録一卷。"故事者，徵引古書於前，而附列議論於後，更番進御，因事納規。同時李曾伯集亦嘗載之，蓋當時體制如是也。其奏議自嘉熙庚子（四年，一二四〇）以迄寶祐丙辰（四年，一二五六），正宋政極壞之時，所言皆切直激昂，洞達時務。

觀其體制，此所謂"文集"，蓋後人録其有關朝廷之文，非文章別集也。

祁氏《澹生堂藏書目》卷一三《續收》著録"《雪窗文集》二册，二卷"，疑即嘉靖本。今國家圖書館、南京圖書館等藏有傳鈔嘉靖本，而嘉靖原刻未見著録。

　　《四明叢書》刊入是集，前有嘉靖間陳塏、劉教序，卷末有嘉靖丁酉（十六年，一五三七）及嘉靖二十五年孫應奎跋。跋稱所據底本爲"遺稿"，似嘉靖前是集并未付梓。又據民國二十三年（一九三四）張壽鏞序，《四明叢書》所用底本爲吳興劉氏嘉業堂藏鈔嘉靖本。

　　《全宋文》用影印文淵閣《四庫全書》本爲底本。

【參考文獻】

　　陳塏、劉教《雪窗先生文集序》（《四明叢書》本《雪窗先生文集》卷首，人各一序）

　　孫應奎《雪窗先生文集跋》（二篇，同上卷末）

　　張壽鏞《〈四明叢書〉本雪窗先生文集序》（同上卷首）

宋人別集叙録卷第二十七

李忠簡公文溪存稿二十卷

李昴英 撰

李昴英（一二〇一——一二五七），字俊民，番禺（今屬廣州市）人。家於文溪上，故以爲號。寶慶二年（一二二六）廷對第三，累官吏部侍郎、龍圖閣待制。居官多惠政，立朝剛方正大。卒，謚忠簡。是集乃其門人李春叟所輯，有序，略曰：

> 天收其聲，山頹筆絕，遺編散落，浩不可收。……春叟耄矣，於師門無能爲役，大懼放失，永負夙心。於是勉收爐餘，僅得奏稿、雜文一百二十二篇，詩詞一百二十五首，編次成集，命之曰《文溪存稿》，卷飭而歸之群玉府，俾登諸梓，以壽其傳。

時在元至元三十一年（一二九四）。今存大德戊戌（二年，一二九八）門人陳大震序，稱作者孫憲文、以文携《存稿》見示，疑即刻成於是年。元槧爲後來各本之祖，完帙久無著錄，乾隆間裔孫李履中稱其兒時尚見一卷，已煤爛不可讀（見所作修補乾隆本跋）。

明成化間有重刻本。成化庚寅（六年，一四七〇），陳獻章爲之序，略曰：

> （李）德孚念先緒之落落，遺稿僅存，復多訛缺，乃深
> 自懼恧，悉訪諸族之人，得舊所刊本，與所謄本參校，闕
> 其所疑，刻之家塾。

所謂"舊所刊本"，當即元槧。成化本清乾隆時尚傳世（曾爲
《四庫全書》底本，見下），今亦無著録。

嘉靖十年（一五三一），裔孫李翱又重刻之，題《李忠簡公
文溪存稿》。上引李履中跋，謂其有嘉靖刻本凡四部，而今僅
國家圖書館藏一殘帙，存卷一至五，然崇禎五年（一六三二）
李振鷺重修嘉靖本，今國家圖書館尚有完帙。該本原爲傅增
湘於地安門外賴古堂買得，其《藏園群書經眼録》卷一四著
録道：

> 明刊本，九行十八字，白口，四周單闌。有嘉靖癸丑
> （三十二年）南海黄衷子和序，嘉靖辛卯（十年）莆陽鄭洛
> 書序，嘉靖戊戌（十七年）高陵吕柟序，至元三十一年甲
> 午李春叟序，成化庚寅同郡陳獻章序。畫像二幅，一湛
> 若水贊，一文溪自贊。像前有莆田姚虞撰文溪傳。卷末
> 有崇禎三年十三世孫宜權跋，蓋取嘉靖舊板補綴行世
> 耳，新舊凡二百六十九版。

按崇禎本李宜權重修跋，稱"（嘉靖本）去時已久，復多殘缺。
權隨將弟宜相、姪綦晃搜綴舊刻若干篇，爰命剞劂氏登諸梓，
俾殘者飾之，缺者補之，計新舊刻書共二百六十九幅，參校成
帙，而原卷復完矣"。據嘉靖本黄衷序，該本凡"文百十二篇，
奏議二十一篇，詩詞百六十七首"，較之上引李春叟序，詩文
皆增益不少。修補乾隆本（此本見下）之《異同考》引李春叟

序，李履中按曰："今按集中，奏稿、雜文共一百二十八篇，俱成化、嘉靖、正德年補入。詩詞一百八十八首，溢六十三首，俱嘉靖〔己〕〔辛〕卯（十年，一五三一）後補入。"據知是集累有佚文補刻入編。明刻《存稿》中，因嘉靖本今無完帙，故以崇禎修補嘉靖本收文最全。二十卷中，凡記二卷，序一卷，題跋二卷，奏議四卷，書狀一卷，判、行狀一卷，祭文、墓誌、雜著一卷，詩五卷，詩餘二卷，家書一卷。

入清，李氏裔孫遞相重刻。康熙四年（一六六五），有十四世孫際明刊本，正集二十卷外，於卷末附録《事文考》、《異同考》一卷。李際明重刻序稱嘉靖板遭鄉變後失落，"所幸舊帙猶存，因訂其魚魯，分類編次，而授之梓"。該本今北大圖書館、復旦大學圖書館等有著録。乾隆十八年（一七五三），裔孫李琯郎再重刻之，所刻本今未見著録，而國家圖書館藏有乾隆三十八年李履中修補十八年本，有序，稱前刻魚魯過多，爰取宋、明舊刻悉心研究，"得字畫訛舛者二百七十餘字，命工補正"。

《四庫全書》著録兩江巡撫採進本，《提要》述元刻本後，稱"明成化中重刻，陳獻章爲之序"，則所用底本似爲成化本。《提要》又曰："其文質實簡勁，如其爲人。詩間有粗俗之語，不離宋格，而骨力猶健，亦非靡靡之音。蓋言者心聲，其剛直之氣，有自然不掩者矣。"

道光二十年（一八四〇），南海伍氏詩雪軒將此集刊入《粤十三家集》。伍元薇有序，稱是集經其後人屢刻，舛誤不一而足。附録《事文考》《異同考》各一帙，徵引太繁，且雅俗並陳，"兹刻但録原書二十卷，其卷首各列傳、畫像、贊、行狀仍之，此外概從芟薙"。伍氏稱其所用底本爲"通行本"，當爲修補乾隆本，其卷末附録《事文考》《異同考》。又曰："奏議每則後，其後人多所發明，似可不必，以原書如是，謹仍之。"

光緒二十三年（一八九七），二十二世孫翹芬久遠堂又爲之重梓，有跋，稱其底本乃"家藏崇樸公重刻增益之本"，即乾隆李琯郎重刻本。裔孫刊傳之心可嘉，然校讎之功稍乏，故清刻本大多欠佳。

一九九四年，暨南大學出版社出版楊芷華校點本《文溪存稿》，爲新編《嶺南叢書》之一。是本以《粵十三家集》本爲底本，參校各本。

《全宋文》《全宋詩》俱用影印文淵閣《四庫全書》本爲底本。

【參考文獻】

李春叟、陳大震《文溪集序》（崇禎重修嘉靖本《文溪存稿》卷首，人各一文）

陳獻章《成化本文溪存稿序》（同上）

鄭洛書、吕柟、黃衷《嘉靖重刊文溪存稿序》（同上，人各一序）

李宜權《崇禎重修文溪存稿跋》（同上）

李際明《康熙重刻忠簡公文溪存稿序》（乾隆修補本卷首）

李履中《修補乾隆十八年本文溪存稿序》《跋》（同上卷首、卷末）

物初賸語二十五卷

釋大觀　撰

大觀（一二〇一—一二六八），字大觀，號物初，俗姓陸，

鄞縣(今浙江寧波)人。自幼父母雙亡,遂出家。出世住臨安
法相禪院,歷住安吉州顯慈禪寺、紹興府象田興教禪院等,景
定四年(一二六三)入住慶元府阿育王山廣利禪寺。爲臨濟
宗楊岐派大慧宗杲門下三傳弟子。卒,葬寺西菴,嗣法門人
元晦機元照撰《鄮峰西菴塔銘》(見明郭子章撰《明州阿育王山志》
卷八下)。所著詩文集《物初賸語》二十五卷,有咸淳丁卯(三
年,一二六七)夏五自序,略曰:

> 職提唱外,酬應或需韻句,事功或需紀録。或求於
> 予,性不善拒。然法不孤紀,理不它隔,言在此而意在彼。
> 或便謂予長於文言矣,纔一脱稿,掃不見蹤跡,如是者有
> 年。吾徒嘿子潛會粹成編,擎之予前,……予因自笑曰:
> "治亂不關,寵辱不聞,山林自詮,寂寞自業,予老之賸人
> 也。謬當知宗,亦有本末,瑣瑣筆墨,矗矗酬應,又吾之賸
> 事也。説而無説,文而非文,又吾之賸語也。人賸,事
> 賸,語賸,惡足識其中有無欠賸句,亦有所取哉?"

所言乃述其吟詩作文緣由,編集本末,以及名集意旨。蓋成
集在逝世前一年,由其弟子嘿子潛輯編,而刊板時間不詳,蓋
在此後不久。

　　是集傳本國內久已散亡,今唯日本有藏本。嚴紹璗《日
藏漢籍善本書録》曰:

> 《物初剩語》二十五卷、《物初和尚語録》一卷,(宋)
> 釋大觀撰。宋刻本,日本重要美術財。共十册。御茶之
> 水圖書館藏本,原德富蘇峰成簀堂等舊藏。
>
> 　　按:每半葉十一行,行二十字。左右雙邊。……版
> 心記事不統一,如第一卷作"一　十二",此爲第一卷第

十二葉；第二卷作“二十一　　十”，此爲從第一葉起至此爲第二十一葉，“十”即爲第二卷之第十葉。

《物初剩語》無目錄葉。……卷中有朱筆句點，若干漢字旁有假名注音。此本傳爲佛國禪師（祝按：即高峰顯一〔一二四一——一三一六〕）從中國攜帶歸國。卷中有“寶珠菴常住”等印記。此本於一九三二年（昭和八年）被日本“文化財審議委員會”確認爲“日本重要美術財”。

二〇一三年，北京大學出版社出版北大許紅霞女史輯著《珍本宋集五種》一書，其中有《〈物初賸語〉整理研究》長文，後爲《賸語》點校本。《整理研究》據元延祐二年（一三一五）晦機元照所撰《塔銘》稱大觀“有《賸語》六册”句，認爲該本在國內失傳，可能在元代以後。許紅霞親見日本所藏宋刊本共兩部，分別藏於斯道文庫和成簣堂文庫。斯道文庫藏本凡五册，缺卷七至一一、卷二四、二五共七卷，無《語錄》。自序後有“大觀”（小方形）、“物初”（豎橢圓形）、“慧山”（似三足斝形無鋬）三印，其下爲“物初賸語目錄”，目錄卷四前爲鈔補，卷四、卷五部分目錄缺。每半葉行數、每行字數與上引嚴氏《書錄》同。又謂上單黑魚尾（時有花魚尾）朝下，下寫卷數、頁碼，最下有刻工姓名。書中時有鈔補。個別地方有後人朱筆句讀，天頭時有墨筆批注，墨筆旁有日文片假名注音。

成簣堂藏本共十册，其中有《語錄》一册。正文中有後人朱筆句讀，在人名、地名等固定名詞上畫有紅綫。其編排順序、版式、刻工姓名、字體等與斯道文庫本同，書中多有鈔補。

除宋刊本外，許紅霞又在日本見到兩部寶永五年（一七〇八）常信木活字本《物初賸語》，一部藏內閣文庫，別一部藏國會圖書館，在卷二十四末皆有“寶永五年戊子孟冬吉日植工常信"十四字。卷首有物初大觀自序及總目錄，正文每半葉十一行，行十一字，當由宋本而來。

又，日本尊經閣文庫猶藏有鈔配本《物初賸語》一部，自序字體與宋本極相似，亦有大觀三印記。正文每半葉十三行，行二十字，可斷定爲仿宋鈔本。但自卷十九起，字跡與前十八卷有所不同，文章題目下及正文中有雙行小注，知其是用另一本鈔配而成。鈔配部分每半葉十三行，行十九至二十一字不等，作注者當是日本人。

許紅霞又據駒澤大學圖書館所編《新纂禪籍目錄》，知是書日本尚藏有元版二十五卷五册、明版五册；又有永平寺藏慧達筆寫本五册、大阪安福寺藏古寫本五册，皆未能見。

《珍本宋集五種》之《物初賸語》校點本，用日本内閣文庫所藏寶永五年常信木活字本爲底本，校以斯道文庫、成簣堂文庫所藏宋本，并用尊經閣文庫所藏鈔配本參校。原書目錄只有個别卷有卷目，遂依其内容擬目。其卷目編次爲：卷一至七，詩；卷八，雜文（賦、贊、説等）；卷九、一〇，記；卷一一至一三，序；卷一四，銘；卷一五至一七，跋；卷一八、一九，表、榜疏；卷二〇，榜疏、上梁文、發願文；卷二一、二二，祭文；卷二三，墓誌銘、塔銘；卷二四，行狀；卷二五，書。

《全宋詩》僅從《物初大觀禪師語錄》及他書中輯得一卷，多爲偈、頌、贊之類。《全宋文》從《語錄》中輯文二卷。大觀本集詩文，兩《全》皆大量失收，待補。

【參考文獻】

釋大觀《物初賸語自序》（北京大學出版社二〇一三年版《珍本宋集五種·物初賸語》卷首）

耻堂存稿八卷

高斯得　撰

　　高斯得（一二〇一—？），本名斯信，字不妄，蒲江（今屬四川）人，魏了翁外兄子。紹定二年（一二二九）進士，累官至簽書樞密院事兼參知政事，以論賈似道誤國得罪，罷。宋亡，隱居苕雪以終。文集乃其孫編刻，龔璛序稱其孫由錢塘來書求序，謂“若詩篇奏疏，已刊摹若干卷”云云。序未署年代，然已入元無疑。《文淵閣書目》卷九著録“高斯得《耻堂存稿》一部七册，全”，《内閣書目》同，謂“凡七卷，鈔本”。《國史經籍志》卷五、《千頃堂書目》卷二九皆著録爲七卷，當即原本卷數。

　　傳本久佚，今存乃大典本。《四庫提要》述之曰：

　　　　今集中所存奏疏僅及十篇，與（《宋史》）本傳相較，已不能無所遺脱。然其於宋末廢弛欺蔽之象，痛切敷陳，皆凛然足以爲戒。……舉凡憫時憂國之念，一概寄之於歌詩，雖其抒寫胸臆，間傷率易，用韻亦時欠檢點，而感懷紀事，要自有激昂沈鬱之觀。……案《本傳》載，斯得所著有《耻堂文集》，明葉盛《篆竹堂書目》亦有《耻堂集》七册，而皆不言卷數。其後遂亡佚不傳，厲鶚《宋詩紀事》亦無斯得之名。今從《永樂大典》各韻中掇拾排次，釐爲文五卷、詩三卷，用存其概，而仍以元龔璛原序冠之於前。

　　大典本録入《四庫全書》，刊入《武英殿聚珍版叢書》，其卷目編次爲：卷一，奏疏；卷二，經筵講義；卷三，論；卷四，記；卷

五、書事；卷六，書事、題跋；卷七，詩；卷八，詩、樂語。《叢書集成初編》據聚珍本排印。

　　清光緒元年(一八七五)，四川浦口廣定鶴山祠有是集刻本，今唯四川圖書館、四川大學圖書館有藏本。民國十三年(一九二四)，蒲江民治書報社有鉛印本。兩本皆爲八卷。

　　《全宋文》《全宋詩》俱以影印文淵閣《四庫全書》本爲底本。

【參考文獻】

　　龔璛《恥堂存稿序》(影印文淵閣《四庫全書》本《恥堂存稿》卷首)

蕭冰崖詩集拾遺三卷

蕭立之　撰

　　蕭立之(一二○三—?)，原名立，字斯立，號冰崖，寧都(今屬江西)人。淳祐十年(一二五○)進士，官至判辰州。遭世亂，歸隱蕭田。元至元二十年(癸未，一二八三)，謝枋得跋其集，稱"冰崖乃澗谷(羅椅)所知詩家，因取其二十六卷刊以示余"云云。此本久佚。今存明弘治刊本，有成化壬辰(八年，一四七二)羅倫序，稱舊板毀於兵，嗣孫儀鳳欲重梓。又據弘治時裔孫蕭敏題識，是集原本久已散佚不全，經數代人遍求，遺文僅得，故題曰《拾遺》，且云成化間欲刻弗果，知弘治本乃元以後首刻。

　　弘治本乃瀘陽(今四川瀘州)守、九世孫蕭敏於弘治乙丑

（十八年，一五〇五）於治所刊刻，凡上、中、下三卷，卷上七古，卷中五古、五律、七絶，卷下七律。每半葉十行十六字，黑口，四周雙闌。弘治原刻本今僅國家圖書館著録一部，乃瞿氏舊物，見《鐵琴銅劍樓藏書目録》卷二一。此本幾成孤帙，幸《四部叢刊續編》據瞿本影印，今方易見。此外唯上海圖書館藏有李氏宜秋館鈔本。

　　是集《四庫全書》未收，阮元曾進呈。張元濟跋《四部叢刊續編》本時，稱據阮氏《提要》，所進亦即弘治本，而《宛委別藏》中阮氏“奏進之書，是集亦已不存”。今人編《續修四庫全書》，亦據弘治本影印，編入集部第一三二一册。

　　《全宋詩》以《四部叢刊續編》本爲底本。

【參考文獻】

　　謝枋得《蕭冰崖先生詩卷跋》（《四部叢刊續編》本《蕭冰崖詩集》卷末）

　　羅倫《蕭冰崖先生詩集序》（同上卷首）

　　趙鶴齡《弘治重刊蕭冰崖先生詩集序》（同上）

　　蕭敏《識冰崖公詩集拾遺》（同上卷末）

　　張元濟《〈四部叢刊續編〉本蕭冰崖詩集跋》（同上）

巽齋文集二十七卷

歐陽守道　撰

　　歐陽守道（一二〇九—?），字公權，初名巽，字迂父，廬陵（今江西吉安）人。淳祐元年（一二四一）進士，累官著作郎兼崇政殿説書。宋末理學家，晚號巽齋，學者稱巽齋先生，文天祥、劉辰翁皆是其門人。其集編刊情況不詳。明《文淵閣書目》卷九著録"歐陽守道《巽齋文》一部四册，闕"；《篆竹堂書目》卷三載"《巽齋文集》十册"；《内閣書目》無其目。蓋傳本極罕，僅免於散亡。

《四庫總目》著録程景伊家藏本，凡二十七卷，前後無序跋，其版本源流不詳。《提要》謂底本分甲、乙、丙、丁、戊五集，文章持論咸有根柢，不可與諸家語録等類齊觀。乾隆間四庫館鈔本，今藏江西省圖書館。四庫本乃分類編次，卷目爲：卷一至六，書；卷七至一二，序；卷一三至一七，記；卷一八至二二，跋；卷二三，啟；卷二四、二五，説；卷二六，銘；卷二七，贊、箴。清北京聚珍齋刊本、咸豐十一年（一八六一）廬陵書局刊本等，俱爲二十七卷（廬陵書局本有王補序，稱其底本爲鈔文淵閣四庫本），今有著録。

國家圖書館藏宋刊本《四家四六》，其中有《巽齋先生四六》一卷，前人誤題歐陽守道撰，實乃危積作，辨已詳本書卷二四。

《全宋文》用影印《四庫全書》本爲底本，輯得佚文十六篇。

潛山集十二卷

釋文珦　撰

文珦（一二一○—?），於潛（今浙江臨安）人，於杭州出家,遊歷各地。邁讒下獄,久之得免,遂遁跡以終。所著《潛山集》久佚,書目亦無著録,今存乃大典本,全爲詩,凡十二卷。《四庫提要》曰:

> 觀其《哀集詩稿》一篇有云:"吾學本經論,由之契無爲。書生習未忘,有時或吟詩。興到即有言,長短信所施。盡忘工與拙,往往不修詞。惟覺意頗真,亦復無邪思。"其宗旨品格,可以具見矣。厲鶚《宋詩紀事》所録釋子凡二百四十人,顧嗣立《元百家詩選》所録釋子集凡十五家,皆無其名。《禪藻》一集,蒐羅頗富,亦不登其一字。則是集之佚,其來久矣。今從《永樂大典》蒐輯,得詩尚近九百首,宋元以來僧詩之工且富者,莫或過之矣。

《四庫全書》據大典本著録。民國時嘗以文淵閣庫本影印入《四庫全書珍本初集》。一九八〇年,臺灣明文書局據文淵閣四庫本影印入《禪門逸書初編》。

《全宋詩》以影印文淵閣《四庫全書》本爲底本,從影印《永樂大典》殘本中補輯得佚詩一百八十多首。

孝　詩一卷

林　同　撰

林同,字子真,號空齋,福清(今屬福建)人。年未四十,慨然罷舉,與弟合俱隱於鄉。元兵至,抗節死。林希逸《鬳齋續集》有林同《壬申酬倡集跋》,集已久佚。劉克莊《林同詩序》謂其自里抵京赴試,"得詩一卷,十有九皆思親之言"(《後村先生大全集》卷九六），亦不存一首。淳祐庚戌（十年，一二五〇），劉克莊序其所作《孝詩》道：

> （林）同又摭載籍以來孝於父母者，事爲一詩，詩具一意，各二韻二十字，積至三百首。起邃古迄叔季兼取，明天理未嘗泯也；自聖賢至異域異類並録，見天性未嘗異也。事陳而意新，辭約而義溥，賢於烟雲月露之作遠矣。

吴壽暘《孝詩跋》（《拜經樓題跋記》卷五），謂其藏本乃“查初白（慎行）先生從昆山徐氏借千頃堂鈔本傳録，前有‘臨安府棚北大街睦親坊南陳解元宅書籍鋪刊行’一行”，則是集宋季或嘗刊入《江湖集》。原本久已失傳。清初曹溶將其輯入《學海類編》，不詳所據何本。《四庫總目》著録江蘇採進本，《提要》以爲所作“不免於駁雜，然大旨主於敦飭人倫，感發天性，未可以其詞旨陳腐棄之”。嘉慶六年（一八〇一），顧氏讀畫齋將是集刊入《南宋群賢小集》。

道光十一年（一八三一），六安晁氏用木活字本排印《學海類編》，其中有《孝詩》一卷，民國時上海涵芬樓嘗據道光本影印。《叢書集成初編》據道光本排印。《四庫提要》謂《學海類編》本“題‘長樂林同季野著’，名同而地與字俱異，又不知其何所據矣”。蓋館臣所見《學海類編》乃據傳録譌誤之本。除上述外，今國家圖書館猶藏有清趙氏小山堂鈔本（有翁同書跋）；南京圖書館藏有丁氏舊鈔本，有丁丙跋，等。

《全宋詩》以讀畫齋《南宋群賢小集》本爲底本。

【參考文獻】

劉克莊《孝詩序》（《南宋群賢小集》本《孝詩》卷首。又見《後村先生

大全集》卷九六）

雪磯叢稿五卷

樂雷發　撰

　　樂雷發，字聲遠，寧遠（今屬湖南）人。長詩賦，累舉不第，門人姚勉以科第讓之。理宗召對，賜狀元及第，時寶祐元年（一二五三）也。議時政不合，遂歸隱故里之雪磯，世稱雪磯先生，並以名集。其詩集身前已有多種刻本。寶祐丁巳（五年）自序，謂其詩“比歲渝江羅季海、西湖胡雪江間亦採而刊之，然傳録失真，甚者雜以他人之作”；又稱“嘗得李抑鈔書，必欲爲之刻梓，即嘗謝之。繼而友人朱嗣賢、何堯卿捐泉市梓，又有請焉，辭之再四，又請益堅，……僕不得辭矣”云云，則在是年或稍後當有手定本付刊。宋刻本久佚，各本卷數及收詩數量不詳。

　　明正統丙寅（十一年，一四四六），著者後嗣樂韶以舊本“湮晦寖多”，於是“再加編次”，請周洪謨作序。周序未明言是否付梓。傅增湘跋明活字本（此本詳後）時，謂樂韶嘗“編次付梓”，然又稱正統本不可得，則其並未見原本，蓋以活字本署銜推知。常熟瞿氏藏舊鈔五卷本，《鐵琴銅劍樓藏書目録》卷二一稱“出自正統本”。正統間當有樂韶刊本，殆久已失傳。

　　傅氏所跋明活字本，爲潘氏滂喜齋舊藏，《藏園群書經眼録》卷一四記之曰：

　　《雪磯叢稿》五卷，宋樂雷發撰。題“宋寶祐癸丑（元
　年）特科狀元樂雷發撰”，“後嗣敎諭樂韶、知縣樂武校
　正”。明活字印本，十行二十一字。前有正統丙寅西川
　周洪謨序，次雷發自序。後有成化十七年（一四八一）嗣
　孫戶部主事樂宣跋。鈐有季振宜、明善堂、安樂堂藏印。

是本今藏上海圖書館。今按樂宣跋曰：“舊遺《叢稿》一帙，歲
久漸以敝訛。愚恐格言至論將湮滅無傳，重不仁孝之罪也，
公暇重加訂正，期以傳之無窮，……因録成而遂言之如此。”
所謂“期以傳之無窮”，即欲付印之意。蓋活字本印行於成化
十七年或稍後不久，當據樂韶本擺版，故有正統本序。傅跋
又謂活字本“字體拙陋，排版亦頗粗疏”，然是集刊印本，今以
此爲古。

　　《四庫全書》著録馬裕家藏本，其後有樂宣跋，當出於明
活字本，五卷皆各體詩。傅氏《經眼録》卷一四著録顧鶴逸
（麟士）遺書影寫成化本，鈐有“翰林院印”；又著録清寫本。

　　嘉慶七年（一八〇一），石門顧氏讀畫齋刊《南宋群賢小
集》，所收《叢稿》五卷，傅跋謂即出於樂韶所編本；取讀畫齋
本與明活字本相校，“篇題次第皆合，惟讀畫齋本偶有差訛，
可據此正之”。據今大陸、臺灣各圖書館著録，是集今猶存清
鈔本十餘部，分別源於正統本及活字本。

　　另，《沅湘耆舊集》亦收有《叢稿》，較《群賢小集》少詩十
三首。

　　一九八六年，岳麓書社出版蕭艾校注本《雪磯叢稿》。該
本以讀畫齋《南宋群賢小集》本爲底本，校以《宋百家詩存》
《沅湘耆舊集》等。《全宋詩》亦以讀畫齋《南宋群賢小集》本
爲底本。

【參考文獻】

樂雷發《雪磯叢稿序》（《南宋群賢小集》本《雪磯叢稿》卷首）
周洪謨《宋雪磯先生詩集序》（同上）
樂宣《雪磯叢稿跋》（影印文淵閣《四庫全書》本卷末）
傅增湘《明活字印本雪磯叢稿跋》（《藏園群書題記》卷一五）

北遊集二卷

汪夢斗　撰

　　汪夢斗，字以南，號杏山，績溪（今屬安徽）人。晫三世孫。景定二年（一二六一）魁江東漕試，次年中進士，授承節郎、江東司制幹官。咸淳間遷史館編校，以劾賈似道坐罪，遁歸。宋亡，元世祖特召赴京，卒不受官，放還。據《北遊集》自序，是集乃其己卯歲（至元十六年，一二七九）入燕（元大都）紀行之作，原在《北遊日誌》中，後録出別爲此集。當時或有刻本，久已失傳。據嘉靖本汪晫《康範詩集》汪茂槐《後叙》，當時嘗以康範、杏山遺著凡三册同時付梓，然嘉靖本杏山集今未見著録。今以國家圖書館所藏嘉靖間汪中丘（茂槐）等輯、隆慶三年（一五六九）汪廷佐刊《環谷杏山二先生詩稿》爲古。該書即翻刻嘉靖本，收夢斗《北遊詩集》一卷、《杏山摭稿》一卷。所謂《杏山摭稿》，乃後人輯夢斗講學之語，僅數條（《四庫提要》），不成卷帙。

　　是集明人鮮有著録，唯見朱氏《萬卷堂書目》卷四載“《北遊詩》二卷”，殆爲明槧。

　　《四庫全書》著録安徽採進本《北遊集》，文淵閣四庫本分上下二卷，卷上爲詩詞集，卷下附録《攟稿》；文津閣本爲詩詞一卷，無《攟稿》。《提要》據集中《南園歌》末附語與《宋史》不合，以爲“或其後人掇拾遺稿，不免以贋本竄入”。然其不合僅時日稍差，或後來追記失誤，似不可因以斷其爲贋本。

　　民國九年（一九二〇），李氏宜秋館據傳鈔文津閣四庫本刊入《宋人集》乙編。

　　《全宋詩》用影印文淵閣《四庫全書》本爲底本。

【參考文獻】

　　汪夢斗《北遊集序》（影印文淵閣《四庫全書》本《北遊集》卷首）

秋堂集二卷

柴　望　撰

　　柴望（一二一二—一二八〇），字仲山，號秋堂，又號歸田，江山（今屬浙江）人。爲太學上舍生，中書特奏名。淳祐中因上所著《丙丁龜鑑》下獄，尋放歸。景炎中授迪功郎、國史館編校。里人蘇幼安撰《宋國史秋堂柴公墓誌銘》曰：宋亡，歸山中，“杜門謝客，獨臥一榻，而感憤激烈，每於吟詠間見之。其《即事詩》曰：‘翠華海上知何似，白首山中空自驚。’又《書感》曰：‘堂前舊燕歸何處，花外啼鵑月幾更。’其悽惋忠憤，讀之可爲下涙。公從弟通判隨亨、察推元彪，俱宋舊臣，與公同志，遯跡不事二姓，賡詠於烟露之間，聳動江湖，稱‘柴

氏四隱’云。”又曰：“公所著有《丙丁龜鑑》《道州台衣集》《詠
史詩》《涼州鼓吹》，皆行于世。”（《秋堂集》附録）

　　柴望《道州台衣集》等三集久已失傳，今傳《秋堂集》二
卷，乃明萬曆中由裔孫裒集，與從弟隨亨、元彪佚作合編爲
《柴氏四隱集》以傳，其中《秋堂集》較完整，故又單行於世。
本書依《四庫全書總目》例，將《秋堂集》著録於別集，而在拙
著《宋人總集叙録》中著録《柴氏四隱集》。

　　《四庫全書》著録汪如藻家藏本《秋堂集》二卷，《提要》
曰：“其詩有《道州台衣集》《詠史詩》《西涼鼓吹》諸編，俱佚不
存。此本乃後人裒裒而成，詩末尚有《道州台衣集序》。其
《夢傅説》以下十一絶，疑即《詠史詩》中之作也。”又《總集
類·柴氏四隱集》提要曰：

　　　望所著有《道州台衣集》《詠史詩》《涼州鼓吹》；元彪
　　所著有《襪線集》；隨亨、元亨著作散佚，其集名皆不可
　　考。明萬曆中，其十一世孫復貞等蒐羅遺稿，元亨之作
　　已無復存，因合望與隨亨、元彪詩文共爲一集，仍以“四
　　隱”爲名，因舊稱也。世所行者僅望《秋堂》一集，而實非
　　足本。錢塘吳允嘉始得刻本鈔傳之，又據《江山志》及
　　《吳氏詩永》益以集外詩五首，遂爲完書。

《秋堂集》二卷中，卷一爲詩、詩餘，卷二爲文，末附蘇幼安所
撰《墓誌銘》。詩、詞、文數量皆不多。

　　民國三年（一九一四），李氏宜秋館據丁丙原藏鈔本刊入
《宋人集》甲編。鮑氏知不足齋嘗將《柴氏四隱集》三卷本進
呈四庫館，而猶另藏一鈔本，僅二卷，有鮑廷博校，亦題《柴氏
四隱集》，然惟録柴望之作，卷一詩詞，卷二文，今藏上海圖書
館。嘉慶十七年（一八一二），戴光曾嘗鈔知不足齋二卷本，

鈔本今藏國家圖書館。傅增湘嘗用戴鈔本校李氏刊本，有
跋，稱戴鈔本"分爲二卷，一詩詞，二文，補遺及墓誌附焉"；
"以校李刻，開卷編次即已大異，卷一文，卷二詩，卷三詩餘。
檢各卷篇數，多寡悉同，而字句差訛，賴戴本勘訂者實多。如
卷首楊仲弘序，校正至二十餘字，而於仲弘姓名亦均謬誤，其
餘訛失亦近百字"。則丁氏所藏鈔本實非善本，故由所出之
《宋人集》本亦不佳。

　　除單刻本外，《宋百家詩存》收《秋堂詩》一卷，《彊村叢
書》刊《秋堂詩餘》一卷。

　　《全宋詩》用影印文淵閣《四庫全書》本爲底本。《全宋
文》用知不足齋鈔本《柴氏四隱集》爲底本。

【參考文獻】

柴望《道州台衣集序》（影印文淵閣《四庫全書》本《秋堂集》卷末）
柴望《涼州鼓吹詩自叙》（《柴氏四隱集》卷一"詩餘"末）
楊仲弘《秋堂集序》（同上本卷首）
柴自新《涼州鼓吹跋》（《彊村叢書》本《秋堂詩餘》卷首）
傅增湘《戴松門寫本秋堂集跋》（《藏園群書題記》卷一五）

則堂集六卷

家鉉翁　撰

　　家鉉翁（一二一三—？），號則堂，眉山（今屬四川）人。賜
進士出身，累官端明殿學士、簽書樞密院事。元兵逼近臨安，
丞相吳堅等檄告天下守令以城降，獨不署。奉命使元，聞宋

亡,且夕哭涕不食。拒受元官,被拘河間,以《春秋》教授弟子。元成宗即位,放還,賜號處士。其集編刊情況不詳。《四庫提要》稱"其立言大旨,皆歸於敦厚風俗、崇獎名教,隨事推闡,無非以禮義爲訓,原未嘗混漾恣肆,如明代姚江之末流;其詞意真樸,文不掩質,亦異乎南宋末年纖詭繁碎之格,尚爲多有可取耳。"明代唯《内閣書目》卷三著録,曰"《則堂先生文集》六册,全,……名《瀛洲集》,凡十七卷"。所以稱《瀛洲集》,蓋集中所收以被羈管瀛州(治河間,今河北河間縣)時作品爲主。

原本久佚,今傳乃大典本。《四庫提要》曰:

> 其文集二十卷(祝按:《千頃堂書目》卷二九著録《則堂先生文集》十六卷,此云二十卷,不詳何據)則已全佚,惟《永樂大典》收其詩文尚夥,謹裒合排比,以類相從,釐爲文四卷、詩詞二卷。校其所作,大半皆在河間,而明神宗時樊深撰《河間府志》,已不能采録,則其佚在萬曆前矣(祝按:若黄氏千頃堂實有其本,則其佚當在明末清初)。

《四庫全書》據大典本著録,卷目編次爲:卷一,制、記;卷二,記、序;卷三,說;卷四,書後、跋、箴、贊、偈、疏、祭文;卷五、六,詩。翰林院鈔大典本(四庫底本),今藏國家圖書館,傅增湘嘗據以校四庫本,跋稱凡改正一百一十八字,可見原輯大典本之佳。民國時,嘗以文淵閣四庫本影印入《四庫全書珍本初集》。今國家圖書館等猶著録清鈔本數部,俱源於大典本。考四庫本,其中除《浙西判官高越可水部郎中制》等極少篇什外,餘皆作於河間。

　　《全宋詩》用影印文淵閣《四庫全書》本爲底本,輯得佚詩十三首。《全宋文》底本同。

【參考文獻】

傅增湘《校鈔本則堂集跋》(《藏園群書題記》卷一五)

無文印二十卷

釋道璨 撰

道璨(一二一四——一二七一),號無文,豫章漢昌(今江西南昌)陶氏子。嘗主饒州薦福寺、廬山開元寺,與士大夫交遊甚廣。所著《無文印》二十卷,歷代書目藏志未見著録,世傳止《柳塘外集》。今遼寧省圖書館猶藏宋槧《無文印》一部,有鈔配。

遼寧館藏本爲《無文印》二十卷,卷首載癸酉(咸淳九年,一二七三)長至月李之極序,略曰:

> 異時諸方叢席號大尊宿者,一見輒器之,必以翰墨相位置。無文自是始不能無文矣。歲滋久,知滋多,應酬滋益夥。中年病眩,猶信口命侍僧執筆以書,爲語皆刻厲警特,師不自知其爲工否也。辛未(咸淳七年)二月示寂後,其徒惟康萃遺稿二十卷,請於常所來往之有氣力得位者刊之,囑予爲之序。

全書無總目,卷目編次爲:卷一、二,詩;卷三,記;卷四,行狀;卷五,墓誌、塔銘;卷六,銘;卷七,道號序;卷八,序;卷九,序、字説;卷一〇,題跋;卷一一,四六;卷一二、一三,祭文;卷一四,雜著;卷一五至二〇,書札。每半葉十一行,行二十字,白

口，左右雙邊（所見爲微縮膠卷，其版式細微處不可辨）。後
附惟康所編語録、贊、偈頌、題跋等。卷三有鈔補一葉，卷一
二至二○、附録全爲配清鈔。語録前有仲穎小序，曰：

> 無文南游入浙，余初納交於中川。暨登諸老門，電
> 激雷屬，眼中無佛祖矣。閱三會語，廬山之雲飛揚，東湖
> 之水漫汗。無文之舌猶在，就中有不在舌頭上一句子，
> 請於是録着一使眼。癸酉秋仰穎拜手。

語録等之末，有跋曰：

> 道本無言，因言顯道。無文和尚不啟口，不動舌，三
> 轉法輪，言滿天下。其嗣康上人不爲父隱而訐露之。此
> 話既行，俾予著語，予曰：若謂無文有語，是謗無文；若謂
> 無文無語，口業見在。閱者於斯着眼，則此録皆爲剩語
> 矣。咸淳九年冬，靈隱虛舟尊度跋。

序、跋疑皆爲付梓而作，則是集當刊於作者示寂後三年，即咸
淳九年。

《藏園訂補郘亭知見傳本書目》著録咸淳間浙刻本《無文
印》二十卷、語録四卷、贊一卷、偈頌一卷，謂乃“友人羅振玉
獲自日本之書，蓋宋元時倭僧携歸之書也”。傅氏未述該書
有鈔補否。遼寧圖書館所藏即此本，檢膠卷無日人題識藏
印，亦無羅氏手迹。

咸淳九年刊本《無文印》，今日本國會圖書館亦藏一部，
楊守敬《日本訪書志》卷一六嘗著録，曰：

> 《無文印》二十卷，宋咸淳九年癸酉刊本，附語録一
> 册，杉本仲温藏本。宋釋無文撰。凡詩二卷，文十八卷。
> 首有李之極序。每半葉十一行，行二十字，雕刻精良。

無文與當時名流相唱和，故其詩文皆無蔬筍氣，文尤簡直有法，在宋僧中固應樹一幟也。

該本原爲寶宋閣、向黄邨等舊藏。卷首有"東京圖書館"朱文大方印，此印下有"立人印"。卷一下有"向黄邨珍藏印"朱文陰文長印。卷二十末有"寶宋閣珍賞"朱文大方印，又有"向黄邨珍藏"朱文陰文印等。其版式結構，與上述遼寧圖書館藏本同。附録惟康編《和尚語録》一卷爲手寫本（詳見《日藏漢籍善本書録·子部·釋家類》），内容亦與遼寧館藏本附録（亦爲鈔本）同。要之，兩本蓋同板所印。

除宋槧外，是集北大圖書館猶藏有日本貞亨年間刊本。《北京大學圖書館藏善本書録》（北大出版社一九九八年五月版）著録道："《無文印》，二十卷、語録一卷，日本貞亨間（清康熙間）刻本，半葉十一行，行二十字，黑口，四周雙邊。據宋本翻刻，共十册。"有書影。

道璨著作，清以後流傳較廣者爲《柳塘外集》二卷、四卷、六卷三本，皆非全帙。二卷本乃詩集，即《無文印》之首二卷，前有張師孔序，略曰：

> 《柳塘外集》者，宋南渡僧無文道璨之所著也。寶慶間，師住薦福，既又住開元五年，還薦福。所著有銘贊記序雜文若干篇，皆鈔本。予丁亥游盧山，偶獲繙閲，不及録，録其詩百二篇以歸。

張師孔其人時代不詳。二卷本今國内著録清鈔數部，如廣東省圖書館藏清初鈔本，有鮑廷博批校；南京圖書館藏醉經樓鈔本、振綺堂舊鈔本（參《善本書室藏書志》卷三二），等等。此本又收入《宋人小集》四十二種、《宋四十名家小集》、《南宋群賢

小集補遺十三種》等。民國三年（一九一四），李氏宜秋館據
鈔本刊入《宋人集》甲編。

　　四卷本收入《四庫全書》，乃鮑士恭家藏本。《提要》曰：
"集凡詩一卷，銘、記一卷，序文疏書一卷，塔銘、墓誌、壙志、
祭文一卷。宋以後諸家書目皆未著録，國朝康熙甲寅（十三
年，一六七四），釋大雷始訪得舊本，釋元宏、燈岱因爲校正鋟
板。"則鮑氏本當即康熙本。康熙妙葉堂刊本，今北大圖書館
著録，有大雷慶槃序，元宏、燈岱跋。釋大雷訪得之"舊本"不
詳源於何本，較之二十卷，詩相差不多，文則遠不足。雍正元
年（一七二三），又有釋湛真刻本，今南京圖書館著録。一九
八〇年，臺灣明文書局據四庫本影印入《禪門逸書初編》。

　　六卷本今僅浙江省圖書館著録，乃清鈔本，未見，殆亦不
全本。

　　要之，道璨集今以遼寧圖書館、日本國會圖書館藏本爲
完帙。遼寧館本宋槧逾半，已極珍貴，近已仿真影印收入《中
華再造善本叢書》。

　　《全宋文》用遼寧圖書館所藏鈔補宋刻本爲底本。《全宋
詩》以影印文淵閣《四庫全書》本《柳塘外集》爲底本，得詩一
卷；又從《語録》及他書輯得偈、頌、贊及詩爲一卷。

本堂先生文集九十四卷

陳　著　撰

陳著（一二一四——一二九七），字子微，號本堂，鄞（今浙

江寧波）人。宋末理學家。寶祐四年（一二五六）進士，累官著作郎，忤賈似道。擢太學博士，以監察御史出知台州。宋亡，隱居四明山中，自號嵩溪遺耄。元至大戊申（元年，一三〇八），同年進士蔣巖跋其集，論其爲人、爲文道："本堂陳公挾其耿介之氣，發於雄深之文，歸然獨立，皓首不變。……公自爲舉子時，文聲獵獵日起，諸公争致之。授簡客右，研墨盾鼻，出語往往驚其坐人。時方工駢儷，稱誦伊、周，擬方孔、孟，上之人受之亦不辭。公下筆，一掃諛風，莫不根於理而趨於古，抽黄對白之習爲少變。"又曰"余老陽羨，公之子深來山中，以示遺稿若干卷"云云。清康熙四十八年（一七〇九）樊景瑞鈔本（此本詳下），除蔣巖跋外，猶署"曾孫陳煦編次"，則陳深當年似并未付刊，至其孫陳煦方才編輯授梓，時代約在元末。然刻本失傳已久，明人已無著録，至清初僅以鈔本流傳。

上所言康熙間樊景瑞鈔本，後爲丁丙所得，今藏南京圖書館，凡九十四卷，丁氏《善本書室藏書志》卷三一著録，稱"文集九十八卷"。所謂"九十八卷"，乃據目録并通計附録，故後來《江蘇國學圖書館圖書總目》仍著録爲九十四卷。日本靜嘉堂文庫藏陸氏舊鈔本，《皕宋樓藏書志》卷九一、《靜嘉堂秘籍志》卷三八著録爲九十六卷，然據《秘籍志》注，凡缺十一卷，包括卷九五、九六。今浙江圖書館藏清漱石山房鈔本，爲九十四卷。要之，是集清鈔本類有缺脱，已無完本。

《四庫總目》著録浙江汪啟淑家藏本，凡九十四卷。《提要》曰：

　　是集凡詩三十四卷，詞五卷，雜文五十五卷。據其原目，尚有講義二卷，此本有録無書，蓋傳寫佚之矣。宋

代著作獲存於今者，自周必大、樓鑰、朱子、陸游、楊萬里
外，卷帙浩博，無如斯集。惟其多沿《擊壤集》派，文亦頗
雜語録之體，不及周、樓、陸、楊之淹雅。又獎借二氏往
往過當，尤不及朱子之純粹。然宋自元祐以後，講學家
已以説理之文自辟門徑，南渡後輾轉相沿，遂別爲一格，
不能竟廢。

今檢文淵閣《四庫全書》本，實際録入者除講義二卷不存外，
其他類別中亦有缺卷，如詩三十四卷中，闕卷二七、二八。第
三十四卷後半爲説，又説一卷，騷詞、銘、頌、贊一卷，序二卷，
詞五卷，題跋、記九卷，檄、榜、表一卷，牋一卷，啟十二卷，原
缺一卷，札子、書簡十四卷（缺一卷），婚啟、札四卷，饋送小引
一卷（缺一卷），祭文、挽詞、墓誌銘、上梁文、青詞六卷，講義
一卷。館臣謂其詩"多沿《擊壤集》派"，恐失公正。其詩雖平
平，然非"擊壤"體。

　　光緒十九年（一八九三），四明陳氏裔孫育姜以鈔本付
梓。據陸廷黻序，所用底本乃奉川孫玉仙"據其鄉三石、柏谿
諸殘本，從文瀾閣鈔本補之，於九十四卷中又缺其五，而講義
二卷益不可問矣"。同年陳勘《本堂先生文集序》，稱奉化孫
君玉仙近得樊氏傳鈔本，"卷有缺佚，復借仁和丁氏藏本鈔
補"。所謂樊氏傳鈔本，據樊景瑞序，知其鈔自董韋躬，而董
氏又録自石門陳氏家藏本堂遺稿，所稱"遺稿"，蓋傳録元刊
本。該鈔本除有蔣巖跋外，又署"曾孫陳煦編次"，可謂傳承
有緒。是刻卷首有樊景瑞撰《宋太傅陳本堂先生傳》。除本
集九十四卷（有缺脱）外，又輯得佚文、佚詩各一卷，附録二
卷、校録二卷，差爲完備。此本今國家圖書館、北大圖書館、
上海圖書館、南京圖書館等有著録。

《全宋文》以影印文淵閣《四庫全書》本爲底本。《全宋詩》用光緒陳氏刻本爲底本，從清董沛《甬上宋元詩略》輯得佚詩二十八首。

【參考文獻】

蔣巖《本堂集跋》（影印文淵閣《四庫全書》本《本堂集》卷末）

樊景瑞《録宋陳本堂先生文集序》（光緒十九年四明陳氏刻本《本堂先生文集》卷首）

陳勳《本堂先生文集序》（同上）

陸廷黻《新刻陳本堂先生全集序》（同上）

陳育姜《本堂文集跋》（同上卷末）

籟鳴集二卷 籟鳴續集一卷

釋夢真　撰

夢真，字友愚，號覺菴，宣城（今屬安徽）人，俗姓汪，約生於寧宗嘉定七年（一二一四）。八歲爲僧，十九受具，二十行腳。出世住永慶寺，歷住連雲、何山、承天諸寺，爲臨濟宗雪竇大歇仲謙禪師法嗣。今存《籟鳴集》上下二卷、《籟鳴續集》一卷古鈔本，乃夢真詩歌選本，藏日本尊經閣文庫，《全宋詩》失收。筆者未見原書，所見文本爲南京大學金程宇先生《尊經閣文庫所藏〈籟鳴集〉〈籟鳴續集〉校録》（附於所作《尊經閣文庫所藏〈籟鳴集〉及其價值》文後，載中華書局二〇〇九年版《稀見唐宋文獻叢考》）、北京大學許紅霞先生《珍本宋集五種》標點本（前爲《〈籟鳴集〉〈籟鳴續集〉整理研究》，北京大學出版社二〇一三年版）。

茲依據并綜合金、許兩先生標點本及研究成果，述其版本
於次。

　　尊經閣文庫古鈔本《籟鳴集》《籟鳴續集》裝爲一册，封面
左上墨書"籟鳴集全"。每半葉十一行，行十八字。葉邊上部
書有葉碼。卷上十八葉，卷下三十八葉，《續集》二十一葉。
卷上首葉鈐"尊經閣章"紅方印。《籟鳴集》卷上首葉有署名
二行，爲"宣城覺菴夢真友愚、雁山柳下憙惠天澤選"，卷下首
葉有"宣城覺菴夢真友愚、錢塘意山傅質淳夫選"二行，而《續
集》首葉僅"宣城覺菴夢真友愚"一行。《籟鳴集》卷上首爲夢
真所作《籟鳴集序》，因原書破損殘缺，故序文中有闕字，末署
"咸淳甲戌（十年，一二七四）上元"。卷下末有馮去非跋，闕
字甚多，末署"寶祐三年（一二五五）良月"。《續集》末有夢真
跋，署"戊寅中秋"，"戊寅"乃端宗景炎三年（一二七八）。《籟
鳴集》卷上收詩七十一題（組詩多首亦爲一題），卷下八十五
題，《續集》七十九題，共二百三十五題，二百八十七首，許紅
霞輯得佚詩十二首，附於整理本《續集》之後。詩體既有五七
言古、律，也有雜古、樂府、竹枝等，而以七絶最多，凡百餘首。

　　上述《籟鳴集》《續集》當鈔自刊本，然刊本久已失傳，編
刊情況不詳。鈔本今亦僅此一帙，而夢真詩歌內容豐富，藝
術水準甚高，故彌足珍貴。

【參考文獻】

　　夢真《籟鳴集序》（日本鈔本《籟鳴集》卷上之首）

　　馮去非《籟鳴集跋》（同上卷下末）

　　夢真《籟鳴續集跋》（日本古鈔本《籟鳴續集》卷末）

蘭皐集_{二卷}

吳錫疇　撰

　　吳錫疇（一二一五——一二七六），字元倫，一字元範，號蘭皐，休寧（今屬安徽）人。吳儆從孫。四歲而孤，刻志於學。所居藝蘭以自況，又以名集。其集蓋陸續編次。淳祐九年（一二四九）呂午跋，只云"以吟編三十首見示"；至咸淳甲戌（十年，一二七四）宇文十朋、羅椅跋，則稱"蘭皐詩集"、"蘭皐編"，當已成集，中間相距二十六年，是否付梓不詳，無宋、元刻本著録。傅增湘嘗見文友堂精寫本二卷，八行十六字，"皆摹寫原迹，精美可玩，似從宋末元初本影寫者"（《經眼録》卷一四）。此本今未見著録，而以北京故宮博物院所藏明刻本二卷爲古。該本刊刻年代不詳，每半葉八行十六字，白口，左右雙邊，蓋即翻刻宋末元初本。傅增湘又嘗見明萬曆刊本，"八行十四字，寫刻俱精"，"鈐有黃蕘圃丕烈父子藏印"（見同上）。又，上海圖書館著録有清刻本，亦不詳刻於何時。

　　南京圖書館藏丁氏書中，著録有清初鈔本，《善本書室藏書志》卷三二稱其爲明鈔本，原爲怡府藏書，"有'太原王氏收藏書畫圖記'、'六觀堂珍玩藏'、'水鏡堂珍藏記'，有明'文靖世家圖畫'、'天官考功大夫印'、'明善堂覽書畫印記'、'安樂堂藏書記'諸印"。又有清趙氏小山堂鈔本，"紙格有'小山堂鈔本'五字，有'汪魚亭藏閱書'一印"（《善本書室藏書志》卷三二）。國家圖書館藏有嘉慶二十三年楊復吉鈔本。

　　《四庫總目》著録鮑氏知不足齋鈔本，二卷，《提要》稱"三卷”，當指卷末附呂午、程鳴鳳、宇文十朋、羅椅、方回、王應麟等人題跋爲一卷，詩實止二卷耳。《提要》又曰：“蓋其刻意清穎，雖不免過涉尖新，而視宋季庸腐率易之作，尚能稍開生面。”

民國三年（一九一四），李氏宜秋館據趙氏小山堂鈔本刊入《宋人集》甲編。是集無論刻本、鈔本，蓋因卷帙無多，故訛異尚少。

《全宋詩》以影印文淵閣《四庫全書》本爲底本。

【參考文獻】

陸夢發《蘭臯詩集序》（影印文淵閣《四庫全書》本《蘭臯集》卷首）

呂午、方岳、程鳴鳳、宇文十朋、羅椅、方回、王應麟《蘭臯集跋》（同上卷末，人各一跋）

格菴奏稿一卷

趙順孫　撰

趙順孫（一二一五—一二七六），字仲和，號格菴（“菴”或作“齋”，誤），處州縉雲（今屬浙江）人。淳祐十年（一二五〇）進士，累官至簽書樞密院事兼權參知政事，福建安撫使。見國事不可爲，歸，憂憤而卒。黃潛《格菴先生趙公阡表》（《文獻集》卷一〇下）稱其奏草可見者二十有九，文集若干卷藏於家。文集後皆散佚。明嘉靖戊戌（十七年，一五三八），莆田鄭汝舟序其《奏稿》，然至萬曆時方授梓。萬曆本今未見著録。清道光己酉（二十九年，一八四九），錢培杰（天目山樵）續刊《指

海》,將《奏稿》刊入《指海》第十九集,跋略曰:

> 《格菴奏議》僅一卷,有明萬曆間鄭氏刊本,著録家
> 未之及也。予從烏程汪君謝城處借閲,因重寫授梓,而
> 原本……爲竊鉤者取去,迨新刊告竣,舛誤之處無從校
> 對,一切仍之。

《指海》本凡列稿三十一目,其中七篇有目無文。闕字作墨
丁。是集今止此一本,無從校補。

《全宋文》以《指海》本爲底本。

【參考文獻】

鄭汝舟《格菴趙公奏稿序》(《指海》本《格菴奏議》卷首)

錢培杰《刊格菴奏議跋》(同上卷末)

先天集十卷

許月卿　撰

許月卿(一二一六——一二八五),字太空,後更字宋士,婺
源(今屬江西)人。淳祐四年(一二四四)進士,官至提舉江西
常平事。元兵陷錢塘,自號泉田子,人稱山屋先生,五年不言
而亡。元延祐元年(一三一四),其季子飛爲作《行狀》(見《四
部叢刊續編》本《先天集》附録卷下),述其文集道:

> 其所著述累十餘萬言,時時爲人取去,其僅存者十
> 二三。先是,常州教授李夢科刻之毗陵郡庠,彭福龍刻

之廬陵，皆公門人也。其刊於家塾者如毗陵本，從孫汧
復增益於散失之後，今其本存焉。

則當時已有四本，蓋以家塾增刻本爲最全。

元刻本久無著録，今以明嘉靖本爲古。據嘉靖十三年
（一五三四）湛若水序，該本乃著者裔孫許亮"梓而傳之"。卷
首爲目録，集凡十卷，卷一第二行題"星源山屋許月卿著，裔
孫亮校正、熙類編"。既稱"類編"，疑已改變元刊本編次。每
半葉十行二十字，白口，左右雙邊。嘉靖本今唯南京圖書館、
安徽省圖書館有藏本。南京本乃丁氏舊物，《善本書室藏書
志》卷三一著録，商務印書館嘗據以影印入《四部叢刊續編》，
今爲通行善本。該本前六卷爲詩，後四卷爲文，文集卷目爲：
卷七，記、題跋；卷八，書、雜著；卷九，啟、碑；卷一〇，奏疏、
贊、行狀、銘。附録上、下二卷，卷上爲講義、公帖、書、序，卷
下爲行狀、事録、事實、文移。

民國十二年（一九二三），無錫許氏簡素堂輯印《新安許
氏先集》，刊有是集，並於第十卷後增補遺一卷。此外，黑龍
江圖書館、東北師大圖書館藏有清鈔本。

此書《四庫全書》未收，阮元亦未進呈，蓋清代已罕見。
《續修四庫全書》影印嘉靖本，編入集部第一三二〇冊。

《全宋詩》《全宋文》俱以《四部叢刊續編》本爲底本。

【參考文獻】

湛若水《先天集序》（《四部叢刊續編》本《先天集》卷首）

雪坡姚舍人文集五十卷

姚　勉　撰

　　姚勉（一二一七——一二六二），字述之，一字誠一（或作
"成一"），號雪坡，瑞州新昌（今江西宜豐）人。寶祐元年（一
二五三）進士第一，爲校書郎，忤賈似道，免歸。有文集五十
卷，乃其從子龍起於景定四年（癸亥，一二六三）所刊，見方逢
辰、文及翁序。明《文淵閣書目》卷九著録"姚成一《雪坡文
集》一部十一册，闕"。《内閣書目》無其目。《篆竹堂書目》卷
三載"《雪坡文集》十二册"。

　　宋槧久無著録。今猶存影宋本，藏南京圖書館，有佚名
校，乃丁氏舊物，《善本書室藏書志》卷三一著録道：

　　　　集不載於《宋藝文志》。是本爲其從子龍起所編，提行
　　格式猶出宋槧之遺。凡奏議、箋、策七卷，講義二卷，賦一
　　卷，詩十一卷，雜文二十九卷。前有文及翁、方逢辰兩序。

除此本外，今國家圖書館猶藏清鈔本一部。

　　《四庫全書》著録浙江採進本五十卷，《提要》曰：

　　　　（姚）勉受業於樂雷發，詩法頗有淵源，雖微涉粗豪，
　　然落落有氣。文亦嫻雅可觀，無宋末語録之俚語。外間
　　傳本頗稀，訛闕特甚，今以《永樂大典》所載各爲校補，其
　　《永樂大典》不載者則仍其舊。

四庫本卷目編次爲：卷一至三，封事；卷四，奏札；卷五，表；卷
六，牋；卷七，策；卷八、九，講義；卷一〇，賦；卷一一至二一，

詩;二二至二四,啟;卷二五、二六,札子;卷二七,狀;卷二八
至三二,書;卷三三至三六,記;卷三七、三八,序;卷三九,論;
卷四〇,説;卷四一,跋;卷四二,雜著;卷四三,文;卷四四,長
短句;卷四五,樂、致語;卷四六,疏;卷四七,祝文;卷四八,祭
文;卷四九、五〇,墓誌銘。

　　民國五年(一九一六),南昌《豫章叢書》編刻局據文瀾閣
四庫本刊入《豫章叢書》,增《補遺》一卷,魏元曠撰《校勘記》
一卷,胡思敬撰《校勘續記》《後記》各一卷。其後傅增湘據清
初傳鈔宋本校《豫章叢書》本,補歷官告詞五首,廷對評語三
則,改訂一千餘字。校本今藏國家圖書館。由於是集傳本訛
闕嚴重,魏、胡尤以傅氏之校足資參考。

　　二〇一二年,上海古籍出版社出版曹詣珍、陳偉文校點
本,更名爲《姚勉集》。該本以影印傅增湘校《豫章叢書》本爲
底本,用莫伯驥五十萬卷樓藏本等爲校本。

　　《全宋詩》以影印文淵閣《四庫全書》本爲底本。《全宋
文》用傅增湘校訂《豫章叢書》本爲底本。

【參考文獻】

　　方逢辰、文及翁《雪坡集序》(影印文淵閣《四庫全書》本《雪坡集》卷
首,人各一序)

蒙川先生遺稿十卷

劉　黻　撰

　　劉黻(一二一七——一二七五),字聲伯,號蒙川,樂清(今

屬浙江)人。嘗以太學生上書，忤執政，送南安軍安置。後登
景定三年(一二六二)進士第，仕至吏部尚書。臨安淪陷，二
王泛海，陳宜中迎與共政，行至羅浮，以疾卒，謚忠肅。《四庫
提要》曰："黻危言勁氣，屢觸權奸。當宋室板蕩之時，瑣尾流
離，抱節以死，忠義已足不朽。其詩亦淳古淡泊，雖限於風
會，格律未純，而人品既高，神思自別，下視方回諸人，如鳳凰
之翔千仞矣。"其集及文稿，入元後多已散佚，由其弟應奎(字
成伯)重輯爲《遺稿》，並序之曰：

> 生無他嗜好，惟殫精畢思於文字間。凡所著述，與
> 《諫坡奏牘》《薇垣制稿》《經帷納獻》若干卷，悉以自隨，
> 今皆散落，不復見矣，可哀也！……乃於鉛槧散失之餘，
> 或得之斷簡殘篇，或得之朋友記識，若詩若文，裒聚僅十
> 卷，爲《蒙川先生遺稿》。以應奎年之既衰，朝露行晞，何
> 能廣索冥搜，姑鋟諸梓，以示若子若孫。而《朝陽閣記》
> 雖已刻於閣之楣矣，今並入十卷之首。

時在大德辛丑(五年，一三○一)。《宋史》卷四○五《劉黻傳》
稱"黻有《蒙川集》十卷行於世"，當即指此本。元刊本久已失
傳，今唯有明影寫元大德本傳世。

　明影元本今藏南京圖書館，乃丁氏書。《善本書室藏書
志》卷三一著錄，爲清怡府舊物，題"弟山中劉應奎成伯校正，
後學阮存存𣈱編次"，"從大德本傳鈔，分卷爲十，末葉亦有斷
爛。有'明善堂覽書畫印記'、'安樂堂藏書記'、'攜李曹溶'
諸印"。該本在《賈鎔境墓誌銘》題下注曰："天台林主簿南材
錄至"，另起一行曰："以下蠹蝕不能錄，俟有他本，以待後
日。"又另起一行曰："一字齋記。"日本大倉文化財團亦著錄
影寫大德本十卷，卷中有"一字齋主人"硃筆校改併手識，有

"白堤萃古齋"、"新安汪氏"、"啟淑"等印記（《日藏漢籍善本書錄》）。此本未見，既同出於一字齋，蓋差別不大，唯不詳孰先孰後。考雍正《浙江通志》卷一三〇：阮存，永樂十年（一四一一）進士，"永嘉人，廣東布政"。又雍正《廣東通志》卷二七"左布政使"：阮存，"正統十三年（一四四八）任"。則阮氏整理劉黻文集，當在正統末景泰初。此鈔本雖云"影寫"，其實已經阮氏"編次"，并非元槧舊貌。

筆者託范金晶同志赴南京圖書館查核并記錄該書版本資料，知鈔本卷一至七爲詩，卷八至一〇爲文，卷目編次爲：卷一，古詩上；卷二，古詩下；卷三，行、吟；卷四，五言律詩上；卷五，五言律詩下；卷六，七言律詩；卷七，絕句；卷八，賦、操；卷九，贊、銘、墓銘；卷一〇，記序、奏疏書啟。卷一〇僅記、序各一篇：《雲門福地記》《集古文賸序》；奏疏、書啟凡二篇：《上鄭納齋丞相書》《奏明正學息異端書》，且皆有目無文。

除影元十卷本外，今猶存明末鈔本《蒙川先生遺稿》四卷，亦爲丁氏書，藏南京圖書館。《善本書室藏書志》卷三一著錄，爲王晚聞（宗炎）舊物，亦題"弟山中劉應奎成伯校正，後學阮存存畊編次"。又曰："書刊於元大德間，歲久版敝。末有記云：'此書爲毛子晉借去，不覺十換星霜。今忽予歸，相對故人，喜何如哉！'有'馮本氏藏'一印，又有'擁萬堂'、'謙牧堂書畫記'朱文二印，'謙牧堂藏書記'白文印。後又云：'嘉慶辛未（十六年，一八一一）三月，端履試禮部，買之琉璃廠東書肆，歸以奉予。末有題字，辨其圖記，是馮蒼舒故物也。中秋後二日，晚聞居士記。'"則此本迭經明馮知十，清揆叙、王宗炎等遞藏，後歸善本書室。

《四庫總目》著録鮑士恭家藏本，亦只四卷，《提要》稱劉
黻集"傳鈔既久，文多訛脱，更無別本可校"云云，知鮑氏本乃
鈔帙。四卷本前三卷爲詩，卷四爲賦、墓誌、贊等。其後嘉慶
刻本（今僅國家圖書館著録）、咸豐七年（一八五七）木活字本
（乃裔孫劉永沛刊，詳下），以及光緒初瑞安孫氏所刊《永嘉叢
書》本，皆爲四卷。光緒元年（一八七五）孫詒讓跋《永嘉叢
書》本道：

> 今所傳《遺稿》四卷，乃明廣東左布政使永嘉阮存存
> 邨所輯刊，非足本也。十卷本國初時猶有傳帙，故黄俞
> 邰、倪暗公（燦）並據以著録，而朱竹垞《經義考》載忠肅
> 集有《太極説》《中庸》《大學説》，又云目録有《濂洛論語
> 叙》，……今本並無其文，是其驗也。然阮槧本世亦罕覯
> （祝按：未見阮存刊本著録，不詳曾否付梓），弇藏家展轉移寫，
> 奪誤甚多。乾隆間收入《四庫全書》，館臣任讎勘者不守
> 蓋闕古義，或以意爲羼綴，乃至改成伯序"十卷"之文以
> 合今本卷數，而於書末《賈鎔鏡墓誌》殘缺不可讀者則徑
> 削之。咸豐間，忠肅裔孫永沛等得傳鈔閣本，以活字板
> 印行，又輯佚文六篇爲《補遺》一卷，校核不審，復有删
> 易。於是忠肅遺集，不獨元本不可復見，而阮編本亦點
> 竄無完膚矣。

> 同治戊辰（七年，一八六八），詒讓應禮部試，報罷南
> 歸，道出甬東，購得寫本，尚爲阮編之舊，乃得盡刊今本
> 之謬。家大人（祝按：孫衣言）遂命校刊，以廣其傳。大致
> 悉依舊寫本，其有奪誤顯然者，乃依閣本、活字本略爲補
> 正；稍涉疑似者，則區蓋以俟續勘。

孫氏校跋本，今藏浙江大學圖書館。《永嘉叢書》本有《蒙川

先生文稿補遺》一卷，補文八篇，其中《論經界自實疏》《諫遊幸疏》《望雲寮記》三篇見於殘卷目録中（目録詳下）。

今以四卷本與丁氏明鈔十卷本對校，所收詩文編排順序基本相同，數量大體同而有所增減，如四卷本卷二《賦林氏集雲菴》之下，十卷本多《遇雨》一首；《思西弟》下多《聽松》一首；《閒步》下多《酬李子元》等。要之，十卷本較四卷本少詩三首（見卷七），但多八首（分别見卷一、卷四、卷五、卷七）。兩本最大差異是分卷。十卷本前七卷，即四卷本前三卷；十卷本卷八、卷九，即四卷本卷四。再詳之，即十卷本古詩上、下二卷，四卷本合爲一卷；十卷本行、吟及五律上、下各一卷，四卷本合爲一卷；十卷本七律、絶句各一卷，四卷本合爲一卷；十卷本文類爲二卷，四卷本合爲一卷。換言之，明鈔十卷本并非劉應奎所編十卷之舊，而是據前者殘帙重編，其“十卷”不及原編之半；四卷本則是據重編本合併而成，雖亦題阮存編，恐出後人之手。今人著述多以爲是集十卷本較四卷本爲全，乃是未見原書的誤會。

明鈔十卷本有一點極重要，即在阮編十卷目録之後，又有六卷目録，六卷爲卷五至卷十，而此目録應爲元大德本所有，頗具文獻價值，録之於次：

卷五

奏疏：《論內降恩澤》《論經界自實法》《上進故事》《上進故事》《上進故事》《外制》。

卷六

書：《論陳垓蔡榮奏罷程公許黄之純事》《諫遊幸事》《上程納齋丞相書》《答何視履書》《答解性存書》。

卷七

記：《龍門山記》《游西湖記》《戴顒墓記》《望雲寮記》《思立倉記》《雲門福地記》。

雜文：《龜泉誌》《紀寶界事跡》《安豐董生》《番易饒娥》《建濟民莊》《書解察判贍》《薦胡子寶□□》《請建楊慈湖書院申狀》《請給王梅溪祠堂田土劄子》。

卷八

序：《命義録序》《濂溪論語序》《集古文腴序》《送蔡九軒序》《楊菊集序》《送王維道序》《贈翁承之序》。

跋：《跋何謂畫賢像》《跋林石室詩卷》。

青詞：《禳㟍寇青詞》。

疏文：《建忠義菴疏》《建梓潼祠疏》。

祝文：《龜泉文》《奉安了齋陳忠肅公祝文》《奉安慈湖楊文元公祝文》《奉安攻媿先生樓公祝文》《奉安蒙齋袁公祝文》《慈湖書院謁祠祝文》。

祭文：《祭二忠文》《祭黃丞簿文》《祭胡史君文》《代祭趙求仁史君文》《祭母昌元郡太夫人文》。

卷九

論：《禹論》《傅説論》《科舉論》《風俗論》《穀論》。

説：《肧腪圖説》《五倫説》《改過説》《蒙川説》《傳道説》《格物説》《中庸説》《大學説》《太極説》《中易》。

卷一〇

策：《召試館職策》。

鈔者之所以録存以上六卷目録，當是元刻本此六卷多已殘闕，但目録仍在，故鈔附於後。上引孫詒讓《永嘉叢書》本跋謂朱彝尊《經義考》"載忠肅集有《太極説》《中庸》《大學説》，又云目録有《濂洛論語叙》，……今本並無其文"云云，觀此目録，知竹垞所舉文章皆在殘脱卷帙之中。由此尚可進一步推測：阮存僅録卷五至十之目録，説明當時大德本卷一至卷四尚基本完好。從今存鈔本看，前四卷蓋主要爲詩歌部分，較完整。宋、元人編書，若賦類存量少時，往往將賦置於詩之前以傳。屬文類之賦四篇，疑原在古詩之前，故被保存下來，而同屬文類之贊、銘、墓誌銘，一般皆編於文集之末。鈔本墓誌銘四篇之前三篇，當不在前四卷中，疑在"蠹蝕不能録"之殘卷中，只是殘卷中仍有某些篇章可讀，故録之爲重編本卷九，而列於最後之《賈鎔境墓誌銘》題下注"天台林主簿南材録至"，則表明該篇由集外補入。要之，阮存所見元本當已殘缺不堪，實際蓋只存三卷，其第四卷乃是由其他殘卷尚可讀之文及集外文拼湊而成，而阮氏欲以殘闕本强分十卷以足劉應奎"哀聚僅十卷"之數，然末卷（卷十）只能鈔録幾條篇目，難以成卷，且無文可録。以上推測若大體合乎實際，則劉應奎所謂"遺稿"，至此時又散佚太半矣。

《全宋詩》以影印文淵閣《四庫全書》本爲底本，校以南京圖書館丁丙舊藏明鈔本。《全宋文》底本同，校以《永嘉叢書》本，補入孫氏《補遺》一卷。

【參考文獻】

劉應奎《蒙川先生遺稿序》（《永嘉叢書》本《蒙川先生遺稿》卷首）
孫詒讓《刊蒙川遺稿跋》（同上卷末）

九峰先生集_{三卷}

區仕衡　撰

　　區仕衡(一二一七——一二七六),字邦銓,順德(今屬廣東)人。淳祐末入太學爲上舍生,景定初率三學諸生伏闕上書,論賈似道誤國,不報。歸講於九峰書院,時稱九峰先生。宋將亡,不食而卒。事跡略見本集附録《家上舍公傳》《上舍公墓表》。其文集元代蓋有刊本。明萬曆乙酉(十三年,一五八五),九世裔孫大任作集序,稱原有詩文集十卷,"宋季之亂,家藏是集佚去且半,今所存者三卷";又謂"公集久佚七卷,元時刊本亦亡"。區大任於是據其所有,"謹衷録其副,刻而傳之"。

　　萬曆本未見著録。《四庫全書》未收。今唯清道光二十年(一八四〇)南海伍氏詩雪軒所刊《粵十三家集》中收有是集,伍元薇跋稱底本乃"黄明經石溪藏本,雖卷帙無多,業足不朽,爰借校而重刊之"。卷首爲區大任序,則黄氏本當即萬曆本。伍氏刻本卷首一卷,本集卷一疏、書;卷二雜文;卷三詩,末爲附録。

　　《續修四庫全書》據《粵十三家集》本影印,編入集部第一三二〇册。《全宋文》《全宋詩》俱用《粵十三家集》本爲底本。

【參考文獻】

　　區大任《九峰先生集序》(粵十三家集本《九峰先生集》卷首)

　　伍元薇《刊九峰先生集跋》(同上卷末)

歲寒三友除授集一卷無腸公子除授集一卷

吳必大　撰

　　吳必大，字萬叔，撫州臨川（今江西撫州）人。淳祐七年（一二四七）進士。咸淳間爲奉議郎、添差通判平江府。著有《山林素封集》，劉克莊《跋吳必大檢討〈山林素封集〉》（《後村先生大全集》卷一〇九）稱“吳君此集十有七篇，皆翻空出奇，幻假成真，無本之葫蘆也”。又謂其爲“游戲”、“少作”。是集久佚。同類作品，今唯存國家圖書館所藏明鈔本《歲寒三友除授集》一卷、《無腸公子除授集》一卷，附載宋鄭楷撰《雜録》，有明馮知十、清翁同龢跋，據馮跋，知該本鈔於崇禎七年（一六三四）。每半葉十一行二十字，白口，左右雙邊。其中《歲寒三友除授集》，乃擬松（喬松）、竹（林茂修）、梅（梅氏）授官制、誥詞、辭免札子、不允詔、不允批答、謝表，共十一篇。《無腸公子除授集》三篇，爲擬無腸公子（蟹）謫官制一篇、復官制及獎諭敕書二篇。其內容或與《山林素封集》有異（《素封集》乃“素封”而非朝官），而體裁則相同，皆爲俳諧游戲之作，即林希逸所謂“以朝廷體制用之游戲”（《跋方持叟歲寒三友制誥》，《竹溪鬳齋十一稿續集》卷一三）是也。

　　《歲寒三友除授集》、《無腸公子除授集》亦見於《文章善戲》中（按：《文章善戲》屬總集，拙著《宋人總集叙録》已著録）。金程宇《静嘉堂文庫藏〈文章善戲〉及其價值》（載《稀見唐宋文獻叢考》）之“又附記”稱明鈔本《歲寒三友除授集》《無腸公子除授集》與静嘉堂藏本《文章善戲》所收吴必大二集相校，明鈔本“次第與静嘉堂本不同，且頗有缺葉，自《管城子毛穎辭免中書令恩命第二表》以上，脱去鄭持正文九篇及蘇軾《墨堂君記》一篇，且間有脱字，難稱善本”。疑明鈔吴必大兩《除授集》，其來源實明人從《文章善戲》中鈔出别行，次第略有不同，蓋鈔者以己意有所調整；至於脱鄭持正等人作品，蓋鈔者止鈔吴氏文，非脱誤也。

是書《全宋文》未收。

雞肋集二卷

何希之　撰

何希之（一二一八—?），字周佐，撫州樂安（今屬江西）人。咸淳甲戌（十年，一二七四）進士，署零陵教授。入元不仕，遁迹以終。其《丁丑夏五書事》，自謂“年已六十矣”。“丁丑”爲景炎二年（一二七七），可據以推定其生年。集中又有“大德”紀年（《跋曾氏一經》末署“大德丙辰”，按大德無丙辰，疑丙午之誤，即大德十年，一三〇六），則壽至八十以上。所著《雞肋集》不分卷，今國家圖書館等藏有清康熙五十八年（一七一九）刊本。國圖本前後無序跋，卷首爲豫章同年熊朋來、豫章周天鳳題詩。收廷試策、省試策、書後、墓誌、書等雜文及詩詞凡六十餘篇。每半葉九行二十字，白口，四周單邊。

《四庫總目》以江西巡撫採進一卷本著録於《存目》，《提要》曰：

　　此本首冠以廷試、省試策二篇，後附以詩文五十餘篇，皆其子孫搜輯而成，故體制舛錯，編次殊爲無法，文格亦多平衍。蓋闕帙之餘，其菁華已不復存矣。

所謂“體制舛錯，編次殊爲無法”，蓋指以詩文詞混編。江西採進本即康熙本。

　　《續修四庫全書》用清刻本（康熙本）影印，編入集部第一三二〇册。

　　是集《全宋文》《全宋詩》皆失收。《全宋文》另輯文一篇，《全宋詩》另輯詩二首。

嘉禾百詠一卷

張堯同　撰

　　張堯同，秀水（今浙江嘉興）人。《四庫提要》謂其“仕履未詳，詩中（指《嘉禾百詠》中）所詠會景亭爲潘師旦所築，趙老園爲趙衮歸隱之處，核其時代，蓋寧宗以後人也”。又稱“徐碩《至元嘉禾志》已與陸蒙老所賦《嘉禾八詠》同採入題詠門內”，則似宋末元初有刊本。清初曹溶輯《學海類編》，以及《兩宋名賢小集》，皆收有此書。《四庫全書》著録鮑士恭家藏本，《提要》稱該本“乃其初出單行之本，每首之後皆有附考，不知何人所作；末有跋語，亦不載姓名年月”。鮑氏本今未見著録，不詳其初出於何代。

　　法式善存素堂《宋元人詩集八十二種》鈔有此集，鈔本今藏國家圖書館。

道光十一年（一八三一），六安晁氏用活字排印《學海類編》，其中有是集。光緒七年（一八八一）有陸費氏刻本，今國家圖書館等著錄。光緒二十九年（一九〇三），長沙葉德輝又將其刊入《觀古堂所刻書》，民國時收入《郋園先生全書》。民國三年（一九一四），李之鼎宜秋館據金陵朱氏（曾緒）所藏鈔本（乃《六宋人集》之一）刊入《宋人集》甲編，跋以爲原書中之附考，引書"止於明初，殆爲明人矣"。民國間所編《叢書集成初編》，據《學海類編》本排印。

　　袁枚嘗爲《嘉禾百詠》作注。民國間，上海校經山房成記書局用袁樹輯本，石印入《袁枚全集》，今南京圖書館有著錄。

　　《全宋詩》以影印文淵閣《四庫全書·兩宋名賢小集》本爲底本。

【參考文獻】

　　李之鼎《嘉禾百詠跋》（《宋人集》甲編本《嘉禾百詠》卷末）

苔石效顰集一卷

繆　鑒　撰

　　繆鑒，字君實，號苔石，宋季澄江（今江蘇江陰）人。生平事跡不詳，蓋隱遁未仕。所著《苔石效顰集》原本久佚，其孫恭重輯之，所得甚少，幾不成卷帙。元張宣跋稱原集"失於至正壬辰（十二年，一三五三）之兵，……其孫恭遍訪諸故老，口授三數十篇，圖鋟諸梓"云云。至正癸卯（二十三年，一三六三）、至正甲辰（二十四年）楊維禎、鄭元祐分別有跋，蓋其時或稍後有刻本，然久已失傳。

明宣德癸丑（八年，一四三三）吳仲子序曰："苔石裔孫宗啟、宗凱好古而樂善，……則是詩之傳有日，先生亦將撫掌九原矣！"成化十二年（一四七六），卞榮又序曰："吾邑之先正苔石先生詩，作於當時者必多矣，而遺亡十之八九。其裔孫復端採而集之成帙，凡若干首，……是詩之傳，吾知副墨之子，洛誦之孫，將永永而無窮焉，詩之多不多奚足論！"則宣德、成化時是集當有重刻本，然亦已失傳。

四川大學圖書館舊嘗著録嘉靖重刻成化本，而該館新版《書目》無之。今檢視原書，卷末附舊跋，最後爲嘉靖六年（一五二七）四川巡撫、大理寺卿湯沐所作，文中未言付刊事，僅云"其裔孫蓮字復周集其詩一卷，曰《苔石詩》，卞公華伯爲之序"云云。著録爲嘉靖本，蓋據是跋。全書紅印。持此本與光緒十七年（一八九一）繆荃孫所刊《雲自在龕叢書》第三集《苔石效顰集》對照，則除紅印外，兩本全同，因知舊所謂"嘉靖本"，實即《雲自在龕叢書》紅本（校對本）。紅本原有校語，校本爲《元詩選》，然《元詩選》乃清初顧嗣立編，所校異文與傳本《元詩選》同，則其斷非嘉靖本可知。《雲自在龕叢書》本每半葉十一行二十字，白口，四周單邊，凡收詩二十五首，較《元詩選》爲多。

《全宋詩》以《雲自在龕叢書》本爲底本。

【參考文獻】

吳仲子《效顰集序》（《雲自在龕叢書》本《苔石效顰集》卷首）

陸文圭、楊維禎、鄭元祐、張宣、張庸、卞榮、湯沐《效顰集跋》（同上卷末，人各一跋）

秋聲集六卷

衛宗武　撰

衛宗武(？——二八九)，字淇父，號九山，松江(今屬上海)人。淳祐間歷官尚書郎、知常州，閒居三十餘年。著有《秋聲集》。今存自序，謂以文十餘篇"姑附卷末"，"而欲與吟編並傳"。則該序當爲以文附詩集而作，非詩集序，故全篇論爲文之道。元張之翰序，稱作者子謙"出公《秋聲集》求序"云云，時在至元甲午(三十一年，一二九四)，蓋刊於是年或稍後。

明《文淵閣書目》卷九著録"衛宗武《秋聲集》一部三册，全"，《内閣書目》同，曰"凡十卷"，殆爲元槧。焦氏《國史經籍志》著録爲八卷，蓋不連附録。

元刊本久已失傳，今僅存六卷，乃大典本。《四庫提要》曰："今從《永樂大典》中采輯編次，得詩詞四卷，序、記、志銘一卷，雜著一卷，以略存其概。"又謂作者蓋衛涇、衛湜之裔，"文采風流，不失故家遺範，有自來矣"。《四庫全書》據大典本著録。民國時，文淵閣庫本嘗影印入《四庫全書珍本初集》。

《全宋詩》《全宋文》俱以影印文淵閣《四庫全書》本爲底本。

【參考文獻】

衛宗武《秋聲集自序》(影印文淵閣《四庫全書》本《秋聲集》卷首)

張之翰《秋聲集序》（同上）

廬山集五卷英溪集一卷

董嗣杲 撰

董嗣杲，字明德，號静傳居士，杭州（今屬浙江）人。咸淳末爲武康令，宋亡，入山爲道士，改名思學，字無益。其集原本久佚，今傳《廬山》《英溪》二集乃大典本，全爲詩。《四庫提要》曰：

> 以詩中自志歲月出處考之，《廬山集》乃其於宋理宗景定二、三年（一二六一、六二）間榷茶九江富池時所作，《英溪集》則爲武康令時所作。……其集爲諸家書目所未載，獨明焦竑《國史經籍志》有嗣杲《廬山集》，而闕著其卷數。今據《永樂大典》所録，有題《廬山集》者，又有題《英溪集》者，是嗣杲本有二集，但其名不顯，集亦久絕流傳。……謹甄次裒輯，依仿原目，分爲《廬山集》五卷、《英溪集》一卷，著之於録，庶論宋、元間詩人者猶得有所稽考。

大典本録入《四庫全書》。翰林院鈔大典本（四庫底本），今藏國家圖書館。文淵閣四庫本，民國時曾影印入《四庫全書珍本初集》。

西湖百詠二卷

董嗣杲　撰

是集有作者咸淳壬申(八年,一二七二)自序,略曰:

> 錢塘西湖爲東南偉觀,窮騷人墨客技不得盡。元祐
> 間楊、郭二子皆以百絶唱,乃無嗣音者。……予長兹地,
> 與山水爲忘年交,凡足迹所到,命爲題,賦以唐律,幾二
> 十餘年,僅逮百首。然皆目得意寓,叙實抒寫,非但如
> 楊、郭二子披圖按志,想像高唐而已。……薄宦於霅,公
> 事簡,輒是正完。

據知是集乃作者官湖州(霅)時,裒輯其多年歌詠杭州西湖之
律詩百首而成。初刊於何時不詳,疑即在作序之年或稍後。
《四庫提要》曰:"據《西湖志》,嗣杲宋季人道孤山四聖觀,改
名思學,字無益。此集當作於是時。"其説謬,殆其本闕自序。

　　明陳贄嘗和作百首,遂有原唱、和作合刻本。明天順七
年(一四六三)陳敏政作《西湖百詠倡和詩序》,略曰:

> 太常少卿會稽陳惟誠(贄)先生博學多才,尤長於
> 詩。其致政而歸也,樂錢唐山川之勝,日與名公碩彦往
> 來西湖之上,……因得宋季董静傳先生《西湖百詠》讀
> 之,而有契於心,乃即其所詠之景隨韻和之,亦得百
> 首。……好事者聞之,爭相傳誦。時太監盧公奉上命鎮
> 撫兩浙,……乃命工刻梓,以廣其傳。

　　稍後,張寧作《重刻西湖百詠詩序》,稱"宋錢塘董嗣杲

《西湖百詠》，繼而和之者今太常陳惟誠，亦既梓行矣，其鄉人朱彥明尤慮其未廣，將翻刻遠布，持以求序"云云。至嘉靖丁酉（十六年，一五三七），周藩南陵玉雲樓子（朱睦㮮）再翻刻，又作《重刊西湖百詠詩序》，略曰：

> 近得天順間會稽陳太常少卿贄所和宋季董嗣杲《百詠》讀之，……董倡居前，陳和居次，景凡九十有六，詩共一百九十有二，謂之"百詠"者，蓋亦極言之耳。……自分奉藩中州，而境內山川形勝皆在二三百里外，尚不能一遂登陟遊覽，……何難於西湖之往觀邪！故於是編感寓吾情，自不能已，用是翻刻流佈，俾四方好事如予之不能往者，可以即詩知景，宛如在目，所謂不出門庭觀盡江山者是已。

自天順至嘉靖，《西湖百詠》唱和詩已刊行三本矣。

《四庫總目》著錄鮑士恭家藏本，即合刻本，《提要》曰：

> 《西湖志》稱嗣杲原唱及贄所和皆九十六首。天順癸未（七年），始以二家所作合刻，南康知府陳敏政爲之序。又載嘉靖丁酉周藩南陵玉雲樓子重刻，其序亦稱董倡居前，陳和居後，仍各九十六首，共一百九十二首，謂之"百詠"者，蓋亦極言之耳云云。此本上卷四十九題，下卷五十一題，實各足百詠之數，與《西湖志》所記不符。鮑廷博跋疑周藩翻雕之時，其底本偶有脫葉，未及深考，遂以爲原闕四首。田汝成修《西湖志》時，又僅見周藩之序，遂據以筆之於書。以《志》中僅載周藩序，不載陳敏政序爲證，理或然歟。

據鮑廷博跋，其本乃傳錄刊本，原本楮墨極古，而無刊刻年月可考。

《西湖百詠》及陳贄和詩，上述明刊本皆未見著録，現僅上海圖書館、浙江圖書館、臺北"中央圖書館"及日本静嘉堂文庫等藏有清鈔本。丁丙《善本書室藏書志》卷三二著録舊鈔本，評其價值道："百詠皆七言律詩，每題下各注其始末，頗具宋末軼聞。"

清光緒七年（一八八一），丁丙嘉惠堂將是集刊入《武林掌故叢編》，跋稱文瀾閣遺書傳鈔是帙，百詠獨全，因付手民云云。

《全宋詩》所收《廬山》《英溪》二集，以影印文淵閣《四庫全書》本爲底本。所收《西湖百詠》，以丁氏嘉惠堂刊本爲底本。又從《詩淵》《永樂大典》殘卷等書中輯得佚詩九十九首。

【參考文獻】

董嗣杲《西湖百詠序》（《武林掌故叢編》本《西湖百詠》卷首）

陳敏政《天順本西湖百詠倡和詩序》（同上）

張寧《重刻西湖百詠詩序》（同上）

朱睦㮮《嘉靖重刊西湖百詠詩序》（同上）

鮑廷博《西湖百詠跋》（同上卷末）

丁丙《光緒刊西湖百詠跋》（同上）

蛟峰文集八卷　附山房先生遺文
外集四卷

方逢辰　撰

方逢辰（一二二一——一二九一），字君錫，一作聖錫，初名

夢魁，嚴州淳安（今浙江淳安）人。淳祐十年（一二五〇）廷對
第一，理宗改賜今名。累官兵部侍郎，力詆時宰之非，除吏、
禮二部尚書，俱不拜。聚徒講學，學者稱蛟峰先生。其遺文
號《蛟峰集》，有無元槧不詳，明初嘗重鋟刊行。洪武七年（一
三七四）十一月，陳又新序之曰：“予綰符是邑，仰體聖天子尚
節右文之意，先求遺賢，乃裔淹以藏稿示余。……緣校讎鋟
輯，分爲八卷，内附山房先生（方逢振）一卷，謀付梨棗。”則稿
出於裔孫方淹，陳氏爲之編次付梓。後來所傳《蛟峰集》規
模，是時已形成。洪武本久已失傳。

　　景泰四年（一四五三），商輅再序之，稱“先生裔孫淵來
京，偕其倜輔持先生遺文見示，俾爲之序”。天順七年（一四
六三），翰林侍讀學士錢溥作刊板序，略曰：

　　　　先生七世從孫中，舉天順丁丑（元年）進士，擢令玉
　　山，嘗得諸族所採詩文爲《蛟峰先生集》，兹復累當時敕
　　誥并存没所贈詩文爲《蛟峰外集》。……先生有弟逢振
　　登進士，歷翰林國史實録院檢閲，宋亡，歸與學者講道於
　　石峽，因稱曰山房先生，……西江大參輔，其六世從孫
　　也，得遺文一二，托玉山附《蛟峰集》後以傳。

胡拱辰跋弘治修補本（此本見下）道：

　　　　《蛟峰方先生文集》八卷，自一至七，先生之文，其五
　　世從孫淵字文淵所集；其八，先生之弟山房先生之文，其
　　六世從孫輔字廷臣所集，而並刻於七世從孫中字大本，
　　其板則大本之子天雨字濟甫藏之家塾。文淵嘗屬拱辰
　　序之，大本又屬翰林錢先生、吏部夏先生序之於前，閣老
　　陳先生識之於後。

則天順本乃景泰間方淵所輯,凡七卷,附方逢振《山房先生遺文》一卷,方輔輯;《蛟峰外集》爲方中所輯。傳刻者即方中。胡拱辰稱其在天順時曾作序,今未見。所謂吏部夏先生序、閣老陳先生跋,指夏寅、陳循,二人序跋今存,夏序略曰:"先生五世孫淵在太學時,勤求廣訪其遺文於散落之餘,裁二百篇,錄成,俾寅序。"時在天順三年七月。其實天順本應是重刊洪武本,僅《外集》爲重輯,而諸人序跋皆諱言之,或陳又新當時并未刊成,或事涉建文歟? 其故不詳。天順本今國家圖書館(有黃虞稷、劉喜海跋)、上海圖書館著錄。日本静嘉堂文庫亦有庋藏,見《皕宋樓藏書志》卷九二。是刻每半葉十行,行二十字,黑口,四周雙邊。方氏文集,今以此本最古。

弘治十六年(一五〇三),淳安知縣陳渭嘗修補天順本,胡拱辰有跋(上已引),今國家圖書館藏一部,臺北"中央圖書館"著錄兩部。嘉靖間,知縣徐慶衍嘗遞修天順本,有嘉靖甲午(十三年,一五三四)胡宗明序,稱舊板殘缺,遍求善本校閱,缺者補之,訛者正之,没者明之,二逾月訖工云云。兩次修補板式不一,故易辨識。今南京圖書館有藏本。傅增湘嘗收得錢氏舊藏嘉靖時官文書紙刷印本,遞經天都陳氏承雅堂、知不足齋鮑廷博收藏,有翰林院大印(詳《經眼錄》卷一四),今亦藏南京圖書館。

《萬卷堂書目》卷四、《徐氏家藏書目》卷六、《絳雲樓書目》卷三俱著錄"《蛟峰集》八卷",當皆明槧。《會稽鈕氏世學樓珍藏圖書目》著錄"《蛟峰集》七卷、《外集》三卷、《山房集》一卷、《外集》一卷,天順七年刊,宋方逢辰、逢振撰,錢溥序"。又《澹生堂藏書目》卷一三《續收》有"《方蛟峰先生集》二册十二卷",殆亦爲天順本。

今河北保定圖書館著録萬曆三年（一五七五）裔孫方世德刻本《蛟峰先生文集》十四卷，未見，情況不詳。按明活字本（此本見下）題"十一世孫方世德重編"，通計正集、外集、遺文正爲十四卷。方世德似乎不大可能、也無必要同時刊行兩本，是否該本即活字本？待查核。

上述明活字本，爲《蛟峰先生文集》十卷、《蛟峰先生外集》三卷，附《山房先生遺文》一卷。傅增湘《經眼録》記涵芬樓藏活字本道："十行二十一字，題'十一世孫方世德重編'。有天順七年東吳錢溥序，景泰三年商輅序，嘉靖甲午績溪胡宗明序，又胡拱辰後序。"則底本顯然爲嘉靖遞修本。此本今唯國家圖書館著録一部，存文集卷三至六，外集三卷。

入清，有順治十五年（一六五八）、康熙二十一年（一六八二）兩本。順治十年，商民宗序曰："公所作文章甚富，然以兵燹之餘，殘缺失次。其賢胤國禎、顯庸、顯韜、顯策、顯旭等哀輯遺文，得若干卷，重梓以傳，徵予爲序。"此本實爲知淳安縣事張一魁所刊，其序曰："余役青溪，登石峽之堂，低回不能去。爰爲輯其集而重梓之。"虞世剴又序曰："後裔顯策繕摹舊編暨《山房集》，爲之訂訛帝虎，哀輯而付剞劂氏。"同時呂兆龍、侯良翰及知淳安縣事張一魁皆有序，其裔孫方嗣蕃、方顯策等有跋。書刻成於順治十五年（戊戌），方嗣蕃跋詳述是集自明以來流傳情況道：

> 《蛟峰集》傳自有宋，歷元，明洪武初四世孫淹爲縣學訓，曾重鐫焉。至天順中，高祖憲副公藏其板，縉紳道嚴陵、過青溪者索無虛日，故其集盛行，而其板漸致殘缺。萬曆中，余伯祖作所公游京師，以先正慕其集，欲更訂焉，亦未卒事。大清順治甲午（十一年），以祠事奉司，

李侯公祖勘公雅慕先生之爲人，而甚重其文，然模印已無徵矣。戊戌（順治十五年）春會逢文宗谷蒼霖先生，有搜輯遺書之令，學訓虞師長奉命覓先生遺編，乃裒顯策謄舊集，參互校讎，謀之族昆國禎、顯庸，付之梓人。其集具八：其一至六先生文也，其七乃先生之弟山房文也，其八則先生之外卷。集成，可以公之同人，傳之後世。

所刊爲《方蛟峰先生文集》八卷。按方逢辰入元達十餘年，謂其集"傳自有宋"，不確。順治本今國家圖書館（有傅增湘校并跋）、南京圖書館著録，國家圖書館猶藏有清鈔順治本。卷中署"三韓後學張一魁編次，文宗谷霖蒼先生鑒定，秦臺筠菴侯良翰介夫甫彙輯，古菫後學虞世剴尹疇參訂"。順治本較明天順本，不僅書名多"方"字，作"方蛟峰先生文集"，且卷帙亦不盡相同。國圖藏傅校本之末有傅氏跋，論兩本差異道：

> 今以順治裔孫嗣蕃等刻本校之（祝按：傅氏以其本爲順治本，今檢視之，有方瑞合序，傅氏殆誤。《北京圖書館古籍善本書目》已改著爲康熙本），明本（祝按：指弘治、嘉靖重修天順本）卷七，今爲卷一；明本卷一、二，今合併爲卷二，而《山房遺文》列第七。明本《外集》四卷，今并爲第八。此改并之大略也。

今國家圖書館、上海圖書館、浙江大學圖書館等著録康熙二十一年刻本，爲《方蛟峰先生文集》六卷、《宋方山房先生文集》一卷、《方蛟峰先生外集》一卷。首有康熙壬戌（二十一年）十二世從孫方瑞合序。是本每半葉九行二十二字，白口，左右雙邊。此當即翻刻順治本，而將順治本卷七《山房集》析出別爲一卷，故《蛟峰集》僅六卷。

　　《四庫總目》著録江蘇蔣曾瑩家藏本，《提要》曰："是集乃其五世從孫蒙城知縣淵等所輯。正集八卷，前七卷爲逢辰詩文，末一卷附以其弟逢振所作。逢振字君玉，景定中登進士，官至太府寺簿，亦國亡之後抗節不仕者也。外集四卷，則其七世從孫玉山知縣中所續輯，凡逢辰歷官誥勅及酬贈詩文皆在焉。"據此，則其底本當爲天順本或其遞修本。《提要》又曰："其所掇拾，大抵案牘簡札之文爲多，而《策問》一首，至并考官評語載之。蓋散佚之餘，區區搜輯而成，故不免識小而遺其大矣。"四庫本卷帙與天順本同，當即天順本或其遞修本。《增訂四庫簡目標注·續録》謂傅增湘所藏弘治重修（按：應是弘治、嘉靖遞修，見前引《經眼録》）天順本有"翰林院印及鮑以文、錢犀盦等印記"，或即四庫館中舊物。天順本系統，方逢辰詩文七卷之卷目編次爲：卷一，申狀奏札；卷二，書札；卷三，啟；卷四，序；卷五，記；卷六，詩、雜文；卷七，講義、策、論、策題、碑銘誌、行狀。宋遺民集，大多收拾於兵燹散亡之餘，館臣大可不必以"識小遺大"譏之。

　　《全宋文》用影印文淵閣《四庫全書》本爲底本，由順治本補文一篇，另輯得佚文十二篇。《全宋詩》以國圖所藏天順七年刊本爲底本。

【參考文獻】

　　陳又新、商輅《蛟峰先生集序》（康熙本《蛟峰先生集》卷首）

　　錢溥《蛟峰先生文集序》（弘治修補天順本《蛟峰先生文集》卷首）

　　胡拱辰《弘治修補天順本蛟峰先生文集跋》（同上卷末）

　　胡宗明《嘉靖修補蛟峰先生文集序》（嘉靖修補本卷首）

　　商民宗、吕兆龍、侯良翰、張一魁、虞世劃《順治本蛟峰先生集序》（康熙本卷首，人各一序）

方嗣蕃、方顯策、方際泰、方顯庸《跋蛟峰先生集後》（同上卷末，人各一跋）

方瑞合《康熙本蛟峰先生文集序》（同上卷首）

碧梧玩芳集二十四卷

馬廷鸞 撰

馬廷鸞（一二二二——一二八九），字翔仲，晚號玩芳病叟，樂平（今江西德興）人。淳祐七年（一二四七）進士，咸淳中拜右丞相兼樞密使，罷歸。入元不仕。其集編刊情況不詳。明《文淵閣書目》卷九著録“馬翔仲《碧梧玩芳集》一部三册，闕”。《内閣書目》無其目，蓋散亡已久。今傳乃大典本，《四庫提要》曰：

> 似集爲其子端臨所編矣。其曰“碧梧玩芳”者，廷鸞家有碧梧精舍，晚年又自號玩芳病叟，因以爲名也。自明以來，外間絶無傳本，唯《永樂大典》所收，頗存梗概，大抵駢體最工。……其集《宋史》不著録，原編卷數已不可考，謹以今所存者裒輯排比，分爲二十三卷。廷鸞又嘗仿吕祖謙《大事記》之例，作《讀史旬編》，以十年爲一旬，起帝堯元載甲辰，迄周顯德七年庚申（九六〇），爲三十八帙。今全書雖佚，而緒論尚散見《永樂大典》中，並裒爲一卷，附於文後，共爲二十四卷。

乾隆翰林院鈔本，今藏國家圖書館。《四庫全書》據大典本著録，卷目編次爲：卷一，奏狀；卷二，詔；卷三，赦文；卷四至九，

制；卷一〇，申狀；卷一一，啟；卷一二，序；卷一三至一六，題
跋；卷一七、一八，記；卷一九，墓誌銘；卷二〇，雜著；卷二一，
讀史句編；卷二二、二三，詩；卷二四，詩、詩餘。

　　丁氏八千卷樓藏有舊鈔本二十四卷，當由四庫本出，見
《善本書室藏書志》卷三二，今藏南京圖書館。民國四年（一
九一五），胡思敬據丁氏本刊入《豫章叢書》。傅增湘校《豫章
叢書》本，今藏國家圖書館。

　　《全宋文》用影印文淵閣《四庫全書》本爲底本，輯得佚文
二十五篇。《全宋詩》底本同，輯得佚詩三十五首。

自堂存稿 十三卷

陳　杰　撰

　　陳杰，字燾父，號覃山主人，又號自堂，豐城（今屬江西）
人。淳祐十年（一二五〇）進士，官至江西憲使、朝散大夫。
宋亡不仕，隱居東湖，取所作詩有補於詩教者編爲《自堂存
稿》。葉氏《篆竹堂書目》卷四著錄“《陳自堂存稿》二册”。
《内閣書目》錄有一册，稱“不全”。《國史經籍志》卷五、《千頃
堂書目》卷二九著錄《自堂存稿》十三卷。乾隆四庫館臣因無
採進本，遂從《永樂大典》中重輯，《四庫提要》謂“裒輯遺篇，
尚得四卷”。又稱其詩雖源出江西，頗參以石湖、劍南格調，
與宋末江湖派氣味有殊。《大典》中《閑艤記》末署延祐二年
（一三一五），館臣以爲乃陳櫟之父所作，而誤題陳杰名。胡
思敬跋其刊本（詳後），則以爲是“德祐”之訛。大典本（四庫

底本)今藏南京圖書館，乃丁氏書，原爲朱修伯(學勤)舊物，《善本書室藏書志》卷三二著録，謂前鈐"翰林院印"。民國四年(一九一五)，胡思敬據朱修伯所藏館鈔本刊入《豫章叢書》，有跋。

然該本完帙民國時尚傳世，曾藏葉德輝家，其《郋園讀書志》卷八著録"《自堂存稿》十三卷，宋元明活字參雜本"，略曰：

> 是本多于《大典》本過半，尤足以窺全豹。前有宋咸淳甲戌(十年，一二七四)十月望自叙，末有明萬曆壬辰(二十年，一五九二)〔陳〕賓補版跋。書版有宋刻、有元刻、有明刻，又有活字排印者，數葉版式大小不一。蓋其版自宋末元時訖明陸續補刊而成，臨印時又以活字補其缺葉耳。

除所述外，卷首自叙前猶有劉辰翁序。

民國十二年(一九二三)，葉德輝俚啟勳曾影鈔一部，凡十三卷，今藏湖南省圖書館，有葉啟勳跋，乃海内孤本。《湖南省圖書館古籍綫裝書目》著録爲"清鈔本"，誤。因鈔本爲原書完帙，可正《提要》叙述之誤。傅增湘於一九三四年(甲戌)見之，其《經眼録》卷一四嘗著録道：

> 十行十八字。前有咸淳甲午(祝按：咸淳無甲午，疑是甲戌或庚午〔六年，一二七〇〕之誤)劉辰翁序，又咸淳甲戌前工部郎中玗豁陳杰壽甫序，序後三行如下："初刊不無誤字漏章，今已逐一釐正，依次添入，仍有續卷見後。"
>
> 卷首題"賜進士豐城玗豁陳杰壽甫撰"，"弟進士陳霖憲甫録"二行。後有萬曆壬辰十世孫賓汝功跋。

　　大典本較十三卷鈔本，所收詩歌數量相去甚遠：鈔本存六百又三首，而大典本僅有三百三十四首。《全宋詩》用《豫章叢書》本爲底本，集外輯詩不少，但鈔本仍可補入二百六十餘首，且詩題、正文多所不同。詩之小序、注文，大典本多無，即有也差異甚大。不過鈔本亦有脱字、脱句、闕題現象（詳參何振作《長沙葉啟勳鈔〈自堂存稿〉的價值》，載《圖書館》二〇〇九年第五期）。葉德輝所稱“宋元明活字參雜本”，藏葉啟釜家，今不詳所在。

【參考文獻】

　　劉辰翁《自堂存稿叙》（鈔本《自堂存稿》卷首）
　　陳杰《自堂存稿叙》（同上）
　　葉啟勳《自堂存稿跋》（同上卷末）
　　胡思敬《豫章叢書本自堂存稿跋》（《豫章叢書》本《自堂存稿》卷末）

四明文獻集五卷撫餘編三卷

王應麟　撰

　　王應麟（一二二三—一二九六），字伯厚，號厚齋，一號深寧居士，鄞縣（今浙江寧波）人。淳祐元年（一二四一）進士，又中博學宏詞科。官至禮部尚書兼給事中。後辭官歸，專事著述。所著宏富，凡六百九十五卷，古往鮮有其匹。《宋史》卷四三八本傳列其目，除專著外，有《深寧集》一百卷、《玉堂類稿》二十三卷、《掖垣類稿》二十二卷。除部分專著如《困學紀聞》《玉海》等今尚存外，其他（包括文集）久已散佚。

今傳《四明文獻集》，乃明人鄭真輯（按：鄭真，明初人，著有《滎陽外史集》百卷，今存）、陳朝輔補輯之本。陳氏跋曰：

> 歲癸未（崇禎十六年，一六四三），余屏跡家門，友人劉君讓以鈔書見售，閱之，乃《四明文獻》也，采輯者乃滎陽外史鄭公真也。曷勝狂喜，不惜重貲以應寒士之求。把讀終卷，間有未經詳明者，僭爲補綴；有它處散見者，輒爲增益，以成全集。

然陳氏並未付梓，僅“繕寫襲藏”而已。《四庫提要》謂“此本乃明鄞縣鄭真、陳朝輔所輯《四明文獻》之一種，故一人之作，冒總集之名也”。按鄭真所輯爲四明各家詩文凡六十卷，除此種外，其它皆佚，故是集仍以總集之名名之也。

鄭輯王氏文集凡五卷，明以來皆以鈔帙流傳，至晚清方有刊本（詳下）。今國內著錄清鈔本近十部，如國家圖書館藏清初鈔本，首都圖書館藏乾隆時鈔本等。《四庫全書》著錄鮑士恭家藏本，《提要》曰：“通一百七十餘篇，制誥居十之七，蓋捃拾殘賸，非其真矣。”應麟百數十卷之舊集（包括制誥）既佚，賴此本尚不至泯沒於作者之林。

道光九年（一八二九），葉氏紫藤花館刊《深寧先生文鈔》，附年譜一卷。葉熊《後序》謂以王奎藏本與所輯“彙而梓之，爲《深寧先生文鈔》，凡八卷”。所謂“輯”，指葉熊輯《摭餘編》三卷，童槐《後序》略曰：

> 近乃有葉氏《摭餘編》，自省、郡、邑各乘所載，洎天一閣、抱經樓諸藏書家所留遺，靡弗蒐緝，亦裒三卷，而鄭選底本適與並出（祝按：參之葉氏《後序》，王奎所藏《四明文獻集》似爲四庫底本）……小山太守爰合二種梨之。

所附年譜，爲陳僅、張恕編。道光本今國家圖書館有著録，日本京都大學亦有藏本，較五卷本爲完備。

道光板於庚子（一八四〇）毀於兵火。民國五年（一九一六），仁和王氏有鉛印本。據王存善序，該本乃是以烏程劉翰怡所藏江都秦氏寫本《四明文獻集》校葉刻本，然後付印，“凡異文皆條注於本字之下”。是本不通編卷，即《文獻集》仍爲五卷，葉氏所輯爲《深寧先生文鈔摭餘編》三卷。鉛印本北大圖書館等及日本東京大學有著録。

民國二十一年（一九三二），四明張氏約園輯《四明叢書》，第一集即刊《四明文獻集》五卷、《深寧先生文鈔摭餘編》三卷、補遺詩一首（徐恕據明正統刻本《上虞志》補《東山詩》），後附錢大昕、陳僅、張大昌所編《王深寧先生年譜》三種。據張壽鏞序，此本乃是以所得朱彝尊（竹垞）舊藏《四明文獻集》及葉氏所輯《摭餘編》校而重刊之。此本晚出轉精。

《全宋文》用《四明叢書》本《四明文獻集》及《摭餘編》爲底本，輯得佚文十一篇。《全宋詩》用《兩宋名賢小集》本《王尚書遺稿》爲底本，僅有詩七首，另輯得佚詩三首。

二〇一〇年，中華書局出版張驍飛校點本《四明文獻集》（外二種），爲《王應麟著作集成》之一，亦用《四明叢書》本爲底本。

【參考文獻】

陳朝輔《王深寧文集跋》（影印文淵閣《四庫全書》本《四明文獻集》卷五）

葉熊、童槐《道光本深寧先生文鈔後序》（《四明叢書》本《四明文獻集》卷末，人各一文）

張壽鏞《刊四明文獻集序》（同上卷首）

宋人別集叙録卷第二十八

葦航漫遊稿四卷

胡仲弓 撰

胡仲弓，字希聖，號葦航，清源（今福建仙源）人。嘗登進士第，授縣令，後奪官，浪跡以終。其原集久佚，《四庫提要》謂其“詩名不甚著，惟陳起《江湖後集》録所作頗夥，然校以《永樂大典》分列於各韻下者，所選之外，遺佚尚多。今蒐採裒輯，編爲四卷，雖未必盡睹其全，視起所編，則已增益者多矣”。故今傳四卷本乃大典本。因未見宋、元人序跋，原本卷數不詳。文淵閣四庫本，民國時嘗影印入《四庫全書珍本初集》。

《提要》又曰：“《永樂大典》所載别有《漫遊集》一書，核其體例，蓋採宋、元兩代之作彙爲總集，當時校讐未密，朱書標目，往往與此集混淆，今並考校姓名，删除詿異，不使與此集相亂，庶幾不失其真焉。”此可提示後人從《大典》中輯佚者注意，故録焉。

《全宋詩》所收前四卷用影印文淵閣《四庫全書》本爲底本。《江湖後集》中之詩，以顧氏讀畫齋刊本《南宋群賢小集》爲底本，另輯得佚詩八首。

艮巖餘稿 四卷

梅應發 撰

　　梅應發（一二二四——一三〇一），字定夫，號艮翁，廣德軍（今安徽廣德）人。寶祐元年（一二五二）進士。嘗知福州，官至太府卿、中奉大夫直寶章閣。宋亡不仕。事跡見清魏源《元史新編》卷五〇、嘉靖《廣德州志》卷八。著有《寶章閣餘稿》三十二卷，編刊情況不詳，久佚。今存《艮巖餘稿》僅四卷，蓋掇拾於散佚之餘。傅增湘嘗藏有影宋寫本四卷，其《藏園群書經眼錄》卷一四記曰：“十一行二十字。原本藏嘉善曹氏。”王重民《中國善本書提要》著録北京圖書館（今國圖）藏元刻本《艮巖餘稿》不分卷，每半葉十一行二十字，謂其集中有入元以後之作，“卷内宋諱雖抬頭，其付梓在元初，則無疑也”。

　　今臺北“中央圖書館”著録宋刊元修本，卷首有吳戭《艮巖餘稿序》，或有相關信息，未見俟補。

　　是集《全宋詩》未收，只輯得佚詩一首。

雪岑和尚續集 二卷

釋行海 撰

　　釋行海（一二二四—?），號雪岑，剡溪（今浙江嵊縣）人。早年出家，曾住嘉興先福寺。今存所著《雪岑和尚續集》上、

下二卷,卷上爲七言律,卷下爲七言絶句。自序道:"余詩自
淳祐甲辰(四年,一二四四)到今淳祐庚戌(十年)(祝按:"戌"原
作"午",考淳祐無庚午,"午"當是"戌"之誤,徑改),凡若干首。三四
五六七言歌行,謡操吟引詞賦,衆體粗備,旋已删去太半,以
所存者類而成集,以遺林下好事君子,用旌予於無爲淡泊中,
猶有此技癢之一累也。"林希逸爲之跋,謂其詩稿"本有十二
巨編,三千餘首",未能盡選,僅選摘二百餘首,并盛贊所作
"平淡處而涵理致,激切處而存忠孝,富贍而不窒,委曲而不
澀滯,温潤而醖藉,純正而高遠,新律古體,各有法度"云云。
是集既稱"續集",必當有正集,已亡佚不傳。

日本藏有南北朝時期(一三三六——一三九二)覆宋刻本,
每半葉十行,行二十字,白口,左右雙邊,今宫内廳書陵部、京
都建仁寺兩足院有藏本。又有寬文五年(一六六五)藤田兵
衛刊本,今日本内閣文庫、公文書館、京都大學等著録。國内
唯中國科學院圖書館藏有鈔本。

《全宋詩》以中科院圖書館藏鈔本爲底本。

【參考文獻】

釋行海《雪岑和尚續集自序》(複印日本五山本《雪岑和尚續集》卷首)
林希逸《雪岑和尚續集跋》(同上卷末)

疊山集 十六卷

謝枋得　撰

謝枋得(一二二六——一二八九),字君直,號疊山,信州弋

陽（今江西弋陽）人。寶祐四年（一二五六）進士。官至江東提刑、江西招諭使知信州，力拒元兵。宋亡，居閩中。程文海薦之於元朝廷，辭不起。福建行省强之北行，至大都，絶食死。門人私諡文節。《疊山先生行實》（《疊山集》卷末附）稱"枋得平生無書不讀，爲文章高邁奇絶，汪洋演迤，自成一家，學者師尊之。所著有《詩傳注疏》《易説十三卦取象》，批點《陸宣公奏議》並《文章軌範》行於世"，未言及文集。蓋後來文集始編定，陳普爲之序，謂"掊集刊行，豈惟嗣子定之、門人劉棠之當然哉，其有裨於世教不小矣"。則其集元代當已刊行，卷數不詳。明初，原書已殘，邑人黄溥爲之重輯並付梓，景泰五年（一四五四）劉僑製序，曰：

> （枋得）雜著、詩文六十四卷藏於家。屢經兵燹，存者無幾。而吾友監察御史黄君溥澄濟與公同鄉邑，慨公之文散逸，恐泯泯無傳，乃多方采輯，得若詩若文總如干篇，正其訛謬，各以類歸，釐爲十六卷，間以示予，曰："惜乎先生之文僅此，豈以少而自私乎？將繡梓以傳，子曷叙諸？"

則景泰本已遠非初編之舊。然別無他本，後代或翻刻或改編，皆祖此本。景泰本今國家圖書館、北大圖書館、上海圖書館等著録。傅增湘嘗記蔣香生鳳藻舊藏景泰本道：

> 十一行二十一字。黑口，四周雙闌。題"里生潭石黄溥編"。前有景泰五年廬陵劉僑克彦序，云雜著、詩六十四卷藏於家，兵燹無存，御史黄溥采輯散佚，釐爲十六卷刻之。後有景泰癸酉黄溥序。卷一七言絶句拗體，卷二五言八句，七言八句，附録投贈詩，卷三五言長篇，七

言長篇，詞調，卷四書，卷五書，卷六序，卷七記，卷八墓誌銘，卷九説、跋，卷十啟，卷十一啟、狀，卷十二札、詞、頌，卷十三表，卷十四疏，卷十五文，卷十六附録。(《經眼録》卷一四)

明成化二十一年(一四八五)，有王皐翻刻本，卷數、版式與景泰本同，今唯浙江天一閣著録。嘉靖四年(一五二五)通州有刊本，今唯臺北"中央圖書館"著録，乃嘉靖刊後代修補本。嘉靖十六年，黃齊賢再重刊於弋陽，每半葉十行二十字，細黑口，四周單邊。此本今國家圖書館、臺北"中央圖書館"及日本神習文庫等有藏本。國圖本乃瞿氏舊物，《鐵琴銅劍樓藏書目録》卷二一著録，卷中有"汪士鐘藏"、"鐵琴銅劍樓"等印記，商務印書館嘗據此本影印入《四部叢刊續編》，今爲通行善本。

明朱氏《萬卷堂書目》卷四、《徐氏家藏書目》卷六，以及錢氏《絳雲樓書目》卷三，俱著録《疊山集》十六卷，殆皆景泰本系統之本。

明刊猶有二卷、五卷、六卷本。嘉靖三十四年，林光祖知廣信府，將是集重加編刻，題曰《新刊重訂疊山先生文集》，凡二卷，有王守元序。是刻仍以黃溥本爲底本，所收詩文篇數較黃本互有增減。每半葉九行二十字，白口，四周單邊。今國家圖書館、上海圖書館等及臺北"中央圖書館"著録多部，日本内閣文庫、静嘉堂文庫有庋藏。萬曆間，有《謝疊山先生文集》五卷刊行，今北大圖書館、南京圖書館著録。萬曆三十二年(一六〇四)，陽羨吳侍御重刻於上饒，前有江西按察副使方萬山序，後有知上饒縣吏朱萬春跋。方序謂"吉州謝先生集雖存，又漫漶不可讀也。重爲叙正，而屬信州守令刻焉”。知是本乃重刻嘉靖本，然却更其卷次，釐爲六卷。每半葉十行二十字，白口，四周單邊。今國家圖書館、南京圖書館、上海圖書館等著録多部，日本尊經閣文庫亦有藏本。方氏雖自稱“重爲叙正”，其實編次錯忤無叙，且有依託之文，校訂不善（參《四庫提要》及張元濟《〈四部叢刊續編〉本跋》，《善本書室藏書志》卷三一誤刊爲十六卷）。

　　明刊除上述單刻全集本外，又有題《疊山成仁稿》者。《百川書志》卷一二嘗著録“《疊山成仁稿》二卷”。此本乃正德十五年（一五二〇）舒芬編、書林余氏所刊叢書《重訂成仁遺稿》之一種，舒氏作《成仁遺稿序》曰：“予行篋有《文山指南集》二册、《集杜句》一册、《吟嘯集》一册，又有《疊山詩文集》二册，歲久壞爛，亦多磨滅。病中敬補綴之，以是集皆行乎患難、臨大節而不可奪者，乃復訂其訛脱，而《宋史》本傳與夫祠記、銘狀、祭文、輓詩，則取而合附于後，總題曰《成仁遺稿》，付書林余氏刻之。”是書《四庫全書總目·總集類存目二》嘗著録，今似已亡佚。

　　入清，《疊山集》首刊於康熙五十年（一七一一）寧淡齋，凡六卷，今唯福建泉州圖書館著録。康熙六十年謝氏蘊德堂刻本亦六卷，乃弋陽知縣譚瑄重訂，凡正文五卷、附録一卷。此本今國家圖書館、上海圖書館、浙江圖書館等著録多部。《四庫全書》即收是本，《提要》曰：

　　　　此本乃本朝康熙中弋陽知縣譚瑄所重訂，視舊本（指明刊本）較爲詳備。……惟原本有《蔡氏宗譜》一首，末署至元二十五年（一二八八），其辭氣不類枋得，確爲偽託。又有《賀上帝生辰表》《許旌陽飛昇日賀表》，此類凡十餘篇，皆似道流青詞，非枋得所宜有，亦決非枋得所肯作，其爲贋本誤收，亦無疑義。今並加刊削，不使其亂真焉。

館臣以道流青詞"非枋得所宜有，亦決非枋得所肯作"，因斷其爲"贋本誤收"，似乏證據，有拔高英烈之嫌。

嘉慶六年（一八〇一），謝氏蘊德堂有重刻本，除正文五卷仍舊外，附録編爲《外集》三卷及首一卷、末一卷。卷首有知弋陽縣事梁承雲序，略曰：

> 公詩文集六卷，自辛丑（康熙六十年）刊布後，已閲八十年，刻板漫漶，魯魚亥豕之訛，在在多有。讀之者茫然，如墮雲霧，展卷未終，疑竇紛起。既無以廣文獻之流傳，並無以慰桑梓之景慕。於是竹軒與印塘憂之，掇拾散佚之餘，協力搜羅，博採兼收，增爲八卷（祝按：指正集五卷、外集三卷），而重梓以傳。今而後遺編燦備，匪獨家乘之有光，實惟風雅之不墜矣，關係詎不重哉！

是本今國家圖書館、南京大學圖書館等著録。

嘉慶本之後，猶有道光本、咸豐本、同治本等，正文皆五卷，《外集》則增至四卷。咸豐十年（一八六〇），署弋陽縣事章永孚又將枋得所著《詩傳注疏》三卷附入。此外，日本萬延元年（一八六〇）刊有《謝疊山文鈔》四卷，今上海圖書館、江西省圖書館有藏本。要之，謝枋得以氣節光耀史册，其文集明、清刊本甚夥，而景泰本出於舊藏殘帙，承前啟後，收文最可靠。清刻本卷數雖少，却收録更爲完備。

一九九四年，華東師範大學出版社出版熊飛等《謝疊山全集校注》，爲《江西文獻叢書》之一種。該本以嘉慶六年本爲底本，正文五卷，附録一卷（卷六），再以洪薇新輯"拾遺"

（均録自《詩林廣記》）爲卷七，校以《四部叢刊續編》影黄齊賢本、康熙本、道光本等。

《全宋詩》用《四部叢刊續編》本爲底本，從校本及他書中輯詩三十二首。《全宋文》底本同，輯得佚文五篇。

【參考文獻】

陳普《謝疊山文集序》（萬曆本《石堂先生遺集》卷一三）

黄溥《景泰本疊山先生文集後序》（景泰通州刊本《疊山集》卷末）

劉儁《景泰本疊山先生文集序》（《四部叢刊續編》本《疊山先生文集》卷首）

黄齊賢《嘉靖重刊疊山先生文集後序》（同上卷末）

張元濟《影印疊山集跋》（同上）

陵陽先生集二十四卷

牟　巘　撰

牟巘（一二二七——一三一一），字獻之，一字獻甫，井研（今屬四川）人，少隨父徙湖州。爲大理少卿，忤賈似道去。宋亡不起，學者稱陵陽先生。是集乃作者次子牟應復編刊，時在元至順二年（辛未，一三三一），有跋，略曰：“近數年，以得官吴會間，始遂悉心哀輯，僅若干卷，十未及其一焉。……姑集其已得者類成二十四卷，敬鋟諸梓，俟有所得，尚續刊之。”又請前翰林國史院編修官程端學作序，稱“一常登公之堂而識公之面”云云。

明《文淵閣書目》卷九著録“牟巘《陵陽文集》一部六册，

全”，《内閣書目》同，謂“元至順間編修〔陳〕〔程〕端學序，凡二十四卷”，殆爲元槧。《絳雲樓書目》亦載二十四卷本。

　　元刊本久無著録，歷明、清似未重刻，長期以鈔本流傳。《四庫全書》著録鮑士恭家藏本二十四卷，當爲鈔帙。《文禄堂訪書記》卷四嘗著録一清初鈔本，“有‘翰林院’大方印，‘吴興姚氏邃雅堂’、‘天都鮑氏困學齋’印”，不詳是否即四庫底本，今未見著録。四庫本卷目編次爲：卷一至六，詩；卷七，雜著；卷八，奏札；卷九至一一，記；卷一二至一四，序；卷一五至一七，題跋；卷一八至二〇，啟；卷二一，札；卷二二，祭文；卷二三，上梁文；卷二四，行狀、墓誌銘。今國家圖書館、北大圖書館、上海圖書館等及日本静嘉堂文庫俱藏有鈔本。傅增湘記國圖藏涵芬樓舊寫本道：“九行十八字。每卷次行題‘男應復編’，似從元刊本出也。前有至順辛未男應復序。八行二十二字。”（《經眼録》卷一四）

　　清乾隆十二年（一七四七），歷城周永年刻《陵陽先生集》二十四卷，今唯《中國科學院圖書館藏書目録》著録一部，未見，但以是集流傳情況看，其底本當仍爲傳鈔元刊本。

　　民國十年（一九二一），吴興劉氏嘉業堂將是集刊入《吴興叢書》，劉承幹跋曰：“予先得舊鈔於甬上抱經樓，復假葉鞠裳（昌熾）侍講所藏，乞劉誠甫侍御、况夔笙（周頤）太守以兩本互勘，差爲完善，乃授之厥氏。”此本雖訛誤難免，但大體尚佳。

　　《全宋文》用嘉業堂刊本爲底本。《全宋詩》以影印文淵閣《四庫全書》本爲底本。

【参考文献】

程端學《陵陽先生文集序》（《吴興叢書》本《陵陽先生集》卷首）

　　牟應復《陵陽先生文集跋》（同上）

　　劉承幹《刊陵陽先生集跋》（同上卷末）

梅巖胡先生文集十卷

胡次焱　撰

　　胡次焱（一二二九——一三〇六），字濟鼎，號梅巖，晚號餘學，婺源（今屬江西）人。咸淳四年（一二六八）進士，嘗爲貴池尉。宋亡，以《易》教授鄉里。其集至明代始付梓，以嘉靖十八年（一五三九）族孫胡璉刊本爲早，題《梅巖胡先生文集》，凡十卷。明人書目未見著録。《四庫全書》著録兩江採進本，即胡璉刊本，《提要》曰：

　　　　其詩文本未編集，故藏書家多不著録。此本乃明嘉靖中其族孫璉蒐輯而成，璉甥潘滋校刊之，並爲之序。凡賦、詩、雜文八卷，冠以《雪梅賦》，蓋著其素心。九卷以下皆附録同時贈答往來之作。目録所載，往往與集中詩文不相應，則編次之疏也。

　　四庫底本今藏日本大倉文化財團，《日藏漢籍善本書録》記之曰："每半葉十一行，行二十一字。白口，四周單邊。是本係《四庫全書》底本，有分校者李槃簽印之校語附箋。本文及行款有墨筆校改處。卷中有'翰林院'、'温陵黃氏'、'一六淵海'等印記。"文淵閣四庫本，民國時嘗影印入《四庫全書珍本初集》。

　　嘉靖胡璉本今國内唯南京圖書館著録殘帙一部，卷一至

四配清鈔,題"族孫胡璉蒐輯,後學潘滋校正"。該館又藏有影鈔胡璉本,乃丁氏書,《善本書室藏書志》卷三二著録道:

> 前有正德戊辰(一五〇八)惠州府教授前崇陽知縣族孫胡濬序,云:"先生登宋咸淳四年進士,授湖口縣簿,以母老禄養非便,改貴池尉。德祐元年(一二七五),奉母亡歸,教授鄉里。所注《四書》《周易》梓行於世。纂修譜牒,序、論、跋、贊尚藏於家,其他文墨鮮有存者。濬嘗鈔於嵩陽潘先生、質齋程先生,男璉又鈔筐墩程先生、翀峰戴先生、歙友王宗植各本,分類成書,並得所注唐詩、雲峰《通書》、《西銘》二通,明經書院試録石邱先生詩集,尚圖勉於增輯,無負文獻之徵。"其後嘉靖十八年(一五三九)璉又識云:"先生於經、於《四書》皆有注,國朝採入《大全書》;《媒蘗問答》,則筐墩學士採入《新安文獻志》;注朱子《感興詩》,則少尹括蒼葉君嘗刻之縣齋;注《書》、《詩》,則僉憲石磷潘君刻之關中。惜無以彙全書。璉蒐勒此編,屬甥潘滋校正,與同志者共之。"並撰《梅巖墓圖記》於前。雖仍以潘滋冠諸端,當時似别一刊本也。

胡璉刊本卷一賦,卷二樂章、詩,卷三序,卷四記,卷五論、議,卷六説、銘,卷七跋,卷八啟、札,卷九、一〇爲附録。書名在魚尾上方。

上引《丁志》所謂"當時似别一刊本",乃針對其所藏另一刊本而言。該刊本今無著録,但有傳鈔本,亦藏南京圖書館,《善本書室藏書志》著録道:

> 其詩文本未編集,明嘉靖間,先生同派孫陞率其族叔瑞鳳、族弟璘、東海族孫堂書捐梓,乞遼東巡撫潘珍爲

序,同邑潘滋又爲序。九、十兩卷皆附録同時往來贈答
之作。

胡陞本刊於嘉靖二十二年(一五四三),版式行款及所收詩文
與胡璉本同,然編次異:卷一,序;卷二,記;卷三,論;卷四,
説、銘;卷五,賦;卷六,樂章、詩;卷七,跋;卷八,書、啟;卷九、
一〇,附録。書名在魚尾下方(參杜信孚《明代版刻綜録》)。是集
嘉靖間胡氏族裔相繼刊有兩本,然其後人似無再鐫者。

　　臺北“中央圖書館”著録有“明刊本”,爲何本不詳,當不
出嘉靖兩本。

　　《全宋文》以影印文淵閣《四庫全書》本爲底本。《全宋
詩》底本同,僅録詩五首。

【參考文獻】

　　潘滋《梅巖文集序》(影印文淵閣《四庫全書》本《梅巖文集》卷首)
　　胡璉《梅巖文集跋》(同上卷一〇)

潛齋先生文集十一卷

何夢桂　撰

　　何夢桂(一二二九一?),幼名應祈,字申甫,後更名夢桂,
改字巖叟,號潛齋,淳安(今屬浙江)人。咸淳元年(一二六
五)進士第三名,累官大理寺卿,以時事不可爲,引疾去。宋
亡不仕。其集元代有刊本,後板毁,明代傳本已稀,罕見著
録。成化乙巳(二十一年,一四八五),湖廣副憲八世裔孫何

淳於汪廷貴家訪得之，重爲壽梓，金溪徐瓊爲序。是刻每半葉十行十九字，白口，左右雙邊。有遺詩三卷，詞及試策一卷，雜文七卷，凡十一卷。今南京圖書館、浙江省圖書館、臺北"中央圖書館"（存卷一至四）及日本内閣文庫有成化本。南京圖書館所藏乃丁氏書，《善本書室藏書志》卷三二著録爲"明成化刊本"，原爲曹溶藏書，然其署"明岳元聲校正"。考岳本刊於萬曆間，丁氏當誤。

成化間何淳刊行後，裔孫何之綸又嘗重刊，當刻於萬曆時，具體年代不詳。今南京圖書館（亦丁氏本，見《江蘇國學圖書館圖書總目》）、臺北"中央圖書館"及日本静嘉堂文庫有藏本，署"明檇李岳元聲校正，宗孫之綸重梓"。此刻卷數與成化本同，然亦有明顯區別，即附刻有作者族孫何景福《鐵牛翁遺稿》一卷。《四庫總目》著録鮑士恭家藏本，《提要》謂即何之綸重刊本。又稱夢桂詩頗學白居易體，殊不擅長；文則頗援引證佐，有博辨自喜之意云云。其卷目編次爲：卷一至三，詩；卷四，詞；卷五至七，序；卷八、九，記；卷一〇、一一，雜文，末附何淳所撰《家傳》。傅增湘《藏園群書經眼録》卷一四記其在滬市所見舊寫本，由萬曆重刊本出，前鈐"翰林院印"，不詳是否爲四庫底本。

清順治十六年（一六五九），裔孫何令範嘗重修萬曆本，有序，稱"頃者板印重新，一詞難贊"。今國家圖書館、故宫博物院有藏本。

康熙五十三年（一七一四），知淳安縣事楊廷傑重刊是集，有序，略曰："（潛齋）詩文十餘卷，歲久散軼，未覩全帙行世。……因令彙原集刻板若干，暨近所蒐羅，分清俸爲剞劂費，而族裔名彦輩欣躍趨事，用襄厥成。閲三月工竣，鱗鱗炳

炳，類分目舉，而先生鴻文鉅構，一時遂稱完璧焉。”由知此次
重刻，其中有萬曆、康熙部分好板。此本今唯國家圖書館著
録。光緒十九年（一八九三），裔孫何啟培再刊之，邵秀亭作
序，回顧是集刊板源流，曰：

> 潛齋先生向有文集行世，前明時其初刻已佚，成化
> 間鳳山廉訪何公淳賡續而刊之。洎國朝，順治間一校於
> 令範等，康熙間再刊於爾禄永福等，皆捐貲樂輸，以成厥
> 舉。……咸豐季年，粵寇竄淳，奔藏遺書家慘同秦劫，此
> 集亦灰燼矣。壬辰（光緒十八年）夏，予詣文昌，何生鑒
> 清出先生文集見示。咀華含英，哀然全帙，蓋即康熙間
> 續刊本也。生以先人手澤，珍同拱璧，厪存一表，莫廣流
> 傳，因稟封翁、合山二兄，擬措資以屬手民鋟之，以踵先
> 賢故轍。

次年刊成，十九世孫何鑒清有《書後》。是刻今國家圖書館
著録。

　　《全宋詩》《全宋文》俱以影印文淵閣《四庫全書》本爲
底本。

　　二〇一一年，浙江古籍出版社出版趙敏、崔霞點校本，更
名爲《何夢桂集》。點校本用萬曆本爲底本，校以成化本等。

【參考文獻】

徐瓊《潛齋先生文集序》（成化何淳刊本《潛齋先生文集》卷首）

何令範《順治重刻潛齋公文集序》（順治十六年重修萬曆本卷首）

楊廷傑《康熙本何潛齋先生文集序》（康熙五十三年刻本卷首）

邵秀亭《光緒重刊潛齋先生文集序》（光緒十九年刻本卷首）

月洞詩集二卷

王　鎡　撰

王鎡,字介翁,括蒼平昌(今浙江遂昌)人。嘗爲金溪縣尉,宋亡,棄印綬歸隱湖山,顏其居曰"月洞",結社賦詩。《四庫提要》評其作品"綽有九僧之意。蓋宋末詩人有江湖一派,有晚唐一派,鎡蓋沿晚唐派者,故往往有佳句而乏高韻,亦絶無一篇作古體。然較之江湖末流寒酸纖瑣,則固勝之矣"。所作詩原有若干已不詳,今存《月洞吟》一卷、《月洞詩集》二卷兩本。《月洞吟》乃明嘉靖間作者族孫養端所刊。嘉靖壬子(三十一年,一五五二)養端爲序,稱"懼久而益無聞,乃刻遺詩一卷"云云。

嘉靖本久佚,明人唯《徐氏家藏書目》卷六著録"《月洞詩》一卷",殆即其本。

是集今以萬曆二十九年(一六〇一)重刻本爲古。有湯顯祖序,謂於黃兆山人處得其先人"宋月洞先生詩七十餘首",末署"歲辛丑"。以湯氏年代考之,"辛丑"當爲萬曆二十九年,此序即爲重刻而作。萬曆本今國内亦無著録,唯日本内閣文庫庋藏一部,乃原紅葉山文庫舊藏本。

《四庫全書》著録鮑士恭家藏本。館臣以"曹本"校,又偶以《(宋詩)紀事》校。《四庫提要》曰:"此本爲嘉靖壬子其族孫端茂序,又有嘉靖辛丑湯顯祖序。"今按王養端字茂成,號黃兆山人。館臣稱"端茂",乃其破讀文句。據《提要》之意,館臣認定其所用底本爲嘉靖本。然而湯顯祖生於嘉靖庚戌

（二十九年），辛丑（嘉靖二十年）尚未出世，至壬子王氏刊板時亦僅三歲，何能作序？又，湯序稱“觀黃兆山人叙，月洞意操孤烱獨絶”云云。湯序若作於嘉靖辛丑，下距王氏作序尚有十二年，如何能“觀”其序？因湯序未署年號，館臣遂誤計甲子一周（詳見拙文《湯顯祖與〈月洞吟序〉》，《文學遺產》一九九八年第五期）。四庫底本（鮑氏本）既有湯顯祖序，無疑應爲萬曆重刻本，而非嘉靖本。

民國九年（一九二〇），李氏宜秋館據傳鈔文瀾閣四庫本刊入《宋人集》乙編。

嘉慶癸酉（十八年，一八一三），族裔王夢篆作《月洞詩集序》，言該集“自前明震堂公重刻前册（祝按：指嘉靖本），後有叔隆公爲之再鐫（祝按：當指萬曆本）。本朝則故族伯宗虞又爲補刻後册。乃不數十年，版又散失。今公裔孫楠恐復失傳，將前後册合併付梓”。嘉慶二十年，裔孫王楠刻成，涂以輈爲序，稱“甲寅（祝按：當爲甲戌，即嘉慶十九年）秋，平昌太學生王楠重鐫其祖《月洞詩集》，事既竣，挾詩集至蓮城謁余請序”云云。是刻今國家圖書館、天津圖書館著録。今中科院圖書館藏有巾箱本《月洞詩集》二卷、附二十一世祖（王）暐如公詩十四首，每半葉七行，行十六字，著録爲乾隆間刻本。然其書卷首除明柯挺、湯顯祖、王養端、王之棟序題外，猶有王夢篆序，而該序作於嘉慶間（見上），則該本不可能刻於乾隆間明矣。其序跋文字多爲節録，疑乃嘉慶本而被他人另刻爲巾箱本。上引王夢篆所稱“本朝則故族伯宗虞又爲補刻後册”，王宗虞刻後册時，料想對底本來歷當有説明，惜所刊本今無著録，故所謂“後册”流傳情況不詳。但有一點可肯定：王夢篆既謂嘉慶本“將前後册合併付梓”，則自嘉慶本起，是集前、後册乃

"合璧"，由一卷增爲二卷，書名亦由《月洞吟》改爲《月洞詩集》。

光緒二年（一八七六）有元和潘氏刻《月洞詩集》二本，今國家圖書館、上海圖書館、浙江圖書館著録。十三年（一八八七），裔孫王人泰再刊之，跋稱"雖光緒丙〔戌〕〔子〕太守潘重梓之，而板存郡署，有求公詩者印刷維艱"，於是再鐫於梨棗。是刻今北大圖書館、南京圖書館等著録，日本東京大學亦有藏本。

上已述四庫本乃鈔萬曆本，爲《月洞吟》一卷。今以影印文淵閣四庫本與光緒十三年王人泰所刊《月洞詩集》二卷相校，差别極大：二卷本卷一共收詩八十一首，前面收詩及編次基本相同（僅詩題偶有異同），然自光緒本卷一《述懷》（"平日自笑拙經營"）以下十三首，爲四庫本所無，則庫本收詩僅六十八首，加庫本末《月洞書屋》一首在光緒本卷二，實爲六十九首，與上引湯顯祖序"宋月洞先生詩七十餘首"相去不遠。而光緒本卷二收詩一百四十六首，扣除《月洞書屋》後爲一百四十五首，皆《月洞吟》所無。簡言之，《月洞詩集》兩卷所收詩，較《月洞吟》一卷多出一百五十八首，考其作品内容似非贗鼎，王夢篆所謂是集有前、後册當屬實，唯現存相關史料缺失，其前、後兩册離合過程不詳而已。

《全宋詩》以光緒十三年刊本爲底本。

【參考文獻】

王養端、湯顯祖《月洞吟序》（影印文淵閣《四庫全書》本《月洞吟》卷首，人各一序）

涂以輈《重鐫月洞詩集序》（嘉慶本《月洞詩集》卷首）

王夢篆《月洞詩集序》（同上）

王人泰《月洞詩集跋》（光緒十三年刻本《月洞詩集》卷首）

紫巖于先生詩選三卷

于　石　撰

　　于石，字介翁，號紫巖，一號兩溪，蘭溪（今屬浙江）人。其詩紀年有丁丑、己卯、丁亥，則嘉定中當已在世。宋亡隱居，一意於詩。今存《紫巖詩選》三卷，題“宋蘭谿于石著，門人吳師道選”。有金履祥序，稱“介翁之詩固非止此”云云。又有吳師道跋，略曰：

　　　　生平刻稿七卷，其子以板借人，爲所匿，餘篇或購以錢，久將妄爲己作，薄俗甚可嘆也。予暇日因即其傳本及所藏續鈔者摘選之，爲三卷，雖愧力乏，未能廣其傳，庶幾寫錄散布，不遂泯沒，俾掠美盜名者有所警，九原有知，亦足慰矣。……又嘗得仁山金先生所爲集序，當時不列於編，豈所見有不同歟，……因並錄於後，以示覽者云。泰定三年歲在丙寅（一三二六），門人吳師道正傳謹識。

據知于氏原集爲七卷，而所選三卷又有出於所謂“續鈔”，蓋溢出七卷本之外；金氏序既爲七卷本所不取，知非爲選本而作，其見於選本，只是“並錄”而已。

　　《詩選》元、明曾否付梓不詳，今無傳本，清季以前皆以鈔帙流傳。南京圖書館藏有丁氏舊藏本凡兩部，編次略有不同。一本乃沈椒園藏書，有沈廷芳（椒園）題識；另一本爲天福山房鈔本，詳見《善本書室藏書志》卷三二。傅增湘舊藏本即從丁氏所藏沈椒園本影寫，今藏國家圖書館。傅氏《校舊鈔本紫巖詩選跋》曰："按此本舊藏錢唐丁氏，詳見《善本書室藏書志》，余所獲者乃陳乃乾從丁本影寫者也。考沈椒園、趙素門（輯寧）跋語，知沈氏之書爲汪容甫（中）所投贈，旋歸杭董浦（世駿），趙氏從董浦傳録，又假知不足齋本覆勘焉。是書迭經前輩珍藏，展轉校録，流傳有緒，可爲增重。"上海圖書館藏嘉慶間鮑正言鈔本，有鮑廷博録沈廷芳跋。趙輯寧鈔本，今藏國家圖書館，有趙氏跋。日本静嘉堂文庫度藏陸氏舊鈔本兩部，其中一部爲沈廷芳舊藏本，有沈氏、勞氏（格）手跋。勞氏跋謂該本收得於知不足齋，有沈椒園題字及諸家藏書印記。原本有缺葉（見《皕宋樓藏書志》卷九三）。沈本卷一五古，卷二七古，卷三五律、七律、七絶。

　　《四庫總目》著録汪如藻家藏本，《提要》曰："集有丁丑（景炎二年，一二七七）、己卯（祥興元年，一二七八）紀年，乃臨安初破之後；又有丁亥、戊子歲作，乃至元二十四、五年（一二八七、八八），皆其中年以後之詩。每卷題'門人吳師道選'，僅古今體詩二百首。殆意求精汰，故少作皆不録歟。"汪氏本亦屬沈本系統，其中有闕詩。

　　《續金華叢書》所收于集，乃以金華王氏冰壺山館刻本（此本刊於道光二十三年，今僅天津圖書館著録一部）重刊，編次同沈本。卷首金履詳序，卷末吳師道跋、胡宗楙跋。

　　丁氏所藏天福山房鈔本，與沈本編次有所不同，文字亦有差異。沈本惟金履祥序，而此本頗多元、明人序跋，又有附録及補遺。《善本書室藏書志》卷三二曰：

　　　　所著詩七卷，今存卷一五古五十三首，七古十一首；卷二七古十七首，五律二十三首，七律二十三首；卷三七律四十首，七絶三十七首。綜古今體詩二百四首。每卷

後題“元門人吳師道原編，明四世孫伯善謹録”。前有自
引，仁山金履祥爲序，吳師道爲跋。明洪武中師道之子
東閣大學士吳沈又序。餘爲吳履、爲朱惟嘉、爲徐原、爲
程南賓、爲柳果、爲蘇伯衡、爲蕭民諸序。又挽詩四首，
補遺詩八章。

光緒十五年（一八八九），于氏後裔國華留耕堂曾據丁氏
藏天福山房鈔本翻刻，今南京圖書館、浙江圖書館等有著録。
傅增湘以影寫沈椒園本對校刊本，作《校舊鈔本紫巖詩選
跋》，詳著兩本差異道：

> 余以光緒己丑（十五年）柵川于氏刻本校讀一過，刻
> 本亦分三卷，而次第不盡相同，所缺兩葉刻本有之。全
> 書凡改訂五百二十有七字。其差異最甚者，如《感遇》詩
> “群囂競紛紜”一聯在“迂闊誰復採”句下。《路旁女》詩
> “空爲少年誤”句下，鈔本多“去之忽相失，零源在中路”
> 一聯。《白沙昭利廟》題下，鈔本多小注四十七字。正訛
> 補遺，其佳勝遠出刻本上。然亦有刻本有而鈔本無者，
> 如《詠孔明》七言絶句一首、《答吳子真》詩“《易》可以明
> 吾道之消息，《詩》可以觀吾道之盛衰”二句。至紫巖自
> 序，吳沈序及吳師道、吳履、朱惟嘉、徐原、程南賓、柳果、
> 蘇伯衡、蕭民諸跋，鈔本亦不載。……顧柵川後裔己丑
> 校刊亦經邑人徐孟球、汪朝銓詳悉勘正，且從錢唐丁氏
> 假録副本，而得失異同乃差違若是，殊不可解。及覆檢
> 《丁目》，方知善本室中原藏有兩帙，其迻寫者爲天福山
> 房鈔本，此椒園藏本固秘惜未出以相示也。

傅氏校跋本，今藏國家圖書館。

上述兩本皆題吳師道選，俱爲三卷，何以編次、文字有所不同？傅增湘《校鈔本紫巖詩選跋》曰："意鈔本（沈本）所據爲吳氏摘選初刻本，故不録洪武諸序跋，若自序及師道跋，則偶脱失耳。"即一本從元槧出，一本由明刻出。此説看似合理，但傅鄉前輩忽略了一點：是集並無所謂元人"初刻本"，也無明刻本。兩本之差異，疑由明人重校釐定所致。

是集清刻除上述于國華光緒本外，之前已有康熙刻本，亦爲《詩選》三卷，今唯臺北"故宮博物院"著録一部。

《全宋詩》以影印文淵閣《四庫全書》本爲底本，輯得佚詩十首。

【參考文獻】

于石《紫巖集序》（光緒刊本卷首）

金履祥《紫巖先生集序》（《續金華叢書》本《紫巖詩選》卷首）

吳師道《紫巖于先生詩選跋》（同上卷末）

吳沈《紫巖詩選序》（同上）

傅增湘《校舊鈔本紫巖詩選跋》（《藏園群書題記》卷一五）

真山民詩集一卷

真山民 撰

真山民，名、字不詳。元董師謙序其集，謂是括蒼（今浙江麗水）人，真德秀裔孫。又《浙江採集遺書總録》引厲鶚跋曰："山民或云名桂芳，括蒼人，宋末進士，李生喬歎以不愧乃祖文忠西山，以是知其姓真。痛值亂亡，深處湮没，世無得而稱焉。惟所至好題詠，流傳人間，張伯子謂宋末一陶元亮云。”（所引見《宋詩紀事》卷七八《真山民小傳》）明祁氏《澹生堂藏書目》卷一三著錄“《真山民集》一冊四卷”，蓋潘是仁本（詳後）。

　　《四庫總目》著錄浙江採進本，凡一卷，《提要》曰：

> 　　要之亡國遺民，鴻冥物外，自成采薇之志，本不求見知於世，世亦無從而知之，姓名里籍，疑皆好事者以意爲之，未必遂確。今從舊本題曰《真山民集》，姑仍世之所稱而已。其集《宋·藝文志》不著錄，明焦竑《經籍志》蒐宋人詩集頗備，亦未載其名。《江湖小集》始收之，而亦多未備。此本出浙江鮑氏知不足齋，較他本爲完善，然皆近體，無古詩。《元詩體要》中錄其《陳雲岫愛騎驢》七言古詩一首，此本無之。或詩本兩卷，而佚其古體一卷；或宋末江湖諸人皆不留意古體，山民亦染其風氣，均未可知。

鮑氏本今國家圖書館、上海圖書館皆有著錄，蓋知不足齋嘗迻錄數帙。南京圖書館藏丁氏精鈔一卷本，《善本書室藏書志》卷三二著錄道：

> 　　此本前有潘訒菴是仁小引云：“幽尋雅賞之外，絕不作江湖酬應語，故所著不廣。然千羊之皮不如一狐之腋，其才情當在林君復之上，識者鑒之。”末從《元詩體要》中補《陳雲岫愛騎驢》詩一首。

按潘是仁輯《宋元四十三家集》（萬曆中刊本），其中有《真山民詩集》四卷。丁氏本前既有潘氏小引，疑即合併潘氏本而成。

　　嘉慶十七年（一八一二），浦城祝昌泰留香室刻《浦城宋元明儒遺書》（一名《浦城叢書》），以及光緒末《國粹叢書》、民國間上海所印《邀園叢書》等，皆收有一卷本（即不分卷）。

　　《真山民詩集》另一版本系統，乃日本光裕天皇文化九年（一八一二）西宮彌兵衛刊印本，亦爲一卷，日人盛岡泉澤充（履齋）點、奈良方校，仁孝天皇天保四年（一八三三）江户山城屋佐兵衛重印。據泉澤充跋，該本收詩凡一百五十九首，比《四庫全書》本多五十一首，而四庫本有八首又爲該本所無。該本有元人董師謙序，似源流有自，故《增訂四庫簡目標注・續録》稱其爲"翻刻元大德本"。原印及重印兩本，今日本皆有著録。明治四十二年（一九〇九），日本嵩山堂又有鉛印本，參《和刻目録》。此本較四庫本收詩溢出許多，無疑十分重要。

　　《全宋詩》以潘氏《宋元四十三家集》本爲底本，輯得集外詩五首。

【參考文獻】

　　董師謙《真山民詩集序》（日本文化九年刊本《真山民詩集》卷首）
　　（日）朝川鼎、松篤所、大溼《真山民詩集序》（同上，人各一序）
　　（日）泉澤充《真山民詩集跋》（同上卷末）

史詠集二卷

徐　鈞　撰

　　徐鈞，字秉國，號見心，蘭谿（今屬浙江）人。宋末爲濠州定遠縣尉，入元不仕。與金履祥友善，晚延至以教授諸子。著有《史詠集》。據元至順二年（一三三一）許謙序及至正六年（一三四六）黃溍後序，知作者嘗據《資治通鑑》所載君相諸臣，疏其爲人大較，考其得失，上自周威烈王，下迄五季，一人一詩，凡一千五百三十首，名之曰《史詠》。至正戊子（八年），作者之子徐津跋，稱“幼失所怙，汩於事爲，而未及鋟梓”云云，蓋是時方有刻本。然傳本久佚，原有卷數不詳。《四庫全書》未收，阮元以二卷本進呈，《揅經室外集》卷三《提要》曰：

> 是編卷首載許謙序，末有張樞、黃溍及其子津後序。謙、溍並稱鈎取《通鑑》所載君相事實，人爲一詩，總一千五百三十首。此本所存僅三之一，止於唐，而不及五季，即唐以前諸詠，逸失已多。然意存勸戒，隱發姦諛之旨溢於言表，雖殘闕之餘，猶爲藝林所重也。

進呈本收入《宛委別藏》，稿本今藏臺北“故宮博物院”，大陸有影印本。

《續金華叢書》嘗據丁氏八千卷樓所藏鈔本付刊。丁氏本原爲何夢華鈔本，《善本書室藏書志》卷三二著録，稱何氏爲阮元幕客，該本乃阮元經進時，從而傳寫之佚也。

今國家圖書館藏有趙氏星鳳閣鈔本，不分卷。

《續修四庫全書》影印《宛委別藏》本，編入集部第一三二一册。《全宋詩》以《宛委別藏》本爲底本。

【參考文獻】

許謙《史詠序》（《宛委別藏》本《史詠集》卷首）

張樞、黃縉《史詠後序》（同上卷末，人各一序）

徐津《史詠跋》（同上）

心泉學詩稿六卷

蒲壽宬　撰

蒲壽宬，字心泉，占城（印度支那半島東南沿海一帶）阿拉伯人，以互市浮海遇風濤，憚於復反，遂留宋，定居泉州。劉克莊《心泉説》曰：“初，君行山間，得泉一泓，愛之，有會於心。即其所結菴，扁曰‘心泉’，曰：‘渴飲泉，饑讀書，終吾身於此矣。’”（《後村先生大全集》卷一一二）因號心泉。咸淳七年（一二七一）知梅州。生平事跡略見岳珂《桯史》卷一一《番禺海獠》，又見余嘉錫《四庫提要辨證》。所著《心泉學詩稿》，明《文淵閣書目》卷一〇著錄“一部一册，闕”，《内閣書目》無其目。原本久佚，今存乃大典本。《四庫提要》曰：

> 其集不載於《藝文志》，惟明《文淵閣書目》載有《蒲心泉詩》一部，一册。檢《永樂大典》各韻内所録頗多。……今觀其詩，頗有沖淡閒遠之致，在宋、元之際猶屬雅音，裒録存之，釐爲六卷，亦足以備一家。

清乾隆翰林院鈔本，今藏南京圖書館，乃丁氏舊物，《善本書室藏書志》卷三二著録道：“此亦當日館中底本，前有翰林院印，朱修伯學勤所藏，有其圖記二。”周廣業《四部寓眼録》卷下記大典本道：“首賦及古近詩，後附詩餘。”《四庫全書》據大典本鈔録。民國時，嘗以文淵閣庫本影印入《四庫全書珍本初集》。

日本京都大學文學部東洋史研究室桑原文庫，藏有陳垣一九二三年贈桑原騭藏鈔四庫本《心泉學詩稿》一部，綫裝（竺沙雅章《陳垣與桑原騭藏》，《陳垣教授誕生百一十周年紀念文集》，一九九四年暨南大學出版社）。桑原氏著有《蒲壽庚之事跡》，對泉州蒲氏家族考之甚詳。

《全宋詩》以影印文淵閣《四庫全書》本爲底本。《全宋文》底本同，僅有賦四篇。

有宋福建莆陽黃仲元四如先生文稿五卷

黃仲元 撰

黃仲元（一二三一——一三一二），字善甫，號四如居士，莆田（今屬福建）人。咸淳七年（一二七一）進士，授國子監簿，不赴。宋亡，更名淵，字天叟，號韻鄉老人，教授鄉里以終。集乃其子元汀州路總管府知事黃梓（字子材）編刊，並作《文集後識》，稱“親友家收拾遺文僅僅未滿百篇，……朝夕思所以傳，而困於力。山城公假，督兒繕寫，亟遣鏤板”云云，時在至治癸亥（三年，一三二三）。黃梓付刻時，請其父之同榜進士傅定保作序，序稱“梓翁之文若干篇，將鋟而傳之”。序、跋皆未言卷數。據明洪武八年（一三七五）宋濂序，知黃梓“分記、序、墓銘、字訓之屬爲五卷而刊之”。黃梓刊本久已失傳。

黃梓編刊之本，原未輯全，故其《後識》稱“異時携書歸里，搜訪裒萃，當爲《續集》”云云。宋濂序曰：黃梓所刊五卷外，“遺文流落於薦紳者尚多，其曾孫鄉貢進士至又裒聚爲十卷，將刻諸梓，介楚王府伴讀陳子晟徵濂爲叙以傳”。因知黃至洪武刊本爲十卷。黄至刊本《天一閣書目》嘗著録，今似亦已失傳。

嘉靖十年（一五三一），八代孫黄鉞再作《文集後識》曰：

兹集始刻汀幕公（黄梓），癸酉（正德八年，一五一三）秋，希英弟令上海，刻之官齋，間多魚魯。鉞敬甫續家譜時，繙録兹文，薰盥而讀之，竊爲訂其訛謬，釋其音義，稽其故實。第屭才末識，齒散神短，訂弗精，釋弗詳，稽者十遺八九。欲再梓以傳，未能也，重怏怏不克遠紹之慮。歲乙酉（嘉靖四年），兒文炳、文蔚應鄉闈，默慶以卒業。辛卯（嘉靖十年）夏，文炳兒釋服上禮部，乃出手稿授之曰：“……異日有禄俸之入，當無負吾志。”

據其所言，知正德間是集尚有上海刻本，而嘉靖本乃黄鉞編注。《四部叢刊三編》本（此本詳後）趙萬里跋，謂至嘉靖本，“其集凡三付剞劂矣”。若計校刻不精的上海本，實已四次付梓。

是集傳本，今以嘉靖黄鉞編注本爲古。該本乃黄文炳嘉靖壬寅（二十一年）所刻，末有是年六月六日裔孫黄廷宣題詩，詩序曰：“吾諸孫東松地官既善繼吾師承德郎木齋翁（指黄鉞）志，新梓九世祖四如公文集，以書最便道過家，掃祭公墓尊賢里嶺口，廷宣方患眼疾，不能偕行。念公去後二百三十年，有孫文炳克世其家，振揚遺落，此家慶也，因而有作，用見慰喜之私。”卷首有咸淳甲戌（十年，一二七四）余謙一序，原爲《夢筆記》而作，蓋後人移爲文集序。是刻凡五卷，第五卷題“卷全”，乃書一首，及附録祭文、族譜等。每半葉十行二十字，白口，四周雙邊（詳參傅增湘跋）。此本國内今僅國家圖書館及北京大學圖書館、重慶圖書館、湖南師範大學圖書館著録；臺北“中央圖書館”藏有兩部（藍印本）；海外則日本静嘉堂文庫藏一部（見《皕宋樓藏書志》卷九三、《静嘉堂秘籍志》卷三八）。國家圖書館藏本，乃范氏天一閣故物，商務印書館嘗據以影印入《四部叢刊三編》。北大本爲李氏書，乃千頃堂舊藏本，有“温陵黄俞邰氏藏書印”朱文方印、“晉江黄氏父子藏書”白文長方印、“黄虞稷印”白文方印、“太原叔子藏書記”白文長方印、“桐軒主人藏書印”朱文長方印（《木犀軒藏書書録》）。重慶圖書館藏本，該館著録爲嘉靖二十五年刊，與上述稍異。因前往觀之，乃是據其中羅順欽序之署年，非別本也。

　　今按嘉靖黄文炳刻本有目録，然無卷目，所收文章大致仍分類編排，故可試擬卷目，則其編次爲：卷一，記；卷二，序、題後；卷三，雜文（辭、訓、説等）；卷四，墓誌銘；卷五（作“卷全”），附録（補《上古心先生書》一文，餘爲祭文）。正集收文凡一百零二篇，較之黄梓所稱“未滿百篇”之本，當略有增益。黄文炳刻本既有傅定保序、黄梓《後識》，又有宋濂序，顯然嘉靖本以黄梓、黄至兩刻爲藍本。而宋濂稱黄至“裒聚爲十卷”，可推知十卷本與五卷本内涵相同，至少是差别不大。蓋黄至有所補輯，遂多其卷數，析之爲十。否則，若十卷本較五卷本收文倍之，則嘉靖本當不止百篇之數。换言之，嘉靖黄文炳五卷本（卷五爲“卷全”），與洪武十卷本相較，蓋僅分卷不同，收文當大致相當。嘉靖本之所以少其卷帙，殆意欲恢復元槧舊貌。

　　《脈望館書目》嘗著録“《四如黄先生集》二本”。《萬卷堂書目》卷四、《澹生堂藏書目》卷一三皆載四卷本，殆即嘉靖本而不計《上古心先生書》（見下）。《四庫全書》著録馬裕家藏本，《提要》曰：“此本止文四卷，附録一卷，與其子所輯之五卷既不相合，而其曾孫所續輯之十卷亦不在其内。是散佚之餘，重爲掇拾成帙，非其舊矣。"又謂"其文章以簡質爲主，不事馳騁，雖乏雄偉氣象，而骨力蒼勁，尚見真樸之遺，在宋末諸儒中，固猶爲篤實者也"。據所述，馬裕本與嘉靖本相近，嘉靖本卷五爲"卷全"，實止《上古心先生書》一文，而四庫本卷四後爲"四如集拾遺"，即爲《上古心先生書》，則"拾遺"即卷五，只是未署卷次而已。但若兩本相校，編次又確有不同。如《四部叢刊三編》影嘉靖本卷二爲序，其第一篇爲《蒙古字學題名記序》；四庫本卷二爲記，第一篇爲《自得齋記》，等等。嘉靖本附録祭文等，四庫本皆删削不録。蓋馬裕本乃轉相傳録之本，其編次、格式被鈔手變亂，非所謂"重爲掇拾"也。又，傅增湘跋以爲"嘉靖裔孫重輯時未及見"元本、洪武本，亦非確論。事實上，是集元、明屢經刻板，裔孫題跋並未言有散佚，更未言嘉靖本是"重輯"。按《四部叢刊三編》影印嘉靖本，元至治癸亥曹忞跋後有鐘式木記，題"泰定改元"四字。泰定元年乃至治三年（癸亥）之次年（甲子，一三二四），因知元本開雕於至治三年，竣工於泰定元年；嘉靖本當依元刻樣式翻雕，連該木記亦予保留，此乃嘉靖裔孫得見元本之顯證。元刻本當時既可得見，洪武本應亦存世，嘉靖本録有洪武本宋濂序即爲明證（《四庫提要》引宋濂《潛溪集》，蓋其底本偶脱此序）。

　　《全宋文》是集未收（按：應《全元文》編輯部之請，《全宋文》删去宋、元之交部分作家，以編入《全元文》。所謂"未收"指此，並非失收。類似情況以下不再説明）。

【參考文獻】

　　傅定保《元刊本有宋福建莆陽黄仲元四如先生文稿前序》（《四部叢

刊三編》本《四如先生文稿》卷首）

　　曹志《元刊本有宋福建莆陽黄仲元四如先生文稿後跋》（同上）

　　黄梓《元刊本有宋莆陽黄四如先生文集後識》（同上）

　　宋濂《洪武本有宋福建莆陽黄仲元四如先生文稿前序》（同上）

　　黄鉞《有宋莆陽黄四如先生文集後識》（同上）

　　傅增湘《明嘉靖刊本黄四如集跋》（《藏園群書題記》卷一五）

須溪集 十卷

劉辰翁　撰

　　劉辰翁（一二三二—一二九七），字會孟，號須溪，廬陵
（今江西吉安）人。景定三年（一二六二）進士。因對策極論
賈似道誤國，遂固辭薦舉，請爲濂溪書院山長。宋亡，託方外
以歸。平生著述宏富，長於詩，又擅評點。其文集刊於元皇
慶初，嗣子劉將孫作《須溪先生集序》，略曰：

　　　　先君子須溪先生棄人間世十六年矣。逎皇祐〔慶〕壬
　　子（元年，一三一三），泉江文集刻本成，遠徵爲序。……
　　往年侍側，嘗授以詩卷俾爲選次，謹排比一卷以呈，不以
　　爲不然。丁酉（元貞三年，一二九七。按：是年辰翁卒）
　　以來，深懼散佚，編彙成集。季弟參之婿項逢晉篤志願
　　學，乃其父時梀審而授之，今刻爲詩八十卷，文又如干。
　　緒言如昨，荒忽隊忘，不能有所發明，顧無以慰刻者之
　　意，誠知其不韙不贖，而亦無所逃也。是歲十月之望癸
　　卯，嗣子將孫謹書於昭武之光澤。

此僅序所刻詩，文有多少卷，是否刊行，雖未言及，然據後人記載文集凡一百卷，則其中當有文二十卷（見下）。

明《文淵閣書目》卷九著録"《劉須溪翰墨》一部二册，闕"；又卷一〇載"《須溪詞》一部二册，完全"。《内閣書目》無此兩種之目。《澹生堂藏書目》卷一三著録"《劉須溪先生記鈔》二册，八卷"，當是嘉靖本（詳下）。唯《世善堂藏書目録》卷下有"《劉須溪文集》三十卷"，注："原一百卷。"三十卷不詳爲何本，明人著録以此本卷數最多，但顯然已非完帙。《續文獻通考》卷一八〇載《須溪文集》一百卷。蓋原本"明人見者甚罕，即諸書亦多不載其卷數。韓敬選訂晚宋諸家之文，嘗以不得辰翁全集爲恨，聞蘭谿胡應麟遺書中有其名，往求之，卒弗能獲。蓋其散失已久。世所傳者惟《須溪記鈔》及《須溪四景詩》二種，篇什寥寥"（《四庫提要》）。

《須溪記鈔》，今以嘉靖本爲早，國家圖書館、中國人民大學圖書館、南京圖書館著録有嘉靖原刻本。《藏園群書經眼録》卷一四記之曰：

> 《劉須溪先生記鈔》八卷，宋劉辰翁撰。明嘉靖五年（一五二六）王朝用刊本，十一行二十一字，綫黑口，左右雙闌。有嘉靖五年昆邑張寰序，稱"須溪全集世所罕傳，求之累年，僅得其《記鈔》總若干篇，此其什佰之一二耳。讀禮之暇，編次八卷。邑令王君偶訪余北野，見而異之，曰雖非全書，苟無能爲之以行於世，則是編將並廢以没。願畀以歸，亟爲捐俸鋟之梓。寰曰：'善哉！'而僭爲之叙。王君名朝用，字汝行，蜀之南充人，爲余同榜進士"云云。按：此明張寰所編次，計記文七十篇，分爲八卷。刻本絶少見。

《善本書室藏書志》卷三二謂嘉靖本“行寬字大，頗似宋時舊模”。又謂其藏本“有‘讀騷齋’、‘瓜纑外史’、‘歸安章綬銜字紫伯收藏’諸印”。《記鈔》殆鈔其文集中記類文單行。

明天啟三年（一六二三），有《記鈔》重刻本，首爲韓敬所作《引》，稱偶得於故簏中，友人楊譏西氏請以“公之同好”云。繼爲張寰序，題《叙刻須溪記鈔》。天啟本每半葉九行二十字，白口，四周單邊，今國家圖書館、北大圖書館、上海圖書館等著録近二十部，日本宫内廳書陵部亦有藏本。

入清，康熙二十五年（一六八六），劉偉布再刊《記鈔》。前有康熙庚戌（九年，一六七〇）何屬乾序，後有康熙丁巳（十六年）蕭正發跋，今唯湖北圖書館著録。蕭跋謂《記鈔》中有“脱漏首尾而誤合者凡二篇”，且“脱誤固多，晦澀處亦不少”。稍前，即康熙二十一年，裔孫劉爲先、首拔叔佺檢家藏須溪殘稿，得《須溪記鈔》所未收之詩、文、詞若干首，於是彙刻爲《須溪集略》三卷，今中國科學院圖書館、湖北圖書館有藏本。

乾隆四庫館臣以《記鈔》收文不多，遂從《永樂大典》中重輯須溪之作，將《記鈔》著録於“存目”。《提要》曰：“今全集於《永樂大典》中重爲裒輯，業已成帙，此殘闕之本，可無庸復録，以其孤行已久，姑附存其目焉。”得大典本，不僅《記鈔》，即《集略》亦可廢。至於大典本《須溪集》，《提要》曰：

> 今檢《永樂大典》所録，記、序、雜著、詩餘尚多，謹采輯裒次，釐爲十卷。其《天下同文集》及《記鈔》所載、不見於《永樂大典》者，亦別爲鈔補，以存其概。

《四庫全書》據大典本鈔録，其卷目編次爲：卷一至五，記；卷六，序、題跋、説、賦；卷七，墓誌銘、雜著；卷八至一〇，詞。除四庫本外，今南京圖書館猶藏有乾隆四十六年（一七八一）王友亮鈔本，北京師大圖書館藏有孔氏嶽雪樓鈔本等。明初秘閣已無百卷舊本，當日《永樂大典》所録，以及館臣所輯，皆不過原集之十一耳。

民國六年（一九一七），胡思敬將《須溪集》七卷，附魏元曠撰《校勘記》一卷、胡思敬撰《校勘續記》一卷，刊入《豫章叢書》。底本乃丁氏八千卷樓舊鈔本。丁氏本爲十卷，乃傳鈔大典本，今藏南京圖書館，見《善本書室藏書志》卷三二。所刊止七卷，胡氏跋曰：“江南（指原江南圖書館）原鈔本十卷，與《四庫總目》合。後三卷詩餘，朱古微（孝臧）侍郎已收入叢刻（指《彊村叢書》），未付鈔胥，故闕，異時當據朱刻補之，以成完帙。”考《文淵閣書目》卷二嘗著録“《須溪詞》一部，二册”，則宋季、有元以來，詞即有集外單行本。

《全宋文》用影印文淵閣《四庫全書》本爲底本，從《豫章叢書》本及他書輯得集外文三十一篇。《全宋詩》所收《須溪集》，以影印文淵閣《四庫全書》本爲底本，編爲卷一；《須溪先生四景詩集》（此本詳下），以李氏宜秋館所刊《宋人集》本爲底本，編爲卷二至五；此外共輯得佚詩十九首，列於卷五《冬景》之後。

【參考文獻】

劉將孫《須溪先生集序》（《四庫全書》本《養吾齋集》卷一一）

韓敬《劉須溪先生記鈔引》（天啟本《劉須溪先生記鈔》卷首）

張寰《叙刻須溪記鈔》（同上）

須溪先生四景詩集四卷

劉辰翁　撰

是集未見於書目，清四庫館臣以其“原屬單行之本”，故不採入《須溪集》，而另著於録。《提要》曰：

> 唐宋科舉，始專以古句命題。其程試之作，唐莫詳於《文苑英華》，宋莫詳於《萬寶詩山》，大抵以刻畫爲工，轉相倣仿。辰翁生於宋末，故是集各以四時寫景之句命題，春景凡六十三題，詩七十二首；夏景凡三十二題，詩三十五首；秋景凡四十題，詩四十四首；冬景十六題，詩如題數。所作皆氣韻生動，無堆排塗飾之習，在程試詩中最爲高格。末附《東桂堂賦》一篇，爲劉端伯教子讀書而作，此集殆亦授劉之子備科舉之用者歟。

館臣所録乃汪如藻家藏本，蓋爲鈔帙。今以國家圖書館所藏明藍格鈔本爲古。此外南京圖書館有精鈔本（參《善本書室藏書志》卷三二）、北京大學圖書館有李氏從舊鈔本録出之本（見《木犀軒藏書書録》）等。未見單刻本著録，其版本源流不詳。

民國十一年（一九二二），南城李氏宜秋館以蔣氏密韻樓舊藏鈔本校文津閣《四庫全書》本爲底本，刊入《宋人集》丁編，四卷之外，有補一卷。

一九八七年，江西人民出版社出版段大林校點本《劉辰翁集》。是集收記、序、雜著七卷，詩餘三卷，四景詩四卷，又從諸書搜輯佚作三十二篇爲補遺一卷。

草窗韻語六卷

周 密 撰

周密(一二三二——一二九八),字公謹,號草窗,又號蕭齋、弁陽嘯翁、弁陽老人、華不住山人等,濟南(今屬山東)人,流寓吳興(今浙江湖州)。淳祐中爲義烏令,宋亡不仕,號泗水潛夫。所著甚富,今存《齊東野語》《癸辛雜識》及《草窗詞》等。《草窗韻語》凡六稿,乃其詩集之一種,另有《蠟屐集》《弁陽詩集》,馬廷鸞、戴表元嘗爲之序,久已失傳。

《草窗韻語》至近代始重新面世,且爲宋刊本,此前罕見著錄,更未收入《四庫全書》等叢書。原本手書上板,每半葉九行十七字,白口,四周雙邊。版心下方記刊工名,有王世刊、文明、應龍刁等。本書卷首次行題"齊人周密公謹父"六字(參《藏園訂補邵亭知見傳本書目》)。上虞羅氏嘗據宋本影印,今國內有著錄;烏程蔣氏(汝藻)於民國十一年(一九二二)托董康據宋本影刊入《密韻樓景宋本七種》,皆極精美。朱孝臧跋影刊本道:

> 孟蘋先生(祝按:蔣汝藻字孟蘋)近得《草窗韻語》,自一稿至六稿,凡六卷。卷首咸淳重光協洽歲同郡陳存敬序,古涪文及翁序;卷末乙亥李彭老、李萊老題七言絕句,一稿後又有李篪和父題一絕。卷中書體仿《道因碑》。近見曹君直藏趙子固水仙卷草窗題詞,筆意絕相似,疑自寫上版也。鮑刻《蘋洲漁笛譜》(祝按:乃周氏詞集)稱從汲古摹本,行款正同,亦有二李題詞,當屬一時所

刊。重光協洽爲度宗七年（一二七一）辛未，乙亥爲帝㬎
德祐元年（一二七五）。……此本自元至正汔康熙時題
識殆遍，乃未入收藏家著録，洵絶無之秘帙矣。

後來蔣氏書散，宋刻原本歸他姓所有，今不詳何在。據影刊
本，卷首有“翰林學士院印”，則該宋本乃明翰林院舊物；又有
“都穆之印”等印記，則明代已流入私家。李萊老題詩後，有
題記一行曰：“至正十年（一三五〇）三月，浚儀張雯得之於高
文遠書肆。五月重書於吳下樂志齋。”卷末猶有萬曆羅文瑞、
康熙楊汝楫等題識。詳見《文禄堂訪書記》卷四。

　　《全宋詩》以蔣氏密韻樓影刊宋本爲底本，輯得集外佚詩
十六首。

【參考文獻】

　　陳存敬、文及翁《草窗韻語序》（密韻樓影宋本《草窗韻語》卷首，人
各一序）

　　朱孝臧《草窗韻語跋》（同上卷末）

仁山集 五卷

金履祥 撰

　　金履祥（一二三二—一三〇三），字吉父，婺州蘭谿（今浙
江蘭谿）人。傳朱熹之學，絶意仕進。宋亡，家居仁山之下，
學者稱仁山先生。所作詩文，其門人柳貫《行狀》（《金華叢書》
本《仁山集》卷五）述之曰：

　　雜詩文又若干卷藏於家，而曰《昨非存稿》者，弱冠
以後、四十以前之作也；曰《仁山新稿》者，辛未至乙亥
（咸淳七年至德祐元年，一二七一——一二七五）之作也；
曰《仁山亂稿》者，丙子（德祐二年）以後之作；曰《仁山噫
稿》者，壬辰（元至元二十九年，一二九二）以後之作。其
自題曰："自丙子之難，而生前之望觖；自壬辰哭子之感，
而身後之望孤。曰亂曰噫，所以志也。"

則作者身前已編定四集。雍正時王崇炳《重刻序》又述其稿
本承傳源流道：

　　先生文稿凡四種，聚而散、散而復聚者凡數次。其
初輯而付之其家者，門人許白雲先生（謙）、柳文蕭公
（貫）也；其次購而藏之者，吳禮部（師道）也；又其次之萃
散補遺而傳之者，東湖董道卿先生（遵）也。

然至吳師道，文集仍無刊本，故明人董遵於吳師道裔孫家得
見稿本時，已散落殆盡，於是重爲輯補。其《題文集後》曰：

　　乃者遵於禮部裔孫家借觀遺書，偶見所謂先生手筆
册者一編，亟求錄之，亦非前稿全書也。又嘗閱鄉賢諸
集，間載先生之詩之文，得若干首，並有及於先生者若
狀、若挽、若序、若書、若詩若干首，總曰《仁山文集》。上
虞潘孔修既爲之序，香溪章廷式（品）復爲跋之。遵恒欲
詮次以傳學者，乃未及也。今調官海外，間取而校之，第
爲五卷，其一、其二、其三、其四皆先生所自作，其五則附
錄諸公爲先生而作者。

然而今本董遵、章品二跋皆無年代，所見潘孔修（《皕宋
樓藏書志》卷九三題"潘府"，蓋府字孔修）序銜名、年代亦缺。

按董遵《金文安公仁山書院記》（見《仁山集》卷五）述郡守劉某、郡判趙某等創建仁山書院，稱“構於己亥夏，完於戊寅春”；“書院既成，趙公且將梓《仁山文集》，以傳於世”。“己亥”疑是“乙亥”之誤，否則己亥與戊寅相距二十九年，恐太遠。前引王崇炳《重刻序》既云董遵是弘治時人，則乙亥當爲正德十年（一五一五），戊寅爲正德十三年。趙某刻《仁山文集》，當在正德十三年或稍後。《增訂四庫簡目標注》謂是集有“正德戊辰（三年）刊本”，蓋據《皕宋樓藏書志》。疑戊辰爲作序之時，而並非付梓之年。因正德本久佚，姑推考如上。

萬曆二十七年（一五九九），裔孫金應驪等重刊是集，改編爲三卷。前一年（戊戌），徐用檢爲之序，略曰：

> 迨其著述，散佚已多，則以嫡嗣無存之故。而所藏有《昨非存稿》《仁山新稿》《亂稿》《噫稿》，皆出自正傳吳子家，而道卿董子增入多篇，彙以成集者，愚亦錄而珍藏之。兹歸自留都，適裔孫文學金應驪、祠生金有爲輩，復持是集，以索愚序。

己亥（萬曆二十七年）刊成，趙崇善再序之。此刻每半葉八行十八字，白口，四周雙邊，今北大圖書館、天津圖書館有藏本。

金氏集明人罕有著錄，唯見陳氏《世善堂藏書目錄》卷下載“《金仁山集》二十卷”，與上述明槧卷數迥異，疑爲四稿原編總卷數，不詳爲何本，已久佚。

入清，是集主要有雍、乾年間所刊兩本。雍正乙巳（三年，一七二五），裔孫金弘勳春暉堂刊《仁山集》四卷、附錄一卷。有金氏序，稱是集一刻於正德朝，再刻於萬曆中，弘勳得正德寫本，又得萬曆刻本，因合校付梓云云。則是刻卷次當依正德本。每半葉九行十九字，白口，左右雙邊，今國家圖書館、上海圖書館、南京圖書館等著録十餘部，耿文光評其“寫刻精工”（《萬卷精華樓藏書記》卷一一八）。

雍正至乾隆間，金華金律等刊《率祖堂叢書》，專收金履祥著作，並附其師門弟子之作爲“正學編”等，其中《仁山文集》五卷刊於雍正九年（一七三一）。前引王崇炳《重刻序》，即爲此本而作，在叙述稿本承傳源流後，又曰：“今於東湖（董遵）原本之外，搜補遺脱而彙集之者，蘭谿章黎照也。”則所據乃董遵本，又有補遺。是刻每半葉十行二十字，上白口、下黑口，左右雙邊。同治十三年（一八七四），永康胡氏退補齋即據此本刊入《金華叢書》，《叢書集成初編》又據《金華叢書》本排印。

《四庫全書》著録浙江採進本，《提要》稱原本六卷，而四庫本所鈔詩文止四卷：卷一，詩；卷二，詩、箴、銘、贊、傳；卷三，説、議、講義、序；卷四，祭文、行狀、題跋，與上述諸本無異，蓋另二卷乃附録，爲館臣所刪削。檢諸家書目藏志未見六卷本，不詳所採爲何本，疑是鈔帙。

綜上所述，是集萬曆本以下各本皆源於董遵本，而清《率祖堂叢書》本有所謂“萃散補遺”，較舊本爲全。

《全宋文》以《金華叢書》本爲底本，從四庫本及他書輯文八篇。《全宋詩》以萬曆二十七年刻本爲底本。

【參考文獻】

潘府《仁山先生文集序》（舊鈔本《仁山先生文集》卷首）

章品、董遵《題仁山先生文集後》（《金華叢書》本《仁山文集》卷首，人各一文）

徐用檢《仁山先生文集序》（同上）

王崇炳《雍正重刻金仁山先生文集序》（同上）

胡鳳丹《金華叢書本仁山集序》（同上）

古梅遺稿 六卷

吴龍翰　撰

　　吴龍翰（一二三三——一二九三），字式賢，號古梅，歙縣（今屬安徽）人。景定五年（一二六四）鄉貢，授編校國史院實録文字。其集今存宋末人程元鳳序、方回跋，皆未署年代，詳其文意，蓋非爲刊板而作。諸家書目未見清以前刻本著録，唯以鈔帙流傳，其原本編刊源流不詳。國家圖書館凡藏清鈔本五部，其中有清初鈔本，有咸豐七年（一八五七）勞權鈔並校、跋之本（詳《藏園群書經眼録》卷一四）等。南京圖書館藏丁氏本，題"宋新安古梅吴龍翰式賢著，明族裔吴惟時中立校"（詳《善本書室藏書志》卷三二）。鮑氏知不足齋鈔本，今藏日本大倉文化財團。静嘉堂文庫藏有鈔本二部，其一與《林屋山人漫稿》合鈔（見《静嘉堂秘籍志》卷三八）。《四庫全書》著録汪如藻家藏本。諸本皆六卷，或題"遺稿"，或題"吟稿"。前五卷爲詩，蓋即"吟稿"；後一卷爲《古梅賦》及文三篇，乃所謂"遺稿"。末附方岳《和百韻》詩。

　　民國三年（甲寅，一九一四），李之鼎據丁氏鈔本刊入《宋人集》甲編，跋稱丁本曾經盛起據南昌彭氏本校正。是爲吴集現存之唯一刊本。

　　《全宋詩》《全宋文》俱以影印文淵閣《四庫全書》本爲底本。

【參考文獻】

程元鳳《古梅遺稿序》（《宋人集》甲編本《古梅吟稿》卷首）

方回《古梅遺稿跋》(《宛委別藏》本《桐江集》卷三)

李之鼎《古梅吟稿跋》(《宋人集》甲編本卷末)

在軒集——卷

黄公紹　撰

　　黄公紹,字直翁,邵武(今屬福建)人。咸淳元年(一二六五)進士,入元不仕,隱居樵溪。其集原刊情況不詳,明人未著録,今以《四庫全書》本爲早。《四庫總目》著録鮑士恭家藏本,僅一卷,《提要》曰:

　　　　公紹嘗取胡安國"心要在腔子裏"語,名所居曰"在軒",因以名集。然所載僅文三十九篇,詩餘二十八首。其文三十九篇之中,爲儒言者六篇,而爲佛氏疏榜之語者乃三十三篇。殆原本散逸,後人掇拾遺稿,以僧徒重其筆墨,藏弆爲榮,故所收特多歟。考厲鶚《宋詩紀事》蒐採最博,而求公紹一詩不可得,僅以《西湖棹歌》十首介於詩詞之間者當之,知鶚所見亦此本,別無全集矣。

　　文淵閣四庫本,民國時嘗影印入《四庫全書珍本初集》。今南京圖書館藏有清鈔本一部,亦只一卷。

　　集中之"詩餘",朱祖謀氏嘗刊入《彊村叢書》。

　　是集《全宋文》未收。

耕禄稿一卷

胡　錡　撰

胡錡，字國器，括蒼（今浙江麗水）人。自稱"牛衣子"，生平事跡不詳，蓋爲宋末人。所作《耕禄稿》一卷，自序曰：

> 以文爲戲，曰子虚，曰亡是，曰毛穎，曰革華，曰黄甘、陸吉，往往皆是也。而近之學士大夫游情翰墨，且以諸知、白石、虚中、竹媛之類作爲制誥矣。錡牛衣子也，歌齒頌牧之餘，竊有取農田之所殖，農器之所修，其爲畫前之大務，輒緝農書爲詔、爲制誥、爲表，凡二十五篇，名之曰《耕禄稿》。不謂文也，姑亦擊土鼓樂田云爾。

因其"以文爲戲"，故歷代將是書收入子部小説類，如：《百川學海》（咸淳本丙集、弘治本己集）、《稗海》（萬曆本第八函）、《説郛》（宛委山堂本）、《五朝小説・宋人百家小説瑣記家》、《筆記小説大觀》第八輯等。

然就文體論，其爲詔、誥、表，雖是"子虚"，實爲擬作，如《代田萬頃到任謝表》《代米林謝表》《擬良耜除司農卿誥》之類，究與小説體制有別，而與本書前録《歲寒三友除授集》等同科，故《皕宋樓藏書志》卷九一即將其著録於別集類。陸氏所藏爲宋刊本，疑即咸淳《百川學海》所收之本。今國家圖書館藏有清汪氏裘杼樓鈔本，每半葉九行二十字，白口，左右雙邊。

《叢書集成初編》據《百川學海》本排印。《全宋文》以影印咸淳《百川學海》本爲底本。

方時佐先生富山嬾稿十卷

方　夔撰

方夔(一作"一夔"),字時佐,自號知非子,淳安(今屬浙江)人。以薦領郡庠,未幾退隱富山,門人稱富山先生。其集明人極少著録,舊槧久已失傳,今存鈔本乃詩集。鈔本有兩類,一爲十九卷本,題曰《方時佐先生富山嬾稿》,署"從曾孫方宗大編集,梅間人何應元校正",《善本書室藏書志》卷三二述之曰:

> (方夔)有《富山嬾稿》三十卷,歲久湮逸。其曾孫宗大既重編次,五世孫文傑復爲校刊,乞同邑周宏璧瑄爲序,時在正統九年(一四四四)。文傑之子中適領鄉薦至京,又求題於同邑商輅(祝按:時在景泰七年,一四五六)。

按方中天順間嘗刊方逢辰《蛟峰文集》,其求序於商氏,蓋是集有修補之役。丁氏本今藏南京圖書館。上海圖書館藏清鈔及民國二十八年(一九三九)鈔十九卷本各一部。

另一類爲十卷本,題《青溪富山先生遺稿》。《四庫全書》著録鮑士恭家藏本即屬此系統,《提要》曰:"《富山嬾稿》三十卷,後刊版散佚,其裔孫世德等復哀集其詩,輯爲是編。"今國家圖書館(存卷一至五)、南京圖書館皆藏有清鈔十卷本。

兩本雖卷帙多寡及編次迥別,然收詩數量却相同。《善本書室藏書志》謂十九卷本"雖較《四庫》多九卷,而詩之篇數則同。蓋四庫本分類,此則不分類爲少異耳"。

《全宋詩》以影印文淵閣《四庫全書》本爲底本。

【參考文獻】

　　周瑄《富山嬾稿序》（清鈔本《富山嬾稿》卷首）

　　商輅《富山嬾稿序》（影印文淵閣《四庫全書》本卷首）

文山先生全集二十卷

文天祥　撰

　　文天祥（一二三六——一二八三），字宋瑞，一字履善，號文山，廬陵（今江西吉安）人。寶祐四年（一二五六）進士第一。德祐二年（一二七六）拜右丞相兼樞密使，出使元軍議和，痛斥伯顔，被拘，脱逃。端宗即位，復職，堅持抗元，加少保、信國公。兵敗被俘，送至大都，屢經威逼利誘，誓死不屈，囚禁三年後從容就義。其集今以宋刊元印本《新刊指南録》四卷附録一卷爲最古，前人以爲該本在宋未亡時即已行世。原爲汲古閣藏書，後爲陸心源所得，《皕宋樓藏書志》卷九一著録，陸氏按曰“此宋刊本，每葉十六行，每行十六字。事涉宋帝皆空格，遇‘北陷’、‘北兵’、‘吕師孟’、‘文天祥’等字皆挖空，當是景炎元年（一二七六）宋未亡時所刻，入元後將版挖改空耳”。陸氏本今藏日本静嘉堂文庫。

　　其全集，殆以作者孫文富刊本爲最早。清乾隆三十二年纂《文氏通譜·信國公遺翰》（《富田文氏族譜》，轉引自鄧碧清《〈文山集〉版本考》，《宋代文化研究》第二集）曰：“信公遺稿，在元時類集五十卷，公之孫富刻板傳世。”文富刊本久已失傳。

對後代影響最大者,乃所謂"道體堂本"。"道體堂"爲文山里中堂名,道體堂刊文山集事,詳見元劉壎《隱居通議》卷一二。《四庫提要》引《長谷真隱農田餘話》述之曰:

> (文天祥)生平有《文山隨筆》數十大册,常以自隨,遭難後盡失之。元貞、大德間,其鄉人搜訪,編爲《前集》三十二卷、《後集》七卷,世稱道體堂刻本。考天祥有《文山道體堂觀大水記》,稱"自文山門入,過障東橋,爲道體堂"云云,則是堂本其里中名勝,而鄉以爲刊板之地者也。書中原跋九條,並詳記本事,頗可以資考證。明初,其本散佚。

謂其書板明初散亡可,其印本則猶傳世。明《文淵閣書目》卷九著録"《文山先生文集》一部六册,全。《文山先生遺文》一部八册,殘闕";卷一〇著録"《宋文天祥詩》一部一册,闕",又"《文山吟嘯集》一部一册,闕"。《内閣書目》卷三曰:"《文山先生文集》五册,全,……前集三十二卷,後集七卷。"又"《文山先生全集》十册,全"。《百川書志》卷一二著録"《文山成仁稿》四卷、附録一卷(按:當是正德十五年〔一五二〇〕書林余氏所刊《重訂成仁遺稿》之一種,另一種爲《疊山成仁稿》)、《指南集》二卷、《杜詩集》一卷、《長嘯集》一卷"。《徐氏家藏書目》卷六、《千頃堂書目》卷二九、《絳雲樓書目》卷三皆著録《文文山先生集》三十二卷、《後集》七卷。凡《前集》三十二卷、《後集》七卷之本,當皆爲道體堂本。其他如《文天祥詩》之類,蓋詩集别行本,明代此類單刻本極尠。清初以還,道體堂本蓋真正亡佚,再未見諸書目。

今臺北"中央圖書館"著録元刻本《文山先生文集》十七卷十二册,未見。按明景泰本(此本詳下)之底本,即鈔秘閣所藏道體堂本，爲正集十七卷、《別集》六卷。疑道體堂除刊有《前集》三十二卷、《後集》七卷之本外，猶刊有此本。

明、清人表彰文天祥之忠節，故其集刻本特多，殆不下一二十種，皆發源於道體堂本。兹不能一一，唯據各刻傳本、有關文獻及諸家著録，並參鄧碧清《〈文山集〉版本考》，簡述主要版本如下。

一、景泰韓雍、陳价本。是本刊成於景泰六年（一四五五），爲《文山先生文集》十七卷、《別集》六卷、附録三卷。前有韓雍、韓陽、錢習禮、李奎序，有道體堂本二識語。此本底本，即鈔内閣所藏道體堂本。韓陽作序，述其家藏本正統間毁於火，然後道：

> 迨今逾七載，遍訪於士夫弗獲。翰林侍讀文江尹先生（鳳岐）居館閣日，曾録是集之全者。去年春，寅友陳君維藩（价）按部至吉，先生出而示之。陳君求假以歸，而呈於巡撫都憲韓公（雍）。公念是集板行者尠，恐致湮喪，遂訂其訛舛，命善書者楷寫而刻之，蓋欲普惠四方，壽之永久也。……近書坊所市，較之先人書目中，則十之二三耳。後世數百年，則今日所有，又不知所存幾何。

據此知是刻之先，書肆蓋已有刊本，特其本不完耳。又李奎序叙述刊板經過道：

> 其（文天祥）生平觸物感懷，隨寓述事，發爲詩文，盈囊充篋。奈兩罹兵燹，存者無幾。景泰癸酉（四年）春，憲副江西陳公价按行至吉，觀省之餘，訪求遺稿，編次成帙，凡名公所述傳記哀挽，亦附録焉。請質於都憲姑蘇韓公永熙（雍），鋟梓以往其傳。

所刻正集卷一、二詩，卷三御試策、封事，卷四内制、表牋、疏、申省狀，卷五至一一書啓，卷一二記，卷一三記、序，卷一四跋、贊、銘、辭，卷一五説、講義，卷一六行實、墓誌銘、祭文、祝文，卷一七詞、樂語、上梁文、文判。《别集》卷一《指南録》，卷二《指南後録》，卷三《吟嘯集》，卷四、五《集杜詩》，卷六《紀年録》。每半葉十一行二十四字，黑口，四周雙邊。今國家圖書館等著録七部（包括遞修本、殘本）。此本上接道體堂本，下啓明、清各本，影響深遠。

　　二、正德九年張祥吉安刻本。此刻爲《文山先生文集》十七卷、《重刊文山先生指南文集》三卷、《别集》一卷，每半葉十一行二十四字，黑口，四周雙邊，今有著録。此本即源於景泰本，前集十七卷基本相同，而將景泰本《别集》七卷中前三卷（《指南録》《指南後録》《吟嘯集》）析出爲《指南文集》，又析《紀年録》爲《别集》一卷，而不收《集杜詩》。此本注意搜補遺文，有《遺墨》一卷爲景泰本所無。《四庫全書》著録馬裕家藏本，即正德張氏本，底本今藏武漢大學圖書館。館臣曾用各本校正，故四庫本文字尚佳。

　　三、正德間文承蔭道體堂刻本。《文氏通譜》謂元刻本經兵燹不全，“景泰間，江西副憲陳公价拾殘編重刊。正德間，七世孫承蔭復刻，板章散蕩，殊多闕略”。此本當即覆刻景泰本，今無著録。

　　四、嘉靖壬子（三十一年，一五五二）鄢懋卿、甯寵刻本。此本題《文山先生全集》，凡二十八卷。每半葉十行二十二字，白口，四周雙邊。是本乃鄢氏所編，而俾河間知縣甯寵付梓，有敖銑及鄢氏序。鄢序稱其“反復是集而編次之，統而名之曰《文山先生全集》。中有《文集》，有《别集》，有《附録》。

如先生所作集有未載者，爲《拾遺》；後世爲先生而作，繼《附録》者爲《續録》，凡若干卷。遂以授河間府董君策，俾教諭嚴順校正，知縣甯寵刻之"。此本通編各集，首次以"全集"命之，前十七卷同景泰本，卷一八、一九爲《指南録》，卷二〇、二一爲《指南後録》，卷二二《吟嘯集》，卷二三、二四《集杜詩》，卷二五《紀年録》、拾遺，卷二六至二八附録、續録。此本增佚文三篇，續録所收資料豐富，然校刻不精。今國家圖書館、北大圖書館、上海圖書館等及臺灣凡著録十餘部，美國國會圖書館、日本茨城大學亦有藏本。

　　五、嘉靖三十九年張元諭刻本《文山先生全集》二十卷。此本有羅洪先序，略曰：

> 　　吉安舊刻《文山先生文集》，簡帙龐雜，篇句脱誤，歲久漫漶，幾不可讀。中丞德安何公遷來撫江右，既出素所養者布之教令，復表章列郡先哲，以風勵士人。會郡守浦江張公元諭始至，即舉屬之。張公手自編輯，釐類剔訛，出羨帑，選良梓，刻將半，致中丞之命於洪先，俾序所以校刻之意。

此本乃重編本，較之上述數本編次有較大變動。既保持原有框架，又使編次更爲合理，校勘亦精審。其卷目編次爲：卷一、二，詩（附樂府）；卷三，對策、封事、内制；卷四，表牋、申省狀；卷五至八，書、啟；卷九，記、序；卷一〇，跋、贊、銘、辭、説；卷一一，講義、行實、墓誌銘、祭文、祝文；卷一二，樂語、上梁文、公牘、文判；卷一三，《指南録》；卷一四，《指南後録》；卷一五，《吟嘯集》；卷一六，《集杜》；卷一七，《紀年録》；卷一八，拾遺、遺墨；卷一九、二〇，附録。每半葉十行二十二字，白口，四周單邊。萬曆三年（一五七五）胡應皋福建邵武本，即翻刻此本，《四部叢刊初編》據以影印，見《四部叢刊書録》。崇禎二年（一六二九）鍾越杭州刻本，大體亦翻刻此本，唯改《吟嘯集》爲《指南别録》，鍾越注曰：“舊本名曰《吟嘯集》，越考道體堂序，知‘吟嘯’二字乃書肆爲之，於義無取，實《指南别録》耳，因正之。”又增鍾越之“評”約兩千條。張元諭本今庋藏尚富，國内如北大圖書館、復旦圖書館、浙江圖書館等及臺灣凡著録二十餘部，日本静嘉堂文庫亦藏一部。

六、嘉靖間無名氏刻本《宋丞相文山先生全集》十六卷。此本有羅洪先序，當刊於張元諭本之後。卷一御試策、封事，卷二内制、表箋、疏，卷三啟，卷四啟、申狀、公牘、文判，卷五、六書，卷七記、序，卷八跋、銘、贊、辭、説、講義、祭文，卷九行實、墓誌銘、樂語，卷一〇詩，卷一一《指南録》，卷一二《指南後録》，卷一三《指南後録》《吟嘯集》，卷一四《集杜詩》《文丞相傳》《胡笳曲》，卷一五年譜（即《紀年録》）、附録（即拾遺），卷一六附録。每半葉十行二十二字，今北大圖書館等著録。此本蓋先文後詩，分卷歸類不愜人意，編次不及張元諭本合理，然其流傳孳衍甚廣，其後萬曆二十八年蕭大亨北京刻本、萬曆（或崇禎）間無名氏刻本，以及清雍正以後家刻本系統，皆源於此本。

七、崇禎四年書林張起鵬南京刻本《新刻宋丞相信國公文山先生全集》。此本凡二十卷，署“宗袞諸孫荆南安之訂僞，平江震孟搜逸，白下時策校正，書林張起鵬繡梓”。是刻亦以張元諭本爲底本，而有所調整。文時策跋曰：

> 竊念文公全集，一刻於京師，一刻於廬陵，而金陵獨無刻焉，是誠大缺典也。……兹從剞劂氏之請，將吉安舊集授之於梓，俾厥新刻。……舊刻詩爲全集之首，兹

易廷對策、内外封事諸作冠之。蓋"古誼龜鑒"，"忠肝鐵
石"，昔人所稱，大廷一對，真足千古，其首以是，欲俾展
卷者一覽便知其梗概。先公有靈，即以策爲僭易也
可也。

則是本編次之最大特點，如其所述，即將原卷一、二之詩與卷
三、四廷試策、封事之類對調，以突出"忠義"。此外補足張本
有目無文之《瑞山康氏族譜序》，增收佚文五篇，明刊以此本
收文最全。今國家圖書館、南京圖書館等著録。

　　八、清刻諸本述略。入清，文山集刻本乃明槧之延續。
康熙十二年（一六七三），江西吉水曾弘焉文堂首刻此集，題
《宋丞相文山先生全集》，凡二十卷，編次依張元諭本，然校讎
不精，前人多有訛議，《繡谷亭薰習録》謂"此本最惡陋"。今
國家圖書館、南京圖書館等著録。

　　雍正三年（一七二五）吉安文氏五桂堂刻本《廬陵宋丞相
信國文公忠烈先生全集》十六卷，爲現存有清第二刻。内葉
有"五桂堂藏板"五字，署"十四世孫從佑、從修、從偉、從售、
從保編輯重梓"。此本源於明嘉靖無名氏刻十六卷本，其後
乾隆、道光間屢有增刻本、重修本及補刻本，道光間又有恒德
堂、日新堂、延慶堂等翻刻本，幾成通行本。然其編次並不
佳，已見上述。

　　道光之後，又多翻刻張元諭《文山先生全集》二十卷本。
如同治七年（一八六八）楚景萊書室校刻本《文信國公集》二
十卷、光緒二十三年（一八九七）湖南書局刊《四忠遺集》本
《文信國公集》二十卷等。《四忠遺集》本即以張元諭本爲底
本，參以張起鵬本，將詩與廷對策等位置對調。又民國間有
鉛印本《文天祥全集》二十卷。

文山集明、清兩代刊本衆多，鄧碧清先生《版本考》以爲可概之爲"一個源頭，兩個系統"，即皆源於元道體堂本，而大致可分爲景泰本系統（包括景泰本、正德張祥本、崇禎鍾越本、張起鵬本等）、家刻本系統（肇始於文承蔭本，包括嘉靖間無名氏本、萬曆蕭大亨本、崇禎間無名氏本，下至清代家刻本、翻刻本等），而無論編次、校讎皆以景泰本系統爲善。其説甚允。

除上述全集本外，文天祥所著小集今猶有宋、元刻本傳世。計有二種：一爲宋刻元印本《新刊指南録》四卷附録一卷，即今藏日本静嘉堂文庫之本，前已述，又詳傅增湘《經眼録》卷一四。二是元刻本《宋少保右丞相信國公文山《指南録》一卷，《吟嘯集》一卷、附録一卷，《指南後録》三卷、傳一卷。此本亦藏日本静嘉堂文庫，今人嚴紹璗先生《日藏漢籍善本書録》著録爲"宋刊元修本"，共二册。

日本萬延元年（一八六〇），横山正邵以木活字刊其所編《文文山文鈔》六卷。明治間刊有城井國綱編《文文山詩選》二卷、安達忠貫點《指南録》四卷，以及鍾越評、内村篤校《宋文文山先生全集》十六卷等，參《和刻書目》。

《全宋文》用《四部叢刊初編》影印萬曆三年刻本爲底本，輯得佚文三十二篇。《全宋詩》底本同，輯得佚詩十四首。

【參考文獻】

文天祥《指南録序》《指南後録序》《集杜詩序》（《四部叢刊初編》本《文山先生全集》各集卷首）

韓雍、韓陽、錢習禮、李奎《景泰本文山先生文集序》（景泰本卷首，人各一序）

敖銑、鄢懋卿《嘉靖刊文山先生全集序》（嘉靖三十一年《文山先生

全集》本卷首，人各一序）

　　羅洪先《嘉靖吉安本文山先生全集序》（嘉靖三十九年吉安刊本卷首）

閬風集十二卷

舒岳祥　撰

　　舒岳祥（一二三六——一三〇一），字景薛，更字舜侯，台州寧海（今浙江寧海）人。寶祐四年（一二五六）進士，官奉化尉，終承直郎。宋亡，避地奉化，讀書閬風臺，世稱閬風先生。平生著述甚豐。元貞元元年（乙未，一二九五，原署"旃蒙協洽歲"），王應麟序其集，稱以"《避地》《篆畦》《蝶軒》三稿惠教"。元至大四年（一三一一）胡長孺再序，曰："舒先生既捐館舍之十年，遺書有《夢蝶軒稿》《篆畦詩》，已鋟梓行世，獨號《閬風集》者最號大全，板本既裁於兵，子叔獻將復刻之。"可知作者身後，文集皆嘗刊行，號爲"大全"之《閬風集》且有重刻本。

　　明《篆竹堂書目》卷三載"舒岳祥《閬風集》五册"，當是秘閣本。《內閣書目》卷三著録道："《閬風文集》五册，全。……內《三史纂言》六卷、《篆畦集》九卷、《蝶軒稿》九卷、《避地稿》十卷、《遜野稿》三卷、《閬風家録》三卷。"以上凡四十卷。各集後皆散亡，今存《閬風集》乃大典本。《四庫提要》曰：

　　　　《兩浙名賢録》載所著有《史述》、《漢砭》、《補史家録》、《蓀墅稿》（祝按：此及下引《永樂大典》之"蓀墅"，上引《內閣書目》作"遯野"。考其詩集，"蓀墅"乃別墅名，當是，"遯野"蓋形訛）、《避地稿》、《篆畦稿》、《蝶軒稿》、《梧竹里稿》、《三史纂言》、《談藂》、《藂續》、《藂殘》、《藂傳》、《藂肆》、《昔游録》、《深衣圖説》，凡二百二十卷。今多散佚。焦竑《國史經籍志》載岳祥《閬風集》二十卷，世亦無傳。檢《永樂大典》中所載岳祥詩文，間題《篆畦》、《蝶軒》、《蓀墅》諸集名，而題爲《閬風集》者居十之八九，似當時諸稿本分帙編次，而《閬風集》乃其總名。今原書卷第已爲《永樂大典》所亂，無可辨別，謹依類裒輯，釐爲詩九卷、雜文三卷，仍其總名，以《閬風集》名之。又集中有《百一老詩序》，蓋即所賦老漁、老獵之類，似原本亦別爲一集，然所闕已多，不成卷帙，故亦不復分析焉。

　　翰林院紅格鈔本（四庫底本），今藏國家圖書館，鈐有翰林院大官印。《四庫全書》據大典本著録，除詩九卷外，雜文三卷目次爲：卷一〇，序；卷一一，記；卷一二，跋、銘、墓誌銘、祭文。

　　民國四年（一九一五），劉承幹將《閬風集》十二卷附録一卷刊入《嘉業堂叢書》，有章梫序，稱"至《四庫》是集，輯自《永樂大典》，重録本誤字錯見，翰怡（劉承幹）又別得一鈔本校訂多處。王玫伯（舟瑤）觀察又寄所録四庫本所無詩文與吳子良《閬風集叙》諸篇，予並益以光緒《寧海縣志》所載閬風行狀，別爲補遺附録，附諸卷末云"。知劉氏所用底本爲傳鈔四庫本，校以其他鈔帙入梓。

　　《全宋詩》用影印文淵閣《四庫全書》本爲底本，輯得佚詩七十八首。《全宋文》以《嘉業堂叢書》本爲底本。

【參考文獻】

胡長孺、王應麟《閬風集序》（影印文淵閣《四庫全書》本《閬風集》卷首，人各一序）

章梫《重刻閬風集序》（《嘉業堂叢書》本《閬風集》卷首）

九華詩集一卷

陳　巖　撰

陳巖（？——一二九九），字清隱，號九華山人，青陽（今屬安徽）人。咸淳末屢舉進士不第，入元，遂隱居不仕。元至大戊申（元年，一三〇八），方時發序其集，稱以九華山之東西“繪爲圖本，繡入於梓，與遠方朋友共之”。又曰：

> 昔詩人陳清隱巖負其樂山樂水之趣，遍遊歷覽，隨寓吟詠，凡山中草木羽毛之名品，泉石巖洞之靈異，烟霞風月之象，悉採而模寫於中，皆得其事跡景物之真。……詩有舊板，兵毀不全。此二百一十篇，乃余掇拾於散佚之餘者也。……特捐己帑而重梓之，俾詩與山相照耀於無窮云。

則方時發所梓已非全本，原編卷數不可詳。《四庫總目》著錄鮑士恭家藏本，《提要》曰：“時發本刻九華山圖，而以巖詩附於後。今圖佚而詩集獨存，篇數與時發序合，蓋猶原本。”

元刊本明人即無著錄，當失傳已久。今以明崇禎九年（一六三六）刻本爲古，唯中國社會科學院文學研究所圖書館著録。該本爲《九華詩集》二卷、《貞逸》一卷、《書院》一卷，每半葉十行二十二字，白口，四周單邊。光緒十二年（丙戌，一八八六），皖潛劉奎文堂有重刻本，連附録通編爲四卷，今唯山東圖書館著録。

《四庫全書》著録鮑士恭家藏本，詩凡一卷，分詠名勝、詠物産兩類，共七言絶句二百一十首，每首有原注，蓋不由崇禎本出，但收詩數相同。又《提要》曰：“集後附釋希坦詩十一首，乃後人從《池州府志》録入，中有可與嚴詩互證者，亦並仍其舊存之焉。”

除上述外，今猶存清鈔本數部，其中丁氏本藏南京圖書館，有詩一卷，見《善本書室藏書志》卷三二。

民國十年（一九二一），南城李之鼎用傳鈔丁氏本，與蔣氏密韻樓本互校，刊入《宋人集》丙編。李氏宜秋館鈔本，今藏上海圖書館。

《全宋詩》以影印文淵閣《四庫全書》本爲底本。

【參考文獻】

方時發《九華詩集序》（影印文淵閣《四庫全書》本《九華詩集》卷首）

宋人別集叙録卷第二十九

牧萊脞語二十卷二稿八卷

陳仁子 撰

陳仁子,字同俌,號古愚,茶陵(今屬湖南)人。咸淳十年(一二七四)漕試第一,入元不仕。其集元代嘗有刊本。明《文淵閣書目》卷九著録"陳仁子《牧萊脞語》一部九册,闕"。《内閣書目》無其目。清四庫館嘗據鮑士恭家藏本《牧萊脞語》二十卷、《二稿》八卷著於《存目》,《提要》謂"《初稿》題其門人李懋宣編,《二稿》題其門人譚以則編,觀卷首余恁、鄧光薦、蕭龍友序,則仁子蓋自定之,托於門人耳"。館臣以其文"殊爲猥濫",因不收入《四庫全書》。

元刊本久已失傳,今唯國家圖書館藏有清初影元鈔本一部,九册,册數與《文淵閣書目》同,卷數與《四庫》著録本同,每半葉十行二十字。原爲周叔弢藏本,有周氏跋及印記。傅增湘曾借録一部,作《牧萊脞語跋》,述其結構道:

> 題"門人李懋宣揚廷輯",卷一、二賦,三騷辭,四封事,五書,六記,七序,八至十論,十一、十二策,十三題跋,十四頌、銘、箴、贊,十五雜著,十六文,十七問答,十

八傳，十九講議，二十碑。前有余恁、王夢應、鄧光薦、蕭龍友諸人序。《二稿》題“門人譚以則伯可輯”，卷一賦，二至四記，五至七序，八題跋，附以銘贊。

傅氏又以《四庫提要》譏其好爲大言，而所作殊猥濫，“疑館臣故爲苛論”；然而“粗觀一過，蕪詞濫語，充盈篇軸，塵容俗狀，縈繞筆端”，“始嘆《四庫》屏棄不收，良爲卓識”。蓋宋季文運與國運俱敝耳。

《續修四庫全書》影印國圖所藏清初影元鈔本，編入集部第一三二〇册。

是集《全宋文》未收。

【參考文獻】

余恁、王夢應、鄧光薦、蕭龍友《牧萊脞語序》（影元本《牧萊脞語》卷首，人各一序）

傅增湘《牧萊脞語跋》（《藏園群書題記》卷一六）

菊花百詠一卷

張逢辰　撰

張逢辰，字君遇，號愛梅，檇李（今浙江嘉興）人。元初宋遺民，生平事跡不詳。著有《愛梅吟稿》，傳本久佚。今存《菊花百詠》一卷，據影印日本本（此本詳下）金程宇《提要》，國内僅有明鈔本《詩淵》殘本録《百詠》菊詩九十七首，另有序詩、跋詩各一首，幾近全卷。日本龍谷大學圖書館、蓬佐文庫、國立公文書館內閣文庫皆藏有《百詠》鈔本，另有元祿七年（一六九四）刊本。鈔本中，以龍谷大學所藏室町本爲優，首有師道國錄序（《寄題愛梅兄長菊花吟卷》七律一首），次爲至元十九年（一二八二）前從政郎、平江府司理參軍曹元凱序，至元十八年陳思順序，及介軒許學士題《百詠》詩卷七律一首。次有逢辰序詩一首。陳思順序稱所作"隨（菊花）名而詠，隨詠而注"，知作者原有注，當即詩題下之注。以龍谷本校元祿刊本，前者除多出師道國錄序詩、介軒許學士題詩及卷末逢辰跋詩外，正文多出《輪盤菊》《茉莉菊》《紫疊羅菊》三首。元祿本所闕題下注，龍谷本皆有之。

《詩淵》較龍谷本少《鷺鷥菊》《合禪菊》《龍腦菊》三首，題下原注皆闕之。

是集《全宋詩》未收。金程宇編、鳳凰出版社二〇一二年版《和刻本中國古逸書叢刊》，用日本元祿七年刊本影印，編入第五十六冊。

【參考文獻】

　　曹元凱《菊花百詠序》（影印元祿本《菊花百詠》卷首）

　　陳思順《菊花百詠序》（同上）

佩韋齋文集二十卷

俞德鄰　撰

俞德鄰，字宗大，號佩韋，又號太玉山人，永嘉（今屬浙江）人，徙丹徒。咸淳十年（一二七四）進士，宋亡不仕。集乃其子俞庸哀輯，熊禾爲序，略曰：“公平生文多不留稿，令子庸哀集，僅得文、詩五百二十一首，釐爲一十六卷。”又稱有《輯聞》四卷。《輯聞》爲筆記，有德鄰自序，乃其晚年“追念舊聞”，由兒輩録之。刊板時，《輯聞》與文集通爲編卷，綴於文集以行。熊禾序作於元皇慶元年（一三一二），殆即於是年付梓。《汲古閣珍藏秘本書目》曾著録“元板《佩韋齋文集》四本”。元本北京故宫博物院原有一部，乃昭仁殿舊本，傅增湘曾見之，其《經眼録》卷一四記曰：

> 《佩韋齋文集》二十卷，宋俞德鄰撰。元刊本，十一行十九字，黑口，四周雙闌，版式甚大，版心上記字數，下記刊工姓名，寫印俱善。有皇慶元年壬子四月建安熊禾序，十行十七字。序後有文四行：“行與字皆有疏密，如用，宜得善書者或臨或寫，排整亭當爲善。”

民國二十一年（一九三二），故宫博物院將是本影印入《天禄琳琅叢書》第一集。原刊本今藏臺北“故宫博物院”，一九八九年嘗影印爲十六開本綫裝一函三册。

是集元槧之後，蓋再未覆刻。清鈔本今國内著録十餘部，其中南京圖書館藏兩部，一本有黄丕烈手跋，一本有“十萬卷樓”、“宗炎圖書”兩印（見《善本書室藏書志》卷三二）。日本静嘉堂文庫亦藏有舊鈔本，卷中鈐“橫川吳氏收藏圖書”朱文方印（《静嘉堂秘籍志》卷三八）。

《四庫全書總目》著録《佩韋齋文集》十六卷，湖北巡撫採進本，而將《輯聞》四卷移入子部雜家類。《提要》曰：

> （熊禾序稱詩文）釐爲一十六卷，則集與《輯聞》本各

爲卷帙。此本爲後人所附綴，今仍分著於録，從其初也。
禾序又稱紫陽方侯亦以文名，嘗序公集，載其遺事如作
傳然，且以能保晚節而心服之云云。紫陽方侯即歙人方
回，宋末爲睦州守，以州降元，元擢爲總管者也。此本佚
去此序，殆後人以德鄰高節，不減陶潛，不欲以回序污
之，故黜而刊削歟。

將《輯聞》另行著録，可使體制更純，甚善；然檢文淵閣四庫本
仍載《輯聞》四卷，即所謂“今仍分著於録，從其初也”，則未免
重複。其卷目編次爲：卷一至七，詩；卷八，賦、雜著（箴、銘、
贊、頌、書後、論）；卷九，記；卷一〇、一一，序；卷一二，序、説、
祭文；卷一三，表、牋、狀；卷一四、一五，啟；卷一六，札子、榜
疏；卷一七至二〇，輯聞。

　　《全宋文》《全宋詩》俱以《天禄琳琅叢書》影元本爲底本。

【參考文獻】

　　熊禾《佩韋齋集序》（影印文淵閣《四庫全書》本《佩韋齋文集》卷首）

存雅堂遺稿十三卷

方　鳳　撰

　　方鳳（一二四〇——一三二一），一名景山，字韶卿，號存
雅，浦陽（今浙江浦江）人。以特恩授容州文學，宋亡不仕。
生平詳柳貫《方先生墓碣銘》（《待制集》卷一〇）。《墓碣銘》稱其
“始蓋用爲文以應有司，後乃束其興、觀、群、怨之旨，而一發

于詠歌，體裁純密，聲節嫵婉，不緣琢鏤而神融氣浩，成一家言"。又曰："其可傳者古近體詩及他著述合若干篇，未詮次。"柳貫嘗編其詩集九卷刊之，蓋傳本極罕，明人已無著録。今以清順治重輯本爲古。《四庫全書》著録鮑士恭家藏本，即順治本，《提要》曰：

> 其門人柳貫輯其遺詩三百八十篇，釐爲九卷，屬永嘉尹趙敬叔刻置縣齋，黄溍爲之序。及宋濂作鳳傳，又稱《存雅堂稿》三千餘篇，蓋據其未刻者而言，故與溍序篇數多寡不合。其後寖以散逸，遂並版本亦亡。國朝順治甲午（十一年，一六五四），其里人張燧乃博蒐諸書，掇拾殘剩，彙爲此編，凡詩七十三首，文十二首，《金華洞天行紀》一篇，附以鳳子檞、梓詩十六首、文五首。……原本尚有《物異考》一卷，《月泉吟社詩》二卷，《外篇》詩文二卷。今按《物異考》出自《唐宋遺書》，寥寥數則，無資考證。《月泉吟社詩》已有別本自行。至《外篇》所輯他人贈答之作，並謝翺傳、吴萊碑而録之，尤爲泛濫，今並從删削焉。

張燧輯本爲《馮秋水先生評定存雅堂遺稿》，凡十三卷，經館臣删削重編收入《四庫全書》者爲五卷：卷一、二，詩；卷三，上書、序跋、記、行狀、祭文、牘；卷四、五，《金華洞天行記》上、下。

　　上所述順治本，據該書方如璋序，乃其與弟如璟、如瓘所刊。有何思卿序，稱張燧"所輯十有三卷，皆博采諸書爲之爾"。又張燧序自謂"博采旁摭，碎篇必録，微意并標"。馮秋水，即馮如京，亦有序，稱"其詩即未遽同初、盛，於中、晚若韓若柳，殆其流亞歟"。每半葉十行二十字，白口，四周單邊。今國家圖書館、上海圖書館（其中一卷爲雍正二年〔一七二四〕補刊，卷六至十爲補鈔。有鮑廷博、勞權校，葉景葵跋，葉跋又見《卷盦書跋》）、南京圖書館等著録。光緒間有重刻康熙本，今唯浙江圖書館著録。

道光十四年（一八三四），有木活字印本《存雅堂遺稿》六卷、首一卷，黄書林跋稱"此本乃順治間夫次張氏（燧）所輯也，詩文外附以《洞天行紀》《吟杜詩評》"。知所刊雖據康熙本，然一如四庫館臣，對原本亦多所删削。《增訂四庫簡目標注》謂有慎德堂活字本，即指此本，今唯國家圖書館著録。民國時，胡氏刊《續金華叢書》，據四庫本入梓。一九九三年，浙江古籍出版社出版方勇輯校本《方鳳集》。

《全宋詩》以雍正二年補刻本爲底本，由《續金華叢書》本補詩九首，由他書輯得佚詩十首。《全宋文》是集未收。

【參考文獻】

黄溍《方先生詩集序》（影印文淵閣《四庫全書》本《文獻集》卷五）

張燧《輯評方韶卿先生遺集序》（順治十一年浦江方氏刻本《馮秋水先生評定存雅堂遺稿》卷首）

馮如京《方巖南先生集序》（同上）

何思卿《方韶卿先生遺稿輯評序》（同上）

方如璋《書存雅先生遺集後》（同上卷末）

百正集 三卷

連文鳳　撰

連文鳳（一二四〇—？），字百正，號應山，三山（今福建福州）人。咸淳間嘗入太學，入元不仕。其集原本編刊情況莫可考，今僅存大典本。《四庫提要》曰：

> 集中《暮秋雜興》詩有"仕籍姓名除"句，則德祐以前
> 亦嘗從宦。又《庚子立春》詩有"又逢庚子歲，老景對韶
> 華"句，庚子爲大德四年（一三〇〇），則成宗之時猶在，
> 入元已二十四年矣。至元丙戌（二十三年，一二八六），
> 浦江吳渭邀謝翶、方鳳等舉月泉吟社，以"春日田園雜
> 興"爲題，徵詩四方，得二千七百三十五卷，入選者二百
> 八十卷，刊版者六十卷，以羅公福爲第一名，據題下所
> 注，公福即文鳳之寓名也。……《文淵閣書目》載《連百
> 正丙子稿》一部，一册，久無傳本。《永樂大典》所載，但
> 題曰《連百正集》，當即其本。今裒輯排比，編爲三卷。
> 又賦三首、序二首、記二首、説一首、傳一首，亦散見《永
> 樂大典》中，文格雅潔，亦不失前民矩矱。其《冰壺先生
> 傳》一首，……今並附綴卷末，以存其梗概焉。

乾隆翰林院鈔本（四庫底本），今藏國家圖書館。上海圖書館
藏有清内府鈔本。鮑氏據四庫本刊入《知不足齋叢書》第十
三集，《叢書集成初編》據知不足齋叢書本排印。

《全宋詩》以影印文淵閣《四庫全書》本爲底本，據《詩淵》
輯得佚詩三十八首。《全宋文》以《知不足齋叢書》本爲底本。

心　史二卷

鄭思肖　撰

鄭思肖（一二四一——一三一八），字所南，號憶翁，一號三

外野人，連江（今屬福建）人，生於杭州。起子。少爲太學上舍生，應博學宏詞科，會宋亡，隱居吴下。有《一百二十圖詩》及《所南文集》，自元代即與其父所著《清雋集》合刊行世，本書卷二六已著録。其所著《心史》，明崇禎十一年（一六三八）出於蘇州承天寺狼山智井中，原稿盛以鐵函，外緘封題“大宋世界無窮無極”、“大宋鐵函經”、“德祐九年佛生日封”及“此書出日一切皆吉”數行，内緘題“大宋孤臣鄭思肖百拜封”。宋恭帝德祐僅二年，無所謂“九年”，稱“九年”者，蓋略端宗、衛王而直以德祐紀年，實元至元二十年（一二八三）也。鐵函出井之次年，由中丞張國維捐資刊行，分爲上下二卷，包括詩集《咸淳集》《大義集》《中興集》及文集《久久書》《雜文》《大義略叙》等。此即崇禎第一本。此本今上海圖書館、復旦大學圖書館等著録，日本内閣文庫、尊經閣文庫亦有藏本，前後有張國維等十八人所作序跋。

崇禎第二本，約刊成於庚辰（十三年，一六四〇）孟秋，文字略有修訂，析爲七卷，有林古度、曹學佺所作重刻序及汪駿聲《書心史後》。林序稱“垂老而適同高鍾陵會府得見於葉雁湖民部署中，共相驚異。雁湖、鍾陵與予皆郡後學，急謀校梓，以傳先生之心。友人汪權奇（駿聲）欣任其事，雁湖、鍾陵捐資助成”云云。汪氏《書後》謂“井中原稿藏吴門，予敢訂其刻本（指張國維刻本）之訛而表出之，並輯書所載先生佚詩遺事爲附録焉”。汪刻本今國家圖書館、北大圖書館、上海圖書館等著録多部。書目文獻出版社《北京圖書館古籍珍本叢刊》第九〇輯，即以國圖藏汪刻本影印。一九九一年上海古籍出版社出版陳福康校點本《鄭思肖集》，其中《心史》部分亦以汪刻本爲底本，校以張刻本。

　　南明隆武元年（一六四五），福建方潤、洪士恭於同文書院刊《合刻鐵函心史晞髮集》，收《心史》二卷。洪士恭跋略曰：“二先生（指鄭思肖及謝翱）皆閩產也。今聖明南御閩邦，文武奮起，掃腥羶而恢區夏，先生之神，實式臨之。敬梓以傳，俾夫世之讀二先生之文者，廉頑立懦，激高風於無窮。”是欲以二人之精神，振抗清之士氣。合刻本今有著錄。

　　清光緒及民國年間，是集刊本、鉛印本甚夥，多爲二卷本。如咸豐、同治間長沙余氏刊《明辨齋叢書》，收是集二卷。光緒三十一年（一九〇五）上海廣智書局鉛印本，析爲五卷。日本文久三年（一八六三）保岡氏木活字本（見《和刻目錄》）及光緒三十年（一九〇四）日本清留學生會館鉛印本爲四卷。各本今國內皆有著錄。

　　由於《心史》即所謂“鐵函經”原稿來歷奇異，鄭思肖其人又極富傳奇色彩，故自清初以來，即有關於《心史》真僞之爭論。《心史》表現作者故國之思及民族意識極爲强烈，故被有清官方列爲禁書，使“僞書”之論更其流行。“僞書論”之論據，集中表現於《四庫總目·別集類存目提要》中，余嘉錫《辨證》曾予以有力駁斥。姚際恒《古今僞書考》謂“《心史》言辭甚多，而且鬱勃憤懣，自是一種逸民具至性者之筆，非可僞爲也”。此論超越於典據考辨之外，其實平允。若不身歷宋末家國破亡及遺民生活之痛苦，不可能寫作《心史》，無其情也。玆不多論，詳參余氏《辨證》及校點本《鄭思肖集》附錄今人陳福康所作《論心史絕非僞託之書》文。

　　《全宋詩》第一卷以《四部叢刊續編》影印汲古閣《所南文集》爲底本，第二至五卷以崇禎十二年張國維刻本《心史》爲底本，輯得佚詩七首。《全宋文》所收《所南文集》底本同上，

《心史》用汪駿聲刻本爲底本。

【參考文獻】

張國維《宋鄭所南先生心史序》(上海古籍出版社校點本《鄭思肖集》附録一)

馮維位《書心史後》(同上。另有同時張世偉等十餘人所作跋)

林古度《心史序》(同上)

曹學佺《重刻心史序》(同上)

汪駿聲《書心史後》(同上)

湖山類稿五卷水雲集一卷

汪元量　撰

汪元量(一二四一—?),字大有,號水雲,錢塘(今浙江杭州)人。度宗時以善琴供奉内廷,入太學。宋亡,隨三宫北遷,後爲道士南歸。所作詩悲憤沉鬱,有“詩史”之稱。居燕時,文天祥嘗稱其“袖出《行吟》一卷”云云,蓋結集一時之作;後馬廷鸞謂“元量出《湖山稿》求余爲序”,李珏又謂“吳友汪水雲出示《類稿》”,則作者生前嘗手編其集,並定名爲《湖山類稿》。原集刊刻年代不詳,明《文淵閣書目》卷一〇著録“《汪水雲詩》一部一册,闕”,至《内閣書目》已無其目。《百川書志》卷一五載“《湖山類稿》十三卷,《汪水雲詩》二卷”,同書卷一八有“《水雲詞》一卷”。《千頃堂書目》卷二九則登録《湖山類稿》十三卷,又《水雲詞》三卷。《類稿》十三卷及《水雲詞》三卷蓋爲汪氏詩詞較全之本,佚之已久,不詳其中有無文類。《汲古閣珍藏秘本書目》僅載舊鈔本“《汪水雲詩鈔》一本”。

元、明流傳稍廣者，爲劉辰翁批點本《湖山類稿》五卷。此乃選本，刻於元代，明末亦已難覓，錢謙益以藏書極富稱，猶未能見。然錢氏却發現另一舊鈔本，其《水雲詩跋》曰：“夏日曬書，理雲間人鈔詩舊册，得水雲詩二百二十餘首，録成一帙。”此帙經藏書家傳録，稍傳於世，遂命曰《水雲集》，或稱《外稿》，以與劉辰翁批點本《類稿》相區别。清初錢氏家鈔本《水雲詩》，今藏山東省博物館，乃楊氏海源閣舊物，《楹書隅録續編》卷四著録，有錢氏題識及葉萬等人印記。

清初，汪森得劉辰翁批點本，因與錢氏本相參訂，其《後序》曰：

> 汪水雲《湖山類稿》五卷，爲劉辰翁批點，無叙引及鋟刻年月，卷首脱落四版，集中字句間有漫漶而不可讀者。因檢錢虞山所藏雲間舊鈔二百二十餘首，互爲參訂，複者去之，闕者存之，編爲《外稿》，附於五卷之末。又從《宋遺民録》取迺賢、劉辰翁、文天祥、馬廷鸞、周方、趙文、李珏諸序，並録之以置簡編。

時在康熙二十六年（一六八七）。所謂“卷首脱四版”之本，後爲吴煒所得，跋稱“係元刻劉須溪評本”。汪森手鈔本後爲陸心源所得，今藏日本静嘉堂文庫，見《皕宋樓藏書志》卷九二、《静嘉堂秘籍志》卷三八。又鈔本汪輯《湖山外稿》一卷，有黄丕烈校，今藏國家圖書館。

乾隆三十年（一七六五），鮑氏知不足齋以批點本《類稿》與《水雲集》合刊之，由是流布遂廣。鮑廷博跋略曰：

　　（《類稿》五卷）爲劉須溪選定，前脱四翻，歲久紙敝
　　墨渝，字句復多缺蝕。今刻本已不復存，輾轉傳鈔，並其
　　批點失之，間存評隲數語而已。予從《宋遺民録》補入須
　　溪原序及同時諸賢題識五首，因合《水雲詩集》刻之。

又跋道：

　　（《水雲集》）偶得陸平原（嘉穎）采薇堂舊鈔，陸傳於
　　史辰伯（兆斗），史借於錢牧翁（謙益），流傳有自，允爲善
　　本。……集中詩與《類稿》互有增損，桐鄉汪氏（森）刪其
　　重見者，録爲《湖山外稿》，於昔人持擇之意，或未盡然，
　　予故一仍其舊云。

則其所用《水雲集》乃錢氏本之再鈔本，而《類稿》顯然出自汪
森本，前脱四翻可證。國家圖書館藏有王國維校跋、趙萬里
校之鮑刻本，有王國維自《永樂大典》輯録之汪元量詩詞，彌
足珍貴。此外，北大圖書館、南京圖書館（有丁丙跋）等凡著
録鮑刻本十餘部。清鈔《類稿》五卷、《外稿》一卷、附録一卷，
有國家圖書館藏吳翌鳳本（有顧至、黄丕烈跋）、趙氏小山堂
本、彭氏知聖道齋本等。上海圖書館所藏鈔本有鮑廷博校。
臺北“中央圖書館”藏黄丕烈手校《類稿》六卷一册，有跋，又
有楊保彝題識。

　　《四庫全書》著録浙江採進本，《提要》曰：《類稿》“前脱四
翻，間存評語。近時鮑廷博因復採《宋遺民録》補入辰翁元
序，合《水雲集》刻之。以二本參互校訂，詩多重複，今亦姑仍
原本焉”。則底本當即鮑刻本。

　　除上述外，今國內猶著録清鈔一卷本多部，頗有名鈔名
校。如國家圖書館藏明末（或云清初）《汪水雲詩鈔》一卷，有

毛扆校并跋；又清初錢謙益鈔《汪水雲詩鈔》一卷本、順治十七年（一六六〇）葉時疇鈔、葉萬跋《汪水雲詩鈔》一卷本等。南京圖書館藏吳氏繡谷亭鈔本《水雲集》一卷，有吳焯、丁丙跋（詳參《善本書室藏書志》卷三二）。臺北“中央圖書館”亦藏有黃丕烈手校並跋《汪水雲詩》一卷一册，有金俊明、邵恩多手書題記。

　　光緒二十三年（一八九七），丁氏惠嘉堂《武林往哲遺箸》刊入《類稿》五卷、《水雲集》一卷、附錄三卷，以鮑氏知不足齋合刊本爲底本。

　　一九八四年一月，齊魯書社出版《雙行精舍校汪水雲集》，乃一九三一年山東省圖書館館長王獻唐商請王重民、柳詒徵、顧實等分校各地珍藏之本，其校勘甚有參考價值。

　　同年，中華書局出版孔凡禮輯校本《增訂湖山類稿》。是本以李一氓藏清鈔汪森本《類稿》《外稿》爲底本，從明鈔本《詩淵》《永樂大典》等書中新輯詩一百首（原《類稿》《外稿》去重後共有詩三百七十九首，鮑本輯入一首，連新輯共四百八十首），新輯詞二十三首（原《類稿》有詞二十八首，《外稿》有詞一首，連新輯共五十二首），並以《外稿》及新輯各作，按其寫作先後，分別次入《湖山類稿》，每篇之末注明出處。全書依《類稿》仍爲五卷，前四卷詩，末卷詞，文字則參校各本，後有附錄凡三。是本迄爲汪元量詩詞最全之本。

　　然而《增訂湖山類稿》亦有重要缺陷。自明、清以來，歷代學者即以未見迺賢嘗言及之《類稿》章鑒、鄧光薦、謝枋得題跋爲憾。孔凡禮先生亦以爲諸題跋已失傳。筆者再檢影印本《永樂大典》，竟在卷九〇九發現除上述章、鄧二跋外（謝跋仍未見），猶得汪元量自題，以及曾子良、黃與言二跋。以新發現之題跋按核"增訂"本之作品繫年，則頗有可議之處。質言之，"增訂"本編年多不可靠（參拙文《汪元量〈湖山類稿〉佚跋考》，《書品》一九九五年第三期）。

劉辰翁批點本《湖山類稿》末，舊附有"宋舊宮人詩詞"，乃絕句十四首。王國維《書宋舊宮人詩詞湖山類稿水雲集後》以爲係僞作。此説學術界意見尚不一致，有待進一步研究。兹節録王氏《書後》，以資參考：

> 宋舊宮人詩詞，乃王夫人以下十四人送汪水雲南歸，以"勸君更盡一杯酒，西出陽關無故人"十四字分韻賦詩，其實皆僞作也。水雲《湖山類稿》卷三有《女道士王昭儀仙遊詞》，在南歸諸詩之前，則水雲南歸時昭儀已死，不得作詩送之也。謝皋羽（翺）《續琴操序》謂水雲之歸，舊宮人會者十八人，釃酒城隅與之别，人數亦不與舊宮人詩詞合。且十四絕句若出一手，疑元、明間人據謝皋羽《續琴操序》有舊宮人送水雲事而僞撰者也。

《全宋詩》用《知不足齋叢書》本《湖山類稿》《水雲集》爲底本，删去後者重出之詩，輯（包括前人已輯）得佚詩一百零五首。

【參考文獻】

汪元量《水雲詩題後》（影印本《永樂大典》卷九〇九）

章鑒、鄧光薦、曾子良、黄與言《題水雲詩》（同上，人各一文）

劉辰翁《湖山類稿序》（中華書局校點本《增訂湖山類稿》附録一之一）

文天祥、馬廷鸞、周方、趙文、李珏《書汪水雲詩後》（同上，人各一文）

錢謙益《水雲詩跋》《書汪水雲集後》（同上）

葉萬《汪水雲詩鈔跋》（同上）

陸嘉穎《水雲集跋》（同上）

潘耒《書汪水雲集後》（同上）

汪森《湖山類稿後序》（同上）

吳焯《水雲集跋》（同上）

吳城《知不足齋合刻汪水雲詩序》（同上）

鮑廷博《湖山類稿跋》《水雲集跋》（同上）

王國維《書宋舊宮人詩詞湖山類稿水雲集後》（《觀堂集林》卷二一）

霽山先生文集五卷

林景熙　撰

　　林景熙（一作景曦，一二四二——一三一〇），字德陽，號霽山，溫州平陽（今浙江平陽）人。咸淳七年（一二七一）上舍釋褐，官至從政郎。宋亡不仕，以詩抒發其故國之思。嘗自編詩集。至元丙戌（二十三年，一二八六），何夢桂作《永嘉林霽山詩序》，曰：“永嘉舊同舍郎霽山林德陽，不遠數百里寄詩册，屬嚴陵潛齋何某商略近詩。”又曰：“相望十年間，而士大夫聲詩率一變而爲窮苦愁怨之語，而吾霽山詩亦若此，世喪文耶？文喪世耶？……霽山詩僅見三十篇，其辭意皆婉娩凄惻，使人讀之如異代遺黎及見渭南銅盤、長安金爵，有不動其心者哉！”所寄蓋非全帙。方逢辰則作《白石樵唱序》，稱“霽山林德陽，前釋褐進士也。壯年英華果鋭之氣無所於托，如水發洪源，木梗石捍，而借詩以鳴之。有一編，屬朋友胡汲古

轉致石峽山中,請予評"云云,此時蓋已編定。元人章祖程嘗爲《樵唱》作注,其《題白石樵唱》曰:

> 先生少工舉業,有場屋聲。時文既廢,倡爲古文,發爲騷章,往往尤臻其奥。晚年所著雜文十卷外,有詩六卷,題曰《白石樵唱》行於世。愚嘗熟玩其詩,大抵皆託物比興,而所以明出處、繫人倫、感世變而懷舊俗者至矣。卷首數篇尤爲親切,其他題詠酬倡雖有不同,然而是意亦未嘗不行乎其間,讀者倘以是求之,則庶乎不失其本領,而有以知其詩之不苟作也。至於造語之妙,用字之精,法度之整而嚴,格力之清而健,又未易以名言,今輒爲之注釋云。

元統甲戌(二年,一三三四),章氏又作《白石樵唱箋注序》,略曰:

> 予嘗伏讀而竊愛之,沉潛反復,蓋亦有年。於是童課之暇,不揆僭踰,爰輯舊聞,爲下注腳。間有見其意之所指,義之所在,亦輒爲發揮,而不敢隱焉。第胸無積學,家無儲書,其間援據尚有未盡明者,姑冀講問,少備其全。一日,子安、儀中二友生請曰:"夫注《草堂詩》者數百家,注《雪堂詩》者亦不下百餘家,迨今猶不能無遺憾,而況以一人之見乎? 盍缺之,以竢後賢?"予嘉其言,因出此稿,俾録以示初學,固未敢傳諸作者。惟博雅君子訂其舛訛,補其疏略,使霽翁之詩久而不墜,則於風雅亦未必無少助云。

次年(至元元年,一三三五),鄭僖又序之,蓋此後不久有刊本,然已久佚。所謂"雜文"即《白石稿》十卷,未見元以前人序跋，不詳編刊情況。

明《萬卷堂書目》卷四、《徐氏家藏書目》卷六，以及《絳雲樓書目》卷三，皆著録《霽山集》十卷。《澹生堂藏書目》卷一三《續收》有"《白石樵唱集》二册六卷"，乃詩集。《内閣書目》卷三著録"《霽山文集》二册，全"。官私所藏，應有元槧。

明初，十卷本文集已多散亡，詩注猶傳。天順七年（一四六三），廣東道監察御史吕洪裒輯詩注及文集殘帙合爲一編凡五卷重刊之，序曰：

> 所著文十卷曰《白石稿》、詩六卷曰《白石樵唱》，一皆本於忠義之所發越，傳誦江湖，膾炙人口。歷歲滋久，頗多散亡。乃者致政大尹葉公衡出示先生《白石樵唱》，始末具全。予又於《元音》中得先生《讀文山集》一詩，仍檢閲家藏舊書，僅得先生《白石稿》中記、序、賦、銘而下凡若干篇，其他製作迄無尋究。予懼歲月愈久，散亡愈多，輒敢僭踰，正其豕亥，釐爲五卷，總爲一帙，題曰《霽山先生文集》，將鋟諸梓，以廣其傳，俾人得以誦習詳玩，庶幾先生忠肝義膽耿耿不磨也。

此即今傳之本。天順本"以章祖程所注詩集併爲三卷，增以《元音》所録《讀文山集》詩一篇，又捃摭遺文得記十四篇，傳一篇，説一篇，文一篇，序十三篇，墓誌六篇，銘一篇，釐爲二卷"（《四庫提要》）。此本今唯國家圖書館著録一部，每半葉十一行二十二字，黑口，四周雙邊。

明嘉靖七年（戊子，一五二八），遼藩光澤王朱寵瀤重刊此集，稱梅南書屋本。朱寵瀤序稱"江陵東墅居士毛秀未仕時，得舊刻本，甚重先生高義，間有手批注，遺予求重梓行，以表暴於世。予額而快閲之，并旁考諸書，見其高義真行，出於千古之上者",云云。是爲明刻第二本,今上海圖書館藏一部,有李雝來跋。每半葉十行十八字,黑口,四周雙邊。《四庫提要》述是本道:

> 嘉靖戊子,遼藩光澤王得江陵毛秀校本重刊,附以秀《辨證》一篇。於《白石樵唱》題卷一、卷二、卷三,《白石稿》題卷四、卷五。書名各別,而卷數相屬,驟讀之,似《白石稿》佚其前三卷者,殊不了了。

此刻仍以天順本爲基礎,而與天順本之最大區別,是删去章氏詩注。

明刻第三本,乃嘉靖十年馮彬所刊《霽山先生白石樵唱》六卷、《文集》四卷,書題次行署"知平陽縣事海康桐岡馮彬用先校正重刊"。是刻仍依《樵唱》六卷之舊,而編遺文爲四卷。此本今國家圖書館、北京大學圖書館、南京圖書館(《樵唱》卷四至六配清鈔)著録。每半葉十行十八字,黑口,四周雙邊。明、清鈔嘉靖馮刻本,今尚存數部。

上述明刻三本,雜文以天順本爲早,後兩本沿襲之;詩則皆據元章祖程注本,天順本併其卷數,梅南書屋本删其注,馮彬本則恢復章注原貌,故形成三個不同版本。將詩集注本與文集合爲一編,雖卷次相屬,而書名各別,終給人以合而未融之感,乾隆四庫館臣稱"殊不了了"是也。

是集清人刊有兩本,基本上皆翻刻明本。一是清康熙三十二年(一六九三)沈士尊等刊《霽山先生文集》五卷,即翻刻梅南書屋本。康熙本每半葉十行十九字,黑口,四周單邊,今國家圖書館(有張允亮校并跋)、北大圖書館、浙江圖書館等有庋藏。《四庫總目》著録浙江採進本,據《提要》即康熙本。

　　二是清嘉慶十五年（一八一〇），鮑氏將是集刊入《知不足齋叢書》第二十五集，所據乃天順本，有《拾遺》一卷。鮑正言（鮑廷博孫）爲之序，稱“卷後補遺詩文四首，乾隆庚辰（二十五年，一七六〇）永嘉張潛哉先生鈔贈”。蘇璠有跋，謂“潛哉名綦毋，平陽明經，非永嘉人也”。

　　民國初，如皋冒廣生氏刊《永嘉詩人祠堂叢刻》，據《知不足齋叢書》本《霽山先生集》補刊入梓。《叢書集成初編》亦據知不足齋本排印。一九六〇年，中華書局上海編輯所出版校點本《霽山集》，用《永嘉詩人祠堂叢刻》本爲底本，參校明鈔馮彬本等。

　　《全宋詩》以天順本爲底本。《全宋文》是集未收。

【參考文獻】

　　何夢桂《永嘉林霽山詩序》（影印文淵閣《四庫全書》本《潛齋集》卷五）

　　吕洪《霽山文集序》（《知不足齋叢書》本《霽山先生集》卷首）

　　方逢辰《白石樵唱序》（同上）

　　章祖程《題白石樵唱》《白石樵唱箋注序》（同上）

　　鄭僖《白石樵唱箋注序》（同上）

　　張寰、陳璋、馮彬、丁瓚《嘉靖刊霽山先生文集序》（舊鈔嘉靖十年刊本卷首，人各一序）

　　汪士鋐《康熙重刊霽山先生詩文集序》（康熙本卷首）

　　蘇璠《知不足齋叢書本林霽山先生文集跋》（《知不足齋叢書》本卷末）

石堂先生遺集二十二卷

陳　普　撰

　　陳普(一二四四——一三一五),字尚德,福州寧德(今屬福建)人。居石堂山,因以爲號,又別號懼齋。入元,隱居授徒,及門者甚衆。所著《石堂先生遺集》二十二卷,蓋元代未嘗刊板,稿藏裔孫家,至明嘉靖時,閔文振方爲之輯校。嘉靖十四年(一五三五)陳褒序,稱"蘭莊閔子作學志,始取先生諸所述於其子孫而叙正之"云云。嘉靖十六年,寧德知縣程世鵬將文集付梓。北京大學圖書館藏李氏書中有嘉靖本,《木犀軒藏書書録》著録道:"標題次行題'宋寧德陳普尚德'。半葉十行,行二十二字,目録標題次行題'後學浮梁閔文振蒐輯'。前有嘉靖十四年騶山陳褒序。二十一卷末有閔文振識語。"所謂"識語",乃爲刊"拾遺"而作,略曰:"先生遺稿漫漶特甚,文、詩稍完及闕而少者皆入編矣;其闕甚不可讀者,欲棄之,則零金碎玉,皆至寶也,竊所不忍,則取其成段者雜列於後,以俟知言者擇之。"嘉靖本爲後來各本之祖。除北大庋藏外,上海圖書館及臺北"中央圖書館"亦著録,海外則日本静嘉堂文庫、尊經閣文庫及美國國會圖書館皆有藏本。

　　萬曆三年(一五七五),邑人薛孔洵等重刊嘉靖本,有序,稱嘉靖板被虜已燼,"於是矢力三年,搜獲全書,不辭勞,不辭費,募匠重刊。又慮奧淵難測,曲士疑冰,中或注釋一二"。又據崔世召序,薛孔洵雖將集付梓,然"集未行而齋志以没,而其子夢蘭矢志成之,捐貲鬻産,家四壁不顧也"。萬曆本今已稀有，國内僅國家圖書館、南京圖書館及重慶圖書館著録，日本則唯宫内廳書陵部皮藏。《善本書室藏書志》卷三二著録萬曆本（即今南京圖書館藏本）道：

> 明初閺文振編而梓之，未幾厄於火。萬曆間，邑人薛孔洵得舊本，爲之考核注釋，子夢蘭至鸎産重刊，以成先志，阮鑌、崔世俊爲前後序（祝按：今存崔世召後序，世俊後序未見）。天啟中，阮光寧選刊四卷，《四庫》入之“存目”，《提要》曰：“普有全集，已著録。”而《總目》未列其書，殆偶然遺脱也。此本惟失阮、崔兩序。

今案原書，薛氏在文末偶有評論，即所謂“注釋”。是刻目録後有“後學邑人薛孔洵注梓”一行。每半葉十行二十字，白口，四周單邊。其卷目編次爲：卷一至六，講義；卷七，經義；卷八，答問；卷九，字義；卷一〇，渾天儀論；卷一一，論；卷一二，書；卷一三，序、記、題跋；卷一四，策問、字訓、箴、祭文等；卷一五，賦、辭、歌、吟；卷一六至二一，各體詩；卷二二，拾遺、附録。丁氏所稱天啟選刊本，題《選鎸石堂先生遺集》，今唯清華大學圖書館著録，國家圖書館藏有清初鈔本，有孫承澤批校并跋。

是集除上述明槧外，北大圖書館猶著録不詳年代之明刊本《石堂先生遺集》二十二卷、附録《石堂先生傳》。明《内閣書目》卷三著録“《重刻石堂先生遺集》十册，全”。《脈望館書目》載“《陳石堂集》十本”。《徐氏家藏書目》卷六登録二十二卷本。當皆爲明刻本。

清道光二十二年（一八四二），有重刊二十二卷本，邑人魏敬中作序，稱閺文振、薛孔洵刻本皆已散佚，“余偕二三同志遍訪無完帙，彼此相補，幸還舊觀”。前福州府學訓通關仲仁等多人"捐廉爲倡"，"閲歲餘，而刻始竣"。則是刻所用底本，蓋由萬曆薛氏本殘帙拼合而成。每半葉九行，行二十四字，白口，四周單邊，單魚尾。此本今唯浙江圖書館著録，山東圖書館藏有鈔本。

陳普學術淵源於朱熹，爲宋末元初理學家，故其集中約有一半爲講義、經説、字義之類；即其詩賦，亦多以經書爲題材，如《論語》《孟子》皆有絶句若干首，實乃有韻之講義。理學家鄙薄文學詞章，陳普遂走上極端。正如陸心源《陳石堂集跋》所説："其文多語録體，詩皆《擊壤》派，説經、説理亦淺腐庸庸。余嘗謂詩文至宋季而極弊，此其尤者。"（《儀顧堂集》卷一五）

今人所編《續修四庫全書》據萬曆本影印，編入集部第一三二一册。

《全宋文》是集未收。《全宋詩》以嘉靖本爲底本。

【參考文獻】

陳襃《嘉靖刊石堂先生遺集序》（嘉靖本《石堂先生遺集》卷首）

閔文振、程世鵬、蔣濂《嘉靖本石堂先生遺集跋》（同上卷末，人各一跋）

薛孔洵《萬曆重刊石堂先生遺集序》（萬曆本《石堂先生遺集》卷首）

崔世召《萬曆本石堂先生遺集後序》（同上卷末）

釣磯詩集 五卷

邱　葵　撰

邱葵（一二四四——一三三三），字吉甫，同安（今福建厦門）人。早習《春秋》，宋末科舉廢，杜門勵學，居海嶼中，自號釣磯翁。自元以後，其詩集僅以稿本藏於家。明末盧若騰嘗序之，略曰：

> （邱葵）《周禮補亡》今流傳海內，詩集則惟其家有寫本。林子穫，吾邑志節士也，借得之，喜而示余。讀之，苦多亥豕，稍爲訂正，脫簡則仍之，擬俟他時梓行，非徒表章吾邑人物，亦欲使後學知所興起也。

盧氏門人林霍亦有序，稱盧公“苦多亥豕，稍爲訂正，擬俟時平梓行，而竟騎長春尾歸天上，不知此事當屬何人也”。兩序未署年代。考乾隆《福建通志》卷四五：“盧若騰，字牧洲，同安人，崇禎庚辰（十三年，一六四〇）進士。”授兵部主事，後歸隱海濱，卒。則盧、林二氏乃明遺民，爲是集首次整理者，然未刊行。

陸心源《釣磯詩集跋》（所跋爲同治本，詳下）曰：

> 是書著錄家所罕見，顧太史（嗣立）選元詩，錢詹事（大昕）《補元史藝文志》，阮文達（元）收《四庫》未收古書，皆未之及。康熙中，裔孫國斑掇拾殘賸詩一百九十四首刊行之，題曰《獨樂軒詩集》。

康熙本凡三卷，非足本，已久無著錄。北京大學圖書館所藏李氏書中，有清鈔三卷本，李盛鐸跋謂“此本前有斑序，疑即從斑本出也”（《木犀軒藏書題記》）。

道光二十六年（一八四六），龍溪林國華氏於汲古書屋刊《釣磯詩集》五卷，并作《書後》，稱其“日得童君宗瑩《釣磯詩集》，爲林子穫藏本，……惜亥豕間有，鈔正成帙開雕”。陸心源《同治本邱釣磯詩集序》述之曰：

乃自蒙古（元）之初，訖明中葉，僅傳寫本，藏在其家。至萬曆間，林氏霍訪借得之，始傳於世。終因謀梓未果，流傳絕希。康熙間，先生後裔國斑輯錄遺集，亦未得見，但以所得詩一百九十四首分爲三卷，付之剞劂，所謂《獨樂軒詩集》者，非足本也。嗣後龍溪林君國華求得林氏原本，於道光丙午（二十六年）復墨之板，是爲五卷本。然兩刻（指康熙及道光本）出之蠹穿鼠齧，輾轉傳寫，未有善本校勘訂定，故不免脫亡謬誤，學者病之。

道光本今唯南京圖書館著錄。此本雖仍非完帙，又多脫誤，但較之康熙本，其版本承傳有自，非掇拾殘賸可比。

同治十二年（一八七三），邱氏裔孫炳忠將道光本與羅以智鈔本合併，由楊浚校正後刊行，有林鴻年、楊浚序，乃是集迄今最全之本。上引陸心源序又曰：

予別有所藏四卷本者，舊轉錄之錢塘羅氏以智，羅則傳之鐵樵汪氏，而佐以獨樂軒本校寫以傳者也，謬誤差少，比兩本爲善。同治癸酉之歲（十二年），奉詔來閩，携載行篋。温陵楊侍讀雪滄（浚）博學嗜古，……請藉以去，搜香兩本，詳爲讎勘，佚者補，誤者正，字句參差同異則分注每章下，以兩存之。仍依原第，編爲四卷，採補諸詩分體增入，詳注自出，不淆其舊。共得五七言古近體詩若干首，如目（祝按：陸氏跋稱共有詩四百六十八首），而以林本所載文三篇附之帙尾。……先生後人伯貞取以付梓，乞予文爲序。

按羅以智嘗將其傳錄本與康熙本相校，於道光庚戌（三十年，一八五〇）八月五日作跋，詳述兩本篇數道：

　　《釣磯詩集》四卷，宋末邱吉甫先生所作。予從鐵樵
汪氏假所藏舊鈔本録其副，弆諸篋笥有年矣。今又獲見
先生裔孫國琜康熙年刊本，輯先生詩一百九十四首，分
三卷，題曰《獨樂軒詩集》。按鈔本，五言古四十一首，增
刊本五首。七言古與刊本同。五言律八十二首，刊本所
無者三十二首，刊本中爲鈔本所無者十九首，較刊本尚
增十三首。七言律七十八首，刊本所無者四十首，刊本
中爲鈔本所無者二十五首，較刊本尚增十五首。五言絶
四首，增刊本一首。七言絶十二首，增刊本二首。以刊
本補鈔本，凡得詩二百七十四首。字句頗多異同，刊本
殊有舛誤。據《全閩詩話》載先生《贈浯江魏秀才》詩二
章，刊本脱去，鈔本具在。先生之詩流傳弗失，幸而得其
全，殆有默爲呵護者歟！

鐵樵汪氏本源於何本，今不詳。同治本從康熙本補鈔四十
首，并採道光本中爲羅氏本所無之詩，吸取各本之長，陸氏所
謂"比兩本爲善"，洵非溢美。是本刻成於同治十三年，今傳
本已稀，唯首都圖書館、上海圖書館著録。日本京都大學文
學部東洋研究室桑原文庫，藏有陳垣贈桑原騭藏鈔同治本，
綫裝，有陳垣題識（正文非陳垣筆跡。見日本竺沙雅章《陳垣與桑原
騭藏》，《陳垣教授誕生百一十周年紀念文集》，一九九四年暨南大學出
版社）。

　　陸心源原藏鈔羅本，今藏日本静嘉堂文庫，"卷首有清道
光庚戌（三十年）八月五日錢唐羅以智銳泉甫小楷跋"，見《皕
宋樓藏書志》卷九三、《静嘉堂秘籍志》卷三八。羅以智手鈔
原本，葉景葵嘗得之於蔣氏傳書堂，有跋（見《卷盦書跋》），今未
見著録，不知尚在其後人之手否。傅增湘《藏園群書經眼録》

卷一四著録舊寫本，亦屬羅本系統，録有羅以（原作“明”，誤）
智跋。要之，邱葵詩集，今以同治本爲善。

　　《續修四庫全書》用南京圖書館所藏道光本影印，編入集
部第一三二一册。

　　《全宋詩》以北大圖書館所藏清鈔本《邱釣磯集》爲底本，
校以道光本，補詩一卷。

【參考文獻】

盧若騰《釣磯先生詩集序》（道光二十六刊本《釣磯先生詩集》卷首）

林霍《釣磯先生詩集序》（同上）

林國華《書釣磯詩集後》（同上卷末）

陸心源《同治本邱釣磯詩集序》（《儀顧堂集》卷四）

陸心源《同治本釣磯詩集跋》（同上卷一五）

羅以智《鈔本釣磯詩集跋》（同上卷末）

覆瓿集　四卷

趙必琭　撰

　　趙必琭（一二四五——一二九五），字玉淵，號秋曉，太宗十
世孫，寓東莞（今屬廣東）。咸淳元年（一二六五）進士，仕至
惠州軍事判官。入元隱居不仕。陳紀《行狀》、陳璉《墓表》皆
謂其有《覆瓿集》四卷（按：此據《粵十三家集》本附録，四庫本
作“六卷”）。《行狀》又稱“永嘉林資山、資中郭頤堂爲序、引。
公詩文清逸，樂府風流動盪，得秦、晏體，皆已板行”。謂“皆
已”，似詩文、樂府各自爲集。按林永年（資山）《引》稱“梅水

村（時舉）袖秋曉《覆瓿集》見示，試取而觀之，大篇短章，各有思致”云云，署“柔兆涒灘歲孟秋”。“柔兆涒灘歲”爲丙申年，乃元元貞二年（一二九六），即著者卒之次年。郭應木（頤堂）《序》則作於皇慶元年（一三一二）夏五月，與林序相距十六年，當爲刊板而作，故是年八月陳紀作《行狀》時，稱“已板行”。元刊本久已失傳。

明宣德中有重刊元本。宣德壬子（七年，一四三二），胡濙《重刊序》引曾某語曰：“是編昔經進於翰林，板行於其家，不意遇回禄之厄歲，堙滅其半矣。幸其四世孫吉祥賢，求通政使、掌祭酒事同邑陳先生（向廷）於京師復輯而完之，將重鐫梓，願一言以題其端。”宣德原印本亦久無著録。萬曆九年（一五八一），趙氏裔孫有修補宣德本，今存影寫本一部，藏南京圖書館，乃丁氏舊物。《善本書室藏書志》卷三二著録，並述版本源流道：

> 《秋曉趙先生覆瓿集》四卷，影寫明刊本。汪魚亭藏書。……皇慶元年，里生陳紀爲《行狀》。永嘉林永年、資中郭應木序其詩文。其後版罹回禄。明宣德壬子，四世孫吉祥重鋟之，盧陵胡濙爲序。萬曆九年，其子姓又爲修版，同邑鍾卿又序，並列同邑陳璉所撰《墓表》。此影寫萬曆本也，有“汪魚亭藏閲書”印。

是集清代刊有二本。一本刊於康熙三十五年（一六九六），惠州永安知縣鄭之琮作《重刊序》，稱“先生裔孫雪崖甲子（康熙二十三年）舉於鄉，余忝列同年譜，且從永安起家，故自下車來，即獲通音問。今夏，因先生舊本蟲雕，重梓以永其傳”云云。康熙本今亦無著録。清刊另一本，乃道光二十年（一八四〇）南海伍元薇詩雪軒刊《粤十三家集》本。該本題

《秋曉先生覆瓿集》,卷首録諸家序引,本集四卷後有附録一卷、末一卷,附録爲家傳、墓表、行狀,末一卷爲名公祭文、挽詩。卷首除録元本、宣德本序、引外,猶録有康熙本序,則所用底本當即康熙本。伍氏跋稱其本“編古風於近體之後,體例殊乖,殆非復原本之舊”。

《四庫全書》著録汪如藻家藏本,《增訂四庫簡目標注》稱係鈔本。該本凡六卷,“詩二卷,長短句一卷、雜文二卷,附録一卷”(《提要》)。較之《粵十三家集》四卷本,四庫本以原附於詩後之長短句獨立爲一卷,又以附録爲第六卷,并改《墓表》《行狀》之“《覆瓿集》四卷”爲“六卷”,以合其數。

《全宋詩》《全宋文》俱以影印文淵閣《四庫全書》本爲底本。

【參考文獻】

林永年《覆瓿集引》(《粵十三家集》本《覆瓿集》卷首)

郭應木《覆瓿集序》(同上)

胡瀚《宣德重刊秋曉先生覆瓿集序》(同上)

陳向廷《覆瓿集叙》(同上)

鄭之琮《康熙重刊秋曉趙先生覆瓿集叙》(同上)

伍元薇《詩雪軒校刊秋曉先生覆瓿集跋》(同上卷末)

伯牙琴一卷補遺一卷

鄧　牧　撰

鄧牧(一二四七—一三〇六),字牧心,號三教外人,又號九鎖山人，錢塘（今浙江杭州）人。宋亡不仕，沈介石爲營白鹿山房居之，與謝翱、周密等友善。嘗自選其詩文六十餘篇爲集，命曰《伯牙琴》，自爲序跋。其集未見元、明人著録，今無清以前刊本，而以南京圖書館所藏四庫底本爲最早。該本乃舊鈔本，由浙江採進，傳鈔源流不詳。後爲丁氏所得，《善本書室藏書志》卷三二著録，稱詩已佚，有翰林院印。《四庫提要》曰：

> 是集爲牧所自編，皆滔滔清辨，而不失修潔，非晚宋諸人所及。前有自序，後有自跋，以知音難遇，故以“伯牙琴”爲名。跋稱詩文六十餘篇，此本惟文二十四篇，並序跋爲二十六，蓋佚其詩一卷也。末又附《衝天觀記》《超然館記》《清真道院碑記》三篇，題曰“補遺”，而《清真道院碑記》末有大德四年庚子（一三〇〇）錢塘鄧牧記、集賢直學士趙孟頫書字，知後人從石刻鈔入，非集所本有。自跋稱平生爲文不止此，是一證矣。

乾隆五十一年（一七八六），鮑氏知不足齋據舊鈔殘本補輯刊入《知不足齋叢書》第十一集，知不足齋鈔本今藏重慶圖書館，有鮑廷博批校。鮑氏跋其刊本道：

> （鄧牧）元大德間遁迹餘杭大滌山，手定詩文六十餘首名《伯牙琴》，慨賞音之難也。由元迄明，亡佚過半，南濠都少卿（穆）藏本已有文無詩矣。予爲綴緝殘叢，於舊存文二十四篇外，增文五篇，補詩十有三章，授住山張君禮恭刊附孟集虛《洞霄圖志》以傳。洞霄山深境寂，游展罕至，其行或未廣也，爲別梓此本，以遺同嗜。

光緒二十一年（一八九五）丁氏嘉惠堂《武林往哲遺箸》、光緒三十三年（一九〇七）《國粹叢書》、民國間《叢書集成初編》所收之本，皆爲鮑刻本。一九五九年，中華書局出版張豈之等標點本《伯牙琴》，亦以鮑刻本爲底本，一九八一年重印，先後校以《武林往哲遺箸》本、《國粹叢書》本等。

　　《全宋詩》以元孟宗寶《洞霄詩集》卷一三、一四所載鄧牧詩爲底本，另輯詩二首，凡十三首。《全宋文》是集未收。

【參考文獻】

鄧牧《伯牙琴序》（鮑氏《知不足齋叢書》本《伯牙琴》卷首）

鄧牧《伯牙琴後序》（同上卷末）

鮑廷博《刊伯牙琴跋》（同上）

晞髮集十卷

謝　翱　撰

　　謝翱（一二四九——一二九五），字皋羽，自號晞髮子，長溪（今福建霞浦南）人，寓浦城。應舉未第，文天祥開府延平，傾家貲募鄉兵數百詣軍門，署諮議參軍。及兵敗，隻影行游，卒於杭州。據説平生著書百餘卷，死後以文稿殉葬。方鳳《謝君皋羽行狀》稱：“君遺稿，在時舊所爲悉棄去，今在者手鈔詩六卷、雜文五卷。”其他各類專書，猶有近十種。

　　謝翱詩，時人何夢桂嘗爲之序，釋“晞髮”之義道：“駕言‘晞髮’，將以浮游於世垢之外，濯之洧盤，晞之陽阿。……知我謂我心憂，不知者固謂被髮行歌者同一調也。”（《晞髮道人詩序》，《潛齋集》卷六）初刊於何時不詳，今以弘治唐文載刻本爲古。該本卷首有弘治十四年（一五〇一）儲巏序，稱其於建安楊晉叔處鈔得《晞髮集》，會馮御史（允中）按部至海陵，出而閱之，馮御史篋之至揚（州），告唐運使文載，運使曰："此予雅慕其人，而未見其文者。"遂相與刻之。卷末馮允中跋，述刊板經過略同。弘治本凡六卷，其中詩歌五卷、雜文一卷，已與《行狀》所述不合。此刻每半葉十行二十字，黑口，四周雙邊。弘治本爲後來各本之祖，今已稀有，唯北京大學圖書館、上海圖書館及日本内閣文庫著録。

　　弘治以後，此本屢經重刻重編。萬曆本（此本詳後）陳鳴鶴序述評道：

　　　　皋羽著書百餘卷，皆以殉葬，獨有《晞髮集》稍傳於世。我弘治間，海陵儲少卿巏得建安楊晉叔鈔本，於是馮御史允中刻於海陵。嘉、隆間，程文學煦、凌廉訪珹重刻於睦州、新安。萬曆初，邑人繆令君一鳳復刻於其邑。刻者數本，至休暢矣，然各有帝虎之訛，讀者病焉。邑大夫張公維誠，武林大儒也，……乃取予友徐興公（熻）所訂善本，擇諸生之樹義者郭君時鏘，屬以重梓，貽惠後學。

據所述，弘治本之後有程煦本、凌珹本、繆一鳳本及郭時鏘（鳴琳）本，凡四次重梓。

　　程煦本刊於嘉靖乙卯（三十四年，一五五五），每半葉十行十八字，白口，左右雙邊，題"明歙後學新安程煦校刊"，前有王景象序，卷末有吳勳跋，又程煦刊板跋。程跋曰："重以是編，夙恨良慰，如獲大弓。遂命梓人，與秉彝好德者共焉。"此本今國家圖書館、上海圖書館、南京圖書館（有丁丙跋）等著録。

凌瑄本乃郡守邵廉所刊。隆慶六年(一五七二)凌瑄序，謂邵氏"出其集而梓之，因爲之序"。此本亦爲六卷，每半葉八行十八字，白口，四周單邊，今國家圖書館、北大圖書館、浙江圖書館等及日本內閣文庫有藏本，國圖猶有清鈔本。刻此本之前一年，邵廉嘗刊《元豐類稿》。

繆一鳳本，校訂於嘉靖間。嘉靖十七年(一五三八)繆氏序曰："謹依蠹本分卷重訂，以寄景慕之意，仍取古今論述先生之事者附諸末。"至萬曆丙申(二十四年，一五九六)，其子邦珏方授之梓，游樸爲序，略曰：

> 先是，予友丁陽繆君(一鳳)懼鄉國之文獻或湮滅而無述，手加校訂，未及授梓而逝。至今丙申歲，其嗣邦珏始募工付剞劂，以成父志。

至萬曆二十六年刊竣，繆邦珏有跋。此刻釐爲七卷，另有續錄一卷、附錄一卷，今上海圖書館、南京圖書館、福建圖書館有藏本，日本尊經閣文庫亦有著錄。

萬曆四十年，歙人張時昇又刊成另一本，爲《睎髮集》五卷、《外集》一卷，有弘治本舊序，張時昇刊板序。本集題"明歙張時昇校"，外集題"張時昇輯，張時春、張士達校"。每半葉九行十八字，白口，四周單邊。此本正集即重刻弘治本，至於新輯之所謂"外集"，清陸大業批評爲"穢雜謬誤"，其故詳下引康熙本陸大業序。此本今國家圖書館(有鮑廷博校并跋)、北大圖書館及日本內閣文庫、東京大學等著錄。

前引陳鳴鶴所稱張維誠屬郭時鏘重梓之本，即出於繆本。郭刊本前有張蔚然(字維誠)、吳仕訓、徐燉、陳鳴鶴、崔世召五人序，末有郭鳴琳(字時鏘)刊板跋，刻成於萬曆戊午(四十六年)。張序曰："試宰長溪，亟訪皋故跡，得友人徐興公（炌）所訂繆氏本，重爲參校，屬郭生鳴琳布之。”又崔序曰：
“得繆丁陽公（邦玉）所刻卒業之，然不無西河三豕之訝。已
而郭時鏻再校鋟以行，則武林張維誠、三山徐興公所訂善本
也。”徐炌序略曰：

> 先後數集，編次紊亂，魚魯不一。武林張維誠先生
> 來令福安，正皋羽所生之地，下車首徵文獻，郭君時鏻乃
> 取予所訂《晞髪集》以進，維誠先生復加考核，梓而傳之。

是刻凡十卷，前七卷詩，卷八文，卷九、十附録。每半葉九行
十八字，白口，四周單邊，署“宋長溪謝翺著，明邑令張蔚然、
郡人徐炌訂，邑人郭鳴琳校”。郭跋稱“沿繆刻補拾而推廣
之”，故此本所收詩文較前述幾本爲多；附録又輯入當時人所
作詩文，如郭鳴琳將自作《吊謝皋羽七言古詩》，亦編入附録
之末。郭刻本今國家圖書館、故宮博物院、上海圖書館等著
録多部。

　　傅增湘跋陳氏本道：“其卷數則自弘治以來或作五卷，或
作六卷，皆出後人所輯。”蓋《晞髪集》明以前無刻本，集未定
型，故後人所梓，各以所得拾補編綴，多不相同。

　　南明隆武元年（一六四五），方潤、洪士恭將《晞髪集》與
鄭思肖《鐵函心史》合刊，參前《心史》叙録。

　　《百川書志》卷一二著録“《晞髪集》一卷”，同書卷一五又
載“《晞髪集》四卷”，不知其版本。《脈望館書目》有一本，《徐
氏家藏書目》卷六著録六卷。唯《絳雲樓書目》卷三所録之
《晞髪集》，陳注爲“二十卷”，不詳爲何本，疑“二”字衍。

　　康熙四十一年（一七〇二），平湖陸大業重刊是集，序不
滿萬曆郭刻本，並詳述其重刻體例道：

　　宋參軍謝公皐羽著書百卷，内詩文號《晞髮集》者二十有八卷，明初尚未散佚，故胡公仲申稱其集備於當時諸家（祝按：據方鳳《行狀》，詩文僅十一卷，連雜著如《唐補傳》之類編入爲二十八卷，陸氏説不確）。至弘治間，儲公紫墟刻板揚州，所佚已大半，詩七言律體闕，文止記、序，共十有三篇而已。萬曆時，有歙張氏者重刻是集，庶能有所補正，更加穢雜謬誤焉，其《外集》載所謂新詩者，村鄙不成語，稱爲謝公降乩之作，尤可爲怪嘆者也。惟後附行狀、壙志爲舊本所闕。今舊本世已少，余所有鈔白《晞髮集》尚從此出，故其格式猶爲近古，但卷帙已不可考，乃以意分爲詩八卷、文二卷（祝按：文二卷除序一首外，餘皆爲記），又於前任、鄧二傳外增胡、宋二公傳，並劉公伯温書傳後詩，而以行狀、壙志次其後。字畫錯誤，以他書參校，十得七八，其張氏本雖不善，亦有可參者。凡諸本闕者仍之，異同者從其是，有可疑者則以鈔本爲主，而著其異於上方。若其都失本真而的然可改者，則改正之，而仍著已前之失，然尚有未能悉正者。正集外又有《晞髮道人近藁》，數止五十餘首，而《浙東西游録》中其游金華者尚存，皆刻本所無，今亦加校勘增入。至公所録他人詩並後人注釋公文者，雖不全備，然世專刻者少，故別附集後焉。

雖陸氏批評張時昇本甚烈，然亦承認所用底本“尚從此出”，蓋因張本正集乃重刻弘治本，故以爲“近古”。所刻爲《晞髮集》十卷、《遺集》二卷補一卷，附録《天地間集》一卷、《冬青樹引注》一卷、《登西臺慟哭記注》一卷（明張丁注）。每半葉九行十八字，黑口，左右雙邊，今國家圖書館、北大圖書館、上海圖書館等著録約二十部。此刻所收是否皆是，仍須考證，但其態度較審慎。今以萬曆郭刻本相校，除分卷不同外，文字亦偶有差異，如康熙本卷一〇《游赤松觀羊石記》"其所觀三處道士倪某、唐某、王某云"句，郭本有三人之名，謂"倪守約、唐元素、王德厚"。

　　清以後陸刻本通行。《四庫全書》著録馬裕家藏本，即陸氏本。《提要》謂《天地間集》乃翱所録宋末故臣遺老詩，據宋濂所作翱傳，原爲五卷，而僅存二十首，已非原書，蓋後人摭他書而成。"又元張丁（祝按：元，或著録爲明。考張丁爲元末明初人，其爲《西臺慟哭記》作注在丙午，即元至正二十六年〔一三六六〕，兩年後元亡）注《西臺慟哭記》併諸家跋語爲一卷，又注《冬青引》及諸家考訂唐珏、林景熙事爲一卷，向來皆附刻集本，今亦並録存之，庶與集中諸作可以互相考證焉。"其他如光緒二年（一八七六）韓陽秋井家塾本（今中科院圖書館、上海圖書館等著録），光緒三十二年（一九〇六）《國粹叢書》本，以及一九四一年福建鉛印本等，皆由此本出。

　　《全宋詩》共收詩六卷，前五卷以明弘治本爲底本，第六卷以康熙陸大業本《近稿雜詩》爲底本，輯得佚詩十四首。《全宋文》用萬曆四十六年刻本爲底本。

【參考文獻】

儲巏《弘治本晞髮集引》（弘治刊本《晞髮集》卷首）

馮允中《弘治本晞髮集跋》（同上卷末）

吳勳、王景象、程煦《嘉靖本晞髮集序》（萬曆本《晞髮集》卷首，人各一序）

潘一駒《萬曆補刊晞髮集跋》（嘉靖程煦刊萬曆壬子補刊跋文本《晞髮集》卷末）

凌琯、邵廉《隆慶本晞髮集序》（同上，人各一序）

繆一鳳《重訂晞髮集序》(同上)

游朴、繆邦玉、張蔚然、吴仕訓、徐爛、陳鳴鶴、崔世召《萬曆戊午本晞髮集序》(同上,人各一序)

張時昇《萬曆壬子本晞髮集序》(萬曆四十年本卷首)

郭鳴琳《萬曆戊午本晞髮集跋》(同上)

傅增湘《萬曆本晞髮集跋》(《藏園群書題記》卷一五)

陸大業《康熙重刊晞髮集序》(康熙四十一年平湖刊本《晞髮集》卷首)

羅滄洲先生集五卷

羅公升　撰

羅公升,字時翁,一字滄洲,永豐(今屬江西)人。宋末以軍功授本邑教(或云尉),傾資北游燕趙,與宗室趙孟榮等圖恢復,知不可爲,歸。今存其文集五卷,《四庫總目》著之"存目",乃勵守謙家藏本,《提要》以爲羅公升事跡不甚了了,北游亦於事理不近,且第二卷首有春帖子,一縣尉何由得有此作? 云云,因疑"其爲果出公升與否,殊在影響之間矣"。按宋遺民之作,類爲後人掇拾,真僞雜揉時時有之,如前述謝翱集即是。春帖子或爲僞作或戲作,是否贗集似需審慎。

是集有劉辰翁序,謂作者"出詩袖間如編書,大篇汗漫,小語條達","篇篇逼人,有非書生窮研筆力所能及者"。集"首載《吊胥濤賦》一篇,以下各體分編,而每體之中分《無名集》《遷山稿》《抗塵集》《癡業集》《北行卷》五名,各爲標題。其體例既爲繁碎,而以絕句居律詩前,律詩居古體前,亦爲倒置。意者其初五集自爲卷帙，其後人以體分之，故雜亂如是耶"（《四庫提要》）。

　　南京圖書館藏清初鈔本（此本見下）卷首劉辰翁序末，有"宋禮部侍郎廬陵鄧中齋中甫批點、明翰林國史修撰七世宗孫倫校正、明廣東廉州知府廣昌鍾秉鑒刊行"三行（按：此三句，其他鈔本或録於卷末）。由知是集嘗由明羅倫校正付梓。羅倫，字彝正，江西永豐人，成化丙戌（二年，一四六六）狀元，爲翰林修撰，《明史》卷一七九有傳。著有《一峰文集》十卷，今存，集中曾多次言及"滄洲先生"，如卷八《書先府君事略寄陳石齋》曰："先君姓羅氏，修大其字也，別號大山，宋忠臣水心先生七世孫。……羅氏在宋由科第登仕衔者數十人，多以節義著聞。水心先生開禮，松野先生士鼎，餘頑先生士俊，滄洲先生時翁，其章章者也。"羅倫刊《滄洲集》年代不詳，當在成化至弘治間，惜已久佚，後僅以鈔本流傳。上引乾隆館臣疑是集"殊在影響之間"，非是，集出於羅氏本家，承傳有緒，當毋庸置疑。

　　是集今除乾隆初嘉善曹氏輯《宋百家詩存》所收《滄洲集》一卷爲刻本外，其餘皆爲鈔帙。上引南京圖書館藏清初鈔本，乃王氏十萬卷樓舊藏本，後藏丁氏善本書室，丁丙《善本書室藏書志》卷三二著録，謂有"以哉"、有"王宗炎所見書"印。該館猶藏有李氏宜秋館鈔本。上海圖書館著録清戈寅襄校並跋之鈔本。湖北省圖書館庋藏清冰邁閣鈔本，乃據明鍾秉鑒刻本鈔。日本静嘉堂文庫藏有陸心源舊鈔本，有顧嗣立跋，述公升事跡甚詳，見《皕宋樓藏書志》卷九二，參《日藏漢籍善本書録》）。以上各本，俱題《宋貞士羅滄洲先生集》，凡五卷，皆爲詩。國家圖書館所藏清金氏文瑞樓鈔本《宋人小集六十八種》,有《宋貞士羅滄洲先生集》四卷。

《續修四庫全書》影印清鈔本,編入集部第一三二一册。

《全宋詩》以金氏文瑞樓鈔本《宋人小集六十八種》本爲底本。

【參考文獻】

劉辰翁《宋貞士羅滄洲先生詩集序》(《皕宋樓藏書志》卷九二)

顧嗣立《羅滄洲集跋》(同上)

芳洲詩集 三卷

黎廷瑞 撰

黎廷瑞(一二五〇——三〇八),字祥仲,鄱陽(今屬江西)人,咸淳七年(一二七一)同進士出身,授迪功郎、肇慶府司法參軍,未上。入元不仕。所著《芳洲詩集》,頗得馬廷鸞好評,其《題芳洲詩集》序曰:“芳洲黎君,先朝名進士也。既屈於時,益昌其詩。古詩近陳子昂《感遇》,絶句可雜半山《詩選》中。七言如‘世事莊周蝴蝶夢,春愁臣甫杜鵑詩’,所謂長歌之哀非耶?因書此編,以寓贊嘆。”(《碧梧玩芳集》卷二四)據此,似是集元初曾有刊本,卷數不詳。明人未著録,清初由鄉人史簡與徐瑞《松巢漫稿》同輯入《鄱陽五家集》。史簡《鄱陽五先生合刻詩集叙》稱“暇日次第彙集吾鄱五先生詩”云云,則五人似當有元、明舊刊本可據,非輯佚所能彙集也(參後徐瑞《松巢漫稿》叙録)。《五家集》有清康熙間鍾陵羅文達刊本，今臺北"中央圖書館"著録。

《四庫總目·集部·總集類》著録江西採進本《鄱陽五家集》，《提要》稱即史氏本，并述五家曰：

> 自宋末至明初凡五家，一曰《芳洲集》三卷，黎廷瑞撰。廷瑞字祥仲，宋咸淳辛未進士，授迪功郎、肇慶府司法參軍。二曰《樂菴遺稿》二卷，吳存撰。存字仲退，延祐元年（一三一四）舉於鄉，官至饒州路鄱陽縣主簿。三曰《松巢漫稿》三卷，徐瑞撰。瑞字山玉，號松巢，宋末元初人，嘗爲鄱邑書院山長。集末附其從子�詩三十六首，曰《仰山集》。四曰《寓菴詩集》二卷，葉蘭撰。蘭字楚庭，號醉漁，元太常寺禮儀院奉禮郎，明太祖召之，投水死。末附《葉德新先生僅存詩》一卷。德新名懋，蘭之父也，元時官嘉興路總管。五曰《春雨軒集》四卷，劉炳撰，所録以詩爲主，間亦及詩餘及賦。考五家之中，惟劉炳全集有傳本，已著於録，其餘四家及所附録二家則刊本殊稀，頗賴此刻以存。其詩大都諧雅可誦，非誇飾風土、濫盈卷帙者比也。

據所述，五人中唯黎廷瑞、徐瑞二人符合本書收録體例，故著録焉。

《四庫全書》所録《芳洲詩集》凡三卷，卷一、二爲詩，卷三爲詩、長短句。民國八年（一九一九），胡思敬據文瀾閣四庫本《鄱陽五家集》刊入《豫章叢書》，魏元曠撰《校勘記》，胡氏撰《續記》，其中有《芳洲集》三卷。

《全宋詩》以影印文淵閣《四庫全書》之《鄱陽五家集》爲底本。

吾汶全稿十卷

王炎午　撰

　　王炎午（一二五二——一三二四），初名應梅，字鼎翁，號梅邊，廬陵安福（今江西安福）人。咸淳間補太學生，臨安陷，毀家以助軍餉。文天祥留置幕府，以母病歸。宋亡，杜門却掃，肆力於詩文。是集蓋作者門人劉會孟所編。據元元統二年（一三三四）揭傒斯、歐陽玄序，會孟字省吾，當作有集序，故揭序稱"鼎翁德之粹，學之正，才之雄，詩文之奇古，則劉會孟先生言之備矣"云云，然其序已佚。集逮元末散佚，明宣德間里人得之於複壁，已遠非其舊。弘治辛亥（四年，一四九一）劉宣跋曰："其稿在元初，諸名公多有序跋，後遭兵燹，遂致散逸，間有傳錄其一二者，皆殘編斷簡，豕魚殊甚。"正德二年（一五〇七）王懋《跋重刊吾汶稿後》亦曰："族祖梅邊先生，平生詩文無慮數百千，自元季兵火，族之譜諜遺墨散棄幾盡。至宣德間，里人撤複壁，僅得是錄，豈特全牛一毛。"

　　宣德間自複壁得其殘稿後，初刻於弘治四年。上引劉宣跋述刊板經過道："先生之裔孫華常游郡庠，恐其愈久而愈訛也，乃繕寫鋟梓，以垂久遠。又取楚國歐陽公、揭文安公所著序跋冠於首，復屬宣識其後。"王華族弟王懋對其校刻質量頗不滿意，後又重刊（詳後），並作《跋重刊吾汶稿後》，謂稿出複壁之後，"蟲鼠嚙蝕之餘，加以謄寫之謬，魯魚亥豕，郭公夏五，殆不成誦。而初刻者以未讀《霍光傳》，竟踵訛以入，讀者病之。"弘治本今無著錄，蓋已失傳。

王懋因對弘治本不滿，故又重作校勘。《重刊跋》稱"繼博采善本，及凡録有畸篇單牘，皆集相參訂，多歷年所，乃始可誦，而慊者或寡"。正德丁卯（二年），王偉、劉天澤以王懋校訂本付梓，而請都穆作跋。都穆《書重刊吾汶稿後》曰：

> 宋廬陵王先生集九卷，弘治辛亥先生八世孫華嘗刻之於木，後華之族弟懋復加參考，正其訛舛，始爲完書。南京禮部主事偉，於先生爲九世從孫，近得懋所遺本，其中表弟知六安州劉君天澤見之，爲重刻以行。

正德本舊無著録。四川省圖書館著録有不詳年代之明刻本《吾汶全稿》，經筆者查驗，實即正德本。該本原爲清末及民國間成都著名藏書家嚴氏賁園舊物，每半葉十行，每行二十字。白口，上黑魚尾，下記卷數。板框雙線，卷一首葉有"賁園藏書"印記。書名題"吾汶全稿"，下有"宋太學上舍生王炎午梅邊氏手著，八世孫華懋碻氏重梓"二行，卷末有《跋重刊吾汶稿後》，末署"正德二年三月朔日裔孫孫懋再拜謹書"。

又據新華網南昌二〇〇五年六月一日專電，江西安福縣某退休教師找到一部王炎午著《吾汶稿》，是炎午八世孫王華、王懋正德二年重刻本。該本爲宣紙質，長二六點八厘米、寬一六點二厘米，有宋版書遺風。由此觀之，正德原刻本今國内至少藏有二部。川圖本保存完好，望能早日影印面世，以取代當今通行、但并不佳善之《四部叢刊三編》本。

《四部叢刊三編》據海鹽張氏藏明影鈔本影印。張元濟跋曰：

> 此影鈔正德刊本，先爲閩人徐興公（燉）舊藏，繼入於知不足齋鮑氏，其後又爲吾郡戴光曾所得。鮑以文及

光曾手校，釐正甚多，其字體勁瘦挺拔者即以文筆也。

今觀影印本，目錄第一葉有"徐燉印"、"興公"二印記，卷一〇末有戴光曾跋二則，其二略曰："予友鮑淥飲老而貧病，藏書散佚。此明初（祝按：正德已在明中葉）舊鈔《吾汶稿》，乃其所藏校正之本，不知何時售於人，入書賈之手，携以示余，因出重值購得之。"卷首爲揭傒斯、歐陽玄、鄭元三序，附錄末爲劉宣、無名氏、王懋、都穆四跋。凡十卷，前九卷爲文，卷一〇爲附錄。每半葉八行十四字。文有鈔補（字體異）及空缺（似爲挖板）。張元濟跋後附"校勘記"，小序曰："海虞瞿氏藏有舊鈔本，借校一過，與鮑、戴二氏所校又有異同，因復列表附印卷末，以資參證。"其卷目編次爲：卷一、二，書；卷三，序、記、字説；卷四至六，祭文；卷七、八，儷文（啟、上梁文）；卷九，題疏、青詞、行實；卷一〇，附錄。

今按：《四部叢刊三編》所影印之明影鈔本，張元濟以爲是"影鈔正德刊本"，恐不確切。今考是集正德間有二本，一即前述之正德二年王偉、劉天澤重刊本；另一本題《忠義録》，正德十年鄭元作《忠義録序》，謂王偉由南禮曹左遷守峽，合太史胡文穆公所撰《文丞相傳》及其先祖所作文以成録，"捐俸鋟梓，名之曰《忠義》"。王偉刻《吾汶稿》既不久，此本蓋僅選録與文天祥有關之篇章，借文天祥以表彰其先祖"忠義"，即張元濟跋所謂"附驥尾"之意。《忠義録》今無著録，然鄭元序却已在影印本卷首歐陽玄序後，則其已非正德二年本原貌，當亦非《忠義録》之本。又，影印本卷一〇末篇爲《先祖宜山公遠居士墓誌》，墓主"宜山公遠"，即王炎午長子王留孫，字宜遠，《墓誌》乃其承重孫王開玄撰。《墓誌》後，有八世孫王宗之跋曰："圭齋先生（即歐陽玄）所撰八世祖宜遠《永思菴

記》，先達附之於《吾汶稿》久矣（祝按：見卷一〇"附録"），時未知
有誌也。暨嘉靖己丑冬墳被殘傷，重加修理，幸因而又得其
誌於塚，仁孝畢具，而《記》之所謂廬墓者亦在焉，是敢用並附
之，俾論世者庶有以得其實云。"得墓誌既在嘉靖己丑（八年，
一五二九），則附於《吾汶稿》最早也應在是年，益見定其爲
"影鈔正德刊本"欠妥。據上述兩證，影鈔本應出於嘉靖重刊
正德本或嘉靖補刊本。以重刊本別無著録，嘉靖去正德甚
近，似以補刊正德本可能性爲大。明、清宗祠刊補先集，乃其
常職，其例甚多。

　　《四庫全書》著録鮑士恭家藏本，《提要》曰：

　　　　其稿凡文九卷、附録一卷，揭傒斯、歐陽玄皆爲之
　　序，然傳本頗稀，明宣德中始行於世。正德中，其裔孫偉
　　乃刻之南京。後版散佚，萬曆中，其裔孫伯洪重刊，乃摘
　　鈔爲二卷，僅録文二十八首、詞二首，又自以雜文數篇綴
　　於末，去取失當，殊不足觀。此本從舊刻録出，猶完帙之
　　僅存者也。

今檢影印文淵閣《四庫全書》本，與《四部叢刊三編》本卷帙附
録全同，鮑氏所進，當即由上述明影鈔本出。

　　清鈔《吾汶稿》十卷本，今猶著録多部。重慶圖書館藏清
初鈔本，有傅增湘校并跋。湖北圖書館藏本，有陸樹藩批校。
其他如北大圖書館、上海圖書館、南京圖書館等亦有著録。

　　除十卷本外，是集又有一卷本（即不分卷），題《梅邊集》，
現存以清初曹倦圃（溶）鈔本爲古，有黃丕烈校並跋、戴光曾
跋，今藏國家圖書館。戴光曾於嘉慶十六年（一八一一）據曹
本手鈔一帙，有戴氏校並跋，後爲丁氏所得，《善本書室藏書
志》卷三二著録道：

　　此本舊爲曹倦圃所藏舊鈔本，而戴光曾所手録者。仍列元統二年揭傒斯與歐陽玄《吾汶稿》兩序，及正統丙寅李時勉撰傳，末有光曾手記。有"嘉興戴光曾鑒藏經籍書畫印"及"潘氏淵古樓藏書記"、"潘介祉印"、"玉荀"諸印。

是本今藏南京圖書館。此外國家圖書館著録清初曹氏古林藍格鈔本一部，有黄丕烈校并跋，戴光曾跋。上海圖書館亦著録清鈔本一部。

　　民國九年（一九二〇），胡思敬據曹氏静惕堂一卷本《梅邊集》刊入《豫章叢書·吉州二義集》（另一人爲羅椅《澗谷遺集》三卷，今存民國初單刻輯本凡四卷，本書限於體例未著録）。胡氏跋謂"初疑曹本太略，嗣取《吾汶稿》校之，知其去取不苟，唯補一狀一序"。所補二文爲"補"一卷列後。是本前有東澗（湯漢號）小序，作於淳祐壬寅（二年，一二四二），早於王炎午誕生十一年，顯係誤録。一卷本源於何本不詳，然其收文既不多於《吾汶稿》，文字亦無大差異，則應不早於弘治及正德本，所謂"梅邊集"，或曹氏改題歟。

　　是集《全宋文》未收。

【參考文獻】

　　揭傒斯、歐陽玄《吾汶稿序》（《四部叢刊三編》本《吾汶稿》卷首，人各一序）

　　鄭元《忠義録序》（同上）

　　劉宣《跋吾汶稿後》（同上卷末）

　　無名氏《題吾汶稿後》（同上）

　　王懋《跋重刊吾汶稿後》（同上）

　　都穆《書正德重刊吾汶稿後》（同上）

　　張元濟《影印吾汶稿跋》（同上）

熊勿軒先生文集八卷

熊　禾撰

熊禾(一二五三—一三一二),字去非,後改名鉌,字位辛,號勿軒,又號退齋,建陽(今屬福建)人。咸淳十年(一二七四)進士,授汀州司户參軍。宋亡不仕,隱於雲谷,創鰲峰書院。平生著述甚富,多毁於兵火,文集亦輯於散佚之餘。元至元十七年(一二八〇)許衡(按:此文作者及署年誤,詳後)序,略曰:

> (熊禾)晚年修《三禮通解》,將脱稿,竟以疾卒。平生著述甚富,厄於兵火,獨《四書標題》《易經講義》《詩選正宗》《小學句解》傳於世。鰲峰嗣孫熊澍家藏遺稿,存十一於千百。族孫孟秉(祝按:"秉"當作"東",見下文)類次成帙,釐爲八卷,傳諸家塾。六世孫斌判惠之博羅,慨念先世手澤,重加考訂,繡梓以傳,求予序之。

《四庫全書總目》著録福建採進本,《提要》稱其爲天順中舊刻,有《易學圖傳》二卷、《春秋通義》一卷、《四書標題》一卷、詩文三卷、補遺一卷,凡八卷,前有許衡此序(按:鈔入《四庫》者並非此本,詳下)。《提要》以爲至元十七年去作者辭世尚有三十餘年,"依託顯然,蓋其後人僞撰此文,借名炫俗",於是館臣删之。據成化本(此本詳下)題識,該本乃熊斌與其兄、弟同刊,有吴高序,文字與許衡序全同。此點前人似未注意,其實可解許衡序之謎。蓋許衡并未作序,乃後代書賈將吴高序移至天順本,而改爲許衡名銜年代,冒充元槧以射利,並非熊氏後人依託僞撰。天順原刻本久已失傳，今有鈔本傳世（見下）。

是集今存明成化二年（一四六六）刊本，上海圖書館、天津圖書館及日本尊經閣文庫有藏本，每半葉九行十七字，黑口，四周雙邊。丁氏《善本書室藏書志》卷三二著錄影寫成化本道：

> 此本亦八卷，一爲序跋銘約，二、三爲記、爲族譜，四爲文疏、上梁文，五爲啟札，六爲經籍、説、祭文、吊慰，七爲五言詩，八爲七言詩及長短句，蓋別一本也。前有吴高尚志序，目錄後有成化二年六世孫博羅主簿熊斌識云：“先祖勿軒先生遺稿，先君收輯類次，惜齎志而没。今幸族人孟東掇拾先祖序紀詩賦並先君所藏編而未就者，釐爲八卷。天順間，斌因進秩歸掃松梓，遂同兄椽、弟楨命工繡梓。”次列先生小像並贊，成化三年福建彰州府知府羅浮潘本愚後序。

天順、成化兩本雖同爲八卷，然内容、編次大不相同，故丁氏稱相對天順本來，成化本“蓋別一本也”。此點極重要，在傳世宋人別集中亦罕見。據前引《四庫提要》所述天順本結構，該本之《易學圖傳》二卷、《春秋通義》一卷、《四書標題》一卷，爲成化本所無。前引（許衡）吴高序稱成化本乃熊禾“六世孫斌判惠之博羅，慨念先世手澤，重加考訂”。蓋熊斌嫌天順本所收多爲專著，故删之而補入各體文，以符文集體例，所謂“重加考訂”指此。丁氏所藏爲李之郇舊藏影寫成化本，又有汪氏裘杼樓舊鈔本，亦由成化本出，今皆藏南京圖書館。此外國内外著錄《勿軒集》鈔本達十餘部，所知者多爲成化本，唯《鐵琴銅劍樓藏書目錄》卷二一所錄舊鈔本《勿軒先生文集》八卷、附録一卷，瞿氏稱"此從天順本傳録，猶爲完帙"。
該本今藏國家圖書館，有瞿啟甲跋、瞿熙邦校并跋。

　　明《百川書志》卷一二、《萬卷堂書目》卷四、《澹生堂藏書
目》卷一三《續收》，以及《絳雲樓書目》卷三，皆著録《熊勿軒
先生集》二册八卷，《徐氏家藏書目》卷六著録四卷，《脈望館
書目》載二本。除澹生堂所收爲鈔成化本（《愛日精廬藏書
志》卷三一嘗著録）、徐氏家藏四卷疑南明本（此本詳下）外，
其餘不詳爲何本，蓋皆出於明槧。

　　南明隆武二年（一六四六），後裔熊之璋刻《重刊熊勿軒
先生文集》四卷、外附一卷（明丘錫等撰），有葛寅亮、熊人霖
序。此本乃據八卷本合併改編，每半葉九行二十字，白口，四
周單邊，文字較成化本略有異同。今國家圖書館、湖南師大
圖書館有著録。

　　入清，《熊勿軒集》以康熙間張伯行編《正誼堂叢書》所收
本爲早，凡六卷。張序未言其所用底本，蓋亦據舊本改編。
卷一序，卷二序、跋，卷三記，卷四論、議、疏，卷五文（包括啟、
札、説、銘），卷六爲附録，未收詩詞。《四庫提要》批評此本
"多所刊削，殊失其真"。張伯行所刊《叢書》各本類有刪削，
其體例如此，可不論。《叢書集成初編》據正誼堂本排印。

　　上已言及，《四庫總目》著録福建採進本，凡八卷，《提要》
稱其爲天順中舊刻。然檢影印文淵閣四庫本，所録各卷内容
與成化本同，而與《提要》所述天順本異。《四庫總目提要》甚
或書前《提要》所述之本，與實際録入本不相符，在《四庫全
書》中并不罕見。

　　《全宋詩》以成化本爲底本，從校本及他書輯得集外詩十
二首。是集《全宋文》未收。

【參考文獻】

吳高《成化本熊勿軒先生文集序》（成化本卷首）

潘本愚《成化本熊勿軒先生文集後序》（同上卷末）

寧極齋稿一卷

陳　深　撰

陳深（一二六〇——三四四），字子微，平江府（今江蘇蘇州）人，宋亡僅及弱冠。嘗題其所居曰清全齋，因以爲號。閉門著書，從游甚衆。別號寧極，學者稱寧極先生。陳深詩文原有卷帙不詳，今僅存一卷，有詩一百二十餘首。《四庫全書》著録汪如藻家藏本，原爲顧嗣立所藏明鈔本，《提要》曰：

> 卷首有顧嗣立名、字二印，蓋即《元百家詩選》之所據。卷末有題識曰：“陳清全先生詩稿藏於荻溪王寧遠氏，泰昌改元（一六二〇）八月十日，張丑敬觀。”……詳其語意殆從真跡録出歟？後附詩一卷，別題曰《寧極齋遺稿》。考《元詩選》，深詩之後附刻其子植詩五首，核之皆在此卷中。嗣立稱其《遺稿》若干首出於祝希哲手鈔，並録鄭元祐所作墓銘於後，必當日親見墨蹟，故有是言。

四庫底本，今中國科學院圖書館著録。

國家圖書館、南京圖書館皆著録清初曹倦圃（溶）鈔本。按南圖本乃丁氏舊物，跋稱曾借苕上陸存齋（心源）所藏知不足齋鈔本對勘，《善本書室藏書志》卷三二著録爲明鈔本，“卷

首鈐‘曹溶之印’、‘潔躬’二印”。民國四年（一九一五），李氏
宜秋館即據此本刊入《宋人集》乙編。又，日本静嘉堂文庫藏
舊鈔《陳深龔肅詩集》，其《寧極齋稿》，陸心源亦著録爲“曹倦
圃舊藏”，有吳氏手跋道：“兩集皆見於顧氏《元詩選》，《經籍
志》《續文獻通考》俱不載。此集之傳，真幸也。乙未（康熙五
十四年，一七一五）夏六月，繡谷亭主記。”（見《皕宋樓藏書志》卷
九三、《静嘉堂秘籍志》卷三八）曹氏所儲，殆嘗傳録數帙。

　　除上述外，國家圖書館、南京圖書館、上海圖書館等尚著
録清鈔本近十部，其中國圖藏乾隆三十年（一七六五）鮑氏家
鈔本，有鮑廷博、勞權校並跋。

　　《全宋詩》以影印文淵閣《四庫全書》本爲底本。

鐵牛翁詩集一卷

何景福　撰

　　何景福，字介夫，淳安（今屬浙江）人，夢桂族孫。常以任
重致遠自期，故自號鐵牛子。入元累辟不起，以詩酒自娱。
顧嗣立《元詩選》謂其“卒後十餘年，從孫如晦爲集其遺稿傳
於家”。明萬曆間何之綸重刊何夢桂《潛齋先生文集》時，始
將是集刻附於後，僅詩四十餘篇，末爲《錫策樓賦》一篇（詳參
前《潛齋集》叙録）。《四庫總目》著録鮑士恭家藏本，亦附於《潛
齋集》，即爲何之綸刊本。

　　今南京圖書館藏丁氏舊鈔本，《善本書室藏書志》卷三二
著録，稱“此爲其族裔何鍾錫從吳石倉（允嘉）借鈔，綴一小

記,有'畫橋碧陰'一印"。李之鼎於民國三年(一九一四)據丁氏本刊入《宋人集》甲編,跋謂"似是單行"。按何鍾錫小記在《錫策樓賦》後,文曰:

> 余嘗於遺譜中(得)家介夫公此賦,而所謂《鐵牛翁詩集》者,知其名而惜未之見也。今得於石倉先生處借鈔,甚幸,甚幸。先生亦欲得兹賦焉,遂不辭而爲之書。乙巳(雍正三年,一七二五)夏六月,何鍾錫記。

因知詩集原無此賦,乃何鍾錫據家譜增補。

二〇一一年,浙江古籍出版社出版趙敏、崔霞點校本《何夢桂集》,將《鐵牛翁詩集》收爲附録,以《宋人集》甲編本爲底本。

是集《全宋詩》失收。

【參考文獻】

李之鼎《刊鐵牛翁詩集跋》(《宋人集》甲編本《鐵牛翁詩集》卷末)

松巢漫稿三卷

徐　瑞　撰

徐瑞(一二五五——一三二五),字山玉,鄱陽(今屬江西)人,與芳洲黎廷瑞、月灣吳存、山村仇遠、景文湯琛及板橋周南翁、竹南許季蕃友善。咸淳間應舉不第,延祐時被推爲本邑書院山長,未幾歸隱,巢居松下,自號松巢。所著《松巢漫稿》,清初由鄉人史簡與黎廷瑞《芳洲詩集》等同輯入《鄱陽五家集》，凡三卷，其中賦三篇，餘皆爲詩。元張翥至正改元（一三四一）清明日作《松巢漫稿序》曰：“延祐中，予至番籲，與吳君德昭、胡君文友、吳君仲退游，聞徐君山玉詩聲而不□識。後數年，會楊先生仲弘論江湖詩人，亦置山玉伯仲間。今不二十年，喪逝殆盡。”又吳存《松巢漫稿序》謂其與徐瑞爲“四十年交友”，“真所謂異姓兄弟也”。明劉莘《松巢漫稿後序》則稱“番之東南，元時稱能詩聲者，三先生焉：路教芳洲黎祥仲、主簿月灣吳仲退、山長松巢徐山玉，學相同，家相近，詩篇賡和不一而止”。則是集元、明當有刊本，故史簡《松巢稿叙》謂“二百餘年之前，版以兩鏤”，惜無傳本。

《四庫總目》著録於《集部·總集類》。民國八年（一九一九），胡思敬據文瀾閣四庫本《鄱陽五家集》刊入《豫章叢書》，其中有《松巢漫稿》三卷，與前《芳洲詩集》同，可互參。

《全宋詩》以影印文淵閣《四庫全書》之《鄱陽五家集》本爲底本。

古逸民先生集二卷

汪炎昶　撰

汪炎昶（一二六一——一三三八），字懋遠，自號古逸民，學者稱古逸先生，婺源（今屬江西）人。幼有奇志，學極博洽。宋亡後與江凱歸隱山中，上下古今抵掌劇談，以詩酒相娛。門人趙汸撰《汪古逸先生行狀》（《宛委別藏》本附録），稱其“詩文多散佚不存，（子）淮琛嘗刻詩五卷於家”。又明汪元錫《跋古逸先生文集》略曰：

> 左春坊左司直仲魯公，先生之高弟也。……先生卒後，仲魯公既葬之於里中，請宋潛溪學士（濂）爲之墓銘，又爲之搜集其遺文如此。……先生別有詩集，其刻本尚書澤民公有詩題其端，近年毀於兵火，予欲重刻之，而未能也。邇見是集滁陽，暇日命吏繕録副本，置於篋中，俟俸貲稍裕，當並詩集刻之，以傳於世。

則詩集五卷外，另有文集，卷數不詳。汪元錫跋作於嘉靖二年（一五二三），當時文集、詩集皆猶傳世，然而並詩文集刻之之願蓋未實現，明以來各家書目不見著録。嘉靖丁未（二十六年）汪玩又跋，謂“先生著述甚富，兵燹之變，僅存《靜處》《存心》等文數篇，餘皆煨燼，弗獲睹其全集矣”。上距汪元錫跋僅二十餘年，似元錫當日録附之“遺文”，至此又有散佚。

黄氏《千頃堂書目》卷二九著録《汪炎昶詩集》五卷，當即元刻本，後散亡。其集清代唯以鈔帙流傳。清鈔有一卷本（即不分卷）及二卷本兩類，皆題《古逸民先生集》。兩本皆有附録一卷，故二卷本或又連附録著録爲三卷。

一卷本原爲姚古香（珊）所得，鮑廷博首先借鈔，並跋曰：

> 古逸先生詩文僅見於《新安文獻志》，寥寥數篇而已。是集藏書家未有蓄之者。吾友錢塘姚君古香得之親串亂帙中，予首借鈔之，好事者因爭傳録，杭城遂有數本。……嘉慶甲戌（十九年，一八一四）六月六日，通介叟識於知不足齋，時年八十有七。

黄丕烈得鮑鈔本一帙，手跋道：

> 辛未（嘉慶十六年）三月初游嘉禾，遇淥飲鮑丈於雙

溪橋下，畫則同席，夜則聯舫，縱談書林舊聞，亹亹不倦，真快事也。越日同至本立堂書坊，取其家鈔傳秘册贈余，得《古逸民先生集》一卷，精妙絶倫，他日珍之，當不減汲古鈔本矣。復翁。

黄跋之後猶有《贈鮑丈渌飲》五言律詩一首。此本後歸陸心源，今藏日本静嘉堂文庫，見《皕宋樓藏書志》卷九三、《静嘉堂秘籍志》卷三八。

傅增湘嘗得繆荃孫藝風堂藏本《古逸民先生集》，爲清法式善存素堂藏鈔本，卷首鈐有"古鹽馬氏笏齋珍藏之印"、"結一廬藏書記"各印記，詩凡一百九十七首，文五首，未分卷第，有乾隆間一清題識（參《經眼録》卷一四及傅氏跋）。然檢《藝風藏書記》卷六，著録爲三卷（詩、文各一卷，附録一卷），與傅跋不合，不詳其故。該本今藏國家圖書館，實爲三卷。傅增湘嘗以此本校《宛委别藏》本、《新安文獻志》而付刊，跋稱將底本"沿襲差訛之弊，掃除一清，固已差爲可誦"云云。

是集《四庫全書》未收，阮元嘗以三卷本進呈，後編入《宛委别藏》，參《揅經室外集》卷一《提要》。今南京圖書館、上海圖書館亦藏有清鈔三卷本。南京本乃丁氏舊物，原爲陳鱣（仲魚）藏書，有鮑廷博（以文）跋，當爲傳録鮑氏本，參《善本書室藏書志》卷三二。

一卷本、二卷本所收詩文數相同。傅增湘以藝風堂本與《宛委别藏》本對勘，補詩二首，蓋鈔本偶有脱漏。二卷本當即就一卷本以詩、文各標卷第，似不屬兩個版本系統。前人以爲決非原本，然恐嘉靖汪玩時所有即如此。詩一百九十餘首，蓋即元刊本五卷之數；文五篇，與汪玩跋"數篇"合，而所謂《静處》《存心》皆在焉。

　　《續修四庫全書》影印《宛委别藏》本，編入集部第一三二一册。

　　《全宋詩》以《宛委别藏》本爲底本。《全宋文》未收。

【參考文獻】

　　汪元錫《跋古逸民先生文集》(《宛委别藏》本《古逸民先生集》卷首)

　　汪玩《古逸民先生集跋》(舊鈔本卷末)

　　傅增湘《刻古逸民先生集跋》(《藏園群書題記》卷一五)

宋人別集叙録卷第三十

南宋六十家小集

南宋末，臨安府（今浙江杭州）書賈陳起及其後人陸續編刻江湖詩人詩集，最早號《江湖集》，繼又刻《江湖後集》《江湖續集》《中興江湖集》等，因卷末間有"臨安府棚北大街睦親坊陳解元書籍鋪刊行"木記一行，故又稱之爲"書棚本"。陳氏部分原刻本，今臺北"中央圖書館"著録，題曰《南宋群賢小集》，凡九十五卷六十册，臺北藝文印書館曾於一九七二年影印（詳見拙著《宋人總集叙録》），其餘多已失傳，故後人輯入《江湖小集》者，未必皆爲陳氏所刊。因此，陳氏書籍鋪究竟刻過多少江湖詩人詩集，已難以統計和確考。正如《四庫提要·江湖後集提要》所云："其書刻非一時，版非一律，……輾轉傳鈔，真贋錯雜，莫詳孰爲原本。"自清代以來，許多學者花費過大量功夫對此進行研究，收穫不小，但終因迷霧重重，很難釐清，至今仍莫衷一是。故關於南宋小集刊刻流傳的諸多問題，本書不予討論。

陳氏書籍鋪對宋季文學的貢獻是多方面的，而最大的功績，是它保存了大批浪走江湖、不太有名的詩人作品（少數集子中含文）。因此，"江湖"系列詩集不僅是詩歌叢刻，更是許多作家唯一傳世的"別集"（雖當時多爲選本）。本卷著録以《南宋六十家小集》爲代表的江湖小集，實際上是對這批作家別集的"集體著録"。這類小集作者的經歷基本相似（多爲布衣或小吏，仕途顯達者僅個別），版本及其流傳歷程大致相同，故存在"集體著録"的客觀基礎。

清宣統己酉（元年，一九〇九），江寧群碧樓主人鄧邦述購得毛氏汲古閣影鈔本宋人小集凡六十家五十册。一九二二年（壬戌），上海古書流通處據汲古閣影鈔本影印，定名爲《南宋六十家小集》。影印本有鄧邦述序，謂鈔本"内有'陳解元書鋪印行'木記者約十四五處，亦有版式疏闊，或原有缺葉至十葉者，悉仍其舊，無竄改臆斷之習，乃至序後圖印亦俱摹寫酷肖，令人一見輒疑爲原板初印"。於是推測道："意當時得一家即刻一家，本無定數。刻本既不易得，鈔時每有參差，此五十册未可遽云完帙。"同時稱該六十家小集爲海内孤本，"論其精絶，殆將駕宋本而上之焉。此書毛氏鈔成，其前後所鈐諸印亦皆精美，且每卷俱有，可謂不憚煩者"。毛氏影鈔原本，今上海圖書館著録。

《四庫總目》著録浙江採進本《江湖小集》，凡六十二家九十五卷。《提要》謂"洪邁、姜夔皆孝宗時人，而邁及吳淵位皆通顯，尤不應列之江湖。疑原本殘闕，後人掇拾補綴，已非陳起之舊矣"。館臣所言殆是，唯洪邁《野處類稿》二卷，乃鈔朱松《韋齋集》，實爲僞書，後陸心源《儀顧堂集》有跋辨之，惜館臣當年未能深考。採進本《江湖小集》源於何本，今不詳，當亦爲後人搜輯。以四庫本《江湖小集》與影印汲古閣本對校，四庫本較汲古閣本多洪邁、釋紹嵩、嚴粲、吳淵、薛師石、樂雷發、李龏凡七家，而四庫本又比汲古閣本少趙汝鐩（《四庫全書》嘗據馬裕家藏本單獨著録其《野谷詩稿》）、鄭清之、釋永頤、岳珂、周弼、林希逸凡六家，兩本皆有者五十四家。

　　清嘉慶六年（一八〇一），石門顧修讀畫齋刊《南宋群賢小集》，凡收七十一家。其中三種爲陳起詩選本及拾遺，兩種爲李龏集句詩（《梅花衲》《剪綃集》），實有作者六十八人。以顧刻本與影印汲古閣本對校，有五十八家兩本皆有，而汲古閣本鄭清之、岳珂爲顧刻所無；顧刻有三家爲汲古閣本所無：釋紹嵩、林同、樂雷發。顧刻之《中興群公吟稿戊集》七卷，收戴復古、高翥、姜夔、嚴粲四家，其中嚴粲爲汲古閣本所無。顧刻與四庫本《江湖小集》比較，所收家數亦有歧異。

　　由於書棚本多爲選帙，故在小集之外，又往往有逸詩。鮑氏知不足齋有十五家詩補遺，顧刻本附於小集之後，上海古書流通處影印汲古閣本時，亦據知不足齋鈔本將其中十一家影印於小集之末。

　　宋以後彙輯宋人小集，自明代即已開始，如潘是仁萬曆間所刊《宋元四十三家集》，清乾隆五年（一七四〇）曹庭棟輯刊《宋百家詩存》等。當然，兩家與專收陳氏所刊江湖小集有別。清人又每以所得宋人小集鈔爲叢書，今存若干部，如金氏文瑞樓鈔本《宋人小集六十八種》，冰蓮閣鈔本《宋人小集五十五種》（今皆藏國家圖書館），等等。各家所收不盡相同，然絕大多數已見於《江湖小集》及《南宋六十家小集》。

　　今依上海古書流通處影印汲古閣《南宋六十家小集》（簡稱“汲古閣本”）著録，同時著録續印之《南宋八家集》，並列述《四庫全書》所收《江湖小集》（簡稱“《江湖小集》本”）、顧氏讀畫齋刊《南宋群賢小集》（簡稱“讀畫齋本”），清代所傳南宋人小集，

雖不無遺漏，但大體已具。《江湖小集》乃總集體例，卷次通
編，與另兩種有所不同，此略而不述。其他清人叢鈔本，因其
流傳不廣，又不易見，遂不著録。若除上述四種主要版本外，
該小集猶有其他重要傳本（如部分小集《四庫全書》曾單獨著
録，或別有單刻、叢刻本等），今皆於該小集中臚述。若該人
雖有小集收於《南宋六十家小集》《南宋群賢小集》等中，而另
有更全之本（如戴復古有《石屏詩集》），或除小集外別有他集
（如岳珂猶有《玉楮詩稿》），皆另單獨著録，不在此處考述。

石屏續集四卷長短句一卷

戴復古 撰

　　作者有《石屏詩集》十卷，本書卷二四已著録，並有小傳。
此《石屏續集》四卷附長短句一卷，原爲作者選集之一種，有
汲古閣本、《江湖小集》本、讀畫齋本。丁氏善本書室嘗藏影
寫書棚本，《藏書志》卷三〇著録道：

　　　　按馬金汝勵父跋（祝按：指明弘治本馬金《書後》，参《石屏
　　　詩集》叙録）稱天台布衣戴屏翁以詩鳴宋季，類多閔時憂國
　　　之作。同時趙蹈中（汝讜）選爲《石屏小集》，袁廣微（甫）
　　　選爲《續集》，蕭學易（泰來）選爲《第三稿》，李友山（賈）、
　　　姚希聲（鏞）選爲《第四稿》上下卷。此册四卷，名曰《續
　　　集》，後有“臨安府棚北大街陳宅書籍鋪刊行”二行，當爲
　　　袁廣微所選，陳芸居所刻。余家有明刊本（即弘治本），
　　　爲詩七卷、詞一卷，附《東野農歌》一卷，洪氏《台州叢書》
　　　本即從此出。今檢《續集》之詩，列入已十八九，集外之

詩甚少。七卷本（迫）〔殆〕即合各本排比刻成。

丁氏本今藏南京圖書館。國家圖書館、臺北“中央圖書館”亦藏有影宋書棚本。此本有溢出《石屏詩集》之篇，如卷一《懷家三首》、卷二《家中作》等等，皆《石屏詩集》所無。今存弘治本《石屏詩集》馬金《書後》，稱用作底本之鈔本、板本皆多脫簡。《續集》溢出之詩，或編《石屏詩集》時删落，或即在脫簡之中。

龍洲道人詩集一卷

劉　過　撰

作者今存《龍洲道人詩集》十五卷（前十卷爲詩），本書卷二三已著録。此小集乃選本，有汲古閣本、《江湖小集》本、讀畫齋本。

方泉先生詩集三卷

周文璞　撰

周文璞，字晉仙，號方泉，汶陽（今山東汶上）人。嘗爲溧陽縣丞。明《文淵閣書目》卷一〇著録“《方泉先生詩》一部一册，闕”。《篛竹堂書目》卷四載有二册。《内閣書目》無其目。《國史經籍志》卷五著録爲“三卷”。汲古閣本、讀畫齋本有《方泉先生詩集》三卷。《江湖小集》本前兩卷題《方泉小集》，另一卷題《周文璞集》。此外國内猶著録清鈔三卷本數部，其中上海圖書館藏朱彝尊鈔本頗珍，有朱彝尊、王培禮題識。宣統元年（一九〇九），上海國光社嘗據該本影印。

《四庫全書》除《江湖小集》收有此集外，又以汪如藻家藏本《方泉集》四卷另著於錄。《提要》曰：

> 是集凡賦一卷、詩三卷。張端義《貴耳集》極稱其《灌口二郎歌》《聽歐陽琴行》《金塗塔歌》，以爲不減賀、白（祝按：指李賀、李白）。然文璞古體長篇微病頹唐，不出當時門徑，較諸東坡、山谷已相去不知幾許，端義擬以青蓮、長吉，未免不倫。至於古體短章、近體小詩，如端義所稱《題鐘山》一絕、《晨起》一絕，固可肩隨於白石、澗泉之間，宜其迭相唱和也。

今按三卷本卷一首爲賦三篇，四庫本即析三賦爲卷一，故有四卷，已非宋本原貌。

《全宋詩》以汲古閣本爲底本。《全宋文》以影印文淵閣《四庫全書》本爲底本。

白石道人詩集一卷

姜　夔　撰

姜夔，字堯章，號白石道人，鄱陽（今屬江西）人。嘗以進《大樂議》、上《鐃歌》得免解進士，未第，遂一生不仕，交結名士，以他人周濟爲生。工詩詞，擅書法，精音律。《解題》卷二〇著錄其詩集道：

> 《白石道人集》三卷，鄱陽姜夔堯章撰。千巖蕭東父

（德藻）識之於年少客游，以其兄之子妻之。石湖范至能
（成大）尤愛其詩，楊誠齋亦愛之，嘗稱其《歲除舟行》十
絶，以爲有裁雲縫月之妙思，敲金戞玉之奇聲。夔頗解
音律，進樂書免解，不第而卒。詞亦工。

《通考》卷二四五從之。又《宋志》著録《白石叢稿》十卷。周
密《齋東野語》卷一二曰：“堯章詩詞已板行，獨雜文未之見，
余嘗於親舊間得其手稿數篇，尚思所以廣其傳焉。”（近人）陳
思《白石年譜》曰：

> 《宋史·藝文志·白石叢稿》十卷；《文獻通考》無
> 《叢稿》，有詩三卷、詞五卷，似《叢稿》宋季已佚。然據草
> 窗“獨雜文未見”語證之，《叢稿》蓋即《慶元會要》所載之
> 《大樂議》一卷，《琴瑟考古圖》一卷，直齋《書録》所載之
> 詩三卷、詞五卷，都爲十卷。馬氏依陳氏作考，故不復著
> 《叢稿》十卷。若嘉泰刻之《歌曲》六卷，則早刻單行。所
> 謂“手稿數篇”，即著於《野語》之《自述》《禊帖偏旁考》及
> 所藏之《保母帖》、金蓀壁（應桂）補書之白石題跋也。

夏承燾《姜白石詞編年箋校》附《版本考》，附録一《白石詩文
雜著版本考》引此，謂“此説信否不可知。《宋史》所載《叢
稿》，亦不悉輯自何人”。

三卷本《白石道人集》久已失傳。今存《白石道人詩集》
一卷，最早見汲古閣本，卷末題“臨安府棚北大街陳宅書籍鋪
刊行”一行，當爲選本。《江湖小集》本、讀畫齋本亦收入，讀
畫齋本增附《諸賢酬贈詩》一卷。

有清一代，白石詩集、詞集合刊本甚多。康熙甲午（五十
三年，一七一四），陳撰刊《白石詩集》、《詞集》各一卷，原刊本

今未見著録。康熙五十七年戊戌（一七一八），曾時燦於廣陵書局重刻陳撰本《白石詩集》一卷、《詞集》一卷，今有著録。陳氏所刻詩集，當即出於汲古閣本。曾氏序曰：

> 白石道人自定詩一卷，僅一鏤板於同時臨安陳起，故流傳絕鮮。近州錢、吳氏《宋詩鈔》，所收殆百家，顧是集獨遺。此爲錢唐陳氏玉几山房勘定本，最爲完善。

康熙間俞蘭刻《白石詩鈔》一卷、《詞鈔》一卷；乾隆三十六年（一七七一）洪正治刻《白石詩集》一卷、《詞集》一卷。夏承燾《版本考》謂皆出於陳撰本。今按孫星衍《平津館鑒藏記·書籍補遺》著録影寫本《白石道人詩集》一卷，姜夔自序後有“臨安府棚北大街陳宅書籍鋪刊行”十四字，附補遺一卷，末有俞蘭跋引王士禎《香祖筆記》，因知俞氏刻本所據當不止陳撰本，蓋其自藏有影宋書棚本。

乾隆八年（一七四三），陸鍾輝得傳録陶宗儀本《白石道人歌曲》全帙，遂與詩集合刻之，今有著録。陸氏自序道：

> 今所傳《白石道人詩集》一卷，蓋本臨安睦親坊所刊《群賢小集》，更竄入麗水姜特立《梅山稿》中詩，幾於邾婁之無辨。……詩集稍分各體釐定，去竄入之作。

夏承燾《版本考》曰：“今陸本分上下二卷，姜文龍、姜熙、倪鴻、許增諸本，皆一仍陸刻分上下二卷。”又謂江春以下諸本皆出於陸本，故同（按：所舉尚不全，如鮑氏知不足齋本亦爲二卷，等）。又按洪正治本自序曰：“白石自定詩一卷，世鮮流傳，……比搜得藏本，顧詩中如《奉天台録》《閑詠》《小孫納婦》，悉係同時姜特立所作。”既稱“自定詩”，何以有僞作？足見書棚所刊，並非白石手定。

乾隆陸鍾輝本之後，直到道光間，白石詩集、詩詞合集本嘗多次翻刻，尤以姜氏祠堂本流傳爲廣（祠堂本題《姜堯章先生集》），兹略而不述。

《白石詩集》今猶存清鈔本多部。北京大學圖書館藏有清初鈔本二部，皆李氏書，其一爲康熙乙丑（二十四年）柯崇樸手跋本，詩一卷，附詞一卷，跋謂《白石詩集》係宋刻舊本，朱檢討竹垞向總憲徐立齋先生借鈔得之云云，下有“柯印崇樸”白文、“敬一”朱文二方印；其二爲二卷本，乃清初鈔陳起《江湖小集》本，李盛鐸跋謂柯本之詩“皆此本所已收，而正集轉有溢出此本外者。此本較柯本止多《于越亭》一首，但訛字甚多，不如柯本之精也”（《木犀軒藏書題記及書録》）。

《四庫總目》著録汪如藻家藏本《白石詩集》一卷附《詩説》一卷，《提要》曰：

> 《宋史·藝文志》載夔《白石叢稿》十卷，陳振孫《書録解題》載《白石道人集》三卷，今止一卷，殆非完本。考《武林舊事》載夔詩四首，《咸淳臨安志》載夔詩三首，《硯北雜誌》亦載夔詩一首，皆此本所無，知在所佚諸卷之内矣。夔又有《詩説》一卷，僅二十七則，不能自成卷帙，舊附刻詞集之首。然既有詩集，則附之詞集爲不倫，今移附此集之末，俾從其類。

夏承燾《版本考》不同意館臣“非完本”之論，曰：

> 案白石詩詞去取甚嚴，據詞集《慶宮春序》，慶元二年（一一九六）自封禺詣梁溪，得詩詞五十餘解，而今集中可考見者止五六首，是已删去十九。《武林舊事》《硯北雜誌》諸佚詩，及和王炎、陳造諸作，安知不在删削之

列？疑《提要》所云，似未必然。

清代所傳《白石詩集》既出自陳造所刊《江湖集》，而《江湖集》所收類皆選本，無疑屬"非完本"；然而謂佚詩在"所佚諸卷之內"，則是以現存一卷本爲陳振孫所録三卷本之殘帙，顯然非是。

《全宋詩》以汲古閣本爲底本，輯得佚詩二十三首。

【參考文獻】

陳撰《康熙合刻白石詩詞跋》（上海古籍出版社《姜白石詞編年箋校》"各本序跋"）

曾時燦《康熙合刻白石詩詞序》（同上）

俞蘭《康熙刊白石詩詞鈔跋》（同上）

洪正治《乾隆合刻白石詩詞集序》（同上）

諸錦《白石詩集序》（同上）

陸鍾輝、江春《乾隆刊姜白石詩詞合集序》（同上，人各一序）

姜文龍《乾隆刊姜堯章先生集跋》（同上）

姜熙《道光刊姜堯章先生集跋》（同上）

夏承燾《姜白石集版本考》（同上書"版本考"）

野谷詩稿 六卷

趙汝鐩 撰

趙汝鐩（一一七二——一二四六），字明翁，號野谷，寓袁州（今江西宜春），太宗八世孫。嘉泰二年（一二○二）進士，授館職。嘉定中分司鎮江管榷。劉克莊嘗作《野谷集序》，謂"及歸後村，明翁自番禺鈔新舊稿見寄。嗟乎！余幼交明翁，白首始見其詩，蓋其深厚不事衒鬻，立身行己皆然，不獨於詩然也。……野谷，明翁別墅。余在郡日淺，未及往游而去。此一卷詩最佳，末《寄園丁》四十韻尤高妙"。又作《趙明翁詩稿跋》，稱"嘉熙戊戌（二年，一二三八）余嘗爲明翁序詩；後四年，明翁更示近作"。則在新、舊稿之後，詩稿尚多。劉克莊猶作有《刑部趙郎中（汝鑱）墓誌銘》（《後村先生大全集》卷一五二），稱"尤深於詩，有《野谷集》行於世"。今傳《野谷詩稿》六卷，有汲古閣本、讀畫齋本。

　　《四庫全書》著録馬裕家藏本，蓋亦傳鈔本。今國内猶著録清鈔本近十部，其中鮑以文校補本藏國家圖書館，李氏《木犀軒藏書書録》謂其"通卷有硃筆校字"，卷三第八葉爲鮑氏鈔補。

　　《全宋詩》以汲古閣本爲底本。

【參考文獻】

劉克莊《野谷集序》（《四部叢刊初編》本《後村先生大全集》卷九四）

劉克莊《趙明翁詩稿跋》（同上卷一〇〇）

安晚堂詩集 七卷 補編 二卷 輯補 一卷

鄭清之　撰

　　鄭清之（一一七六——一二五一），字德源，初名燮，字文叔，别號安晚，鄞縣（今浙江寧波）人。嘉定十年（一二一七）進士，累官至左丞相，卒謚忠定。劉克莊《行狀》（《後村先生大全集》卷一七〇）述其文集道：

自場屋之作，至宗廟朝廷典册之文，莫不精妙，傳者紙貴。然散落未嘗收拾，雖玉堂制草，家無副墨。所存惟録潛邸聖語、醮詞、謚册、墓碑、祭文等共六十卷藏於家。

林希逸《安晚堂集序》曰：“公薨十有七年，諸孫萃公遺文而出之，以余受公異知，俾爲之引。”又《宋史》卷四一四本傳：“清之代言奏對，多不存稿，有《安晚集》六十卷。”則其集原爲六十卷，當刻於咸淳四年（一二六八，即死後十七年）或稍後。原集詩文並收。

傳本明人已無著録，雖幸免湮没，然久已殘缺，後世僅有詩七卷，故改題曰“詩集”。《詩集》見汲古閣本。又丁氏影宋本，今藏南京圖書館，其《善本書室藏書志》卷三一著録道：

集本六十卷，乃臨安府棚北睦親坊陳解元書鋪刊行。宋刻久佚，此影鈔本，惟存第六卷至十二卷止，雖不全，亦罕覯也。

汲古閣本即僅存卷六至十二，闕前五卷。後來各本，包括丁氏本，當皆源於汲古閣本。《四庫全書》亦爲七卷（汪如藻家藏本），《提要》曰：“考王士禎《蠶尾集》有《安晚集跋》（祝按：見卷一〇），亦稱僅古今體詩第六卷至第十二卷，則康熙中已無完本矣。”《兩宋名賢小集》卷二三〇至卷二三五亦以殘本入編，唯將末卷分散於各卷之後，故止六卷。除上述外，今上海圖書館、黑龍江圖書館猶藏有清鈔本。

《四庫全書》收有大典本《江湖後集》二十四卷（讀畫齋本嘗附刊），其中卷五至卷六收《安晚堂詩》二卷，有八十餘首爲七卷本所無。蓋明初所見安晚詩，猶不止殘本七卷。民國十

年(一九二一),李之鼎據丁氏八千卷樓鈔七卷本刊入《宋人集》丙編,而以《江湖後集》本爲"補編"二卷。李氏跋曰:

> 《江湖後集》收有《安晚堂詩》二卷,其中詩頗多集中未有者,刊附於後,名爲"補編"。即依《江湖後集》之例,凡詩爲前七卷所有,則留題去詩,於原選次序仍不紊亂。計增補詩一百七十餘首,亦可彌佚去五卷之憾矣。

李之鼎又編"輯補"一卷,注明書名出處。此爲目前鄭集最全之本。

民國二十九年(一九四〇),四明張氏約園據《宋人集》丙編本刊入《四明叢書》第八集。

《全宋詩》所收,前七卷用汲古閣本爲底本,第八卷用《江湖後集》本爲底本,新輯集外詩二十二首爲卷九。

【參考文獻】

林希逸《安晚先生丞相鄭公文集序》(影印文淵閣《四庫全書》本《竹溪鬳齋十一稿續集》卷一二)

李之鼎《安晚堂詩集跋》(《宋人集》丙編本《安晚堂詩集》卷末)

雲泉詩集一卷

釋永頤 撰

永頤,字山老,仁和(今浙江杭州)唐棲寺僧。其《雲泉詩集》一卷,有汲古閣本、讀畫齋本。清光緒二十二年(一八九六),錢塘丁氏嘉惠堂將其刊入《武林往哲遺箸》。

《全宋詩》以讀畫齋本爲底本。

棠湖詩稿—卷

岳　珂　撰

岳珂著有《玉楮詩稿》，本書卷二六已著録，並有小傳。

此集今存宋本，大題《棠湖詩稿》後有小題“宫詞一百首”，疑是《棠湖詩稿》之一種。作者有小序，略曰：

> 比因棠湖綸釣之暇，適猶子規從軍自汴歸，誦言宫殿鐘簴，儼然猶在。慨想東都盛際文物典章之偉觀，聖君賢臣之懿範，瞭然在目，輒用其體（指宫體），成一百首，以示黍離宗周之未忘。其間事核文詳，監今陳古，固有不待美刺而足以具文見意者，輶軒下採，或者轉而上徹乙夜之觀，庶幾有補於萬一云。

是集宋、明書目未登録，毛扆《汲古閣珍藏秘本書目》始載之，道：

> 宋板岳倦翁《宫詞》、宋板《石屏詞》、許棐《梅屋詞》，二本合一套。許、岳二家，人間絶無，《石屏》比世行本不同，一校便知。

宋本後爲乾隆時編修官錢福胙所得，其子錢儀吉道光辛巳（元年，一八二一）有跋（見《衎石齋記事稿》卷四），略曰：

> 予家舊藏《棠湖詩稿》一卷，凡宫詞一百首。……蓋成於端平初元（一二三四）金亡之歲，時年五十有二。世所傳《玉楮集》，乃嘉熙戊戌（二年，一二三八）以後作，故開禧初經進百韻詩及此百篇者，皆不入集。此本卷首有“汲古閣”及“宋本”、“甲”諸印，是琴川毛氏故物。毛斧

季《秘本書目》以倦翁《宮詞》與許棐《梅屋詞》俱人間絕無之本，即此本也。

早在錢氏跋之前，黃丕烈即得見該宋本，在跋其所藏毛鈔時，並記宋本概況道：

> 嘉慶乙丑（十年，一八○五）冬，錢塘何君夢華（元錫）訪余，出其友所藏宋刻《棠湖宮詞》示余，因素知余有毛鈔影宋本也。宋刻果出毛氏，上有"宋本"、"甲"兩圖記，餘皆子晉名號章，無他人印記。紙黃色闊連，係竹料。首標"棠湖詩稿"四字，下有墨釘。板心第曰"棠湖一"、"棠湖二"，不標"宮詞"，疑當日宋刻中一種，故不標"宮詞"。第三十末句"捷書清曙入行宮"，"曙"闕筆作"曙"；第三十八首句云"外庭公事近今稀"，"今"誤字作"金"（有紅筆校"今"）。凡遇缺文作墨釘。茲毛鈔板心添入"宮詞"字，"曙"不諱"曙"，"今"不仍"金"，俱非其舊矣。

余嘉錫《四庫提要辨證》引黃跋，案曰："元錫之友藏是書者，當即錢儀吉。"丁氏《善本書室藏書志》卷三一著錄所藏舊鈔本道："宋刻每半葉十行，行十八字，舊藏汲古閣毛氏，曾影鈔以傳，今在吳門姚彥士方伯家。"按據今人劉尚恒先生《棠湖詩稿考辨》（《中國典籍與文化論叢》第二輯），該宋本於民國初留蜀，後歸錢儀吉從孫駿祥。五十年代末，錢氏後人售與天津古籍書店。一九六三年，天津圖書館由天津古籍書店購得，今藏該館。宋本末除有錢駿祥過錄其祖錢儀吉之跋外，猶有近人鄧邦述、傅增湘跋（上引《考辨》錄有原文）。傅增湘《經眼錄》卷一四詳記其版式道：

　　《棠湖詩稿》一卷，宋岳珂撰。宋臨安府陳宅書籍鋪刊本，十行十八字，白口，左右雙闌，版心記字數。卷尾有"臨安府棚北大街陳宅書籍鋪印行"小字二行。首葉標題下有三字長墨釘。鈐有"宋本"、"甲"、"毛晉私印"、"子晉"、"汲古主人"、"毛扆之印"、"斧季"、"書香千載"、"毛晉之印"、"毛氏子晉"，皆朱文。

　　《四庫總目》以鮑士恭家刊本著録於"存目"，稱"宋以來公私書目悉不著録，疑是厲鶚等所作，好事者嫁名於岳珂"。按《浙江採集遺書總録》壬集云："《棠湖詩稿》一卷，岳珂撰。嘉熙庚子（四年）自序，爲十六世孫元聲等重刊。"則岳元聲刊《玉楮詩稿》時，蓋同時亦刊《棠湖詩稿》（今無著録）。不知館臣即便未見宋本，何以置明刊本於不顧，而有厲鶚"嫁名"之謬論？錢儀吉跋、余氏《四庫提要辨證》已詳駁之。

　　是集今除宋本外，又見汲古閣影鈔《南宋六十家小集》。國家圖書館藏有汲古閣另一影宋鈔本，有鄧邦述跋。日本静嘉堂文庫藏有鮑廷博手校本，與《斷腸集》、《吳允文集》合鈔，見《皕宋樓藏書志》卷九〇、《静嘉堂秘籍志》卷三八。

　　乾隆、嘉慶間，吳騫輯刊《拜經樓叢書》，收入是集；光緒二十年（一八九四）吳縣朱氏校經堂刊《重校拜經樓叢書十種》，亦有是集。光緒九年（一八八三），歸安姚覲元輯《咫進齋叢書》，將此集刊入第一集，附刻錢儀吉跋。《四庫提要辨證》謂"姚氏所刻已改易其（宋本）行款，刻亦不精，且有闕字"。《叢書集成初編》據《咫進齋叢書》本排印。

　　民國八年（一九一九），嘉興錢氏嘗據宋刻本影印，今有著録。

　　《全宋詩》以汲古閣本爲底本。

【參考文獻】

岳珂《宫詞序》(《叢書集成初編》本《棠湖詩稿》卷首)

錢儀吉《宋本棠湖詩稿跋》(同上卷末)

黄丕烈《毛鈔本棠湖詩稿跋》(《蕘圃藏書題識》卷八)

橘潭詩稿一卷

何應龍　撰

何應龍,字子翔,號橘潭,錢塘(今屬浙江杭州)人,生平事跡不詳。所作《橘潭詩稿》一卷,有汲古閣本、《江湖小集》本、讀畫齋本。清光緒二十二年(一八九六),錢塘丁氏嘉惠堂將其刊入《武林往哲遺箸》。

《全宋詩》以汲古閣本爲底本,從《永樂大典》殘卷中輯得佚詩六首。

菊潭詩集一卷

吴惟信　撰

吴惟信,字仲孚,號菊潭,湖州(今屬浙江)人。寓嘉定,以詩浪遊江湖。所作《菊潭詩集》一卷,有汲古閣本、《江湖小集》本、讀畫齋本,知不足齋有補遺。《全宋詩》以汲古閣本爲底本,從《永樂大典》殘卷及他書中輯得佚詩一百七十餘首,另編爲一卷。

芸隱橫舟稿一卷芸隱倦遊稿一卷

施　樞　撰

　　施樞,字知言,號芸隱,又號浮玉,丹徒(今江蘇鎮江)人,寓湖州。嘉熙時爲浙東轉運司幕屬,官至從事郎、知溧陽縣事。其《橫舟稿》有嘉熙庚子(四年,一二四〇)自序,曰:

　　　　樞丙申(端平三年,一二三六)冬趨浙漕舟官戍小廨,泊崇新門外,傍河依柳,仿佛家居。刳剟之餘,時作一二解,殊自適。丁酉(嘉熙元年,一二三七),鬱攸挺變,場地焦土,轉徙不常。修繕御前諸營,投身竹木瓦礫中,奔走不暇,及涉筆,冰幕塵埃益甚,經年僅得十餘篇,非曰忘之,勢也。戊戌(嘉熙二年)秋,捧檄東越,鑿石障江,因登蓬萊,挹秦望,探禹穴,訪蘭亭,上會稽中峰,謁陽明洞天,山川之秀,陶鎔胸次,間吟一聯,自謂可意,故所得最多。己亥(嘉熙三年)春旋幕,董築江隄,清事始盡廢矣。嘗觀銀濤萬疊,瞬息去來,翠山數點,空遠呈露,非不足以發雅思而動雄心,而無一語及之者,亦勢也。歲晚壩岸成,樞秩適滿,裒集舊作,共百二十題。先正詩云:“野水無人渡,孤舟盡日橫。”與樞官業偶同,遂命曰《橫舟稿》。嘉熙庚子元日,樞書。

　　因知《橫舟稿》乃端平三年至嘉熙四年所作,前後歷五年,共一百二十題。

　　其《倦遊稿》亦嘗自爲序,略曰:

　　　　余下壬辰(紹定五年,一二三二)第,始學詩。……

及乙未（端平二年）秋入吴攝庾臺幕，丙申（端平三年）秋
復過越，訪東甽先生，吟又少。暇日搜故篋，得五言、七
言絶句可意者僅百篇，題曰《倦遊稿》。

因知《倦遊稿》乃選《横舟稿》以前之作成集。《四庫提要》謂
"原本以《横舟稿》爲首，厲鶚《宋詩紀事》亦只載有《横舟稿》
而不及《倦遊稿》，蓋以《横舟稿》篇什較多，故以爲主，而《倦
遊稿》特從附載之例也"。然而《倦遊稿》有"百篇"，《横舟稿》
凡"百二十題"，相去不多，"附載"之説恐非，蓋《横舟稿》雖後
成而刻於前故也。兩集今有汲古閣本、《江湖小集》本、讀畫
齋本，讀畫齋本改以《倦遊稿》爲首。

　　《四庫全書》著録汪如藻家藏本，《提要》曰："宋人編《江
湖小集》已收入其詩，此乃其別行之本。"

　　今南京圖書館藏有影寫宋本及清鈔本凡兩部，皆丁氏舊
物。《善本書室藏書志》卷三一著録影宋本道："丙寒家，距崇
新門船官小廨止半里，門前流水，傍岸柳枝，不改當時景色。
滬上見有汲古閣影宋寫本，精絶可愛，善價購歸，插八千卷樓
架上，香芸拂紙，隨時繙誦，亦可自稱芸隱矣。"日本静嘉堂文
庫藏陸氏舊鈔本《横舟稿》，自序後有鮑氏手跋云："宋刻此序
每行十八格，上空二格，一行十六字，係横舟自書，最爲精雅，
惜未勾摹耳。"（見《皕宋樓藏書志》卷九一）

　　民國三年（一九一四），丹徒陳氏將兩集刊入《横山草堂
叢書》第一集。

　　《全宋詩》以汲古閣本爲底本，輯得佚詩七首。

【參考文獻】

　　施樞《芸隱横舟稿序》（影印文淵閣《四庫全書》本《芸隱横舟稿》卷

首）

施樞《芸隱倦遊稿自序》（同上本《芸隱倦遊稿》卷首）

雪巖吟草甲卷忘機集—卷乙卷西塍集—卷

宋伯仁 撰

宋伯仁，小字忘機，字器之，號雪巖，湖州（今屬浙江）人，後定居臨安（今浙江杭州）西馬塍。嘗舉宏詞科，嘉熙中爲鹽運司屬官。《四庫提要》謂其所著以"雪巖吟草"爲總名，而所作小集甚多。吕午於淳祐二年（一二四二）嘗作《宋雪巖詩集序》（《竹坡類稿》卷一），稱作者"手自删改，得百篇，將鋟之梓，與江湖諸人相角逐"云云，所序蓋僅是其中之一集。

明《江陰李氏得月樓書目摘録》著録"《宋伯仁詩集》三卷"，《徐氏家藏書目》卷六載"宋伯仁《雪巖詩集》二卷"，不詳爲何本。

今存《雪巖吟草》甲卷、乙卷（或作"一卷"，誤，詳後）。傅增湘嘗見甲卷宋刊本，其《經眼録》卷一四記之曰：

> 《雪巖吟草甲卷·忘機集》一卷，（宋宋伯仁撰。）宋刊本，十行十六字。計詩二十二葉，題"苕川宋伯仁器之叟"。標題下隔一行地名、人名，次行題"詩一百首"，空二行自題一則，録如後："嘉熙丁酉（元年，一二三七）冬，但以歲月類鈔，嘗刊是稿，少作之未悔者與焉。今觀陵陽先生《室中語》曰：'賦詩十首，不若改詩一首。'少陵有'新詩改罷自長吟'之句。伯仁遂以已刊之草痛爲改削，

且三去其一，或猶曰未，豈非勉予進道之機歟！姑存諸。”

　　有自序五行，行八字。鈐印章“結廬在人境”一首，又“雪巖”。目錄詩七十首，附刊《戌稿簡寄》三十首。鈐有“清娛閣藏書印”。

民國時烏程蔣氏曾據宋本影刊入《密韻樓影宋本七種》，宋本今藏臺北“中央圖書館”。

《西塍集》有汲古閣本及讀畫齋本，兩本題作“雪巖吟草一卷西塍集”，參之前述宋本，“一卷”當作“乙卷”，蓋繼“甲卷”而編。今臺北“中央圖書館”藏舊鈔本，其《善本書目》正著錄爲“雪巖吟草乙卷西塍集”。毛氏等蓋未見“甲卷”，遂誤以爲“乙”即“一”字。汲古閣本題下原注曰：“嘉熙丁酉（元年，一二三七）五月二十一寓京遭熱，僑居西馬塍，故曰《西塍》。”自序道：

　　伯仁學詩，出於隨口應心。……稿以隨日而鈔，豈望廣傳於世。兒曹異日知伯仁得詩之頃，其一休一戚，所寓若此，姑綴再草云。

此卷中又分三稿：“嘉熙戊戌（二年）家馬塍稿”、“嘉熙戊戌夏復游海陵稿”、“嘉熙戊戌、己亥（三年）馬塍稿”。三稿之外，鮑氏知不足齋有補遺一卷。

《四庫全書》所收《江湖小集》中有宋伯仁《雪巖吟草西塍集》一卷，又在“別集類”收《西塍集》，《提要》曰：

　　是編卷首題“雪巖吟草”，下注“西塍集”。又《寓西馬塍》詩下注云：“嘉熙丁酉五月二十一日，寓京遭熱，僑居西馬塍。”其曰“西塍”，蓋由於是。是“雪巖吟草”乃全集之總名，“西塍”特集中之一種。

館臣蓋未見“甲卷”，然其推測尚確。

民國四年（一九一五），李氏宜秋館據金陵朱氏所藏鈔本《西塍稿》及《續稿》（即嘉熙戊戌、己亥《馬塍稿》），刊入《宋人集》甲編，又附刊《海陵稿》。

《全宋詩》所收，第一卷以《密韻樓影宋本七種》之《雪巖吟草甲卷·忘機集》爲底本；第二卷以讀畫齋本《雪巖吟草乙卷·西塍集》爲底本；第三、四卷以文物出版社影印宋景定二年（一二六一）重刊《梅花喜神譜》二卷爲底本。

梅屋詩集—卷融春小綴—卷梅屋第三稿—卷梅屋第四稿—卷梅屋詩餘—卷

許　棐　撰

許棐有《獻醜集》，本書卷二六已著録，並有小傳。此五集，見汲古閣本、《江湖小集》本、讀畫齋本。《融春小綴》卷首有自識道：

> 開爐十日，併當融春小室，爲六藏計。亂書中得數紙，稿自甲午至乙亥（祝按：端平元年、二年，一二三四、一二三五），詩不滿三十，更散佚不得傳，則與日月俱棄矣。並綴數文，爲《融春小編》，非千金敝帚，實尺璧餘陰也。梅屋許棐題。

是集前爲詩，後爲《梅屋雜著》。

《梅屋第三稿》卷首亦有自識道：

> 己亥至癸卯（嘉熙三年至淳祐三年，一二三九——一二四三），詩不滿二十首；甲辰（淳祐四年）一春，却得四十餘篇。疑詩之多寡遲速，似有數也。天或壽予，予詩之數固不止此，然當以貪多務速爲戒。梅屋許棐題。

此稿僅刊詩十五首，末題"右己亥至癸卯詩"。

《第四稿》末題曰："右甲辰一春詩，詩共四五十篇，録求芸居（陳起）吟友印可。棐皇恐。"所刊詩爲三十八首。

《梅屋詩餘》，收詞十八首。

明《文淵閣書目》卷一〇著録"《許梅屋詩》一部一册，闕"。《内閣書目》無其目。此外《汲古閣珍藏秘本書目》稱有"宋板許棐《梅屋詞》，人間絶無"，當即《江湖小集》原刻本。

《四庫全書》著録汪如藻家藏本《梅屋集》五卷，第五卷爲雜著，而非《梅屋詩餘》。考其内容，即汲古閣本《融春小綴》之《梅屋雜著》。《提要》譏厲鶚《宋詩紀事》"但稱其有《梅屋詩稿》《融春小綴》，殊考之未備"，其實館臣所用之本亦非完帙。《融春小綴》自識明言"並綴數文"，蓋即命名"小綴"之由，而汪氏本（四庫底本）無文，館臣竟未之察。

《梅屋詩餘》輯入《四印齋彙刻宋元三十一家詞》、吳氏雙照樓《影刊宋金元明本詞四十種》。《全宋詞》用雙照樓本爲底本，又從《梅屋第四稿》輯出《三臺春曲》二首置於前。《全宋詩》以汲古閣本爲底本。

汶陽端平詩雋四卷

周　弼　撰

　　周弼，字伯弜，汶陽（今山東汶上）人，文璞子。嘉定進士，嘗爲江夏令，工詩。其《端平詩雋》四卷，有汲古閣本、讀畫齋本。集有李龏序，稱"伯弜十七八時，即博聞强記，侍乃翁晉傆，已好吟。洎長而四十年間，宦遊吳楚江漢，足跡所到，所作於七國、兩漢、三國、六朝、隋唐之體，靡不該備，聲騰名振，江湖人皆爭先求市"。又稱作者"嘗手刊《端平集》十二卷行於世"。手刊本久已失傳，《詩雋》乃李龏在周弼身後從十二卷本中選出，序又曰：

　　　　卷帙（指《端平集》）有晚學未能曉者稍多，予恐有不行之弊，茲於古體歌詩、五言律、七言律並五七言絶句摘其坦然者，兼集外所得者近二百首，目爲《端平詩雋》，俾萬人海中，續芸陳君書塾入梓流行，庶使同好者便於看誦。

時在寶祐丁巳（五年，一二五七）。所謂"續芸陳君"，乃書商陳起之子。

　　《四庫總目》以鮑士恭家藏本著録，《提要》稱"此本有'臨安府棚北大街陳解元書籍鋪印行'字，蓋猶自宋本録出"。

　　是集今國内猶存舊鈔本數部，皆源於汲古閣本。如南京圖書館藏丁氏本，《善本書室藏書志》卷三二著録爲舊影宋本，李序後"有'臨安府棚北大街陳解元書籍鋪印行'一條，猶不失宋時舊式"，即是。

　　《全宋詩》以汲古閣本爲底本，輯得集外詩十一首。

【參考文獻】

李龏《端平詩雋序》（影印《南宋六十家小集》本《端平詩雋》卷首）

竹溪十一稿詩選一卷

林希逸　撰

　　林希逸，今存《竹溪鬳齋十一稿續集》三十卷，本書卷二六已著録，並有小傳。是集所收詩，皆《續集》所無，當選自前集（前集書題應爲《竹溪鬳齋十一稿》）之中。因前集久佚（詳參前《竹溪鬳齋十一稿續集》叙録），故此選本雖存詩不多，亦格外珍貴。有汲古閣本、讀畫齋本。

　　《全宋詩》所收林希逸詩，此本編爲第一卷，以汲古閣本爲底本。

雲泉詩一卷

薛　嵎　撰

　　薛嵎（一二一二一？），字仲止，一字賓日，號雲泉，溫州永嘉（今屬浙江）人。寶祐四年（一二五六）進士，爲長溪簿。淳祐己酉（九年，一二四九），趙汝回序其集，稱“雲泉薛君仲止以詩名於時，本用唐體，而物與理稱，更成一家”云云。考是集有《追惜永嘉前政知縣趙大猷時景定改元》詩，“趙大猷”即指汝回，“景定改元”爲一二六○年。則趙氏所序當別是一本，已佚，蓋此一卷即從該本選出。有汲古閣本、《江湖小集》本、讀畫齋本。

　　《四庫全書》除《江湖小集》本外，又另據汪如藻家藏本單獨著録，殆傳鈔汲古閣本。《提要》稱其詩出入"四靈"之間，"然尚永嘉之初派，非永嘉之末派"。

　　丁氏善本書室曾藏有是集鈔本兩部，《善本書室藏書志》卷三二著録，謂其中一部"鈔極精雅"，另一部原爲振綺堂舊物，有"汪魚亭藏閲書"一印。

　　《全宋詩》以汲古閣本爲底本。

【參考文獻】

　　趙汝回《雲泉詩序》（影印《南宋六十家小集》本《雲泉詩》卷首）

雪坡小稿二卷

羅與之　撰

　　羅與之，字與甫，一字北涯，螺川（今江西吉安）人。端平間累舉不第，遂歸隱，賦詩云："古來至寶多橫道，何事荆山泣卞和。"亦自寫其不平也。晚年潛心性命之學。《小稿》今存汲古閣本、《江湖小集》本、讀畫齋本。其卷二有《己亥中秋》詩，己亥爲理宗嘉熙三年（一二三九），是集編刊當在此後。

　　《全宋詩》以汲古閣本爲底本。

菊磵小集一卷

高　翥　撰

　　高翥（一一七〇——一二四一），字九萬，其集今以裔孫高士奇於清康熙中所輯《信天巢遺稿》爲全，《小集》所載悉在其中，本書卷二五已著録，並有小傳。此《小集》有汲古閣本、《江湖小集》本、讀畫齋本，鮑氏知不足齋有補遺。

疏寮小集一卷

高似孫 撰

　　高似孫（一一五八——一二三一）著有《騷略》，本書卷二四已著録，並有小傳。又有詩集，《解題》卷二〇著録道：

　　　　《疏寮集》三卷，四明高似孫續古撰。少有俊聲，登甲辰（淳熙十一年，一一八四）科，不自愛重，爲館職，上韓侂胄生日詩九首皆暗用錫字，爲時清議所不齒。晚知處州，貪酷尤甚。其讀書以隱僻爲博，其作文以怪澀爲奇，至有甚可笑者。就中詩猶可觀也。

《通考》卷二四五從之。劉克莊《後村詩話》續集卷四謂似孫嘗遺《疏寮詩》二册，而“後得其全集，數倍於舊”。則其全集似不止三卷。明《文淵閣書目》卷一〇、《内閣書目》卷三等著録其《烟雨詩》，久佚。今僅存此一卷，有汲古閣本、《江湖小集》本、讀畫齋本，知不足齋有補遺。

　　清康熙間，高士奇刊高翥《信天巢遺稿》，末附《疏寮小集》一卷，《四庫》著録即此本。丁氏《善本書室藏書志》卷三〇著録舊鈔本《信天巢詩稿》，以爲《疏寮小集》乃“士奇以後之人采綴成書，不完不備”。此乃襲《四庫提要》語，誤。

《全宋詩》所收，此小集編爲第一卷，以汲古閣本爲底本。又從作者所著《蟹略》《騷略》輯詩爲第二卷，從他書所輯佚詩及斷句爲第三卷。

雅林小稿一卷

王　琮　撰

王琮，字中玉，括蒼（今浙江麗水）人，嘗監永嘉酒税。《小稿》收詩僅二十九首，有汲古閣本、《江湖小集》本、讀畫齋本。

《全宋詩》以汲古閣本爲底本。

學　吟一卷

朱南杰　撰

朱南杰，丹徒（今江蘇鎮江）人。嘉熙二年（一二三八）進士，歷知溧水縣、清流縣。是集分七言、五言律及絶句，末有作者題識，曰：

> 豈敢言詩，聊以紀時。固不止是，録其可以示人者。淳祐戊申（八年，一二四八）中和節，南杰書於漱川酒邊。

有汲古閣本、《江湖小集》本、讀畫齋本。

《全宋詩》用汲古閣本爲底本。

學詩初稿一卷

王同祖　撰

王同祖，字與之，號花淵，金華（今屬浙江）人。嘗爲大理寺主簿，淳祐中通判建康府，添差沿江制置司。集中原署有作詩之時、地，乃丙申、丁酉（端平三年、嘉熙元年，一二三六、一二三七）任京職及戊戌（嘉熙二年）官金陵制幕時作。嘉熙庚子（四年），作者於建安郡齋跋曰：

> 右七言絶句百首，同祖少作也。少作不止是，雜體凡數百，未敢録，姑録此百篇爲初稿。……孔子曰："小子何莫學夫詩。"又曰："非求益者，欲速成者也。"同祖慕聖門"學詩"之訓，將以求益，而非敢蹈"欲速"之戒，遂以"學詩"名其篇。

明《文淵閣書目》卷一〇著録"王同祖《學詩稿》一部一册，闕"。《内閣書目》無其目。今有汲古閣本、《江湖小集》本、讀畫齋本。民國十三年（一九二四），永康胡氏據讀畫齋本刊入《續金華叢書》。

《全宋詩》以汲古閣本爲底本。

【參考文獻】

王同祖《學詩初稿跋》（影印《南宋六十家小集》本《學詩初稿》卷末）

梅屋吟—卷

鄒登龍 撰

鄒登龍,字震父,臨江（今江西樟樹市西南）人。隱居不仕,結屋於邑之西郊,種梅繞之,自號梅屋。其《梅屋吟》,戴復古、真德秀、劉克莊跋及姚鏞《題辭》,評價頗高。姚鏞《題辭》曰:"君參《選》體源流長,力挽唐人氣脈回。句法間從《南岳》出,吟聲元自石屏來。"知其詩學劉克莊、戴復古。有汲古閣本、《江湖小集》本、讀畫齋本。

《全宋詩》以汲古閣本爲底本。

【參考文獻】

戴復古《鄒震父梅屋吟跋》、真德秀《梅屋吟跋》、劉克莊《梅屋吟跋》、姚鏞《梅屋吟題辭》（影印《南宋六十家小集》本《梅屋吟》卷末）

皇莘曲—卷

鄧 林 撰

鄧林,字楚材,一字性之,自號四清社友,福清（今屬福建）人。年十五即以《詩》義魁鄉校。寶祐四年（一二五六）進士。嘗伏闕三上書陳時事得失,朝議欲授以中都幹官,或曰鄧林若在中都,此謗議之府也,遂授石城丞。今存《皇莘曲》一卷,同時人蕭泰來、蕭山則嘗爲之序。泰來序略曰:

此五十詩,老坡所謂淘鍊銀耶！古如洞庭樂,其思

幽；律如嶰谷篪，其和宣；絶如喬木嚶，其音活。非今調
名曲耶！性之云："擊壤，曲也，扣角，曲也，一性情也。
蓄爲心曲，發爲歌曲。曲而不屈，曲之真；曲能有成，曲
之神。神難言，真在人，何惡乎曲？"云："曰曲義則美，
《皇荂》《下里》，請奏曲終雅，而易名以'大聲'。"性之不
膚。淳祐辛亥（十一年，一二五一）臘，小山蕭泰來書。

有汲古閣本、《江湖小集》本、讀畫齋本。

《全宋詩》以汲古閣本爲底本，輯得佚詩十首。

【參考文獻】

蕭泰來、蕭山則《皇荂曲序》（影印《南宋六十家小集》本《皇荂曲》卷
首）

庸齋小集一卷

沈　説　撰

沈説，字惟肖，龍泉（今屬浙江）人。《吹劍録外集》謂其
"由上庠登科，主貴溪簿一年，棄官去。再調天台教官，纔終
年，遂不仕"。長於詩，今存《庸齋小集》一卷，有汲古閣本、
《江湖小集》本、讀畫齋本。集前有陳塡《臘月十九夜讀沈惟
肖詩》：

客以新詩至，清商滿素編。眼青寒月夜，吟白曉霜
天。斷壑修楹立，奇崖怒瀑懸。四靈聲響歇，靈脈入
龍泉。

《全宋詩》以汲古閣本爲底本。

靖逸小集一卷

葉紹翁　撰

　　葉紹翁，字嗣宗，號靖逸，浦城（今屬福建）人。學出葉適，與真德秀友善。著有《四朝聞見録》，今存。許棐《贈葉靖逸》詩曰：“朝士時將餘俸贈，鋪家傳得近詩刻。”所謂“鋪家”，當指陳氏棚北大街書籍鋪，所刻爲《靖逸小集》一卷，《汲古閣珍藏秘本書目》嘗著録：“《靖逸小集》一卷，……影宋板精鈔。”今有汲古閣本、《江湖小集》本、讀畫齋本，知不足齋有補遺。

　　《全宋詩》以汲古閣本爲底本，輯得佚詩六首。

秋江煙草一卷

張　弋　撰

　　張弋，原名奕，字韓伯，又字彦發，號無隅翁，河陽（今河南孟縣）人。不喜舉子業，專意於詩。一生爲湖海豪士，死後葬建業蔣山下。《貴耳集》卷上曰：“張韓伯名弋，又名奕，有《秋江煙草》。”《秋江煙草》有嘉定戊寅（十一年，一二一八）丁熠跋，稱其詩以賈島、姚合爲法，每有所作，必鎔鍊數月乃定，用力蓋倍於江西之學云云。今傳《秋江煙草》一卷，有汲古閣本、《江湖小集》本、讀畫齋本，知不足齋有補遺。

《全宋詩》以汲古閣本爲底本，輯得佚詩六首。

【參考文獻】

丁焴《秋江煙草跋》（影印《南宋六十家小集》本《秋江煙草》卷末）

癖齋小集一卷

杜　旃　撰

杜旃，字仲高，號癖齋，蘭谿（今屬浙江）人。兄弟五人之字，第二字皆爲“高”，俱能文，時稱“金華五高”。嘗占湖漕舉首。詩婉麗，尤工倚聲。是集僅有詩二十首，末篇爲《陸務觀赴召》，有“坐今嘉泰追周漢”之句。詩當作於寧宗嘉泰（一二〇一——一二〇四）間。今傳汲古閣本、《江湖小集》本、讀畫齋本。民國十三年（一九二四），永康胡氏據讀畫齋本刊入《續金華叢書》。

《全宋詩》是集失收。

巽齋小集一卷

危　稹　撰

危稹，字逢吉，號巽齋。今存《巽齋先生四六》一卷，有宋刊本，後人或誤爲危昭德撰，本書卷二四已著録並辨正，且有小傳。《宋志》著録其文集二十卷，久佚。此《小集》收詩僅二十餘首。《汲古閣珍藏秘本書目》著録“《巽齋小集》一卷，……影宋板精鈔”。今有汲古閣本、《江湖小集》本、讀畫齋本，知不足齋有補遺。

《全宋詩》以汲古閣本爲底本，輯得佚詩六首。

竹所吟稿一卷

徐集孫　撰

徐集孫，字義夫，建安（今福建建甌）人。名其居曰竹所，因以爲號。理宗時薄宦於浙，以詩名。足跡所至，輒有題詠，於西湖諸勝處尤多。每作一詩，甫脱稿，人即爭購，相爲傳誦。今存《竹所吟稿》一卷，有汲古閣本、《江湖小集》本、讀畫齋本。

《全宋詩》以汲古閣本爲底本。

北窗詩稿一卷

余觀復　撰

余觀復，字中行，旴江（今江西南城）人。今存《北窗詩稿》一卷，有汲古閣本、讀畫齋本。

《全宋詩》以汲古閣本爲底本，僅收詩十二首。

吾竹小稿一卷

毛　珝　撰

毛珝，字元白，理宗時三衢（今浙江衢州）人。集有李龏序,稱其爲"詩人之秀",又曰"以文自晦,不求於時,吟稿一帙,章不盈百"云云。今存《吾竹小稿》一卷,有汲古閣本、《江湖小集》本、讀畫齋本。

《全宋詩》以汲古閣本爲底本。

【參考文獻】

李龏《吾竹小稿序》(影印《南宋六十家小集》本《吾竹小稿》卷首)

西麓詩稿一卷

陳允平　撰

陳允平,字衡仲,一字君衡,號西麓,四明(今浙江寧波)人。德祐時爲沿海制置司參議官。入元被薦,以病免。著有詞集《日湖漁唱》《西麓繼周集》,皆存。《篆竹堂書目》卷四載"陳允平《蜩鳴稿》一册",久佚。其《西麓詩稿》一卷,今有汲古閣本、《江湖小集》本、讀畫齋本。民國二十九年(一九四〇),張氏約園據讀畫齋本刊入《四明叢書》第七集。

《全宋詩》以汲古閣本爲底本,從《永樂大典》殘卷中輯得佚詩五十三首,另編爲一卷。

雪林删餘一卷

張至龍　撰

張至龍,字季靈,號雪林,建安(今福建建甌)人。一生苦

吟,自稱"吟人膏肓"。嘗請陳起(芸居)將其詩稿摘爲小編,
寶祐三年(一二五五)春再請其删之,遂名曰《雪林删餘》,僅
一卷。自作序,略曰:

> 予自髫齔癖吟,所積稿四十年,凡删改者數四。比
> 承芸居先生又爲摘爲小編,特不過十中之一耳。其間一
> 聯之雕,一句之琢,一字之鍊,一意之鎔,政猶强弓牽滿,
> 度不中不發,發必中的。今畊老(祝按:其子之名)猶以弱
> 弓浪箭妄發,期中目之多,……予遂再浼芸居先生就摘
> 稿中拈出律絶各數首,名曰《删餘》,以授畊老。芸居所
> 删,非爲蕪滓設,特在少而不在多耳。

有汲古閣本、《江湖小集》本、讀畫齋本。
　　《全宋詩》以汲古閣本爲底本,詩凡七十首。

【參考文獻】

張至龍《雪林删餘序》(影印《南宋六十家小集》本《雪林删餘》卷首)

鷗渚微吟 一卷

趙崇鉘 撰

趙崇鉘,字元冶,太宗九世孫,居南豐(今屬江西)。以蔭
補官,爲都昌令,通判南安,宋亡隱居。今存《鷗渚微吟》一
卷,有汲古閣本、《江湖小集》本、讀畫齋本。
　　《全宋詩》以汲古閣本爲底本。

抱拙小稿一卷

趙希楬　撰

趙希楬，字誼父，太祖九世孫。寶慶間頗著詩聲，與菏澤李翬相倡和，翬甚推許之。其《抱拙小稿》一卷，有汲古閣本、《江湖小集》本、讀畫齋本。

《全宋詩》以汲古閣本爲底本。

蒙泉詩稿一卷

李　濤　撰

李濤，字養源，號蒙泉，理宗時臨川（今江西撫州）人，生平事跡不詳。存《蒙泉詩稿》一卷，有汲古閣本、《江湖小集》本、讀畫齋本。

《全宋詩》以汲古閣本爲底本。

心游摘稿一卷

劉　翼　撰

劉翼（一一九八—?），字躔父，號心如，福清（今屬福建）人。師事陳藻。鄙夷場屋之技，獨力於詩。景定辛酉（二年，一二六一）林希逸序其《摘稿》，略曰：

其詩初爲唐語，後爲晉語，晚而傲世自樂，盡去繩墨法度，自爲樂軒（陳藻）一家之言。……《心游》之稿甚富，今乃摘取余所可知者十九首見寄，余讀而喜曰："此吾師初時詩法也，是豈不足行世耶？"

有汲古閣本、《江湖小集》本、讀畫齋本。

《全宋詩》以汲古閣本爲底本，即林希逸所摘十九首。

【參考文獻】

林希逸《心游摘稿序》（影印《南宋六十家小集》本《心游摘稿》卷首）

竹莊小稿一卷

胡仲參 撰

胡仲參，字希道，清源（今福建仙源）人，葦航仲弓弟。其《竹莊小稿》一卷，有汲古閣本、《江湖小集》本、讀畫齋本。

《全宋詩》以汲古閣本爲底本，輯得集外詩六首。

東齋小集一卷

陳鑒之 撰

陳鑒之，字剛父，原名璟，閩縣（今福建閩侯）人。淳祐七年（一二四七）進士。善詩，《宋百家詩存》卷一六謂其"古詩排纍中具停蓄之勢，律詩亦深穩有致"。今存《東齋小集》一卷，有汲古閣本、《江湖小集》本、讀畫齋本。

《全宋詩》以汲古閣本爲底本。

適安藏拙餘稿一卷餘稿乙卷一卷

武　衍　撰

　　武衍，字朝宗，號適安，汴（今河南開封）人，寓居臨安（今浙江杭州）。工詩，名著寶慶間。今存《適安藏拙餘稿》及《餘稿乙卷》，有汲古閣本、《江湖小集》本、讀畫齋本。《餘稿》有張實甫題識，曰：

　　　　平生最愛讀洪文敏（邁）所編唐絕句，手之輒不忍置。今閱此卷，何翅千里對似人也。龍泉張實甫充聖。

又方萬里題識：

　　　　東坡見齊安朱廣文小詩云“官閑廳事冷，胡蝶上階飛”，謂其可入圖畫。適安此卷絕句，模寫景物，吟詠情致，多有可筆於丹青者，惜不遇坡之品題。端平丙申（三年，一二三六）夏五，蕙巖方萬里。

作者有小序，曰：

　　　　昔徐孝穆以魏收之文沈於江，曰：“吾與魏公藏拙。”衍學詩三十年，投質於宗工名勝者甚多，藏拙之餘，僅存此稿，故云。淳祐改元（一二四一）立冬日，衍書。

《餘稿乙卷》則趙希意爲之跋，曰：

　　　　四靈詩，江湖傑作也，水心先生嘗印可之。余季父天樂（趙師秀）復與天台戴石屏講明句法，而晚年益工，信乎作詩者非窮思甚習不可也。今味《適安乙稿》，句新意到，格律步驟多法唐人，且愛誦天樂、石屏詩，則知其

源脈有自來矣。使二公尚及一見，爲之擊節何疑。浚儀
趙希意君疇父。

王士禎《帶經堂詩話》卷一〇謂其《藏拙稿》“皆絶句，多
佳作”，並摘佳句若干。

《全宋詩》以讀畫齋本爲底本，輯得集外詩十三首。

漁溪詩稿二卷乙稿一卷

俞　桂　撰

俞桂，字晞郊，仁和（今浙江杭州）人。紹定五年（一二三
二）進士，嘗守海濱，其他事跡不詳。所著《漁溪詩稿》二卷、
《乙稿》一卷，有汲古閣本、《江湖小集》本、讀畫齋本。丁氏嘉
惠堂嘗刊入《武林往哲遺箸》，有補遺。

《全宋詩》以汲古閣本爲底本，輯得集外詩十首。

檜庭吟稿一卷

葛起耕　撰

葛起耕，字君顧，丹陽（今屬江蘇）人，生平事跡不詳。
所著《檜庭吟稿》一卷，有汲古閣本、《江湖小集》本、讀畫
齋本。

《全宋詩》以汲古閣本爲底本。

骸　稿一卷

利　登　撰

利登，字履道，號碧澗，旴江（今江西南城）人。淳祐元年（一二四二）進士，仕至寧都尉。今存《骸稿》一卷，有汲古閣本、《江湖小集》本、讀畫齋本。民國十年（一九二一），李氏宜秋館據讀畫齋本刊入《宋人集》丙編。

《全宋詩》以汲古閣本爲底本。

露香拾稿一卷

黄大受　撰

黄大受，字德容，自號露香居士，南豐（今屬江西）人。傳朱熹之學，仕於鄞，嘉定間以詩雄江右。其《拾稿》一卷，有淳祐元年（一二四一）應鑅序、鄭清之跋，據知是集蓋作者子黄載（字伯厚）編輯。有汲古閣本、《江湖小集》本、讀畫齋本。

《全宋詩》以汲古閣本爲底本。

【參考文獻】

應鑅《露香拾稿序》（影印《南宋六十家小集》本《露香拾稿》卷首）

鄭清之《露香拾稿跋》（同上卷末）

雲臥詩稿一卷

吴汝弌　撰

　　吴汝弌（《江湖小集》本作"式"），字伯成，盰江（今江西南城）人。《詩稿》一卷，收詩纔十首，有汲古閣本、《江湖小集》本、讀畫齋本。

　　《全宋詩》以汲古閣本爲底本。

葛無懷小集一卷

葛天民　撰

　　葛天民，字無懷，山陰（今浙江紹興）人。曾爲僧，法名義銛，字樸翁，後返初服，居杭州西湖。釋居簡嘗跋其詩集道："樸翁詩偈一十五，詩帶《莊》《騷》，偈蜕玄妙。……緇時一，斂髻後十四；緇時非不佳，終不若斂髻後衡從恣肆，弗可加以準繩而不失準繩，信手方圓，毛髮無遺恨。"（《跋樸翁詩》，《北磵文集》卷七）。蓋其詩偈集原有十五卷之多。

　　《讀書附志》卷下著録《葛無懷詩》一卷，疑即《葛無懷小集》。今本《小集》收詩僅九十餘首，有汲古閣本、《江湖小集》本、讀畫齋本。

　　《全宋詩》以汲古閣本爲底本。

臞翁詩集 二卷

敖陶孫 撰

　　敖陶孫（一一五四——一二二七），字器之，號臞菴，福清（今屬福建）人。少倜儻有大志，游太學，忤韓侂胄，變姓名亡命得免。後登慶元五年（一一九九）進士第，終温陵通判。今存《臞翁詩集》二卷，有汲古閣本、《江湖小集》本、讀畫齋本。集末原附“詩評”一篇，“評古今諸名人詩”，由曹操父子到本朝，有嘉定八年（一二一五）跋。别有《敖器之詩話》一卷，有《説郛》本。

　　《全宋詩》第一、二卷收《臞翁詩集》，以汲古閣本爲底本。第三、四卷用《江湖後集》本爲底本。由他書輯得佚詩二十六首，編爲第五卷。

招山小集 一卷

劉仙倫 撰

　　劉仙倫，一名儗，字叔儗，號招山，廬陵（今江西吉安）人。其《小集》一卷，有汲古閣本、《江湖小集》本、讀畫齋本，知不足齋有補遺。

　　《全宋詩》是集未收。

山居存稿 一卷

陳必復　撰

陳必復，字无咎，閩縣（今福建閩侯）人，淳祐十年（一二五〇）進士。嘗選編所作詩爲《山居存稿》，自序道：

> 余愛晚唐諸子，其詩清深閒雅，……及讀少陵先生集，然後知晚唐諸子之詩盡在是矣，所謂詩之集大成者也。不佞三熏三沐，敬以先生爲法。……勉姑裒存作，筆之是編，將以求印於運詞林之斤者，非曰自眩云爾。是爲《山居存稿》。

《存稿》存詩僅二十八首，末附所作林尚仁《端隱吟稿序》。有汲古閣本、《江湖小集》本、讀畫齋本。

《全宋詩》以汲古閣本爲底本，從《江湖後集》及他書中輯詩三十八首。

【參考文獻】

陳必復《山居存稿自序》（影印《南宋六十家小集》本《山居存稿》卷首）

端隱吟稿 一卷

林尚仁　撰

林尚仁，字潤叟，長樂（今屬福建）人。家貧，刻苦攻詩，每有所作，微不合意輒裂去。手自種竹，題曰竹所，吟嘯其中，自號端隱，示終於遁迹之意。淳祐辛亥（十一年，一二五一），陳必復序其詩道：

> 其爲詩專以姚合、賈島爲法，而精妥深潤則過之。每來對余，言切切然，惟憂其詩之不行於世，而貧賤困苦莫之憂也。觀其志，蓋知所尚矣。余誠懼乎世之知林君者未能衆，故樂爲序其詩而表出之。後有知林君，必自此詩始。

今存《端隱吟稿》一卷，有汲古閣本、《江湖小集》本、讀畫齋本。

《全宋詩》以汲古閣本爲底本。

【參考文獻】

陳必復《端隱吟稿序》（影印《南宋六十家小集》本《端隱吟稿》卷首）

斗野稿支卷—卷

張　蘊　撰

張蘊，字仁溥，揚州（今屬江蘇）人，嘗任幹辦行在諸司糧料院。汲古閣本、《江湖小集》本、讀畫齋本存其詩一卷，題《斗野稿支卷》，無序跋。既稱“支卷”，蓋所著之一種。考詩中有《食蠣次韻芸隱》一首，芸隱爲施樞號，當與之同時。

《全宋詩》以汲古閣本爲底本。

静佳龍尋稿一卷静佳乙稿一卷

朱繼芳　撰

　　朱繼芳，字季實，號静佳，建安（今福建建甌）人。紹定五年（一二三二）進士，授龍尋令（按：尋，一作潯。龍潯乃鎮名，爲福建泉州德化縣舊縣治）。調桃源令，又調宜州教授，不赴。《龍尋稿》乃其官龍尋時作，收《和顏長官百詠》，自作《引》道：

　　　　龍尋邑東有顏長官仁郁祠。長官五代時能撫循其民，使不見兵革。《龍尋志》所刻詩百篇，皆道民疾苦皇皇不給之狀。余生三百年後，奉天子命宰兹邑，晉謁祠下，因次韻以寄甘棠之思，且使來者知我愛桐鄉之意云。

和詩自《農桑》至《漁父》凡十題，每題十首。

　　同時倡和爲錢唐陳起、汶陽周伯弜、建安張至龍，俱有聲江湖間。又自裒所作詩一卷，題曰《静佳乙稿》。《龍尋稿》及《乙稿》，今傳汲古閣本、《江湖小集》本、讀畫齋本。

　　《全宋詩》所收第一、二卷，以汲古閣本爲底本，第三卷以影印文淵閣《四庫全書》本《江湖後集》爲底本。

采芝集一卷采芝續稿一卷

釋斯植　撰

　　斯植，字建中，號芳庭，理宗時武林（今浙江杭州）人，初住南嶽寺。遊方幾二十年，與朱繼芳、熊禾等名士酬倡。晚歲住天竺，別築邃室曰水石山居，吟詠於中。今存《采芝集》一卷、《采芝續稿》一卷，有汲古閣本、《江湖小集》本、讀畫齋本。《續稿》末有自跋，道：

> 詩，志也，樂於情性而已，非所以有關於風教者。近於覽卷之暇，心忘他用，得之數篇，目之曰《續稿》，然不可謂之無爲也。寶祐丙辰（四年，一二五六）良月望日，芳庭斯植書。

《續修四庫全書》用南京圖書館藏黄氏醉經樓鈔本影印，編入集部第一三二〇册。《全宋詩》以汲古閣本爲底本。

看雲小集—卷

黄文雷　撰

黄文雷，字希聲，盱江（今江西南城）人，一説永嘉（今屬浙江）人（見周密《浩然齋雅談》卷中）。淳祐十年（一二五〇）進士。爲臨川酒官，歸，溺死於嚴陵灘。劉壎《隱居通議》卷九謂其有《看雲集》數十卷；又《詩説》曰："黄公簡默莊重，不事莊辯，止云：'詩只如此做，做來做去，到平淡處即是。'又曰：'詩貴平淡，做到此地位自知耳。'"（《水雲村稿》卷一三）上引周密《雅談》卷中稱其"有《看雲詩》，不行於世"。行於世者，蓋僅此小集，當是從《看雲集》中精選。卷首有小序，自道其作詩短長及刊集緣起，曰：

> 詩以唐體爲工，清麗婉約，自有佳處。或者乃病格力之浸卑，南塘先生謂宜稍抑所長，而兼進其短，斯殆名

言。若僕者，江西人，才分既以褊迫，生世不諧，思致窮苦，雖知其然，而未之能變也。芸居見索，倒篋出之，料簡僅止此。自《昭君曲》而上，蓋嘗經先生印正云。

上引周密《雅談》即舉其《昭君行》，稱"特爲一時名公所稱道"。《昭君行》，當即《昭君曲》。有汲古閣本、《江湖小集》本、讀畫齋本。

《全宋詩》以汲古閣本爲底本，輯得佚詩九首。

雪窗小集—卷

張良臣　撰

　　張良臣，字武子，一字漢卿，號雪窗，拱州（今河南睢縣）人。父避寇來明州（今浙江寧波），因占籍焉。隆興元年（一一六三）進士，官止監左藏庫。"善爲詩，清刻高潔，不蹈襲凡近，凌厲音節，讀者悲壯。尤長於唐人絶句，語盡而意益遠。"（《延祐四明志》卷五）樓鑰嘗作《書張武子詩集後》，稱"其季以道衰詩二編，期以行遠，遂初尤貳卿（袤）爲之序"。又元人戴表元《題徐可與詩卷》，稱良臣"有一女，嫁上饒徐氏，其子是爲忠愍公（徐元杰），以進士第一人得名於時。忠愍公貴，不知能收恤張氏子孫與否？獨嘗見其板刊《雪窗詩》一編，則出於忠愍公家所爲。刊雖不多，然相去百年，江湖名字寂寞，猶賴此得在人目睫耳"。上引《延祐四明志》卷五稱良臣有"詩集十卷，至咸淳間，彌甥徐直諒始衰刻於廣信郡"。今存《雪窗小集》一卷，僅收詩三十四首，去十卷本甚遠。有汲古閣本、《江湖小集》本、讀畫齋本，鮑氏知不足齋有補遺。

《全宋詩》以汲古閣本爲底本,輯得佚詩六首。

【參考文獻】

樓鑰《書張武子詩集後》(《攻媿集》卷七〇)

戴表元《題徐可與詩卷》(《剡源文集》卷一八)

小山集一卷

劉　翰　撰

劉翰,字武子,長沙(今屬湖南)人。吳琚客,又與張孝祥、范成大遊,以詩名。是集有汲古閣本、《江湖小集》本、讀畫齋本,僅收詩二十餘首。開篇《桂殿秋》二首,附題爲"壽于湖先生"。

《全宋詩》以汲古閣本爲底本。

雪蓬稿一卷

姚鏞　撰

姚鏞(一一九一—?),字希聲,一字敬菴,號雪蓬。剡溪(今浙江嵊縣)人。嘉定十年(一二一七)進士。爲吉州判官,以功擢守贛州,貶衡陽。《雪蓬稿》乃其手編,有端平二年(一二三五)自序,略曰:

> 予自壯喜學文,而苦於拙澀。……既謫衡,杜門省
> 咎之外,稍盡力於聖經賢傳,若有所覺。取舊稿讀之,大

有愧焉。將畀烈矩，有類雞肋者，因爲一編，以識予愧。

是集乃詩文合編，前收詩三十餘首，後爲雜著，有文十餘篇。今存汲古閣本、《江湖小集》本、讀畫齋本。

《全宋詩》以汲古閣本爲底本。《全宋文》以《宋人小集六十八種》本爲底本。

順適堂吟稿甲集一卷乙集一卷丙集一卷丁集一卷戊集一卷

葉　茵　撰

葉茵（一一九一—？），字景文，笠澤（今上海松江）人。與徐璣、林洪相倡和，不慕榮利，蕭閒自放。所居草堂三楹，牓曰“順適”，取少陵“洗然順所適”之句。其《吟稿》今存甲、乙、丙、丁、戊凡五卷，有汲古閣本、《江湖小集》本、讀畫齋本。

《全宋詩》用讀畫齋本爲底本。

芸居乙稿一卷

陳　起　撰

陳起，字宗之，號芸居，人稱陳道人，錢塘（今浙江杭州）人。於臨安府棚北大街睦親坊開書肆，與江湖詩人交遊。寶慶初嘗以詩禍爲史彌遠所黥。編刊有《江湖集》《江湖後集》《中興江湖集》等。元韋居安《梅磵詩話》卷中曰：“陳起宗之，杭州人，鬻書以自給，刊唐宋以來諸家詩，頗詳備，亦有《芸居吟稿》板行。”今存《乙稿》，蓋爲《芸居吟稿》之第二種，多爲酬答江湖詩人之什。有汲古閣本、《江湖小集》本、讀畫齋本。丁氏嘉惠堂嘗刊入《武林往哲遺箸》。

《全宋詩》以汲古閣本爲底本，又從影印文淵閣《四庫全書》本《江湖後集·芸居遺詩》及《永樂大典》殘卷輯詩一卷，凡八十餘首。

中興群公吟稿戊集

清顧修讀畫齋所刊《南宋羣賢小集》中，收有《中興羣公吟稿戊集》七卷。原本藏鮑氏知不足齋，爲宋刻本，今不詳所在。日本静嘉堂文庫藏有鈔宋本，原爲黄丕烈藏書，後爲陸心源所得，《皕宋樓藏書志》卷一一四著録。鈔本卷中有“海寧陳氏向山閣圖書”朱文長印，“程氏易田”白文方印、“易田”朱文方印。《吟稿》目録末葉有“中興江湖吟稿戊集”一行。按該書趙希弁嘗著録於《郡齋讀書附志》卷下“總集類”，爲四十八卷，曰：“中興以來一百五十三人之詩也。”鮑廷博校本批語曰：“此亦陳思所刊，以甲、乙編次爲十集。”若是，則《戊集》前後尚有多集，惜已亡佚。《戊集》目録完整，蓋此集原止七卷。

《吟稿戊集》七卷之中，收“石屏戴式之（復古）”三卷、“菊磵高九萬（翥）”二卷、“白石姜堯章（夔）”一卷、“華林嚴坦叔（粲）”一卷。皆以人繫詩，無集名。四人中前三人上已著録，但所收詩并不全同。汲古閣本、顧刻本收戴氏《石屏續集》四卷，而《吟稿》所收三卷中，其卷一、卷三比汲古閣本以及全集

本各溢出詩六首，已輯入《全宋詩》。高翥詩，汲古閣本收詩
一卷，《吟稿》爲二卷，其中卷二部分與汲古閣本重複，删去之
後，《全宋詩》仍編爲一卷。姜夔詩，汲古閣本、顧刻本收《白
石道人詩集》一卷，《吟稿》所收基本相同，僅有文字差異。
四人中唯嚴粲詩一卷，汲古閣本、顧刻本未收。考嚴粲，字
坦叔，一字明卿，邵武（今屬福建）人，嚴羽族弟。登進士第，
授清湘令。嘗著《詩緝》，與朱熹《詩傳》相表裏。舊題宋陳
思編、元陳世隆補《兩宋名賢小集》卷三二九收其《華谷集》
一卷，與《吟稿》收詩數及編次基本相同，疑《名賢小集》即採
自《吟稿》。《全宋詩》用《吟稿》爲底本，共收詩一百二十
餘首。

南宋八家集

　　一九二二年，上海古書流通處影印汲古閣影鈔宋本《南
宋六十家小集》，已著録如上。次年，該處又將陳立炎所得知
不足齋另一宋人小集鈔帙凡八家九種（李龏爲二種），續印爲
《南宋八家集》。陳乃乾爲序，稱鮑氏本乃“影鈔”，恐不盡然。
如其中陳起《芸居遺詩》輯自《永樂大典》，其據何本“影鈔”？
四庫本《江湖小集》、顧氏讀畫齋本《南宋群賢小集》所收，亦
有在此八家之中者。兹依《南宋六十家小集》著録例，著録
《南宋八家集》。

瓜廬詩 一卷

薛師石　撰

薛師石（一一七八——一二二八），字景石，號瓜廬，永嘉（今屬浙江）人。世爲官宦，己獨築廬會昌湖西，以耕釣讀書爲樂。詩主陶、謝、韋、杜，以古淡著稱於時。嘉熙元年（一二三七），趙汝回序其集，稱"死後人士無遠近争致其詩，其子弟手鈔不能給，於是相與刻之"。淳祐丙午（六年，一二四六）曹豳跋，又謂作者"平生所爲詩不多，其子峻輩始收拾，僅得幾篇，旋鋟諸板，以應好事者之求"。曹跋與趙序相距十年，蓋淳祐時有補刊本。

是卷今除有《江湖小集》本、讀畫齋本、《八家集》本外，《四庫總目》又據勵守謙家藏單獨本著録。今國家圖書館等藏有明、清鈔本數部。民國四年（一九一五），冒廣生據讀畫齋本刊入《永嘉詩人祠堂叢刻》。據上引趙、曹序跋，此集原爲家刻，似並未刻入《江湖集》。

《全宋詩》以讀畫齋刊《南宋群賢小集》本爲底本。

【參考文獻】

趙汝回《瓜廬詩序》（影印南宋《八家集》本《瓜廬詩》卷首）

劉植、王汶、趙希迈、曹豳《瓜廬詩跋》（同上附録，人各一跋）

葦碧軒集 一卷　　　　　翁　卷　撰

清苑齋集 一卷　　　　　趙師秀　撰

芳蘭軒集 一卷　　　　　徐　照　撰

二薇亭集一卷　　　　　　　徐　璣　撰

　　四集蓋源於葉適所選“四靈”詩五百首，陳起嘗刊入《江湖集》。明潘是仁輯刊《宋元四十三家集》，亦收入此四集。有讀畫齋本、《八家集》本，知不足齋有補遺。《永嘉四靈詩集》所收，遠較此四集爲全，詳參本書卷二四《永嘉四靈詩集》叙録。

梅花衲一卷

李　龏　撰

　　李龏，字和父，號雪林，菏澤（今屬山東）人。家吳興三匯之交，效元、白歌詩，不樂仕進。年登耄期，自作墓誌，死後葬河道兩山間，梅樹百株。著有《吳湖藥邊吟》《雪林採蘋吟》《漱石吟》《梅花衲》《剪綃集》等，前三種已久佚。《梅花衲》乃集句詩集，專吟梅花，寶慶丁亥（三年，一二二七）劉宰序之曰：

　　　　菏澤李君寄示《梅花衲》，余讀之，若武陵漁人誤入桃源，但見深紅淺紅，後先相映，雖有奇花異卉間厠其間，莫能辨其孰彼孰此也。紹熙間，余尉江寧，有李魴伯鯉者，實余鄉人，年七十餘，客授方山觀，示余《梅花集句》百首。其所取用，上及晉、宋，下止蘇門諸君子，雖句句可考，而意或牽强，如兩服兩驂用生馬駒，費盡御者力，終難妥帖。今李君所取，下及於近時諸作，猶犧象尊間雜以一二瓶罍，雖雅俗不同，然適用可喜也。況後視今，未必不如今視昔耶，余故喜爲之書。

淳祐二年（一二四二）二月，作者自跋道：

> 寶慶丁亥，余留句曲，嘗録寄漫塘劉平國。今十五
> 年矣，喜事人屢囑板出，或者欲易爲《天機雲錦》。余曰：
> "此集實如野僧敗襖，將新捸舊，拆東補西，元無一片完
> 物，非衲而何？是名豈可易也！"客曰："唯。"傳而見者，
> 豈不直一笑！

其付梓，當即在是年或稍後。今除有《江湖小集》本、讀畫齋
本及《八家集》本外，猶存汲古閣影宋鈔本兩部，一部每半葉
十行十八字，另一部十行二十字，皆爲白口、左右雙邊，俱藏
國家圖書館。

　　《全宋詩》以影印文淵閣《四庫全書》之《江湖後集》本爲
第一卷，以汲古閣影宋鈔本《梅花衲》《剪綃集》爲第二至第四
卷，卷五爲輯佚詩，凡三十一首。

剪綃集 二卷

李　龏　撰

　　是集亦爲集句詩，《四庫總目》據汪如藻家藏本著録於集
部"存目"，《提要》曰：

> 是編皆集唐人之句，上卷凡二十八首，惟五言律一
> 首，餘皆古體；下卷凡九十首，則皆七言絶句。殆以艱於
> 屬對故耶？不及石延年、王安石、孔平仲所集多矣。

汲古閣嘗將其刊入《詩詞雜俎》，《叢書集成初編》據《雜俎》本

影印。又有《江湖小集》本、讀畫齋本、《八家集》本。國家圖書館藏有汲古閣影宋鈔本二部，版式分別與上述《梅花衲》鈔本同。《續修四庫全書》據汲古閣影宋鈔本影印，編入集部第一三二一册。《全宋詩》所收，已見上述。

退菴先生遺集 二卷

吳　淵　撰

吳淵（一一九〇——一二五七），字道父，號退菴，建康溧水（今江蘇溧水）人。嘉定七年（一二一四）進士。寶祐中拜參知政事。卒謚莊敏。著有《易解》《奏議》及《退菴文集》。《澹生堂藏書目》卷一三《續收》著録"《袞繡堂遺集》，吳潛、吳淵。吳許國《履菴集》四卷、吳莊敏《退菴集》二卷"。此蓋兄弟兩集合刊本，參本書卷二六吳潛《履齋先生遺集》叙録。

今存《退菴先生遺集》二卷，乃明吳伯敬所刊，每半葉九行十八字，白口，四周單邊，國家圖書館著録。《遺集》又有《江湖小集》本、《八家集》本。《八家集》本分上、下二卷，卷上之首爲《江東道院賦》，次爲詩，再次爲詩餘，收詞三首；卷下爲文。

《全宋詩》以讀畫齋本爲底本，輯得佚詩五首。

芸居遺詩 一卷

陳　起　撰

陳起著有《芸居乙稿》，前已著録。此本收入《南宋八家集》，卷首有小序，曰：

> 起字宗之，錢塘人，開書肆於睦親坊，亦號陳道人。
> 寶慶初以江湖詩禍爲史彌遠所黥。有《芸居乙稿》，見遺
> 書本。今葺自《永樂大典》中，補詩五十一首。

今按《遺詩》原載四庫本《江湖後集》卷二四，乃館臣從《永樂
大典》所輯，小序即館臣所撰作者小傳，《全宋詩》已據影印文
淵閣四庫本收録，參前《南宋六十家小集·芸居乙稿》叙録。

江湖後集二十四卷

《江湖後集》二十四卷，作者凡六十六人，清四庫館臣自
《永樂大典》中輯出。《提要》曰：

> （陳）起以刻《江湖集》得名，然其書刻非一時，版非
> 一律，故諸家所藏如黄俞邰、朱彝尊、曹棟、吳焯及花溪
> 徐氏、花山馬氏諸本，少或二十八家，多至六十四家，輾
> 轉傳鈔，真贋錯雜，莫詳孰爲原本。今檢《永樂大典》所
> 載，有《江湖集》，有《江湖前集》，有《江湖後集》，有《江湖
> 續集》，有《中興江湖集》諸名，其接次刊刻之迹，略可考
> 見。以世傳《江湖集》本互校，其人爲《前集》所未有者，
> 凡鞏豐、周弼、劉子澄、林逢吉、林表民、周端臣、趙汝鐩、
> 鄭清之、趙汝績、趙汝回、趙庚夫、葛起文、趙崇嶓、張榘、
> 姚寬、羅椅、林昉、戴埴、林希逸、張煒、万俟紹之、儲泳、
> 朱復之、李時可、盛烈、史衛卿、胡仲弓、曾由基、王謐、李

自中、董杞、陳宗遠、黄敏求、程炎子、劉植、張紹文、章採、章粲、盛世宗、程垣、王志道、蕭澥、蕭元之、鄧允端、徐從善、高吉、釋圓悟、釋永頤凡四十八人。考林逢吉即林表民之字，蓋前後刊版所題偶異，實得四十七人。又詩餘二家，爲吴仲方、張輯，共四十九人。有其人已見《前集》，而詩爲《前集》未載者，凡敖陶孫、李龏、黄文雷、周文璞、葉茵、張藴、俞桂、武衍、胡仲参、姚鏞、戴復古、危積、徐集孫、朱繼芳、陳必復、釋斯植，及（陳）起所自作，共十七人。惟是當時所分諸集，大抵皆同時之人，隨得隨刊，稍成卷帙，即別立一名以售，其分隸本無義例，故往往一人之詩而散見於數集之内，如一一復其舊次，轉嫌割裂参差，難於尋檢。謹校驗《前集》，删除重複，其餘諸集，悉以人標目，以詩繫人，合爲一編，統名之曰《江湖後集》，庶條理分明，篇什完具，俾宋季詩人姓名篇什湮没不彰者，一一復顯於此日，亦談藝之家見所未見者矣。

所輯六十六家中，許多不成卷帙，然原皆有集，不少人且不止一集。宋季江湖詩人之作，頗賴此本得以保存一二，吉光片羽，彌足珍貴。因輯本中各家多無集名，館臣皆寫有作者小傳，今引《提要》以見其大概，不再按人分別叙述。

顧修讀畫齋本《南宋群賢小集》，將此二十四卷附刻於後。

北京大學圖書館藏李氏書中，有乾隆四十七年（一七八二）鮑氏知不足齋黑格鈔本《江湖小集》一部，有鮑廷博校並題字。此本乃李盛鐸光緒甲申（十年，一八八四）得之於醉經堂書坊，鈐有“鷗寄室王氏珍藏”、“蘧盦”兩朱文方印。詳参《木犀軒藏書題記及書録》。

後　記

　　校完《宋人別集叙録》清樣的最後一頁，或許可以鬆一口氣。十餘回春去秋來，青絲凝霜，鬆口氣似乎無不可，然而心情却並不輕鬆。因爲自知書中還有不少問題，且不説距讀者的要求，就是與著者的主觀期望，也還有一定距離。這裏不妨"指瑕"。首先，《凡例》中有一條稱"力求檢視原本"。筆者多年來由於工作的關係，翻檢的宋人別集大約不算少，但必須承認，還有許多版本（尤其是鈔本和部分明、清本）未嘗經眼，只能依靠文獻資料，而珍稀本又大多只能看微縮膠卷。版本太多，庋藏分散，加之館藏制度的限制，所謂"力求"，有的書實際上是力不可求，或無力以求（臺灣地區的藏書更無緣以求）。其次，海外藏本著録相對薄弱，筆者每以爲憾。日藏宋集的資料掌握得比較豐富，歐、美各國則所知寥寥。再次，除上述客觀條件限制外，本書由於體大，涉及面廣，千頭萬緒，皆待梳理，而個人學殖淺薄，孤陋寡聞，往往力不從心。諸如資料搜集的全否，材料取捨的當否，版本體系識認的正確與否，等等，都有待讀者驗證。以上就是所謂"不輕鬆"的原因。如果專家、讀者不吝賜教，那將十分感謝。

　　此外還有如下幾點需要交代。

　　一、今人新編的兩部宋人詩文總集《全宋詩》《全宋文》，本書在定稿時，前者只出到第二十五册，後者也僅出版前五十册。本書對兩總集中所使用的宋人別集重要版本及輯佚等情况，必要時略有叙述，意在增加信息量。到本書定稿時，兩總集皆未出齊，故介紹没有進行到底。到校清樣時，《全宋詩》雖已出齊，但《全宋文》尚在北京、長沙兩地排校，無法查覈，因此决定連新出的《全宋詩》也不再補了。有一點可以告慰讀者：本書在著録幾部僅日本才有藏本的宋僧別集時，曾希望東渡學者將其引回故土。今檢新出的《全宋詩》，皆已赫然在編，這是很值得慶幸的。

二、本書定稿以後，某些行政區劃有變動，藏書單位名稱也有更改，如重慶由四川劃出設立直轄市（這關係到作家籍貫介紹），國家圖書館更名爲中國國家圖書館等等。本書一仍原稿，不再改動。

三、今人新整理的宋人別集，大多質量較高。本書由於撰寫、修訂及出版周期較長，雖已定稿，只要看到新整理本，仍儘可能將其補入。但囿於見聞，不可能悉數登録，這是很遺憾的。需要説明的是，如有遺漏，純係偶然，决無個人去取陟黜之私意。

北京大學嚴紹璗先生，曾爲四川大學古籍研究所提供他的《日本漢籍録》手稿複印本，對全面了解日藏宋集的版本細節幫助不小，本書多所引用。北京圖書館陳杏珍先生，屢爲答疑解難。四川師範大學屈守元老教授惠借其家藏圖籍。同鄉學友常思春教授，在最初選題時極力鼓勵和慫恿，促使我下最後决心；多年來幫助尋求資料，又時常一起切磋疑難，且蒙其讀了大部分原稿，提出過不少中肯的意見。一些圖書館曾爲閲書提供過便利。研究所同仁給予了經常性的無私幫助。本書除大量汲收前輩學者的成果外，也汲取了許多當代學者的研究成果，皆一一注明出處，不敢掠美。承蒙中華書局的支持，本書得以付梓問世。責編劉尚榮編審不辭辛勞，精心編校，並提出許多寶貴的意見。對上述所有支持過本書撰寫和出版的先生和單位，在此一並表示由衷的謝忱。

一九九二年夏，著名書法家徐無聞先生得知我正在撰寫此稿，欣然命筆，爲之題寫書名。不料先生於次年仙逝，未能見到本書完成並出版。今用其遺墨，以志紀念。

祝尚書

一九九九年九月九日寫於四川大學竹林村

增訂本後記

多年前，中華書局有關負責同志曾不止一次地告訴我，他們準備再版拙著《宋人別集叙録》和《宋人總集叙録》。這固然是大好事。自是書出版十六七年來，雖謬得學界好評，但也發現瑕疵不少，令我深感慚愧和惶恐，於是提議出修訂本，以利用好這次難得的自我糾錯的機會。然而世事匆忙，修訂一直無暇顧及，便拖了下來。自二〇一四年起，方才有了時間上一些斷斷續續的"空檔"，到寫此《後記》時，又過了三個年頭，終於修訂完畢——既有糾訛正誤，也有版本補查和内容增益，還有書目添減及文字修潤，故稱這個本子爲"增訂本"。兹就增訂中幾個帶體例性質的事項介紹如下。

首先，相對初版本，增訂本收書有所增減。一是初版本卷五嘗著録蘇洵《東萊標注老泉先生文集》，而該本乃拙著《宋人總集叙録》卷三《東萊標注三蘇文集》之一部分（唯版本不同），現刪去，合併到《總集叙録》。二是將蘇轍《欒城集》叙録中所述《類編增廣潁濱先生大全文集》單獨立目。三是《柴氏四隱集》，遵《四庫全書總目》例，將其中柴望《秋堂集》歸於別集，而將《柴氏四隱集》歸入總集。四是將初版未録及近年從海外引回故土的幾部詩文別集添加入編，共四人五種：陳模注《文公朱先生感興詩》；釋大觀撰《物初賸語》；釋夢真撰

《籟鳴集》《籟鳴續集》；張逢辰撰《菊花百詠》。

其次，增加《凡例》第十條，目的是嚴格"别集"界限，也是對某些書未著録入編的交待。同時删去初版本《凡例》之第十四條，該條規定一些標點符號的使用方法，雖重要但非關宏旨，不必作體例寫入。

第三，隨着學界對宋人别集作者生平事跡研究的深入，有些作家的生卒年已被考定，以前不詳或不準確的紀年，自然應當修正。而是書以生年（或大致生年）先後次序編排，故修正後需重新調整編次。

第四，接受武漢大學王兆鵬教授的建議，每集選擇一種較常用的版本，述其卷目編次，使讀者由此大致了解該書的結構和内容。

第五，初版《後記》言及以下二事，修訂中已解決。一是初版本每集末曾記録《全宋詩》《全宋文》所用底本及輯佚情況，但兩書當時尚未出齊，故記注不全，現已補足，並規定所輯佚詩文一般在十篇（首）左右方才登録，以免繁冗。二是由於撰稿時間長，定稿時許多地名、單位名稱已發生變更，而未作改動。又十多年之後，變動更多，兹已一一改用今名。

修訂舊著不像撰寫新書那麼令人興奮，更多的是尷尬和無奈，但也如同償還宿債，使人如釋重負，從而變得心平氣和。拙著初版後，我便在電腦中新建了一個文檔，每發現錯誤、疏漏及同行們的最新研究成果，就立刻記録下來。特别是後者，衆多新成果是此次修訂中我最關注、也是最重要的信息資源，故凡有徵引，必注明出處，不敢掠美。唯作家生卒年考證，限於體例不便引録，令人遺憾。責編樊玉蘭女史認真負責，不辭辛勞。羅琴、范金晶、欽佩等同學，在川大讀書時我曾有幸爲她們上課，前些年正在東南諸名校攻博，皆熱情地在上海、南京、杭州等地的大圖書館爲我查尋資料。所有這些，令人難以忘懷，在此一併表達深深的敬意和由衷的感謝。

本書的再版，固然彌補了初版時留下來的諸多缺憾，但決不等於已經完美。這個課題對學殖藭陋的筆者而言，本身就是巨大挑戰，它仿佛是座看不透徹、翻不過去的高山。因此，我將繼續虛心聽取專家、讀者的批評和建議，有生之年仍將不斷地對它進行修補。

末了，回顧是書由發軔至今三十年歷程，感慨良多，聊賦四句略抒愚衷：

聚奎承運趙家風，仟佰文星仰望中。

殘春剩臘孤燈下，一編録罷竟成翁。

祝尚書

二〇一五年端午寫，

二〇一九年三月四日校畢於成都江安河畔

《宋人別集叙録》
四角號碼索引

例　言

一、本索引收録《宋人別集叙録》著録之所有別集書名（包括異名），別集撰者、注者、評點者、纂集者姓名。

二、每條之下所列數碼，斜綫前爲卷數，其後爲本書頁數。一條數見者（如作者名），分别注明卷、頁。如：

王禹偁

1/25

1/33

表示王禹偁凡兩見，一見第一卷第二十五頁，一見同卷第三十三頁。

三、一人有數種集子同時著録，第二種以下書名，原本一般從簡，如《范文正公集》之下，同時猶有《別集》《政府奏議》《尺牘》，而書名題"別集"者尚多（如黄庭堅等亦有）。如此則難以區別，無法檢索。今將第二集以下書名冠爲全稱，方法是將第一集之名冠於以下數集。如《范文正公集》以下各集，冠爲《范文正公別集》《范文正公政府奏議》《范文正公尺牘》。其餘仿此。

四、本索引採用四角號碼檢字法編排。首先出以每條第一字之四角號碼，例如"徐鉉"，先列"徐"的四角號碼：

"2829₄",然後取第二個字上兩角的號碼排列在條目之前:"80徐鉉"。若第二個字上兩角的號碼相同,則暗取第三角爲序。其餘以此類推。

0014₁ 癖

00 癖齋小集

30/1595

0021₇ 廬

22 廬山集

27/1436

0022₂ 廖

21 廖行之

21/1082

72 廖剛

14/654

0022₇ 方

20 方信孺

25/1282

26 方泉先生詩集

30/1567

27 方舟集

19/914

37 方逢辰

21/1089

27/1439

40 方壺存稿

23/1192

方大琮

26/1321

26/1325

60 方是閒居士小稿

23/1173

64 方時佐先生富山嬾稿

28/1493

72 方岳

26/1378

77 方鳳

29/1511

80 方夔

28/1493

0022₇ 育

24 育德堂外制

23/1189

育德堂奏議

23/1190

0022₇ 高

12 高登

18/859

44 高燾

25/1264

30/1589

27 高峰先生文集

14/654

28 高似孫

24/1205

30/1589

42 高斯得

27/1396

0022₇ 庸

00 庸齋集

26/1374

庸齋小集

30/1593

0023₁ 應

00 應齋雜著

22/1124

0024₇ 度

10 度正

24/1251

0024₇ 慶

37 慶湖遺老詩集後

集補遺

12/564

慶湖遺老詩集拾

遺

12/564

慶湖遺老詩集

12/564

0026₇ 唐

00 唐庚

14/659

24 唐先生文集

14/659

25 唐仲友

21/1071

40 唐士恥

23/1196

0028₆ 廣

74 廣陵先生文集

8/363

80 文公朱先生感興

詩

20/1028

0040₀ 文

00 文彥博

4/147

10 文天祥

28/1494

22 文山先生全集

28/1494

30 文定集

19/945

37 文潞公文集

4/147

44 文恭集

3/109

文恭集補遺

3/109

77 文同

6/257

0040₁ 辛

00 辛棄疾

22/1127

0040₆ 章

26 章泉稿

22/1146

53 章甫

21/1052

0073₂ 襄

74 襄陵文集

14/677

0121₁ 龍

10 龍雲先生文集

12/531

22 龍川先生文集

22/1147

32 龍洲道人詩集

23/1186

龍洲道人詩集(小

集)

30/1567

0212₇ 端

67 端明集
5/227
72 端隱吟稿
30/1606

0292₁ 新

12 新刊嵩山居士文
全集
19/937
30 新注斷腸詩集
19/951
新注斷腸詩後集
19/951

0365₀ 誠

00 誠齋集
20/998

0460₀ 謝

24 謝幼槃文集
15/694
27 謝翱
29/1537
37 謝逸

14/647
40 謝枋得
28/1453
44 謝邁
15/694

0512₇ 靖

37 靖逸小集
30/1594

0724₇ 毅

00 毅齋詩集別録
24/1218

0742₇ 郭

38 郭祥正
8/385
77 郭印
17/807

0821₂ 施

10 施元之
10/435
30 施宿
10/435
31 施顧注蘇詩
10/435

41 施樞
30/1580

0864₀ 許

00 許應龍
25/1261
11 許棐
26/1341
30/1584
17 許及之
21/1049
48 許翰
14/677
60 許景衡
15/683
77 許月卿
27/1419
90 許尚
22/1146

0963₁ 讜

08 讜論集
10/481

1010₀ 二

44 二薇亭集
30/1616

1010₁ 三

22 三山鄭菊山先生
　清雋集
　26/1376
40 三十代天師虛靖
　先生語録
　18/837
88 三餘集
　17/808

1010₃ 玉

37 玉瀾集
　18/874
44 玉楮詩稿
　26/1318
77 玉隆集
　26/1360

1010₄ 王

00 王應麟
　27/1448
　王庭珪
　15/724
　王文公文集
　7/301

13 王琮
　30/1590
14 王珪
　6/281
　6/283
17 王子俊
　22/1142
20 王禹偁
　1/25
　1/33
23 王狀元集百家注
　分類東坡先生詩
　9/419
24 王岐公宮詞
　6/283
25 王仲修
　12/572
　王仲修宮詞
　12/572
26 王魏公集
　8/383
30 王之望
　19/902
　王之道
　18/845
　王安石

7/301
7/319
　王安禮
　8/383
　王安中
　15/698
34 王邁
　26/1326
　26/1327
38 王洋
　17/794
40 王十朋
　9/419
　19/921
　19/927
42 王荆文公詩箋注
　7/319
44 王著作集
　16/751
　王蘋
　16/751
46 王柏
　26/1368
71 王阮
　22/1104
72 王質

21/1057

77 王同祖

　30/1591

80 王令

　8/363

　王逢原集

　8/363

81 王銍

　18/872

88 王鎡

　28/1465

90 王炎

　22/1100

90 王炎午

　29/1547

97 王灼

　15/732

1010₇ 五

27 五峰胡先生文集

　19/906

1010₇ 亞

60 亞愚江浙紀行集

　句詩

　25/1297

1010₈ 靈

22 靈巖集

　23/1196

1011₃ 疏

30 疏寮小集

　25/1264

　30/1589

1016₄ 露

20 露香拾稿

　30/1603

1017₇ 雪

12 雪磯叢稿

　27/1402

22 雪山集

　21/1057

　雪岑和尚續集

　28/1452

　雪巖吟草甲卷忘

機集

　30/1582

　雪巖吟草乙卷西

塍集

　30/1582

27 雪峰空和尚外集

　18/849

30 雪窗先生文集

　26/1387

　雪窗小集

　30/1610

　雪竇顯和尚明覺

大師頌古集

　2/79

32 雪溪集

　18/872

44 雪坡姚舍人文集

　27/1421

　雪坡小稿

　30/1588

　雪蓬稿

　30/1611

　雪林刪餘

　30/1597

1021₁ 元

22 元豐類稿

　6/266

23 元獻遺文

　3/97

元獻遺文補編

3/97

80 元公周先生濂溪
集

6/237

1022₃ 霽

22 霽山先生文集

29/1522

1024₇ 覆

01 覆瓿集

29/1533

1040₀ 于

10 于石

28/1468

37 于湖居士文集

21/1034

1040₇ 夏

00 夏文莊集

2/83

05 夏竦

2/83

1040₉ 平

00 平齋文集

25/1279

40 平塘集

25/1302

44 平菴詩稿

20/1005

1043₀ 天

88 天竺別集

2/54

1060₀ 石

12 石延年

3/104

37 石湖居士詩集

20/982

44 石林奏議

15/706

石林居士建康集

15/701

77 石門文字禪

14/669

石屏詩集

24/1252

石屏續集

30/1566

石屏長短句

30/1566

石學士詩集

3/104

80 石介

4/141

90 石堂先生遺集

29/1527

1060₀ 百

10 百正集

29/1513

1060₀ 西

22 西山先生真文忠
公文集

25/1284

30 西渡集

14/642

32 西溪文集

8/347

37 西湖百詠

27/1437

40 西臺集

11/526

西塘先生文集

10/472

41 西垣類稿

　22/1108

44 西麓詩稿

　30/1597

60 西園康範詩集

　24/1233

1060_1 吾

30 吾汶全稿

　29/1547

88 吾竹小稿

　30/1596

1062_0 可

00 可齋雜稿

　26/1371

　可齋續稿

　26/1371

　可齋續稿後

　26/1371

1073_1 雲

22 雲巢集

　8/347

26 雲泉詩

　30/1587

　雲泉詩集

　30/1575

32 雲溪集

　17/807

　雲溪居士集

　12/570

44 雲莊集

　19/911

73 雲卧詩稿

　30/1604

1118_6 項

30 項安世

　20/1005

1123_2 張

00 張方平

　4/180

　張文潛文集

　13/599

03 張詠

　1/16

10 張至龍

　30/1597

　張元幹

　17/822

20 張舜民

　8/381

22 張繼先

　18/837

26 張侃

　24/1224

　張嵲

　18/848

27 張綱

　16/766

30 張守

　16/770

　張良臣

　30/1610

　張逢辰

　29/1508

40 張九成

　18/838

　張堯同

　27/1432

　張右史文集

　13/599

44 張孝祥

　21/1034

43 張弋

　30/1594

張栻
　21/1038
44 張蘊
　30/1607
50 張擴
　16/747
張耒
　13/599
80 張公庠
　7/326
張公庠宮詞
　7/326
80 張鎡
　23/1179

1141₀ 耻

90 耻堂存稿
　27/1396

1211₀ 北

17 北磵文集
　24/1242
北磵詩集
　24/1241
北磵和尚外集
　24/1244

北磵和尚續集
　24/1244
22 北山集
　17/795
北山小集
　15/710
30 北窗詩稿
　30/1596
32 北溪先生外集
　24/1212
北溪先生大全文集
　24/1212
37 北湖居士集
　14/667
38 北海集
　16/764
北遊集
　27/1404

1223₀ 水

10 水雲集
　29/1517
33 水心先生文集
　23/1161
水心先生別集

23/1167

1241₀ 孔

00 孔文仲
　8/372
10 孔平仲
　8/372
13 孔武仲
　8/372

1249₃ 孫

00 孫應時
　23/1184
10 孫雲翼
　23/1172
24 孫德之
　26/1353
28 孫復
　3/101
44 孫夢觀
　26/1387
46 孫覿
　16/735
　16/741
55 孫耕閑集
　26/1384

67 孫明復先生小集

　3/101

88 孫鋭

　26/1384

90 孫尚書大全文集

　16/735

1314₀ 武

21 武衍

　30/1601

32 武溪集

　3/122

50 武夷新集

　2/66

　武夷集

　26/1360

1523₆ 融

50 融春小綴

　30/1584

1613₂ 環

80 環谷存稿

　24/1233

1623₆ 强

10 强至

7/331

1660₁ 碧

22 碧巖詩集

　23/1200

41 碧梧玩芳集

　27/1445

1712₇ 鄧

25 鄧紳伯集

　19/910

28 鄧牧

　29/1535

37 鄧深

　19/910

44 鄧林

　30/1592

50 鄧肅

　17/829

1721₄ 翟

34 翟汝文

　15/700

1723₂ 豫

00 豫章黃先生文集

11/486

　豫章黃先生外集

　11/486

　豫章黃先生詞

　11/486

　豫章黃先生簡尺

　11/486

　豫章黃先生別集

　11/486

　豫章羅先生文集

　15/684

1740₈ 翠

28 翠微北征録

　25/1305

　翠微南征録

　25/1303

1750₇ 尹

35 尹洙

　3/126

90 尹焞

　14/673

1762₀ 司

71 司馬太師温國文

正公傳家集
7/285
司馬光
7/285

1762₇ 邵

00 邵雍
5/217

1814₀ 攻

46 攻媿先生文集
21/1093

1814₀ 致

90 致堂胡先生斐然
集
18/862

2010₄ 重

23 重編古筠洪城幸
清節公松垣文集
25/1262
40 重校鶴山先生大
全文集
25/1290

2011₁ 乖

22 乖崖先生文集

1/16

2026₁ 信

10 信天巢遺稿
25/1264

2040₇ 雙

27 雙峰猥稿
22/1097
32 雙溪文集
22/1100
雙溪集
17/834
32 雙溪類稿
22/1100

2060₄ 看

10 看雲小集
30/1609

2060₉ 香

22 香山集
20/1011

2071₄ 毛

17 毛珝
30/1596

30 毛滂
13/624

2090₄ 采

44 采芝集
30/1608
采芝續稿
30/1608

2108₆ 順

30 順適堂吟稿乙集
30/1612
順適堂吟稿丙集
30/1612
順適堂吟稿丁集
30/1612
順適堂吟稿甲集
30/1612
順適堂吟稿戊集
30/1612

2110₀ 上

35 上清集
26/1360

2110₀ 止

00 止齋先生文集

21/1084

90 止堂集
22/1135

2121₀ 仁

22 仁山集
28/1486

2121₇ 盧

32 盧溪先生文集
15/724

2122₀ 何

00 何應龍
30/1579

40 何希之
27/1431

何去非
14/632

43 何博士備論
14/632

44 何夢桂
28/1462

60 何景福
29/1556

2122₁ 衛

30 衛宗武

27/1435

31 衛涇
24/1216

43 衛博
18/898

2123₄ 虞

24 虞儔
22/1107

2125₃ 歲

30 歲寒三友除授集
27/1430

2128₆ 須

32 須溪集
28/1480

須溪先生評點簡
齋詩集
17/815

須溪先生四景詩
集
28/1484

2191₁ 經

30 經進東坡文集事
略

10/450

2196₁ 縉

10 縉雲先生文集
18/882

2221₄ 任

32 任淵
11/507
13/583

2221₄ 崔

08 崔敦詩
22/1108

崔敦禮
21/1076

77 崔與之
24/1206

80 崔舍人玉堂類稿
22/1108

2222₇ 嵩

22 嵩山景迂生文集
13/617

2224₇ 後

22 後山詩注

13/583

後山先生集

12/572

後山居士集

12/572

後樂集

24/1216

44 後村先生大全集

26/1330

2233₁ 熊

20 熊禾

29/1552

27 熊勿軒先生文集

29/1552

2277₀ 山

30 山房集

24/1209

山房後稿

24/1209

山房先生遺文

27/1439

77 山居存稿

30/1606

80 山谷外集詩注

11/512

山谷内集詩注

11/507

山谷黃先生大全

詩注

11/507

山谷別集詩注

11/517

2290₀ 利

12 利登

30/1603

2290₃ 紫

22 紫巖于先生詩選

28/1468

28 紫微集

18/848

2290₄ 柴

07 柴望

27/1405

2290₄ 樂

10 樂雷發

27/1402

51 樂軒集

23/1170

52 樂静先生李公文

集

12/556

60 樂圃餘稿

10/465

80 樂全先生文集

4/180

2290₄ 欒

43 欒城應詔集

10/452

欒城集

10/452

欒城後集

10/452

欒城第三集

10/452

2293₂ 崧

44 崧菴集

16/768

2320₂ 參

30 參寥子詩集

10/476

2323_4 獻

16 獻醜集
　26/1341

2324_2 傅

30 傅察
　17/802

50 傅忠肅集
　17/802

2325_0 伐

40 伐檀集
　6/253

2350_0 牟

23 牟巘
　28/1458

2393_2 稼

51 稼軒詞
　22/1127

稼軒集補遺
　22/1127

稼軒集鈔存

22/1127

2421_1 先

10 先天集
　27/1419

2422_1 倚

48 倚松老人詩集
　14/634

2424_1 侍

37 侍郎集
　8/372

侍郎葛公歸愚集
　18/869

2441_2 勉

00 勉齋先生黃文肅公文集
　23/1175

2520_6 仲

80 仲并
　18/868

2590_0 朱

17 朱翌

18/858

22 朱繼芳
　30/1608

37 朱淑真
　19/951

40 朱熹
　20/1012
　20/1028

朱南杰
　30/1590

46 朱槔
　18/874

48 朱松
　18/851

71 朱長文
　10/465

2600_0 白

10 白玉蟾
　26/1360
　26/1362

白石道人詩集
　30/1568

2600_0 自

67 自鳴集

21/1052

90 自堂存稿

27/1446

2610₄ 皇

44 皇琴曲

30/1592

2620₀ 伯

10 伯牙琴

29/1535

伯牙琴補遺

29/1535

2641₃ 魏

17 魏了翁

25/1290

67 魏野

1/38

2690₀ 和

05 和靖先生文集

14/673

77 和陶詩

9/389

2691₄ 程

02 程端明公洺水集

24/1237

13 程珌

24/1237

27 程俱

15/710

37 程洵

21/1060

61 程顥

8/366

71 程頤

8/366

80 程公許

26/1309

2692₂ 穆

23 穆參軍集

2/75

27 穆修

2/75

2694₁ 釋

00 釋文珦

27/1399

10 釋元肇

26/1344

26/1345

釋元照

12/537

20 釋重顯

2/79

21 釋行海

28/1452

27 釋紹嵩

25/1297

30 釋寶曇

20/1004

釋永頤

30/1575

38 釋遵式

2/54

釋道璨

27/1409

釋道潛

10/476

40 釋大觀

27/1392

42 釋斯植

30/1608

44 釋夢真

27/1415

50 釋惠空

18/849

釋惠洪
　　14/669
57 釋契嵩
　　4/173
77 釋居簡
　　24/1241
　　24/1242
　　24/1244
80 釋善珍
　　26/1359
86 釋智圓
　　2/73

2710₇ 盤

32 盤洲文集
　　19/939

2711₇ 龜

22 龜山先生集
　　13/594

2720₇ 伊

22 伊川先生文集
　　8/366
　　伊川擊壤集
　　5/217

2721₀ 佩

40 佩韋齋文集
　　29/1509

2721₀ 徂

24 徂徠集
　　4/141

2721₂ 危

24 危積
　　24/1235
　　30/1595

2721₇ 倪

10 倪石陵書
　　21/1033
42 倪樸
　　21/1033

2722₀ 勿

00 勿齋先生文集
　　25/1308

2722₀ 御

22 御製玉京集
　　2/55

2723₂ 象

22 象山先生文集
　　22/1110
　　象山先生外集
　　22/1110

2726₁ 詹

37 詹初
　　22/1144

2742₇ 鄒

12 鄒登龍
　　30/1592
34 鄒浩
　　13/621

2744₉ 彝

00 彝齋文編
　　26/1385

2752₀ 物

37 物初賸語
　　27/1392

2760₃ 魯

魯齋王文憲公文

集
　26/1368

2762₇ 鄱

76 鄱陽集
　17/798
　鄱陽先生文集
　10/467

2771₂ 包

44 包孝肅公奏議
　3/117
57 包拯
　3/117
94 包恢
　26/1315

2790₉ 黎

12 黎廷瑞
　29/1545

2792₀ 網

22 網山集
　21/1069

2792₂ 繆

78 繆鑒

27/1433

2824₇ 復

00 復齋先生龍圖陳
　公文集
　25/1268

2829₄ 徐

00 徐鹿卿
　26/1342
10 徐元杰
　26/1358
12 徐瑞
　29/1557
　徐璣
　24/1219
　30/1616
　徐璣集
　24/1219
20 徐集孫
　30/1596
21 徐經孫
　26/1352
22 徐僑
　24/1218
25 徐積

8/353

87 徐鈞
　28/1473
67 徐照
　24/1219
　30/1615
　徐照集
　24/1219
74 徐騎省文集
　1/1
80 徐鉉
　1/1
　徐公文集
　1/1
90 徐常侍集
　1/1

2854₀ 牧

44 牧萊脞語
　29/1507
　牧萊脞語二稿
　29/1507

2998₀ 秋

22 秋崖先生小稿
　26/1378

31 秋江煙草
　30/1594
47 秋聲集
　27/1435
90 秋堂集
　27/1405

3010₆ 宣

26 宣和御製宮詞
　16/749

3011₄ 注

50 注東坡先生詩
　10/435

3011₄ 淮

38 淮海外集
　26/1345
　淮海挈音
　26/1344
　淮海居士集
　12/541
　淮海居士後集
　12/541
　淮海居士長短句
　12/541

3012₃ 濟

12 濟北晁先生鷄肋
　集
　13/589
40 濟南集
　13/610

3014₀ 汶

76 汶陽端平詩雋
　30/1586

3014₇ 淳

77 淳熙稿
　22/1146

3020₁ 寧

47 寧極齋稿
　29/1555

3021₂ 宛

72 宛丘先生文集
　13/599
74 宛陵先生文集
　3/132

3021₄ 寇

30 寇準

2/47
50 寇忠愍公詩集
　2/47

3023₂ 家

80 家鉉翁
　27/1407

3023₂ 永

40 永嘉四靈詩集
　24/1219

3030₂ 適

30 適安藏拙餘稿
　30/1601
　適安藏拙餘稿乙
　卷
　30/1601

3030₃ 寒

48 寒松閣集
　22/1144

3040₄ 安

67 安晚堂詩集輯補
　30/1573
　安晚堂詩集補編

30/1573
安晚堂詩集
30/1573
72 安岳馮公太師文
集
8/361
76 安陽集
5/189

3040₇ 字

32 字溪集
26/1329

3060₄ 客

00 客亭類稿
22/1122

3060₆ 宮

48 宮教集
21/1076

3080₁ 定

00 定齋集
22/1134
44 定菴類稿
18/898

3080₆ 寶

10 寶晉山林集拾遺
12/558
寶晉英光集
12/558

3090₁ 宗

36 宗澤
13/614

3090₄ 宋

00 宋庠
3/106
宋文安公宮詞
1/8
10 宋元憲集
3/106
17 宋丞相崔清獻公
全錄
24/1206
24 宋特進左丞相許
國公奏議集
26/1367
26 宋白
1/8

宋伯仁
30/1582
30 宋寶章閣直學士
忠惠鐵菴方公文
集
26/1321
宋宗伯徐清正公
存稿
26/1342
37 宋祁
3/112
50 宋東京留守宗簡
公文集
13/614
60 宋國録流塘詹先
生集
22/1144
宋景文集
3/112
宋景文集拾遺
3/112
77 宋學士徐文惠公
存稿
26/1352

3111₀ 江

37 江湖後集

30/1619
江湖長翁文集
21/1048
44 江村遺稿
25/1264

3111₄ 汪

00 汪應辰
19/945
10 汪元量
29/1517
44 汪藻
15/718
汪莘
23/1192
汪夢斗
27/1404
61 汪晫
24/1233
90 汪炎昶
29/1558

3112₀ 河

40 河南先生文集
3/126
河南程氏文集

8/366
河南穆公集
2/75
50 河東先生集
1/21

3112₁ 涉

00 涉齋集
21/1049
50 涉史隨筆
23/1197

3112₇ 馮

22 馮山
8/361
64 馮時行
18/882

3112₇ 灊

22 灊山集
18/858

3116₁ 潛

00 潛齋先生文集
28/1462
22 潛山集

27/1399

3128₆ 顧

34 顧禧
10/435
19/954

3213₄ 溪

90 溪堂集
14/647

3214₇ 浮

22 浮山集
18/868
31 浮沚集
14/646
32 浮溪集
15/718

3216₉ 潘

30 潘良貴
18/846
77 潘閬
1/44

3300₀ 心

26 心泉學詩稿

28/1475

38 心游摘稿
　　30/1599

50 心史
　　29/1514

3311₁ 浣

22 浣川集
　　25/1270

3318₆ 演

22 演山先生文集
　　11/483

3322₇ 補

24 補續芝園集
　　12/537

3390₄ 梁

32 梁溪先生文集
　　16/754

梁溪遺稿
　　20/995

3400₀ 斗

67 斗野稿支卷

30/1607

3411₂ 沈

08 沈説
　　30/1593

34 沈遼
　　8/347

35 沈遘
　　8/347

50 沈忠敏公龜溪集
　　17/789

52 沈括
　　8/347

72 沈氏三先生文集
　　8/347

77 沈與求
　　17/789

3411灌

60 灌園集
　　11/521

3418₁ 洪

24 洪皓
　　17/798

27 洪芻

14/641

洪龜父集
　　14/640

32 洪适
　　19/939

37 洪咨夔
　　25/1279

77 洪朋
　　14/640

90 洪炎
　　14/642

3418₅ 漢

33 漢濱集
　　19/902

3512₇ 清

11 清非集
　　14/640

31 清江三孔集
　　8/372

44 清苑齋集
　　30/1615

3530₀ 連

00 連文鳳

29/1513

3611₇ 温

60 温國文正司馬公
文集
7/285

3612₇ 渭

40 渭南文集
20/975

3614₇ 漫

40 漫塘劉先生文集
24/1246

3619₉ 瀑

26 瀑泉集
2/79

3712₀ 湖

22 湖山集
19/904

湖山類稿
29/1517

3712₀ 潤

26 潤泉集

24/1215

3712₇ 潏

12 潏水集
12/535

3712₇ 鴻

00 鴻慶居士集
16/735

3713₆ 漁

32 漁溪詩稿
30/1602

漁溪乙稿
30/1602

67 漁墅類稿
26/1328

3715₇ 浄

24 浄德集
8/346

3716₁ 澹

00 澹齋集
19/957

51 澹軒集

19/956

3716₄ 洛

76 洛陽九老祖龍學
文集
5/214

3719₃ 潔

00 潔齋集
23/1159

3721₀ 祖

44 祖英集
2/79

80 祖無擇
5/214

3722₀ 初

30 初寮集
15/698

3722₀ 祠

07 祠部集
7/331

3730₃ 退

44 退菴先生遺集

30/1618

3772$_7$ 郎

50 郎中集
8/372
64 郎曄
10/450

3813$_7$ 泠

23 泠然齋詩集
25/1267

3814$_7$ 游

00 游鷹山先生集
13/593
18 游酢
13/593
40 游九言
22/1137

3815$_7$ 海

17 海瓊玉蟾先生續
集
26/1362
海瓊玉蟾先生文
集

26/1362

74 海陵集
19/943

3816$_7$ 滄

32 滄州塵缶編
26/1309
33 滄浪集
5/185
滄浪嚴先生吟卷
26/1247

3830$_6$ 道

27 道鄉先生鄒忠公
文集
13/621

3930$_2$ 逍

32 逍遥集
1/44

4001$_7$ 九

27 九峰先生集
27/1429
44 九華詩集
28/1504

九華集
19/919

4003$_0$ 大

72 大隱集
16/748
大隱居士詩集
19/910

4003$_0$ 太

26 太白山齋遺稿
26/1353
80 太倉稊米集
15/728

4010$_2$ 左

50 左史諫草
25/1299

4010$_7$ 壺

22 壺山先生四六
26/1325

4010$_7$ 直

05 直講李先生文集
5/200

4021₄ 在

51 在軒集

28/1491

4022₇ 有

30 有宋福建莆陽黃

仲元四如先生文

稿

28/1476

4022₇ 南

30 南宋六十家小集

30/1563

南宋八家集

30/1614

37 南湖集

23/1179

南澗甲乙稿

19/948

38 南海百詠

25/1282

40 南塘先生四六

23/1198

44 南蘭陵孫尚書大

全文集

16/735

51 南軒先生文集

21/1038

76 南陽集(趙湘)

1/36

南陽集(韓維)

6/249

4024₇ 存

10 存雅堂遺稿

29/1511

4033₁ 志

38 志道集

19/954

4040₁ 幸

10 幸元龍

25/1262

4040₇ 友

44 友林乙稿

24/1227

4040₇ 李

00 李廌

13/610

01 李翺

30/1616

30/1617

02 李新

14/631

10 李石

19/914

李正民

16/748

11 李彌遜

17/805

12 李延平先生文集

18/843

李廷忠

23/1172

21 李處權

16/768

27 李侗

18/843

李綱

16/754

28 李復

12/535

30 李流謙

19/957

李之儀
11/527
34 李濤
30/1599
李洪
20/1010
37 李祖堯
16/741
42 李彭
15/693
44 李若水
18/841
50 李忠簡公文溪存
稿
27/1389
56 李覯
5/200
60 李吕
19/956
李昴英
27/1389
67 李昭玘
12/556
70 李壁
7/319
72 李劉

25/1271
77 李學士新注孫尚
書内簡尺牘
16/741
80 李曾伯
26/1371
90 李光
15/714

4046₅ 嘉

20 嘉禾百詠
27/1432
34 嘉祐集
5/205

4050₆ 韋

00 韋齋集
18/851
70 韋驤
8/378

4060₀ 古

10 古靈先生文集
6/244
37 古逸民先生集
29/1558

48 古梅遺稿
28/1490

4073₂ 袁

08 袁説友
22/1126
53 袁甫
25/1276
99 袁燮
23/1159

4080₁ 真

22 真山民
28/1471
真山民詩集
28/1471
24 真德秀
25/1284

4080₈ 夾

37 夾漈遺稿
19/901

4094₈ 校

30 校注橘山四六
23/1172

4192₀ 柯

22 柯山集
13/599

4196₀ 樴

32 樴溪居士集
17/792

4212₂ 彭

27 彭龜年
22/1135
34 彭汝礪
10/467
43 彭城集
7/335

4241₃ 姚

24 姚勉
27/1421
80 姚鏞
30/1611

4301₀ 尤

00 尤袤
20/995

4373₂ 裘

44 裘萬頃
24/1225

4385₀ 戴

28 戴復古
24/1252
30/1566
47 戴栩
25/1270
60 戴昺
26/1316

4410₄ 董

67 董嗣杲
27/1436
27/1437

4411₂ 范

00 范文正公政府奏
議
2/85
范文正公集
2/85
范文正公別集

2/85
范文正公尺牘
2/85
20 范香溪先生文集
18/884
25 范仲淹
2/85
范純仁
8/341
33 范浚
18/884
37 范祖禹
10/470
40 范太史集
10/470
50 范忠宣公文集
8/341
53 范成大
20/982

4412₇ 蒲

40 蒲壽宬
28/1475

4421₄ 莊

88 莊簡集

15/714

4421₇ 蘆

22 蘆川歸來集
17/822

4422₇ 芳

32 芳洲詩集
29/1545
44 芳蘭軒集
30/1615

4422₇ 莆

76 莆陽居士蔡公文
集
5/227
莆陽知稼翁文集
19/915

4422₇ 蕭

00 蕭立之
27/1397
32 蕭冰崖詩集拾遺
27/1397

4422₇ 蘭

26 蘭皋集

27/1417

4423₂ 蒙

00 蒙齋集
25/1276
22 蒙川先生遺稿
27/1422
26 蒙泉詩稿
30/1599
72 蒙隱集
17/809

4424₇ 蔣

90 蔣堂
2/81

4425₃ 藏

38 藏海居士集
14/638
77 藏叟摘稿
26/1359

4430₂ 芝

60 芝園集
12/537
芝園遺編

12/537

4430₅ 蓮

27 蓮峰集
19/949

4433₁ 燕

90 燕堂詩稿
21/1063

4433₃ 慕

30 慕容彦逢
14/637

4439₄ 蘇

17 蘇子美集
5/185
20 蘇舜欽
5/185
26 蘇魏公文集
7/298
37 蘇洞
25/1267
蘇洵
5/205
蘇過

14/678

53 蘇軾
9/389
9/419
10/435
10/450
58 蘇轍
10/452
10/463
77 蘇學士文集
5/185
81 蘇頌
7/298
88 蘇籀
17/834

4440₀ 艾

51 艾軒先生文集
19/933

4440₆ 草

30 草窗韻語
28/1485

4440₇ 孝

04 孝詩

27/1400

4445₆ 韓

10 韓元吉
19/948
14 韓琦
5/189
20 韓維
6/249
26 韓魏公集
5/189
31 韓淲
24/1215
77 韓駒
15/721

4446₀ 姑

32 姑溪居士文集
11/527
姑溪居士後集
11/527

4450₄ 華

00 華亭百詠
22/1146
72 華岳

25/1303
25/1305
76 華陽集（王珪）
6/281
華陽集（張綱）
16/766
84 華鎮
12/570

4450₆ 葦

16 葦碧軒集
30/1615
20 葦航漫遊稿
28/1451

4453₀ 英

32 英溪集
27/1436

4460₂ 苕

32 苕溪集
15/715

4460₃ 苔

10 苔石效顰集
27/1433

4471₁ 老

60 老圃集

14/641

4472₇ 葛

00 葛立方

18/869

10 葛天民

30/1604

27 葛紹體

26/1340

34 葛洪

23/1197

47 葛起耕

30/1602

79 葛勝仲

15/690

80 葛無懷小集

30/1604

4473₁ 芸

44 芸菴類稿

20/1010

72 芸隱倦遊稿

30/1580

芸隱橫舟稿

30/1580

77 芸居乙稿

30/1612

芸居遺詩

30/1618

4474₁ 薛

20 薛季宣

21/1050

21 薛師石

30/1615

26 薛嵎

30/1587

4480₆ 黃

00 黃庶

6/253

黃庭堅

11/486

11/507

11/512

11/517

黃文雷

30/1609

25 黃仲元

28/1476

37 黃彥平

17/808

40 黃大受

30/1603

48 黃榦

23/1175

80 黃公度

19/915

黃公紹

28/1491

90 黃裳

11/483

4490₁ 蔡

00 蔡襄

5/227

24 蔡幼學

23/1189

23/1190

43 蔡戡

22/1134

44 蔡模

20/1028

50 蔡忠惠公文集

5/227

4490₃ 綦

22 綦崇禮
　16/764

4490₄ 茶

22 茶山集
　16/776

4490₄ 葉

27 葉紹翁
　30/1594
30 葉適
　23/1161
　23/1167
44 葉茵
　30/1612
　葉夢得
　15/701
　15/706

4491₀ 杜

08 杜斿
　30/1595
35 杜清獻公集
　26/1311

88 杜範
　26/1311

4492₇ 菊

17 菊磵集
　25/1264
　菊磵小集
　30/1589
31 菊潭詩集
　30/1579
44 菊花百詠
　29/1508

4498₆ 横

33 横浦先生文集
　18/838
40 横塘集
　15/683

4499₀ 林

00 林亦之
　21/1069
20 林季仲
　17/801
26 林和靖先生詩集
　2/56
30 林之奇

19/931
33 林逋
　2/56
37 林湖遺稿
　25/1264
40 林希逸
　26/1356
　30/1587
60 林景熙
　29/1522
77 林同
　27/1400
90 林光朝
　19/933
　林尚仁
　30/1606

4499₄ 楳

44 楳埜集
　26/1358

4594₄ 樓

88 樓鑰
　21/1093

4680₆ 賀

84 賀鑄

12/564

4690₀ 相

22 相山集
　18/845

4692₇ 楊

10 楊至質
　25/1308
20 楊億
　2/66
25 楊傑
　7/332
26 楊皇后
　24/1230
37 楊冠卿
　22/1122
40 楊太后宮詞
　24/1230
44 楊萬里
　20/998
64 楊時
　13/594
88 楊簡
　22/1130

4722₇ 鶴

44 鶴林集

25/1275

4762₀ 胡

24 胡偉
　18/862
　胡偉宮詞
　18/862
25 胡仲弓
　28/1451
　胡仲參
　30/1600
27 胡穉
　17/810
　17/815
30 胡宿
　3/109
　胡宏
　19/906
　胡寅
　18/862
37 胡澹菴先生文集
　18/890
　胡次焱
　28/1460
84 胡錡
　28/1492
88 胡銓

18/890

4762₇ 都

30 都官集
　7/337

4792₀ 柳

77 柳開
　1/21

4792₇ 郴

31 郴江百詠
　13/612

4792₇ 橘

31 橘潭詩稿
　30/1579
32 橘洲文集
　20/1004

4796₄ 格

00 格菴奏稿
　27/1418
　格齋先生三松集
　22/1142
　格齋四六

22/1142

4816₆ 增

00 增廣箋注簡齋詩
集
17/810

4841₇ 乾

38 乾道稿
22/1146

4893₂ 松

22 松巢漫稿
29/1557
72 松隱文集
18/865

4894₁ 栟

47 栟櫚先生文集
17/829

4895₇ 梅

00 梅亭先生四六標
準
25/1271
梅應發
28/1452

22 梅巖胡先生文集
28/1460
梅山續稿
20/980
32 梅溪先生文集
19/921
40 梅堯臣
3/132
44 梅花衲
30/1616
77 梅屋詩集
30/1584
梅屋詩餘
30/1584
梅屋吟
30/1592
梅屋第三稿
30/1584
梅屋第四稿
30/1584

4896₆ 檜

00 檜庭吟稿
30/1602

4980₂ 趙

17 趙孟堅

26/1385
21 趙順孫
27/1418
趙師秀
24/1219
30/1615
趙師秀集
24/1219
22 趙鼎
16/778
趙鼎臣
14/657
趙崇鉘
30/1598
24 趙佶
16/749
33 趙必璩
29/1533
34 趙汝鐩
30/1572
趙汝談
23/1198
趙汝騰
26/1374
35 趙清獻公文集
5/195

36 趙湘
　1/36
40 趙希楀
　30/1599
44 趙蕃
　22/1146
50 趙抃
　5/195
80 趙善括
　22/1124
　趙公豫
　21/1063
91 趙恒
　2/55

5000₆ 史

03 史詠集
　28/1473
11 史彌寧
　24/1227
20 史季温
　11/517
30 史容
　11/512
34 史浩
　19/908

40 史堯弼
　19/949
84 史鑄
　19/927

5000₆ 中

77 中興群公吟稿成
集
　30/1613

5002₇ 摛

00 摛文堂集
　14/637

5003₁ 摭

88 摭餘編
　27/1448

5010₆ 畫

46 畫塾集
　8/381

5010₇ 盡

00 盡言集
　12/538
50 盡忠録

17/783

5013₆ 蠹

00 蠹齋先生鉛刀編
　21/1053

5014₈ 蛟

27 蛟峰文集
　27/1439
　蛟峰外集
　27/1439
　蛟峰批點止齋論
祖
　21/1089

5022₇ 青

22 青山集
　8/385

5023₀ 本

90 本堂先生文集
　27/1412

5033₆ 忠

10 忠正德文集
　16/778

50 忠肅集
　　8/359

　　忠惠集
　　15/700

78 忠愍集
　　18/841

5060₃ 春

22 春山文集四六鈔
　　24/1235

77 春卿遺稿
　　2/81

5090₄ 秦

46 秦觀
　　12/541

5090₆ 東

00 東齋小集
　　30/1600

22 東山詩選
　　26/1340

23 東牟集
　　17/794

30 東窗集
　　16/747

32 東溪集
　　18/859

37 東澗集
　　25/1261

40 東塘集
　　22/1126

44 東坡應詔集
　　9/389

　　東坡集
　　9/389

　　東坡後集
　　9/389

　　東坡外制
　　9/389

　　東坡内制
　　9/389

　　東坡奏議
　　9/389

　　東萊先生詩集
　　16/771

　　東萊先生外集
　　16/771

　　東萊呂太史文集
　　21/1077

67 東野農歌集
　　26/1316

90 東堂集
　　13/624

5106₀ 拈

40 拈古集
　　2/79

5207₂ 拙

00 拙齋文集
　　19/931

51 拙軒集
　　24/1224

5216₉ 蟠

30 蟠室老人文集
　　23/1197

　　蟠室老人奏議
　　23/1197

5320₀ 咸

10 咸平集
　　1/12

5560₀ 曲

27 曲阜集
　　11/523

5560₆ 曹

00 曹彦約
24/1203
64 曹勛
18/865

5590₀ 耕

37 耕禄稿
28/1492

5701₂ 抱

52 抱拙小稿
30/1599

5706₂ 招

22 招山小集
30/1605

5725₇ 静

24 静佳龍尋稿
30/1608
静佳乙稿
30/1608

5804₆ 撙

00 撙齋集

22/1138
撙齋先生緣督集
22/1138

5824₀ 敖

77 敖陶孫
30/1605

6001₄ 唯

30 唯室集
19/912

6010₀ 日

31 日涉園集
15/693

6010₇ 疊

22 疊山集
28/1453

6011₃ 晁

08 晁説之
13/617
33 晁補之
13/589
35 晁沖之

13/626
80 晁公遡
19/937

6012₇ 蜀

27 蜀阜存稿
25/1278

6021₀ 四

67 四明文獻集
27/1448

6040₀ 田

86 田錫
1/12

6040₄ 晏

15 晏殊
3/97

6043₁ 吳

00 吳文肅文集
20/959
01 吳龍翰
28/1490
10 吳可

14/638

28 吳儆

20/959

31 吳潛

26/1365

26/1367

32 吳淵

30/1618

33 吳泳

25/1275

吳必大

27/1430

34 吳汝弌

30/1604

44 吳芾

19/904

62 吳則禮

14/667

86 吳錫疇

27/1417

90 吳惟信

30/1579

6050_4 畢

25 畢仲游

11/526

6060_0 昌

80 昌谷集

24/1203

6060_0 呂

37 呂祖謙

21/1077

40 呂南公

11/521

50 呂本中

16/771

呂忠穆集

14/672

71 呂頤浩

14/672

77 呂陶

8/346

80 呂午

25/1298

25/1299

6080_6 員

77 員興宗

19/919

6091_4 羅

28 羅從彥

15/684

38 羅滄洲先生集

29/1543

67 羅鄂州小集

21/1065

71 羅願

21/1065

77 羅與之

30/1588

80 羅公升

29/1543

6104_0 旰

31 旰江文集

5/200

6201_0 毗

74 毗陵集

16/770

6280_0 則

90 則堂集

27/1407

6333_4 默

00 默齋遺稿

22/1137

53 默成文集
18/846
90 默堂先生文集
16/745

6402₇ 晞

72 晞髮集
29/1537

6412₇ 跨

58 跨鼇集
14/631

6624₈ 嚴

17 嚴羽
26/1347

6702₀ 明

38 明道先生文集
8/366

6712₂ 野

80 野谷詩稿
30/1572

6722₇ 鄂

10 鄂王家集

18/893

6782₇ 郎

32 郎溪集
7/328

6802₁ 喻

30 喻良能
20/1011

6805₇ 晦

44 晦菴先生朱文公
文集
20/1012
晦菴先生朱文公
續集
20/1012
晦菴先生朱文公
別集
20/1012

7021₄ 雅

44 雅林小稿
30/1590

7121₁ 阮

77 阮閱

13/612

7132₇ 馬

12 馬廷鸞
27/1445

7171₆ 區

24 區仕衡
27/1429

7173₂ 長

77 長興集
8/347

7178₆ 頤

44 頤菴居士集
21/1031
90 頤堂先生文集
15/732

7210₀ 劉

00 劉應時
21/1031
10 劉一止
15/715
17 劉翼

30/1599

劉子翬
18/875

22 劉仙倫
30/1605

28 劉給事集
14/652

30 劉宰
24/1246

劉安上
14/652

劉安世
12/538

劉安節
14/650

33 劉攽
27/1422

37 劉過
23/1186
30/1567

40 劉左史集
14/650

劉才邵
17/792

劉克莊
26/1330

44 劉摯

8/359

48 劉翰
30/1611

64 劉跂
12/555

71 劉辰翁
17/815
28/1480
28/1484

77 劉學箕
23/1173

80 劉弇
12/531

88 劉攽
7/335

98 劉敞
6/262

7222₁ 所

40 所南文集
26/1376

所南翁一百二十
圖詩集
26/1376

7223₀ 瓜

00 瓜廬詩

30/1615

7277₂ 岳

11 岳珂
26/1318
30/1576

12 岳飛
18/893

13 岳武穆集
18/893

50 岳忠武王文集
18/893

7421₄ 陸

26 陸佃
10/475

38 陸游
20/964
20/975

40 陸九淵
22/1100

7424₇ 陵

76 陵陽先生詩集
15/721

陵陽先生集

28/1458

7424₇ 骹

20 骹稿

30/1603

7529₆ 陳

00 陳亮

22/1147

陳康伯

18/856

陳襄

6/244

陳文正公文集

18/856

陳文蔚

23/1194

10 陳元晉

26/1328

20 陳舜俞

7/337

21 陳仁子

29/1507

陳師道

12/572

13/583

22 陳巖

28/1504

23 陳允平

30/1597

陳傅良

21/1084

21/1089

27 陳修撰集

17/783

30 陳淳

24/1212

陳宓

25/1268

32 陳淵

16/745

33 陳必復

30/1606

34 陳造

21/1048

37 陳深

29/1555

陳次升

10/481

40 陳杰

27/1446

陳克齋先生集

23/1191

44 陳藻

23/1170

陳著

27/1412

陳耆卿

25/1300

45 陳棣

17/809

47 陳起

30/1612

30/1618

50 陳東

17/783

71 陳長方

19/912

77 陳與義

17/810

17/815

17/820

78 陳鑑之

30/1600

80 陳普

29/1527

陳普武夷櫂歌注

20/1028

90 陳少陽文集
　　17/783

7621₄ 臞

51 臞軒集
　　26/1326
　　臞軒四六
　　26/1327
80 臞翁詩集
　　30/1605

7622₇ 陽

40 陽枋
　　26/1329

7712₇ 邱

44 邱葵
　　29/1529

7722₀ 月

22 月巖集
　　13/610
37 月洞詩集
　　28/1465

7722₀ 陶

17 陶弼

5/234
22 陶邕州小集
　　5/234
　　陶山集
　　10/475
44 陶夢桂
　　25/1302

7722₀ 周

00 周彥質
　　10/482
　　周彥質宮詞
　　10/482
　　周文璞
　　30/1567
08 周敦頤
　　6/237
09 周麟之
　　19/943
17 周弼
　　30/1586
20 周孚
　　21/1053
21 周行己
　　14/646
22 周紫芝
　　15/728

30 周密
　　28/1485
33 周必大
　　20/988
40 周南
　　24/1209
44 周世則
　　19/927
80 周益文忠公集
　　20/988

7724₁ 屏

22 屏山集
　　18/875

7724₇ 履

00 履齋先生遺集
　　26/1365
　　履齋遺稿
　　26/1365

7733₆ 騷

67 騷略
　　24/1205

7740₇ 學

04 學詩初稿

30/1591

60 學易集
12/555

68 學吟
30/1590

7744₀ 丹

32 丹淵集
6/257

76 丹陽集
15/690

7772₇ 鷗

34 鷗渚微吟
30/1598

7773₂ 艮

22 艮齋先生薛常州
浪語集
21/1050

22 艮巖餘稿
28/1452

7773₂ 閬

77 閬風集
28/1502

7778₂ 歐

76 歐陽文忠公集
4/150

歐陽脩
4/150

歐陽脩撰集
17/825

歐陽守道
27/1398

歐陽澈
17/825

7780₁ 具

44 具茨晁先生詩集
13/626

7780₁ 巽

00 巽齋文集
27/1398

巽齋先生四六
24/1235

巽齋小集
30/1595

7782₇ 鄮

27 鄮峰真隱漫録

19/908

7790₄ 閑

77 閑居編
2/73

7876₆ 臨

22 臨川先生文集
7/301

8010₉ 金

17 金君卿
7/296

60 金園集
2/54

72 金氏文集
7/296

74 金陵百詠
24/1258

77 金朋説
23/1200

金履祥
28/1486

8012₇ 翁

90 翁卷

24/1219

30/1615

翁卷集

24/1219

8022₁ 俞

24 俞德鄰

29/1509

44 俞桂

30/1602

8022₇ 剪

29 剪綃集

30/1617

8033₁ 無

00 無文印

27/1409

20 無住詞

17/810

27 無名氏

17/815

37 無爲集

7/332

76 無腸公子除授集

27/1430

8033₃ 慈

37 慈湖先生遺書

22/1130

慈湖先生遺書續

集

22/1130

8034₆ 尊

24 尊德性齋小集

21/1060

26 尊白堂集

22/1107

8040₄ 姜

24 姜特立

20/980

80 姜夔

30/1568

8055₃ 義

22 義豐文集

22/1104

8060₄ 舍

80 舍人集

8/372

8060₆ 曾

17 曾鞏

6/266

22 曾幾

16/776

38 曾肇

11/523

44 曾協

19/911

47 曾極

24/1258

50 曾丰

22/1138

8060₆ 會

23 會稽三賦注

19/927

8073₂ 公

60 公是集

6/262

8090₄ 余

05 余靖

3/122

46 余觀復

30/1596

8111₇ 鉅

00 鉅鹿東觀集

1/38

8114₆ 鐔

35 鐔津文集

4/173

8141₇ 矩

22 矩山存稿

26/1352

8280₀ 劍

40 劍南詩稿

20/964

8315₀ 鐵

25 鐵牛翁詩集

29/1556

8315₃ 錢

40 錢塘韋先生集

8/378

64 錢時

25/1278

8471₁ 饒

88 饒節

14/634

8490₀ 斜

22 斜川集

14/678

8712₀ 釣

12 釣磯詩集

29/1529

8762₂ 舒

00 舒文靖集

21/1073

19 舒璘

21/1073

57 舒邦佐

22/1097

72 舒岳祥

28/1502

8782₇ 鄭

10 鄭元佐

19/951

24 鄭俠

10/472

35 鄭清之

30/1573

40 鄭樵

19/901

47 鄭獬

7/328

鄭起

26/1376

50 鄭忠肅奏議遺集

20/987

60 鄭思肖

29/1514

72 鄭剛中

17/795

77 鄭興裔

20/987

8812₇ 筠

32 筠溪集

17/805

8822₀ 竹

00 竹齋先生詩集

24/1225

32 竹洲文集

　20/959

竹溪膚齋十一稿

續集

　26/1356

竹溪先生文集

　17/805

竹溪十一稿詩選

　30/1587

40 竹友集

　15/694

44 竹坡類稿

　25/1298

竹莊小稿

　30/1600

51 竹軒雜著

　17/801

72 竹所吟稿

　30/1596

竹隱畸士集

　14/657

8822₇ 簡

00 簡齋詩外集

　17/820

8872₇ 節

44 節孝先生文集

　8/353

8880₆ 簣

30 簣窗集

　25/1300

8898₆ 籟

67 籟鳴集

　27/1415

籟鳴續集

　27/1415

9000₀ 小

00 小畜集

　1/25

小畜外集

　1/33

22 小山集

　30/1611

9060₂ 省

00 省齋集

　21/1082

9090₄ 棠

37 棠湖詩稿

　30/1576

9090₄ 米

44 米芾

　12/558

9148₆ 類

23 類編增廣潁濱先

生大全文集

　10/463

9501₀ 性

80 性善堂稿

　24/1251

9682₇ 燭

37 燭湖集

　23/1184

9742₇ 雞

74 雞肋集

　27/1431

9783_4 焕	9801_6 悦	9824_0 敝
34 焕斗集	00 悦齋先生文鈔	17 敝帚稿略
5/214	21/1071	26/1315